中华国学文库

史通笺注 上

〔唐〕刘知幾 著

张振珮 笺注

中华书局

图书在版编目(CIP)数据

史通笺注/(唐)刘知幾著;张振珮笺注. —北京:中华书局,2022.8(2025.9重印)
(中华国学文库)
ISBN 978-7-101-15617-1

Ⅰ.史… Ⅱ.①刘…②张… Ⅲ.①史学理论-中国-唐代②《史通》-注释 Ⅳ.K092.42

中国版本图书馆CIP数据核字(2022)第010726号

书　　名　史通笺注(全二册)
著　　者　〔唐〕刘知幾
笺 注 者　张振珮
丛 书 名　中华国学文库
责任编辑　马　婧
责任印制　管　斌
出版发行　中华书局
　　　　　(北京市丰台区太平桥西里38号　100073)
　　　　　http://www.zhbc.com.cn
　　　　　E-mail:zhbc@zhbc.com.cn
印　　刷　河北新华第一印刷有限责任公司
版　　次　2022年8月第1版
　　　　　2025年9月第2次印刷
规　　格　开本/880×1230毫米　1/32
　　　　　印张36¼　插页4　字数871千字
印　　数　3001-3900册
国际书号　ISBN 978-7-101-15617-1
定　　价　158.00元

中华国学文库出版缘起

《中华国学文库》的出版缘起，要从九十年前说起。

1920 年，中华书局在创办人陆费伯鸿先生的主持下，开始编纂《四部备要》。这套汇集三百三十六种典籍的大型丛书，精选经史子集的“最要之书”，校订成“通行善本”，以精雅的仿宋体铅字排印。一经推出，《四部备要》即以其选目实用、文字准确、品相精美、价格低廉的鲜明特点，最大限度地满足了国人研治学问、阅读典籍的需要，广受欢迎。丛书中的许多品种，至今仍为常用之书。

中华人民共和国成立之后，党和国家倡导系统整理中国传统文献典籍。六十馀年来，在新的学术理念和新的整理方法的指导下，数千种古籍得到了系统整理，并涌现出许多精校精注整理本，已成为超越前代的新善本，为学界所必备。

同时，随着中华民族以前所未有的自信快速发展，全社会对中国固有的学术文化——国学，也表现出前所未有的关注和重视。让中华文化的优秀成果得到继承和创新，并在世界范围内进行传播和弘扬，普惠全人类，已经成为中华民族的历史使命。当此之时，推出符合当代国民阅读需要的权威的国学经典读本，实为当务之急。于是，《中华国学文库》应运而生。

《中华国学文库》是我们追慕前贤、服务当代的产物，因此，它自当具备以下三个基本特点：

一、《文库》所选均为中国学术文化的“最要之书”。举凡哲学、历史、文学、宗教、科学、艺术等各类基本典籍，只要是公认的国学经典，皆在此列。

二、《文库》所选均为代表当代学术水平的“最善之本”，即经过精校精注的整理本。其中既有传统旧注本的点校整理本，如朱熹《四书章句集注》，也有获得学界定评的新校新注本，如余嘉锡《世说新语笺疏》。总之，不以新旧为别，惟以善本是求。

三、《文库》所选均以新式标点、简体横排刊印。中国古籍向以繁体竖排为标准样式。时至当代，繁体竖排的标准古籍整理方式仍通行于学术界，但绝大多数国人早已习惯于现代通行的简体横排的图书样式。《文库》作为服务当代公众的国学读本，标准简体字横排本自当是恰当的选择。

中华书局自1912年成立，至今已近百岁。我们将《中华国学文库》当作向中华书局百年诞辰敬献的一份贺礼，更是向致力于中华民族和平崛起、实现复兴大业的全国人民敬献的一份厚礼。我们自当努力，让《中华国学文库》当得起这份重任，这份荣誉。

中华书局编辑部

2010年12月

前　　言

一

《史通》是我国古代社会史学理论专著,也是世界上第一部对史学体例进行系统讨论的著作。日本增井経夫先生已于1966年译为日文,由平凡社出版。洪煨莲(业)先生亦曾发愤把它译为英文,让西方人知道中国史学造诣之深和发展之早。我们更应该深切理解并珍视这一史学理论遗产。

我国史学的发展,可远溯自奴隶制时代。甲骨文中有"作册"、"史"、"尹"等字。金文有"作册内史"、"作册尹"。据王国维在其《观堂集林》中考证:"作册"和"内史"是同样的官职,其长官则称为"尹",都是掌管文书、记录时事的史官。《周礼·春官宗伯》更载有"大史"、"小史"、"内史"、"外史"、"御史"等史官,分掌邦国之典、志、书、令。至春秋时,墨子曾"见百国春秋"(《隋书·李德林传》),其书虽多已不传,然孔子遵鲁史而修之《春秋》,则流传至今。左氏"授经作传,言事相兼"(《史通》之《六家》、《载言》,以下仅注篇目),从而奠定了我国编年史体制。

时至两汉，司马迁、班固创为纪传史，荀悦复改纪传为编年。自是以后，"班、荀二体，角力争先"(《二体》)，历史著作，蔚为大观。至唐初，仅《隋书·经籍志》史部"正史"、"古史"两类著录之史书，通计亡书就有一百一十四部，四千六百九十六卷。《春秋》、《左传》、《国语》之属，因列在经部，尚未计入。而史部"杂"、"霸"等十一类史书，为数更多。其中如《左传》、《史记》、《汉书》、《后汉书》、《三国志》等优秀著作，都是极可珍贵的史学遗产。

但自春秋至唐初一千多年中，虽有很多史家辛勤编撰历史，却很少有人作史学理论之探讨。那些史著的序、例、论、赞，仅可考见著者本人之史学思想、治史态度及其编纂方法，然没有一部史学理论专著，论史的文章也寥若晨星。如班彪为了撰《史记》后篇，曾"斟酌前史，讥正得失"，实际上仅对《史记》一书，评述其史学思想之得失及其在体例书法上"多不齐一"之病，至于前此诸史，仅列举书名而已(《后汉书·班彪传》)。他如王充甲班乙马(《论衡·超奇篇》)、张辅劣固优迁(《晋书·张辅传》)，亦仅就《史》、《汉》两书评其得失。刘勰《文心雕龙·史传》始就自孔子至晋历代史著之体例、内容及编著方法，作较系统之评述。但正如纪昀评云："彦和(刘勰字)妙解文理，而史事非其当行。此篇文句特烦，而约略依稀，无甚高论，特敷衍以足数耳。"柳虬博涉子史，监掌史事，曾上疏论"史官密书善恶，未足惩劝"，"史官记事，请皆当朝，显言其状，是非明著，得失无隐"，"彰善瘅恶，以树风声"，又著《文质论》，认为"时有今古，非文有今古"(《周书·柳虬传》)，对史官制度的改革及史书宜用当代语文等问题提出积极建议。何之元撰《梁典序》，引臧荣绪言："史无裁断，犹起居注耳。"将其所撰《梁典》分为"六意"，就是把梁朝历史分作六个阶段叙述。这基本仍以帝王继代为断的划分方法，虽未尽当，然其兼采编年纪传之长，创分阶段叙事之法亦多有可取。“（北魏）既分之后高氏所辅为东魏，宇文所挟为西魏”，并订“凡例”（《陈书·何之元传》），均为后世史家提供借鉴。

综上所述，可见隋唐以前之史学园地，虽也可称百花齐放，但史学理论之作，却寥落可数。直至刘知幾著《史通》，才有第一部史学理论专著。

二

刘知幾，字子玄，后世以避讳或作子元。本名因避唐玄宗李隆基名讳，故以字行，徐州彭城人（今江苏徐州）。生于唐高宗龙朔元年（661），卒于唐玄宗开元九年（721），终年六十一岁，新旧《唐书》均有传。父藏器，有词学，以直行忤当道。兄知柔，弟知章，均善文词。他十一岁时，从其父习《尚书》，苦其辞艰琐，改习《左传》，一年讲授完毕，他深有感慨地说：“若使书皆如此，吾不复怠矣。”从此，就继续读完《史》、《汉》直至唐初实录。他读书善于独立思考，幼小时便认为《前汉书》不应有《古今人表》，《后汉书》宜为更始立纪，这一见解后来在《史通》中还反复申论。由于他耽悦史传之言，就耻以文士得名，期以述者自命。但在当时历史条件下，到二十岁，仍不得不勉强应试。考取进士后，授获嘉（今河南获嘉）主簿（正九品下），他在这个职位上十九年没有迁调。在此壮盛之年，虽也关心时政，曾上书陈四事，建议裁撤冗官、勿使刺史久任、勿轻颁赦令、勿滥授勋阶（《唐会要》），都切中时弊，武后虽嘉其直，而不能用。他目击时艰，又撰《思慎赋》以刺时（《文苑英华》）。长日多暇，则倾注全部精力，精研史传，博览群书。

就我们今天所能察知的《史通》引文看，他不仅精研了所有的纪传、编年诸史，而且儒家经传及其笺注、诸子百家之书、诗人辞赋之文，甚至旁及偏纪小录，也莫不毕览。明焦竑所撰之《焦氏笔乘》记《史通》所载将淹没之古今正史及偏部短纪，即达一百六十余种，经、子、集部诸书及史部名著尚未列入。其对儒家经典，老、庄、荀、韩、扬雄、王充等著作及《世说新语》、《文心雕龙》、《昭明文选》等书，或用其成句，或櫽栝其辞，俱见其研习精深。知幾博学深思，三十岁之后，又先后结交史学同好如徐坚、吴兢等，相互切磋，互相启发，为日后深入探讨史学理论，打下坚实基础。

武后圣历二年（699），刘知幾始调至京都任中书省右补阙及定王府仓曹，并被派去参加《三教珠英》的编纂。《三教珠英》虽只是儒、佛、道三教典故的类书，但总算是有关修史的工作。越四年（武后长安二年，702），他以著作佐郎兼修国史，寻迁左史，自此以后，"三为史臣，再入东观"（《自叙》），在史馆中长期从事历史编纂及研究工作，可谓获偿宿愿了，但事实却大谬不然。他参加史馆工作以后，却是"任当其职，而吾道不行；见用于时，而美志不遂"。这是什么原因呢？他自认为是与监修贵臣"凿枘相违"，是"为史官所嫉"（均见《自叙》）。有什么事例呢？他在《因习下》篇原注中有生动记事："予被配纂《李义琰传》。琰家于魏州昌乐，已经三代。因云：'义琰，魏州昌乐人也。'监修者大笑，以为深乖史体，遂依李氏旧望，改为陇西成纪人。"说明监修只重族望，知幾重在事实。"郁怏孤愤"之余，因退而私撰《史通》，并随即上书监修萧至忠等，痛陈史馆修史五不可，请解史任（《忤时》）。虽未获准，但其在史馆二十年中，实专心致志于《史通》一书的撰著。

知幾生长的历史环境，是自秦汉以降，经过长期分裂割据与民族混同融合，不断调和复杂社会民族矛盾后，一个强盛的多民族集权统一国家逐步重建再造的时期。唐太宗等一些有作为的官僚集团政治家，通过多方面的努力，在经济、政治、文化各方面，都在吸取过去经验教训的基础上，做出了一些超越前期的成绩，从而也加强了专制王权的统治。但为时不久，由于王朝内部权力分配的不均，形成了大大小小不同的利益集团，就连续引发了不少争权夺利的残酷斗争。正当刘知幾成长时期，特别是在他二十岁成进士(680)到《史通》写成(710)的三十年内，统治集团内部倾轧特别厉害，宫廷政变连续发生，武则天于高宗永隆元年(680)废太子李贤为庶人，揭开序幕。公元684年又废中宗为庐陵王，武后当政，大权独揽。公元690年称帝，改唐为周。公元705年张柬之等迫武氏让位，中宗复位，武后死。公元707年太子重俊发兵攻宫城，兵败身死。公元710年，韦后与安乐公主鸩杀中宗，韦后临朝。临淄王隆基杀韦后，立睿宗，以隆基为太子。公元712年，睿宗传位于隆基，是为玄宗。次年，太平公主及岑羲、萧至忠等谋反伏诛，至此才又开始开元、天宝短期中兴之局。知幾仕宦三十多年中，正是李氏王朝与武、韦庶族残酷倾轧时期，特别是武后当政时，残杀宗室子弟及忠臣，任用酷吏来俊臣、周兴等罗织罪刑，对史馆也加强文化专制。如刘知幾预修《武后实录》，武三思即横加干预。《论史上萧至忠书》中所讲到的监修官萧至忠、杨再思、宗楚客等皆是武党重臣，他们在史馆中引进之人“皆非其才。或以势利见升，或以干祈致擢”，使史馆成为尸禄素食之渊薮(《辨职》)。深受儒家思想熏陶，忠心王室，而又毕生矢志修史之刘知幾，自不免为之长叹，为之“泪尽而继之以血”了。

李隆基为太子时，知幾即在东宫任职，曾谏衣冠乘马，玄宗开元九年(721)，知幾子贶犯事配流。他向玄宗诉理，玄宗怒，贬安州(今湖北安陆)别驾，旋卒。其所著书有《唐书》、《中宗实录》、《睿宗实录》，并曾删定《武后实录》等，自著有《刘子玄集》，今存者唯《史通》一书及文赋十余篇。

三

《史通》二十卷，分内外两篇，第一至第十卷为内篇，现存三十六篇，末附《体统》、《纰缪》、《弛张》三目，下注“亡”字，或谓《体统》即《自叙》。王应麟谓尚有《文质》、《褒贬》两目，“亡”(《玉海·序史通》)。第十一至第二十卷为外篇，计十三篇。共存四十九篇，与史传“乃著《史通》内外四十九篇”相符，可见《弛张》、《文质》等三或五篇，五代宋初已佚。据《史通》原序，此书写成于唐中宗景龙四年(710)，但就全书原文看，书成后尚有增补，实乃著者毕生心血结晶。而书中原注，其中有后人增益者，虽已混淆，但易识别。此书之作，是由于伤当时“载笔之士，其道不纯，思欲辨其指归，殚其体统”。他自己对这部书虽期许甚高，即所谓“其为贯穿者深矣，其为网罗者密矣，其所商略者远矣，其所发明者多矣”，但也自知“多讥往哲，喜述前非，获罪于时，固其宜矣”。在当时，见者即“互言其短”(《自叙》)，惟徐坚深重其书，尝云：“居史职者，宜置此书于座右。”知幾卒“后数年，玄宗敕河南府就家写《史通》以进，读而善之”(《旧唐书》本传)。王应麟则谓：“开元十年十一月子餗录上其书，始行于世。”(《玉海·序史通》)

唐末昭宗乾宁四年(897),柳璨著有《史通析微》,讥诃其失。北宋时宋祁讥其“工诃古人,而拙于用己”(《新唐书·刘知幾传赞》)。孙何著有《驳史通》十余篇(《宋史·孙何传》),谗毁丛集,传播极稀。今可考者至南宋始有刻本,博学如朱熹固然仿温公《通鉴》,于《通鉴纲目》具书子玄卒年,以示重史臣之意,却从未在其他任何地方提及《史通》一书,后人遂认为其“犹以未获见《史通》为恨”(张之象《史通序》)。从史部目录考察,亦可见此书之内容与性质,人多不能了解。《旧唐书·经籍志》未予著录,《新唐书·艺文志》附列于集部文史类《文心雕龙》、《诗品》之后,《崇文总目》载入杂史类末,甚至著名史学家郑樵仍置此书于正史中之通史类(《通志·艺文略》),自《郡斋读书志》始列入史评类,而尤袤《遂初堂书目》置于史学类,才把它置于恰当的位置上,可见了解此书的人,确实很少。《永乐大典》广搜载籍,虽亦引及是书,然条目偏少,似未重视。胡应麟亦言时无刻本,而凌遇知“至以知幾为宋人”虽属可笑,亦可见其书其人尚不为人所珍宝。

现在可以见到的《史通》最早版本乃蜀刻本,海内鲜见,幸后仍有传本,为陆深刻本所据。原书无序跋,因刻于蜀地,为蜀旧椠,故又称蜀旧本,以区别于陆刻。其次即明嘉靖十四年(1535)陆深刻本,南京图书馆藏原刻本有陆深、杨名、王阁、李佶、彭汝实、高公韶等人序跋。王阁序称“我蜀藩司板册照新”,即陆氏据以校刻之本。陆本历来翻刻本颇多,尤以吴越本最好挖刻,均不及原本精审。据明刻原版陆氏《题蜀本〈史通〉后》云:“嘉靖甲午之岁,王舜典迁自川蜀,惠之刻本,读而终篇,已乃采为《会要》,颇亦恨蜀本之未尽善也。明年乙未,承乏西来,得因旧刻校之。订其错简,还其缺文。”这段文字说明两件事,一是他读完《史通》后,即“采为《会要》”。《史通会要》三卷辑入其自编嘉靖刊《俨山外集》,各卷另立篇目,如上卷即分《建置》第一、《家法》第二、《品流》第三、《义例》第四等目。其内容虽就《史通》铨综其说,然亦附以后人论史之语,间参己意,《建置》第一述史官建置,即续至宋、元、明代。第二是陆本据蜀本校订。据钱遵王《读书敏求记》云:“陆刻蜀本《史通》其《补注》、《因习》、《曲笔》、《鉴识》四篇残脱疑误,不可复读,文裕(即深)题其篇末,而无从是正。”盖因陆氏实无别本可参,故仍多脱讹。其后万历五年(1577),张之象见无锡秦柱家藏宋刻《史通》,校而刊之,较为完善,1961 年中华书局影印刊行。至万历三十年(1602),张鼎思“家有抄本”,又于莆田吴氏得陆刻本,校勘删订(张鼎思《史通序》),补正陆本较多,其书始可读,流行亦较广,《四部丛刊》曾予影印,世称善本,但似未见张之象本,无从参校,仍多脱误。

明代训释《史通》的,先后有李维桢、郭延年之《史通评释》,陈继儒之《史通订注》及王惟俭之《史通训故》。李字本宁,郭名孔延,王号损仲。李郭《评释》、王《训故》,《四库》均予存目。而陈《订注》,《四库》未录,其他公私书目亦少载,近人鲜有知者。关于李郭《评释》本,《四库全书总目》云:“维桢因张氏之本,略为评论。孔延因续为评释,杂引诸书以证之。凡每篇之末标‘评曰’字者,皆维桢语。标‘附评’字者则孔延所补也。维桢所评,不出明人游谈之习,无足置论。孔延所释,较有引据,而所征故事,率不著其出典,亦颇有舛漏。”覆按原刊,此言尚符实际。惟其言“张本”,乃指张鼎思本。据《史通评释》附载张之象《张碧山史通序》后所附郭延年案语:“延初据豫章(即鼎思)刻《评释》,不获见云间(即张之象)本。书既就,请正新市李本宁太史，公发云间本来，始得《补注》、《因习》二篇全文，而又为延正二百三十余字，于是《史通》始成全书。”则郭氏《评释》所据即张鼎思本，盖其家世与张氏有谊，张氏尝以书寄赠其父子章，初刻时又曾以张之象本补校。其书先有单刻本，仅题“郭孔延延年评释”，即所谓郭孔陵刻本，后乃与李氏之书合刻，题“李维桢评，郭延年评释”，收入《四库存目》者即是本。李、郭二氏合刻本锓版在后，实据鼎本并参校象本而成。书虽晚出，亦具校勘价值。四库馆臣以为合刻本仅据鼎本，显误。清初考据家何焯就此书已厘正《曲笔》、《鉴识》两篇之误，疑其未必可信，盖为未见上引郭氏按语。今就象本与《评释》互校，可信郭氏按语不虚。

《史通订注》据《评释》本加以订注。其注文“以本篇为题，次第注之”，即按篇目次第作注。“事少字少者，注见册颠”（《史通订注》）。注文本于《评释》，多习见者，别无新增，并无新义。又其例言全录《评释》，惟易“评释凡例”四字为“史通”二字，行款亦有变动，正文或有挖改，陈氏与郭家亦有交往，其书似有可能即得自郭家，或疑书贾所为，而托名陈氏，亦可备一说。然明人刻本流传较少，该作在正文前集录前人有关《史通》评语，间作校勘，尚便查考。

《史通训故》系据李、郭《评释》本，又以张之象藏本参校勘定。王惟俭自云：“嗣从信阳王思延得华亭张玄超（之象）本。”黄叔琳又谓王惟俭“独得宋时旧本”（《史通训故补·例言》），可断定其所得者乃张之象所藏宋刊旧本。自称增入《因习》一篇，并于《直书》、《曲笔》二篇有所更定，又校正一千一百四十二字，然取郭本相校，仅《曲笔》增入一百一十九字，而《因习》、《直书》二篇，并与郭本相同。具见郭本实已据象本厘正，惟俭特据其订正之文而已。郭《释》漏略特甚，惟俭引证较详，可谓后来居上。

《史通训故》流传不广，清初王渔洋“访求二十余年始得”（《古夫于亭杂录》）。至乾隆时，黄叔琳始就其书删繁补遗，著《史通训故补》。叔琳，字崐圃，《清史稿》有传。自称“《史通》旧鲜训释，惟延年所注盛行书塾，而援引踳驳，枝蔓无益，又疏于考订，每多纰缪。后损仲更注《史通》，名曰《训故》，依据正史，选择精严，远胜郭书。然伤于太简，未免遗脱。今为旁搜博采，广所未备”，并标“补”字以别之（《史通训故补·例言》）。是书刊于乾隆十二年（1747），四库存目，《提要》云：“是书与浦起龙《史通通释》同时而成。而此本之出略前，故起龙亦间摭用。所称‘北平本’者，即此书也。”“注释不及起龙，而不甚改窜，犹属谨严。”

浦起龙自乾隆四年（1739）粗读《史通》，乾隆十年（1745）归老，开始钻研是书。病郭本“臆评”，王本“善匿”，自乾隆十三年（1748）至十七年（1752），撰成《史通通释》，并即刊行。在此期间，又得北平本，采用黄氏补注数条。近见南京图书馆藏有浦批《史通训故补》，载有朱笔后跋，略云：“《史通训故补》刊版在都，吾郡得见者盖鲜，去冬书客郑姓者携是书来，且云书头上墨笔评语系浦二田（起龙号）之笔。细绎其考校精核，指驳黄氏注释纰缪处，出此老手笔无疑。”未署跋者姓名，惟书“辛卯夏四月廿八日午窗”。辛卯当是乾隆三十六年（1771），时距浦卒十载。细绎全书批语，其见解、语气，悉与《通释》文意相符（俱见浦氏《史通训故补》手批本），颇为精审。而其于李、郭、王训释，《通释》全书所引虽仅寥寥数条，而阴用其说，亦数见不鲜。如知幾误以《科录》作者为元晖业，郭、王已先纠其缪。则《通释》实已悉取前人训释之长，又博考载籍，用力甚勤，“引据详明，足称该洽”，惟“轻于改窜古书，往往失其本旨”。又评注夹杂，“如坊刻古文之式，于注书体例更乖”（《四库全书总目》）。李慈铭甚至斥其

"识趣既卑,文又拙涩,全是三家村学究习气"(《桃华圣解盦日记》)。李详亦谓"刘知幾熟精《文选》,浦氏有不能尽知其出处者"(《愧生丛录》)。亦有《史通》本不误,而疏于考究,轻率臆改者。然自浦释问世,迄今两百余年,刊布《史通》者,实已独行其《通释》。

纪昀《史通削繁》全削《载言》、《表历》、《疑古》、《点烦》四篇,其余各篇大多加以刊削,注释悉用《通释》原文,汰其支赘。有谓此书可作读《史通》之初阶,但对研史之士,实无所裨益。惟其眉评,间有可取。

近人陈汉章有《史通补释》,杨明照有《史通通释补》,彭啸咸有《史通增释》,程千帆有《史通笺记》,均就浦《释》中一些条目,层累增补,征引繁富,补苴罅漏,颇有裨益。惟尚无就《史通》全书,全面另作注释者。且自郭、王之训释,至浦释集其大成,后此增补,类多就文理言,鲜有就史学角度探究其奥秘者。

与浦氏先后同时,清初考据家何焯、卢文弨、顾广圻皆致力于《史通》文字之校订,并有校本行世,冯巳苍、钱遵王亦有评校本。卢文弨得冯、何、钱三家校本,且得华亭朱氏(邦宪)影钞本以校《史通》,辨其异同疑误,收入《群书拾补》中,往者共推为校本中最精者。近人孙毓修复辑孙潜夫、顾广圻、邓正闇藏本中校语,录为《札记》,附入《四部丛刊》本《史通》卷末。顾校时采《群书拾补》,讥弹旧校。《丛刊》第二版尚附有姜殿扬补校,校影印鼎本个别形近误字。杨守敬尝据纪氏《削繁》底本批校,今藏湖北省图书馆。向宗鲁又据《削繁》底本及杨校过录,并多有批识,惜流传极少。

四

《史通》是刘知幾自己“区分类聚，编而次之”的(《序录》)，这是一部比较完整的有体系的史学理论著作。它对隋唐以前史学发展作了较全面而深入的探讨，并用归纳法总结出一些史学理论原则，明确以后史家的任务，特别是在历史编纂方法论上，提出一些积极建议。对加强国家专制统治的史馆制度，予以激烈抨击，而对史家独断之学深加赞誉，从而沾溉后代，尤其是明清时期之修史活动，对我国史学发展有良好促进作用。明清两代大量版本的刊刻与传播，即说明《史通》研究逐渐开始成为显学。

由于他是用归纳法全面总结史学发展趋势，探讨史学理论和方法，每篇虽各有重点，但其所征引的论据和例证，就难免前后重出或相互牴牾，有人遂指摘其自相矛盾之瑕疵。实则《史通》和后来较多的史评著作不同，史评如《读通鉴论》、《廿二史札记》等，一般是分论一人、一事或一书，而《史通》虽也有些篇目如《古今正史》、《疑古》、《惑经》、《申左》、《杂说》(上中下)及《五行志错误》与《杂驳》是分条或专论一书之得失的，但其内篇，主要是从若干史籍中探本寻源，找出其共同具有的特点，分析其得失利病，阐述史学理论和方法问题。《四库全书总目》“史评类序”说：“考辨史体，如刘知幾、倪思诸书，非博览精思，不能成帙，故作者差稀。至于品骘旧闻，抨弹往迹，则才翻史略，即可成文，此是彼非，互滋簧鼓。故其书动至汗牛。”已约略指出史学理论与史评之分。此后章学诚《史籍考》遂析史学为“考订、义例、评论、蒙求”(《章氏遗书补录》)，张之洞析为“史法、史事”(《书目答问》),直至梁启超始以《史通》、《文史通义》为理论,《历代史论》、《读通鉴论》等为事论,《十七史商榷》、《廿二史札记》等为杂论(《饮冰室文集·新史学》)。我们也认为只有把《史通》当作史学理论书来读,才能不纠缠于枝节问题。

我不自揣谫陋,笺注《史通》,就是试图从史学角度,探索其史学思想之本源,阐述其治史态度与方法,为深入研究其史学理论提供一定的便利条件。我自己也将在这方面继续努力。

目　录

上册

〔一〕内篇目录校记:象本内篇三十六篇,合外篇十三篇,共为四十九篇,与唐末柳璨《史通析微》"随篇评论其失,凡四十九篇"之数合(《玉海》卷四十九《艺文》引《中兴馆阁书目》),亦与《新唐书·刘子玄传》"著《史通》内外四十九篇,讥评今古"之数合,似即足本。惟张鼎思刻本在第十卷《辨职第三十五》下,作《体统第三十六》、《纰缪第三十七》、《弛张第三十八》,无《自叙》篇目。并在内篇目录后云:"右定凡三十六篇,并前序及志第七篇,共三十八篇。"郭孔延《评释》亦在《自叙三十六》下分列《体统》、《纰缪》、《弛张》三目,目下均注一"亡"字。并云:"旧目十卷,有《体统》、《纰缪》、《弛张》三篇，今文俱亡，仍存其目。”卢《拾补》内篇目录与象本同。注云：“案宋本目录作《体统第卅六》、《纰缪第卅七》、《弛张第卅八》。且总结云：‘右定凡卅六篇，并前序及志第七篇，共卅八篇。’此语殊不可晓，恐有误也。故今依本卷作《自叙第卅六》，其《体统》、《纰缪》、《弛张》下，黄本各注一‘缺’字。”黄本目录校注“缺”字之做法，实本自王惟俭之《训故》。又卢《拾补》在《书志第八》下加注子目：“并序、天文志、艺文志、五行志、杂志。”在《因习下第十九》下，加注“亦曰邑里”。在《叙事第廿二》下，加注子目“简要、隐晦、妄饰”。又《辨职第卅五》之“职”字，象本原作“识”，鼎本、郭本同，黄本、《通释》改作“职”，《拾补》亦校改为“职”，今改。又《通释》径改《因习下》目为“邑里”，并在《自叙第三十六》后，分列《体统》、《纰缪》、《弛张》三目，各注一“亡”字，显然与郭本同。而《玉海》卷四十九则云：“《辨职》以下缺《体统》、《纰缪》、《弛张》、《文质》、《褒贬》五篇。”由于宋本以《体统》作为第三十六篇，故何焯校云：“《体统》即《自叙》。”而章俊卿《群书考索》又以《体统》列于《烦省第三十三》之下。由此可见《史通》一书，因宋、元时期流传甚鲜，不仅文字多有歧误，篇目亦颇纷乱。又《评释》外篇目录下，附有郭氏按语云：“外篇十卷，旧目不列，今为补之。”可见其所据之本，原已脱去外篇目录。

述　　例

一、《史通》原文依明神宗万历五年张之象刻本，仅将繁体字排为简化字。

二、原文误者正之，脱者补之，衍者删之，凡所正所补所删，均必反复比勘他本，取众证以为据，在便利通读前提下，保存象本原来面貌。

三、校改不凭臆测，必确凿可证，不改即文意不畅者，乃出校语说明校改之由。凡无版本依据者、不详其致误之由者、疑而不能定者，均一概不改。

四、个别明显错字，出现次数较多，如干宝之干作于或千，显系手民之误，即予改正。又扬雄之扬字作杨，苻坚之苻字作符，王劭之劭字作卲或邵，王沈之沈字作沉，诸如此类，旧有可通之说，除在初见时注明外，正文仍依原文之旧，笺注即随俗用扬、苻、劭、沈等字。

五、刘氏原注，仍照原刻，用小字夹注于后，但改双行为单行。原注一般不再注释，确属难解者，依正文序次加注。其中杂有非刘氏自注者，因甚明显，读者一览便知，亦不予指明。

六、难字注音，难辞释义。

七、仿郑氏《诗》笺之例，笺以表明本事、本意为主，笺文必标明其出处，一般以节引原文为主，必要时辅以诠释。

八、注以释明原辞为主，人名、书名、典故初见时简述其原委，再现时或依辞简注，或注见前。

九、前人训、释、订、注，是者采之，标其书名；非者舍之，不予辨正。惟于纠正《史通》原书违误之注，无论是否，均予征引。其有原书不误而误纠者，必详予论证。

十、浦起龙《通释》，用力颇勤，流传甚广，对其注释文字有改易者，即不再标书名。非敢掠美，因读者可自覆按也。其有臆改原文及注释不妥以至错误者，均予是正。非甘轻议前贤，因其影响较大也。

十一、在吸收前人研究成果基础上，引用之注释有不足处，则加按语以阐释之。其有应注而未注者，则增益之。

十二、各篇正文前均加解题，撮述全篇大意及其主要论点在中国史学史上之地位。

十三、原文分段笺注，其注文条目较少者，则并两三段笺注。

十四、校注时，引用《史通》之各种刻本及各家注释，为免繁冗，均用简称，附表于下：

书名	刊者或撰者	简称
史通	明蜀藩司刻本	蜀本
史通	明嘉靖十四年陆深刻	陆本
史通	明万历五年张之象刻	象本或“原”
史通	明万历三十年张鼎思刻	鼎本
史通评释	明刻本李维桢、郭延年评释	郭本、郭《附评》 李《评》
史通订注	明刻本陈继儒订注	陈《订注》

史通训故	明刻本王惟俭	王本、王《训故》
史通训故补	清乾隆刻本黄叔琳	黄本、黄《补注》
史通通释	清乾隆刻本浦起龙	《通释》、浦注
史通训故补	浦批本	浦批
史通削繁	清纪昀	纪《评》
史通拾补	清卢文弨	卢《拾补》
史通评	吕思勉	吕《评》
史通补释	陈汉章	陈《补释》
史通通释补	杨明照	杨《通释补》
史通增释	彭啸咸	彭《增释》
史通札记	孙毓修	孙《札记》
史通笺记	程千帆	程《笺记》

十五、《史通》所载史目甚多，征引极博，明焦竑已谓其半就湮没，笺注时除尽力探求其本源外，亦常征引艺文经籍诸志，其中最常用者如《汉书·艺文志》、《隋书·经籍志》、《旧唐书·经籍志》、《新唐书·艺文志》、《通志·艺文略》、《四库全书总目》等，亦分别简称《汉志》、《隋志》、《旧唐志》、《新唐志》、《两唐志》、《通志略》、《四库全书总目》等。

十六、刘知幾其他著作及前人对《史通》序、跋、论、评博采约取，辑入附录，文字皆从原文底本，为有志探讨刘氏史学理论体系者，提供便利。

史通序录

刘知幾

长安二年〔一〕,余以著作佐郎兼修国史〔二〕。寻迁左史,于门下撰起居注〔三〕。会转中书舍人〔四〕,暂停史任,俄兼领其职。今上即位〔五〕,除著作郎、太子中允率更令〔六〕,其修史皆如故。又属大驾还京〔七〕,以留后在都〔八〕。无几,驿征入京,专知史事〔九〕,仍迁秘书少监〔一〇〕。

〔一〕长安:武后年号。长安二年为公元702年。

〔二〕著作佐郎:《旧唐书·职官志》:秘书省有二局,一曰著作,二曰太史。著作局于著作郎(从五品上)下设佐郎四人(从六品上)。

〔三〕于门下撰起居注:《旧唐书·职官志》:门下省原设起居郎二员,从六品上。高宗、武后时,两度改为左史,掌起居注,录天子之言动法度,以修记事之史。

〔四〕中书舍人:见本传注。

〔五〕今上即位:长安五年(705),春正月,张柬之等讨乱,诛张易之、张昌宗,中宗显复位,复国号曰唐,改元神龙。武则天自光宅元年(684)临朝,天授元年(690)改国号曰周,至此历二十一年。

〔六〕太子中允:《旧唐书·职官志》:东宫官,太子左春坊左庶子二人,正四品上,中允二人,正五品下。左庶子掌侍从赞相,驳正启奏,中允为之贰。率更令:从四品上,见本传注。

〔七〕大驾还京:见本传"天子西还"注。大驾:据《后汉书·舆服志》,东都唯大行乃大驾。中宗西还长安故都,故称大驾。

〔八〕都:指东都,浦《释》云旧脱"东"字,在今河南洛阳。武后时以东都为神都,至是复东都旧称。

〔九〕专知史事:知幾自武后长安二年(702)兼修国史,中宗复位修史如故,至此专掌史事,故《自叙》谓"三为史臣",参看《自叙》原注。

〔一〇〕秘书少监:从四品上,见本传注。知幾自公元702年以著作佐郎(从六品上)兼修国史,至中宗景龙二年(708),迁秘书少监,从四品上,故云又仕偃蹇也。

自惟历事二主,从官两京〔一〕,遍居司籍之曹,久处载言之职。昔马融三入东观〔二〕,汉代称荣;张华再典史官〔三〕,晋朝称美。嗟予小子,兼而有之。是用职思其忧,不遑启处〔四〕,尝以载削余暇,商榷史篇,下笔不休,遂盈筐箧,于是区分类聚,编而次之。

〔一〕自:原作"目",别本均作"自",何义门批校本已描改,今据改。二主:武后、中宗。两京:长安、洛阳。

〔二〕马融:字季长,东汉儒生。安帝永初四年(110),拜为校书郎中,诣东观,典校秘书。忤邓氏(即邓太后),遂令禁锢之。太后崩(121),安帝亲政,召还郎署,复在讲部。桓帝时,为南郡太守,忤大将军梁冀,还,复拜议郎,重在东观著述(据《后汉书》本传),故曰三入东观。东观:洛阳宫殿名,是当时修史处所。

〔三〕张华:字茂先,魏晋间人,仕魏为佐著作郎。入晋虽居高官,仍领著作(据《晋书》卷三十六本传),故云再典史官。

〔四〕思:原作"司",卷十一《史官建置》"则秘监职司其忧"句,亦作"司",据《诗经》改。按:《诗经·唐风·蟋蟀》三章"无已大康,职思其忧"。一二两章尚有"职思其居"、"职思其外"句,均作"思",足证"司"字之误。不遑启处:见《诗经·小雅·鹿鸣之什·四牡》,注云:"遑,暇也;启,跪也;处,居也。"古人席地而坐,起必先长跪。意谓身任史职而史事无成,使自己坐立不安,说明私著《史通》之动机。

昔汉世诸儒,集论经传,定之于白虎阁,因名曰"白虎通"〔一〕。予既在史馆而成此书,故便以"史通"为目。且汉求司马迁后,封为史通子〔二〕,是知史之称通,其来日久,博采众议,爰定兹名。凡为廿卷,列之如左,合若干言。旧注:除所阙篇凡八万二千三百五十二字,注五千四百九十八字〔三〕。于时岁次庚戌,景龙四年仲春之月也〔四〕。

〔一〕白虎通:《后汉书·章帝纪》建初四年(79)冬十一月,诏在白虎观开会,"讲议《五经》同异","作《白虎议奏》"。又《后汉书·班固传》:"天子(即章帝)会诸儒讲论《五经》,作《白虎通德论》,令固撰集其事。"今存。《白虎通德论》,又称《白虎通义》。

〔二〕史通子:《汉书·司马迁传》云:“至王莽时,求封迁后为史通子。”

〔三〕夹注原无,据鼎本补。孙《札记》:“张之象本无夹注二十四字,何氏(焯)以朱笔补入。”别本均录入,今补录。

〔四〕景龙四年(710):唐中宗复位至此首尾六年,是年六月,被韦后鸩死。李隆基诛韦后及其党,奉相王旦复位,是为睿宗,改元景云。

史通卷之一　内篇

六家第一

【解　题】

《六家》篇是著者对隋、唐以前史书体例的全面总结，也是《史通》全书开宗明义的总纲。他榷论古来史体，其流有六：即《尚书》家记言，《春秋》家记事，《左传》家编年，《国语》家国别，《史记》家通古纪传，《汉书》家断代纪传。与六体参行者，《杂述》篇虽又举出偏记、小录等十流，但就隋、唐以前主要史体说，洵如著者在本篇结论所言："史之流品，亦穷之于此矣。"

子玄依序论述六种史体之主要特点：一、"'书'之所主，本于号令，所以宣王道之正义，发话言于臣下。"并指出记事的《尧典》、《禹贡》、《洪范》、《顾命》等篇是"为例不纯"。二、《春秋》之教是"属辞比事"，是"据行事，仍人道，就败以明罚，因兴以立功"，此为仲尼修《春秋》褒讳黜陟之法。但也指出，"'春秋'之目，事匪一家"。即"春秋"原为周秦以前古史之通称，并就《春秋》以来不同编制特点指出晏、虞、吕、陆诸书，本无年月，就不应“谓之‘春秋’”。三、《左传》是依《春秋》编年之体，叙事详博之史书。他特别举出其“或传无而经有，或经阙而传存”之内容特征，突出《左传》是一部编年纪事之佳史。吕思勉先生《史通评》（以下简称吕《评》）以经今文学观点，据“此十二字”，以为乃“实左氏不传《春秋》之明证”，并信《左传》实刘歆之伪作。但亦承认其“为史书创一佳体”，又进一步指出：“其与《春秋》并行，开纲目之例。”四、《国语》，虽亦承认其为“《春秋》外传”，但却首揭其分八国叙事之特点，而以分十二国叙事之《战国策》为类，更突出其国别史之体例。吕氏又谓：“《国语》、《国策》名相似而实不同，《国语》为时代较后之《尚书》，《国策》记事，寓言十九，实不可作史读。”知幾就体例言，吕氏依内容论，故终相凿枘。五、《史记》为纪传史之祖。“纪传以统君臣，书表以谱年爵”，而其断限则“上起黄帝，下穷汉武”，是纪传群分，通古为史者。六、《汉书》“皆准子长，但不为世家，改书曰志而已”。班彪初本因袭《史记》，演成后记，至子固乃断自高祖，讫于王莽，勒成一史，遂创纪传断代史体，此亦史学史上之重大改革，并在传统社会中，产生深远影响，此知幾之所以舍《史记》而以《汉书》为纪传史之代表，其着眼点仍是史书体例，不是论《史》、《汉》优劣。

综上所述，所谓“六家”，实际是把隋、唐以前主要史书归纳为六种体例。“为例不纯”四字是知幾从体例上对史书之针砭。他在《序例》篇中说“史之有例，犹国之有法”，遂严格按照法例来评论史书，我们读《史通》就必须理解其真实精神。

其次，他略举上述六家史体流传之事实：《尚书》是“宗周既殒，‘书’体遂废”，而孔衍、王邵之仿作，是“理涉守株”，自不免“受嗤当代”，不行于后世。《春秋》后《晏子春秋》等名虽存而实亡，太史公《史记》本纪“如昔《春秋》”，并《春秋》之名亦不存矣。仿《国语》者孔衍、司马彪诸作，存者亦仅有孔衍《后语》，“而《国语》之风替矣”，殊值得注意。他提到三国、东晋史家，也只是模拟纪传、编年体，虽未进一步指出《国语》、《国策》只适用于春秋、战国诸侯割据之时，但也意识到秦、汉以后，虽在分裂之际，国别史亦非时尚所趋。魏纪、吴书、赵书、凉记，岂不早已失传，惟合三国、十六国为史之陈寿、崔鸿，其人其书尚广泛日久流传？而仿《史记》通古为纪传之梁武《通史》、元晖《科录》，更“芜累尤深”，遂使学者“宁习本书，而怠窥新录，且撰次无几，而残缺遂多”。至于《南》、《北》二史，不过是几个短促朝代之断代史而已，知幾归入纪传通史之列，显然并不恰当。

著者从史学发展史之实际出发，寻找出史书“体式不同”之原因，是由于“时移世异”。所以文中开头就说“古往今来，质文递变，诸史之作，不恒厥体”。而在篇末，又作出“朴散淳销，时移世异，《尚书》等四家，其体久废”之正确结论。他认识到史书体裁要适应时世进化的要求。而《史通》全书中，亦始终贯串类似进步之进化论思想，此正是读《史通》应掌握之一根红线。同时，他肯定“所可祖述者”，只有左氏编年和《汉书》纪传断代二体，并在下一篇申论。

子玄将儒家经典《尚书》、《春秋》与《史》、《汉》平列。过去毁其离经叛道，近人誉其反抗精神，都从著者对儒经的态度考虑，事实上是反映了著者忠于史学的态度。他认为《尚书》、《春秋》是记言、记事的史书，在《六家》中，以至在《史通》

全书中，就把它作为史书来研究，是实事求是。他不顾当时经师以及一般卫道士们的诽毁，是可贵的。但主要的还是由于他忠于史学。因为《史通》一书，反映著者并没有从儒家经义中解脱出来，说他离经叛道，不论是诽毁还是奖誉，都嫌太过。

自古帝王编述文籍，《外篇》言之备矣〔一〕。古往今来，质文递变〔二〕，诸史之作，不恒厥体。榷而为论，其流有六〔三〕：一曰《尚书》家，二曰《春秋》家，三曰《左传》家，四曰《国语》家，五曰《史记》家，六曰《汉书》家。今略陈其义，列之于后。

〔一〕《外篇》：王本、黄本同，蜀本、陆本无"篇"字。鼎本、郭本"外篇"作"史"字。浦《通释》注："谓《古今正史》篇。"程千帆之《史通笺记》（以下简称程《笺记》）就"帝王编述文籍"立论，认为"当统《史官建置》、《古今正史》言之，非仅指《正史》一篇"。

〔二〕质文递变：《论语·雍也》："质胜文则野，文胜质则史，文质彬彬，然后君子。"盖言文质不可相胜。然世事变异，有时尚文，有时尚质，故云质文交递变化。

〔三〕其流有六：浦按："《尚书》，记言家也；《春秋》，记事家也；《左传》，编年家也；《国语》，国别家也；《史记》，通古纪传家也；《汉书》，断代纪传家也。"

《尚书》家者〔一〕，其先出于太古。《易》曰："河出《图》，洛出《书》，圣人则之。"〔二〕故知"书"之所起远矣。至孔子观书于周室，得虞、夏、商、周四代之典，乃删其善者,定为《尚书》百篇〔三〕。孔安国曰〔四〕:“以其上古之书,谓之《尚书》。”《尚书璇玑钤》曰〔五〕:“尚者,上也。上天垂文,以布节度〔六〕,如天行也。”王肃曰〔七〕:“上所言,下为史所书,故曰《尚书》也。”〔八〕惟此三说,其义不同。盖“书”之所主,本于号令〔九〕,所以宣王道之正义,发话言于臣下。故其所载,皆典、谟、训、诰、誓、命之文〔一〇〕,至如《尧》、《舜》二典,直序人事,《禹贡》一篇,惟言地理,《洪范》总述灾祥,《顾命》都陈丧礼,兹亦为例不纯者也〔一一〕。又有《周书》者,与《尚书》相类,即孔氏刊约百篇之外,凡为七十二章〔一二〕,上自文、武,下终灵、景,甚有明允笃诚〔一三〕,典雅高义,时亦有浅末恒说,滓秽相参,殆似后之好事者所增益也。至若《职方》之言,与《周官》无异;《时训》之说,比《月令》多同〔一四〕。斯百王之正书,五经之别录者也。自宗周既殒,“书”体遂废,迄乎汉、魏〔一五〕,无能继者。至晋,广陵相鲁国孔衍以为国史所以表言行〔一六〕,昭法式〔一七〕,至于人理常事,不足备列。乃删汉、魏诸史,取其美词典言足为龟镜者,定以篇第,纂成一家,由是有《汉尚书》、《后汉尚书》、《汉魏尚书》〔一八〕,凡为二十六卷。至隋,秘书监太原王邵又录开皇、仁寿时事〔一九〕,编而次之,以类相从,各为其目,勒成《隋书》八十卷,寻其义例,皆准《尚书》。原夫《尚书》之所记也,若君臣相对,词旨可称,则一时之言,累篇咸载。如言无足纪,语无可述,若此故事虽脱略〔二〇〕,而观者不以为非。爰逮中叶,文籍大备,必剪截今文,模拟古法〔二一〕,事非改辙,理涉守株〔二二〕,故舒元所撰汉、魏等篇〔二三〕,不行于代也。若乃帝王无纪,公卿缺传,则年月失序,爵里难详,斯并昔之所忽,而今之所要。如君懋《隋书》,虽欲祖述商、周,宪章虞、夏,观其体制,乃似《孔氏家语》〔二四〕、临川《世说》〔二五〕,可谓画虎不成反类犬也〔二六〕,故其书受嗤当代,良有以焉。

〔一〕《尚书》家:《汉书·艺文志·六艺略·书序》(以下简称《汉志》):"《书》者,古之号令。"《春秋》序:"左史记言,右史记事,事为《春秋》,言为《尚书》。"荀悦《申鉴·时事》亦云:"朝有二史,左史记言,右史记动,动为《春秋》,言为《尚书》。"而《礼记·玉藻》则谓:"动则左史书之,言则右史书之。"《汉志》等左右史所记,与《玉藻》相反。

〔二〕河出《图》,洛出《书》,圣人则之:引自《易·系辞上》。《汉志·书序》续云:"故书之所起远矣。"又《尚书·顾命》孔《传》:"河图,八卦。伏羲氏王天下,龙马出河,遂则其文以画八卦,谓之河图。"又《洪范》:"天乃锡禹洪范九畴。"孔《传》:"天与禹洛出书,神龟负文而出,列于背,有数至于九,禹遂因而第之,以成九类。"

〔三〕《尚书》百篇:浦按:"百篇盖古《尚书》原数。"陈《补释》略云:"浦氏未释'删'字。孔颖达《尚书序》疏引《尚书纬》云:'凡三千二百四十篇,乃删以百篇为《尚书》,十八篇为《中候》。'"按:《汉志·书序》云:"至孔子纂焉,上断于尧,下讫于秦,凡百篇,而为之序,言其作意。秦燔书禁学,济南伏生独壁藏之。汉兴亡失,求得二十九篇。《古文尚书》者,出孔子壁中。武帝末,鲁共王坏孔子宅,得《古文尚书》。孔安国者,孔子后也,悉得其书,以考二十九篇,得多十六篇。"故著录:"《尚书古文经》四十六卷。"师古注曰:"孔安国《书序》云:'凡五十九篇,为四十六卷。'"又:"《经》二十九卷。"师古又注曰:"此二十九卷,伏生传授者。"

〔四〕孔安国:据《史记·孔子世家》,安国为孔子十二世孙,"为今皇帝(汉武帝)博士,至临淮太守,蚤卒"。又《汉书·儒林传》:"孔氏有《古文尚书》,孔安国以今文字读之,因以起其家逸《书》,得十余篇。"《汉志·书序》:"(孔安国)悉得其(孔壁)书,以考二十九篇,得多十六篇。安国献之。遭巫蛊事,未列于学官。""以其上古之书,谓之《尚书》。"乃孔《传序》中语。

〔五〕《尚书璇玑钤》:《后汉书·方术·樊英传》:"樊英善风角、星算,《河》、《洛》七纬,推步灾异。"李贤注谓"七纬"即《易》纬、《书》纬、《诗》纬、《礼》纬、《乐》纬、《孝经》纬、《春秋》纬,《璇玑钤》为《书》纬之一种。"玑",《后汉书》注作"机"。鲁迅《汉文学史纲要》:"《尚书璇玑钤》,乃汉人侈大之言,不可信。"原书久已亡佚,清儒辑者,以赵在翰辑《七纬》较完备。又"钤"字,蜀本、鼎本、郭本作"铃",误。

〔六〕上天垂文,以布节度:蜀本、陆本、鼎本、郭本、黄本均同。《通释》作"上天垂文象,布节度"。注:象,古"象"字。卢《拾补》校云:"象,即'象'字。此五字句。黄本作'以'字,连下读,非。"兹仍其旧。

〔七〕王肃:《三国志·魏书·王朗传》:"朗子肃,肃字子雍。黄初中为散骑黄门侍郎,后迁中领军,加散骑常侍。善贾、马之学,而不好郑氏,采会同异,为《尚书》、《诗》、《论语》、三礼、《左氏》解，及撰定父朗所作《易传》，皆列于学官。”郭《附评》：“临沂王肃，字恭懿，南齐秘书丞。太和十七年奔魏，历官仪同三司，注《国语》。”按：郭本引南齐奔魏之王肃，误。

〔八〕上所言，下为史所书，故曰《尚书》也：纪《评》：“王肃之说，先见王充《论衡》，但‘上所言’作‘上所为’。”陈《补释》引《论衡·正说》：“《尚书》者，以为上古帝王之书，或以为上所为，下所书，授事相实而为名，不依违作意以见奇。”按《论衡·须颂篇》亦云：“或说《尚书》曰：尚者，上也，上所为，下所书也。下者谁也？曰臣子也。然则臣子书上所为矣。”孔颖达《尚书正义》引谓“王肃曰”。

〔九〕“书”之所主，本于号令：杨《通释补》引《汉志·书序》云“《书》者，古之号令”，号令于众。

〔一〇〕典、谟、训、诰、誓、命：《今文尚书》二十九篇中，有《尧典》、《皋陶谟》、《汤誓》、《大诰》、《顾命》等。晚出《古文尚书》多出十六篇中始有《伊训》。

〔一一〕为例不纯：谓《尧典》等篇，叙述人事、地理、灾祥、丧礼之事，与“言为《尚书》”之体例不符。

〔一二〕《周书》：《汉志》著录《周书》七十一篇，《说文》引之始称逸，又名《逸周书》。《隋志·杂史》著录：“《周书》十卷。”原注：“汲冢书，似仲尼删书之余。”故又称《汲冢周书》。七十二章：陈振孙《书录解题》谓：“此书凡七十篇，序一篇，在其末。”即今通行本。各种书录均作“七十一篇”，原文作“七十二章”，鼎本同。卢《拾补》：“二，讹。”《通释》改作“一”。而蔡邕《明堂月令论》云：“《周书》七十二篇。”则“七十二”亦不为无据。

〔一三〕明允笃诚：杨《通释补》引《左》文十八年《传》："齐圣广渊，明允笃诚。"杜注："允，信也。笃，厚也。"

〔一四〕《职方》：《逸周书·职方解》，晋孔晁注："此在《周官·大司马》下篇。"按：此篇与《周礼·夏官·司马下·职方氏》大体相同。《月令》：《逸周书》第五十三篇为《月令解》第五十三，已佚。卢文弨校抱经堂本案语引蔡邕《明堂月令论》云："《月令》篇名，因天时，别人事，天子发号施令，祀神受职，每月异礼，故谓之《月令》。官号职司，与《周官》合。《周书》七十二篇，而《月令》第五十三。秦相吕不韦著书，取《月令》为纪号。淮南王安亦取以为第四篇，改名曰《时则》。"并云："依《吕氏》十二纪首钞出，以备此阙。"所补文字与《礼记·月令》相同。

〔一五〕迄：陆本作"造"，鼎本校改作"迨"。

〔一六〕孔衍（268—320）：《晋书·孔衍传》："衍，字舒元，鲁国人，孔子二十二世孙。元帝引为安东参军，中兴初，补中书郎。经学深博，元、明二帝并亲爱之。王敦专权，出衍为广陵郡（今江苏扬州市一带）。凡所撰述百余万言。"《隋志》杂史类仅著录"《魏尚书》八卷，孔衍撰"。《旧唐志》尚著录其"《汉尚书》十卷，《后汉尚书》六卷"。《新唐志》增"《后魏尚书》十四卷"。

〔一七〕表言行，昭法式：杨《通释补》引《汉志·六艺略·春秋序》："古之王者，世有史官，君举必书，所以慎言行，昭法式也。"

〔一八〕《汉魏尚书》：鼎本、郭本、黄本均同。浦氏于黄本手批"汉"字"衍"，墨笔圈去"汉"字。《通释》本"汉"字浦注"衍"。卢《拾补》："汉，指蜀汉，非衍字也。《唐·艺文志》

讹作‘后’。”浦说可从。

〔一九〕王邵:《隋书·王劭传》:“劭,字君懋,太原晋阳人。少好读书,时人称其博物。累迁中书舍人。齐灭入周,不得调。高祖受禅,授著作佐郎。以母忧去职,在家著《齐书》,时制禁私撰史,为内史侍郎李元操所奏。上怒收其书,览而悦之,起为员外散骑侍郎,修起居注,迁秘书少监。数载卒官。劭在著作将二十年,专典国史。撰《隋书》八十卷。多录口敕,又采迂怪不经之语及委巷之言,词义繁杂,无足称者。初撰《齐志》,为编年体二十卷,复为《齐书》纪传一百卷,及《平贼记》三卷。或文词鄙野,或不轨不物,骇人视听,大为有识所嗤鄙。然其采擿经史谬误,为《读书记》三十卷,时人服其精博。”《隋志》古史类,著录其“《齐志》十卷”,杂史类有“《隋书》六十卷,未成”。知幾极赞赏其《齐志》。又“邵”字,史传作“劭”,蜀本、鼎本与象本同,陆本讹作“郡”。《评释》、《通释》均改从史传作“劭”。孙《札记》校“邵”字云:“凡‘邵’俱改‘劭’,下同。”按刘邵《人物志》附跋云:“据今官书《魏志》作勉劭之劭,从力。他本或从邑者,晋邑之名。案字书,此二训外,无他释,然俱不协孔才(刘邵字)之意。《说文》则为卲,音同上,但召旁从卩耳,训高也。李舟《切韵》,训美也。高、美又与孔才义符。《扬子法言》曰‘周公之才之卲’是也。今俗写《法言》,亦作邑旁‘邵’,盖力、卩文近易讹,读者又昧偏旁之别,今定从‘邵’云。”《四库全书总目》云:“所辨精核,今从之。”按“劭”、“邵”之义与“君懋”义亦不符,“王邵”亦应是“卲”字。从史传改“劭”,自属不妥,姑仍旧作“邵”。后此均依原本,不一一详注。

〔二〇〕如言无足纪，语无可述，若此故事虽脱略：蜀本、陆本、鼎本、郭本、黄本均同，鼎本在"语无可述"句下夹注"此疑有脱"，王本、黄本夹注"有脱误"。纪《评》："此处有脱句脱字。寻其文义，当于'语无可述'下脱一句，言删而不载之意。'若此'上脱半句，言其体例。"卢《拾补》："下并无脱文。""此"字，《通释》谓："疑当作'止'。"又在"虽"字下补一"有"字，变为"虽有脱略"四字句，整齐可读，然显系出自臆改。

〔二一〕模：鼎本、郭本、黄本、王本同，《通释》作"摸"，唐顺之《荆川稗编》卷七十二《史通》径引作"摹"。按"模"、"摸"两字，均同"摹"，仿效也。

〔二二〕守株：用"守株待兔"故事，见《韩非子·五蠹》。

〔二三〕舒元：孔衍字。原误作"元舒"，蜀本、陆本、鼎本同，郭本、王本、黄本作"舒元"，今据诸本及史传改。

〔二四〕《孔氏家语》：即《孔子家语》。《汉志》之《论语》类著录"《孔子家语》二十七卷"。师古注："非今所有《家语》。"《隋志》之《论语》类著录"《孔子家语》二十一卷，王肃解"。王肃序云："孔子二十二世孙有孔猛者，家有其先人之书，予从猛得斯论。故特为解。"《四库全书总目》引王柏《家语考》曰："四十四篇之《家语》，乃王肃自取《左传》、《国语》、《荀》、《孟》、二《戴记》割裂织成之。孔衍之序亦王肃自为也。"《提要》并谓："反复考证，其出于肃手无疑。特其流传已久，且遗文轶事，往往多见于其中，故自唐以来，知其伪而不能废也。"按：王柏所谓"四十四篇之《家语》"，今汲古阁十卷本有四十四篇。

〔二五〕临川《世说》：《隋志》子部小说类著录"《世说》八卷，宋临川王刘义庆撰。《世说》十卷,刘孝标注"。《四库全书总目》云:"义庆事迹具《宋书》。孝标名峻,以字行,事迹具《梁书》。黄伯思《东观余论》谓《世说》之名肇于刘向,其书已亡。故义庆所集,名《世说新书》。《酉阳杂俎》引作《世说新书》可证。"周中孚《郑堂读书记》卷六十三著录《世说新语》三卷,解云:"自《隋志》以迄北宋诸家,止称《世说》,南宋以后诸家皆作《世说新语》。陈氏《书录解题》始以注本作三卷,每卷皆析为上下两卷。记东汉至晋轶事琐语,分为三十八门。为唐修《晋书》所取材。间有采撷纰缪处,已为孝标所纠正,有裨于考证。"

〔二六〕画虎不成反类犬:《后汉书·马援传》载其诫子侄书曰:"杜季良豪侠好义。效季良不得,陷为天下轻薄子,所谓画虎不成反类狗者也。"陈《补释》:"'犬'字本作'狗'。"故惠栋《后汉书补注》引《尔雅》"熊虎丑,其子狗"为说。程千帆《笺记》引《尔雅》郭注、邢疏"以证虎子名狗之义",并云:"《马传》'画虎不成反类狗'之语,乃与'刻鹄不成尚类鹜'相对为文。若如惠氏依《雅》诂为说,则虎狗不过大小之殊,鹄鹜反属族类之异,与伏波书中原意无乃适相背谬乎? 似不可从。"按惠、程均以《尔雅·释兽·寓属》引文为说。而《尔雅·释畜·狗属》又云:"未成豪,狗。"郭《注》:"狗子未生𩌤毛者。"郝疏:"狗犬通名,若对文,则大者名犬,小者名狗。"又《礼记·曲礼》"尊客之前不叱狗",疏亦云:"狗犬通名,若分而言之,大者为犬,小者为狗。"据此,则狗不仅虎子之称,亦小犬之名。惠氏以"虎子狗"释《马传》固误,程君虽指出其"不可从",但亦未能尽其说。盖《马传》所言之"狗",小犬也。知幾以虎、犬对举,更是

"族类之异",无可訾议矣。又陆《音义》:"毻毛,长毛也。"

《春秋》家者〔一〕,其先出于三代。按《汲冢瑣语》〔二〕记太丁时事〔三〕,目为《夏殷春秋》。孔子曰:"疏通知远,《书》之教也。""属辞比事,《春秋》之教也。"〔四〕知《春秋》始作,与《尚书》同时。《瑣语》又有《晋春秋》,记献公十七年事〔五〕。《国语》云:晋羊舌肸习于《春秋》〔六〕,悼公使傅其太子。《左传》昭二年,晋韩宣子来聘,见《鲁春秋》曰:"周礼尽在鲁矣。"〔七〕斯则"春秋"之目,事匪一家,至于隐没无闻者,不可胜载。又按《竹书纪年》〔八〕,其所记事,皆与《鲁春秋》同。孟子曰:"晋谓之'乘',楚谓之'梼杌',而鲁谓之'春秋',其实一也。"〔九〕然则"乘"与"纪年"、"梼杌",其皆"春秋"之别名者乎?故《墨子》曰:"吾见百国春秋。"〔一〇〕盖皆指此也。逮仲尼之修《春秋》也,乃观周礼之旧法,遵鲁史之遗文,据行事,仍人道,就败以明罚,因兴以立功,假日月而定历数,藉朝聘而正礼乐〔一一〕,微婉其说,隐晦其文〔一二〕,为不刊之言,著将来之法,故能弥历千载,而其书独行。又按儒者之说《春秋》也〔一三〕,以事系日,以日系月,言春以包夏,举秋以兼冬,年有四时,故错举以为所记之名也。苟如是,则晏子〔一四〕、虞卿〔一五〕、吕氏〔一六〕、陆贾〔一七〕,其书篇第本无年月,而亦谓之"春秋",盖有异于此者也〔一八〕。至太史公著《史记》,始以天子为本纪,考其宗旨,如昔《春秋》,自是为国史者,皆用斯法。然时移世异,体式不同,其所书之事也,皆言罕褒讳,事无黜陟,故马迁所谓整齐故事耳〔一九〕,安得比于《春秋》哉?

〔一〕《春秋》家:即以《春秋》为代表之记事家。《春秋》亦儒家经典之一,是鲁国编年体史书,孔子删修。现存《春秋》经文,仅一万七千字,实际只是自鲁隐公元年(周平王四十九年,前722)至鲁哀公十四年(周敬王三十九年,前481)二百四十二年大事记。

〔二〕《汲冢瑣语》:《隋志》著录"《古文琐语》四卷",注"汲冢书"。"瑣"同"琐",琐碎也。《晋书·武帝纪》:"咸宁五年(279)十月,汲郡(今河南汲县)人不准掘魏襄王冢,得竹简小篆古书十余万言,藏于秘府。"又《束皙传》:"太康二年(281,与《武纪》异)汲郡人不准盗发魏襄王墓,或言安釐王冢,得竹书数十车。其《琐语》十一篇,诸国卜梦妖怪相书也。"

〔三〕太丁:商世系,据古本《竹书纪年》,从汤至纣凡二十九王,《史记·殷本纪》等谓有两大(即太)丁:一为汤子大丁,早死,不在三十王之内,一为纣祖大丁。据甲骨文,此大丁当为文丁。

〔四〕本注:《书》之教、《春秋》之教,原文见《礼记·经解》。又"《书》之教也",鼎本及《通释》无"之"字,卢《拾补》校云"脱"。按《礼记》原文《诗》、《书》、《乐》、《易》、《礼》、《春秋》教,均无"之"字。

〔五〕《瑣语》:四卷,除前已注明《隋志》著录外,《两唐志》均著录,北宋前尚存,《通志·艺文略》已失载,今佚。《瑣语》是否有《晋春秋》,已不可考。记献公十七年事:或在"十七"上脱"二"字,晋献公在位近二十七年(前676—

前651）。此或专记献公骊姬谋废立太子事欤？《史记·晋世家》："（献公）十七年，晋侯使太子申生伐东山，里克谏，公曰：'寡人有子，未知其太子谁立。'"志以存疑。

〔六〕羊舌肸习于《春秋》：《国语·晋语七》："悼公十二年，羊舌肸习于《春秋》，乃召叔向使傅太子彪。"韦昭注："肸，叔向之名。时孔子未作《春秋》。"吴曾祺案："列国之史，皆谓之'春秋'。盖'春秋'者，乃史之别名，不独鲁也。"按"肸"，原误作"聍"，蜀本、陆本、鼎本同。卢《拾补》："从兮，讹。"孙《札记》作"肹"，校改为"肸"。陈《补释》："又《楚语上》，庄王使士亹傅太子葴。申叔时曰：'教之《春秋》，而为之耸善而抑恶焉，以戒劝其心。'是亦言孔子未修前《春秋》，《史通》未引及。"

〔七〕"《左传》"至"在鲁矣"：《春秋》昭二年《经》："春，晋侯使韩起来聘。"《左传》："春，晋侯使韩宣子来聘。观书于太史氏，见《易象》与《鲁春秋》，曰：'周礼尽在鲁矣。'"《通释》原误韩宣子为韩献子，上海古籍出版社本已校改。按献子名厥，起之父。又陈继儒《订注》："杜注：《春秋》遵周公之典以序事，故曰'周礼尽在鲁矣'。"

〔八〕《竹书纪年》：《晋书·束晳传》："（汲郡竹书）其《纪年》十三篇，记夏以来至周幽王为犬戎所灭。以（晋）事接之，三家分晋，仍述魏事至安釐王之二十年。盖魏国之史书，大略与《春秋》皆多相应，其中经传大异，则云：'夏年多殷。益干启位，启杀之。太甲杀伊尹，文丁杀季历。自周受命，至穆王百岁，非穆王寿百岁也。幽（疑"厉"字）王既亡，有共伯和者摄行天子事，非二相共和也。'"《隋志》著录《纪年》十二卷，注云："《汲冢书》，并《竹书同异》一卷。"与

《束晳传》篇数符合，可见唐代此书尚在，知幾或及见之。至宋亡失，后有人掇拾《纪年》佚文，凑合史传记事及《宋书·符瑞志》文章，伪托梁沈约注，即现行《竹书纪年》（近人称《今本竹书纪年》），至清代考据学家始疑其伪。朱右曾广辑原文，成《汲冢纪年存真》二卷，王国维又据以补充订正，成《古本竹书纪年辑校》。近人范祥雍又在王书基础上加以订补，成《古本竹书纪年辑校订补》，一九五六年由新知识出版社印行。《纪年》有较高史料价值，知幾多引用其文。

〔九〕乘、梼杌、春秋：见《孟子·离娄下》。原文三句都无"谓"字，晋乘（读去声）、楚梼杌、鲁春秋，皆各国史书别名，而又通称为"春秋"。

〔一〇〕百国春秋：纪《评》："今本《墨子》无此句，盖逸篇之文。《墨子》又有《周春秋》、《燕春秋》、《齐春秋》，皆见《明鬼》下篇。"陈《补释》："毕沅辑《墨子佚文》'吾见百国春秋史'，见隋李德林《重答魏收书》。孙诒让校补，据《隋书》本传及《史通》此文，删去'史'字。"按《明鬼》下篇尚有《宋春秋》。

〔一一〕"据行事"至"而正礼乐"：杨《通释补》引《汉志·六艺略·春秋序》："据行事，仍人道，因兴以立功，就败以成罚，假日月以定历数，藉朝聘以正礼乐。"

〔一二〕微婉其说，隐晦其文：鼎本、郭本、王本、黄本同。《通释》改"隐"为"志"，并引杜《序》释云："为例之情有五：一曰微而显，二曰志而晦，三曰婉而成章，四曰尽而不污，五曰惩恶而劝善。"陈《补释》："此当引《春秋传》本文，不当引杜《序》也。一见于成公十四年，传曰：'《春秋》之称微而显，志而晦，婉而成章。'一见于昭公三十一年，传曰：'春秋之称微而显，婉而辨。'"陈说是。其引文皆见《左氏传》。

〔一三〕儒者之说《春秋》：杜《序》："《春秋》者，鲁史记之名也。记事者，以事系日，以日系月，以月系时，以时系年。年有四时，故错举以为所记之名也。"疏："言春足以兼夏，言秋足以兼冬。"又《诗·鲁颂·閟宫》："春秋匪解。"郑笺："春秋，犹言四时也。"

〔一四〕晏子：《史记·晏婴传》："晏平仲婴者，莱之夷维人。事齐灵公、庄公、景公（前581—前490，相继为齐君）。以节俭力行重于齐。"太史公曰："《晏子春秋》世多有之。"《索隐》："（《晏子春秋》）今其书有七十篇。"《汉志·诸子略·儒家》著录《晏子》八篇。按今存《晏子》内篇《谏》、《问》、《杂》各分上下，计六卷，外篇分"重而异者"、"不合经术者"两卷，共八卷。孙星衍云："《史记正义》引《七略》云：'《晏子春秋》七篇在儒家者。'是时即以《外篇》第七八合为一耳。隋唐《志》七卷，即以篇为卷也。《玉海》引《崇文总目》十二卷。《文献通考》亦十二卷，盖宋时分析其篇上下各为卷，二或四字之误，即《七略》之七篇也。"

〔一五〕虞卿：《史记·虞卿传》："虞卿者，游说之士也。为赵上卿。去赵，困于梁，不得意，乃著书。上采《春秋》，下观近势，曰《节义》、《称号》、《揣摩》、《政谋》，凡八篇，以刺讥国家得失。世传之曰《虞氏春秋》。"《汉志·诸子略·儒家》著录："《虞氏春秋》十五篇。"今佚。

〔一六〕吕氏：《史记·吕不韦传》："吕不韦，阳翟大贾。庄襄王元年，以吕不韦为丞相，封为文信侯。太子政立为王，尊吕不韦为相国，号称'仲父'。家僮万人。""使其客人人著所闻,集论以为八览、六论、十二纪,二十余万言。以为备天地万物古今之事,号曰《吕氏春秋》。"《汉志·诸子略·杂家》著录"《吕氏春秋》二十六篇"。

〔一七〕陆贾:《史记·陆贾传》:"陆贾者,楚人也。以客从高祖定天下,名为有口辩士,常使诸侯。高帝曾谓陆生曰:'试为我著秦所以失天下,吾所以得之者何,及古成败之国。'陆生乃粗述存亡之征,凡著十二篇,号其书曰《新语》。"又《后汉书·班彪传》:"汉兴,定天下,太中大夫陆贾记录时功,作《楚汉春秋》九篇。"《汉志·六艺略·春秋》著录《楚汉春秋》九篇(陆贾所记)。又裴骃《集解序》引《汉书·司马迁传》:"班固有言曰:'司马迁述《楚汉春秋》。'"《索隐》:"汉太中大夫陆贾所撰,记项氏与汉高祖初起及说惠、文间事。"《史通》所指即《楚汉春秋》,原书已佚,有清茆泮林辑本。

〔一八〕有异于此:纪《评》:"《春秋》本以错举四时而名,其不编年而称'春秋'者,则以褒贬之义,附乎《春秋》耳。"

〔一九〕整齐故事:《史记·太史公自序》:"余所谓述故事,整齐其世传,非所谓作也。而君比之于《春秋》,谬矣。"

《左传》家者〔一〕,其先出于左丘明,孔子既著《春秋》,而丘明授经作传〔二〕,盖传者转也〔三〕,转受经旨以授后人。或曰:《传》者,传也〔四〕,上"传"去声,下"传"平声。所以传示来世。案孔安国注《尚书》,亦谓之传,斯则传者,亦训释之义乎?观《左传》之释经也,言见经文,而事详传内,或传无而经有,或经阙而传存。其言简而要,其事详而博,信圣人之羽翮，而述者之冠冕也。逮孔子云没，经传不作，于时文籍，唯有《战国策》及太史公书而已。至晋著作郎鲁国乐资乃追采二史，撰为《春秋后传》〔五〕，其书始以周贞王续前传鲁哀公后，至王赧入秦，又以秦文王之继周，终于二世之灭〔六〕，合成三十卷。当汉代史书，以迁、固为主，而纪传互出，表志相重，于文为烦，颇难周览。至孝献帝，始命荀悦撮其书为编年体，依附《左传》著《汉纪》三十篇〔七〕。自是每代国史，皆有斯作。起自后汉，至于高齐，如张璠、孙盛、干宝、徐贾、裴子野、吴均、何之元、王邵等〔八〕，其所著书，或谓之"春秋"，或谓之"纪"，或谓之"略"，或谓之"典"，或谓之"志"，虽名各异，大抵皆依《左传》以为的准焉〔九〕。

〔一〕《左传》家：《左传》是《春秋左氏传》之简称。《左传》作者，《史记·十二诸侯年表》序说是"鲁君子左丘明"。《汉书·艺文志》说丘明与孔子同时，并同观鲁史记。魏晋以前，无异论。自唐宋以后，有疑左氏非丘明者，有谓《左传》纪事终于智伯，当为战国时人者，且有疑系刘歆伪托者。经今古文学家争论纷纭，但在三传（《公羊》、《穀梁》、《左传》）之中，《左传》记事之详，十倍《公》、《穀》，即经今文学家，亦不得不承认《左传》可作史读。盖《春秋》只有事目，《左传》详述原委，且严格以《春秋》年、时、月、日为序，知幾遂以《左传》家为编年史之代表。

〔二〕授：蜀本、陆本、鼎本、郭本、王本、黄本同。《通释》改"授"作"受"，浦氏又在黄本中批云："'受经作传'失考，遂误作'授'。"并注："旧作'授'，非。"浦《释》云："杜氏《集解序》：左丘明受经于仲尼，以为经者不刊之书也，故传或先经以始事,或后经以终义,或依经以辩理,或错经以合异,随义而发其例之所重。”又卢《拾补》校“授”字云:“疑‘受’,但后亦作‘授’。”

〔三〕传者转也:陈《补释》:“此用《释名·释书契》文。”按刘熙《释名》卷六《释书契》原文云:“传,转也。转移所在,执以为信也。”又杨《通释补》连下文“转受经旨以授后人”、“信圣人之羽翮,而述者之冠冕也”句,释云:“《文心雕龙·史传》篇:‘传者,转也。转受经旨,以授于后。实圣文之羽翮,记籍之冠冕也。’”

〔四〕《传》者,传也:陈《补释》:“此用《释名·释典艺》文。”按《释名》原文为“《传》,传也。以传示后人也”。蜀本、陆本、鼎本“传也”作“示也”。孙《札记》:“《拾补》云:‘宋本作“传者,传也”。’顾千里云:‘此“风、风也”之例。’”

〔五〕乐资:《通释》:“乐资,《晋书》无传。《隋志》:‘《春秋后传》三十一卷,晋著作郎乐资撰。’资,晋时人,在荀悦后。而章内先举乐资者,资书接《左》迄秦,事在《汉纪》前,不以人次也。”《春秋后传》:按《两唐志》均在杂史类著录乐资《春秋后传》三十卷,卷数与《史通》相符。

〔六〕本注:始以周贞王、终于二世之灭,周贞王即周贞定王介。《竹书纪年统笺》卷十一笺云:“按《世本》:‘贞王介崩,子元王赤立。’《史记·周本纪》:‘元王崩,子定王介立。’《索隐》曰:‘如《史记》,则元王是定王父。依《世本》,则元王是贞王子,必有一乖误。皇甫谧见此疑而不决,遂弥缝《史记》、《世本》之错谬,因谓贞定王。’今据《竹书》已作贞定王,乃元王子,则《世本》与《索隐》并谬也。”“前传”指《左传》,《左传》止于鲁哀二十七年(前469),后接周贞定王介元年(前 468,一般年表作"定王介",陈庆麒之《中国大事年表》依《竹书纪年》作"贞定王介"),故云"始以周贞王续前传鲁哀公后"。又陈《补释》:"《史记·秦本纪》:昭襄王'五十二年,(周民东亡,其器九鼎入秦。)周初亡',尚有东周君。至庄襄王元年,以阳人地赐周君(陈误乙作"赐周君以阳人地",今据《秦本纪》改)。故《周本纪》:'秦(取九鼎宝器,而)迁西周公于𢠳(音惮)狐(在今洛阳南 150 里,与阳人聚相近)。后七岁,秦庄襄王灭东西周。'庄襄之父即孝文王。乐资以孝文继周,是其序也。"按"秦庄襄王灭东西周"句,原脱一"西"字,据《史记》原文补。又此句下尚有"东西周皆入于秦"句。

〔七〕荀悦:荀悦(148—209),《后汉书·荀悦传》:"悦,字仲豫。年十二能说《春秋》。献帝颇好文学,悦与弟彧及孔融侍讲禁中,累迁秘书监、侍中。时,政移曹氏,悦作《申鉴》,帝览而善之。帝常以《汉书》文繁难省,令悦依左氏《传》体,以为《汉纪》三十篇,辞约事详,论辨多美。"李《评》又引巽岩李氏曰:"《汉纪》固不出班书,然亦时有删润,如谏大夫王仁侍中王闳谏疏,班书皆无之,不知悦何从得也。《通鉴》书太上皇崩、葬,及五凤郊泰畤之月,皆舍班从荀。"《隋志》古史类著录,今存。"附"字,蜀本、陆本、鼎本无,似可从,则"体"字当从下句读,兹从其旧。

〔八〕张璠、孙盛、干宝、徐贾、裴子野、吴均、何之元、王邵:《隋志》古史类依序著录:《后汉纪》三十卷,张璠撰。《魏氏春秋》二十卷、《晋阳秋》三十二卷,讫哀帝,孙盛撰。《晋纪》二十三卷,干宝撰,讫愍帝。《晋纪》四十五卷,宋中散大夫徐广撰。《宋略》二十卷,梁通直郎裴子野撰。《齐春秋》

三十卷，梁奉朝请吴均撰。《梁典》三十卷，陈始兴王谘议何之元撰。《齐志》十卷，后齐事，王劭撰。其书今均佚，著者除王劭已见本篇《尚书》家注外，其余以后各篇另注。又原文徐贾，郭本云“不详”，史无其人。《隋志》著录徐广《晋纪》，序次亦合。《通释》云：“‘贾’字即‘广’字之讹。”卢《拾补》云：“何(义门)改‘广’，即撰《晋纪》者。”

〔九〕皆依《左传》以为的准：李《评》：“文中子言‘史之失，自马迁始也。记烦而志寡’，而不訾及《左氏》，则《左氏》为麟经之的传，修史之准的也。永平中，能为《左氏》者擢高第，其后贾逵、服虔，并为训解，至魏遂行于世，晋时杜预又为经传集解，而《左氏》大行矣。”按文中子之言，见《中说·天地篇》。

《国语》家者〔一〕，其先亦出于左丘明。既为《春秋》内传，又稽其逸文，纂其别说，分周、鲁、齐、晋、郑、楚、吴、越八国事。起自周穆王，终于鲁悼公，列为《春秋外传国语》〔二〕，合为二十一篇，其文以方内传，或重出而小异。然自古名儒贾逵、王肃、虞翻、韦曜之徒〔三〕，并申以注释，治其章句，此亦六经之流，三传之亚也。暨纵横互起，力战争雄，秦兼天下，而著《战国策》〔四〕。其篇有东西二周、秦、齐、燕、楚、三晋、宋、卫、中山合十二国，分为三十三卷。夫谓之策者，盖录而不序〔五〕，故即简以为名。或云，汉代刘向以战国游士为之策谋，因谓之《战国策》〔六〕。至孔衍又以《战国策》所书未为尽善，乃引太史公所记，参其异同，删彼二家，聚为一录，号为《春秋后语》。除二周及宋、卫、中山,其所留者七国而已。始自秦孝公,终于楚、汉之际,比于《春秋》,亦尽二百四十余年行事。始衍撰《春秋时国语》,复撰《春秋后语》,勒成二书〔七〕,各为十卷。今行于世者,唯《后语》存焉。按其书序云:“虽左氏莫能加。”世人皆尤其不量力,不度德〔八〕。寻衍之此义,自比于丘明者,当谓《国语》,非《春秋传》也。必方以类聚,岂多嗤乎〔九〕?当汉氏失驭,英雄角力,司马彪又录其行事,因为《九州春秋》〔一〇〕,州为一篇,合为九卷。寻其体统〔一一〕,亦近代之《国语》也。自魏都许、洛,三方鼎峙〔一二〕,晋宅江、淮,四海幅裂,其君虽号同王者,而地实诸侯。所在史官,记其国事。为纪传者则规模班、马,创编年者则议拟荀、袁〔一三〕。为是《史》、《汉》之体大行,而《国语》之风替矣。

〔一〕《国语》家:《史记·太史公自序》:“左丘失明,厥有《国语》。”《汉志·六艺略·春秋》著录:“《国语》二十一篇,左丘明著。”隋唐《志》均仍列是书于《春秋》类。知幾就其体例分国叙事,列为国别史之代表。

〔二〕列为:蜀本、陆本、鼎本作“列于”。《通释》作“别为”,并注云:“此二字或作‘列于’,或作‘列为’,皆非。”按《隋志》以《春秋外传国语》为书,列录贾、虞、王、韦及孔晁、唐固注计六种,则“列为”二字亦可通。《春秋外传国语》:《通释》节引韦昭《国语序》云:“昔孔子修旧史以垂法,左丘明因圣言以摅意,可谓博物善作者也。其雅思未尽,复采录前世穆王以来,下讫鲁悼、智伯之诛,以为《国语》。其文不止于《经》,故号曰‘外传’。”按,“不止于《经》”的“止”字系“主”字之误。又“下讫鲁悼、智伯之诛”,系言鲁悼公时智伯之诛,上海古籍出版社本在鲁悼下加顿号亦欠妥。又陈《补释》云:“《春秋外传》之名,明见《汉书·律历志·三统术·历谱》,不始于后汉、季汉时人。钱氏大昕《二十二史考异》谓:‘今人称《国语》为外传,《汉志》却无此名目。’盖钱氏但据《艺文志》,未考《律历志》耳。”按《汉书·律历志下》在“世经‘颛顼帝’、‘帝喾’”两目下,均引“《春秋外传》”,引文分见于《国语》之《楚语下》及《周语下》。惟其在“起自周穆”上限之外,《春秋》既为古史通称,谓《春秋外传》之称亦早见于《汉书·律历志》则可,以此论证称《国语》为外传,或曰《左传》为内,《国语》为外,则尚难令人信服。

〔三〕贾逵、王肃、虞翻、韦曜:《后汉书·贾逵传》:“逵,字景伯,扶风平陵人。父徽,从刘歆受《左氏春秋》,兼习《国语》、《周官》。逵悉传父业。尤明《左氏传》、《国语》,为之《解诂》五十一篇。肃宗立,入讲白虎观。所著经传义诂及论难百余万言,后世称为通儒。”《隋志》春秋类著录:“《春秋外传国语》二十卷,贾逵注。”佚。又王肃事见本篇《尚书》家注。《隋志》著录:“《春秋外传章句》一卷,王肃撰,梁二十二卷。”《旧唐志》径作二十二卷,佚。又《三国志·虞翻传》:“翻,字仲翔,会稽余姚人。孙策征会稽,命为功曹,出为富春长。权徙翻交州,虽处罪放,而讲学不倦。又为《老子》、《论语》、《国语》训注,皆传于世。”《隋志》著录:“《春秋外传国语》二十一卷,虞翻注。”佚。又《三国志·韦曜传》:“曜,字弘嗣,吴郡云阳人。少好学。为尚书,迁太子中庶子。为太史令,撰《吴书》。孙休命曜校定众书。孙皓即位,欲为父和作纪,曜执以和不登帝位,宜名为传,皓积嫌忿，收曜付狱，遂诛曜。”裴注：“曜本名昭，史为晋讳，改之。”象本原作“耀”。《隋志》著录：“《春秋外传国语》二十二卷，韦昭注。”《崇文总目》：“昭参引郑众、贾逵、虞翻、唐固，合五家为注，自发正者三百十事。”书今存。

〔四〕《战国策》：《汉志·六艺略》之《春秋》类著录《战国策》三十三篇，记《春秋》后。《隋志·杂史》著录“《战国策》三十二卷，刘向录”，又“《战国策》二十一卷，高诱撰注”，今存高注本三十三卷。又《战国纵横家书》出版说明：“一九七三年底，长沙马王堆三号汉墓中出土大批帛书，《战国纵横家书》是其中的一种。《战国纵横家书》这个名称是帛书整理小组定的。全书共二十七章，其中十一章内容见于《战国策》和《史记》，另外十六章是久已失传的佚书。这部《战国纵横家书》，特别是其中十六章古佚书的发现，为进一步研究战国历史，提供珍贵资料。”

〔五〕录而不序：杨《通释补》引《文心雕龙·史传篇》：“秦并七王，而战国有策，盖录而弗叙，故即简而为名也。”

〔六〕刘向：《汉书·刘向传》：“向，字子政。本名更生。宣帝招选名儒俊材，征更生受《穀梁》，讲论《五经》于石渠，元帝迁为散骑、谏大夫、给事中。成帝即位，诏向领校中《五经》秘书。常显讼宗室，讥刺王氏及在位大臣，故终不迁，年七十二卒。”谓之《战国策》：刘向原叙云：“所校中《战国策》书，又有国别者八篇，少不足。臣向因国别者，略以时次之，分别不以序者以相补，除复重，得三十三篇。中书本号，或曰《国策》，或曰《国事》，或曰《短长》，或曰《事语》，或曰《长书》，或曰《修书》。臣向以为，战国游士辅所用之国，为之策谋，宜为《战国策》。其事继《春秋》以后，讫楚汉之起，二百四十五年间之事，皆定以杀青。"

〔七〕勒成二书：孔衍生平见《尚书》家注。《旧唐志·杂史》著录其"《春秋国语》十卷"，《新唐志·杂史》著录其"《春秋时国语》十卷，《春秋后国语》十卷"，均已佚。清黄奭《汉学堂丛书》辑有《后语》一卷，又敦煌石室发现有残帙。

〔八〕不量力，不度德：陈《补释》："此用《左传》隐公十一年传文。"按原传文为"息侯伐郑，郑伯与战于境，息师大败而还。君子是以知息之将亡也，不度德，不量力"。杜注："郑庄贤，息国弱。"

〔九〕方以类聚，岂多嗤乎：《易·系辞上》："方以类聚，物以群分。"又见《礼记·乐记》。知幾就史体立论，认为孔衍两书，仿《国语》为分国纪事体。则衍自比于左氏《国语》，固无所用其嗤笑也。纪书削此两句，适见其陋。

〔一〇〕"司马彪"至"《九州春秋》"：《晋书·司马彪传》："彪，字绍统。少笃学，博览群籍。泰始中，为秘书郎，转丞，注《庄子》，作《九州春秋》。以为'汉氏中兴，讫于建安，时无良史'，乃为纪、志、传凡八十篇，号曰《续汉书》。惠帝末年卒。"《续汉书》之纪、传已佚。八志三十卷，刘昭取以补入范晔《后汉书》，迄今合刊行于世。又《隋志·杂史》著录"《九州春秋》十卷，司马彪撰，记汉末事"，佚。清黄奭《汉学堂丛书》辑有一卷。

〔一一〕寻其体统：慧远《大智论钞序》："叙夫体统，辨其深致，若意在文外，而理蕴于辞。"《文心雕龙·附会》："画者谨发而易貌，射者仪毫而失墙，锐精细巧，必疏体统。"知幾活用"体统"一辞，专指史书体裁特征，而在文体论之外，别创其史体论。

〔一二〕魏都许、洛，三方鼎峙：《三国志·魏书·武帝（操）纪》："建安元年秋七月，太祖至洛阳，洛阳残破，董昭等劝太祖都许。二十五年春正月，至洛阳。"又《文帝（丕）纪》："黄初元年十二月，初营洛阳宫，戊午幸洛阳。"又"三"字原作"二"，鼎本等均作"三"，今改。

〔一三〕荀、袁：荀，指荀悦，见本篇《左传》家注。袁即袁宏（328—376），《晋书·文苑·袁宏传》："宏，字彦伯，有逸才，文章绝美，谢尚引宏参其军事。累迁大司马桓温府记室。谢安为扬州刺史，宏自吏部郎出为东阳郡。太元初，卒。撰《后汉纪》三十卷。"又《后汉纪》自序云："予尝读《后汉书》，烦秽杂乱，睡而不能竟也，聊以暇日，撰集为《后汉纪》。经营八年，疲而不能定。始见张璠所撰书，其言汉末之事差详，故复探而益之。"又《十七史商榷·后汉纪》目云："袁宏《后汉纪》，其著述体例及论断，全仿荀悦《前汉纪》。"荀、袁两《纪》今并行于世。

《史记》家者〔一〕，其先出于司马迁。自五经间行，百家竞列，事迹错糅〔二〕，前后乖舛，至迁乃鸠集国史，采访家人〔三〕，上起黄帝，下穷汉武，纪传以统君臣，书表以谱年爵，合百三十卷。因鲁史旧名，目之曰《史记》〔四〕。自是汉世史官所续，皆以《史记》为名。迄乎东京著书，犹称《汉纪》〔五〕。至梁武帝又敕其群臣，上自太初，下终齐室，撰成《通史》六百二十卷〔六〕。其书自秦以上，皆以《史记》为本，而别采他说，以广异闻；至两汉已还，则全录当时纪传，而上下通达，臭味相依；又吴、蜀二主，皆入世家，五胡及拓拔氏,列于《夷狄传》。大抵其体皆如《史记》,其所为异者,唯无表而已。其后元魏济阴王晖业,又著《科录》二百七十卷〔七〕,其断限亦起自上古,而终于宋年。其编次多依仿《通史》,而取其行事尤相似者,共为一科,故以《科录》为号。皇家显庆中,符玺郎陇西李延寿抄撮近代诸史,南起自宋,终于陈,北始自魏,卒于隋,合一百八十篇,号曰《南北史》〔八〕。其君臣流例〔九〕,纪传群分,皆以类从〔一〇〕,各附于本国。凡此诸作,皆《史记》之流也。寻《史记》疆宇辽阔,年月遐长,而分以纪传,散以书表。每论家国一政,而胡越相悬〔一一〕,叙君臣一时,而参商是隔〔一二〕,此为其体之失者也。兼其所载,多聚旧记,时插杂言,谓采《世本》、《国语》、《国策》等,故使览之者事罕异闻,而语饶重出,此撰录之烦者也。况《通史》以降,芜累尤深,遂使学者宁习本书,而怠窥新录,且撰次无几,而残缺遂多〔一三〕,可谓劳而无功,述者所宜深诫也。

〔一〕《史记》家:浦注:"此是纪传家之祖,而刘氏以《史记》通古为体,故别为一家。"郭《附评》:"'史记'二字,虽始鲁史,然《逸周书》有《史记解第六十一》,则周穆王时已有'史记'名矣。《晋世家》孔子读史记云云,《公羊传》庄七年'不修《春秋》'注'谓史记也',由是言之,'史记'、'春秋'一名也,非子长创名矣。"按何休《解诂》:"古者谓史记为春秋。"

〔二〕糅:蜀本、陆本同,鼎本作"揉"。浦注:"通作'揉'。"孙《札记》校"揉"为"糅"。按《楚辞·怀沙》:"同糅玉石兮,一概而相量。”王逸注：“忠佞不异。”错糅，错杂也，于义较佳。

〔三〕家人：“人”原作“乘”，蜀本、陆本、鼎本同。卢《拾补》云：“宋作‘人’。”《通释》改作“人”，注云：“或作‘家乘’，恐非。”按《晋书·司马彪传》云：“谯周以司马迁《史记》，书周秦以上或采俗语百家之言，不专据正经。”外篇《古今正史》中引用此段文字时，即改“或采俗语百家之言”为“或采家人诸子”。又陈《补释》引《采撰》篇亦云：“子长撰《史记》，殷周已往，采彼家人。”是知幾迭用“家人”。考隋唐以前，似未见有“家乘”词语，宋人始以“家乘”称家史、家谱。《史通》迭见“家人”，今据本证改。

〔四〕因鲁史旧名，目之曰《史记》：陈《补释》：“《太史公》百三十篇，《汉志》不名《史记》，至《隋志》始称之。《春秋繁露·俞序》篇：‘史记十二公之间。’《孔子世家》：‘乃因史记作《春秋》。’故杜预《春秋序》曰：‘《春秋》者，鲁史记之名也。’然史记不独鲁史旧名，如《陈杞世家》称：孔子读史记至楚复陈曰：‘贤哉，楚庄王！’又《周本纪》称：‘太史伯阳读史记曰：周亡矣。’张守节《正义》云：‘诸国皆有史以记事，故曰史记。’然则史记本史家通词，故《汉书·五行志》屡引史记为说，考其文见于《国语》者八，不见于太史公《秦本纪》及《始皇本纪》者三，而颜师古注《五行志》顾云此志凡称《史记》者皆谓司马迁所撰也，《史通》殆本小颜之说尔。”按陈释“史记不独鲁史旧名，本史家通词”，是。《俞序》篇在“史记十二公之间”句上，尚有“仲尼之作《春秋》，引史记，理往事”句，则其所“引史记”自未必尽为鲁史记也。而《古今正史》篇亦有句云：“当春秋之世，诸侯国自有史。故孔子求众家史记,而得百二十国书。如楚之书,郑之志,鲁之春秋,魏之纪年。”又云:“非唯鲁之史记而已。”更显言史记本为各国史书之通称。小颜误,《史通》不误。又“目之曰史记”,陆本、鼎本同。浦注“一本‘目’字在上(指上句“名”字上)”,“无‘曰’字”。蜀本同《通释》引“一本”。卢《拾补》校“名之史记”句云:“张有‘曰’字,不增亦可。”张即指象本。

〔五〕东京著书,犹称《汉纪》:即东汉时修撰之《东观汉记》,初名《汉纪》。《隋志》著录:“《东观汉记》一百四十三卷,起光武记注至灵帝,长水校尉刘珍等撰。”范晔《后汉书》撰成前,史家以此书与《史记》、《汉书》并称三史。范书行,是书遂微,北宋尚有残本,明初即佚。《四库全书总目》著录仅二十四卷,系就姚之骃旧辑,补入《永乐大典》中逸文,故记明《永乐大典》本,并辨明不当以刘珍等居题名之首,是。是书创始于明帝时,诏班固等初创,安帝时谒者仆射刘珍等(刘未任长水校尉)续修,灵帝熹平年间,又令马日䃅、蔡邕等续,先后由二十余人历时一百六十余年完成。外篇《古今正史》叙述较详,可参看。

〔六〕“至梁武帝”数句:梁武帝敕撰《通史》,《梁书·吴均传》:武帝寻召均“使撰《通史》,起三皇,迄齐代,均草本纪、世家功已毕,唯列传未就,卒”。《武帝纪》曰:太清三年(549)“又造《通史》,躬制赞序,凡六百卷”。《隋志》著录“《通史》四百八十卷,梁武帝撰,起三皇讫梁”。《两唐志》著录六百零二卷,与知幾所述六百二十卷均有歧异,书已佚。上自太初,陈《补释》云:“此‘太初’与下云‘自太初已下’为汉武帝纪年之号不同。”“犹《楚辞·天问》言‘遂古之初’。”按《吴均传》明言“起三皇”。

〔七〕《科录》:《北史·常山王遵附元晖传》:“晖雅好文学,招集儒士崔鸿等,撰录百家要事,以类相从,名为《科录》。凡二百七十卷,上起伏羲,迄于晋,凡十四代。”《魏书·元晖传》云:“晖颇爱文学,……迄于晋、宋,凡十四代。”又《魏书·济阴王小新成传附元晖业传》云:“晖业之在晋阳也,……乃撰魏藩王家世,号为《辨宗室录》,四十卷。”隋唐《志》谱牒类著录:“《后魏辨宗录》二卷,元晖业撰。”则《科录》乃元晖撰,知幾谓为元晖业,误。郭延年《附评》、王惟俭《训故》辨之已详。

〔八〕李延寿《南北史》:《旧唐书·李延寿传》:“李延寿,本陇西著姓,世居相州。贞观中累补崇贤馆学士。受诏同修《五代史志》,又预撰《晋书》。寻转御史台主簿,兼直国史。历迁符玺郎。”又《新唐书》本传云:“延寿父大师,多识前世旧事,常以宋、齐、梁、陈、齐、周、隋,其史于本国详,它国略,往往訾美失传,思所以改正,拟《春秋》编年,刊究南北事,未成而殁。延寿追终先志,本魏登国元年(386),尽隋义宁二年(618),谓之《北史》;本宋永初元年(420),尽陈祯明三年(589),谓之《南史》,凡八代,合二书百八十篇,上之。其书颇有条理,删落酿辞,过本书远甚。时人见年少位下,不甚称其书。”

〔九〕君臣流例:蜀本、陆本、鼎本、郭本、黄本均同。卢《拾补》校“例”字云:“何‘别’。”浦注:“恐当作‘别’。”孙《札记》亦校曰“别”。

〔一〇〕皆以类从:鼎本、郭本、黄本均同。卢《拾补》校云“类”字下脱“相”字,并谓“宋有”。《通释》补入“相”字。孙

《札记》亦云:"'类'字下有'相'字。"

〔一一〕胡越相悬:《淮南子·俶真训》:"自其异者视之,肝胆胡越。"高诱注:"肝胆喻近,胡越喻远。"《文选·古诗十九首》:"胡马依北风,越鸟巢南枝。"

〔一二〕参商是隔:《左》昭元年《传》:"子产曰:'昔高辛氏有二子,伯曰阏伯,季曰实沈,不相能也。迁阏伯于商丘,主辰,故辰为商星。迁实沈于大夏,主参,故参为晋星。'"杜注:"商丘,宋地。大夏,晋阳县。"参星居西方,商星在东方,出没不相见。

〔一三〕遂:陆本、鼎本、郭本、王本、黄本皆同。蜀本及《通释》作"遽",注云:"或作'遂'。"卢《拾补》校云:"遂,讹。"孙《札记》亦校改"遂"为"遽"。

《汉书》家者〔一〕,其先出于班固。马迁撰《史记》,终于今上〔二〕,自太初已下,阙而不录。班彪因之,演成后记〔三〕,以续前篇。至子固,乃断自高祖,尽于王莽,为十二纪、十志、八表、七十列传,勒成一史,目为《汉书》。昔虞、夏之典,商、周之诰,孔氏所撰,皆谓之书。夫以书为名,亦稽古之伟称。寻其创造,皆准子长,但不为世家,改书曰志而已。自东汉已后,作者相仍,皆袭其名号,无所变革。唯《东观》曰记,《三国》曰志,然称谓虽别,而体制皆同。历观自古史之所载也,《尚书》纪周事,终秦缪;《春秋》述鲁文,止哀公〔四〕。《纪年》下逮于魏亡〔五〕,《史记》唯论于汉始。如《汉书》者,究西都之首末,穷刘氏之废兴,包举一代,撰成一书〔六〕,言皆精练,事甚该密。故学者寻讨,易为其功，自尔迄今，无改斯道。

〔一〕《汉书》家：浦注："此为纪传正家，断代为书始于此。"

〔二〕今上：浦注："谓孝武帝，依太史公语也。"纪《评》："马迁可称汉武为今上，子元安得称之。陈涉、严遵之传，尝以责人矣。"按《太史公自序》述《史记》一书起迄，一则曰："述陶唐以来，至于麟止。"再则曰："述历黄帝以来，至太初而讫。""终于今上"，非史公原词，知幾误沿子长"今上本纪"等用语，纪《评》是。

〔三〕太初：汉武帝年号（前104—前101）。《后汉书·班彪传》："彪，字叔皮。扶风安陵人。性沉重好古，专心史籍之间。武帝时，司马迁著《史记》，自太初以后，阙而不录，乃继采前史遗事，傍贯异闻，作后传数十篇。"

〔四〕止哀公：蜀本、陆本、鼎本、郭本、黄本均误作"止定公"。孙《札记》校改"定公"为"哀公"，又注云："何云抄本'定公'，疑作'定、哀'。"

〔五〕《纪年》下逮于魏亡：蜀本、陆本、鼎本、郭本、黄本均同。卢《拾补》作"《纪年》不殆于魏亡"，校注云："案：此谓《竹书纪年》也。不殆，不及也。'殆'与'迨'通，书中多同。黄作'下逮'，误。"《通释》作"不逮"，"不"下注："一作下，非。"按《纪年》止于魏襄王（《束晳传》作安釐王）二十年（前299），魏亡于前225年，相距七十五年，"下"字当系"不"字之误。又《竹书统笺》笺引和峤曰：《纪年》起于黄帝，终于今王，今王者魏惠成王之子。按即襄王。又《通释》引杜预《左传后序》，可参看。

〔六〕撰成一书：蜀本、陆本、鼎本、郭本、王本、黄本皆同。浦注

“书”字云:“一作‘家’。”卢《拾补》:“书,讹。”孙《札记》亦校作“家”。

于是考兹六家,商榷千载,盖史之流品,亦穷之于此矣。而朴散淳销,时移世异,《尚书》等四家〔一〕,其体久废〔二〕,所可祖述者,唯《左氏》及《汉书》二家而已。

〔一〕“亦穷之于此矣”至“《尚书》等四家”:此四句,鼎本、郭本脱缺。

〔二〕其体久废:黄本同。鼎本、郭本接“盖史之流品”句下,作“亦既久废”。

史通卷之二　内篇

二体第二

【解　题】

《二体》篇继《六家》以后申论编年、纪传两体之得失。首先，知幾指出《尚书》体例不完备，是由于“世犹淳质”，所以文字只能相应简略。这里可看出他朴素的唯物观点。其次，他分举《左传》、《史记》作为编年、纪传之代表，而在分论二体之得失时，复首举《春秋》、《史记》两书，具见其重在体例之首创，至《左传》较详备于《春秋》，《汉书》断代较优于《史记》通古，是在原体例基础上之改善或补充。他在论《春秋》之“长”时，实际是肯定按时间顺序叙述历史之优点，而在指出其“短”时，真实反映它只载王朝兴废政治史之弊。

他在论《史记》之“长”时，说明由于纪、传、表、志之分工，包罗就比较广泛。而其“短”处，由于纪、传群分，就弄得“断续相离，前后屡出”。特别是只顾把同类编在一起，就使时序颠倒错乱。屈、贾同传，曹、荆并编，进一步阐明了通古纪传之缺点。

他根据史学发展的事实，指出“后来继作，相与因循”，就是说隋、唐以前，殊有逾越上述两种体例范围者，但也指出马、班“设纪传以区分，使其纲纪有别”之功。又举荀悦“依左氏成书，剪截班史”之成就，“班、荀二体，角力争先”，如实反映了我国古代史学之发展，在纪传和编年史两方面所取得之丰硕成果。

三五之代，书有典坟〔一〕，悠哉邈矣〔二〕，不可得而详〔三〕。自唐、虞已下，迄于周，是为《古文尚书》。然世犹淳质，文从简略，求诸备体，固已阙如。既而丘明传《春秋》，子长著《史记》，载笔之体，于斯备矣。后来继作，相与因循，假有改张，变其名目，区域有限，孰能逾此。盖荀悦、张璠〔四〕，丘明之党也；班固、华峤〔五〕，子长之流也。唯二家各相矜尚，必辨其利害，可得而言之。

〔一〕三五之代，书有典坟：《周礼·春官·外史》：“掌三皇五帝之书。”《左》昭十二年《传》：“是能读三坟五典。”《尚书》伪孔《传》序谓：“伏牺、神农、黄帝之书，谓之三坟，言大道也。少昊、颛顼、高辛、唐、虞之书，谓之五典，言常道也。”参看外篇《古今正史》。

〔二〕悠哉邈矣：陈《补释》：“司马相如《封禅文》：‘轩辕之前，遐哉邈乎。’潘岳《西征赋》：‘古往今来，邈矣悠哉。’”

〔三〕不可得而详：蜀本、陆本、鼎本、郭本及黄本皆同。卢《拾补》：“宋有‘而’字，无‘得’字，今当但留‘得’字。”孙《札记》云：“何（义门）云抄本无‘得’字。”今仍依原文。

〔四〕荀悦、张璠：指荀之《前汉纪》、张之《后汉纪》，皆编年体，见《六家·左传家》注。

〔五〕班固、华峤：指班之《汉书》、华之《汉后书》，皆纪传体。《晋书·华峤传》："峤，字叔骏，才学深博。文帝辟为掾属。元康初，以峤有良史之志，转秘书监。峤以《汉纪》烦秽，慨然改作，起于光武，终于孝献，帝纪十二卷，皇后纪二卷，典十卷，传七十卷及三谱、序传、目录，凡九十七卷，前史外戚传易为皇后纪，又改志为典，而改名《汉后书》。荀勖、和峤、张华咸以峤（书）'文质事核，有迁、固之规'。十典未成，少子畅克成十典。"隋唐《志》均著录，今亡，有辑本。

夫《春秋》者，系日月而为次，列时岁以相续，中国外夷，同年共事，莫不备载其事，形于目前。理尽一言，语无重出，此其所以为长也。至于贤士贞女，高才隽德，事当冲要者，必盱衡而备言〔一〕；迹在沉冥者，不枉道而详说。如绛县之老〔二〕，杞梁之妻〔三〕，或以酬晋卿而获记，或以对齐君而见录。其有贤如柳惠〔四〕，仁若颜回〔五〕，终不得彰其名氏，显其言行。故论其细也，则纤芥无遗，语其粗也，则丘山是弃，此其所以为短也。

〔一〕盱衡：《汉书·王莽传》"盱衡厉色"，颜注引孟康曰："眉上曰衡，盱衡，举眉扬目也。"郭《评释》眉注："盱，张目也。"此处意谓详察毕录也。

〔二〕绛县之老：绛县在今山西省翼城县东南。《左》襄三十年《传》："二月，晋悼夫人食舆人之城杞者，绛县人或年长矣，无子，而往与于食。有与疑年，使之年。曰：'臣生之岁，正月甲子朔，四百有四十五甲子矣。’吏走问诸朝。师旷曰：‘七十三年矣。’士文伯曰：‘二万六千六百有六旬也。’赵孟问其县大夫，则其属也。召之而谢过焉。曰：‘武不才，任君之大事。以晋国之多虞，不能由吾子，使吾子辱在泥涂久矣。武之罪也。’以为绛县师。”杜注：“使之年，使言其年。由，用也。”赵武，晋卿，故云“酬晋卿而获记”。

〔三〕杞梁之妻：杞梁名殖，春秋时齐大夫。《左》襄二十三年《传》：“齐侯袭莒。杞殖、华还载甲夜入且于之隧，宿于莒郊。莒子获杞梁。莒人行成，齐侯归，遇杞梁之妻于郊，使吊之。辞曰：‘殖之有罪，何辱命焉。若免于罪，犹有先人之敝庐在下，妾不得与郊吊。’齐侯吊诸其室。”杜注：“且于隧，狭路。”杞妻因“对齐君而见录”。

〔四〕柳惠：《通释》：“《左传》僖二十六：‘齐孝公伐我北鄙。公使展喜犒师，使受命于展禽。’杜注：‘柳下惠也。’按：惠见《左传》，有此明文。今云不彰不显，与颜子并说，是《史通》疏处。”按：是年《春秋》经文，仅有“齐人伐我北鄙”句，无展禽事。知幾谓柳惠不彰于《春秋》，不误。然此段文字，虽论《春秋》之短长，实以《春秋》为编年体之代表。上举绛老、杞妻，《春秋》经文亦未载入，亦仅“记录”于《左传》，故浦氏连及《左传》，指其疏虞，尚无不妥。而陈《补释》既增益《左》文二年《传》亦有“下展禽”句，弥见《史通》之疏，而又云“《外传·鲁语上》更详其‘书三策’之言”。《左传》、《国语》固有内外传之称，然知幾原以国别体视《国语》，自不属编年体范围。杨《通释补》转引《论语》亦载有柳下惠之名，更与编年史无涉，离题愈远矣。倘以《论语》论证彰显颜回，不已数十见其名乎？

〔五〕颜回:《论语·雍也》:"子曰:'回也,其心三月不违仁,其余则日月至焉而已矣。'"《史记·仲尼弟子列传》:"回,鲁人,字子渊。孔子曰:'贤哉回也。'蚤死,孔子哭之恸。鲁哀公问:'弟子孰为好学?'孔子对曰:'有颜回者好学,今也则亡。'"《春秋》、《左传》未载入颜回姓名。

《史记》者,纪以包举大端,传以委曲细事,表以谱列年爵〔一〕,志以总括遗漏,逮于天文、地理、国典、朝章,显隐必该,洪纤靡失,此其所以为长也。若乃同为一事,分在数篇,断续相离,前后屡出。于《高纪》则云语在《项传》,于《项传》则云事具《高纪》〔二〕。又编次同类,不求年月,后生而擢居首秩〔三〕,先辈而抑归末章,遂使汉之贾谊,将楚屈原同列〔四〕,鲁之曹沫,与燕荆轲并编〔五〕,此其所以为短也。

〔一〕谱列:鼎本作"序其"。

〔二〕《高纪》、《项传》:指《高祖本纪》、《项籍(羽)传》。按项羽,《史记》列之入本纪,《汉书》则入列传,具见此段只是以《史记》代表纪传体,故错综举出《史》、《汉》,论其短长,亦犹上段标出《春秋》书名,是论编年体,并及《左传》也。

〔三〕秩:卢《拾补》作"帙",云:"宋'袟'。"郭本、黄本、《通释》均作"帙",今仍其旧。

〔四〕遂使汉之贾谊,将楚屈原同列:《史记·屈原贾生列传》:"屈原(约前340—前276)名平,为楚怀王左徒。王甚任之。上官大夫与之同列,争宠而心害其能,因谗之。王怒而疏屈平。平忧愁幽思而作《离骚》。怀王入秦而不反,上官大夫短屈原于顷襄王,王怒而迁之。原行吟泽畔,怀石自投汨罗以死。后百有余年,汉有贾生。”又:“贾生(前200—前168),名谊,洛阳人。文帝召为博士,超迁至太中大夫。诸律令所更定及列侯悉就国,其说皆自贾生发之。绛、灌之属尽害之,天子后亦疏之,不用其议,乃以生为长沙王太傅。意不自得,及渡湘水,为赋以吊屈原。后岁余,征见,上问鬼神之本,拜为梁怀王太傅。怀王骑,堕马而死,贾生自伤无状,哭泣岁余亦死,年三十三。”

〔五〕鲁之曹沬,与荆轲并编:《史记·刺客列传》:“曹沬,鲁人,以勇力事鲁庄公。齐桓公与鲁会于柯而盟,沬执匕首劫齐桓公。”按:沬劫齐桓,在公元前681年,荆轲刺秦王政,在公元前227年,史迁并编入《刺客列传》一卷中。

考兹胜负,互有得失。而晋世干宝著书,乃盛誉丘明而深抑子长,其义云〔一〕,“能以三十卷之约,括囊二百四十年之事〔二〕,靡有遗也”,寻其此说,可谓劲挺之词乎?按:春秋时事,入于左氏所书者,盖三分得其一耳。丘明自知其略也,故为《国语》以广之。然《国语》之外,尚多亡逸,安得言其括囊靡遗者哉?向使丘明世为史官,皆仿《左传》也〔三〕。至于前汉之严君平、郑子真〔四〕,后汉之郭林宗、黄叔度〔五〕,晁错、董生之对策〔六〕,刘向、谷永之上书〔七〕,斯并德冠人伦,名驰海内,识洞幽显,言穷军国。或以身隐位卑,不预朝政,或以文烦事博,难为次序,皆略而不书,斯则可也。必情有所惜,不加刊削,则汉氏之志传百卷,并列于十二纪中,将恐碎琐多芜,阑单失力者矣〔八〕。故班固知其若此,设纪传以区分,使其历然可观,纲纪有别。荀悦厌其迂阔，又依左氏成书，剪截班史，篇才三十，历代保之〔九〕，有逾本传〔一〇〕。然则班、荀二体，角力争先，欲废其一，固亦难矣。后来作者，不出二途，故晋史有王、虞〔一一〕，而副以干《纪》〔一二〕；《宋书》有徐、沈〔一三〕，而分为裴《略》〔一四〕。各有其美，并行于世。异夫令升之言，唯守一家而已。

〔一〕“干宝著书”至“其义云”：《晋书·干宝传》：“宝，字令升，新蔡人。少勤学，博览书记，以才器召为著作郎。著《晋纪》，自宣帝迄于愍帝，五十三年，凡二十卷。其书简略，直而能婉，咸称良史。又为《春秋左氏义外传》及杂集。”书均已佚，清人汤球《晋纪辑本》中，首录干《纪》自宣至愍帝纪若干条。《六家·左传家》已述及《晋纪》。此处“其义云”三字意涵《晋纪》虽无可考，但下篇《载言》有句云“昔干宝议撰晋史，以为宜准左丘明，其臣下委曲，仍为谱注”，故本段文末云“异夫令升之言，唯守一家而已”。

〔二〕括囊：犹言包罗，《后汉书·郑玄传论》“括囊大典”。

〔三〕世为史官，皆仿《左传》也：蜀本、陆本、鼎本作“世为史而皆仿《左传》也”。《通释》同象本，并注：“一作‘而’，非。”孙《札记》：“何亦云抄本无‘官’字。”

〔四〕严君平、郑子真：《汉书》卷七十二《王贡两龚鲍传》序云：“郑子真、严君平皆修身自保，成帝时，元舅大将军王凤，以礼聘子真，子真遂不诎而终。君平卜筮于成都，裁得百钱足自养，则闭肆下帘。”君平名遵，子真名朴，皆古隐士。皇甫谧《高士传》卷中有此二人传。又“真”，郭本作“贞”，注云：“一作真。”

〔五〕郭林宗、黄叔度：《后汉书·郭太传》：“太，字林宗，太原介休人。博通坟籍，见李膺，遂相友善，名震京师。范滂曰：'(郭林宗)隐不违亲，贞不绝俗，天子不得臣，诸侯不得友。'"谢承《后汉书》："太从叔度累日不去，曰：'叔度之器，汪汪若千顷之陂，澄之不清，扰之不浊。'"按郭太，郭《评释》眉注："本名泰，《后汉书》以范晔父名泰，故改太。"又《后汉书·黄宪传》："宪，字叔度，汝南慎阳人。陈蕃、周举常相谓曰：'时月之间，不见黄生，则鄙吝之萌，复存乎心。'宪初举孝廉，又辟公府。友人劝其仕，宪亦不拒，暂到京师而还，天下为号曰征君。"

〔六〕晁错、董生之对策：《汉书·晁错传》："晁错，颍川人，学申、商刑名，为人峭直刻深。受《尚书》伏生所，上书言'人主知术数'，上(文帝)善之，拜为太子家令。得幸太子，号曰'智囊'。上言兵事，复言守边备塞，劝农力本，当世急务二事，诏举贤良文学士，策对曰云云，对策者百余人，唯错为高第。又言宜削诸侯事，吴、楚七国反，以诛错为名，错斩东市。"又《董仲舒传》："仲舒，广川人。少治《春秋》，孝景时为博士，下帷讲诵，三年不窥园。武帝即位，仲舒以贤良对策，推明孔氏，抑黜百家，皆自仲舒发之。以寿终于家。"晁、董两传，均详载其对策文辞。

〔七〕刘向、谷永之上书：刘向见《六家·国语家》注。《汉书·谷永传》："永，字子云，长安人。博学经书，为太常丞，数上疏言得失。对(以)'凡灾异之发，各象过失，以类告人'。"向、永本传及《五行志》均详载其言灾异之变原辞。

〔八〕阑单失力：《通释》"未详"。按：宋陶縠《清异录》卷下衣服门"阑单带迭垛衫条"，释曰："阑单，破裂状。"此处"阑单失力"，盖谓编年史或帝纪插入学行，则文章割裂，松散无力矣。陈鳣批校《通释》亦引及《清异录》。

〔九〕历代保之:蜀本、陆本、鼎本、郭本、王本、黄本均同。《通释》改"保"为"褒",并注:"旧作'保',恐误。"纪昀曰:"当是'保之'。保,推崇也。不应改'褒'。"程《笺记》云:"'保'与'宝'通。《公羊》隐元年疏:'宝者,保也。'《史记·周本纪》:'展九鼎宝玉。'《集解》引徐广曰:'保,一作宝。'是其证。浦校误,纪说亦非。"

〔一〇〕有逾本传:蜀本、陆本、鼎本、郭本、王本、黄本均同。《通释》校"本"字云:"恐当作'纪'。"程《笺记》:"《隋书经籍志考证》卷十二亦云'本传似当为本书,谓班书也'。然'本传'字不误。易书称传,所以调声,亦不得泛称纪传。"

〔一一〕王、虞:《晋书·王隐传》:"隐,字处叔,陈郡陈人。博学多闻,西都旧事,多所谙究。元帝太兴初,召隐及郭璞俱为著作郎,令撰晋史。时著作郎虞预私撰晋书,而生长东南,不知中朝事,数访于隐,并借隐所著书窃写之,所闻渐广。是后更疾隐,形于颜色,预既豪族,交结权贵,共为朋党以斥隐,(隐)竟以谤免,贫无资用,书遂不就。征西将军庾亮供其纸笔,书乃得成。隐文词鄙拙,芜舛不伦,其书次第可观者,皆其父所撰。"又《虞预传》:"预,字叔宁。少好学,有文章,为县功曹,除佐著作郎,迁秘书丞、著作郎,除散骑常侍,著《晋书》四十余卷,《会稽典录》二十篇,皆行于世。"《隋志》正史目著录"王隐《晋书》八十六卷,虞预《晋书》二十六卷",均注"今残缺",盖皆纪传体也,今均亡。

〔一二〕干《纪》:干宝《晋纪》,《隋志》著录于古史目,编年体也。

〔一三〕徐、沈:《宋书·恩幸·徐爰传》:"爰,字长玉,南琅邪开阳人。元嘉中,使著作郎何承天草创国史。世祖初,又使奉朝请山谦之、南台御史苏宝生踵成之。六年，又以爰领著作郎，使终其业。爰虽因前作，而专为一家之书。爰便僻善事人，能得人主微旨，颇涉书传，尤悉朝仪。”《梁书·沈约传》：“约，字休文，吴兴武康人，笃志好学，博通群籍，能属文。所著《晋书》百一十卷，《宋书》百卷，《齐纪》二十卷，《高祖纪》、《迩言》、《谥例》、《宋文章志》、文集皆行于世。又撰《四声谱》，自谓入神之作。”又《宋书·自序》：“永明五年(487，齐武帝年号)春，被敕撰《宋书》，六年二月毕功。表上之曰：‘何承天始撰《宋书》，草之纪传，止于武帝功臣，其所撰志，唯《天文》、《律历》，此外悉委山谦之。谦之病亡，苏宝生续造诸传，元嘉名臣，皆其所撰。宝生被诛，又命徐爰踵成前作，爰因何、苏所述，勒为一史，事属当时，多非实录。臣今制成新史。’”徐、沈两书，《隋志》著录于正史类，沈书在今存“二十四史”中。

〔一四〕裴《略》：裴子野《宋略》，《隋志》著录于古史类，已见《六家·左传家》注。《梁书·裴子野传》：“子野，字幾原。河东闻喜人。曾祖松之、祖骃。子野少好学，起家齐江夏王参军，著《宋略》二十卷，弥纶首尾，勒成一代，属辞比事，有足观者，且章句洽悉，训故可传。其叙事评论多善，(沈)约见而叹曰：‘吾弗逮也。’”《宋略》今佚。

载言第三

【解　题】

《载言》篇之中心论点，是“前史之所未安，后史之所宜革”。古者言事分职，《尚书》不载事，《春秋》不载言。左氏不遵古法，言事相兼，故使读者寻绎不倦，览讽忘疲。揆是篇叙事要旨，显然是对左氏“不遵古法”之充分肯定。《四库全书总目》谓“《载言》篇讥左氏不遵古法”，实属误解文意。而云《史》、《汉》贾、晁等四传，唯止录言，罕逢载事，遂令阅者懵然，又对此予以否定。先后两论，似相矛盾，然此中实贯穿着时移则事异，事异则备变的思想。既肯定“革”得对，又指出贾、晁四传及“后史相承不改”之非。其次，肯定左氏，还由于它言事相兼，烦省合理，而贾、晁等传则“唯止录言”。

但自迁、固创行纪传史，篇名虽有纪、传、表、志之分，而言独无录。知幾遂倡议在纪传史中，加一“书”部，收入制、册、章、表。吕《评》谓：“后世以文辞自见者日多，有载之不可胜载之势，此刘氏所以欲变旧体，别立一书，亦事势为之也。”可谓实获知幾之心。而隋、唐以降，修纪传史者，始终未能行刘氏之议，盖缘自唐、宋以来，文辞益繁，亦非一“书”部所能容。章学诚在其《方志立三书议》中，提出“仿《文选》、《文苑》之体而作文征”，近世地方志，率多遵循其说，辟有“文征”一目。知幾首创斯议，亦章氏师承之所自。

又，就《史通》全书言，此篇略论史书载言之体。自下篇起，即进而分论载事史之编制体例。

古者言为《尚书》，事为《春秋》，左右二史，分尸其职〔一〕。盖桓、文作霸〔二〕，纠合同盟〔三〕，春秋之时，事之大者也，而《尚书》阙纪；秦师败绩，缪公诫誓〔四〕，《尚书》之中，言之大者也，而《春秋》靡录。此则言、事有别，断可知矣。

〔一〕左右二史,分尸其职:见《六家·尚书家》注〔一〕。

〔二〕桓、文作霸:指春秋时齐桓公首称霸主,晋文公继霸。

〔三〕纠:鼎本、郭本及黄本均同,蜀本、陆本作"糺"。卢《拾补》:"宋'糺',下同。"

〔四〕秦师败绩,缪公诫誓:《尚书·秦誓》序:"秦穆公伐郑,晋襄公帅师败诸崤。还归,作《秦誓》。"孙星衍《尚书今古文注疏》:"史迁'穆'作'缪','崤'作'殽'。"而僖三十三年《春秋经》仅云"晋人及姜戎败秦师于殽",未载缪公诫誓之辞。

逮左氏为书,不遵古法,言之与事,同在传中。然而言事相兼,烦省合理,故使读者寻绎不倦,览讽忘疲。

至于《史》、《汉》则不然,凡所包举,务存恢博,文辞之记〔一〕,繁富为多。是以贾谊、晁错、董仲舒、东方朔等传,唯止录言〔二〕,罕逢载事。夫方述一事,得其纲纪,而隔以大篇,分其次序〔三〕,遂令披阅之者,有所懵然。后史相承,不改其辙,交错纷扰,古今是同。

〔一〕文辞之记:蜀本、陆本、鼎本、郭本及黄本均同。卢《拾补》校"之"字云:"宋'入'。"《通释》作"入",注:"或讹作'之'。"兹仍之。

〔二〕贾谊、晁错、董仲舒、东方朔等传,唯止录言:贾谊、晁错、董仲舒均见《二体》篇注。东方朔,字曼倩,汉武帝时人,其事迹载入《史记》卷一百二十六《滑稽列传》及《汉书》卷六十五本传。《史》、《汉》两书中贾、晁等四人传记,均大量载入其文章策对。又"止"字,鼎本、郭本作"尚",蜀本、陆本、《通释》作“上”，注：“‘尚’通，或作‘止’。”黄本亦作“止”。

〔三〕次序：蜀本、陆本作“次叙”，鼎本、郭本作“序叙”，卢《拾补》校“次序”作“次叙”，黄本亦作“次序”。

按迁、固列君臣于纪、传，统遗逸于表、志，虽篇名甚广，而言独无录〔一〕。愚谓凡为史者，宜于表、志之外，更立一书〔二〕。若人主之制、册、诰、令，群臣之章、表、移、檄，收之纪传〔三〕，悉入书部，题为制册章表书〔四〕。以类区别，他皆仿此，亦犹志之有礼乐志、刑法志。

〔一〕而言独无录：蜀本、陆本、鼎本、郭本及黄本均同。《通释》作“而言无独录”，注：“‘无独’旧作‘独无’，误。”卢《拾补》校“而”字云：“宋‘唯’。”

〔二〕更立一书：意谓纪传史在纪、传、表、志外，更立一书部。

〔三〕纪传：此指纪传体史书，非特指本纪与列传两类史体。

〔四〕题为制册章表书：陈《补释》云：“自《史通》有此说，《四库全书总目》史部有‘诏令奏议’一类。”并引《提要》论证其说。按，倘从目录学史论证知幾此说之影响，则章奏类目，实始自宋尤袤《遂初堂书目》，宋陈振孙《直斋书录解题》、马端临《文献通考·经籍考》亦沿用此目，固非始自《四库全书总目》也。如就史学史之发展而论，则知幾此说，首先影响其子刘秩著《政典》三十五篇，杜佑更广之为《通典》二百卷，其后续有仿作改进，形成一套记载朝廷典章制度、制册章奏之政书，即自“三通”、“九通”而“十通”。而自宋初王溥撰《唐会要》、《五代会要》后，又逐渐形成分朝会要、会典，为研究政治、经济、文化专门史提供丰富资料。

又诗人之什，自成一家。故风、雅、比、兴，非三传所取〔一〕。自六义不作〔二〕，文章生焉。若韦孟讽谏之诗〔三〕，扬雄出师之颂〔四〕，马卿之书封禅〔五〕，贾谊之论过秦〔六〕，诸如此文，皆施纪传。切谓宜从古诗例，断入书中，亦犹《舜典》列元首之歌〔七〕，《夏书》包五子之咏者也〔八〕。夫能使史体如是，庶几《春秋》、《尚书》之道备矣。昔干宝议撰晋史〔九〕，以为宜准左丘明，其臣下委曲，仍为谱注。于时议者，莫不宗之。故前史之所未安，后史之所宜革。是用敢同有识，爰立兹篇，庶世之作者，睹其利害。如谓不然，请俟来哲。

〔一〕三传：即《公羊》、《穀梁》及《左传》。

〔二〕六义：《诗序》云："《诗》有六义焉，一曰风、二曰赋、三曰比、四曰兴、五曰雅、六曰颂。"郭《附评》："风、雅、颂，《诗》之体，赋、比、兴，《诗》之用。"

〔三〕韦孟讽谏之诗：《汉书·韦贤传》云："韦贤……其先韦孟，家本彭城，为楚元王傅，傅子夷王及孙王戊。戊荒淫，不遵道，孟作诗风谏。"《汉书·韦贤传》及《文选》卷十九，均载有其讽谏诗。

〔四〕扬雄出师之颂：扬雄注见前。按《汉书·扬雄传》分上、下两卷，载有其《反离骚》、《甘泉》、《河东》、《校猎》、《长杨》、《解嘲》、《解难》等文赋，无《出师颂》，查《文选》卷四十七，在扬子云《赵充国颂》后，载有史孝山之《出师颂》，倘亦知幾误为扬雄所作欤？

〔五〕马卿之书封禅：司马相如字长卿，《汉书》卷五十七下《司马相如传》载有其《封禅书》。

〔六〕贾谊之论过秦：贾谊《过秦论》，《汉书·贾谊传》未载入。《陈胜项籍传》依《史记·陈涉世家》，录《过秦论》一首为赞文。《文选》卷五十一亦录此论。

〔七〕《舜典》列元首之歌：《尚书·虞书·益稷谟》载有元首之歌。《尚书·益稷》疏云："马、郑所据《书序》。此篇名为《弃稷》，又合此篇于《皋陶谟》。"孙星衍云："伪《传》割分《皋陶谟》'来禹'以下为《益稷》。"

〔八〕《夏书》包五子之咏：《尚书·夏书·五子之歌》载太康失政后，太康五个弟弟待太康于洛水之北，怨其不返，故作歌。

〔九〕干宝议撰晋史：见《二体》篇注。

本纪第四

【解 题】

纪是纪传史的纲，纪犹如《春秋经》。"系日月以成岁时，书君上以显国统"。明确指出本纪编制体例之特点：一是纪以编年为主，二是纪列天子行事。

以此标准来衡量首创纪传体之《史记》：周、秦先世爵乃诸侯，不应入周、秦本纪；项羽号止霸王，不应称本纪。延及后世史书，既肯定韦昭不纪孙和，又指斥魏收编景穆于本纪。集中说明只有帝王才能入纪之史书。

就纪以编年为主言，他认为曹操"虽曰人臣，实同王者"，肯定陈《志》纪曹操，借用汉献帝年号，犹如班、范纪高祖、光武，"首列秦、莽之正朔"。而对于陆机列纪三祖，竟不编年，加以指责。纪《评》谓“懿、师、昭实开晋业，又微与孙和不同”，盖就司马父子功业等同曹操立论，而不知知幾力图将编年和纪帝王两个特征统一起来。据知幾肯定陈《志》“权假汉年”之是，否定陆《书》“竟不编年”之非，再看《项羽本纪》“年既不编，全为传体”，可理解其认为“再三乖缪”的看法。

史迁以项羽入纪，厕秦汉之间，是由于“虐戾灭秦，自项氏，拨乱诛暴，平定海内，卒践帝祚”（见《秦楚之际月表》序）。据《月表》，秦王子婴即位（前206）三个月，羽诛子婴，屠咸阳，秦亡。其下即接义帝元年（前206），而在四年（前203）十月，“项羽灭义帝”后，以下即无继者，盖未尝以羽为天下之共主。但自公元前206年秦亡，至公元前202年刘邦即帝位，此五年中，又不能无纪，故以羽入纪，而其文则全用传体，盖无共主之年可纪。《汉书》断代，起自高祖，则羽亦刘玄、隗嚣之徒，以之入传，可谓各得史体之宜。与知幾同时之司马贞，亦云羽纪“宜降为世家”。知幾囿于时议，且拟羽与齐无知、卫州吁为类。纪氏削此偏激之辞。吕氏《评》谓：“正统、僭伪之别，后世始有。项籍虽号霸王，然秦已灭，汉未王，义帝又废，号令天下，权在于籍，编之本纪，宜也。”知幾虽笃尊史例，于此或不免据后议前之嫌，是乃治史者所宜深诫，故缕言之。

是篇最后复就纪传关系立论，以为纪当叙天子一人大事，“书事委曲，付之列传”，反对“杂载臣下，兼言他事”，事实上仍是以大事记般之《春秋经》规范本纪体例。后此史书之本纪，遂几同国家大事目录，究其根本原因，则不能不说与刘氏此论之影响无关。

昔《汲冢竹书》，是曰纪年；《吕氏春秋》，肇立纪号[一]。

盖纪者，纲纪庶品，网罗万物，考篇目之大者，其莫过于此乎？及司马迁之著《史记》也，又列天子行事，以本纪名篇，后世因之，守而勿失。譬夫行夏时之正朔〔二〕，服孔门之教义者。虽地迁陵谷，时变质文，而此道常行，终莫之能易也。

〔一〕《吕氏春秋》，肇立纪号：浦注："其书有十二纪。"陈《补释》："其书纪月如《明堂月令》，与纪年体实不类。"又云："洪饴孙《史目表》云太史公采《世本》而成《史记》，《左传》襄二十一年《正义》引《世本》记文，《史记索隐》、《路史》注引《世本》纪文，'记'、'纪'音同，此即《史记》篇目本纪之所本。今谓古书已有《禹本纪》，洪氏尚未考及。"杨《通释补》复从而为之说云："《文心雕龙·史传篇》'子长继志，甄序帝绩'、'故取式《吕览》，通号曰纪……'，子玄此文，即本彦和为说，然皆未安。"按《吕氏春秋》十二纪，虽以四时十二月为目，而其内容则多为君人立德之道，往古成败之迹，衡以"系日月以成岁时，书君上以显国统"，既未编年，固有未合。前人确有指认《月令》与《吕览》十二纪大致相同，然知幾此论，仅谓"肇立纪号"即最初创立纪的称号，似无不妥，纪氏削此两句，过矣。又《禹本纪》见《史记·大宛传论》，史迁一则曰"《禹本纪》言河出昆仑"，复述张骞使大夏"恶睹《本纪》所谓昆仑者乎"，终认为"《禹本纪》、《山海经》所有怪物，余不敢言之也"，则史迁虽及见《禹本纪》，而不信其书。是书早已亡佚，《汉志》以降，均未著录，其作者及成书年代，均无可考。

〔二〕行夏时之正朔：《论语·卫灵公》："行夏之时。"正朔，正月一日也。古时王者易姓，有改正朔之事。

然迁之以天子为本纪，诸侯为世家，斯诚谠矣。但区域既定，而疆理不分[一]，遂令后之学者，罕详其义。按姬自后稷至于西伯[二]，嬴自伯翳至于庄王[三]，爵乃诸侯，而名隶本纪。若以西伯、庄王以上，别作周、秦世家，持殷纣以对武王[四]，拔秦始以承周赧[五]，使帝王传授，昭然有别，岂不善乎？必以西伯以前，其事简约，别加一目，不足成篇，则伯翳之至庄王，其书先成一卷[六]，而不共世家等列，辄与本纪同编，此尤可怪也。项羽僭盗而死，未得成君，求之于古，则齐无知[七]、卫州吁之类也[八]。安得讳其名字，呼之曰王者乎？春秋吴、楚僭拟，书如列国，假使羽窃帝名，正可抑同群盗，况其名曰西楚，号止霸王者乎？霸王者，即当时诸侯，诸侯而称本纪，求名责实，再三乖缪[九]。

〔一〕疆理：理，一作“里”，界限也。

〔二〕姬自后稷至于西伯：姬，周姓，《史记·周本纪》自其始祖后稷叙起。西伯，即周文王。

〔三〕嬴自伯翳至于庄王：嬴，秦姓。伯，《史记》作“柏”，下同。庄王，《史记》、《汉书》作庄襄王，或简称庄襄，《通释》径改为庄襄，下均同。《史记·秦本纪》远溯“秦之先帝，颛项之苗裔”至庄襄王史事，惟自伯翳始姓嬴氏，故知幾云然。

〔四〕持殷纣以对武王：对，《诗经·大雅·文王之什·皇矣》“帝作邦作对”，注：“对，配也。”意谓拿殷纣以配武王，即以周武继纣也。

〔五〕拔秦始以承周赧：秦始，即秦始皇帝，鼎本作“秦缪”，误。周赧王五十九年（前256）入秦献地，并死于是年，时为秦昭襄王五十一年。按周赧死后，东周君尚延续七年，至公元前249年周亡。又三年，即公元前246年，嬴政始继庄襄为秦王，至公元前221年，一统天下，更号皇帝。

〔六〕先成一卷：指《史记》卷五《秦本纪》述柏翳至庄襄王已单独为一卷。

〔七〕无知：春秋时齐国诸公子。《左》庄八年《传》：冬，贼弑齐襄公，“立无知”。九年，“春，齐人杀无知”。注：“无知弑君而立，故不书爵。”

〔八〕州吁：春秋卫国诸公子，《左》隐四年《传》：“春，卫州吁弑其君，秋九月，卫人杀州吁。”

〔九〕乖缪：“缪”，《释文》云“本作谬”，《通释》径改作“谬”。

盖纪之为体，犹《春秋》之经，系日月以成岁时，书君上以显国统。曹武虽曰人臣〔一〕，实同王者，以未登帝位，国不建元。陈《志》权假汉年〔二〕，编作《魏纪》，亦犹两《汉书》首列秦、莽之正朔也〔三〕。后来作者，宜准于斯。而陆机《晋书》〔四〕，列纪三祖〔五〕，直序其事，竟不编年，年既不编，何纪之有？夫位终北面，一概人臣，倘追加大号，止入传限〔六〕。是以弘嗣《吴史》，不纪孙和〔七〕，缅求故实，非无往例。逮伯起之次《魏书》，乃编景穆于本纪〔八〕，以戾园虚谥，间厕武、昭〔九〕，欲使百世之中，若为鱼贯。

〔一〕曹武：即曹操，曹丕称帝后，追谥曰武帝。

〔二〕陈《志》权假汉年：陈寿《三国志·魏书·武帝纪》纪年起自汉献帝初平元年(190)，终于建安二十五年(220)，因操未称帝建元，故暂借汉献帝年号纪年也。

〔三〕秦、莽之正朔：《汉书》卷一《高帝纪》，首列秦二世元年秋七月。《后汉书》卷一《光武帝纪》述及王莽地皇三年事，次年，始以更始（刘玄帝号）元年正月甲子朔纪年，似不能谓列莽之正朔。

〔四〕陆机《晋书》：《隋志》古史类载有陆机《晋纪》四卷，其后新旧《唐志》及《通志》均著录陆机《晋帝纪》四卷，则陆氏此书，原为帝纪，故知幾云然。《文献通考·经籍考》已无此目，宋末已佚，有汤球辑本。

〔五〕三祖：王《训故》："司马懿追尊宣皇帝，庙号高祖；昭追尊文皇帝，庙号太祖；炎谥武皇帝，庙号世祖。"误。按：应指司马懿及其子师、昭，皆晋武帝称帝后追尊为宣、景、文帝号者，不可拘于师庙号世宗，即以炎代师。又《初学记》卷二十一："陆机《晋纪》：晋书限断议云：'三祖实终为臣，故书为臣之事，不可如传，此实录之谓也。而名同帝王，故自帝王之籍，不可以不称纪，则追王之义。'"三祖实终为臣，足证绝不包括武帝炎。

〔六〕传限：鼎本作"传阼"，蜀本、陆本、王本、黄本皆作"传限"。阼，《说文》："主阶也。"传阼，即传主，意谓作列传之主人，义亦可通。

〔七〕弘嗣《吴史》，不纪孙和：弘嗣，韦昭字，见《六家·国语家》注。《三国志·吴书·韦曜传》："曜为太史令，撰《吴书》。（孙）皓欲为父和作纪，曜执以和不登帝位，宜名为传。"《隋志》著录《吴书》二十五卷（韦昭撰，本五十五卷，梁有，今残缺），书今已佚。陈寿《三国志》五十九卷，列孙和于《吴主五子传》内，殆因昭书之旧欤？

〔八〕逮伯起之次《魏书》，乃编景穆于本纪："魏书"，蜀本、陆本、鼎本、郭本及黄本均无"书"字，卢《拾补》于"魏"字下云:“脱,宋有。”魏收(506—572),字伯起,仕北齐至中书令兼著作郎,奉诏撰《魏书》一百三十卷,收入二十四史中。《魏书》卷四下《恭宗景穆帝纪》云:“恭宗景穆皇帝讳晃,太武皇帝之长子也。立为皇太子。薨于东宫,时年二十四。”及其长子“高宗即位,追尊为景穆皇帝,庙号恭宗。史臣曰‘恭宗明德令闻,夙世殂夭,其戾园之悼欤’”。

〔九〕戾园虚谥,间厕武、昭:“戾园”原作“戾国”,蜀本、陆本、鼎本、郭本同,黄本、《通释》已改。汉武帝戾太子因巫蛊事遇害,其后昭帝继位。至宣帝时,议谥曰戾,置园邑曰戾园。魏收以元晃比戾太子。而《汉书》固未尝以戾太子为纪,夹插于武、昭二纪之间也。

又纪者,既以编年为主,唯叙天子一人。有大事可书者,则见之于年月,其书事委曲,付之列传,此其义也。如近代述者,魏著作〔一〕、李安平之徒〔二〕,其撰魏、齐二史,魏彦渊撰《后魏书》、李百药撰《北齐书》,于诸帝篇或杂载臣下,或兼言他事,巨细毕书,洪纤备录,如彦渊帝纪载沙苑之捷〔三〕,百药帝纪述淮南之败是也〔四〕。全为传体,有异纪文,迷而不悟,无乃太甚。世之读者,幸为详焉。

〔一〕魏著作:魏澹,字彦深(本名彦渊),历仕北齐、北周,入隋,迁著作郎。隋文帝以魏收所撰书褒贬失实,诏澹别撰《魏史》九十二卷。澹之义例,与收多所不同。《隋志》著录“《后魏书》一百卷,魏彦深撰”,今佚。《北史》、《隋书》均有澹传。

〔二〕李安平:李百药,字重规,定州安平人,隋内史令德林子。唐太宗贞观元年(627),拜中书舍人,封安平县男,其所撰

《北齐书》,列入二十四史中。新旧《唐书》有百药传。

〔三〕沙苑之捷:魏彦渊书已不可考。按"渊"浦注:"为唐讳,恐非原注。"然子玄之书传抄已久,至宋始有刊本,必系后人校而回改,不当疑及原注。魏收《魏书》卷十二东魏孝静纪,天平四年(537)十月壬辰齐献武王(即高欢)西讨至沙苑,不克而还。《周书》卷二西魏文帝下大统三年(537)亦载"十月壬辰(宇文泰)至沙苑,距齐神武(亦高欢)军,大破之",皆在本纪中述宇文泰大破高欢于沙苑事,或因澹书之旧。沙苑,在今陕西大荔县南。

〔四〕淮南之败:《北齐书》神武(高欢)、文宣(高洋)帝纪,累载与梁争锋于淮南事,如卷四《文宣纪》天保七年(556)六月载:"(大都督)肖轨等与梁师战于钟山之西,遇霖雨失利,轨及都督李希光(等)并没,士卒散还者十二三。"

世家第五

【解 题】

《史记》辟世家一目,原为适应春秋、战国时诸侯割据之客观情势。彼时诸侯各国虽受封于天子,然各自传位建元,故史迁记列国史事,亦依各国纪元编年叙述,体同本纪,别称世家,盖欲抑之上不同于天子,而又尊之下有异于群臣。知幾以"开国承家,世代相续"八个字,概括其下不同于群臣之主要特征,并以此特征及编年纪事体例衡量《史记》三十世家,自吴太伯至郑世家,尚无不合。自郑以下,三晋、田完既不应在世家中追溯其先世大夫,而称西帝之秦既入本纪,东帝之齐亦不宜仍抑之于世家。孔子、陈涉、外戚世家无年可编，亦未续世，皆不合世家之体例与特征。而知幾独拈出陈涉为说，与项羽并贬称群盗，自是其正统之偏见。吕《评》列举元、成时已封孔子之后，谓"孔子之后宜封，实汉人公意"，则陈涉至武帝时"尚血食不绝"，汉人宁无遐思。史迁以陈涉比汤武，一再称美其"发难"之功，而知幾诬为群盗，固不必为其偏见讳。然其亦缘正统思想秦汉时尚未形成，时势有所不同耳。

汉代荆、楚以下诸王，与周、秦之际诸侯，名同实异。史迁俱列入世家，知幾谓其"虽得画一之宜，讵识随时之义"，此论极精。时移则事异，是其一生治史得力处。

是篇摭拾《史记》世家"为例不纯"后，进而肯定班《汉》厘革，一概称传，是事势当然。盖天下一统之汉王朝，不同于春秋战国时矣。而自魏、晋以降，既肯定梁武《通史》"定为吴、蜀世家"，又指出《南齐》、《北魏书》亦各宜以世家名其敌国。后此《晋书》有十六国载记，《新五代史》有十国世家，《宋史》亦有世家六卷，《辽史》记高丽、西夏曰外纪，盖皆继承《史记》而能祛其弊者，知幾启迪之功，宁可抹煞？

自有王者，便置诸侯，列以五等，疏为万国〔一〕。当周之东迁，王室大坏，于是礼乐征伐自诸侯出〔二〕，迄乎秦世，分为七雄。司马迁之记诸国也，其编次之体，与本纪不殊〔三〕，盖欲抑彼诸侯，异乎天子，故假以他称，名为世家〔四〕。按世家之为义也，岂不以开国承家〔五〕，世代相续。至于陈胜起自群盗，称王六月而死，子孙不嗣，社稷靡闻，无世可传，无家可宅，而以世家为称，岂当然乎？

〔一〕列以五等，疏为万国：《尚书·武成》"列爵惟五"，注曰："爵五等，公、侯、伯、子、男。"疏，分也。《史记·黥布列传》："疏爵而贵之。"

〔二〕礼乐征伐自诸侯出：《论语·季氏》："天下无道，则礼乐征伐自诸侯出。"

〔三〕其编次之体，与本纪不殊：《史记》之列国世家，皆用编年纪事体例。

〔四〕假以他称，名为世家：陈《补释》云："《史目表》：《左传》襄十一年《正义》引《世本·世家》文，言诸侯世代谥号，定元年《正义》亦引此篇。（原文又有桓二年、襄二十一年，《正义》未见。）是世家之名，亦本《世本》。"

〔五〕开国承家：杨《通释补》引《易·师》："上六，大君有命，开国承家。"

夫史之篇目，皆迁所创。岂以自我作故，而名实无准。且诸侯、大夫，家、国本别，三晋之与田氏〔一〕，自未为君而前〔二〕，齿列陪臣，屈身藩后〔三〕，而前后一统，俱归世家。使君臣相杂，升降失序，何以责季孙之八佾舞庭〔四〕，管氏之三归反坫〔五〕。又列号东帝，抗衡西秦〔六〕，地方千里，高视六国，而没其本号，惟以田完制名，谓《田完世家》也。求之人情，孰谓其可？

〔一〕三晋之与田氏：三晋，指赵、韩、魏，田氏指代姜齐之田和。春秋时陈氏，至战国改田氏，其先世皆为晋、齐之大夫。而《史记》赵、魏、韩及田敬仲完世家，均首述其称诸侯前之先世。

〔二〕而前:以前也。《经传释词》据王念孙云:"而,犹'以'也。"

〔三〕齿列陪臣,屈身藩后:陪臣,家臣也,即诸侯所属之大夫。《论语·季氏》:"陪臣执国命,三世希不失矣。"藩,即藩国,指诸侯。屈身藩后,亦指侯国之大夫。

〔四〕季孙之八佾舞庭:《论语·八佾》:"孔子谓季氏,八佾舞于庭,是可忍也,孰不可忍也。"季氏,即季孙氏,鲁国大夫。佾,乐舞之行列。依礼:天子八行,诸侯六行,大夫四行,士二行。季孙以大夫僭用天子乐舞,故孔丘深责之。

〔五〕管氏之三归反坫:《论语·八佾》:"子曰,管仲之器小哉。……管氏有三归,焉得俭。……管氏亦有反坫,管氏而知礼,孰不知礼。"三归,台名。反坫,屏障也。诸侯相会时于两楹之间所设屏障。管仲僭有诸侯之仪物,孔丘深责其不俭、不知礼。

〔六〕列号东帝,抗衡西秦:《史记·秦本纪》载秦昭襄王十九年(前288)"(秦)王为西帝,齐为东帝"。知幾认为齐、秦相抗衡,《史记》不应自乱其例,将此时之秦列为本纪,而将齐列为世家,甚至齐世家之名亦不同于列国以国名为目,不过仅以田完制名。

当汉氏之有天下也,其诸侯与古不同。夫古者诸侯,皆即位建元,专制一国〔一〕,绵绵瓜瓞〔二〕,卜世长久。至于汉代则不然。其宗子称王者〔三〕,皆受制京邑,自同州郡;异姓封侯者,必从官天朝,不临方域。或传国唯止一身,或袭爵才经数世。虽名班胙土,蜀本"班"下有"爵"字,宋本无〔四〕。而礼异人君。必编为世家,实同列传。而马迁强加别录,以类相从,虽得画一之宜,讵识随时之义。

〔一〕国:鼎本、郭本及黄本同。孙《札记》:"顾(广圻)云当是'地'字误。"蜀本、陆本作"也",盖"地"之古体字。

〔二〕绵绵瓜瓞:绵,亦作"緜"。瓜,原误作"爪",据诸本改。杨《通释补》云:"《诗经·大雅·文王之什·緜》:'緜緜瓜瓞。'毛《传》:'緜緜,不绝貌。瓜,绍也。瓞,瓝也。'"瓞、瓝,小瓜也。《尔雅·释草》:"瓞,瓝,其绍瓞。"绍者,瓜蔓绪亦著子,但小如瓝。言继先岁瓜蔓生成之瓜必小也,后来成为形容子孙繁衍之词。

〔三〕宗子:即王室同姓子弟。《诗·大雅·生民之什·板》、《左》昭六年《传》均有"宗子维城"句。

〔四〕虽名班胙土:蜀本、陆本、鼎本、郭本及黄本"班"下均有"爵"字,郭本尚有眉批云:"一本无'爵'字。"按:据《尔雅·释言》,"班"之本意"赋也",注:"谓布与。"与"颁"同义。胙,祭肉也。此句意谓名义上给予祭祀与土地,即名义上是诸侯。

盖班《汉》知其若是,厘革前非。至如萧、曹茅土之封〔一〕,荆、楚葭莩之属〔二〕,并一概称传,无复世家。事势当然,非矫枉也。自兹已降,年将四百,及魏有中夏,而扬、益不宾〔三〕,终亦受屈中朝,见称伪主。为史者必题之以纪,则上通帝王;榜之以传,则下同臣妾。梁主敕撰《通史》〔四〕,定为吴、蜀世家。持彼僭君,比诸列国,去太去甚〔五〕,其得折中之规乎?次有子显《齐书》,北编《魏虏》〔六〕;牛弘《周史》,南记萧詧〔七〕。考其传体,宜曰世家。但近古著书〔八〕,通无此称，用使马迁之目〔九〕，湮没不行，班固之名，相传靡易者矣。

〔一〕萧、曹茅土之封：天子分封谓之授茅土。《文选·李少卿答苏武书》："陵谓足下当享茅土之荐。"李善注引《尚书纬》曰："将封诸侯，各取方土，苴以白茅，以为社。"萧何、曹参在汉初均受封为侯，《史记》为立萧相国、曹相国世家。

〔二〕荆、楚葭莩之属：汉高祖六年（前201）春正月，封兄贾为荆王，泽为燕王，弟交为楚王，《史记》均为之立《楚元王世家》、《荆燕世家》。葭：芦苇。莩：芦苇杆内之薄膜。葭莩：古人喻亲属。《汉书·中山靖王传》："今群臣非有葭莩之亲。"

〔三〕扬、益：扬，指三国时吴国，益指蜀国。

〔四〕梁主敕撰《通史》：见前《六家·史记家》注〔六〕。

〔五〕去太去甚：《老子·道经》二十九章："圣人去甚去奢去泰。"

〔六〕子显《齐书》，北编《魏虏》："二十四史"中，梁萧子显撰《南齐书》，将北朝元魏事列入列传第三十八，题名为《魏虏传》。

〔七〕牛弘《周史》，南记萧詧：牛弘，字里仁，隋文帝时官至礼部尚书，《隋书》有传。《隋志》著录"《周史》十八卷，未成，吏部尚书牛弘撰"，今已佚。萧詧，字理孙，梁武帝之孙，昭明太子统之第三子，后称帝于江陵，传之子孙历三十三年，至隋文帝时始废其梁国。"二十四史"中令狐德棻等撰的《周书》，亦于卷四十八立萧詧传，并于传末载其部分宗室及大臣。

〔八〕近古：原作"今古"。蜀本、陆本、鼎本、郭本及黄本均作

"今",浦、卢并谓"今"字误,今据《拾补》、《札记》及《通释》改。

〔九〕目:原作"册",陆本、鼎本同,蜀本、郭本、黄本作"目"。孙《札记》校改为"目"。《通释》谓"册"字讹误。按:此处"目"字是指《史记》世家目,应是"目"字。若是"册",即指《史记》全书,与下文"湮没不行"不合矣。

列传第六

【解 题】

列传是纪传史的主要组成部分。传之任务是"列事"、"释纪"。史迁立此传例,草创之初,仍有区分未尽之处。此篇仍以《史记·项羽本纪》为例,指出羽譬诸闰位,僭盗不可同于天子;而其内容,既无年可编,叙事又君臣交杂,实际是纪名传体,遂明确纪、传之异。以其传例衡量后来继作,范晔用传体纪后妃六宫,陈寿用纪体传孙、刘二帝,纪、传区分遂多混淆。

郭延年《史通评释》之《附评》说:"子玄分别纪传,如辨皂素,别渑淄,作史之楷模也。第史迁之失,叔皮、章怀曾难之矣。叔皮论略云:'司马迁序帝王则曰本纪,公侯传国则曰世家,卿士特起则曰列传,又进项羽、陈涉而黜淮南、衡山,细意委曲,条例不经。'章怀太子贤注云:'迁著《项羽本纪》,又陈涉起于陇亩,数月被杀,无子孙相继,著为世家。淮南、衡山,汉室之王,胤当世家,而编之列传,言进退之失也。'"彪、贤论、注,均见于《后汉书·班彪传》,具见"尤羽黜胜"之成王败寇正统史观，自东汉以至唐初已渐形成，知幾亦未能自拔。郭氏据此斥知幾掠彪、贤之美，实则彪、贤仅就上下等级制度立论，而知幾兼就“纪以编年为主”区分，绝非尽掠彪、贤之美。

其次，就列传编纂方法说，他认为在传体相同之前提下，作者可用不同之方法叙述，指出《史》、《汉》创立之合传及在传序中“附出”之两种方法，进而肯定合传和附传。他并深致感慨于“自班、马以来，获书于国史者多矣”，反对那些“生无令问，死无异迹”之人，“虚班史传，妄占篇目”，是对我国魏、晋以降立传过滥之有力针砭。就此也可了解，他之所以肯定合传、附传两种方法，也是为了节约传文。立传宜严，传文宜简。谨严、简要，乃作者治史必需之具体要求，也是《史通》全书重要论旨之一。

夫纪传之兴，肇于《史》、《汉》〔一〕。盖纪者，编年也；传者，列事也。编年者，历帝王之岁月，犹《春秋》之经；列事者，录人臣之行状，犹《春秋》之传。《春秋》则传以解经，《史》、《汉》则传以释纪。寻兹例草创，始自子长，而朴略犹存〔二〕，区分未尽。如项王立传〔三〕，而以本纪为名，非唯羽之僭盗，不可同于天子，且推其序事，皆作传言，求谓之纪，不可得也。或曰：“迁纪五帝、夏、殷，亦皆列事而已，子曾不之怪，何独尤于《项纪》哉？”对曰：“不然，夫五帝之与殷、夏也，正朔相承，子孙递及，虽无年可著，纪亦何伤？如项羽者，事起秦余，身终汉始，殊夏氏之后羿〔四〕，似黄帝之蚩尤〔五〕，譬诸闰位〔六〕，容可列纪，方之骈拇〔七〕，难以成编。且夏、殷之纪，不引他事，夷、齐谏周〔八〕，实当纣日，而析为列传，不入殷篇。《项纪》则上下同载，君臣交杂，纪名传体，所以成嫿。

〔一〕纪传之兴，肇于《史》、《汉》：陈《补释》："《史目表》：'《史记·魏世家》《索隐》引《世本·传》文，述卿、大夫世代谥号，是"传"之名亦非肇于《史》、《汉》。'"按：此指纪传史，非谓"纪"与"传"也。

〔二〕朴略：朴，古与"璞"、"樸"字通。《孟子·梁惠王》："今有璞玉于此，必使玉人雕琢之。"《文选》录王褒《圣主得贤臣颂》："铸干将之璞。"《汉书·王褒传》作"樸"。略，粗略也。朴略，犹言粗立规模。

〔三〕立传："立"字，蜀本、陆本、鼎本同。《通释》改作"宜"，浦注："旧讹作'立'。"陈鳣批云："宋本作'立传'，此臆改为'宜'，非也。"

〔四〕殊夏氏之后羿：伪《古文尚书》："太康畋于有洛之表，十旬弗反。有穷后羿，因民弗忍距于河。"孔《传》："有穷，国名。羿，诸侯名。距太康于河，不得入国，遂废之。"《左》襄四年《传》："昔有夏之方衰也，后羿因夏民以代夏政。"杜注："禹孙大康，淫放失国，夏人立其弟仲康。仲康亦微弱，卒。子相立，羿遂伐相，号曰有穷。"据此，则后羿夺夏，尚历三世，不若项羽"起秦"、"终汉"，故云"殊夏氏之后羿"也。

〔五〕似黄帝之蚩尤：《史记·五帝本纪》："蚩尤作乱，不用帝命，于是黄帝乃征师诸侯，与蚩尤战于涿鹿之野。遂禽杀蚩尤。而诸侯咸尊轩辕为天子。"按：蚩尤虽与黄帝进行长期战争，但未夺得王位，故谓项羽亦只似蚩尤而已。

〔六〕譬诸闰位：陈《补释》："《汉书·王莽传赞》'余分闰位'注：服虔曰：'言莽不得正王之命，如岁月之余分为闰也。'"

〔七〕骈胟："胟"蜀本作"拇"。卢《拾补》云"胟，讹"，应为"拇"。孙《札记》及《通释》均校改为"拇"。按：《广韵》"拇"或作"胟"。《庄子》外篇《骈拇》："骈拇枝指，出乎性哉。"骈，并生枝节也。拇，手脚大指，即通称六指也。又陈《补释》引《经典释文》："司马云：'谓足拇指连第二指。'崔云：'诸指连大指也。'"

〔八〕夷、齐谏周：即周武王伐纣王时，伯夷、叔齐叩马而谏，《史记·伯夷列传》载其事。

夫纪、传之不同，犹诗、赋之有别，而后来继作，亦多所未详。按：范晔《汉书》，纪后妃六宫〔一〕，其实传也，而谓之为纪。陈寿《国志》，载孙、刘二帝〔二〕，其实纪也，而呼之曰传。考数家之所作，其未达纪、传之情乎？苟上智犹且若斯，则中庸故可知矣。

〔一〕本注：范纪后妃，范晔《后汉书》卷十后纪，记自光武郭皇后至献帝曹皇后凡十七后，皇后既无年号可编，实乃传体。

〔二〕本注：陈志孙刘，陈寿《三国志》分魏、蜀、吴三书，皆首列其国君。《魏书》之于操、丕等，虽未标纪目，但均称帝王。《蜀书》则以先主备、后主禅为称，却又首列刘焉、刘璋二牧。《吴书》仅孙权称吴主，其余坚、策、亮、休、皓等均只以姓名为目，全是传体矣。而蜀、吴国君列传，又各以其所建年号编年，皆是本纪书法。故知幾深责其"未达纪、传之情"。

又传之为体，大抵相同，而述者多方，有时而异耳。如二人行事，首尾相随，则有一传兼书，包括令尽。若陈余、张耳合体成篇〔一〕，陈胜、吴广相参并录是也〔二〕。亦有事迹虽寡，名行可崇，寄在他篇，为其标冠。若商山四皓，事列王阳之首〔三〕；庐江毛义，名在刘平之上是也〔四〕。

〔一〕陈余、张耳合体成篇：《史记》、《汉书》均以陈余、张耳合传。

〔二〕陈胜、吴广相参并录：《史记·陈涉世家》、《汉书·陈胜项籍传》均插叙吴广事。

〔三〕四皓事列王阳之首：《汉书》卷七十二王吉等传，篇首概述自夷、齐以降有高行之逸民，类似传序，其中亦述及商山四皓。王吉，字子阳，故云"事列王阳之首"。又郭《附评》："四皓者，一曰东园公，二曰绮里季，三曰夏黄公，四曰甪里先生。甪音鹿，上从两点，下从用，《汉书》作角，上从一撇。"

〔四〕毛义名在刘平之上：《后汉书》卷六十九在刘平等传前首叙毛义事迹，亦类似传序。

自兹已后，史氏相承，述作虽多，斯道都废，其同于古者，惟有附出而已〔一〕。寻附出之为义，攀列传以垂名。若纪季之入齐〔二〕，颛臾之事鲁〔三〕，皆附庸自托，得厕于朋流。然世之求名者，咸以附出为小，盖以其因人成事〔四〕，不足称多故也。窃以书名竹素，岂限详略，但问其事竟如何耳！借如邵平〔五〕、纪信〔六〕、沮授〔七〕、陈容〔八〕，或运一异谋，树一奇节，并能传之不朽，人到于今称之。岂假编名作传，然后播其遗烈也。

〔一〕附出：指纪传史中列传的附传。例如《史记》卷一百十一，卫青、霍去病传附见公孙贺等十六员将领事略。

〔二〕纪季之入齐：《左》庄三年《传》："秋，纪季以酅入于齐，纪于是乎始判。"纪，春秋时小国，地在今山东寿光县南。季，纪侯弟。酅，在今山东临淄县东。判，分裂也。谓纪季地为齐附庸，以喻附传。

〔三〕颛臾之事鲁：颛臾，地在今山东费县西北八十里，鲁附庸国，亦以作喻。

〔四〕因人成事：杨《通释补》："《史记·平原君传》：'公等碌碌，所谓因人成事者也。'"按：此乃毛遂之言。

〔五〕邵平：秦汉之际人，隐居种瓜，瓜美而甘。汉高祖封萧何五千户，邵平劝何让封，并以私财佐军，以免上疑其事。事附见《汉书·萧何传》。邵，史传作"召"。

〔六〕纪信：西汉初年人。项羽围刘邦于荥阳时，汉将纪信诈为邦出降，邦得脱。其事附《汉书·项籍传》。荥阳，在今河南。

〔七〕沮授：东汉末年人。首劝袁绍挟天子以令诸侯，为曹操所执，不降死。事附见《后汉书·袁绍传》。

〔八〕陈容：东汉末年人。臧洪为郡丞，袁绍兴兵杀洪，容慷慨同死。事附见《三国志·魏书·臧洪传》。

嗟乎！自班、马以来，获书于国史者多矣。其间则有生无令问〔一〕，死无异迹，"异"一作"遗"。用使游谈者靡征其事，讲习者罕记其名，而虚班史传〔二〕，妄占篇目，若斯人者，可胜纪哉？古人以没而不朽为难〔三〕，盖为此也。

〔一〕令问：蜀本、陆本、鼎本同。《通释》改作"令闻"，浦注："一作问。"按：《诗·大雅·生民之什·卷阿》："如珪如璋，令闻令望。"郑笺："令，善也。"注："闻，音问。"又《文王之什·文王》："宣昭义问。"又《緜》："亦不陨厥问。"闻、问同声通用，今作"令闻"。

〔二〕虚班史传：原作"虚传班史"，陆本同，蜀本、鼎本、郭本、黄本及《通释》均作"虚班史传"，与下句"妄占篇目"成偶句。孙《札记》校作"虚传班史"。按：《尔雅·释言》："班，赋也。"注谓"布与"。"虚班史传"意谓"枉自给他在史书中立传"，而"虚传班史"，只能说是"枉自在班固《汉书》中立传"，与上文论《史》、《汉》以来立传之滥文意不合。今改从鼎本。

〔三〕没而不朽为难：《礼记·檀弓上》："丧欲速贫，死欲速朽。"又《论语·卫灵公》："君子疾没世而名不称焉。"知幾兼用其意。

史通卷之三　内篇

表历第七

【解　题】

自史迁仿《周谱》而作十表,《汉书》及《东观汉记》续有仿作。然自陈寿、范晔著书,以迄唐初官修《晋书》、《隋书》,均未立表。则纪传史应否有表,在当时自属有待商讨之问题。知幾就此提出自己之意见。

首先,他认为史文尚简,无须周备。实则读者对于"表"多"缄而不视",表在纪传史中就成为"烦费无用"之物,因而他一般是反对立表的。

但是,他并不是一概反对列表。他指出春秋战国时期,"群雄错峙,各自年世。若申之于表,以统其时,则诸国分年,一时尽见"。肯定《史记》之《十二诸侯年表》,《六国年表》"统时"之功,又盛称崔鸿《十六国表》是有所甄明的切要之作。因此,他在《外篇 · 杂说上》盛称太史公创表之功用,是前后一致的,并无矛盾之处。

他深斥《汉书·古今人表》，是说它“论世则异时，语姓则他族，不言汉事，而编入《汉书》”，是从史书应严守断限立论的。此表违犯了史例，知幾遂不能容忍。故在此后篇章中，仍反复予以斥责。

还有一点应该指出：知幾是篇所论，是专指纪传史组成部分可有可无之表历，而不是泛论所有表历。他在篇首即明白说“以表为文，载诸史传，未见其宜”，“施彼谱历”，却“容或可取”。在篇末复以韦、陶诸作为例，说它是因表成书，“存而不述”。进一步明确了是篇讨论问题之范围。

我们不否认知幾纪传史不宜立表之主张，未能行于后世。唐宋以降的纪传史，除《旧唐书》及新旧《五代史》无表外，余如《新唐书》及《宋史》、《辽史》、《金史》、《元史》、《明史》、《清史稿》，确实创立了不少好表。而明清学者，多有补正史表历之阙者，万斯同之《历代史表》，用力甚勤，极便省览，俱足证刘氏执见之偏。

但不能因此而否定是篇之史学价值。他针对当时史学存在之问题，提出自己之看法，具见他不是以空言著书。其次，就《史通》全书说，他在此篇初次提出史文尚简之著名论点，也是值得我们重视的。即使就其对表历之意见来说，他既没有完全否定纪传史中之表，更没有完全否定其他撰述之表。纪昀削去此篇全文，可谓知其一而不知其二。

盖谱之建名，起于周氏。表之所作，因谱象形，故桓君山有云〔一〕：“太史公《三代世表》，旁行斜上，并效《周谱》。”〔二〕此其证欤？夫以表为文，用述时事，施彼谱历，容或可取，载诸史传，未见其宜。何则？《易》以六爻穷变化〔三〕，《经》以一字成褒贬〔四〕，《传》包五始〔五〕，《诗》含六义〔六〕，故知文尚简要，语恶烦芜，何必款曲重沓，方称周备。

〔一〕桓君山：《后汉书》卷二十八上《桓谭传》："桓谭（约前23—56），字君山，沛国相人。博学多通，从刘歆、扬雄辩析疑异。喜非毁俗儒。著书言当世行事二十九篇，号曰《新论》。"《隋志》著录"桓子《新论》十七卷"，《宋志》及晁、陈书目均未载录，其书南宋时已佚，今有辑本。

〔二〕旁行斜上，并效《周谱》："上"字，原误作"正"，今据诸本改。《梁书》卷五十文学下《刘杳传》："杳，字士深，平原人。少好学，博综群书。沈约、任昉以下，每有遗忘，皆访问焉。王僧孺被敕撰谱，访杳血脉所因。杳云：'桓谭《新论》云："太史《三代世表》，旁行邪上，并效《周谱》。"以此而推，当起周代。'"陈《补释》："《史目表》：'《隋志》"《世本王侯大夫谱》二卷"。'是《世本》即《周谱》也。"陈氏又据郭《附评》杂引《汉书·沟洫志》引《周谱》云"定王五年河徙"，以证确有名"周谱"之书。但今存《隋志》著录《世本王侯大夫谱》下，接连分著刘向、宋衷撰《世本》，似不能谓"《世本》即《周谱》"。知幾以桓谭之言，证谱起于周，原甚明晰，陈《补释》只益棼冗。

〔三〕《易》以六爻穷变化：王弼《周易略例》："卦不可无六爻"，"爻以示变"。

〔四〕《经》以一字成褒贬：杜预《春秋序》："《春秋》虽以一字为褒贬。"

〔五〕《传》包五始:《汉书》卷六十四下《王褒传》:"共惟《春秋》法五始之要。"颜注:"张晏曰:'《春秋》称元年春王正月,此五始也。'元者,气之始;春者,四时之始;王者,受命之始;正月者,正教之始;公即位者,一国之始。"

〔六〕《诗》含六义:见《载言》篇注。

观马迁《史记》则不然。夫天子有本纪〔一〕,诸侯有世家,公卿已下有列传,至于祖孙昭穆〔二〕,年月职官,各在其篇,具有其说,用相考核,居然可知。而重列之以表,成其烦费,岂非谬乎?且表次在篇第,编诸卷轴,得之不为益,失之不为损。用使读者莫不先看本纪,越至世家,表在乎其间,缄而不视,语其无用,可胜道哉!

〔一〕夫:"夫"字,鼎本、郭本及黄本均作"矣"。《通释》同,属上句读。卢《拾补》云:"矣,讹。"

〔二〕昭穆:《周礼·春官·小宗伯》:"辨庙祧之昭穆。"郑注:"自始祖之后,父曰昭,子曰穆。"又《冢人》:"先王之葬居中,以昭穆为左右。"郑注:"昭居左,穆居右。"

既而班、《东》二史,东谓《东观汉记》,各相祖述,迷而不悟,无异逐狂〔一〕。必曲为铨择,强加引进,则列国年表,或可存焉。何者?当春秋、战国之时,天下无主,群雄错峙,各自年世。若申之于表,以统其时,则诸国分年,一时尽见〔二〕。如两汉御历,四海成家,公卿既为臣子,王侯才比郡县,何用表其年数,以别于天子者哉?

〔一〕无异逐狂：陈《补释》引《淮南子·说山训》："狂者东走，逐狂者亦东走。"杨《通释补》引《韩非子·说林上》："慧子曰：'狂者东走，逐者亦东走。其东走则同，其所以东走之为则异。'"

〔二〕诸国分年，一时尽见：《史记·十二诸侯年表》及《六国年表》将春秋、战国时各国年代与周、秦年代对照列表，以示其本末盛衰之迹，虽简而明晰，极便查考。

又有甚于斯者，异哉班氏之《人表》也〔一〕。区别九品，网罗千载，论世则异时，语姓则他族。自可方以类聚，物以群分〔二〕，使善恶相从，先后为次〔三〕，何籍而为表乎？且其书上自庖牺，下穷嬴氏，不言汉事，而编入《汉书》，鸠居鹊巢〔四〕，茑施松上〔五〕，附生疣赘〔六〕，不知剪截，何断而为限乎？

〔一〕班氏之《人表》：指《汉书·古今人表》。外篇《古今正史》篇云："八表及《天文志》多是马续所作。"又《玉海·艺文》载刘昭补志序云："续志昭表。"则八表系班昭撰。

〔二〕方以类聚，物以群分：杨《通释补》引《易·系辞上》："方以类聚，物以群分。"

〔三〕善恶相从，先后为次：程《笺记》："善恶相从，若循吏、佞幸诸传是。先后为次，则列传本多以时世相次也。"

〔四〕鸠居鹊巢：《诗·召南·鹊巢》："维鹊有巢，维鸠居之。"

〔五〕茑施松上："茑"，原误作"燕"，鼎本、郭本、黄本及《通释》均作"茑"，今据改。《诗·小雅·甫田之什·颊弁》第二章："茑与女萝，施于松上。"郑《笺》："茑，寄生也。喻托王之尊。”

〔六〕附生疣赘：陈《补释》引《庄子·骈拇》：“附赘縣疣。”

至法盛书载中兴〔一〕，改表为注，名目虽巧，芜累亦多。当晋氏播迁，南据扬、越，魏宗勃起，北雄燕、代，其间诸伪，十有六家，不附正朔，自相君长〔二〕。崔鸿著表〔三〕，颇有甄明，比于《史》、《汉》群篇，其要为切者矣〔四〕。若诸子小说、编年杂记，如韦昭《洞纪》〔五〕、陶弘景《帝王历》〔六〕，皆因表而作，用成其书，既非国史之流，故存而不述。

〔一〕法盛书载中兴：《隋志》正史类著录：“宋湘东太守何法盛《晋中兴书》七十八卷。”今佚。

〔二〕自相君长：“长”，蜀本、陆本、鼎本、郭本、黄本皆作“臣”，黄《补注》：“一作长。”卢《拾补》：“‘臣’非。”《通释》已改。《史记·西南夷传》：“西南夷君长以百数。”杨《通释补》：“《题目》篇：‘则有不奉正朔，自相君长。’语法与此同。”

〔三〕崔鸿著表：《魏书·崔鸿传》：“鸿，字彦鸾，博综经史，撰为《十六国春秋》，勒成百卷。”其表曰：“又别作序例一卷，年表一卷。”据鸿子子元奏其父书一百零二卷，《隋志》著录百卷，《唐志》著录百二十卷，虽有歧误，然其书尚存。《晋书·载记》大都出于此书，知幾犹及见其全书。《文献通考》未著录，盖至南宋已亡佚。今所传《十六国春秋》一百卷，乃明屠乔孙等伪本。《四库全书总目》谓“此书本无表”，谓知幾“检阅偶疏”，乃四库馆臣未能细读《魏书》本传之误。又别本《十六国春秋》十六卷，四库亦予著录，并谓为亦好事者摭类书之语，以《晋书》排比之。

〔四〕切：蜀本、陆本、鼎本、郭本及黄本同。卢《拾补》云宋本作"功"。

〔五〕韦昭《洞纪》："昭"字避晋文帝司马昭讳，或又作"曜"。《三国志·吴书·韦曜传》载其狱中上辞曰："囚（昭自称）昔见世间有古历注，……囚寻按传记，考合异同，采摭耳目所及，以作《洞纪》，起自庖牺，至于秦汉，凡为三卷。当起黄武（孙权年号）以来，别作一卷。"《隋志》著录"《洞纪》四卷"，今佚。观其本传所载自述，盖亦仿古历之作。

〔六〕陶弘景《帝王历》：《梁书·陶弘景传》："弘景，字通明，丹阳人，性好著述，尤明阴阳五行医术本草，著《帝代年历》。"《通志·艺文略》著录其所撰《帝王年历》五卷，书已佚。各本均作《帝王历》。

书志第八并序　天文志　艺文志　五行志　杂志〔一〕

【解题】

书志是纪传史组成部分之一。自史迁创为八书，班固改书曰志，后此纪传诸史，代有仿作，名目虽异，体统不殊。溯其渊源，知幾谓为多效礼经，郑樵则云起于《尔雅》。究其内容，知幾谓纪传之外，有所不尽，只事片文，于斯备录，郑樵则云书以类事。知幾显系兼就典章制度而言，郑氏亦云志者宪章之所系，并均以志为述事之史。由于世事纷纭，故书志包罗亦极广，知幾谓为作者之渊海，而江淹有言，"修史之难，无出于志"，知幾既阐述其言于《古今正史》篇，郑樵于《通志·总序》中，亦深有感于斯言。

修志之难,不仅在于分类排比纷纭繁杂之世事,尤在于选事而书。盖常事不书,本为史家之公例。然何事应书,则有待于史家之抉择。此篇指出旧史书志,有妄入编次、虚张部帙者,亦有事应可书,宜别标篇第者。我们现在固无必要去讨论旧史书志篇目之增删。知幾选事而书之标准,不仅和我们今天有很大距离,即在当时亦未必尽是。然其总结前此纪传史中书志之得失,并对隋唐以后书志及书事之史之发展,产生积极影响,是亦关心我国传统史学发展者,不应忽视。

其论"天文志",首揭天象不应列入国史,其立论根据是"古之天犹今之天",谓天不变,固属形而上学观点。然自然现象变化与社会现象变化,其迟速迥异,则为客观事实。四五千年来,人类社会已经历四次质之变化,而自然现象变化,则几不可察觉。知幾所论,自甚有理。《史记》通古为史,区域绵长,书有《天官》,固不能称"未见其宜"。而自班《汉》以下,重复记载亘古以来之两曜五星,自属越限乖谬。但他从"国史所书,宜述当时之事"出发,认为论天象就只应载其时彗孛氛祲、薄食晦明,就其所举事例看,皆是星象家占卜之言。他为什么会从一个正确前提,得出一个错误结论呢?固然由于古人未能穷究宇宙之奥秘,遂使星象者流,得施其妖言惑众之技,妄说天象变化影响人事。间有为此妖妄之言所惑,或利用妖妄之言而施于人事者。此类星象家言,对当时社会历史既有实际影响,史家亦未能略而不录。而知幾尚未能自拔于附会迷信之泥坑,自亦不必为之讳言。后此纪传史从刘说者,只《辽史》无天文志,《新五代史》则改曰《司天考》。

其论"艺文"亦斥"前志已录,而后志仍书",联系唐初所著《隋书》，指责其广包众作，勒成《天文》、《艺文》二志。按《隋书》十志，是由于《梁》、《陈》、《周》、《齐》、《隋》各书均无志，太宗诏修五代史志，成后编入《隋书》，故又称《五代史志》。其中如《天文志》上溯魏晋，《经籍志》亦上续后汉以下之艺文，原为补前史书志之缺。知幾责其繁富，已属失当，并进一步认为凡撰志者，宜除艺文，更非持平之论。最后他也婉转提出“必不能去，当变其体”。他主张唯取当时所撰之书，后来《明史·艺文志》即仅就明代二百七十年各家著述，厘成一志。但两《唐书》、《宋史》仍备载前代之书，亦可以考见存佚。至若《通志·艺文略》悉载存佚之书，斯又别具一格。刘氏此论，亦未必尽是。《元史》既删除艺文，乃于列传中载其著述，无传者之著述遂无可考，或亦误从刘说之失也。

“五行志”是本篇讨论之重点，知幾首谓“灾祥之作，以表吉凶，不易诬也”，自今观之，可谓开口便错。但他对此也不是笃信不移，接着就指出天变物异是天道，与人事无关，并举“妖灾著象，福禄来钟”四个事例作为反证，表明他对“天人感应”是不相信的。但他不能斥其谬妄，只能承认其“不能知”、“莫之测”，所以他认为《春秋》有异则书、不言休咎美恶，是好办法。他所反对的是汉儒董仲舒、刘向等对每一变异，必予证明，拿通常人事活动来“应彼咎征”，甚至改易其说，或以前为后，或以虚为实，斥之为“移的就箭，掩耳盗钟”。而《汉书·五行志》对董、刘诸儒牵强附会之谬论，虽或前后相反，人各不同，亦双载其文，就更嫌烦费了。

但是，知幾对《五行志》只是斥其牵强附会，斥其烦费，并没有主张删除《五行志》。他认为班《汉》以后如司马彪等人之《五行志》大多较实，务守常途就比较好。他又着重指出天道难知，对于那些“言必有中”的占象之言，仍可志诸竹帛，只是不要穿凿妄作，以免贻讥后人。《清史稿·灾异志序》曰：“《明史·五行志》著其祥异，而削事应之附会，其言诚韪矣。今准《明史》之例。”具见其用知幾之言。

在“杂志”一节中，他提出志天文不如志人形，志艺文不如志方言，并认为可增“都邑”、“氏族”、“方物”三志。“都邑”已于前史《地理》、《州郡志》中导其源，而自唐宋以下之纪传体书、史，除《新五代史》外，均有《地理志》。“氏族”则《魏书·官氏志》已启其端，《新唐书·宰相世系表》、《辽史·部族表》亦略仿其例。“方物”在《史》、《汉》之《货殖列传》中已见契机，前史《方物》、《地理志》及《外国传》中亦略载其事，《通考·土贡考》及后此地方志所记遂更臻详备。而《通志》增《氏族》、《都邑》、《草木昆虫》三略，更可谓全袭知幾之余论矣。

此篇尚有一事值得注意，他在“杂志”中虽然说魏收《魏书·释老志》是“不急为务”，但在“序论”中却肯定它“出乎胸臆，求诸历代，不过一二”，又在“论《天文志》”中，认为《魏书·天象志》“多合事宜，贤于班、马远矣”。通读《史通》，就可看到知幾对魏收既深恶痛绝，又“憎而知其善”之治史态度。

夫刑法礼乐，风土山川，求诸文籍，出于三礼〔二〕。及班、马著史，别裁书、志，考其所记，多效礼经。且纪传之外，有所不尽，只事片文，于斯备录，语其通博，信作者之渊海也。原夫司马迁曰书，班固曰志，东观曰记〔三〕，华峤曰典〔四〕，张勃曰录〔五〕，何法盛曰说〔六〕，名目虽异，体统不殊。亦犹楚谓之梼杌，晋谓之乘，鲁谓之春秋，其义一也。于其编次[七]，则有前曰《平准》，后云《食货》；古号《河渠》[八]，今称《沟洫》。析《郊祀》为《宗庙》[九]，分《礼乐》为威仪[一〇]，悬象出于《天文》[一一]，郡国生于《地理》，如斯变革，不可胜计。或名非而物是，或小异而大同，但作者爱奇，耻于仍旧，必寻源讨本，其归一揆也。若乃《五行》、《艺文》，班补子长之阙；《百官》、《舆服》，谢拾孟坚之遗[一二]。王隐后来，加以《瑞异》[一三]；魏收晚进，弘以《释老》。斯则自我作故，出乎胸臆，求诸历代，不过一二者焉。大抵志之为篇，其流十五六家而已。其间则有妄入编次，虚张部帙，而积习已久，不悟其非。亦有事应可书，宜别标篇题音第[一四]，而古来作者，曾未觉察，今略陈其义，列于下云。已上《书志序》。

〔一〕并序：蜀本、陆本、郭本、黄本同，鼎本作"典序"。《通释》谓五项旧注非原文，悉改为"序论、论天文"等，显系臆改。

〔二〕出于三礼：陈《补释》："此文得其原本。郑樵《通志》以为出于《尔雅》，《文史通义》已纠正之矣。或以三礼中《周礼》为疑，疑太史公时未列学官，则《封禅书》明言上与公卿诸生议封禅，群儒采《尚书》、《周官》、《王制》之望祀射牛事。《周官》即《周礼》也，中古文自有此书，太史公掌图籍、诵古文，何俟刘向、歆校理始见之乎？《史目表》必谓《世本·作篇》为太史公八书所本，《居篇》为后世地理志所仿，固未及三礼之赅备刑法、礼乐、风土、山川也。太史公囊括众典，岂止采《世本》一书。"按：郑樵《通志·总序》云："志之大原，起于《尔雅》。"章学诚《文史通义·亳州志掌故例议上》谓郑说"非其质矣"，并申论知幾之说云："书志之原，盖出《官》、《礼》。"《通志》二十略中，有《六书》、《七音》、《昆虫草木》诸略，故郑樵自谓起于《尔雅》，但据儒家经师之言，则谓古代官师合一，经世治人，皆必"齐之以礼"。故《史记》八书，礼乐居先，杜佑《通典》，礼居其半，此陈氏所以深赞知幾"此文得其原本"也。陈氏复论证史公已及见《周礼》，亦甚精审。三礼，即《周礼》、《仪礼》及《礼记》。

〔三〕东观曰记：自此以下共四句，均系列举改换马、班"书"、"志"之名称。东观指《东观汉记》，注见《六家·汉书家》，唯此处说是书名，与改志目文意不合。《通志·总序》引这段文章时，将此句作"蔡邕曰意"。查《后汉书·蔡邕传》载："邕前在东观，与卢植、韩说等撰补《后汉记》，会遭事流离，不及得成，因上书自陈，奏其所著十意。"李贤注曰："犹前书十志也。"显系改"志"曰"意"。惟郑樵在《通志二十略》卷首，此句仍为"东观曰记"，则《总序》所改，必别有据。《通释》已径照改。按蔡邕十意，既系续补《东观汉记》，倘谓"东观曰意"亦可，"记"字必误。浦批《史通训故补》径谓"东观曰记，是后来版本脱字妄补之所为"，似嫌武断。录备续校。

〔四〕华峤曰典：《晋书·华表传》附峤传云："峤字叔骏。峤以《汉纪》烦秽，慨然有改作之意，起于光武，终于孝献，一百九十五年，为帝纪十二卷，皇后纪二卷，十典十卷，传七十卷，及三谱、序传、目录，凡九十七卷，改名《汉后书》，改志为典。"又云："所撰书十典未成而终。"《隋志》著录，书亡，今有辑本。

〔五〕张勃曰录：张勃，晋朝人，《隋志》著录《吴纪》九卷。下注：

“晋有张勃《吴录》三十卷,亡。”

〔六〕何法盛曰说:何法盛著《晋中兴书》,注已见《表历》篇。《陈书·何之元传》云:“唯何法盛《晋书》变帝纪为帝典。”“法盛变纪为典,赞为述,表为注,志为说。”

〔七〕次:陆本、鼎本、郭本、黄本同,蜀本无“次”字。《拾补》云:“宋无。”《通释》谓旧作“次”非,径改“次”为“目”。

〔八〕《平准》、《河渠》:《史记》之《平准》与《河渠书》,《汉书》改为《食货》与《沟洫志》。

〔九〕析《郊祀》为《宗庙》:陈《补释》:“司马彪《续汉书》析之。”按:《后汉书》刘昭补志(即司马彪书)改《郊祀志》曰“祭祀”,其子目有《郊》、《宗庙》等。

〔一〇〕分《礼乐》为威仪:《史》、《汉》以后,《后汉书》刘昭补志及《隋书》改《礼乐志》为《礼仪志》。刘昭补《礼乐志序》,首句即谓“夫威仪所以与君臣,序六亲也”,序末句又云“故记施行威仪,以为《礼仪志》”。《隋志》序亦引“礼经三百,威仪三千”为说。则《礼仪志》即在“礼乐”中,又分志威仪也。

〔一一〕悬象出于《天文》:悬象,《通释》云:“《魏书》作天象。”陈《补释》云:“何法盛《晋中兴书》有《悬象记》,非谓《魏书》。”按:何书改“志”为“说”,无“记”目。

〔一二〕《百官》、《舆服》,谢拾孟坚之遗:《通释》云:“班有《百官》,无《舆服》也。”又在“谢”字下夹注“谢承”。按:《汉书》有《百官公卿表》,此处就志而论,故云遗《百官》、《舆服》。又范晔《后汉书》中所载晋司马彪八志中,有《百官》、《舆服》二目,为《汉书》所无。《舆服志》系据三国时魏人董巴之《大汉舆服志》而编撰,《百官志》系因《汉书·

百官公卿表》而改，可谓“拾孟坚之遗”矣。陈《补释》云：“不云谢承。”查刘宋以前，撰后汉史者有九家，范书成而九家书皆废。在废亡九家中，有二谢，一为三国吴人谢承，一为晋人谢沈。谢沈，《晋书》有传，其曾祖至其父皆仕于吴。沈是何充（292—346）、庾亮（289—340）同时后辈，司马彪乃魏晋间人，生于魏正始（240—249）年间，卒于晋永兴（304—306）年间，自不可能因袭沈书。谢承，《三国志》无传，而在吴主权谢夫人传中载有“吴主权谢夫人，权母吴为权聘以为妃，弟承拜五官郎中，稍迁长沙东部都尉，武陵太守，撰《后汉书》百余卷”，可见谢夫人与权年齿相若。谢承仕于孙权时，较早于司马彪，则彪创《百官》、《舆服》二志，亦有因袭谢承可能。但两谢书既久已亡佚，清人所辑《后汉书》逸文，其中有两谢书残卷，均无《百官》、《舆服》两志。

〔一三〕王隐后来，加以《瑞异》：王隐，字处叔，东晋元帝太兴（318—321）初，为著作郎，受命撰《晋史》，同官虞预私撰《晋书》，常借隐书窃抄之。及传闻于外，反斥隐，以谤免。《晋书·王隐传》谓：“隐虽好著述，而文辞鄙拙，芜舛不伦。”《隋志》著录王隐《晋书》八十六卷，虞预《晋书》二十六卷，均注“今残缺”。隐书是否有《瑞异志》，无可详考。《太平御览》卷八百五十九“文部五”引“王隐《晋书》曰：《石瑞记》曰云云”，似即出于其《瑞异志》。“二十四史”中《宋书》有《符瑞志》，《南齐书》有《祥瑞志》，《魏书》有《灵征志》，南北朝人著书，固已侈言瑞异矣。

〔一四〕宜别标篇题：蜀本、陆本、鼎本无“篇”字，《通释》作“宜别标题”，卢《拾补》：“宋有‘篇’字。”

夫两曜百星，丽于玄象〔一〕，非如九州万国〔二〕，废置无恒。故海田可变〔三〕，而景纬无易。古之天犹今之天也〔四〕，今之天即古之天也。必欲刊之国史，施于何代不可也？但《史记》包括所及，区域绵长，故书有《天官》〔五〕，读者竟忘其误，榷而为论，未见其宜。班固因循，复以天文作志〔六〕，志无汉事，而隶入《汉书》，寻篇考限，睹其乖越者矣。降及有晋，迄于隋氏，或地止一隅，或年才二世，而彼苍列志，其篇倍多，流宕忘归，不知纪极〔七〕，方于汉史，又孟坚之罪人也。切以国史所书，宜述当时之事，必为志而论天象也，但载其时彗孛氛祲〔八〕，薄食晦明〔九〕。裨灶梓慎之所占〔一〇〕，京房李郃之所候〔一一〕，至如荧惑退舍，宋公延龄〔一二〕，中台告坼，晋相速祸〔一三〕，星集颍川而贤人聚〔一四〕，月犯少微而处士亡〔一五〕，如斯之类，志之可也。若乃体分濛澒〔一六〕，色著青苍，丹曦素魄之躔次〔一七〕，黄道紫宫之分野〔一八〕，既不预于人事，辄编之于策书。故曰："刊之国史，施于何代不可也。"其间唯有袁山松、沈约、萧子显、魏收等数家〔一九〕，颇觉其非，不遵旧例，凡所记录，多合事宜。寸有所长〔二〇〕，贤于班、马远矣。已上《天文志》。

〔一〕两曜百星，丽于玄象：两曜，日月也。百星，孙《札记》："'星'，一作'灵'。"泛指众星也。玄象，《易·系辞上》："在天成象。"韩注："象况日月星辰，悬象运转以成昏明。"

〔二〕九州：古史传说禹分九州，九州之说不一。《尔雅·释地》："两河间曰冀州，河南曰豫州，河西曰雍州，汉南曰荆州，江南曰扬州，济河间曰兖州，济东曰徐州，燕曰幽州，齐曰营州。”

〔三〕故海田可变：杨《通释补》引葛洪《麻姑传》：“麻姑是说云：‘接侍以来，已见东海三为桑田，向到蓬莱，水又浅于往者，会时略半也。岂将复还为陵陆乎？’”世人遂以沧海桑田，喻陵谷之变化，世事之变迁。

〔四〕古之天犹今之天也：陈《补释》：《论衡·谈天篇》：“古天与今无异。”

〔五〕故书有《天官》：即指《史记·天官书》。司马贞《索隐》：“天文有五官，官者，星官也。”《太史公自序》说撰《天官书》之原因，是由于“星气之书，多杂机祥，不经”，乃“验于轨度以次”。故《天官书》之内容，是依次述列星之轨度。《史记》作为通史，述及天文，初无不合。知幾反对史书叙天文，故云“读者竟忘其误”。

〔六〕班固因循，复以天文作志：即指《汉书·天文志》。据外篇《古今正史》及《玉海》所载，《天文志》是马续所作，已见《表历》篇注。此志以三分之二篇幅，泛述天象众星，仅以三分之一叙自汉元年(前206)至汉哀帝元寿二年(前1)王莽秉政前事，故知幾从“考限”立论，益讥其“乖越”矣。

〔七〕不知纪极：杨《通释补》：“《左》文十八年《传》：‘聚敛积实，不知纪极。’”

〔八〕彗孛氛祲：《左传》昭十七年，“有星孛于大辰”。《晋书·天文志》：“孛彗之属也。偏指曰彗，芒气四出曰孛。”俗称扫帚星，言其形似扫帚，星象家视为不祥之星。祲，《左传》昭十五年：“梓慎曰：‘吾见赤黑之祲。’”注：“祲，妖氛也。”迷信者视为不祥之气。

〔九〕薄食：食亦作蚀，即日月蚀。《史记·天官书》“日月薄蚀”

注："京房《易传》曰：'日赤黄为薄。'"

〔一〇〕裨灶梓慎：春秋时两个星象家。《左》昭十七年《传》："有星孛于大辰。"梓慎、裨灶均谓宋、卫、陈、郑将在同一天有火灾。

〔一一〕京房李郃：《汉书·京房传》："京房，字君明，治《易》，其说长于灾变，尤精占验。（汉元帝）永光、建昭间，西羌反，日蚀，又久青无光，房数上疏，先言其将然，近数月，远一岁，所言屡中。"又《后汉书·方术·李郃传》："郃字孟节。善《河》、《洛》风星，外质朴，人莫之识。县召署幕门候吏。和帝即位，分遣使者，皆微服单行，各至州县观采风谣。使者二人当到益部，投郃候舍，时夏夕露坐，郃因仰观问曰：'二君发京师时，宁知朝廷遣二使邪？'二人默然惊，相视曰：'不闻也。'问何以知之。郃指星示云：'有二使星向益州分野，故知之耳。'"按："郃"字，误刊作"部"，据诸本及本传校改。

〔一二〕荧惑退舍，宋公延龄：荧惑，《汉书·天文志》："南方夏火"，"荧惑逆行一舍、二舍为不祥"。舍，古人以三十里为一舍。《吕氏春秋·季夏纪·制乐篇》云："宋景公之时，荧惑在心，公惧，召子韦而问焉，子韦曰：'荧惑者，天罚也。心者，宋之分野，祸当于君，虽然，可移于宰相。'公曰：'宰相所与治国家，而移死焉，不祥。'子韦曰：'可移于民。'公曰：'民死，寡人将谁为君乎？宁独死。'子韦曰：'可移于岁。'公曰：'岁害则民饥，民饥必死。为人君而杀民以自活，其谁以我为君乎？'子韦载拜曰：'君有至德之言三，天必三赏君。今夕荧惑其徙三舍，君延年二十一岁。'公曰：'子何以知之？'对曰：'舍行七星，星一徙当七年，三七二十一，君延年二十一岁矣。'是夕，荧惑果徙三舍。"

〔一三〕中台告坼，晋相速祸：中台，星名，在人曰三公，在天曰三台，三台分上中下。卢《拾补》云："坼，'拆'俗字。"裂也。《晋书·天文志》下："永康元年三月，中台星坼，占曰：'台星失常，三公忧。'是月，赵王伦废杀（贾）后，斩司空张华。"

〔一四〕星集颍川而贤人聚：《世说新语·德行》："陈太丘诣荀朗陵，使元方将车，季方持杖，长文尚小，载着车中。既至，荀使叔慈应门，慈明行酒，余六龙下食。文若亦小，坐着膝前。太史奏：'真人东行。'"刘孝标注云："于时德星聚。"按《后汉书》卷九十二《荀淑陈实传》，陈太丘即陈实，字仲弓，颍川许人。曾任太丘长，以德行著称。有六子，纪、谌最贤。纪字元方，谌字季方，均以至德称。荀淑，字季和，颍川颍阴人，高行博学，曾任朗陵侯相，故称荀朗陵。有子八人，时称八龙。叔慈名靖，行三。慈明名爽，行六，人称荀氏八龙，慈明无双。又长文即陈群，元方子。事迹见《三国志·魏书》本传。文若即荀彧，《后汉书》、《三国志》均有传。

〔一五〕月犯少微而处士亡：《世说新语·栖逸》刘孝标注引《续晋阳秋》载："谢敷，字庆绪。（隐居）南山中，征博士不就。月犯少微星，占云：'以处士当之。'俄而敷死。"谢敷事迹见《晋书》卷九十四《隐逸传》。少微星，亦名处士星。

〔一六〕濛澒：元气未分貌。陈《补释》：《后汉书·张衡传》注引《孝经援神契》："天度濛澒。"宋均曰："濛澒未分之象也。"《文选·思玄赋》注引作"庞鸿"。按：王充《论衡·谈天篇》已先有"溟涬濛澒"。

〔一七〕丹曦素魄之躔次：丹曦、素魄指日、月。躔次，众星行止也。此句意谓日月运行。

〔一八〕黄道紫宫之分野:《史记·天官书》:日月五星所行之道曰黄道。司马贞《史记索隐》引《元命包》曰:"紫,此也,宫,中也,言天神运动,阴阳开闭皆在此中也。"又《通释》谓为"紫微宫垣"。分野,春秋战国时,星象学家将星宿分为十二次,配属于各国,又用以占卜吉凶,就成为一种迷信观念,后人借用为分界。

〔一九〕袁山松、沈约、萧子显、魏收:袁山松,著有《后汉书》百篇,《隋志》、《唐志》均著录其书,今亡,有辑本。《晋书》卷八十三《袁瑰传》附山松传。沈约,《宋书》之《天文志》序末云:"今惟记魏文帝黄初以来星变为天文志,以续司马彪。"由于陈寿《三国志》无志,唐太宗领修《晋书》未出,故上溯至曹魏。萧子显《南齐书》之《天文志》则起建元(齐高祖年号),讫于隆昌(齐郁林王年号),以续《宋史》。魏收《魏书》之《天象志》则起自魏太祖天兴五年(按:拓拔珪天兴元年即398年始称帝),《宋书》补前史之缺,《南齐》、《北魏书》皆严守断限,故知幾云"多合事宜"。

〔二〇〕寸有所长:陈《补释》:"《庄子·秋水》篇,《楚辞·卜居》篇文。"按今本《庄子·秋水》篇无"寸有所长"四字,见《楚辞·卜居》王逸章句引。

伏羲已降,文籍始备。逮于战国,其书五车〔一〕,传之无穷,是曰不朽。夫古之所制,我有何力?而班《汉》定其流别,编为《艺文志》。论其妄载,事等上篇。谓《天文志》。《续汉》已还,祖述不暇〔二〕。夫前志已录,而后志仍书,篇目如旧，频烦互出，何异以水济水，谁能饮之者乎〔三〕？且《汉书》之志“天文”、“艺文”也，盖欲广列篇名，示存书体而已。文字既少，披阅易周。故虽乖节文，而未甚秽累。既而后来继述，其流日广，天文则星占、月会、浑图、《周髀》之流〔四〕，艺文则四部、《七录》、《中经》、秘阁之辈〔五〕，莫不各逾三箧〔六〕，自成一家。史臣所书，宜其辍简。而近世有著《隋书》者，乃广包众作，勒成二志〔七〕，骋其繁富，百倍前修〔八〕，非唯循覆车而重轨〔九〕，亦复加阔眉以半额者矣〔一〇〕。但自史之立志，非复一门，其理有不安，多从沿革，唯艺文一体，古今是同，详求厥义，未见其可。愚谓凡撰志者，宜除此篇，必不能去，当变其体。近者宋孝王《关东风俗传》亦有《坟籍志》〔一一〕，其所录，皆邺下文儒之士，雠校之司，所列书名，唯取当时撰者〔一二〕。习兹楷则，庶免讥嫌。语曰：“虽有丝麻，无弃菅蒯。”〔一三〕于宋生得之矣〔一四〕。已上《艺文志》。

〔一〕其书五车：《庄子·天下》篇：“惠施多方，其书五车。”后人即以学富五车赞誉饱学之士。知幾用“五车”形容至战国时文籍始多。

〔二〕《续汉》已还，祖述不暇：陈《补释》：“今二十四史，自《汉·艺文志》后，直至《隋书》始有《经籍志》，《续汉书》无之。据《广弘明集》引《七录》序，知袁山松《后汉书》亦有《艺文志》。刘氏所见《后汉书》及诸家《晋书》，当更有之，故云‘祖述不暇’。”又彭啸咸《增释》云：“此条所说虽以《艺文志》为主，然上文云‘论其妄载，事等上篇’，则已绾合《天文志》矣。自此至‘亦复加阔眉以半额者矣’一节,即承上文,兼论二志,非单论《艺文》也。《续汉书》有《天文志》,故知幾举为祖述之首。又自《汉书·艺文志》后,据刘昭《注补续汉书八志序》云:‘沈、松(沈,谢沈;松,袁山松。皆著《后汉书》。)因循,尤解功创,时改见句,非更搜求。加《艺文》以矫前弃,流《书品》采自近录(《艺文》、《书品》皆志名)。初平、永嘉,图籍焚丧,尘消烟灭,焉识其限。借南晋之新虚,为东汉之故实,是以学者亦无取焉。’是谢沈《后汉书》有《书品志》,袁山松《后汉书》有《艺文志》。又据《梁书·王僧孺传》载任昉赠诗曰:‘刘《略》、班《艺》,虞《志》、荀《录》,伊昔有怀,交相欣勖。’是虞预《晋书》有《艺文志》。(刘、班、荀皆举姓,则虞《志》当谓虞预《晋书·艺文志》,非挚虞《文章志》也。)又《齐书·檀超传》载江淹《齐史》篇目,亦有《艺文志》。”按彭说足补陈《释》之未备。

〔三〕何异以水济水,谁能饮之:陈《补释》:“此用《左传》昭二十年,齐晏子语,原文‘饮’作‘食’。”按:此乃晏子论和、同之语。谓和者如羹,同者“若以水济水,谁能食之”。

〔四〕浑图、《周髀》:浑图,即浑天说也。《隋书·天文志》上:“前儒旧说,天地之体状如鸟卵,天包地外,犹壳之裹黄,周旋无端,其形浑浑然。故曰浑天。”又“盖天之说,即《周髀》是也。……周人志之,故曰《周髀》。髀,股也。股者,表也。其言天似盖笠”。

〔五〕四部、《七录》、《中经》、秘阁:都是我国目录学史名词。四部创始于晋荀勖《新簿》,分群书为四部,按甲、乙、丙、丁分载经、子、史、集书目,东晋李充“因荀勖四部之法,而换其乙丙之书”,即将子、史易置,“隐然成为定例”。《七录》乃南朝梁阮孝绪所撰,即经典、纪传、子兵、文集、技术(包括谶纬)、佛法、仙道等。《中经》,指魏郑默之《中经》。秘阁,乃自梁历陈至隋,藏书所在,其目录分类皆沿四部之制。其演变之迹,可参看《隋志》序。

〔六〕莫不各逾三箧:陈《补释》:“三箧书,见《汉书·张安世传》,然此文上承天文、艺文二志为言,恐‘三箧’为‘三筴’之误。《鲁语上》,展禽论祀爰居,以是岁多大风,冬暖,臧文仲使书其言,以为三筴,三筴正关合天文。”按:陈氏节引《国语·鲁语上》:爰居,海鸟名也。筴同策,简书也,三筴即三卿之简书。乃论灾异之变,书于竹简也。上文分举天文、艺文二志,于艺文似不能以三筴包括之。陈氏疑误,恐有未安。箧,箱子,《礼·学记》“入学鼓箧”,初意专指书箱。此处仍以两志书简都各超过三书箱较妥。

〔七〕二志:指《隋书·天文》、《经籍》两志。《天文志》三卷,约以两卷半述两曜众星,仅以半卷述自梁武帝天监元年至隋末天人感应之变。盖以上续《南齐》、《北魏书》,故有《五代史志》之称。《经籍志》四卷,亦分部综录汉魏以降群书,盖以续《汉书·艺文志》者。

〔八〕百:蜀本、陆本、鼎本、郭本及黄本均同,孙《札记》疑作“有”字。卢《拾补》云:“何疑‘有’字。”

〔九〕循覆车而重轨:陈《补释》:“《说苑·善说》篇,魏公乘不仁引《周书》曰:‘前车覆,后车戒。’《吴越春秋·句践归国外传》:大夫种曰:‘前车已覆,后车必戒。’《汉书·贾谊传》引鄙谚曰:‘前车覆,后车戒。’”

〔一〇〕加阔眉以半额:据《后汉书·马援传》,援子廖上疏劝谏,引长安语曰:“城中好广眉,四方且半额。”

〔一一〕宋孝王《关东风俗传》:《北史·宋隐传》载其同族后裔宋孝王事迹云:“孝王为北平王文学,求入文林馆,不遂,因非毁朝士,撰《朝士别录》二十卷。会周武灭齐,改为《关东风俗传》,更广闻见,勒成三十卷以上之,言多妄谬,篇第冗杂,无著述体。”据此记载,是书撰成于北周时,《北魏》、《齐》、《周书》均未附载其事,李延寿载入史册,亦多訾议。新旧《唐书》之《艺文》、《经籍志》均著录宋孝王撰《关东风俗传》六十三卷。此后《通志》、《通考》已均无此目,早已亡佚。

〔一二〕撰者:卢《拾补》:“者”字,何义门云是“著”字。

〔一三〕虽有丝麻,无弃菅蒯:丝麻可织衣服。菅蒯,丛生山野水边之草本植物,仅能制炊帚刷子等,语出《左传》成公九年,“言备之不可以已也”,盖言虽有好东西,亦不可随意抛弃坏的。知幾以菅蒯喻《关东风俗传》也。

〔一四〕宋生:“生”,原作“王”字,蜀本、陆本、鼎本、《拾补》、《通释》均作“宋生”。今改。

夫灾祥之作,以表吉凶,此理昭昭,不易诬也。然则麒麟斗而日月食,鲸鲵死而彗星出〔一〕,河变应于千年,山崩由于朽壤〔二〕。又语曰:“太岁在酉,乞浆得酒,太岁在巳,贩妻鬻子。”〔三〕则知吉凶递代,如盈缩循环,此乃关诸天道,不复系乎人事。

〔一〕麒麟斗、鲸鲵死:《通释》:“见《淮南子·天文训》。”按《天文训》原文作“鲸鱼死而彗星出”。此乃用以说明毛羽(如麒麟)鳞介(如鲸鲵)之类,上与天地阴阳之变化相应,是天人感应唯心主义世界观之反映。麒麟,独角兽,似鹿而较大,古称瑞兽。鲸鲵,大鱼名,吞食小鱼,古人以喻兼并小国不义之行。

〔二〕河变、山崩:《通释》引《拾遗记》:“丹丘千年一烧,黄河千年一清。”《左传》成公五年,“山有朽壤而崩”。“壤”,一作“坏”。卢《拾补》:“坏,讹。”

〔三〕“太岁在酉”至“贩妻鬻子”:“酉”字原作“丑”,蜀本、陆本、鼎本、郭本及黄本均同。接语见马总《意林》佚文(周广业辑),原文录自袁准《正书》,今亦据马氏原文校改为“酉”。又《五色线》引《朝野佥载》:“太岁在午,人马食土;岁在辰巳,货妻卖子;岁在申酉,乞浆得酒。”《史记·货殖列传》:“太阴在卯,穰,明岁衰恶。至午,旱,明岁美。”则“巳”年亦自“衰恶”至“旱”之年也。又云“至酉,穰,明岁衰恶”,则《正书》所载此四句谚语,盖胎源于此,乃旧日依流年卜丰歉之妄说也。

且周王决疑,龟焦蓍折〔一〕,宋皇誓众,竿坏幡亡〔二〕。枭止凉师之营〔三〕,鹏集贾生之舍〔四〕。斯皆妖灾著象,而福禄来钟〔五〕,愚智不能知,晦明莫之测也。然而古之国史,闻异则书,未必皆审其休咎,详其美恶也。故诸侯相赴〔六〕,有异不为灾,见于《春秋》,其事非一。

〔一〕周王决疑,龟焦蓍折:郭《附评》引《武经》:“太公佐武王至牧野,遇雷雨,旗鼓毁折,散宜生欲卜吉而后行,太公以为腐草枯骨,无足问。且以臣伐君,岂可再乎?”按:《史记·

齐太公世家》:“武王将伐纣,卜龟兆不吉。”刘向《说苑·权谋》:“武王伐纣,……卜而龟熸。”熸,焦毁也。古人遇有疑难大事,即卜以决疑,以龟甲卜,以蓍草筮。卜虽不吉,武王却说:“不利以祷祠,利以击众。”坚持进军,终于擒纣。

〔二〕宋皇誓众,竿坏幡亡:《宋书·武帝纪上》:宋武帝统率晋军至左里(在今江西都昌县西北),将与卢循战,“公所执麾竿折,折幡沉水,众并怪惧,公欢笑曰:‘往年覆舟之战,幡竿亦折,今者复然,贼必破矣。’”遂进军击败循。盖谓刘裕能以不祥之兆,为誓众之辞也。

〔三〕枭止凉师之营:《晋书·张轨传》附轨之曾孙重华传(前凉建兴三十五年即 347 年嗣立,353 年死):“重华以主簿谢艾为中坚将军,配步骑五千击(后赵石虎将麻)秋,引师出振武(今甘肃永登县西北),夜有二枭鸣于牙中,艾曰:‘枭,邀也,六博得枭者胜,今枭鸣牙中,克敌之兆。’于是进战,大破之。”按古人认为枭主凶,艾以博戏中得枭者胜解之。“凉”,原作“梁”,蜀本、陆本、鼎本同。孙《札记》云:“当作凉。”郭本作“凉”。黄本误刊作“京”,《通释》已改作“凉”,今改正。

〔四〕鹏集贾生之舍:《史记·贾谊传》:“贾生为长沙王太傅,三年,有鸮飞入贾生舍,止于座隅。楚人命鸮曰服,贾生既以谪居长沙,长沙卑湿,自以寿不得长,伤悼之,乃为赋以自广。”服,亦作鹏,不祥鸟也,《史记》、《汉书》本传均载其《鹏鸟赋》,“后岁余,贾生征见”。

〔五〕妖灾著象,而福禄来钟:指上述四事,皆是凶兆得福,故下云“不知”、“莫测”也。

〔六〕故诸侯相赴：各本同。惟鼎本作“证候相轧”，疑为手民之误。《通释》作“诸侯相赴”。

洎汉兴，儒者乃考《洪范》以释阴阳〔一〕。其事也，如江璧传于郑客，远应始皇〔二〕；卧柳植于上林，近符宣帝〔三〕。门枢白发，元后之祥〔四〕；桂树黄雀，新都之谶〔五〕。举夫一二，良有可称。至于蜚蜮蝝螽〔六〕，震食崩坼，陨雨霜雹，大水无冰，其所证明，实皆迂阔。故当春秋之世，其在于鲁也，如有旱雩舛候〔七〕、螟螣伤苗之属〔八〕，是时或秦人归禭〔九〕，或毛伯赐命〔一〇〕，或滕、邾入朝，或晋、楚来聘〔一一〕，皆持此恒事，应彼咎征。旻穹垂谪〔一二〕，厥罚安在，探赜索隐，其可略诸。

〔一〕考《洪范》以释阴阳：《汉书·五行志序》：“汉兴，董仲舒治《公羊春秋》，始推阴阳，为儒者宗，宣、元之后，刘向治《穀梁春秋》，数其祸福，传以《洪范》，与仲舒错。至向子歆治《左氏传》，其《春秋》意亦已乖矣，言《五行传》又颇不同。”董、刘诸说，即《五行志》所本。又《汉志》著录刘向《五行传记》十一卷，《隋志》著录《尚书洪范五行传论》十一卷，汉光禄大夫刘向注。知幾所举者即向所注书也。

〔二〕江璧传于郑客，远应始皇：《史记·秦始皇本纪》：“始皇三十六年秋，使者(《汉书·五行志》引作郑客)从关东夜过华阴平舒道，有人持璧遮持者曰：‘为吾遗滈池君(注：水神也)。’因言曰：‘今年祖龙(即始皇)死。’使者问其故，因忽不见，置其璧去。使者奉璧具以闻，使御府视璧，乃二十八年行渡江所沈璧也。”故云江璧。次年七月，始皇死于沙丘。《汉书·五行志中之上》具引其事,并加附会,神奇其说。"郑客",原作"郑谷",今据蜀本、陆本及《五行志》改。鼎本、郭本及黄本亦作"郑客"。

〔三〕卧柳植于上林,近符宣帝:《汉书·昭帝纪》:"元凤三年春正月,上林有柳树枯僵,自起生。"《五行志中之下》铺陈其事云:"昭帝时,上林苑中大柳树断仆地,一朝起立,生枝叶。有虫食其叶成文字曰'公孙病已立'。又昌邑王国社有枯树复生枝叶,眭孟以为,木阴类,下民象,当有故废之家公孙氏从民间受命为天子者。昭帝富于春秋,霍光秉政,以孟妖言,诛之。后昭帝崩,无子,征昌邑王贺嗣位,狂乱失道,光废之,更立昭帝兄卫太子之孙,是为宣帝,帝本名病已。"

〔四〕门枢白发,元后之祥:《汉书·哀帝纪》:"建平四年春大旱,关东民传行西王母筹。经历郡国,西入关至京师,民又会聚,祠西王母。或夜持火上屋,击鼓号呼,相惊恐。"《五行志下之上》继云:"(西王母)告百姓,佩此书(即所传西王母之书)者不死,不信我言,视门枢下,当有白发。"门枢,即门斗。"后哀帝崩,成帝母王太后(即元后)临朝。王莽为大司马,诛灭丁、傅",故云"元后之祥"。

〔五〕桂树黄雀,新都之谶:《汉书·五行志中之上》:"成帝时歌谣:'邪径败良田,谗口乱善人,桂树华不实,黄爵巢其颠。故为人所羡,今为人所怜。'桂赤色,汉家象,华不实,无继嗣也。王莽自谓黄象,黄爵巢其颠也。"意谓汉祚已绝,新莽代兴也。"桂"字,原误刊为"柱"字,黄本作"桂",郭本作"梓桂",今改正。"雀",上引《汉书》作"爵"。

〔六〕蜚蜮蝝螽:《汉书·五行志》:"刘向以为蜚有蜮不言灾者,

气所生,所谓眚也。"蜚,臭恶之虫,害人衣物。蜮,《诗·小雅·节南山之什·何人斯》有"为鬼为蜮",含沙射人为灾。蝝、螽均蝗子。《春秋》:"宣十三年,冬蝝生。"《志》谓有害虫出现,但不为灾。

〔七〕旱雩舛候:雩,祭祀求雨也。舛,错乱也。言天旱求雨,节候错乱也。

〔八〕螟螣:《诗·小雅·甫田之什·大田》:"去其螟螣。"螟螣均蝗属,食禾苗。

〔九〕秦人归禭:《春秋经》文公九年:"秦人来归僖公成风之禭。"杜注:"衣服曰禭。"《左传》曰:"礼也,诸侯相吊贺也。"是时秦已强大,追吊僖公,记其尊鲁也。

〔一〇〕毛伯赐命:《春秋》文公元年:"天王使毛伯来锡公命。"杜注:诸侯即位,天子赐命。是时鲁文公初即位也。

〔一一〕或滕、邾入朝,或晋、楚来聘:《通释》注云:"滕朝鲁者五、邾七,晋聘鲁十一、楚三,皆所谓恒事也。"按滕、邾皆春秋时小国。

〔一二〕旻穹:即苍天。旻,黄本作"昊",《拾补》云"昊",宋本作"旻",蜀本、陆本、鼎本、郭本、王本均作"旻"。

且史之记载,难以周悉。近者宋氏年唯五纪,地止江淮,书满百篇〔一〕,号为繁富。作者犹广之以《拾遗》,加之以《语录》〔二〕。况彼《春秋》之所记也,二百四十年行事,夷夏之国尽书,而《经传集解》卷才三十〔三〕,则知其言所略,盖亦多矣。而汉代儒者,罗灾眚于二百年外,讨符会于三十卷中,安知事有不应于人,应人而失其事,何得苟有变，而必知其兆者哉〔四〕？

〔一〕宋氏百篇：指沈约《宋书》一百卷。南朝刘宋于公元420年代晋，于479年为萧齐所代，历六十年，十二年为一纪，故称五纪。

〔二〕《拾遗》、《语录》：《隋志·杂史》著录“《宋拾遗》十卷，梁少府卿谢绰撰”。《通志·艺文略·杂史》亦著录谢书，并著录“《宋齐语录》十卷，孔思尚撰”。两书均佚。

〔三〕《经传集解》：即《隋志》著录之杜预《春秋左氏经传集解》三十卷，是书一改经传各自单行之状，以传附经，合《春秋》、《左传》为一书，后人引用其经传部分时仍通称《春秋左氏传》或《左传》。

〔四〕“而汉代儒者”至“而必知其兆者哉”：《汉书·五行志序》末云：“举十二世以传《春秋》，著于篇。”此数句即据以说明《五行志》罗列西汉王朝二百年以外之灾眚，在《春秋左氏经传集解》三十卷中讨求符会。安知灾眚有不应于人事，人事之变化也不一定有灾异之变？又安能一有灾异，就必知其预兆？“兆”，蜀本、郭本、黄本同，陆本作“垂”，鼎本作“地”。郭本尚有眉注云：“吴本‘地’作‘兆’。”

若乃采前文而改易其说，谓王子札之作乱，在彼成年；《春秋》成公元年二月无冰，董仲舒以为其时王子札杀召伯、毛伯。案今《春秋经》，子札杀召、毛事，在宣十五年，非成公时〔一〕。夏征舒之构逆，当夫昭代；《春秋》昭公九年，陈火。董仲舒以为楚严王为陈讨夏征舒，因灭陈，陈之臣子毒恨，故致火灾。案楚严王之灭陈，在宣十一年，如昭九年所灭者，乃楚灵王时，是庄王卒、恭王立，恭王卒、康王立，康王卒、夹敖立，夹敖卒、灵王立,相去凡五世。在《五行志》上卷中〔二〕。楚严作霸,荆国始僭称王;《春秋》桓公三年,日有食之,既。京房《易传》以为后楚严称王,兼地千里。案自武王始僭号,历定、成、缪三王,始至于严。然则楚之称王,已四世矣,何得言严始称哉?又鲁桓薨后,世历严、闵、釐、文、宣,凡五君,而楚严作霸,安有桓三年日食而应之邪〔三〕?高宗谅阴,亳都实生桑穀;《尚书》伊陟相太戊,亳有桑穀共生。刘向以为殷道衰。高宗承弊而起,尽谅阴之哀,天下应之。既获显荣,怠于政事,国将危亡,故桑穀之异见。案太戊崩,其后嗣有仲丁、河亶甲、祖乙、盘庚,凡历五世,始至武丁,即高宗是也。桑穀自太戊时生,非高宗事。高又本不都于亳〔四〕。晋悼临国,六卿专政,以君事臣;董仲舒以为成公十七年六月甲戌朔,日有食之,时宿在毕,晋家象也。晋厉公后,莫敢责大夫,六卿遂相与比周专晋,国君还事之。案《春秋》成公十二月丁巳朔日食,非是六月〔五〕。鲁僖末年,三桓世官,杀嫡立庶。《春秋》僖公三十年十二月,陨霜不杀草。刘向以为是时公子遂专权,三桓始世官。向又曰,嗣君微,失柄来事之象也。又釐公一十九年,秋,大雨雹,刘向以为釐公末年,信用公子遂,专权自恣,至于杀君,故阴胁阳之象见,釐公不悟,遂终专权。后二年,杀子赤,立宣公,按此事乃文公末出,不是僖公时也。遂即东门襄仲。赤,文公太子,即恶也〔六〕。斯皆不凭章句,直取胸怀,或以前为后,以虚为实。移的就箭〔七〕,曲取相谐,掩耳盗钟〔八〕,自云无觉。讵知后生可畏,来者难诬者邪〔九〕?

〔一〕谓王子札之作乱,在彼成年:按此事及知幾原注,均不甚明晰,兹就有关资料详述之。《春秋经》宣公十五年(前594)载"王札子杀召伯、毛伯",《左传》曰:"王孙苏与召氏、毛氏争政,使王子捷杀召戴公及毛伯卫。"据杜注,王札子、王子捷皆王子札也,经文倒札字。王孙苏与召、毛皆周王卿士,为争权相杀。《汉书·五行志上》:"宣公十六年'夏,成周(今洛阳)宣榭火',榭者,所以臧器乐,宣其名也。董仲舒、刘向以为十五年王札子杀召伯、毛伯,天子不能诛。天戒若曰,不能政令,何以礼乐为而臧之?”是乃《五行志》据宣十五年经传所载王子札作乱事,董仲舒等妄作天戒以火,曲为解说。又《春秋》成公元年(前590)经文载“二月无冰”,杜注曰:“无传,周二月,今(汉用夏历即农历)之十二月,而无冰,书冬温。”《汉书·五行志中之下》引《春秋》经文云成公元年“二月无冰”,继云“董仲舒以为方有宣公之丧(宣公十八年即前591年死),君臣无悲哀之心而炕阳”。下文又载襄公二十八年(前545)“无冰”,刘向“云云(略)”,继有句云“董仲舒指略同”,又云:“故曰‘无冰’,天下异也。”又云:“成公时,楚横行中国,王札子杀召伯、毛伯。”颜师古注曰“言成公时,未达其说”。知幾盖据《五行志中之下》这段文字,指斥其把王札子作乱,放在成公元年,董仲舒谬指乃无冰之应。而上引《五行志上》原文,据宣十五年经文载王子札作乱事,年代并没有错,而董仲舒却谬以翌年宣榭之火为天戒。《五行志中之下》记载固有疏误,知幾亦未细察。“子札”原作“札子”,今改正,下同。蜀本、陆本作“扎”,孙《札记》云:“札,顾(广圻)作‘扎’,注同。”据《春秋经传集解》及《五行志》原文,仍作“札”字。

〔二〕夏征舒之构逆,当夫昭代:原注节引《五行志》,知幾自加案语,参看本书卷十九《〈汉书·五行志〉杂驳》,可以了解这句话主要也是驳《五行志》,引董仲舒把鲁宣公十一年(前598)事和以后六十多年鲁昭公九年(前533)“陈火”拉扯在一起之语,斥董仲舒“天人感应”之谬妄。夏征舒,陈国大夫,鲁宣公十年(前599)射杀陈灵公。翌年冬楚庄王托陈夏氏乱,故伐陈,杀夏征舒,因县陈,旋复其国。鲁昭公九年(前533)楚再灭陈,乃楚灵王时。注文中楚严王即楚庄王,因汉明帝名"庄",《汉书》讳"庄",代以"严"字。知幾据《汉书》原文,故亦作"严"。下文及注同。

〔三〕楚严作霸,荆国始僭称王:"严"即"庄"字,荆国即楚国。注文中鲁桓薨后,历庄、闵、釐、文、宣,凡五君,"宣"字原作"者",今据诸本改。"釐"乃"僖"或字,即鲁僖公。楚自武王三十七年(前704)即僭称王,时为鲁桓公八年。而《汉书·五行志下之下》载:"京房《易传》以为桓(即鲁桓公)三年,日食贯中央,上下竟而黄。后楚严称王,兼地千里。"时间相隔六年,又把武王误为庄王,一误再误,故知幾驳之。参看卷十九《〈汉书·五行志〉杂驳》。

〔四〕高宗谅阴,亳都实生桑穀:谅阴,即居丧之茅庐,凶庐也。古之孝子,遭父母之丧,即在墓侧筑庐,守丧三年,不言语,谓之谅阴。亳,在今河南商丘县境,汤初都亳。穀,楮也,落叶乔木,与"穀"异。《尚书孔传·咸有一德》:"亳有祥,桑穀共生于朝。"原注所述之事在《汉书·五行志中之下》,知幾驳谓非高宗(武丁)时事。又注文首引《尚书》,《五行志》原文作"《书序》曰",颜师古注曰:"《商书·咸义》之序也,其书亡。"《通释》已改,兹仍用原文。末句"高又本不都于亳",蜀本、陆本、王本同,鼎本、郭本、黄本、《通释》"高"下补入一"宗"字。"不"字,鼎本、郭本作"成",李《评》、孙《札记》改作"不",当从。

〔五〕晋悼临国,六卿专政,以君事臣:前573年,晋悼公于厉公被杀后继位。六卿,谓晋国之范氏、中行氏、智氏及韩、赵、魏。知幾原注案云:鲁成公十七年(前574)"十二月丁巳朔日食，非是六月”，经查对《春秋》经文，是正确的。但在卷十九，外篇《〈五行志〉杂驳》第九条又系此事于鲁昭公十七年（前 525）六月，则系据《汉书·五行志下之下》原文，上距晋悼公临国已历四十七年矣，舛误更甚，可参考该条原文及笺注。又卢《拾补》、孙《札记》均云原注厉公下有“诛四大夫四大夫欲杀厉公”十一字，下接“后莫敢责大夫”。按：四大夫指郤锜、郤犨、郤至及胥童。

〔六〕鲁僖末年，三桓世官，杀嫡立庶：原注节引《汉书·五行志中之下》三段文字，与今本校，颇多歧误。兹录今本《汉书》原文，以资对照。“僖公三十三年十二月，陨霜不杀草，刘向以为是时公子遂专权，三桓始世官。”另一段云：“釐公二年十月，陨霜不杀草，为嗣君微，失秉事之象也。”又另一段云：“釐公二十九年秋，大雨雹，刘向以为釐公末年，信用公子遂，遂专权自恣，将至于杀君，故阴胁阳之象见，釐公不寤，遂终专权，后二年，杀子赤，立宣公。”原注误僖三十三年为三十，二十九年为十九（《汉志》与《春秋经》同），又脱“釐公二年”四字，致难通读。又原按云“此事乃文公末出”云云，是。惟“末出”两字，郭本、黄本均作“末世”，当系形近之讹，应从郭本、黄本。

〔七〕移的就箭：《韩非子·说林下》：善射者羿持弓射箭，“越人争为持的，弱子拉弓，慈母入室闭户，故曰：‘可必，则越人不疑羿，不可必，则慈母逃弱子。’”知幾反其意而用之，以讥刺《五行志》所载董、京、向、歆之说，如同不是拿箭瞄准靶子，而是移动靶子来将就箭。陈《补释》：“《北堂书钞》（卷一百二十六）引作‘越人争为持的’，此即‘移的就箭’所本。”

〔八〕掩耳盗钟:《淮南子·说山训》:“范氏之败,有窃其钟负而走者,鎗然有声。惧人闻之,遽掩其耳。憎人闻之可也,自掩其耳悖矣。”范氏,春秋时晋国六卿之一,初为赵所败,继为智氏所灭。后人据此故事改为“掩耳盗铃”成语,以喻自欺欺人者。陈《补释》云:“《淮南子》本《吕氏春秋·自知》篇。”

〔九〕后生可畏,来者难诬:见《文选》卷四十二曹丕《与吴质书》。又《论语·子罕》:“后生可畏,焉知来者之不如今。”

又品藻群流,题目庶类,谓莒为大国〔一〕,菽为强草〔二〕,鹙著素色〔三〕,负蠜匪中国之虫,《春秋》严公二十九年,有蜚。刘歆以为蜚,负蠜也。刘向以为非中国所有,南越盛暑,男女同川泽,淫风所生。是时,严取齐淫女为夫人,既入,淫于两叔,故蜚至。按负蠜,中国所生,不独出南越〔四〕。鸜鹆为夷狄之鸟。《春秋》昭公一十三年,鸜鹆来巢,刘向以为夷狄之禽。按鸜鹆,中国皆有,唯不逾济水耳。事见《周官》〔五〕。如斯诡妄,不可殚论。而班固就加纂次,曾靡铨择,因以五行,编而为志,不亦惑乎?

〔一〕莒为大国:杨《通释补》:《汉书·五行志中之上》:“莒牟夷以二邑来奔,莒怒,伐鲁,叔弓帅师距而败之,昭得入晋。外和大国,内获二邑,取胜邻国,有炕阳动众之应。”又《汉书·五行志上》:“(鲁)襄公二十四年,秋,大水。董仲舒以为先是一年,齐伐晋,襄(公)使大夫帅师救晋,后又侵齐,国小兵弱,数敌强大。百姓愁怨,阴气盛。刘向以为先是襄(公)慢邻国,是以邾伐其南,齐伐其北,莒伐其东。”邾,莒小国,与齐同称强大,故知幾云然。

〔二〕菽为强草：《汉书·五行志中之下》："（鲁）定公元年（前509）陨霜杀菽，（按《春秋经传集解》杜预注：周十月，今八月，陨霜杀菽，非常之灾。《汉书》颜师古注曰：菽，大豆也。）刘向以为阴气未至君位而杀，诛罚不由君出，在臣下之象也。是时季氏逐昭公（定公之兄），公死于外，定公得立，故天见灾以视（示）公也。董仲舒以为菽，草之强者，天戒若曰，加诛于强臣。言菽，以微见季氏之罚也。"杨《通释补》亦节引此段文字作注。

〔三〕鹙著素色：《汉书·五行志中之下》："（汉）昭帝时，有鹈鹕（水鸟名，俗叫淘河），或曰秃鹙，集昌邑王殿下，王使人射杀之。刘向以为，水鸟色青，青，祥也。"按：《汉书·五行志中之上》"时则有青眚，青祥"，李奇注曰："内曰眚，外曰祥。""时王驰骋无度，慢侮大臣，不敬至尊，有服妖之象，故青祥见也。野鸟入处，宫室将空，王不寤，卒以亡。"又此句下浦起龙"疑脱偶句四字"。又"素"字，鼎本及《通释》均作"青"。

〔四〕负蠜：原注引《汉书·五行志中之下》，蜚，《尔雅·释虫》："蜚"、"蜚"同义。蜚，蟑螂别称。颜师古曰："蜚者，中国所有，非南越之虫。未详（刘）向所说。"知幾按语与颜氏同。

〔五〕鸜鹆：俗称"八哥儿"。原注引《汉书·五行志中之下》颜师古注曰："今鸜鹆，中国皆有，依《周官》而言，但不逾济水耳。"知幾按语亦用颜氏注。又原注首句谓"《春秋》昭公一十三年"，孙《札记》校"一"作"二"，郭本作"二十三年"，《汉书·五行志》据《春秋经》原文均系于鲁昭公二十五年。黄本、《通释》已改。

且每有叙一灾，推一怪，董、京之说，前后相反。桓公三年，日有食之。董仲舒、刘向以为鲁宋杀君易许田。刘歆以为晋曲沃庄伯杀晋侯，京房以为后楚严称王兼地千里也。向、歆之解，父子不同。严公七年，夜中星陨如雨。刘向以为夜中者，即中国也。刘歆以为昼象中国，夜象夷狄〔一〕。刘向又以为蜮生南越〔二〕。刘歆以为盛暑所生，非自越来也。遂乃双载其文，两存厥理，言无准的，事益烦费。岂所谓撮其机要，收彼菁华者乎？

〔一〕昼象中国，夜象夷狄：蜀本、陆本、鼎本误脱中间四字“中国夜象”，作“画象夷狄”，意义全反。孙《札记》云：“顾（广圻）改‘昼’作‘夜’。”又“画”应作“昼”。

〔二〕刘向又以为蜮生南越：《通释》认为此句上应补“严公十七年秋有蜮”八个字。又“生”原作“牛”，据诸本改。

自汉中兴已还，迄于宋、齐，其间司马彪、臧荣绪、沈约、萧子显，相承载笔，竞志五行〔一〕，虽未能尽善，而大较多实。何者？如彪之徒，皆自以名惭汉儒，才劣班史，凡所辨论，务守常途，既动遵绳墨，故理绝河汉〔二〕。兼以古书从略，求征应者难该；近史尚繁，考祥符者易洽。此昔人所以言有乖越，后进所以事反精审也〔三〕。

〔一〕“司马彪、臧荣绪、沈约、萧子显”至“竞志五行”：指司马彪《续汉书·五行志》，刘昭补入范晔《后汉书》，及沈约《宋书》、萧子显《齐书》之《五行志》。《南齐书·臧荣绪传》：“荣绪，东莞莒人，括东西晋为一书，纪、录、志、传百一十卷。”《隋志》著录，其书今亡。又“竞”字，原误作“竟”，据蜀本、陆本、鼎本改。

〔二〕故理绝河汉：陈《补释》："《庄子·逍遥游》篇，吾闻言于接舆，大而无当，往而不返。吾惊怖其言，犹河汉而无极也。"理绝河汉，盖谓不作夸大之言也。

〔三〕反：原讹作"不"，蜀本、陆本、鼎本、郭本同。孙《札记》校改，黄本、《通释》已改，今改正。

然则天道辽远，裨灶焉知〔一〕；日食不常，文伯所对〔二〕。至如梓慎之占星象〔三〕，赵达之明风角〔四〕，单飏识魏祚于黄龙〔五〕，董养征晋乱于苍鹅〔六〕，斯皆肇彰先觉，取验将来，言必有中，语无虚发，苟志诸竹帛，其谁曰不然？若乃前事已往，后来追证，课彼虚说，成此游词〔七〕，多见其老生常谈〔八〕，徒烦翰墨者矣。

〔一〕天道辽远，裨灶焉知：《左传》昭公十八年："宋、卫、陈、郑皆火。裨灶曰：'不用吾言，郑又将火。'子产曰：'天道远，人道迩，非所及也，何以知之，灶焉知天道。'遂不与（不予禳火实物），亦不复火。"

〔二〕日食不常，文伯所对：《左传》昭公七年："十一月，晋侯谓伯瑕（即士文伯）曰：'吾所问日食，可常乎？'对曰：'不可，六物（岁时日月星辰）不同，民心不一，事序不类，官职不则，同始异终，胡可常也。'"

〔三〕梓慎之占星象：见本篇论《天文志》注〔八〕及〔一〇〕。

〔四〕赵达之明风角：风角，古占候之法，以五音占风而定吉凶也。《三国志·吴书·赵达传》："赵达，河南人，谓东南有王者气，可以避难，故脱身渡江。至计飞蝗，射隐伏，无不中效。"又《后汉书·郎𫖮传》谓𫖮善风角星算，六日七分，能望气占候吉凶。李贤注云:“风角,谓候四方四隅之风,以占吉凶也。星算,谓善天文算数也。”故知幾云达明风角,意谓善占算吉凶隐伏也。

〔五〕单飏识魏祚于黄龙:《后汉书·单飏传》:“飏,字武宣,善明天官算术。(汉灵帝)熹平(172—178)末,黄龙见谯,飏曰:‘其国当有王者兴。不及五十年,龙当复见。’至(献帝)建安二十五年(220)春,黄龙复见谯。其冬,魏受禅。”

〔六〕董养征晋乱于苍鹅:《晋书·董养传》:“养,字仲道,(怀帝)永嘉中,洛城东北地陷,有二鹅出焉,苍者飞去,白者不能飞,养闻叹曰:‘苍者胡象,白者国家之象。’顾谓谢鲲、阮孚曰:‘可深藏矣!’乃与妻荷担入蜀。”“鹅”字原作“鸟”。蜀本、鼎本、《通释》同,陆本讹作“乌”,郭本、黄本均作“鹅”,浦注:“一作鹅。”又浦批云:“旧作苍鸟,于调为协,盖用《哀江南赋》语也。”孙《札记》校云:“顾(广圻)作‘鹅’。”今据《晋书》本传改。

〔七〕游词:游,原作“有”,蜀本、陆本同,鼎本、郭本及黄本均作“游”,今改。

〔八〕多见其老生常谈:陈《补释》:“《三国志·魏书·管辂传》:(邓)飏曰:‘此老生之常谭。’(《序例》篇“老生之恒说”亦本此。)”

子曰:“盖有不知而作之者,我无是也。”包曰:时人有穿凿妄作篇籍者,故云然。又曰:“君子于其所不知,盖阙如也。”又曰:“知之为知之,不知为不知,是知也。”〔一〕呜呼!世之作者,其鉴之哉!谈何容易,驷不及舌。无为强著一书〔二〕,

受嗤千载也。已上《五行志》。

〔一〕本注：孔子论知，引文分见《论语·述而》、《子路》、《为政》等篇。

〔二〕无为强著一书：陈《补释》："《三国志·魏书·陈思王植传》注引《典略》曰：杨修答植曰：'修家子云，老不晓事，强著一书，悔其少作。'"按上引四句原文，又见于《文选》卷四十《杨德祖答临淄侯笺》，此笺即修答植书全文。杨德祖名修，临淄侯即曹植。又"书"字原误作"言"，《通释》改作"书"，据《三国志》注及《文选》校改。

或以为《天文》、《艺文》，虽非《汉书》所宜取，而有广闻见，难为删削也。对曰：苟事非其限，而越理来书〔一〕，自可触类而长〔二〕，于何不录。又有要于此者，今可得而言焉。夫圆首方足〔三〕，含灵受气，吉凶形于相貌，贵贱彰于骨法〔四〕，生人之所欲知也。四支六府，痾瘵所缠〔五〕，苟详其孔穴，则砭灼无误〔六〕，此养生之尤急。且身名并列，亲疏自明，岂可近昧形骸，而远求辰象。既天文有志，何不为"人形志"乎？茫茫九州〔七〕，言语各异，大汉輶轩之使〔八〕，译导而通，足以验风俗之不同，示皇威之广被。且事当炎运〔九〕，尤相关涉，《尔雅》释物〔一〇〕，非无往例。既艺文有志，何不为"方言志"乎？但班固缀孙卿之词，以序《刑法》，探孟轲之语，用裁《食货》〔一一〕，《五行》出刘向《洪范》〔一二〕，《艺文》取刘歆《七略》〔一三〕，因人成事，其目遂多。至若许负《相经》〔一四〕，杨雄《方言》〔一五〕，并当时所重，见传流俗。

若加以二志，幸有其书，何独舍诸？深所未晓！

〔一〕来：蜀本、陆本、鼎本同。《通释》改"成"字，并注谓："旧讹作'来'，'来'、'成'二字，行草相类也。"

〔二〕自可触类而长：杨《通释补》："《易·系辞上》：'引而伸之，触类而长之。'"

〔三〕夫圆首方足：杨《通释补》引《大戴礼记·曾子天圆》篇："曾子曰：'天之所生上首，地之所生下首，上首谓之圆，下首谓之方。'"按："谓之"原文作"之谓"。又注云："人首圆足方，因系之天地。"

〔四〕相貌、骨法：杨《通释补》："《史记·淮阴侯传》：'贵贱在于骨法，忧喜在于容色。'"

〔五〕痾瘵：皆谓病。痾指病痛渐重，瘵多指痨病。

〔六〕砭灼：砭，即针砭，古用石针，今用银针。灼，炙也。

〔七〕茫茫九州：杨《通释补》："《左》襄四年《传》：'《虞人之箴》曰："茫茫禹迹，画为九州。"'"

〔八〕輶轩之使：泛指汉代通西域之使节，代表人物有张骞诸人。輶，轻车也，轩，华美车盖也。輶轩，乘轻车出行之朝廷使节。又应劭《风俗通义序》："周、秦常以岁几月，輶轩之使，求异代方言"。

〔九〕炎运：炎，指汉以火德王，承上文"大汉"立论。"炎"字，一作"灾"，误。

〔一〇〕《尔雅》释物：《尔雅》无"释物篇"。《通释》注谓即释草、木、虫、鱼、鸟、兽等篇。按：此处论"方言志"，《尔雅》有《释言》篇，"物"字或为"言"字之误欤？志以存疑。

〔一一〕"但班固"云云：此四句，出自《宋书·志序》，惟个别文字微异。原文云："缀孙卿之辞，以述《刑法》，采孟轲之书，用序《食货》。"

〔一二〕《五行》出刘向《洪范》：《汉书·刘向传》："向见《尚书·洪范》箕子为武王陈五行阴阳休咎之应，乃集合上古以来历春秋六国至秦汉符瑞灾异之记，推迹行事，连传祸福，著其占验，比类相从，各有条目，凡十一篇，号曰《洪范五行传论》。"又《汉书·五行志序》："刘向治《穀梁春秋》，数其祸福，传以《洪范》，与仲舒错。""是以揽仲舒，别向、歆。"

〔一三〕《艺文》取刘歆《七略》：《汉书·刘歆传》："歆受诏与父向领校秘书，见古文《春秋左氏传》，歆大好之。"又《汉书·艺文志序》："至成帝时，以书颇散亡，使谒者陈农求遗书于天下，诏光禄大夫刘向校经传、诸子、诗赋，步兵校尉任宏校兵书，太史令尹咸校数术，侍医李柱国校方技。每一书已，向辄条其篇目，撮其指意，录而奏之。会向卒，哀帝复使歆卒父业。歆于是总群书而奏其《七略》。……今删其要，以备篇籍。"

〔一四〕许负《相经》：《通释》："孔衍《汉春秋》：许负，温县妇人。裴松之云，今东人呼母为负。《艺文类聚·方术部》：'陶弘景、刘孝标俱有许负《相经序》。'"按《史记·高祖纪》"常从王媪武负贳酒"，古语谓老母为负。《相经》一书，《汉志》、《隋书》虽均著录有相人、相书等，但均未著录负书。明万历周履靖辑刊《夷门广牍》，收有《相法》十六篇，汉许负著。

〔一五〕杨雄《方言》：杨雄《方言》十三卷，《隋志》著录。《旧唐志》："《别国方言》十三卷。"盖以其书《诗经·国风》之方言，且有采自朝鲜、西瓯（今广西贵县一带）者，是我国古代研究地方方言的主要书籍。自汉末应劭注《汉书》称雄作《方言》,魏晋诸儒无异词。至宋洪迈《容斋随笔》始考证断非雄作,然亦不足令人信服。《方言》一书,晋郭璞注,清戴震疏证,《四部丛刊》、《四部备要》分收有注、疏本。

历观众史,诸志列名,或前略而后详,或古无而今有,虽递补所阙,各自以为工,権而论之,皆未得其最。

盖可以为志者,其道有三焉:一曰"都邑志",二曰"氏族志",三曰"方物志"。何者?京邑翼翼,四方是则〔一〕,千门万户〔二〕,兆庶仰其威神,虎踞龙蟠,帝王表其尊极。兼复土阶卑室,好约者所以安人;阿房、未央,穷奢者由其败国。此则其恶可以诫世,其善可以劝后者也。且宫阙制度,朝廷轨仪,前王所为,后王取则。故齐府肇建,诵魏都以立宫〔三〕;代国初迁,写吴京而树阙〔四〕。故知经始之义,卜揆之功〔五〕,经百王而不易,无一日而可废也。至如两汉之都咸、洛,晋、宋之宅金陵,魏徙伊、瀍,齐居漳、滏〔六〕,隋氏二世,分置两都,此并规模宏远,名号非一。凡为国史者,宜各撰"都邑志",列于"舆服"之上。

〔一〕京邑翼翼,四方是则:杨《通释补》:"《诗·商颂·殷武》:'商邑翼翼,四方之极。'毛《传》:'商邑,京师也。'《后汉书·樊准传》:'故《诗》曰:"京师翼翼,四方是则。"'章怀注:'《韩诗》之文也。'"按:樊准乃樊宏族曾孙,事迹附《后汉书》卷六十二《樊宏传》。

〔二〕千门万户:浦注"长安"。杨《通释补》:"《文选》班固《西都赋》:'张千门而立万户。'"按《史记·武帝本纪》:"作建章宫,度为千门万户。”

〔三〕齐府肇建,诵魏都以立宫:《北齐书·文宣帝纪》:“天保九年(558)营三台于邺下,因其旧基而高博之,三台成,改铜爵曰金凤,金兽曰圣应,冰井曰崇光。帝登三台,朝宴群臣,并命赋诗。”按:邺下在今河北临漳县西四十里,东魏、北齐均都于此,故云诵魏都以立宫。

〔四〕代国初迁,写吴京而树阙:《魏书·高祖纪下》:“太和十七年(493),幸洛阳,定迁都之计,诏司空经始洛京。”翌年,迁都洛阳。《南史·崔祖思传》附其子元祖传云:“(齐武帝)永明九年(491),魏使蒋少游至,元祖言臣甥少游有班、倕之功,今来必令模写宫掖。……少游果图画而归。”按:班、倕均古之巧匠,班即鲁班。“倕”,《舜典》作“垂”。代即北魏,尝摹绘邺都建筑,改建新都洛阳宫苑。南齐都建邺(即今南京),旧属吴地,故称吴京。

〔五〕经始之义,卜揆之功:经始,《诗经·大雅·文王之什·灵台》:“经始灵台,经之营之,庶民攻之,不日成之。经始勿亟,庶民子来。”经始之义,谓营建都城之始也。卜揆,《诗经·鄘风·定之方中》首章有句云:“揆之以日,作于楚室。”注云:“揆,度也。度日出日入以知东西。”二章又有句云:“卜云其吉,终然允臧。”注云:“建国必卜之。”卜揆之功,谓择都以建宫室宗庙也。

〔六〕伊、瀍、漳、滏:《尚书·禹贡》:“伊洛瀍涧,既入于河。”胡渭《禹贡锥指》云:“伊(河)既入洛,乃疏洛以入河,最后治瀍涧也。”此句意谓北魏徙都洛阳也。漳、滏,即漳河、滏水名,滏水古为入漳支水。东魏、北齐皆都邺,邺,晋避怀帝讳改为临漳,故城在今河北邯郸市临漳县。

金石草木、缟纻丝枲之流〔一〕，鸟兽虫鱼、齿革羽毛之类，或百蛮攸税，或万国是供。《夏书》则编于《禹贡》，《周书》则托于《王会》〔二〕。亦有图形九牧之鼎，列状四荒之经〔三〕，观之者擅其博闻，学之者骋其多识。自汉氏拓境，无国不宾，则有邛竹传节，蒟酱流味〔四〕，大宛输其善马，蜀本作"献"，宋本作"输"。条支致其巨雀〔五〕。爰及魏、晋，迄于周、隋，咸亦遐迩来王，任土作贡〔六〕。异物归于计吏，奇名显于职方，凡为国史者，宜各撰"方物志"，列于"食货"之首。

〔一〕枲：麻也。《尚书·禹贡》"岱畎丝枲"，有实为苴，无实为枲。

〔二〕《王会》：《逸周书》第五十九篇名，《通释》引《逸周书》序云："周室既宁，八方会同，各以职来献，欲垂法厥后，作《王会》。"按此篇记八方会同之事，列举四夷之名甚多，乃研究少数民族史之重要参考资料。

〔三〕四荒之经：郭《附评》："《山海经》有《大荒东经》、《大荒南经》、《大荒西经》、《大荒北经》，故云四荒之经。"

〔四〕则有邛竹传节，蒟酱流味：李《评》、《愧生丛录》及陈《补释》皆指出："二语本左太冲《蜀都赋》。"按：左太冲名思，其《蜀都赋》载入《文选》卷四，中有句云："邛杖传节于大夏之邑，蒟酱流味于番禺之乡。"李善注引《汉书·张骞传》曰："臣在大夏时，见邛竹杖、蜀布，问安得此，大夏国人曰：吾贾人往市之身毒国，身毒国在大夏东南可数千里。"又引《汉书·南越传》曰："使唐蒙讽晓南越，食蒙以蒟酱。蒙问所从来，答曰：西北牂牁江广数里，出番禺城下。"善又注曰："故《汉书》(《西域传》)曰：'感蒟酱竹杖，则开牂牁越嶲。'邛竹杖以节为奇，故曰传节也。"又按《蜀都赋》在上引两句前又有句云“邛竹缘岭”，李善注谓：“邛竹中实而高节，可以作杖。”又另有句云“其园则有蒟蒻茱萸”，李善又注曰：“蒟，蒟酱也，缘树而生，其子如桑椹，熟时正青，长二三寸，以蜜藏而食之。”

〔五〕大宛输其善马，条支致其巨雀：《史记·大宛传》：“许宛之约，宛乃出其善马，令汉自择之。”又：“得乌孙马好，名曰天马。及得大宛汗血马，益壮，更名乌孙马曰西极，名大宛马曰天马云。”“条枝……有大鸟，卵如瓮……而安息役属之”，又“安息以大鸟卵……献于汉”。《汉书·西域传》记载亦相同。

〔六〕任土作贡：杨《通释补》：“《尚书·禹贡序》：‘禹别九州，随山浚川，任土作贡。’孔《传》：‘任其土地所有，定其贡赋之差。’”

帝王苗裔，公侯子孙，余庆所钟，百世无绝。能言吾祖，郯子见师于孔公〔一〕；不识其先，籍谈取诮于姬后〔二〕。故周撰《世本》〔三〕，式辨诸宗；楚置三闾〔四〕，实掌王族。逮乎晚叶，谱学尤烦。用之于官，可以品藻士庶；施之于国，可以甄别华夷。自刘、曹受命，雍、豫为宅。世胄相承，子孙蕃衍。及永嘉东渡，流寓杨、越；代氏南迁，革夷从夏〔五〕，于是中朝江右，南北混淆，华壤边民，虏汉相杂。隋有天下，文轨大同，江外山东，人物殷凑。其间高门素蜀本作“贵”，宋本作“素”。族，非复一家；郡正州都〔六〕，世掌其任。凡为国史者，宜各撰“氏族志”，列于“百官”之下。

〔一〕郯子见师于孔公：《左》昭十七年《传》：“秋，郯子来朝，公与之宴，昭子问焉，曰：‘少皞氏鸟名官，何故也？’郯子曰：

'吾祖也,我知之。''我高祖少皞摯之立也,凤鸟适至,故纪于鸟,为鸟师而鸟名。'仲尼闻之,见于郯子而学之。"

〔二〕籍谈取消于姬后:《左》昭十五年《传》:"十二月,晋荀跞如周葬穆后,籍谈为介。王曰:'诸侯皆有以镇抚王室,晋独无有,何也?'文伯揖籍谈,对曰:'诸侯之封也,皆受明器于王室,以镇抚其社稷,故能荐彝器于王。晋居深山,戎狄之与邻,而远于王室,王灵不及,拜戎不暇,其何以献器?'王曰:'叔氏,而忘诸乎? 叔父唐叔,成王之母弟也。其反无分乎? ……且昔而高祖孙伯黡司晋之典籍,以为大政,故曰籍氏。女司典之后也,何故忘之?'籍谈不能对。宾出,王曰:'籍父其无后乎? 数典而忘其祖。'"按:鲁昭公十五年,即周景王十七年。荀跞,晋卿,又名文伯。介,助也。镇抚王室,谓贡献之物。叔氏籍父,王敬之不名也。孙伯黡,晋正卿,籍谈九世祖。

〔三〕《世本》:《通释》引《后汉书·班彪传》云:"唐虞三代,世有史官,以司典籍。有记录黄帝以来至春秋时帝王公侯卿大夫,号曰《世本》,一十五篇。"按《汉志》著录:"《世本》十五篇,古史官记黄帝以来讫春秋时诸侯大夫。"清代有辑本,以秦嘉谟《世本辑补》十卷较详。

〔四〕三闾:《通释》引王逸《离骚注》:"屈原与楚同姓,仕于怀王,为三闾大夫。三闾之职,掌王族三姓,曰昭、屈、景,屈原序其谱属,以厉国士。"

〔五〕革夷从夏:蜀本、陆本、鼎本作"夷从华夏"。卢《拾补》:"夷从华夏,讹,今从宋改。"

〔六〕郡正州都:《通释》改"都"为"曹",并注云:"旧作都。"杨《通释补》:"《宋书·恩幸传》序:'州都郡正,以才品人。'

《文选》卷五十李善注：‘《傅子》曰：“魏司空陈群始立九品之制，郡置中正，平人才之高下，各为辈目。州置州都，而总其义。”’是都字未误。”蜀本、陆本、鼎本及郭本、黄本均作“都”。

盖自都邑已降，氏族而往，实为志者所宜先，而诸史竟无其录。如休文《宋》籍，广以《符瑞》，伯起《魏》篇，加之《释老》〔一〕，徒以不急为务，曾何足云。惟此数条，粗加商略，得失利害，从可知矣。庶乎后来作者，择其善而行之。已上杂志。

〔一〕《符瑞》、《释老》：沈约《宋书·五行志》前有《符瑞志》，魏收《魏书》志末有《释老志》，均为其新创志目。

或问曰：“子以都邑、氏族、方物宜各缵次〔一〕，以志名篇。夫史之有志，多凭旧说，苟世无其录，则阙而不编，此都邑之流，所以不果列志也。”对曰：按帝王建国，本无恒所，作者记事，亦在相时。远则汉有《三辅典》〔二〕，近则隋有《东都记》〔三〕。于南则有宋《南徐州记》〔四〕、《晋宫阙名》〔五〕，于北则有《洛阳伽蓝记》〔六〕、《邺都故事》〔七〕。盖都邑之事，尽在是矣。谱谍之作，盛于中古。汉有赵岐《三辅决录》〔八〕，晋有挚虞《姓族记》〔九〕，江左有两王《百家谱》〔一〇〕，中原有《方司格》〔一一〕，盖氏族之事，尽在是矣。自沈莹著《临海水土》〔一二〕，周处撰《阳羡土风》〔一三〕，厥类众夥，谅非一族。是以地理为书，陆澄集而难尽〔一四〕，《水经》加注，郦元编而不穷〔一五〕。盖方物之事，尽在是矣。凡此诸书，代不乏作，必聚而为志，奚患无文。譬夫涉海求鱼，登山采木〔一六〕，至于鳞介修短，柯条巨细，盖在择之而已，苟为渔人、匠者〔一七〕，何虑山海之贫罄哉！

〔一〕缵次：《通释》改"纂次"，《拾补》云："纂，宋'缵'。"鼎本亦作"缵"。按：缵，俗作"缵"，与"纂"通，继也，又集也。

〔二〕汉有《三辅典》：《通释》："隋唐二《志》，俱无'三辅典'之名，疑即谓《三辅黄图》也。汉人撰，亡撰人名。其书所载，皆都城、宫苑、辟雍、明堂、宗庙、郊社、库厩、桥陵之属，与所引正合。"按：《隋志》著录《黄图》一卷，《旧唐志》即著录《三辅黄图》一卷。三辅者，据颜师古《汉书注》谓长安以东为京兆，以北为左冯翊，渭城以西为右扶风，盖皆记长安古迹也。宋代晁公武、陈振孙虽各著录其书，但颇疑其为梁、陈或汉魏间人所作。程大昌《雍录》更指证其中有唐县名，而疑其伪。然此书肇始于汉人，自汉至唐，续有增窜，固无可置疑也。清代毕沅曾予校正、附补遗。《逸史》等多种丛书收有此书。

〔三〕隋有《东都记》：《通释》："隋唐二《志》皆不载，《通志略》载有《东都记》三十卷，邓世隆撰，未审即是否？"上海古籍出版社本校勘记云："《通志略》著录之邓世隆《东都记》三十卷，即见于《新唐志》。"《旧唐书·邓世隆传》："采隋代旧事，撰为《东都记》三十卷。"又新旧《唐志》均载邓行俨《东都记》三十卷，行俨即世隆。此外，尚有隋宇文恺之《东都图记》二十卷，见《隋书》本传。刘知幾所云，或指是书。按：隋唐《志》及后此书录均未著录《东都图记》。

〔四〕宋《南徐州记》:《通释》:"《唐志·地理类》:山谦之《南徐州记》二卷。"上海古籍出版社本校勘记:"山谦之《南徐州记》二卷。此书《隋志》已著录。"按:《旧唐志》亦著录。又山谦之,南朝宋人,另撰有《吴兴记》三卷,分吴会、丹阳、三都三卷,《隋志》亦著录。

〔五〕《晋宫阙名》:《通释》:"此指东晋者,隋唐二《志》亦不载。"陈《补释》:"《诗·豳风·七月》疏、《水经·榖水》注、《文选》王文考《鲁灵光殿赋》、谢玄晖《直中书省诗》注及《北堂书钞》舟部,《艺文类聚》舟车部、果部、木部,《初学记》居处部、器物部,《太平御览》居处部、舟部,俱引《晋宫阁记》、《晋宫阁名》,亦作《晋宫阙名》,不著撰人名氏。"

〔六〕《洛阳伽蓝记》:《隋志》著录"《洛阳伽蓝记》五卷,后魏杨衒之撰"。《补注》篇作羊衒之,《通释》注文引晁公武《郡斋读书志》题解,亦作羊衒之,均误。衒之尝官抚军司马,行役洛阳,感念废兴,因摭拾旧闻,追叙故迹,以成是书,文字秀逸,可与《水经注》媲美。其叙事足广异闻,可与史传参证。知幾在《补注》篇盛誉其"子注",今通行本已皆无注,且自宋以降,已未见有引用其注文者,则原注散佚已久矣。

〔七〕《邺都故事》:《通释》云"无考",复引黄叔琳《史通训故补》云:"《唐志》有马温《邺都故事》二卷。"浦按云:"注云:'肃、代时人。'其书后出,非刘所云。"按:《隋志》著录《邺中记》二卷,晋国子助教陆翙撰。又陈振孙《书录解题》亦著录《邺中记》一卷,并曰:"不著名氏,记自魏而下及僭伪都邺者六家宫殿事迹,《唐志》有《邺都故事》二卷,肃、代时马温所作,今书多引之。"陈振孙于《邺中记》目下述及《邺都故事》,又不另为"故事"著录。两书或有因承渊源,《邺都故事》或为《邺中记》之初名,至马温始复其旧欤? 原书亡佚,四库馆臣据《永乐大典》辑得七十四条,以石虎诸事为翙本书,仍名《邺中记》,题为晋陆翙撰。其续入诸条,别以附录殿卷末。聚珍版丛书收有此辑本。

〔八〕《三辅决录》:汉赵岐撰,晋挚虞注本收入《十种古逸书》等丛书中。《后汉书·赵岐传》:"岐,字邠卿。少明经,有才艺,著《三辅决录》传于时。"其书乃就东汉一代三辅之地人物,定其贤愚善否,无所依违,故云"决录"。又张澍《养素堂文集》之《三辅决录》序云:"岐纂《决录》,据其自序,并昔人征引逸篇,其书不类谱牒,刘氏所考,未为精确。"

〔九〕挚虞《姓族记》:《通释》引《晋书·挚虞传》云:"虞字仲洽,太子舍人。以汉末丧乱,谱传多亡失,虽其子孙,不能言其先祖,撰《族姓昭穆》十卷,上疏进之,以为足以备物致用,广多闻之益。"按:"族姓昭穆",原作"姓族",鼎本同。隋唐《志》均未著录,惟《隋志》述谱系之缘起云:"晋世挚虞作《族姓昭穆记》十卷。"又云:"《族姓昭穆记》晋乱已亡。"《通释》据以改作"族姓"。而《隋志》述及是书名均有"记"字,故知幾略"昭穆"两字径作"姓族记"。按《旧唐书·柳冲传》:知幾曾与柳冲等修《姓族系录》二百卷,则知幾《姓族记》亦有所本。

〔一〇〕两王《百家谱》:"王"字原作"主",鼎本同,孙《札记》校改,今从。《隋志》著录《百家谱》九种,其中有王俭《百家集谱》十卷、王僧孺《百家谱》三十卷,又《百家谱集钞》十五卷。《两唐志》均著录俭及僧孺两谱,又《新唐书·柳冲传》载柳芳论姓系谱录之言曰:"刘湛撰《百家谱》,以助铨叙,文伤寡省,王俭又广之,王僧孺演益为十八篇。……(贾)执又著《百家谱》,广两王所记。"亦称俭与僧孺为两王,故知幾云"两王《百家谱》"。

〔一一〕《方司格》:原作"方思殿格",蜀本、陆本、鼎本、郭本均同,黄本作"方司殿格"。《玉海》卷五十《艺文》、《群书考索》卷十五引《史通》俱作"方思殿格",《玉海》尚有注云:"唐志有《方司格》一卷。"孙《札记》:"冯校作'司',顾同。"又云:"殿字当衍。"《通释》云"殿"疑当作"选",在注文中即改为"方司选格",注云:"《唐志》谱牒类,《后魏方司格》一卷。"又《新唐书·柳冲传》:"魏太和时,诏诸郡中正,合列本土姓族次第为举选格,名曰'方司格'。"今改"思"为"司","殿"字标为衍文。

〔一二〕《临海水土》:《通释》:"《唐志》地理类:沈莹《临海水土异物志》一卷。按:《志》曰:'夷州在临海东南,去郡二千里。地无霜雪,草木不死,四面山溪,人皆髡发穿耳,女人不穿耳。地有铜铁,唯摩砺青石以作弓矢。'"按:《隋志》亦著录"《临海水土异物志》一卷",注:"沈莹撰。"

〔一三〕《阳羡土风》:《隋志》著录"《风土记》三卷",注:"晋平西将军周处撰。"《两唐志》均著录为十卷,今佚。《晋书·周处传》:"处字子隐,义兴阳羡人,(卒)赠平西将军。""土风"二字,《通释》据隋唐志目改"风土"。

〔一四〕陆澄集而难尽:《隋志》著录"《地理书》一百四十九卷",注"录一卷,陆澄合《山海经》已来一百六十家以为此书"。又述《地理》篇之缘起云:"齐时陆澄聚一百六十家之说,依其前后远近,编而为部,谓之《地理书》。"《南齐书·陆澄传》:"澄,字彦渊,吴郡吴人也。"又云:"撰《地理书》及杂传,死后乃出。"

〔一五〕郦元《水经注》:《四库全书总目·地理类》著录《水经注》四十卷,并云:"后魏郦道元撰。道元字善长,范阳人。事迹见《魏书·酷吏传》,自晋以来注《水经》者凡二家,郭璞注三卷,今惟道元注存。"《水经》作者,《唐书》题曰汉桑钦。四库馆臣认为钦所作乃《地理志》,"今既得道元原序,知并无桑钦之文",断为大抵三国时人。郦注流传虽广,舛讹亦多,清赵一清撰有《水经注释》四十卷刊误十二卷,可参阅。

〔一六〕涉海、登山:陈《补释》:"语本《抱朴子·钧世》篇:'古书虽多,未必尽美。要当以为学者之山渊,使属笔者采伐、渔猎其中。'"经校原文有个别文字歧异,可查阅《抱朴子》外篇卷三《钧世》第三十。

〔一七〕匠者:蜀本、陆本、鼎本、郭本及黄本同。孙《札记》云"者"字"疑作伯"。

史通卷之四　内篇

论赞第九

【解　题】

此篇首揭左氏编年，因事发论，有辨惑、释滞之功。史迁纪传，始限篇中发论，遂有“私徇笔端，苟炫文彩”之弊。班、范以降，流宕忘返。郭延年《附评》则曰：“论赞不自《左传》‘君子曰’始，《尚书》典谟起曰‘粤若稽古’，所从来久矣。”郭氏远溯论赞之始，然实未达斯篇论旨所寄。盖自《六家》、《二体》明确左、班二体，角力争先，《载言》重论“言”、“事”有别，继即分述纪、传、表、志。“论赞”虽非纪传史五个组成部分之一，但亦如《纂修元史凡例》所云：“历代史篇，纪、志、表、传之末，各有论赞之辞。”故亦不可无论。然其所论，为编年纪传史之论赞，非泛论一般之论赞文，赘此数语非徒驳郭，亦以见读《史通》者，必从史论着眼，庶免滋蔓。

知幾就《史》、《汉》若干史论为例，指出史论应补事避复，省文见义。力避理有非要而强生其文，使事无重出，省文可知。而论后又赞，为黩弥甚，归结仍是史文应力求做到“简要”两字。篇末述及“与夺乖宜”，是史家应有正确之观点与论点之大问题，后此诸篇，反复阐述，非此篇主旨所在。纪《评》既盛称“此篇持论极精核”，又削去论史家与夺一段文字，不为无见。

《春秋左氏传》每有发论，假君子以称之。“二传”云公羊子、穀梁子，《史记》云太史公。既而班固曰赞，荀悦曰论，《东观》曰序〔一〕，谢承曰诠，陈寿曰评，王隐曰议，何法盛曰述，扬雄曰譔〔二〕，刘昞曰奏〔三〕。袁宏〔四〕、裴子野自显姓名，皇甫谧〔五〕、葛洪列其所号〔六〕，史官所撰，通称史臣，其名万殊，其义一揆。必取便于时，则总归论焉。

〔一〕《东观》曰序：《东观汉记》已佚，姚之骃辑本及四库辑本均未载传论。查高似孙《史略》（《古逸丛书》本）卷三载有《东观汉记》邓禹、吴汉两传论，首标“序曰”。

〔二〕扬雄曰譔：《通释》：“《法言》其目云，撰《学行》……撰《孝至》。撰自第一至第十三，其上皆有四言序，然非论赞体也。《华阳国志》则以‘撰曰’为论赞。扬雄当作常璩。”按：《法言》卷末序文及《汉书·扬雄传》均作“譔学行”云云，“譔”字，师古注“与撰同。但另有选其善言之义”。《礼记·祭统》“论譔其先主之美”，与论同义，与撰不同。萧该《音义》曰：“《字林》：譔，专教也。”“扬雄曰譔”句不误，浦说非。引文改“譔”为“撰”，亦不妥。

〔三〕刘昞曰奏：《魏书·刘昞传》：“刘昞，字延明，敦煌人。昞以三史文繁，著《略记》百三十篇，八十四卷，《凉书》十卷，

《敦煌实录》二十卷。"《北史》以昞字触李渊父李昞名讳，故以延明字行。《隋书》著录《凉书》十卷（记张轨事）、《敦煌实录》十卷，并刘景撰，则又讳昞改景矣，其书均早亡佚。

〔四〕袁宏：《晋书·文苑传》：袁宏，字彦伯，撰《后汉纪》三十卷。袁书与荀悦《前汉纪》并传至今，为两汉编年史佳作。惟荀书系删芟班固《汉书》成文，而袁书则撰于范晔《后汉书》之前，魏晋之间，虽不乏东汉史著，且有谓其取材于张璠《后汉纪》者，然其荜路蓝缕之功，固亦未可尽没也。

〔五〕皇甫谧：《晋书·皇甫谧传》：谧字士安，以著述为务，自号玄晏先生，撰《帝王世纪》、《高士传》、《逸士传》、《列女传》及《玄晏春秋》。《隋志》均著录，多已散失。

〔六〕葛洪：《晋书·葛洪传》：洪字稚川，丹阳句容人。以儒学知名，年老欲炼丹，闻交阯出丹，求为句漏令，乃止罗浮山炼丹。自号抱朴子，因以名书（名其自著书内外一百一十六篇），其余所著《金匮药方》一百卷、《肘后要急方》四卷均传于世。又《杂述》篇云："子之将史，本为二说，然如吕氏、淮南、玄晏、抱朴，凡此诸子，多以叙事为宗，举而论之，抑亦史之杂也。"明言《玄晏春秋》及《抱朴子》亦杂史。

夫论者，所以辩疑惑，释凝滞，若愚智共了，固无俟商榷。丘明"君子曰"者，其义实在于斯〔一〕。司马迁始限以篇终，各书一论。必理有非要，则强生其文，史论之烦，实萌于此。夫拟《春秋》以成史，持论尤宜阔略。其有本无疑事，辄设论以裁之，此皆私徇笔端，苟炫文彩，嘉辞美句，寄诸简册，岂知史书之大体，载削之指归者哉？

必寻其得失，考其异同，子长淡泊无味〔二〕，承祚懦缓不切，贤才间出，隔世同科。孟坚辞惟温雅，理多惬当，其尤美者，有典诰之风，翩翩奕奕〔三〕，良可咏也。仲豫义理虽长，失在繁富。自兹已降，流宕忘返。大抵皆华多于实，理少于文，鼓其雄辞，夸其俪事。必择其善者，则干宝、范晔、裴子野是其最也，沈约、臧荣绪、萧子显抑其次也。孙安国都无足采〔四〕，习凿齿时有可观〔五〕。若袁彦伯之务饰玄言，谢灵运之虚张高论〔六〕，玉卮无当〔七〕，曾何足云！王邵志在简直，言兼鄙野，苟得其理，遂忘其文。观过知仁〔八〕，斯之谓矣。大唐修《晋书》，作者皆当代词人〔九〕，远弃史、班，近宗徐、庾〔一〇〕。夫以饰彼轻薄之句，而编为史籍之文，无异加粉黛于壮夫，服绮纨于高士者矣。

〔一〕丘明“君子曰”者，其义实在于斯：陈《补释》：“《隋书·魏澹传》：‘澹以为丘明发扬圣旨，言“君子曰”者，无非甚泰。其间寻常，直书而已。今所撰史，可为劝戒者，论其得失。其无损益者，所不论也。’子玄说本此。”案：《左传》遇事有可议者，随文以“君子曰”发论。自《史记》始就每篇篇末以“太史公曰”发论，班、范以降之纪传史，几成定式矣。而荀、袁两《汉纪》及司马光《资治通鉴》，亦均随文发论，盖缘编年、纪传体例不同使然也。

〔二〕子长淡泊无味：淡泊，郭本作“淡薄”，应是“淡泊”。孙《札记》引顾（广圻）云：“当云淡泊有味。”按：顾改“无”为“有”，且曰“当去”，盖谓迁之史论，应是“有味”。但此篇上段说迁始“限篇一论，强生其文”，“无味”两字乃承上文而言。

〔三〕翩翩奕奕:《诗·小雅·鹿鸣之什·四牡》:"翩翩者鵻。"又《南有嘉鱼之什·车攻》:"驾彼四牡,四牡奕奕。"注:"奕奕,大貌。"意谓《汉书》文字温雅富丽也。

〔四〕孙安国:《晋书·孙盛传》:"盛,字安国,太原中都人。笃学不倦,著《魏氏春秋》、《晋阳秋》。《晋阳秋》词直而理正,咸称良史。"《隋志》著录,今佚。

〔五〕习凿齿:《晋书·习凿齿传》:"凿齿,字彦威,襄阳人也。博学洽闻,以文笔著称。荆州刺史桓温辟为从事,出为荥阳太守。温觊觎非望,凿齿在郡,著《汉晋春秋》以裁正之。起汉光武,终于晋愍帝。于三国之时,蜀以宗室为正,魏武虽受汉禅晋,尚为篡逆,至文帝平蜀,乃为汉亡,而晋始兴焉,凡五十四卷。"《隋志》著录:"《汉晋阳秋》四十七卷,讫愍帝,晋荥阳太守习凿齿撰。"按《宋书·州郡志》,晋简文郑太后讳春,改春曰阳,故凡曰《阳秋》,本皆《春秋》也。书已佚。

〔六〕谢灵运:《宋书·谢灵运传》:"灵运,陈郡阳夏人也,祖玄。灵运少好学,博览群书,文章之美,江左莫逮。性奢豪,车服鲜丽,咸称谢康乐也。太祖(刘裕)登祚,征为秘书监,使整理秘阁书,补足遗阙,以晋氏一代,自始至终,竟无一家之史,令灵运撰《晋书》,粗立条流,书竟不就。与(会稽太守孟)𫖮构仇隙,太祖知其见诬,不罪也,以为临川内史。"《隋志》著录"《晋书》三十六卷,宋临川内史谢灵运撰",书未传世。

〔七〕玉卮无当:《韩非子·外储说右上》:"夫瓦器,至贱也,不漏可以盛酒。虽有千金之玉卮,至贵而无当,漏不可盛水,则人孰注浆哉?"又《淮南子·说林训》:"三寸之管而无当。”高诱注云：“当，犹底也。”此云玉杯虽贵重，但如无底则无用。

〔八〕观过知仁：《论语·里仁》：“子曰：‘人之过也，各于其党，观过，斯知仁矣。’”

〔九〕大唐修《晋书》，作者皆当代词人：《旧唐书·房玄龄传》：贞观十八年（644），玄龄“与褚遂良受诏重撰《晋书》，于是奏取许敬宗、来济、陆元仕、刘子翼、令狐德棻、李义府、薛元超、上官仪等八人，分功撰录。然史官多是文咏之士，好采诡谬碎事，以广异闻，又所评论，竞为绮艳，不求笃实，由是颇为学者所讥”。又据《令狐德棻传》云：“当时同修一十八人，并推德棻为首。”《新唐志》著录“《晋书》一百二十卷”，修撰者除《房传》所述八人外，续列有崔行功、李淳风、辛丘驭、刘引之、阳仁卿、李延寿、张文恭、敬播、李安期、李怀俨、赵弘智等十一人，合房、褚实为二十一人。其中如敬播、崔行功等多入《儒林》、《文苑传》。

〔一〇〕徐、庾：徐陵、庾信，南北朝后期著名骈文家，其文号徐庾体，代表魏、晋以来骈文发展的成熟阶段，已形成原始的四六体，为唐代四六文之先导。骈文偏重辞彩，不宜于叙事，故东晋、南朝人撰史仍以散文为主，惟论赞多用骈文。《史通》一书，除《古今正史》一二篇外，多用骈文，殊有碍于说理叙事。徐、庾于《南史》均有传，《陈书》另有徐传，《周书》另有庾传。

史之有论也，盖欲事无重出，省文可知。如太史公曰：“观张良貌如美妇人耳。”“项羽重瞳，岂舜苗裔。”〔一〕此则别加他语，以补书中，所谓事无重出者也。又如班固赞曰："万石君之为父浣衣〔二〕，君子非之。""杨王孙裸葬〔三〕，贤于秦始皇远矣。"此则片言如约，而诸义甚备，所谓省文可知也。及后来赞语之作，多录纪传之言，其有所异，唯加文饰而已。至于甚者，则天子操行，具诸纪末，继以论曰，接武前修，纪论不殊，徒为再列〔四〕。

〔一〕张良：《史记·留侯世家》："太史公曰，余以为其人计魁梧奇伟，至见其图，状貌如妇人好女。"又项羽：《项羽本纪》："太史公曰，吾闻之周生曰，舜目盖重瞳子，又闻项羽亦重瞳子，羽岂其苗裔邪？"知幾节用原文大意，均非引用全文。《通释》去"观张良貌如美妇人耳"末一"耳"字，反失知幾原意。

〔二〕万石君之为父浣衣：蜀本、陆本、鼎本、郭本及黄本均同。《汉书·万石传赞》曰："至石建之浣衣，君子讥之。"卢《拾补》于"万石君"三字下校云："宋'奋'，讹。此乃建也。"《通释》径照传赞原文改为"石建之浣衣"。孙《札记》则校改"君"字为"奋"字。据本传，万石君名石奋，为诸侯相，奋长子建、次甲、次乙、次庆皆官至二千石。景帝曰：石君及四子皆二千石。号奋为万石君。建老白首，每归必为父浣衣。则万石君乃景帝给奋之称号。浣父衣者是石建。但知幾在《称谓》篇又云："奋、建父子，都称万石。"据此，则以万石君称建，不误。卢校谓此处浣衣之万石君是建不是奋，亦可视为奋、建都称万石。孙《札记》校误。《通释》径改万石君为石建，虽依传赞原文，亦嫌轻率。

〔三〕杨王孙裸葬：《汉书·杨王孙传赞》曰："观杨王孙之志，贤于秦始皇远矣。”据本传：“杨王孙者，孝武时人也，学黄老之术。及病且终，先令其子曰：‘吾欲臝葬，以反吾真。’遂臝葬。”鼎本、郭本、黄本及《通释》均改“袒”为“裸”，今照改。又《西京杂记》：“杨贵，字王孙，京兆人。生时厚自奉养，死卒臝葬于终南山。”

〔四〕纪论不殊，徒为再列：如《汉书·高祖纪》末自“初高祖不修文学”至“规摹宏远矣”，实已具其操行，而继以论赞，以致“纪论不殊”。其他纪传亦多类此，故知幾云然。

马迁《序传》后，历写诸篇，各叙其意。既而班固变为诗体，号之曰述。范晔改彼述名，呼之以赞〔一〕。寻述、赞为例，篇有一章，事多者则约之以使少，理寡者则张之以令大〔二〕，名实多爽，详略不同。且欲观人之善恶，史之褒贬，盖无假于此也。然固之总述，合在一篇，使其条贯有序，历然可阅。蔚宗《后书》，实同班氏。乃各附本事，书于卷末，篇目相离，断绝失次。而后生作者，不悟其非。如萧、李《南北史》萧子显、李百药，大唐新修《晋史》，皆依范书误本，篇终有赞。夫每卷立论，其烦已多，而嗣论以赞，为黩弥甚。亦犹有文士制碑〔三〕，序终而续以铭曰，释氏演法，义尽而宣以偈言。苟撰史若斯，难与议夫简要者矣。

〔一〕《序传》、述、赞：《汉书·太史公自序》于《序传》后，按百三十篇次第，历叙各篇大意，似篇目提要。《汉书》亦于《序传》后，历述各篇要义，文字均用四言诗体，而称之曰述。《后汉书》则移于各卷卷末，论后加赞，赞文亦皆用四言诗体。范晔自序云：“赞自是吾文之杰思，殆无一字空设。”自许甚高。然论赞分散于各卷之末，论后又赞，“为黩弥甚”，范晔实启之。

〔二〕寡：原作“小”。卢《拾补》校云：“宋‘寡’，即‘寡’字，不知者改作‘小’。”蜀本、陆本、鼎本、郭本及黄本均作“小”。孙《札记》云：“寡，顾引《拾补》同。”《通释》改“寡”，今照改。按《正字通》：寡，寡字之讹。与寡异。寡，古文苗字。

〔三〕犹：原作“有”，蜀本、陆本、鼎本、郭本及黄本均作“犹”，《通释》改“犹”，今据改。

至若与夺乖宜，是非失中。如班固之深排贾谊〔一〕，范晔之虚美隗嚣〔二〕，陈寿谓诸葛不逮管、萧〔三〕，魏收称尔朱可方伊、霍〔四〕。或言伤其实，或拟非其伦。必备加击难，则五车难尽。故略陈梗概，一言以蔽之〔五〕。

〔一〕班排贾谊：《汉书·贾谊传赞》曰：“及欲试属国，施五饵、三表以系单于，其术固以疏矣。谊亦天年早终，虽不至公卿，未为不遇也。”五饵、三表可参看师古注。知幾深排之论，盖即本此。然班固赞文首谓谊通达国体，伊、管未能远过，而又悼痛其为庸臣所害，论谊似尚全面。

〔二〕范美隗嚣：《后汉书·隗嚣传》论嚣文章全为曲宥回护之辞。首谓嚣初起有以自立，光武力战始克，可见嚣有死士，不可以成败论英雄，末谓“若嚣命会符运，敌非天力，虽坐论西伯，岂多嗤乎”，故知幾斥为虚美。

〔三〕诸葛不逮管、萧：《三国志·诸葛亮传》评曰：“诸葛亮之为相国也，可谓识治之良才，管、萧之亚匹矣。然连年动众，未能成功，盖应变将略，非其所长欤?”管、萧即管仲、萧何。

亮尝自比管、乐(毅),故寿谓管、萧亚匹。接下又谓将略非其所长,故知幾云寿谓“不逮”。

〔四〕尔朱可方伊、霍:《魏书·尔朱荣传》:史臣曰:“苟非荣之致力,克夷大难,则不知几人称帝、几人称王也。向使荣无奸忍之失,修德义之风,则彭、韦、伊、霍,夫何足数。”故知幾谓魏收称尔朱可方伊、霍。伊,伊尹;霍,霍光。又《通释》复引《北史·魏收传》云:“收以高氏出自尔朱,且纳荣子金,故减其恶而增其善。”

〔五〕一言以蔽之:《论语·为政》:“子曰:‘《诗》三百,一言以蔽之,曰思无邪。’”知幾用此语作结,谓“史论立言,理当雅正”也(见《称谓》第十四)。

序例第十

【解 题】

此篇一至三段谈史序,四至六段论史例,然自沈《宋》萧《齐》名序实例,序与例有时遂不可分,故合序、例为一篇,而分论之。至末段四句,疑是《题目》篇羼入,俟下篇申述。

序可分为全书之序及篇目序两种。前者序作者之意,太史公自序、《汉书·叙传》,乃人所共知者也,故不复备言。篇目序旨在“敷畅厥义”,《史》、《汉》表志杂传,亦复时立序文。华峤之刘、江传序,先述孝道,附及毛义,因类命篇,此乃仿班《汉·王贡传》之善者。而自范晔矜炫文采,如循吏、儒林等列传,《史》、《汉》已有是目。马、班既作篇序于前,蔚宗复踵之于后。范在《狱中与诸甥侄书》云:“循吏以下序论,实天下之奇作。”又云：“《前汉》所有者，悉令备。”范氏以此高自期许，适为“每书必序”创一恶例。自晋至隋，史家为课成史序，不惜以老生常谈充塞其数，累屋重架，读者厌闻。

吕氏评谓：“与其炫文采作无谓之序，毋宁述条理，明统系，而作切实之例。”此言切中是篇论旨。“史之有例，犹国之有法。国之无法，则上下靡定；史之无例，则是非莫准。”盖作史必先立例，尤贵有法，诚可谓一语破的。例不可破，法不可违，此篇特举旧史纪传破例违法一二事，以明其义。然史例犹如国法，实亦《史通》全书精义之一。知幾以此衡论往史，垂示来兹，故在《六家》篇既摘举《尚书》“为例不纯”，于《史记》亦屡揭其自我作故、自违其例之失。不明乎此，则又将谓其“工诃古人”矣。

孔安国有云：“序者，所以序作者之意也。”〔一〕窃以《书》列典谟，《诗》含比兴，若不先叙其意，难以曲得其情〔二〕。故每篇有序，敷畅厥义。降逮《史》、《汉》〔三〕，以记事为宗，至于表、志、杂传，亦时复立序，文兼史体，状若子书，然可与诰、誓相参，风、雅齐列矣。

逮华峤《后汉》，多同班氏。如刘平、江革等传，其序先言孝道，次述毛义养亲。此则《前汉·王贡传》体，其篇以四皓为始也〔四〕。峤言辞简质，叙致温雅，味其宗旨，亦孟坚之亚欤？

〔一〕序作者之意：《尚书孔传序》：“序所以为作者之意，昭然义见。”“序”，陆深《史通会要·义例第四》及鼎本、郭本、王本、黄本同，卢《拾补》：“宋‘叙’。”《通释》亦作“叙”，并云

"一作序"。

〔二〕曲得其情:杨《通释补》:"《淮南子·说林》篇:'以镜视形,曲得其情。'"

〔三〕逮:卢《拾补》:"宋'殆'。下'逮华峤'同。"按"殆"即"逮"之假借。

〔四〕刘、江、王、贡:王即王吉,贡即贡禹,见前《列传》篇第三段注〔三〕。江革与刘平传均在《后汉书》卷三十九中,贡禹与王吉传,均在《汉书》卷七十二中。华峤《后汉书》九十七卷,已散佚,今辑有十七卷。《后汉书》卷三十九,刘江等孝义合传序末李贤注云:"自此已上,并略华峤之词也。"是范书此传及序,盖取录于峤著也。

爰洎范晔,始革其流。遗弃史才,矜衒文彩,后来所作,他皆若斯。于是迁、固之道忽诸,微婉之风替矣。若乃后妃列女,文苑儒林,凡此之流,范氏莫不列序。夫前史所有,而我书独无,世之作者,以为耻愧。故上自晋、宋,下及陈、隋,每书必序,课成其数。盖为史之道,以古传今,古既有之,今何为者?滥觞肇迹〔一〕,容或可观,累屋重架〔二〕,无乃太甚。譬夫方朔始为《客难》,续以《宾戏》、《解嘲》〔三〕。枚乘首唱《七发》,加以《七章》、《七辨》〔四〕。音辞虽异,旨趣皆同。此乃读者所厌闻,老生之恒说也。

〔一〕滥觞:《通释》:"《家语·三恕》:'江始出于岷山,其源可以滥觞。'王肃注:'觞可以盛酒,言其微。'(浦)按:滥觞谓始出之微,后人多误用。"

〔二〕累屋重架:杨《通释补》引《世说新语·文学》篇:"庾仲初

作《扬都赋》成。谢太傅云：'不得尔，此是屋下架屋耳。'"刘孝标注引《中兴书》曰："庾阐，字仲初，颍川人，太尉庾亮之族也。"《晋书·文苑传》有《庾阐传》，仅载其"作《扬都赋》，为世所重"。谢太傅即谢安。又刘注另引王隐论扬雄《太玄经》曰："《玄经》虽妙，非益也，是以古人谓其屋下架屋。"

〔三〕《客难》、《宾戏》、《解嘲》：《文心雕龙·杂文第十四》："自对问以后，东方朔效而广之，名为《客难》。托古慰志，疏而有辨。扬雄《解嘲》，杂以谐谑，回环自释，颇亦为工。班固《宾戏》，含懿采之华。"《汉书·东方朔传》载其《设客难》，《扬雄传》载其《解嘲》，班固《答宾戏》载入《汉书·叙传》，其序文云："又感东方朔、扬雄自谕，故聊复应焉。"

〔四〕《七发》、《七章》、《七辨》：《太平御览》卷五百九十《文部六》载傅玄《七谟序》："昔枚乘作《七发》，而属文之士若傅毅、刘广世、崔骃、李尤、桓麟、崔琦、刘梁、桓彬之徒，承其流而作之者纷焉，《七激》、《七兴》、《七依》、《七疑》、《七说》、《七蠲》、《七举》、《七设》之篇，于通儒大才马季长、张平子，亦引其源而广之。"《文心雕龙·杂文第十四》："自《七发》以下，作者踵继，观枚氏首唱，信独拔而伟丽矣。张衡《七辨》，结采绵靡。"又此文列举有傅毅《七激》、崔骃《七依》、崔瑗《七厉》(《瑗传》作《七苏》)、陈思《七启》、仲宣《七释》、桓麟《七说》、左思《七讽》，此外《楚辞》载有东方朔《七谏》，《文选》载有张协《七命》，均无"七章"篇名。再《汉志·小学》序云："《苍颉》七章者，秦丞相李斯所作也。《博学》七章者，太史令胡毋敬所作也。文字多取《史籀篇》，而篆体复颇异，所谓秦篆者也。"自非踵继《七发》

之辞赋。又章士钊《柳文指要》卷十四"《七发》与《晋问》"条:"'七',骚之余也。自枚乘继屈原、宋玉、景差、贾谊之徒为之,而独扬一帜,赓而和者百家,至千余年不息。昭明太子辑《文选》,至揭与曹植、张协并列,而未加可否。洎夫最近,有友人为言:'七体唯枚生之作为有政治意义,其余大抵唱《招隐》之词,适得屈、宋、景、枚之反,而索然寡味。'其识绝伟。"说亦可参。

夫史之有例,犹国之有法。国之无法,则上下靡定;史之无例,则是非莫准。昔夫子修经,始发凡例〔一〕,左氏立传,显其区域〔二〕,科条一辨,彪炳可观〔三〕。降及战国,迄乎有晋,年逾五百,史不乏才,虽其体屡变,而斯文终绝。唯令升先觉,远述丘明,重立凡例,勒成《晋纪》。邓、孙已下〔四〕,遂蹑其踪。史例中兴,于斯为盛。若沈《宋》之《志序》,萧《齐》之《序录》〔五〕,虽皆以序为名,其实例也。必定其臧否,征其善恶,干宝、范晔,理切而多功;邓粲、道鸾〔六〕,词烦而寡要。子显虽文伤蹇踬,而义甚优长。斯一二家,皆序例之美者。

〔一〕夫子修经,始发凡例:《通释》:"《左传·成十四》,《春秋》之称,微而显,志而晦,婉而成章,尽而不污,惩恶而劝善,非圣人谁能修之。杜氏《序》'为例之情有五'是也。"陈《补释》云:"浦氏未得《史通》之意。《春秋序》云:'其发凡以言例,皆经国之常制,周公之垂法,史书之旧章,仲尼从而修之,以成一经之通体。'孔《疏》引《释例》终篇云:'称凡者五十,其别四十有九,盖以母弟二凡,其义不异故也。'"按：陈说甚是，其所引《春秋》序文，亦即"史例犹国法"之所本。

〔二〕左氏立传，显其区域：陈《补释》："《春秋释例》曰：丘明之传有称周礼以正常者，诸称凡以发例是也。有明经所立新意者，诸显义例而不称凡者是也。诸凡虽是周公之旧典，丘明撮其体义，约以为言，非纯写故典之文。此丘明会意之微致，所以释仲尼《春秋》。仲尼《春秋》皆因旧史之策书，义之所在，则时加增损。或仍旧史之无，亦或改旧史所有，虽因旧文，固是仲尼之书也。丘明所发，因是仲尼之意也。然则区域之显，即《释例》四十。"

〔三〕科条一辨，彪炳可观：陈《补释》："《春秋公羊传疏·春秋说》云：《春秋》设三科九旨，何氏之意，言三个科段之内，有此九种之意，故作《文谥例》，云新周故宋，以《春秋》当新王，此一科三旨也。所见异辞，所闻异辞，所传闻异辞，二科六旨也。又内其国而外诸夏，内诸夏而外夷狄，是三科九旨也。宋氏注《春秋》，说三科者一曰张三世，二曰存三统，三曰异外内。盖科即条，故《公羊》有胡毋生《条例》、何休《条例》，《左氏传》亦有贾逵《条例》、刘寔《条例》。"

〔四〕邓、孙：即邓粲、孙盛。粲，长沙人，少以高洁著名，应召为荆州刺史桓冲别驾，以父骞有忠信言，而世无知者，乃著《元明纪》十卷，述东晋元帝、明帝时史事。《隋志》著录"《晋纪》十一卷，讫明帝，晋荆州别驾邓粲撰"，书佚，今有辑文。孙盛注见《论赞》篇。

〔五〕沈《宋》之《志序》，萧《齐》之《序录》：沈约《宋书》有志三十卷（卷十一至四十），卷十一《律历》前有《志序》一篇，因篇幅短,与《律历》合为一卷,今本遂有误刊为《律历》序者。而其内容,乃纵论《史》、《汉》以降诸志之演变得失,并概述各志应包括之主要内容,确系全志总序。萧子显《南齐书》,《隋志》、《新唐志》均著录六十卷,《梁书》、《南史》本传亦称著"《齐书》六十卷"。曾巩《叙录》始称《齐书》五十九卷,章俊卿《山堂考索》引《馆阁书目》云"《南齐书》六十卷,今存五十九卷,亡其一",疑第六十卷或为"叙传"。考《梁书》、《南史》均载子显自序,或即节取《叙传》之文。知幾所谓"序录"当指亡佚之《叙传》。又《南齐书》八志,虽各有短序,然非例也。

〔六〕道鸾:檀超叔父。《南史·檀超传》附道鸾传云:"道鸾,字万安。位国子博士,永嘉太守,亦有文学,撰《续晋阳秋》二十卷。"《隋志》著录,书佚。

夫事不师古,匪说攸闻〔一〕。苟摸楷曩贤,理非可讳。而魏收作例,全取蔚宗〔二〕,贪天之功,以为己力〔三〕,异夫范依叔骏〔四〕,班习子长,攘袂公行,不陷穿窬之罪也。

〔一〕事不师古,匪说攸闻:杨《通释补》:《书》伪《说命下》"事不师古,以克永世,匪说攸闻"。按《尚书·商书》有《说命》上中下三篇,言武丁得傅说为相,命说摄政之词也,杨引伪孔《传》云:"事不法古训,而以能长世,非说所闻。言无是道。"

〔二〕魏收作例,全取蔚宗:《宋书·范晔传》载晔(字蔚宗)《狱中与诸甥侄书》以自序云:"班氏最有高名,既任情无例。"又自云其《后汉书》"纪传例,为举其大略耳"。据此则其书必有凡例,惜已散失,乃不可考。《北史·魏收传》载其史三十五例,二十五序,九十四论,前后二表,一启,当皆独出于收。收虽引附己者共修《魏书》,而收确曾自拟三十五例。范、魏"序例"内容,均已无从考校。但知幾此说,必有所本。

〔三〕贪天之功,以为己力:陈《补释》:"《左传》僖二十四年,介之推语。"按僖二十四年:"晋侯(文公重耳)赏从亡者,介之推不言禄,禄亦弗及。推曰:'窃人之财,犹谓之盗,况贪天之功,以为己力乎?'"

〔四〕范依叔骏:《通释》:"'叔'一作'政',非。"按陆本、鼎本、郭本均作"政",蜀本作"叙"。陈《补释》:"《隋志》史部总叙云:'南、董之位,以禄贵游;政、骏之司,罕因才授。'是谓刘子政、子骏。柳(翼谋)先生曰:叔骏宜从浦说。黄氏《训故补》谓范依叔骏,(郭延年改作政骏,似指刘向父子者,殊谬。按此句)指《刘平》、《江革》等传序,全录华峤之词,似得其旨。叔骏与子长为偶,若是政、骏,则二人矣。"按柳说甚是。《隋志》原文以刘向(字子政)、歆(字子骏)与南史、董狐二人为偶,而此处知幾乃以华叔骏(名峤)与司马子长一人为偶也。又范书多依华峤,除刘、江等传序外,尚有肃宗纪论、二十八将传论、桓谭冯衍传论、袁安传论、班彪传论等文中一部分,李贤均注为峤之辞,而峤书易外戚为后纪,范亦依之。

盖凡例既立,当与纪传相符。按唐朝《晋书》例云〔一〕:"凡天子庙号,惟书于卷末。"依捡孝武崩后〔二〕,竟不言庙曰烈宗〔三〕。又按百药《齐书》例云："人有本字行者，今并书其名。"依捡如高慎、斛律光之徒，多所仍旧，谓之仲密、明月〔四〕。此并非言之难，行之难也。及晋、齐史例，皆云："坤道卑柔，中宫不可为纪，今编同列传，以戒牝鸡之晨。"〔五〕切惟录皇后者，既为传体，自不可加以纪名。二史之以后为传，虽云允惬，而解释非理，成其偶中。所谓画蛇而加足，反失杯中之酒也〔六〕。

至于题目失据，褒贬多违，斯并散在诸篇，此可得而略矣。

〔一〕唐朝："唐"字，卢《拾补》云："当本是皇字。"《通释》径改为"皇"字，注云："旧作'唐'，非。"经校蜀本、陆本、鼎本、郭本及黄本均作"唐"，姑仍旧。

〔二〕捡："检"俗字，蜀本、陆本、鼎本、郭本及黄本、《通释》均作"检"，兹仍旧，下同。

〔三〕不言庙曰烈宗：《通释》："《晋书·孝武纪》：太元二十年，时张贵人有宠，年几三十，帝戏之曰：'汝以年当废矣。'贵人潜怒，向夕，帝醉，遂暴崩。按：纪末缺书庙号。《通鉴》题烈宗孝武皇帝。"查《晋书》十纪，纪十八帝，其中题有庙号者自高祖宣帝至太宗简文帝，九帝均于纪末书庙号，其余包括孝武帝在内九帝，均未题庙号，故纪末无庙号可纪。而《通鉴》卷一百零三(下半段)至一百零八题为烈宗孝武皇帝纪，其所增烈宗庙号，或另有所本。又《通鉴》卷一百零八纪孝武帝死非其命较详，云："太元二十一年九月，帝醉寝于清暑殿，(张)贵人遍饮宦者酒，散遣之。使婢以被蒙帝面弑之。重赂左右，云'因魇暴崩'。"而于葬也，亦仅云"葬孝武帝于隆平陵"。

〔四〕仲密、明月:《通释》:"仲密,高慎字。明月,斛律光字。按:百药《齐书》,高慎附见兄《高乾传》中,斛律光在其父《斛律金传》后。二人皆无'以字行'之文,传内亦不书字。其书字处,间于他传有之。无甚不准例之病,《史通》似误。"细绎《史通》原文,百药之例云"人有本字行者,今并书其名",则高慎、斛律光传文首句应为"高仲密名慎,以字行。斛律明月,名光,以字行",而不应仍旧书成"慎字仲密,光字明月"。全传亦应称仲密、明月,不应仍用慎、光之名。《史通》无误,浦氏未喻其意。

〔五〕牝鸡之晨:《书·牧誓》:"牝鸡无晨,牝鸡之晨,惟家之索。"周武王斥商纣"惟妇言是用"之辞也。

〔六〕"所谓"二句:《战国策·齐策二》:"楚有祠者,赐其舍人卮酒,舍人相谓曰:'请画地为蛇,先成者饮酒。'一人蛇先成,乃左手持卮,右手画蛇曰:'吾能为之足。'未成,一人之蛇成,夺其卮曰:'蛇固无足,子安能为之足。'遂饮其酒,为蛇足者,终亡其酒。"

题目第十一

【解 题】

此篇所论,约有两端:一至三段论书名,即全书之题目。四至八段论一书内各个篇帙之题目。而其中心论旨亦有二:一是"名以定体,为实之宾",考名责实,要名实相副。二是反对丛细、烦碎,不要把题目搞得过细、过长,其主旨仍是要求省文见义。

就书名而言，著者在确认旧史二体前提下，提出编年史就应名为“纪”，纪传史就应称“书”，不必标新立异。同时，实际上不是编年纪事的，就不应名为“春秋”。内容十分详尽的，就不该称“略”。

就篇名说，首先他指出史迁不应名“皇后传”曰“外戚”。班固《人表》中无汉代人物，就不应名曰“古今人表”，致使实不副名。其次，他认为陈、项非汉臣，董、袁非魏臣，不应列入《汉书》、《魏书》传中，应效《东观汉记》，列为《载记》。浦氏既称“假号不臣，都归《载记》，《史通》殊有理据”，但又谓陈、项辈于兴代非寇，先事发难，宜列传首，并以两《唐书》及《明史》均列李密、王世充、韩林儿、徐寿辉等于诸臣传首为例。其说虽非无据，但又与名为实宾之主旨相径庭矣。次论题目可用省称，姓名之上不必冠以邦域、职官。纪氏《评》谓：“此尚无大关系，但冗杂可厌耳。”然亦足见知幾细处不苟之治史精神。

篇末数语，提出不宜在题目中寓有褒贬之词，如岛夷索虏之类，然语意似有未尽。而上篇末“至于题目失据”以下四句，置于《序例》之末，似难粘附。倘移置此篇之末，进一步提出题目不当、褒贬不实问题，非本篇讨论范围，似较顺畅。故疑彼四句系羼入上篇者，并志于此，以俟续考。

上古之书，有三坟、五典、八索、九丘〔一〕，其次有春秋、尚书、梼杌、志、乘。自汉已下，其流渐繁。大抵史名，多以书、记、纪、略为主，后生祖述，各从所好，沿革相因，循环递习，盖区域有限，莫逾于此焉。

至孙盛有《魏氏春秋》，孔衍有《魏尚书》〔二〕，陈寿、王邵曰志，何之元、刘璠曰典〔三〕，此又好奇厌俗，习旧捐新，虽得稽古之宜，未达从时之义。

〔一〕三坟、五典、八索、九丘：《左传》昭十二年："左史倚相趋过。（楚灵）王曰：'是良史也，是能读三坟、五典、八索、九丘。'"杜注："皆古书名。"三坟、五典，注见《二体》篇第一段。又王《训故》引孔安国《书序》："八卦之说，谓之八索，求其义也。九州之志谓之九丘，丘，聚也。"

〔二〕孔衍有《魏尚书》：《六家·尚书家》云孔衍有《汉尚书》、《后汉尚书》、《魏尚书》，《魏尚书》上有衍文"汉"字，与《唐志》著录者相同。而此处底本及蜀本、陆本、鼎本、郭本"魏尚书"均作"隋尚书"，卢《拾补》云"孔衍有《汉尚书》"，并在"汉"字下注云"隋，讹"。《通释》径改为"孔衍有《汉魏尚书》"，并注云："一脱'魏'字，一误作'隋'。"按：孔衍晋朝人，注见《六家·尚书家》，自不能撰"隋尚书"，而隋及《两唐志》亦无他人所撰《隋尚书》，"隋"字或误。而孔衍既撰有"汉"、"后汉"、"魏"《尚书》，此处置于孙盛《魏氏春秋》之下，自以"魏尚书"为宜，《隋志》亦仅著录孔衍《魏尚书》八卷。兹改"隋"为"魏"。

〔三〕王劭、何之元、刘璠：王劭著有《齐志》，何之元著有《梁典》，又孙奕《履斋示儿编》载有王邵《隋尚书》，然著录时间亦已晚至南宋，均见《六家·左传家》注。据《周书·刘璠传》，"璠，字宝义，沛国沛人，梁天监初为著作郎"，后仕周，"为黄门侍郎，世宗初，授内史中大夫。其著《梁典》三十卷”,《隋志》著录,书今佚。

榷而论之,其编年月者谓之纪,列记、传者谓之书。取顺于时,斯为最也。夫名以定体,为实之宾〔一〕。苟失其途,有乖至理。按吕、陆二氏吕不韦、陆贾,各著一书,惟次篇章,不系时月,此乃子书杂记〔二〕,而皆号曰春秋。鱼豢〔三〕、姚最著魏、梁二史〔四〕,巨细毕载,芜累甚多,而俱榜之以略,考名责实,奚其爽欤?

〔一〕名以定体,为实之宾:陈《补释》:“《庄子·逍遥游》:‘名者,实之宾也。’”又《列子·杨朱》:“老子曰:‘名者,实之宾。’而悠悠者趋名不已,名固不可去,名固不可宾邪?”《庄子·逍遥游》:“子治天下,天下既已治也。而我犹代子,吾将为名乎?名者实之宾也,吾将为宾乎?”

〔二〕“吕、陆二氏”至“此乃子书杂记”:《吕氏春秋》已见《六家·春秋家》注,《汉志》、《隋志》均著录于子部杂家。《史记·陆贾传》:“贾,楚人。以客从(汉)高祖定天下,有口辩,为太中大夫。高帝谓陆(贾)生曰:‘试为我著秦所以失天下,吾所以得之者,及古成败之国。’陆(贾)生凡著十二篇,号其书曰《新语》。”《汉书》传同。两传均未载其著《楚汉春秋》事,惟《汉书·司马迁传赞》谓“汉兴,伐秦定天下,有《楚汉春秋》,故司马迁述《楚汉春秋》”。《汉志·六艺略·春秋类》著录“《楚汉春秋》九篇,陆贾所记”,又《诸子略·儒家》著录“《新语》二卷,陆贾撰”。《楚汉春秋》早佚,惟《隋志》仍著录于杂史目内,知幾当尚及见。周中孚《郑堂札记》谓:“《楚汉春秋》何得与《吕氏春秋》并目为子书杂记,岂因《新语》而误涉欤?”按:今有《新语》十二篇,确系儒家杂陈治道之言。《史》、《汉》传文又谓《新语》述秦汉事。郑堂此问,不为无据。而程《笺记》云:“此乃以子书、杂记分承吕陆二书,意谓吕为子书,陆为杂记耳。”验诸《隋志》列陆书于杂史内,程说近是。

〔三〕鱼豢:三国魏人,《唐志》杂史类著录鱼豢《魏略》五十卷,详见《称谓》篇。

〔四〕姚最:“最”字,底本及蜀本、郭本、黄本、《通释》均作“察”,陆本讹作“蔡”。王《训故》引《陈书·姚察传》,竟臆加“著《梁略》”,浦手批“传无其文。王氏失考”。浦据《陈书》注云:“(察)撰梁、陈史未毕功,以体例诫约子思廉博访续撰,史无‘梁略’之名,而刘氏云尔,定是察稿初名。”陈《补释》云:“此‘察’字为‘最’字之误。《杂述》篇《梁昭后略》、《杂说》下篇自注:《梁后略》,并称姚最。《周书·艺术传》姚最撰《梁后略》十卷,《隋志》同。《唐志》作《梁昭后略》,亦不作姚察。最乃察之弟,思廉之叔父也。柳(翼谋)先生曰:何义门批《史通》已引《隋志》姚最撰《梁后略》,改‘察’为‘最’。卢抱经校宋本亦改为‘最’。”按:陈、柳两先生所说甚是,朱希祖先生批《通释》亦云:“《梁后略》,姚最撰。最乃察之弟,浦氏不知《梁后略》乃察弟所作。”孙《札记》亦已据《隋志》校改。今改“察”为“最”,《周书·艺术·姚僧垣传》:“僧垣长子察在江南,次子最,字士会,博通经史,尤好著述。撰《梁后略》十卷,行于世。”

若乃史传杂篇,区分类聚,随事立号,谅无恒规。如马迁撰皇后传，而以外戚命章〔一〕。按外戚凭皇后以得名，犹宗室因天子而显称也。若编皇后而曰外戚传，则书天子而曰宗室纪，可乎？班固撰《人表》〔二〕，以古今为目，寻其所载也，皆自秦而往，非汉之事，古诚有之，今则安在？子长《史记》，别创八书，孟坚既以汉为书，不可更标书号。改书为志，义在互文。而何氏《中兴》〔三〕，易志为记，此则贵于革旧，未见其能取新〔四〕。

〔一〕外戚命章：李《评》："迁以外戚传皇后，是疏略处。"《通释》云："《史记》之立《外戚世家》，其中所载，实皆后妃氏讳及其事迹。至如魏其、武安之属，反别立传，不以外戚名篇，最为非体。班史因之，易名《外戚列传》，置在臣传之后，尤为失之。文亦应加并纠班失之语。"按：《史》、《汉》以"外戚"为目，述后妃事，确属失当。故自陈寿、范晔以降之纪传史，除范晔列后妃于本纪及《新五代史》无后妃传外，余皆为后妃立传，并多另为外戚列传（《金史》名"世戚"）。刘氏此论，影响固甚深远也。

〔二〕班固撰《人表》：《汉书·古今人表》上自太昊帝宓牺氏，下至秦子婴、赵高之俦，列九等之序。名为《汉书》，表中无一汉朝人物，故知幾云"'今'则安在"。

〔三〕何氏《中兴》：《隋志》著录"《晋中兴书》七十八卷，起东晋，宋湘东太守何法盛撰"，书今佚。《宋书》、《南史》无何法盛传。据《南史·徐广附郗绍传》云："郗绍亦作《晋中兴书》，数以示何法盛，法盛有意图之，谓绍曰：'卿名位贵达，不复俟此延誉。我寒士，无闻于时，如袁宏、干宝之徒，赖有著述，流声于后，宜以为惠。'绍不与。至书成，在斋内厨中,法盛诣绍,绍不在,直入窃书。绍还失之,无复兼本,于是遂行何书。”

〔四〕未见其能取新:原脱“取新”二字,蜀本、陆本同,鼎本、郭本、黄本及《通释》均有此二字,今增补。又浦注云:“何法盛改易帙名,亦属无谓。”

夫战争方殷,雄雌未决,则有不奉正朔,自相君长。必国史为传,宜别立科条。至如陈、项诸雄,寄编汉籍,董、袁群贼,附列《魏志》,既同臣子之例,孰辨彼此之殊。惟《东观》以平林、下江诸人〔一〕,列为《载记》,顾后来作者〔二〕,莫之遵效。逮“新晋”始以十六国主,特载记表名〔三〕,可谓择善而行,巧于师古者矣。

〔一〕平林、下江:是西汉末年,两部农民起义军称号。公元17年,荆州大饥,新市(湖北京山)人王匡、王凤起义,马武、王常等来附,居绿林山(湖北当阳),众至五万余人。22年,绿林大疫。王常等引一部西行,号下江兵。王匡、王凤等北行,号新市兵。攻随(湖北随县)。平林(随东北)人陈牧起兵响应,号平林兵。23年,三部共立刘玄为更始帝。事见《后汉书·刘玄传》。《东观汉记》已佚,清乾隆四库辑本即据知幾此文,将刘玄、刘盆子、赤眉、铜马等传辑入“载记”类。

〔二〕顾:原作“赖”,蜀本、陆本、郭本同,鼎本、黄本作“顾”。卢《拾补》校云:“宋‘赖’,讹。何删去。”《通释》亦改“赖”为“顾”,并注“一作‘赖’,非”。今改作“顾”。

〔三〕“新晋”至“特载记表名”:《古今正史》篇云:“皇家贞观中,

有诏以前后晋史十有八家，制作虽多，未能尽善，乃敕史官更加纂录。"又云："自是言《晋史》者，皆弃其旧本，竞从新撰者焉。""新晋"，即指唐代新撰《晋书》。是书有《载记》三十卷，述十六国事，故云"特载记表名"。"特"字原作"持"，蜀本、陆本、鼎本、郭本、黄本均作"特"。卢《拾补》亦然，并注谓宋本作"持"。《通释》仍作"持"，属上句读，注云"一作特"。今改作"特"。

观夫旧史列传，题卷靡恒。文少者则具出姓名，若司马相如、东方朔是也。字烦者惟书姓氏，若毋将、盖、陈、卫、诸葛传是也〔一〕。必人多而姓同者，则结定其数，若二袁、四张、二公孙传是也〔二〕。如此标格，足为详审。至范晔举例，始全录姓名，历短行于卷中，丛细字于标外。其子孙附出者，注于祖先之下，乃类俗之文按孔目、药草经方，烦碎之至，孰过于此。切以《周易》六爻，义存象内，春秋万国，事具传中。读者研寻，篇终自晓，何必开帙解带，便令昭然满目也。

〔一〕毋将、盖、陈、卫、诸葛传：《汉书》卷七十七是盖宽饶、诸葛丰、刘辅、郑崇、孙宝、毋将隆、何并等合传，无陈、卫两姓。卢《拾补》校云："陈，何（义门）改'郑'。卫，衍字。此误记。"孙《札记》亦校改"陈"为"郑"。按传目诸姓序次亦不同，或缘刘氏所见古本与今本异，故仍其旧。

〔二〕二袁、四张、二公孙传：《三国志·魏书》卷六合传中有袁绍、袁术，卷八合卷中有张杨、张燕、张绣、张鲁、公孙瓒、公孙度等。

自兹已降，多师蔚宗。魏收因之，则又甚矣。其有魏世邻国，编于魏史者，于其人姓名之上，又列之以邦域，申之以职官。至如江东帝王则云僭晋司马叡、岛夷刘裕，河西酋长则云私署凉州牧张寔〔一〕、私署凉王李暠，此皆篇中所具，又于卷首具列。必如收意，使其撰两《汉书》、《三国志》，题诸盗贼传，亦当云僭西楚霸王项羽〔二〕、伪宁朔王隗嚣〔三〕。自余陈涉、张步、刘璋、袁术，其位号一二具言〔四〕，无所不尽也。

盖法令滋章〔五〕，古人所慎，若范、魏之裁篇目，可谓滋章之甚者乎？苟忘彼大体，好兹小数，难与议夫婉而成章，一字以为褒贬者矣。

〔一〕署：原作“置”，蜀本、陆本、鼎本、黄本同。郭本作“署”，《通释》改“署”。卢《拾补》、孙《札记》均校改“署”，兹据《魏书》卷九十九目录改“署”。

〔二〕僭西楚霸王项羽：原脱“霸王”两字，鼎本、郭本及《通释》有此二字，浦并注云：“一脱此二字。”按：此句上既冠以“僭”字，应有“霸王”两字，兹补入。

〔三〕伪宁朔王隗嚣：卢《拾补》校“宁朔”两字云：“今后书倒。”按《后汉书·隗嚣传》“（公孙）述以嚣为朔宁王”，李贤注云：“欲其宁静北边也。”原文似亦为“朔宁”，知幾或另有所本。

〔四〕一二具言：蜀本、陆本同，鼎本、郭本、黄本均作“一一具言”。杨《通释补》略云：“《序传》篇‘皆剖析具言，一二必载’，《忤时》篇‘聊复一二言之’，《汉书·司马迁传》‘事未易一二为俗人言也’，皆其旁证。”

〔五〕法令滋章：杨《通释补》："《老子》第五十七章：'法令滋章，盗贼多有。'"按王弼注云："多，皆舍本以治末，故以致此也。"知幾引此语以斥繁文。

断限第十二

【解 题】

断限是论述断代史所应包括之范围。由于史事前后衔接，故著者首先说明沿革之际，可以交互。此乃事势之常规，亦前史所屡见。但过此就是滥轶，滥轶就应剪裁。臧荣绪称"史无裁断，犹起居注耳"。

交互和滥轶之界限，要根据具体情况而定。著者以《汉书》为例，班氏原自限定述西汉之始末，而其表志均已轶出汉事范围，《人表》更完全脱离汉事。《史记》通古为史，可以包括上下数千年。《汉书》断代自限，表、志悉仿《史记》，即犯了"胶柱调瑟"之谬误。由于班固开了滥轶恶例，后此沈约《宋书》、唐代官修《隋书》，遂都循例莫改。此乃就全书主要内容而言，是就时限立论。

有谓《汉书》表、志为未成之稿，八表及《天文志》乃班昭、马续等所编，知幾《古今正史》篇亦主是说。《地理志》论风俗之文，出自刘向等人之手。古人著述，采自他人者，多直录原文，均未可为班固咎。沈书八志，上续《史》、《汉》，以弥前此魏、晋史书之缺。唐修《隋志》，本为《五代史志》，幸附《隋书》而存，足考梁、陈、齐、周之未备。要知知幾重在名实相副，所论乃史之例与法。论《汉书》以断代为体，非校孟坚之短长。

论《宋》、《隋》两志之滥轶，非不知其纂辑之用心。吾人今日固仍甚珍视《汉》、《宋》、《隋》志之史料价值，但也应重视知幾指出其滥轶之失，不仅是断代纪传史体例问题，也是历史编纂学带有普遍意义之问题。

此篇次论《三国志·魏书》首列二袁、刘、吕等传，与诸人和曹操尚属交互有关。而董卓、臧洪等人，与曹氏事同风马牛，就不应滥轶立传。子婴、孙策，不应在秦、汉与汉、吴史书中重述，《晋书》不必上及蜀汉，元魏书毋庸下列高齐，是乃就人而言。

再下复论五胡十六国史，《魏书》越次为晋、宋、秦、赵、凉、蜀列传。班书《地志》，卷首全录《禹贡》之文，是就地区而言。

至于各少数民族之源起，各断代史书多越限追述，仍应避免重复赘述，此乃就史事而言。其斥《魏书》"厚颜"、"越次"，虽缘"江左既承正朔"之偏见，然亦不应遽谓其断限之议，适同无的放矢。

综上以观，近代史家谓史事，应弄清时、人、地、事等各方面问题。刘氏已于千数百年前隐约遍言之，从而推进我国古代史学之发展，纪氏评谓"此篇议论特精切"，洵属知言。

夫书之立约，其来尚矣。如尼父之定《虞书》也，以舜为始，而云"粤若稽古帝尧"〔一〕，丘明之传鲁史也，以隐为先，而云"惠公元妃孟子"〔二〕。此皆正其疆里，开其首端，因有沿革，遂相交互，事势当然，非为滥轶也。过此已往，可谓狂简不知所裁者焉〔三〕。

〔一〕尼父之定《虞书》也，以舜为始，而云“粤若稽古帝尧”：陈《补释》云：“《虞书·皋陶谟》亦云‘若稽古’，则非独《尧典》有此文，《史通》当云以夏为始。《墨子·明鬼下》篇：‘故尚书夏书，其次商、周之书。’是《尚书》本夏史所记。《左传》僖二十七年，晋赵衰引‘赋纳以言’三句为夏书。古《皋陶谟》与《益稷》合一篇，《皋谟》为夏书明矣。（今《舜典》首“曰若稽古”四字，姚方兴、刘炫所加，《史通》文虽多用晋出《古文尚书》，于《舜典》廿八字亦不信。）”陈氏一是截去“以舜为始”上“尼父之定《虞书》也”句，从而论证《尚书》是夏商周书，将原属《虞书》者，亦括入《夏书》内，以此解释系在《夏书》中述及帝尧。二是“粤若稽古帝尧”截去句尾“帝尧”两字，用以论证有“粤若稽古”四字之其他各篇，前人亦皆谓为《夏书》。按唐初官修《隋志·书序》云：“孔子观书周室，得虞、夏、商、周四代之典，删其善者，上自虞，下至周，为百篇，编而序之。”今存伪《古文尚书》以《尧典》等五篇为《虞书》，《尚书今古文注疏》亦以《尧典》、《禹贡》等四篇为《虞夏书》，盖皆未尝抹煞《虞书》之名。至“粤若稽古”四字，在伪《古文尚书》中凡四见于《尧典》、《舜典》、《大禹谟》、《皋陶谟》四篇中，但各篇均各在此四字下赘有帝尧、帝舜、大禹、皋陶等主名。知幾引“粤若稽古帝尧”，乃专指《尧典》，不容与其他各篇混淆，陈《释》似嫌牵强。且此三句，文意原甚明白，盖谓《尚书》中之《虞书》，虽应以舜为始，而远稽唐尧，“开其首端，非为滥轶”。又《史记·孔子世家》云：“孔子序《书》传，上纪唐虞之际，下至秦缪，编次其事。”则《书》原是始自唐尧矣。

〔二〕以隐为先,而云"惠公元妃孟子":《春秋经》始自鲁隐公元年(前722)左丘明依经作传,或经无而传有。在隐公元年经文前,《传》述隐公父惠公、嫡母孟子卒,继室声子生隐公等事,此种"交互",亦"事势当然"也。

〔三〕狂简不知所裁:《论语·公冶长》:"子在陈曰:'归与!归与!吾党之小子狂简,斐然成章,不知所以裁之。'"

又子曰:"不在其位,不谋其政。"〔一〕若《汉书》之立表、志,其殆侵官离局者乎〔二〕?考其滥觞所出,起乎司马氏。按马《记》以史制名,班《书》持汉标目。《史记》者,载数千年之事,无所不容。《汉书》者,纪十二帝之时,有限斯极。固既分迁之记,判其去取,纪传所存,惟留汉日;表志所录,乃尽牺年。举一反三,岂其若是?胶柱调瑟〔三〕,不亦缪欤!但固之踳驳,既往不谏,而后之作者,咸习其途。《宋史》则上括魏朝〔四〕,《隋书》则仰包梁代〔五〕,求其所书之事,得十一于千百,一成其例,莫之敢移,永言其理,可为叹息!

〔一〕不在其位,不谋其政:见《论语·泰伯》篇。

〔二〕侵官离局:蜀本、陆本、鼎本、郭本及黄本均同。《通释》在"局"字下注云"或作局"。陈《补释》云:"局字非。《左传》成十六年,晋栾针曰:'且侵官,冒也,离局,奸也。'"按:侵官谓侵犯别人管掌之事,即越俎代庖之意。离局,注云"远其部曲为离局",即离开自己职守。

〔三〕胶柱调瑟:陈《补释》:"胶柱鼓瑟,见《史记·赵奢传》,又《法言·先知》篇:'譬犹胶柱而调瑟。'《盐铁论·相刺》

篇：'胶柱而调瑟，固而难合矣。'"按"胶柱鼓瑟"乃蔺相如论赵括读书不知合变之辞。其原文略云："赵王因以括（赵奢之子）为将，代廉颇。蔺相如曰：'王以名使括，若胶柱而鼓瑟耳。括徒能读其父书传，不知合变也。'"

〔四〕《宋史》则上括魏朝：指沈约《宋书》志，据其《志序》云："《魏书》阙志，自魏至宋，宜入今书。"故其各志述晋、魏甚详。知幾议其失于断限，然梁沈约《宋书》实多取宋徐爰《宋书》旧本增删成书，宋梁时，陈寿《三国志》既无志，而南齐臧荣绪所撰《晋书》，虽云有志，徐爰自未见及。今传《晋书》，乃唐初官修，故《宋书》志上括魏、晋，足补前史之缺。

〔五〕《隋书》则仰包梁代：《隋书》宋本原跋云："（贞观）十五年，又诏左仆射于志宁、太史令李淳风、著作郎韦安仁、符玺郎李延寿同修《五代史志》，凡勒成三十卷。又编第入《隋书》，其实别行，亦呼为《五代史志》。"盖缘南朝梁、陈、北朝齐、周各史均无志，故《隋书》仰包梁、陈、齐、周五代作史志焉，虽云失于断限，然本名《五代史志》。自今视之，亦毋庸置讥议矣。

当魏武乘时拨乱，电扫群雄，锋镝之所交，网罗之所及者，盖惟二袁、刘、吕而已〔一〕。若进鸩行弑〔二〕，燃脐就戮，总关王室，不涉霸图，而陈寿《国志》，引居传首。夫汉之有董卓〔三〕，犹秦之有赵高〔四〕，昔车令之诛，既不列《汉史》，何太师之毙，遂独刊于《魏书》乎？兼复臧洪、陶谦、刘虞、孙瓒〔五〕，生于季末，自相吞噬，其于曹氏也，非唯理异犬牙〔六〕,固亦事同风马〔七〕。汉典所具,而魏册仍编,岂非流宕忘归,迷而不悟者也。

〔一〕二袁、刘、吕:指袁绍、袁术、刘表、吕布。

〔二〕若:原作"各",蜀本、陆本、郭本同,鼎本误作"名"。孙《札记》云"各"字,"顾作'若'"。卢《拾补》及《通释》均作"若"。浦云:一作"至",黄本作"至",旧讹作"各"。卢《拾补》云:"'至',讹。"今改作"若"。

〔三〕董卓:自"进鸩行弑"至"遂独刊于《魏书》乎",均系以董卓为例论《三国志》断限有失事。卓字仲颖,陇西临洮人,是东汉末年最野蛮残暴之凉州下层豪强,后亦觊觎皇位。《后汉书》卷七十二有卓传,《三国志·魏书》卷六复将董卓列于传首。据《三国志·董卓传》云:"(卓)废帝(少帝名辩)为弘农王,寻又杀王及何太后。"又云:"卓至西京为太师。"《后汉书·何皇后纪》云:"(董卓)乃迁(何皇后)于永安宫,因进鸩,弑而崩。"又云:"卓乃置弘农王于阁上,使郎中令李儒进鸩,强饮之。"《后汉书》卓传又云:"(吕)布应声持矛刺卓,趣兵斩之。乃尸卓于市,天时始热,卓素充肥,脂流于地,守尸吏然火置卓脐中,光明达曙。"《三国志》裴松之注亦引《英雄记》具载"燃脐就戮"事。《通释》谓《三国志·董卓传》"所叙事实,无一语与魏武相及,是《卓传》于《魏》未有处也",以此论证"总关王室,不涉霸图"。王室,指汉家;霸图,指曹操。

〔四〕赵高:秦始皇死时,策划沙丘政变之谋主,仕秦为中车府令。先谋杀公子扶苏、大将蒙恬,立二世胡亥,继又杀丞相李斯及胡亥,终被子婴杀死。《史记》、《汉书》俱无赵高传，其劣迹散见于《史记》李斯、蒙恬传中。

〔五〕臧、陶、刘、孙：指臧洪、陶谦、公孙瓒，"瓒"原作"赞"，误，据范、陈史传改，《后汉书》、《三国志》均有传，惟无《刘虞传》。但在《公孙瓒传》中，已错综评述刘虞史事，亦犹《吕布传》错综叙述张邈、陈登事。故知幾指此四人均为"汉典所具，而魏册仍编"。

〔六〕理异犬牙：陈《补释》："《汉书·文帝纪》：'地犬牙相制。'注：'师古曰：言地形如犬之牙交相入也。'此借地理以言事理。"按此乃宋昌劝文帝自代入京践天子位之辞。

〔七〕事同风马：陈《补释》："《左传》僖四年，楚屈完曰：唯是风马牛不相及也。"按传文原为："春，（齐）遂伐楚，楚子使与师言曰：'君处北海，寡人处南海，唯是风马牛不相及也。'"同年经文云："夏，楚屈完来盟于师，盟于召陵。"传文亦于"夏"字下，具述屈完如师请盟于召陵事。陈氏以是年春楚使即改为屈完，尚无确证。

亦有一代之史，上下相交，若已见他记，则无宜重述。故子婴降沛〔一〕，其详取验于《秦纪》；伯符死汉〔二〕，其事断入于《吴书》；沈录金行，上羁刘主〔三〕；魏刊水运，下列高王〔四〕，惟蜀与齐，各有国史，越次而载，孰曰攸宜？

〔一〕子婴降沛：《史记·秦始皇本纪》："楚将沛公（刘邦）破秦军入武关，遂至霸上，使人约降子婴，子婴即系颈以组，白马素车，奉天子玺符，降轵道旁。"《高祖本纪》亦云："沛公兵遂先诸侯至霸上，秦王子婴素车白马，系颈以组，封皇帝玺符节，降轵道旁。"《秦纪》稍详。

〔二〕伯符死汉：伯符乃孙策字。《三国志·吴书》本传云："建安五年(200)，曹公与袁绍相拒于官渡，策阴欲袭许，迎汉帝，会为故吴郡太守许贡客所杀。"《后汉书》即未为孙策立传，仅于《献帝纪》建安五年云："是岁孙策死。"

〔三〕沈录金行，上羁刘主：谓沈约所著《晋书》也。《梁书·沈约传》：约著《晋书》一百一十卷。《隋志》著录萧子显"《晋史草》三十卷"，下注"沈约《晋书》一百一十一卷，亡"。《文选》陆士衡《宣猷堂诗》云："黄晖既渝，素灵承祐。"李善注云："魏为土德曰黄，晋为金行曰素。"程猗《说石图》曰："金者，晋之行也。"约书既早亡佚，"上羁刘主"，已无可考，惟下文既云蜀有国史，则约书当系溯及三国蜀汉事。

〔四〕魏刊水运，下列高王：谓魏收撰《魏书》也。《魏书·律历志》："以皇魏运水德。"故谓元魏为水运。《魏书》自孝庄以下诸帝纪，详述高欢、澄、洋攘夺帝位之威势，甚至径称为"齐王、今上"，又"男为欢之列祖湖、谧及父树生立传"。故知幾斥其下列高王。

自五胡称制，四海殊宅，江左既承正朔，斥彼魏胡〔一〕，故氐羌有录〔二〕，索虏成传〔三〕。魏本出于杂种，窃亦自号真君〔四〕。其史党附本朝，思欲凌驾前作，遂乃南笼典午〔五〕，北吞诸伪，比于群盗，尽入传中。但当有晋元、明之时〔六〕，中原秦、赵之代〔七〕，元氏膜拜稽首，自同臣妾，而反列之于传，何厚颜之甚耶？又张、李诸姓，据有凉、蜀，其于魏也，校年则前后不接〔八〕，论地则参商有殊，何预魏氏，而横加编载？

〔一〕魏胡:指北魏及五胡。

〔二〕氐羌有录:《南齐书》有《河南氐羌传》,《宋书》有《氐胡传》。

〔三〕索虏成传:《宋书·索虏传》述北魏事。

〔四〕自号真君:魏世祖太武帝拓跋焘于440年6月改元太平真君。

〔五〕南笼典午:《三国志·蜀书·谯周传》:"典午忽兮,月酉没兮。"典午者,谓司马也。月酉者,谓八月也。谯周预言司马昭死于是年(魏元帝咸熙二年即265年)八月也,后遂以典午作晋朝代词。《题目》篇引《魏书》有"僭晋司马叡"等东晋帝王传,故云"南笼典午"。

〔六〕有晋元、明之时:晋元帝(317—323),明帝(323—326)。

〔七〕中原秦、赵之代:指氐族苻坚之前秦及匈奴族刘氏之前赵(原称汉),其称雄中原时,亦约在四世纪初。

〔八〕"张、李"至"前后不接":《魏书》有私署凉州牧张寔等传及賨李雄等传,前凉建国于314年,成汉李雄之父李特建国于303年,而北魏自拓跋珪即皇帝位起,亦在398年,故知幾云校年不接。

夫《尚书》者,七经之冠冕〔一〕,百氏之襟袖,凡学者必先精此书,次览群籍,譬夫行不由径〔二〕,非所闻焉。修国史者,若旁采异闻,用成博物,斯则可矣。如班书《地理志》首,遂全写《禹贡》一篇〔三〕。降为后书,持续前史,盖以水济水〔四〕,床上施床〔五〕,徒有其烦,竟无其用,岂非惑乎?昔春秋诸国赋诗见意,左氏所载,惟录其章名。如地理为书,论自古风俗,至于夏世,宜云《禹贡》已详,何必重述古文,益其辞费也。

〔一〕七经:《后汉书·张纯传》:“乃案七经谶、明堂图。”李贤注云:“七经,谓《诗》、《书》、《礼》、《乐》、《易》、《春秋》及《论语》也。”又《唐会要·贡举上明经》亦云:“仪凤三年(678)三月敕,自今已后,《道德经》、《孝经》并为上经,贡举皆须兼通,其余经及《论语》,任依恒式。”具见《高宗》以前,唐代仍以《论语》合六经为七经。至天宝元年(742)又“加《尔雅》以代《道德经》”。故清皮锡瑞《经学历史》又云:“六经之外,有《孝经》,亦称经。”亦有合《尔雅》为七经者。其说虽嫌纷纭,然合《尔雅》之说,既在知幾身后,自仍以李贤注为是。但知幾于《孝经》非郑注,曾列举十二证(见附录),其于《孝经》似有偏嗜,则其七经之说,或亦合《孝经》欤?

〔二〕行不由径:《通释》注“径”字“作路字训”,又释云:“用《列子》语。”又《杂说上》篇亦有句云:“譬夫行不由径,出不由户,未之闻也。”浦释“由径、由户”云:“《列子·说符》:‘稽度皆明而不道也,譬之出不由门,行不从径也。’‘径’字作‘路’字解。”按:“径”字通常作小路、捷径解,如《论语·雍也》子游赞澹台灭明曰:“行不由径。”朱熹注云:“径,路之小而捷者。”浦氏以“由径由户”合解为“路”字,文意乃可通,甚是。

〔三〕如班书《地理志》首,遂全写《禹贡》一篇:“首”、“遂”两字,各本均有,难以通读。《通释》删去“遂”字,移“首”字属下句读,注“旧有‘遂’字”,仍难通读,显系臆删。

〔四〕以水济水:《左》昭二十年《传》:“晏子曰:‘若以水济水,谁能食之。若琴瑟之专一,谁能听之。同之不可也如是。’”乃晏子论和与同之异。

〔五〕床上施床:杨《通释补》:“《颜氏家训·序致》篇:‘魏晋已来,所著诸子,理重事复,递相模敩,犹屋下架屋,床上施床耳。’”

若夷狄本系,种落所兴,北貊起自淳维〔一〕,南蛮出于槃瓠〔二〕,高句丽以鳖桥获济〔三〕,吐谷浑因马斗徙居〔四〕,诸如此说者,求之历代,何书不有?而作之者曾不知前撰已著,而后修宜辍,遂乃百世相传,一字无改,盖骈指在手,不加力于千钧,附赘居身,非广形于七尺〔五〕。为史之体,有若于斯,苟滥引他事,丰其部帙,以此称博,异乎吾党之所闻。

陆士衡有云:“虽有爱而必捐。”〔六〕善哉斯言,可谓达作者之致矣。夫能明彼断限〔七〕,定其折中,历选自古,惟萧子显近诸〔八〕。然必谓都无其累,则吾未之许也。

〔一〕北貊起自淳维:《晋书·四夷·北狄·匈奴传》:“匈奴之类,总谓之北狄。”《史记·匈奴列传》:“匈奴,其先祖夏后氏之苗裔也,曰淳维。”《汉书·匈奴传》全录《史记》原文。

〔二〕南蛮出于槃瓠:《后汉书·南蛮传》:“昔高辛氏有畜狗,名曰槃瓠,帝以女配槃瓠,生六男六女,槃瓠死后,因自相夫妻,其后滋蔓,号曰蛮夷。”盖狗图腾之传说也。《南史·夷貊传下》:“荆雍州蛮,槃瓠之后也。”

〔三〕鳖桥:《魏书·高句丽传》:“高句丽者,出于夫馀,自言先祖朱蒙,夫馀人以朱蒙非人所生,谋杀之。朱蒙乃弃夫馀东南走,中道遇一大水,欲济无梁,追兵垂及,于是鱼鳖并浮,为之成桥,朱蒙得渡,至纥升骨城,遂居焉,号曰高句丽。因以为氏焉。"《隋书·东夷·高丽传》所载略同。

〔四〕马斗:《宋书·鲜卑吐谷浑传》:"吐谷浑,辽东鲜卑也。父奕洛韩有二子,长曰吐谷浑,少曰若洛廆。浑与廆二部俱牧马,马斗相伤,廆怒。浑曰:'乖别甚易,今当去汝万里。'于是遂西附阴山。"《魏书》所载略同。《通释》引《魏书》注释,谓:"其文亦见《宋书》。"按:沈约卒于梁天监十二年(513),魏收始七岁。《宋书》在前。

〔五〕七尺:杨《通释补》:"《淮南子·精神》篇:'吾生也有七尺之形。'"

〔六〕虽有爱而必捐:《通释》注:"语见《文赋》。"按:《文选》载陆机《文赋》原句为"亦虽爱而必捐"。

〔七〕明彼断限:《晋书·贾充传》:"朝廷议立《晋书》限断,荀勖谓宜以魏正始(齐王芳年号)起年,王瓒引嘉平(正始十年改嘉平)已下朝臣尽入《晋史》。(贾)谧上议请从泰始(司马炎始建国年号)为断。从谧议施行。"是为明确断限之始。

〔八〕萧子显近诸:萧撰之《南齐书》序录已佚,已见《序例》篇笺注。但就其书总体看,是严格遵守断限的。而其《礼志序》云:"前史所评,并不重述。"其《天文志序》云:"今所记三辰七曜之变,起建元(高帝萧道成年号),讫于隆昌(郁林王萧昭业年号),以续宋史。建武世太史奏事,明帝秘而不出,自此缺焉。"且其书但纪本国,邻国仅书其与本国交涉者,俱足见其严守断限。

编次第十三

【解 题】

编次是著书布局之共同问题,编年、纪传两种史体均有编排次第问题。但自荀悦复改纪传为编年,直至隋唐,编年体史书虽间有仿作,似乎不绝如缕,实则仍无人从事编年史巨著之撰述,也就总结不出编次方法之经验教训。直到司马光领修《资治通鉴》,才提出“先年终言,隔年首事”等编年叙事方法。知幾认为不论是记言之《尚书》或记事之《春秋》,由于体例单纯,只要按时序记述就行,自是受当时编年史体发展水平之局限。

此篇专就纪传体进行研讨。由于一般纪传史都有四五个组成部分,因而在编次上就出现“区分类聚”问题。他总结出马、班以降,有体统不一、名目相违、善恶混淆、尊卑颠倒四种偏差。

《史记》褚补《龟策列传》述卜筮事,体属书、志,归入人传,体统名目都不合。合传虽可以同姓合编,但“事迹尤异”,如去病、霍光就以分编为好。《汉书》以“外戚”为类,传列皇后,但“元后”亦可分录。而汉初《楚元王交传》,竟附入汉末向、歆父子,时远事异,尊卑悬殊,自不如归刘交于“列藩”,析向、歆入《儒林》。

帝王名号犹存如周赧、秦婴,自应仍入本纪。而《汉书》帝纪,止于平帝元始五年(5)王莽居摄,孺子婴犹拥虚号,纪年叙事亦不应悉归莽传。求之汉纪,竟同断绠。而更始改元,范书仍以传纪年，是皆体统名目相违，宜加改革。就此具见知幾虽有正统思想，尤重史书体例，更始宜纪，跃然纸上。岂有爱于刘玄？实缘恪守史职。但在群雄逐鹿、名号未定之际，自不能安置纪前。而《蜀书》首载焉、璋二牧，知幾岂不知备据益州，乃承二牧之绪业，然史体攸关，安可违例？

吴均纪郁林，萧子显《南齐书》仍之，是不应纪而纪者。黜永元，隐大业，是应该纪而不纪者，盖悉就体统、尊卑立论，无所爱憎于其间。

次言纪传史宜以纪传相接，勿以表、志介于其间，因本纪"资传乃显"。此言虽无深意，然凡通读纪传史者，均能深韪其说。为《史通训故》之王损仲，自撰《宋史记》即移志于纪传之后。

最后言及合传及传赞问题。老、韩时隔甚远，荀、贾德行不侔，俱不宜合。若谓名、法出于道家，荀、贾同是谋士，知幾此论或失之偏，然不能谓其不当。至于《孙弘传赞》，玄成传终之辞，亦编次失宜之一例。

昔《尚书》记言，《春秋》记事，以日月为远近，年世为前后。用使阅之者雁行鱼贯，皎然可寻。至马迁始错综成篇，区分类聚，班固踵武，仍加祖述，于其间则有统体不一，名目相违，朱紫以之混淆〔一〕，冠履于焉颠倒，盖可得而言者矣。

〔一〕朱紫以之混淆：《论语·阳货》："子曰：'恶紫之夺朱。'"《集解》引孔安国曰："朱，正色；紫，间色之好者。恶其邪好而夺正色。"

寻子长之列传也，其所编者，惟人而已矣。至于龟策异物〔一〕，不类肖形，而辄与黔首同科，俱谓之传，不其怪乎？且龟策所记，全为志体，向若与八书齐列，而定以书名，庶几物得其朋，同声相应者矣。

〔一〕龟策：《史记·龟策列传》之《索隐》、《正义》皆云："有录无书，褚先生（褚少孙）所补。"又褚先生曰："窃好《太史公传》，求《龟策列传》不能得，故之太卜官，问掌故文学长老习事者，写取龟策卜事。"此传杂述龟卜之事，全为志体，与人物传记迥异。

孟坚每一姓有传，多附出余亲，其事迹尤异者，则分入他部。故博陆、去病〔一〕，昆弟非复一篇，外戚元后〔二〕，妇姑分为二录。至如元王受封于楚，至孙戊而亡，按其行事，所载甚寡，而能独载一卷者，实由向、歆之助耳〔三〕。但交封汉始，地启列蕃，向居刘末，职才卿士，昭穆既疏，家国又别，适使分楚王子孙于高、惠之世，与荆、代并编，析刘向父子于元、成之间，与王、京共列，方于诸传，不亦类乎？

〔一〕博陆、去病：《汉书》以卫青与霍去病合传。博陆侯乃霍光封号。光传云："字子孟，票骑将军去病弟也。"光为武、昭、宣帝时元辅重臣，事迹尤异，故未附兄传，另与金日磾合传，盖均以事功合也。

〔二〕外戚元后：《汉书》以外戚类传传后妃，并另立"元后传"。元后，王姓，名政君，王莽之姑母，其传论云："班彪曰：'及王莽之兴，由孝元后，历汉四世，为天下母，飨国六十余载，群弟世权，更持国柄，五将十侯，卒成新都。'”说明元后（元帝之后，成帝之母）所以异于其他后妃也。

〔三〕元王、向、歆：《汉书》卷三十六，楚元王刘交与刘向及其子歆合传。其传文，元王及其子嗣仅占五之一，向、歆传占五之四，故云“实由向、歆之助”。交于汉初始封为王，世袭至戊，国绝，而向、歆乃汉末大儒。故知幾认为楚王交及其嗣王可与荆王贾、代王仲合传，而向、歆则可入儒林，与王式、京房共列。“代”字下浦注：“当作‘赵’，高祖子。”“王”字下注“王吉”。按：《汉书》卷三十五乃荆王贾、燕王泽、吴王濞合传。贾是高帝从父兄，泽是从祖昆弟，濞是“高帝兄仲之子，高帝立仲为代王”。贾、仲与高祖皆兄弟行，且同在一传。浦云“代”当作“赵”，无据。又王吉与贡、龚合传，传序引及伯夷、叔齐、四皓，述严君平、郑子真，显以高逸为类，与向、歆行事不侔。《汉书》京房有两传，一入《儒林》，《儒林》中另有王式，亦当代经师。

又自古王室虽微，天命未改〔一〕，故台名逃债〔二〕，尚曰周王，君未系颈，且云秦国。况神玺在握，火德犹存，而居摄建年〔三〕，不编《平纪》之末，孺子主祭，咸书《莽传》之中〔四〕，遂令汉余数岁，湮没无睹，求之正朔，不亦厚诬？

〔一〕天命未改：杨《通释补》：“《左》宣三年《传》：‘周德虽衰，天命未改。'”

〔二〕逃债：《通释》引《帝王世纪》云：“赧王虽天子，为诸侯所役逼，负责（同“债”）于民，无以得归，乃上台避之，故周人名曰逃责台。”按：《帝王世纪》已亡佚，浦氏此释，乃转引自

《史记·周本纪》张守节《正义》语。而《史记·周本纪》直至赧王死,仍书周君王赧卒,前此仍称周王。

〔三〕居摄:《汉书·王莽传》:"平帝崩,群臣请安汉公(莽)居摄(摄行皇帝之事)。太后诏曰'可'。改元曰居摄。"按:《汉书·平帝纪》后,未为孺子婴立纪,即在王莽传中以居摄纪年。

〔四〕孺子主祭,咸书《莽传》之中:《汉书·王莽传》:"元始五年(5)十二月平帝崩,莽乃选广戚侯子婴,年二岁,托以为卜相最吉,以嗣孝平皇帝之后。"又:"翟义共(恭)行天罚,莽昼夜抱孺子告祷郊庙,放《大诰》作策。"是以《莽传》代《汉纪》矣。

当汉氏之中兴也,更始升坛改元,寒暑三易,世祖称臣北面,诚节不亏。既而兵败长安,祚归高邑,兄亡弟及,历数相承。作者乃抑圣公于传内,登文叔于纪首〔一〕,事等跻僖,位先不窋〔二〕,夫《东观》秉笔,容或谄于当时,后来所修,理当刊革者也。

〔一〕传内、纪首:《后汉书·光武帝纪第一》:"世祖光武皇帝,讳秀,字文叔。更始元年(刘玄年号,公元23年)二月辛巳,立刘圣公为天子,以伯升(秀兄名縯)为大司徒,光武为太常偏将军。(光武帝)建武元年(25)诸将议上尊号,行至鄗(今河北柏乡县北),光武于是命有司设坛场于鄗南千秋亭五成陌。六月己未,即皇帝位。改鄗为高邑。"又《后汉书·刘玄传》:"刘玄,字圣公,光武族兄也。"《通释》注:"张平子曰:'更始居位,光武为其部将,然后即真,宜以更始之号建于光武之初也。'"更始升传作纪,其说汉已有之矣。

〔二〕跻僖、不窋:《春秋》文二年经文:"八月,大事于大庙,跻僖公。"杜预注曰:"大事,禘也。跻,升也。僖公,闵公庶兄,继闵而立,庙坐宜次闵下,今升在闵上,故书而讥之。"《左氏传》曰:"跻僖公,逆祀也。子虽齐圣,不先父食久矣。故禹不先鲧,汤不先契,文武不先不窋。"《史记·周本纪》:"后稷卒,子不窋立。"是不窋乃周之二世祖也。

盖逐兔争捷,瞻乌靡定〔一〕,群雄僭盗,为我驱除。是以史传所分,真伪有别,陈胜、项籍见编于高祖之后,隗嚣、孙述不列于光武之前。而陈寿《蜀书》,首标二牧,次列先主,以继焉、璋〔二〕。是以蜀是伪朝,遂乃不遵恒例。但鹏鹦一也,何大小之异哉〔三〕?

〔一〕逐兔、瞻乌:陈《补释》:"《吕氏春秋·慎势》引慎子曰:'今一兔走,百人逐之,非一兔足为百人分也,由未定。'又《尹文子·大道》上篇:'雉兔在野,众人逐之,分未定也。'《子思子》佚文作'追'。"按《商子·境内》:"一兔走,百人逐之,非以兔也,夫卖者满市,而盗不敢取,由名分已定也。"可与《尹文子》之说互诠。下句《补释》云:"用《诗·小雅·正月》篇:'瞻乌爰止,于谁之屋。'"

〔二〕二牧、焉、璋:《三国志·蜀书》以二牧刘焉、刘璋传居首,次及先主备、后主禅传,焉、璋先后相继为益州牧。

〔三〕但鹏鹦一也,何大小之异哉:陈《补释》:"《庄子·逍遥游》篇注:夫大鸟一去半岁,至天池而息,小鸟一飞半朝,抢榆枋而止。此比所能，则有间矣，其于适性一也。又注：苟足于其性，则虽大鹏无以自贵于小鸟，小鸟无羡于天池，而荣愿有余矣。故小大虽殊，逍遥一也。”按：《逍遥游》又有句曰：“有鸟焉，其名为鹏，背若太山，翼若垂天之云，抟扶摇羊角而上者九万里，绝云气，负青天，然后图南，且适南冥也。斥鷃笑之曰：‘我腾跃而上，不过数仞而下，翱翔蓬蒿之间，此亦飞之至也，而彼且奚适也？’此小大之辩也。”知幾以此喻陈寿不应以蜀小偏安，而变其体例也。

《春秋》嗣子谅闇〔一〕，未逾年而废者，既不成君，故不别加篇目。是以鲁公十二〔二〕，恶、视不预其流〔三〕。及秦之子婴、汉之昌邑，咸亦因胡亥而得记，附孝昭而获闻〔四〕。而吴均《齐春秋》〔五〕，乃以郁林为纪〔六〕，事不师古，何滋章之甚与？观梁、唐二朝，撰《齐》、《隋》两史，东昏犹在，而遽列和年〔七〕。炀帝未终，而已编恭纪〔八〕。原其意旨，岂不以和为梁主所立，恭乃唐氏所承，所以黜永元而尊中兴〔九〕，显义宁而隐大业。苟欲取悦当代，遂乃轻侮前朝。行之一时，庶叶权道；播之千载，宁为格言。“宁”一作“未”。

〔一〕谅闇：与谅阴同义，即居丧也，注见《书志》篇。闇，同“暗”。

〔二〕鲁公十二：《春秋》述鲁隐、桓、庄、闵、僖、文、宣、成、襄、昭、定、哀十二公史事，是自隐公元年（前 722）至哀公十四年（前 481）二百四十二年之编年史。

〔三〕恶、视：《通释》：“《左》文十八：文公二妃敬嬴生宣公，敬嬴嬖而私事襄仲，襄仲欲立之，叔仲不可。仲杀恶及视而立宣公，书曰‘子卒’。讳之也。夫人姜氏归于齐，大归也。

将行，哭而过市曰：‘天乎！仲为不道，杀嫡立庶。’杜注：‘恶，太子。视，其母弟。夫人姜氏，恶、视之母，出姜也。’”按《春秋》经及传文，鲁文公死于是年二月，襄仲杀太子恶及其母弟视乃十月事，相距八月之久。《春秋》经文书“子卒”，杜注曰：“先君既葬，不称君者，鲁人讳弑，以未成君书之。子，在丧之称。”具见不称恶为君，仅因讳弑，而恶实已践君位矣。但因“谅闇未逾年而废”，故不预十二公之流。

〔四〕子婴、昌邑：子婴事附见于《史记》卷六《秦始皇本纪》中。昌邑王贺，武帝孙，昭帝死无嗣，霍光迎立贺践天子位。二十六天后，复以其淫乱废之，另迎立武帝曾孙戾太子孙询，是为宣帝。《汉书》附载贺传于其父昌邑王髆传中。其废立事，载于《宣帝纪》首。知幾谓“附孝昭而获闻”，误。

〔五〕吴均《齐春秋》：《梁书·文学传》：“吴均，字叔庠，好学，有俊才，文体清拔，谓为‘吴均体’，均表求撰《齐春秋》，书成奏之。（梁）高祖以其书不实，焚之。”但传末又云“著《齐春秋》三十卷”。《隋志》著录于古史类，应是编年体。其书已佚。

〔六〕郁林为纪：萧子显《南齐书》为郁林王立本纪。《通释》注云：“《南齐书纪》：‘郁林王，世祖武帝皇太孙也。即位，改元隆昌。期年之间，恣意淫乱，镇军萧鸾定谋，使萧谌等领兵入宫，舆接出西弄，杀之。鸾即明帝。’”按：齐武帝死于永明十一年（493）八月，郁林王昭业继位，次年（494）改元隆昌。七月为鸾废杀，另立昭业弟海陵王昭文继位，改元延兴。十月鸾废昭文自立，又改元建武。后此司马光《通鉴》公元 493 年即以永明十一年纪年，公元 494 年即以建武元年纪年。郁林、海陵短命王朝之年号,均不作为年纪。吴均《齐春秋》或异于是。

〔七〕东昏犹在,而遽列和年:据梁萧子显《南齐书·东昏侯纪》云:东昏侯宝卷,明帝萧鸾子。永泰元年(498)七月鸾死,东昏侯继位。永元元年(499)正月改元,在位三年。永元三年(501)十月,王珍国、张稷引兵杀东昏,送首于萧衍。又据《和帝纪》云:和帝宝融(501)三月,梁王萧衍等在荆州拥立为帝,改元中兴。翌年三月禅位梁王。据两纪所载,南齐在501年三月到十月有两个政权,一为年号永元之建康东昏侯,一为年号中兴之荆州和帝。萧子显《南齐书》两纪各书永元、中兴年号,知幾所谓黜永元尊中兴,或仍据吴均《南齐书》而言。又《资治通鉴》于永元二年(500)后,即接以中兴之年,是亦黜永元而尊中兴者。

〔八〕炀帝未终,而已编恭纪:据《隋书·炀帝纪》,炀帝建元大业,在位十四年(605—618),当炀帝巡幸江都时,于大业十三年(617)云:"十一月唐公(李渊)入京师,遥尊(炀)帝为太上皇,立代王侑为(恭)帝,改元义宁。"翌年,即不用大业十四年年号,而用(义宁)二年三月载宇文化及杀炀帝事。在《炀帝纪》中不用其年号,盖以恭帝为李渊所立,而翌年又禅于唐,故知幾对唐代官修《隋书》深致讥议。又隋末有两恭帝,一为李渊立于西京之代王侑,一为王世充立于东京之越王侗。

〔九〕永元:"永"字,原误刊作"末",据蜀本、陆本、鼎本、郭本、黄本及《南齐书》改。

寻夫本纪所书,资传乃显,表志异体,必不相涉。旧史以表、志之帙,介于纪传之间,降及蔚宗,肇加厘革,沈、魏继作,相与因循〔一〕。既而子显《齐书》、颖达《隋史》〔二〕,不依范例,重遵班法,盖择善而行,何有远近,闻义不徙,是吾忧也。

〔一〕“降及蔚宗”至“因循”:《通释》注云:“今止《魏书》志编传后,范、沈二书,后人易置矣。”按今本范晔《后汉书》之志,乃梁刘昭取司马彪《续汉书》八志补入者,仍间置于纪传之中。范晔是否作志,虽有“托(谢)俨撰,垂毕,遇晔败,悉蜡以覆车”之说,但《宋书·晔传》载其狱中与甥侄书则谓“既造后汉,转得统绪,欲遍作诸志,意复未果”,是晔已完纪传,欲续作志,“未果”,而晔于入狱后即就戮,可信其确未作志。知幾言其“厘革”,亦仅就其撰拟先后次序言耳。又陈《补释》云:“洪迈所辑《南朝史精语》十卷,其目次录《宋书》本纪第一,列传第二、第三,志第四,是宋本沈书犹是旧第,志在传后。”

〔二〕颖达《隋史》:《通释》:“《通志略》:唐贞观中,诏诸臣分修《五代史》,颜师古、孔颖达撰次隋事。”按浦氏引文,具见《通志·艺文略第三·史类·正史》所著录“《隋志》三十卷”书目下注文,在“撰次隋事”句下,续有句云:“起文帝,作三纪五十列传,惟十志未奏。又诏于志宁、李淳风、韦安仁、李延寿、令狐德棻共加裒缀,高宗时上之,志宁乃上包梁、陈、齐、周,属之隋事,析为三十篇,号《五代志》,与书合八十五篇。”今传《隋书》题名魏征等修,确与《南齐书》相同,仍将志间厕于纪传之中,故知幾认为“重尊班法”。但遍查史籍,孔颖达实仅参预修撰《隋史》纪传部分,更无编次《隋书》全书之记载，知幾以之与萧子显并列，或另有所据。而浦氏复截去郑樵注文，使人读之，亦若颜、孔撰《隋史》全书者，亦易滋歧误。至唐初所修《五代史》及《五代史志》等事，《古今正史》另有记述，浦氏亦另有注。

若乃先黄、老而后《六经》〔一〕，后外戚而先夷狄，老子与韩非并列，贾诩将荀彧同编〔二〕。孙弘传赞，宜居宣武纪末〔三〕。宗庙迭毁〔四〕，枉入玄成传中。如斯舛谬，不可胜纪，今略其尤甚者耳，故不复一二而详之。

〔一〕先黄、老而后《六经》：《汉书·司马迁传》："赞曰：论大道则先黄、老而后《六经》。"班氏此语，指《史记》一书，贯串重道轻儒思想，《太史公自序》所载司马谈《论六家要旨》一文中，论大道"皆言道家之教为长"（颜师古注语），故班固谓其"是非颇缪于圣人"，"先"、"后"乃"重"、"轻"之意，非谓编次先后也。知幾精通史学，宁不知此？或因唐初拟升《老子》于卷首，知幾讥其编次不伦欤？

〔二〕老、韩，贾、荀：《史记》以老庄、申韩合传。《老子传》云"孔子适周，将问礼于老子"，此言老子与孔子同时。而韩非乃战国末年人。知幾以其相隔二百余年，不应并列。而史迁则因申韩"皆原于道德之意"（见传论），遂合而为一也。贾诩、荀彧皆曹操初起时谋士，《三国志》以之与荀攸合传。裴松之在传评中注曰："列传之体，以事类相从，诩不编程（昱）、郭（嘉）之篇，而与二荀并列，失其类矣。"松之盖以贾诩风骨，未可与彧、攸类附也。知幾谓其不应同编，盖本此。又"彧"字，原误刊作"或"，他本皆作"彧"，今校正。

〔三〕孙弘传赞，宜居宣武纪末：指《汉书·公孙弘卜式兒宽传赞》，赞语历述武、宣时得人之盛，知幾认为“宜居宣武纪末”。又“宣武”，应作“武宣”，各本均误倒置为“宣武”，浦《通释》以为“旧作‘宣武’，不合”，径乙改。今姑仍其旧。

〔四〕宗庙迭毁：《汉书·韦贤传》附其少子玄成传，在传末列述其兄弟子侄事后，复以一“初”字，追述自高祖以降宗庙迭毁之诏令奏议，其中虽有丞相玄成领衔之奏议，然于传终忽叙及此事，实属不当，故知幾谓为“枉入”。

称谓第十四

【解 题】

是篇所论，实质仍是“名实相副”，贯穿着治史求实精神。他提出史家要“坦怀爱憎”，不应“苟徇私忿，忘夫至公”。何谓至公，他开篇就称引孔子“正名”论。吴楚虽“王”，《春秋》仍称之曰子，其不以名器假人的褒贬之笔，他认为足资“楷式”，是至公。他反对“爱憎出于方寸，与夺由其笔端”之私忿。

他以正名思想为根据，再次斥责史迁不应称项羽曰王，复谓更始中兴汉室，班、范不应以刘玄为目，认为此即以败则为寇论人，骤看似互相矛盾，实则并无扞格。要知秦失其鹿，陈、项蜂起，项羽虽号霸王，实未代秦称帝。楚、汉纷争，终致败亡，项羽于秦、汉，亦无继承传授关系，故史迁为之立“纪”，称之曰“王”（此称有天下共主之义），知幾均斥为不当，以为有乖名实相符的史学大义。刘玄帝号更始，中兴汉室，光武臣之,实则是帝,却为后者所取代,与人臣同入传中,绳以严正史家笔法,亦名实不副。故就其论项羽、刘玄两例言之,可知此篇所论,仍是示明循名责实大义,遂不可不斥伪存真。执此以观全篇,方可迎刃而解。如仅以正统思想释之,必动多窒碍失准。

钱大昕认为:“南阳宗室,同时举义,非有素定之分。更始前无所承,后无所授。失地之君,《春秋》所贬,岂宜跻于中兴令主之上。”用斥知幾“以兄终弟及例之,未免拟于不伦”。钱氏此论,似甚绵密,然尚未能深体知幾重视史书体例的用意。范传刘玄,既用其自建之年号纪年,并依年月叙事,就不应名之为“传”。反之,《史记》项纪,全是传文,就不应名之为纪。其例甚简,其理易明,前人之所以纠缠不清,知幾亦间或自违其说,盖皆为正统思想所宥耳。

因此他论三国,就能自拔于帝魏、帝蜀争论之外,主张对魏蜀吴都不应有所“悬隔”,即应视同一律。于五胡十六国,则盛称萧方等皆称之曰王。是不仅尽除正闰之分,且悉泯华夷之辨。知幾岂故以此惊世骇俗欤?盖缘此等人既已有立国称帝之实,史家即应依实定名而已。故纪《评》亦数称“此论尤公”。

倘谓对帝王称号,知幾抱有纯客观态度,而对其余帝王庙号及追尊帝号,则又主张史家应寓有劝沮之义。盖当追谥追尊,有因形势所迫,难免谀扬过当,而载之史册则应据实“载削”,故痛斥魏收谄齐党魏,苟立诡名。此种入主出奴、党同伐异之恶劣作风,治史者应引为深诫。

末论近史述赞因辞害意,不仅是褒贬失当问题,且如董贤、隗嚣辈质本淫乱、赞以善言,亦名实不副之一例也。

孔子曰:“唯名不可以假人。”〔一〕又曰:“名不正则言不顺。言不顺云云。”“必也正名乎。”〔二〕是知名之折中,君子所急,况复列之篇籍,传之不朽者耶？昔夫子修《春秋》,吴、楚称王,而仍旧曰子,此则褒贬之大体,为前修之楷式也。

〔一〕唯名不可以假人:杨《通释补》:“《左》成二年《传》:仲尼闻之曰:‘惜也！不如多与之邑。唯器与名,不可以假人。’”按杜注:“器,车服。名,爵号。”孔子此言,为卫国应许大夫于奚服诸侯之服而发。

〔二〕“又曰”数句:《论语·子路》:“子曰:‘必也正名乎！名不正则言不顺,言不顺则事不成。’”“云云”二字原为夹注。卢《拾补》云:“宋本旁注‘云云’二字,当是本来并引下句,后人削去之,而加此二字。”蜀本、陆本“言不顺”下无“云云”二字,断句后皆属下句读,亦通。鼎本及《通释》均径去“言不顺云云”五字,浦并加注云:“一衍‘云云’二字。”按:“则事不成”与称谓无关,故象本以“云云”略此四字,似未必后人削去另加,或亦非衍文,兹仍依原本,以存其真。

马迁撰《史记》,项羽僭盗,而纪之曰王,此则真伪莫分,为后来所惑者也。自兹已降,讹谬相因,名讳所施,轻重莫等,至如更始中兴汉室,光武所臣,虽事业不成,而历数终在。班、范二史,皆以刘玄为目,不其慢乎？

古者二国争盟,晋、楚并称侯伯;七雄力战,齐、秦俱曰帝王。其间虽胜负有殊,大小不类,未闻势穷者即为匹庶,力屈者乃成寇贼也。至于近古则不然。当汉氏云亡,天下鼎峙,论王道则曹逆而刘顺,语国祚则魏促而吴长,但以地处函夏〔一〕,人传正朔,度长挈大,魏实居多。二方之于上国,亦犹秦缪、楚庄与文、襄而并霸。蜀昭烈主可比秦缪公,吴大帝可比楚庄王〔二〕。逮作者之书事也,乃没吴、蜀号谥,呼权、备姓名。谓鱼豢、孙盛等〔三〕。方于魏邦,悬隔顿尔,惩恶劝善,其义安归?

续以金行版荡,戎羯称制,各有国家,实同王者。晋世臣子,党附君亲,疾彼乱华,比诸群盗。此皆苟徇私忿〔四〕,忘夫至公。自非坦怀爱憎,无以定其得失。至萧方等始存诸国名谥〔五〕,僭帝者皆称之以王。此则赵犹人君,加以王号〔六〕;杞用夷礼,贬同子爵〔七〕。变通其理,事在合宜,小道可观,见于萧氏者矣。

〔一〕函夏:《汉书·扬雄传》载其河东赋中有句云“以函夏之大汉兮”,注:“服虔曰:‘函夏,函诸夏也。’师古曰:‘函,包容也。’”函夏之义,如今人谓全中国也。

〔二〕文、襄:浦注:“比魏于晋宋。”程《笺记》引向承周曰:“文、襄之霸,用《左传》语,自谓晋之文、襄,与宋何涉?”程按:“向说是也。本书《〈五行志〉杂驳》篇论晋悼公之政,亦云:‘威行夷、夏,霸复文、襄。’可证。”按原注云蜀比秦穆、吴比楚庄,是以魏比晋文晋襄也。

〔三〕呼权、备姓名:原注:“谓鱼豢、孙盛等。”按《隋志》杂史类著录“《典略》八十九卷,魏郎中鱼豢撰”,而《旧唐志》则在正史类著录“《魏略》三十八卷”,又在杂史类著录“《典略》五十卷”,均注“鱼豢撰”。《新唐志》却仅在杂史类著录

"鱼豢《魏略》五十卷",可见《隋志》著录之《典略》,乃合《魏略》与《典略》为一书者,新旧《唐志》著录《魏略》卷数虽有歧异,然鱼豢纪三国时史事者,实以《魏略》名书,可断言也。此书止于明帝,今有辑本。又《隋志》古史类著录"《魏氏春秋》二十卷,孙盛撰",书已亡。呼权、备姓名者,即《魏略》与《魏氏春秋》也。陈寿《三国志》,于蜀则称先主、后主,于吴除孙权尚冠吴主外,余均径呼姓名为目,传文亦皆直称其名。

〔四〕徇:原误刊作"约"。蜀本、陆本、鼎本、郭本、黄本及《通释》均作"狥",今改作"徇"。

〔五〕萧方等:《通释》:"《隋》、《唐》二志:萧方《三十国春秋》三十卷。(校勘记:《隋志》作"三十一卷"。)按:二志误削'等'字,辩详《杂说中》篇。"经复按浦氏《杂说中》篇,此注甚详确,可参阅。又《梁书》卷四十四《世祖二子传》云:"忠壮世子方等,所撰《三十国春秋》,行于世。"今已亡佚,有辑本。

〔六〕"赵"至"加以王号":"王"字,蜀本、陆本、鼎本、郭本、王本、黄本同,卢《拾补》校作"主",注云:"'王'讹。"《通释》亦改"主",注云:"一作'王',非。"又浦《释》引《甲子会记》:"周显王之季,韩、燕皆称王,赵武灵独不肯,令人谓己曰君。赧王时,赵武灵胡服招骑射,寻废其太子章,而传位少子,自号主父。"按:《称谓》通篇是讲史书正名问题,赵武灵自称君,称主父,与史籍无关。是处乃指赵武灵仍同是人君,故《史记·赵世家》亦统称之为王,仍以"王"字为是。

〔七〕"杞"至"贬同子爵":《惑经》篇亦有句云:"杞伯以夷礼来

朝，降爵称子。"《春秋经传集解》：僖二十七年经文云"杞子来朝"，传曰："杞桓公来朝，用夷礼，故曰子。公卑杞，杞不恭也。"注曰："杞用夷礼，故贱之。"

古者天子庙号，祖有功而宗有德〔一〕。始自三代，迄于两汉，名实相允，今古共传。降及曹氏，祖名多滥，必无惭德，其惟武王。故陈寿《国志》，独呼武曰祖，至于文、明，但称帝而已〔二〕。自晋已还，窃号者非一。如成穆两帝〔三〕、刘萧二明〔四〕、梁简文兄弟兼谓孝元帝也〔五〕、齐武成昆季兼言宣、孝昭也〔六〕，斯或承家之僻王，或亡国之庸主，不谥灵谬〔七〕，为幸已多，犹曰祖宗，孰云其可？而史臣载削，曾无辨明，每有所书，必有庙号，何以申劝沮之义〔八〕，杜渝滥之源者乎〔九〕？

〔一〕祖有功而宗有德：杨《通释补》："《贾子新书·数宁篇》：'礼，祖有功宗有德。'"按：《汉书·贾谊传》载其《疏陈治安策》作"礼，祖有功而宗有德"。句中有"而"字，知幾盖引自《汉书》。

〔二〕武、文、明：《三国志·武帝纪》首句称太祖武皇帝，丕、叡仅称文皇帝、明皇帝，不冠其庙号世祖、烈祖。

〔三〕成穆两帝：指东晋显宗成帝衍、孝宗穆帝聃。"成"字，原作"康"，蜀本、陆本、鼎本、郭本、黄本同，《通释》改"成"，并注曰："旧作'康'，非。康帝史无庙号。"浦说是，今改作"成"。

〔四〕刘萧二明：指南朝宋太宗明帝彧及齐高宗明帝鸾。蜀本、陆本、鼎本"明"字作"朝"。卢《拾补》："朝，讹。"

〔五〕简文兄弟:指南朝梁太宗简文帝纲,兼谓世祖孝元帝绎也。蜀本、陆本、鼎本原注"谓"字作"为"。孙《札记》校云:"顾改'言'。"

〔六〕武成昆季:指北朝齐世祖武成帝湛。原注:"兼言宣、孝昭也。"蜀本、陆本、鼎本同。孙《札记》云:"宣字上有'文'字。"《通释》改作"文宣、孝昭",即显祖文宣帝洋与肃宗孝昭帝演。按北齐诸帝谥宣者仅文宣帝洋一人,故未增改。

〔七〕谥灵谬:据张守节《谥法解》"不勤成名曰灵,好祭思怪曰灵。名与实爽曰缪(同谬)",均恶谥也。

〔八〕申:原误作"由",蜀本、鼎本、郭本、王本、黄本、《通释》俱作"申",今据改。

〔九〕渝滥:"渝"字,鼎本作"偷"。按:"渝"字,《尔雅·释言》:"渝,变也。"郭注"谓变易",又"渝,溢也"。《文选》木华《海赋》:"沸溃渝溢。"李善注:"渝,亦溢也。""渝滥"于义为长。

又位乃人臣,迹参王者。如周之亶父、季历,晋之仲达、师、昭,追尊建名,比诸天子可也。必若当涂所出〔一〕,宦官携养〔二〕,帝号徒加,人望不惬,故国志所录,无异匹夫,应书其人,直云皇之祖考而已。至如元氏起于边朔,"边"一作"沙",其君乃一部之酋长耳,道武追崇所及,凡二十八君,自开辟以来,未之有也。而《魏书·序纪》〔三〕,袭其虚号,生则谓之帝,死则谓之崩,何异沐猴而冠〔四〕、腐鼠称璞者矣〔五〕。

〔一〕当涂:《通释》引《史记·建元以来侯者年表》:"当涂,魏不害以捕淮阳反者侯。”又引《后汉书·袁术传》:“谶书言‘代汉者当涂高’。”按:李贤注云:“当涂高者,魏也。”

〔二〕宦官携养:《文选·陈琳为袁绍檄豫州》:“司空曹操,祖父中常侍腾、父嵩乞匄携养,操赘阉遗丑。”

〔三〕《魏书·序纪》:《魏书》在道武帝拓跋珪纪前,立一《序纪》,追纪先世达二十七人(据今本),在纪传史为创例,但其行文则仍为帝纪形式。

〔四〕沐猴而冠:陈《补释》:“《史记·项羽本纪》说者曰:‘人言楚人沐猴而冠耳,果然。’”《集解》张晏曰:“沐猴,猕猴也。”又“说者”何人?王应麟《困学纪闻》卷十二《考史》云:“《法言》以为蔡生,《汉书》以为韩生。”

〔五〕腐鼠称璞:《通释》引《战国策·秦策三》云:“应侯曰:‘郑人谓玉未理者璞,周人谓鼠未腊者朴。’周人怀朴过郑贾曰:‘欲买朴乎?’郑贾曰:‘欲之。’出其朴,乃鼠也。”

夫历观自古称谓不同,缘情而作,本无定准。至若诸侯无谥者,战国已上,谓之今王;天子见黜者,汉、魏以后,谓之少帝。周衰有共和之相〔一〕,楚杀有郏敖之主〔二〕,赵他而曰尉他〔三〕,英布而曰黥布〔四〕,豪杰则平林、新市,寇贼则黄巾、赤眉,园、绮友朋,共云四皓〔五〕,奋、建父子,都称万石。凡此诸名,皆出于当代,史臣编录,无复弛张,盖取叶随时,不藉稽古。及后来作者,颇慕斯流,亦时采新名,列成篇题音“第”,若王《晋》之《十士》、《寒隽》〔六〕,沈《宋》之《二凶》、《索虏》,即其事也。唯魏收远不师古,近非因俗,自我作故,无所宪章。其撰《魏书》也,乃以平阳王为出帝〔七〕，司马氏为僭晋，桓、刘已下，通曰岛夷。夫以谄齐则轻抑关右，党魏则深诬江外，爱憎出于方寸，与夺由其笔端，语必不经，名惟骇物。昔汉世原涉，大修坟墓，乃开道立表，署曰南阳阡。欲以继迹京兆，齐声曹尹，而人莫之肯从，但云原氏阡而已〔八〕。故知事非允当，难以遵行，如收之苟立诡名，不依故实，虽复刊诸竹帛，蜀本作“形”，宋本作“刊”，“刊”古与“刊”同，终靡传于讽诵也。蜀本作“罕”，宋本作“靡”。

〔一〕共和之相：《通释》并举《史记》周召共和及《汲冢纪年》共伯和干王位两说。此处既称共和之“相”，乃指《史记·周本纪》所云“厉王出奔于彘，召公、周公二相行政，号曰共和”。

〔二〕郏敖之主：《左》昭元年《传》：“楚公子围将聘于郑，未出竟，闻王有疾而还，入问王疾，缢而弑之，葬王于郏，谓之郏敖。”郏，原作“夹”，鼎本及《通释》均改作“郏”，兹据《左传》、《史记》校改。郏为春秋时郑地，后属楚。敖，楚国君死后无号谥者皆谓之敖。公子围即楚灵王。

〔三〕尉他：《史记·南越尉佗传》：“南越王尉佗者，真定人也，姓赵氏，至（秦）二世时，南海尉任嚣病且死，召龙川令赵佗行南海尉事。”《索隐》引《十三州记》注云：“大郡曰守，小郡曰尉。”“他”与“佗”通。

〔四〕黥布：《史记·黥布传》：“黥布者，六人也，姓英氏，少年有客相之曰‘当刑而王’。及壮，坐法黥。”《索隐》注云：“布改姓黥，以厌当之也。”

〔五〕四皓：注见《列传》篇。

〔六〕王《晋》之《十士》、《寒隽》：《通释》：“文与《二凶》、《索虏》对举，亦列传中之篇名也。王隐《晋书》已亡，无可考证。”陈《补释》云：“《采撰》篇：至如江东‘五隽’，始自《会稽典录》，而修晋史者，征彼虚誉。是‘寒隽’本作‘五隽’。”柳(翼谋)先生曰：“卢校《史通》，改‘十士’为‘处士’。”按：浦说是。“五隽”见于唐代官修《晋书》(详见《采撰》篇注)，是否抄袭隐书，隐书是否以“五隽”为目，均难臆断，柳说援引卢校。复按：卢《拾补》已径改“十”为“处”，并注“十非”两字，鼎本已改作“处”，郭本、黄本均仍作“十”。又程《笺记》据《隋书经籍志考证》引《太平御览·人事部》有题名《寒隽传》，《文学部》有题名《处士传》，并疑王隐《晋书》所记处士适为十人，《史通》为属对二凶，改“处士”为“十士”。按是亦可备一说，尚待查证。

〔七〕平阳王为出帝：据《魏书》出帝平阳王纪，“出帝讳修，初封平阳王”。北魏末年，高欢入洛阳，先后立废前废帝元恭、后废帝元朗，于 532 年立元修为魏帝，是为孝武帝。控制洛阳魏国政权，关西则为宇文泰所占有。534 年魏孝武帝被高欢胁迫，逃奔宇文泰，是年十二月死。高欢另立元善见为魏帝，迁都邺，史谓东魏。宇文泰亦在长安另立元宝炬为帝，史谓西魏。550 年东魏亡于高氏北齐，557 年西魏亡于宇文氏北周。魏收仕于北齐，修《魏书》以谄高齐，遂目平阳王为出帝。

〔八〕原氏阡：《汉书·游侠传·原涉传》：“原涉，字巨先，涉父哀帝时为南阳太守，及涉父死，让还南阳赙送，繇是显名京师。乃大治起冢舍，周阁重门。初，武帝时，京兆尹曹氏葬茂陵，民谓其道为京兆阡。涉慕之，乃买地开道，立表署曰南阳阡，人不肯从，谓之原氏阡。”

抑又闻之，帝王受命，历数相承，虽旧君已没，而致敬无改。岂可等之凡庶，便书之以名者乎？近代文章，实同儿戏，有天子而称讳者，若姬满、刘庄之类是也〔一〕；有匹夫而不名者，若步兵、彭泽之类是也〔二〕。史论立言，理当雅正，如班述之叙圣卿也，而曰董公惟亮；范赞之言季孟也〔三〕，止曰隗王得士。习谈汉主，则谓昭烈为玄德，习氏《汉晋春秋》以蜀为正统。其编目叙事，皆谓蜀先主为昭烈皇帝，至于论中语，则呼为玄德。裴引魏室〔四〕，则目文帝为曹丕。夫以淫乱之臣，忽隐其讳，淫谓董贤，乱谓隗嚣，正朔之后，反呼其名。意好奇而辄为，文逐韵而便作。班固《哀纪》赞曰：宛娈董公，惟亮天功。《隗嚣公孙述传赞》曰：公孙习吏，隗王得士。用舍之道〔五〕，其例无恒，近代为史，通多此失。上才犹且若是，而况中庸者乎？今略举一隅，以存标格云尔。

〔一〕姬满、刘庄：即周穆王、汉明帝。

〔二〕步兵、彭泽：即阮籍、陶潜。《晋书·阮籍传》："籍，字嗣宗，陈留尉氏人也，任性不羁。籍闻步兵厨营人善酿，有贮酒三百斛，乃求为步兵校尉。"又《晋书·隐逸·陶潜传》："陶潜，字元亮，博学善属文，颖脱不羁。尝著《五柳先生传》以自况，为彭泽令。义熙二年（406），解印去县。"《宋书》潜传略同，惟多"字渊明"句。唐史官盖避高祖李渊名讳也。

〔三〕圣卿、季孟：董贤字圣卿，隗嚣字季孟。

〔四〕裴引魏室：缺原注。查隋唐《志》均未著录有裴姓所撰之魏国史书，或指《三国志》裴松之注。又"魏室"与"汉主"对举为文，"室"字各本均同，"魏室"当非王沈《魏书》、鱼豢

《魏略》“书”字或“略”字之误,志以存疑。

〔五〕用舍之道:《论语·述而》:“子谓颜渊曰:‘用之则行,舍之则藏,唯我与尔有是夫!’”

史通卷之五　内篇

采撰第十五

【解　题】

此篇虽名采撰，而其所论，实仅史料之采集与鉴别。史书撰述，后此诸篇，始申论之。

史料之采集宜广，由于古来史文有缺，后史自应补其遗逸。补遗逸就必征异说、采群言，而其所征采者，又必皆是当代雅言，事无邪僻，才能取信于人，擅名千载。

中古史策日繁，而诸子百家，亦可增广见闻，仍有可取。但取材时不能只为标新立异，古代神话不宜采入史书。范书猥杂，讹言难信；沈、魏诬谤，更不足论。而唐初官修《晋书》，多采诙谐小辩、神鬼怪物，病在务多为贵，聚博为功。郡国之记，谱牒之书，多自矜夸族里，街谈巷议，道听途说，难免乖滥损实，虽亦可搜采，但必严格鉴别，鉴别之方，即“异辞疑事，宜善思之”。要在大量史料中比较异同，找出可疑之点，审慎思考。

吕《评》谓：“此篇为求征信而发，口碑之不可信者，不可误采。小说杂书，亦仅斥其不可信者。”信然。盖史料固宜博采，而尤重在约取，不能将史书写成史料汇编。倘谓“古代神话，实有资于考史，好奇爱博，未必无益于将来，过而存之，实胜于过而废之”，吾人今日视旧史为史料，可作如是观。但如仅作如是观，则我国古代无史书、无史学矣。刘氏所论，史学也，是从史学理论上评述古代史书取舍史料之得失。试思吾人今日编写吾国古代历史，仍把“自从盘古开天地，三皇五帝定乾坤”当做信史写入，读者不将斥为乖滥不堪乎？刘氏之视旧史，亦犹吾人今日之视新史也。吾人今日识鉴固已高过古人，而凫履羊鸣之说，唐代有识之士，亦已识其谬妄，范晔以之入史，知幾评史，理应责其乖滥矣。

子曰：“吾犹及史之阙文。”〔一〕是知史文有阙，其来尚矣。自非博雅君子，何以补其遗逸者哉？盖珍裘以众腋成温，广厦以群材合构〔二〕；自古探穴藏山之士，怀铅握椠之客〔三〕，何尝不征求异说，采摭群言，然后能成一家，传诸不朽。观夫丘明受经立传，广包诸国。盖当时有《周志》、《晋乘》、《郑书》、《楚杌》等篇〔四〕，遂乃聚而编之，混成一录。向使专凭鲁策，独询孔氏，何以能殚见洽闻〔五〕，若斯之博也。马迁《史记》，采《世本》、《国语》、《战国策》、《楚汉春秋》。至班固《汉书》，则全同太史，自太初已后，又杂引刘氏《新序》、《说苑》、《七略》之辞，此皆当代雅言，事无邪僻，故能取信一时，擅名千载。

〔一〕史之阙文：《论语·卫灵公》：“子曰：‘吾犹及史之阙文也。有马者借人乘之，今亡矣夫。’”意谓古人缺以存疑，不妄为增补也。

〔二〕珍裘、广厦：陈《补释》历引《吕氏春秋》、《墨子》、《汉书》及《慎子》作注，兹摘录其《慎子》引文："《意林》引《慎子》：'廊庙之材非一木之枝，狐白之裘非一狐之腋。'《史通》语意本此。"按：《文心雕龙·事类》有句云："狐腋非一皮能温。"黄叔琳注引《慎子》："千金之裘，非一狐之腋。"陈《补释》又引《陈书·世祖纪》："天嘉元年诏：庶众材必萃，大厦可成。"

〔三〕探穴、怀铅：陈《补释》："上句本《史记·自叙》，下句本《方言·答刘歆书》。"按：《太史公自叙》有句云："探禹穴，窥九疑。"《索隐》注云："其山九峰皆相似，故曰九疑。张晏云：'九疑舜葬，故窥之。'寻上探禹穴，盖以先圣所葬处，有古册文，故探窥之，亦搜采远矣。""探穴藏山"本此。又《方言》卷十三《扬雄答刘歆书》："以问其异语，归即以铅摘次之于椠，二十七岁于今矣。"按《西京杂记》亦云："扬子云好事，尝怀铅提椠，从诸计吏，访殊方绝域四方之语。"椠：《论衡》："断木为椠。"《说文》："牍朴也。"今通作书之版本。

〔四〕《周志》、《郑书》：陈《补释》："《左传》文二年，晋狼瞫引《周志》。襄三十年、昭二十八年，郑子产、晋司马叔游两引《郑书》。"按《左》文二年《传》："（狼）瞫曰：'《周志》有之。'"杜注："《周志》，周书也。"又《左》襄三十年《传》："子产曰：'《郑书》有之。'"杜注："郑国史书。"又《左》昭二十八年《传》："叔游曰：'《郑书》有之。'"杜注："《郑书》，古书名也。"《晋乘》、《楚（梼）杌》，见《六家》篇春秋家。

〔五〕殚见洽闻：杨《通释补》：“《西都赋》：‘元元本本，殚见洽闻。’”按：李善注：“元元本本，谓得其元本也。《孔丛子》曰：‘苌弘曰：仲尼洽闻强记。’”殚，尽也。洽，遍也。《西都赋》，班固作。

但中古作者，其流日烦。虽国有册书，杀青不暇，而百家诸子，私存撰录，寸有所长，实广闻见。其失之者，则有苟出异端，虚益新事〔一〕。至如禹生启石〔二〕，伊产空桑〔三〕，海客乘查以登汉〔四〕，姮娥窃药以奔月〔五〕，如斯踳驳，不可殚论，固难以污南、董之片简，沾班、华之寸札〔六〕。而嵇康《高士传》〔七〕，好聚七国寓言，玄晏《帝王纪》〔八〕，多采六经图谶，引书之误，其萌始于此矣。

〔一〕“杀青不暇”至“虚益新事”：《通释》：“《后汉书·吴祐传》：‘父恢，为南海太守，欲杀青简以写经书。’注：‘以火炙简，令汗，取其青易书，复不蠹，谓之杀青，亦曰汗简。’”按：此段原文意谓中古史事日烦，史书自不能兼收并蓄。诸子百家可录异端以广闻见，而史书则不应“虚益新事”，故下举神异四事（注〔二〕至〔五〕），史书均未采载，只是注家“虚益新事”。浦、陈诸释，错举诸子作注，似与知幾论史文“引书之误”原意不符。兹仅就史书原文及注，释其原委。

〔二〕禹生启石：《史记·夏本纪》：“夏禹，名曰文命。”《正义》引扬雄《蜀王本纪》云：“禹本汝山郡广柔县人也。生于石纽。”又引《括地志》云：“茂州汶川县石纽山，在县西七十三里。”《汉书·武帝纪》：“元封元年，春正月，行幸缑氏，见夏后启母石。”颜师古注引应劭曰：“启生而母化为石。”师古注曰：“启，夏禹子也。其母涂山氏女也。禹治鸿水，通轘辕山，化为熊。谓涂山氏曰：‘欲饷，闻鼓声乃来。’禹跳石，误中鼓，涂山氏往见，禹方作熊，惭而去，至嵩高山下，化为石，方生启。”

〔三〕伊产空桑：《史记·殷本纪》：“伊尹，名阿衡。”《索隐》引皇甫谧云：“伊尹，力牧之后，生于空桑。”又《吕氏春秋》云：“有侁氏女采桑，得婴儿于空桑。母居伊水，命曰伊尹。”

〔四〕海客乘查：“查”同“槎”，桴也。编竹木代舟，大曰筏，小曰桴。《通释》引《博物志·杂说下》云：“天河与海通，近世有人居海渚者，年年八月有浮槎去来，不失期。此人乘槎而去，至一处，屋舍甚严，遥望宫中多织妇，见一丈夫，牵牛渚次饮之。后至蜀，问严君平。曰：‘某年月日，有客星犯牵牛宿也。’”

〔五〕姮娥奔月：《后汉书》刘昭补《天文志》注引：“张衡《灵宪》曰：‘羿请无死之药于西王母，姮娥窃之以奔月。姮娥遂托身于月，是为蟾蜍。’”

〔六〕南、董、班、华：即南史、董狐、班固、华峤。“华”字，蜀本、陆本、鼎本、郭本、黄本均作“晔”，《通释》注云：“一作‘晔’，非。”卢《拾补》校注云：“华谓华峤，若范氏，自于下具言，作范名者讹。”陈《补释》亦云：“《言语》篇以董狐、南史与班固、华峤并举，此篇亦上云南、董，则此文班、华是矣。”

〔七〕嵇康《高士传》：《晋书·嵇康传》：“康字叔夜，有奇才，好老庄，撰上古以来高士为之传赞，欲友其人于千载。”《隋志》著录“《圣贤高士传赞》三卷，嵇康撰”，书佚。据《太平御览》所引嵇《传》之文，有子州支父、石户之农、荣启期、颜斶等十人传，多为七国寓言，如颜斶传文，即见于《战国策·齐策四》。又《三国志·王粲传》亦附有康传。康于魏元帝景元三年（262）为司马昭杀害，时距晋代魏尚有三年。

〔八〕玄晏《帝王纪》：《晋书·皇甫谧传》："谧，字士安，自号玄晏先生，撰《帝王世纪》、《年历》、《高士》、《逸士》、《列女》等传，《玄晏春秋》，并重于世。"《隋志》著录："《帝王世纪》十卷，皇甫谧撰，起三皇，尽汉魏。"书佚。至清道光年间，顾尚之辑录佚文，依时排比，起三皇，终于魏文帝，为一书。钱熙祚收入其所编之《指海》丛书中，并为之序云："皇甫谧《帝王世纪》，至宋末始亡。元明人所称述，皆展转援引。谧博采经传杂书以补史迁之缺。"

至范晔增损东汉一代，自谓无惭良直。而王乔凫履，出于《风俗通》〔一〕，左慈羊鸣，传于《抱朴子》〔二〕，朱紫不别，秽莫大焉。沈氏著书，好诬先代，于晋则故造奇说，在宋则多出谤言，前史所载，已讥其谬矣。而魏收党附北朝，尤苦南国，蜀本作"甚"，宋本作"苦"〔三〕。承其诡妄，重加诬语〔四〕。遂云司马叡出于牛金，王邵：沈约《晋书》造奇说云琅琊国姓牛者与夏侯妃私通，生中宗，因远叙宣帝以毒酒杀牛金，符证其状。收因此乃云司马叡，晋将牛金子也。宋孝王曰，收以叡为金子，计其年全不相干。按前史尚如此误，况后史编录者耶〔五〕？刘骏上淫路氏。沈约《宋书》曰：孝武于路太后处寝息，时人多有议。《魏书》因云骏烝其母路氏，丑声播于瓯越也。可谓助桀为虐，幸人之灾〔六〕。寻其生绝胤嗣，死遭剖斫〔七〕，盖亦阴过之所致也。

〔一〕王乔凫履，出于《风俗通》：《后汉书·方术传上·王乔传》："王乔者，河东人也。显宗世为叶令。乔有神术，每月朔望常自县诣台朝，帝怪其来数，而不见车骑，密令太史伺望之。言其临至，辄有双凫从东南飞来，于是候凫至，举罗张之，但得一双舄焉。乃诏尚方詠视，则四年中所赐尚书官属履也。"又《隋志》子部杂家著录"《风俗通义》三十一卷，《录》一卷，应劭撰"。劭字仲远，著名经学家，《后汉书》有传。其书自序谓《风俗通义》言通于流俗之过谬，而事该之于义理也，今传本亦名《风俗通义》十卷。陈《补释》云："此当引《风俗通义·正失篇·叶令祠》。"按：陈说是。《正失篇》已按云："叶令祠乃春秋时叶人追思叶公子高而立祠。何有近孝明（显宗孝明帝）乎？何有伺一飞凫，遂建其处乎？"

〔二〕左慈羊鸣，传于《抱朴子》：《后汉书·方术传下·左慈传》："操欲收杀之（指慈），遂走入羊群。操知不可得，乃令就羊中告之曰：'不复相杀，本试君术耳！'忽有一老羝屈前两膝，人立而言曰：'遽如许。'即竞往赴之，而群羊数百皆变为羝，并屈前膝人立云'遽如许'，遂莫知所取焉。"又《隋志》子部道家著录"《抱朴子内篇》二十一卷，《音》一卷，葛洪撰"，杂家著录"《抱朴子外篇》三十卷，葛洪撰"。洪字稚川，句容人，东晋初为勾漏令，终于浮罗山，事迹具《晋书》本传。今传本合内外篇八卷，内篇论神仙吐纳，符箓克治之术，纯为道家之言，外篇论时政得失，人事臧否，大旨亦以黄老为宗。陈《补释》云："今《抱朴子》无（左慈）羊鸣事，惟继昌所辑《抱朴子》佚文引旧写本《北堂书钞·札》篇云：'狱中有七慈，形状如一。魏武帝使尽杀之，须臾六慈尽化为札,而一慈径出,走赴羊群。'"

〔三〕尤苦:苦,黄本同,陆本、鼎本、郭本作"甚",蜀本作"若",盖"苦"之讹字。《通释》注:"尤苦,谓污蔑之。"纪昀《史通削繁》评谓:"'苦'字出《史记·高祖纪》'欲苦之',又晋营道王曰:'生平不识士衡,不知何忽见苦?'即是此意,以污蔑训之,意是而语未明。"陈《补释》云:"《史记》'苦'本作'笞',《集解》徐广曰:'笞,一作苦。'《汉书·高帝纪》注:师古曰:'今书苦字或作笞。'此'苦'字当如《庄子·达生》篇司马注、《吕氏春秋·权勋》篇高注:'苦,病也。'"

〔四〕重加诬语:卢《拾补》校云:"宋作'重以加诸'。"《通释》从宋本,并注"一作'重加诬语'"。陈《补释》力辩"重加诬语"乃"不达古语而妄改",据《说文》谓"诬,加也",然则加即诬,不当又有诬字。按:《说文》释诬为加,原有以无为有之义,故《玉篇》释为"欺罔"也。《易·系辞》:"诬善之人其辞游。"疏曰:"诬罔善人,其辞虚漫。"则诬字原有欺罔诬蔑之意,此句意谓又加以诬罔之语,于义亦通。蜀本、陆本、鼎本、郭本、黄本均同象本。

〔五〕"叡出于牛金"至"后史编录":《晋书·元帝纪》:"《玄石图》有牛继马后,故宣帝深忌牛氏,遂为二榼,其一口以贮酒焉。帝先饮佳者,而以毒酒鸩其将牛金。而恭王妃夏侯,竟通小吏牛氏,而生元帝。"知幾所云后史,盖即指唐修《晋书》。

〔六〕助桀为虐,幸人之灾:杨《通释补》:"《史记·留侯世家》:'此所谓助桀为虐。'《文选·阮瑀为曹公作书与孙权》:'幸人之灾,君子不为。'"又《弘明集》卷一载佚名《正诬论》:"寻斯言,似乎幸人之灾。非通言也。"

〔七〕绝胤嗣、剖斫：《北齐书·魏收传》云收“既缘史笔多憾于人，齐亡之岁，收冢被发，弃其骨于外。先养弟子仁表为嗣”，《北史》本传亦全录此数语。

晋史杂书，谅非一族，若《语林》、《世说》、《幽明录》、《搜神记》之徒〔一〕，其所载或诙谐小辨，或神鬼怪物。其事非圣，扬雄所不观〔二〕；其言乱神，宣尼所不语〔三〕。皇朝所撰晋史〔四〕，多采以为书。夫以干、邓之所粪除，王、虞之所糠粃〔五〕，持为逸史，用补前传，此何异魏朝之撰《皇览》〔六〕，梁世之修《遍略》〔七〕，务多为美，聚博为功，虽取悦小人，终见嗤于君子矣。

〔一〕《语林》、《世说》、《幽明录》、《搜神记》：《通释》注：“《语林》，裴荣撰。《世说》、《幽明录》，刘义庆撰。《搜神记》，干宝撰。”按：《隋志》子部小说类在《燕丹子》一卷目下，注：“《语林》十卷，东晋处士裴启撰，亡。”与浦注裴荣歧异，又著录《世说》八卷，《幽明录》与《搜神记》，则著录于史部杂传类。今惟《世说》存，流传本作《世说新语》。

〔二〕“其事”二句：《通释》：“《汉书·扬雄传》：‘雄自有大度，非圣哲之书不好也。’按，语本《法言》。”

〔三〕“其言”二句：《论语·述而》：“子不语，怪、力、乱、神。”

〔四〕皇朝：“皇”，蜀本同，陆本、鼎本、郭本、黄本均作“唐”。卢《拾补》校云：“当作‘皇’。”《通释》改“皇”。按：《外篇·古今正史》述唐代重修《晋书》事，亦云“皇家贞观中”。在封建时代，本朝通称皇朝，“唐”字当是后世改刊，今改。

〔五〕干、邓、王、虞：据《外篇·古今正史》，指干宝《晋纪》、邓粲

《元明纪》、王隐《晋书》、虞预《晋书》。糠粃："粃"字各本均同。卢《拾补》校作"穅秕"，并注云："宋俱不从'米'。"陈《补释》："《庄子·逍遥游》篇：'是其尘垢粃糠。'又《世说·排调》篇：'簸之扬之，穅秕在前。''秕'为'粃'之正字。"

〔六〕《皇览》：《通释》引《三国志·魏书·刘劭传》云："劭，字孔才，黄初中，为散骑侍郎，受诏集五经群书，以类相从，作《皇览》。"又《杨俊传》裴松之注引《魏略》曰："王象，字义伯，魏有天下，拜象散骑侍郎，迁为常侍，受诏撰《皇览》，象从延康元年(220年，献帝年号，是年十月曹丕代汉改元黄初)始撰集，数岁成，藏于秘府，合四十余部，部有数十篇，通合八百余万字。"陈《补释》云："《隋志》：《皇览》一百二十卷，缪袭等撰。梁有六百八十卷。"此书早已亡佚，新旧《唐书》志均已失录，然据上引资料，可见此书是魏初刘劭、王象、缪袭等人修撰，似是五经类编，为后来类书之嚆矢，故知幾讥其"务多、聚博"。《隋志》以之入子部杂家类，亦有未妥。

〔七〕《遍略》："遍"亦作"徧"，《通释》引《梁书·文学·何思澄传》谓徐勉入华林，撰《徧略》，举何思澄等五人应选，又引《刘杳传》谓徐勉举杳及顾协等五人撰《徧略》，又引《钟嵘传》云："(撰《徧略》)弟屿亦预。"并按云："诸传错举，止及四人，其一人无考。旧注：'《徧略》七百卷。'"按《刘杳传》，浦讹作《顾杳传》，又陈《补释》："其一人徐僧权。《隋志》：'《华林遍略》六百二十卷，梁绥安令徐僧权等撰。'《旧唐志》：'《华林编略》六百卷，徐勉撰。'柳先生(翼谋)曰：'《史通训故补》已引《隋志》。'"彭《增释》云："《南史·文学·何思澄传》载五人之名甚晰,其一人王子云也。"按《南史·何传》原文为"勉举思澄、顾协、刘杳、王子云、钟屿等五人以应选",郭《附评》已早引《南史·何传》,浦序《通释》斥郭氏"臆评",安能弃此寸长,坐致纷挐。又"王子云,太原人,尝为自吊文,甚美",见《南史·何传》。

夫郡国之记,谱、谍之书,务欲矜其州里,夸其氏族,读之者安可不练其得失,明其真伪者乎?至如江东五隽〔一〕,始自《会稽典录》〔二〕,颍川八龙〔三〕,出于《荀氏家传》〔四〕,而修晋、汉史者,皆征彼虚誉,定为实录,苟不别加研核,何以详其是非。

〔一〕五隽:蜀本、陆本同,鼎本、郭本、王本、黄本、《通释》作"五儁",《群书考索》卷十五《诸史门》引作"五篇"。《通释》引《晋书·薛兼传》:"兼,字令长,丹阳人。少与同郡纪瞻、广陵闵鸿、吴郡顾荣、会稽贺循齐名,号为'五隽',初入洛,张华见而奇之,曰:'皆南金也。'"按:《晋书》除闵鸿无传外,余四人合传。又《群书考索》卷三十三《士门》:"薛兼、纪瞻等,谓之五隽,而张华又目之为南金。"《氏族大全》卷十五《五隽》:"晋闵鸿与薛兼、纪瞻、顾荣、贺循号五隽。张华曰:'皆南金也。'"

〔二〕《会稽典录》:隋唐《志》均著录《会稽典录》二十四卷,虞预撰,入杂传,盖志会稽人物者。书已佚。

〔三〕八龙:《后汉书·荀淑传》:"淑字季和,颍川颍阴人也。有子八人,俭、绲、靖、焘、汪、爽、肃、敷,并有名称,时人谓'八龙'。"又附淑子爽传:"爽,字慈明,荀氏八龙,慈明无双。"

〔四〕《荀氏家传》:《旧唐志·杂谱牒》著录"《荀氏家传》十卷,荀伯子撰"。《宋书·荀伯子传》:"伯子,颍川颍阴人也。少好学,博览经传。立朝正色,外内惮之。又颇杂嘲戏,故世人以此非之。"又彭啸咸《史通增释》云:"下文云'修汉史者征彼虚誉',刘意当谓蔚宗之《后汉书》也。然陈寿、张璠皆在伯子之前,而《魏志》(《荀彧传》)、《汉纪》(《世说·德行》篇注引)已有八龙之目,则安得谓出于《荀氏家传》乎?知幾此言,不免厚诬古人矣。"按:彭说是。八龙之目,陈、范两书均谓是汉末时人称誉,《荀氏家传》亦收录此说,自不能谓出于《家传》。至于张璠《汉纪》原文,陈《志》裴注亦已具引。又范书《荀淑传赞》末句云:"八慈继尘。"李贤注:"荀淑八子皆以'慈'为字,见《荀氏家传》也。"或为知幾此误之所自。

又讹言难信,传闻多失,至如曾参杀人〔一〕,不疑盗嫂〔二〕,翟义不死〔三〕,诸葛犹存〔四〕,此皆得之于行路,传之于众口,倘无明白,其谁曰然。故蜀相薨于渭滨,《晋书》称呕血而死〔五〕;魏君崩于马圈,《齐史》云中矢而亡〔六〕。沈炯骂书,河北以为王韦〔七〕;魏收草檄,关西谓之邢邵〔八〕,夫同说一事,而分为两家,盖言之者彼此有殊,故书之者是非无定。

〔一〕曾参杀人:《通释》引《战国策·秦策二》:"有与曾子同名族者而杀人,人告曾子母曰:'曾参杀人。'母曰:'吾子不杀人。'织自若。有顷,人又(告)曰,母尚织自若。顷之,一人又告,母惧,投杼逾墙而走。"按《西京杂记》卷六:"昔鲁有两曾参。南曾参杀人见捕,人以告北曾参母。"或名同而实异，宜有所辨。

〔二〕不疑盗嫂：《通释》："《汉书·直不疑传》：'人或毁不疑曰："不疑状貌甚美，然毋奈其善盗嫂何也？"不疑闻，曰："我乃无兄。"然终不自明也。'"按《刘子》卷七《伤谗》："扬娥眉者为丑女之所妒，行贞洁者为谗邪之所嫉。昔直不疑未尝有兄，而谗者谓之盗嫂。听虚而责响，视空而索影，悖情倒理，诬罔之甚也。"

〔三〕翟义不死：《通释》：《汉书·翟方进传》："少子义，字文仲，为东郡守。王莽居摄，义移檄讨莽，军破而亡。"《后汉书·王昌传》："昌，一名郎。莽篡位，郎诈称成帝子，檄州郡曰：'天命佑汉，使东郡太守翟义拥兵征讨。'郎以百姓思汉，既多言翟义不死，故诈称之。"

〔四〕诸葛犹存：《三国志·诸葛亮传》："亮疾病卒于军，及军退，宣王案行其营垒处所曰：'天下奇才也。'"裴注引《汉晋春秋》曰："杨仪等整军而出，宣王追焉，姜维令仪反旗鸣鼓，若将向宣王者，宣王乃退，不敢逼，入谷然后发丧。百姓为之谚曰：'死诸葛走生仲达。'宣王曰：'吾能料生，不便料死也。'"《通释》谓："'诸葛犹存'，似是成语。"

〔五〕蜀相、呕血：《通释》引《三国志·诸葛亮传》注："《魏书》曰：'亮粮尽势穷，忧恚呕血。'"按裴注又谓"刘琨丧师，与晋元帝笺亦云'亮军败欧血'"。王沈《魏书》之记载、刘琨之笺，唐修《晋书》虽未采录，知幾或见之于今佚之十八种《晋书》中。

〔六〕马圈、中矢：《通释》："《魏书·高祖纪》：'萧宝卷遣太尉陈显达寇荆州，攻陷马圈戍。车驾南伐，至马圈，破之。帝疾甚，北次谷塘，崩于行宫。'按今萧子显《齐书》无中矢之文。宝卷,齐废帝东昏讳也。”复按《魏书》、《南齐书》、《南北史》及《通鉴》有关纪传,均无魏孝文中矢之记载,知幾所见,或为已佚之《南齐史》。

〔七〕沈炯、王韦:《陈书·沈炯传》:“炯少有隽才,侯景之难,王僧辩于军中购得之,自是羽檄军书,皆出于炯。侯景平,梁元帝征为给事黄门侍郎,领尚书左丞。荆州陷,为西魏所虏,授炯仪同三司,恒思归国。(梁敬帝)绍泰二年(556)获东归。除司农,迁御史中丞。(陈)高祖受禅,中丞如故,文帝又重其才用。”《南史·王伟传》:“伟,雅高辞采,仕魏为行台郎。景叛后,高澄以书招之,伟为景报澄书,其文甚美,澄览书曰:‘谁所作也?’左右称伟之文。伟既协景谋谟,其文檄并伟所制。”景败,伟亦被俘杀。沈、王同时,其生平均主草羽檄。今存《梁书》、《陈书》、《南史》、《魏书》、《北齐书》、《北史》,均无“沈炯骂书,河北以为王韦”之记载。

〔八〕魏收、邢邵:《北齐书·魏收传》:“收以文华显,与济阴温子昇、河间邢子才齐誉,世号三才。侯景叛入梁,寇南境,文襄时在晋阳,令收为檄五十余纸,不日而就,又檄梁朝,令送侯景。”又《邢邵传》:“邵字子才,文章典丽,既赡且速。称邢魏(收)焉。”《通释》云:“历考魏、齐、周诸史,皆无收檄邵作出自关西人语之文,《史通》或别有据耶?”

况古今路阻,视听壤隔,而谈者或以前为后,或以有为无。泾、渭一乱,莫之能辨。而后来穿凿,喜出异同,不凭国史,别讯流俗。及其记事也,则有师旷将轩辕并世〔一〕,

公明与方朔同时〔二〕，尧有八眉〔三〕，夔唯一足〔四〕，乌白马角〔五〕，救燕丹而免祸，犬吠鸡鸣〔六〕，逐刘安以高蹈。此之乖滥，往往有旃。

〔一〕师旷将轩辕并世：《通释》引《列子·汤问》："焦螟群飞而集于蚊睫，师旷俯首而听之，弗闻其声，唯黄帝居空峒之上，徐以气听，砰然闻之。"又引《齐民要术》："师旷占曰：黄帝问曰：'吾欲占药善一心可知不？'对曰'岁欲雨，雨草先生，藕'云云。"按：是皆以师旷与黄帝轩辕氏为并世之人，而师旷乃春秋时晋国之乐师也。《孟子·离娄》云"师旷之聪"，盖以其听觉灵敏，列子遂以之衬托黄帝之神异。

〔二〕公明与方朔同时：《三国志·魏书·管辂传》："辂，字公明，平原人。评曰：管辂之术筮，诚玄妙之殊巧。"东方朔，汉武帝时人，同时说不详出自何处。

〔三〕尧有八眉：《淮南子·务修训》："尧眉八采。"《尚书大传》："尧八眉。"

〔四〕夔唯一足：《尚书·尧典下》："帝曰：'夔，命汝典乐。'"《韩非子》："哀公问于孔子曰：'吾闻夔一足，信乎？'曰：'夔无他异，独通于声。尧曰：夔一而足矣。使为乐正，非一足也。'"

〔五〕乌白马角：《燕丹子》："燕太子丹，质于秦，秦王遇之无礼。不得意，欲求归。秦王不听，谬言'令乌白头，马生角，乃可许耳'。丹仰天叹，乌即白头，马生角，秦王不得已而遣之。"

〔六〕犬吠鸡鸣：葛洪《神仙传》："汉淮南王刘安者，高帝之孙也,好儒学、方术,有八公诣门,授王丹经。药成,雷被、伍被共诬安谋反,八公谓安曰:'可以去矣。'安登山,白日升天。人传去时余药器,鸡犬舔啄之,尽得升天。故鸡鸣天上,犬吠云中也。"是即"一人得道,鸡犬升天"之本事。

故作者恶道听途说之违理,街谈巷议之损实〔一〕。观夫子长之撰《史记》也,殷周已往,采彼家人。安国之述《阳秋》也〔二〕,梁益旧事,访诸故老。夫以刍荛鄙说,刊为竹帛正言,而辄欲与五经方驾、三志竞爽〔三〕,斯亦难矣。呜呼!逝者不作,冥漠九泉〔四〕,毁誉所加,远诬千载。异辞疑事,学者宜善思之。

〔一〕道听途说、街谈巷议:陈《补释》引《汉志》:"小说家者流,盖出于稗官。街谈巷语,道听途说者之所造也。"

〔二〕安国之述《阳秋》:《晋书·孙盛传》:"孙盛,字安国,太原中都人,与桓温俱伐蜀,从入关平洛。著《晋阳秋》,词直而理正,咸称良史焉。既而桓温见之,怒谓盛子曰:'枋头诚为失利,何至乃如尊君所说。'"按:枋头,在今河南浚县境,古梁州地也,后燕慕容垂败桓温于此,则梁、益均安国经行之地也。

〔三〕三志竞爽:陈《补释》:"上文已言《史记》采家人之失,则此文'三志'非谓三史,谓《晋乘》、《楚梼杌》、《鲁春秋》。"程《笺记》:"陈说非。《春秋》已在五经之中,安得又列'三志'之内。'三志'仍指《史记》、《汉书》、《东观汉记》。夫既指《史记》之舛误,又举《史记》为准绳,自是子玄之文粗疏失照处。"按:程说是。惟此处谓《史记》有"采彼家人"

之失，是“爱而知其丑”之求实精神，并非失照。

〔四〕逝者不作，冥漠九泉：杨《通释补》：“《礼记·檀弓下》：‘赵文子与叔誉观乎九原，文子曰：“死者如可作也，吾谁与归？”’”又孙《札记》校“泉”作“鼎”，各本均作“泉”。

载文第十六

【解 题】

《载言》第三，论言事有别。既肯定《左氏》言事相兼，又反对文辞繁富，隔以大篇。提出“前史之所未安，后史之所宜革”，是针对记事史之班、荀二体之不足处，倡议史书体例应不断革新。此篇专论文与史之关系，认为远古文辞能起反映国家治乱兴亡之作用，是由于它不虚美、不隐恶，这种文辞就与史无别。但自秦汉始，文体大变，相如、子云多大赋，务以诡妄淫丽为宗，载入史册，无益治理，魏晋以下，伪谬雷同，他一共列举五失。

一是虚设：突出者乃汉魏以降之禅让虚文。吾人试观《三国志·魏文帝纪》裴注，备载禅让册、表，几倍于丕纪全文，读之令人厌烦。

二是厚颜：两国酬对，尽是饰辞矫说，信口雌黄，任情扬抑。

三是假手：朝廷诏敕，悉由文士执笔，弄舞辞采，全非事实。唐后不录代拟之制诰，盖有鉴于此。

四是自戾：褒崇则善无可加，贬黜则罪不容责。一人之行，是非变于俄顷。

五是一概：主上圣明，宰相英伟，人事屡改，文理无异，遂使读者失其准的。

有此五失，聚而编次，非复史书矣。

但是，史书亦非完全不可载文。他提出可采文皆诣实、理多可信者，要去邪从正，捐华摭实。“山有木，工则度之。”举世文章，木也；史家，工也。度之之道，则必拨浮华，采真实，取其能“为世龟镜”者，依此削载，则可“禁淫”、“持雅”，丕变文风焉。

综上所述，具见就史书体例而言，知幾反对将其编成文集。至于文章之采择，他提出两点要求，一是要真实，二是要雅正。他所说之雅正，虽与今日不尽相同，但历史要真实，是古今不易之理，古人能言而不能为，或不能完全做到，吾人今日就必须做到。纪《评》谓：“《史》、《汉》所录诸赋，实非史体，不得以马、班之故，曲为之词。”又指认“非复史书，更成文集”，“八字确当”。纪氏此言，可谓深得知幾重在史体之论旨矣。吕《评》谓“此篇论魏、晋以降，文辞华靡，采以为史，有失真实之义，可谓深切著明”，洵属知言。

夫观乎人文，以化成天下〔一〕，观乎国风，以察兴亡。是知文之为用，远矣大矣。若乃宣僖善政，其美载于周诗，怀襄不道，其恶存于楚赋，读者不以吉甫〔二〕、奚斯为谄〔三〕，屈平、宋玉为谤者〔四〕，何也？盖不虚美、不隐恶故也〔五〕。是则文之将史，其流一焉。固可以方驾南、董，俱称良直者矣。

〔一〕夫观乎人文，以化成天下：杨《通释补》：“《易·贲》：‘彖曰:“观乎人文,以化成天下。”’”按王弼注云:“解人之文,则化成可为也。”

〔二〕吉甫:《诗·大雅·荡之什》中之《崧高》、《烝民》、《韩奕》、《江汉》等篇章,皆尹吉甫美宣王也。《崧高》诗中有句云:“吉甫作诵,其诗孔硕。”郑注:“尹吉甫,周之卿士也。”

〔三〕奚斯:《诗·鲁颂》中《駉》、《有駜》、《泮水》、《閟宫》等四篇皆颂鲁僖公之篇章也。《閟宫》篇有句云:“新庙奕奕,奚斯所作。”郑注:“新庙,闵公庙也。有大夫公子奚斯者,作是庙也。”又《左传》闵二年:“共仲(即庆公)使卜齮贼公于武闱,共仲奔莒,莒人归之。及密,使公子鱼请,不许,哭而往,共仲曰:‘奚斯之声也。’乃缢。”杜注:“公子鱼,奚斯也。”则奚斯乃除庆父、迎立僖公之贵公子。《閟宫》云奚斯所作,乃作闵公新庙。作僖公颂诗者,据《駉》序乃“史克作是颂”也。王《训故》:“班固、王延寿皆云奚斯所作之诗,误矣。”按:班固《两都赋》序:“皋陶歌虞,奚斯颂鲁,同见采于孔氏。”又王文考《鲁灵光殿赋》序:“故奚斯颂僖,歌其路寝。”文考,延寿之字。知幾盖沿班、王之误。

〔四〕屈平、宋玉:《史记·屈原传》:“屈平疾王听之不聪也,谗谄之蔽明也,邪曲之害公也,方正之不容也,故忧愁幽思,而作《离骚》。”屈原名平,王即怀王。怀王客死于秦,子襄王立,复用谗言,迁屈原于江滨。又《文选·风赋》:“楚襄王游于兰台之宫,宋玉、景差侍。”是屈、宋均曾事不道之怀、襄。《楚辞·九辩》序:“《九辩》者,楚大夫宋玉之所作。宋玉者,屈原弟子也。闵惜其师忠而放逐,故作《九辩》,以述其志。”又《招魂》序:“《招魂》者,宋玉之所作。宋玉怜哀屈原忠而斥弃。”读屈、宋辞赋具见怀、襄之不道。

〔五〕虚美、隐恶：杨《通释补》引《汉书·司马迁传赞》："不虚美，不隐恶。"又《抱朴子·明本》："其褒贬也，皆准的乎至理，不虚美，不隐恶，不雷同以偶俗。"

爰洎中叶，文体大变，树理者多以诡妄为本，饰辞者务以淫丽为宗。譬以女工之有绮、縠，音乐之有郑、卫〔一〕。盖语曰："不作无益害有益。"〔二〕至如史氏所书，固当以正为主，是以虞帝思理，夏后失邦，一作"御"。《尚书》载其元首、禽荒之歌〔三〕；郑庄至孝，晋献不明，《春秋》录其大隧〔四〕、狐裘之什〔五〕。其理说而切，其文简而要，足以惩恶劝善，观风察俗者矣。若马卿之《子虚》、《上林》，扬雄之《甘泉》、《羽猎》，班固《两都》，马融《广成》，喻过其体，词没其义，繁华而失实，流宕而忘返，无裨劝奖，有长奸诈，而前后《史》、《汉》，皆书诸列传，不其谬乎？

〔一〕绮、縠，郑、卫：王《训故》引《前汉书》："（汉）宣帝曰：'辞赋，大者与古诗同义，小者辨丽可喜。辟如女工有绮、縠，音乐有郑、卫。'"按王氏引自《汉书·王褒传》，时"上数从褒等放猎，辄为歌颂，议者以为淫靡不急"。宣帝以此言自解，与此篇上下文文意不合。又《法言·吾子》："或曰：雾縠之组丽，曰女工之蠹矣。"李轨注："雾縠至丽，蠹害女工。辞赋虽巧，惑乱圣典。"《吾子》又云："中正则雅，多哇则郑。……黄钟以生之，中正以平之，确乎郑、卫不能入也。"李注："声平和则郑卫不能入，学业常正则杂说不能倾。"知幾文义与此相同。又"譬以女工……之有郑、卫"两句上，卢《拾补》云：宋有"故作者"三字，蜀本、陆本及鼎本、郭本、黄本等均无此三字。

〔二〕不作无益害有益：杨《通释补》：“《书》伪《旅獒》：‘不作无益害有益，功乃成。’”按：伪孔《传》云：“游观为无益。”

〔三〕元首、禽荒：见《载言》篇“元首之歌”与“五子之咏”注，后者又作“五子之歌”，“其二曰，训有之，内作色荒，外作禽荒”。孔《传》：“作，为也。迷乱曰荒。色，女色。禽，鸟兽。”意谓内惑于女宠，外耽于畋猎也。

〔四〕郑庄、大隧：《左传》隐元年具载郑庄公克段于鄢故事，及郑庄与其母武姜隧而相见所赋之什。

〔五〕狐裘之什：《左传》僖五年：初，晋侯（献公）使士蒍为二公子（夷吾、重耳）筑蒲与屈。士蒍退而赋曰：“狐裘尨茸，一国三公，吾谁适从。”

且汉代词赋，虽云虚矫，自余他文，大抵犹实。至于魏、晋已下，则讹谬雷同〔一〕。榷而论之，其失有五：一曰虚设，二曰厚颜，三曰假手，四曰自戾，五曰一概。

何者？昔大道为公，以能而授〔二〕。故尧咨尔舜，舜以命禹。自曹马已降，其取之也则不然，若乃上出禅书，下陈让表，其间劝进殷勤，敦谕重沓，迹实同于莽、卓，言乃类于《虞》、《夏》。且始自纳陛，迄于登坛，彤弓卢矢〔三〕，新君膺九命之锡〔四〕；白马侯服〔五〕，旧主蒙三恪之礼〔六〕。徒有其文，竟无其事，此所谓虚设也。

〔一〕讹谬：原作“伪缪”，蜀本、陆本、鼎本、郭本、黄本同。孙《札记》校改“缪”为“谬”。卢《拾补》云“则伪谬雷同”，并在“伪”字下注云“‘伪’非”。《通释》改作“讹谬”。

〔二〕昔大道为公,以能而授:杨《通释补》引《礼记·礼运》:"大道之行也,天下为公,选贤与能。"

〔三〕彤弓卢矢:杨《通释补》云:"《书·文侯之命》:'王曰:"父!义和!其归视尔师,宁尔邦,用赉尔秬鬯一卣,彤弓一,彤矢百,卢弓一,卢矢百。"'孔《传》:'彤,赤。卢,黑也。'"按:此乃晋文公重耳败楚之后,周襄王自临践土,赐命晋侯(即重耳)之辞。《史记·晋世家》亦具录此文。《集解》引马融注"义和"曰:"能以义和我诸侯。"

〔四〕九命之锡:杨《通释补》引《韩诗外传》八:"传曰:'诸侯之有德,天子锡之:一锡车马,再锡衣服,三锡虎贲,四锡乐器,五锡纳陛,六锡朱户,七锡弓矢,八锡铁钺,九锡秬鬯。'"按《白虎通·考黜》:"《礼》说九锡,车马、衣服、乐则、朱户、纳陛、虎贲、铁钺、弓矢、秬鬯,皆随其德,可行而次。能安民者赐车马,能富民者赐衣服,能和民者赐乐则,民众多者赐朱户,能进善者赐纳陛,能退恶者赐虎贲,能诛有罪者赐铁钺,能征不义者赐弓矢,孝道备者赐秬鬯。"

〔五〕白马侯服:杨《通释补》引《诗·周颂·有客》"有客有客,亦白其马"及序"有客,微子来见祖庙也"。按郑笺:"殷尚白也。"又引《大雅·文王》:"商之孙子,其丽不亿,上帝既命,侯于周服。"按下章有句云:"侯服于周,天命靡常。"又《吕氏家塾读诗记》卷二十五引王安石云:"'商之孙子,侯服于周',则以'天命靡常'故也。天尝命商,使有九有之师矣,今'侯服于周',所谓靡常也。唯其靡常,故'商之子孙',其为士而肤美敏疾者,乃反祼将于周京,以助周祭也。"

〔六〕三恪:杨《通释补》:"《左》襄二十五年《传》:'以备三恪。'

杜注：'周得天下，封夏、殷二王后，又封舜后，谓之恪，并二王后为三国。其礼转降，示敬而已，故曰三恪。'"按：《诗·周颂·振鹭》"我客戾止"句下注云："客，二王之后。"二王，夏、殷也。其后，宋也、杞也。恪与愙通。吴大澂《说文古籀补》说："愙即客之异文。"

古者两军为敌，二国争雄，自相称述，言无所隐。何者？国之得丧如日月之食焉，非由饰辞矫说所能掩蔽也。逮于近古则不然。至如曹公叹蜀主之英略，曰"刘备吾俦"〔一〕；周帝美齐宣之强盛，云"高欢不死"〔二〕。或移都以避其锋〔三〕，或斫冰以防其渡〔四〕。及其申诰誓，降移檄，便称其智昏菽麦〔五〕，识昧玄黄〔六〕。列宅建都，若鷦鷯之巢苇〔七〕；临戎贾勇，犹螳螂之拒辙〔八〕。此所谓厚颜也。

〔一〕刘备吾俦：《三国志·魏武帝纪》："（曹）公至赤壁，与备战不利，乃引军还。"裴注引《山阳公载记》曰："（曹）公引军从华容道归，军既得出，公大喜，诸将问之。公曰：'刘备吾俦也，但得计少晚，向使早放火，吾徒无类矣。'"

〔二〕高欢不死：《通释》引《北齐书·文宣纪》："周文帝率众出陕城，分骑北渡至建州。帝亲戎出次。周文帝闻帝军容严盛，叹曰：'高欢不死矣。'遂退师。"按：北齐文宣帝高洋，乃高欢次子，周文帝即宇文泰。

〔三〕移都以避其锋：《通释》引《三国志·蜀书·关羽传》："羽攻曹仁于樊，威震华夏，曹公议徙都许，以避其锐。"

〔四〕斫冰以防其渡：《通释》引《北史·齐文宣纪》："周人常惧齐兵西渡，恒以冬月中河椎冰。"按：浦《释》引自王《训故》,王氏系此段文字于《北史》高洋天保元年(550),经复按今本《北史·文宣纪》天保元年无此段文字,仅于天保七年(556)云:“是岁,周文帝殂,西人震恐,常为度陇之计。”考《北齐书·文宣纪》末亦载此数句文字。惟同书卷五十四《斛律光传》载:“文宣时,周人常惧齐兵之西度,恒以冬月,守河椎冰。及帝即位,朝政渐紊,齐人椎冰,惧周兵之逼。光忧曰:“国家常有吞关、陇之志,今日至此,而唯玩声色!”知幾用典,或当本此。又《通鉴》系此事于《陈纪》“世祖文皇帝五年”下,并云“齐显祖之世,周人常惧齐兵西渡,每至冬月,守河椎冰。及世祖即位,嬖幸用事,朝政渐紊,齐人椎冰以备周兵之逼”,可一并参阅。

〔五〕智昏菽麦:《通释》:“曹魏檄吴文:‘孙权小子,未辨菽麦。’按:语本《左氏》,谓晋悼公兄。刘则借曹之诮吴以例诮蜀也。”按:曹魏檄吴文见《文选》卷四十四,即陈琳之“檄吴将校部曲”。又按《左传》成公十八年有句云“周子有兄而无慧,不能辨菽麦”,周子,即晋悼公。又《梁书·刘峻传》载其《辨命论》中有句云:“闻言如响,智昏菽麦,神之辨也。”

〔六〕识昧玄黄:《易·坤·文言》:“夫玄黄者,天地之杂也,天玄而地黄。”《通释》:“定是宇文诮高语,未覩其文,俟补。”

〔七〕鷦鷯之巢苇:《文选·檄吴将校部曲》:“鸰鸠之鸟,巢于苇苕,苕折子破,下愚之惑也。”《诗·豳风·鸱鸮》:“鸱鸮鸱鸮,既取我子,无毁我室。”《尔雅·释鸟》:“鸱鸮鸰鸠。”郭璞注:“鸱类。”《诗》郑氏《笺》亦云:“鸱鸮,鸰鸠也。”又《尔雅·释鸟》:“鳭鷯剖苇。”《庄子·逍遥游》:“鷦鷯巢于深林,不过一枝。”鷦鷯,小鸟也。此语意谓国小居危也。

〔八〕螳螂之拒辙:《庄子·天地》:"犹螳螂之怒臂以当车轶,则必不胜任矣。"陆德明《音义》:"轶音辙,胜音升。"今传成语云:"螳臂当车。"

古者国有诏命〔一〕,皆人主所为。故汉光武时,第五伦为督铸钱掾,见诏书而叹曰:"此圣主也,一见决矣。"〔二〕至于近古则不然,凡有诏敕,皆责成群下。但使朝多文士,国富辞人,肆其笔端,何事不录。是以每发玺诰,下纶言,申恻隐之渥恩,叙忧勤之至意。其君虽有返道败德〔三〕,惟顽与暴。观其政令,则辛、癸不如〔四〕,读其诏诰,则勋、华再出〔五〕。此所谓假手也。

〔一〕古、诏命:《通释》:厚斋《纪闻》云:"汉诏令,人主自亲其文。光武诏曰:'司徒,尧也。赤眉,桀也。'明帝诏曰:'方今上无天子,下无方伯。'岂代言者所为哉? 按:此可证不假手之说。"司徒,指刘玄。

〔二〕"第五伦"数句:《后汉书·第五伦传》:"第五伦,字伯鱼,京兆长陵人也,伦为督铸钱掾,每读诏书,常叹息曰:'此圣主也,一见决矣。'"

〔三〕返道:"返"字,鼎本、郭本、黄本及《通释》均作"反"。《韵会》:"返字通作反。"

〔四〕辛、癸:即商纣、夏桀。《史记·殷本纪》:"帝乙崩,子辛立,是为帝辛,天下谓之纣。"又《夏本纪》:"帝发崩,子帝履癸立,是为桀。"

〔五〕勋、华:即尧、舜。《史记·五帝本纪》:"帝挚崩,而弟放勋立,是为帝尧。"又:"虞舜者,名曰重华。"

盖天子无戏言〔一〕,苟言之有失,则取尤天下。故汉光武谓庞萌可以托六尺之孤〔二〕,及闻其叛也,乃谢百官曰:“诸君得无笑朕乎?”是知褒贬之言,哲王所慎。至于近古则不然。凡百具寮,王公卿士,始有褒崇,则谓其珪璋特达〔三〕,善无可加;旋有贬黜,则比斗筲下才〔四〕,罪不容责。夫同为一士之行,同取一君之言,愚智生于倏忽,是非变于俄顷,帝心不一,皇鉴无恒,此所谓自戾也。

〔一〕天子无戏言:杨《通释补》引《吕氏春秋·重言》篇:“天子无戏言。”

〔二〕庞萌:《通释》:“《后汉书·刘永传》:‘庞萌为人逊顺,甚见信爱,帝尝称曰:“可以托六尺之孤,寄百里之命者,庞萌是也。”拜平狄将军。击董宪而萌反。帝闻之,大怒,与诸将书曰:“吾尝以庞萌社稷之臣,将军得无笑其言乎?”’”按:浦注所引原文见《后汉书·庞萌传》。浦氏引《刘永传》,盖缘刘、庞传同在一卷,先后相接,《后汉书》总目又未列庞萌传目,竟未察及正文中庞萌传目。厥后翁元圻注《困学纪闻》亦误作《刘永传》(见《困学纪闻》卷十三“光武惑庞萌之佞”条元圻案)。

〔三〕珪璋特达:杨《通释补》:“《礼记·聘义》:‘圭璋特达,德也。’”按郑注:“特达,谓以朝聘也。惟有德者无所不达。”珪,瑞玉也,半珪为璋。意谓瑞玉之完好也。

〔四〕斗筲下才:《论语·子路》:“子曰:‘噫!斗筲之人,何足算也。’”朱注:“筲,竹器,容斗二升。斗筲之人,言鄙细也。”《汉书·公孙贺传赞》曰:“斗筲之徒。”又《谷永传》载其谢王凤书曰:“永,斗筲之材。”

夫国有否泰，世有污隆，作者形言，本无定准。故观猗欤之颂〔一〕，而验有殷方兴，睹《鱼藻》之刺〔二〕，而知宗周将殒。至于近代则不然〔三〕，夫谈主上之圣明，则君尽三五〔四〕，述宰相之英伟，则臣皆二八〔五〕。国止方隅，而言并吞六合，福不盈眦〔六〕，而称感致百灵。虽人事屡改，而文理无易，故善之与恶，其说不殊，欲令观者畴为准的〔七〕，此所谓一概也。

〔一〕猗欤之颂：《通释》："《商颂》首篇。《那》小序：'《那》，祀成汤也。'"按：那，古作䣊。《那》首句云："猗与那与！"注："猗，叹辞。那，多也。"又章炳麟《新方言·释词》："猗，亦作阿。今自淮南以至吴越，鄙俗讴歌犹云阿（读若亚）得伟，以是为曼声。"

〔二〕《鱼藻》之刺：《通释》："小序：《鱼藻》，刺幽王也。言万物失其性，王居镐京，将不能以自乐，故君子思古之武王焉。"按：《诗·小雅·鱼藻之什》十四篇，各篇小序均谓刺幽王也。其第十三篇《苕之华》小序有句云"君子闵周室之将亡，伤己逢之"，与《史通》正文下句"而知宗周将殒"相应，似较浦引第一篇《鱼藻》小序更为确切。

〔三〕近代：《通释》注"代"字"一作古"，蜀本、陆本、鼎本、郭本、黄本作"代"。卢《拾补》作"近古"，并云："代非，上亦是'古'字。"孙《札记》改"代"为"古"。杨《通释补》亦云"古"为是。兹仍其旧。

〔四〕三五：传说中之三皇、五帝。

〔五〕二八：《后汉书·张衡传》载其《思玄赋》中有句云："幸二八之遌虞兮，喜傅说之生殷。"注："二八，八元八恺也。遌，遇也。"《左传》文十八年:"昔高阳氏有才子八人,谓之八恺;高辛氏有才子八人,谓之八元。舜臣尧,举八恺使主后土,以揆百事;举八元,使布五教于四方。"皆传说中古代之贤相也。

〔六〕福不盈眦:《通释》注:"眦,或讹作旹(古文"时"字)。"蜀本、陆本、郭本径作"时"。陈《补释》:"语本班固《答宾戏》,作'旹'非。"按《汉书·叙传》及《文选》均载有《答宾戏》原文,其中有句云:"朝为荣华,夕为憔悴,福不盈眦,祸溢于世。"颜师古注引李奇曰:"当富贵之间,视不满目,故言不盈眦也。"

〔七〕畴:《尔雅·释诂》:"畴,谁也。"与"孰"同义。"畴为准的"意即"孰为准的"。

于是考兹五失,以寻文义,虽事皆形似,而言必凭虚。夫镂冰为璧〔一〕,不可得而用也。画地为饼〔二〕,不可得而食之。是以行之于世,则上下相蒙;传之于后,则示人不信。而世之作者,复不之察,聚彼虚说,编而次之。创自起居〔三〕,成于国史。连章疏录,蜀本作"毕",宋本作"疏"。一字无废,非复史书,更成文集。

〔一〕镂冰为璧:陈《补释》:"《盐铁论·殊路》篇:'若画脂镂冰,费日损功。'又晋裴頠《女史箴》:'冰璧虽泽,难以见日。'"按《抱朴子·论仙》亦云:"镂冰雕朽,终无必成之功。"

〔二〕画地为饼:陈《补释》:"《三国志·魏书·卢毓传》:'诏曰:"选举莫取有名,名如画地作饼,不可啖也。"'"按:此诏出自魏明帝。又《贞观政要·择官七》:"官不得其才,比于画地作饼,不可食。”

〔三〕起居:《通释》:“荀悦《申鉴》:‘先帝故事,有起居注,动静之节,必书焉。’《书录解题》:‘起居注,自汉明德马皇后始,汉魏以来因之。’《唐·艺文志》:‘凡实录、诏令等并入起居注类。’《西京杂记》:‘葛洪家有《汉武禁中起居注》一卷。’”按:就史部目录学史言,起居注目实始自《隋书·经籍志》。《隋志》起居注叙详述其源流云:“起居注者,录纪人君言行动止之事。《春秋传》曰:‘君举必书,书而不法,后嗣何观?’《周官》内史掌王之命,遂书其副而藏之,是其职也。汉武帝有《禁中起居注》,后汉明德马后撰《明帝起居注》,然则汉时起居,似在宫中,为女史之职,然皆零落不可复知。今之存者,有汉献帝及晋代已来《起居注》,皆近侍之臣所录。晋时又得《汲冢书》,有《穆天子传》,体制与今起居正同。”故其书目首列《穆天子传》等计四十四部。关于起居注之特征,明焦竑《国史经籍志·史部起居注序》辨之亦甚晰云:“史官记注时事,略有数等。书榻前之错置,有‘时政记’,载柱下之见闻,有‘起居注’。类例则为‘会要’,粹编则为‘实录’。总之以待异日之采择,非正史也。”

若乃历选众作,求其秽累,王沉、鱼豢〔一〕,是其甚焉,裴子野、何之元,抑其次也。陈寿、干宝,颇从简约,犹时载浮讹,未尽机要。“未”一作“罔”。惟王邵撰《齐》、《隋》二史,其所取也,文皆诣实,理多可信,至于悠悠饰词,皆不之取,此实得去邪从正之理,捐华摭实之义也。

盖山有木，工则度之〔二〕，况举世文章，岂无其选，但苦作者书之不读耳。至如诗有韦孟《讽谏》〔三〕，赋有赵壹《嫉邪》〔四〕，篇则贾谊《过秦》〔五〕，论则班彪《王命》〔六〕，张华述箴于女史〔七〕，张载题铭于剑阁〔八〕，诸葛表主以出师〔九〕，王昶书家以诫子〔一〇〕，刘向、谷永之上疏，晁错、李固之对策〔一一〕，荀伯子之弹文〔一二〕，山巨源之启事〔一三〕，此皆言成轨则〔一四〕，为世龟镜〔一五〕。求诸历代，往往而有，苟书之竹帛，持以不刊〔一六〕，则其文可与三代同风，其事可以五经齐列。古犹今也〔一七〕，何远近之有哉？

〔一〕王沉：《三国志》裴注及《魏书》、《晋书》等之本传，"沉"字均作"沈"，兹仍从底本。

〔二〕山有木，工则度之：陈《补释》："《左传》隐十一年文。"按原文乃滕薛两君来朝鲁，争长。隐公使告薛君之辞云："周谚有之曰：'山有木，工则度之；宾有礼，主则择之。'"

〔三〕韦孟《讽谏》：《汉书·韦贤传》云"其先韦孟，为楚元王傅，傅其子夷王及孙王戊，戊荒淫不遵道，孟作诗风谏。后遂去位，又作一篇"，并全文载其四言讽谏诗两首。"或曰：其子孙好事，述先人之志而作是诗也。"

〔四〕赵壹《嫉邪》：《后汉书·文苑·赵壹传》云："赵壹，字元叔。作《刺世疾邪赋》以舒其怨愤。"并全文载入此赋。

〔五〕篇则贾谊《过秦》：贾谊《过秦论》，《史》、《汉》谊传均未载。《史记·秦始皇本纪》悉载此论三篇全文代史论，其次第与后人纂辑之贾子《新书》不同。褚少孙复以"秦孝公据殽函之固"一篇补作《陈涉世家》史论，《汉书·陈胜项籍传》再录入此篇于论赞中，已见《载言》篇注。又《通释》

注："上、中、下分篇，故曰'篇'。"程《笺记》引："范晔《自序》尝自夸其《后汉书·循吏》以下及六夷诸序论，往往不减《过秦》篇。"以此论证知幾"篇则过秦"，实本乎此。

〔六〕论则班彪《王命》：《汉书·叙传》云（班彪）"乃著《王命论》，以救时难"，并悉载此论全文。

〔七〕张华述箴于女史：《晋书·张华传》云："张华，字茂先。当暗主（惠帝）虐后（贾后）之朝，华惧后族之盛，作《女史箴》以为讽。"惟未载原文。《文选》收入张华《女史箴》全文，李善注曰："曹嘉之《晋纪》曰：'张华惧后族之盛，作《女史箴》。'"《隋志》著录"《晋纪》十卷，晋前军谘议曹嘉之撰"，已佚。曹《纪》盖载有原文。

〔八〕张载题铭于剑阁：《晋书·张载传》："张载，字孟阳。道经剑阁，载以蜀人恃险好乱，因著铭以作诫。益州刺史张敏见而奇之，乃表上其文。武帝遣使镌之于剑阁山焉。"《晋书》悉载铭文，《文选》收入此铭文。李善注引臧荣绪《晋书》作题解，其内容略同上引《晋书》之文辞。

〔九〕诸葛表主以出师：《三国志·诸葛亮传》具载亮之《前出师表》，裴注又具录其《后出师表》。

〔一〇〕王昶书家以诫子：《三国志·魏书·王昶传》云"王昶，字文舒。其为兄子及子作名字，皆依谦实以见其意，遂书戒之"，并悉载其诫子书全文。其篇幅之长，几占传文什之七八。又原文"家"字，《通释》改作"字"字，并注云：旧作"家"非。蜀本、陆本、郭本、黄本均作"家"。浦批《训故补》云："'家'乃'字'字之讹，谓名字其诸子。"语亦难解。依传文"遂书戒之"亦可解为遂书致其家，意即作家书也。

〔一一〕刘向、谷永、晁错、李固：《汉书》刘向、谷永传均载有其论天人感应之奏疏多篇。《晁错传赞》云“论其施行之语著于篇”,备载其言术数、兵事乃当世急务二事等对策。《后汉书·李固传》:“李固,字子坚。”传文中备载固论外戚之祸、当世之务及灾异之变等对策。其论当世之务者,有梁冀横暴及一些农民起义史料。

〔一二〕荀伯子之弹文:《宋书·荀伯子传》:“立朝正色,外内惮之,凡所奏劾,莫不深相谤毁,或延及祖祢,示其切直。”传文中载有其对故太尉陈准、故太保卫瓘弹文。

〔一三〕山巨源之启事:《晋书·山涛传》:“山涛,字巨源。涛再居选职十有余年,每一官缺,辄启拟数人,诏旨有所向,然后显奏。随帝意所欲为先。故帝之所用,或非举首,众情不察,以涛轻重任意。涛所奏甄拔人物,各为题目,时称《山公启事》。”本传节录其求退表奏数则,未载启事。

〔一四〕言成轨则:陈《补释》引《史记·律书》:“物度轨则。”又庾信《彭城公夫人尔朱氏墓志铭》:“动合诗礼,言成轨则。”按庾说见《庾子山集》卷十六“志铭”。又《艺文类聚》卷二十三《鉴诫》引嵇绍《赠石季伦诗》:“烦辞伤轨则。”《颜氏家训·杂艺》篇:“未甚识字,轻为轨则。”《十六国春秋》卷二十七《前燕录五》:“敬慎威仪,示民轨则。”

〔一五〕为世龟镜:陈《补释》引《北史·长孙绍远传》:“扬榷而言,足为龟镜。”按《北史·长孙道生传》附其从祖绍远传。又《册府元龟》卷五百五十四《国史部》:“唐房玄龄为左仆射,贞观十年正月,与魏征、姚思廉、李百药、孔颖达、令狐德棻、岑文本、许敬宗等,撰成周、隋、陈、齐、梁等五代史,诣阙上之。太宗劳之曰:‘览前王之得失,为在身之龟镜(云云)。’”

〔一六〕持以不刊:“以”字,蜀本、陆本、鼎本、郭本、黄本均作“之”。《通释》注:一作“之”。杨《通释补》:“‘之’字盖涉上句而误,《浮词篇》‘持用不刊’可证。‘用’与‘以’谊同。”陈《补释》:“《方言·答刘歆书》:‘张伯松曰:是悬诸日月不刊之书也。’”按应劭《风俗通义》原序亦载是语。又《十六国春秋》卷六十四《南燕录二》:“先圣之经,不刊之典。”

〔一七〕古犹今也:杨《通释补》:“《庄子·知北游》篇:冉求问于仲尼曰:‘未有天地,可知邪?’仲尼曰:‘可,古犹今也。’”按《列子·杨朱》:“五情好恶,古犹今也;四体安危,古犹今也;世事苦乐,古犹今也;变易治乱,古犹今也。”

昔夫子修《春秋》,别是非、申黜陟,而贼臣逆子惧。凡今之为史而载文也,苟能拨浮华、采真实〔一〕,亦可使夫雕虫小伎者〔二〕,闻义而知徙矣。此乃禁淫之堤防,持雅之管辖,凡为载削者,可不务乎?

〔一〕真:鼎本、郭本、黄本同,《通释》、卢《拾补》、孙《札记》均改“贞”。

〔二〕雕虫小伎:《通释》引《法言·吾子》:“或问:‘吾子好赋?’曰:‘童子雕虫篆刻。’俄而曰:‘壮夫不为也。’”

补注第十七

【解　题】

此篇论史注。史注与经注虽均应以训诂为主,但儒士注经，重在昌明经义，而史家注史，则应补史之阙文。盖缘史家秉笔，必有去取，故史例贵严；而注者作注，必掇异补阙，故史注贵博。知幾总结前史旧注，约有三种类型。陈寿采《季汉辅臣》殿蜀志，注疏本末，以补蜀志之阙；常璩集约《华阳》士女，因自注解。是注他人之作，以补自著之未备也，此其一。裴注《三国志》，刘注《世说》，就他人著作，补阙考异，收录特详，此其二。而杨氏《洛阳伽蓝记》等，自作子注，探本溯源，仿左氏之传《春秋》，导后此纲目之先路，然其事仍属补正文之阙，此其三。就此三类而论，则史注于释文之外，实尚有补阙、考异两项任务。盖修史必有所刊削，而阙文异事无有涘涯。注者倘仅喜聚异同，采其所捐，自不免拾核掯滓之诮。裴注之失，在于"不加刊定"。吕《评》谓此语"在当时自为笃论"，并从而申论之曰："裴氏考辨之语，十无一二，徒勤采获，而甘苦不分。"此评极精。吾人今日视裴注如拱璧，实缘当时知幾获见之汉、魏诸史，今已久佚，赖裴注得窥其一二，其说乃从史料学角度而言。知幾所论，史注之注例也。章实斋在其《文史通义》中，复撰为《史注》曰："史无注例，其势不得不日趋于繁富。"更明确指出史注既为治史者所不可少，而注例亦为论史者所不可忽。纪《评》既云"裴注未可深抑"，又谓"此篇乃史家之细务"，是乃经师、文士之见，不足与论史也。

昔《诗》、《书》既成，而毛、孔立传。传之时义，以训诂为主，亦犹《春秋》之传，配经而行也。降及中古，始名传曰注，盖传者转也，转授于无穷；注者流也，流通而靡绝。惟此二名，其归一揆。如韩、戴、服、郑，钻仰六经〔一〕，裴、李、应、晋，训解三史〔二〕，开导后学，发明先义，古今传授，是曰儒宗。

〔一〕韩、戴、服、郑，钻仰六经：即韩婴、戴德、戴圣、服虔、郑玄。

韩婴：《汉书·儒林·韩婴传》："韩婴，燕人也，孝文时为博士。婴推诗人之意，作内外传数万言。韩生亦以《易》授人，推《易》意而为之传。"王世贞称《外传》引诗以证事。钱惟善序云："今存（韩诗）《外传》十篇，非韩婴传诗之详者。"盖已有阙佚矣。

戴德、戴圣：《汉书·儒林·孟卿传》："孟卿，东海人也。事萧奋以授后仓，仓说《礼》数万言，授梁戴德、戴圣、沛庆普孝公。德号大戴，圣号小戴。"由是礼有大戴、小戴、庆氏之学。《汉志·礼叙》亦云："汉兴，鲁高堂生传《士礼》十七篇，讫孝宣世，后仓最明。戴德、戴圣、庆普皆其弟子，三家立于学官。"《隋志》著录："《大戴礼记》十三卷，戴德撰。《石渠礼论》四卷，戴圣撰。"又"礼类叙"云："汉末，郑玄传小戴之学。"今传《大戴礼》十三卷，总四十篇，《礼记》二十卷，戴圣撰，郑玄注。

服虔：《后汉书·儒林下·服虔传》："服虔，字子慎，作《春秋左氏传解》，又以《左传》驳何休之所驳汉事六十条。"《隋志》著录："《春秋左氏传解谊》三十一卷，汉九江太守服虔注。"其叙《春秋左氏传》云："然诸儒传《左氏》者甚众，其后贾逵、服虔，并为训解，至魏遂行于世。晋时杜预又为《经传集解》。"

郑玄：《后汉书·郑玄传》："郑玄，字康成，北海高密人。凡玄所注《周易》、《尚书》、《毛诗》、《仪礼》、《礼记》、

《论语》、《孝经》、《尚书大传》(等)凡百余万言,玄质于辞训,通人颇讥其繁。至于经传洽熟,称为纯儒。”郑注今行于世。

〔二〕裴、李、应、晋,训解三史:即裴骃、李斐、李奇、应劭、晋灼。

裴骃:《宋书·裴松之传》:“松之子骃,南中郎参军,注司马迁《史记》,行于世。”《史记集解序》之《索隐》:“骃字龙驹,河东闻喜人。”《正义》:“裴骃采九经诸史并《汉书音义》及众书之目,而解《史记》,故题《史记集解序》。”

李斐、李奇:颜师古《前汉书叙例》列诸家注释名氏有:“李斐不详所出郡县。李奇,南阳人。”又《后汉书·蔡邕传》云:“又托河内郡吏李奇为州书佐。”不识是否即注《汉书》者。

应劭:《后汉书·应奉传》:“奉子劭,字仲远。少笃学,博览多闻,拜太山太守,著《汉官礼仪故事》,又集解《汉书》。”《隋志》著录:“《汉书》一百一十五卷,应劭集解。《汉书集解音义》二十四卷,应劭撰。”又《前汉书叙例》云:“今之《集解音义》,后人见者,不知臣瓒所作,乃谓之应劭。”

晋灼:颜师古《前汉书叙例》:“晋灼,河南人,晋尚书郎。”《隋志》著录:“《汉书集注》十三卷,晋灼撰。”

既而史传小书,人物杂记,若赵岐之《三辅决录》〔一〕,陈寿之《季汉辅臣》〔二〕,周处之《阳羡风土》〔三〕,常璩之《华阳士女》〔四〕,文言美辞,列于章句,委曲叙事,存于细书。此之注释,异夫儒士者矣〔五〕。

〔一〕赵岐之《三辅决录》:《隋志》:"《三辅决录》七卷,汉太仆赵岐撰,摰虞注。"赵岐,卢《拾补》校作"摰虞",并作注引冯(已苍)云:"赵岐撰《三辅决录》,摰虞为注。今本作'赵岐',便失本意。"蜀本、陆本作"贽虞",鼎本及《通释》均作"摰虞",郭本、黄本作"赵岐"。以下列举三书,周处、常璩均系撰者,不是注者,此处自仍以"赵岐"为是。

〔二〕陈寿之《季汉辅臣》:陈寿在《三国志·蜀书·杨戏传》末云:"戏以延熙四年(241)著《季汉辅臣赞》,是以记之于左,其戏之所赞,而今不作传者,余皆注疏本末,于其辞下。"例如其赞邓孔山,由于在蜀志中未为邓立传,陈寿乃注云"孔山,名方,南郡人也"云云。陈寿编《杨戏传》于《蜀书》末卷,并就其《季汉辅臣赞》补注,以补其传文之不足,颇具匠心。

〔三〕周处之《阳羡风土》:《晋书·周处传》:"周处,字子隐,义兴阳羡人也,著《风土记》。"《隋志》著录:"《风土记》三卷,晋平西将军周处撰。""风土"原作"土风",《通释》已改,今据《晋书》、《隋志》改。书佚,有无注文,已无可考。

〔四〕常璩之《华阳士女》:《隋志》霸史类著录:"《华阳国志》十二卷,常璩撰。"《晋书·李势载记》:"桓温率水军伐势,常璩等劝势降。"《十六国春秋·蜀录》:"常璩,字道将,蜀成都人,著《华阳国志》十篇,序开辟以来,迄于李势。"其书旧本《先贤士女总赞论》,益、梁、宁三州士女目录亦缺。今传本乃宋明人补缀窜易,见于《太平御览》、《太平寰宇记》及他书所引而不见于今本者颇多,显然已非尽如原本之旧。故其旧本《士女总赞目录》即有补注,亦必脱去。《通释》云常书注"无考",当据旧本说;陈《补释》云"今《华阳国志》士女多自注”，则就今本言。两说虽异，实可并存。

〔五〕此之注释，异夫儒士：纪《评》：“班《志》已有自注。”班《书》十表及《地理》、《艺文》两志，皆有自注。按：《书志》篇注亦有班注引文，可参看。

次有好事之子，思广异闻，而才短力微，不能自达。庶凭骥尾，千里绝群〔一〕。遂乃掇众史之异词，补前书之所阙。若裴松之《三国志》，陆澄〔二〕、刘昭两《汉书》〔三〕，刘彤《晋纪》〔四〕，刘孝标《世说》之类是也〔五〕。

〔一〕庶凭骥尾，千里绝群：陈《补释》：“《史记·伯夷传》：‘附骥尾而行益显。’《索隐》：‘苍蝇附骥尾而致千里。’”杨《通释补》：“《文选》王褒《四子讲德论》：‘夫蚊虻终日经营，不能越阶序，附骥尾则涉千里。’”

〔二〕陆澄：《南齐书·陆澄传》：“澄，字彦渊，吴郡吴人也。少好学博览，王俭戏之曰：‘陆公书厨也。’”《隋志》：“《汉书注》一卷，齐金紫光禄大夫陆澄撰。”其书不传。

〔三〕刘昭：《南史·文学·刘昭传》：“昭，字宣卿，平原高唐人。勤学善属文，外兄江淹早相称赏。昭集《后汉》同异，以注范晔《后汉》，世称博悉。”《隋志》著录“《后汉书》一百二十五卷，范晔本，梁剡令刘昭注”，已佚。今传范晔《后汉书》，其中志三十卷，乃刘昭取司马彪《续汉书》八志三十卷以补并注者。昭自序云：“乃借旧志，注以补之，分为三十卷，以合范史。”彪志评述制度，昭注尤谙累朝掌故，荟萃群说，为之折中。

〔四〕刘彤：《梁书·刘昭传》：“昭伯父彤，集众家《晋书》，注干宝《晋纪》为四十卷。”

〔五〕刘孝标《世说》:《世说新语》刘义庆撰,刘孝标注。收录诸家小史,分释其义。孝标名峻,见《六家·尚书家》注。

亦有躬为史臣,手自刊削〔一〕,虽志存该博,而才阙伦叙,除烦则意有所吝,毕载则言有所妨。遂乃定彼榛楛,列为子注。若萧大圜《淮海乱离志》〔二〕、杨衒之《洛阳伽蓝记》〔三〕、宋孝王《关东风俗传》〔四〕、王邵《齐志》之类是也〔五〕。

〔一〕躬为史臣,手自刊削:“削”字,蜀本、陆本、鼎本同,《通释》臆改为“补”。纪《评》:“此条亦是自注,宜在裴、陆等一条之前。”《文史通义·史注》:“《史通》画补注之例为三条,其所谓小书人物之《三辅决录》、《华阳士女》与所谓史臣自刊之《洛阳伽蓝》、《关东风俗》,虽名为二品,实则一例。”程《笺记》:“第一类中有为人书作注者,挚虞、陈寿是也,亦有自注者,周处、常璩是也。虽有自注、注他之别,同是‘文言美辞,列于章句,委曲叙事,存于细书’,故自成一族。第二类则属‘思广异闻’,为他书作注。第三类则是‘志存该博’,为己书作注。以‘补阙’、‘毕载’之法,附益原书,故又成一族。”按:程氏仍持知幾“三族”之说,是。惟将第一族强分他注、自注,总以“细书委曲”为类,亦难服人。赵、周两书早佚,自难悬揣。常书末卷《士女》目录,明白题为“常道将集”(据顾校廖刻本),则常书《士女》总采及目录,亦犹陈寿《辅臣赞》采集他人之作纳入己著,复从而为之注,与二三两类、他注自注均有不同,故另为一族。

赵、周两书，或有类于此，亦不能遽认赵岐及挚虞之妄改。知幾谓："注者或因人成事，或自我作故。"一二两族，乃注他人之文或书者，是因人成事，三族自注，是自我作故。文章次第，井然有序。

〔二〕萧大圜《淮海乱离志》：《通释》："《周书》：'大圜，字仁显，梁简文帝子。'《隋志》：'《淮海乱离志》四卷，萧世怡撰，叙侯景之乱。'新旧《唐志》并作萧大圜撰，世怡岂即其人欤？本传缺录其书，而志亦不言有注。"彭啸咸《史通增释》云："世怡名泰，《周书》、《北史》自有传，非即大圜也。"又云："《淮海乱离志》四卷，据《周书》、《北史》乃萧园肃撰，《史通》、《隋志》皆误。"复校彭说甚是。按：萧世怡与大圜、园肃同在《周书》卷四十二列传中。世怡，梁武帝弟鄱阳王恢之子，乃武帝之侄，而大圜乃武帝之孙也。园肃，梁武帝之孙武陵王纪之子也，撰《淮海乱离志》四卷行于世。《史通》误作萧大圜。

〔三〕杨衒之《洛阳伽蓝记》：注见《书志》篇。"杨"字，黄本、《通释》均改作"羊"。卢《拾补》云："'羊'讹，后称'萧杨'，不误。"《四库全书总目》云："《洛阳伽蓝记》五卷，后魏杨衒之撰。刘知幾《史通》作羊衒之，晁公武《读书志》亦同。然《隋志》亦作杨，与今本合，疑《史通》误也。其里贯未详，据书中所称，知尝官抚军司马耳。据《史通·补注》篇，则衒之此记，实有自注，世所行本皆无之，不知何时佚脱。然自宋以来，未闻有引用其注者，则其刊落已久，今不复可考矣。"而《通释》则云："《洛阳伽蓝记》序：'余才非著述，多有遗漏，后之君子，详其阙焉。'亦不言记内有注。"按：衒之是书先城内后城外，依远近分列寺名，立寺人名及方位，次复注其四至及佛殿浮图佛像供具等，与上陈、常之赞目同，有似纲目，其目盖即注也。

〔四〕《关东风俗传》：见前《书志》篇《艺文志》原文及注。《旧唐志·杂史》著录："《关东风俗传》六十三卷，宋孝王撰。"

〔五〕王邵《齐志》：见《六家·左传家》注。卢《拾补》云："何（义门）云案邵传，撰《平贼记》三卷，当是此书，'齐志'二字，传写误也。"孙《札记》亦引卢文作校记。按《北史·王慧龙附其五世孙劭传》云："劭字君懋，仕齐，入周，隋文帝授著作佐郎。后迁秘书少监，卒于官。在著作将二十年，专典国史，撰《隋书》八十卷，初撰《齐志》为编年体，二十卷，复为《齐书》纪传一百卷，及《平贼记》三卷，指摘经史谬误，为《读书记》三十卷，时人服其精博。"书俱佚，有无自注或后人注释，均无可考。然其《读书记》实为记注之书，知幾或指此书欤？

榷其得失，求其利害，少期集注《国志》，以广承祚所遗，而喜聚异同，不加刊定，恣其击难，坐长繁芜。观其书成表献，自比蜜蜂兼采〔一〕。但甘苦不分，难以味同萍实者矣〔二〕。陆澄所注班史，多引司马迁之书。若乃此缺一言，彼增半句，皆采摘成注，标为异说。有昏耳目，难为披览。蜀本作"搜"，宋本作"披"。切惟范晔之删《后汉》也，简而且周，疏而不漏，盖云备矣。而刘昭采其所捐，以为补注〔三〕，言尽非要，事皆不急。譬夫人有吐果之核，弃药之滓，而愚者乃重加捃拾，洁以登荐，持此为工，多见其无识也。孝标善于攻缪，博而且精。固以察及泉鱼〔四〕，辨穷河豕〔五〕。嗟乎！以峻之才识，足堪远大，而不能探赜彪、峤，网罗班、马，方复留情于委巷小说，锐思于流俗短书，可谓劳而无功，费而无当者矣。

〔一〕“少期”至“自比蜜蜂兼采”：指裴松之《三国志注》。《宋书·裴松之传》云：“松之，字世期。上使注陈寿《三国志》，松之鸠集传记，增广异闻，既成奏上，上善之曰：‘此为不朽矣。’”《史通》避唐太宗李世民名讳，改作少期。《三国志》载其《上〈三国志注〉表》云：“寿书失在于略，时有所脱漏。（故）上搜旧闻，傍摭遗逸，以补其阙，以备异闻，以惩其妄，以愚意有所论辩。”又云：“缋事以众色成文，蜜蜂以兼采为味，故能使绚素有章，甘逾本质。”

〔二〕难以味同萍实：《通释》引《家语》：“孔子曰：吾闻童谣曰：‘楚王渡江得萍实，大如斗，赤如日，剖而食之，甜如蜜。’”陈《补释》曰：“《说苑·辩物》篇：‘楚昭王渡江，有物大如斗，直触王舟，使问孔子，曰：萍实也。’《家语·致思》篇袭其文而更加益之。”按：知幾此句，乃针对松之表文“甘逾本质”而言，《通释》引《家语》较切原文。

〔三〕刘昭采其所捐，以为补注：“以”字下至文末，蜀本、陆本、鼎本缺脱，而羼入《因习》篇文字，孙《札记》据此本校补，郭本、黄本均与象本同。卢《拾补》：“刘昭所注，今唯有司马彪之《续志》，如刘氏言，则亦尝并注范书。”

〔四〕固以察及泉鱼：陈《补释》：“‘泉’字避讳，本作‘渊’。《列子·说符》篇：‘察见渊鱼者不祥。’《韩非子·说林上》篇：‘知渊中之鱼者不祥。’又见《史记·吴王濞传》。”按韩子《说林》注引古谚于此句下续云：“智料隐匿者有殃。”《吴王澬传》此句注亦引张晏曰:“喻人君不当见尽下之私。”

〔五〕辨穷河豕:陈《补释》引《吕氏春秋·察传》篇云:“子夏之晋,过卫,有读史记者曰:‘晋师三豕涉河。’子夏曰:‘非也,是己亥也。’‘己’与‘三’相近,‘豕’与‘亥’相似,至于晋而问之,则曰‘晋师己亥涉河’也。又见《家语·七十二弟子解》。”按:高诱训解:“‘己’,古文作‘亡’。”

自兹已降,其失逾甚,若萧、杨之琐杂,王、宋之鄙碎,言殊拣金〔一〕,事比鸡肋〔二〕,异体同病,焉可胜言。大抵撰史加注者,或因人成事,或自我作故,记录无限,规检不存。难以成一家之格言,千载之楷则,凡诸作者,可不详之。

〔一〕拣金:陈《补释》引《世说·文学》篇:“孙兴公云:‘陆文若排沙简金,往往见宝。’《诗品》上作谢混语,‘排’字作‘披’。”按:孙兴公即孙绰字,《晋书》本传曰:“绰,太原人,有高尚之志,尝作《天台山赋》,辞致甚工。除著作佐郎,迁散骑常侍,领著作郎。”陆指陆机。谢混,据《晋书》本传曰:“字叔源,为尚书左仆射。”

〔二〕鸡肋:陈《补释》:“《三国志·魏书·武帝纪》注引《九州春秋》曰:‘夫鸡肋弃之如可惜,食之无所得。’”

至若郑玄、王肃〔一〕,述五经而各异,何休〔二〕、马融〔三〕,论三传而竞爽。欲加商榷,其流实烦。斯则义涉儒家,言非史氏。今并不书于此焉。

〔一〕郑玄、王肃:注见前,东汉经学大师。经今文学之衰替由于郑、王混淆家法,但其经说亦各异趣。

〔二〕何休:《后汉书·儒林·何休传》:“休字邵公,任城樊人也。精研六经,世儒无及者,作《春秋公羊解诂》。”其学专主《公羊》,力排《左》、《穀》,《解诂》流传至今。

〔三〕马融:《后汉书·马融传》:“融,字季长,扶风茂陵人也。才高博洽,为世通儒,尝欲训《左氏春秋》,及见贾逵、郑众注,乃曰:‘既精既博,吾何加焉。’但著《三传异同说》。”其治《春秋》乃宗左氏学者。

因习上第十八〔一〕

【解 题】

此篇题名“因习”,是反对修史因仍旧贯,袭用不改。他以三王各异礼、五帝不同乐为事实根据,提出因俗、随时之义,来指斥事有贸迁,而言无变革,是胶柱刻舟之愚。通篇贯穿着重视世事变革,尊重客观事实之治史态度。

因俗、随时之义既明,以下即列举诸史因习之失。“薨、卒”书例,原以区别诸侯、大夫。孔子修《春秋》,曲存鲁史之义,鲁公称“薨”,不得不略外诸侯书“卒”。《史记》列国王侯一律称“卒”,难道也是略外别内吗?显然不是。下文复以鲁史不谓其邦为鲁国作例,如《春秋》鲁国国君仅称“公”,而他国必冠国名。《史记》事总古今,势无主客,所以言及汉主亦称汉王,固是。其列国世家书诸侯之死一律称“卒”,亦是。浦氏就其设问之辞,认为是“指迁《史》书卒误因之失”,是浦氏对文义的误解。至班荀《书》、《纪》,既以“汉”名书,就不应以“沛”、“汉”冠于“公”、“王”之上。浦谓“此指班、荀误因之失”，是。综合《春秋》、《史》、《汉》之书“卒”，称国之是非，乃就史体论史法。事物本身不同，表现方法亦应随之而异。不是泛论原则，而是分析具体问题。知幾千数百年前能有此史识，是其不可及处。浦氏之误，在于未能从史学角度研读此书耳。

陈涉血食至今，蜀人至今称严。时移而言无变革，昧于随时之义矣，亦不必以古人著书，多直录他人之辞，曲为之解也。

《中兴书》“事具刑法志”之误，咎在不精，徒成虚述，作者宜引为戒。

范史标目烦碎，《题目》篇已有论列，复按今本范书类传标目，与《史》、《汉》诸史无殊。《十驾斋养新余录》云：“旧史目录皆后人增加。”知幾所见，当与今本不同。

由于夷夏之防，主奴之见，正闰之分，顺逆之别，必多反映为史书之褒贬失当，知幾不能不有所反对。故此篇所论，特别指出前史有迫于当世，难以直言，而后史修撰时，已无逼畏，却仍因习不改，皆有失允当。

其次，他就史部目录指出阮氏《七录》在纪传录中首辟伪史部以后，《隋志》即于正、古、杂史之外，别置霸史一目。他首先肯定东晋偏安之时，阮孝绪可以十六国史书为伪史，而隋统一以后，《隋志》就不必因习阮录。同时，他又进一步申论国之有伪，由来已久，如别立伪霸史目，则应类聚相从，不可仅限于十六国史书。后来《宋史·艺文志》在其霸史目，首列《越绝书》、《吴越春秋》，次及萧方等《三十国春秋》，而殿以南唐、蜀、吴等十国史书计四十四部。《四库全书总目》及《清史稿》以载记为目，亦仿《宋史》录自《吴越春秋》诸书，下至西夏、南诏及《明氏（玉珍）实录》等，此亦知幾在史部目录学上之影响。

浦氏《通释》按云："伪史一节，猝难会悟，于《越绝书》牢执'子贡作'三字，遂生多少惊疑。至第三易稿，乃始悟刘之意不过曰：凡方隅偏据之史，皆可收归一门。"浦氏悟及在旧史目录中，凡割据政权，皆可归入霸伪史类，确是知幾本意。

又蜀本篇题作"因袭上"，注"缺文"。陆深明嘉靖十四年刻本于此篇篇末附记略云："《史通》十卷，旧本定为三十八篇，篇系一事，惟《因习》分为上下篇，旧称文缺。今本存三十七篇，此因订正《曲笔》、《鉴识》二篇错简，乃类为一篇以还之。"按：此篇陆氏即以《曲笔》篇中"古者诸侯并争"至"安可言于史耶"，下接《鉴识》篇"张晏云迁殁后亡"数字，又接《曲笔》篇"史职"至"故加兹谤议者也"，文意既与《因习》题目不合，且亦无法通读。鼎本悉依其旧，孙《札记》据象本校补。

盖闻三王各异礼，五帝不同乐〔二〕。故传称因俗〔三〕，《易》贵随时〔四〕。况史书者，记事之言耳。夫事有贸迁，而言无变革，此所谓胶柱而调瑟〔五〕、刻船以求剑也〔六〕。

〔一〕因习上第十八：此篇开头"盖闻三王各异礼"至"严君平既卒，蜀人"，鼎本全缺，孙《札记》据象本校补，并冠以"因习上第十八"题目。郭本、黄本均同象本。孙《札记》引冯已苍评曰："旧本因习十八，邑里十九。"盖因下篇以"邑里"为目，此篇遂去"上"字。《通释》即沿旧本为题，又"因习"之"习"字，浦注："与'袭'通。"按《汉书·刘歆传》载其《移让太常博士书》曰："汉兴，去圣帝明王遐远，仲尼之道又绝，法度无所因袭。"谓因承旧法而袭用之也。

〔二〕"盖闻"二句：杨《通释补》："《礼记·乐记》：'五帝殊时，

不相沿乐;三王异世,不相袭礼。'"按郑氏注云:"言其有损益也。"《论语·为政》子曰:"殷因于夏礼,所损益,可知也。周因于殷礼,所损益,可知也。"《太平御览》卷六百二十三《治道部四》载匡衡《上元帝政治得失疏》:"五帝不同乐,三王各异教,民俗殊务,所遇之时异也。"均足说明有所因,亦有所革也。

〔三〕传称因俗:陈《补释》:"《史记·齐太公世家》:'太公至国,修政,因其俗。'又《史记·鲁世家》作:'从其俗。'"

〔四〕《易》贵随时:陈《补释》:"《周易·随》卦彖曰:'随,大亨贞无咎,而天下随时,随时之义大矣哉!'"

〔五〕胶柱而调瑟:注见《断限》篇。

〔六〕刻船以求剑:《通释》节引《吕览·察今》,兹录《察今》原文曰:"楚人有涉江者,其剑自舟中坠于水,遽契(刻也)其舟曰:'是吾剑之所从坠。'舟止,从其所契者入水求之,舟已行矣,而剑不行,求剑若此,不亦惑乎?"

古者诸侯曰薨,卿大夫曰卒〔一〕,故《左氏传》称楚邓曼曰"王薨于行,国之福也"〔二〕,又郑子产曰"文、襄之伯,君薨,大夫吊"〔三〕,即其证也。按夫子修《春秋》,实用斯义,而诸国皆卒,鲁独称薨者,此略外别内之旨也〔四〕。马迁《史记》西伯已下与诸列国王侯,凡有薨者,同加卒称,此岂略外别内邪?何贬薨而书卒也。

〔一〕薨、卒:《通释》:"《公羊》隐三:'天子曰崩,诸侯曰薨,大夫曰卒,士曰不禄。'"

〔二〕王薨于行,国之福也:《左传》庄四年,楚武王夫人邓曼语。

时将伐随而王心荡，邓曼叹“王禄尽矣”，如死于征途，不死于敌人之手，亦“国之福也”。

〔三〕文、襄之伯，君薨，大夫吊：《左传》昭三年略云：“子大叔曰：‘昔文、襄之霸也，君薨，大夫吊。’”注曰：“文、襄，晋文公、襄公也。”是乃“郑游吉如晋，送少姜之葬”之辞。子大叔即游吉，知幾误作子产。

〔四〕略外别内：杨《通释补》：“《公羊》隐十年《传》：‘《春秋》录内而略外。’”按：《春秋释例》曰：“诸侯曰薨，大夫曰卒，古之制也。《春秋》所称，曲存鲁史之义，内称公而书薨，所以自尊其君，则不得不略外诸侯书卒以自异也。”

盖著鲁史者，不谓其邦为鲁国，撰周书者，不呼其上曰周王〔一〕。如《史记》者，事总古今，势无主客，故言及汉祖，多为汉王，斯亦未为累也。班氏既分裂《史记》，定名《汉书》，至于述高祖为公、王之时，皆不除沛、汉之字。凡有异方降款者，以归汉为文。肇自班《书》，首为此失，迄于仲豫〔二〕，仍踵厥非，积习相传，曾无先觉者矣〔三〕。

〔一〕上：原误刊作“土”，今改。《通释》注曰：“一作‘王’。”卢《拾补》校曰：“‘王’讹。”孙《札记》校注：“顾（广圻）作‘主’。”

〔二〕仲豫：荀悦字，著《前汉纪》，见《六家·左传家》注。

〔三〕曾无先觉：陈《补释》：“语出《宋书·谢灵运传论》。”按：原文云：“张、蔡、曹、王，曾无先觉。”

又《史记·陈涉世家》，称其子孙至今血食。《汉书》复有《涉传》，乃具载迁文。按迁之言，实孝武之世也。固之言今，当孝明之世也。事出百年，语同一理。即如是，岂陈氏苗裔，祚流东京者乎？斯必不然。《汉书》又云：严君平既卒，蜀人至今称之〔一〕，皇甫谧全录斯语，载于《高士传》〔二〕。夫孟坚、士安，年代悬隔，“至今”之说，岂可同云？夫班之习马，其非既如彼，谧之承固，其失又如此。迷而不悟，奚其甚乎！

何法盛《中兴书·刘隗录》称其议狱事具《刑法志》〔三〕，依检志内，了无其说。既而臧氏《晋书》，梁朝《通史》，于大连之传，并有斯言。志亦无文，传内虚述。此又不精之咎，同于玄晏也。

〔一〕严君平既卒，蜀人至今称之：《汉书·王贡两龚鲍传》序："君平终，蜀人爱敬，至今称焉。"

〔二〕"皇甫谧"至"《高士传》"："士"原误作"氏"，黄本同，据蜀本、陆本、鼎本、郭本及《通释》改。卢《拾补》校云："'氏'讹。"《晋书·皇甫谧传》："谧，字士安。"其事迹已见前注。今传《高士传》中《严遵传》（君平名遵）无上引《汉书》句。按：南宋李石《续博物志》云："孔安国撰孔子弟子七十二人，刘向传《列仙》亦七十二人，皇甫士安（谧）撰《高士》亦七十二人。"《四库总目》著录："《高士传》三卷。"《提要》云："此本多至九十六人。《读书志》亦作九十六人，而《书录解题》称：自披衣至管宁惟八十七人。是宋时已有二本（指晁公武与陈振孙所见本不同），窜乱非其旧矣。"而今传本王谟《题识》云："今丛书本自被衣至焦先又九十一人。数皆不合。"知幾所见古本与今传本不同，自不能据今本为士安辩解。

〔三〕刘隗："隗"字原误作"魏"，郭本仍其误，据蜀本、陆本、鼎本、黄本、《通释》改。《晋书·刘隗传》："隗，字大连，彭城人，避乱渡江，元帝以为从事中郎。迁承相司直，委以刑宪。"传文载有其议狱奏章数篇，无"具刑法志"一语，盖已纠何、臧、梁武诸书之误矣。

寻班、马之列传，皆具编其人姓名。如行状尤相似者，则共归一称，若《刺客》、《日者》、《儒林》、《循吏》是也。范晔既移题目于传首，历姓名于卷中〔一〕，而犹于列传之下，注为《列女》、《高隐》等目〔二〕。苟姓名既书，题目又显，是邓禹、寇恂之首，当署为公辅者矣，岑彭、吴汉之前，当标为将者矣。触类而长，实繁其徒，何止列女、孝子、高隐、独行而已。

魏收著书，标榜南国，桓、刘诸族，咸曰岛夷。是则自江而东，尽为卉服之地〔三〕。至于刘昶、沈文秀等传〔四〕，叙其爵里，则不异诸华。刘裕等传皆云丹徒楚人也，沈文秀等传则云吴兴武康人。岂有君臣共国，父子同姓，阖闾、季札〔五〕，便致土风之殊，孙策、虞翻〔六〕，仍成夷夏之隔。求诸往例，所未闻也。

〔一〕历姓名于卷中："历"字，蜀本、陆本、鼎本、郭本同，黄本、《通释》作"列"。卢《拾补》校改"历"为"列"，注："宋'历'。"又"卷中"，《通释》注："谓传中也。"参见《题目》篇。

〔二〕注为《列女》、《高隐》等目：陈《补释》："今范氏《后汉书·逸民传》无高隐之目。"程《笺记》："钱大昕《十驾斋养新余录》卷中《史》、《汉》目录条：'范史本题逸民，此云高隐者，避唐讳，非误记也。'"陈氏偶失检点，故有此说。

〔三〕自江而东，尽为卉服之地：《书·禹贡》："岛夷卉服。"《尔雅·释草》："卉，草。"即蓑草雨衣，今通称蓑衣。又"而东"两字，原误乙为"东而"，今乙正。

〔四〕刘昶、沈文秀：《魏书·刘昶传》："昶，字休道，义隆（即宋文帝）第九子也。间行来降，朝廷嘉重之，封丹阳王。"又《沈文秀传》："文秀，字仲远，吴兴武康人。"文秀战败被俘，后降仕于魏，昶于刘宋为父子，文秀于宋为君臣。

〔五〕阖闾、季札：据《史记·吴太伯世家》，阖闾乃季札长兄诸樊之子。

〔六〕孙策、虞翻：据《三国志·吴书·虞翻传》，翻仕于吴孙策为功曹，复出为富春长。

当晋宅江淮，实膺正朔，嫉彼群雄，称为僭盗。故阮氏《七录》〔一〕，以田、范、裴、段诸记〔二〕，刘、石、符、姚等书〔三〕，别创一名，题为伪史。及隋氏受命，海内为家，国靡爱憎，人无彼我。而世有撰《隋书》之《经籍志》者，其流别群书，还同阮《录》。按国之有伪，其来尚矣。如杜宇作帝〔四〕，勾践称王，孙权建鼎峙之业，萧詧为附庸之主。而扬雄撰《蜀纪》〔五〕，子贡撰《越绝》〔六〕，虞裁《江表传》〔七〕，蔡述《后梁史》〔八〕，考斯众作，咸是伪书。自可类聚相从，合成一部。何止取东晋一世十有六家而已乎？

〔一〕阮氏《七录》：《隋志》著录"《七录》十二卷。（梁）阮孝绪撰"。阮氏《自序》云："今所撰《七录》，《序经典录》为内篇第一,《记传录》为内篇第二,《子兵录》为内篇第三,《文集录》为内篇第四,《术伎录》为内篇第五,《佛法录》为外篇第一,《仙道录》为外篇第二。”是我国目录学史上承前启后之作,为《隋志》部类所取法。其《记传录》内,首创伪史部子目,后此目录书几均有伪史、霸史或载记子目,如《隋志》史部有霸史,《新唐志》有伪史。

〔二〕田、范、裴、段诸记:《隋志》史部霸史目著录:“《赵书》十卷,记石勒事,伪燕田融撰。《燕书》二十卷,记慕容儁事,伪燕范亨撰。《秦记》十一卷,宋殿中将军裴景仁撰。《凉记》十卷,记吕光事,伪凉段龟龙撰。”共二十七部。

〔三〕刘、石、符、姚:即前赵刘氏、后赵石氏、前秦苻氏、后秦姚氏,用以代表当时十六国所谓“伪霸”政权。又“符”字,《晋书》、《十六国春秋》均作“苻”。据《晋书·前秦载记》,蒲洪以谶文有草付应为王,又其孙坚背有草付字,遂改姓苻氏。而《世说新语·识鉴》注引车频《秦书》曰:“坚本姓蒲,祖父洪诈称谶文,改曰‘符’,言己当王应符命也。”车频前秦人,其说宜可信。鼎本亦作“符”。知幾或及见车书,故原文仍作“符”,注文则随俗作“苻”,以下均同此。

〔四〕杜宇作帝:《华阳国志·蜀志》:“周失纲纪,蜀侯蚕丛始称王,后有王曰杜宇。七国称王,杜宇称帝,号曰望帝。”又《寰宇记》云:“蜀王杜宇,号望帝,后因禅位,自亡去,化为子规。”

〔五〕扬雄撰《蜀纪》:《通释》:“《隋·经籍志》:‘《蜀王本记》一卷,扬雄撰。’”按《隋志》列是书于地理类,未入霸史与田、范等书同列。

〔六〕子贡撰《越绝》：郭《附评》："《越绝》之义曰：'圣文绝于彼，辨士绝于此，故曰《越绝》。'"《通释》："《隋志》：'《越绝书》十六卷，子贡撰。'《越绝本事》：'绝，谓勾践时也，贵其内能自约，外能绝人也。'"按《隋志》作《越绝记》，列于杂史类，亦未入霸史。浦、陈两氏均评论撰《越绝书》者非子贡，乃后汉袁康，此说已为人所公认，不具录。

〔七〕虞裁《江表传》：《旧唐志》杂史类著录："《江表传》五卷，虞溥撰。"《隋志》失载。《晋书·虞溥传》："溥，字允源，高平昌邑人，除鄱阳内史，移告属县曰：'江表寇隔，久替王教。'撰《江表传》。子勃，过江上《江表传》于元帝，诏藏于秘书。"《江表传》今佚。然就其本传传文以观，溥撰是书于西晋时，盖亦视汉、晋间长江以南政权为霸伪也。

〔八〕蔡述《后梁史》：《旧唐志》杂伪国史二十家中，有"《后梁春秋》十卷，蔡允恭撰"，《隋志》失载。又《旧唐书·蔡允恭传》："允恭，荆州江陵人也。父大业，后梁左民尚书。允恭仕隋历著作佐郎，贞观初，除太子洗马。撰《后梁春秋》十卷。"后梁，即萧詧建于江陵之政权，附庸于北周，注见《世家》篇。

夫王室将崩，霸图云构，必有忠臣义士，捐身殉节。若乃韦、耿谋诛曹武〔一〕，"诛"一作"讨"。钦、诞问罪马文〔二〕，而魏晋史臣，书之曰贼，此乃迫于当世，难以直言。至如荀济、元瑾，兰摧于孝靖之末〔三〕，王谦、尉迥〔四〕，玉折于宇文之季，而李刊齐史〔五〕，颜述隋篇〔六〕，时无逼畏，事须矫枉。而皆仍旧不改，谓数君为叛逆。书事如此，褒贬何施？

〔一〕韦、耿谋诛曹武:《后汉书·献帝纪》载建安二十三年(218)"少府耿纪、丞相司直韦晃起兵诛曹操不克,夷三族",《三国志·武帝纪》亦云:"少府耿纪、司直韦晃等反,攻许。烧丞相长史王必营,必与严匡讨斩之。"

〔二〕钦、诞问罪马文:《通释》:"《魏志·毌丘俭传》:'扬州刺史前将军文钦与俭矫太后诏,罪状大将军司马景王,举兵反。大将军统兵讨破之。钦亡入吴,吴以钦为镇北将军。'又《诸葛诞传》:'诞,字公休,景王东征,使诞督军向寿春。钦之破也,诞累见夷灭,惧不自安,遂反。吴人与文钦来应,大将军司马文王讨之。钦与诞有隙,诞杀钦。大将军乃自临围,击斩诞。诞麾下不降,皆曰:为诸葛公死不恨。'"按裴注引《魏书》曰:"钦字仲若,谯郡人。少以材武见称。"司马景王即司马师,司马文王即司马昭。又"诞累见夷灭"句,史传原文为"又王凌、毌丘俭累见夷灭"。

〔三〕荀济、元瑾,兰摧于孝靖之末:《北史·齐文襄纪》:"(东)魏孝静帝武定五年(547)尚书祠部郎中元瑾、梁降人荀济等谋害文襄,事发伏诛。"后三年,高洋废孝静帝建国北齐,故下文应为"孝静之末"。"孝靖"原作"李靖",黄本、《通释》改"李"为"孝",浦注云:"一讹作'李'。"鼎本、郭本均作"李"。孙《札记》亦校云:"顾(广圻)作'孝'。"今改作"孝"。"靖"与"静"通。又《通释》以上引《北史·齐文襄纪》原文作注,原谓"百药《齐文襄纪》",上海古籍出版社本已校改"百药"为"延寿"。又其所引《荀济传》注文,亦见于《北史·文苑》,《北齐书》无《荀济传》。

〔四〕王谦、尉迥:《隋书·高祖纪》:"周帝拜高祖假黄钺,左大丞相,百官总己而听焉。尉迟迥自以重臣宿将,志不能平,遂举兵东夏。韦孝宽破尉迟迥于相州，传首阙下，余党悉平。王谦为益州总管，既见政由高祖，遂以匡复为辞，进兵屯剑阁，陷始州，命梁睿讨平之，传首阙下。”而《梁士彦传》则曰：“尉迥之反也。”《宇文忻传》则曰“尉迥作乱”，而《李德林传》更载其文斥“尉迥、王谦此二虏也，穷凶极逆”。

〔五〕李刊齐史：“李”字下浦注“百药”，据注〔三〕引文，应是“延寿”。“齐史”当系指《北史》中齐史部分。按《四库提要》云：“《北齐书》自北宋晁公武已称残缺不完，今本盖后人杂取《北史》以补亡。”《十七史商榷》亦云：“《文襄纪》卷末跋云：‘臣等详《文襄纪》其首与《北史》同，而末多出于《东魏孝静纪》及《梁书·侯景传》，盖杂取以成书。’此跋既称‘臣等’，则必宋仁宗时校书官也。”就此而论，浦氏自无从见及与今本不同之《北齐书》，其注“百药”两字误，乃据今本。

〔六〕颜述隋篇：《隋书》成于众手，宋代已难确指何人撰何卷，其纪传部分据太宗贞观三年(629)诏魏征领修，同修者有颜师古、孔颖达，宋代校正旧跋，称同修纪传者尚有许敬宗，故浦注颜即师古。

昔汉代有修奏记于其府者，遂盗葛龚所作而进之。既具录他文，不知改易名姓，时人谓之曰：“作奏虽工，宜去葛龚。”〔一〕及邯郸氏撰《笑林》〔二〕，载之以为口实。嗟乎！历观自古，此类尤多，其有宜去而不去者，岂直“葛龚”而已，何事于斯独致解颐之诮也。凡为史者，苟能识事详审，措辞精密，举一隅以三隅反〔三〕，告诸往而知诸来〔四〕，斯庶几可以无大过矣。

〔一〕葛龚:《后汉书·文苑·葛龚传》:"龚,字元甫,梁国宁陵人也。和帝时,以善文记知名。"李贤注云:"龚善为文奏,或有请龚奏以干人者,龚为作之,其人写之,忘自载其名,因并写龚名以进之,故时人为之语曰:'作奏虽工,宜去葛龚。'事见《笑林》。"

〔二〕《笑林》:《隋志》子部小说目著录:"《笑林》三卷,后汉给事中邯郸淳撰。"《三国志·魏书·王粲传》于建安七子外,附及邯郸淳等姓名。裴注引《魏略》曰:"淳,一名竺,字子叔,博学有才章。黄初初,为博士给事中。"

〔三〕"举一隅"句:举一反三,《论语·述而》:"子曰:'不愤不启,不悱不发,举一隅,不以三隅反,则不复也。'"

〔四〕"告诸往"句:告往知来,《论语·学而》:"子曰:'赐也,始可与言《诗》已矣,告诸往而知来者。'"

因习下第十九亦曰邑里

【解　题】

题名与鼎本及卢《拾补》均相同。《通释》作"邑里第十九",孙《札记》校鼎本亦云:"应作'邑里第十九'。"按上篇论一般因习之失,此篇专论相矜族望、邑里难详之失,同是反对后史因习前史,仅其所举事例不同耳。陆深云:"惟《因习》分为上下篇。"可证原名"因习下",而以"邑里"为副题。

史家记述历史人物,一般都应明其籍贯郡县,倘有弛张并省，亦应随时而载，今日视之，虽已无足轻重，然自汉魏以降，士人多以族望相矜，而自晋迁江左，侨立州县，南人北籍，虚引旧号，致使版籍混乱，邑里难详。

作者说"人无定所，因地而化"。厘订籍贯，其事虽小，亦涉及如何正确评价历史人物，虽或夸大地理环境决定作用，但籍贯应记载明确，自是无可争议之事。知幾参加官修史书工作，却因此遭受监修者非笑，今读是篇，再去读其《自叙》、《忤时》诸作，即可深体知幾身居史局，其志不行之苦，进而理解《史通》一书，实乃作者实践体会甘苦之言。

纪《评》曰："子元此论甚伟，而《唐书》犹称族望何也？岂旧史已混其籍，无可遍考，故姑从旧耶？"《新唐书》确多犹称族望。然新旧《唐书·李义琰传》则皆云："义琰，魏州昌乐人。"《旧唐》续云："其先自陇西徙山东，世为著姓。"《新唐》亦续云："其先出陇西望姓。"虽亦皆溯其族望，然皆先著其本居。而后此史书之记籍贯，遂一遵时制，不取旧望，虽为时势所趋，亦知幾史学见解行于后世之一证也。

上篇篇末，知幾以"识事详审，措辞精密"为勖，治史者宜置座右，固不仅可纠因习之失也。

昔五经诸子，广书人物，虽氏族可验，而里邑难详。逮太史公始革兹体，惟有列传先述本居〔一〕，至于国有弛张，乡有并省，随时而载，用明审实。按夏侯孝若撰《东方朔赞》云〔二〕："朔，字曼倩，平原厌次人，魏建安中〔三〕，分厌次为乐陵郡〔四〕，故又为郡人焉。"夫以身没之后，地名改易，犹复追书其事，以示后来，则知在生之前，故宜详录者矣。

〔一〕惟有列传先述本居："列"下蜀本、陆本脱"传"字，鼎本有。"本居"蜀本、陆本作"大"，鼎本作"太古"。《通释》作"本居"，注："一作'太古'。"孙《札记》："何小山云：'居字误，下文作土。'"程《笺记》："何说非也。此句于文律当用平声字结，故变文作'本居'耳。张鼎思本作'太古'，则因'本居'形近而误。"按"居"本义即为居处之地。《易·系辞》："上古穴居而野处。"《书·舜典》："五宅三居。"

〔二〕夏侯孝若撰《东方朔赞》：《晋书·夏侯湛传》："湛，字孝若，幼有盛才，文章宏富，与潘岳友善。惠帝即位，以为散骑常侍。著论三十余篇。"隋唐《志》均著录："晋散骑常侍《夏侯湛集》十卷。"《文选》载有夏侯孝若之《东方朔画赞》并序，引文见《赞序》。

〔三〕魏建安中：《文选》李善注："献帝改兴平三年为建安元年，今云魏，疑误。"按《三国志·魏书·武帝纪》即权假汉献帝初平、兴平、建安等年号纪年，而其时政由操出，且自擅分置州郡，故孝若径称魏建安。

〔四〕分厌次为乐陵郡：厌次县，秦置，汉改曰富平，东汉明帝时又更富平为厌次。献帝建安年间，分厌次为乐陵郡，至晋即移乐陵郡于厌次，地在今山东惠民县。孝若赞序在《汉书》朔传"厌次人"下，加此下两句，犹今人以今地名注古地名也。

异哉！晋氏之有天下也。自洛阳荡覆，衣冠南渡，江左侨立州县〔一〕，不存桑梓。由是斗、牛之野〔二〕，郡有青、徐；吴、越之乡，州编冀、豫。欲使南北不乱，淄、渑可分〔三〕，得乎〔四〕？系虚名于本土者，虽百代无易〔五〕。既而天长地久，文轨大同。州郡则废置无恒，名目则古今各异。而作者为人立传，每云某所人也。其地皆取旧号，施之于今。近代史为王传云琅琊临沂人，为李传曰陇西成纪人之类也。非唯王李二族，久离本居，亦自当时无此郡县，皆是晋、魏已前旧名号〔六〕。欲求实录，不亦难乎？

〔一〕侨立州县：东晋初年，王导定侨寄法，在南方士族势力薄弱地区，如丹阳、晋陵、广陵等，设侨州、郡、县，安置北方逃来之士民，侨州有司、豫、兖、徐、青、并六州之多，郡县更多不胜数（参看《晋书·地理志》）。

〔二〕斗、牛之野：《晋书·天文志》州郡躔次云："斗、牵牛、须女，吴、越、扬州。"盖谓斗宿、牵牛宿之分野乃吴、越之地，则斗、牛之野与吴、越之乡，乃骈文同义对仗句。自此以下四句，统谓吴、越、扬州之地，有青、徐、冀、豫之州郡也。

〔三〕淄、渑可分：杨《通释补》："《吕氏春秋·精谕》篇：孔子曰：'淄、渑之合者，易牙尝而知之。'高注：'淄、渑，齐之两水名也。'"按《刘子·类感》："淄、渑共川，色味异质。"同书《九流》："淄、渑殊源，同归于海。"故是篇原注下文续云："易牙，齐桓公识味臣也，能别淄、渑之味也。"

〔四〕得乎：原作"其于"，蜀本、黄本同，属下句读。鼎本、郭本、《通释》均作"得乎"，今据改。

〔五〕"系虚名"二句：纪《评》："'系虚'二句，当在'欲使'二句之上。"就文意论，纪说是。

〔六〕其地皆取旧号，施之于今：纪《评》："子元此论甚伟，而《唐书》犹称族望，何也？岂旧史已混其籍，无可遍考？故姑从旧邪?"陈《补释》:"唐人重族望亦自有故,柳芳《姓系论》曰:'魏时有司迁举必稽谱籍。故官有世胄,谱有世官,贾氏、王氏谱学出焉。'唐《贞观氏族志》:'凡第一等则为右姓。'柳冲《姓族系录》:'凡四海望族则为右姓,善言谱者,系之地望而不惑,质之姓氏而无疑,缀之婚姻而有别。人无所守,则士族削;士族削,则国从而衰。'又子玄之子秩《选举论》亦曰:'隋氏罢中正举选不本乡曲,故里闾无豪族,井邑无衣冠,人不土著,萃处京畿,士不饰行,人弱而愚。此林宝撰《元和姓纂》所以必辨郡望也。'"

且人无定所,因地而化。故生于荆者,言皆成楚,居于晋者,齿便从黄〔一〕。涉魏而东〔二〕,已经七叶,历江而北〔三〕,非唯一世。而犹以本国为是,此乡为非,是则孔父里于昌平〔四〕,阴氏家于新野〔五〕,而系纂微子,源承管仲,乃为齐、宋之人,非关鲁、邓之士,求诸自古,其义无闻。时修国史,予被配纂《李义琰传》。琰家于魏州昌乐,已经三代。因云:"义琰,魏州昌乐人也。"监修者大笑,以为深乖史体,遂依李氏旧望,改为陇西成纪人。既言不见从,故有此说。

〔一〕"居于"二句:居晋齿黄,《文选》嵇康《养生论》:"齿居晋而黄。"李善注:"齿黄未详。"按原文下复有句云:"薰之使黄而无使坚。"则"黄"似为"坚"之对待词。

〔二〕涉魏而东:指李义琰家自陇西东迁魏州,见下文原注。

〔三〕历江而北:"北"字鼎本作"左",盖即指江左侨立州县。"北"字疑误。

〔四〕孔父里于昌平:《史记·孔子世家》:"孔子,生鲁昌平乡陬邑，其先宋人也。曰孔防叔。"《孔子家语》："孔子，宋微子之后。"张守节《正义》："昌平山在泗水县南六十里，孔子生昌平乡，盖乡取山为名。""昌平"原作"平昌"，蜀本、鼎本、郭本、黄本同。卢《拾补》校云："'平昌'讹。"《通释》改"昌平"，注云："旧讹'平昌'。"孙《札记》亦校改为"昌平"，今据《史记》改。

〔五〕阴氏家于新野：《后汉书·阴皇后纪》："光烈阴皇后，讳丽华，南阳新野人。"又《阴识传》："识，字次伯，南阳新野人也。光烈皇后之前母兄也，其先出自管仲。管仲七世孙修，自齐适楚，为阴大夫，因而氏焉。秦汉之际，始家新野。"据《汉书·地理志》，新野、邓均属南阳郡。

且自世重高门，人轻寒族，竟以姓望所出，邑里相矜。若仲远之寻郑玄，先云汝南应劭〔一〕，文举之对曹操，自谓鲁国孔融是也〔二〕。爰乃近古，其言多伪。至于碑颂所勒，茅土定名，虚引他邦，冒为己邑。若乃称袁则饰之陈郡，言杜则加之京邑，姓卯金者，咸曰彭城，氏禾女者，皆云钜鹿〔三〕。今有姓邴者，姓弘者，以犯国讳，皆改为李氏。如书其邑里，必云陇西赵郡。夫以假姓犹且如斯，则真姓者断可知矣。又今西域胡人，多有姓明及卑者，如加五等爵，或称平原公，或号东平子，为明氏出于平原，卑氏出于东平故也。夫边夷杂种，尚窃美名，则诸夏士流，固无惭德也。在诸史传，多与同风。如《隋史·牛弘传》曰："安定鹑觚人也。本姓原氏。"至于他篇所引，皆谓之西牛弘。《唐史·谢偃传》云："本姓库汗氏，续谓之陈郡谢偃，并其类也。此乃寻流俗之常谈，忘著书之旧体矣。

〔一〕汝南应劭：《后汉书·应奉传》："应奉，字世叔，汝南南顿人也。子劭,字仲远。"又《郑玄传》:"袁绍遣使要玄,大会宾客。玄最后至,乃延升上座。时汝南应劭,亦归于绍。因自赞曰:'故太山太守应仲远北面称弟子,何如?'"

〔二〕鲁国孔融:《后汉书·孔融传》:"融,字文举,鲁国人,孔子二十世孙也。"又《杨彪传》:"曹操诬彪欲图废置,奏收下狱,劾以大逆。孔融往见操曰:'今横杀无辜,孔融,鲁国男子,明日便当拂衣而去。'"

〔三〕"若乃"数句:袁、杜、卯金、禾女,唐初官修《隋书》,必以地望相矜,例如《袁充传》则曰:"陈郡阳夏人也。"《杜整传》则曰:"京兆杜陵人也。"卯金为刘,如《刘权传》则曰:"彭城丰人也。"禾女为魏,如《魏澹传》则曰:"巨鹿下曲阳人也。"

近世有班秩不著者〔一〕,始以州壤自标,若楚国龚遂、渔阳赵壹是也〔二〕。至于名位既隆,则不从此列,若萧何、邓禹、贾谊、董仲舒是也。观《周》、《隋》二史,每述王、庾诸事,高、杨数公,必云琅琊王褒、新野庾信、弘农杨素、渤海高颎〔三〕。以此成言,岂曰省文,从而可知也。

〔一〕不著者:蜀本、陆本、鼎本、郭本、黄本在"者"字上,均有一"姓"字,卢《拾补》云:"宋无'姓'字。"浦注:"一多'姓'字,非。"

〔二〕楚国龚遂、渔阳赵壹:《汉书·龚遂传》:"遂,字少卿,山阳南平阳人。"《后汉书·赵壹传》:"壹,字元叔,汉阳西县人。""遂"字各本均同,卢《拾补》云:"何(义门)改'胜'。"孙《札记》亦校改"遂"为"胜"。按《汉书·两龚传》:"两龚，皆楚人也。胜字君宾，舍字君倩，世谓之楚两龚。”浦氏《释》云：“遂非楚国而曰楚国，壹非渔阳而曰渔阳，标所望也。”浦说是。“遂”字不误，何、孙臆改，非。

〔三〕王、庾、高、杨：《周书·王褒传》：“褒，瑯琊临沂人。”又《庾信传》：“信，南阳新野人。《隋书·高颎传》：“颎，渤海蓨人。”又《杨素传》：“素，弘农华阴人。”均各称其地望。

凡此诸失，皆由积习相传，寖以成俗，迷而不返。盖语曰：“难与虑始，可与乐成。”〔一〕夫以千载遵行，持为故事，而一朝纠正，必惊愚俗，此庄生所谓“安得忘言之人而与之言”〔二〕，斯言已得之矣。庶知音君子，详其得失者焉。

〔一〕虑始、乐成：卢《拾补》、孙《札记》均校“乐”为“共”。陈《补释》：“《商君书·更法篇》语曰：‘愚者暗于成事，知者见于未萌。民不可与虑始，可与乐成。’《史记·商君传》无‘语曰’二字。”

〔二〕安得忘言之人而与之言：陈《补释》：“此《庄子·外物》篇文。”按原文云：“言者所以在意，得意而忘言，吾安得夫忘言之人而与之言哉。”则所谓“忘言”者，即得其意旨者，亦即希望有深明此理之“知音君子”也。又“忘”字原误作“妄”，今据《庄子》原文改，蜀本、陆本、鼎本、郭本、黄本及《通释》均作“忘”。

史通卷之六　内篇

言语第二十

【解　题】

此篇题名《言语》，实际上是讨论史书的文辞问题。知幾首先肯定记述史事要讲究修辞，因为"言之不文"，就"行之不远"，但却不能以辞害义，要求做到"事皆不谬，言必近真"。从时间上要注意今古不同，反对"追效昔人，示其稽古"；从空间上要重视异地殊俗，反对"妄益文彩，虚加风物"。

在时间问题上，他历述三代至秦、汉言语文辞之变迁，但因"时人出言，史官入记，虽有讨论润色，终不失其梗概"。所以三传不同于《尚书》，两汉史策亦不同于《战国策》。而自魏晋以降之史书，只是模拟《左传》、《史记》，失彼天然，乱其真伪，言似而事乖，似此学步古人，盖即后此所谓"貌同而心异"者也，是昧于随时之义。

在空间问题上，他以晋迁江左，南北朝分裂时期为例。南朝犹存风雅，史臣述言记事，自不妨修饰文辞。而北朝崔鸿、魏收等修史,亦援引《诗》、《书》,附丽儒雅,背离当时中原地区真实情况,反不如王劭、宋孝王著书,务存直道,悉载方言世语。有言王、宋浅俗,周史为工,是只重其文辞古雅,而忽视其"枉饰虚言,都损实事"之讹误。至因效古而弃去其难入旧辞之史事,则更为极大过错。可见虽在同一时期,亦应注意不同地区之不同风尚,懂得"因俗"之道理。

分析出现以上两种不良倾向之原因,是由于人们总认为古远之言辞清雅,而近今者就质朴。殊不知口语易变,而被录入书册之文字无改。现在将载入册籍之古代习俗口语视为雅言,后世也会把今日流传之习俗口语视为清雅,由于人们不明斯理,就"怯书今语,勇效昔言",把史书写得经千载而如一,而史事却被弄得面目全非。

因此,作者提出"工为史者,不选事而书"。他所谓"不选事而书",不是史料堆积,而是美恶必书,用以反映历史之真实,与其明镜照物、妍媸必露之客观撰史态度一致,却与儒家"为君亲讳"之教义相违背。深受儒家思想束缚的刘知幾,尚有一定局限。文中又申说"战国已前,其言体质素美",也流露出他对古文之过誉。但他仍提出反对华而失实、尚实存真之思想,对后世历史编纂学之发展,是有其积极影响的。

盖枢机之发,荣辱之主〔一〕,言之不文,行之不远〔二〕,则知饰词专对〔三〕,古之所重也。夫上古之世,人惟朴略,言语难晓,训释方通。是以寻理则事简而意深,考文则词难而义释。若《尚书》载伊尹立训,皋陶矢谟〔四〕,《洛诰》、《康诰》、《牧誓》、《泰誓》是也〔五〕。周监于二代,郁郁乎文[六]。大夫、行人[七],尤重词命,语微婉而多切,言流靡而不淫。若《春秋》载吕相绝秦[八]、子产献捷[九]、臧孙谏君纳鼎[一〇]、魏绛对戮扬干是也[一一]。战国虎争,驰说云涌,人持弄丸之辩,家挟飞钳之术[一二],剧谈者以谲诳为宗,利口者以寓言为主。若《史记》载苏秦合从、张仪连衡、范雎反间以相秦、鲁连解纷而全赵是也。

〔一〕枢机之发,荣辱之主:陈《补释》:"此《周易·系辞上》传文。"按原文为:"言行,君子之枢机。枢机之发,荣辱之主也。言行,君子之所以动天地也,可不慎乎?"知幾用此以喻史家亦必重视文词。

〔二〕言之不文,行之不远:陈《补释》:"《左传》襄二十五年文,本作'行而不远'。"按《日知录·修辞》:"夫子不曰:'其旨远,其辞文乎?'不曰:'言之无文,行之不远乎?'曾子曰:'出辞气,斯远鄙倍矣。'""言之不文"本亦作"言之无文"。

〔三〕专对:《论语·子路》:"子曰:'诵《诗》三百,使于四方,不能专对,虽多,亦奚以为。'"朱注:"专,独也。"

〔四〕伊尹立训,皋陶矢谟:《尚书·伊训》序:"成汤既没,太甲元年,伊尹作《伊训》。"又《大禹谟序》:"皋陶矢厥谟,禹成厥功,帝舜申之,作《大禹》、《皋陶谟》、《益稷》。"注:"矢,陈也。"又"立"字、"矢"字,郭本同,蜀本、陆本、鼎本、黄本及《通释》均作"之"。卢《拾补》云:"'之'非。"

〔五〕《洛诰》、《康诰》、《牧誓》、《泰誓》:《洛诰》乃洛邑成后,周公诫成王之语。《康诰》乃封康叔诰辞,多涉刑法,可考典制。《牧誓》乃武王伐纣,在牧野誓师辞。《泰誓》乃武王伐纣师渡孟津,大会诸侯之誓辞。此皆《尚书》中之篇目。

〔六〕“周监于二代”二句:《论语·八佾》:“子曰:‘周监于二代,郁郁乎文哉！吾从周。’”朱注:“二代,夏、商也。言其视二代之礼而损益之。郁郁,文盛貌。”

〔七〕行人:《周礼·秋官》有大行人、小行人,掌朝觐聘问之事。《管子·侈靡》篇:“行人可,不有私。”注:“行人,使人也。若何而可,唯不有私耳。”

〔八〕吕相绝秦:《左》成公十三年《传》:“晋侯使吕相绝秦。”杜注:“吕相,魏锜子。”《春秋名号归一图》:“吕锜,即魏锜也,吕相父。”晋侯乃晋厉公,其绝秦之辞,备述秦国背盟。杜注:“晋辞多诬秦。”

〔九〕子产献捷:《左》襄二十五年《传》:“六月郑子展、子产伐陈,宵突陈城,遂入之。八月,郑子产献捷于晋。晋人问陈之罪,何故侵小?”子产对答后,赵文子曰:“其辞顺。”吕相、子产皆行人之擅辞令者。

〔一〇〕臧孙谏君纳鼎:《左》桓二年《传》:“宋以郜大鼎赂公。四月,取郜大鼎于宋,纳于大庙。臧哀伯谏曰:‘官之失德,宠赂章也。郜鼎在庙,章孰甚焉。’公不听。周内史闻之曰:‘臧孙达其有后于鲁乎?’”按:臧哀伯即臧孙达。

〔一一〕魏绛对戮扬干:《左》襄三年《传》:“晋侯之弟扬干,乱行于曲梁,魏绛戮其仆。晋侯怒曰:‘必杀魏绛。’魏绛至,授仆人书,将伏剑。公(晋侯)读其书曰:‘臣闻师众以顺为武,军事有死无犯为敬。君师不武,执事不敬,罪莫大焉。臣惧其死,以及扬干,请归死于司寇。’公跣而出曰:‘寡人之言,亲爱也,吾子之讨,军礼也。寡人有弟,弗能教训,寡人之过也,子无重寡人之过。’晋侯以魏绛为能以刑佐民矣,使佐新军。”按:魏绛时任晋中军司马,职司军纪,扬干乱其行次，绛执法不阿权贵，晋悼公初怒绛，绛以书面说明军队守纪律才有战斗力，执法严明才有威信。悼公省悟不能以私情乱军纪，不仅不责怪绛，还重用他。“乱行”，杜注：“行，陈次。”即军中行列，有误释作行为者。臧孙达、魏绛，皆善谏词之大夫。

〔一二〕弄丸、飞钳：《文心雕龙·论说》：“转丸骋其巧辞，飞钳伏其精术。”黄叔琳注：“《鬼谷子》有《转丸篇》，文阙。”鬼谷子“著《飞钳篇》”。按《玉海》引《中兴书目》曰：“鬼谷子，周时高士，无乡里族姓名字。以其所隐，自号鬼谷先生。苏秦、张仪事之。”《隋志》子部纵横家著录《鬼谷子》三卷。纪《评》：“‘弄丸’乃‘转丸’之讹。”按《古今注》卷下“蜣螂”目：“能以土苞屎，转而成丸，团正无邪角，庄周所谓‘蛣蜣之智，在于转丸’者也。蜣螂一名蛣蜣，一名转丸，一名弄丸。”知幾易“转丸”为“弄丸”，不误。

逮汉、魏已降，周、隋而往，世皆尚文，时无专对。运筹画策，自具于章表，献可替否〔一〕，总归于笔札。宰我、子贡之道不行〔二〕，苏秦、张仪之业遂废矣。假有忠言切谏，《答戏》、《解嘲》〔三〕，其可称者，若朱云折槛以抗愤〔四〕，张纲埋轮而献直〔五〕，秦宓之酬吴客〔六〕，王融之答鲁使〔七〕，此之小辩，曾何足云。是以历选载言，布诸方册。自汉已下，无足观焉。

〔一〕献可替否：杨《通释补》：“《左》昭二十年《传》：‘君所谓可而有否焉，臣献其否以成其可；君所谓否而有可焉，臣献其可以去其否。’”《国语·晋语九》：“夫事君者，荐可而替否。”按传文乃晏婴对齐景公论和与同之辞,《晋语》乃史黯对赵简之辞。荐,进也。

〔二〕宰我、子贡之道:《论语·先进》:“子曰:‘言语:宰我、子贡。’”

〔三〕《答戏》、《解嘲》:《汉书·叙传》载班固之《答宾戏》,又《扬雄传》载其《解嘲》,已见《序例》篇注。

〔四〕朱云折槛:《汉书·朱云传》:“云,字游。以勇力闻,废锢终元帝世。成帝时,云上书求见,公卿在前,云曰:‘臣愿赐尚方斩马剑,断佞臣一人,以厉其余。’上问:‘谁也?’对曰:‘安昌侯张禹。’上大怒,御史将云下,云攀殿槛,槛折。及后当治槛,上曰:‘勿易,因而辑之,以旌直臣。’”

〔五〕张纲埋轮:《后汉书·张皓传》:“子纲,字文纪。汉安元年选遣八使徇行风俗,余人受命之部,纲独埋轮于洛阳都亭,曰:‘豺狼当路,安问狐狸。’遂奏:‘大将军冀、河南尹不疑,蒙外戚之援,肆其贪叨,多树谄谀,以害忠良,诚大辟所宜加,臣子所切齿者也。’书御,京师震竦。”

〔六〕秦宓之酬吴客:《三国志·蜀书·秦宓传》:“宓,字子敕。吴遣使张温来聘,百官皆往饯焉。众人皆集,而宓未往。及至,温问曰:‘君学乎?’宓曰:‘五尺童子皆学,何必小人。’温复问曰:‘天有头乎?’宓曰:‘有之。’温曰:‘在何方也?’宓曰:‘在西方。《诗》曰:“乃眷西顾。”以此推之,头在西方。’温曰:‘天有耳乎?’宓曰:‘天处高而听卑。《诗》云:“鹤鸣九皋,声闻于天。”若其无耳,何以听之?’温曰:‘天有足乎?’宓曰:‘有!《诗》云:“天步艰难,之子不犹。”若其无足,何以步之?’温曰:‘天有姓乎?’宓曰:‘有!’温曰:‘何姓?’宓曰:‘姓刘。’温曰:‘何以知之?’答曰:‘天子姓刘，故以此知之。'温曰：'日生于东乎？'宓曰：'虽生于东，而没于西。'答问如响，应声而出，于是温大敬服。""宓"字原作"密"，卢《拾补》："宋'密'。"今据《三国志》改。

〔七〕王融之答鲁使：《南齐书·王融传》："融字元长，上（齐武帝）使兼主客，接鲁使房景高、宋弁。弁见融年少，问：'主客年几？'融曰：'五十之年，久逾其半。'上以鲁献马不称，使融问曰：'秦西冀北，实多骏骥，而魏所献良马，乃驽骀之不若。'宋弁曰：'当是不习土地。'融曰：'周穆马迹，遍于天下，若骐骥之性，因地而迁，则造父之策，有时而踬。'弁曰：'王主客何为勤勤于千里。'融曰：'买死马之骨，亦郭隗之故。'弁不能答。"

寻夫战国已前，其言皆可讽咏，非但笔削所致，良由体质素美〔一〕。何以核诸？至如鹑贲〔二〕、鸜鹆〔三〕，童竖之谣也；山木〔四〕、辅车〔五〕，时俗之谚也；皤腹弃甲，城者之讴也〔六〕；原田是谋，舆人之诵也〔七〕。斯皆刍词鄙句，犹能温润若此，况乎束带立朝之士，加以多闻博古之说者哉？则知时人出言，史官入记，虽有讨论润色，终不失其梗概者也。

〔一〕由：原作"用"，蜀本、陆本、鼎本、郭本及黄本均作"用"，卢《拾补》、《通释》均校云"讹"，今改。

〔二〕鹑贲：《左》僖五年《传》："八月，晋侯围上阳，问于卜偃曰：'吾其济乎？'对曰：'克之。'公曰：'何时？'对曰：'童谣云："鹑之贲贲，天策焞焞，火中成军，虢公其奔。"其九月十月之交乎。'"晋侯即晋献公。上阳，虢国都。献公问伐虢能否成功，卜偃以童谣对，意谓鹑火星照耀，天策星无光，在鹑火中进军，虢公就必逃奔。斯乃以童谣占验星象，以卜吉凶也。

〔三〕鸜鹆：《左》昭二十五年《传》："有鸜鹆来巢，师己曰：'吾闻文、成之世，童谣有之："鸜之鹆之，公出辱之。鸜鹆鸜鹆，往歌来哭。"'"师己，鲁大夫。鸜鹆，今俗名八哥，古谓为不祥之鸟。此童谣盖以物异占吉凶也。

〔四〕山木：《左》隐十一年《传》之周谚，注见《载文》篇。

〔五〕辅车："辅"字原讹作"转"，蜀本、陆本同，郭本、黄本及《通释》作"辅"，孙《札记》校改"辅"。《左》僖五年《传》："谚所谓'辅车相依，唇亡齿寒'者，其虞、虢之谓也。"

〔六〕"皤腹弃甲"二句：《左》宣二年《传》："城者讴曰：'睅其目，皤其腹，弃甲而复，于思于思，弃甲复来，使其骖乘。'"杜注："睅出目，皤大腹。弃甲，谓亡师。于思，多鬓之貌。"按：此乃楚、郑攻宋战争中，宋将华元为其御者羊斟所出卖，而元尚不觉，城者讴歌以讽示元。

〔七〕"原田是谋"二句：《左》僖二十八年《传》："听舆人之诵曰：'原田每每，舍其旧而新是谋。'"杜注："高平曰原，喻晋君美盛，若原田之草每每然，可以谋立新功，不足念旧惠。"按此乃晋楚城濮之战临战前，晋文公怀念其出亡过楚时，楚有赠送之惠，既退三舍矣，犹不决战，故舆人诵此以促其决策。舆人，乃专作车床之木工，此处即作众人解。

夫三传之说，既不习于《尚书》，两汉之词，又多违于《战策》，足以验甿俗之递改，知岁时之不同。而后来作者，通无远识。记其当世口语,罕能从实而书,方复追效昔人,示其稽古。是以好丘明者,则偏摸《左传》〔一〕;爱子长者,则全学史公。用使周秦言辞,见于魏晋之代,楚汉应对,行乎宋齐之日。而伪修混沌〔二〕,失彼天然,今古以之不纯,真伪由其相乱。故裴少期讥孙盛录曹公平素之语〔三〕,而全作夫差亡灭之词。虽言似《春秋》,而事殊乖越者矣。

〔一〕摸:同“摹”。

〔二〕伪修混沌:《通释》引《庄子·天地》篇子贡语抱瓮灌园丈人改用桔槔而为丈人所斥故事,并引:“子贡反于鲁,以告孔子,孔子曰:‘彼假修浑沌氏之术者也。识其一,不知其二。’”郭注:“徒识修古抱灌之朴,而不知因时任物之易也。”陈《补释》谓:“此当用《庄子·应帝王》篇凿七窍而混沌死,故下句云:‘失彼天然。’”按《应帝王》原句云:“人皆有七窍,以视听食息,此(指混沌)独无有。尝试凿之,日凿一窍,七日而浑沌死。”郭注:“为者败之。”《天地篇》文意是“因时任物”,《应帝王》文意是存真抱朴,知幾此处论史书言语应因时验俗而改,似以浦引《天地篇》解释,较合知幾原意,且“伪修”正是从“假修”引用而来。至下“失彼天然”句,守真归朴,固是道家所谓顺乎天然之理,而因时异俗,亦顺乎自然变化之道也。

〔三〕裴少期讥孙盛:裴少期即松之,见《补注》篇注。《通释》引《三国志·魏武纪》注:“孙盛《魏氏春秋》云:‘(曹操)答诸将曰:“刘备,人杰也,将生忧寡人。”’臣松之以为孙盛制书,多用《左氏》以易旧文,后之学者将何取信哉?且魏武方以天下励志,而用夫差分死之言,尤非其类。”按《三国志》原文为："公（操）曰：'夫刘备，人杰也。今不击，必为后患。'"系于建安五年，时操初起方盛。而孙盛"将生忧寡人"一词，乃胎源于《左》哀二十年《传》："越围吴，（夫差）曰：'勾践将生忧寡人，寡人死之不得矣。'"哀二十二年十一月，越灭吴，夫差乃缢，故松之谓"夫差分死之言"，而知幾亦谓"夫差亡灭之词"也。

然自晋咸洛不守，龟鼎南迁，江左为礼乐之乡，金陵实图书之府。故其俗犹能语存规检，言喜风流，颠沛造次，不忘经籍，若《梁史》载高祖在围中，见萧正德而谓之曰："啜其泣矣，何嗟及矣。"湘东王闻世子方等见杀，谓其次子诸曰："不有其废，君何以兴。"〔一〕皆其类也。而史臣修饰，无所费功。其于中国则不然〔二〕。何者？于斯时也，先王桑梓，剪为蛮貊，被发左衽，充牣神州〔三〕。其中辩若驹支〔四〕，学如郯子〔五〕，有时而遇，不可多得。而彦鸾修伪国诸史〔六〕，收、弘撰《魏》、《周》书〔七〕，收为魏收，弘为牛弘。必讳彼夷音〔八〕，变成华语，等杨由之听雀〔九〕，如介葛之闻牛〔一〇〕，斯亦可矣。而于其间则有妄益文彩，虚加风物，援引《诗》、《书》，宪章《史》、《汉》，遂使沮渠、乞伏，儒雅比于元封，拓跋、宇文，德音同于正始〔一一〕，华而失实，过莫大焉。

〔一〕次子诸：黄本及《通释》在"诸"字上加"方"字，蜀本、陆本、鼎本、郭本均无"方"字，孙《札记》校误为"'诸'字下有'方'字"。按上文已云世子方等，继云次子方诸，略去"方"字亦可。又《梁书·世祖二子传》中贞惠世子方诸传："方诸，字智相，世祖第二子，特为世祖所爱。及方等败没，世祖谓之曰：'不有所废，其何以兴。'"世祖，元帝萧绎,原封湘东王。

〔二〕中国:浦注:“中原也,谓北朝。”又《释》云:“其称起汉、魏间。唐初语称中原为中国。”按《礼记·中庸》云:“是以声名洋溢乎中国,施及蛮貊。”则中国之称盖甚久远。而秦汉以来,又多定都于黄河南北,故遂以中国为中原之通称。

〔三〕桑梓、神州:《四库全书总目提要补正》及陈《补释》均引《文选》刘孝标《辨命论》作注云:“左带沸唇,乘间电发,遂居先王之桑梓,窃名号于中县。种落繁炽,充仞神州。”李善注:“左带,左衽也。”

〔四〕驹支:《左》襄十四年《传》:“(晋卿)范宣子将执戎子驹支,亲数诸朝曰:‘今诸侯之事我寡君不如昔者,盖言语漏泄,职女之由。’(驹支)对曰:‘我诸戎为先君不侵不叛之臣,至于今不贰。殽之师,晋御其上,戎亢其下,秦师不复,我诸戎实然。譬如捕鹿,晋人角之,诸戎掎之,与晋踣之。自是以来,晋之百役,与我诸戎相继于时,以从执政,犹殽志也。我诸戎言语不达,何恶之能为。’宣子辞焉。”

〔五〕郯子:注见《书志》篇。

〔六〕彦鸾修伪国诸史:指崔鸿之《十六国春秋》。鸿,字彦鸾。注见《表历》篇。

〔七〕收、弘撰《魏》、《周》书:《通释》在“书”字上加“二”字,并注云“旧脱‘二’字”,指魏收《魏书》、牛弘《周史》。《隋志》著录:“《周史》十八卷,未成,吏部尚书牛弘撰。”

〔八〕讳:原作“谓”,蜀本、陆本、鼎本、郭本及黄本均同。卢《拾补》云:“‘谓’讹,何改。”孙《札记》校改“谓”为“讳”。《通释》已改,并注:“旧作‘谓’。”今改作“讳”。

〔九〕杨由之听雀:《通释》:“《后汉(书)·方术传》:‘杨由,蜀郡成都人,为郡文学掾。时有大雀夜集于库楼上,太守廉范以问由,由对曰:“此占郡内当有小兵。”’郭《评》云:‘杨由占雀,非听雀也。听雀是益部杨宣事。’愚以为太泥。凡禽占之术,未有不以鸣声为占者,范史书‘集’不书‘鸣’,省文耳,‘听’字无害。”按郭《评》谓益部杨宣,见《华阳国志·先贤士女总赞·广汉士女目》:“宣字君纬,什邡人也。能畅鸟言,长于灾异。平帝时命持节为讲学大夫。”郭说听雀是杨宣事,是。浦说似嫌牵强,贾生《鹏鸟赋》不曾云“口不能言,请对以臆”乎?然改由为宣,既无确据,小小纰缪,亦在所难免也,姑志存疑。

〔一〇〕介葛之闻牛:《左》僖二十九年《传》:“介葛卢闻牛鸣曰:‘是生三牺,皆用之矣,其音云。’问之而信。”杜注:“介,东夷国也。葛卢,介君名也。”

〔一一〕正始:浦注“魏文元”,误,乃魏齐王芳之年号。

惟王、宋著书,叙元、高时事。王谓王邵也,宋谓宋孝王也。邵撰《齐志》,孝王撰《关东风俗传》也。抗词正笔,务存直道。方言世语,由此毕彰。而今之学者,皆尤二子,以言多滓秽,语伤浅俗。夫本质如此,而推过史臣,犹鉴者见嫫母多媸〔一〕,而归罪于明镜也。

又世之议者,咸以北朝众作,《周史》为工。盖赏其记言之体,多同于古故也〔二〕。夫以枉饰虚言,都损实事〔三〕,便号以良直,师其模楷,至如周太祖实名黑獭,魏本索头,故当时有童谣曰:狐非狐,貉非貉,樵犁狗子齿断索〔四〕。又曰:獾獾头团栾,河中狗子破尔菀。又西帝下诏骂齐神武,数其罪廿。诸如此事,难可弃遗。而《周史》以其事非雅，略而不载。赖君懋编录，故得权闻于后。其事不传于《北齐》，因而埋没不尽亦多矣。是以董狐、南史，举目可求，班固、华峤，比肩皆是者矣。

〔一〕嫫母多媸：《荀子·赋》篇："嫫母、刁父，是之喜也。"杨倞注："嫫母，丑女，黄帝时人。"《淮南子·说山训》："嫫母有所美。"高诱注："嫫母，古之丑女，而行贞正，故曰有所美。"《吕氏春秋·遇合》："嫫母执乎黄帝。黄帝曰：'属女德而弗忘，与女正而弗衰，虽恶奚伤？'"《列女传》："黄帝妃曰嫫母，于四妃之班居下，貌甚丑而贤。"《路史》："嫫母貌恶而德充。"媸，丑也，一作嗤，非。陈《补释》："《太平御览》（九百十五）引杨泉《太玄经》：'丑妇以明镜为害，而无所逃其陋。'此反其意用之。"按：杨泉当作杨雄。

〔二〕本注：《周史》记言多同于古，牛弘《周史》原未修成，已佚。今存令狐德棻之《周书》，多采自弘《史》。其书文而不实，皆准《尚书》，《外篇·杂说下》论之较详，可参看。

〔三〕都损实事："损"字，蜀本、陆本、鼎本、郭本、王本同，黄本、《通释》作"捐"。

〔四〕樵犁：鼎本、《通释》作"燋梨"。卢《拾补》："宋作'燋梨'。"

近有敦煌张太素〔一〕，中山郎馀令，并称述者，自负史才。郎著《孝传》〔二〕，张著《隋后略》，凡所撰人语〔三〕，皆依仿旧辞。若选言可以效古而书，其难类者〔四〕，则忽而不取。料其所弃一作斥，可胜纪哉？

〔一〕张太素："太"，新旧《唐书》作"大"。《旧唐书·张公谨传》："子大素，龙朔中历位东台舍人，兼修国史。撰《后魏书》一百卷、《隋书》三十卷。"新旧《唐志》均著录《后魏书》一百卷、《隋书》三十二卷、《北齐书》二十卷、《隋后略》十卷、张太素撰《敦煌张氏家传》二十卷,均已佚。《通志·艺文略·编年》著录其"《隋后略》十卷",亦已佚。

〔二〕郎著《孝传》:《旧唐书·儒学·郎馀令传》:"馀令,定州新乐人。少以博学知名,举进士,续梁元帝《孝德传》,撰《孝子后传》三十卷,累转著作佐郎,撰《隋书》未成。"《新唐志》著录:"郎馀令《孝子后传》三十卷。"又《孝传》"孝"字,误刊作"李",蜀本、陆本、鼎本、郭本作"孝",黄本及《通释》均改为"孝德传",今据《唐书》传志改"李"作"孝"。

〔三〕人语:"人"字,《通释》改作"今",并注:"讹作'人'。"

〔四〕其难类者:"其难"两字,蜀本、陆本、鼎本作"杂"。

盖江芊骂商臣曰:"呼!役夫,宜君王废汝而立职。"〔一〕汉王怒郦生曰:"竖儒几败乃公事。"〔二〕单固谓杨康曰:"老奴汝死自其分。"〔三〕乐广叹卫玠曰:"谁家生得宁馨儿。"〔四〕斯并当时侮嫚之词,流俗鄙俚之说。必播以唇吻,传诸讽诵,而世人皆以为上之二言不失清雅,而下之两句殊为鲁朴者,何哉?盖楚汉世隔,事已成古,魏晋年近,言犹类今。已古者即谓其文,犹今者乃惊其质。夫天地久长〔五〕,风俗无恒,后之视今,亦犹今之视昔〔六〕。而作者皆怯书今语,勇效昔言,不其惑乎!

〔一〕"江芊骂商臣"数句:《左》文元年《传》:"楚子欲立王子职而黜大子商臣。商臣闻之而未察,告其师潘崇曰:'若之何而察之?'潘崇曰:'享江芊而勿敬也。'江芊怒曰:'呼!役夫,宜君王之欲杀女而立职也。'冬十月,以宫甲围成王,王缢。穆王立。"杜注:"江芊,成王妹嫁于江。职,商臣庶弟。"楚子,即成王,商臣,穆王名。

〔二〕"汉王怒郦生"二句:《史记·留侯世家》:"汉王与郦食其谋挠楚权。食其曰:'诚能复立六国后世,毕已受印。陛下南乡称霸,楚必敛衽而朝。'汉王曰:'善。'趣刻印。张良从外来谒,汉王具以郦生语告于子房。良曰:'陛下事去矣!'"良具陈八不可后,"汉王辍食吐哺骂曰:'竖儒几败而公事。'令趣销印"。

〔三〕"单固谓杨康"二句:《三国志·魏书·王凌传》注引《魏略》曰:"山阳单固字恭夏。正始中,兖州刺史令狐愚辟固为别驾。与兼治中从事杨康并为愚腹心,后愚与王凌通谋,康、固皆知其计,太傅东取王凌。固见太傅,太傅问曰:'卿知其事为邪?'固对不知。而杨康白事,事与固连,遂收捕固。杨康自以白其事,冀得封拜。后以辞颇参错,亦并斩。临刑,固骂康曰:'老奴!汝死自分耳。'"太傅,即司马懿,传称宣王。凌、愚等通谋反对懿擅权废立也。又"杨康",原误刊作"嵇康",据史传及注改,郭本、黄本、《通释》及孙《札记》均已校改。

〔四〕"乐广叹卫玠"二句:《通释》:"《晋书·乐广传》:'广,字彦辅,与王衍俱宅心事外,天下言风流者,王、乐称首焉。'《卫玠传》:'玠字叔宝,风神秀异,妻父即乐广也。时谓妇公冰清,女婿玉润。'按:二传俱无'宁馨儿'语,其语今见《王衍传》:'衍总角,造山涛,涛嗟叹,目而送,曰:"何物老妪,生宁馨儿。"'《史通》似误。"按"馨儿"、"尔馨"虽迭见于《世说新语·文学》及《容止》篇注,均非乐卫间事。而卫玠“妙有姿容”,“看杀卫玠”,《世说》多有记载。《文学篇》云:“卫玠总角时问乐令‘梦’。乐云:‘“因”也。未尝梦乘车入鼠穴、捣齑啖铁杵,皆无想无因故也。’……乐闻,故命驾为剖析之。卫既小差,乐叹曰:‘此儿胸中当必无膏肓之疾!’”则知广与玠家当早通好,知幾或另有所本。

〔五〕天地久长:《文子缵义·自然》:“虚静之道,天长地久。”张衡《思玄赋》:“天长地久岁不留,俟河之清只怀忧。”又“久长”,一作“长久”。卢《拾补》改为“长久”,云“从宋乙”。《老子》:“天长地久。”

〔六〕后之视今,亦犹今之视昔:杨《通释补》:“《汉书·京房传》:‘臣恐后之视今,犹今之视前也。’注:《晋书·王羲之传》:‘后之视今,亦由今之视昔。’”按后者乃《兰亭集》序文,“由”字或作“犹”。《左传正义》曰:“古者由、犹二字义得通用。”

苟记事则约附五经〔一〕,载语则依凭三史,是春秋之俗,战国之时〔二〕,与两仪而并存〔三〕,经千载而如一〔四〕,奚以今来古往质文之屡变者哉〔五〕?

盖善为政者,不择人而理,故俗无精粗,咸被其化。工为史者,不选事而书,故言无美恶,书传于后。若事皆不谬,言必近真,庶几可与古人同居〔六〕,何止得其糟粕而已〔七〕。

〔一〕记事:卢《拾补》:“‘事’字,宋作‘言’。”《通释》改“言”,注曰:“一作‘事’。”鼎本、郭本及黄本均作“事”,孙《札记》亦校改为“言”。按“记事”与下句“载语”对举,“事”字是。

〔二〕时:蜀本、陆本同底本,鼎本及《通释》作“风”,卢《拾补》:

"宋'时'。"

〔三〕与两仪:"与"字,蜀本、陆本同,鼎本、郭本、黄本及《通释》均作"亘"字,注云:"一作'与'。"卢《拾补》:"宋不作'亘'。"两仪,天地也。《易·系辞》:"是故易有太极,是生两仪。"

〔四〕而:卢《拾补》:"'而'非。"《通释》改作"其",注:"一作'而'。"孙《札记》亦校改"而"为"其"。按"而"犹"乃"也,蜀本、陆本、鼎本、郭本、黄本均作"而"。

〔五〕奚以今来古往:各本均同。《淮南子·齐俗训》:"往古来今谓之宙,四方上下谓之宇。"《文子缵义·自然》冠以"老子曰"。彭《增释》曰:"文不成义,当是'奚以'下脱一'考'字。《叙事》篇云:'何以考时俗之不同,察古今之有异。'即其例也。"浦氏所云"考",作"验"似亦可。

〔六〕庶几可与古人同居:杨《通释补》:"《尸子》:孔子云:'诵《诗》读《书》,与古人居。'"按尸子名佼,秦相商鞅客也。《汉志·杂家》著录《尸子》二十篇,宋时全书已亡。清嘉庆年间,有汪继培辑本,收入《湖海楼丛书》,杨引原文见汪氏辑本《尸子》卷下。

〔七〕得其糟粕:陈《补释》:"《庄子·天道》篇:'然则君之所读者,古人之糟魄已夫!'《释文》:'"魄"又作"粕"。'许慎云:'粕,已漉粗糟也。'《文选》陆士衡《文赋》注:'烂食曰粕。'"

浮词第二十一

【解 题】

上篇《言语》谓史文宜用今语,此篇则谓史笔要慎用浮词。知幾指出写文章不能完全不用“余音足句”之虚词，而史之叙事，如晋灵不君、郅都见惮，用作说事之端、论事之助，亦不能尽去。“史传所书，贵乎博录而已”，是说史书应以广博采录史事为主。而在用片言只语寄褒贬抑扬之义时，要特别慎重，避免追求繁富，“发言失中，加字不惬”，亦即要力避浮夸背实之弊，要准确、恰当。吕《评》谓：“此篇戒叙事不可羼入议论。”似与本篇论旨不合。《论赞》篇也只是反对“史论之烦”，杜绝“私徇笔端，苟炫文彩”，不是一般地反对议论。

就其所举抑扬失当之例证而言，前人争讼最多者，是他指摘《史》、《汉》“无恤最贤”、“韩信贤”的两个“贤”字。明代焦竑在其《焦氏笔乘》中就说“贤之为言异于人云耳”，说知幾“辄律之以儒行，责之为圣人”，是“轻肆讥评”。清初浦起龙亦谓：“执论‘贤’字，滞甚。”直至近人吕思勉先生亦谓其“不知训诂，妄加抨击”。其实知幾在论述中虽首用儒行“仁恕”及“圣人”诸词，但其斥无恤诈贪，论韩信微时无行，满盈速祸，虽不免有攻其一点不及其余之片面性错误，但亦未尝以儒家圣贤之道律赵、韩。《书志》篇中，知幾尝谓袁山松、沈约、萧子显、魏收志天文贤于班、马远矣，安得谓其不知“贤”字诂训。

要说知幾有错，应从此段文字明白批评“近代作者”着眼，说“无恤最贤”者乃其父赵鞅，知“韩信贤”是知幾自己概括《汉书》萧何说“信国士无双”文句。无恤是否“最贤”，韩信可否算“国士无双”，是赵鞅、萧何有无知人之明的问题。迁、固实录其言，叙明无恤立为太子、韩信拜为大将之原委，不能说是浮词。知幾不应以此两事，指认迁、固史文之失。

总之，《史通》一书，不是评价历史人物或事件，而是评价过去史书叙述历史人物及事件之得失，探讨编纂历史之理论和方法。舍此而论《史通》，自难搔着痒处。

原文接着又指摘《汉书·酷吏·严延年传》说号称屠伯严延年之精悍敏捷，虽子贡、冉有也不能超过他。斯亦班固史笔，拿屠伯和圣门弟子相比。具有儒家思想之刘知幾，理所当然地要斥其拟于不伦。而近又有以“子贡、冉有不过长于政事之代名”，说“刘氏不知文例”，而曲护孟坚，是亦以文章论史笔之失。

此篇后半段纵论北朝《魏》、《齐》、《周书》矛盾纷歧，美化失实，特别提出以庾、周赠诗入史，是拟非其伦，可谓深中要害。盖赠诗必皆虚美之辞，自不应采为信史。由于作者“心挟爱憎，肆情高下”，再加之缺乏鉴识，不善剪裁，轻弄笔端，自不免见讥有识。接着又以《左传》、《汉书》作例，说明史文增减之不易，而以“吾谋适不用”作结，以自寓其“吾道不行，美志不遂”（见《自叙》）之情怀。然知幾虽未能私自刊定史书，而《史通》一书，固已为后人开示治史之良规矣。

夫人枢机之发，亹亹不穷〔一〕，必有余音足句〔二〕，为其始末。是以伊、惟、夫、盖，发语之端也，焉、哉、矣、兮，断句之助也〔三〕。去之则言语不足，加之则章句获全。而史之叙事，亦有时类此〔四〕。故将述晋灵公厚敛雕墙，则且以不君为称〔五〕，欲云司马安四至九卿〔六〕，而先以巧宦标目〔七〕，所谓说事之端也。又书重耳伐原示信，而续以一战而霸，文之教也〔八〕，载匈奴为偶人象郅都，令驰射莫能中，则云其见惮如此〔九〕，所谓论事之助也。

〔一〕亹亹：《诗·大雅·文王》：“亹亹文王。”毛《传》：“亹亹，勉也。”又《晋书·谢安传》:“安弱冠诣王濛,既去,濛曰:‘此客亹亹为来逼人。’”盖有言谈风生、娓娓不穷之意。

〔二〕余音足句:《通释》改“余音”为“徐音”,并注云:“音在语前,故当言徐。”并无他证。按“余音”见《列子·汤问》:“韩娥鬻歌假食,而余音绕梁欐,三日不绝。”足句,《左》襄二十五年《传》:“文以足言。”

〔三〕发语之端、断句之助:《文心雕龙·章句》:“兮字成句,乃语助余声。至于夫、惟、盖、故者,发端之首唱,乎、哉、矣、也,亦送末之常科。”

〔四〕时:原误作“待”,蜀本、陆本、鼎本、《通释》均作“时”,今改。

〔五〕晋灵、不君:《左》宣二年:“晋灵公不君,厚敛以雕墙。”杜注:“不君,失君道也。雕,画也。”

〔六〕司马安:“司马”上原误衍“大”字,蜀本同,陆本、鼎本、郭本、黄本均无,下引史传等原文亦无此“大”字,据删。

〔七〕巧宧标目:《史记·汲黯传》:“黯姑姊子司马安亦少与黯为太子洗马,安文深巧,善宧,官四至九卿。”《文选》潘安仁《闲居赋序》云:“岳尝读《汲黯传》,至司马安四至九卿,而良史书之以巧宧之目。”按:安仁名岳。

〔八〕伐原示信、文之教也:《左》僖二十五年《传》:“(冬)晋侯(文公)围原,命三日之粮,原不降,命去之。谍出,曰:‘原将降矣。’军吏曰:‘请待之。’公曰:‘信,国之宝也,民之所庇也,得原失信,何以庇之,所亡滋多。’退一舍而原降。”又《左》僖二十七年《传》:“晋侯于是乎伐原以示之信。……一战而霸,文之教也。”杜注:“谓明年战城濮。”按僖二十七年传文,溯及二十五年伐原前事,而文末以“先年终言”

城濮之捷，作论事之助。

〔九〕郅都、见惮：《史记·酷吏·郅都传》："匈奴素闻郅都节，居边，为引兵去，竟郅都死不近雁门。匈奴至为偶人象郅都，令骑驰射莫能中，见惮如此。"

昔尼父裁经，义在褒贬，明如日月，持用不刊〔一〕。而史传所书，贵乎博录而已。至于本事之外，时寄抑扬。此乃得失禀于片言，是非由于一句，谈何容易，可不慎欤？

但近代作者，溺于烦富，则有发言失中，加字不惬，遂令后之览者，难以取信。盖《史记》世家有云："赵鞅诸子，无恤最贤。"〔二〕夫贤者当以仁恕为先，礼让居本。至如伪会邻国，进计行戕，俾同气女兄，摩笄引决，此则诈而安忍，贪而无亲〔三〕，鲸鲵是俦，犬豕不若〔四〕，焉得谓之贤哉！又《汉书》云："萧何知韩信贤。"〔五〕按贤者处世，夷险若一，不陨获于贫贱，不充诎于富贵〔六〕。又传曰："知进退存亡者，其唯圣人乎？"如淮阴初在仄微，堕业无行，后居荣贵，满盈速祸，躬进逆上，名隶恶徒。周身之防靡闻，知足之情安在〔七〕？美其善将，呼为才略则可矣，必以贤为目，不其谬乎？又云："严延年精悍敏捷，虽子贡、冉有通于政事，不能绝也。"夫以编名《酷吏》，列号屠伯〔八〕，而辄比孔门达者，岂其伦哉？且以春秋至汉，多历年所〔九〕，必言貌取人，耳目不接，又焉知其才术相类，锱铢无爽，而云不能绝乎！

〔一〕持：原误作"特"，蜀本、陆本、鼎本、郭本、黄本均误。《通释》改作"持"，并注："旧作'特'。"孙《札记》校改为"持"。

今据改。

〔二〕无恤最贤：《史记·赵世家》："赵鞅，是为简子。赵简子在位，尽召诸子与语，毋恤最贤。乃废太子伯鲁，而以毋恤为太子。简子卒，太子毋恤代立，是为襄子。襄子姊前为代王夫人。简子既葬，(襄子)请代王，使厨人操铜枓。阴令宰人各以枓击杀代王及从官，遂兴兵平代地。其姊闻之，泣而呼天，摩笄自杀。代人怜之，所死地名之为摩笄之山。"《正义》："枓，音斗，斟水器。笄，今簪也。"

〔三〕此则诈而安忍，贪而无亲：陈《补释》："《左传》隐四年：阻兵而安忍，阻兵无众，安忍无亲。又九年：轻而不整，贪而无亲。"

〔四〕鲸鲵是俦，犬豕不若：陈《补释》："古者明王，伐不敬，取其鲸鲵而封之。"按杜注："鲸鲵，大鱼名，以喻不义之人，吞食小国。"又《列子·仲尼》："长幼群聚而为牢籍庖厨之物，奚异犬豕之类乎？"《文子·上德》："犬豕不择器而食。"

〔五〕萧何知韩信贤：《汉书·萧何传》："何曰：'臣愿大王王汉中，养其民以致贤人。'何进韩信。"《通释》云："萧何致贤之语，却是泛词，《史通》指实韩信，殊属牵合。"陈《补释》："何自追信，有国士无双之言，并非牵合。"按下文概述韩信"仄微无行，荣贵逆上"之生平事迹，具见《汉书·韩信传》，并载有信对汉王曰："项王不能任属贤将。"则贤将亦不同良将也。

〔六〕陨获、充诎：《礼记·儒行》："儒有不陨获于贫贱，不充诎于富贵。"郑注："陨获，困迫失志之貌也。充诎，喜失节之貌。"

〔七〕周身之防、知足之情：《春秋序》："圣人包周身之防。"《老子》四十四章:“知足不辱,知止不殆,可以长久。”

〔八〕严延年、屠伯:《汉书·酷吏·严延年传》:“延年为人短小精悍,敏捷于事,虽子贡、冉有通艺于政事,不能绝也。河南号曰‘屠伯’。”

〔九〕多历年所:杨《通释补》引《书·君奭》:“故殷礼陟配天,多历年所。”按:注谓殷人祭祀祖宗以配上天,故能历载六百也。

盖古之记事也,或先经张本,或后传终言〔一〕。分布虽疏,错综逾密。今之记事也则不然。或隔卷异篇,遽相矛盾;或连行接句,顿成乖角〔二〕。是以《齐史》之论魏收,良直邪曲,三说各异。李百药《齐书序》论魏收云:“若使子孙有灵,窃恐未挹高论。”至收《传论》又云:“是以入相如之室,游尼父之门,志存实录,诋讦阴私。”〔三〕于《尔朱畅传》又云:“收受畅财贿,今故为荣传多减其恶。”〔四〕是谓三说各异。《周书》之评太祖,宽仁好杀,二理不同。令狐德棻《周书》传称文帝不害诸元,则云太祖天纵宽仁,世故如归命。尽种诛夷,虽事出权道,而用乖于德教,是谓二理不同〔五〕。非唯言无准的,固亦事成首鼠者矣〔六〕。夫人有一〔七〕,而史辞再三,良以好发芜音,不求谠理,而言之反覆,观者惑焉。

〔一〕先经张本、后传终言:纪《评》:“张本字出杜氏《左传》注,终言亦杜氏注文。”按《左》隐五年《传》:“翼侯奔随。”杜注:“传具其事,为后晋事张本。翼本末见桓二年。”又本篇第一段重耳伐原示信而续以“一战而霸”,即其例也。是为《左传》所创编年史纪事方法,厥后司马光纂《资治通鉴》,遂订为“隔年首事”、“先年终言”之编纂方法。

〔二〕乖角：背戾、乖张，乃“乖剌”之转。《庾子山集》卷四《示封中录》：“葛巾久乖角，菊径简经过。”方以智《通雅·谚原》：“东方朔谓：‘吾强乖剌而无当。’杜预谓：‘陛下无乖剌之心。’剌，音卢达切。王楙曰：‘今人有此语，余乡骂人喎剌，亦乖剌之转。’宋子京谓：‘俗以不循理曰乖角。’”

〔三〕阴私：“阴”字原脱，蜀本、陆本、鼎本、郭本、王本同，黄本作“奸私”，《通释》作“阴私”。兹据《通释》补。

〔四〕多减其恶：《通释》注云：“《北齐书》，畅，双名文畅，受金语，在其弟文略传，文亦不同。”按：《北齐书·尔朱文畅附文略传》云：“文略尝大遗魏收金，请为其父作佳传。”“减”原无，兹据《魏收传》“纳荣子金，故减其恶，而增其善”句意补。

〔五〕原注：文字窜乱，不能卒读。其中“世故如归命”句，蜀本、陆本、鼎本作“令狐德棻《周书》传称”。卢《拾补》俱改原注。《通释》据卢校悉改原注，面目全非。兹仍保留原注，加以注释如下：所谓“二理不同”，乃指责令狐《周书》，既谓太祖宽仁，又斥其好杀。《周书·元伟传》云：“太祖天纵宽仁，性罕猜忌，元氏戚属，并保全之。”故原注谓其“不害诸元”是其宽仁处。而《文帝纪下》史论又曰：“至于渚宫制胜，阖城孥戮；茹茹归命，尽种诛夷。虽事出于权道，而用乖于德教。”是又谓其好杀矣。

〔六〕首鼠：《通释》引《史记·灌夫传》：“武安侯召御史大夫载，怒曰：‘与长孺共一老秃翁，何为首鼠两端。’”按引文“召韩御史大夫载”，脱一“韩”字，时武安侯田蚡为丞相，韩安国为御史大夫。田蚡与魏其侯窦婴为灌夫使酒骂座事，争于帝前，安国两是之。安国固尝以五百金物遗蚡，取得贵盛者，故田蚡责之。长孺即安国，“共一老秃翁”《索隐》谓“共治一老秃翁”，指窦婴也。首鼠：《集解》谓一前一却也，王念孙云：“今所谓进退无据也。”

〔七〕夫人有一：蜀本、陆本、鼎本、黄本同，郭本、《通释》在“一”字下增“言”字，并注云：“一无‘言’字。此句当作‘人惟一格’。”卢《拾补》云：“宋无‘言’字。”

亦有开国承家，美恶昭露，皎如星汉，非磨涅所移〔一〕。而轻事尘点，曲加粉饰，求诸近史，此累尤多。“累”一作“类”。如《魏书》称登国以鸟名官〔二〕，则云好尚淳朴，远师少皞；述道武结婚蕃落，则曰招携荒服，追慕汉高〔三〕。自余所说，多类于此。按魏氏始兴边朔，少识典坟，作俪蛮夷，抑惟秦晋〔四〕。而鸟官创置，岂关郯子之言〔五〕，髦头而偶，奚假奉春之策〔六〕。奢言无限，何甚厚颜？又《周史》称元行恭因齐灭得回，庾信赠其诗曰：“虢亡垂棘反〔七〕，齐平宝鼎归。”陈周弘正来聘，在馆赠韦敻诗曰：“德星犹未动，真车讵肯来？”〔八〕其为信、弘正所重如此。夫文以害意，自古而然，拟非其伦，由来尚矣。必以庾、周所作，皆为实录，则其所褒贬，非止一人，咸宜取其指归，何止采其四句而已。若乃题目不定，首尾相违，则李伯药、令狐德棻是也。《齐史》李伯药所撰〔九〕，《周史》令狐德棻所撰也。心挟爱憎，词多出没，则魏收、牛弘是也。《魏史》魏收所撰，《周史》载元行恭等，此本牛弘所撰也。斯皆鉴裁非远，智识不周，而轻弄笔端，肆情高下。故弥缝虽洽，而厥迹更彰，取惑无知，见嗤有识。

〔一〕磨涅：蜀本、陆本、鼎本、郭本及黄本均作"磨涅"。《通释》作"靡沮"，并注云："或作'磨涅'，俱未稳。此二句竟可省去。"陈《补释》云："此用《诗·大雅·云汉》篇'靡神不举，靡受斯牲'及'旱既太甚，则不可沮'，六朝唐初文往往有此摘用经语式。其'星'字亦本是诗'有嘒其星'。若无此二句，下文'尘点'字无根。"程《笺记》云："《云汉》郑《笺》训'靡'为'无'，毛《传》训'沮'为'止'。若如陈说，二字连用，成何文义？疑'靡沮'乃'仓沮'之讹也。《广韵》'九鱼'引《世本》云：'沮诵、仓颉作书，并黄帝时史官。'张鼎思本'靡'字作'磨'。'磨'字下半与'仓'形近，当是'仓'字先讹为'磨'，'磨'字上半与'靡'同，又转讹为'靡'耳。其'沮'字，张本讹'涅'者，则以'仓'字讹'磨'后，校者不得其解，以为子玄乃用《论语·阳货》'磨而不磷，涅而不缁'之语，因改之也。《史官建置》'昔轩辕氏受命，仓颉、沮诵实居其职'，亦'仓、沮'连举。"按程驳"靡沮"不成文义，是。疑为"仓、沮"，解作非史家所可移易，文义虽可通，而辗转改讹，悉出臆测。各本既多作"磨涅"，又按《论语·阳货》："子曰：'不曰坚乎！磨而不磷。不曰白乎！涅而不缁。'"孔安国注："磷，薄也。涅，可以染皂者。"则"非磨涅所移"句，意谓非磨之可薄，染之可黑也。接下二句"尘点"指丑化，"粉饰"指美化，文意明白畅达。陈《补释》谓"不可无此二句"，是。"磨涅"二字，在句中无不稳处。

〔二〕登国以鸟名官：登国，北魏太祖道武帝拓跋珪于 386 年即王位，改称魏王，建元登国。《魏书·官氏志》："天赐元年(404)初，(道武)帝欲法古纯质，每于制定官号，皆拟远古云鸟之义。诸曹走使谓之凫鸭,取飞之迅疾。以伺察者为候官,谓之白鹭,取其延颈远望。自余之官,义皆类此。"

〔三〕"道武结婚蕃落"至"追慕汉高":《通释》引《魏书·崔玄伯传》:"太祖曾引玄伯讲《汉书》,至娄敬说汉祖以鲁元公主妻匈奴,善之,嗟叹者良久。是以诸公主皆厘降于宾附之国。"

〔四〕秦晋:春秋时,秦晋世为婚姻,后世称联姻为秦晋之好。

〔五〕郯子之言:郯子言少皞以鸟名官,见《书志》篇郯子注。

〔六〕髦头而偶,奚假奉春之策:王《训故》:"《史记·天官书》:'昂为髦头,胡星也。'"《通释》引《晋书·天文志》云:"髦头,胡星也。"又引《魏书·天象志》云:"有星彗于髦头,太祖启冀方之地。"释义与上文无涉,悉误。而另引《汉书·刘敬传》(娄敬赐姓刘)敬献策和亲一段文字,"奚假"两字仍无着落,亦嫌词费。按:"髦头"见《史记·秦本纪》"秦文公二十七年(前739)伐南山大梓,丰大特"注文,《正义》引《录异传》云:"秦文公时,雍南山有大梓树,文公伐之,辄有大风雨,树生合不断。时有一人病,夜往山中,闻有鬼语树神曰:'秦若使人被发以朱丝绕树伐汝,汝得不困耶?'树神无言。明日病人语闻。公如其言伐树断。中有一青牛出,走入丰水中。其后牛出丰水中,使骑击之,不胜。有骑堕地复上,发解,牛畏之,入不出。故置髦头。汉、魏、晋因之。武都郡立怒特祠,是大梓牛神也。"则髦头即象发解之人也。初为秦骑堕地发解,故即以为秦人,而秦与北魏俱为西北戎,遂即以喻魏人。偶,配偶也,则此两句乃接上文"道武结婚蕃落",指出与其听玄伯说娄敬献策无关。又奉春,乃娄敬封号。《汉书·娄敬传》:"高帝曰:'娄敬,娄者刘也,赐姓刘氏。'拜为郎中,号曰奉春君。冒顿单于数苦北边,上患之。敬曰:'陛下诚能以适长公主妻单于,可毋战以渐臣。'帝曰:'善。'取家人子为公主,妻单于。使敬往结和亲约。"

〔七〕"元行恭"至"垂棘反":《通释》引《周书·元伟传》略云:"元伟,字猷道,为使主报聘于齐。高祖亲戎东讨,伟遂为齐人所执,齐平,伟方见释。庾信赠其诗(云云)。"浦并案云:"猷道,《史通》作'行恭',岂牛弘本然耶?"盖疑已佚之牛弘《周书》如此记载也。彭《增释》云:"元行恭当作元伟,行恭乃元文遥之子,仕齐不仕周,盖知幾误记耳。"按《北齐书·元文遥传》附载其子行恭事状云:"行恭,位中书舍人,待诏文林馆,齐亡,阳休之等十八人同入关,稍迁司勋下大夫。隋开皇中,位尚书郎。"则行恭于齐亡之后,固亦尝仕于周隋者。据《北齐书·元文遥传》,其父子乃河南洛阳人,不能说"回周"。且庾诗在《元伟传》中,元行恭当是元伟之误。又庾诗"虢亡垂棘反","反"字原误作"灭",据《周书·元伟传》改。按《左》僖二年《传》:"晋以垂棘之璧,假道于虞以伐虢。""反"与"返"通。

〔八〕"陈周弘正来聘"数句:《通释》引《周书·韦夐传》:"夐,字敬远,志尚夷简,所居之宅,枕带林泉,明帝号之曰逍遥公。陈遣其尚书周弘正来聘,造夐。后请夐至宾馆,弘正赠诗云云。"浦案:"《世说》陈太丘诣荀朗陵,元方将车。于时太史奏真人东行。弘正诗'真车',语用此也。"真车,原作"直车",按《北史·韦孝宽传》附兄夐传作"真车",今据《北史》传、《通释》改。又周弘正,字思行,官至尚书右仆射,《陈书》、《南史》均有传。

〔九〕“则李伯药、令狐德棻是也”句：李伯药，蜀本、陆本同，鼎本、郭本、王本、黄本作“伯药”，省去“李”字，《通释》改作“百药”，“李”字亦省。按今本新旧《唐书》本传作“百药”，然“伯药”两字亦多见于唐宋旧籍。本篇前注即作“百药”而非“伯药”。宋晁说之《读北齐书》亦兼用“伯药”、“百药”，例与《史通》同。故字虽异而不觉有歧，二者长期并行，则不当强求统一而径改，遂从其旧以存真。

夫词寡者，出一言而已周，才芜者，资数句而方浃。按《左传》称绛父论甲子，隐言于赵孟〔一〕；班《书》述楚老哭龚生，莫识其名氏〔二〕。苟举斯一事，则触类可知。至嵇康、皇甫谧撰《高士记》〔三〕，各为二叟立传，全采左、班之录，而其传词云：“二叟隐德容身，不求名利，避乱远害，安于贱役。”夫探揣古意，而广足新言。“足”音子愈反。此犹子建之咏三良〔四〕，延年之歌秋妇〔五〕，至于临穴泪下，闺中长叹，虽语多本传，而事无异说。盖凫胫虽短〔六〕，续之则悲，史文虽约，增之反累，加减前哲，岂容易哉？

昔夫子断唐虞已下迄于周，剪裁浮词，撮其机要。故帝王之道，坦然明白。嗟呼！自去圣日远，史籍逾多，得失是非，孰能刊定。假有才堪厘革，而以人废言，此绕朝所谓“勿谓秦无人，吾谋适不用”者也〔七〕。

〔一〕“按《左传》”数句：见《二体》篇“绛县之老”注。

〔二〕“班《书》”数句：《汉书·两龚传》：“胜字君宾，舍字君倩，二人相友，并著名节，世谓之楚两龚。舍年六十八，王莽居摄中卒。莽既篡国，遣使者迎胜即拜，秩上卿。胜辄推不受,遂不复开口饮食,积十四日死。有老父来吊,哭甚哀,既而曰:‘嗟虖!薰以香自烧,膏以明自销。龚生竟夭天年,非吾徒也!’遂趋而出,莫知其谁。”末数句,《高士传》悉用此文。

〔三〕《高士记》:即《高士传》。《隋志》著录《圣贤高士传赞》三卷(嵇康撰,周续之注)、《高士传》六卷(皇甫谧撰),嵇书已佚。《四库提要》著录皇甫谧撰《高士传》三卷,云“子州支父、石户之农、小臣稷、商客、荣启期、长沮、桀溺、荷蓧丈人、汉阴丈人、颜斶十人皆《御览》所引嵇康《高士传》之文”,不及绛、楚两老。嵇书此两老传,已无可考。皇甫谧书今收入《古今逸史》、《汉魏丛书》、《龙威秘书》等丛书中,然已窜乱,非其旧矣。《古今逸史》本系明吴琯校,分三卷,有九十目九十五人(长沮桀溺、鲁二征士、四皓,三目计八人),楚老作彭城老父,无绛县老人。

〔四〕子建之咏三良:《文选》曹子建《三良诗》云:“揽涕登君墓,临穴仰天叹。”故知幾云:“临穴泪下。”又下文“临穴泪下”之“穴”字原误刊作“冗”,据原诗校正。

〔五〕延年之歌秋妇:《通释》:“《宋书·颜延之传》:‘颜延之,字延年。’按:《秋胡诗》有‘岁暮临空房’句,所谓闺叹也。秋胡事详后《品藻》篇。”按:《乐府诗集》载颜延之《秋胡行》九首,其第八首中有句云:“明发动愁心,闺中夜长叹。”为知幾“闺中长叹”所本。又浦氏所引,意欠完整。“夜”字,《玉台新咏》作“起”。

〔六〕凫胫:《通释》引《庄子·骈拇》:“凫胫虽短,续之则忧;鹤胫虽长,断之则悲。”

〔七〕绕朝:春秋时秦大夫。《左》文十三年《传》载:“晋人患秦之用士会也。”遣间使士会归晋，秦康公中计，遣士会行，并誓言如晋国背信，扣留士会，必遣送士会之妻子去晋。士会濒行，“绕朝赠之以策曰：‘子无谓秦无人，吾谋适不用也。’”

叙事第二十二并序　简要　隐晦　妄饰

【解　题】

本卷《言语》、《浮词》两篇，论撰史用辞遣字之法，此篇进而论叙事之体。美史以叙事为工，而叙事之工者，以简要为主。简要不能无“要”字，“简而能要，乃非苟简”，纪氏此评，得其旨矣。简要之标准，是“文约而事丰”。厥后欧、宋修《新唐书》，“事增文省”，盖即师法知幾此论。后人对欧书虽是毁誉参半，然自魏晋以降，史文伤于烦碎，则知幾此论，实有廓清之功。

他论叙事之体，约有四种：有直纪才行，有唯书事迹，有因言语而显事，有假赞论而别出。皆可根据具体情况酌用一二，却不应“兼而必书”。至于叙事简要之方法，他举出一些例证，不外乎省句、省字，省句为易，省字为难。盖烦字须下锻炼功夫，而冗句易见也。也只有在省字上痛下功夫，才能做到隐而微，晦而彰。

隐晦重在“晦”字。用晦就是要略小存大，举重明轻，虽字省文约，而能事溢句外，虽尽却浮词，而读者能举一反三。言近旨远，辞浅义深，是治史者宜用心处。他在比较显晦优劣不同以后，又进一步指出用骈文修史，是史道陵夷。具见知幾此处所论之隐晦，是简要之更深一层发挥。他要史家避免繁词缛说,理尽篇中之显言,要如用奇兵者,用片言只语,而事无不该,理皆要害,乃较诸简要更高之要求。

妄饰是反对虚加练饰、体兼赋颂,弄得文非文,史非史。他分析致此之由,一是由于虚引古事,假托古词,翻易今语。凡此种种,置于文章则可,施于简册(史)则否矣。二是丑言鄙名,改从雅言,辄为盖藏,亦有复姓从单,失其本真。遂使后之学者,无以考时俗之不同,察古今之有异。其举例虽间有未当,如讥汉人称帝室为王室,吕氏《评》谓"王字立名之初,虽为专指之名,后即引申为有天下统类之语。知幾援引本义,以相诘难,殊不达于文字引申之例",确属此文之微瑕。然就其所举叙事三要点以观,自是不刊之论。而贯穿全篇之中心思想,仍是"因俗随时"四字。他强调言媸者其史亦拙,事美者其书亦工。江右事雅,裴笔所以专工,中原迹秽,王文由其屡鄙。但裴饰虚词,王存实录,裴、王虽均长于叙事,而世人皆誉裴而诋王,就是由于王因俗实录。知幾再三推重王氏之原因在此,故深致感慨于识宝者稀。同时,他也反对以今方古,一概而论得失,就是要随时。历史要忠实地反映客观事物,确是知幾史论中反复申述之主要论旨。

夫史之称美者,以叙事为先。至若书功过,记善恶,文而不丽〔一〕,质而非野〔二〕,使人味其滋旨,怀其德音,三复忘疲,百遍无斁〔三〕,自非作者曰圣〔四〕,其孰能与于此乎?

〔一〕文而不丽:《韩非子·亡征》:"滥于文丽而不顾,其功者可亡也。"《论衡·定贤篇》:"文丽而务巨,言眇而趋深。"扬雄《法言·君子》:"文丽用寡,长卿也。"

〔二〕质而非野:《论语·雍也》:"质胜文则野。"梁元帝《内典碑铭集林序》:"质而不野,博而不繁。"

〔三〕无斁:陆《释》:"斁音亦。"《尚书·太甲中》:"朕承王之休无斁。"伪孔《传》曰:"我承王之美无厌。"按《诗·葛覃》:"为絺为绤,服之无斁。"郑《笺》:"斁,厌也。"枚乘《七发》:"高歌陈唱,万岁无斁。"

〔四〕作者曰圣:杨《通释补》引《礼记·乐记》:"作者之谓圣。"按《抱朴子·喻蔽》:"作者之谓圣,述者之谓贤。"《三国志·魏书·管辂传》注引《辂别传》:"季龙乃叹曰:'作者之谓圣,述者之谓明。'"张根《吴园周易解》卷八《系辞解下》:"先几而作者谓之圣,后几而改者谓之贤。"

昔圣人之述作也,上自《尧典》,下终获麟,是为属词比事之言,疏通知远之旨。子夏曰:"书之论事也,昭昭然若日月之代明。"〔一〕扬雄有云:"说事者莫辨于《书》,说理者莫辨乎《春秋》。"〔二〕然则意複深奥,诂训成义〔三〕,微显阐幽〔四〕,婉而成章,虽殊途异辙,亦各有美焉〔五〕。谅以师范亿载,规模万古,为述者之冠冕,实后来之龟镜。一作"鉴"。既而马迁《史记》,班固《汉书》,继圣而作,抑其次也。故世之学者,皆先曰五经,次云三史〔六〕,故经史之目,于此分焉。

〔一〕昭昭然若日月之代明:陈《补释》:"见《尚书大传》。"按《尚书大传·略说》篇:"子夏曰:'书之论事也,昭昭若日月之明,离离若参辰之错行。'"又《鬻子》:"昔者五帝之治天下也,其道昭昭若日月之明然,若以昼代夜然。"

〔二〕说事、说理：陈《补释》："见《法言·寡见》篇。"按《寡见》篇原文为："或问《五经》有辩乎？曰：'惟《五经》为辩，说事者莫辩乎《书》。'"注："《尚书》论政事也。"同书"说理者莫辩乎《春秋》"注："属辞比事之义。"

〔三〕意複深奥，诂训成义：陆本同，鼎本、郭本"诂"作"诰"，《通释》改"複"为"指"，"诂"亦作"诰"，并注云："旧作'複'，误。'诰'一讹'诂'。"又鼎本作"意復深奥"，卢《拾补》校"復"字云"宋'複'，下同"。原作"複"不误。诂训成义：杨《通释补》略云："'诰'字非是。《后汉书·贾逵传》：'逵数为帝言，《古文尚书》与经传《尔雅》诂训相应。'《文心雕龙·宗经篇》：'《书》实记言，而诂训茫昧，通乎《尔雅》，则文意晓然。'并言《书》之诂训成义也。"而程《笺记》则引《孔丛子·居卫》篇："《书》之意兼復深奥，训诰成义，古人所以为典雅也。正子玄所本。'複'与'復'通。浦改'複'为'指'，杨以'诰'为'诂'，并非。特'诰训'二字当乙转耳。"按：《尔雅·释诂》郭璞注："释诂所以释古今异言，通方俗之殊语。"《隋志》小学目即著录有"张揖《古今字诂》三卷，周氏撰《杂字解诂》四卷"，并综述小学为训诂、体势、音韵三类。则"诂训"一辞，起源久远，隋、唐以前已多以解诂名书。又，此段文字，实参用《文心雕龙·宗经》篇辞意，《宗经》迭用"诂训"。杨《通释补》引据详明，不误。

〔四〕微显阐幽：《通释》引《左传》杜《序》："其微显阐幽，裁成义类者，皆据旧例而发义，指行事以正褒贬。"

〔五〕美：陆本、鼎本、郭本、黄本均同。《通释》改"美"为"差"，并注云："旧讹作'美'。"杨《通释补》略云："'美'字不误，此为总上论《尚书》意指深奥,《春秋》婉而成章,各有其美。若改作'差',则不谐矣。"程《笺记》亦云:"'美'字不误。"按杨说是。

〔六〕三史:《后汉书·郡国志》:"今但录中兴以来郡县改异,及《春秋》、三史会同征伐地名,以为《郡国志》。"又《三国志·吕蒙传》裴注引《江表传》曰:"权谓蒙曰:'孤省三史、诸家兵书,自以为大有所益。'"钱大昕《十驾斋养新录》卷六之三史目云:"三史谓《史记》、《汉书》及《东观记》也。自唐以来,《东观记》失传,乃以范蔚宗书,当三史之一。"《四库总目》著录《东观汉记》二十四卷,《提要》亦云:"晋时以此书与《史记》、《汉书》为三史。"

尝试言之曰:经犹日也,史犹星也。夫杲日流景〔一〕,则列星寝耀,桑榆既夕〔二〕,而辰象粲然。故《史记》之文,当乎《尚书》、《春秋》之世也,则其言浅俗,涉乎委巷,垂翅不举〔三〕,懘籥无闻〔四〕。逮于战国已降,去圣弥远,然后能露其锋颖,倜傥不羁。故知人才有殊,相去若是,校其优劣,讵可同年。自汉已降,几将千载〔五〕,作者相继,非复一家,求其善者,盖亦几矣〔六〕。夫班马执简,既五经之罪人,而晋宋杀青,又三史之不若。譬夫王霸有别,粹驳相悬〔七〕,才难〔八〕!不其甚乎!

〔一〕杲日:《诗·卫风·伯兮》:"杲杲出日。"

〔二〕桑榆既夕:陈《补释》引《淮南子·天文训》"日西垂景在树端,谓之桑榆"注:"言其光在桑榆树上也。"又引《后汉书·冯异传》注:"桑榆,谓晚也。"按今本《淮南子·天文训》无此文,清代庄逵吉校引《太平御览》作注。又《冯异传》文为:“始虽垂翅回溪,终能奋翼黾池,可谓失之东隅,收之桑榆。”

〔三〕垂翅不举:用上引《冯异传》句意。“翅”原误刊作“趐”,鼎本同,郭本、黄本及《通释》作“翅”,今据《汉书》传改。

〔四〕灉龠无闻:陈《补释》引《乐记》:“五者不乱,则无怗灉之音矣。”又:“羽、龠、干、戚,乐之器也。”郑注:“怗灉:敝败不和貌。”《释文》、《正义》并云:“灉,败也。”

〔五〕自汉已降,几将千载:“汉”字原讹作“叹”,“将”字原脱,据陆本、鼎本、郭本、黄本及《通释》本改补。

〔六〕盖亦几矣:陆本同,郭本、黄本均作“盖亦无几矣”。《通释》注:“一有‘无’字。”杨《通释补》以《杂述》篇“而能传诸不朽,见美来裔者,盖无几焉”例之,有“无”字似胜。

〔七〕王霸、粹驳:陈《补释》引《荀子·王霸》篇:“故曰:‘粹而王,驳而霸。’”按杨倞注云:“粹,全也。驳,杂也。”

〔八〕才难:《论语·泰伯》:“孔子曰:‘才难!不其然乎?’”

然则人之著述,虽同自一手“自”一作“出”,其间则有善恶不均,精粗非类。若《史记》《苏》、《张》、《蔡泽》等传,是其美者。至于三五《本纪》、《日者》、《太仓公》、《龟策传》,固无所取焉〔一〕。又《汉书》之帝纪、《陈》、《项》诸篇,是其最也。至于《淮南王》、《司马相如》、《东方朔传》,又安足道哉!岂绘事以丹素成妍〔二〕,帝京以山水为助。故言媸者其史亦拙,事美者其书亦工。必时乏异闻,世无奇事,英雄不作,贤俊不生。区区碌碌,抑惟恒理。而责史臣显其良直之体，申其微婉之才，盖亦难矣。

〔一〕三五《本纪》、《日者》、《太仓公》、《龟策传》，固无所取焉："三五"两字，陆本、鼎本作"三王"。《史通·古今正史》篇说《史记》云："十篇未成，有录而已。褚先生更补其缺，作《武帝纪》、《三王世家》、《龟策》、《日者》等传，其《龟策》、《日者》，辞多鄙陋。"《鉴识》篇又引张晏语说褚补《龟策》、《日者传》，言词鄙陋，并自按云："《五帝本纪》，其言之鄙，又甚于兹。"依陆本、鼎本径以"三王本纪"作"三王世家"，"世家"如何误为"本纪"，似难索解。象本"三五本纪"，可解为知幾同时人司马贞所补之《三皇本纪》及迁所自撰之《五帝本纪》。《史记·扁鹊仓公传》中之《太仓公淳于意传》，固亦迁所自撰也。知幾特错举迁所自撰及后人补撰之一些篇目，亦有无足取者，说明"人之著述，虽同自一手"，然而有"精粗非类"者。故仍存象本之旧，作"三五本纪"。

〔二〕绘事以丹素成妍：《论语·八佾》："子曰：'绘事后素。'朱注：'谓先以粉地为质，而后施五彩，犹人有美质，然后可加文饰。'"

故杨子有云，虞夏之书浑浑尔，商书灏灏尔，周书噩噩尔〔一〕，下周者其书憔悴乎〔二〕！观丘明之记事也，当桓、文作霸，晋、楚更盟，则能饰彼词句，成其文雅。及王室大坏，事益纵横，则《春秋》美词，几乎翳矣。观子长之叙事也，自周已往，言所不该，其文阔略，无复体统。自秦汉以下，条贯有伦，则焕炳可观〔三〕，有足称者。至若荀悦《汉纪》，其才尽于十帝，陈寿《魏书》，其美穷于三祖。触类而长，他皆若斯。

〔一〕浑浑、灏灏、噩噩：《通释》："扬子《问神》篇之文。"按原文见《扬子法言·问神》篇。李轨注云："浑浑，深大。灏灏，夷旷。噩噩，不阿借也。"又鲁迅《汉文学史纲要》云："虞夏禅让，独饶治绩，敷扬休烈，故深大矣。周多征伐，上下相戒，事危言切，则峻肃而不阿借。惟商书时有哀激之音，若缘崖而失其援，以为夷旷，所未详也。"按《问神》篇又有句云："灏灏乎其莫之御也。"李轨又注云："灏灏，洪盛，无能当之者。"此注亦可与"夷旷"互相发明。

〔二〕下周者其书憔悴乎：各本均同。《法言·问神》篇作："下周者，其书谯乎？"李注："下周者，秦，言酷烈也。"按：《诗·豳风·鸱鸮》："予羽谯谯，予尾翛翛。"毛《传》："谯谯，杀也。翛翛，敝也。"郑《笺》："羽尾杀敝，言己劳苦甚。"知幾易"谯"为"憔悴"，用郑氏《笺》义。

〔三〕焕炳可观：杨《通释补》引《文选》王延寿《鲁灵光殿赋》："焕炳可观。"按《后汉书·王逸传》："逸子延寿，字文考。"《文选》李善注引《尚书璇玑钤》曰："帝尧焕炳，隆兴可观。"

夫识宝者稀，知音盖寡。近有裴子野《宋略》、王邵《齐志》，此二家者，并长于叙事，无愧古人。而世人议者，皆雷同誉裴，而共诋王氏。夫江左事雅，裴笔所以专工，中原迹秽，王文由其屡鄙。且幾原务饰虚词，君懋志存实录〔一〕，此美恶所以为异也。设使丘明重出，子长再生，记言于贺六浑之朝〔二〕，书事于士尼干之代〔三〕，将恐辍毫栖牍,无所施其德音。而作者安可以今方古,一概而论得失。

夫叙事之体,其流甚多,非复片言所能觇缕〔四〕。今辄区分类聚,定为三篇,列之于下。右《叙事》篇序。

〔一〕裴、王:裴、王两书注见《六家》之《尚书》家及《左传》家,裴字幾原,王字君懋。

〔二〕贺六浑:《北齐书·神武纪》:"高欢,字贺六浑。"是处以此称北齐王朝。

〔三〕士尼干:《北史·齐文宣纪》:"文宣皇帝讳洋,字子进,神武第二子。武明太后初孕帝,每夜有赤光照室,太后私怪之。及产,命之曰侯尼于,鲜卑言有相子也。"蜀本无"干"字,陆本作"于世尼",郭本、黄本改作"士于尼",鼎本作"士尼"。卢《拾补》云:"何改'俟尼干'。"《通释》注:"当作'侯尼于'。"孙《札记》改"俟尼干"。按《北史·齐文宣纪》"及产"以下三句,《北齐书》无。侯、俟形近,俟、士音近,"士"字或为"侯"字辗转致误。干、于形近致误。

〔四〕觇缕:《通释》:"'觇',本作'覼',通作'罗'。左思《吴都赋》:'嗟难得而覼缕。'《晋书》傅咸疏:'臣前所以不罗缕者,莫因结奏得从私愿也。'《金壶字考》:'次序也。'"按:王延寿《王孙赋》:"忽涌逸而轻迅,羌难得而觇缕。"觇缕,《玉篇》:"委曲也。"此处应作委曲细论解。

夫国史之美者,以叙事为工;而叙事之工者,以简要为主〔一〕。简之时义大矣哉! 历观自古作者权舆〔二〕,《尚书》发踪,所载务于寡事;《春秋》变体,其言贵于省文。斯盖浇淳殊致,前后异迹。然则文约而事丰,此述作者之尤美者也。

始自两汉，迄乎三国，国史之文，日伤烦富。逮晋已降，流宕逾远。必寻其冗句，摘其烦词，一行之间，必谬增数字，尺纸之内，恒虚费数行。夫聚蚊成雷〔三〕，群轻折轴〔四〕，况于章句不节，言词莫限，载之兼两〔五〕，曷足道哉！

〔一〕简要：蜀本、陆本、鼎本、郭本无“要”字，黄本、《通释》均同象本。《通释》注：“一无‘要’字。”纪《评》：“简而能要，乃非苟简。无‘要’字则语意不完。”按此段下文有“文约而事丰”，是知幾对简要的最好注释，“要”字自不能少。

〔二〕权舆：《通释》引《广韵》：“造衡自权始，造车自舆始。”按《尔雅·释诂》：“权舆，始也。”《诗·秦风·权舆》篇序云：“刺康公也，忘先君之旧臣，与贤者有始而无终也。”此诗两章结句均为“不承权舆”，意谓不继承先君始创之规范。知幾“作者权舆”句，即用此诗意，谓作者以下述《尚书》、《春秋》为始创之规范也。

〔三〕聚蚊成雷：《通释》引《汉书·中山靖王传》：“‘众煦漂山，聚蟁成雷。’注：‘蟁，古蚊字。’”按注文下句云：“言众蚊飞声，有若雷也。”

〔四〕群轻折轴：《通释》引《国策》：“张仪说魏，积羽沉舟，群轻折轴，众口铄金。”按张仪说辞见《战国策·魏策一》，又《汉书·中山靖王传》亦有“丛轻折轴”句。师古注曰：“言积载轻物，物多至令车轴毁折。”

〔五〕载之兼两：《后汉书·吴祐传》：“此书若成，载之兼两。”李贤注：“车有两轮，故称‘两’也。”按贤注同《书·泰誓》注引《风俗通》文。又《文选》张衡《西京赋》：“鬻者兼赢。”

注："兼，倍也。"此句言装若干车也。

盖叙事之体，其别有四：有直纪其才行者，有唯书其事迹者，有因言语而可知者，有假赞论而自见者。至如《古文尚书》，称帝尧之德，标以允恭克让〔一〕；《春秋左传》，言子太叔之状，目以美秀而文〔二〕。所称如此，更无他说，所谓直纪其才行者。

又如《左氏》载申生为骊姬所谮，自缢而亡〔三〕；班史称纪信为项籍所围，代君而死〔四〕。此则不言其节操，而忠孝自彰，所谓唯书其事迹者。

又如《尚书》称武王之罪纣也，其誓曰："焚炙忠良，刳剔孕妇。"〔五〕《左传》记随会之论楚也，其词曰："荜簬蓝蒌，以启山林。"〔六〕此则才行、事迹，莫不阙如，而言有关涉，事便显露，所谓因言语而可知者。

又如《史记·卫青传》后，太史公曰："苏建尝责大将军不荐贤待士。"〔七〕《汉书·孝文纪》末，其赞曰："吴王诈病不朝，赐以几杖。"〔八〕此则记之与传〔九〕，并所不书，而史臣发言，别出其事，所谓假赞论而自见者。

然则才行、事迹、言语、赞论，凡此四者，皆不相须。若兼而毕书，则其费尤广。近史纪传，欲言人居哀毁损，则先云"至性纯孝"；欲言人昼夜观书，则先云"笃志好学"；欲言人赴敌不顾，则先云"武艺绝伦"；欲言人下笔成篇，则先云"文章敏速"。此则既述才行，又彰事迹也。如《穀梁传》曰："骊姬以鸩为酒，药脯以毒。"献公曰："奚来？"骊姬曰："世子以祀，故致福在君。"将食之，骊姬谗曰："食自外来者，不可不识也。"覆酒于地，而地坟，以脯与犬，犬毙。骊姬下堂而啼曰："天乎，天乎！吾君之国，子之国也，子可迟子事为君。”又《礼记》云：“晋将伐宋，使觇之，见阳门之介夫死，子罕哭之甚哀，归而语人曰：“阳门之介夫死，子罕哭之甚哀，不可伐也。”此则既载事迹，又载言语也。又近代诸史，人有行事美恶者，皆已具其纪传中，续以赞论，重述前事，此则近有事迹，纪传已书，赞论又载，《公》《梁》传、《新序》、《说苑》、《战国策》、《楚汉春秋》、《史记》，迄于皇家所撰《五代史》，皆有之。但自古经史，通多此类，能获免者，盖十无一二。唯左丘明、裴子野、王邵无此也。

〔一〕允恭克让：《尚书·尧典》称帝尧“允恭克让”。孔《传》云：“允，信。克，能。信恭能让。”

〔二〕美秀而文：《左》襄三十一年《传》：“子大叔美秀而文。”杜注：“其貌美，其才秀。”按子太叔，郑国正卿，又名游吉。

〔三〕“又如”二句：《左》僖四年《传》：“大子归胙于公。公田，姬置诸宫六日。公至，毒而献之。公祭之地，地坟；与犬，犬毙；与小臣，小臣亦毙。姬泣曰：‘贼由大子。’大子奔新城。公杀其傅杜原款。或谓大子：‘子辞，君必辩焉！’大子曰：‘君非姬氏，居不安，食不饱，我辞，姬必有罪。君老矣，吾又不乐。’曰：‘子其行乎？’大子曰：‘君实不察其罪，被此名也以出，人谁纳我。’缢于新城。”不仅书其事迹，且又载申生纯孝之言语，与下文原注所引《穀梁传》文相同，知幾用此例明唯书事迹，似不允洽。又注文颇多舛误，可参阅《穀梁传》文。

〔四〕“班史”二句：《汉书·高帝纪》：“三年夏四月，项羽围汉荥阳。五月，将军纪信曰：‘事急矣，臣请诳楚，可以间出。’纪信乃乘王车，黄屋左纛，曰：‘食尽，汉王降楚。’楚皆呼万岁，之城东观。以故汉王得与数十骑出西门遁。羽见纪信，问：‘汉王安在？’曰：‘已出去矣。’羽烧杀信。”

〔五〕“其誓曰”数句：《尚书·泰誓》：“（武）王曰：‘今商王受，焚炙忠良，刳剔孕妇。’”

〔六〕荜簵蓝蒌：各本均同，传文作“荜路蓝缕”。《左》宣十二年《传》：“栾武子曰：‘楚自克庸以来，其君无日不讨国人而训之。训之以若敖、蚡冒，荜路蓝缕，以启山林。’”《通释》引文有歧异，浦案云：“是栾书语，非士会语也。二人皆称武子，所以误也。又昭十二年，右尹子革语，故有荜路句。皆是言语，非书事迹。”按杜注：“若敖、蚡冒，皆楚之先君。荜路，柴车。蓝缕，敝衣。言此二君勤俭以启土。”又栾书即栾武子，士会即随会，俱晋大夫。

〔七〕“《卫青传》后”数句：《史记·卫青传》：太史公曰：“苏建语余曰：‘吾尝责大将军至尊重，而天下之贤大夫毋称焉。’”

〔八〕“《孝文纪》末”数句：《汉书·文帝纪赞》曰：“吴王诈病不朝，赐以几杖。群臣袁盎等谏说虽切，常假借纳用焉。”

〔九〕此则记之与传：各本同。卢《拾补》校“记”字云：“何‘纪’。”《通释》改为“传之与纪”，并注：“‘传、纪’二字旧倒。”浦氏盖紧承上文《卫青传》、《文帝纪》之前后次第言。程《笺记》谓此“据史体为序，不必改”。按浦说可取，此乃知幾行文偶疏处，擅改亦可不必。

又叙事之省，其流有二焉：一曰省句，二曰省字。

《左传》：“宋华耦来盟，称其先人得罪于宋，鲁人以为敏。”夫以钝者称敏，鲁人为钝人也，《礼记》中已有注解〔一〕。则明贤达所嗤，此为省句也。

《春秋经》曰：“陨石于宋五。”〔二〕夫闻之陨，视之石，数之五。加以一字太详，减其一字太略，求诸折中，简要合理，此为省字也。

其反于是者，若《公羊》称："郄克眇，季孙行父秃，孙良夫跛。齐使跛者逆跛者，秃者逆秃者，眇者逆眇者。"〔三〕盖宜除"跛者"已下字，但云"各以其类逆者"。必事皆再述，则于文殊费，此为烦句也。

《汉书·张仓传》云："年老口中无齿。"〔四〕盖于此一句之内，去"年"及"口中"可矣。夫此六文成句，而三字妄加，此为烦字也。

然则省句为易，省字为难，洞识此心，始可言史矣。若句尽余剩，字皆重复，史之烦芜，职由于此。

〔一〕鲁人以为敏：《通释》引《左》文十五年《传》："宋华耦来盟，公与之宴。辞曰：'君之先臣督得罪于宋殇公，名在诸侯之策。臣承其祀，其敢辱君。'鲁人以为敏。"杜注："无故扬其祖恶，是不敏，鲁人以为敏，君子不与也。"浦按："'鲁'字之训，刘云《礼记》中亦有是注。但大小《戴记》，皆无是语，唯孔《疏》有其文曰：'鲁人，鲁钝之人。'"陈《补释》："《礼记·檀弓下》篇即有二注解：一、徐君使容居吊含邾娄考公，曰容居鲁人也。注：'鲁，鲁钝也。'二、叔仲皮死，其妻鲁人也。注：'言虽鲁钝。'浦氏何以谓无其文乎？"按：解其一节录《檀弓下》，原文应为"邾娄考公之丧，徐君使容居来吊含曰，容居鲁人也"。

〔二〕陨石于宋五：《春秋经》僖十六年杜注："陨，落也。闻其陨，视之石，数之五，各随其闻见先后而记之。"陈《补释》引《公羊》："霣石记闻，闻其磌然，视之则石，察之则五。"

又引《穀梁传》："陨而后石也。后数，散辞也，耳治也。"

〔三〕跛、秃、眇：《通释》引《穀梁》成公元年："季孙行父秃，晋郤克眇，卫孙良夫跛，同时而聘于齐云云。"又引《公羊》成公二年："客或跛或眇，于是使跛者迓跛者，眇者迓眇者。"浦按："《史通》所引，是《穀》非《公》，传写误。"按：郄，《传》作"郤"；眇，原作"耿"。

〔四〕年老口中无齿：《通释》引《汉书·张苍传》："免相后，口中无齿，食乳。"浦按："句上无'年老'字。"又按："本传全录《史记》，《史记》有'老'字无'年'字。岂唐初写本《汉书》有此二字耶？"按：上引文句，《史》、《汉》均置于同卷《任敖传》中。

盖饵巨鱼者，垂其千钧，而得之在于一筌；捕高鸟者，张其万罝，而获之由于一目〔一〕。夫叙事者，或虚益散辞，广加闲说，必取其所要，不过一言一句耳。苟能同夫猎者、渔者，既执而罝钓必收〔二〕，其所留者，唯一筌一目而已，则庶几胼胝尽去〔三〕，而尘垢都陨，华逝而实存，滓去而沈在矣。嗟乎！能损之又损〔四〕，而玄之又玄〔五〕，轮扁所不能语斤，伊挚所不能言鼎也〔六〕。右简要。

〔一〕筌、罝：筌，《庄子·外物》："筌者所以得鱼。"取鱼竹器也。罝，《礼记·月令》："田猎罝罘。"郑注："兽罟曰罝罘。"罟，网也。

〔二〕既执而罝钓必收：蜀本、陆本、鼎本、郭本、黄本均同。在"既执而"三字下，浦注："此三字恐有讹脱文，当是广置之义。"纪《评》："'既执'上似脱'鱼鸟'二字。"卢《拾补》：

"何云有脱误。"孙《札记》亦云:"有脱误。"

〔三〕胼胝:《通释》改作"骈枝",并注云:"诸本作'胼胝',误。"王《训故》作"骈枝"。卢《拾补》:"宋作'骈胝',犹言疻痏也。未可谓误。"鼎本亦作"胼胝"。按:"胼胝"见《荀子·子道》:"耕耘树艺,手足胼胝。"杨注:"胼谓手足劳骈并也。胝,皮厚也。"又《韩非子·外储说左上》:"手足胼胝,面目黧黑,劳有功者也。"《说苑·复恩》:"颜色黎黑,手足胼胝,所以执劳苦。"贾思勰《齐民要术·自序》:"神农憔悴,尧瘦臞,舜黎黑,禹胼胝,由此观之,则圣人之忧劳百姓亦甚矣。"此处"胼胝"二字,与下句"尘垢"对称。

〔四〕损之又损:《老子·德经》四十八章:"为学日益,为道日损,损之又损,以至于无为,无为而无不为。"

〔五〕玄之又玄:《老子·道经》一章:"玄之又玄,众妙之门。"

〔六〕轮扁、伊挚:《文心雕龙·神思》:"伊挚不能言鼎,轮扁不能语斤。"《庄子·天道》:"轮扁曰:'斫轮,徐则甘而不固,疾则苦而不入。不徐不疾,得之于手而应于心,口不能言,有数存焉。'"又《吕氏春秋·孝行览·本味》:"汤得伊尹,明日设朝而见之,说汤以至味曰:'鼎中之变,精妙微纤,口弗能言,志不能喻。'"《史记·殷本纪》:"伊尹,名阿衡,负鼎俎以滋味说汤。"《索隐》:"《孙子兵书》:'伊尹,名挚。'"

夫饰言者为文,编文者为句,句积而章立,章积而篇成。蜀本"篇"下有"目"字,宋本无。篇目既分,而一家之言备矣。古者行人出境〔一〕,以词令为宗;大夫应对,以言文为主。

况乎列以章句，刊之竹帛，安可不励精雕饰，传诸讽诵者哉？自圣贤述作，是曰经典，句皆《韶》、《夏》〔二〕，言尽琳琅。秩秩德音〔三〕，洋洋盈耳〔四〕。譬夫游沧海者，徒惊其浩旷；登太山者，但嗟其峻极。必摘以尤最，不知何者为先。然章句之言，有显有晦。显也者，繁词缛说，理尽于篇中；晦也者，省字约文，事溢于句外〔五〕。然则晦之将显，优劣不同，较可知矣。

〔一〕行人：《周礼·秋官》："大行人，掌大宾之礼，时聘以结诸侯之好。小行人，掌邦国宾客礼籍，以待四方之使者。使适四方。"《管子·侈靡》篇："行人可不有私。"房玄龄注："行人，使人也。"

〔二〕《韶》、《夏》：《书·皋陶谟下》："《箫韶》九成。"郑注："《箫韶》，舜所制乐。"《礼记·乐记》："韶，继也。夏，大也。"郑注："《韶》，舜乐名也。《夏》，禹乐名也。"

〔三〕秩秩德音：《诗·秦风·小戎》："厌厌良人，秩秩德音。"毛《传》："厌厌，安静也。秩秩，有知也。"郑《笺》："思其性与德。"

〔四〕洋洋盈耳：《论语·泰伯》："子曰：'师挚之始，关雎之乱，洋洋乎盈耳哉！'"

〔五〕晦也者，省字约文，事溢于句外：纪《评》："即彦和隐秀之旨。"陈《补释》引《文心雕龙·隐秀》篇"夫隐之为体"至"珠玉潜水而澜变方圆"一段文字作注，并谓"今阙其文"。按黄叔琳注本已补入，且不甚贴切，故不录。陈又云："宋张戒《岁寒堂诗话》引刘勰云：'情在词外曰隐，状溢目前曰秀。'二语今本所无。"且谓："然《史通》'晦'字自本《春秋》'志而晦'为义,未必祖述彦和。"按陈氏谓其"未必祖述彦和",是。

夫能略小存大,举重明轻,一言而巨细咸该,片语而洪纤靡漏〔一〕,此皆用晦之道也。昔古文义〔二〕,务却浮词。《虞书》云:"帝乃殂落,百姓如丧考妣。"〔三〕《夏书》云:"启呱呱而泣,予不子。"〔四〕《周书》称:"前徒倒戈,血流漂杵。"〔五〕《虞书》云:"四罪而天下咸服。"〔六〕此皆文如阔略,而语实周赡。故览之者初疑其易,而为之者方觉其难,固非雕虫小技所能斥非其说也〔七〕。

〔一〕片语:片,原作"三",蜀本、陆本、鼎本、郭本同,黄本、《通释》作"片",注:"一作'三'非。"卢《拾补》在"片"字下注云:"何云'三',一作'片'。"孙《札记》在"三"字下注"一作'片'"。《论语·颜渊》"片言可以折狱者",与上句"一言"对仗,故当作"片语"。

〔二〕昔古:各本均同,浦注:"犹云'古昔'。"孙《札记》校云:"顾(广圻)作'古昔'。"

〔三〕帝乃殂落,百姓如丧考妣:文见《尚书·尧典下》及伪《古文尚书·舜典》。

〔四〕启呱呱而泣,予不子:原文见《书·皋陶谟下》及伪《古文尚书·益稷谟》,惟"不"字均作"弗"。

〔五〕前徒倒戈,血流漂杵:原文见伪《古文尚书·武成》。

〔六〕四罪而天下咸服:《书·尧典》:"流共工于幽州,放欢兜于崇山,窜三苗于三危,殛鲧于羽山,四罪而天下咸服。"又见于伪《古文尚书·舜典》。

〔七〕斥非其说：蜀本、陆本、鼎本、黄本、郭本同，皆作“斥其非说”。《通释》改“斥苦”，注云：“旧作‘斥非’，于文不顺，当是‘斥苦’之讹。”又《释》引《庄子》逸篇“绋讴所生，必于斥苦”为证。纪《评》：“‘斥苦’当作‘非斥’。”程《笺记》：“‘斥非’不误。《后汉书·孔融传》：‘拟斥乘舆。’李注：‘斥，指也。’‘斥非’犹言指责。”

既而丘明授经，师范尼父。夫经以数字包义，而传以一句成言〔一〕，虽繁约有殊，而隐晦无异。故其纲纪而言邦俗也〔二〕，则有士会为政，晋国之盗奔秦〔三〕；邢迁如归，卫国忘亡〔四〕。其款曲而言人事也，则有使妇人饮之酒，以犀革裹之，比及宋，手足皆见〔五〕；援庙桷，动于甍〔六〕；师人多寒，王抚而巡之，三军之士皆如挟纩〔七〕。斯皆言近而旨远，辞浅而义深，虽发语已殚，而含意未尽。使夫读者望表而知里，扪毛而辨骨，睹一事于句中，反三隅于字外〔八〕。晦之时义，不亦大哉？

〔一〕数字包义，一句成言：杜预《春秋序》：“《春秋》虽以一字为褒贬，然皆须数句以成言。”范甯《春秋穀梁传序》：“一字之褒，宠逾华衮之赠；片言之贬，辱过市朝之挞。”孔《正义》：“褒贬虽在一字，不可单书一字以见褒贬。”又《文心雕龙·宗经》：“《春秋》辨理，一字见义。”《史传》：“褒见一字，贵逾轩冕，贬在片言，诛深斧钺。”

〔二〕纲纪：《诗·大雅·文王之什·棫朴》：“勉勉我王，纲纪四方。”郑《笺》：“以网罟喻为政，张之为纲，理之为纪。”又《孟子·滕文公下》：“孔子曰：‘知我者其惟《春秋》乎？罪我者其惟《春秋》乎?’”赵氏注:“孔子惧正道遂灭,故作《春秋》,因鲁史记,设素王之法,谓天子之事也。知我者谓我正纲纪也,罪我者谓时人见弹贬者。”

〔三〕晋盗奔秦:《通释》引《左》宣十六年:“晋侯请于王,以黻冕命士会将中军,且为太傅。于是晋国之盗,逃奔于秦。”按《潜夫论·志氏姓》:“晋国之盗,逃奔于秦,于是晋侯为请冕服于王,王命随为卿。”

〔四〕如归、忘亡:《通释》引《左》闵二年:“僖之元年,齐桓公迁邢于夷仪,二年,封卫于楚丘。邢迁如归,卫国忘亡。”按杜注:“忘其灭亡之困。”

〔五〕手足皆见:《左》庄十二年:“宋万弑闵公于蒙泽,奔陈。宋人请万于陈以赂。陈人使妇人饮之酒,而以犀革裹之。比及宋,手足皆见。宋人醢之。”杜注:“醢,肉酱。”

〔六〕援庙桷,动于甍:《左》襄二十八年:“卢蒲癸、王何卜攻庆氏。十一月,尝于大公之庙,庆舍莅事。卢蒲癸自后刺子之(庆舍),王何以戈击之,解其左肩,犹援庙桷,动于甍。以俎壶投杀人而后死。”杜注:“言其多力。”又尝,秋祭曰尝。甍,屋栋,今通称屋脊。意谓庆舍攀援屋椽,动摇了屋梁。鼎本无此六字,作“宋人醢之萧溃”。前四字,是上一件事庄十二年传文末句,后两字是下一件事宣十二年传文。易此六字,是少此一事矣。孙《札记》校云:“此六字张本作‘援庙桷,动于甍’。”

〔七〕“师人多寒”至“皆如挟纩”:《左》宣十二年《传》:“楚子伐萧,萧溃。申公巫臣曰:‘师人多寒,王巡三军,拊而勉之,三军之士,皆如挟纩。’”杜注:“拊,抚慰勉之。纩,绵也。言说(悦)以忘寒。”又“王抚而巡之”句,鼎本作:“王抚而勉之。”孙《札记》校作：“巡而抚之。”盖据何义门所改。按此段自犀革至挟纩，《通释》云：“二本皆谬。”并列举三条理由，径将此段原文改为：“犀革裹之，比及宋，手足皆见。三军之士，皆如挟纩。”纯从文章章法，出自臆改，殊昧校释古籍之义。

〔八〕反三隅：《论语·述而》：“举一隅而示之，不以三隅反，则吾不复。”

洎班、马二史，虽多谢五经，必求其所长，亦时值斯语。至若高祖亡萧何，如失左右手〔一〕；汉兵败绩，睢水为之不流〔二〕；董生乘马，三年不知牝牡〔三〕；翟公之门，可张雀罗〔四〕，则其例也。

〔一〕失左右手：《史记·淮阴侯传》：“丞相何亡，上大怒，如失左右手。”浦注：“倚任可知。”

〔二〕“汉兵”二句：《史记·项羽本纪》：“汉军却，为楚所挤，多杀。汉卒十余万人，皆入睢水，睢水为之不流。”《正义》：“睢音虽。”浦注：“败形可知。”

〔三〕“董生”二句：《通释》引王《训故》：“《邹子》：‘董仲舒勤学，三年不窥园，乘马不知牝牡。’”浦按：“《史记》、《汉书》，止有‘不窥园’一句。”陈《补释》：“王惟俭《训故》所引《邹子》，乃晋邹湛所著书，非邹衍之《邹子》，故得言董子事。引见《太平御览》八百四十。然与《史通》上文《史》、《汉》无涉，故浦氏疑之。《御览》六百一十一又引《汉书》曰：‘十年不窥园，乘马三年不知牝牡。’文与《史通》所说合，是唐宋《汉书》有异于今本者。”按《晋书·邹湛传》:"湛,字润甫,仕魏历通事郎,太康中拜散骑常侍,元康末卒。所著诗及论事议二十五首,为时所重。"《旧唐书·经籍志》丁部集录著录《邹湛集》四卷。浦注:"专业可知。"

〔四〕"翟公"二句:《汉书·郑当时传》:"当时始与汲黯列为九卿,两人中废,宾客益落。先是下邽翟公为廷尉,宾客亦填门,及废,门外可设爵罗。"颜注:"落,散也。邽音圭。"浦注:"凉态可知。"

自兹已降,史道陵夷,作者芜音累句〔一〕,云蒸泉涌〔二〕。其为文也〔三〕,大抵编字不只,捶句皆双,修短取均,奇偶相配。故应以一言蔽者,辄足为二言,应以三句成文者,必分为四句。弥漫重沓,不知所裁。是以处道受责于少期,《魏志·邓哀王传》曰容貌姿美。裴松之注云:容貌之言,而分以为三,亦叙事之属一病也〔四〕。子昇取讥于君懋,王邵《齐志》曰:时议怅邢子才不得掌兴魏之书,怅怏温子昇亦若此,而撰《永安记》,率是支言〔五〕。非不幸也。

〔一〕芜音累句:《宋书·谢灵运传论》:"芜音累气,固亦多矣。"

〔二〕云蒸泉涌:《文选·广绝交论》:"雾涌云蒸。"又《文选·序》:"冰释泉涌。"

〔三〕其为文也:"文"字,蜀本、陆本、鼎本、郭本、黄本及《通释》均同,浦注:"一作'史'。"卢《拾补》在"文"字下校云:"宋'史'。"孙《札记》亦校改"文"为"史"。按此段起句云:"史道陵夷。"此处"文"字,自是史文,"文"字不误。

〔四〕"处道受责于少期"数句:处道,原作"承祚",蜀本、陆本、鼎本、郭本、黄本及原注文字皆同。《通释》作"处道",注云:"旧本作'承祚',误。"知幾原注起句各本均作"魏志",《通释》亦改为"魏书",并在"容貌姿美"句下,加"有殊于众,故特见宠异"两句。按《三国志·魏书·邓哀王冲传》裴注:"《魏书》曰:'冲容貌姿美,有殊于众,故特见宠异,臣松之以容貌姿美,一类之言,而分以为三,亦叙属之一病也。'"《魏书》乃王沈所撰,沈字处道,《隋志》著录"《魏书》四十八卷,晋司空王沈撰",已佚。松之字世期,因避唐太宗李世民讳,书作少期。沈书既著录于《隋志》,知幾当可见及,不致误以处道《魏书》作承祚《魏志》,故《通释》云"或妄意裴是注《三国》者"所妄改,颇合情理。浦改作"处道"《魏书》,是,今改正。又据陈《志》中裴注,裴所责者乃"容貌姿美"句中,容、貌、姿乃"一类之言,而分以为三",是叙事属辞之一病。浦谓:"脱去'有殊于众'两言,使'一类分三'句无著傍。"是误解文意,原注不必加此两言。

〔五〕"子昇取讥于君懋"数句:温子昇,字鹏举,《魏书》及《北史》均有传,撰有《永安记》三卷。《北史·文苑传序》称其"综采繁缛,兴属清华",取讥王劭事,已具原注。注末"率是六言",各本皆同。卢《拾补》:"注,'六'疑'支'。"《通释》改作"支",今改正。

盖作者言虽简略,理皆要害,故能疏而不遗,俭而无阙。譬如用奇兵者,持一当百,能全克敌之功也。若才乏俊颖,思多昏滞,费词既甚,叙事才周。譬犹售铁钱者,以两当一〔一〕,方成贸迁之价也。然则《史》、《汉》以前,省要如彼,《国》、《晋》已降,《国》谓《三国志》也,《晋》谓《晋书》也。烦碎如此,必定其妍媸,甄其善恶。夫读古史者,明其章句,皆可咏歌;观近史者,悦其绪言,悦一作得。直求事意而已。是则一贵一贱,不言可知,无假榷扬,而其理自见矣。右隐晦。

〔一〕售铁钱者,以两当一:《南史·到溉传》:"任昉以诗求二衫段云:'铁钱两当一。'"

昔文章既作,比兴由生。鸟兽以媲贤愚,草木以方男女〔一〕。诗人骚客,言之备矣。洎乎中代,一作世。其体稍殊。或拟人必以其伦〔二〕,或述事多比于古。当汉氏之临天下也,君实称帝,理异殷周,子乃封王,名非鲁、卫。而作者犹谓帝家为王室,公辅为王臣。盘石加建侯之言〔三〕,带河申俾侯之称〔四〕。而史臣撰录,亦同彼文章,假托古词,翻易今语,润色之滥,萌于此矣。

〔一〕鸟兽以媲贤愚,草木以方男女:王逸《离骚经序》:"《离骚》之文,依《诗》取兴,引类譬喻。故善鸟香草,以配忠贞,恶禽臭物,以比谗佞,虬龙鸾凤,以托君子。"

〔二〕拟人必以其伦:见《礼记·曲礼》。

〔三〕盘石加建侯之言:陈《补释》引《周易·屯》:"初九,磐桓,利建侯。"按王弼注:"处屯之初,动则难生,不可以进,故磐桓也。"又注:"利建侯,得主则定。"陈又引《史记·文帝纪》:"高帝封王子弟,地犬牙相制,此所谓磐石之宗也。"《索隐》:"言其固如盘石,此语见《太公六韬》。"又引《荀子·富国》篇:"国安于盘石"注:"盘石,盘薄大石也。"

〔四〕带河申俾侯之称：陈《补释》引《史记·高祖功臣侯者年表序》："使河如带，泰山若厉，国以永宁，爰及苗裔。"又云："此文'俾侯'二字，又用《诗·鲁颂·閟宫》。"按《閟宫》诗有句云："王曰叔父，建尔元子，俾侯于鲁。乃命鲁公，俾侯于东。"郑《笺》："使为君于鲁。"又"称"字，《通释》作"誓"，并注云："旧作'称'。"按：蜀本、陆本、鼎本、郭本、黄本均作"称"。

降及近古，弥见其盛。至如诸子短书〔一〕，杂家小说，论逆臣则呼为问鼎〔二〕，称巨寇则目以长鲸〔三〕。邦国初基，皆云草昧；帝王兆迹，必号龙飞〔四〕。斯并理兼，言非指斥，异乎游夏措词〔五〕、南董显书之义也〔六〕。如魏收《代史》、吴均《齐录》，或牢笼一世，或苞举一家，自可申不刊之格言，弘至公之正说。而收称刘氏纳贡，则曰来献百牢；均叙元日临轩，必云朝会万国。夫以吴征鲁赋〔七〕，禹讨涂山〔八〕，持彼往事，用为今说，置于文章则可，施于简册则否矣。

〔一〕短书：《论衡·谢短篇》："五经之后，秦汉之事，无不能知者，短也。二尺四寸，圣人文语。汉事未载于经，名为尺藉短书。"《骨相篇》："若夫短书俗记，竹帛胤文，非儒者所见，众多非一。"章炳麟《国故论衡·文学总略》："古官书皆长二尺四寸，故云二尺四寸之律。举成数言，则曰三尺法。经亦官书，故长如之，其非经律，则称短书。"是后世亦以史籍为短书。

〔二〕问鼎：陈《补释》："此用《左传》宣三年楚子观兵于周疆事。"按《左传》原文云："楚之伐陆浑之戎，遂至于雒，观兵于周疆，定王使王孙满劳楚子，楚子问鼎之大小轻重焉。”杜注：“示欲偪周取天下。”

〔三〕长鲸：陈《补释》：“左思《吴都赋》：‘长鲸吞航。’木华《海赋》：‘鱼则横海之鲸。’《史通》此文又用《左传》宣十二年‘取其鲸鲵而封之，以为大戮’。杜《注》云：‘鲸鲵，大鱼，以喻不义之人。’孔《疏》引裴渊《广州记》云：‘鲸鲵长百尺，雄曰鲸，雌曰鲵。’”按《史通》“称巨寇则目以长鲸”文句，实系用《左》宣十二年楚庄之言。是年楚庄取得邲战胜晋之时，潘党请“收晋尸以为京观”，楚庄不听，引“古者明王，伐不敬，取其鲸鲵而封之”故事，仅祀于河，则鲸鲵显指“巨寇”、“首恶”，故《史通》用之。至左思、木玄虚（华字）赋所言之鲸，仅谓大鱼，无巨寇含义。

〔四〕草昧、龙飞：陈《补释》：“草昧本《周易》屯彖，龙飞本乾九五。”按：《易·屯》彖曰：“天造草昧，宜建侯而不宁。”王弼注曰：“造物之始，始于冥昧，故曰草昧也。”又《易·乾》：“九五，飞龙在天，利见大人。象曰：‘飞龙在天，大人造也。’又言曰：‘圣人作而万物睹。’”知幾此句即用是义。

〔五〕游夏措词：《论语·先进》：“文学：子游、子夏。”《史记·孔子世家》：“孔子为《春秋》，子夏之徒不能赞一辞。”《文选》曹子建《与杨德祖书》：“尼父制《春秋》，游、夏之徒，不能措一辞。”李善注引《孔子世家》亦作：“子游、子夏之徒。”唐人所见《史记》，或与今本异。

〔六〕南董显书：《左》襄二十五年：“大史书曰：‘崔杼弑其君。’崔子杀之。其弟嗣书，而死者二人。其弟又书，乃舍之。南史氏闻大史尽死，执简以往，闻既书矣，乃还。”杜注：“传言齐有直史，崔杼之罪所以闻。”又《左》宣二年：“大史书曰：'赵盾弑其君。'孔子曰：'董狐，古之良史也。书法不隐。'"故知幾云显书。

〔七〕吴征鲁赋：《魏书·世祖太武帝纪下》："太平真君十一年十二月，义隆（刘宋文帝名）使献百牢，贡其方物。"用《左》哀七年吴欲霸中国，召哀公会于鄫故事。《传》云："七年夏，公会吴于鄫。吴来征百牢，乃与之。"又《魏书·岛夷刘氏传》亦载刘义隆献百牢事。

〔八〕禹讨涂山：吴均《齐录》已佚。《通释》云："《齐书》无'元日会万国'明文。"乃引《魏书》："太宗神瑞二年春正月，赐附国大渠帅朝岁首者缯帛、金罽有差。"按赐附国大渠帅事，系于是年二月，盖是年正月太宗嗣尚在北伐途中也。惟史既明言朝岁首者自可以之为例，但在唐代官修《隋书》中迭有元旦朝会万国记载。如文帝于开皇二十年（600）在仁寿宫受"突厥、高丽、契丹贡方物"，而炀帝大业十一年（615）正月朔朝会贡使，尤极盛大，史官不厌详书，知幾盖有所感而发也。禹讨涂山事见《左》哀七年："禹合诸侯于涂山，执玉帛者万国。"

亦有方以类聚〔一〕，譬诸昔人。如王隐称诸葛亮挑战，冀获曹咎之利〔二〕；崔鸿称慕容冲见幸，为有龙阳之姿。龙阳事见《战国策》〔三〕。其事相符，言之谠矣。而卢思道称邢邵丧子不恸〔四〕，自东门吴已来，东门吴事见《战国策》。未之有也〔五〕；李百药称王琳雅得人心〔六〕，虽李将军恂恂善诱，无以加也。斯则虚引古事，妄足庸音〔七〕，苟矜其学，必辨而非当者矣。

〔一〕方以类聚:《易·系辞》:“方以类聚,物以群分。”

〔二〕“如王隐”数句:《通释》引《魏志》注:“《晋阳秋》曰:‘诸葛亮寇于郿,据渭水南,亮挑战,遗高祖巾帼,欲以激怒,冀获曹咎之利。’”又引《史记·项羽纪》:“项王谓大司马曹咎曰:‘谨守成皋,汉欲挑战,慎勿与战。’汉果数挑楚军战,楚军不出,使人辱之。大司马怒,渡兵汜水。半渡,汉击之,大破楚军。咎自刭。”按前引《魏书》亮据渭南挑战,事在魏明帝青龙二年(234)。《三国志·魏书》在“诸葛亮出斜谷,屯渭南,司马宣王率诸军拒之”文下注引孙盛撰《魏氏春秋》,述亮致巾帼等事。《蜀书·诸葛亮传》在“与司马宣王对于渭南”文下,注引习凿齿《汉晋春秋》载亮数挑战等事,均未引《晋阳秋》。据《隋志》,《晋阳秋》著者亦为孙盛,不是王隐。至于续《晋阳秋》者,乃檀道鸾。《亮传》在“亮疾病卒于军”文下引有一段《晋阳秋》,乃系星坠之文。据《宋书·州郡志》,晋人因避简文帝太后郑氏讳阿春,改春为阳,故书名“阳秋”者,原为“春秋”,习凿齿《汉晋春秋》,亦称《汉晋阳秋》,或复析为《汉阳秋》、《晋阳秋》两书,《晋书·隐本传》无著《晋阳秋》记载。《隋志》仅著录其《晋书》八十六卷,已早亡佚,无从复案。

〔三〕“崔鸿称”数句:慕容冲有龙阳之姿,《通释》引《晋书·载记》:“苻坚灭燕,慕容冲姊为清河公主,年十四,有殊色,坚纳之,宠冠后庭。冲年十二,亦有龙阳之姿。坚又幸之。姊弟专宠。长安歌之曰:‘一雌复一雄,双飞入紫宫。’”又《战国策·魏策》:“魏王与龙阳君共船而钓,得为王拂枕席。”按今存伪本崔鸿《十六国春秋》,无坚纳冲姊弟事,而唐修《晋书·载记》,兼引十六国史,外篇《古今正史》已言之矣。汤球辑补之《十六国春秋》,据其《叙例》云:"以《纂录》为底本,依《晋书》传记及刘渊诸载记录补者。"其《前秦录》亦载有坚纳冲姊弟事,文字悉与《晋书·载记》相同,是球亦以此为崔鸿书之佚文也。

〔四〕卢思道:卢字原误作"虞",鼎本亦作"虞",孙《札记》改"卢",《通释》作"卢",北朝史无虞思道其人,今改作"卢"。《隋书·卢思道传》:"思道,字子行,范阳人也。师事河间邢子才,为《孤鸿赋》以寄其情曰:'通人邢特进已下皆分庭致礼,倒屣相接。'有集三十卷行于时。"《北史》亦有传,附入卢玄传内,传文较简,上引文句相同,惟有集作二十卷。

〔五〕邢卲丧子不恸:《通释》引《北齐书·邢劭传》云:"邢卲,字子才,养孤子恕,慈爱特深,在兖州,有都信云恕疾,便忧之,颜色贬损,及卒,痛悼虽甚,不再哭。其高情达识,开遣滞累,东门吴以还所未有也。"又引《战国策·秦策》云:"梁人有东门吴者,其子死而不忧。其相室曰:'公子爱子也。死而不忧,何也?'东门吴曰:'吾尝无子,无子之时不忧,今与无子时同也,奚忧焉!'"按邢子才丧子不恸事,《北史》传记载相同。卢思道虽师事子才,但史传未有"卢称"之记载。卢亦无预修《北齐书》、《北史》之事迹,惟《北齐书》自北宋以后,渐就散佚,残缺不全,今本乃后人杂取《北史》等书以补者。知幾云"卢思道称",或另有所据,或其所见《北齐书》原本,与今本不同,俱已无可考矣。又《史通·杂述》篇称:"卢子行《知己传》,此之谓小录者也。"《知己传》已早佚,如承上文"杂家小说"而言。据章宗源《隋书经籍志考证》引胡应麟《甲乙剩言》云:"余从都下得隋卢思道《知己传》二卷。上自伊尹,下至六代,由君相、父子、妻子、友朋以及鬼神禽畜,涉于知己者皆录。”可见《知己传》所包甚广,邢丧子事当亦可能在此传中。再《秦策》所载东门吴事,又见于《列子·力命》,除起句梁人作魏人外,其余文字悉同,盖战国时魏都汴梁,故又以梁称魏焉。

〔六〕王琳雅得人心:《通释》引《北齐书·王琳传》:“王琳,字子珩。镇寿阳,轻财爱士,得将卒之心。既及于难,当时田夫野老,知与不知,莫不为之歔欷流涕。观其诚信感物,虽李将军之恂恂善诱,殆无以加焉。”“李将军事见《史记》。郭《附评》:‘子才丧孤不恸,何异于吴?王琳会葬千人,李广不啻,岂为虚引故事?’”按《史记·李广传论》作:“余睹李将军悛悛如鄙人。”《汉书·李广传赞》亦作:“恂恂如鄙人。”悛,与“恂”同,诚谨也。

〔七〕妄足庸音:陆机《文赋》:“放庸音以足曲。”

昔《礼记·檀弓》,工言物始〔一〕。夫自我作故,首创新仪,前史所刊,后来取证。是以汉初立轞,子长所书〔二〕,鲁始为鬘〔三〕,丘明是记。河桥可作,元凯取验于毛《诗》〔四〕;男子有笄,伯支远征于《内则》〔五〕,即其事也。按裴景仁《秦记》称苻坚方食,抚盘而诟;王邵《齐志》述受洛干感恩,脱帽而谢。及彦鸾撰以新史,重规删其旧录,乃易“抚盘”以“推案”〔六〕,变“脱帽”为“免冠”〔七〕。夫近世通无案食〔八〕,胡俗不施冠冕〔九〕,直以事不类古,改从雅言。欲令学者何以考时俗之不同,察古今之有异。

〔一〕《檀弓》工言物始：陈《补释》："《礼记》于礼之变皆曰始，《曾子问》、《郊特牲》、《玉藻》、《杂记》皆有之，不独《檀弓》，说详《困学纪闻》卷二十。"杨《通释补》引《梁书·处士何胤传》："胤曰：'《檀弓》两卷，皆言物始。'"杨并加小注云："《补释》说误。"按陈说盖径据《困学纪闻》卷二十"《礼记》于礼之变皆曰始"，并就其历举《曾子问》等篇，言始之笔，而断以"不独《檀弓》"，实则王应麟氏在此条下，先举"孔氏之不丧出母，自子思始也"、"士之有诔，自此始也"等四条，皆《檀弓》之文。而《春秋》、《左传》慎始之笔，为后来司马光著《通鉴》所取法，是又可言不独《礼》也，知幾云"工言物始"不误。陈释如以《纪闻》所集《檀弓》曰始即有四条，注释其"工言物始"，自较确切。杨以何胤之言笺释，亦甚贴切。惟胤云"皆言物始"，则又未免以偏概全之嫌矣。

〔二〕汉初立轊，子长所书：《通释》引《汉书·高帝纪》："八年十一月，令士卒从军死者为槥，归其县，县给衣衾棺葬具。注：应劭曰：'槥，小棺也。'郭《附评》：《史通》作'轊'。'轊'，车轴也。又考《史记》无此事，当改云：'汉初立槥，孟坚所书。'"卢《拾补》校云："宋'轊'。又下'子长'，当作'孟坚'。"鼎本与象本同。知幾当时所见《史记》，或与今传本有歧异，故悉仍旧。

〔三〕鲁始为髽：《通释》引《左》襄四年《传》："邾人、莒人伐鄫，臧纥救鄫，侵邾，败于狐骀。国人逆丧者皆髽，鲁于是乎始髽。"杜注："髽麻发合结也。"又《礼记·檀弓》："鲁妇人之髽而吊也，自败于壶鲐始也。"郑注："去缅而紒曰髽。"浦按："《左传》合男女言，《檀弓》以为妇人吊也。"按《困学纪闻》:“槖驰本壶骀,亦通狐。”鬉,今称鬉髻,俗称发绺。

〔四〕“河桥可作”两句:《通释》引《晋书·杜预传》:“预,字元凯,预以孟津渡险,有覆没之患,请建河桥于富平津。议者以为必不可立。预曰:‘造舟为梁,则河桥之谓也。’”按《诗·大雅·文王之什·大明》:“造舟为梁,不显其光。”是即其取验毛《诗》也。

〔五〕“男子有笄”两句:《通释》引《魏书·刘芳传》:“芳字伯文,特精经义。王肃之来奔也,高祖雅相器重,宴于华林。肃语次云:‘古者唯妇人有笄,男子则无。《丧服》:男子冠而妇人笄。’芳曰:‘冠尊,故夺其笄称也,非男子无笄。《礼·内则》称,子事父母,鸡初鸣,栉缅笄总。男子有笄明矣。’肃以为然。”按:“伯文,《北史》作伯支。”鼎本、《通释》均作“伯支”,象本作“伯攴”,“攴”同“文”,“文”俗字。

〔六〕易“抚盘”以“推案”:《通释》:“裴之《秦记》,崔之十六国书皆无考。《晋书·载记》:苻坚讨姚苌,苌军渴甚,人有渴死者。俄而降雨于苌营,营中水三尺,苌军大振。坚方食,去案,怒曰‘天何故降泽贼营’。”按:《隋志》著录“《秦记》十一卷,宋殿中将军裴景仁撰,雍州主簿席惠明注”。

〔七〕变“脱帽”为“免冠”:《通释》引《北齐书·万俟普附子洛传》:“洛,字受洛干。战有功,高祖亲扶上马。洛免冠稽首曰:‘愿出死力。’《北史》亦同,而劭《志》无考矣。”按:上文“受洛干”,“受”字下原衍一“纥”字。卢《拾补》校云:“宋无‘纥’字。”兹据《北齐书》注明“纥”字衍。重规,乃李百药字。

〔八〕近世通无案食:陈《补释》:“案食盛行于两汉,《考工记·玉人》:‘案十有二寸。’郑注:‘玉饰案也。’《文选》张衡

《四愁诗》注引《楚汉春秋》，淮阴侯曰：'汉王赐臣玉案之食。'(《艺文类聚》六十九、《太平御览》七百十引同。)《汉书·外戚传》：'初，许后亲奉案上食。'《后汉书·逸民梁鸿传》：'妻为具食，举案齐眉。'《说文》：'案，几属。'《急就篇》颜师古注：'有足曰案，无足曰槃。'槃即盘之小篆字。魏晋以后始用盘，不用案耳。"

〔九〕胡俗不施冠冕：《锦绣万花谷前集》卷十二《卿监》引作"秦俗不施冠冕"。陈《补释》引《说文》："冠，弁冕之总名也。'帽'本作'冃'，蛮夷头衣也。"按"冕"字，或作"绕"。《管子·君臣上》："衣服緷绕尽有法度。"尹知章注："緷绕，古衮冕。"《荀子·正名》："乘轩戴绕。"杨倞注："绕，与冕同。"

又自杂种称制〔一〕，充物神州〔二〕，事异诸华，言多孔丑〔三〕。至如翼犍魏道武所讳，黑獭周文本名，而伯起草以他语〔四〕，德棻阙而不载〔五〕。盖龙降、蒯聩，字之媸也〔六〕；重耳、黑臀，名之鄙也〔七〕。旧事列以三史，传诸五经，未闻后进谈讲，别加刊定。况齐丘定椟，彰于载谶；杜台卿《齐记》载谶云"首牛入西谷，逆椟上齐丘"也〔八〕。河边之狗，著于谣咏。王邵《齐志》载谣"獾獾头团圈，河中狗子破尔苑"也。明如日月，难为盖藏〔九〕，此而不书，何以示后。亦有氏姓本复，咸省从单〔一〇〕。或去万纽而留于〔一一〕，或存狄而除库〔一二〕，求诸自古，罕闻兹例。

〔一〕杂种称制：陈《补释》："杂种诸蛮见《后汉书·度尚传》，杂种诸羌见《马融传》，又《晋书·载记·慕容戠赞》曰：'蠢兹杂种。'"按《淮南子·墬形训》："五类杂种，兴乎外，肖形而蕃。”又《度尚传》有句云:“尚广募杂种诸蛮夷。”“今杂种诸羌”为马融《上疏乞自效》文中语。

〔二〕充牣:《后汉书·清河王庆传》:“庆出居邸,赐奴婢三百人,舆马、钱帛、帷帐、珍宝、玩好充牣其第。”牣,满也。

〔三〕孔丑:鼎本、《通释》皆作“丑俗”,浦注:“一作‘孔丑’。”按《诗·小雅·鹿鸣之什·鹿鸣》:“德音孔昭。”郑注:“孔,甚。”则孔丑,甚丑也。

〔四〕翼犍魏道武所讳、伯起草以他语:《通释》:“《魏书·帝纪》:‘昭成帝讳什翼犍。’”按《魏书·太祖纪》:“太祖道武皇帝,讳珪,昭成皇帝之嫡孙。登国元年正月,即代王位,四月改称魏王。”此句盖谓魏建国后即讳言其祖什翼犍之名。魏收在《序纪》中虽依例书“讳什翼犍”,而自《道武纪》以后,亦均以他语(如昭成)称之矣。又“犍”字原误作“揵”,今改正。

〔五〕黑獭周文本名、德棻阙而不载:《通释》引《周书·文帝纪》:“文帝,宇文氏,讳泰,字黑獭。”按《文帝纪》云:“生而有黑气如盖,下覆其身,背有黑子。”依文意下句应为“故名曰黑獭”。令狐德棻阙而不书,纪首虽依例书名讳及字,以黑獭为字,后此均讳而不录矣。余嘉锡氏之《四库提要辨证》云:“详其语意,盖谓当称名处,则阙而不载。如所谓‘宇文讳尚存’者,本当作‘宇文黑獭’耳。”

〔六〕龙降、蒯聩,字之媸也:《左》文十八年《传》“昔高阳氏有才子八人,龙降”云云注:“龙音庞,降音杭。”《诗·召南·野有死麕》:“无使龙也吠。”郑注:“龙,狗也。”又《左》定十四年《传》:“夫人见其色,啼而走,曰:‘蒯聩将杀余。’”杜注:“蒯聩,卫灵公大子。”后为庄公,夫人,其母也。《说文》:

"聩,聋也。"龙、聩,字之媸也。又"龙"字原作"庞",今据《左传》改。

〔七〕重耳、黑臀,名之鄙也:《左》庄二十八年《传》:"晋献公又娶二女于戎,大戎狐姬生重耳。"后为文公。又《左》宣二年《传》:"宣子使赵穿逆公子黑臀于周,而立之。"杜注:"黑臀,晋文公子。"后为成公。此二人名之鄙也。

〔八〕齐丘定椟,彰于载谶:齐丘,原作"愁山",浦注:"注语甚明,旧讹'愁山'。"孙《札记》校改"椟"为"犊",兹据注文改作"齐丘"。原注"杜台卿齐",卢《拾补》:"宋作'齐记'。"孙《札记》:"齐字下有记字。"《通释》径改作"齐记"。按:《隋书·杜台卿传》:"台卿,字少山,父弼,齐卫尉卿。台卿仕齐中书黄门侍郎,周武帝平齐,归于乡里,开皇初被征入朝。撰《齐记》二十卷,行于世。"《两唐志》均著录有《北齐记》二十卷,置于王邵《齐志》前,但均未著录撰人名字。台卿累世仕齐,则《隋传》所称《齐记》,当即《唐志》之《北齐记》,注文似确脱一"记"字。唯原书今已佚,所载之谶,已无可考。《四库提要辨证》:"此谓什翼犍。"而下句"河边之狗,著于谣咏"则"谓黑獭"。

〔九〕明如日月,难为盖藏:《文子·精诚》:"大丈夫者,内强而外明,内强如天地,外明如日月,天地无不覆载,日月无不照明。""陈《补释》:"《太平御览》八百七十引蔡氏《化清论》:'白日非我烛,藏之默之。'《史通》语意所本,而反用之。"惜未溯至《列子》。又《汉书·食货志》:"天下既定,民亡盖藏。"注引苏林曰:"无物可盖藏。""盖藏"两字本此。

〔一〇〕"亦有"二句:复姓从单,《通释》引《通鉴·释例》:"魏之群臣出代北者，皆复姓。孝文迁洛，改为单姓。史患其烦，皆从后姓。"浦按："北朝诸史，亦非尽改。其省改之文，于《魏书·官氏志》具列之。"

〔一一〕去万纽而留于：《魏书·官氏志》："勿纽于氏，后改为于氏。"《通志·氏族略》"代北三字姓"目下，收有勿纽于氏。郑樵注云："疑与万纽于同。""万纽"，原脱"纽"字，"万"作"萬"。原句据卢《拾补》校正，卢并在"纽"字下注："宋有。"又"于"原讹作"千"，孙《札记》亦校改"千"为"于"。《通释》已改，并引《周书·唐瑾传》"赐姓万纽于氏"作释。盖因"燕公于瑾愿与之(指唐)同姓结为兄弟"，故《周》文有此赐也。

〔一二〕存狄而除厍："狄"字原作"扶"，"厍"字原作"厚"，今改。《魏书·官氏志》："厍狄氏后改为狄氏。"卢《拾补》云："扶、厚，讹。厍音始夜切。"《通释》："《官氏志》无'厚'字连'扶'之氏，但有'乞扶氏'，改为'扶氏'，则似'除厚'，应为'除乞'矣。然'乞'之与'厚'，声形俱别，不应讹转乃尔。'厍'与'厚'，'狄'与'扶'，形俱相近，或当是也。"又吴曾《能改斋漫录》卷十二《曾滁州误呼厍为库》："南北朝有厍狄者，周有少师厍狄峙，北齐有宣都郡王厍狄伏连，皆复姓也。后汉亦有辅义侯厍钧，古又有独姓厍者。又齐有厍狄回洛、厍狄盛、厍狄干，又周有厍狄昌，盖本无厍字，后人除一点以为厍别耳。"方以智《通雅》卷二十《姓名》："《后汉·窦融传》：'金城守厍钧。'今字书音赦，不知古多鱼模渐转家麻，厍之为赦，犹坪罅、恶亚也。"说皆可参。

昔夫子有云"文胜质则史"〔一〕，故知史之为务，必藉于文。自五经已降，三史而往，以文叙事，可得言焉。而今之所作，有异于是。其立言也，或虚加练饰，轻事雕彩；或体兼赋颂，词类俳优。文非文，史非史，譬夫乌孙造室，杂以汉仪[二]，而刻鹄不成，反类于鹜者也[三]。右妄饰。

〔一〕文胜质则史：见《论语·雍也》。

〔二〕乌孙造室，杂以汉仪：陈《补释》："'乌孙'当作'龟兹'。"并引《汉书·西域传》："龟兹王治宫室，作徼道周卫，如汉家仪。外国胡人皆曰：'驴非驴，马非马，若龟兹王所谓羸也。'其传上言龟兹王留乌孙公主女，故《史通》误作'乌孙'。"按《日知录》卷二十九《驴羸》亦暗引《汉书》上文，节录为"龟兹王学汉家仪，外国人皆曰：驴非驴，马非马"。陈说是。传文原在"渠犁"目下。

〔三〕刻鹄不成，反类于鹜：《后汉书·马援传》援诫子侄书语，惟"反"字作"尚"。

史通卷之七　内篇

品藻第二十三

【解　题】

品藻者，即申藻镜、别流品也。是篇首揭一“类”字一“群”字，而类群之分聚，则以品汇相从，毋使兰艾相杂，朱紫不分。世称悖逆则云商冒，不嫌地殊万里；论忠良则曰伊霍，无妨年隔千秋。世人之通称如此，则史传韩老共篇，卓绍同录，亦各以其才行连类。故其论纪传史合传、类传之体，一以人之是非、善恶为连类之首要标准。纪《评》：“如此则无疑于屈贾矣。”揭知幾之自相矛盾，可谓得间，固不必曲为之解。然知幾重在指斥近史评骘失当，合传失体。其论《汉书·古今人表》之失，浦按：“只销一语，不作可耳。”就断代史例言，此表有古无今，无一汉人，本可不作。然既等衰人物，则应善恶相从，先后为次，不容颠倒贤愚，失其藻镜。则知幾于此篇摘其疵累，亦未可视为辞费。

吕《评》云：“人之善恶，论定极难，论古人论人之当否亦不易。"此言甚谛。然《人表》既就古人强立差等,纪传史合传、类传既以是非善恶连类,其所依据,儒家之教义也,传统社会之道德标准也。知幾用同一标准衡其得失,虽亦未必尽当,然其目的在使存诸简牍者臭味得朋,等差有序,固亦治史者应尽之职责。《汉书》既以佞幸类聚谗谄之徒,却置江充、息夫躬于此类传之外,以矫情骇俗之杨王孙与直臣朱云等连类合传。杂传中传名列女,自应以贤智贞节之母仪阃范入选,或以孽嬖入录,而采入肆忿轻生之秋胡妻。嵇传《高士》,董、扬干禄求荣,竟得以入录。至若《宋书》置死士阳瓒于索虏传中,《南齐书》以节义之僧珍入幸臣,《隋书》列王颏于文学,是非淆乱,将何以惩恶劝善,激浊扬清?语曰:"知人则哲。"论人固难,史家倘无知人之鉴,不能使善恶区分,率尔操觚,贻厥书册,又安能永肃将来,克尽史职。

夫惩恶劝善,初为《春秋》褒贬之义,诚非今日治史者之急务;而纲常道德观念,亦非今日所宜恪守,且需予以必要之批判。但吾人今日治史,凡历史人物之活动,尤应就其促进或阻碍以至逆转社会发展,论其功过是非,依社会普遍之道德标准,记其是非善恶。爱憎悉秉公心,是非悉从公断,实事求是,秉笔直书,叙事即寓有论断,则又非真能品藻明鉴者,不克臻此矣。倘以知幾此论,寻旧史之得失,已失其现实意义。其论人之善恶是非,又斤斤于偏颇不当处,纠缠不已,则失之矣。

盖闻方以类聚,物以群分〔一〕。薰莸不同器,枭鸾不比翼〔二〕。若乃商臣、冒顿〔三〕,南蛮北狄,万里之殊也;伊尹、霍光〔四〕,殷年汉日,千载之隔也。而世之称悖逆则云商、冒,论忠顺则曰伊、霍者,何哉?盖厥迹相符,则虽隔越为偶,奚必差形步武〔五〕,方称连类者乎?

〔一〕方以类聚,物以群分:见《易·系辞上》。

〔二〕薰莸、枭鸾:陈《补释》:"此用刘孝标《辨命论》语。'比翼'本作'接翼'。《文选·辨命论》注引《家语》:'颜回曰:"闻薰莸不同器而藏。"'孙盛《晋阳秋》:'王夷甫论曰:"鸾凤之不与枭鸮同栖,天理固然。"'"按:李详《愧生丛录》亦已指证此二句出处为刘孝标《辨命论》。

〔三〕商、冒:商臣,《左》文元年《传》:"商臣蜂目而豺声。楚子欲黜大子商臣,商臣闻之,以宫甲围成王,王缢。穆王立。"冒顿,《史记·匈奴传》:"头曼单于有太子名冒顿,单于欲废冒顿而立少子,冒顿以鸣镝射杀头曼,自立为单于。"《通释》:"此二逆连举,见宋明帝诏。"按《宋书·明帝纪》:泰始元年,罪废帝刘子业诏有句曰:"肆枭、獍之祸,骋商、顿之心。"杨《通释补》云"浦《释》引证嫌晚",并引《抱朴子·论仙》:"是犹见商臣、冒顿,而云古无伯奇、孝己也。"

〔四〕伊、霍:伊尹,《孟子·万章》:"伊尹相汤以王于天下。汤崩,大丁未立,外丙二年,仲壬四年,大甲颠覆汤之典刑,伊尹放之于桐。三年。大甲悔过,自怨自艾,于桐处仁迁义,三年以听伊尹之训己也。复归于亳。伊尹,圣之任者也。"霍光,《汉书·霍光传》:"霍光,字子孟。为人沉静详审。桀党与有谮光者,上辄怒曰:'大将军忠臣。'昭帝崩,亡嗣。承皇太后诏,迎昌邑王贺,既至,即位。行淫乱,光忧懑。田延年曰:'伊尹相殷,废太甲以安宗庙,后世称其忠。将军若能行此,亦汉之伊尹也。'光即白太后,诏归贺昌邑,立孝宣皇帝。"《通释》引《晋书·景帝纪》:"伊尹放太甲以宁殷,霍光废昌邑以安汉。"杨《通释补》又另引《抱朴子》文句云:"是犹见赵高、董卓,便谓古无伊、周、霍光。"以证伊、霍并举。

〔五〕差形步武:蜀本、陆本、鼎本、郭本、黄本均作"差肩步武"。卢《拾补》校"步"字云:"宋'接'。"《通释》改作"差肩接武"。陈《补释》引《吕氏春秋·观世》:"千里而有一士,比肩也;累世而有一圣人,继踵也。"按:《史通·忤时》有"良直差肩"、"英奇接武"句,乃"差肩接武"有力之本证。但"肩接"两字,何由误为"形步",尚难索解,姑仍其旧,以备参证。

史氏自迁、固作传,始以品汇相从。然其中或以年世迫促,或以人物寡鲜,求其具体必同,不可多得。是以韩非、老子,共在一篇〔一〕,董卓、袁绍,无闻二录〔二〕。岂非韩、老俱称述者,书有子名,袁、董并曰英雄,生当汉末。用此为断,粗得其伦。亦有厥类众夥,宜为流别,而不能定其同科,申其异品。用使兰艾相杂〔三〕,朱紫不分〔四〕,是谁之过欤?盖史官之责也。"官"一作"者"。

〔一〕韩非、老子,共在一篇:《史记》合老、庄、申、韩为一传,其传末论云:"太史公曰:'老子所贵道。韩子引绳墨,切事情,明是非,其极惨礉少恩。皆原于道德之意,而老子深远矣。'"又何良俊《四友斋丛说》:"太史公作史,以老子与韩非同传,世或疑之,今观韩非书中,有《解老》、《喻老》二卷,皆所以明老子也。故太史公于论赞中曰申韩苛察惨刻，'皆原于道德之意，而老子深远矣'，则知韩非元出于老子。"

〔二〕董卓、袁绍，无闻二录：《三国志》合董卓、袁绍、袁术、刘表为一传，其传末分评卓、绍云："董卓狼戾贼忍，暴虐不仁，绍鹰扬河朔，然外宽内忌，好谋无决。"其性行似不相近。《后汉书》虽为卓、绍分别立传，但均厕于汉末群雄之列，后此接续类传，则晔、寿固皆以其同为"汉末英雄"，"用此为断"也。

〔三〕兰艾相杂：陈《补释》引《楚辞·离骚》："户服艾以盈要兮，谓幽兰其不可佩。"又："兰芷变而不芬兮，今直为此萧艾。"按王逸注："艾，白蒿也。言楚国户服白蒿，满其要带，反谓幽兰臭恶，为不可佩也。"又："言兰芷不芳，直为萧艾。"又《辨命论》亦有句云："萧艾与芝兰共尽。"均喻香臭混淆也。

〔四〕朱紫不分：陈《补释》引《论语·阳货》："恶紫之夺朱也。"《孟子·尽心下》："恶紫，恐其乱朱也。"按朱熹注："朱，正色；紫，间色。"朱紫不分，意即好坏不分。

按班书《古今人表》，仰包亿载，旁贯百家，分之以三科，定之以九等〔一〕，其言甚高，其义甚惬。及至篇中所列，奚不类于其叙哉？若孔门达者，颜称殆庶，至于他子，难为等衰。一作"差"〔二〕。今乃先伯牛而后曾参，进仲弓而退冉有。伯牛、仲弓并在第二等〔三〕，曾参、冉有并在第三等也。求诸折中，厥理无闻。又楚王过邓，"过"一作"如"。三甥请杀之〔四〕。聃甥、骓甥，养甥。邓侯不许，卒亡邓国。今定邓侯入下愚之上，即第七等。夫宁人负我〔五〕，为善获戾，持此致尤，将何劝善。如谓小不忍乱大谋，失于用权，故加其罪，是则三甥见几而作〔六〕，决在未萌，自可高立标格，“可”一作“当”。置诸云汉，何得止与邓侯邻伍，列在中庸下流而已哉？三甥皆在第六等〔七〕。又其叙晋文之臣佐也，舟之侨为上，阳处父次之，士会为下。舟之侨在第三等，阳处父在第四等，士会在第五等〔八〕。其述燕丹之宾客也，高渐离居首，荆轲亚之，秦武阳居末。高渐离在第五等，荆轲在第六等，秦武阳在第七等〔九〕。斯并是非瞀乱〔一〇〕，善恶纷拏〔一一〕。或珍瓴甋而贱璠玙〔一二〕，或策驽骀而舍骐骥〔一三〕，以兹为监，欲谁欺乎？

〔一〕三科、九等：《通释》引《汉书·古今人表》叙云：“可与为善，不可与为恶，是谓上智。可与为恶，不可与为善，是谓下愚。可与为善，可与为恶，是谓中人。因兹以列九等之序。”按九等即上上圣人、上中仁人、上下智人、中上、中中、中下、下上、下中、下下愚人。

〔二〕等衰：衰 cuī，不读 shuāi，《通释》：“通‘差’。”即等差。

〔三〕颜称殆庶：《史记·仲尼弟子列传》：“颜回者，鲁人也。字子渊，孔子曰：‘贤哉回也。’鲁哀公问弟子孰为好学，孔子对曰：‘有颜回者好学。’”陈《补释》云：“见《易·系辞下》。”按《易·系辞下》：“子曰：‘颜氏之子，其殆庶几乎。有不善未尝不知，知之未尝复行也。’”而《表》列颜子于二等，与伯牛、仲弓同列。又“第二等”，原注：“伯牛、仲弓并在第一等。”鼎本、郭本、黄本均作“二等”，今据《表》改“一”为“二”。

〔四〕三甥请杀之：《左》庄六年《传》：“楚文王伐申，过邓。邓侯享之。骓甥、聃甥、养甥请杀楚子。邓侯弗许。三甥曰：'亡邓国者，必此人也。'弗从。还年，楚子伐邓。十六年，楚复伐邓，灭之。""还年"，杜注："伐申还之年。""请"字原作"欲"，蜀本、陆本、鼎本、郭本及黄本同，《通释》改作"请"。卢《拾补》云："宋'请'。"兹据《左传》改作"请"。又原注聃甥、骓甥与《左传》序次颠倒，任之。

〔五〕宁人负我：陈《补释》："《三国·魏·武帝纪》注：'孙盛《杂记》曰："宁我负人，无人负我。"'《史通》反其语意。其后陆宣公奏议则曰：'帝王之道，宁人负我，无我负人。'"按《晋书·沮渠蒙逊传》载罗仇亦有言："吾家累世忠孝，为一方所归，宁人负我，无我负人。"说较知幾、陆贽为早。

〔六〕见几而作：卢《拾补》在"几"字下注云："宋'机'。"孙《札记》亦云："顾引《拾补》作'机'。"杨《通释补》引《易·系辞下》："君子见几而作。""几"字不误。

〔七〕原注：三甥与邓侯邻伍，《表》列邓侯于第六等、三甥于第五等，与原注不符，知幾所见《汉书》写本或与今本异。

〔八〕原注：晋文臣佐等次与今本《表》亦不符，今本《表》舟之侨、阳处父均列第三等，士会在第四等。

〔九〕燕丹之宾客：今本《表》高渐离四等、荆轲五等、秦武阳六等，较原注亦均高一等。又原注高渐离在第五等，"等"字原误作"第"，今据蜀本、陆本、鼎本、郭本、王本、黄本、《通释》改。

〔一〇〕是非瞀乱：宋玉《九辩》之二："中瞀乱兮迷惑。"王注："思念烦惑，忘南北也。"又《北史》卷三十九《房彦谦传》："彦谦谓颎曰：'清介孤直，未必高第；卑谄巧宦，翻居上等。是非瞀乱。'"

〔一一〕纷拏：纷拏，一作“纷挐”。《汉书·霍去病传》：“昏，汉、匈奴相纷挐。”颜注：“纷挐，乱相持搏也。”《淮南子·本经训》：“巧伪纷挐，以相摧错。”引申为纷纭、错杂之义。

〔一二〕珍瓴甋而贱璠玙：陈《补释》引《尔雅·释宫》：“瓴甋谓之甓。”注：“甗，砖也。”按《音义》，瓴音陵，甋音適，即砖也。又“璠玙”，或作“玙璠”，《左传·定公五年》：“季平子行东野，还未至，卒于房。阳虎将以玙璠敛。”杜注：“玙璠，美玉，君所佩。”《说文》：“璠玙，鲁之宝玉。”

〔一三〕策驽骀而舍骐骥：陈《补释》引《楚辞·九辩》之五云：“却骐骥而不乘兮，策驽骀而取路。”又姜亮夫《楚辞通故》：“《七谏·谬谏》：‘却骐骥而不乘兮，策驽骀而取路。’按《说文》无‘驽’字，然古籍多有之。《荀子·劝学》篇‘驽马十驾’、《周官·校人》职云‘驽马一物’、《礼·杂记》‘凶年则乘驽马’皆其证。《说文·心部》懦篆亦云‘驽弱者也’，则许氏盖偶佚。《玉篇》：‘驽乃乎切，最下马也，骀也。’骀者，《说文》：‘马衔脱也。’马衔脱曰骀，引申则马不堪羁勒，亦曰骀，即驽骀之义。汉以来骀自有驽钝一义。”

又江充、息夫躬谗谄惑上〔一〕，使祸延储后，毒及忠良。论其奸凶，过于石显远矣〔二〕。而固叙之，不列佞幸。杨王孙裸葬悖礼〔三〕，狂狷之徒，考其一生，更无他事。而与朱云同列，仍冠之传首，不其秽欤？若乃旁求别录，侧窥杂传，诸如此缪，其累实多。按刘向《列女传》载鲁之秋胡妻者〔四〕，寻其始末，了无才行可称，直以怨怼厥夫，投川而死,轻生同于古冶〔五〕,殉节异于曹娥〔六〕。此乃凶险之顽人,强梁之悍妇,辄与贞烈为伍,有乖其实者焉。又嵇康《高士传》,其所载者广矣,而颜回、蘧瑗,独不见书〔七〕。盖以二子虽乐道遗荣,安贫守志,而拘忌名教,未免流俗也。正如董仲舒、杨子云,亦钻仰四科〔八〕,驱驰六籍,渐孔门之教义,服鲁国之儒风,与此何殊,而并可甄录。夫回、瑗是弃,而杨、董获升,可谓识二五而不知十者也〔九〕。

〔一〕又江充、息夫躬谗谄惑上:《汉书·江充传》:"充,字次倩,赵国邯郸人也。诣阙,告赵太子丹与同产姊及王后宫奸乱,交通郡国豪猾,攻剽为奸。天子怒,收捕太子丹。法至死。赵王彭祖言充逋逃小臣,苟为奸讹。上疾病,充奏言上疾祟在巫蛊,上以充为使者治巫蛊。遂掘蛊于太子宫,得桐木人,太子由是遂败。"又《息夫躬传》:"躬,字子微,与(孙)宠谋曰:'东平王云与其后日夜祠祭祝诅上,因上变事告焉。'上恶之,下有司案验,东平王云及后等皆坐诛。丞相王嘉固言躬倾覆有佞邪材,恐必扰乱国家。"《汉书》以充躬与蒯通、伍被同传,赞以"书放四罪"比之,并曰:"江充造蛊太子杀,息夫作奸东平诛。皆自小覆大,由疏陷亲,可不惧哉!可不惧哉!"孟坚固亦以佞幸目之,特未入《佞幸传》耳。

〔二〕石显:《通释》引《汉书·佞幸·石显传》:"石显少坐法腐刑,元帝委以政,事无大小,因显自决。显为人巧慧习事,能探得人主微指,内深贼,持诡辩以中伤人。"

〔三〕杨王孙:《汉书》卷六十七以杨王孙与胡建、朱云、梅福、云敞合传,而以杨居传首。且杨传内容,除其裸葬事外,只有

“家业千金,厚自奉养”,及祁侯与王孙论裸葬来往书信,无他事功。

〔四〕秋胡妻:《通释》引《列女传》:“鲁秋洁妇者,秋胡子之妻也。既纳之五日,去而宦于陈。五年乃归,未至家,见路傍妇人采桑,秋胡子悦之。下车谓曰:‘力田不如逢丰年,力桑不如见国卿。吾有金,愿以与夫人。’妇人曰:‘嘻! 夫采桑力作,纺绩织纴,以供衣食,奉二亲,养夫子,吾不愿金。’秋胡子遂去至家,奉金遗母。使人呼妇至,乃向采桑者也。秋胡子惭,妇污其行,去而东走,投河而死。”(据原文校改)按杨慎《丹铅总录·人品类》亦引子玄语,并云:“小说载刘伯玉妻闻其夫诵《洛神赋》,遂投洛水而死,名妒妇津,事与秋胡相类。秋胡妻可为贞烈,则当祠于妒妇津,以刘伯玉妻配享可也。”惟浦引傅玄诗:“彼夫既不淑,此妇亦太刚。”并云:“两言最允,刘殊失平。”而纪《评》则谓:“此论最允,击节诵之,二田以为罪过,何耶?”

〔五〕古冶:《晏子春秋·内篇谏下》:“公孙接、田开疆、古冶子事景公,以勇力搏虎闻。晏子过而趋,三子者不起。晏子入见公曰:‘今君之蓄勇力之士也,上无君臣之义,下无长率之伦。’因请公使人馈之二桃曰:‘三子何不计功而食。’公孙接、田开疆援桃而起。古冶子曰:‘若冶之功,亦可以食桃,二子何不反桃。’公孙接、田开疆曰:‘吾勇不子若,功不子逮,取桃不让,是贪也。然而不死,无勇也。’皆反其桃,契领而死。古冶子曰:‘冶独生不仁。’亦反其桃,契领而死。”是即著名二桃杀三士故事。公孙接,《艺文类聚》、《后汉书·马融传注》,“接”字均作“捷”,《通释》误作“栖”。契领,原作“挈领”,黄以周《晏子春秋校勘》云:

"挈,当依《马融传》,原作契,挈通作契。《尔雅·释诂》:'契,绝也。'契领而死,谓断颈而死也。"

〔六〕曹娥:《后汉书·孝女曹娥传》:"娥,会稽上虞人也,父溺死,娥号哭投江而死。"注引《会稽典录》曰:"上虞长度尚弟子邯郸淳作曹娥碑文,其后蔡邕又题八字曰:'黄绢幼妇,外孙齑臼。'"《水经注》卷四十《渐江水》亦云:"江之道南有曹娥碑,娥父盱,迎涛溺死。娥遂于沉处赴水而死,县令度尚使外甥邯郸子礼为碑文,以彰孝烈。"《世说新语·捷悟》:"魏武尝过曹娥碑下,杨修从碑背上见八字。魏武思之,行三十里乃得,令修别记所知,修曰:'黄绢,色丝也,于字为绝。幼妇,少女也,于字为妙。外孙,女子也,于字为好。齑臼,受辛也,于字为辞。所谓绝妙好辞也。'魏武亦记与修同。"明张翰英纂有《曹娥名贤题咏》一卷,见雍正《浙江通志·经籍志》、乾隆《绍兴府志·经籍志》、《曹娥江志》著录。许捷辑《曹娥灵孝志》二卷,见《红雨楼书目》著录,雍正《浙江通志·经籍志》、《曹娥江志》则题作《灵孝录》。

〔七〕颜回、蘧瑗,独不见书:蘧瑗,字伯玉,春秋时魏国贤大夫。《论语·宪问》:"蘧伯玉使人于孔子,孔子与之坐而问焉。曰:'夫子何为?'对曰:'夫子欲寡其过而未能也。'"《庄子·则阳》:"蘧伯玉行年六十而六十化,未尝不始于是之,而卒诎之以非也。未知今之所谓是之非五十九非也。"嵇康《高士传》已佚,今传皇甫谧《高士传》有颜回,据《四库总目》"子州支父(等)十人,皆《御览》所引嵇康《高士传》之文",亦未见有颜蘧之名。又《后汉书·左原传》:"蘧瑗、颜回尚不能无过。"蘧、颜连类并举。

〔八〕钻仰四科：钻仰，《论语·子罕》："子见齐衰者、冕衣裳者与瞽者，见之，虽少必作；过之，必趋。颜渊喟然叹曰：'仰之弥高，钻之弥坚，瞻之在前，忽焉在后。'"又《曹子建集》卷七《孔庙颂》："钻仰弥高，请益不已。"《张燕公集》卷七载崔日知《冬日述怀奉呈韦祭酒张左丞兰台名贤》："琢磨才既竭，钻仰德弥坚；朽木诚为谕，扪心徒自怜。"典皆出自《论语》。四科，《论语·先进》："德行：颜渊、闵子骞、冉伯牛、仲弓。言语：宰我、子贡。政事：冉有、季路。文学：子游、子夏。"邢昺疏："夫子门徒三千，达者七十有二，而此四科惟举十人者，但言其翘楚者耳。"刘邵《人物志·有序》："是故仲尼不试，无所援升，犹序门人以为四科，泛论众材以辨三等。"《后汉书·郑玄传》："仲尼之门，考以四科。"则德行、言语、政事、文学，即孔门之四科也。

〔九〕识二五而不知十：《文选》刘孝标《辨命论》曰："夫靡颜腻理，哆㖞顣頞，形之异也；朝秀晨终，龟鹄千岁，年之殊也；闻言如响，智昏菽麦，神之辨也，同知三者定乎造化，荣辱之境，独曰由人，是知二五而未识于十，其蔽一也。"善注："哆，张口也，㖞，口不正也。"顣頞，鼻颈也。《梁书·刘峻传》亦载此文。

爰及近代，史臣所书，求其乖失，亦往往而有。借如阳瓒效节边城〔一〕，捐躯死敌，当有宋之代，抑刘、卜之徒欤？刘谓刘康祖，卜谓卜天与〔二〕。而沈氏竟不别加标榜，唯寄编于《索虏篇》内。纪僧珍砥节砺行〔三〕，终始无瑕，而萧氏乃与群小混书，都以恩幸为目。王頍文章不足〔四〕，武艺居多，躬诣戚藩，首阶逆乱。撰《隋史》者，如不能与枭感并列，隋世皆谓杨玄感为枭感。即宜附出杨谅传中。辄与词人共编，《隋书》列王頍在《文苑传》也。吉士为伍，凡斯纂录，岂其类乎？

〔一〕阳瓒：《通释》引《宋书·索虏传》："永初三年，虏悉力攻滑台城，城东北崩坏，王景度出奔。景度司马阳瓒坚守不动。众溃，抗节不降，为虏所杀。"按阳瓒卒后，朝廷下诏，追赠给事中，存恤遗孤。《文选》卷五十七颜延年《阳给事诔序》称："瓒少禀志节，资性忠果，奉上以诚，率下有方。朝嘉其能，故授以边事。永初之末，佐守滑台，值国祸荐臻，王略中否。獯虏间衅，劘剥司兖，幽并骑弩，屯逼巩洛。列营缘戍，相望屠溃，瓒奋其猛锐，志不违难。立乎将卒之间，以缉华裔之众。罢困相保，坚守四旬，上下力屈，受陷勍寇。士师奔扰，弃军争免，而瓒誓命沈城，佻身飞镞，兵尽器竭，毙于旗下。非夫贞壮之气，勇烈之志，岂能临敌引义，以死徇节者哉！"

〔二〕刘、卜：《宋书·刘康祖传》："康祖，彭城吕人。太祖欲大举北伐，康祖请待明年，上不许。康祖率豫州军出许、洛，会虏库仁真以八万骑与康祖相及于尉武。康祖凡有八千人，杀虏填积。会矢中颈死，虏传康祖首示彭城，面如生。"又《孝义·卜天与传》："卜天与，吴兴余杭人也。太祖以为广威将军领左细仗，元凶（即刘劭）入弑，事变仓卒，旧将皆望风屈附，天与不暇被甲，执刀持弓，射贼劭于东堂，几中。逆徒击之，臂断倒地，乃见杀。"沈约为刘、卜各立专传，而阳瓒"竟不别加标榜"。

〔三〕纪僧珍：《南齐书·幸臣·纪僧真传》："僧真，丹阳建康人也。自寒官历至太祖冠军府参军主簿。元徽初,从太祖顿新亭,萧惠朗突入东门,僧真与左右共拒战。贼退,太祖命僧真领亲兵。上在领军府,令僧真学上手迹下名,至是报答书疏皆付僧真,上观之笑曰:'我亦不复能别也。'僧真容貌言吐,雅有士风,世祖尝目送之,笑曰:'人何必计门户,纪僧真常贵人所不及。'"全传"无瑕"。萧子显盖以其"寒人被恩幸者"(《幸臣传序》)列入《幸臣传》,故知幾斥其与群小混书。又"珍"字,史传作"真",《南史》同,蜀本、陆本、鼎本、郭本、黄本及《通释》俱作"珍"。

〔四〕王颊:《隋书·文学·王颊传》:"颊,字景文。少好游侠,年二十尚不知书,为其兄颙所责怒,勤学累载,遂遍通五经,解缀文,善谈论。开皇五年,授著作佐郎、国子博士。后授汉王谅府咨议参军,王甚礼之。谅潜有异志,颊遂阴劝谅缮兵甲。及高祖崩,谅遂举兵反,多颊之计。杨素至蒿泽,将战,颊谓兵必败,既而兵败,颊谓计数不减杨素,但坐言不见从,于是自杀。杨素求颊尸得之,斩首枭于太原。"知幾谓其文章不足。《通释》摘引史传,全遗文事,似嫌偏颇。又"颊",原误作"颇",注文同误,卢《拾补》、孙《札记》均改"颊",《通释》已改,今据《隋书》及《北史》本传改。

子曰:"以貌取人,失之子羽,以言取人,失之宰予。"〔一〕光武则受误于庞萌,曹公则见欺于张邈〔二〕。列在方书〔三〕,惟善与恶,昭然可见,不假许、郭之深鉴〔四〕,裴、王之妙誓〔五〕。而作者存诸简牍,不能使善恶区分,故曰"谁之过欤"?史官之责也。夫能申藻镜〔六〕,别流品〔七〕,使小人君子,臭味得朋〔八〕，上智中庸，等差有叙。则惩恶劝善，永肃将来，激浊扬清，郁为不朽者矣。

〔一〕以貌取人，失之子羽，以言取人，失之宰予：杨《通释补》："《韩非子·显学篇》、《史记·仲尼弟子列传》、《家语·子路初见篇》并载此文。"按《史记·仲尼弟子列传》："澹台灭明字子羽，状貌甚恶，欲事孔子，孔子以为材薄。既已受业，而退修行。名施乎诸侯。孔子闻之曰：'吾以言取人，失之宰予，以貌取人，失之子羽。'"又："宰予，字子我，利口辩辞。宰予昼寝，子曰：'朽木不可雕也，粪土之墙，不可圬也。'"《韩非子·显学》："澹台子羽，与处久而行不称其貌。宰予之辞，与处久而智不充其辩。"

〔二〕庞萌、张邈：庞萌见《载文》篇注。《三国志·魏书·张邈传》："邈字孟卓，太祖、袁绍皆与邈友，绍使太祖杀邈，太祖不听，责绍曰：'孟卓，亲友也，是非当容之。'太祖之征陶谦，敕家曰：'我若不还，往依孟卓。'其亲如此。邈弟超与太祖将陈宫共谋叛太祖，宫说邈，邈从之。太祖斩超及其家，邈自为其兵所杀。"陈寿评曰："昔汉光武谬于庞萌，近魏太祖亦蔽于张邈，知人则哲，唯帝难之，信矣！"

〔三〕列在方书：《史记·张丞相传》："秦时为御史，主柱下方书。"《集解》引如淳曰"方，版也，谓书在版上者也"及或曰"四方文书也"，秦置柱下史主郡上计，则方书又引申为史书矣。又卢《拾补》在"列"字上增一"事"字，并在"事"字下注云："脱，宋有，下尚有脱文。"《通释》增"事"字。孙《札记》又云："'邈'字下有'得'字。"按自是句下至"昭然可见"，三句不偶，疑有脱误，浦批《训故补》亦云"脱一四字句”。

〔四〕许、郭之深鉴：《后汉书·郭太传》：“太，字林宗，太原界休人也。性明知人，好奖训士类。”又《许劭传》：“劭，字子将，汝南平舆人也。好人伦，多所赏识，故天下言拔士者，咸称许、郭。劭与从兄靖，俱有高名，好共核论乡党人物，每月辄更其品题，故汝南俗有‘月旦评’焉。”

〔五〕裴、王之妙誓：《晋书·王戎传》：“戎，字濬冲，琅琊临沂人也。幼而颖悟，视日不眩，裴楷见而目之曰：‘戎眼烂烂如岩下电。有人伦鉴识。’”又《裴秀附弟楷传》：“楷，字叔则，明悟有识量，少与王戎齐名，吏部郎缺，文帝问其人于钟会，会曰：‘裴楷清通，王戎简要。’”

〔六〕能申藻镜：陈《补释》引江总《让尚书仆射表》：“藻镜官方，品才人物。”按《北史·赫连子悦冯子琮等传论》云：“子悦牧宰流誉，子琮簿领见知，及居藻镜，俱称尸禄。”按张鷟《龙筋凤髓判》卷三《修史馆》“崔彦位参藻镜”，刘允鹏注：“杜甫诗‘持衡留藻鉴，听履上星辰’。唐太宗吏部诏令，辍乃钧衡，专兹铨镜。”彭大翼《山堂肆考》卷二百三十《镜衡》：“吏部藻镜铨衡，故曰镜衡。”则藻镜盖以称任铨选之职者，意谓品藻鉴别，知幾用此谓史家品藻历史人物。

〔七〕别流品：“别”上原有“区”字，鼎本、郭本、王本、黄本同，卢《拾补》：“‘区’衍。”浦注：“一多‘区’字。”据删。

〔八〕臭味得朋：“朋”原误作“明”，蜀本、陆本同，鼎本、《通释》均作“朋”，“明”字当缘形近误刊，今改。

直书第二十四〔一〕

【解　题】

史贵直书，此人人所能言，亦人人之所乐道也。盖世情皆贵直贱曲，而人之行事，则又多趋邪弃正，实缘邪曲可以保吉，正直每易遭祸。知幾既以史之为务，乃申劝诫，树风声，故《史通》全书，皆力倡史应直书。他分史家为三品，董狐、南史上也，丘明、子长中也，史佚、倚相下也。置董、南于左、迁之上，旌其直而重其德也。然时有可为与不可为之分，董狐擅名今古，有赵盾成其良直，是为于可为之时也。而自齐史、史迁、韦、崔以下，皆以直书招祸，是为于不可为之时也。然秦汉以至隋唐，贼臣逆子、淫君乱主绵绵不绝，诚如仲长统所言，治世少而乱世多，不可为之时也。史家将避祸就福，终不为直书乎？不然。张俨私存《嘿记》之文，孙盛窃撰辽东之本，史存直笔，人获保全，两全之道也。而齐、迁、韦、崔虽周身之防不足，而遗芳余烈永存。宋、王二子，刚亦不吐，王沈、董统，窃位偷荣，人品高下，不啻霄壤矣。知幾言之谆谆，勉史氏应秉笔直书，可谓周备详明矣。

尤有进者，人之恶行，虽可掩蔽于一朝，实难厚诬于后世，司马氏父子庸劣秽迹，终由习氏等毕载于史书，遗臭千载。世有妄图以威胁利诱污我史册者，有鉴乎此，亦可以休矣。知幾谆谆晓喻恶人之言，盖亦出于捍卫史册之苦心也。

吕《评》复进而申论之曰："大抵记载之诬妄者，后人皆可考证而得其真。以史事面面相关，能伪一事，必不能举其相关之事而尽伪之。虚美者,美究不可虚,掩恶者,恶亦不能掩。徒使后人洞烛之,又添一笑柄耳。……而后人考证之劳,因此而徒费者,亦不知其几许矣。”此言实与知幾同心,其所以告诫曲笔作伪者,洵足称深切周至矣。

夫人禀五常〔二〕,士兼百行〔三〕,邪正有别,曲直不同。若邪曲者,人之所贱,而小人之道也;正直者,人之所贵,而君子之德也。然世多趋邪而弃正,不践君子之迹,而行曲自陷小人者〔四〕,何哉?语曰:“直如弦,死道边;曲如钩,反封侯。”〔五〕故宁顺从以保吉〔六〕,不违忤以受害也。况史之为务,申以劝诫,树之风声〔七〕。其有贼臣逆子,淫君乱主,苟直书其事,不掩其瑕。则秽迹彰于一朝,恶名被于千载,言之若是,吁!可畏乎!

〔一〕直书:原作“直言”,卷首《目录》作“直书”。蜀本、陆本、鼎本、郭本、王本、黄本均作“直言”,《通释》、卢《拾补》作“直书”,浦注:“‘直书’一作‘直言’,误。”今据原本《目录》改“言”为“书”。

〔二〕五常:《书·泰誓下》:“今商王受,狎侮五常。”疏:“五常即五典,谓父义、母慈、兄友、弟恭、子孝,五者,人之常行。”《白虎通》:“五常者何?仁、义、礼、智、信也。”《论衡·问孔篇》亦曰:“五常之道,仁、义、礼、智、信也。”

〔三〕士兼百行:《诗·卫风·氓》:“士之耽兮,犹可说也。”郑《笺》:“耽,非礼之乐。士有百行,可以功过相除。”《世说新语·贤媛》:“许允妇奇丑,许因谓曰:‘妇有四德,卿有其几?’妇曰:‘新妇所乏唯容耳,然士有百行,君有几?’许云:‘皆备。’妇曰:‘夫百行以德为首,君好色,不好德,何谓皆备?’允有惭色。”又“四德”,注引《周礼》谓“妇德、妇言、妇容、妇功”。

〔四〕而行曲自陷小人者:蜀本、陆本、鼎本、郭本、黄本及《通释》均作“而行由小人者”。浦在“由”字下注云:“一本‘由’作‘曲’,又多‘自陷’二字。”卢《拾补》在“而”字上校:“何云,脱二字。”又在“由”字下校:“何云,是‘曲’字,句。”“自陷”二字下校:“二字宋有。”“小人”下校:“何云,下又脱二字。案,或是‘之涂’。”孙《札记》校“行由小人”云:“张本作‘行曲自陷小人’。”是句本通,兹依原刊之旧。

〔五〕“直如弦”四句:《后汉书·五行志一·谣》:“顺帝之末,京都童谣曰:‘直如弦,死道边;曲如钩,反封侯。’案顺帝即位,孝质短祚,大将军梁冀贪树疏幼,李固以为立长则顺。冀白太后,策免固,征蠡吾侯(即桓帝,时年十五),遂即至尊。固是日幽毙于狱,暴尸道路,而太尉胡广封安乐乡侯,司徒赵戒厨亭侯,司空袁汤安国亭侯。”按此事系于桓帝即位之建和元年(147)。顺帝死后,冲帝三岁夭折,质帝九岁为梁冀毒死,在位均不及一年,故引文首句仍云“顺帝之末”。又《桓帝纪》在“李固、杜乔皆下狱死”句下,注引四句童谣后续云:“曲如钩谓梁冀、胡广等,直如弦谓李固等。”

〔六〕故宁顺从以保吉:“宁”字,原作“能”,蜀本、陆本、郭本、黄本同。卢《拾补》:“‘能’讹。”鼎本、《通释》均作“宁”,杨《通释补》引《文选》祢衡《鹦鹉赋》:“宁顺从以远害,不违迕以丧生。”按李善注引《毛诗序》曰:“君子全身远害。”故下句云:“不违忤以受害也。”“宁”字义固畅,“能”字读之亦通，兹仍从其旧。

〔七〕树之风声：陈《补释》引伪《古文尚书·毕命》篇："彰善瘅恶，树之风声。"本《左传》文六年文，按传文云："是以并建圣哲，树之风声。"杜注："因土地风俗，为立声教之法。"而伪《古文尚书·毕命》篇注则云："立其善风，扬其善声。"《刘子·从化》亦云："明君慎其所好，以正时俗，树之风声，以流来世。"

夫为于可为之时则从，为于不可为之时则凶〔一〕。如董狐之书法不隐，赵盾之为法受屈，彼我无忤，行之不疑，然后能成其良直，擅名今古〔二〕。至若齐史之书崔弑〔三〕，马迁之述汉非〔四〕，韦昭仗正于吴朝〔五〕，崔浩犯讳于魏国〔六〕，或身膏斧钺，取笑于当时，或书填坑窖，无闻于后代。夫世事如此，而责史臣不能申其强项之风〔七〕，励其匪躬之节〔八〕，盖亦难矣。是以张俨发愤，私存《嘿记》之文〔九〕，孙盛不平，窃撰辽东之本〔一〇〕，以兹避祸，幸获而全〔一一〕。是以验世途之多隘〔一二〕，知实录之难遇耳。

〔一〕"为于可为"二句：《文选》扬子云《解嘲》："故为可为于可为之时则从，为不可为于不可为之时则凶。"胡玉缙《总目补正》云："刘节去'可为、不可为'五字。"

〔二〕"赵盾之为法受屈"数句：《左》宣二年《传》："晋赵穿攻灵公于桃园。太史（即董狐）书曰：'赵盾弑其君。'宣子曰：'不然。'对曰：'子为正卿，亡不越竟，反不讨贼，非子而谁？'宣子曰：'乌呼！我之怀矣！自诒伊戚，其我之谓矣。'孔子曰：'董狐，古之良史也，书法不隐。赵宣子，古之良大夫也，为法受恶。'"

〔三〕齐史之书崔弑：《左》襄二十五年《传》："大史书曰：'崔杼弑其君。'崔子杀之。其弟嗣书，而死者二人。其弟又书，乃舍之。南史氏闻大史尽死，执简以往，闻既书矣，乃还。"盖即指齐大史身膏斧钺也。

〔四〕马迁之述汉非：《通释》："《后汉书·蔡邕传》：'王允曰："武帝不杀司马迁，使作谤书，流于后世。"'章怀注：'凡史官记事，善恶必书，谓迁所著《史记》，但是汉家不善之事，皆为谤也，非独指武帝之身。'"按注文续引《班固集》云："司马迁著书，微文刺讥，贬损当世，非谊士也。"则固已先言迁述汉非矣。又《汉书·司马迁传》："迁既被刑之后，任安予迁书，迁报之曰：'若仆大质已亏，虽材怀随和，行若由夷，终不可以为荣，适足以发笑而自点耳。'迁既死后，其书稍出。宣帝时，杨恽祖述其书，遂宣布焉。"

〔五〕韦昭仗正：《三国志·吴书·韦曜传》："孙皓即位，时所在承指，数言瑞应。皓以问曜，曜答曰：'此人家筐箧中物耳。'又皓欲为父和作纪，曜执以和不登帝位，宜名为传。如是者非一，遂积前后嫌忿，收曜付狱，诛曜。"裴注："曜本名昭，史为晋讳，改之。"按讳司马昭名。

〔六〕崔浩犯讳：《北史·崔宏附子浩传》："浩，字伯深（按原名伯渊，唐避李渊讳），少好学，博览经史。神䴥二年（429），浩参著作，叙成国书三十卷。著作令史闵堪、郗标素谄事浩，乃请立石，铭载国书，以彰直笔。浩赞成之。浩书国事备而不典，而石铭显在衢路，北人忿毒，相与构浩于帝（太武帝焘），帝怒，使有司案浩，浩服受赇，真君十一年六月，诛浩。清河崔氏无远近，及范阳卢氏、太原郭氏、河东柳氏，皆浩之姻亲，尽夷其族。”

〔七〕强项：《后汉书·酷吏·董宣传》：“宣，字少平，为洛阳令。湖阳公主苍头白日杀人，因匿主家，及主出行，而以奴骖乘。宣候之，大言数主之失。叱奴下车，因格杀之。主诉帝（光武），帝大怒，召宣欲棰杀之。宣曰：‘从奴杀良人，将何以理天下。’以头击楹，帝令小黄门持之，使叩头谢主，宣不从。强使顿之，宣终不肯俯。因敕强项令出。”

〔八〕匪躬：《易·蹇》：“王臣蹇蹇，匪躬之故。”彖曰：“蹇，难也。”疏：“尽忠于君，匪以私身之故，而不往济君，故曰匪躬之故。”盖言不顾一身利害也。

〔九〕《嘿记》：《三国志·吴书·孙皓传》：“宝鼎元年，遣大鸿胪张俨吊祭晋文帝，及还，俨道病死。”裴注引《吴录》曰：“俨字子节。历显位，以博文多识拜大鸿胪，使于晋，皓谓俨曰：‘以君为有出境之才，故相屈行。’既至，贾充、裴秀、荀勖等欲傲以所不知，而不能屈。”《隋书·经籍志》“子部杂家类”著录“《傅子》百二十卷，傅玄撰”，注云：“《嘿记》三卷，吴大鸿胪张俨撰。”今标点本校勘记以为当系正文，《两唐志》均著录“《嘿记》三卷”，今佚，其发愤著《嘿记》事，待考。

〔一〇〕“孙盛”至“辽东之本”：孙盛生平见前注。《晋书·孙盛传》：“盛著《晋阳秋》，词直而理正，咸称良史焉。既而桓温见之，怒谓盛子曰：‘枋头诚为失利，何至乃如尊君所说。若此史遂行，自是关君门户事。’盛性方严，诸子乃共号泣请为百口计。盛大怒，诸子遂尔改之。盛写两定本寄于慕容儁。太元中孝武帝博求异闻，始于辽东得之。以相考校，多有不同，书遂两存。”

〔一一〕幸获而全：蜀本、陆本、鼎本、郭本、黄本同，卢《拾补》校为"幸而获全"，云："从何乙。"孙《札记》校改为"而获"，《通释》改作"幸获两全"，并在"两"字下注云："旧作'而'，误。"原文义亦同，兹仍从其旧。

〔一二〕是：蜀本、陆本、鼎本、郭本及黄本同，《通释》、卢《拾补》均云"是"误，孙《札记》校改"是"为"足"。"是"字亦通，从其旧。

然则历考前史，征诸直词，虽古人糟粕，真伪相乱，而披沙拣金〔一〕，有时获宝。按金行在历，史氏尤多〔二〕。当宣、景开基之始〔三〕，曹、马构纷之际，或列营渭曲，见屈武侯〔四〕，或发仗云台，取伤成济〔五〕。陈寿、王隐，咸杜口而无言；干宝、虞预，各栖毫而靡述〔六〕。至习凿齿，乃申以死葛走生达之说〔七〕，抽戈犯跸之言〔八〕。历代厚诬，一朝始雪，考斯人之书事，盖近古之遗直者欤〔九〕？次有宋孝王《风俗传》〔一〇〕，王邵《齐志》，其叙述当时，亦务在审实。按于时河朔王公，箕裘未陨〔一一〕；邺城将相，薪构仍存〔一二〕。而二子书其所讳，曾无惮色，刚亦不吐〔一三〕，其斯之谓欤！

〔一〕披沙拣金：纪《评》曰："'披沙'二句出钟嵘《诗品》。"陈《补释》："《诗品》之前，已有《世说》，详见前《补注》篇。"按《补注》篇注已具引。

〔二〕金行在历，史氏尤多：金行指晋朝，注见《断限》篇。唐代官修《晋书》以前，据《玉海》卷四十六载贞观二十年(646)诏修《晋书》文云："十有八家，虽存记注，才非良史，书亏实录。荣绪烦而寡要(齐臧荣绪《晋书》)，行思劳而少功(晋谢沈《晋书》),叔宁味同画饼(晋虞预《晋书》),子云学堙涸流(梁萧子云《晋书》),处叔不预于中兴(晋王隐《晋书》),法盛莫通乎创业(何法盛《晋中兴书》),洎乎干(宝)、陆(机)、曹(嘉之)、邓(粲)(皆名《晋记》),略纪帝王;(檀道)鸾、(孙)盛、(徐)广、(裴)松(之),才编载祀,其文既野,其事罕有。"此诏言有十八家之多,实际尚不止此,可参看《古今正史》篇注。又按《宋书·裴松之传》:"松之所著《文论》及《晋纪》,行于世。"《隋志》未著录,余均著录于正史及古史两类目中。

〔三〕宣、景开基:宣帝司马懿,景帝司马师。

〔四〕见屈武侯:《通释》引《三国志·蜀书·诸葛亮传》:"亮据武功五丈原,与司马宣王对于渭南,其年卒于军。"按《魏书·明帝(叡)纪》亦云:"青龙二年夏四月,诸葛亮出斜谷,屯渭南。司马宣王率诸军拒之,诏宣王但坚壁拒守。"且将司马懿不敢出战,诿为明帝叡诏令使然,全无见屈痕迹。而裴注引孙盛《魏氏春秋》曰:"亮既屡遣使交书,又致巾帼妇人之饰,以怒宣王。"

〔五〕发仗云台,取伤成济:《三国志·魏书·高贵乡公髦纪》:"甘露五年四月,复进大将军司马文王位为相国,封晋公,加九锡。五月己丑,高贵乡公卒。"裴注引习凿齿《汉晋春秋》曰:"帝见威权日去,不胜其忿,乃召王沈、王经、王业谓曰:'司马昭之心,路人所知也。吾不能坐受废辱,今日与卿自出讨之。'沈、业奔走告文王,文王为之备。帝遂率僮仆数百,鼓噪而出。中护军贾充逆帝战于南阙下,成济问充曰:'事急矣,当云何?'充曰:'畜养汝等,正谓今日。'济即前刺帝,刃出于背。"又引孙盛《魏氏春秋》曰:"戊子夜,帝自将李昭、焦伯等下陵云台，铠仗授兵，欲因际会，自出讨文王。”

〔六〕本注：陈、王无言，干、虞靡述，上注两事，陈寿无言，已见所引传纪正文，王、虞两书已佚，无可考。惟《高贵乡公纪》裴注亦引有干宝《晋纪》曰：“天子发甲攻相府（此句据汤球辑本增入），成济问贾充曰：‘事急矣，若之何？’充曰：‘公畜养汝等，为今日之事也，夫何疑！’济曰：‘然。’乃抽戈犯跸。”故郭《附评》及王《训故》均谓犯跸之言，出自干《纪》，乃干宝也。郭并云：“子玄何其厚诬干也。”按郭说是，知幾谓干宝靡述，误。又“干宝”两字，各本均同，《通释》作“陆机”，或有见于郭说而臆改。

〔七〕死葛走生达：《蜀书·诸葛亮传》：“亮疾病卒于军，宣王案行其营垒处所。”裴注引习凿齿《汉晋春秋》曰：“杨仪等整军而出，宣王追焉。姜维令仪反旗鸣鼓，若将向宣王者，宣王乃退，不敢逼。百姓为之谚曰：‘死诸葛走生仲达。’”仲达，司马懿字。按《抱朴子》卷十三《钦士》亦云：“孔明之尸，犹令大国寝锋。”文字较习氏雅纯，说亦更为早出。

〔八〕抽戈犯跸之言：《张佩纶日记·兰骈馆日记》引《三国志·武侯传》云：“及军退，宣王案行其营垒处所，曰：‘天下奇才也！’”又云：“与晋之祖对垒，即借其祖之言以赞之，复申之所遇或值人杰，使其意不尽言之蕴，一览可知承祚实具苦心。至成济之事，承祚自难，直书触讳。然直录皇太后令云：‘赖宗庙之灵，沈、业即驰语大将军，得先严警，而此儿便将左右出云龙门，雷战鼓，躬自拔刃，与左右杂卫共入兵陈间，为前锋所害。此儿既行悖逆不道，而又自陷大祸，重令吾悼心不可言。’仍当日旧史之文，而昭已严警，则固蓄无君之心，帝为前锋所害，明是抽戈犯跸。在当日，秉笔者亦自天良未漓，故寿但详录之，而弑逆之迹自不能掩也。子玄于承祚所处之地并未深思，一味刻核，过矣。”浦注疑在此句上脱“干令升亦斥以”六字，浦意与上句“习凿齿乃申以”六字对仗。按知幾误以为干宝靡述，浦说非。抽戈犯跸之言，除已见于注〔六〕所引干《纪》外，裴注又引《魏末传》曰：“成济兄弟因前刺帝，帝倒车下。”又引孙盛《魏氏春秋》：“成济以矛进，帝崩于师。”按《隋志》著录《魏末传》二卷，未著撰人姓氏。

〔九〕近古遗直：陈《补释》引《左》昭十四年《传》：“仲尼曰：‘叔向，古之遗直也。’”按杜注：“言叔向之直，有古人遗风。”按亦见《孔子家语·七十二弟子解》。

〔一〇〕宋孝王《风俗传》：《北史·宋隐传》附其族曾孙世景传云：“道玙从孙孝王，好臧否人物、非毁朝士，撰《朝士别录》二十卷，会周武灭齐，改为《关东风俗传》，更广见闻，勒成三十卷以上之。言多妄谬，篇第冗杂，无著述体。周大象末，预尉迥事，诛死。”《旧唐志》杂史类著录：“《关东风俗传》六十三卷，宋孝王撰。”

〔一一〕河朔王公，箕裘未陨：河朔指元魏。陈《补释》引《礼记·学记》：“良冶之子，必学为裘；良弓之子，必学为箕。”按注云：“补器者，其金柔乃合，有似于为裘。”调弓“有似于为杨柳之箕”。此句谓宋孝王撰史时，元魏王公后裔，威势尚在也。

〔一二〕邺城将相，薪构仍存：邺城指高齐。陈《补释》引《左》昭七年《传》：“其父析薪，其子弗克负荷。”按意谓“惧不能任先人之禄”也。陈又引《书·大诰》：“若考作室，既底法，厥子乃弗肯堂，矧肯构。”按注：“子乃不肯为堂基，况肯构立屋乎？不为其易，则难者可知。”此两句意谓王邵撰《齐志》时，高齐余荫尚在也。

〔一三〕刚亦不吐：陈《补释》：“《诗·大雅·烝民》篇文。”按原文为“柔亦不茹，刚亦不吐，不侮矜寡，不畏强御”。

盖烈士殉名〔一〕，壮夫重气〔二〕，宁为兰摧玉折〔三〕，不为瓦砾长存。若南、董之仗气直书，不避强御，韦、崔之肆情奋笔，无所阿容，虽周身之防有所不足〔四〕，而遗芳余烈，人到于今称之。与夫王沉《魏书》〔五〕，假回邪以窃位，董统《燕史》〔六〕，持谄媚以偷荣，贯三光而洞九泉，曾未足喻其高下也〔七〕。

〔一〕烈士殉名：杨《通释补》引《史记·贾谊传》：“列士殉名。”杨自注：“《鹖冠子·世兵》作‘烈士殉名’。”按：烈、列，古通用。《诗·郑风·大叔于田》：“火烈具举。”传：“烈，列也。”笺：“列人持火俱举。”《鹖冠子》别本亦作“列”。《史记·伯夷列传》：“烈士殉名。”《文选》贾谊《鹏鸟赋》亦作“烈”。

〔二〕壮夫重气：杨《通释补》引《文选》张衡《西京赋》：“都邑游侠，……轻死重气。”

〔三〕宁为兰摧玉折：杨《通释补》引《世说新语·言语》：“毛伯成既负其才气，常称宁为兰摧玉折，不作萧敷艾荣。”按注引征西僚属名曰：“毛玄，字伯成，颍川人，仕至征西行军参军。”

〔四〕周身之防：见前《新唐书》本传注。又杜预《春秋序》：“圣人包周身之防。”《金楼子·戒子》:“神童而遂,而无周身之防。”

〔五〕王沉《魏书》:《晋书·王沈传》:“沈,字处道,太原晋阳人也。大将军曹爽辟为掾,累迁中书、门下侍郎。及爽诛,以故吏免。后起为秘书监,与荀𫖮、阮籍共撰《魏书》,多为时讳。高贵乡公将攻文帝,召沈告之,沈驰白帝,以功封安平侯。”按《晋书》有两王沈,另一“王沈字彦伯,高平人”,入“文苑传”。《隋志》著录:“《魏书》四十八卷,晋司空王沈撰。”即处道也。以其书“多为时讳”,而沈又以告密攫高官,故云“回邪以窃位”也,“回邪不正”、“心实回邪”均见《史记》。

〔六〕董统《燕史》:《通释》引《外篇·正史》篇:“后燕建兴元年,董统受诏,草创《后书》三十卷。”浦按:“是书隋、唐二《志》皆不载,缘其后范亨等合诸燕史并成一书,而董书遂逸也。范亨书二志载之。”按《隋志》著录:“《燕书》二十卷,记慕容儁事,伪燕尚书范亨撰。”

〔七〕“贯三光”两句:胡玉缙《四库全书总目提要补正》及陈《补释》均云“潘岳《西征赋》文”,按《文选》载《西征赋》原句即为“贯三光而洞九泉,曾未足以喻其高下也”。陈《补释》又引李善注引《邓析子》曰:“贤愚之相觉,若九地之下与重天之颠。”三光:《白虎通·封公侯》:“天有三光:日、月、星。”九泉:《世说·赏誉》:“殷仲堪丧后,桓玄问仲文:‘卿家仲堪定是何似人?’仲文曰:‘虽不能休明一世,足以映彻九泉。’”贯三光、洞九泉,以喻贯天洞地相隔悬远也。

曲笔第二十五

【解 题】

此乃《直书》续篇。世情既贵直而贱曲，而自春秋时即有董狐、南史直笔，树之风声，但近古良直，却如披沙拣金，仅有时获宝。而史之不直，则代有其书。推源溯始，盖缘孔仲尼推美董狐书法不隐之同时，又倡“子为父隐，直在其中”之论。后此众口喧嚣，或云略外别内，掩恶扬善，即《春秋》之大义；或云事涉君亲，言多隐讳，名教存焉。遂使直道式微，而利禄之徒，竟以史笔逞其私欲矣。知幾虽亦未能自拔于父子君臣亲疏等差有别之常说，但由于其一生邃于史而忠于史，故于上编既罕见地深美直书之可贵，复于此编痛斥曲笔之可鄙。其尤所痛斥者，是撰史者为示惠报仇，以致虚美诬恶，认为应肆诸市朝，投畀豺虎，实出于深爱信史之诚心，不能自抑其激越之情也。

他发掘前人尚未察及之曲笔，有更始流汗刮席，及蜀无史职两事。吕《评》谓前者用“据理而推之法，用之宜极矜慎”，后者如“黄气见于秭归等，未必定出史官，不置史官，亦非大恶，何足为谤”。知幾所举两例，虽或有未当，然遇有曲笔诬书，纵无信史可征，衡诸情理，揭其疮痏，亦评史者应尽之责。吕氏要求如“《金史·海陵纪》，尽载其淫乱之事，而又明言其为世宗时诬罔之辞”。《金史》既明言诬罔，已非曲笔，自不可一概而论。至蜀无史职，知幾不过节引寿评，其全文明显讽喻诸葛亮为政不周，亦未能置之不辨。知幾仅以秭归黄气等辨

"灾异靡书",确不能以此证明"蜀无史职"是曲笔。但《史官建置》篇有言:"《蜀志》称王崇补东观,许盖掌礼仪。又郄正为秘书郎,广求益部书籍,斯则典校无阙,属辞有所矣。而陈寿评云'蜀不置史官'者,得非厚诬诸葛乎?"足见其已确认蜀有史职,仅在此篇未具体详言耳。

古时史册,"他善必称,己恶不讳",表现为至公,是由于当时"诸侯并争,胜负无恒"。延至近世,则"自称我长,相谓彼短"。知幾所说之变化,实由于专制主义强化,危及史学之发展,此乃其所不能言;由此而产生之恶果,却已明察而深嫉之。如魏收虚美元氏,厚诬东晋僭伪、宋齐梁为岛夷。历代诸史,书破家殉国之忠臣曰逆,一言以蔽之,即成王败寇、入主出奴思想,反映至史策,则扭曲史权,违背史职,自必使忠臣义士蒙羞,南、董切齿。

至于唐初史官,其修《五代史志》,时隔不远,情伪可求;但贵族达官,苟徇私情,更言多爽实。

最后,他痛切指出其原因,是由于政治上之忌直护曲,蔚为风尚,遂使史臣"爱憎由己,高下在心"。不畏国法,亦不愧于良心,知幾言念及此,惟寄望于当政者有所惩革矣。

肇有人伦,是称家国。父父、子子、君君、臣臣,亲疏既辨,等差有别。盖子为父隐,直在其中[一],《论语》之顺也;略外别内[二],掩恶扬善,《春秋》之义也。自兹已降,率由旧章[三]。史氏有事涉君亲,必言多隐讳,虽直道不足,而名教存焉。其有舞词弄札,饰非文过,若王隐、虞预,毁辱相凌[四],子野、休文,释纷相谢[五]。用舍由乎臆说,威福行于笔端，斯乃作者之丑行，人伦所同疾也。亦有事每凭虚，词多乌有，或假人之美，藉为私惠，或诬人之恶，持报己仇。若王沉《魏录》，滥述贬甄之诏〔六〕；陆机《晋史》，虚张拒葛之锋〔七〕；班固受金而始书，陈寿借米而方传〔八〕，此又记言之奸贼，载笔之凶人。虽肆诸市朝，投畀豺虎可也。

〔一〕直在其中：《论语·子路》："叶公语孔子曰：'吾党有直躬者，其父攘羊，而子证之。'孔子曰：'吾党之直者异于是，父为子隐，子为父隐，直在其中矣。'"朱注："直躬，直身而行者。"

〔二〕略外别内：《公羊》隐十年《传》："《春秋》录内而略外，于外大恶书，小恶不书，于内大恶讳，小恶书。"又《道德指归》："生事起福，以益万民；录内略外，导之以亲。"

〔三〕率由旧章：《诗·大雅·生民之什·假乐》："不愆不忘，率由旧章。"

〔四〕王隐、虞预，毁辱相凌：《晋书·王隐传》："元帝召隐为著作郎，令撰晋史。时虞预私撰《晋书》，而生长东南，不知中朝事，借隐所著书窃写之，所闻渐广。是后更疾隐，形于言色。交结权贵，共为朋党以斥隐，竟以谤免。"

〔五〕子野、休文，释纷相谢：《南史·裴松之传》附子野传："裴子野，字幾原，曾祖松之续修宋史未成而卒，子野常欲继成先业。齐永明末，沈约所撰《宋书》称'松之已后无闻焉'。子野更撰为《宋略》二十卷，其叙事评论多善，而云'戮淮南太守沈璞，以其不从义师故也'。约惧，徒跣谢之，请两释焉。叹曰：'其述作吾弗逮也。'"兹参校诸史，以明史多曲笔焉。按今传沈约《宋书·裴松之传》末，已无"无闻"

之辞，而附述“子驷，注《史记》，行于世”。驷，子野祖也。又璞乃约之父。据《南史·约传》：“璞，字道真，累迁淮南太守，元嘉三十年元凶弑立，璞以奉迎之晚见杀。有子曰约，其制《自序》大略如此。”《南史》特明言乃据约《宋书》自序闪烁之词云：“以璞奉迎之晚，横罹世难。”而《梁书·沈约传》则径谓：“父璞，淮南太守，元嘉末被诛。约幼潜窜，会赦免。”则璞固属以罪诛，子野云“不从义师”，盖实录也。两释以后，真象悉汩没矣。元凶即刘劭，宋文帝子，杀父自立后三个月为孝武帝刘骏所杀。

〔六〕“王沉”两句：沈撰《魏书》，注见《叙事》篇，其书早佚，滥述贬甄之诏，已无可考。郭《附评》：“沈不忠于魏，故甄后之贬，滥述其事，彰曹丑也。”按《三国志·魏书·文帝纪》仅于“黄初二年六月丁卯”，书“夫人甄氏卒”。又《甄皇后传》云：“文昭甄皇后，建安中，袁绍为中子熙纳之，及冀州平，文帝纳后于邺，有宠，生明帝。山阳公（献帝）奉二女以嫔于魏，郭后、李、阴贵人并爱幸，后有怨言，帝大怒，二年六月遣使赐死。”裴注引《魏书》（王沈撰）曰：“有司奏建长秋宫，帝玺书迎后诣行在所。玺书三至，而后三让。会后疾遂笃，夏六月丁卯，崩于邺。帝哀痛咨嗟，策赠皇后玺绶。”松之注谓：“文帝之不立甄氏及加杀害，事有明审。《魏史》（指王沈书）假为之辞，难以实论。”至“明帝即位，有司奏请追谥”，裴注又引《魏书》载三公奏曰云云，就裴注所引《魏书》文字，似对甄后被贬杀，尚予隐掩。又据《文选》载《洛神赋》李善注引《记》，曰曹植“求甄逸女不遂，太祖与五官中郎将（丕），植殊不平。甄后为郭后谗死，植遂作《感甄赋》，后明帝见之，改为《洛神赋》”，《记》中复有植、甄后冥通之词。而彭《增释》则谓："甄、鄄，古字通，谓鄄城侯植也。《魏书·陈思王传》：'灌均希旨奏植醉酒悖慢。'注：《魏书》载诏曰：'朕于天下无所不容，而况植乎？'"以证王沈贬鄄。

〔七〕"陆机"两句：陆机著有《晋纪》，注已见《本纪》篇，书已佚。司马懿拒诸葛亮事：《三国志·魏书·明帝纪》及《晋书·宣帝纪》于太和五年(231)、青龙二年(234)均载其事，而《晋书》本纪则虚张懿之胜算。郭《附评》："陆机既降于晋，故诸葛之拒，虚张其锋，美懿功也。"

〔八〕班固受金、陈寿借米：《周书·柳虬传》："虬，字仲蟠。虬以史官密书善恶，未足惩劝，乃上疏曰：'古者人君立史官，非但记事而已，盖所以为监诫也。动则左史书之，言则右史书之。彰善瘅恶，以树风声。故南史抗节，表崔杼之罪，董狐书法，明赵盾之愆。是知直笔于朝，其来久矣。而汉魏已还，密为记注，徒闻后世，无益当时，非所谓将顺其美，匡救其恶者也。且著述之人，密书其事，纵能直笔，人莫之知。物生横议，亦自异端互起，故班固致受金之名，陈寿有求米之论。'"柳虬此疏，可与知幾此篇参证，故备录之。又《通释》及陈《补释》已据《困学纪闻》等书辨释，惟参差其辞，不甚清晰，兹就《困学纪闻》卷十四此条注文及浦、陈按语分条引录。关于班受金事，《纪闻》原注"受金事未详"，阎若璩按："《文心雕龙·史传篇》云：'班固征贿鬻笔之愆，公理辨之究矣。'公理，仲长统之字。'辨之究'，犹上文'论之详'，非辨其诬也。其实二句，纯用《北史·柳虬传》。"翁元圻按：《唐书·文艺传》："刘允济常曰：'班生受金，陈寿求米，仆乃视如浮云耳。'"关于陈寿求米，《纪闻》注引《晋书·陈寿传》："或云丁廙、丁仪有盛名于魏，陈寿谓其子曰：'可觅千斛米见与，当与尊公作佳传。'丁不与之，竟不为立传。"何焯云："文帝即王位，诛丁仪、丁廙并其男口，安得晋时犹有子在。觅米事诬。"陈对《纪闻》引《文心雕龙》文则云："今仲长统（字公理）《昌言》多佚文，无以见其辨。"而浦对《晋书》寿本传引文则谓："但有'或云'二字，或之者，疑之也，恐亦未可尽信。"按《三国志》在《王粲传》内，廙、仪与建安七子中徐、陈、阮、应、刘同列，《晋书·寿传》"不为立传"之说，亦不确。

然则史之不直，代有其书，苟其事已彰，则今无所取。其有往贤之所未察，来者之所不知，今略广异闻，用标先觉。按《后汉书·更始传》称其懦弱也〔一〕，其初即位，南面立，朝群臣，羞愧流汗，刮席不敢视〔二〕。夫以圣公身在微贱，已能结客报仇。一作"雠"。避难绿林，名为豪杰，安有贵为人主，而反至于斯者乎？将作者曲笔阿时，独成光武之美，谀言媚主，用雪伯叔之怨也〔三〕。且中兴之史，出于东观，或明帝所定〔四〕，或马后攸刊〔五〕，而炎祚灵长，简书莫改，遂使他姓追撰，空传伪录者矣。陈氏《国志》：《刘后主传》云："蜀无史职，故灾祥靡闻。"〔六〕案黄气见于秭归〔七〕，群乌堕于江水〔八〕，成都言有景星出〔九〕，益州言无宰相气〔一〇〕。若史官不置，此事从何而书。盖由父辱受髡，故加兹谤议者也〔一一〕。

〔一〕称其："其"字原作"之"，陆本无此字，鼎本、郭本、黄本及《通释》、《拾补》均作"其"，惟卢引何焯校云："宋'之'。"

今改作“其”。

〔二〕羞愧流汗，刮席不敢视：《后汉书·刘玄传》：“刘玄，字圣公。光武族兄也。避吏于平林，平林人陈牧、廖湛聚众千余人，号平林兵，圣公因往从牧等，为其军安集掾。是时王常、成丹号下江兵，王匡、王凤、马武号新市兵。光武及兄伯升亦起舂陵，与诸部合兵而进，号圣公为更始将军。众虽多，而无所统一，遂共议立更始为天子。更始即帝位，南面立，朝群臣，素懦弱，羞愧流汗，举手不能言。”知幾易“举手不能言”为“刮席不敢视”，当另有据。又《东观汉记》仅云“于是圣公南面而立，改元为更始”。

〔三〕雪伯叔之怨：《刘玄传》：“更始忌伯升威名，遂诛之。”又《光武帝纪》：“帝讳秀，字文叔。伯升为更始所害，光武驰诣宛谢，深引过而已，不敢为伯升服丧，饮食言笑如常。”《东观汉记·光武皇帝纪》：“更始害齐武王（伯升），光武饮食语笑如平常，独居辄不御酒肉，枕席有涕泣处。”则伯叔之怨，乃伯升、文叔兄弟两人之怨更始也，鼎本、《通释》均改作“伯升”，误。

〔四〕明帝所定：《通释》引《后汉书·东平王苍传》：“显宗永平十五年春，行幸东平，帝（明帝）以所作《光武本纪》示苍。苍因上《光武受命中兴颂》。帝甚善之。”故云“中兴之史或明帝所定”。

〔五〕马后攸刊：《通释》引《后汉书·明德马皇后纪》：“后，伏波将军援之小女也。自撰《显宗起居注》，削去兄防参医药事，曰：‘吾不欲令后世闻先帝数亲后宫之家。’”按《马援传》附子防传：“防，字江平。防以显宗寝疾，入参医药。”故云马后有所刊削。

〔六〕“蜀无史职”两句:《三国志·蜀书·后主传》评曰:“国不置史,注记无官,是以行事多遗,灾异靡书。诸葛亮虽达于为政,犹有未周焉。”按《华阳国志》卷七《刘后主志》载后主景耀元年,“史官奏景星见,大赦改元”,杨慎《升庵集》卷四十八《蜀无史职》即引知幾之说为佐证,据此质疑:“寿自书之而自戾之,何耶?”《朱子语类》卷一百三十六《历代》亦云:“孔明治蜀,不曾立史官。陈寿险甚(扬《录》作“检拾”),而为《蜀志》,故甚略。孔明极是子细者,亦恐是当时经理王业之急,有不暇及此。”似亦暗伸知幾之说。

〔七〕黄气见于秭归:《蜀先主传》:“章武二年夏六月,黄气见自秭归十余里中,广数十丈。后十余日,陆议大破先主军于猇亭。”按《陆逊传》:“逊,字伯言,本名议。”

〔八〕群乌堕于江水:《蜀后主传》注引“《汉晋春秋》曰:‘江阳至江州,有乌从江南飞渡江北,不能达,堕水死者以千数。’”

〔九〕景星出:《蜀后主传》:“景耀元年,姜维还成都,史官言景星见。”

〔一〇〕无宰相气:《费祎传》:“延熙十四年夏,祎还成都。成都望气者云‘都邑无宰相位’,故冬复北屯汉寿。”

〔一一〕父辱受髡、加兹谤议:前句杨慎《升庵集》卷四十八《蜀无史职》引作“父受髡辱”。按《通释》引《晋书·陈寿传》:“寿父为马谡参军,谡为诸葛亮所诛,寿父亦坐被髡,寿为亮立传,谓亮将略非长,无应敌之才。议者以此少之。”按髡,古代剃发之刑。关于陈寿是否因父受髡刑,即对诸葛亮加以谤议,清初学人辨析甚详。其主要论点一则谓《亮传》实已充分肯定其文治之功,二则谓其论亮将略非长,亦系就其北伐无功事实立论,且所遇乃晋武帝祖父司马懿,寿势不能扬亮而抑懿，可参看王鸣盛《十七史商榷》及赵翼《廿二史札记》。

古者诸侯并争，胜负无恒，而他善必称，己恶不讳。逮乎近世，无闻至公。国自称为我长，家相谓为彼短。而魏收以元氏出于边裔，见侮诸华，遂高自标举，比桑乾于姬、汉之国〔一〕，曲加排抑，同建业于蛮貊之邦〔二〕。夫以敌国相雠，交兵结怨，载诸移檄，用可致诬〔三〕，列诸缃素〔四〕，难为妄说。苟未达此义，安可言于史耶？

〔一〕比桑乾于姬、汉：《魏书·太祖纪》："天兴元年秋七月，迁都平城，始营宫室，建宗庙，立社稷。"《通鉴地理通释》："平城即云州定襄县。"置桑乾郡于今山西山阴县南，故即以桑乾为元魏开国之称，比于姬氏之周，刘氏之汉。

〔二〕同建业于蛮貊：南朝宋、齐、梁、陈，惟梁元帝暂居江陵，其余皆都建业，即今江苏南京，故以建业为南朝之代称，《魏书》目宋、齐、梁为岛夷，同于"五胡"。

〔三〕载诸移檄，用可致诬：《文心雕龙·檄移》："移者，易也，移风易俗，令往而民随者也。檄者，皦也，宣露于外，皦然明白也。陈琳之檄豫州，诬过其虐。凡檄之大体，或述此休明，或叙彼苛虐，虽本国信，实参兵诈。"又"用可"二字，或当作"庸可"。

〔四〕缃素：《北史·高道穆传》："诏秘书图籍及典书缃素，多致零落。"《隋书·经籍志》："盛以缥囊，书用缃素。"《文选序》："词人才子，则名溢于缥囊；飞文染翰，则卷盈乎缃帙。" 多用作书衣，为浅黄色细绢，故又称黄卷、黄本，如方以智《通雅》卷三十二《器用》所云："魏郑默制《中经》，荀勖因著《新簿》，盛以缥囊，书用缃素。缃，浅黄色也。"故缃素亦可作史籍之代称。

夫史之曲笔芜书〔一〕，蜀本作"伪"，宋本作"芜"。不过一二，语其负罪〔二〕，为失已多。而魏收杂以寓言，殆将过半，固以知仓颉已降〔三〕，罕见其流。而李氏《齐书》，称为实录者〔四〕，何也？盖以重规亡考未达，伯起以公辅相加〔五〕，字出大名〔六〕，事同元叹〔七〕，既无德不报，故以虚美相酬。然必谓昭公知礼〔八〕，吾不信也。语曰："明其为贼，敌乃可服。"〔九〕如王邵之抗词不挠，可以方驾古人，而魏征持论激扬，称其有惭正直〔一〇〕。夫不彰其罪，而轻肆其诛，此所谓兵起无名，难为制胜者〔一一〕。寻此论之作，盖由君懋书法不隐，取咎当时。或有假手史臣，以复私门之耻。不然，何恶直丑正〔一二〕，盗憎主人之甚乎〔一三〕？

〔一〕"夫史之曲笔芜书"至"盗憎主人之甚乎"：此段二百字，原窜乱在《鉴识》篇中，鼎本、黄本同。卢《拾补》云："陆俨山校本在此下，何义门亦谓当在此。"孙《札记》："刻本误入《鉴识》篇中，顾千里云：'此一百九十九字，不当入《曲笔》，李百药以魏收为实录，魏征以王劭为有惭正直，皆子玄所擿鉴识之谬者耳。若曲笔者，载事而失其实，鉴识者，评史而乖其理，二篇之别在此。'"按何义门校记云："此《曲笔》篇中十一行，误在《鉴识》篇者，赖得冯氏阅本正之。后有重刻《史通》者，可取征也。"又云："从见万历中郭氏刊本，已正其违错，书固须遍观也。"冯氏，即冯巳苍。

郭氏，即郭延年。顾千里校记又云："《曲笔》、《鉴识》二篇，并无错简。冯氏阅本，万历所刻，皆误。而何氏跋语尚失之。"郭本、《通释》已自《鉴识》篇移来，并注云："一本错简在《鉴识》篇。"又"芜书"，蜀本作"伪书"，鼎本、郭本、《通释》作"诬书"，卢《拾补》校"芜"字云"讹，非"，兹仍之。

〔二〕负罪：蜀本、鼎本同，《通释》作"罪负"，卢《拾补》："宋本作'罪负'。"兹仍之。

〔三〕固以知仓颉已降：鼎本、《通释》作"固以仓颉已降"，蜀本、黄本作"固知仓颉已降"。卢《拾补》校从象本原句，云："宋本作'固以知'。"又校"已降""已"字云："'以'非。"兹仍其旧。

〔四〕而李氏《齐书》，称为实录者：《浮词》篇"三说各异"句下原注："至收《传论》又云：'是以入相如之室，游尼父之门，志存实录，诋讦阴私。'"按此论见于《北史·收传》。李百药《北齐书》自北宋后渐就散佚，今所行本乃后人杂取《北史》、高氏《小史》以补者，其史论皆称"史臣曰"。凡称"论曰"者，皆《北史》之文，而《收传》无论。原注或据唐时《北齐书》真本。

〔五〕伯起以公辅相加：《北史·李德林传》："李德林，字公辅。少孤，未有字，魏收谓之曰：'识度天才，必至公辅，吾辄以此字卿。'子，百药。"重规，百药字。伯起，魏收字。

〔六〕字出大名：《左》闵元年《传》："魏大名也。"此以大名为魏姓之代称。

〔七〕元叹：《三国志·吴书·顾雍传》："雍，字元叹。蔡伯喈从朔方还，雍从学琴书。"裴注引《江表传》曰："伯喈谓曰：

'卿必成致,今以吾名与卿。'故雍与伯喈同名。"又引《吴录》曰:"元叹,言为蔡雍之所叹,因以为字焉。"按伯喈名邕,《正韵》"邕与雍同"。

〔八〕昭公知礼:《论语·述而》:"陈司败问昭公知礼乎?孔子曰:'知礼。'孔子退,揖巫马期而进之。曰:'吾闻君子不党,君子亦党乎?君取于吴为同姓,谓之吴孟子,君而知礼,孰不知礼。'巫马期以告。子曰:'丘也幸,苟有过,人必知之。'"《史记·仲尼弟子列传·巫马施传》下复有句云:"臣不可言君亲之恶,为讳者,礼也。"

〔九〕明其为贼,敌乃可服:陈《补释》:"《汉书·高帝纪》新城三老董公语。"按《汉书·高帝纪上》:"至洛阳,新城三老董公遮说汉王曰:'臣闻顺德者昌,逆德者亡,兵出无名,事故不成。故曰:明其为贼,敌乃可服。'"颜注引应劭曰:"言项羽杀义帝,明其为贼乱,举兵征之,乃可服也。"《朱子语类》卷一百三十七《战国汉唐诸子》:"此便是有意立名,以正其谊。"

〔一〇〕"魏征"至"称其有惭正直":《隋书·王劭传赞》曰:"王劭好诡怪之说,尚委巷之谈,文词鄙秽,体统繁杂。直愧南、董,才无迁、固,徒烦翰墨,不足观采。"原刊各本均误"魏征"为"魏收"。孙《札记》校"收"字云:"顾云:'收字误,当谓魏征《隋书》。'"本传虽载"劭弱冠,魏收辟参开府军事",未闻收论其有惭正直,而直愧南、董,固魏征领修《隋书》之赞语也,今改。

〔一一〕兵起无名,难为制胜:陈《补释》谓"亦用董公语"。按《十六国春秋·后燕录二·慕容垂中》:"师起无名,终则弗成。"《礼记·檀弓下》:"师必有名,人之称斯师也者,则谓之何?”郑注:“庶几其师有善名。”

〔一二〕恶直丑正:《左》昭二十八年《传》:“恶直丑正,实蕃有徒。”注:“言害正直者,实多徒众。”

〔一三〕盗憎主人:《左》成十五年《传》:“三郤害伯宗。初,伯宗每朝,其妻必戒曰:‘盗憎主人,民恶其上,子好直言,必及于难。’”

盖霜雪交下,始见贞松之操〔一〕;国家丧乱,方验忠臣之节〔二〕。若汉末之董承、耿纪〔三〕,晋初之诸葛、毌丘“毌”音“贯”〔四〕,齐兴而有刘秉、袁粲〔五〕,周灭而有王谦、尉迥〔六〕,斯皆破家殉国,视死犹生。而历代诸史,皆书之曰逆,将何以激扬名教,以劝事君者乎?古之书事也,令贼臣逆子惧;今之书事也,使忠臣义士羞。若使南、董有灵,必切齿于九泉之下矣。

〔一〕贞松之操:陈《补释》引《庄子·让王》篇:“霜雪既降,吾是以知松柏之茂也。”亦见《吕氏春秋·慎人》篇、《淮南子·俶真训》。又《南齐书·高帝本纪》:“严冬播气,贞松之操自高。”按“贞”字,原误刊作“真”,他本均作“贞”,今改。

〔二〕忠臣之节:杨《通释补》引《老子》第十八章:“国家昏乱有忠臣。”按《汉书·王莽传》:“忠臣之节,亦宜自屈,而信主上之义。”

〔三〕董、耿:《后汉书·献帝纪》:“建安五年,车骑将军董承,受密诏诛曹操,事泄,曹操杀董承等,夷三族。”又:“二十三年,少府耿纪,起兵诛曹操,不克,夷三族。”而《三国志·魏武纪》则云:“刘备之未东也,阴与董承等谋反。董承等谋泄，皆伏诛。”又云：“汉太医令吉本与少府耿纪等反，攻许。王必与严匡讨斩之。”裴注引《三辅决录》注曰：“纪，字季行，少有美名。”又引《献帝春秋》曰：“收纪，将斩之，纪呼魏王名曰：恨吾不自生意，竟为群儿所误耳。”董、耿，史均无传，耿纪事参见《因习》篇注。

〔四〕诸葛、毌丘：诸葛诞事见《因习上》篇注。《三国志·魏书·毌丘俭传》：“俭，字仲恭。矫太后诏，罪状大将军司马景王，举兵反。大将军统中外军讨之，俭众溃。射杀俭，传首京都，夷俭三族。”浦按云：“《通志略》毌丘以邑为氏，无贯音。”

〔五〕刘秉、袁粲：《通释》引《宋书·袁粲传》：“粲，字君倩。与齐王、刘秉平决万机，顺帝即位，诏移石头。时齐王功高，天命有归，粲密有异图。刘秉，宋代宗室，与粲相结，谋克日矫太后令，使攻齐王，事泄，齐王遣军主戴僧静向石头，僧静挺身暗往，粲子最觉有异人，以身卫粲，僧静直前斩之，父子俱殒。其后并诛秉。秉事在宗室传。”按齐王即齐高帝萧道成。刘秉事附见《宋书》卷五十一《长沙景王道怜传》：“秉，字彦节。齐王辅政，四海属心，秉知鼎命有在，密怀异图，袁粲不识天命，谋欲作乱。粲败，秉逾城出走，于额檐湖见擒，与二子并死。”而《南史·袁粲传》则有粲语其子最曰：“我不失忠臣，汝不失孝子，仍求笔作启云‘臣义奉大宋’。”沈约阿附本朝，两相对照，益显其曲笔矣。又“刘秉”原误刊作“刘康”，据史传改，《训故补》已改作“秉”，孙《札记》亦校改“康”为“秉”。

〔六〕王谦、尉迥：见《因习上》篇注。

自梁、陈已降，隋、周而往，诸史皆贞观年中群公所撰〔一〕，近古易悉，情伪可求。至如朝廷贵臣，必父祖有传，考其行事，皆子孙所为。而访彼流俗，询诸故老，事有不同，言多爽实。昔秦人不死，验苻生之厚诬〔二〕，蜀老犹存，知葛亮之多枉〔三〕。斯则自古所叹，岂独于今哉？

〔一〕诸史：指《梁》、《陈》、《北齐》、《北周》及《隋书》与《南北史》。"诸"字，原误作"者"，属上句读，鼎本及《群书考索续集》卷十五所引同，郭本、黄本及《通释》作"诸"。孙《札记》校改，今改。

〔二〕秦人不死，验苻生之厚诬：《通释》："未详。"纪《评》："秦人事见羊衒之《洛阳伽蓝记》。"陈《补释》："纪氏此说，于《四库书目提要》及小说《如是我闻》并及之，然孙志祖《读书脞录》亦有此说。"按《四库总目提要》"《洛阳伽蓝记》"条："秦人事即用此书赵逸一条，知幾引据最不苟，知其说非凿空也。"《晋书·苻生载记》："生，字长生，杀戮无道，宗室勋旧，亲戚忠良，杀害略尽。"其史论并云："长生惨虐，忍生灵之命，疑猛虎之朝饥，但肆毒于刑残。"而其所载："生下书曰：'朕有何不善，而谤䜩之音，扇满天下。杀不过千，而谓刑虐，行者比肩，未足为稀。'"具见生在时已被厚诬。《洛阳伽蓝记》载："隐士赵逸曰：'晋时民少于今日。自永嘉已来，建国称王者，十有六君，皆游其都邑，目见其事。国灭之后，观其史书，皆非实录。苻生虽好勇嗜酒，亦仁而不杀，及详其史，天下之恶皆归焉。'"按原文下复有句云："苻坚自是贤主，贼君取位，妄书生恶。"故云厚诬苻生也。

〔三〕“蜀老犹存”二句：《通释》：“未详。按《困学纪闻》云：‘蜀老犹存，知葛亮之多枉，武侯事迹，湮没多矣。’然则蜀老事，王氏亦未有所考也。”纪《评》：“蜀老事见《魏书·毛修之传》。”按《魏书·毛修之传》：“修之，字敬文。崔浩以其中国旧门，与共论说，言次，遂及陈寿《三国志》。修之曰：‘昔在蜀中，闻长老言，寿曾为诸葛亮门下书佐，被挞百下，故其论武侯云“应变将略非其所长”。’”而彭《增释》则云：“修之之言妄矣。据《蜀志·诸葛亮传》亮卒于后主建兴十二年，即魏明帝青龙二年。又据《晋书·陈寿传》：元康七年(297)卒，时年六十五。由此推之，寿实生于青龙元年，亮卒之时，寿不过二岁耳。谓二岁小儿即为诸葛书佐，被挞百下，其诬寿不尤甚于诬亮耶？修之之言既妄诞不足信，再观刘于上文论陈《志》谤亮之由，亦不云身被捶挞，而仍云父辱受髡，则知此文所云必不出《魏书·毛修之传》也。余尝以文与《外篇·史官建置》篇相参，始知彼篇所云：‘《蜀志》称王崇补东观，许盖掌礼仪。又郄正为秘书郎，广求益部书籍，斯则典校无阙，属辞有所矣。而陈寿评云“蜀不置史官”者，得非厚诬诸葛乎？别有《曲笔》篇言之详矣。’其事盖出孙盛之《异同记》与《晋阳秋》(二书皆有蜀老事，见《蜀志》之《董厥传》、《姜维传》注引)。惜书皆不传，而彼篇之‘蜀老’又讹作《蜀志》，遂致浦氏两莫能详。然即此，亦可见其注书之慎，犹愈于纪昀、孙志祖、翁元圻辈之漫不加察也。”按彭说甚是。董、姜两传裴注引孙盛两书，确迭有蜀长老之称。而厥传裴注引《异同记》谓：“蜀史常璩说长老云：‘陈寿尝为瞻史，为瞻所辱。’”瞻乃亮子。其本传云：“瞻字思远，建兴十二年，亮出武功，与兄瑾书曰:‘瞻今已八岁。’死时年三十七。”瞻死时寿已二十二岁,毛修之误瞻为亮。按郭《附评》亦先云:“诸葛瞻又轻寿,寿言瞻惟工书,名过其实,议者以此少之。”

盖史之为用也,记功司过,彰善瘅恶〔一〕,得失一朝,荣辱千载〔二〕。苟违斯法,岂曰能官。但古来唯闻以直笔见诛,不闻以曲词获罪。是以隐侯《宋书》多妄〔三〕,萧武知而勿尤,伯起《魏史》不平,齐宣览而无谴〔四〕。故令史臣得爱憎由己,高下在心〔五〕,进不惮于公宪,退无愧于私室,欲求实录,不亦难乎?呜呼!此亦有国家者所宜惩革也。

〔一〕彰善瘅恶:杨《通释补》引伪《毕命》:“彰善瘅恶,树之风声。”按瘅,病也。孔氏《传》:“明其为善,病其为恶。”

〔二〕得失一朝,荣辱千载:陈《补释》:“荀悦《申鉴·时事》篇文。”按《后汉书·荀悦传》亦载有此文句,盖为奏请“备置史官,纪其行事”而言也。

〔三〕隐侯:《梁书·沈约传》:“约,字休文。卒谥曰隐。有司谥曰文,帝曰:‘怀情不尽曰隐。’故改为隐。”帝即梁武帝,怀情不尽,谓其怀恋前朝也。《宋书》多妄:《宋书·文帝路淑媛传》:“文帝路淑媛,以色貌选入后宫,生孝武帝。上(孝武帝)即位,奉尊号曰皇太后。上或留止太后房内,故民间喧然有丑声,宫掖事秘,莫能辨也。”按沈约用徐爰旧本成书,故于晋宋鼎革之际,则因徐为宋讳,宋齐之际则为齐讳,故云“多妄”,参看“子野、休文释纷”。

〔四〕齐宣览而无谴:《北齐书·魏收传》:“收,字伯起。(齐文宣)天保二年,诏撰魏史,帝敕收曰:‘好直笔,我终不诛史官。'时论既言收著史不平,但帝先重收才,不欲加罪。于是众口喧然,号为秽史,投牒者相次。杨愔、高德正抑塞诉辞,终文宣世,更不重论。"

〔五〕高下在心:杨《通释补》:"《左》宣十五年《传》,谚曰:'高下在心。'"按《三国志·魏书·陈琳传》:"今将军总皇威,握兵要,龙骧虎步,高下在心。"《陆士龙集·答车茂安书》:"决泄任意,高下在心,举钑成云,下钑成雨。"

鉴识第二十六

【解 题】

知幾尝论史有三长:才、学、识也。后人以为"非才无以笼罩百代,非学无以穿猎千古,非识无以辨贤奸邪正、是非得失之所在。善乎!刘知幾之言,为万世不可易之准也"(周长发《史论》)。可见其影响后世,可谓既深且远。

此篇专论史识。鉴识不明,评史必乖其理。"物有恒准,而鉴无定识",乃闪耀着唯物主义光辉之思想认识。盖历史事实为客观存在,而认识历史事实,则毁誉不同,爱憎各异。推厥缘由,知幾虽归结到识有通塞,神有晦明,仍未能更深入揭示问题本质,指出人们认识事物之时代烙印。作为中古时期之史学家,虽超越而仍多局限。

知幾列举《春秋》三传,左氏为最,而长期不列于学官。《史》、《汉》连类,而自张辅劣固优迁,班《书》"巧心"反为"拙目"所嗤,为鉴识不明者嗤笑。他强调:史贵实录,叙事应辨而不华,质而不俚。不可用汉、魏辞赋之富丽逸异,来衡量史笔,遂再次明确文、史有别，并将其视为史识问题。

最后，知幾感慨识宝知音者少，致使一些史学名著长期湮没。其中虽有自寓身世之感，且知幾所举史著如《古文尚书》，亦有辨伪不明之失，然其重视史识在史学评论及促进史学发展中之作用，迄今尚足资借鉴。至于反复哀叹史书和人一样，废兴、穷达都归于时命，又失足唯心主义泥坑，自是时代认知之局限。

夫人识有通塞，神有晦明，毁誉以之不同，爱憎由其各异。盖三王之受谤也，值鲁连而获申〔一〕；五霸之擅名也，逢孔宣而见诋〔二〕。斯则物有恒准，而鉴无定识，欲求铨核得中，其惟千载一遇乎！况史传为文，渊源广博〔三〕，学者苟不能探赜索隐，致远钩深〔四〕，乌足以辨其利害，明其善恶？

〔一〕“三王”至“获申”：王《训故》引《文选》曹子建《与杨德祖书》曰：“昔田巴毁五帝，罪三王，一旦而服千人。鲁连一说，使终身杜口。”《通释》照录后并注：“说见《鲁连子》。”按李善注：“鲁连子曰：‘齐之辩者曰田巴，辩于狙丘，而议于稷下，毁五帝，罪三王，一旦而服千人。有徐劫弟子曰鲁连，谓劫曰，臣愿当田子，使不敢复说。’”《汉志·诸子略·儒家类》著录：“《鲁仲连子》十四篇。”已佚。《史记·鲁仲连传》：“鲁仲连者，齐人也。好奇伟俶傥之画策。”《正义》亦引辩服田巴事作注。

〔二〕“五霸”至“见诋”：《通释》引《汉书·董仲舒传》：“仲尼之门，五尺之童，羞称五伯，为其先诈力而后仁谊也。”杨《通释补》引《孟子·梁惠王上》:"孟子对曰:'仲尼之徒,无道桓文之事者。'"又引《荀子·仲尼》篇:"仲尼之门人,五尺之庶子,言羞称乎五伯。"按《孟子·告子下》:"孟子曰:'五霸者,搂诸侯以伐诸侯者也。故曰:五霸者,三王之罪人也。'"又《尽心上》:"五霸,假之也,久假而不归,恶知其非有也。"朱注:"假借仁义之名,以求济其贪欲之私耳。"而《论语·宪问》:"子曰:'晋文公谲而不正。'"乃孔宣径诋五霸之言也。

〔三〕渊源:"源"字原作"浩",蜀本、陆本、鼎本、郭本及黄本均作"源"。《通释》作"浩",并注:"一作'源'。"卢《拾补》:"宋'浩'。"今改作"源"。

〔四〕探赜索隐,致远钩深:杨《通释补》引《易·系辞上》:"探赜索隐,钩深致远。"

观左氏之书,为传之最。而时经汉、魏,竟不列于学官。儒者皆折此一家,而盛推二传。夫以丘明躬为鲁史,受经仲尼,语世则并生,论才则同耻〔一〕。蜀本作"体",宋本作"耻"。彼二家者,师孔氏之弟子〔二〕,预达者之门人,才识体殊,年代又隔。安得持彼传说,比兹亲受者乎?加以二传理有乖僻,言多鄙野,方诸左氏,不可同年。故知膏肓、墨守〔三〕,乃腐儒之妄述,卖饼、太官〔四〕,诚智士之明鉴也。

〔一〕并生、同耻:《汉志·六艺略·春秋类》:"仲尼思存前圣之业,以鲁周公之国,史官有法。故与左丘明观其史记,口授弟子。弟子退而异言。丘明恐弟子各安其意,以失其真,故论本事而作传。隐其书而不宣,所以免时难也。及末世口说流行，故有《公羊》、《穀梁》之传，立于学官。”又《论语·公冶长》：“子曰：‘巧言，令色，足恭，左丘明耻之，丘亦耻之；匿怨而友其人，左丘明耻之，丘亦耻之。’”《通释》引《隋志》释“左氏不列于学官”云：“左氏，汉初出张苍家，本无传者。文帝时，贾谊为训诂，其后刘歆欲立于学，诸儒莫应。建武中，韩歆、陈元讼之，乃以李封为左氏博士，封卒，遂罢。至晋时，杜预为《集解》，盛行，而《公羊》、《穀梁》浸微。”按《文选》刘歆《移书让太常博士》序云：“歆亲近，欲建立《左氏春秋》，列于学官。”

〔二〕彼二家师孔氏弟子：公羊高，周末齐人，子夏弟子。其《春秋公羊传》或谓汉景帝时高之玄孙寿作。穀梁赤，鲁人，子夏弟子，其《春秋穀梁传》或谓为传赤之学者所作。

〔三〕膏肓、墨守：《通释》引《后汉书·儒林传》：“何休，字劭公，作《春秋公羊解诂》，又作《公羊墨守》、《左氏膏肓》、《穀梁废疾》。”又引《郑玄传》：“玄隐修经业，乃发《墨守》，针《膏肓》，起《废疾》。休见而叹曰：‘康成入吾室，操吾矛以伐我乎！’”按：“膏肓”，《左》成十年：“疾不可为也，在肓之上，膏之下。”杜注：“肓，鬲也，心下为膏，心下鬲上也。”“墨守”，李贤注：“言《公羊》之义不可攻，如墨翟之守城也。”是褒义词。今言“墨守成规”，属贬义。郑氏三书，《四库总目》著录各一卷，“凡箴《膏肓》二十余条，起《废疾》四十余条，发《墨守》四条。掇拾成篇，不知出自谁氏，视原书不及什之一二”。

〔四〕卖饼、太官：《通释》引《魏略》：“严干善《公羊春秋》，时钟繇好《左氏》，谓《左氏》为太官厨，《公羊》为卖饼家，数与干会，辨析长短。”按《魏略》，鱼豢著，有辑本。浦引文见

《三国志·裴潜传》裴注："干，字公仲，破乱之后，更折节学问。"《魏略》以裴潜、严干等十人合传，故松之附注于此。

逮《史》、《汉》继作，踵武相承。王充著书，既甲班而乙马〔一〕，张辅持论〔二〕，又劣固而优迁。王充谓彪文义浃备，纪事详赡，观者以为甲，以太史公为乙也。张辅《名士优劣论》曰，世人论司马迁、班固之才优劣，多以班为胜，余以为失。迁叙三千年事，五十万言。班固二百年事，八十万言，烦省不敌，固之不如必矣。然此二书，虽互有修短，递闻得失，而大抵同风，可为连类。张晏云：迁殁后亡《龟策》、《日者》传，褚先生补其所缺。言词鄙陋〔三〕，非迁本意。按迁所撰《五帝本纪》、七十列传，称虞舜见厄，遂匿空而出〔四〕，宣尼既殂，门人推奉有若〔五〕。其言之鄙，又甚于兹，安得独罪褚生，而全宗马氏也。刘轨思商榷汉史〔六〕，雅重班才，唯讥其本纪不列少帝，而辄编高后〔七〕，按弘非刘氏，而窃养汉宫，时天下无主，吕宗称制，故僭其岁月，寄以编年，而野鸡行事，自具《外戚》〔八〕。譬夫成为孺子，史刊摄正之年〔九〕，厉亡流彘，历纪共和之日〔一〇〕。而周召二公，各世家有传〔一一〕，班氏式遵曩例，殊合事宜。岂谓虽浚发于巧心，反受嗤于拙目也〔一二〕。

〔一〕王充甲班乙马：陈《补释》云："今《论衡·超奇篇》：'班叔皮续《太史公书》百篇以上，记事详悉，义浅理备，观读之者以为甲，而太史公乙。子男孟坚，为尚书郎，文比叔皮，非徒五百里也，乃夫周、召、鲁、卫之谓，苟可高古，而班氏父子不足纪也。'然则王充语意未尝甲班乙马，不过引览读者所云而已。《史通》似失于检核。然《论衡》此篇上文有云:‘彼子长、子云说论之徒,君山为甲。’则已甲桓而乙马。”按王充以哲学家论文理,故在此篇中极力推重桓谭(字君山)《新论》,而知幾以史学家论史,固无预于君山焉。且就陈引此篇文字看,自“子男孟坚”句下,仅能说明彪、固父子文字伯仲之间耳,王充似亦无否定“观读者”之意,《史通》未为失检。又《论衡》为我国古代重要哲学著作,《通释》具引充传,不录,另详篇末“《论衡》未遇伯喈”句注。

〔二〕张辅持论:《通释》引《晋书·张辅传》:“字世伟,御史中丞,论班固、司马迁云云。”浦按:“所论凡五则,文烦不录。”覆查辅传具论固之于迁,有三不如,继复就迁首创纪传体及迁文辞措置得宜,推为良史。浦氏并此两点合而为五。

〔三〕本注:褚补《史记》言词鄙陋,《通释》引《史记》裴注:“《汉书音义》曰:‘十篇有录无书。’张晏曰:‘迁没后,亡《景纪》、《武纪》、《礼书》、《乐书》、《兵(律)书》,《汉兴以来将相年表》、《日者列传》、《三王世家》、《龟策列传》、《傅靳列传》,元成之间,褚先生补缺。《龟策》、《日者》言辞鄙陋,非迁本意。’”

〔四〕匿空而出:《史记·五帝本纪·舜》:“舜名重华,父曰瞽叟。爱后妻子,常欲杀舜。使舜穿井,舜穿井为匿空旁出。”《索隐》:“空音孔。”《正义》:“言舜潜匿穿孔旁,从他井而出也。”

〔五〕门人推奉有若:《史记·仲尼弟子列传·有若》:“有若,少孔子四十三岁。孔子既没,弟子思慕,有若状似孔子,弟子相与共立为师。”《四库全书总目·史通提要》云:“孔子门人,欲尊有若,事出孟子,定不虚诬。而《鉴识》篇以《史记》载此一事,其鄙陋甚于褚少孙,任意抑扬,偏驳殊甚。”实则《暗惑》篇已谓“孟轲著书,首陈此说”乃“得自委巷”,则知幾亦已指认孟子此言不足信矣。

〔六〕刘轨思:《评释》、《通释》均引《北齐书·儒林传》:“刘轨思说《诗》甚精,故其乡曲多为《诗》者。仕齐国子博士。”浦按:“传不载论史之文。”《训故补》则不引《北齐书》而引《北史》。据《北史·儒林传序》,“能言《诗》者,多出二刘之门”,二刘即刘轨思、刘敬和。惟《北齐书》此寥寥数语,悉同《北史》,当系后人抄录《北史》,非李百药原书矣。

〔七〕不列少帝而辄编高后:《汉书·高帝纪》:“惠帝即位,太后取后宫美人子为太子。惠帝崩,太子立为皇帝。年幼,太后临朝称制。四年夏,少帝自知非皇后子,出怨言,皇太后幽之永巷(《史记》有“太后幽杀之”句)。五月,立恒山王弘为皇帝(《史记》作“立常山王义为帝,更名曰弘”)。八年七月,太后崩,大臣相与阴谋,以为少帝及三弟为王者,皆非孝惠子,复共诛之。”《史》、《汉》均未列“少帝纪”。郭《附评》:“少帝始末如此,刘轨思乃欲为本纪,可乎?子玄驳之良是。”按惠帝死,吕后初立后宫美人子为帝,高后四年(前184)废杀之,又立常山王弘为帝。八年(前180)诛诸吕,诛少帝及三弟,以其非惠帝子。则四年吕后废杀之少帝(乃后宫美人子)可谓非刘氏,名弘之少帝,非惠帝子。两少帝虽同以高后编年,但不能谓“弘非刘氏”,知幾误,郭氏亦从而误评。

〔八〕野鸡行事,自具《外戚》:《通释》引《史记·封禅书》之《集解》："如淳曰：'野鸡，雉也。吕后名雉，故曰野鸡。'"按《汉书》将吕后称制八年事入本纪，其余行事载入外戚本传。

〔九〕史刊摄正：刊，鼎本、王本、黄本、《通释》同，蜀本、陆本作"邦"。正，蜀本、陆本、鼎本、郭本同，王本、黄本、《通释》及《群书考索续集》卷十四所引作"政"。按《论语·颜渊》："政者，正也。子帅以正，孰敢不正？"皇侃《疏》引郑注《周礼·司马》："政，正也。政所以正不正也。""正"与"政"互通，作"正"义亦安。又《史记·周本纪》："成王少，周公乃摄行政当国。周公行政七年，成王长，周公反政成王。"《鲁周公世家》："武王既崩，成王少，在襁褓之中。周公恐天下闻武王崩而畔，周公乃践阼代成王，摄行政，当国。"伏生《尚书大传》："周公身居位，听天下为政。"

〔一〇〕历纪共和：《史记·周本纪》："厉王出奔于彘，召公、周公行政，号曰共和，共和十四年，厉王死于彘。"又《十二诸侯年表》即起自共和元年，大臣共和行政。至共和十四年，共和废，始续以宣王元年。

〔一一〕周召二公，各世家有传：《史记》有鲁周公、燕召公世家，又"各世家有传"句，各本皆同。浦注："句必有误，详此句当云'各有世家'。"按世家本"世代相续"之传，原文不误。

〔一二〕巧心、拙目：《通释》："语见陆机《文赋》。"陈《补释》："嗤，本作欰。"按《文选》原文："虽浚发于巧心，或受欰于拙目。"李善注："欰，与蚩同。"李详《愧生丛录》云："反，陆作或；嗤，作欰。"胡克家《考异》："袁本'欰'作'嗤'，校语云善作'蚩'。茶陵本作'欰'，校语云五臣作'嗤'，袁本所见是也。士衡自用'蚩'字，善以'蚩'字本不训笑，故取'欰'字为注。"

刘祥撰《宋书》序录〔一〕,历说诸家晋史。其略云:“法盛、中兴,荒拙少气;王隐、徐广〔二〕,沦溺罕华〔三〕。”夫史之叙事也,当辨而不华,质而不俚,其文直,其事该,一作“核”〔四〕。若斯而已可矣。必令同文举之含异〔五〕,等公干之有逸〔六〕,如子云之含章〔七〕,类长卿之飞藻〔八〕,此乃绮扬绣合,雕章缛彩,欲称实录,其可得乎?以此诋诃,知其妄施弹射矣〔九〕。

〔一〕刘祥:郭《附评》:“刘祥,字休征,璠子也。璠撰梁典未及刊定而卒,祥修定勒成一家。”又王《训故》引《南史·刘穆之传》:“穆之曾孙祥,字显征,永明中撰《宋书》。”《通释》引《南齐书·刘祥传》:“祥,字显征,性韵刚疏,宋世解褐,撰《宋书》讥斥禅代,上衔而不问。后徙广州。”并按云:“后周亦有刘祥,字休征,与此无涉。郭本误引,王本刊正。”按《南史》附祥事于其曾祖穆之传,其所撰《宋书》已早佚,《隋志》即未著录。惟在沈约《宋书》目下注云“梁有宋大明中所撰《宋书》六十一卷,亡”,不识何指。

〔二〕徐广:见《六家》之《左传》家徐贾注。

〔三〕沦溺罕华:鼎本、郭本、黄本、《通释》均同,蜀本、陆本“溺”作“弱”。卢《拾补》:“‘罕’讹。何改‘空’。”孙《札记》亦校改“罕”为“空”。按“罕”字于义较顺,通观下文,盖刘祥虽以少华为讥,而史之叙事,本应“辨而不华”也,兹仍其旧。

〔四〕文直、事该:杨《通释补》引《汉书·司马迁传赞》:“自刘向、扬雄博极群书,皆称迁有良史之材。服其善序事理,辨而不华,质而不俚,其文直,其事核。”按师古注:“核,坚实也。""核"字是,已有原注,仍之。

〔五〕文举含异:鼎本、郭本、黄本均同。浦注:"疑当作'末异'。"又引《后汉书·孔融传》:"孔融,字文举,鲁国人。为北海相。"又引魏文帝《典论》:"鲁国孔文举,气体高妙,理不胜辞。"又云:"文本同而末异。"纪《评》:"孔氏卓卓,信含异气,亦文帝语,注失引。"程《笺记》云:"《文心雕龙·风骨》:'公干亦云:孔氏卓卓,信含异气,笔墨之性,殆不可胜。'则文举含异乃刘桢语,纪氏以涉下文'等公干之有逸'句出子桓《与吴质书》,而误记亦为魏文语也。浦校之失,更不待言。"

〔六〕公干有逸:《通释》引《魏书·王粲传》附刘桢:"桢字公干。"又引《文选》曹丕《与吴质书》:"公干有逸气,但未遒耳。"

〔七〕子云含章:《通释》引《汉书·扬雄传》:"雄字子云,蜀郡人,好深沉之思。"按《易·坤·六三》爻辞:"含章可贞。"

〔八〕长卿飞藻:《通释》引《汉书·司马相如传》:"相如,字长卿,相如奏赋,天子大悦,飘飘有凌云气,游天地之间。"

〔九〕此下误刊入"夫史之曲笔芜书"至"盗憎主人之甚乎"二百字,已移入《曲笔》篇。参看《曲笔》篇注,此处衍文不另录入。

夫人废兴,时也;穷达,命也〔一〕。而书之为用,亦复如是。盖《尚书》古文,《六经》之冠冕也〔二〕,《春秋左氏》,三传之雄霸也。而自秦至晋,年逾五百,其书隐没,不行于世。既而梅氏写献〔三〕,杜侯训释〔四〕,然后见重一时,擅名千古。乃《老经》撰于周日,《庄子》成于楚年,遭文、景而始传,值嵇、阮而方贵〔五〕,若斯流者,可胜纪哉！故曰:“废兴,时也;穷达,命也。”适使时无识宝,世缺知音,若《论衡》之未遇伯喈〔六〕,《太玄》之不逢平子〔七〕,逝将烟烬火灭,泥沉雨绝,安有殁而不朽,扬名于后世者乎〔八〕?

〔一〕废兴,时也;穷达,命也:李详《愧生丛录》及陈《补释》均谓“李康《运命论》文”。按《文选》李康《运命论》云:“夫治乱,运也;穷达,命也;贵贱,时也。”李善注引《集林》曰:“李康,字萧远,中山人也。性介立不能和俗,魏明帝异其文,遂起家为寻阳长。”又引《王命论》曰:“穷达有命。”《庄子》北海若曰:“贵贱有时。”又《运命论》复有句云:“命之将贵也,则伊尹、吕尚之兴于商、周。”又云:“道之将废也,命之将贱也。”则兴废、贵贱盖错举为用。

〔二〕《尚书》古文,《六经》冠冕:纪《评》:“唐人皆不知古文孔《传》之伪,故子元亦云尔。盖考据之学,古疏今密,亦如星历然。”又《六经》“六”字,蜀本、陆本、鼎本、郭本、黄本及《通释》均同。孙《札记》校改“七”,云“顾引《拾补》同”。卢《拾补》校“六”字云“宋‘七’”。

〔三〕梅氏写献:《通释》引《隋志·书序》:“孔安国以古文开其篇第,成五十八篇。晋世秘府所存,永嘉之乱并亡。至东晋,豫章内史梅赜,始得安国之传,奏之。又缺《舜典》一篇。齐建武中,吴姚方兴于大桁市得其书,奏上,多二十八篇,于是始列国学。”浦按:“《世说·方正》篇:‘梅颐,豫章太守,其字仲真。’见注《晋诸公赞》,似即其人。赜与颐未知孰是。”按《世说·方正》篇正文亦作“梅颐,尝有惠于陶公。颐见陶公。颐曰”,“颐”均不作“赜”,“颐、赜”音、义皆不同,旧多作“赜”。

〔四〕杜侯训释:《晋书·杜预传》:“预,字元凯,京兆杜陵人。以功晋爵当阳县侯。既立功之后,乃耽思经籍,为《春秋左氏经传集解》。又参考众家谱第,谓为《释例》,又作《盟会图》、《春秋长历》,备一家之学。预自称有《左传》癖。”

〔五〕本注:《老》、《庄》值嵇、阮方贵,《史记·老子韩非列传》:“老子,姓李氏,名耳,字聃,周守藏室之史也。著书上下篇,言道德之意五千余言。庄子者名周,其学无所不窥,然其要本归于老子之言,故其著书十余万言,大抵率寓言也。”又《通释》引《汉书·扬雄传赞》曰:“昔老聃著虚无之言两篇,薄仁义,非礼学,然后世好之者,尚以为过于《五经》。自汉文、景之君及司马迁皆有是言。”《晋书·嵇康传》:“康,字叔夜。学不师受,博览无不该通,长好老、庄,著《养生论》,作《幽愤诗》曰:‘托好庄、老,贱物贵身,志在守朴,养素全真。’”又《阮籍传》云:“籍,字嗣宗,博览群籍,尤好庄老,著《达庄论》,叙无为之贵。”浦按:“汉初言黄老者,先有胶西盖公,晋世玄风尤甚,起于何(晏)、王(弼),流于向(秀)、郭(象),而《史通》第举文、景、嵇、阮为言,约辞也。”

〔六〕《论衡》之未遇伯喈:《后汉书·王充传》:李贤注引:“袁山松曰:‘充所作《论衡》,中土未有传者,蔡邕入吴,始得之。恒秘玩以为谈助。’《抱朴子》曰:‘时人嫌蔡邕得异书,或搜求其帐中隐处,果得《论衡》。抱数卷持去。’”

〔七〕《太玄》之不逢平子:《后汉书·张衡传》:“衡,字平子。通《五经》,贯六艺,尤致思于天文、阴阳、历算。常好《玄经》，谓崔瑗曰：'吾观《太玄》，方知子云妙极道数，乃与《五经》相拟。汉四百岁，《玄》其兴矣。'李贤注曰：'自此已上并衡与崔瑗书之文也。'"按瑗，字子玉，《后汉书》附崔骃传。

〔八〕殁：原本漫漶残缺，乃后人描润墨补。蜀本、陆本、鼎本、郭本、王本、黄本、《通释》俱作"殁"，潘自牧《记纂渊海》卷七十一《人事部·不遇》所引亦同。殁而扬名，《论语·卫灵公》："君子疾没世而名不称焉。"又《孝经·开宗明义章》："立身行道，扬名于后世，以显父母，孝之终也。"

探赜第二十七

【解 题】

史必辨流通义，明其指归，但不能妄生穿凿，轻究本源。孔子修《春秋》，始自厄陈蔡，终于泣麟。盖缘周游列国，困顿无归，遂退而著书。及其衰迈，时逢西狩，乃叹"吾道穷"，绝笔泣麟，始末本甚清晰。而学者以为感麟而作，故神其事，穿凿附会，莫此为甚。

孙盛称《左传》略吴、楚，乃因贱夷狄而贵诸夏。知幾则就当时关梁不通为解，复证以《左传》所载边隅小国四事，以驳贱夷贵夏之妄。

史书不可能毫无疵累，后人固不应轻予诋诃，亦不应曲为文饰。《史记》传首伯夷，纪列项羽，盖缘《春秋》已往，惟夷、齐有遗事足征，不能据此谓迁发愤作史，寄慨于善而无报也。此处特别提出"史之于书也，有其事则记，无其事则阙"，乃从实际出发之史法也。史迁首传伯夷,虽不免为全书之“病累”,甚至在《人物》篇指为“龌龊”,但此处亦谅解皋陶、伊尹等史事无征之苦衷。

李德林称陈《志》党蜀魏,尽是凭虚亡是之谈。习凿齿著史伪魏,确有定邪正、明顺逆之意图,而檀道鸾谓为讽喻桓氏之篡。故知幾又提出一重要论点:“为文以讽,短什小篇,可率尔而就也。勒成一史,传诸千载,而藉以取诫当时,岂非劳而无功,博而非要。”此一见解,至今仍值得探讨。

最后他指斥魏收说崔鸿《十六国春秋》,因不录江左史事,怕“识者尤之”,竟“未敢出行于外”。实为收自己遮羞,或即“矫妄”。

综上所述,此篇乃论前史之得失者,必先深入了解修史之目的,然后始能正确理解其史书之内容,通其义理,明其指归。

曩日陈援庵先生长期倡导“史源学”,开设“史源学实习”之课程。其言有曰:“读书不统观首尾,不可妄下批评。读史不知人论世,不能妄相比较。”此言可为吾人读《探赜》篇之指针。“考众家之异说,参作者之本意”,是亦究心史源者之梯筏也。

古之述者,岂徒然哉!或以取舍难明,或以是非相乱,由是书编典诰,宣父辨其流〔一〕,《诗》列风雅,卜商通其义〔二〕。夫前哲所作,后来是观,苟失其指归,则难以传授。而或有妄生穿凿,轻究本源,是乖作者之深旨,误生人之后学,其为缪也,不亦甚乎?

〔一〕宣父辨其流:《唐书·礼乐志》:“贞观十一年,诏尊孔子为宣父。”《史记·三代世表》序云:“孔子序《尚书》,则略无年月。”又《孔子世家》:“孔子序《书传》,上纪唐虞之际,下至秦缪,编次其事。”《汉志·书序》亦云:“《书》之所起远矣,至孔子纂焉。上断于尧,下讫于秦,凡百篇,而为之序。”

〔二〕卜商通其义:《史记·仲尼弟子列传·子夏》:“卜商,字子夏。孔子曰:‘商!始可与言《诗》已矣。’孔子既没,子夏居西河教授,为魏文侯师。”《索隐》:“子夏文学著于四科,序《诗》传《易》。”《隋志·诗序》:“《毛诗序》,子夏所创。”按《诗》序有大小之别,今本小序分列诸诗之前,《大序》接第一首《关雎》小序之下,自“风,风也”起。《大序》定风、雅、颂之义,作者为经学家争辩未决之问题。

昔夫子之作鲁史,学者以为感麟而作〔一〕。按子思有云:“吾祖厄于陈、蔡始作《春秋》。”〔二〕夫以彼聿修,传诸贻厥〔三〕,欲求实录,难为爽误。事则义包微婉〔四〕,因攫莓而创词〔五〕;时逢西狩,乃泣麟而绝笔。儒者徒知其一,而未知其二,以为自反袂拭面,称吾道穷〔六〕,然后追论五始〔七〕,定名三叛〔八〕,此岂非独学无友,孤陋寡闻之所致邪〔九〕?

〔一〕感麟而作:杨《通释补》引《春秋纬·演孔图》:“获麟而作《春秋》,九月书成。”(《公羊》哀十四年《传》疏引)又引杜预《春秋左传集解》序:“麟凤五灵,王者之嘉瑞也。今麟出非其时,虚其应而失其归,此圣人所以为感也。绝笔于获麟之一句者,所感而起,固所以为终也。”按原序下文杜预复自谓:"故余以为感麟而作,作起获麟,则文止于所起,为得其实。"学者以为感麟而作,盖指此。而《史记·孔子世家》言之甚详云:"鲁哀公十四年,春,狩大野,叔孙氏车子钼商获兽,以为不祥,仲尼视之曰:'麟也。'取之。喟然叹曰:'吾道不行矣,吾何以自见于后世哉!'乃因史记作《春秋》。"

〔二〕吾祖厄于陈、蔡始作《春秋》:《通释》引《孔丛子·居卫》篇:"祖君屈陈蔡,作《春秋》。"浦按:"太史公自序,及《公羊》篇首注,并宗此说。"又按:"《孔丛子》,先儒多以为伪,病其杂也。"陈《补释》:"《史通》误信《孔丛子》,犹前篇误信梅氏《古文尚书》,其实止据《史记》自序已足以辨正。说《左氏》者,谓孔子自卫反鲁,始撰述《春秋》。"按《史记·太史公自序》亦云:"孔子厄陈、蔡,作《春秋》。""厄"蜀本、陆本作"尼"。原刊及蜀本、陆本、鼎本、郭本、黄本脱"始作春秋"四字,卢《拾补》:"四字脱,据《孔丛子》补。"又《孔子世家》:"孔子生鲤,字伯鱼。伯鱼生伋,字子思。子思作《中庸》。"

〔三〕聿修、贻厥:陈《补释》:"六朝、唐初文,多以《诗·大雅·文王》篇'无念尔祖,聿修厥德',及《文王有声》篇'诒厥孙谋'为祖、孙之代名词。"

〔四〕事则义包微婉:"事"字,黄本、《通释》改"是",浦注:"一讹'事'。"鼎本、郭本亦作"事",孙《札记》校改"是"。"微婉",见《六家·春秋家》注。

〔五〕攫莓:《通释》引《吕氏春秋·审分览·任数》:"孔子穷乎陈、蔡之间,七日不尝粒。颜回索米,得而爨之。几熟,孔子望见回攫其甑中而食之。起曰:'今者梦见先君食洁而后馈。'回曰:'向者煤炱入甑中,弃食不祥,回攫而饮之。'孔子叹曰:'所信者目也,目犹不可信,知人固不易矣。'"高诱注:"煤炱,烟尘也。"浦注:"'莓',一作'苺',皆误,当作'煤'。"卢《拾补》:"宋'莓',通'煤'。"又注云:"指《春秋》厄于陈、蔡时所作。"盖以攫莓事为厄陈、蔡之标志也。"莓",原刊及蜀本、陆本、鼎本、郭本、黄本均误作"苺",郭《附评》云"苺,草名,音梅。《说文》'马苺也'"误,今改作"莓"。

〔六〕反袂拭面,称吾道穷:杨《通释补》引《公羊》哀十四年《传》:"有以告者曰:'有麕而角者。'孔子曰:'孰为来哉!孰为来哉!'反袂拭面,涕沾袍:'吾道穷矣。'"

〔七〕追论五始:陈《补释》引《穀梁传》疏:"何休注《公羊》,取《春秋纬》黄帝受图,立五始。以为元者气之始,春者四时之始,王者受命之始,正月者政教之始,公即位者,一国之始。五者同日并见,相须而成。"

〔八〕定名三叛:陈《补释》引《左》昭三十一年《传》:"三叛,人名。谓襄二十一年邾庶其以漆、闾邱来奔;昭五年,莒牟夷以牟娄及防兹来奔;昭三十一年,邾黑肱以滥来奔。又小邾射以句绎来奔,在《春秋》获麟后,不与三叛人之数。"

〔九〕独学无友,孤陋寡闻:杨《通释补》引《礼记·学记》:"独学而无友,则孤陋而寡闻。"

孙盛称《左氏春秋》书吴、楚则略,荀悦《汉纪》述匈奴则简,盖所以贱夷狄而贵诸夏也〔一〕。按春秋之时,诸国错峙,关梁不通,史官所书,罕能周悉。异乎炎汉之世,四海一家,马迁乘传以求自古遗文〔二〕,而州郡上计,皆先集太史〔三〕,若斯之备也。况彼吴楚者,僻居南裔,地隔江山,去彼鲁邦,尤为迂阔,丘明所录,安能备诸。且必以蛮夷而固略也,若驹支预于晋会〔四〕,长狄埋于鲁门〔五〕,葛卢之辨牛鸣〔六〕,郯子之知鸟职〔七〕,斯皆边隅小国,人品最微,犹复收其琐事,见于方册,安有主盟上国,势迫宗周,争长诸华,威陵强晋,而可遗之者哉!又荀氏著书,抄撮班史,其取事也,中外一概,夷夏皆均,非是独简胡乡,蜀本作"略",宋本作"简"。而偏详汉室。盛既疑丘明之摈吴、楚,遂诬仲豫之抑匈奴,可谓强奏庸音,特为足曲者也〔八〕。

〔一〕贱夷狄而贵诸夏:杨《通释补》引《公羊》成十五年《传》:"《春秋》内其国而外诸夏,内诸夏而外夷狄。"按何休注云:"外夷狄者,夷狄亦外之。是以仲尼称'夷狄之有君,不如诸夏之亡',恶其乘衅蹈隙,必能为患也。"又《春秋繁露·王道》:"未有不先近而致远者也。故内其国而外诸夏,内诸夏而外夷狄,言自近者始也。"

〔二〕马迁乘传以求自古遗文:杨《通释补》引《西京杂记》卷下:"太史公司马谈世为太史,子迁年十三,使乘传行天下,求古诸侯史记。"按《太平御览》卷二百三十五《职官部》引《汉旧仪》亦有此语。而《西京杂记》诸志皆作二卷,或又分作六卷,二者今皆通行,如六卷本之明吴琯校《古今逸史》本即在卷六。又《汉书·高帝纪》"乘传诣洛阳",师古注:"传者,若今之驿,古者以车,谓之传车。""乘传"鼎本作"垂传",误,孙《札记》校改"垂"为"乘"。又《史记·太史公自序》:"百年之间,天下遗文古事,靡不毕集太史公。太史公仍父子相续，纂其职。”

〔三〕上计先集太史：《西京杂记》卷六：“迁复为太史公，位在丞相下，天下上计，先上太史公，副上丞相。”又《隋志·正史序》：“汉武帝时，天下计书，皆先上太史，副上丞相，遗文古事，靡不毕臻。”又《周礼·小宰》疏：“汉之朝集使，谓之上计吏，上一年计会文书及功状也。”

〔四〕驹支预于晋会：《左》襄十四年《传》：“（晋）会于向，将执戎子驹支。范宣亲数诸朝曰：‘来，姜戎氏，诘朝之事，尔无与焉。’对曰：‘我诸戎，是四岳之裔胄也。殽之师，晋御其上，戎亢其下，秦师不复，我诸戎实然。譬如捕鹿，晋人角之，诸戎掎之，与晋踣之，戎何以不免。自是以来，晋之百役，以从执政，犹殽志也，岂敢离逖？不与于会，亦无瞢焉。’赋《青蝇》而退。宣子辞焉，使即事于会。”详载驹支对答之辞达二百数十言。

〔五〕长狄埋于鲁门：《左》文十一年《传》：“冬十月，败狄于咸，获长狄侨如，杀之，埋其首于子驹之门。”杜注：“子驹，鲁郭门。”

〔六〕葛卢之辨牛鸣：《左》僖二十九年《传》：“冬，介葛卢来，礼之，加燕好。介葛卢闻牛鸣，曰：‘是生三牺，皆用之矣。其音云。’问之而信。”杜注：“介，东夷国也。葛卢，介君名也。”

〔七〕郯子之知鸟职：见《书志》篇注。

〔八〕强奏庸音，特为足曲：陈《补释》引陆机《文赋》：“放庸音以足曲。”“特”字，蜀本、陆本、鼎本、郭本、黄本均同，宋章如愚《群书考索续集·左传荀悦汉纪》亦引作“特”，《通释》改“持”。

盖明月之珠，不能无瑕；夜光之璧，不能无纇〔一〕。故作者著书，或有病累，而后生不能诋诃其过，又更文饰其非。遂推而广之，强为其说者，盖亦多矣。如葛洪有云："司马迁发愤作《史记》百三十篇，伯夷居列传之首，以为善而无报也。项羽列于本纪，以为居高位者，非关有德也。"〔二〕按史之于书也，有其事则记，无其事则阙。寻迁之驰骛今古，上下数千载，《春秋》已往，得其遗事者，盖惟首阳山之二子而已。然适使夷、齐生于秦氏，死于汉日，而乃升诸传首，庸谓有情。今者考其先后，随而编次，斯则理之常也，乌可怪乎！必谓子长以善而无报，推为传始，若伍子胥、大夫种〔三〕、孟轲、墨翟〔四〕、贾谊、屈原之徒，或行仁而不遇，或尽忠而受戮，何不求其品类，同在一科，而乃异其篇目，分为数卷也。又迁之纰缪，其流甚多。夫陈胜之为世家，既云无据，项羽之称本纪，何必有凭。必谓遭彼腐刑，怨刺孝武，故书违凡例，志存激切。若先黄、老而后《六经》，进奸雄而退处士〔五〕。此之乖剌〔六〕，复何为乎？

〔一〕明月之珠，不能无瑕；夜光之璧，不能无纇：《淮南子·氾论训》："夏后氏之璜，不能无考；明月之珠，不能无纇。"高诱注："半璧曰璜，夏后氏之珍玉也。考，瑕衅也。纇，若丝之结纇也。"各本均同，盖知幾用《淮南》文参以高注而微易其字也。卢《拾补》引《淮南》文，径云"'瑕'非"。陈鳣批校"无瑕"两字云："宋本作'无考'。"又按云："'考'即'玽'之假字。《说文》玽，朽玉也。读若'畜牧'之'畜'，古'畜、朽'同声。"陈《补释》复引《文子·上义篇》，文与

《汜论训》同,惟“考”已径作“瑕”,而“颣”则作“秽”。程《笺记》又引:“洪颐煊《读书丛录》卷十六,《淮南子》‘考’条:‘考’,当作‘耇’,老人面如点也。从‘老’省,占声,与‘玷’字通用,讹脱作‘考’。”又《新序》卷三《杂事》:“明月之珠,夜光之璧,以暗投人于道路,众无不按剑相眄者,何则?无因至前也。故无因而至前,虽出随侯之珠,夜光之璧,秪足以结怨而不见德。”上引卢抱经等说,借供博考。

〔二〕“葛洪有云”数句:杨《通释补》:“见《西京杂记》卷下。其文‘居’作‘踞’。上夺‘为’字,当据此补之。”按吴琯校《西京杂记》卷四:“司马迁发愤作《史记》百三十篇,其以伯夷居列传之首,以为善而无报也;为《项羽本纪》,以踞高位者,非关有德也。”杨氏据末句校。又高似孙《史略·葛洪》引葛氏是语,亦无“为”字,“踞”则作“据”。

〔三〕大夫种:《史记》无传,其事迹附见《越王勾践世家》。“勾践令大夫种行成于吴。范蠡对(勾践)曰:‘兵甲之事,种不如蠡,填抚国家,亲附百姓,蠡不如种。’于是举国政属大夫种。勾践已平吴,范蠡遂去,自齐遗大夫种书曰:‘蜚鸟尽,良弓藏,狡兔死,走狗烹,子何不去?’种见书,称病不朝。人或谗种且作乱,越王乃赐种剑曰:‘子教寡人伐吴七术,寡人用其三而败吴,其四在子,子为我从先王试之。’种遂自杀。”《正义》引《吴越春秋》云:“大夫种,姓文名种,字子禽。”

〔四〕墨翟:《史记》无传,附见《荀卿传》:“盖墨翟,宋之大夫,善守御,为节用。或曰并孔子时,或曰在其后。”《集解》、《索隐》备载其与公输般攻守事。而《太史公自序》中司马谈《论六家要旨》,以墨家与道、儒、名、法、阴阳并列。

〔五〕“先黄、老”二句:《通释》:“《汉书·司马迁传赞》中语。又《后汉书·班彪传》:彪作《论略》,其论迁《记》,先有‘崇黄老,薄《五经》’句。”

〔六〕乖剌:《楚辞·七谏·怨世》:“吾独乖剌而无当兮,心悼怵而耄思。”《史记》卷二十七《天官书》:“三能色齐,君臣和;不齐,为乖戾。”《文选》卷四十一司马迁《报任少卿书》:“今少卿乃教以推贤进士,无乃与仆私心剌谬乎。”《汉书》卷三十六《刘向传》:“朝臣舛午,胶戾乖剌。”颜师古注:“言志意不和,各相违背。”又“剌”,原本作“刺”,乾隆十七年梁溪浦氏求放心斋刻本《通释》同,王煦华校本改作“剌”,未出校记。《群书考索续集》卷十三《诸史门》及《文通·探赜》亦引作“剌”,蜀本、陆本、鼎本、郭本、王本、黄本则作“刺”。按《说文》:“剌,戾也,从刀。刀者,剌之也。”段注:“戾者,违背之意。”即相异而不合,违忤是也。方以智《通雅》卷四《释诂》亦云“剌”字“读如谥法之剌,从束从刀(按:当作力),音郎达切,与‘刺’字不同。刺绣、刺面、刺船,皆七迹切,谒人名刺则音次,以刺剌别之”,今据改作“剌”。

隋内史李德林著论,称陈寿蜀人,其撰《国志》,党蜀而抑魏〔一〕,刊之国史,以为格言。按曹公之创王业也,贼杀母后,幽逼主上〔二〕,罪百田常〔三〕,祸千王莽。文帝临戎不武,为国好奢,忍害贤良,疏忌骨肉。而寿评皆依违其事,无所措言〔四〕。刘主地居汉宗,仗顺而起,夷险不挠,终始无瑕。方诸帝王,可比少康、光武,譬以侯伯,宜辈秦缪、楚庄。而寿评抑其所长,攻其所短〔五〕。是则以魏为正朔之国,典午攸承〔六〕;蜀乃僭伪之君,中朝所嫉。故曲称曹美〔七〕,而虚说刘非,安有背曹而向刘,疏魏而亲蜀也。陈寿上书《诸葛亮集》云:陛下迈踪古圣,荡然无忌,故虽诽谤之言,咸肆其辞而无所革也〔八〕。夫无其文而有其说,不亦凭虚亡是者邪!

〔一〕本注:李称陈寿党蜀抑魏,《隋书·李德林传》:"德林,字公辅。魏收遗书曰:'一之与元,其事何别?'德林答曰:'《春秋》不言一年一月者,欲使人君体元以居正,盖史之婉辞,非一与元别也。汉献帝死,刘备自尊崇。陈寿,蜀人,以魏为汉贼,宁肯蜀主未立,已云魏武受命乎?'……敕撰《齐史》未成,有子曰百药。"浦按:"此条探李德林论陈《志》之说,殊为不确。"

〔二〕贼杀母后,幽逼主上:《后汉书·伏皇后纪》:"自(献)帝都许,宿卫兵侍,莫非曹氏党旧姻戚。操以事入见,帝不任其愤曰:'幸垂恩相舍。'后与父完书,言操残逼之状,事泄,操遂逼帝废后。勒兵入宫收,后闭户藏壁中,华歆就牵后出。时帝在外殿,后被发徒跣行泣过诀曰:'不能复相活邪!'帝曰:'我亦不知命在何时。'遂将后下暴室,以幽崩。所生二皇子,皆鸩杀之。"

〔三〕田常:《史记·齐太公世家》:"简公四年,田常弑简公,立平公,田常相之,专齐之政。割齐安平以东,为田氏封邑。康公十九年,田常曾孙田和始为诸侯,康公二十六年,田氏卒有齐国。"

〔四〕寿评皆依违其事,无所措言:《三国志·魏书·文帝纪》评曰:"若加旷大之度,励以公平之诚,迈志存道,克广德心。"

虽意有所指，然纪中“无所措言”也。

〔五〕而寿评抑其所长，攻其所短：《三国志·蜀书·先主传》评曰：“先主机权干略，不逮魏武，是以基宇亦狭。然终不为下者，且以避害云尔。”

〔六〕典午：《三国志·蜀书·谯周传》：“周，字允南，巴西人。咸熙二年，时晋文王为魏相国，以周有全国之功，封阳城亭侯。又下书辟周。周至汉中，文立过见周，周书版示立曰：‘典午忽兮，月酉没兮。’典午者，谓司马也。”后遂以典午称晋。又《后主传》：“用谯周策，降于艾。”

〔七〕曲：原刊作“典”，蜀本、陆本、鼎本、明陈耀文《天中记》卷三十七《经典》引同。宋章如愚《群书考索》卷十四《正史门》则引作“曲”，孙《札记》校改“曲”，《通释》作“曲”。今改作“曲”。

〔八〕陛下迈踪古圣：各本均同。卢《拾补》：“‘陛下’上，宋有‘伏惟’二字。”查《三国志·蜀书·诸葛亮传》附陈寿上《诸葛亮集》书，有“伏惟”二字，又周星诒批校《通释》云：“宋本有‘伏惟’二字。”

习凿齿之撰《汉晋春秋》，以魏为伪国者〔一〕，此盖定邪正之途，明逆顺之理尔。而檀道鸾称其当桓氏执政，故撰此书〔二〕，欲以绝彼瞻乌〔三〕，防兹逐鹿〔四〕。历观古之学士，为文以讽其上者多矣，若齐冏失德，豪士于焉作赋〔五〕；贾后无道，女史由其献箴〔六〕。“其”一作“之”。斯皆短什小篇，可率尔而就也。安有变三国之体统，改五行之正朔，勒成一史，传诸千载，而藉其权以济物〔七〕，取诫当时，岂非劳而无功，博而非要，与夫班彪《王命》〔八〕，一何异乎？求之人情，理不当耳。

〔一〕以魏为伪国："魏"字原刊作"刘"，经手墨涂去后，旁批为"魏"字。蜀本、鼎本、郭本、王本及《文通·探赜》所引均作"刘"，郭本尚有眉批云："考习《传》于三国时，蜀以宗室为正，魏为篡逆，似为'曹以刘为伪。'"孙《札记》校改为"曹"，黄本、《通释》及纪氏《削繁》作"魏"，陆本全句作"以刘为魏国"，"魏"字亦手墨涂去，旁批一"伪"字。按《晋书·习凿齿传》："魏武虽受汉禅晋，尚为篡逆。"兹改作"魏"。知幾斥魏正蜀，事甚显豁。而杭世骏《三国志补注》附有《诸史然疑》一卷，以纠前人史文疏漏，其"《三国志》"条亦引《史通》自"以刘为伪国者"至"防兹逐鹿"之语。《四库提要》"《三国志补注》六卷附《诸史然疑》一卷"条质疑云："审若所言，则凿齿似未尝尊蜀。"遂加案语明确云："核其上下文义，盖传写《史通》者，误于'以刘'二字之上，脱一'不'字。其《称谓篇》中自注有曰：'习氏《汉晋春秋》以蜀为正统，其叙事皆谓蜀先主为昭烈帝。'本书之内证佐甚明。近时浦起龙刻《史通》，以此句文义违背，改'刘'为'魏'，犹无大害。世骏竟据误本，遽发创论，殊失之不考。"其说甚是。又周中孚《郑堂札记》卷一亦云："书名'汉晋春秋'，其以魏为伪国可知，况自来刊本未尝讹作'刘'字，杭氏偶尔误记，容或有之。然于其上所考，谓'《汉晋春秋》独以蜀汉为正，习是襄阳人，其以正统予蜀，犹有不忘故主之意'云云，自相背谬，则不可解耳。"虽仅以浦本为据立论，不知他本多有作"刘"者，然力辩习氏必以蜀为正,亦可与馆臣之说互参。兹因浦书流传较广,故姑从其说,改作“魏”字。

〔二〕本注:凿齿当桓氏执政撰《汉晋春秋》,《晋书·习凿齿传》:“是时(桓)温觊觎非望,凿齿在郡著《汉晋春秋》以裁正之。蜀以宗室为正,魏为篡逆。”《论赞》篇已有注。又《南史·檀超传》:“超叔父道鸾,字万安,位国子博士,永嘉太守,亦有文学,撰《续晋阳秋》二十卷。”檀书《隋志》著录,已亡。其论无可考。浦按:“其详已见《论赞》篇。但此皆今《晋书》所有,今子玄以为是道鸾语。而《杂说》篇又有《新晋》不取曹、干、孙、檀之说,则亦非尽不用也。”《晋书》此论或引檀书。

〔三〕绝彼瞻乌:《通释》引《后汉书·郭太传》:“陈蕃、窦武为阉人所害,林宗哭之于野,恸。既而叹曰:‘人之云亡,邦国殄瘁。瞻乌爰止,不知于谁之屋。’”按《诗·小雅·节南山·正月》:“瞻乌爰止,于谁之屋。”郑《笺》:“视乌集于富人之屋。”泰以“瞻乌”喻阉人,此亦以喻桓温、习氏,申论以绝之也。

〔四〕防兹逐鹿:《通释》引《史记·淮阴侯传》:“蒯通曰:‘秦失其鹿,天下共逐之,高材疾足者先得。’”按《六韬》:“太公谓文王曰‘取天下若逐野鹿’。”而本篇第三段注〔四〕《左》襄十四年《传》,驹支亦有“捕鹿”之言,盖“鹿”谐“禄”音,以逐鹿喻争天下,不始于汉人。

〔五〕齐冏失德,豪士于焉作赋:《文选》卷四十六陆机《豪士赋》,题下有李善按语云:“臧荣绪《晋书》曰:‘机恶齐王冏矜功自伐,受爵不让,及齐亡,作《豪士赋》。’《吕氏春秋》曰:‘老聃、孔子、墨翟、关尹子、列子、陈骈、杨朱、孙膑、王寥、兒良，此十人者，皆天下之豪士也。'然机犹假美号以名赋也。"翰曰："豪士，谓智勇人也。机恶见齐王冏自矜其功，有簒位之心，因此赋以讽之，终不寤矣。"惜《文选》但录其序，未具载其赋。《通释》引《晋书·陆机传》："齐王冏矜功自伐，受爵不让，机恶之，作《豪士赋》以刺焉。"按"冏"原作"伦"，蜀本、陆本、鼎本、黄本亦作"伦"，孙《札记》校改"冏"。郭本已作"冏"，《通释》作"冏"，注"一作'赵'"。机本传云："赵王伦辅政，引机为相国参军，伦将簒位，以为中书郎。伦之诛也，齐王冏遂收机等付廷尉，得减死徙边，遇赦而止。"则"伦"字、"赵"字皆误，兹改作"冏"。

〔六〕女史由其献箴：《晋书·张华传》："华惧后族之盛，作《女史箴》以为讽。贾后虽凶妒，而知敬重华。"《文选》具载此文。

〔七〕藉其权以济物：陆深《俨山集》卷三十三《国学策问》："赏善罚恶，天子事也。孔子作《春秋》，借其权以行事。"《通释》径改作"藉以权济物议"。

〔八〕斑彪王命：《汉书·叙传》："彪对（隗嚣）曰：'今民皆讴吟思汉，乡仰刘氏。'嚣曰：'先生言周、汉之势可也，而谓汉家复兴疏矣。'（彪）既感嚣言，又愍狂狡之不息，乃著《王命论》，以救时难。"

自二京版荡，五胡称制，崔鸿鸠诸伪史，聚成《春秋》，其所列者，十有六家而已。魏收云：鸿世仕江左，故不录司马、刘、萧之书，又恐识者尤之，未敢出行于外〔一〕。按于时中原乏主,海内横流,逖彼东南,更为正朔。适使素王再出〔二〕,南史重生,终不能别有异同,忤非其议。安得以伪书无录〔三〕,而犹罪归彦鸾者乎?且必以崔氏祖宦吴朝〔四〕,故情私南国,必如是,则其先徙居广固,委质慕容,何得书彼南燕,而与群胡并列,爱憎之道,岂若是邪?且观鸿书之纪纲,皆以晋为主,亦犹班《书》之载吴、项,必系汉年;陈《志》之述孙、刘,皆宗魏世。何止独遗其事,不取其书而已哉!但伯起躬为魏史,传列岛夷〔五〕,不欲使中国著书,惟崇江表,所以辄假言崔志,用纾魏羞。且东晋之书,宋齐之史〔六〕,考其所载,几三百篇,而伪邦坟籍,仅盈百卷。若使收矫鸿之失,南北混书,斯则四分有三,事归江外。非惟肥瘠非类,众寡不均,兼以东南国史,皆须纪传区别。兹又体统不纯,难为编次者矣。收之矫妄,其可尽言乎!

〔一〕本注:魏收云崔鸿纂《春秋》,《魏书·崔光传》附其侄崔鸿传:"光弟敬友,敬友子鸿,鸿字彦鸾。弱冠便有著述之志,见晋、魏前史,皆成一家,无所措意。以刘渊、石勒等,并因世故,跨僭一方,各有国书,未有统一,鸿乃撰为《十六国春秋》,勒成百卷。因其旧记,时有增损褒贬焉。鸿二世仕江左,故不录僭晋、刘、萧之书,又恐识者责之,未敢出行于外。"关于《十六国春秋》散佚辑录情况,参看《表历》篇注及《古今正史》篇。

〔二〕素王:《孔子家语》:"齐太史子舆见孔子,退曰:'天将欲素王之乎?'"言无位而空王之也。

〔三〕伪:王本、黄本、《通释》同,《通释》另有注云:"或作魏。"蜀本、陆本、鼎本、郭本及《文通》卷二十一《探赜》所引均作

“魏”。

〔四〕崔氏祖宦吴朝:《魏书·崔光传》:“光,本名孝伯,字长仁,东清河人也。祖旷,从慕容德南渡河,居青州之时水。慕容氏灭,仕刘义隆为乐陵太守。父灵延,刘骏龙骧将军,长广太守。”义隆即宋文帝,骏即宋孝武帝。又此篇下文有“其先徙居广固,委质慕容”,当即指崔光之“祖旷南渡”句。而《通释》则云:“传无其语。意祖旷从渡时,名在仕籍,传或阙书何官也。崔氏清河世望,故在诸燕境中。子玄之言,必非无征。”浦氏盖谓“委质”必为从仕,然亦有别解。《左》僖二十三年《传》:“策名委质。”疏云:“质,形体也。”则亦有委身之意。广固在今山东益都县西南,燕慕容德都此。

〔五〕传列岛夷:《魏书》列桓玄、刘裕、萧道成及其子孙与萧衍于“岛夷传”。

〔六〕东晋之书,宋齐之史:一作“东晋之史,宋齐之书”。隋唐以前,记东晋事之纪传史有何法盛《晋中兴书》、庾铣《东晋新书》,唐以前已亡。另有萧子显《晋史草》三十卷,似非专记东晋。《史通》“书”、“史”两字通用。

于是考众家之异说,参作者之本意,或出自胸怀,枉申探赜,或妄加向背,辄有异同。而流俗腐儒,后来末学,习其狂狷[一],成其诖误[二]。自谓见所未见,闻所未闻,铭诸舌端,以为口实。惟智者不惑,无所疑焉。

〔一〕狂狷:《论语·子路》:“子曰:‘不得中行而与之,必也狂狷乎!狂者进取,狷者有所不为也。’”朱注:“狂者志极高而行不掩，狷者知未及而守有余。”

〔二〕诖误：《战国策·韩策》张仪说韩王曰：“夫不顾社稷之长利，而听须臾之说，诖误人主者，无过于此者矣。”《史记·孝文本纪》：“济北王背德反上，诖误吏民，为大逆。”《汉书·息夫躬传》：“虚造诈谖之策，欲以诖误朝廷。”《说文》：“诖，误也。”误，欺也。或指牵连入罪。

史通卷之八　内篇

模拟第二十八〔一〕

【解　题】

述者相效，自古而然，史臣注记，亦必仰范前哲。知幾开宗明义，就说明修史也和写其他文章一样，不完全排斥模拟，或言开始时必有师范，而后才能创新。

他认为模拟之体有二：一是貌同而心异，一是貌异而心同。前者只是形同，后者才是神似。

他列举六个例子来说明形同之失。吕《评》："分为二科：一为模拟古之书法，如'秦杀其大夫李斯'，'何以书，记异也'是也。一为模拟古人之文字，如'吴国既灭，江外忘亡'是也。"此乃就文笔而言。

知幾自己总结造成形同的原因，是由于"以先王之道，持今世之民"，实即"食古不化"。他用《家语》、《法言》两个生动例子来说明，比如礼让、友爱，原被儒家奉为美德，但让妻给兄，就成笑话。仲尼本是大圣，但仅取其姓氏以为己有，自无补于实际。在此,他再提出韩非“世异则事异,事异则备异”的进化论观点,并以此观点来衡论形同之失。

秦王朝建立以后,吾国总体大势,乃由诸侯割据进入统一帝国。秦皇既非割据诸侯,丞相李斯亦非卿大夫。春秋列国并峙,晋乘、楚梼杌各有其国之史,故鲁史春秋称鲁曰我。晋朝海内大同,无主客彼此之殊。春秋时鲁行周正,故虽以鲁君纪年,而用“王正月”,以示周王之月。至魏晋天子颁历,即编帝纪,自不必以帝名目,而谯周书“秦杀其大夫李斯”,干宝云“葬我某皇帝”,孙盛曰“帝正月”,斯皆昧于“世异”之理也。

“卫国忘亡”,美齐桓兴亡继绝之霸业也,干宝亦云“江外忘亡”,宁可同晋师于孙皓之暴政邪?《公羊》依经作传,经书灾异,故传以“何以书”启问,再进而阐释其义。吴均《齐春秋》自纪灾变,亦曰“何以书”,岂非辞费?《李陵传》未尝记述任立政字,故于陵呼任字前,称:“陵字立政曰:‘少公!’”自是省文。《周书·伊娄穆传》首,已云“字奴干”,又云“太祖字之曰‘奴干’”,翻成辞费,事类效颦矣。此皆昧于事异之理也。

据此以观六例,实贯串“世异则事异,事异则备异”十个大字,亦即其所暗含之进化论的历史社会学观点。故凡只知形同而昧于神似,茫然于世异时变者,只能说是守株之愚,真乃迷古无识。

知幾对秦汉以降之史籍,更非一笔抹煞,他列举七例,来说明神似之得。

他论干《纪》、裴《略》、王《志》及萧方等之《三十国春秋》取法《左传》书法,其中如“贼惧,帝崩”效“彭生乘,公薨”,“桀血满袖”效“舟指可掬”,确为神似之笔,真所谓“省字约文,事溢于句外”者矣。是乃《叙事》篇简要、隐晦两义之再发挥。

最后知幾明确指出神似为模拟之上,形同乃模拟之下。但人情何以喜欢取法乎下呢?一方面是由于自魏以前,多效二史,从晋以降,喜学五经,又一次突出中古史家迷古之失;另一方面,他说人们“悦夫似史而憎夫真史”,以至“拟古而不类”,而深致慨于自史迁以后,少有人懂得斯理。实可见其对中古以降史学不昌之痛愤。

夫述者相效,自古而然。故列御寇之言理也,则凭李叟〔二〕;杨子云之草《玄》也,全师孔公〔三〕。苻朗则比迹于庄周〔四〕,范晔则参踪于贾谊〔五〕。况史臣注记,其言浩博,若不仰范前哲,何以贻厥后来?盖摸拟之体,厥途有二:一曰貌同而心异〔六〕,二曰貌异而心同。

〔一〕模:原作“摸”,《通释》及纪氏《削繁》同,底本目录无,蜀本、陆本、鼎本、郭本、王本、黄本作“模”,唐顺之《荆川稗编》卷七二《史通》径引作“摹”。“模”、“摸”形近易混,然均同“摹”,仿效也。

〔二〕则凭李叟:列子,刘向永始三年(前14)上校《列子》书录:“列子者,郑人也,与郑缪公同时。其学本于黄帝、老子,号曰道家。司马迁不为列传。”《汉志·诸子略·道家类》著录:“《列子》八篇。名御寇,先庄子,庄子称之。”李叟,即老子。《史记·老子传》:“老子,姓李名耳。”《文选》赵景真《与嵇茂齐书》:“昔李叟入秦,及关而叹。”按:景真名至,而此书首云“安白”,干宝以为吕安。

〔三〕“杨子云”至“师孔公”:《汉书·扬雄传》:“雄草《太玄》。桓谭曰:‘今扬子之书,文义至深,而论不诡于圣人。’”师古注曰："圣人谓周公、孔子。"《汉志·诸子略·儒家类》著录扬雄《太玄》十九篇。

〔四〕苻朗则比迹于庄周：《晋书·载记·苻朗》："朗字元达，坚之从兄子也。幼怀远操，不屑时荣，降晋，诏加员外散骑侍郎。著《苻子》数十篇，行于世，亦老庄之流也。"《隋志》子部道家类著录："《符子》二十卷，东晋员外郎符朗撰。"

〔五〕范晔则参踪于贾谊：《通释》引晔本传《与诸甥侄书》云："吾于循吏以下诸序论，笔势纵放，实天下之奇作。其中合者往往不减《过秦论》。"按：《过秦论》，贾谊作，见《贾子新书》。

〔六〕貌同而心异：《通释》引骆宾王文："类同心异者，龙蹲归而宋树伐；质殊声合者，鱼形出而吴石鸣。"并按云："四杰与刘同时而稍前，刘似仿其语意。"按《素书·遵义》："貌合心离者孤。"知幾似本此。《贞观政要·诚信》："君子小人，貌同心异，今欲将求致理，必委之于君子。"亦必为知幾所熟稔。

何以言之？盖古者列国命官，卿与大夫为别，必于国史所记，则卿亦呼为大夫，此《春秋》之例也。当秦有天下，地广殷周，变诸侯为帝王，目宰辅为丞相。而谯周撰《古史考》思欲摈抑马《记》，师仿孔《经》〔一〕。其书李斯之弃市也，乃云"秦杀其大夫李斯"。夫以诸侯之大夫，名天子之丞相，以此而拟《春秋》，所谓貌同而心异也。

当春秋之世，列国甚多，每书他邦，皆显其号，至于鲁国，直云我而已。如金行握纪〔二〕，海内大同，君靡客主之殊，臣无彼此之异。而干宝撰《晋纪》，至天子既葬，必云葬我某皇帝。且无二君[三]，何我之有。以此而拟《春秋》，又所谓貌同而心异也。

〔一〕本注：《古史考》抑《记》、仿《经》，《三国志·蜀书·谯周传》："周撰《定法训》、《五经论》、《古史考》，书之属百余篇。"《两唐志》杂史类均著录："《古史考》二十五卷，谯周撰。"书已佚。又《晋书·司马彪传》："谯周以司马迁《史记》，书周、秦以上，或采俗语百家之言，不专据正经，周于是作《古史考》二十五篇，皆凭旧典，以纠迁之谬误。"

〔二〕金行握纪：《晋书·五行志》："白者金行。"又《文选》陆士衡《宣猷堂诗》："黄晖既渝，素灵承祐。"李善注："魏为土德曰黄，晋为金行曰素，金于西方为白，故曰素灵。"又《隋志》序曰："先圣据龙图，握凤纪，南面以君天下。"《文苑英华》卷七百四十一载李百药之《封建论》云："陛下握纪御天。"则金行握纪，乃谓司马氏之晋王朝君临天下也。

〔三〕且无：蜀本、陆本、鼎本、郭本、黄本均同。"且"字下，卢《拾补》校云："似脱'时'字。宋作'但'，亦非。"浦注："或作'但'，疑当作'旹'。"按"旹"乃古"时"字，浦取其形近致误。孙《札记》："顾引《拾补》作'但'。"按浦之说近是。

狄灭二国，君死城屠；齐桓行霸，兴亡继绝。《左传》云："邢迁如归，卫国忘亡。"[一]言上下安堵[二]，不失旧物也[三]。如孙皓暴虐，人不聊生[四]，晋师是讨，后予相怨[五]，而干宝《晋纪》云："吴国既灭，江外忘亡。"岂江外安典午之善政，同归命之未灭乎[六]！以此而拟《左氏》，又所谓貌同而心异也。

〔一〕邢迁如归，卫国忘亡：《左》闵元年《传》："狄人伐邢，齐人救邢。"《左》闵二年《传》："狄人伐卫，卫师败绩，遂灭卫。僖之元年，齐桓公迁邢于夷仪。二年，封卫于楚丘。邢迁如归，卫国忘亡。"如归、忘亡，盖赞美霸主齐桓兴亡继绝也。

〔二〕上下安堵：《史记·田单传》："愿无掳掠吾族家妻妾，令安堵。"《汉书·高帝纪》："吏民皆按堵如故。"应劭曰："按，按次第。堵，墙堵。"师古曰："言不迁动。""按"与"安"通。

〔三〕不失旧物：杨《通释补》引《左》襄元年《传》："祀夏配天，不失旧物。"按：是乃伍员谏吴王不可许勾践请和之词也。

〔四〕人不聊生：杨《通释补》引《战国策·秦策四》："百姓不聊生。"高注："聊，赖。"《新序·善谋》作"民不聊生"。按《盐铁论·非鞅》："商鞅峭法长利，秦人不聊生。"《通释补》云"子玄作'人'，避唐太宗讳"，是。

〔五〕后予相怨：陈《补释》引伪《古文尚书·仲虺之诰》："东征西夷怨，南征北狄怨。曰：'奚独后予。'"陈按："《孟子·梁惠王下》篇、《滕文公下》篇并作'奚为后我'。"按：仲虺，孔《传》："汤左相。"

〔六〕归命未灭：《三国志·吴书·孙皓传》："王濬受皓降，司马伷遣使送皓。诏赐皓为归命侯。"注引《晋阳秋》曰："濬收其籍。"陈寿复作谄晋评曰："孙皓虐用其民，宜腰首分离。既蒙不死之诏，复加归命之宠，岂非旷荡之恩，过厚之泽也哉！"《晋纪》原词已无可考。然晋灭吴，与齐桓兴亡继绝，固截然不同也。

春秋诸国，皆用夏正〔一〕。鲁以行天子礼乐，故独用周家正朔。至如书“元年春王正月”者,年则鲁君之年,月则周王之月。考《竹书纪年》,始达此义,而自古说《春秋》者,皆妄为解释也〔二〕。如曹马受命,躬为帝王,非是以诸侯守藩,行天子班历。而孙盛魏、晋二《阳秋》,每书年首,必云某年春帝正月〔三〕。夫年既编帝纪,而月又列帝名,以此而拟《春秋》,又所谓貌同而心异也。

〔一〕夏正:《论语·卫灵公》:“子曰:‘行夏之时。’”注云:“夏时,建寅之月为岁首也。商以丑,周以子。”卢《拾补》:“宋,旁注一‘征’字。文弨案:春秋时,唯用夏正,祝鮀所谓‘启以夏政’是也。魏亦承晋不改。”浦注:“原音征。”孙《札记》亦云:“正字下侧注征字。”按今行农历,仍以寅月为岁首,读正月,盖仍沿昔日为秦始皇名政音讳也。

〔二〕周王之月:即以建子之月为岁首,合今行农历,盖以十一月为岁首。《通释》引《左》隐元年《传》:“元年春王周正月。”又引杜注:“言周以别夏殷也。”复加按语云:“误解始此。愚尝论之,《春秋》系正于王者,别鲁于天子,非别周于夏令也,是侯国之史法也。今述《史通》,意益私慰,所谓先得我心。”按传文在“王”下加“周”字,盖言周正以别于夏正也,杜注不误。《史通》正文已明言“月则周王之月”,而“自古妄为解释”之注文,盖指《公》、《穀》妄申微言大意而言也。浦云“王”是“别鲁于天子”,诚然。但《左传》特别在“正”字上加一“周”字,自不能谓非“别周于夏令”。浦似未能深体《史通》原文及原注意旨。

〔三〕帝正月:孙盛《魏氏春秋》、《晋春秋》,《隋志》均著录为“二十卷”,避简文郑后名讳阿春,遂改作《阳秋》。朱彝尊《经义考》卷二百七十六《拟经》："《晋书》：'孙盛著《晋阳秋》，辞直理正，直书枋头之事，桓温见之怒。其子请删改之，盛不可，子遂私改之。'太元中，孝武博求异闻，始得别本于辽东，考校多不同，书遂两存。"又引《中兴书目》："《晋阳秋》本二十二卷，今止存《宣帝》一卷、《怀帝下》一卷、唐人所书《康帝》一卷，余亡。"《通释》亦云："孙盛魏、晋《阳秋》不可得见，今所传王氏《元经》，起晋惠帝太熙元年，每岁首亦必书'帝正月'。《史通》仍不纠及，愚前言其书在依托然否间者，信矣。"按《中说·礼乐篇》阮逸注："《元经》书帝，以尊中国而名正统也。"卓尔康《春秋辩义·春王正月》引欧阳永叔云："《元经》书帝某年，又书帝正月，学步效颦，迭床架屋，所以贻笑于后人。"又：《元经》十卷，《四库全书总目》著录，《提要》云："旧本题隋王通撰，唐薛收续，并作传，宋阮逸注。《郡斋读书志》曰：'《崇文》无目，疑阮逸依托为之。'《书录解题》曰：'河汾王氏诸书，自《中说》以外，皆《唐·艺文志》所无，其传出阮逸，或云皆逸伪作也。'其书本无可取，以自宋以来，流传已久，姑录存之。"按王通，字仲淹，绛州龙门人，陈至德二年(584)生，隋义宁二年(618)卒。据《文中子中说》卷十附文中子世家："开皇九年，江东平，铜仁府君(通父)叹曰：'王道无叙，天下何为而一乎！'遂告以《元经》之事，文中子再拜受之。"《汉魏丛书》收有《元经薛氏传》，隋王通撰。就上述材料观察，《元经》是否通修，通修《元经》是否如今存史书之面目，唐初是否已流传，均属疑问，安得责知幾"不纠及"遂信其"依托然否间"乎？

五始所作[一]，是曰《春秋》；三传并兴，各释经义。如《公羊传》屡云："何以书？记其事也。"[二]此则先引经语，而继以释辞，势使之然，非史体也。如吴均《齐春秋》[三]，每书灾变，亦曰："何以书？记异也。"夫事无他议，言从己出，辄自问而自答者，岂是叙事之理者邪？以此而拟《公羊》，又所谓貌同而心异也。

且《史》、《汉》每于列传首书人名字，至传内有呼字处，则于传首已详[四]。如《汉书·李陵传》称陇西任立政，陵字立政曰：师古曰呼其字。"少公，归易耳！"[五]夫上不言立政之字，而辄言字立政曰少公者，此省文从可知也。至令狐德棻《周书》，于《伊娄穆传》首云："伊娄穆，字奴干。"既而续云太祖字之曰"奴干，作仪同面向我也"[六]。夫上书其字，而下复曰字，岂是事从简易，文去重复者邪？以此而拟《汉书》，又所谓貌同而心异也。

〔一〕五始：见《表历》篇注。

〔二〕记其事也：卢《拾补》在"其"字下注云："何改'某'。"《通释》径改作"某"，并注："旧作'其'。"孙《札记》亦校改"某"，兹仍其旧。

〔三〕《齐春秋》：注见《六家》篇《左传》家。

〔四〕传首已详：《通释》径改"已"为"不"，并注云："据文义刊正，旧作'已'，非。"按陆深《史通会要·效法》亦引作"传首已详"，故就文义言，改为"不"字亦不妥。此句盖承上文"《史》、《汉》传首书人名字"而言，故谓"传首已详"。如改"已"为"不"，则应属下文读，文意既不顺畅，且李陵传首势难详立政字，仅能详传主名字耳。

〔五〕陵字立政：《通释》引《汉书·李陵传》："昭帝立，大将军霍光、左将军上官桀素与陵善，遣陵故人陇西任立政至匈奴招陵。立政曰：'咄，少卿良苦！霍子孟、上官少叔谢女。请少卿来归故乡。'陵字立政曰：'少公，归易耳，恐再辱，奈何！'"陵字立政，谓陵呼立政之字曰"少公"也。又《通释》在原文"陇西任立政"句下注云："此下当有'至匈奴招陵'五字，脱简也。"浦说是。

〔六〕太祖字之曰"奴干，作仪同面向我也"：《通释》引《周书·伊娄穆传》："穆，字奴干，弱冠，为太祖内亲信，尝入白事，太祖望见悦之，字之曰云云，于是拜车骑大将军，仪同三司。"浦按："此曰'字之'，即史家所称不名之义也，不得云复。"又"面向我也"，史传原作"面见我矣"。

昔《家语》有云〔一〕：苍梧绕娶妻而美，以让其兄〔二〕。虽则为让，非让道也。又《杨子法言》曰：士有姓孔字仲尼〔三〕，其文是也，其质非也。如向之诸子，所拟古作，其殆苍梧之让，姓孔而字仲尼者欤？盖语曰：世异则事异，事异则备异。"备"一作"治"〔四〕。必以先王之道，持今世之民，此韩子所以著《五蠹》之篇，称宋人有守株之说也。世之述者，锐志于奇，喜编次古文，撰叙今事，而巍然自谓五经再生，三史重出，多见其无识者矣。

〔一〕《家语》："家语"上原有"谢承"二字，今删。卢《拾补》："'谢承'二字衍，宋无。"浦注："一本误多'谢承'二字。"又《通释》云："俗本《史通》并作'谢承家语'，及得映钞古本《史通》核之,原无‘谢承’二字。”孙《札记》:“‘谢承’二字当衍,顾引《拾补》同。”今删。

〔二〕本注:苍梧绕让妻,《通释》云:“其文在《孔子家语·六本》篇,《家语》作‘苍梧娆’。”原本“绕”字有手墨改为“娆”,按蜀本、陆本、鼎本、郭本、黄本及《通释》均作“人”。《家语·六本》:“苍梧娆娶妻而美,让与其兄,让则让矣,然非礼之让矣。”又陈鳣批云:“《淮南子》作‘苍梧绕’,亦见《孟子》‘非礼之礼’赵岐注。”按《孟子·离娄下》“非礼之礼”赵岐注:“若礼而非礼,陈质娶妇而长拜之也。”

〔三〕士有姓孔字仲尼:《扬子法言·吾子》:“或曰:‘有人焉,自云姓孔而字仲尼,入其门,升其堂,伏其几,袭其裳,则可谓仲尼乎?’曰:‘其文是也,其质非也。’”秦恩复校:“‘曰’字当作‘白’。”浦在“姓孔”字下注“一有‘而’字”。

〔四〕世异备异:《韩非子·五蠹》:“世异则事异,事异则备变。”又曰:“故事因于世,而备适于事。”并具载“守株之说”。参见《六家》篇注。

惟夫明识之士则不然,何则?其所拟者,非如图画之写真,镕铸以象物〔一〕,“以”一作“之”。以此而似彼〔二〕。其所以为似者,取其道术相会,义理互同〔三〕,若斯而已。亦有

孔父贱为匹夫〔四〕,栖惶放逐〔五〕,而能祖述尧、舜,宪章文、武〔六〕,亦何必居九五之位〔七〕,处南面之尊〔八〕,然后谓之连类者哉!

〔一〕镕铸以象物:杨《通释补》引《左》宣三年《传》:“铸鼎象物。”又《吕氏春秋·慎势》曰:“周鼎著象,为其理之

通也。”

〔二〕以此而似彼：卢《拾补》：“‘彼’讹。”《通释》作“也”，注：“一作彼。”蜀本、陆本、鼎本、郭本及黄本均作“彼”，孙《札记》校改为“也”。

〔三〕义理互同：唐顺之《荆川稗编》卷七十二《文艺·史通》所引同。蜀本、陆本、黄本及《通释》作“义理玄同”，鼎本“玄同”作“亦同”，孙《札记》校改“亦”为“互”，郭本亦作“互”。

〔四〕贱为匹夫：《论语·子罕》：“子曰：‘吾少也贱，故多能鄙事。’”《荀子·大略》篇：“古之贤人，贱为布衣，贫为匹夫，食则饘粥不足，衣则竖褐不完。”

〔五〕恓惶：《论语·宪问》：“微生亩谓孔子曰：‘丘何为是栖栖者欤？’”《汉书·叙传》：“是以圣哲之治，栖栖皇皇。”恓惶，蜀本、陆本、王本同，鼎本、郭本作“栖惶”，黄本、《通释》作“栖皇”，《通释》注：“旧作‘惶’。”卢《拾补》：“宋‘恓惶’。”

〔六〕“祖述”、“宪章”两句：此两句见《礼记·中庸》：“仲尼，祖述尧舜，宪章文武。”

〔七〕九五之位：《易·乾卦》：“九五，飞龙在天，利见大人。”后遂称帝王居九五之位。

〔八〕南面之尊：《易·说卦》：“圣人南面而听天下。”《庄子·至乐》：“虽南面王，乐不能过也。”古者帝王之位向南，故称人君曰南面。

盖《左氏》为书，叙事之最，自晋已降，景慕者多〔一〕，有类效颦〔二〕，弥益其丑。然求诸偶中，亦可言焉。

盖君父见害，臣子所耻，义当略说，不忍斥言。故《左传》叙桓公在齐遇害〔三〕，而云彭生乘，公薨于车。如干宝《晋纪》，叙愍帝殁于平阳〔四〕，而云晋人见者多哭，贼惧，帝崩。以此而拟《左氏》，又所谓貌异而心同也。

〔一〕自晋已降，景慕者多：《隋志》古史类，自袁宏《后汉纪》以下至王劭《齐志》即著录有三十二部之多，盖皆依仿《左传》断代之编年史也，可参看《六家》篇《左传》家"自是每代国史，……大抵皆依《左传》以为的准焉"一段正文及注。又如《晋书·干宝传》："宝为《春秋左氏义外传》。"《史通·二体》："干宝著书，乃盛誉丘明。"又《载言》："昔干宝议撰晋史，以为宜准左丘明。"又《序例》："令升先觉，远述丘明。"皆足以说明景慕《左传》。

〔二〕效颦：《庄子·天运》："西施病心而矉其里，其里之丑人见而美之。归亦捧心而矉其里，其里之富人见之，坚闭门而不出，贫人见之，挈妻子而去之走。彼知美矉而不知矉之所以美。"矉通颦，蹙额曰颦。

〔三〕《左传》叙桓公在齐遇害：《左》桓十八年《传》："公遂及文姜如齐，齐侯通焉，公谪之。以告。（齐）使公子彭生乘公，公薨于车。鲁请以彭生除之，齐人杀彭生。"杜注："上车曰乘。彭生多力，拉公干而杀之。"

〔四〕愍帝殁于平阳：《晋书·愍帝纪》："帝在平阳，刘聪出猎，令帝戎服执戟为导。百姓聚而观之，故老或歔欷流涕，聪闻而恶之。聪大会，使帝行酒洗爵，反而更衣，又使帝执盖。晋臣在坐者多失声而泣，辛宾抱帝恸哭。帝遇弑，崩。"《晋纪》已佚。知幾引文无可详考。《晋书·愍帝纪》

史论引有干宝《晋纪》总论全文,《文选》亦选载此文。在“二帝失尊”句下,李善注引“干宝《晋怀纪》曰:‘贼刘曜入京都,百官失守,天子蒙尘于平阳。’又《愍纪》曰:‘刘曜寇长安,刘粲寇于城下,天子蒙尘于平阳矣。’”文有句云:“愍帝奔播之后,徒厕其虚名。”注引《晋纪》述其避难奔播事,可见干宝于愍帝盖深致惋悼焉。而何法盛《晋书》谓《晋纪》:“评论切中,咸称之善。”盖亦刻意仿效《左氏》“微婉其辞”者欤?故知幾亦誉其心同《左氏》焉。

夫当时所记或未尽,则先举其始,后详其末,前后相会,隔越取同。若《左氏》成七年,郑获楚钟仪以献晋;至九年,晋归钟仪于楚以求平〔一〕,其类是也。至裴子野《宋略》叙索虏临江,太子劭使力士排徐湛、江湛僵仆,于是始与劭有隙。其后三年,有徐江为元凶所杀事〔二〕。以此而拟《左氏》,又所谓貌异而心同也。

〔一〕本注:郑获楚钟仪、晋归钟仪于楚,《左》成七年《传》:“楚伐郑,诸侯救郑,郑囚郧公钟仪,献诸晋。晋人以钟仪归,囚诸军府。”又《左》成九年《传》:“秋,晋侯观于军府,见钟仪,使税之。重为之礼,使归求成。十二月,楚使如晋,报钟仪之使,请修好结成。”杜注:“税,解也。”卢《拾补》、孙《札记》均校改“求平”为“求成”,《传》作“成”。按求平、求成,均为请和意,义同。

〔二〕本注:《宋略》叙劭使力士排徐湛、江湛僵仆,后三年有徐江为元凶所杀事,此两句中“徐湛、江湛”两人名中间,鼎本多一“于”字。浦在“徐湛”两字下注:“二字疑衍。”又“徐江”两字，鼎本作“徐湛”，《通释》改“江湛”，孙《札记》校改鼎本中“徐湛于江湛”五字为“江湛”，并注“下同”，盖悉依《通释》。蜀本、陆本、黄本与象本同。卢《拾补》校谓“徐湛”下“省‘之’字”，而其校“徐江”两字则云：“何改‘江湛’，案徐湛亦为元凶所杀，似何本改作‘江徐’，从当时所称，转录致误耳。”是卢校结果，肯定蜀本、陆本、黄本，亦悉与象本相符。裴《略》已佚。《宋书·二凶传》：“元凶劭，字休远，文帝长子也。索虏至瓜步，劭总统水军。上登石头城，有忧色。劭曰：‘不斩江湛、徐湛之，无以谢天下。’”又：“劭令张超之等数十人拔刃径上合殿。上其夜与尚书仆射徐湛之屏人语，至旦烛犹未灭。值卫兵尚寝，超之手行弑逆，并杀湛之。遣人杀吏部尚书江湛。劭即伪位，为书曰：‘徐湛之、江湛弑逆无状。’”又《徐湛之传》云：“江湛为吏部尚书，与湛之并居权要，世谓之江徐焉。劭入弑之旦，其夕，上与湛之屏人语至晓，犹未灭烛。湛之惊起，趣北户，未及开见害。”又《江湛传》云：“虏遣使求婚，上召太子劭以下集议。众并谓宜许。湛曰：‘戎狄无信，许之无益。’劭怒谓湛曰：‘今三王在厄，讵宜苟执异议！’声色甚厉。坐散俱出，劭使班剑及左右推之，殆将侧倒。”又“劭之入弑也，湛直上省，闻叫噪声，乃匿傍小屋中。劭遣收之，乃得湛，湛据窗受害，意色不挠”。按末句，两“湛”字下均误衍“之”字，据《南史》本传删。据以上史料，“劭使左右推江湛侧倒”，确无徐湛在内，则“徐湛”两字当系衍文，然安知《宋略》记载与《宋书·江湛传》定无歧异？且《通鉴》卷一百二十五于“排湛几僵仆”句下，即续云：“劭言独有斩江湛、徐湛之可以谢天下。”“僵仆”既与“侧倒”异,下接言斩江湛,亦似另有所本。故朱希祖氏批云:“徐湛、江湛僵仆,自是子玄误。当举杀江徐之言则可与下文相应。浦单说江湛,删改字句,不免削足适履。”至下文“徐江为元凶所杀”句,程《笺记》云:“二人同为劭所恶,又同时被害,则明见元凶劭传,亦不得云‘历考时事,知是衍文也’。”而《通释》仅据《南史·江湛传》“劭使推排湛”及“湛据窗受害”两段文字,即谓“湛之无同受排仆之文”。浦、孙臆改均不足取,兹仍依象本之旧。

凡列姓名,罕兼其字,苟前后互举,则观者自知。如《左传》上言羊斟,则下曰叔牂〔一〕,前称子产,则次见国侨〔二〕,其类是也。至裴子野《宋略》亦然。何者?上书桓玄,则下有敬道〔三〕;后叙殷铁,则先著景仁〔四〕。以此而拟《左氏》,又所谓貌异而心同也。

〔一〕羊斟、叔牂:《通释》引《左》宣二年《传》:“郑公子归生受命于楚伐宋,宋华元御之。将战,华元杀羊食士,其御羊斟不与。及战,曰:‘畴昔之羊,子为政;今日之事,我为政。’与入郑师,故败。华元逃归,见叔牂曰:‘子之马然也。’对曰:‘非马也,其人也。’”《左传》名号混用,原不足为训,此后《通鉴》于人物初见时,必冠其邑里姓氏,始稍弥补编年史纪人之缺失。又“叔牂”,原作“子臧”,鼎本同,蜀本、陆本无“子”字。《通释》改,并注:“一作‘子臧’,一止作‘臧’,并误。”孙《札记》已校改,查《左传》原文及《名号归一图》,改。

〔二〕子产、国侨:《通释》引《左传》云:“子产相郑伯以如晋。”其下云:“侨闻文公之为盟主也。”浦释云:“传中似此者多有,但止称侨,或称公孙侨,而不称国侨。王伯厚尝辨之。愚故疑‘国’字当作‘曰’字,以配‘下曰叔牂’之句。”杨《通释补》云:“浦说非是。后《书事》篇亦有‘询彼国侨’语,则此‘国’字未误。《陆士龙集》卷五《晋故散骑常侍陆府君诔》:‘国侨殒郑。’《文心雕龙·才略篇》:‘国侨以修辞扞郑。’并称子产为国侨也。果如浦说,改‘国’为‘曰’,与上‘叔牂’句何能相配!”按《左传》确无“国侨”之称。而《左》昭四年《传》云:“子产作《丘赋》,国人谤之。浑罕曰:‘国氏其先亡乎!’”乃子产以国为氏见于《左传》者。阎若璩评注《困学纪闻》“子产称公孙称国”目,列举高宗“遣使祭郑大夫国侨”,《徐彦伯传》称“存其家邦,国侨之言也”,《薛登传》云“子皮让国侨”等,以证“唐以前,皆称子产为国侨也”,故《史通》亦以此名氏称之。

〔三〕桓玄、敬道:《通释》引《晋书·桓玄传》:“玄,字敬道。”又释云:“但于所论书法,未有明证,而《宋略》又不可得。”“盖史家改易字句,不尽旧文。”按《魏书·桓玄传》亦无《史通》所论书法。

〔四〕殷铁、景仁:《宋书》、《南史》殷景仁传,均无“名铁”记载,通篇亦未述及此名字。《通释》引《宋书·刘湛传》:“湛与殷景仁素款,及俱被时遇,猜隙渐生。湛诸附隶,潜相约勒,无敢历殷氏门者。湛党刘敬文父成未悟其机,诣景仁求郡,敬文遽往谢湛曰:‘老父悖耄,就殷铁干禄。’”又引《南史·范泰传》:“泰卒,初赠开府,殷景仁曰:‘泰素望不重。’竟不果。及葬,王弘抚棺哭曰:‘君生平重殷铁,今以此为报。’”

《左氏》与《论语》，有叙人酬对，苟非烦辞积句，但是往复唯诺而已，则连续而说，去其对曰、问曰等字。如裴子野《宋略》云：李孝伯问张畅：“卿何姓？”曰：“姓张。”“张长史乎？”〔一〕以此而拟《左氏》、《论语》，又所谓貌异而心同也。

善人君子，功业不书，见于应对，附彰其美。如《左传》称楚武王欲伐随〔二〕，熊率且比曰：“季梁在，何益。”至萧方等《三十国春秋》说朝廷闻慕容俊死〔三〕，曰：“中原可图矣。”桓温曰：“慕容恪在〔四〕，其忧方大。”以此而拟《左氏》，又所谓貌异而心同也。

夫将叙其事，必预张其本，弥缝混说，无取睠言。如《左传》称叔辄闻日食而哭〔五〕，昭子曰：“叔其将死乎？”秋八月，叔辄卒。至王邵《齐志》称张伯德梦山上挂丝〔六〕，占者曰：“其为幽州乎！”秋七月，拜为幽州刺史。以此而拟《左氏》，又所谓貌异而心同也。

〔一〕张长史乎：《宋书》卷四十六《张劭附张畅传》：“畅于城上与魏尚书李孝伯语。孝伯问：‘君何姓？’答曰：‘姓张。’孝伯曰：‘张长史乎？’”《南史》本传完全相同，仅少末一“乎”字。而《通释》：“《宋书》节去问姓语。”盖因《宋书》卷四十六张劭传附有畅传，而卷五十九又重见畅传，浦氏所见乃卷五十九之畅传，未察及卷四十六所附畅传也。

〔二〕伐随：事见《左》桓六年《传》。杜注：“随国今义阳随县。季梁，随贤臣。”“随”字原作“隋”，据《左传》改，盖自隋文帝建国，始去“辵”为“隋”也。

〔三〕萧方等:注见《称谓》篇,原脱"等"字,据郭本、王本、黄本、《通释》补。

〔四〕慕容恪在:《晋书·前燕·慕容恪载记》:"恪字玄恭,皝之第四子也。皝将终,谓俊曰:'今中原未一,方建大事。恪智勇俱济,汝其委之。'及俊嗣位,弥加亲任。建邺闻俊死,曰:'中原可图矣。'桓温曰:'慕容恪尚存,所忧方为大耳。'"

〔五〕叔辄闻日食而哭:事见《左》昭二十一年《传》"叔其将死乎"句,传文作"子叔将死非所哭也"。

〔六〕山上挂丝:《北齐书·张亮传》:"亮,字伯德。薛琡尝梦亮于山上挂丝,以告亮。且占之曰:'山上丝,幽字也。君其为幽州乎。'数月,亮出为幽州刺史。"《北史》亮传同,与《齐志》亮自梦小异。卢《拾补》:"何云:'案《北齐书》,乃薛琡梦张亮如此。'"

盖文虽缺略,理甚昭著,此丘明之体也。至如叙晋败于邲,先济者赏,而云"中军下军争舟,舟中之指可掬"。夫不言攀舟乱,以刃断指,而但曰"舟指可掬"〔一〕,则读者自睹其事矣。至王邵《齐志》,述高季式破敌于韩陵,追奔逐北,而云"夜半方归,槊血满袖"〔二〕,夫不言奋槊深入,击刺甚多,而但称槊血满袖,则闻者亦知其义矣。以此而拟《左氏》,又所谓貌异而心同也。

〔一〕"中军下军争舟"至"舟指可掬":事见《左》宣十二年《传》。《传》作"中军、下军争舟",下文并云:"上军未动。"而经文则云:"晋及楚子战于邲,晋师败绩。"注云:

"晋上军成陈，故书战。"则"中军下军争舟"之"中"字原误作"上"，今改。又"攀舟乱"，浦云"乱"字上"恐脱'扰'字"。

〔二〕絜血满袖：《北齐书·神武纪》："尔朱兆等同会邺，众号二十万。神武乃于韩陵为圆阵，合战，大败之。高季式以七骑追奔，度野马岗，与兆遇。高昂望之不见，哭曰：'丧吾弟矣！'夜久，季式还，血满袖。"《北史·齐帝纪》同，均无"絜"字，与王劭《齐志》异。

大抵作者自魏已前，多效二史；从晋已降，喜学五经。夫史才文浅而易摸，经文意深而难拟。既难易有别，故得失亦殊。盖貌异而心同者，摸拟之上也；貌同而心异者，摸拟之下也。然人皆好貌同而心异，不尚貌异而心同者，何哉？盖鉴识不明，嗜爱多僻，悦夫似史而憎夫真史，此子张所以致讥于鲁侯，有叶公好龙之喻也〔一〕。袁山松云〔二〕："书之为难也有五：烦而不整，一难也；俗而不典，二难也；书不实录，三难也；赏罚不中，四难也；文不胜质，五难也。"夫拟古而不类，此乃难之极者，何为独阙其目乎？呜呼！自子长已还，似皆未睹斯义，后来明达，其鉴之哉！

〔一〕叶公好龙：刘向《新序·杂事》第五："子张见鲁哀公，七日而哀公不礼，托仆夫而去曰：'臣闻君好士，故不远千里之外，不敢休息以见君，七日而君不见，君之好士也，有似叶公子高之好龙也。叶公子高好龙，钩以写龙，凿以写龙，屋室雕文以写龙。于是天龙闻而下之，窥头于牖，拖尾于堂，叶公见之，弃而还走，失其魂魄，五色无主。是叶公非好龙也,好夫似龙而非龙者也。'"《通释》引《庄子》逸篇,注文较简。

〔二〕袁山松:《晋书·袁山松传》:"山松少有才名,博学有文章,著《后汉书》百篇。历显位,为吴郡太守。"《隋志》著录:"《后汉书》九十五卷。本一百卷,晋秘书监袁崧撰。"盖山松一名崧焉。其书已亡,有姚之骃辑本。

书事第二十九

【解 题】

史以记事。古史虽有记言、记事之分,但自丘明作传,言、事相兼,后史踵武前修,率多言为事发,无复记言之史传世。《史通》所论,遂以记事之史为主。《叙事》篇既已昌言"国史之美者,以叙事为工;而叙事之工者,以简要为主",又要求史家明"用晦之道",去"妄饰"之辞,盖皆就述事遣辞之史法言耳。然史必选事而书,此篇进而论选事之标准,就史之体要言也。荀、干五志,广以三科,参而用之,而归之于记功过、彰善恶、取材之准的也。而近史之烦有四:一为谬录祥瑞,二为朝会毕录,三为命官备书,四为冗同家牒。纪《评》:"皆切中史病。"洵为知言。然"亦有言或可记,功或可书,而纪阙其文,传亡其事者",盖缘不明史事取舍之道也。故知幾复申论曰:"记事之体,欲简而且详,疏而不漏。"是又非深明治史之体要者,不克臻于此矣。

就其所揭示之准的而言,虽可行之于一时,自不能垂诸后世,古今宜异,取舍殊路,则昔日所去之史事,或为今日之所需。如今日研究吾国古代史者,均感劳动人民进行生产劳作之史料缺乏。后之视今,亦犹今之视昔。吕思勉先生就此置评,其论甚精,其言曰:“去取标准,既随世而异。莫如史成之后,仍保存其长编,则后人不患无所取材矣。”史料汇编之工作不可或忽,吾亦云然。

昔荀悦有云:“立典有五志焉:一曰达道义,二曰彰法式,三曰通古今,四曰著功勋,五曰表贤能。”〔一〕干宝之释五志也:“体国经野之言则书之,用兵征伐之权则书之,忠臣、烈士、孝子、贞妇之节则书之,文诰专对之辞则书之,才力伎艺殊异则书之。”〔二〕于是采二家之所议,征五志之所取,盖记言之所网罗,书事之所总括,粗得于兹矣。然必谓故无遗恨,犹恐未尽者乎?

今更广以三科,用增前目。一曰叙沿革,二曰明罪恶,三曰旌怪异。何者?礼仪用舍,节文升降则书之;君臣邪僻,国家丧乱则书之;幽明感应,祸福萌兆则书之。于是以此三科,参诸五志,则史氏所载,庶几无阙。求诸笔削,何莫由斯?

〔一〕“立典有五志”数句:《通释》:“语在荀《纪·高祖第一》。”按《后汉书·荀悦传》亦载此五志云:“献帝令悦依《左氏传》体,以为《汉纪》三十篇。其序之曰‘亦惟厥后,永世作典。夫立典有五志焉’云云。”

〔二〕“干宝之释五志”数句:干宝,见《六家》注。据《晋书》本传,干除著有《晋纪》外,尚著有《春秋左氏义外传》等,《隋志》著录其《春秋左氏函传义》十五卷,均已亡佚。今惟存其《搜神记》一书,亦多为后人增益而成。释五志之词,本传未录。

但古作者〔一〕,鲜能无病,苟书而不法〔二〕,则何以示后。盖班固之讥司马迁也〔三〕,"论大道则先黄老而后六经,序游侠则退处士而进奸雄,述货殖则崇势利而羞贱贫,此其所蔽也"。又傅玄之贬班固也〔四〕,"论国体则饰主阙而折忠臣,叙世教则贵取容而贱直节,述时务则谨辞章而略事实,此其所失也"。寻班、马二史,咸擅一家,而各自弹射,递相疮痏〔五〕。夫虽自卜者审,而自见为难。可谓笑前人之未工,忘己事之已拙〔六〕。上知犹其若此,而况庸庸者哉〔七〕!苟目前哲之指踪〔八〕,校后来之所失,若王沉、孙盛之伍,伯起、德棻之流,论王业则党悖逆而诬忠义,叙国家则抑正顺而褒篡夺,述风俗则矜夷狄而陋华夏,此其大较也。必伸以糾擿〔九〕,穷其负累,虽擢发而数〔一〇〕,庸可尽邪?子曰:"于予何诛?"〔一一〕于数家见之矣。

〔一〕但古作者:蜀本、陆本、鼎本、郭本同,黄本、《通释》、卢《拾补》均作"但自古作者"。卢在"自"字下校云:"宋脱,何补'近'字。"浦校云:"一无'自'字。"孙《札记》云:"'但'字下有'近'字。"兹仍其旧。

〔二〕书而不法:杨《通释补》引《左》襄二十三年《传》:"书而不法,后嗣何观?"按亦见《国语·鲁语》。

〔三〕本注:班讥司马,见《汉书·司马迁传赞》,盖讥其"是非颇缪于圣人也"。

〔四〕本注:傅玄贬班,《晋书·傅玄传》:"玄,字休奕。博学善属文。与缪施俱以时誉，选入著作，撰集《魏书》。后虽显贵，而著述不废，撰《论经国九流》及《三史故事》，评断得失，各为区例，名为《傅子》。数十万言，并文集百余卷，行于世。”《隋志》杂家类著录《傅子》百二十卷，已久佚。《四库总目》著录《傅子》一卷，《永乐大典》本。杨《通释补》云：“此（指贬班）文又见《意林》五引，今本错入杨泉《物理论》中。‘折’当依彼作‘抑’，后《忤时》篇‘《汉书》则抑忠臣而饰主阙’，亦用《傅子》语，不作‘折’。”

〔五〕递相疮痏：陈《补释》引张衡《西京赋》：“所好生毛羽，所恶成疮痏。”按《文选》李善注：“毛羽言飞扬，创痏谓瘢痕也。痏，殴伤也。”又《抱朴子·擢才》：“播埃尘于白珪，生疮痏于玉肌。”《弘明集》卷十《梁武帝敕答臣下神灭论》：“鼓其腾口，虚画疮痏。”

〔六〕“可谓”两句：见《文选》陆机《豪士赋》序。

〔七〕“上知”两句：《荀子·大略》篇：“亲亲故故，庸庸劳劳，仁之杀也。”非知幾所本。陈《补释》引《文选》刘孝标《辨命论》：“圣贤且犹若此，而况庸庸者乎！”杨《通释补》：“‘其’疑‘且’之形误。《列传》篇：‘上智犹且若斯，则中庸故可知矣。’是其证。‘且犹’与‘犹且’意同。《称谓》篇：‘上才犹且若是，而况中庸者乎！’‘且’，一作‘其’，误与此同。”又卢《拾补》校“知”字云：“宋‘智’。”

〔八〕苟目前哲之指踪：《通释》引《史记·萧相国世家》：“高帝曰：‘夫猎，追杀兽兔者，狗也，而发踪指示兽处者，人也。’”又“目”字，原作“自”，蜀本、陆本、鼎本、郭本、黄本均同。卢《拾补》云：“‘自’讹。”《通释》作“目”，注：“或讹作‘自’。”今改作“目”。

〔九〕紖擿：蜀本、郭本、王本、黄本同，陆本作"纯擿"，鼎本作"紕擿"，《通释》作"紖摘"，王煦华校本改作"纠摘"，未出校记。按《九章·悲回风》："紖思心以为纕兮，编愁苦以为膺。"王逸注："紖，戾也。"洪补："紖，绳三合也。""紖"即"纠"之异体字，"纯"、"紕"显系形近之误。又《后汉书》卷一《光武帝纪》："遣使者下郡国，听群盗自相纠擿。"李贤注："擿，犹发也，音它狄反。"《三国志》卷十四《魏书·刘放传》："执法之吏皆畏其权势，莫能纠擿，毁坏风俗，侵欲滋甚。"《旧唐书》卷九十四《李峤传》："按劾奸邪，纠擿欺隐。"

〔一〇〕擢发而数：《史记·范雎传》："须贾谢罪。范雎曰：'汝罪有几？'曰：'擢贾之发，以续贾之罪，尚未足。'"陈《补释》引作"擢贾之发不足以赎贾之罪"。

〔一一〕于予何诛：《论语·公冶长》："宰予昼寝。子曰：'于予与何诛。'"朱注："与，语辞；诛，责也。言不足责，乃所以深责之。"

抑又闻之，怪、力、乱、神，宣尼不语〔一〕；而事鬼求福，墨生所信〔二〕。故圣人于其间，若存若亡而已〔三〕。若吞燕卵而商生〔四〕，启龙漦而周灭〔五〕，厉坏门以祸晋〔六〕，鬼谋社而亡曹〔七〕，江使返璧于秦皇〔八〕，圯桥授书于汉相〔九〕。此则事关军国，理涉兴亡，有而书之，以彰灵验可也。而王隐、何法盛之徒，所撰晋史〔一〇〕，乃专访州闾细事，委巷琐言，聚而编之，目为鬼神传录。其事非要，其言不经，异乎三史之所书〔一一〕，五经之所载也。

〔一〕怪、力、乱、神:《论语·述而》:"子不语,怪、力、乱、神。"

〔二〕事鬼求福,墨生所信:《墨子·明鬼下》:"子墨子曰:'今吾为祭祀也,上以交鬼之福,下以合欢聚众。'"按《论衡·案书篇》:"墨子之法,事鬼求福,福罕至而祸常来也。"

〔三〕若存若亡:杨《通释补》引《管子·心术下》篇:"圣人之道,若存若亡。"按贾谊《新书·官人》:"与侍御为国者若存若亡。"《法言·重黎》篇:"神怪茫茫,若存若亡,圣人曼云。"《越绝书·外传记吴王占梦》:"上天苍苍,若存若亡。"按《梁书·范缜传》载其著《神灭论》:"圣人之教然也。妖怪茫茫,或存或亡。"知幾文意或本此。

〔四〕吞燕卵而商生:《史纪·殷本纪》:"殷契,母曰简狄,有娀氏之女,为帝喾次妃。三人行浴,见玄鸟堕其卵,简狄取吞之,因孕生契。契长封于商。"

〔五〕启龙漦而周灭:《国语·郑语》:"宣王之时,有童谣曰:'檿弧箕服,实亡周国。'有夫妇鬻是器者,府之小妾生女而非王子也,惧而弃之,此人也收以奔褒。夏之衰也,褒人之神化为二龙。卜请其漦而藏之。及殷周,莫之发也。厉王之末,发而观之,漦流于庭。"韦解:"山桑曰檿。弧,弓。箕,木名。服,矢房。漦,龙所吐沫。"又《史记·周本纪》:"褒人有罪,请入童妾所弃女子者于王,是为褒姒。幽王爱之,生子伯服,竟废申后及太子,以褒姒为后。申侯怒,攻幽王,遂杀幽王骊山下。平王立,东迁于雒邑。"

〔六〕厉坏门:《左》成十年《传》:"夏四月,晋侯梦大厉,坏大门及寝门而入。公惧,入于室,又坏户。公觉,召桑田巫,巫言如梦。公曰:'何如?'曰:'不食新矣。'六月,晋侯卒。"杜注:"不食新矣,言公不得及食新麦。"

〔七〕鬼谋社:《左》哀七年《传》:"初,曹人或梦众君子立于社宫,而谋亡曹。曹叔振铎请待公孙强,许之。及曹伯阳即位,曹鄙人公孙强有宠,使为司城以听政。强言霸说于曹伯,乃背晋而奸宋。"哀八年《传》:"八年春,宋公伐曹,遂灭曹。"

〔八〕江使返璧:注见《书志》篇。

〔九〕圯桥授书:《史记·留侯世家》:"良亡匿下邳,尝游圯上。有一老父直堕其履圯下,顾谓良曰:'孺子下取履。'良强忍下取履。父曰:'履我。'良因长跪履之。父曰:'孺子可教矣。'出一编书,曰:'读此则为王者师矣。'旦日,视其书,乃《太公兵法》也。"

〔一〇〕"王隐、何法盛"至"晋史":《晋书·王隐传》:"隐西都旧事,多所谙究,令撰晋史。隐虽好著述,而文辞鄙拙,芜舛不伦,文体混漫,义不可解。"何法盛无传。据《南史·徐广传》附郗绍传云:"郗绍亦作《晋中兴书》,以示何法盛。法盛有意图之,绍不与。至书成,在斋内厨中,法盛诣绍,绍不在,直入窃书,绍还,失之,无复兼本,于是遂行何书。"两书均亡。

〔一一〕三史之所书:陈《补释》:"此三史即谓上所引《国语》、《左传》、《史记》,观下列《后汉书》之迂诞诡越,可知三史非《史记》及两《汉书》,与他处不同。"按陈说是。《唐书·选举志》虽以《史记》、两《汉书》为三史科,此处应就上下文意看,《国语》、《左传》为史,《六家》篇言之详矣。

范晔博采众书,裁成汉典,观其所取,颇有奇工〔一〕。

至于《方术》篇及诸蛮夷传，乃录王乔、左慈[二]、禀君、槃瓠[三]。言唯迂诞，事多诡越，可谓美玉之瑕[四]，白圭之玷[五]，惜哉！无是可也。又自魏晋已降，著述多门。《语林》、《笑林》、《世说》、《俗说》[六]，皆喜载啁谑小辨，嗤鄙异闻，虽为有识所讥，颇为无知所悦。而斯风一扇，国史多同。至如王思狂躁，起驱蝇而践笔[七]；毕卓沉湎，左持螯而右杯[八]；刘邕榜吏以膳痂[九]，龄石戏舅而伤赘[一〇]。其事芜秽，其辞猥杂，而历代正史，持为雅言。苟使读之者为之解颐，闻之者为之抚抃[一一]，固异乎记功书过[一二]，彰善瘅恶者也[一三]。

〔一〕“范书”至“所取，颇有奇工”：《后汉书·自序》：“循吏以下及六夷诸序论，笔势纵放，实天下之奇作。赞自是吾文之杰思，奇变不穷。”又叶适《习学记言》卷二十六“《后汉书》”条云：“宋齐以来文字，自应如此，不足怪也。”

〔二〕王乔、左慈：见《采撰》篇注。

〔三〕禀君、槃瓠：《后汉书·南蛮传》：“巴郡南郡蛮，本有五姓，未有君长。乃共掷剑于石穴，约能中者奉以为君。巴氏子务相乃独中之。又令各乘土船，约能浮者当以为君，唯务相独浮，因共立之，是为廪君，四姓皆臣之。廪君死，魂魄世为白虎。”“禀”字，史传作“廪”。卢《拾补》：“宋‘禀’。”按“禀”，《说文》“赐谷也”，与“廪”通。槃瓠事亦见《南蛮传》，注见《断限》篇。

〔四〕美玉之瑕：梁萧统《陶渊明集序》：“白璧微瑕，惟在《闲情》一赋。”又《颜氏家训·文章》篇：“明珠之颣，美玉之瑕。”

〔五〕白圭之玷：《诗·大雅·荡之什·抑》：“白圭之玷，尚可磨也。”郑《笺》:“玷,缺也。”

〔六〕《语林》、《笑林》、《世说》、《俗说》:《隋志》小说类著录:“《语林》十卷,东晋处士裴启撰。《笑林》三卷,后汉给事中邯郸淳撰。《世说》八卷,宋临川王刘义庆撰。梁有《俗说》一卷。”(《旧唐志》作“《释俗语》八卷,刘霁撰”。)除《世说》外,余均亡。

〔七〕王思驱蝇而践笔:《三国志·魏书·梁习传》:“济阴王思与习俱为西曹令史。”裴注引《魏略·苛吏传》:“思性急,尝执笔作书,蝇集笔端,驱去复来,如是再三。思恚怒,自起逐蝇,不能得,还取笔掷地蹋坏之。”

〔八〕毕卓左持螯而右杯:《晋书·毕卓传》:“卓,字茂世,为吏部郎,尝饮酒废职。尝谓人曰:‘右手持酒杯,左手持蟹螯,拍浮酒船中,便足了一生矣。’”

〔九〕刘邕榜吏以膳痂:《宋书·刘穆之传》:“子虑之卒,子邕嗣。邕所至嗜食疮痂,以为味似鳆鱼。尝诣孟灵休,灵休先患灸疮,疮痂落床上,因取食之。灵休疮痂未落者,悉褫取以饴邕,举体流血。南康国吏二百许人,不问有罪无罪,递互与鞭,鞭疮痂,常以给膳。”

〔一〇〕龄石戏舅而伤赘:《南史·朱龄石传》:“龄石,字伯兒。少好武,舅淮南蒋氏,才劣。龄石使舅卧听事,剪纸方寸,贴着舅枕。以刀子悬掷之,相去八九尺,百掷百中。舅畏龄石,终不敢动。舅头有大瘤,龄石伺眠,密割之,即死。”

〔一一〕抚抃:“抃”字,蜀本、陆本同,鼎本作“掌”,《通释》同鼎本,注:“一作‘抃’。”按:抃,拊手也,与“抚”字义复,兹仍之。

〔一二〕记功书过:杨《通释补》引《后汉书·皇后纪论》:“女史

彤管,记功书过。"

〔一三〕彰善瘅恶:见《曲笔》篇注。

大抵近代史笔,叙事为烦。榷而论之,其尤甚者有四:夫祥瑞者,所以发挥盛德,幽赞明王。至如凤皇来仪〔一〕,嘉禾入献〔二〕,秦得若雉〔三〕,鲁获如麏〔四〕,求诸《尚书》、《春秋》,上下数千载,其可得言者,盖不过一二而已。爰及近古则不然。凡祥瑞之出,非关理乱。盖主上所惑,臣下相欺。故德弥少而祥弥多,政逾劣而瑞逾盛。是以桓、灵受祉,比文、景而为丰;刘、石应符,比曹、马而益倍。而史官征其谬说,录彼邪言,真伪莫分,是非无别。其烦一也。

〔一〕凤皇来仪:《书·皋陶谟下》:"《箫韶》九成,凤皇来仪。"《尔雅·释诂》:"仪,匹也。"言舜乐《箫韶》九曲既终,凤皇成对飞来也。

〔二〕嘉禾入献:《书序》:"唐叔得禾,异亩同颖,献诸天子。王命唐叔归周公于东,作《归禾》。周公既得命禾,旅天子之命,作《嘉禾》。"郑注:"异亩同颖,二苗同为一穗。"《尔雅·释诂》:"旅,陈也。"

〔三〕秦得若雉:《史记·封禅书》:"秦文公获若石云于陈仓北阪城,祠之。其神或岁不至,或岁数来,来也常以夜,光辉如流星,从东南来,集于祠城,则若雄鸡,其声殷云,野鸡夜雊,以一牢祠,命曰陈宝。"《汉书·郊祀志》亦全录此文,惟"野鸡"作"野雉","夜雊"作"夜鸣"。

〔四〕鲁获如麏:《公羊》哀十四年《传》:"西狩获麟。孰狩之,薪采者也。薪采者则微者也。曷为以狩言之?大之也。麟者，仁兽也，有王者则至，无王者则不至。有以告者，曰：‘有麕而角者。’孔子曰：‘孰为来哉？孰为来哉！’反袂拭面，涕沾袍。”

当春秋之时，诸侯力争，各擅雄伯，自相君长。经书某使来聘、某君来朝者，盖明和好所通，盛德所及，此皆国之大事，不可阙如。而自《史》、《汉》已还，相承继作。至于呼韩入侍〔一〕，肃慎来庭〔二〕，如此之流，书可也。若乃藩王岳牧，朝会京师，必也书之本纪，则异乎《春秋》之义。若《汉书》载楚王嚣等来朝，《宋书》载檀道济等来朝之类是也。夫臣谒其君，子觐其父，抑惟恒理，非复异闻，载之简策，一何辞费。其烦二也。

〔一〕呼韩入侍：《汉书·宣帝纪》："甘露三年春正月，匈奴呼韩邪单于稽侯狦来朝，赞谒称藩臣而不名。"

〔二〕肃慎来庭：《三国志·魏书·陈留王纪》："景元三年夏四月，辽东郡言肃慎国遣使重译入贡，献其国弓三十张，长三尺五寸。楛矢长一尺八寸。石弩三百枚，皮骨、铁杂铠二十领，貂皮四百枚。"而《晋书·文帝纪》亦载此事云："景元三年夏四月，肃慎来献楛矢、石砮、弓、甲、貂皮等，天子命归于大将军府。"按大将军，即晋追尊为文帝之司马昭也。又《武帝纪》："咸宁五年十二月，肃慎来献楛矢石砮。"《史通》认为"如此之流，书可也"。"肃慎来庭"最初见于《国语·鲁语》："有隼集于陈侯之庭而死，楛矢贯之，石砮，其长尺有咫。陈惠公使人以隼如仲尼之馆问之。仲尼曰：'隼之来也远矣！此肃慎氏之矢也。昔武王克商，通道于九夷百蛮，使各以其方贿来贡，使无忘职业。于是肃慎氏贡楛矢石砮，其长尺有咫。'"是言亦见《史记·孔子世家》、《说苑》、《孔子家语》。

乃若百职迁除，千官黜免，其可以书名本纪者，盖惟槐鼎而已〔一〕。故西京撰史，唯编丞相大夫，东观著书，止列司徒太尉。而近世自三公已下，一命已上〔二〕，苟沾厚禄，莫不备书。且一人之身，兼预数职，或加其号而阙其位，或无其实而有其名。赞唱为之口劳，题署由其力倦。具之史牍，夫何足观？其烦三也。

〔一〕槐鼎：陈《补释》引《周礼·秋官·朝士》："掌建邦外朝之法，面三槐、三公位焉。"又引《汉书·五行志中之下》："鼎三足，三公象。"按周以太师、太傅、太保为三公，西汉以大司徒、大司马、大司空为三公，东汉改大司马为太尉，与司徒、司空并称三公。又《后汉书·方术传》序："王梁、孙咸名应图箓，越登槐鼎之任。"《陈书·侯安都传》："位极三槐。"

〔二〕已下、已上：已下，蜀本、陆本、鼎本、王本、黄本及唐顺之《荆川稗编》卷七十二《文艺》所引同，郭本、《通释》作"以下"。已上，蜀本、陆本、鼎本、郭本、王本、黄本、《通释》及唐顺之《荆川稗编》卷七十二《文艺》所引同，纪氏《削繁》作"以上"。"已"、"以"通。

夫人之有传也，盖唯书其邑里而已。其有开国承家，世禄不坠；积仁累德，良弓无改〔一〕。项籍之先，世为楚将；

石建之后，廉谨相承〔二〕。此则其事尤异，略书于传可也。其失之者，则有父官令长，子秩丞郎，声不著于一乡，行无闻于十室〔三〕，乃叙其名位，一二无遗。此实家谍，非关国史。其烦四也。

〔一〕良弓：《礼记·学记》："良弓之子，必学为箕。"言子继父业也。

〔二〕石建、廉谨：《史记·万石（君）传》："万石君，名奋。恭谨无与比。长子建，次子庆，皆以驯行孝谨。建为郎中令，事有可言，屏人恣言极切，至廷见如不能言者。书奏事，事下，建读之曰：'误书！马者与尾当五，今乃四，不足一，上谴，死矣。'甚惶恐，其为谨慎，虽他皆如是。诸子孙咸孝。"

〔三〕十室：《论语·公冶长》："子曰：'十室之邑，必有忠信如丘者焉，不如丘之好学也。'"

于是考兹四事，以观今古，足验积习忘返，流宕不归，乖作者之规模，违哲人之准的也。孔子曰："吾党之小子狂简，斐然成章，不知所以裁之。"〔一〕其斯之谓矣。亦有言或可记，功或可书，而纪阙其文，传亡其事者。何则？始自太上，迄于中古，其间文籍，可得言焉。夫以仲尼之圣也，访诸郯子，始闻少皞之官〔二〕；叔向之贤也，询彼国侨，载辨黄熊之祟〔三〕。或八元才子，因行父而获传〔四〕；或五羖大夫，假赵良而见识〔五〕。则知当时正史，流俗所行。若三坟、五典、八索、九丘之书〔六〕，虞、夏、商、周、春秋、梼杌之记，其所缺略者多矣。

〔一〕“孔子曰”数句：见《论语·公冶长》。

〔二〕少皞之官：《左》昭十七年《传》：“秋，郯子来朝，昭子问曰：‘少皞氏鸟名官，何故也？’郯子曰：‘吾祖也，我知之。我高祖少皞挚之立也，凤鸟适至，故纪于鸟，为鸟师而鸟名。’仲尼闻之，见于郯子而学之。”参看《书志》篇“郯子见师于孔公”及注。

〔三〕黄熊之祟：《国语·晋语八》：“郑简公使公孙成子（即子产）来聘。平公有疾，韩宣子赞授客馆。客问君疾，对曰：‘寡君之疾久矣。今梦黄熊入于寝门，不知人杀乎？抑厉鬼邪？’子产曰：‘侨闻之，昔者鲧违帝命，殛之于羽山，化为黄熊以入于羽渊。寔为夏郊，三代举之。今周室少卑，晋实继之，其惑者未举夏郊耶？’宣子以告，祀夏郊，五日，公见子产。”《左》昭七年《传》所载略同，皆无叔向问语。浦云：“《史通》似误。”按《国语》下一段起头即为“叔向见韩宣子云云”。“黄熊”之“熊”字，《国语》一本作“能”，《通释》作“能”，卢《拾补》云：“何‘能’。”兹据内外传文仍作“熊”。

〔四〕“八元才子”两句：《左》文十八年《传》：“季文子使大史克对曰：‘高辛氏有才子八人：伯奋、仲堪、叔献、季仲、伯虎、仲熊、叔豹、季狸，天下之民，谓之八元。’”按是年二月，文公已死，十月立宣公，季文子对宣公问。又季文子即季孙行父，又称行父、文子。

〔五〕“五羖大夫”两句：《史记·商君列传》：“赵良曰：‘夫五羖大夫，荆之鄙人也，自粥于秦客，被褐食牛。期年，缪公知之，举之牛口之下，而加之百姓之上。秦国莫敢望焉。相秦六七年，功名藏于府库，德行施于后世。’”又《秦本纪》：

"晋灭虞,虏虞君与其大夫百里傒,百里傒亡秦走宛,楚鄙人执之。缪公闻百里傒贤,以五羖羊皮赎之。授之国政,号曰五羖大夫。"羖,黑牡羊也。《史记》未为百里傒立传,故《史通》云然。

〔六〕三坟、五典、八索、九丘:《左》昭十二年《传》:"左史倚相趋过,楚王曰:'是良史也,是能读三坟、五典、八索、九丘。'"按旧有谓三坟,伏牺、神农、黄帝之书;五典,少昊、颛顼、高辛、唐、虞之书;八索,八卦之说也;九丘,九州之志,皆依托之词也。

既而汲冢所述,方五经而有残〔一〕;马迁所书,比三传而多别;裴松补陈寿之阙,谢绰拾沈约之遗〔二〕。斯又言满五车,事逾三箧者矣。夫记事之体,欲简而且详,疏而不漏。若烦则尽取,省则都捐,此乃忘折中之宜,失均平之理。惟夫博雅君子,知其利害者焉。

〔一〕残:卢《拾补》"残"作"殊",并校云:"'残'讹。"浦注:"一作'殊'。"

〔二〕谢绰拾沈约之遗:指谢《宋拾遗》,《隋志·杂史》著录:"《宋拾遗》十卷,梁少府卿谢绰撰。"

人物第三十

【解 题】

旧史以英雄人物活动为中心,选事择人而书,均为史家取材所宜留心,故知幾于《书事》之后,续论择人。择人之准的,知幾提出恶可诫世、善可劝后两端。悬为法戒,使读者知所惩劝,而尤重在劝善。

何者为可以劝人之善,就知幾列举之例证而言,约为德业可师、功烈尤显、才能杰出之人伦大事。何者为可以诫世之恶,为干纪乱常、凶残纵暴、兴亡所系、治乱攸关之滔天罪行。片善微功、细行鄙事,自不足以妄占史篇。而其议蔚宗《列女》,则轻蔡琰之文采,重徐淑之才德。纪《评》:"此论最正。"知幾常谓"名教存焉",是亦足见其最重儒家名教,宜其为纪氏所赞誉也。

知幾论前史之失,则云:"察所不该,理无足咎,愚智毕载,笔削慎之。"盖遗漏在所难免,滥竽充数,则史家与有责焉。"夫名刊史册,自古攸难,事列《春秋》,哲人所重。"证之《曲笔》,史传之滥,或由史氏慑于威势,或有贪于荣利,致成"载笔凶人"。则知此语非凭虚而发矣。吕《评》:"史之责,只在记往事以诒后人,惩恶劝善,实非所重。"是又未可以苛责于知幾者,世异而事异也。

夫人之生也,有贤不肖焉。蜀本"不肖"上有一"有"字,宋本无。若乃其恶可以诫世,其善可以示后,而死之日,名无得而闻焉,是谁之过欤?盖史官之责也。

观夫文籍肇创,史有《尚书》。柔远疏通,网罗历代。至如有虞进贤,时宗元凯〔一〕;夏氏中微,国传寒浞〔二〕;殷之亡也,是生飞廉、恶来〔三〕;周之兴也,实有散宜、闳夭〔四〕。若斯人者,或为恶纵暴,其罪滔天;或累仁积德,其名盖世。

虽时淳俗质，言约义简，此而不载，阙谁大焉〔五〕。

〔一〕有虞进贤，时宗元凯：《左》文十八年《传》："昔高阳氏有才子八人：苍舒、隤敳、梼戭、大临、尨降、庭坚、仲容、叔达，天下之民，谓之八恺。"八元见上篇"八元才子"注。"此十六族也，世济其美，不陨其名。""舜臣尧，举八恺使主后土，以揆百事，举八元使布五教于四方。"

〔二〕夏传寒浞：《左》襄四年《传》："昔有夏方衰也，后羿因夏民以代夏政，而用寒浞，以为己相。浞虞羿于田，以取其国家。羿归自田，家众杀而亨之。"

〔三〕飞廉、恶来：《史记·秦本纪》："柏翳，赐姓嬴氏，其（裔）孙曰中潏，生蜚廉，蜚廉生恶来。恶来有力，蜚廉善走，父子俱以材力事殷纣。周武王伐纣，并杀恶来。蜚廉死葬于霍太山。"潏，一作"滑"。

〔四〕散宜、闳夭：《尚书·君奭》："周公曰：'君奭！惟文王尚克修。有若闳夭，有若散宜生。'"疏引《大传》云："散宜生、闳夭学乎太公，太公遂与见文王于羑里。"按"闳"字，原误刊作"阅"，今据诸本改。

〔五〕阙谁大焉：浦《释》云："散、闳二人，明列《尚书·君奭》篇，《史通》乃与元、凯等同，以阙载为疑，疏矣。"陈《补释》："杜预注：文十八年《左传》'八元'云：'此即稷、契、朱虎、熊罴之伦。'注'八恺'云：'此即垂、益、禹、皋陶之伦。'郑玄注《论语》亦云：'皋陶号曰庭坚。'孔颖达曰：'《尚书》更有夔龙之徒，亦应有在元、凯内者。'然则《史通》之疏，不惟散、闳二人矣。且《六家》篇方以《尚书》载言，谓二典、《禹贡》、《顾命》为例不纯，此篇反议其载事之阙，亦复自相矛盾。”按《尚书》记言为例不纯，乃就其体例言。此处首谓“史有《尚书》”，作为史书，载事有阙，乃就史事言，似无不可。又“阙谁大焉”，孙《札记》校改“谁”为“孰”，《通释》改为“阙孰甚焉”。

洎夫子修《春秋》，记二百年行事。三传并作，史道勃兴。若秦之由余〔一〕、百里奚〔二〕，越之范蠡、大夫种〔三〕，鲁之曹沫〔四〕、公仪休〔五〕，齐之甯戚〔六〕、田穰苴〔七〕，斯并命代大才，一作“命世天才”〔八〕。挺生杰出。或陈力就列〔九〕，功冠一时；或杀身成仁，声闻四海。苟师其德业，可以治国字人〔一〇〕，慕其风范，可以激贪励俗。此而不书〔一一〕，无乃太简。

〔一〕由余：《史记·秦本纪》：“戎王使由余于秦。由余，其先晋人也，亡入戎，能晋言。秦缪公示以宫室积聚，由余曰：‘亦苦民矣。’秦以女乐二八遗戎王，戎王受而说之。由余数谏不听，缪公又数使人间要由余，由余遂去降秦。秦用由余谋伐戎王，益国十二，开地千里，遂霸西戎。”

〔二〕百里奚：见上篇“五羖大夫”注。又《通释》云：“《左传》之言媵秦缪姬者为井伯，无百里奚之名。惟僖十三，晋人来乞籴，有‘秦伯问百里与之’，亦无奚名。”按井伯之名，见于《左》僖五年《传》。

〔三〕蠡、种：《国语·越语》：“越王勾践栖于会稽之上，使大夫种行成于吴，吴人许诺，令大夫种守于国，与范蠡入宦于吴。三年而吴人遣之。居军三年，遂灭吴。”《史记·越王勾践世家》：“范蠡事越王勾践，既苦身戮力，与勾践深谋二十余年,竟灭吴,报会稽之耻。北渡兵于淮,以临齐晋,号令中国,勾践以霸,而范蠡称上将军。还反国,范蠡浮海出齐,变姓名,耕于海畔。”又《货殖列传》亦首列蠡传,称其“治产积居,三致千金”。文种事参看《探赜》篇注。

〔四〕曹沫:《史记·刺客列传》:“曹沫者,鲁人也。为鲁将,与齐战,三败北,犹复以为将。齐桓公许与鲁会于柯而盟,沫执匕首劫齐桓公,桓公乃许尽归鲁之侵地。”浦释:“三传不书曹沫。”按《左》庄十年《传》载曹刿论战,庄二十三年《传》载刿谏观社,疏云刿,即“《史记》之曹沫”。参看注〔一一〕。

〔五〕公仪休:《史记·循吏列传》:“公仪休者,鲁博士也。以高弟为鲁相,奉法循理,无所变更,百官自正。使食禄者不得与下民争利,受大者不得取小。客有遗相鱼者,相不受。食茹而美,拔其园葵而弃之。见其家织布好,而疾出其家妇,燔其机。”董仲舒《贤良策对》亦述其出妻、拔葵事。

〔六〕甯戚:《淮南子·道应训》:“甯越欲干齐桓公,困穷无以自达,于是为商旅,将任车,以商于齐。暮宿郭门之外。桓公郊迎客,甯越饭牛车下,望见桓公而悲,击牛角而疾商歌。桓公闻之曰:‘异哉!歌者非常人也。’命后车载之。将任之,群臣争之曰:‘客,卫人也,问之而贤,用之未晚。’桓公曰:‘不然,问之患其有小恶也,以人之小恶而忘人之大美,此人主之所以失天下之士也。’”《管子·小称》:“桓公、管仲、鲍叔牙、甯戚饮。饮酣,鲍叔牙奉杯而起曰:‘使公毋忘出如莒时也,使管子毋忘束缚在鲁也,使甯戚毋忘饭牛车下也。’”又《吕氏春秋·直谏》亦载叔牙之言。《管》、《吕》两书均作“甯戚”。

〔七〕田穰苴:《史记·司马穰苴传》:“司马穰苴者,田完之苗裔也。晏婴荐田穰苴曰:‘其人文能附众,武能威敌。’景公以为将军。将兵扞燕、晋之师,身与士卒平分粮食,争奋出赴战,晋师罢去,燕师度水而解,于是追击之,遂取所亡封内故境。至齐威王,用兵行威,大放穰苴之法,而诸侯朝齐。因号曰《司马穰苴兵法》。”

〔八〕命代大才:“代”字,蜀本、陆本、鼎本、郭本、黄本作“世”。卢《拾补》“宋‘代’”,盖避李世民“世”字偏讳也,《通释》仍作“代”。

〔九〕陈力就列:《论语·季氏》:“孔子曰,周任有言曰:‘陈力就列,不能者止。’”

〔一〇〕治国字人:杨《通释补》引《逸周书·本典解》:“今朕不知明德所则,政教所行,字民之道。”按:此乃成王问周公之言。“民”字讳作“人”。

〔一一〕此而不书:陈《补释》就浦《释》“三传不书曹沫”案云:“古字‘沫’、‘刿’通。庄十年、二十三年‘曹刿’,明即《史记·刺客列传》‘曹沫’。又大夫种见哀元年《左传》,若公仪休则在《春秋》后,是皆《史通》之疏。”

又子长著《史记》也,驰骛穷古今,上下数千载。至如皋陶〔一〕、伊尹〔二〕、傅说〔三〕、仲山甫之流〔四〕,并列经诰,名存子史,功烈尤显,事迹居多。盍各采而编之,以为列传之始。而断以夷、齐居首,何龌龊之甚乎〔五〕!既而孟坚勒成《汉书》,牢笼一代,至于人伦大事,亦云备矣。其间若薄昭〔六〕、杨仆〔七〕、颜驷〔八〕、史岑之徒〔九〕,其事所以见遗者,盖略小而存大耳。夫虽逐麋之犬,不复顾兔〔一〇〕,而鸡肋是弃〔一一〕,能无惜乎!当三国异朝,两晋殊宅,若元则〔一二〕、仲景〔一三〕,时才重于许、洛;何祯〔一四〕、许询〔一五〕,文雅高于扬、豫。而陈寿《国志》、王隐《晋史》,广列诸传,而遗此不编。斯亦网漏吞舟〔一六〕,过为迂阔者。

〔一〕皋陶:《史记·五帝本纪》:"舜曰:'皋陶,蛮夷猾夏,寇贼奸轨,汝作士。'"又《夏本纪》:"帝禹立,而举皋陶荐之,且授政焉,而皋陶卒,封皋陶之后于英、六。"《书·皋陶谟》记禹、皋陶、伯益之事。

〔二〕伊尹:《史记·殷本纪》:"伊尹,名阿衡,负鼎俎以滋味说汤。或曰:'汤聘迎之。'汤举任以国政。汤既胜夏,伊尹报,于是诸侯服,汤乃践天子位。太甲元年,伊尹作《伊训》,太甲乱德,伊尹放之于桐宫。三年,伊尹摄行政。太甲悔过自责,反善,伊尹迎而授之政。太甲修德,百姓咸宁,伊尹作《太甲训》三篇。帝沃丁时,伊尹卒,葬于亳。"《书》伪孔《传》载有《伊训》及《大甲》上中下等篇。

〔三〕傅说:《史记·殷本纪》:"武丁求得说于傅险中,是时说为胥靡,举以为相,殷国大治,故遂以傅险姓之,号曰傅说。"《书》伪孔《传》载有《说命》上中下三篇,述命说为相及说进于王之词。

〔四〕仲山甫:《国语·周语上》:"鲁武公以括与戏见王,王立戏,樊仲山父谏曰:'不可立也。不顺必犯,犯王命必诛,故出令不可不顺也。'""宣王料民于太原。仲山父谏曰:'民不可料也,古者不料民而知其多少,不谓其少而大料之,是示少而恶事也。'王卒料之。及幽王乃废灭。"《史记·周本纪》:"宣王料民于太原。仲山甫谏曰:'民不可料也。'宣王不听。"《诗·大雅·荡之什·烝民》序云:"尹吉甫美宣王也,任贤使能。"诗八章,每章皆赞仲山甫之词。以上皋陶、伊尹、傅说、仲山甫四人,诸子亦多述及,而《史记》未为之立传。

〔五〕龌龊:浦注:"其言与《探赜》篇不相顾。"按:可参看《探赜》篇解题。又《文选》张衡《西京赋》:"独俭啬以龌龊,忘蟋蟀之谓何?"李善注引《汉书》注曰:"龌龊,小节也。"意谓只讲俭啬小节,忘记《蟋蟀》刺俭之诗也。《说文》无"龌龊"字,有"偓促"等词。《楚辞·九叹》:"偓促谈于廊庙兮。"王逸注云:"偓促,拘愚之貌。"洪兴祖补注:"偓促,迫也。"盖言局限也。《文心雕龙·通变篇》:"若乃龌龊于偏解。"意亦谓局限于一知半解。知幾意谓《史记》仅局限以周初伯夷为列传之首,而遗皋、伊诸贤。至以龌龊为污秽,复引申为卑污,乃宋、元以后之新意。

〔六〕薄昭:《通释》引《汉书·外戚薄姬传》:"高后崩,迎立代王为皇帝,封太后弟昭为轵侯。"又引《淮南王传》:"淮南厉王恣,时帝舅薄昭为将军,尊重,上令昭予厉王书,谏数之。"按《外戚恩泽侯表》:"轵侯薄昭,高祖七年为郎,从军。十七年以中大夫迎帝于代,以车骑将军迎皇太后。"又《表》序云:"薄昭、窦婴、上官、卫、霍之侯,以功受爵。"窦婴、卫青、霍去病皆有传,桀、昭无,而桀以与燕乱,其事迹已详《霍光传》,故知幾云昭见遗。

〔七〕杨仆:《通释》引《汉书·酷吏传》:"仆以千夫为吏。南越反,拜楼船将军。有功,封将梁侯。"浦按:"仆非附传,不得云见遗。"按《十七史商榷》卷六《史记·酷吏传》目云:

"《酷吏传》论称十人,盖郅都、甯成、周阳由、赵禹、张汤、义纵、王温舒、尹齐、减宣、杜周也。"又自注云:"杨仆不应提行另起,必是后世陋儒所改,非子长元本。班氏因此遂以杨仆列酷吏数中,子长不数也。详玩《史记》原文自明。且仆为将军,班以征伐事皆入《酷吏传》,尤不类。"细校《史》、《汉》酷吏传,王说甚是。《史记·酷吏传》在王温舒、尹齐传后,夹叙杨仆数语,了无执法严酷实迹,复转入王温舒事,故王谓"不应提行另起"。《汉书》因袭《史记》,复备载武帝"敕责"、"五过"之辞,亦与酷虐无涉。而《史记》南越、东越、朝鲜及《汉书》南粤、闽粤、朝鲜诸传,均散载其征伐胡、越功业。《汉书·景武昭宣元成功臣表》亦辑序"将梁侯杨仆",以为曾拜为楼船将军,有功封将梁侯,然毕竟未为其立传,而误羼入《酷吏传》中,宁非见遗?浦说似欠周密。

〔八〕颜驷:《通释》引《文选》张衡《思玄赋》云:"尉龙眉而郎潜兮,逮三叶而遘武。"注:"《汉武故事》曰:'颜驷不知何许人。汉文帝时为郎,至武帝辇过郎署,见驷庞眉皓发。上问曰:"叟何时为郎,何其老也?"答曰:"臣文帝时为郎,文帝好文,而臣好武;至景帝好美,而臣貌丑;陛下即位好少,而臣已老。是以三世不遇。故老于郎署。"上感其言,擢拜会稽都尉。'"按:《汉武帝故事》,《隋志》旧事篇著录二卷,无撰人姓氏。《四库全书总目·子部》小说家著录一卷,《提要》云:"旧本题汉班固撰,此本(江苏巡抚采进本)为明吴琯《古今逸史》所刻,并为一卷,仅寥寥七八页,盖已经刊削。"《古今说海》、《历代小史》两丛书亦收有此书。

〔九〕史岑:《通释》:"参《雕龙》、《选注》。"按《文选》史孝山《出师颂》注曰："范晔《后汉书》曰：'王莽末，沛国史岑，字孝山，以文章显。'"此颂乃岑颂东汉和帝时邓骘征凉部叛羌者。骘乃和熹邓后之兄，岑另有和熹邓后颂。莽末迄和熹百有余年，莽末之史岑，自不得为和熹之颂。盖有二史岑，字子孝者，仕王莽之末；字孝山者，当和熹之际，但书典散亡，未详孝山爵里，范晔遂误二人为一。黄叔琳于《文心雕龙·颂赞》"史岑之述熹后"句下亦引《文选》此注作注。又按《汉书·外戚恩泽表》"乐陵安侯史高"栏，载"元始四年，侯岑，以高曾孙绍封，王莽败绝"，当即字子孝之史岑，《史通》所谓见遗者，盖指此。

〔一〇〕逐麋之犬，不复顾兔：陈《补释》引《吕氏春秋·士容》："良狗志在獐麋豕鹿不在鼠。"《淮南子·说林训》："逐鹿者不顾兔。"《汉书·外戚·上官皇后传》："逐鹿之狗，当顾兔耶！"

〔一一〕鸡肋是弃：《三国志·魏武帝纪》："王临汉中，遂至阳平，备因险拒守。"裴注引《九州春秋》曰："时王欲还，出令曰：'鸡肋。'官属不知所谓。主簿杨修便自严装。人惊问修，何以知之？修曰：'夫鸡肋弃之如可惜，食之无所得。以比汉中，知王欲还也。'"

〔一二〕元则：《三国志》裴注引《魏略·桓范传》："范，字元则，有文学。"又《魏书·曹真传》附子爽、羲及桓范等传："大司农沛国桓范闻兵起，矫诏开平昌门，南奔爽，范说爽，使车驾幸许昌，招外兵，爽兄弟犹豫未决。范重谓羲曰：'今卿与天子相随，令于天下，谁敢不应者？'羲犹不能纳。……于是爽、羲、范皆伏诛，夷三族。"仅此寥寥数语。而裴注一则引干宝《晋书》曰："桓范出赴爽，宣王谓蒋济曰:'智囊往矣。'"及范哭爽兄弟不听其言,必将坐受族灭等语,又引《魏略·桓范传》,详载其身世才识、机智及临难不苟情状,故云"陈《志》遗此不编"。

〔一三〕仲景:《通释》:"遍检《三国》裴注,绝无其人。刘意岂谓张仲景耶?皇甫谧《释劝》:'华陀存精于独识,仲景垂妙于定方。'盖仲景医圣,与陀齐名。《隋志》方书亦二人连载,并注汉人,汉末魏初也。而陈寿止传华陀,不及仲景。知幾特举出之,理或然耶?《读书志·名医录》云:'仲景,南阳人,名机,举孝廉,官长沙太守。著《伤寒论》二十二篇,证外合三百九十七法,一百一十二方。'《书录解题》:'仲景文辞,简古奥雅,古今治伤寒未有能出其外者。'按《史通》云'才重许、洛',地亦合。"按:《隋志》子部医方类连载:"《张仲景方》十五卷,仲景后汉人。《华佗方》十卷,佗后汉人。"生亦同时。浦氏此释甚详审。

〔一四〕何祯:《通释》引张隐《文士传》:"何桢,字元干,有文学,器干甚伟,历幽州刺史、廷尉。桢子龛、勖、恽,多至大官。"又引《晋书·何充传》:"充字次道,魏光禄大夫桢之曾孙也。"按《隋志》著录:"《文士传》五十卷,张隐撰,已佚。"又按《何充传》云:"充,庐江人。"据《晋书·地理志》"庐江郡属扬州",又"祯"字,蜀本、陆本、鼎本、郭本、黄本均同,卢《拾补》:"'祯'讹。"孙《札记》校改为"桢",《通释》已径改作"桢",按引文均作"桢",与字元干亦相应,兹姑仍其旧。

〔一五〕许询:《世说新语·文学》:"许掾年少时,人以比王苟子,许大不平。"刘注:"掾,询也。苟子,王修小字也。"又:"支道林、许掾诸人,共在会稽王斋头,支为法师,许为都讲,支通一义,四坐莫不厌心,许送一难,众人莫不抃舞,但共嗟咏二家之美。”又《晋书·孙绰传》云:“绰与询一时名流,沙门支遁试问绰:‘君何如许?’答曰:‘高情远致,弟子早已服膺。’”又《世说·言语》:“刘贞长为丹阳尹,许玄度出都就刘宿。”注引《续晋阳秋》曰:“许询,字玄度,高阳人。总角秀惠,众称神童。”按高阳县属豫州。

〔一六〕网漏吞舟:陈《补释》引《史记·酷吏传》:“网漏于吞舟之鱼。”按原句见《酷吏传》序。又《盐铁论·论菑》:“网漏吞舟之鱼,而刑审于绳墨之外,反臻其末,而民莫犯禁。”《晋书·慕容垂载记》:“且夫高世之略,必怀遗俗之规,方当网漏吞舟,以弘苞养之义。”

观东汉一代,贤明妇人,如秦嘉妻徐氏〔一〕,动合礼仪,言成规矩,毁形不嫁,哀恸伤生,此则才德兼美者也;董祀妻蔡氏〔二〕,载诞胡子,受辱虏庭,文词有余,节概不足,此则言行相乖者也。至蔚宗《后汉》,传标“列女”,徐淑不齿,而蔡琰见书。欲使彤管所载〔三〕,将安准的?

〔一〕秦嘉妻徐氏:《通释》引《玉台新咏》秦嘉《赠妇诗》序云:“嘉为郡上掾,妻徐淑寝疾,还家,不获面别,赠诗云尔。”又淑答诗略云:“妾身兮不令,婴疾兮来归,旷废兮侍觐,情敬兮有违。君今兮奉命,远适兮京师,悠悠兮离别,梦想兮容辉。恨无兮羽翼,高飞兮相追。”又引《艺文类聚》淑复嘉书云:“昔诗人有飞蓬之感,班姬有谁荣之叹。素琴明鉴,当得君还。未奉光仪,宝钗不列。”《后汉书·列女传》无徐淑传,《诗品》列秦嘉、徐淑为中品。陈延杰注引淑答秦嘉诗全文。

〔二〕董祀妻蔡氏：琰字文姬，《后汉书·列女传》有《董祀妻传》。

〔三〕彤管：《诗·邶风·静女》："贻我彤管。"《笺》云："彤管，笔赤管也。"疏："必以赤者，欲使女史以赤心事夫人，而正妃妾之次序也。"后遂以"彤管"为列女史传之代词。

裴幾原删略《宋史》，时称简要。至如张祎阴受君命〔一〕，戕贼零陵，乃宗道不移〔二〕，饮鸩而绝，虽古之锄麑义烈〔三〕，何以加诸？鲍照文宗学府〔四〕，驰名海内，方于汉代，褒、朔之流〔五〕。事皆阙如，何以申其褒奖？

〔一〕张祎：《晋书·忠义传》："祎，吴郡人也。少有操行。恭帝践祚，刘裕以祎帝之故吏，素所亲信，封药酒付祎，密令鸩帝。祎叹曰：'鸩君而求生，何面目视息世间哉！'因自饮之而死。"又《晋书·恭帝纪》："元熙二年夏六月，帝遂逊于琅邪第，刘裕以帝为零陵王。"裴子野《宋略》已佚，虽无可考，而沈约《宋书》，仅在祎子张畅传附载："父祎，高祖封药酒付祎，使密加鸩毒。祎自饮而卒。"

〔二〕宗道：卢《拾补》："宗，何'守'。"孙《札记》亦云："何作'守道'。"《通释》径改作"守道"，并注"守"字云："旧作'宗'。"注"道"字云："一作'通'。"蜀本、嘉靖陆深刻本、鼎本、郭本均误作"宗通"。

〔三〕锄麑：《左》宣二年《传》："宣子骤谏，（晋灵）公患之，使钼麑贼之，晨往，寝门辟矣，盛服将朝，尚早，坐而假寐。麑退，叹而言曰：'不忘恭敬，民之主也。贼民之主，不忠；弃君之命，不信。有一于此，不如死也。'触槐而死。"按宣子即赵盾。钼，同“锄”。

〔四〕鲍照：《宋略》无可考，《宋书》仅在宗室临川烈武王道规传述及其嗣子义庆时，附及鲍照事云：“鲍照，字明远，文辞赡逸，尝为古乐府，文甚遒丽。”中载其《河清颂》全文，续云：“世祖以照为中书舍人，上好为文章，自谓物莫能及。照悟其旨，为文多鄙言累句，当时咸谓照才尽，实不然也。临海王子顼为荆州，照为前军参军，掌书记之任，子顼败，为乱兵所杀。”遗文零落，齐虞炎始编次成集，《隋志》著录《鲍照集》十卷，今存《鲍参军集》十卷。《昭明文选》收有其《芜城》、《舞鹤》等赋，钟嵘《诗品》列入中品云：“善制形状写物之词。嗟其才秀人微，故取湮当代。”王渔洋《诗话》谓“照宜在上品”。

〔五〕褒、朔：指王褒、东方朔，均系汉代著名辞赋家。褒，字子渊。朔字曼倩，《汉书》有传。

夫天下善人少而恶人多〔一〕，其有书名竹帛者，盖惟记善而已。故太史公有云〔二〕：“自获麟已来，四百余年，明主贤君，忠臣死义之士，废而不载，余甚惧焉！”即其义也。至如四凶列于《尚书》〔三〕，三叛见于《春秋》〔四〕，西汉之纪江充、石显〔五〕，东京之载梁冀、董卓〔六〕，此皆干纪乱常，存灭兴亡所系，既有关时政，故不可阙书。

〔一〕善人少而恶人多：杨《通释补》引《庄子·胠箧》篇：“天下之善人少而不善人多。”按《史记·孝文本纪赞》：“太史公曰：孔子言‘必世然后仁。善人之治国百年，亦可以胜残去杀’。诚哉是言。汉兴，至孝文四十有余载，德至盛也。廪廪乡改正服封禅矣,谦让未成于今。呜呼,岂不仁哉?”又《三国志·蜀书·庞统传》:“当今天下大乱,雅道陵迟,善人少而恶人多。方欲兴风俗,长道业,不美其谭,即声名不足慕企,不足慕企而为善者少矣。”

〔二〕太史公有云:“自获麟以来”至“余甚惧焉”一段文字,节引自《史记·太史公自序》。

〔三〕四凶:《尚书·尧典》:“流共工于幽洲,放欢兜于崇山,窜三苗于三危,殛鲧于羽山。四罪而天下咸服。”又《左》文十八年《传》:“舜臣尧,流四凶族。”杜注:“案四凶罪状而流放之。”故云“四凶列于《尚书》”。

〔四〕三叛:《春秋》襄二十一年《经》:“邾庶其以漆、闾丘来奔。”又昭五年《经》:“莒牟夷以牟娄及防兹来奔。”又昭三十一年《经》:“黑肱以滥来奔。”昭三十一年《左氏传》曰:“《春秋》书三叛人名,以惩不义。”

〔五〕西汉纪江充、石显:《汉书·江充传》:“江充,赵国邯郸人,本名齐。赵太子丹与齐忤,齐更名充,诣阙告丹,竟败赵太子。上(武帝)以充为使者,治巫蛊,坐而死者前后数万人,上疑左右皆为蛊,充因言宫中有蛊气,遂掘蛊于太子宫。太子繇是遂败。”又《石显传》:“显,字君房,少坐法腐刑。元帝即位,显为中书令,贵幸倾朝。显为人巧慧习事,忤恨睚眦,辄被以危法,萧望之大与显忤,后皆害焉。望之自杀,房、捐之弃市,张猛自杀于公车。显恐天下学士姗己,因荐贡禹。显之设变诈以自解免,取信人主者,皆此类也。”《汉书》以江充与蒯通、伍被等合传,以石显入佞幸。

〔六〕东京载梁冀、董卓:《后汉书·梁统传》附其玄孙冀传,备载其“居职暴恣,多非法。在位二十余年,穷极满盛,威行内外,百僚侧目,天子恭己而不得有所亲豫”等“贪乱”之迹。又《董卓传》亦详载卓干纪乱常终倾汉祚之迹。

但近史所刊,有异于是。至如不才之子,群小之徒,或阴情丑行,或素餐尸禄,其恶不足以曝扬,其罪不足以惩诫,莫不搜其鄙事,聚而为录,不其秽乎?

抑又闻之,十室之邑,必有忠信〔一〕,而斗筲之才〔二〕,何足算也。若汉传之有傅宽、靳歙〔三〕,《蜀志》之有许慈〔四〕,《宋书》之虞丘进〔五〕,《魏史》之王㦤〔六〕,若斯数子者,或才非拔萃,或行不逸群,徒以片善取知,微功见识。阙之不足为少,书之维益其累。而史臣皆责其谱状,征其爵里,课虚成有,裁为列传,不亦烦乎?

〔一〕十室之邑,必有忠信:《论语·公冶长》:“子曰:‘十室之邑,必有忠信如丘者焉,不如丘之好学也。’”

〔二〕斗筲之才:《论语·子路》:“子贡问曰:‘今之从政者何如?’子曰:‘噫!斗筲之人,何足算也。’”朱注:“斗,量名。筲,竹器,容斗二升。斗筲,言鄙细也。”

〔三〕汉传之有傅宽、靳歙:《史记》有傅宽、靳歙与蒯成侯周緤合传,系褚少孙补。《汉书》亦有傅、靳、周与樊、郦、滕、灌合传。寻绎傅、靳传文,盖均以“微功见识”者。《通释》按云:“‘傅、靳’恐当作‘傅、周’。”盖七人中惟傅宽、周緤事最少也。又“汉传”之“传”字,孙《札记》“顾云衍文”,而卢《拾补》则云:“‘传’,宋脱,疑是‘书’字。”程《笺记》略云:“此避与下《宋书》‘书’字复,故易称‘传’。‘传’亦史籍之通名。”按“汉传”当系泛指《史》、《汉》,不专指《汉书》。又“傅宽”之“傅”字,原误作“传”,蜀本、陆本、鼎本同,郭本、王本、黄本、《通释》及孙《札记》已校改,今据诸本及史传原文改。

〔四〕《蜀志》之有许慈:《三国志·蜀书·许慈传》:“许慈,字仁笃。善郑氏学,慈、(胡)潜并为学士,更相克伐,谤讟忿争,形于声色。时寻楚挞,其矜己妒彼,乃至于此。”裴注引孙盛曰:“蜀少人士,故慈、潜等并见载述。”又何义门批校本手墨眉批云:“《蜀志》之传许慈,盖以彰一隅之僻陋。”亦可备一说。

〔五〕《宋书》之虞丘进:《宋书》以虞丘进与孙处、蒯恩、刘钟合传。传末论曰:“此诸将并起自竖夫,出于皂隶刍牧之下,徒以心一乎主,遂飨封侯之报。”盖亦“片善取知”者。

〔六〕《魏史》之王懥:王懥,原作“王憓”,黄本眉批云:“虞邱王懥不能一概抹却。”按“懥”字,何义门批校本描改为“憓”,手笔眉批复云:“憓,《魏书》作‘憲’。”以为其乃“清臣”。蜀本、陆本、鼎本、郭本亦作“憓”,王本、黄本作“懥”,《通释》及《削繁》作“憲”。又今本《魏书》卷三十三《王憲传》:“憲,字显则,祖猛。憲归诚,太祖见之,曰:‘此王猛孙也。’厚礼待之。历任二曹,断狱称旨。”全传无才行可纪。《北史》卷二十四本传“懥”字亦作“憲”,文同《魏书》。

语曰:“君子于其所不知,盖阙如也。”〔一〕故贤良可记,而简牍无闻,斯乃察所不该,理无足咎。至若愚智毕载,妍媸靡择,此则燕石妄珍〔二〕,齐竽混吹者矣〔三〕。夫名刊史册,自古攸难,事列《春秋》,哲人所重,笔削之士,其慎之哉！

〔一〕不知、阙如：《论语·子路》："子曰：'君子于其所不知，盖阙如也。'"

〔二〕燕石：《通释》引《阙子》："宋之愚人得燕石梧台之侧，藏之，以为大宝。周客闻而观焉，革匮十重，缇巾十袭。客见之，掩口卢胡而笑曰：'此燕石也，与瓦甓同。'"按《阙子》已佚，《通释》引文见《太平御览》卷五十一。《三国志·蜀书·阚泽传》裴注："虞翻称泽曰：'阚子儒术德行。'"是称泽为阚子。又《水经注》卷二十六《淄水》："齐古梧宫之台，台东即《阙子》所谓宋愚人得燕石处。"郭璞《方言注·自序》："庶以燕石之瑜，补琬琰之瑕，俾后之瞻涉者，可以广寤多闻。"《刘子·正赏》："以赵曲为雅声者，惟钟期不溷其音，以燕石为美玉者，唯猗顿不谬其真，以郢赋为丽藻者，唯相如不滥其赏。"

〔三〕齐竽：《韩非子·内储说上》："齐宣王使人吹竽，必三百人。南郭处士请为王吹竽，宣王说之，廪食以数百人。宣王死，湣王立，好一一听之，处士逃。"

史通卷之九

核才第三十一

【解 题】

此篇综论史才。礼部尚书郑惟忠尝问:“自古文士多,史才少,何耶?”知幾对曰:“史有三长:才、学、识,世罕兼之,故史者少。夫有学无才,犹愚贾操金,不能殖货。有才无学,犹巧匠无楩楠斧斤,弗能成室。犹须好是正直,善恶必书,使骄君贼臣知惧,此为无可加者。”知幾之“史才论”,盖综论史学人材难得,因其必备才、学、识三长。而三长又以史识为中心,故前此自《品藻》至《人物》等八篇,分题详论史家必具正直之德、铨综之识。此篇综论史才,盖兼才、学、识而言,非专论史家必具才能之长也。故开篇即谓“史才之难,其难甚矣”,与答郑惟忠之辞相应。而“苟非其才,则不可叨居史任”,倘谓此“才”字专指才能之长,则与“有才无学,弗能成室”径庭矣。

《核才》通篇强调文士不适于修史,主要原因有二:一是文士不“达于史体”,二是“多无铨综之识”。他列举蔡邕、谢灵运等著名文学、文章大家，认为或昧史体，或乏史识。其说并非以为史家高于文士，如张衡之擅文，固不闲于史，陈寿之能史，亦不习于文；也非以为任何人都不可能兼有文史之材，如班固、沈约就兼长文史，惟人数毕竟很少。

然自古以来，为何多由文士修史？他从以下三方面分析其原因：

第一，从历史渊源说，是由于孔子云“文胜质则史”，史即是当时之文。然时移世异，文之与史，皎然异辙。《载文》篇历举周诗、楚赋，载美存恶，指出文之与史，其流一也，而时至中叶文体大变，倘复“聚彼虚说，编而次之”，即“非复史书，更成文集”，清楚说明古时“文之将史，其流一焉”，中叶以来，“文之与史，皎然异辙”。两者并无矛盾，一但忽视时移世异之变化，即易出现文史不分之不良倾向。

第二，政治之恶劣影响。由于“世重文藻，词宗丽淫”，史馆选用史官，“必推文士”，遂“多无铨综之识”，又不善作“微婉之言”。虽或有一二史材，反而被窘辱，遭嗤笑，斯亦为知幾身居史馆目睹身受之实感，皆为有司之责。

第三，即“拘时之患”。亦有原具史才者如班固，及入东观著书，其文曾不足观，实乃为时尚所拘，遂不得自尽其才。他感叹自古已然，于今为甚。而知幾论史之文，说理绵密，深切周至，是其所长，然亦伤于骈丽，终贻“拙于用己”之讥议也。

夫史才之难，其难甚矣。晋令云〔一〕：“国史之任，委之著作。”每著作郎初至，必撰名臣传一人〔二〕。斯盖察其所由〔三〕，苟非其才，则不可叨居史任。历观古之作者，若蔡邕[四]、刘峻[五]、徐陵[六]、刘炫之徒[七]，各自谓长于著书，达于史体。然观侏儒一节[八]，而他事可知。按伯喈于朔方上书[九]，谓宜广班氏《天文志》。夫《天文》之于汉史，实附赘之尤甚者也，必欲申以掎摭[一〇]，但当锄而去之[一一]，安可仍其过失，而益其芜累，亦奚异观河倾之患，而不遏以堤防，方欲疏而导之，用速怀襄之害[一二]。述史如此，将非练达者欤？孝标持论析理[一三]，诚为绝伦，而《自叙》一篇，过为烦碎，《山栖》[一四]一志，直论文章。谅难以偶迹迁、固，比肩陈、范者也。孝穆在齐，有志于梁史，及还江左，而书竟不成。嗟乎！以徐公文体，而施诸史传，亦犹灞上儿戏，异乎真将军[一五]，幸而量力不为，可谓自卜者审矣。光伯以洪儒硕学，而迍邅不遇[一六]，观其锐情自叙，欲以垂示将来，而言皆浅俗，理无要害，岂所谓“诵《诗》三百，虽多亦奚以为”者乎[一七]？

〔一〕晋令：《通释》：“《隋志》：‘《晋令》四十卷。’”按新旧《唐志》均著录《晋令》一书，凡四卷，题贾充等撰。又《晋书·刑法志》：“晋文帝为晋王，令贾充定法律，令与太傅郑冲、司徒荀𫖮、中书监荀勖等十四人，就汉九章，增十一篇。”《南齐书·百官志序》：“荀勖欲去事烦，唯并省。定制成文，本之《晋令》。”《世说新语·政事》：“贾充初定律令，与羊祜共咨太傅郑冲。冲曰：‘皋陶严明之旨，非仆暗懦所探。’羊曰：‘上意欲令小加弘润。’冲乃粗下意。”注引《晋诸公赞》：“充有才识，明达治体，加善刑法，由此与散骑常侍裴楷共定科令，蠲除密网，以为晋律。”《唐六典》卷六

《刑部》:"晋命贾充等撰令四十篇:一户,二学,三贡士,四官品,五吏员,六俸廪,七服制,八祠,九户调,十佃,十一复除,十二关市,十三捕亡,十四狱官,十五鞭杖,十六医药疾病,十七丧葬,十八杂上,十九杂中,二十杂下,二十一门下散骑中书,二十二尚书,二十三三台秘书,二十四王公侯,二十五军吏员,二十六选吏,二十七选将,二十八选杂士,二十九宫卫,三十赎,三十一军战,三十二军水战,三十三至三十八皆军法,三十九、四十皆杂法。"惜俱有目而无令(律条)。后此书目,惟郑樵《通志·艺文略》载有"《晋令》四十卷",题"贾充、杜预撰",然未必获见原书,余则未见他书著录,其书已佚。严可均辑《全晋文》,尚多载其佚文。

〔二〕本注:著作郎撰传,《晋书·职官志》:"魏明帝太和中,诏置著作郎,于此始有其官,隶中书省。晋武帝改中书著作为秘书著作,于是改隶秘书省。后别自置省,而犹隶秘书。著作郎一人,谓之大著作郎,专掌史任。"《通释》则节引《晋书·职官志》"著作郎始到职,必撰名臣传一人"一句,与《晋令》合。惟《宋书·百官志》作"晋制:著作佐郎始到职,必撰名臣传一人"。《唐六典》所载亦同,或"著作郎"当作"著作佐郎"。又《隋书·百官志》云:"著作郎一人,佐郎八人,掌国史,集注起居。著作郎谓之大著作,梁初周舍、裴子野,皆以他官领之。又有撰史学士,亦知史书。佐郎为起家之选。"则佐郎起家任职,必先"撰名臣传一人",似已成为制度。按浦氏原注置于《晋令》注下,合为一注。近印《通释》标点本,遂将《职官志》文字,并作《晋令》引注。今《晋令》原文既无可考,兹将此句置于《晋令》引文之外,并析为两注。

〔三〕察其所由:《论语·为政》:"子曰:'视其所以,观其所由,察其所安,人焉廋哉!人焉廋哉!'"注:"由,经也。言观其所经从。"

〔四〕蔡邕:《后汉书·蔡邕传》:"邕,字伯喈。少博学,好辞章、数术、天文,妙操音律。召拜郎中,校书东观,迁议郎。对灾咎,讥刺宠臣,下狱,减死,徙朔方。因上书自陈,奏其所著十意。"李贤注:"犹前《书》十志也。"并引其"上书自陈"曰:"臣常以为《汉书》十志,下尽王莽而止,光武已来,唯记纪传,无续志者。臣谨封上,有《律历意》第一,《礼意》第二,《乐意》第三,《郊祀意》第四,《天文意》第五,《车服意》第六。"则邕已续有《天文》矣。严可均《全后汉文》案语:"《续汉·律历志》下注补引蔡邕戍边上章。又《后汉》本传:'邕上书自陈,奏其所箸十意。'注引《邕别传》'邕昔作十意'云云。又《艺文类聚》八十、《御览》三百三十五引蔡邕徙朔方上书。又本集外传。"各书所引,文字多寡不同,题名亦异。

〔五〕刘峻:《梁书·文学·刘峻传》:"峻,字孝标,游东阳紫岩山,筑室居焉。为《山栖志》,其文甚美。著《辨命论》,论成,刘沼致书以难之,凡再反,峻并为申析以答之。又尝为《自序》,自比冯敬通。"详后《自叙》篇注,又《辨命论》萧统录入《文选》。李善注曰:"孝标负材矜地,自谓坐致云霄,岂图逡巡十稔,而荣惭一命。因兹著论,故辞多愤激。"

〔六〕徐陵:《陈书·徐陵传》:"陵,字孝穆,东海郯人,博涉史籍。(梁武帝)太清二年,兼通直散骑常侍,使魏,会齐受魏禅,陵累求复命,终拘留不遣。……及遣陵还,(仕陈)领大著作。陵一代文宗,国家有大手笔,皆陵草之。其文颇变旧体，缉裁巧密，多有新意。”今存《徐孝穆集》十卷。《南史》附入《徐摛传》，史传及其本集，皆未载“有志梁史”事。

〔七〕刘炫：《隋书·儒林·刘炫传》：“炫，字光伯，闭户读书，十年不出。与著作郎王劭同修国史。牛弘奏请购求天下遗逸之书，炫遂伪造书百余卷，题为《连山易》、《鲁史记》。后有人讼之，经赦免死，坐除名。郁郁不得志，乃自为赞曰‘通人自叙风徽，余内省生平，顾循终始，其大幸有四，其深恨有一’云云，(终)冻馁而死。”

〔八〕侏儒一节：《三国志·吴书·潘濬传》裴注：“武陵部从事樊伷诱导诸夷，图以武陵属刘备，外白差督督万人往讨之。权不听，特召问濬，濬答：‘以五千兵往，足可以擒伷。’权曰：‘卿何以轻之？’濬曰：‘伷是南阳旧姓，颇能弄唇吻，而实无辩论之才。臣所以知之者，伷昔尝为州人设馔，比至日中，食不可得，而十余自起，此亦侏儒观一节之验也。’”《通释》节引其文，而以己意连属之。杨《通释补》引桓谭《新论》：“谚曰：‘侏儒见一节，而长短可知。’《御览》四百九十六引。”按钟嵘《诗品·汉婕妤班姬诗》亦云：“侏儒一节，可以知其工矣。”

〔九〕朔方上书：“朔方”，原作“方翔”，陆本、郭本同，何义门批校本亦有手墨描改为“朔方”。蜀本、鼎本、黄本、《通释》作“方朔”，孙《札记》校改为“朔方”，当本于史传，今据改。又郭评：“邕与卢植、韩说等撰补《后汉记》，会遭事流离，不及得成，因上书自陈。”其《上汉书十志疏》，首句即谓“朔方髡钳徒臣邕稽首再拜上书皇帝陛下”。王《训故》引《后汉书》：“蔡邕为程璜等所陷，徙朔方，上书自陈。”按蔡氏《蔡中郎集》卷三《月令问答》：“光和元年，余被谤章，罹重罪，徙朔方。内有猃狁敌冲之衅，外有寇虏锋镝之艰。危险凛凛，死亡无日。”《后汉书》卷六十四《卢植传》：“植素善蔡邕，邕前徙朔方，植独上书请之。邕时见亲于卓，故往请植事。又议郎彭伯谏卓曰：‘卢尚书海内大儒，人之望也。今先害，天下震怖。’卓乃止，但免植官而已。”

〔一〇〕掎摭：谓摘取也。《曹子建集》卷九《与杨德祖书》：“刘季绪才不能逮于作者，而好诋诃文章，掎摭利病。昔田巴毁五帝，罪三王，呰五霸于稷下，一旦而服千人，鲁连一说，使终身杜口。”《诗品》：“辨彰清浊，掎摭病利。”颜师古《汉书叙例》：“近代注史，竞为该博，多引杂说，攻击本文，至有诋诃言辞，掎摭利病，显前修之纰僻，骋己识之优长，乃效矛盾之仇雠，殊乖粉泽之光润。”

〔一一〕锄而去之：杨《通释补》引《史记·齐悼惠王世家》：“章曰：‘深耕穊种，立苗欲疏，非其种者，锄而去之。’”按章即朱虚侯刘章。《风俗通义·城阳景王祠》“穊”字作“广”，《金楼子·说蕃篇》仍作“穊”。穊，《说文》“稠也”，穊种，即密植。

〔一二〕怀襄之害：《书·尧典》：“汤汤洪水方割，荡荡怀山襄陵，浩浩滔天。”伪孔《传》：“割，害也。怀，包。襄，上也。包山上陵，浩浩盛大若漫天。”

〔一三〕析：蜀本、陆本、鼎本作“柝”，当为“析”之讹字，《通释》作“谈”，卢《拾补》：“宋讹作‘误’，当是‘谈’。”兹仍其旧。

〔一四〕山栖：原作“山西”，鼎本亦作“西”，郭本、黄本、《通释》及孙《札记》均校改，今据史传校改。

〔一五〕灞上儿戏，异乎真将军：《史记·绛侯世家》：“亚夫为将军，军细柳。上之细柳军，不得入。诏将军，亚夫以军礼见。文帝曰:'嗟乎!此真将军矣。曩者霸上、棘门军,若儿戏耳。'"杨《通释补》注节引文帝赞辞。

〔一六〕迍邅:《易·屯》:"屯如邅如。"王弼注:"屯难之时,困于侵害,故屯邅也。"按:屯、迍通用。

〔一七〕"诵《诗》三百"句:《论语·子路》:"子曰:'诵《诗》三百,授之以政,不达。使于四方,不能专对,虽多,亦奚以为?'"

昔尼父有言:"文胜质则史。"盖史者,当时之文也。然朴散淳销,时移世异,文之与史,皎然异辙。故以张衡之文,而不闲于史,以陈寿之史,而不习于文。其有赋述两都〔一〕,诗裁八咏〔二〕,而能编次汉册,勒成宋典,若斯人者,其流几何?

〔一〕赋述两都:《两都赋》见《载文》篇注,此处言班固才兼文史,既赋两都,又修《汉书》。

〔二〕诗裁八咏:八咏诗,沈约有《八咏诗》,题为《登台望秋月》、《会圃临春风》、《秋至愍衰草》、《寒来悲落桐》、《夕行闻夜鹤》、《晨征听晓鸿》、《解佩去朝市》、《被褐守山东》。《金华志》云:"沈约为东阳太守,题诗于元畅楼,后人更名八咏楼。"楼在金华县城八咏门内,八咏刻于石。约修《宋书》,是亦才兼文史者。

是以略观近代,有齿迹文章,而兼修史传。其为式也,罗含〔一〕、谢客〔二〕,宛为歌颂之文,萧绎〔三〕、江淹〔四〕,直成铭赞之序。温子昇尤工复语〔五〕,"工"一作"喜"。卢思道雅好丽词〔六〕,江总猖獗以沉迷〔七〕,庾信轻薄而流宕〔八〕,此其大较也。然向之数子所撰者,盖不过偏记、杂说、小卷、短书而已,犹且乖滥踳驳〔九〕,一至于斯,而况责之以刊勒一家,弥纶一代,使其始末圆备,表里无咎,盖亦难矣。

〔一〕罗含:《晋书·文苑·罗含传》:"含,字君章,耒阳人。谢尚称谓'湘中之琳琅'。桓温尝与僚属讌会,含后至,温问众坐曰:'此何如人?'或曰'可谓荆楚之材'。温曰:'此自江左之秀,岂惟荆楚而已。'温雅重其才。累迁散骑常侍,侍中,仍转廷尉、长沙相。所著文章行于世。"隋唐《志》均著录《罗含集》三卷,已佚,未见有"兼修史传"之记载。

〔二〕谢客:《通释》引《异苑》:"灵运生于会稽,其家以子孙难得,送于钱塘杜明师养之,十五方还。故曰客儿。"注云:"即谢灵运。"按:《异苑》,南朝宋刘敬叔撰,《隋志》及《四库总目》均著录。其书今收入《学津讨源》、《津逮秘书》等丛书中,尚易寻检。惟《四库全书总目》云:"疑已不免有所佚脱窜乱。"浦引《异苑》文,亦具见《诗品》,惟"杜明师"作"杜治",微有差异耳。《诗品·总论》既曰"谢客为元嘉之雄",又曰"谢客集诗,逢诗辄取",则齐梁间已以"谢客"为灵运之通称矣。谢灵运撰《晋书》未成,已见前《论赞》篇注。又《隋志》史部地理类著录"谢灵运撰《游名山志》一卷",亦其有关史事撰述也。

〔三〕萧绎:《梁书·元帝纪》:"元帝讳绎,字世诚,高祖第七子,好学,博总群书,下笔成章,出言为论,才辩敏速。与裴子野、萧子云及当时才秀为布衣之交。著述辞章,多行于世。所著《孝德传》三十卷、《忠臣传》三十卷。"《隋志》著录其忠、孝两传等,知幾讥其为"铭赞之序"或即指此。

〔四〕江淹:《通释》引《梁书·江淹传》:"淹,字文通。少以文章显。晚节才思微退,时人谓之才尽。所著述百余篇,并《齐史》十志。"按《隋志》在"沈约《齐纪》二十卷"下注云:"梁有江淹《齐史》十三卷,亡。"

〔五〕温子昇:注见前《叙事》篇。《隋志》著录其"《魏永安记》三卷",已佚。

〔六〕卢思道:《隋书·卢思道传》:"思道,字子行,范阳人。聪爽俊辩,才学兼著。有集三十卷,行于时。"《隋书》以卢与李孝贞、薛道衡合传,传末史臣曰:"二三子有齐之季,皆以辞藻著闻,文雅纵横,金声玉振。静言扬榷,卢居二子之右。"《隋志》著录卢撰"《知己传》一卷"。丽词:《通释》:"《文心雕龙》有《丽词》篇,论骈俪体。"并节引《丽词》文句。按《太平广记》卷二百九十一《延娟》引《拾遗录》:"周昭王二十年,东瓯贡女,一曰延娟,二曰延娱,俱辩丽词巧,能歌笑,步尘无迹,日中无影。"知幾云"卢好丽辞"与"温工复语"同义,盖皆议其以骈四俪六文词撰史。

〔七〕江总:《陈书·江总传》:"总,字总持,笃学有辞采。常侍东宫,以与太子为长夜之饮,养良娣陈氏为女,太子微行总舍,上怒免之。总善属文,伤于浮艳,故为后主所爱幸。多有侧篇,好事者相传讽玩。总日与后主游宴后庭,共陈暄、孔范、王瑗等十余人,当时谓之狎客。有文集三十卷。"世传其撰有《白猿传》。

〔八〕庾信:《周书·庾信传》:"信,字子山,东海徐陵及信并为抄撰学士,文并绮艳,故世号为'徐庾体'焉,史臣曰:'子山之文,其体以淫放为本,其词以轻险为宗。故能夸目侈于红紫,荡心逾于郑、卫。'"

〔九〕踳驳:《庄子·天下》篇:"惠施多方,其书五车,其道踳驳,其言也不中。"《文选》左思《魏都赋》"谋踳驳于王义",李善注引司马彪《庄子注》:"踳读曰舛,舛,乖也。驳,色杂不同也。"

但自世重文藻,词宗丽淫,于是沮诵失路〔一〕,灵均当轴〔二〕。每西省虚职〔三〕,东观伫才,凡所拜授,必推文士。遂使握管怀铅,多无铨综之识〔四〕,连章累牍,罕逢微婉之言。而举俗共以为能,当时莫之敢侮。假令其间有术同彪、峤〔五〕,才若班、荀,怀独见之明〔六〕,负不刊之业,而皆取窘于流俗,见嗤于朋党。遂乃哺糟歠醨〔七〕,俯同妄作,披褐怀玉〔八〕,无由自陈。此管仲所谓"用君子而以小人参之,害霸之道"者也〔九〕。

〔一〕沮诵失路:《晋书·卫恒传》:"恒,字巨山,为《四体书势》曰:'黄帝之史,沮诵、仓颉,始作书契,纪纲万事。'"是以沮诵为史家之代称,借言史家不得当史任也。

〔二〕灵均当轴:屈原《离骚》:"名余曰正则兮,字余曰灵均。"《通释》:"借言以词人当史局也。"

〔三〕每西省虚职:浦注"每"字下"当有'值'字"。又《旧唐书·职官志》:"中书省,龙朔改为西台。"史馆隶中书省,此以西省称史馆。

〔四〕铨综之识:"识"字原误作"职",各本同。浦注:"旧讹作'职'。"孙《札记》校改"识",按"职"义亦可通,然"铨综之识"与"正直之德"乃知幾"史才论"之中心,兹改作"识"。

〔五〕彪、峤:司马彪、华峤。

〔六〕怀独见之明:《汉书·孝成赵皇后传》:"时议郎耿育上疏言:'知陛下有贤圣通明之德,仁孝子爱之恩,怀独见之明,内断于身。'"又杨《通释补》引《文选》袁宏《三国名臣序赞》:"文若怀独见之明。"按荀彧字文若。

〔七〕哺糟歠醨:陈《补释》:"《楚辞·渔父》文。"按《渔父》原文为"众人皆醉,何不餔其糟而歠其醨",王逸注"餔其糟"云"从其俗也",又注"歠其醨"云"食其禄也"。又《魏书·刘献之传》:"哺糟歠醨,有同物之志。"

〔八〕披褐怀玉:陈《补释》:"《老子·知难章》本作'被褐怀玉'。"此从《家语·三恕》篇作"披"。按《续古逸丛书》影印宋范应元《老子道德经古本集注》"被"亦作"披"。

〔九〕害霸之道:杨《通释补》引《说苑·尊贤》:"桓公曰:'何如而害霸?'管仲对曰:'不知贤,害霸。信而复使小人参之,害霸。'"按《黄石公三略》卷中:"甲兵之备而无战斗之患,君无疑于臣,臣无疑于主,国定主安,臣以义退,亦能美而无害霸者。"

昔傅玄有云〔一〕:"观孟坚《汉书》,实命代奇作。及与陈宗、尹敏〔二〕、杜抚、马严撰中兴纪传〔三〕,其文曾不足观,岂拘于时乎?不然,何不类之甚者也。是后刘珍、朱穆、卢植、杨彪之徒〔四〕,又继而成之,岂亦各拘于时,而不得自尽乎?何其益陋也。"嗟乎!拘时之患,其来尚矣。斯则自古之所叹,岂独当今者哉!

〔一〕傅玄有云:"玄"字,《通释》云或作"毅",蜀本、陆本、郭本、黄本均作"玄"。"云"字原本脱,今补入。《通释》:"傅玄见《书事》篇。其言即所撰论三史故事,评断得失中语也。作'傅毅'者,非是。"

〔二〕陈宗、尹敏:《通释》:"《后汉书·班固传》:'显宗召固诣校书部,除兰台令史。与前睢阳令陈宗、长陵令尹敏,共成《世祖本纪》。'《困学纪闻》:'《论衡》云:"陈平仲纪光武,汉家功德可观见。"未详平仲何人。阎征君若璩,据《班固传》推知是陈宗字。'"又引袁宏《后汉纪》:"南阳人尹敏字幼季,才学深通。上言谶书多近语俗辞。上非之,官止长陵令,与班彪善。"按《困学纪闻》翁元圻案具引《后汉书·尹敏传》。

〔三〕杜抚、马严:《后汉书·儒林·杜抚传》:"抚,字叔和,少有高才。建初中,为公车令。"又《马援传》附援兄子严传:"严,字威卿,与校书郎杜抚、班固等杂定《建武注记》。"

〔四〕刘、朱、卢、杨:刘珍、卢植等撰集《东观汉记》,见《六家》篇"东京著书,犹称《汉纪》"注。朱穆,字公叔,朱晖孙,杨彪,字文先,杨震曾孙,其事迹分见《后汉书》晖、震传。又《卢植传》载植与杨彪等"补续《汉记》"。

序传第三十二

【解　题】

《序传》自述作者著书之目的,兼及内容和方法。孟子曰:"读其书,不知其人可乎?"故复自陈其身世,尤重在治学之经历与抱负。由于古代学人多渊源家学,甚或世代相承,故又必上溯祖考。而古重氏族,遂有远溯得姓受氏之始祖,徒自炫鬻族望，于读者无所裨补。

史书序传，肇自迁、固，知幾论其短长，一以史体断限为准。则孟坚生年（光武帝建武八年，公元 32 年）西汉已亡，为何其《叙传》中自述著书之由，竟罔顾断限溯至周秦。后此沈约《宋书·自序》、李延寿《南北史·序传》，就其下限言，亦同此理。盖序传本非史书所独有，而史书序传实亦乃史家附入其史著中之自传。绳以史例，有时自不免凿枘。

浦起龙按云："（此）篇当次前《序例》，题目之间，恐是错简。"亦缘不知"序传"本是史书附录。而"序例"乃史书中之书序及篇目序，究其所论，尤重在例，与作者自传不同。《史通》一书，原是作者自己"区分类聚，编而次之"者，显非错简。

其论上限，则应实事求是，"不知则阙"，反对"以夸尚为宗"，国史不可搞得如同家牒，自是笃论。尤其时人多"喜称阀阅"，更为针对性之药石良言。

至其言"自叙之为义"，一则曰"隐己之短，称其所长，斯言不谬，即为实录"，即只要不是虚构，就可掩恶扬善。再则曰"自叙当以扬名显亲为主"，严斥王充自纪父祖不肖，"必责以名教，实三千罪人"。他虽责"自炫自媒"是丑行，而对露才扬己者，则认为只要不"攘袂公言"即可。《曲笔》篇云："事涉君亲，言多隐讳，直道不足，名教存焉。"此篇更充分显露儒家名教思想之影响。瑕不掩瑜，斯篇仍多笃论。

盖作者自叙，其流出于中古乎？按屈原《离骚经》，其首章上陈氏族，下列祖考，先述厥生，次显名字〔一〕。自叙发迹，实基于此。降及司马相如，始以自叙为传〔二〕。然其所记者,但记自少及长,立身行事而已,逮于祖先所出,则蔑尔无闻。至马迁又征三闾之故事,仿文园之近作〔三〕,模楷二家,勒成一卷〔四〕。于是扬雄遵其旧辙,班固酌其余波,自叙之篇,实烦于代。虽属辞有异,而兹体无易。

〔一〕本注:《离骚》首章"帝高阳之苗裔兮",陈氏族也。"朕皇考曰伯庸",列祖考也。"摄提贞于孟陬兮,惟庚寅吾以降",述厥生也。"皇览揆余初度兮,肇锡余以嘉名,名余曰正则兮,字余曰灵均",显名字也。

〔二〕相如自叙为传:《隋书·刘炫传》:"炫自为赞曰:'通人司马相如等皆自叙风徽。'"又《困学纪闻》卷十二:"今考之本传,未见其为自叙,意者相如集载本传,如贾谊《新书》末篇,故以为自叙欤!"按《史通》外篇《杂说上》详述此事云:"马卿为《自叙传》,具在其集中。子长因录斯篇,即为列传,班氏仍旧,更无改作。固于马、扬传末皆云,迁、雄之自叙如此。至于《相如》篇下,独无此言。盖止凭太史之书,未见文园之集。"浦氏按云:"伯厚似未见此节而云然。"又按《汉志·诗赋略》仅著录"司马相如赋二十九篇",相如集班固已"未见",故未能在相如传末云"自叙如此"。全祖望云:"《史通》当有所据。"(亦引自《困学纪闻注》)

〔三〕文园:《史记·司马相如传》:"相如拜为孝文园令。"《索隐》引《百官志》云:"陵园令,六百石,掌按行扫除。"

〔四〕勒成一卷:指马迁《史记》卷一百三十《太史公自序》。

寻马迁《史记》,上自轩辕,下穷汉武,疆宇修阔,道路绵长。故其自叙始于氏出重黎,终于身为太史,虽上下驰骋，终不越《史记》之年〔一〕。班固《汉书》，止叙西京二百年事耳。其自叙也，则远征令尹，起楚文王之世，近录《宾戏》，当汉明帝之朝〔二〕，苞括所及，逾于本书远矣。而后来叙传，非止一家，竞学孟坚，从风而靡〔三〕。施于家牒〔四〕，犹或可通，列于国史，每见其失者矣〔五〕。

〔一〕不越《史记》之年：《通释》引《太史公自序》："卒述陶唐以来，至于麟止，自黄帝始。"浦按："此总纪《史记》全书也，而本序之始终亦括此三言。"按《集解》引张晏曰："武帝获麟，犹《春秋》止于获麟也。"则"麟止"即"下穷汉武"也。而《太史公自序》亦始自"昔在颛顼，命南正重以司天，北正黎以司地，唐虞之际，绍重黎之后"，终于"迁为太史令"。

〔二〕本注：《汉书》远征近录，《通释》云："《汉书·叙传》，其首曰班之先，令尹子文之后，其末以《答宾戏》终之，时则明帝永平年也。马序推史官之由来，班则止于述姓，故《史通》有异辞。"按知幾盖从史例立言，《汉书》应以西京二百年断限，自叙不应上溯周、秦，下逮东汉，似与史官述姓无涉。

〔三〕从风而靡：陈《补释》引《史记·淮阴侯传》："燕从风而靡。"又引《汉书·杨恽传》作"随风"，又引《文选》潘岳《闲居赋》："训若风行，应如草靡。"

〔四〕家牒：蜀本、陆本、鼎本、郭本、黄本均作"家谱"，卢《拾补》云："宋'牒'。"

〔五〕每：《通释》作"多"，注"一作'每'"，蜀本、陆本、鼎本、郭本、黄本均作"每"，孙《札记》校改"每"为"多"。

然自叙之为义也，苟能隐己之短，称其所长，斯言不谬，即为实录。而相如自序，及记其客游临邛，窃妻卓氏[一]，以《春秋》所讳，持为美谈[二]，虽事或非虚，而理无可取。载之于传，不其愧乎？又王充《论衡》之《自纪》也，述其父祖不肖，为州闾所鄙，而己答以瞽顽舜神，鲧恶禹圣[三]。夫自叙而言家世，固当以扬名显亲为主，苟无其人，阙之可也。至若盛矜于己，而厚辱其先，此何异证父攘羊[四]，学子名母[五]，必责以名教，实三千之罪人也[六]。

〔一〕窃妻卓氏：《史记·司马相如传》："卓王孙有女文君，新寡好音，相如以琴心挑之。文君夜亡奔相如，相如乃与驰归。"

〔二〕《春秋》所讳，持为美谈：陈《补释》："用张衡《东京赋》。"按原句为"以《春秋》所讳，而为美谈"。

〔三〕舜神、禹圣：《论衡·自纪篇》："王充者，会稽上虞人，字仲任。充细族孤门，或啁之曰：'宗祖无淑懿之基。'答曰：'祖浊裔清，不榜（原注：读为妨）奇人。鲧恶禹圣，叟顽舜神。'"

〔四〕证父攘羊：《论语·子路》："叶公语孔子曰：'吾党有直躬者，其父攘羊，而子证之。'"

〔五〕学子名母：《通释》引《战国策·魏策》："宋人有学者，三年反而名其母。母曰：'名我，何也？'子曰：'尧、舜名，天地名，母贤不过尧、舜，大不过天地，是以名母也。'"

〔六〕三千之罪人：《通释》引《孝经·五刑章》："子曰：'五刑之属三千，而罪莫大于不孝。'"

夫自媒自衒，士女之丑行[一]。然则人莫我知，君子所耻[二]。按孔氏《论语》有云："十室之邑，必有忠信，不如丘之好学也。"又曰："吾日三省吾身[三]，为人谋而不忠乎？

与朋友交而不信乎?"又曰:"文王既没,文不在兹乎?"〔四〕又曰:"昔者吾友,尝从事于斯矣。"〔五〕则圣达立言也,时亦扬露己才。或托讽以见其情,或选辞以显其迹,"选"一作"巽"〔六〕。终不盱衡自伐〔七〕,攘袂公言。且命诸门人,各言尔志〔八〕,由也不让,见嗤无礼。历观扬雄已降,其自叙也〔九〕,始以夸尚为宗。至魏文帝、傅玄〔一〇〕、陶梅〔一一〕、葛洪之徒〔一二〕,则又逾于此者矣。何则?身兼片善,行有微能,皆剖析具言〔一三〕,一二必载,岂所谓宪章前圣,谦以自牧者欤〔一四〕?

〔一〕自媒自衒,士女丑行:陈《补释》引《韩诗外传》卷二:"士不中道相见,女无媒而嫁者,君子不行也。"又引《说苑·尊贤》篇:"士不中而见,女无媒而嫁,君子不行也。"陈按:"不中而见,即自衒。《说文》本作'衙',行且卖也。亦作'衒'。"又引《汉书·东方朔传》:"自衒鬻者以千数。"又引《抱朴子·正郭》:"自衒自媒,士女之丑事也。"杨《通释补》引《曹子建文集·求自试表》:"夫自衒自媒者,士女之丑行也。"按《陶渊明集·昭明太子序》亦用此句。又《楚辞·九思·疾世》:"抱昭华兮宝璋,欲衒鬻兮莫取。"旧注:"行卖曰衒;鬻,卖也。"《越绝书·外传记范伯》:"衒女不贞,衒士不信。"《梁书·萧昱传》:"自媒自衒,诚哉可鄙,自誉自伐,实在可羞。"陈氏反复释一"衒"字,盖《说文》:"卖,衒也。""衒"即"卖"之假借字,今人或解为炫耀,惟作迷惑讲,则与"眩"通。

〔二〕人莫我知,君子所耻:《论语·里仁》:"子曰:'不患莫己知,求为可知也。'""君子所耻"句中"所"字,浦改为

"不",并注云:"旧作'所',误。"按蜀本、陆本、鼎本亦作"所"。《论语·卫灵公》:"君子疾没世而名不称焉。"又《楚辞·离骚》:"恐修名之不立。"洪兴祖补注:"无善名以传世,君子所耻。""所"字意亦可通。

〔三〕吾日三省吾身:《论语·学而》:"曾子曰:'吾日三省吾身:为人谋,而不忠乎?与朋友交,而不信乎?传不习乎?'""日三"两字,卢《拾补》云:"宋作'每自'。"《通释》作"每自",注云:"一依经作'日三'。"蜀本、陆本、鼎本、郭本、黄本均作"日三"。

〔四〕文王既没,文不在兹乎:原句见《论语·子罕》,乃"子畏于匡"感叹之词。

〔五〕昔者吾友,从事于斯:《论语·泰伯》:"曾子曰:'以能问于不能,以多问于寡,有若无,实若虚,犯而不校。昔者吾友,尝从事于斯矣。'"卢《拾补》校"昔者吾友"云:"宋作'吾之先友',无'昔者'二字。"孙《札记》云:"《命运论》云:'昔吾先友,尝从事于斯矣。'李善注引《论语》亦作'昔者吾友',疑今本李注有误。"似不足据。

〔六〕选一作巽:"选"与"巽"通。《论语·子罕》:"子曰:'巽与之言,能无说乎?绎之为贵。'"马注:"巽,恭也,谓恭孙谨敬之言。"

〔七〕盱衡:《汉书·王莽传》:"盱衡厉色。"颜引孟康注曰:"眉上曰衡,盱衡,举眉扬目也。"又《弘明集》卷三何承天《答宗居士书》:"演焄蒿之答,明来生之验,袪服盱衡而矜斯说者,其处心亦悍矣。"

〔八〕各言尔志:《论语·公冶长》:"颜渊、季路侍。子曰:'盍各言尔志?'"又《论语·先进》:"子路、曾皙、冉有、公西华侍坐。子曰：'以吾一日长乎尔，毋吾以也。居则曰：不吾知也。如或知尔，则何以哉？'子路率尔而对曰：'千乘之国，摄乎大国之间，加之以师旅，因之以饥馑，由也为之，比及三年，可使有勇，且知方也。'夫子哂之。"盖夫子以为"为国以礼，其言不让，是故哂之"。

〔九〕扬雄、自叙：《汉书·扬雄传》："周衰而扬氏或称侯，号曰扬侯。"颜注："晋灼曰'无扬侯'，晋说是也。雄之自序谱谍，盖为疏谬。"《通释》云："据此可见雄传皆自叙之文。"又本传末："赞曰：'雄之自序云尔。'"

〔一〇〕傅玄：《通释》："玄，字休奕，见《书事》篇。作《傅子》三篇，其《自叙》未见。"按《晋书》本传，玄"文集百余卷，行于世"。《隋志》及新旧《唐志》均著录为一百二十卷，《崇文总目》、《中兴馆阁书目》载为五卷二十三篇，《宋史·艺文志》有卷而不及篇，《遂初堂书目》则篇卷俱无。其书今已佚，其中有无《自叙》，不可考矣。季春、方浚师辑录是书，序称衡以同时地人，其书可谓"最古而言最醇"，以致能"上继江都，下启昌黎"。是书今有光绪二年广州书局刊本。

〔一一〕陶梅：《通释》："其人无考。"并引《世说·方正》注："梅颐弟陶，字叔真，王敦咨议参军。"又引《晋书·祖逖传》附其兄纳传："纳问梅陶曰：'君乡里立月旦评，何如？'曰：'善恶褒贬，佳法也。'王隐在坐。"浦按："陶生许劭之乡，好议论，自叙之作，或是其人。"并在正文"陶梅"下注："恐误，或当作'梅陶'。"按各本均作"陶梅"。卢《拾补》亦云："二字当乙。见《晋书·祖逖传》后。"陈鳣亦按云："《晋书·祖纳传》又云'时梅陶及钟雅'，又'陶雅并称'，则定当作'梅陶'。"而《氏族大全》卷四《十二齐》："梅陶，晋人,居乡里,立月旦,评祖约,问其意何如?答曰:善褒恶贬,佳法也。"似亦是人。

〔一二〕葛洪:《通释》引《抱朴子·自叙》:"余抄掇众书,撮其精要。或曰:'玉屑盈车,不如全璧。'答曰:'泳员流者,采珠而捐蚌;登荆山者,拾玉而弃石。余犹摘孔翠之藻羽,脱犀象之角牙矣。'其自序世系,《晋书》本传略采之。"又《自叙》云是书"内篇言神仙方药、鬼怪变化、养生延年、禳邪却祸之事,属道家。外篇言人间得失、世事臧否,属儒家"。"案:《通释》所引不见于今本及《晋书》本传引《抱朴子·自叙》,而见于《太平御览·文部》。洪自序世系之语见于今本《抱朴子·自叙》。

〔一三〕剖析:"析"字,原误作"折",蜀本、陆本误作"拆"。据鼎本改作"析"。孙《札记》校改"枏"。按"枏"与"析"同。

〔一四〕谦以自牧:杨《通释补》引《易·谦卦》:"象曰:'谦谦君子,卑以自牧也。'"按此乃谦卦初六象辞,"彖"字当系误刊。又《陆士龙集·赠顾骠骑》:"和以同人,归物时有,有大恶盈,谦以自牧。"

又近古人伦,喜称阀阅〔一〕,其荜门寒族,百代无闻,而骍角挺生〔二〕,一朝暴贵,无不追述本系,妄承先哲。至若仪父、振铎〔三〕,并为曹氏之初;淳维、李陵〔四〕,俱称拓拔之始。河南马祖,迁、彪之说不同〔五〕;吴兴沈先,约、炯之言有异〔六〕。斯皆不因真律,无假寧楹〔七〕,直据经史,自成矛盾。则知杨姓之寓西蜀,班门之雄朔野,或胄纂伯侨〔八〕,或家传熊绎〔九〕,恐自我作古,失之弥远者矣〔一〇〕。盖谄祭非鬼，神所不歆〔一一〕；致敬他亲，人斯悖德〔一二〕。凡为叙传，宜详此理。不知则阙〔一三〕，亦何伤乎？

〔一〕喜称阀阅：陈《补释》："《史记·高祖功臣侯年表》：'古者人臣，功有五品，明其等曰伐，积日曰阅。'《汉书·车千秋传》亦作'伐阅'，师古注：'伐，积功也。阅，经历也。'《后汉书·章帝纪》：'或起甽亩，不系阀阅。'注引《史记》曰：'明其等曰阀，积其功曰阅。'《韦彪传》'士宜以才行为先，不可以纯以阀阅'，注引《史记》亦同。"按章怀在《章帝纪》"不系阀阅"句下，又注云："言前代举人，务取贤才，不拘门地。"陈《补释》又云："《正韵》：'门在左曰阀，在右曰阅。'后起义也。《后汉书·郑玄传》：'仲尼之门，不称官阀。'"按陈氏释阀阅甚详，惟引章怀注前后文字不甚清晰，据原注，略作校补。

〔二〕骍角：《论语·雍也》："子谓仲弓曰：'犁牛之子，骍且角。'"朱注："犁，杂文。骍，赤色。周人尚赤。仲弓父贱而行恶。此言父之恶，不能废其子之善。"

〔三〕仪父、振铎：《通释》引《通志·氏族略》："周武王封安之苗裔邾挟为附庸，挟以下至仪父，名字始见《春秋》。"又节引《大戴·帝系》："颛顼玄孙陆终，娶鬼方氏，产六子，其五曰安，是为曹姓。曹姓者，邾氏也。"又引《史记·管蔡世家》附《曹叔世家》："曹叔振铎者，周武王弟也。武王既克殷纣，封叔振铎于曹。"

〔四〕淳维、李陵：《史记·匈奴列传》："匈奴，其先祖夏后氏之苗裔也，曰淳维。"《集解》引《汉书音义》曰：淳维"匈奴始祖名"。《索隐》引韦昭曰："汉曰匈奴，荤粥其别名，则淳维是其始祖。”又《宋书·索虏传》:“索头虏姓托跋氏,其先汉将李陵后也。陵降,匈奴有数百千种。各立名号,索头亦其一也。晋初,索头种有部落数万家。”而《魏书·序纪》则云:“圣武皇帝诘汾,始居匈奴之地。天女以所生男授帝,此子即始祖神元皇帝力微也。”故云:“淳维、李陵,俱称拓拔之始。”《通释》谓“淳维”当作“始均”,并详引《魏书·序纪》作释,即断谓“旧本‘始均’作‘淳维’”,又谓“淳维与拓跋无涉”,似嫌臆断。

〔五〕“河南马祖”两句:《史记·太史公自序》:“昔在颛顼,命南正重以司天,北正黎以司地。唐虞之际,绍重黎之后。其在周程伯休甫之后也,当周宣王时失其守,而为司马氏。”《正义》引司马彪序云:“南正黎后世为司马氏。”迁、彪之说不同,已可概见。《通释》云:“司马彪《九州春秋》叙姓别有所祖,俟考。”似未细察《正义》引文。又《通释》径改“河南”为“河内”,并注“旧讹作‘南’”,盖据《太史公自序》:“卬归汉,以其地为河内郡。”古时黄河以北总谓之为河内也,“南”字似误,但蜀本、陆本、鼎本、郭本、黄本均作“南”。姑仍其旧。

〔六〕“吴兴沈先”两句:《通释》引《宋书·自序》略云:“沈子国,今汝南平舆沈亭是也,后以国为氏。光武时,徙居会稽。顺帝分会稽为吴郡,吴孙皓分吴郡为吴兴郡。”浦又按云:“《南史·沈炯传》亦云吴兴武康人。《史通》云炯言有异,未详所本。”按约、炯籍里同隶吴兴,《史通》谓其自述先世各异,非谓其吴兴籍里异也。约自序其先“少皞金天氏裔子”,姒姓也。《陈书》、《南史》炯传未载其自述先世之辞,“有集二十卷行于世”,已佚,炯说诚不可考。但《通志·氏族略》:“(樵)按《唐表》云:‘沈氏出自姬姓,周文王第十子聃叔季食采于沈,遂为沈氏。'"樵虽斥为"野书之言",可见沈氏祖先确有异说,虽未能确认即为沈炯之辞,然《史通》必有所本,盖无可疑。

〔七〕不因真律,无假寧楹:是句下何义门批校本有手墨脚注:"真律、寧楹,未详。"《通释》亦云"未详"。纪《评》:"'真律'疑是'殷律'之讹,用孔子吹律自知为殷人事,以声近而为'真'。'寧楹'疑是'晏楹'之讹,用晏子凿楹留书与子事,以形近而为'寧'也。"周星诒校同纪说。陈《补释》:"纪欲改'真律'为'殷律',无据,不如竟作'不因直律'矣。《晏子·杂篇》虽有'凿楹纳书'之文,与辨姓族无涉,窃谓《说文》寧训安。《诗·商颂·殷武》篇'旅楹有闲,寝成孔安',郑笺:以修寝庙为言,寝庙所以奠系世,辨昭穆。则'寧楹'之义,或即取《殷武》之诗。"彭《增释》:"'寧楹'当作'梦楹','真'、'梦'相对成文,'梦'、'寧'形近致误也。《礼记·檀弓》载夫子曰:'丘也,殷人也,予畴昔之夜,梦坐奠于两楹之间。'《史记·孔子世家》作'昨暮予梦坐奠两柱之间,予殆殷人也'。是其事。"卢《拾补》:"此二事未详。文弨按,或是吹律知姓,及《晏子》凿楹纳书事,然'真'、'寧'究无解。"孙《札记》:"疑云'京律'、'晏楹'也。"按真律"用孔子吹律自知为殷人事",纪说是。寧楹用"孔子梦坐奠于两楹之间"事,彭说是。"真"、"寧"两字不改亦可通,盖云孔子因真律及梦安坐于两楹之间,乃自知其先为殷人。从亲身实感来,非若马、沈"直据经史,自相矛盾"也。

〔八〕扬寓西蜀、胄纂伯侨:《汉书·扬雄传》:"扬雄,字子云,蜀郡成都人。其先出自有周伯侨者。"扬雄《反离骚》亦云:"有周氏之婵嫣兮,或鼻祖于汾隅,灵宗初谍伯侨兮,流于末之扬侯。”

〔九〕班雄朔野、家传熊绎：陈《补释》引班固《幽通赋》：“雄朔野以飏声。”李善注：“言己先人自楚徙北至朔方，后为雄杰扬其声。”又《汉书·叙传》：“班氏之先，与楚同姓，令尹子文之后也。子文初生，弃而虎乳之。楚人谓虎班，其子以为号，因氏焉。”又《史记·楚世家》：“熊绎，当周成王之时，封熊绎于楚蛮，姓芈氏。楚子熊绎与鲁公伯禽俱事成王。”是熊绎始受封，为传国之始祖也。

〔一〇〕失之弥远：杨《通释补》引《吕氏春秋·论人》篇：“其求之弥强者，失之弥远。”按僧睿《大品经序》：“求之弥至，而失之弥远。”

〔一一〕谄祭非鬼，神所不歆：杨《通释补》引《左》僖十年《传》：“神不歆非类，民不祀非族。”又引僖三十一年《传》：“鬼神非其族类，不歆其祀。”

〔一二〕致敬他亲，人斯悖德：《通释》引《孝经·圣治》：“不爱其亲，而爱他人者，谓之悖德。不敬其亲，而敬他人者，谓之悖礼。”

〔一三〕不知则阙：《论语·子路》：“子曰：‘君子于其所不知，盖阙如也。’”

烦省第三十三

【解　题】

《史通》既在《载文》篇榷论载文五失，提出史之载文，应“拨浮华，采真实”，又在《叙事》篇提出“叙事之工者，以简要为主”。《书事》篇征诸“五志”，广以“三科”，订史氏笔削所宜，斥近史叙事四烦。而世事纷纷，纪事之史必选事而书，选事之标准如何？此篇特补而申论之。

“论史之烦省者，但当求其事有妄载，言有阙书，斯则可矣。必量世事之厚薄，限篇第以多少，理则不然”。知幾在此篇重言之。而其衡量妄载、阙书之尺度，盖即“五志、三科”，要做到“简而能要”。《叙事》、《书事》诸篇既已详言，故此篇专就“量世事限篇第”立论。

《荀子·非相篇》云：“五帝之外无传人，五帝之中无传政，禹、汤有传政，而不若周之察，久故也。传者久则论略，近则论详，略则举大，详则举小。”后世史家，概括为“略远详近”，以之为治史方法。荀子此论原为宣扬“法后王”之政治思想，今天之主张略远详近，则是为了更好认识历史发展规律，掌握历史发展之必然趋势。

“远略近详”之现实意义，知幾未必真有理解，他仅认为“详略不均”之为患，乃“势使之然也”，并承认“近史芜累”，却不赞成干宝、张辅美左优马劣班之论。而《左传》之所以简约，从空间说，是由于各国关梁不通，故秦、燕、楚、越行事多缺；从时间看，宣、成以前六公略，而襄、昭以后六公详，是由于年近而资料齐全，并非左丘明故为简约。秦汉统一后，夷夏必闻，远近无隔；东汉时别录、谱、牒又多，史文因之倍增；而魏晋以后，谢承、陈寿因为地区所限，致有偏缺；但至南北朝，小国采访易洽，亦能做到巨细无遗，均说明史之烦省，完全受时隔远近、史料多少之制约。

其次，他举例说明左氏不遗细务，《汉书》未录政事，进而申论史之古省近烦，是由于古今有殊，浇淳不等，不能“以古方今，持彼喻此"，不能"限一概以成书"。通篇只说得一个"势"字，他用此"势"字，将斯篇列举之史书，一揽子包下。无怪乎浦起龙盛称其"圆足"、"宽和"，说"此篇难其醇乎醇"。纪昀亦赞其"圆通"、"平允"。

盖远略近详，就史料之采集言，固不能否认客观情势之使然，就撰述言，亦史书体例之所应尔，要从体例、性质、对象多方面考虑始能定去取，决剪裁。知幾此篇所论，原为补前此论史尚简之偏，故必与《载文》、《叙事》、《书事》诸篇合而观之，否则，又将失之于另一偏矣。

昔荀卿有云，远略近详〔一〕，则知史之详略不均，其为患者久矣。及干令昇《史议》，干宝字令昇，晋人。历诋诸家，而独归美《左传》〔二〕，云："丘明能以三十卷之约，括囊二百四十年之事，靡有孑遗。斯盖立言之高标，著作之良模也。"又张世伟著《班马优劣论》〔三〕，张辅字世伟，晋人。云："迁叙三千年事，五十万言；固叙二百四十年事，八十万言，是班不如马也。"然则自古论史之烦省者，咸以左氏为得，史公为次，孟坚为非〔四〕。自魏晋已还，年祚转促，而为其国史，亦不减班《书》。此则后来逾烦，其失弥甚者矣。

〔一〕远略近详：原误作"录远略近"，鼎本同。《通释》引《荀子·非相》篇："传者，久则论略，近则论详，略则举大，详则举小。愚者闻其略而不知其详，闻其详而不知其大也。"浦按："文之误从刘勰《文心》来，《文心》云：'荀况称录远略近，盖文疑则阙，贵信史也。'意亦自背。"按浦引刘勰文字，见《文心雕龙·史传》。

〔二〕干令昇《史议》、独归美《左传》：《二体》篇已引有《史议》前三句原文。知幾一则谓："可谓劲挺之词乎？"再则谓："安得言其括囊靡遗者哉？"

〔三〕张世伟著《班马优劣论》：已见《鉴识》篇"原注"，《晋书》本传具载其列举三点，论班不如马。

〔四〕孟坚为非："非"字，蜀本、陆本、鼎本、郭本、黄本均同，章如愚《群书考索续集》卷十三《左传史记前汉书》亦引作"非"。《通释》作"甚"，并注云："旧作'非'，恐误。"纪《评》："'甚'字，旧作'非'字，是。"

余以为近史芜累，诚则有诸，亦犹古今不同，势使之然也。辄求其本意，略而论之。

何者？当春秋之时，诸侯力争，各闭境相拒，关梁不通。其有吉凶大事，见知于他国者，或因假道而方闻，或以同盟而始赴。苟异于是，则无得而称。鲁史所书，实用此道。至如秦、燕之据有西北，楚、越之大启东南，地僻界于诸戎，人罕通于上国，故载其行事，多有阙如。且其书自宣、成已前，三纪而成一卷；至昭、襄已下〔一〕，数年而占一篇。是知国阻隔者记载不详，年浅近者撰录多备。杜预《释例》云："文公已上书日者二百四十九，宣公已下亦俱六公〔二〕，书日者四百三十二。计年数略同，而日数加倍〔三〕。此亦久远遗落，不与近同也。"是则儒者注书已见之矣〔四〕。此丘明随闻见而成传，何有故为简约者哉？

〔一〕昭、襄：各本俱作"昭襄"。章如愚《群书考索》卷六《春秋类》、张尚瑗《左传折诸》卷首上《先正评说》俱引作"襄昭"。纪《评》云："'昭襄'二字倒书。"按：当据宋人章如愚

《群书考索》并依序改为“襄昭”。

〔二〕宣公已下亦俱六公：鼎本、郭本、黄本均无“俱”字。孙《札记》云：“‘亦’，衍文。”按：鼎本不衍，蜀本、陆本衍一“亦”字，意谓宣公以上六公，已下亦六公也。

〔三〕日数加倍：日数，蜀本、陆本、鼎本作“国数”。据卢《拾补》云：“《春秋长历》及《晋书·律历志》皆云《春秋》书日七百七十九，今此注合计止六百八十一，未详所以不同之故。”“加倍”之“倍”字，原误作“备”，蜀本、陆本、鼎本、郭本、王本、黄本、《通释》及《群书考索》卷六《春秋类》所引俱作“倍”，今改。

〔四〕已见之矣：各本均同。卢《拾补》：“宋‘见’下有‘觉’字。今当留‘觉’去‘见’。”《通释》改为“已先觉之矣”。

及汉氏之有天下也，普天率土〔一〕，无思不服〔二〕。会计之吏，岁奏于阙廷〔三〕；輶轩之使〔四〕，月驰于郡国〔五〕。作者居于京兆府〔六〕，征事于四方，用使夷夏必闻，远近无隔。故汉氏之史，所以倍增于《春秋》也。

〔一〕普天率土：《诗·小雅·谷风之什·北山》：“溥天之下，莫非王土，率土之滨，莫非王臣。”《左》昭七年《传》及《孟子·万章》篇均引有此诗，惟“溥”作“普”。

〔二〕无思不服：《诗·大雅·文王之什·文王有声》：“自西自东，自南自北，无思不服。”郑笺：“心无不归服者。”

〔三〕阙廷：“阙”字，原作“关”，鼎本、郭本作“朝”，孙《札记》校作“阙”，蜀本、陆本、黄本、《通释》作“阙”，今改。

〔四〕輶轩之使：扬雄《答刘歆书》：“先代輶轩之使，奏籍之书，皆藏于周秦之室。”又云“犹见輶轩之使所奏言。”郭璞《方言序》:“《方言》之作,出乎輶轩之使。所以巡游万国,采览异言,车轨之所交,人迹之所蹈,靡不毕载,以为奏籍。”又《风俗通·序》“周秦常以岁八月,遣輶轩之使。”《文选》卷五左思《吴都赋》:“輶轩蓼扰,彀骑炜煌。”

〔五〕月驰:“月”字,蜀本、陆本同,《通释》注:“一作‘日’。”鼎本、郭本作“日”。

〔六〕居于京兆府:各本均同,《通释》作“居府于京兆”,并注云:“‘府’字,旧讹在‘京兆’下。”

降及东京,作者弥众。至如名邦大都,地富才良,高门甲族,世多髦俊。邑老乡贤,竞为别录,家牒宗谱,各成私传,于是笔削所采,闻见益多。此中兴之史〔一〕,所以又广于前汉也。

〔一〕中兴之史:浦注:“即《后汉书》也。”误。范书合彪志,亦不“广于前汉”,刘氏盖兼《东观汉记》等十数家书言之也。

夫英贤所出,何国而无,书之则与日月长悬,不书则与烟尘永灭。是以谢承尤悉江左〔一〕,京、洛事缺于三吴;陈寿偏委蜀中〔二〕,巴、梁语详于二国〔三〕。如宋、齐受命,梁、陈握纪,或地比《禹贡》一州,或年方秦氏二世。夫地之褊小,年之窘迫,适使作者采访易洽,巨细无遗,耆旧可询,隐讳咸露。此小国之史,所以不减于大邦也。

〔一〕谢承:三国吴人,注见前。《隋志》著录“谢承《后汉书》一百三十卷”,已佚,有辑本。

〔二〕偏委:王融《谢竟陵王赐纳裘启》:“挟纩之问每流,解裘之赐偏委。”“委”字,浦注:“悉也。”

〔三〕巴、梁语详于二国:何义门批校本有手墨眉批云:“《蜀志》以不立史官,前无所承,视吴尚少十之三,何谓详于二国乎?”又浦注:“《蜀志》最短,何以云然?恐兼寿所撰《益部耆旧传》而言。”陈《补释》:“此言《蜀书》所载《季汉辅臣传》为魏、吴二志所无。”按《蜀书》末卷《杨戏传》附戏著《季汉辅臣赞》,并对“戏之所赞,而今不作传者,皆注疏本末,于其辞下,可以粗知其仿佛”,寿以此补列传之不足,乃一创例。陈氏谓“为魏、吴志所无”,是。

夫论史之烦省者〔一〕,但当求其事有妄载,苦于榛芜,言有阙书〔二〕,伤于简略,斯则可矣。必量世事之厚薄,限篇第以多少,理则不然。且必谓丘明为省也,若介葛辨牺于牛鸣〔三〕,叔孙志梦于天压〔四〕,楚人教晋以拔旆〔五〕,城者讴华以弃甲〔六〕,此而毕书,岂得谓之省邪?且必谓《汉书》为烦也,若武帝乞浆于柏父〔七〕,陈平献计于天山〔八〕,长沙戏舞以请地〔九〕,杨仆怙宠而移关〔一〇〕,此而不录,岂得谓之烦邪?由斯而言,则史之烦省不中,从可知矣。

〔一〕夫论史之烦省者:原本无“者”字。卢《拾补》:“宋有。”《通释》有“者”字。今补入。

〔二〕阙:各本均同,《群书考索续集》卷十三《左传史记前汉书》亦引作“阙”,中华书局一九六一年影印本作“闕”,系描润致误。

〔三〕介葛辨牺:《左》僖二十九年《传》文,见《言语》篇注。

〔四〕叔孙志梦于天压:《左》昭四年《传》:"初穆子去叔孙氏,及庚宗,遇妇人,私而宿焉。适齐,梦天压己,弗胜,顾而见人,黑而上偻,号之曰:'牛!助余。'乃胜之。旦而召其徒曰:'志之。'既立,所宿庚宗之妇人献以雉,曰:'余子长矣。'召而见之,则所梦也。号之曰牛,遂使为竖。有宠。长使为政,乱其室。"据《名号归一图》,穆子即叔孙穆子,又名叔孙豹、穆叔。杜注:"庚宗,鲁地。"

〔五〕楚人教晋以拔旆:《左》宣十二年《经》:"晋楚战于邲,晋师败绩。"《传》:"晋人或以广队不能进,楚人惎之脱扃,少进;马还,又惎之拔旆投衡,乃出。顾曰:'吾不如大国之数奔也。'"杜注:"惎,教也。扃,车前横木。还,便旋不进。"按:此段文字能说明楚师节制而晋人怙败。

〔六〕城者讴华弃甲:《左》宣二年《经》:"宋及郑战于大棘,宋师败绩,获宋华元。"《传》:"华元逃归。宋城,华元为植。城者讴曰:'睅其目,皤其腹,弃甲而复。'"杜注:"植,将主也。"又见《言语》篇"皤腹"注。

〔七〕武帝乞浆柏父:《汉武故事》:"上微行,尝夜至柏谷,舍于逆旅。因从乞浆。主人翁曰:'无浆,正有溺耳。'且疑上为奸盗,欲攻之。"

〔八〕陈平献计天山:颜师古《汉书》注引应劭曰:"陈平使画工图美女,间遣人遗阏氏云:'汉有美女如此,今皇帝困厄,欲献之。'阏氏畏其夺己宠,因谓单于曰:'汉天子亦有神灵,得其土地,非能有也。'于是匈奴开其一角,得突出。"而《汉书·高帝纪》仅云:"上至平城,为匈奴所围,七日,用陈平秘计得出。"注引:"师古曰:'应氏之说,出桓谭《新论》，盖谭以意测之，事当然耳，非纪传所说也。'"彭《增释》谓陈平之计"西京人已无知之者，班氏非省而不载"。按天山，古名白山、雪山，匈奴谓之天山，此处以天山为匈奴之代称。又班氏不载臆测之事，亦可谓省，《增释》之言蛇足耳！

〔九〕长沙戏舞请地：颜师古《汉书》注引应劭曰："景帝后二年诸王来朝，有诏更前称寿歌舞。定王但张袖小举手，左右笑其拙。上怪问之，对曰：'臣国小地狭，不足回旋。'帝乃以武陵、桂阳益焉。"按《汉书》仅载"长沙定王发母微无宠，故王卑湿贫国"，不录其"戏舞请地"事。

〔一〇〕杨仆恬宠移关：颜师古于《汉书·武帝纪》："元鼎三年冬，徙函谷关于新安"句下注引应劭曰："时楼船将军杨仆，数有大功，耻为关外民，上书乞徙东关，以家财给其用度。武帝于是徙关于新安。"按《杨仆传》有："上为其伐前劳，以书责之曰：'将军之功，乌足以骄人哉！'"为"怙宠"二字所本，但未载其乞"移关"事。

又古今有殊，浇淳不等。帝尧则天称大〔一〕，《书》惟一篇〔二〕；周武观兵孟津，言成三誓〔三〕；伏牺止画八卦〔四〕，文王加以《系辞》〔五〕，俱为大圣，行事若一，其丰俭不类，悬隔如斯。必以古方今，持彼喻此，如蚩尤、黄帝交战阪泉〔六〕，施于《春秋》，则城濮、鄢陵之事也〔七〕；有穷篡夏，少康中兴〔八〕，施于两汉，则王莽、光武之事也；夫差既灭，勾践霸世，施于东晋，则桓玄、宋祖之事也；张仪、马错，为秦开蜀〔九〕，施于三国，则邓艾、钟会之事也。而往之所载，其简如彼;后之所书,其审如此。若使后来同于往世〔一〇〕,限一概以成书,将恐学者必诟其疏遗,尤其率略者矣。

〔一〕尧则天称大:《孟子·滕文公》:"孔子曰:'大哉!尧之为君,惟天为大,惟尧则之。'"

〔二〕《书》惟一篇:指《尚书·尧典》。

〔三〕"周武"至"三誓":《尚书序》:"十有一年,武王伐殷。一月,师渡孟津,作《泰誓》三篇。"

〔四〕伏牺止画八卦:《易·系辞下》:"古者包牺氏之王天下也,仰则观象于天,俯则观法于地,观鸟兽之文,与地之宜,近取诸身,远取诸物,于是始作八卦。"

〔五〕文王加以《系辞》:《易》分为图画、文字两部分,图即八卦及以八卦重为六十四卦之重卦。文字又分为经、传两部分,经有卦辞、爻辞。《易传》七种计十篇,即彖辞上、下,象辞上、下,系辞上、下,文言、说卦、序卦、杂卦,合称十翼。《汉志》谓"文王重易六爻,孔氏为彖、象、系辞、文言、序卦之属十篇",则文王只重卦。盖史迁、扬雄、王充亦皆只言文王重卦,而郑玄则主文王作卦辞、爻辞。孔颖达《周易正义》"论卦辞、爻辞谁作"云:"其《周易》系辞,凡有二说:一说卦辞、爻辞并是文王所作。"知幾即用此说。所谓"文王加以系辞",即指文王作卦辞或兼作爻辞也。

〔六〕蚩、黄战阪泉:《史记·五帝本纪》:"黄帝与炎帝战于阪泉之野,与蚩尤战于涿鹿之野。"《集解》:"阪泉、涿鹿,在上谷。"

〔七〕城濮、鄢陵:《左》僖二十八年《传》记晋楚城濮之战,成十六年《传》记鄢陵之战,均甚详审。

〔八〕有穷、少康：《史记·夏本纪》仅记曰："帝太康失国。……帝少康立。"《正义》注引《帝王纪》云："帝羿有穷氏。"羿篡夏事见《人物》篇"寒浞"注。又《索隐》："少康灭浇于过，有穷遂亡。然则帝相自被篡弑，中间经羿、浞二氏，盖三数十年，而此纪总不言之，直云：'帝相崩，子少康立。'疏略之甚。"

〔九〕张仪、马错，为秦开蜀：《训故补》："《华阳国志》：'惠文王使张仪、司马错伐蜀，灭之。'而《战国策》、《史记》则谓伐蜀之谋，定于司马错一人。《史通》之说，盖本常璩。"

〔一〇〕后来同于往世：后来同，蜀本、陆本、鼎本、郭本、黄本均同，《通释》作"同后来"，并注云："旧作'后来同'，误。"浦意盖欲与下句"限一概"相对偶也。

而议者苟嗤沈、萧之所记，沈约，字休文，梁人，著《宋书》。萧衍，字子显，著《齐书》〔一〕。事倍于孙、习、孙盛，字安国，晋人，著《晋书》。习凿齿，字彦威，亦著《晋书》。华、谢之所编，华峤、谢忱亦著《汉史》〔二〕。语烦于班、马〔三〕，不亦缪乎？故曰："论史之烦省者，但当求其事有妄载，言有阙书，斯则可矣。必量世事之厚薄，限篇第以多少，理则不然。"其斯之谓也。

〔一〕"苟嗤沈、萧之所记"原注：卢《拾补》："宋本、郭本俱作'萧衍，字子显'，更大误。按当作'萧子显，字景阳'。"卢说与《梁书》本传合，是。梁武帝萧衍，字叔达，未尝撰《齐书》。

〔二〕"华、谢之所编"原注：卢《拾补》："'谢忱'，当作'谢沈'。宋本无此注，上二注，似亦出自后人。"按：谢沈《后汉书》，《史通》屡次述及，卢谓二注出自后人，可信，知幾不致有此误,或手民之误,亦有可能。

〔三〕“沈、萧”四句注:《通释》径自改动,即在“沈、萧”句下改注“《宋书》、《南齐书》”,“孙、习”句下改注“皆有《晋史》”,“华、谢”句下改注“皆《后汉书》”,并自谓“凝想勘定,后见别本,一字不爽也”。蜀本、陆本、鼎本、郭本作:“苟嗤沈约、萧衍、孙盛、习凿齿之所编,语烦于班、马。”孙《札记》云:“‘苟嗤’至‘班马’云云各本皆不同,《通释》本臆删其注。顾千里考各本定之,谓当云:‘苟嗤沈约,字休文,梁人,著《宋书》。萧衍,字子显,著《齐书》。之所记,事倍于孙盛,字安国,晋人也,著《晋书》。习凿齿,字彦威,亦著《晋书》。华谢之所编,华峤、谢忱亦著《汉书》。语烦于班、马。’”卢校成果,尚未能吸取。考此四句,病在注文。实则沈、萧、孙、习、华、谢,均各注一名字可也。录此琐事,亦以见考据之烦,臆改之失也。

史通卷之十

杂述第三十四

【解 题】

《史通》析正史为六家，所可祖述者为二体。《六家》篇既已详述其源流，外篇《古今正史》又分述历代正史之崖略。惟治史必“博闻旧事，多识其物”，故此篇特补述正史以外之杂史。

就吾国目录史言，自晋初荀勖因郑默《中经》著《中经新簿》，始括群书为经、子、史、集四部，东晋李充校订荀目，复易其次第为经、史、子、集，南朝梁阮孝绪仍以经典、纪传、子兵、文集名经、史、子、集，合技术、谶纬、仙道为《七录》，至《隋志》始定四部之名称及次第。然史部以下之子目，《七录》在国史部后又分为十一部，《隋志》在正史、古史后分杂史等十一目，盖于纪传、编年之外，实非杂史一目所能包括，故复加以区分类聚。知幾此篇分六家以外诸史为十流，吕《评》谓“可见刘氏史书分类之法”，甚是。盖近史渐烦，总结其流品，治史者自亦不应忽视。知幾所举十目与《隋志》史部杂史以下十一目相较,目名虽多歧异,类分法实多相应。

此篇主要内容,乃就所举十类杂史,分述源流,并略论利弊得失。复举诸子中以"叙事为宗"之书,亦视为史之杂。盖就四部类目言,子部中之杂家、小说家,最易与史部杂史、杂录混淆。知幾能鉴及此,表明其甚重史书之分类。

如何评价十种杂史,知幾首先指出"言皆琐碎,事必藁残",不能与正史相提并论。其说虽可商榷,但强调史家取材宜博,仅凭周、孔经典,迁、固纪传,似编写不出上乘史书,关键问题在于善择。博采慎取,辨伪存真,古代如此,今天更应如此。

昔在三坟、五典、春秋、梼杌,即上代帝王之书,中古诸侯之记,行诸历代,以为格言。其余外传,则神农尝药,厥有《本草》〔一〕;夏禹敷土,实著《山经》〔二〕;《世本》辨姓,著自周室〔三〕;《家语》载言,传诸孔氏〔四〕。是知偏记、小说,自成一家;而能与正史参行,其所从来尚矣。

〔一〕神农《本草》:《通释》引宋艾晟《本草序》:"《神农》旧经止于三卷,药数百种,梁陶隐居因而倍之。"又引《新唐书·于志宁传》略云:"帝问《本草》,对曰:'班固惟记《黄帝内外经》,不载《本草》。至齐《七录》乃称之。世谓神农氏尝药以拯含气,而黄帝以前文字不传,至桐、雷乃载篇册。然所载郡县多在汉时,疑张仲景、华陀窜记其语。'"按《汉书》之《平帝纪》、《楼护传》已载《本草》,或汉时已有是书,未必尽皆后人窜记。《隋志》著录"《神农本草》八卷",或即汉人增纂之本，原注云："梁有陶隐居《本草》十卷。"《七录》则作"七卷"。《隋志》又著录《神农本草》四卷，雷公集注，《甄氏本草》三卷，无自注，均已佚，惟陶氏《本草序》尚有敦煌残卷见存，上虞罗振玉曾影印收入《吉石庵丛书》。《四库总目》著录"《本草纲目》五十二卷"，《提要》略云："明李时珍撰，是编取神农以下诸家《本草》，荟稡成书。旧有者一千五百一十八种，时珍所补者又三百七十四种，盖集《本草》之大成者。"均明确著录或说明有《神农本草》之药书，虽托名神农，然书固具在，尤以问经堂校本三卷最可读。

〔二〕夏禹《山经》：《史记·大宛列传》："至《禹本纪》、《山海经》所有怪物，余不敢言之也。"《汉书·李广利传》："至《禹本纪》、《山经》所有，放哉。"可证其书产生时代甚早，《汉志·数术略》将其视为形法家类书。《隋志》入于地理记类，注云："汉初萧何得《山海经》，相传以为夏禹所记。"《通释》引胡渭《禹贡锥指》："《山海经》十三篇，刘歆以为出于唐、虞之际。《列子》曰：'大禹行而见之，伯益知而名之，夷坚闻而志之。'然其间可疑甚多。颜之推曰：'禹、益所记，而有长沙、零陵、诸暨，后人所羼也。'尤袤曰：'此先秦之书，非禹、伯翳作。'二说允当。"陈《补释》："《汉志》数术形法家《山海经》十三篇，《隋志》改入史部地理类，唐宋《志》同，惟《四库全书总目》改入子部小说。"杨《通释补》引刘歆《上〈山海经〉表》"禹别九州，任土作贡，而益等类物善恶，著《山海经》"，又引《论衡·别通篇》"禹主治水，益主记异物，海外山表，无远不至。以所闻见，作《山海经》"。按江淹《遂古篇》："《山经》古书，乱编篇兮。"郦道元《水经注序》:"《穆天子》、《竹书》及《山海经》,皆埋缊岁久,编韦稀绝,书策落次,难以缉缀。"可见其书传世既久,错乱亦多,图更早佚,书虽汉以前已有,然必非禹所作,清儒考订甚详,杨《通释补》引汉儒之言,自不足征信。《四库全书总目》小说类著录"《山海经》十八卷,郭璞注"及"《山海经广注》十八卷,吴任臣撰"。稍后有毕沅《山海经新校正》,卷端"篇目考"谓吴任臣《广注》"滥引《路史》及六朝唐宋人诗文,故无取焉"。毕书与郝懿行《山海经笺疏》流传较广。

〔三〕《世本》著自周室:《通释》引《汉志》:"《世本》十五篇,古史官记黄帝以来讫春秋时诸侯大夫系谥名号。"按《汉志·六艺略》春秋目,无"系谥名号"四字。《史记索隐》引刘向云"世本,古史官明于古事者之所记也。录黄帝已来帝王诸侯及卿大夫系谥名号",有此四字。《汉书·司马迁传赞》、《后汉书·班彪传》所载与刘向、歆父子之说略同。然《史记》"三家注"引宋衷注《世本》,叙事讫于战国末年。《外篇·古今正史》云:"楚、汉之际,有好事者录自古帝王、公侯、卿大夫之世,终乎秦末,号曰《世本》十五篇。""秦末"二字,鼎本作"秦襄",或知幾所见有二本欤?《隋志》及《两唐志》均著录《世本》,南宋时尚有多人曾见其书,后亡佚,清儒有辑本十余种,王谟、孙冯翼、陈其荣、秦嘉谟、张澍、雷学淇、茆泮林、王梓材八家,商务印书馆校订合编为《世本八种》。

〔四〕本注:《孔子家语》,《汉志》著录:"《孔子家语》二十七卷。师古曰:'非今所有《家语》。'"《隋志》著录:"《孔子家语》二十一卷,王肃解。"《四库总目》儒家类著录"《孔子家语》

十卷”,《提要》云:“魏王肃注,此本自肃始传,乃王肃自取《左传》、《国语》、《荀》、《孟》、二《戴记》割裂织成之。遗文轶事,往往多见于其中,故自唐以来,知其伪而不能废。至明传本颇稀。何孟春所注《家语》,自云未见王肃本。毛晋家本,首尾完全,较为近古。”又何注《孔子家语注》八卷,在“儒家类存目一”中著录。

爰及近古,斯道渐烦,史氏流别,殊途并骛。榷而为论,其流有十焉:一曰偏记,二曰小录,三曰逸事,四曰琐言,五曰郡书,六曰家史,七曰别传,八曰杂记,九曰地理书,十曰都邑簿。

夫皇王受命,有始有卒,作者著述,详略难均。有权记当时,不终一代,若陆贾《楚汉春秋》〔一〕,乐资《山阳公载记》〔二〕,王韶《晋安陆纪》〔三〕,姚最《梁后略》〔四〕,此之谓偏记者也〔五〕。

〔一〕陆贾:生平已见《六家》篇注。《汉志》著录“《楚汉春秋》九篇”及“《陆贾》二十三篇”。《隋志》杂史类著录“《楚汉春秋》九卷,陆贾撰”。《四库总目》仅著录“《新语》二卷”,提要云:“《楚汉春秋》今佚,不可考。”清道光年间,茆泮林辑十种古逸书,内有陆贾《楚汉春秋》一卷。

〔二〕乐资《山阳公载记》:《隋志》杂史类著录“《山阳公载记》十卷”。陈《补释》:“《旧唐志》编年类作《山阳义记》,《唐志》亦作《载记》。”《通释》:“山阳公谓汉献帝,禅魏,降封。”又在正文中删去“公”字,并注谓:“以偶句从删。”按蜀《通释》本等均有“公”字。周星诒校云:“宋作‘山阳公'，'公'字不当删。"又乐资，晋著作郎，另著有《春秋后传》等，均已佚，《六家》"《左传》家"已注。

〔三〕王韶《晋安陆纪》："陆"字，蜀本、陆本、鼎本、郭本、王本、黄本同，《广博物志》卷二十七《艺苑二》、徐应秋《玉芝堂谈荟》卷三十《古今偏正史》所引同，顾起元《说略》卷十三《典述中》有"王韶《晋安陆记》"，亦本于《史通》。卢《拾补》、《通释》均云"陆"字当作"帝"。《宋书·王韶之传》："韶之，字休泰，好史籍，博涉多闻。私撰《晋安帝阳秋》，除著作佐郎。使续后事，讫义熙九年，为后代佳史。安帝之崩也，高祖使韶之与帝左右密加酖毒。高祖受禅，加骁骑将军。出为吴兴太守，文集行于世。"《通释》云："《晋安帝纪》，即此《阳秋》也。旧作'安陆'，误。又《北史》有王韶，乃隋之武臣，此以属对省'之'字耳。"郭本眉批云："王韶之撰《晋安帝阳秋》，非王韶也。"按《玉海》卷十三《艺文·杂史》、《群书考索》卷十五《史氏流别》均引作"《晋安纪》"。《太平寰宇记》卷一百《江南东道十二·福州永泰县》："东晋永嘉之乱，渡江衣冠士族多依于此，以求安堵。"引"《晋安记》"一条。《初学记》卷二《天部下·虹蜺第七》"属宫、贯城"条下复引"王韶之《晋安纪》曰"云云。"记"与"纪"，异写而已，则是书唐代仍有流传，必为子玄所经眼，《晋安记》之名不误，浦说实有未安。惟《隋志》仅在古史类著录"《晋纪》十卷，宋吴兴太守王韶之撰"，《旧唐志》记《崇安记》十卷，王韶之撰，列于"周祇《崇安记》二卷"之后，"崇"字疑误，《唐志》即未著录，可证书之流传不广，亡佚亦早。

〔四〕姚最《梁后略》：原脱"最"字，蜀本、陆本、鼎本、郭本、王本、黄本均同,《群书考索》卷十五《史通类》、《广博物志》卷二十七《艺苑二》、《玉芝堂谈荟》卷三十《古今偏正史》、《说略》卷十三《典述中》所引亦无此字。浙江书局本《玉海》卷十三《艺文·杂史》于"姚"下增"勖"字,他本俱无,必系刻书者妄加,显误。卢《拾补》在"最"字下注:"脱,何补。"孙《札记》:"'姚'字下有'最'字。"何义门批校本"姚"下有手墨插入"最"字。《通释》已补入,注:"旧脱'最'字。"又在"梁"字下补入"昭"字,并云:"新旧《唐志》并有'昭'字。"按蜀本等亦无"昭"字。卢文弨曰:"'梁'下不当添'昭'字。"程《笺记》引《隋书经籍志考证》云:"《史通》及《日本书目》皆无'昭'字。"程按:"《杂说下》篇原注所引亦无之。"今补入"最"字。《隋志》古史类著录"《梁后略》十卷,姚最撰"。《周书·姚僧垣传》:"僧垣次子最,字士会,博通经史,尤好著述,撰《梁后略》十卷,行于世。"是书《太平御览》屡有引及,篇首《经史图书纲目》亦赫然有载,则两宋时尚有流传,惜今已亡佚。

〔五〕偏记:浦注:"此谓短述之书,但记近事,而非全史。"

普天率土,人物弘多,求其行事,罕能周悉。则有独举所知,编为短部。若戴逵《竹林名士》〔一〕,王粲《汉末英雄》〔二〕,萧世诚《怀旧志》〔三〕,卢子行《知己传》〔四〕,此之谓小录者也〔五〕。

〔一〕戴逵《竹林名士》:《隋志》杂传类著录"《竹林七贤论》二卷,晋太子中庶子戴逵撰"。《晋书·隐逸·戴逵传》:"逵,字安道,少博学,善属文,常以礼度自处,深以放达为非,乃著论曰:‘竹林之为放,有疾而为颦者也;元康之为放,无德而折巾者也。’”按:元康,晋惠帝年号。其书今佚。

〔二〕王粲《汉末英雄》:《隋志》杂史类著录“《汉末英雄记》八卷,王粲撰,梁有十卷”,已佚。清王谟辑《英雄记钞》一卷,收入《汉魏遗书钞》。《三国志·王粲传》仅记其“著诗赋论议垂六十篇”。

〔三〕萧世诚《怀旧志》:《隋志》杂传类著录“《怀旧志》九卷,梁元帝撰”,已佚。按:元帝萧绎,字世诚,见《核才》篇注。

〔四〕卢子行《知己传》:《隋志》杂传类著录“《知己传》一卷,卢思道撰”,已佚。按:思道,字子行,见《核才》篇注。

〔五〕小录:浦注:“此谓私志之书,各录知交。”

国史之任,记事记言,视听不该,必有遗逸。于是好奇之士,补其所亡。若和峤《汲冢纪年》〔一〕,葛洪《西京杂记》〔二〕,顾协《琐语》〔三〕,谢绰《拾遗》〔四〕,此之谓逸事者也〔五〕。

〔一〕和峤《汲冢纪年》:《隋志》古史类著录“《纪年》二十卷”,不著撰人名氏。类序云:“晋太康元年,汲郡人发魏襄王冢,得古竹简书。帝命中书监荀勖、令和峤撰次为十五部,八十七卷。”又《晋书·和峤传》:“峤,字长舆,为给事黄门侍郎,迁中书令。元康二年卒。”参看《六家·春秋家》注。

〔二〕葛洪《西京杂记》:《隋志》史部旧事类著录“《西京杂记》二卷”,未著撰人名氏。《晋书·葛洪传》:“洪字稚川,以儒学知名,著述不辍。”马端临云:“洪著书几五百卷,本传具载其目,不闻有此书。未必洪之作也。”《玉海·艺文》引颜师古说云："或以为吴均依托为之。"《郡斋读书志》、《西京杂记》解题亦有此语，前有"江左人"三字，其书今存。

〔三〕顾协《琐语》：《隋志》小说家类著录"《琐语》一卷，梁金紫光禄大夫顾协撰"。《梁书·顾协传》："协，字正礼，博极群书，于文字及禽兽草木，尤称精详。撰《异姓苑》五卷，《琐语》十卷。"其书亡。

〔四〕谢绰《拾遗》：《隋志》杂史著录"《宋拾遗》十卷，梁少府卿谢绰撰"，见《书事》篇"谢绰拾沈约之遗"注，书佚。

〔五〕逸事：《七录》有"旧事"目，《隋志》因之，后此有故事典故等。《通释》注："此谓掇拾之书，可补史遗。"

街谈巷议〔一〕，时有可观，小说卮言〔二〕，犹贤于已，故好事君子，无所弃诸。若刘义庆《世说》〔三〕，裴荣期《语林》〔四〕，孔思尚《语录》〔五〕，阳玠松《谈薮》〔六〕，此之谓琐言者也〔七〕。

〔一〕街谈巷议：杨《通释补》引张衡《西京赋》："若其五县游丽，辩论之士，街谈巷议，弹射臧否。"按《汉志》小说家类序："街谈巷语，道听途说者也。"《曹子建集·与杨德祖书》："街谈巷说，必有可采。"

〔二〕小说卮言："卮"原作"为"，原本有手墨圈为"卮"，郭本、王本、蜀本、陆本、鼎本作"为"，黄本、《通释》作"卮"，似当从。陈《补释》："《庄子·寓言》篇：'卮言日出。'《释文》：'《字略》云："卮，圆酒器也。"'司马云：'谓支离无首尾言也。'"按《寓言》下续曰"因以曼衍"，郭象注云："是非无主，无主则曼衍矣。谁能定之哉！因而任之。"

〔三〕刘义庆《世说》:《隋志》小说类著录:"《世说》八卷,宋临川王刘义庆撰。"参看《六家·尚书家》注。其书今存。

〔四〕裴荣期《语林》:《隋志》小说类著录:"《语林》十卷,东晋处士裴启撰。亡。"荣期乃启之字也。参看《书事》篇注。

〔五〕孔思尚《语录》:《隋志》未著录,新旧《唐志》杂史类均著录孔思尚《宋齐语录》十卷,书佚。《书志》篇已注。

〔六〕阳玠松《谈薮》:阳玠松,原作"阳松玠",《群书考索》卷十五《史通类》引作"杨松玢",按"松玠"两字,卢《拾补》校云:"从宋乙。"今乙正,隋唐《志》均未著录。陈振孙《书录解题》著录"《谈薮》二卷,北齐秘书省正字北平阳玠松撰。事综南北,时更八代,隋开皇中所述"。《通考》亦在传记类著录是书,今佚。

〔七〕琐言:《通释》:"谐噱之书,略供史料,止助谈资。"

汝颍奇士,江汉英灵〔一〕,人物所生,载光郡国。故乡人学者,编而记之。若圈称《陈留耆旧》〔二〕,周斐《汝南先贤》〔三〕,陈寿《益部耆旧》〔四〕,虞预《会稽典录》〔五〕,此之谓郡书者也〔六〕。

〔一〕江汉英灵:陈《补释》引左思《蜀都赋》:"近则江汉炳灵,世载其英。"按《艺文类聚》卷四十二《乐部二》梁刘孝威《蜀道难》:"君平子云寂不嗣,江汉英灵已信稀。"《周书·柳霞传》:"江汉英灵,见于此矣。"

〔二〕圈称《陈留耆旧》:"圈"字原误作"周",蜀本、陆本同,《广博物志》卷二十七《艺苑二》所引同,鼎本作"圈"。《隋志》杂传类著录"《陈留耆旧传》二卷。汉议郎圈称撰",已佚,又地理类著录“圈称《陈留风俗传》三卷”。洪适《隶释》卷十六《四老神坐神祚机》载有“圈公神祚机”，并引是书《自序》云：“圈公，为秦博士，避地南山，惠太子以为司徒，至称十一世。”

〔三〕周斐《汝南先贤》：“斐”字，原误作“裴”，姚振宗《隋书经籍志考证》称其“尝官汝南中正”，《隋志》杂传类著录“《汝南先贤传》五卷。魏周斐撰”，《旧唐书·经籍志》所载已少去二卷，今已佚。

〔四〕陈寿《益部耆旧》：《晋书·陈寿传》：“寿又撰《益都耆旧传》十篇。”《华阳国志·陈寿传》：“益部自建武后，蜀郡郑伯邑、太尉赵彦信及汉中陈申伯、祝元灵、广汉王文表，皆以博学洽闻，作《巴蜀耆旧传》。寿以为不足经远，乃并巴汉，撰为《益部耆旧传》十篇。”《汉魏六朝百三家集》卷六十王献之《益部帖》：“《益部耆旧传》今送，想催驱写取耳，慎不可过淹留。”必是足本。《隋志》杂传类著录“《益部耆旧传》十四卷，陈寿撰”。惜今已佚。

〔五〕虞预《会稽典录》：《隋志》杂传类著录“《会稽典录》二十四卷，虞预撰”，新旧《唐志》同，《宋史·艺文志》已不载。康熙《绍兴府志》卷五十九云：“《会稽典录》，晋虞预撰，其书今越中无有。”今已佚，鲁迅《会稽郡故书杂录》有辑本。

〔六〕郡书：《通释》：“乡邦旧德之书。”

高门华胄，奕世载德〔一〕，才子承家，思显父母。由是纪其先烈，贻厥后来。若扬雄《家谍》〔二〕，殷敬《世传》〔三〕，孙氏《谱记》〔四〕，陆宗《系历》〔五〕，此之谓家史者也〔六〕。

〔一〕奕世载德：杨《通释补》："《国语·周语上》：'弈(奕)世载德，不忝前人。'韦注：'弈，弈前人也。载，成也。'"按《曹子建集》卷五《责躬》："笃生我皇，奕世载聪。"《华阳国志·先贤士女总赞论》："奕世载美，是以四方述作。"《十六国春秋·前燕录四·慕容俊上》："燕王奕世载德，奉义讨乱。"按"奕世"，累世也。《后汉书·杨震传》："奕世受恩，得备纳言。"李贤注："奕，犹重也。"

〔二〕扬雄《家谍》：陈《补释》："《汉书·扬雄传》，师古注：雄自序谱牒。亦引见桓谭《新论》。(《世说·识鉴》篇注引《杨氏谱》。)又《文选·王俭集序》注引《七略》称子云《家牒》。"参看《序传》注。《旧唐志·杂谱牒》著录"《杨氏谱》一卷"，未著撰人。

〔三〕殷敬《世传》：《通释》："《唐志》作《殷氏家传》三卷，殷敬撰。"陈《补释》："《旧唐志》作殷敬淳。又《世说·文学》篇注引《殷氏谱》。"按《旧唐志》作"殷敬等撰"。

〔四〕孙氏《谱记》：《通释》："《唐志》十五卷，无撰人名。"陈《补释》："《三国·魏书·孙资传》注引《孙氏谱》。"按《唐志》："《孙氏家谱》一卷。"《旧唐志》作十五卷，均无撰人名，徐应秋《玉芝堂谈荟》卷三十《古今偏正史》所载书名同《史通》。

〔五〕陆宗《系历》：《通释》："《唐志》作《吴郡陆氏宗系谱》一卷，陆景献撰。"陈《补释》："《旧唐志》陆煦《陆史》十五卷，《世说·文学》篇注亦引《陆氏谱》。"按《隋志》杂传类亦著录"《陆史》十五卷"，未著撰人姓名。徐应秋《玉芝堂谈荟》卷三十《古今偏正史》作"《陆宗系传》"。

〔六〕家史：浦注："门胄先烈之书。"按自《七录》创为谱状，后此目录,均有谱牒、氏姓类目,家史实即指此。

贤士贞女,类聚区分,虽百行殊途,而同归于善。则有取其所好,各为之录。若刘向《列女》〔一〕,梁鸿《逸民》〔二〕,赵采《忠臣》〔三〕,徐广《孝子》〔四〕,此之谓别传者也〔五〕。

〔一〕刘向《列女》:《隋志》杂传类著录“《列女传》十五卷,刘向撰,曹大家注”。《通释》引《列女传》曾巩序云:“刘向所序凡八篇,嘉祐中,苏颂定其书,复为八篇。”今存。

〔二〕梁鸿《逸民》:《通释》引《后汉书·梁鸿传》:“鸿慕前世高士,为四皓以下二十四人作颂。鸿所撰即此,不当云‘逸民’。”并注:“当云《高士》。”按鸿本传续云:“鸿潜闭著书十余篇。”皇甫谧《高士传》序云:“梁鸿颂逸民。”即指此颂。《玉海》卷五十八《汉陈留耆旧传》亦云:“梁鸿作《逸人》之记。”侯康《补后汉书艺文志》复明载“梁鸿《逸民传颂》”,并云“当日必已成书,每人各系以传也”。顾櫰三《补后汉书艺文志》则作“《逸人记》”,与《陈留耆旧传》同。俱见“逸民”两字,不为无据。

〔三〕赵采《忠臣》:《通释》:“隋唐《志》忠臣传但有梁元帝撰,赵采无考。”又卢《拾补》校“采”字云:“宋‘采’,《玉海》作‘来’,俱未详。”按《群书考索》卷十五《正史门》作“来”,《玉海》卷四十七《史氏流别》则作“采”,《玉芝堂谈荟》卷三十《古今偏正史》亦作“采”,卢氏或误记。

〔四〕徐广《孝子》:《通释》:“徐广《孝子传》,新旧《唐志》:徐广撰,三卷。”按《隋志》未著录。《宋书·徐广传》:“广字野民,李太后薨,广议服。领著作郎,著《晋纪》四十六卷,

《答礼问》百余条。”又《晋书》广传载“广奉诏撰《车服仪注》”，是广盖深于礼学者。是书今佚，《说郛》卷五十八辑本，似杂抄诸书而成。

〔五〕别传：浦注：“甄录贞范，能补前史缺遗。”

阴阳为炭，造化为工〔一〕，流形赋象，于何不育〔二〕，求其怪物，有广异闻。若祖台《志怪》、干宝《搜神》、刘义庆《幽明》、刘敬叔《异苑》〔三〕，此之谓杂记者也〔四〕。

〔一〕阴阳为炭，造化为工：陈《补释》引：“《史记·贾生传》：天地为炉兮，造化为工。阴阳为炭兮，万物为铜。《索隐》谓上二句《庄子》文。然《庄子·大宗师》篇本作‘大冶’。贾赋（《鹏鸟赋》）改作‘工’以协韵。”按《庄子》原句为“以天地为大炉，以造化为大冶”。《新书》卷十《贾谊传》：“天地为炉，造化为工，阴阳为炭，万物为铜。”

〔二〕于何不育：杨《通释补》引《文选》左思《蜀都赋》“异类众夥，于何不育”。按《礼记·中庸》：“万物并育而不相害，道并行而不相悖。”《孔子家语·五帝》：“天有五行，木、火、金、水、土，分时化育，以成万物。”

〔三〕《志怪》、《搜神》、《幽明》、《异苑》：《隋志》杂传类著录“《志怪》二卷，祖台之撰。《搜神记》三十卷，干宝撰。《幽明录》二十卷，刘义庆撰。《异苑》十卷，宋给事刘敬叔撰”。《晋书·祖台之传》：“台之，字元辰，范阳人，官至侍中，撰《志怪》，书行于世。”《志怪》佚，干宝、刘义庆、刘敬叔三人书今存，其事迹见前注。

〔四〕杂记：浦注：“搜采怪异，足当劝诫。”按《文史通义·黠陋》："史学衰而传记多杂出，若东京以降，《先贤》、《耆旧》诸传，《拾遗》、《搜神》诸记皆是也。"似亦可参。

九州土宇，万国山川，物产殊宜，风化异俗。如各志其本国，足以明此一方。若盛弘之《荆州记》〔一〕、常璩《华阳国志》〔二〕、辛氏《三秦》〔三〕、罗含《湘中》〔四〕，此之谓地理书者也〔五〕。

〔一〕《荆州记》：《隋志》地理类著录"《荆州记》三卷，宋临川王侍郎盛弘之撰"。陈振孙《直斋书录解题》卷八《襄沔志》条："盛弘之《荆州记》，记襄汉事迹详矣。"杨慎《丹铅总录》卷二《地志》："地志诸家，予独爱常璩《华阳国志》，次之则盛之《荆州记》。《荆州记》载鹿门事，读之使人神游八极，信奇笔也。"是书明代尚存，至今已少见，传本可观者有曹氏笺经室三卷本，为光绪年间刻本。

〔二〕《华阳国志》：见《补注》篇注。《隋志》、《唐志》、《通考》俱入霸史、伪史类，清人王谟《跋》以为"不离乎杂史者近是"。今传刻本均十二卷，与《隋志》、《旧唐志》著录者合。《新唐志》著录为十三卷，《四库提要》疑为传写之讹。

〔三〕辛氏《三秦》：《通释》："《后汉·李膺传》章怀注引之，以证'登龙门'语，其书宜未亡，而史志皆阙，卷帙无考。"按原引书名为"辛氏三秦记"，历来各家文献所引亦同。又《太平御览·经史图书纲目》列有"辛氏《三秦记》"，亦未载卷帙，篇中则多引其书。陈《补释》："《尚书释文》、《水经》河水渭水注、《续汉书·郡国志》注、《通典·州郡》并引其书。"

〔四〕罗含《湘中》:《通释》引《文献通考·经籍考》:"《湘中山水记》三卷,晋耒阳罗含君章撰。其书颇及隋唐以后事,则后人附益也。"引文已见郭氏《评释》,惟未注明出处。陈《补释》:"亦引见《郡国志》注、《水经》湘水注。"按:据《汉书·郡国志》注,罗含《湘中记》中有禹《玉牒词》。丁国钧《补晋书艺文志》卷二:"《湘中山水记》三卷,罗含。谨按是书《水经注》、《白帖》、《御览》均引作《湘中记》。"章宗源《隋书经籍志考证》卷六:"《湘中记》卷亡,不著录。"又《太平御览·经史图书纲目》亦列有"罗含《湘中记》"。《崇文总目》载"《湘中山水记》三卷,中散大夫桂阳罗含君章撰"。《直斋书录解题》则载"《湘中山水记》三卷",并云:"晋耒阳罗含君章撰,范阳卢拯注,其书颇及隋唐以后事,则亦后人附益也。"《遂初堂书目》复有"《湘中山水记》三卷,罗含撰,卢拯注"。《通志·艺文略》地理类云"《湘川记》一卷,罗含撰",又续录"《湘中记》一卷"。则罗氏《湘中记》一书而三名,题名《湘中记》者必是其原本,题名《湘中山水记》者当为卢拯注本,题名《湘川记》者,"川"倘非误字,必即其异名。而《湘中记》必为罗含撰,卢氏乃最早注其书者,今有陈运溶《荆湘地记》辑本。又罗含,《晋书》有传,注已见前。

〔五〕地理:浦注:"此兼风土人物言,亦史志地俗一类。"又释云:"地理与郡书略有辨,郡书主人物,地理主风土,但其中《华阳志》似阑入。"浦说是。

帝王桑梓,列圣遗尘〔一〕,经始之制,不常厥所。苟能书其轨则,可以龟镜将来。若潘岳《关中》、陆机《洛阳》〔二〕、

《三辅黄图》〔三〕、《建康宫殿》〔四〕，此谓都邑簿者也〔五〕。

〔一〕帝王桑梓、列圣遗尘：陈《补释》："此左思《魏都赋》文，'帝王'本作'先王'。"按《北史·昭成子孙传》："关中帝王桑梓。"《宋书·孝武帝纪》："列圣遗式。"《南齐书·海陵王纪》："列圣继轨。"又桑梓，顾炎武《日知录·桑梓》引《容斋随笔》："《小雅》：'维桑与梓，必恭敬止。'并无乡里之说，而后人文字，乃作乡里事用。"盖以为"古人桑梓之说，不过敬老之意，桑梓犹当恭敬，而况父母，为人子之所瞻依"。

〔二〕《关中》、《洛阳》：《隋志》仅著录《洛阳记》，《唐志》著录两记，又文廷式《补晋书艺文志》有"《洛阳记》四卷"，《太平御览·经史图书纲目》亦载"晋潘岳《关中记》"，潘、陆两人见前注，两书均佚。

〔三〕《三辅黄图》：见《书志》注。《新唐志》著录《三辅黄图》，列于地理类之首，未注撰人。《通志》亦著录"《三辅黄图》一卷，记汉三辅宫观陵庙明堂辟雍郊畤等事"。颜师古注《汉书》，时或引用。《日知录·三辅黄图》云："汉西京宫殿甚多，读史殊不易晓。《三辅黄图》叙次颇悉，以长乐、未央、建章、北宫、甘泉宫为纲，而以其中宫室台殿为目，甚得体要。但其无所附丽者，悉入北宫及甘泉宫下，则舛矣。"明嘉靖年间曾与《西京杂记》合刻，毕沅校正本则收入《经训堂丛书》中。

〔四〕《建康宫殿》：《隋书经籍志考证》："《建康宫殿簿》卷亡，不著录。"《太平御览》卷一百七十五《居处部三》、《景定建康志》卷二十二《城阙志三》俱引"《建康宫殿簿》"，《玉海》卷一百六十六《宋通天观》则引作“《建康宫阙簿》”。陈《补释》：“《御览·居处部》引《建康宫阙簿》。”按《御览·居处部》引“《建康宫阙簿》”，其卷一百七十五凡两见，卷一百七十九则一见，或即知幾所引书之异名乎？俟考。

〔五〕都邑簿：浦注：“此指帝京规制言。”

大抵偏记、小录之书，皆记即日当时之事，求诸国史，最为实录。然皆言多鄙朴，事罕圆备，终不能成其不刊，永播来叶，徒为后生作者削稿之资焉。

逸事皆前史所遗〔一〕，后人所记，求诸异说，为益实多。及妄者为之，则苟载传闻，而无铨择。由是真伪不别，是非相乱。如郭子横之《洞冥》〔二〕，王子年之《拾遗》〔三〕，全搆虚辞〔四〕，用惊愚俗。此其为弊之甚者也。

〔一〕逸事：《通释》“逸事”下有“者”字，卢《拾补》：“宋有。”

〔二〕郭子横之《洞冥》：《隋志》杂传类著录“《汉武洞冥记》一卷，郭氏撰”。《两唐志》著录四卷本，《新唐志》入道家神仙家。唐宋官私目录著录此书，书名不同，卷数亦异，可参孙猛《郡斋读书志校证》。《郡斋读书志》云：“后汉郭宪子横撰。其序言‘汉武明隽特异之主，东方朔因滑稽浮诞以匡谏，洞心于道教，使冥迹之奥，昭然显著。故曰洞冥’。”《四库全书总目》著录“《汉武洞冥记》四卷”，提要云：“此书皆怪诞不根之谈，未必真出宪手。”书今存。《后汉书·方术·郭宪传》：“宪，字子横，光武征拜博士。再迁光禄勋。帝曰：‘关东觥觥郭子横。’”注：“觥觥，刚直之貌。”

〔三〕王子年之《拾遗》:《隋志》杂史类著录"《拾遗录》二卷,伪秦姚苌方士王子年撰。《王子年拾遗记》十卷,萧绮撰"。《郡斋读书志》曰:"梁萧绮叙录:'王嘉字子年,尝著书百二十篇,载伏羲以来异事,前世奇诡之说。'"《四库总目》亦入小说家,《提要》云:"嘉书盖仿《洞冥记》而作,其言荒诞。"书存,今《汉魏丛书》等收有"王嘉《拾遗记》十卷"。《晋书·艺术·王嘉传》:"嘉,字子年。著《拾遗录》十卷,其记事多诡怪。"

〔四〕搆:鼎本、郭本、王本、黄本均作"構"。杨慎《丹铅总录》卷十九《伪书杀人》引作"構",《通释》(上海古籍出版社一九七八年版)同,查《通释》旧版则作"搆"。

琐言者,多载当时辨对,流俗嘲谑,俾夫枢机者藉为舌端,谈话者将为口实。乃蔽者为之,则有诋讦相戏,施诸祖宗,亵狎鄙言〔一〕,出自床笫〔二〕。莫不升之纪录,用为雅言,固以无益风规,有伤名教者矣。

〔一〕亵:原误作"褻",蜀本、陆本、鼎本同,陆深《史通会要·品流第三》亦引作"褻",孙《札记》校改,《通释》作"亵",今改。

〔二〕出自床笫:陈《补释》引《左》襄二十七年《传》:"晋赵孟曰:'床笫之言不逾阈。'"按《孔丛子·答问》:"凡若晋侯骊姬床笫之私,房中之事,不得掩焉。"

郡书者,矜其乡贤,美其邦族。施于本国,颇得流行;置于他方,罕闻爱异。其有如常璩之详审〔一〕,刘昞之该博〔二〕,而能传诸不朽,见美来裔者,盖无几焉。

〔一〕常璩之详审:吕大防《华阳国志后序》:“常璩作《华阳国志》,于一方人物,如恐有遗。虽蛮髦之民,井臼之妇,苟有可纪,皆著于书。自先汉至晋初,士女可书者四百人,亦可谓众矣。”

〔二〕刘昞之该博:“昞”,原误作“炳”,蜀本、陆本、鼎本同。浦注:“或作‘炳’,非。”今改。《隋志》霸史类著录“《凉书》十卷,记张轨事,伪凉大将军从事中郎刘景撰。《敦煌实录》十卷,刘景撰”。唐高祖父名昞,故讳作“景”,刘昞事迹见《论赞》篇注。《魏书》本传载昞“以儒学称,注记篇籍,以烛继昼”。两书今佚。

家史者,事惟三族〔一〕,言止一门,正可行于室家,难以播于邦国。且箕裘不堕〔二〕,则其录犹存〔三〕,苟薪構已亡〔四〕,则斯文亦丧者矣。

〔一〕三族:陈《补释》:“《仪礼·士昏礼》:‘唯是三族之不虞。’注:‘谓父昆弟,己昆弟,子昆弟。’”按三族之说有包括母族、妻族者,其说纷纭。陈氏独取《仪礼》注,盖切合“家史”而言,甚是。

〔二〕箕裘不堕:箕裘用《礼记》子学箕裘事,注见前。此处言家业不败也。

〔三〕犹存:原作“虽存”,蜀本、陆本、王本同,据鼎本、郭本、黄本、《通释》改。《通释》云:“一作‘虽’,非。”

〔四〕薪構:《庄子·养生主》:“指穷于为薪,火传也。”郭象注:“穷,尽也。为薪,犹前薪也。尽前薪,火传而不灭也。”今人以“薪尽火传”喻师生、父子相继。又《书·大诰》:“若考作室,既底法。厥子乃弗肯堂,矧肯構。”疏引《释诂》云:“如父作室,既底定于法矣。其子弗肯为堂基,况肯盖屋乎?”構者,《说文》云“盖”也,亦言子承父业也。“構”字,原误作“搆”,卢《拾补》校改“構”为“搆”,今据《大诰》改作“構”。

别传者,不出胸臆〔一〕,非由机杼〔二〕,徒以博采前史,聚而成书。其有足以新言,加之别说者,盖不过十一而已。如寡闻末学之流,则深所嘉尚;至于探幽索隐之士,则无所取材。

〔一〕不出胸臆:陈《补释》:“《论衡·超奇篇》:‘实诚在胸臆,文墨著竹帛。’其上文又云:‘眇思自出于胸中。’又云:‘文由胸中而出。’故陆士衡《文赋》亦云:‘思风发于胸臆。’李善失注。”《文心雕龙·神思》亦云:“神居胸臆,而志气统其关键。”

〔二〕非由机杼:陈《补释》引《魏书·祖莹传》:“文章须自出机杼,成一家风骨,何能共人同生活也。”按:“盖讥世人好偷窃他文以为己用。”“莹,字元珍,其文集行于世。”

杂记者,若论神仙之道,则服食炼气,可以益寿延年;语魑魅之途,则福善祸淫〔一〕,可以惩恶劝善,斯则可矣。及缪者为之〔二〕,则苟谈怪异,务述妖邪,求诸弘益,其义无取。

〔一〕福善祸淫:杨《通释补》:“《书》伪《汤诰》:‘天道福善祸

淫。'"按《国语·周语》:"天道赏善而罚淫。"《潜夫论·述赦》:"天道赏善而刑淫。"《贞观政要·行幸》:"福善祸淫,亦由人事。"

〔二〕缪:原本手墨旁批一"谬"字,鼎本、郭本均作"缪",王本、黄本、《通释》及纪氏《削繁》作"谬"。按《庄子·盗跖》:"多辞缪说,不耕而食,不织而衣,摇唇鼓舌,擅生是非,以迷天下之主。"《礼记·仲尼燕居》:"不能《诗》,于礼缪;不能乐,于礼素。"郑玄注:"缪,误也。""谬"乃"缪"之假借字,二字本通。

地理书者,若朱赣所采,浃于九州〔一〕;阚骃所书,殚于四国〔二〕。斯则言皆雅正,事无偏党者矣。其有异于此者,则人自以为乐土〔三〕,家自以为名都,竞美所居,谈过其实。又城池旧迹,山水得名,皆传诸委巷,用为故实,鄙哉!

〔一〕朱赣所采,浃于九州:《隋志》:"《地理书》一百四十九卷,录一卷。陆澄合《山海经》已来一百六十家,以为此书。澄本之外,见存别部自行者,唯四十二家。"又:"《地记》二百五十二卷,梁任昉增陆澄之书八十四家,以为此记。其所增旧书,见存别部行者,唯十二家。"《通释》节引此段,然删节失当,已失原意。陈《补释》:"《汉·地理志》:'汉承百王之末,国土变改,民人迁徙。成帝时,刘向略言其域分,丞相张禹使属颍川朱赣,条其风俗,犹未宣究,故辑而论之,终其本末著于篇。'然则朱赣所采,即《汉志》所言风俗矣。"按《隋志》地理类序亦载有与《汉志》类似文字云:"其后刘向略言地域,丞相张禹使属朱贡,条记风俗,班固因之作《地理志》。"《韵会》:"赣,通作贡。""子贡"又作"子赣","朱贡"即"朱赣",浦氏失注。

〔二〕阚骃所书,殚于四国:《通释》:"《北史》:'阚骃,敦煌人,字玄阴,乐安王丕引为从事中郎。撰《十三州志》。'《隋志》:'《十三州志》十卷。'"陈《补释》:"《唐志》十卷。"按书已佚。《二酉堂丛书》收有《十三州志》一卷,凉阚骃纂,清张澍辑。又"骃"字原误作"驷",乔载繇过录本描改为"骃",何义门批校本同。何义门批校本另有"十三州"三字旁批。又蜀本、陆本、鼎本作"驷",郭本、黄本、《通释》及陆深《史通会要上·品流第三》所引均作"骃",今据孙《札记》及史传校改。

〔三〕人自以为乐土:杨《通释补》引《文选》皇甫谧《三都赋》序:"家自以为我土乐。"

都邑簿者,如宫阙陵庙〔一〕,街廛郭邑,辨其规模,明其制度,斯则可矣。及愚者为之,则烦而且滥,博而无限。故论榱栋则尺寸皆书,记草木则根株必数,务求详审,持此为能。遂使学者观之瞀乱而难纪也。

〔一〕宫阙:"阙"字,陆深《史通会要·品流第三》所引同,蜀本、陆本、鼎本、郭本作"闱"。《通释》注:"一作'闱'。""阙"字是。《史记·高祖纪》:"萧丞相营作未央宫,立东阙、北阙,高祖见宫阙壮甚,怒谓萧何曰:'何治宫室过度!'何曰:'天子以四海为家,非壮丽无以重威。'"

于是考兹十品,征彼百家,则史之杂名〔一〕,其流尽于此矣。至于其间得失纷糅，善恶相兼，既难为覼缕，故粗陈梗概，且同自郐〔二〕，无足讥焉。

〔一〕史之杂名：《四库总目》："杂史之目，肇于《隋书》，盖载籍既繁，难于条析，义取乎兼包众体，宏括殊名。"按：早于《隋志》，《七录》已有杂传。后此书目，每多杂史与杂传并存。自《崇文总目》，杂传始去"杂"字，而以"传记"为目。

〔二〕且同自郐：郭氏《评释》引《左传》襄公二十九年九月云："吴公子札来聘，请观于周乐，自郐以下无讥焉。"《史记·吴太伯世家》述其事极详。按郐，春秋时小国，《诗》有郐风，郐风下为曹风、豳风，往者以"自郐以下无讥焉"。

又按子之将史，本为二说。然如吕氏、淮南、玄晏、抱朴〔一〕，凡此诸子，多以叙事为宗，举而论之，抑亦史之杂也。但以名目有异，不复编于此科。盖语曰："众星之明，不如一月之光。"〔二〕历观自古作者，著述多矣。虽复门千户万，波委云集〔三〕，而言皆琐碎，事必藂残〔四〕，固难以接光尘于五传〔五〕，并辉烈于三史。古人以比玉屑满箧〔六〕，良有旨哉！

〔一〕吕氏、淮南、玄晏、抱朴：《隋志》子部杂家类著录："《吕氏春秋》二十六卷，秦相吕不韦撰，高诱注。《淮南子》二十一卷，汉淮南王刘安撰，许慎注，(又)高诱注。《抱朴子》外篇三十卷，葛洪撰。"《抱朴子》内篇二十一卷，则入道家。而史部杂传类则载有："《玄晏春秋》三卷，皇甫谧撰。"《玄晏春秋》佚。

〔二〕众星之明,不如一月之光:陈《补释》:"《文子·上德篇》:百星之明,不如一月之光。《淮南子·说林训》同。又《艺文类聚》卷九十二引张显《析言论》:众星不如一月明。《御览》九百二十二引亦同。"按《文子缵义》旧注:"贤士虽寡,得一有余。"又《册府元龟》卷四十《文学》引后汉明帝《制五家要说章句》:"无众星之明,假日月之光。"

〔三〕门千户万,波委云集:《文选》班固《西都赋》:"张千门而立万户。"又:"云集雾散。"《抱朴子·崇教》:"其谈宫殿,则远拟瑶台、琼室,近效阿房、灵光,以千门万户为局促。"《水经注》卷十九《渭水》引《三辅黄图》:"建章宫,汉武帝造,周二十余里,千门万户。"《宋书·谢灵运传论》:"波属云委,莫不寄言上德。"《册府元龟》卷四百一十六《将师部》:"波属华夷,百蛮云会。"《太平寰宇记》卷一百六十《岭南道四》:"飞泉引镜悬,波委源穷幽。"

〔四〕蘩残:蘩,《说文》作"蕞",云:"艸丛生皃。"段玉裁注:"丛,聚也。概言之。蕞则专谓艸。今人但知用丛字而已。"《论衡·书解篇》:"古今作书者非一,各穿凿失经之实传,违圣人质,故谓之蕞残。比之玉屑,故曰'蕞残满车,不成为道。'"吴承仕曰:"'蕞残','蕞'当为'菆',因讹为'蕞',故转为'蕞'"。按《颜氏家训·书证篇》:"《诗》云:'黄鸟于飞,集于灌木。'《传》云:'灌木,丛木也。'此乃《尔雅》之文。《尔雅》末章又云:'木族生为灌。''族'亦丛聚也。所以江南诗古本皆为'丛聚'之'丛',而古'丛'字似'冣'字,近世儒生,因改为'冣'。"又《太平御览》卷六百零二《文部》引桓谭《新论》:"通才著书以百数,惟太史公为广大,余皆蘩残小论,不能比之。"

〔五〕五传:《汉志·六艺略·春秋类》著录:"《左氏传》三十卷,左丘明;《公羊传》十一卷,公羊高;《穀梁传》十一卷,穀梁喜;《邹氏传》十一卷;《夹氏传》十一卷。邹氏无师,夹氏未有书。"合称五传。

〔六〕玉屑满箧:纪《评》:"王充《论衡》之文。"按《论衡·书解篇》:"玉屑满箧,不成为宝。"陈《补释》:"前乎王充者,则有《盐铁论·相刺》篇:'故玉屑满箧,不为有宝。'后乎王充者,又有《抱朴子·自叙》:'玉屑满车,不如全璧。'"

然则刍荛之言,明王必择〔一〕,葑菲之体,诗人不弃。故学者有博闻旧事,多识其物。若不窥别录,不讨异书,专治周孔之章句,直守迁固之纪传,亦何能自致于此乎?且夫子有云:多闻择其善者而从之,知之次也〔二〕。苟如是,则书有非圣〔三〕,言多不经〔四〕。学者博闻,盖在择之而已。

〔一〕明王:宋潘自牧《记纂渊海》卷四十三《性行部·不忽微小》引同,浦注:"一作'主'。""王"字,卢《拾补》:"宋'主'。"

〔二〕"多闻"句:《论语·述而》:"子曰:'多闻,择其善者而从之,多见而识之,知之次也。'"

〔三〕书有非圣:陈《补释》引《史通·外篇·杂说下》:"杨雄自序又云不读非圣之书。"按:《汉书·扬雄传》:"非圣哲之书不好也。"又赞曰:"雄之自序云尔。"

〔四〕言多不经:陈《补释》引《史记·孟子荀卿列传》:"邹衍作怪迂之变,《终始》、《大圣》之篇,十余万言,其语闳大不经。"又引《封禅书》:"其语不经见。"按:"不经见"与"不经"似有别。

辨职第三十五〔一〕

【解 题】

此篇论唐代史馆修史之弊。知幾“三为史臣,再入东观”,“虽任当其职,而美志不遂”。故在《史通》一书中,痛陈其亲身感受之苦,可与《自叙》、《史官建置》、《忤时》等篇参看。

《辨职》先说一般设官分职,本难做到“上无虚授,下无虚受”,欲求真正之史才更难。因为修史必具南、董之识,亦即正直之德,左、马之才,佚、倚之学。才、学、识三者缺一不可,乃是其答郑惟忠论史才之再度阐述。

虚授与虚受,其失何在?

虚授包括皇帝虚授权贵为监修,监修又虚引非才充史官。他历举《春秋》、《史记》,皆在权贵监领下,遂成不刊之业。自晋以降,才开始派不谙史事之大臣监修。而今之从政者,如武三思辈更是“恩幸贵臣,凡庸贱品”。滥设监修之结果,一面虚授非才,将史馆视为安置闲散之衙门;一面又压抑人才,即如身居史馆、熟悉史事之刘知幾,亦感到“凿枘相违,龃龉难入”,实际仍阻碍或影响了修史工作之进展。

虚受也有两方面情况。监修原是大臣虚领,根本不可能考虑自己是否称职,虚受在所难免。监修滥授之史官,上下无识,遂多虚受禄位,饱食安居。其原因:一是由于修史不像打仗、临民,搞不好就要吃败仗,闹乱子。修史,写不出或者写不好,不易为一般人所察知;二是由于史馆地处禁中,可以“养拙藏愚”，遂使史官成为“告朔饩羊”。最后，他又以《左传》、《史记》、《汉书》、《三国志》为例，深赞一家独断之学，以见“退而私撰《史通》”之志。

夫设官分职〔二〕，伫勣课能，欲使上无虚授，下无虚受〔三〕，其难矣哉！昔汉文帝幸诸将营，而目周亚夫为真将军〔四〕。嗟乎！必于史职，求其若斯，乃为难遇者矣〔五〕。

〔一〕辨职："职"，原作"识"，蜀本、陆本、鼎本同，何义门批校本有手墨描改作"职"，郭本、王本、黄本及《通释》均作"职"。浦注："职，一作识，误。"孙《札记》校改"识"为"职"。按是篇发语，开宗明义即有"设官分职"四字，"识"字显误，今据改。

〔二〕设官分职：杨《通释补》引《周礼·天官冢宰》："设官分职，以为民极。"按《宋书》卷五十二《庾悦传》："夫设官分职，军国殊用，牧民以息务为大，武略以济事为先。"《梁书·武帝纪》："成务弘风，肃厉内外，寔由设官分职，互相惩纠。"《文心雕龙·章表》："设官分职，高卑联事。"《帝范·审官》："设官分职，所以阐化宣风。"

〔三〕上无虚授，下无虚受："授"字原作"称"，蜀本、陆本、鼎本同，卢《拾补》："'称'讹。"孙《札记》校改"称"为"授"，今改。杨《通释补》引曹植《求自试表》："故君无虚授，臣无虚受。"按：《三国志·陈思王植传》及《昭明文选》均载有此表。又《刘子·均任》："君子量才而授任，量任而授爵，则君无虚授，臣无虚任。"

〔四〕真将军：见《核才》篇注。

〔五〕必于史职，求其若斯，乃为难遇者矣：蜀本作“必于史职求其斯乃特为难遇者矣”，鼎本“其”作“真”，陆本、郭本作“求其若之，斯乃为难遇者矣”。《通释》同鼎本，卢《拾补》据鼎本校“真”字云：“‘其’讹，又衍‘若’字。”校“特”字云：“宋有。”浦批《训故补》云：“古本作‘求真’。”孙《札记》校改“真”为“求其若斯”，盖据象本校。兹依象本之旧，然“求真”盖承上文“真将军”言，义亦可通。

史之为务，厥途有三焉。何则？彰善贬恶，不避强御〔一〕，若晋之董狐，齐之南史〔二〕，此其上也。编次勒成，郁为不朽，若鲁之丘明，汉之子长，此其次也。高才博学，名重一时，若周之史佚〔三〕，楚之倚相〔四〕，此其下也。苟三者并阙，复何为者哉！

〔一〕不避强御：《诗·大雅·烝民》：“不畏强御。”疏：“不畏惧于强梁御善之人。”又《大雅·荡》：“曾是强御。”又《东观汉记·鲍永》：“伉直不避强御。”《盐铁论·讼贤》：“不避强御，不阿所亲，不贵妻子之养，不顾私家之业。”《潜夫论·述赦》：“正直之士之为吏也，不避强御，不辞上官。”

〔二〕董狐、南史：见《直书》篇注。

〔三〕史佚：郭《附评》引《左》成四年《传》：“季文子曰：‘史佚之志有之。’曰：‘非我族类，其心必异。’”按杜注：“史佚，周文王大史。”《史记·周本纪》：“武王命史佚展九鼎保玉。”又“佚”字，卢《拾补》云：“宋‘失’。古通，后同。”

〔四〕倚相：《国语·楚语》：“王孙圉曰：‘又有左史倚相，能道训典，以叙百物，以朝夕献善败于寡君，使寡君无忘先王之业。'"又《左》昭十二年《传》"(楚)左史倚相能读三坟、五典"云云,已见前注。

昔鲁叟之修《春秋》也,不藉三桓之势〔一〕;汉臣之著《史记》也,无假七贵之权〔二〕。而近古每有撰述,必以大臣居首。按《晋起居注》载康帝诏〔三〕,盛称著述任重,理藉亲贤〔四〕,遂以武陵王领秘书监〔五〕。寻武陵才非河献,识异淮南〔六〕,而辄以彼藩翰,董斯邦籍。求之称职,无闻焉尔。既而齐撰国史,和士开总知〔七〕;唐修《本草》,徐世勣监统〔八〕。夫使辟阳、长信〔九〕,指㧑南、董之前,周勃、张飞,弹压桐、雷之右〔一〇〕,斯亦怪矣。

〔一〕三桓:"桓"字原误作"相",蜀本、陆本同,今据鼎本、《评释》、《训故补》改。《论语·季氏》:"孔子曰:'故夫三桓之子孙微矣。'"朱注:"三桓,三家皆桓公之后。"即孟孙、叔孙、季孙,鲁大夫,文公以后日强,昭公欲去之,而被逐,三桓益盛,孔子生当三桓盛时。

〔二〕七贵:陈《补释》:"潘岳《西征赋》:窥七贵于汉廷,诪一姓之或在。《文选》注:七贵谓吕、霍、上官、赵、丁、傅、王也。然此七贵自吕氏外,并不与著《史记》时相值,盖武帝时将相如卫、霍、公孙、张、杜等耳。或曰汉臣著《史记》,非止谓太史公。"按:七贵仍以《文选》注为是。善注续引"庾亮表曰'向使西京七族,皆非姻党'",盖已以此七族,为西汉七贵之通称,固不必拘于武帝时也,又注"诪亦畴也,畴,谁也"。

〔三〕《晋起居注》载康帝诏:《隋志》著录自晋泰始至元熙《起居

注》计二十部,又"《晋起居注》三百一十七卷,刘道会撰",《玉海》卷四十八《艺文》据《隋志》引,并于"会"字下注"《唐志》作'荟'","三百一十七卷"下注"《唐志》三百二十卷"。又云:"《文选》注引《晋起居注》太康四年诏。"《册府元龟》卷五百六十《国史部》有"宋刘道会撰《晋起居注》三百一十七卷",与《隋志》相合。《齐民要术》卷十《竹》、《艺文类聚》卷四十八《职官部》所引,则未注撰人、卷帙。又《隋志》著录《康帝诏草》十卷、《建元直诏》三卷,《晋书·康帝纪》亦有康帝诏,则康帝诏见于《晋起居注》者,数量必当不少。《通典》卷二十一《职官三》述起居之职云:"自魏至晋,起居注则著作掌之,其后起居皆近侍之臣录记也。录其言行与其勋伐,历代有其职而无其官。"

〔四〕亲贤:"贤"字原作"览",蜀本、陆本、鼎本同,黄本及《通释》改作"贤",浦注:"或误'览'。"孙《札记》校改"贤"。《晋书·武十三王等传》:"史臣曰:道子地则亲贤。"今据改。

〔五〕武陵王领秘书监:《晋书·武陵王晞传》:"晞,字道叔。康帝即位,加侍中、特进。(康帝)建元初,领秘书监。晞无学术,而有武干。"

〔六〕河献、淮南:《汉书·景十三王传》:"河间献王德,以孝景前二年立,修学好古,实事求是。被服儒术,造次必于儒者,山东诸儒多从而游。"又《淮南王传》:"淮南王安,为人好书鼓琴,招致宾客、方术之士数千人。作为内书二十一篇,外书甚众。时武帝好艺文,以安属为诸父,辩博善为文辞,甚尊重之。"

〔七〕齐撰国史,和士开总知:《通释》引《北齐书·恩幸·和士开传》:“士开,字彦通,世祖性好握槊,士开善于此戏,又能弹胡琵琶,因此亲狎。禀性庸鄙,不窥书传,发言吐论,惟以谄媚自资。”又引《魏收传》:“收掌诏诰,总议监五礼事,奏请赵彦深、和士开、徐之才共监。”按郭《附评》亦引《魏收传》作注。浦据此径改“国史”为“礼书”,并注:“旧作‘国史’。”经校各本均作“国史”,且与下句“指挥南、董”相应。又《史官建置》篇云:“高齐及周,迄于隋氏,其史官以大臣统领者,谓之监修。”则和士开监修国史事虽已无考,但北齐已有大臣统领监修国史之制,待考可也。浦氏径改原文,显系臆测。

〔八〕唐修《本草》,徐世勣监统:《旧唐书·李勣传》:“勣,本姓徐氏,名世勣。永徽中,以犯太宗讳,单名勣,赐姓李氏,封英国公。史臣曰:英公振彭黥之迹,自拔草莽。”唐初称为名将。又《吕才传》:“苏敬上言:‘陶弘景所撰《本草》,事多舛谬。’诏才并诸名医增损旧本,仍令司空李勣总监定之。”

〔九〕辟阳、长信,指㧑南、董:《通释》引荀悦《前汉纪·高后纪》:“徙辟阳侯审食其为左丞相。初,吕后获于楚,食其以舍人侍,得幸。及为丞相,不典治,监宫中事。”又引《通鉴·秦纪》:“文信侯(吕不韦)以舍人嫪毐为宦者,进太后,太后幸之,封毐长信侯。”按《说苑》载:“秦始太后不谨,幸郎嫪毐,封为长信侯。”当为《通鉴》所本。又“指㧑”,《荀子·议兵》:“汤武之诛桀纣也,拱挹指麾。”《淮南子·兵略训》:“修政庙堂之上,而折冲千里之外,拱揖指㧑,而天下响应,此用兵之上也。”何宁按:“《北堂书钞》引‘指㧑’作‘指麾’,同。”《春秋繁露·随本消息》:“一大夫立于蜚林，拱揖指㧑，诸侯莫敢不出，此犹隰之有泮也。”《说文》：“会意者，比类合谊，以见指㧑，武信是也。”《晋书·庾亮传》：“元帅指㧑，武臣效命，亮何功之有？”则“㧑”亦可作“麾”，与“挥”通。按“南董”两字，各本均同。《通释》臆改为“马郑”，即注《礼》之马融、郑玄，并注“旧作‘南董’，亦因国史相承而误”，更是直凭己见，轻肆窜改。

〔一〇〕桐、雷：见上篇“神农《本草》”注。郭《附评》：“《唐志》有《桐君药录》三卷，《雷公药对》二卷，今医书有《雷公炮炙方》。”又谢灵运《山居赋》亦云：“山泽不一，雷、桐是别，和、缓是悉。”又黄《补注》引《荒史》“岐伯、雷公作《内经》”。此处以桐君、雷公为药师医士之代称。

大抵监史为难，斯乃尤之尤者〔一〕。若使直若南史，才如马迁，精勤不懈若扬子云，谙识故事若应仲远〔二〕，兼斯具美，督彼群才，使载言记事，藉为模楷，搦管操觚，归其准的，斯则可矣。但今之从政则不然，凡居斯职者，必恩幸贵臣，凡庸贱品，饱食安步〔三〕，坐啸画诺〔四〕，若斯而已矣。夫人既不知善之为善，则亦不知恶之为恶〔五〕。故凡所引进，皆非其才。或以势利见升，或以干祈致擢。遂使当官效用，江左以不落为谣〔六〕；拜职辨名，洛中以不闲为说〔七〕，言之可为大噱，可为长叹也。

〔一〕斯乃尤之尤者：《通释》同，蜀本、陆本、鼎本、郭本、黄本均作“斯乃尤者”，少“之尤”二字。卢《拾补》：“二字宋有。”

〔二〕应仲远：《后汉书·应奉传》：“奉子劭，字仲远。少笃学，博览多闻。缀集所闻，著《汉官礼仪故事》，又撰《风俗通》，以辩物类名号，释时俗嫌疑。集解《汉书》，皆传于时。"

〔三〕饱食安步：《论语·阳货》："子曰：'饱食终日，无所用心。'"又《汉书·东方朔传赞》引东方朔诫子诗句云："饱食安步，以仕易农。"又《战国策·齐策》："安步以当车。"

〔四〕坐啸画诺：《后汉书·党锢传》"汝南太守宗资任功曹范滂，南阳太守成瑨亦委功曹岑晊。二郡为谣曰：'汝南太守范孟博，南阳宗资主画诺。南阳太守岑公孝，弘农成瑨但坐啸。'"又《范滂传》："滂，字孟博，汝南人。少厉清节，为州里所服，太守宗资闻其名，请署功曹，委任政事。"又《岑晊传》："晊，字公孝，南阳棘阳人。有高才，太守成瑨下车，请为功曹，委心晊。"又李贤注引谢承《书》曰："宗资，字叔都，南阳安众人。补汝南太守，署范滂为功曹，委任政事，推功于滂。任善之名，闻于海内。成瑨，以清名举孝廉，拜郎中，迁南阳太守。时桓帝乳母外亲张子禁，怙恃贵势，不畏法网。功曹岑晊劝使捕子禁，付狱笞杀之，桓帝征瑨，下狱死。"

〔五〕"夫人既不知善"两句：《新语·资质七》："凡人莫不知善之为善，恶之为恶。"知幾反其意而用之。又《旧唐书·武三思传》："三思监修国史，尝言'不知何等名作好人，唯有向我好者是好人耳'。"

〔六〕江左以不落为谣："落"，原误作"乐"，蜀本、陆本、鼎本、郭本、黄本、《通释》均同。卢《拾补》："'乐'讹。何改'落'。"《通释》："未详。"陈鳣批引《颜氏家训·勉学》篇云："梁朝全盛之时，贵游子弟无学术。至于谚云：'上车不落则著作，体中何如则秘书。'"陈《补释》："'不乐'当作

'不落'。《隋志》:'南、董之位,以禄贵游,政、骏之司,罕因才授。故梁世谚曰:"上车不落则著作,体中何如则秘书。"于是尸素之俦,盱衡延阁之上,立言之士,挥翰蓬茨之下。'此文正与《史通》此篇意同。"陈氏又云:"郭茂倩《乐府诗集》引《南史》曰:'宋时用人乖实,有谣云:"上车不落为著作,体中何如作秘书。"'与《隋志》不同,要皆江左之谣也。"陈说益足证何义门校改之精。今改"乐"为"落"。

〔七〕洛中以不闲为说:《通释》"未详"。陈《补释》:"'不闲'当作'职闲',沿上句而误'职'为'不'也。《北堂书钞》卷五十七引《阎纂集》四言诗启云:臣少学,博士登祭郑湛谓可著作,语秘书监华峤,峤报书云:'著作郎职闲禀重,势贵多争,不暇表其才。'今《晋书·阎缵传》:国子祭酒邹湛以缵才堪佐著作,荐于秘书监华峤。峤曰:'此职闲禀重,贵势多争之,不暇求其才。'遂不能用。"陈释"不闲"当是"职闲",近是。《东观汉记》卷十七《刘般传》:"时五校尉官显职闲,府寺宽敞,舆服光丽,伎巧毕给,故多以宗室肺腑居之。"《太平御览》卷二百三十《职官部》引《汉书·百官表》:"杜钦为大将军武库令,职闲无事,钦所好也。"均可证之,惜其失引。又其据《北堂书钞》引文云"博士登祭郑湛","郑"字系"邹"字之误。按《通典》卷二十六职官引《阎纂集》云:"邹湛谓秘书监和峤曰:'阎纂可佐著作。'峤曰:'此职闲重,势贵多争,不暇求才。'"《册府元龟》卷八百二十八论荐亦云"晋邹湛为国子祭酒,以缵才堪佐著作",均与《晋书·缵传》相符,故应改"郑"为"邹"。又《通典》误华峤为和峤。

曾试论之，世之从仕者，若使之为将也，而才无韬略；使之为吏也，而术靡循良；使之属文也，而匪闲于辞赋；使之讲学也，而不习于经典。斯则负乘致寇，悔吝旋及〔一〕，虽五尺童儿，犹知调笑者矣。唯夫修史者则不然，或当官卒岁，竟无刊述，而人莫之省也〔二〕；或辄不自揆，轻弄笔端，而人莫之见也。由斯而言，彼史曹者，崇扃峻宇，深附九重，虽地处禁中〔三〕，而人同方外。可以养拙，可以藏愚，绣衣直指所不能绳〔四〕，强项申威所不能及〔五〕。斯固素食之窟宅，尸禄之渊薮也。凡有国有家者，何事于斯职哉！

〔一〕负乘致寇，悔吝旋及：杨《通释补》："《易·解》：'负且乘，致寇至。'"按此爻下接"贞吝"。又象曰："负且乘，亦可丑也。自我致戎，又谁咎也。"又《易·系辞上》："悔吝者，忧虞之象也。"犹悔恨也。

〔二〕人莫之省："省"字原作"知"，蜀本、陆本、鼎本同，《通释》作"省"。卢《拾补》："'知'讹。"孙《札记》校改为"省"，今改"省"。

〔三〕地处禁中：《通释》引《旧唐书·职官志》："历代史官隶秘书省著作局，贞观三年，始移馆于禁中，在门下省北。"

〔四〕绣衣直指：杨《通释补》："《汉书·百官公卿表上》：'侍御史有绣衣直指。'颜注引服虔曰：'指事而行，无阿私也。'"按师古曰："衣以绣者，尊宠之也。"又下文明其职掌云："出讨奸猾，治大狱。"又《汉书·西域传赞》："寇盗并起，道路不通，直指之使始出，衣绣杖斧，断斩于郡国，然后胜之。"是其名又称直指使者或绣衣使者矣。

〔五〕强项：《后汉书·酷吏·董宣传》："宣，字少平，为洛阳令。

湖阳公主苍头杀人,匿主家。主出,奴骖乘。宣叩马叱奴下车,杀之。主还宫诉帝,帝使宣叩头谢主,宣不从。强使顿之,宣终不肯俯。帝笑敕强项令出。京师号为卧虎。”

昔子贡欲去告朔之饩羊,子曰:“尔爱其羊,我爱其礼。”〔一〕又语云:“虽无老成人,尚有典刑。”〔二〕观历代之置史臣,有同嬉戏。而竟不废其职者,盖存夫爱礼,悋彼典刑者乎〔三〕?昔丘明之修传也,以避时难〔四〕;子长之立记也,藏于名山〔五〕;班固之成书也,出自家庭〔六〕;陈寿之为志也,创于私室〔七〕。然则古来贤儁,立言垂后,何必身居廨宇,迹参僚属,而后成其事乎?

是以深识之士,知其若斯。退居清净〔八〕,杜门不出,成其一家独断而已。岂与夫冠猴献状〔九〕,评议其得失者哉!

〔一〕子贡欲去饩羊:原文见《论语·八佾》。朱注:“月朔,则以特羊告庙。饩,生牲也。鲁自文公始不视朔,而犹供此羊,故子贡欲去之,盖惜其无实而妄费。”

〔二〕虽无老成人,尚有典刑:《通释》引《后汉书·孔融传》:“融性好士,与蔡邕素善。邕卒后,有虎贲士类于邕,融每酒酣,引与同坐。曰:‘虽无老成人,尚有典刑。’”浦云:“《史通》盖用此语,谓貌似而实不称也。故不曰‘《诗》云’,而曰‘语云’。”按原句见《诗·大雅·荡》,诗原意谓老成虽死,故法犹在,与孔融以虎贲士聊以慰情不同,浦说是。

〔三〕悋:通“吝”。《玉篇·口部》:“吝,力进切。《论语》云:‘改过弗吝。’吝,惜也。”《书·仲虺之诰》:“用人惟己,改过不吝。”孔《传》：“有过则改，无所吝惜。”又《商子·更法》：“吾闻穷巷多恡，曲学多辨。”《人物志·八观》：“见可怜则流涕，将分与则恡啬，是慈而不仁者。”

〔四〕“丘明”至“避时难”：《汉志·六艺略·春秋类序》：“丘明恐失其真，故论本事而作传，明夫子不以空言说经也。《春秋》所贬损大人，当世君臣，有威权势力，其事实皆形于传。是以隐其书而不宣，所以免时难也。”外篇《申左》亦具载此段文字。

〔五〕“子长”至“藏于名山”：《史记·太史公自序》：“藏之名山，副在京师。”

〔六〕“班固之成书”至“出自家庭”：《后汉书·班固传》：“固以彪所续前史未详，乃潜精研思，欲就其业。有人告固私改作国史者，收固系狱，尽取其家书。”

〔七〕“陈寿之为志”至“私室”：《通释》引《晋书·陈寿传》：“寿领本郡中正，撰魏吴蜀《三国志》。既卒，范頵上表曰：‘陈寿作志，明乎得失，愿垂采录。’于是诏下河南尹、洛阳令，就家写其书。”陈《补释》：“私室，语有所本。《魏书·李彪传》：‘国之大籍，成于私家，末世之弊，乃至如此。史官之不遇，时也。’”又“为”字，《通释》作“草”，卢《拾补》：“宋‘草’。”蜀本、陆本、鼎本、郭本、王本、黄本亦作“为”，《玉海》卷十二《正史》所引同，故仍之。

〔八〕清净：“净”字，蜀本、陆本、鼎本、郭本、王本、黄本同，《通释》作“静”，卢《拾补》改“净”作“静”，并云：“‘净’非。”

〔九〕冠猴献状：《通释》引《汉书·盖宽饶传》：“平恩侯许伯入第，丞相、御史皆贺。宽饶不行，许伯请之乃往，酒酣乐作，长信少府檀长卿起舞，为沐猴与狗斗，坐皆大笑。宽饶仰视屋而叹。”浦云：“献状，媚态也。许伯，外戚恩泽侯。”按：《史记·项羽本纪》：“人言楚人沐猴而冠耳。”《集解》引张晏曰：“沐猴，猕猴也。”按：《后汉书·郭皇后纪论》曰：“虽惠心妍状，愈献丑焉。”献状意本此，谓献丑齿。

自叙第三十六

【解 题】

此篇知幾自述夙好史学，自幼至长，博览历代史家所撰史著，旁及杂记小书，比较异同，深思博考，初本有志于继孔子《春秋》，重写自秦汉至隋唐史事，自己既具有独特之史学见解，又获同好友人砥砺切磋之益，加以三为史官，身当其任，以为有可能获偿宿愿，却为史馆监修大臣所嫉恨，以致美志不遂，乃退而私撰《史通》以见志。以上说明其治史之经过及志趣。以下阐发其著《史通》之本意。

知幾之撰《史通》“盖伤当时载笔之士，其道不纯，思欲辨其指归，殚其体统”。辨指归，即明确修史之目的；殚体统，则须严守史书体例。其六字箴言，可谓全文精义之所在，亦即《史通》反复申论之主要内容。当然，知幾之指归，是惩恶劝善，体统则关涉彰明等级秩序之纪传史体例，有其时代特征，其理论原则，多有可取。

他自己由于邃于史学，忠于史事，对当时史书作者苟徇己意、“为例不纯”之史著，就不能无所讥议。他自知必“获罪于时”，但既为正直之史学家，则不依违苟从，通篇历举《法言》、《论衡》诸作，以为多振聋发聩之功，并以“扬雄草《玄》”之遭际自况。一可见其对《史通》一书高自期许,一以见其颇有“识宝者稀”之惧。

李惟桢评曰:“子玄在则天时有直言,修《则天实录》有所改正,忤于三思。”故知幾有“实能之而不欲”之叹,然又“恐殁世之后,谁知予者”,遂作《史通》,以明其志。

此篇不远溯家世,无《序传》篇所讥史书序传之弊。知幾盖真能躬行其言。浦起龙谓此篇“专乎叙书”,是矣。读《史通》当以此篇并《序录》、《忤时》先读之。

予幼奉庭训〔一〕,早游文学〔二〕,年在纨绮〔三〕,便受《古文尚书》,每苦其辞艰琐,难为讽读,虽屡逢捶挞,而其业不成。尝闻家君为诸兄讲《春秋左氏传》,每废书而听。逮讲毕,即为诸兄说之〔四〕。因窃叹曰:“若使书皆如此,吾不复怠矣。”先君奇其意,于是始授以《左氏》,期年而讲诵都毕,于时年甫十有二矣。所讲虽未能深解,而大义略举。父兄欲令博观义疏〔五〕,精此一经。辞以获麟已后,未见其事,乞且观余部,以广异闻。次又读《史》、《汉》、《三国志》,既欲知古今沿革,历数相承。于是触类而观,不假师训,自汉中兴已降,迄乎皇家实录,年十有七,而窥览略周。其所读书,多因假赁,虽部帙残缺,篇题有遗,“题”音“第”。至于叙事之纪纲,立言之梗概,亦粗知之矣。

〔一〕庭训:《论语·季氏》:“鲤趋而过庭。曰:‘学《诗》乎?’对曰:‘未也。’‘不学《诗》,无以言。’鲤退而学《诗》。”鲤乃孔子子之名,字伯鱼,鲤过庭,孔子教以学《诗》,后世遂多以庭训指称家教。

〔二〕早游文学:《礼记·少仪》:"士依于德,游于艺。"《论语·述而》:"子曰:'志于道,据于德,依于仁,游于艺。'"朱注:"艺则礼乐之文。"

〔三〕纨绮:陈《补释》略云:"《隋书·卢思道传》:'纨绮之年,伏膺教义,巾冠之后,濯缨受署。'是纨绮年在巾冠之前。"

〔四〕即为诸兄说之:"为"字,孙《札记》:"顾云'当是请字'。"按"为"读去声,"为兄说"与"请兄说"迥异。各本均作"为",王若虚《滹南集》卷二十四《新唐书辨》引亦同。合上下文观之,似仍以"为"字较妥。

〔五〕义疏:"义"字原作"议",蜀本、陆本、郭本同,鼎本、王本、黄本及《通释》作"义",浦注:"旧作'议'。"据《隋志》春秋目著录诸书,虽有何休之《春秋汉议》作"议",其余释经及三传者,均作"义"或"义疏"。又《史通》撰成前,据《旧唐书·儒学传》:"唐太宗又以经籍去圣久远,诏国子祭酒孔颖达与诸儒撰定五经义疏,凡一百七十卷,名曰《五经正义》,令天下传习。"《贾公彦传》亦称其"永徽中,官至太学博士,撰《周礼义疏》五十卷、《仪礼义疏》四十卷"。"义"均不能作"议",今据改。

但于时将求仕进,兼习揣摩〔一〕,至于专心诸史,我则未暇。洎年登弱冠〔二〕,射策登朝〔三〕,于是思有余闲,遂其本愿。旋游京、洛,颇积岁年。公私借书,恣情披阅。至如一代之史,分为数家,其间杂记小书,又竞为异说,莫不钻研穿凿,尽其利害。加以自小观书,喜谈名理,其所悟者,皆得诸衿腑〔四〕,非由染习。故始在总角,读班、谢两《汉》,

便怪前书不应有《古今人表》,后书宜为更始立纪〔五〕。当时闻者,共责以童子何知〔六〕,而敢轻议前哲。于是赧然自失,无辞以对。其后见张衡、范晔集,果以二史为非。其有暗合于古人者,盖不可胜纪,始知流俗之士,难与之言,凡有异同,蓄诸方寸〔七〕。

〔一〕揣摩:《战国策·秦策一》:"苏秦得《太公阴符》之谋,伏而诵之,简练以为《揣》、《摩》。"《史记》卷七十六《虞卿传》:"虞卿既以魏齐之故,不得意,乃著书,上采《春秋》,下观近世,曰《节义》、《称号》、《揣摩》、《政谋》,凡八篇,以刺讥国家得失,世传之曰《虞氏春秋》。"揣摩者,探索而模仿之也。

〔二〕弱冠:《礼记·曲礼上》:"二十曰弱冠。"

〔三〕射策:《汉书·萧望之传》:"望之以射策甲科为郎。"颜注:"射策者,谓为难问疑义,书之于策。量其大小,署为甲、乙之科。列而置之,不使彰显。有欲射者,随其所取得而释之,以知优劣。射之,言投射也。"类似抽签考试,后来即以应科考为射策。

〔四〕衿腑:"衿",蜀本、陆本作"衿",当是"衿"之讹字,鼎本、郭本及《通释》作"襟"。"腑",卢《拾补》:"宋'府'。"意皆可通,仍之。

〔五〕后书宜为更始立纪:撰《后汉书》者有两谢,即谢承及谢沈。《隋志》著录:"《后汉书》一百三十卷,无帝纪,吴武陵太守谢承撰。《后汉书》八十五卷,本一百二十二卷,晋祠部郎谢沈撰。"承书既无帝纪,自无"宜为更始立纪"问题,据此应指谢沈书。

〔六〕童子何知：杨《通释补》："《左》成十六年《传》：'国之存亡，天也。童子何知焉！'"

〔七〕方寸：《列子·仲尼第四》："吾见子之心矣，方寸之地虚矣。"又《三国志·诸葛亮传》："徐庶曰：'今失老母，方寸乱矣。'"

及年以过立〔一〕，言悟日多。常恨时无同好，可与言者。维东海徐坚〔二〕，晚与之遇，相得甚欢。虽古者伯牙之识钟期〔三〕，管仲之知鲍叔〔四〕，不是过也。复有永城朱敬则〔五〕，沛国刘允济〔六〕，吴兴薛谦光〔七〕，河南元行冲〔八〕，陈留吴兢〔九〕，寿春裴怀古〔一〇〕，亦以言议见许，道术相知。所有榷扬〔一一〕，得尽怀抱。每云："德不孤，必有邻。"〔一二〕四海之内，知我者不过数子而已矣。

〔一〕年以过立：《论语·为政》："子曰：'吾十有五而志于学，三十而立。'""以"与"已"通，已过三十也。

〔二〕东海徐坚（660—729）：《旧唐书·徐坚传》："坚，齐聃子。少好学，遍览经史。进士举，累授太学。与刘知幾、张说同修《三教珠英》，则天又令坚删改唐史，会则天逊位而止。韦月将告武三思不臣之迹，反为所陷，中宗即令杀之，纳坚奏决杖配流。睿宗即位，五转为秘书监。开元十三年，为集贤院学士，累封东海郡公。坚多识典故，前后修撰格式、氏族及国史等。"《新唐书·儒学·徐齐聃传》："齐聃湖州长城人。梁慈源侯整四世孙。"按徐整《梁书》、《南史》无传，惟梁陈间徐陵世为东海郯人，陵弟孝克为沙门，改名法整，后为国子祭酒，则坚之先世，或属东海徐氏望族。又

《新唐书·坚传》载有坚受封慈源县子，其子峤封慈源县公，或与梁慈源侯整有渊源。据《旧书·坚传》，封坚为东海郡公，是开元十三年(725)，知幾死已历四年，自无由知坚有此封，则"东海"两字，倘非据梁陈间徐氏族望，或乃后人窜入，并志存疑。

〔三〕伯牙之识钟期：《通释》引《列子·汤问》："伯牙善鼓琴，钟子期善听曲。每奏，子期辄穷其趣。伯牙叹曰：'善哉！善哉！吾于何逃声哉！'"按《吕氏春秋》及司马迁《报任少卿书》均有"钟子期死，伯牙终身不复鼓琴"，以为世无赏音者。

〔四〕管仲之知鲍叔：《通释》引《列子·力命》："管夷吾、鲍叔牙二人相友甚戚，管仲尝叹曰：'生我者父母，知我者鲍叔也。'"按"戚"，亲也。《诗·大雅·生民之什·行苇》："戚戚兄弟。"又《史记·管晏列传》亦载管鲍相知事。

〔五〕永城朱敬则(635—709)：《旧唐书·朱敬则传》："敬则，字少连，亳州永城人。倜傥重节义，早以辞学知名。高宗将加擢用，为中书舍人李敬玄所毁。授洹水尉，累除右补阙。则天临朝，上疏(请)'窒罗织之源，扫朋党之迹'。累迁正谏大夫，寻同凤阁鸾台平章事。魏元忠、张说为张易之兄弟所诬构，将陷重辟，诸宰相无敢言者，敬则独抗疏申理，乃得减死。以老疾请罢知政事，许之，仍兼修国史。张易之、昌宗尝命画工图写武三思及李峤、苏味道等十八人形像，号为《高士图》，每引敬则预其事，固辞不就，其高洁守正如此。重然诺，善与人交，每拯人急难，不求报，有知人之鉴。景龙三年卒。尝采魏晋已来之事，著《十代兴亡论》。"又《唐会要·史馆上·修史官》："长安三年七月，朱敬则请择史官，上表曰：‘国之要者，在乎记事之官，倘不遇良史之才，则大典无由而就。董狐、南史，岂独无于此时，在乎求与不求耳。’”

〔六〕沛国刘允济（650年左右—710年左右）：《旧唐书·文苑·刘允济传》：“允济，洛州巩人，其先自沛国徙焉。博学，善属文，与绛州王勃早齐名。弱冠，本州举进士，累除著作佐郎，尝撰《鲁后春秋》二十卷。天授中，为来俊臣所构，当坐死，会赦免，贬授大庾尉。长安中，累迁著作佐郎，兼修国史。未几，擢拜凤阁舍人。中兴初，坐与张易之款狎，左授青州长史，寻卒。”又《唐会要·史馆·修史官》：“长安二年，凤阁舍人修国史刘允济尝云：‘史官善恶必书，言成轨范，使骄主贼臣，有所知惧，此亦权重，理合贫而乐道也。昔班生受金，陈寿求米，仆视之如浮云耳。’”允济生卒失载，据史传早与王勃齐名，勃生于高宗永徽元年（650），允济“中兴初，寻卒”，故约计其生卒年如上。

〔七〕吴兴薛谦光（647—719）：《旧唐书·薛登传》：“登，本名谦光，常州义兴人。博涉文史，少与徐坚、刘子玄齐名友善。文明中，解褐阆中主簿，天授中，为左补阙，时选举颇滥，上疏请‘称职者受荐贤之赏，滥举者抵欺罔之罪’。累迁给事中，转刑部侍郎、尚书左丞。景云中，拜御史大夫。奏弹太平公主，反为所构，出为岐州刺史。开元初，为东都留守，七年卒，年七十三。”

〔八〕河南元行冲（653—729）：《旧唐书·元行冲传》：“行冲（名澹），河南人。博学多通，举进士，累转通事舍人。性不阿顺。狄仁杰甚重之，笑谓人曰：‘此吾药笼中物。’撰《魏典》三十卷。开元初，四迁大理卿，七年九迁国子祭酒。表请通撰古今书目，名为《群书四录》。十七年卒，年七十七。”

〔九〕陈留吴兢(670—749)：《旧唐书·吴兢传》：“兢，汴州浚仪人(据《新唐书·地理志》，浚仪属陈留郡)，励志勤学，博通经史。魏元忠、朱敬则荐兢有史才，因令直史馆，修国史。神龙中，迁右补阙，与刘子玄(等)撰《则天实录》成。开元三年，抗疏言‘修史已成数十卷，乞终余功’，乃拜谏议大夫，依前修史，居职殆三十年。叙事简要，人用称之。兢尝以梁、陈、齐、周、隋五代史繁杂，乃别撰《梁》、《齐》、《周史》各十卷，《陈史》五卷，《隋史》二十卷。天宝八年卒于家，时年八十余。兢家聚书颇多，尝目录其卷第，号《吴氏西斋书目》。”又《新唐书·吴兢传》：“初，与刘子玄撰定《武后实录》，叙张昌忠诱张说诬证魏元忠事，颇言‘说已然可，赖宋璟等邀励苦切，故转祸为忠，不然皇嗣且殆’。后说为相，读之，心不善，知兢所为，即从容谬谓曰：‘刘生书魏齐公事，不少假借，奈何？’兢曰：‘子玄已亡，不可受诬地下，兢实书之，其草故在。’闻者叹其直。”又《唐会要·史馆·在外修史》：“开元十四年，吴兢上奏：‘臣往者长安景龙之岁，兼修国史，时有武三思、张易之、张昌宗、纪处讷、宗楚客、韦温等相次监领其职，三思等立性邪佞，不循宪章，苟饰虚辞，殊非直笔。’”《新唐志》著录其所撰《贞观政要》十卷，今行于世。

〔一〇〕寿春裴怀古(约650年左右—710年)：《旧唐书·良吏·裴怀古传》：“裴怀古，寿州寿春人。仪凤中授下邽主簿，长寿中，累转监察御史。圣历中，阎知微充使往突厥，怀古监其军。神龙中，复授并州长史。俄转幽州都督，寻卒。”

〔一一〕摧扬：他本同。“摧”，蜀本讹作“推”。卢《拾补》校云：“宋倒。”按《汉书·叙传》：“扬摧古今。”师古注曰：“扬，举也；摧，引也。扬摧者，举而引之，陈其趣也。”今仍之。

〔一二〕德不孤，必有邻：原文见《论语·里仁》。

昔仲尼以睿圣明哲，天纵多能，睹史籍之繁文，惧览之者不一。删《诗》为三百篇，约史记以修《春秋》，赞《易》道以黜八索，述职方以除九丘。讨论坟典，断自唐虞，以讫于周[一]，其文不刊，为后王法。自兹厥后，史籍逾多，苟非命世大才，孰能刊正其失！嗟予小子，敢当此任？其于史传也，尝欲自班、马已降，讫于姚、李、令狐、颜、孔诸书[二]，莫不因其旧义，颇加厘革。但以无夫子之名，而辄行夫子之事，将恐致惊愚俗，取咎时人，徒有其劳，而莫之见赏。所以每握管叹息，迟回者久之。非欲之而不能，实能之而不欲也[三]。

〔一〕“睹史籍”至“讫于周”：《通释》：“凡八句，皆孔安国《尚书序》原文。”按伪孔《传序》下文续曰：“典、谟、训、诰、誓、命之文凡百篇。”则此八句，乃总述孔子删定六经也。八索，旧谓八卦之书；九丘，旧谓九州之书，注已见前。

〔二〕姚、李、令狐、颜、孔诸书：即姚察、姚思廉之《梁》、《陈书》，李百药《北齐书》，令狐德棻《周书》，颜师古、孔颖达《隋书》。

〔三〕实能之而不欲：“欲”字，蜀本、陆本、鼎本、郭本、黄本同，《通释》作“敢”，并注：“旧作‘欲’，误。”杨《通释补》：

"'欲'字未误,浦氏自误耳。《西京赋》:'岂欲之而不能,将能之而不欲欤?'盖子玄此文所本。《曹子建文集》卷十《魏德论》'非能之而弗欲,盖欲之而弗能'亦可证。"按旧校,未有作"敢"者。"能之不欲",正是说不欲在史馆仰承监修鼻息而修史。

既朝廷有知意者〔一〕,遂以载笔见推。由是三为史臣,再入东观。则天朝为著作佐郎,转左史。今上初即位,又除著作。长安中,以本官兼修国史,会迁中书舍人,暂罢其任。神龙元年,又以本官兼修国史,迄今不之改。今之史馆,即古之东观也〔二〕。每惟皇家受命,多历年所,史官所编,粗惟记录。至于纪传及志,则皆未有其书。长安中年〔三〕,会奉诏预修《唐史》。及今上即位,又敕撰《则天大圣皇后实录》。凡所著述,常欲行其旧议。而当时同作诸士及监修贵臣,每与其凿枘相违,龃龉难入〔四〕。故其所载削,皆与俗沉浮。虽自谓依违苟从,然犹大为史官所嫉。嗟乎!虽任当其职,而吾道不行;见用于时,而美志不遂〔五〕。郁怏孤愤,无以寄怀。必寝而不言,嘿而无述,又恐殁世之后,谁知予者?故退而私撰《史通》,以见其志。

〔一〕知意:各本均作"知意"。浦注"意"字:"恐'音'字之讹。"按子玄夙好史学,本有修史志向,其意必为人所知,"意"字恐不误。

〔二〕原注:参看《序录》第一段及注。

〔三〕长安中年:卢《拾补》谓"中"字"宋无",作"长安年"。《通释》删"年"字。

〔四〕凿枘相违,龃龉难入:陈《补释》:"《楚辞·离骚》:'不量凿而正枘兮。'又《九辩》:'圆凿而正枘兮,吾固知其钼铻而难入。'"按王逸注:"正,方也。""齟齬"与"钼铻"通,王注"所务不同",意即相违抗也。

〔五〕美志不遂:浦注:"'美'字恐当作'善'。'善志',用《左氏》郏黑肱传语。"按《三国志·魏书·王卫二刘传》:"文帝书与元城令吴质曰:'昔观古今文人,类不护细行,鲜能以名节自立。德琏(应玚字)常斐然有述作意,其才学足以著书,美志不遂,良可痛惜。'"是书亦见《文选》卷四十二,题曰《与吴质书》。美、善两字,义本相通。

昔汉世刘安著书,号曰《淮南子》〔一〕。其书牢笼天地,博极古今,上自太公,下至商鞅。其错综经纬,自谓兼于数家,无遗力矣。然自《淮南》已后,作者无绝。必商榷而言,则其流又众。盖仲尼既殁,微言不行〔二〕,史公著书,是非多谬〔三〕。由是百家诸子,诡说异辞,务为小辨,破彼大道,故扬雄《法言》生焉〔四〕。儒者之书,博而寡要,得其糟粕,失其菁华。而流俗鄙夫,贵远贱近,传兹牴牾,自相欺惑,故王充《论衡》生焉〔五〕。民者冥也,冥然罔知,率彼愚蒙,墙面而视,或讹音鄙句,莫究本源,或守株胶柱,动多拘忌,故应劭《风俗通》生焉〔六〕。五常异禀,百行殊轨〔七〕,能有兼偏,知有长短〔八〕,苟随才而任使,则片善不遗,必求备而后用,则举世莫可,故刘劭《人物志》生焉〔九〕。夫开国承家,立身行事,一文一武,或出或处,虽贤愚壤隔,善恶区分,苟时无品藻,则理难铨综,故陆景《典语》生焉〔一〇〕。词人属文,其体非一,譬甘辛殊味,丹素异彩,后来祖述,识昧圆通，家有诋诃，人相掎摭，故刘勰《文心》生焉〔一一〕。

〔一〕《淮南子》：《汉志·诸子略·杂家类》著录"《淮南内》二十一篇（王安），《淮南外》三十三篇（师古曰：内篇论道，外篇杂说）"。高诱《淮南子·叙目》："淮南子名安，厉王长子也。长，高皇帝之子也。安袭封淮南王，善属文，文帝甚重之。与方术之士及诸儒共讲道德，总统仁义，而著此书。其旨近《老子》，出入经道。言其大也，则焘天载地；说其细也，则沦于无垠，及古今治乱，存亡祸福，世间诡异瑰奇之事，然其大较，归之于道。号曰鸿烈，鸿，大也，烈，明也，大明道之言也。"《汉书·淮南厉王传》亦云："招致宾客方术之士数千人，作为《内书》二十一篇，《外书》甚众，又有《中篇》八卷，言神仙黄白之术。"今通行《淮南子》即其内篇，刘安事迹见《采撰》等篇注。

〔二〕仲尼既殁，微言不行：刘向《战国策序》："仲尼既没之后，田氏取齐，六卿分晋，道德大废，上下失序。"《史记·儒林传》："自孔子卒后，七十子之徒散游诸侯，大者为师傅卿相，小者友教士大夫，或隐而不见。"《汉志》序："昔仲尼没而微言绝，七十子丧而大义乖。"《蔡中郎集》卷六《玄文先生李子材铭》："仲尼既没，文不在兹。"《王子安集》卷十三《益州夫子庙碑》："仲尼既没，夫何为者？"

〔三〕史公著书，是非多谬：《汉书·司马迁传赞》曰："司马迁接其后事（按指《春秋》、《左传》），讫于大汉，其是非颇缪于圣人。"

〔四〕扬雄《法言》：《汉志·诸子略·儒家》著录"扬雄《法言》十三篇"。始于《学行》，而终于《孝至》，今存。又《扬雄传》：

"雄见诸子各以其知舛驰,大氐诋訾圣人,即为怪迂,析辩诡辞,以挠世事,虽小辩,终破大道。""雄以为传莫大于《论语》,象《论语》,作《法言》。自雄之没,其《法言》大行。"参看《论赞》篇注。又杨《通释补》:"《大戴礼记·小辨》篇:'小辨破言,小言破义,小义破道。'"按末句《淮南子·要略》作"小艺破道"。

〔五〕王充《论衡》:《后汉书·王充传》:"充,字仲任。好论说,始若诡异,终有理实。以为俗儒守文,多失其真,乃著《论衡》八十五篇,释物类同异,正时俗嫌疑。"今行于世,参看《序传》篇"舜神、禹圣"注。又杨《通释补》:"《史记·自序》:'儒者博而寡要。'"又"传兹牴牾"句"传兹"两字,浦注:"恐当作'转滋'。"程《笺记》引《论衡·自纪篇》:"遥闻传授,以为昔古之事,所言近是,信之入骨。"并认为"流俗鄙夫"自"相欺惑"数语,"乃隐括《自纪篇》意,浦校非是"。

〔六〕应劭《风俗通》:《通释》:"《后汉书·应奉传》:'子劭,字仲远,撰《风俗通》,以辨物类名号,识时俗嫌疑。'"浦又按:"民者,冥也。语本《晋书·刑法志》王导等议。"程《笺记》引《春秋繁露·深察名号》:"民者,瞑也。"并云:"郑玄注《尚书·吕刑》、《论语·泰伯》皆云'民者,冥也'。浦氏失之远矣。"今存《风俗通义》十卷,行于世。

〔七〕百行殊轨:"轨"字,《通释》改作"执",并注"一作'轨'。"按《抱朴子·逸民》:"百行殊尚,默默难齐。"《陆士龙集》卷五《晋故豫章内史夏府君诔》:"百行殊揆,君望斯周。"

〔八〕知:卢《拾补》校云:"宋'智'。"孙《札记》亦校改为"智"。按"知"亦读"智",与"智"同。《荀子·修身》:"是是非非谓之知。"

〔九〕刘劭《人物志》:《三国志·魏书·刘劭传》:"劭,字孔才,广平邯郸人。黄初中为尚书郎,受诏集五经群书,以类相从,作《皇览》。正始中,执经讲学,凡所撰述,《法论》、《人物志》之类百余篇。"《隋志》名家类著录:"《人物志》三卷,刘劭撰。"《四库总目》著录于子部杂家。其《提要》云:"其书主于论辨人才,然所言究悉物情,而精核近理,其学虽近乎名家,其理则弗乖于儒者也。"今存通行本《人物志》三卷。

〔一〇〕陆景《典语》:《通释》:"《隋志》儒家注:'《典语》十卷,《典语别》二卷,并吴中夏督陆景撰,亡。'新旧《唐志》:陆景《典训》十卷。或作'语',或作'训',未知孰是。"陈《补释》:"黄以周《儆季杂著》:典语,又作典训。《太平御览》又引作陆景《典略》,误也。《艺文类聚》又载陆景《诫盈》,其亦《典语》之一篇欤?(案《类聚》卷二十三引。)"按《三国志·吴书·陆抗传》:"抗子景,字士仁,拜偏将军、中夏督,澡身好学,著书数十篇。"又据《严可均集》卷六《典语叙》:"孙观察星衍之族子枉的者,言绍兴人王理堂游幕山左,携有宋写《典语》残本二卷,其言信否,无以知之。"而严氏既未见王理堂所得写本,遂"从《群书治要》写出七段,益以各书所载",辑为陆景《典语》一卷,已收入其《全三国文》。

〔一一〕刘勰《文心》:《梁书·刘勰传》:"勰,字彦和,东莞莒人。笃志好学,昭明太子深爱接之。撰《文心雕龙》五十篇,论古今文体,引而次之。"《文心·序志》曰:"文心者,言为文之用心也。古来文章,以雕缛成体,岂取驺奭之群言雕龙也。”是我国古代文论巨著，今通行者有范文澜注本及杨明照校注本。

若《史通》之为书也，盖伤当时载笔之士，其道不纯，思欲辨其指归，殚其体统。夫其书虽以史为主，而余波所及，上穷王道，下掞人伦〔一〕，总括万殊，包吞千有。自《法言》已降，迄于《文心》而往，固以纳诸胸中〔二〕，曾不蔕芥者矣〔三〕。夫其为义也，有与夺焉，有褒贬焉，有鉴诫焉，有讽刺焉。其为贯穿者深矣，其为网罗者密矣，其所商略者远矣，其所发明者多矣。盖谈经者恶闻服、杜之嗤〔四〕，论史者憎言班、马之失，而此书多讥往哲，喜述前非，获罪于时，固其宜矣。犹冀知音君子，时有观焉。尼父有云，“罪我者《春秋》，知我者《春秋》”〔五〕，抑斯之谓也。

〔一〕下掞人伦：掞，舒也，下而申述人事也。

〔二〕固：原脱。卢《拾补》：“宋有。”孙《札记》：“有‘固’字。”《通释》已补，今补入。

〔三〕蔕芥：“蔕”字，卢《拾补》校云：“宋‘虿’。”蜀本、陆本、鼎本及《通释》作“蠆”，孙《札记》亦校云作“虿”，而浦注则谓“或误作‘虿’”。按蔕本音，亦读，蠆芥同蔕芥。《汉书·贾谊传》：“细故蔕芥，何足以疑。”注：“蒂芥，小鲠也。”《汉书·司马相如传》载《子虚赋》：“吞若云梦者八九，其于胸中，曾不蔕芥。”张揖云：“刺鲠也。”吴玉搢《别雅》卷四云：“‘蔕’字有二义二音：‘蔕芥’之‘蔕’，本音虿，即‘蠆’字之假借，《广韵》‘蠆’在十七夬；‘瓜蔕’之‘蔕’，音帝，《广韵》在十二霁。音义俱别，今俗既倒用为

‘芥蔕’，而又读‘蔕’如帝，皆误。”

〔四〕服、杜：即服虔、杜预。《后汉书·服虔传》：“虔，字子慎。有雅才，善著文论，作《春秋左氏传解》。”又《南史·儒林·崔灵恩传》：“灵恩先习《左传服解》，不为江东所行，乃改说杜义，每文句常申服以难杜，时助教虞僧诞，又精杜学，因作《申杜难服》，世并传焉。”又《王元规传》：“自梁代诸儒，相传为《左氏》学者，皆以贾逵、服虔之义，难驳杜预。”

〔五〕罪我、知我：《孟子·滕文公下》：“孔子曰：‘知我者其惟《春秋》乎，罪我者其惟《春秋》乎？’”

昔梁征士刘孝标作《叙传》，其自比于冯敬通者有三〔一〕。而予辄不自揆，亦窃比于扬子云者有四焉。何者？扬雄尝好雕虫小伎〔二〕，老而悔其少作，余幼喜诗赋，而壮都不为，耻以文士得名，期以述者自命。其似一也。扬雄草《玄》〔三〕，累年不就，当时闻者莫不哂其徒劳。余撰《史通》，亦屡移寒暑，悠悠尘俗，共以为愚。其似二也。扬雄撰《法言》，时人竞尤其妄，故作《解嘲》以詶之〔四〕。余著《史通》，见者亦互言其短，故作《释蒙》以拒之〔五〕。其似三也。扬雄少为范踆〔六〕、刘歆所重〔七〕，及闻其撰《太玄经》，则嘲以恐盖酱瓿〔八〕；然刘、范之重雄者，盖贵其文彩，若《长杨》、《羽猎》之流耳〔九〕。如《太玄》深奥，难以探赜〔一〇〕，既绝窥逾，故加讥诮。余初好文笔，颇获誉于当时，晚谈史传，遂减价于知己。其似四也。夫才唯下劣，而迹类先贤，是用铭之于心，持以自慰。

〔一〕本注:孝标自比敬通,《梁书·刘峻传》:"峻,字孝标,平原人。尝为自序,其略曰:'余自比冯敬通,而有同之者三。何则?敬通雄才冠世,志刚金石;余虽不及之,而节亮慷慨,此一同也。敬通值中兴明君,而终不试用;余逢命世英主,亦摈斥当年,此二同也。敬通有忌妻,至于身操井臼;余有悍室,亦令家道轗轲,此三同也。'峻居东阳,吴会人士多从其学。普通二年卒,门人谥曰玄靖先生。"又《后汉书·冯衍传》:"衍,字敬通,有奇才,博通群书。王莽时,亡命河东。世祖即位,鲍永、冯衍降。永遂任用,而衍独见黜,永谓衍曰:'今遭明主,亦何忧哉!'衍娶北地女任氏为妻,悍忌。居贫年老,卒于家。"

〔二〕雕虫小伎:《扬子法言·吾子》:"或问:'吾子少而好赋?'曰:'然,童子雕虫篆刻。'俄而曰:'壮夫不为也。'"又《北史·李浑传》:"浑尝谓魏收曰:'雕虫小技,我不如卿。'"

〔三〕扬雄草《玄》:《汉书·扬雄传》:"哀帝时,丁、傅、董贤用事,诸附离之者,或起家至二千石,时雄方草《太玄》,有以自守,泊如也。或嘲雄以玄尚白,而雄解之,号曰'解嘲'。"则《解嘲》实由于客嘲《太玄》而作。下文谓"雄撰《法言》,时人竞尤其妄,故作《解嘲》",与本传歧异,而《解嘲》内容,实亦就"知玄知默"立言。《法言》虽亦为答客问而作,但纯乎儒者之言也,虽为子云一人之作,亦不能混为一谈。卢《拾补》引何义门亦云:"《解嘲》'岂玄之尚白乎'乃指《太玄》,非谓《法言》也。"

〔四〕詶:原误作"训",蜀本、陆本同。卢《拾补》:"'训'讹。"鼎本、《通释》俱作"詶",詶,酬答也。《北史·刘芳传》:"酬答论难。"《太平御览》卷六百五十五《释部》引《宋书》:

“为主客酬答，其归以为六度与五教并行。”均以言答之也。

〔五〕《释蒙》：两《唐书》均未著其文，本传亦不载，已亡佚。

〔六〕范踆：卢《拾补》：“何据《汉书》改‘踆’为‘逡’。”孙《札记》：“顾云：‘踆，即逡字，义门依《汉书》改为逡，是矣，而非也。’”兹仍之。

〔七〕扬雄少为范踆、刘歆所重：《汉书·扬雄传》：“雄好古而乐道，以为经莫大于《易》，故作《太玄》，传莫大于《论语》，作《法言》，赋莫深于《离骚》，作四赋。用心于内，不求于外，于时人皆忽之，唯刘歆及范逡敬焉。”

〔八〕盖酱瓿：《汉书·扬雄传》：“侯芭常从雄居，受其《太玄》、《法言》焉，刘歆亦尝观之。谓雄曰：‘空自苦，吾恐后人用覆酱瓿也。’雄笑而不应。”

〔九〕《长杨》、《羽猎》：《汉书》雄传载有其《反离骚》、《河东》、《校猎》、《长杨》四赋。

〔一〇〕难以探赜：“难以”二字，黄宗羲《明文海》卷一百一十二《扬雄》引亦同。黄氏尚引杨廷秀之言云：“班固经术不如扬雄，则诬以阿莽。”则扬雄独悲《太玄》之不遇，知幾之比况亦深矣。卢《拾补》作“理难”，并云：“作‘难以’讹。”《通释》改。今仍作“难以”。

抑犹有遗恨，惧不似扬雄者有一焉。何者？雄之《玄经》始成，虽为当时所贱，而桓谭以为数百年外，其书必传〔一〕。其后张衡、陆绩〔二〕，果以为绝伦参圣。夫以《史通》方诸《太玄》，今之君山，即徐、朱等数君是也〔三〕。后来张、陆，则未之知耳。嗟乎！倘使平子不出，公纪不生，将恐此书与粪土同捐，烟烬俱灭，后之识者，无得而观。此予所以抚卷涟洏，泪尽而继之以血也〔四〕。

〔一〕其书必传：《汉书·扬雄传》："王邑、严尤谓桓谭曰：'子尝称扬雄书，岂能传于后世乎？'谭曰：'必传，顾君与谭不及见也。'"按：谭字君山，其事迹见前注。

〔二〕张衡、陆绩：《后汉书·张衡传》："衡，字平子，常好《玄经》。谓崔瑗曰：'吾观《太玄》，方知子云妙极道数，乃与《五经》相拟。'"又《三国志·吴书·陆绩传》："绩，字公纪。作浑天图，注《易》、释《玄》，皆传于世。赞曰：'陆绩之于扬《玄》，是仲尼之左丘明，老聃之严周矣。'"又陆绩《述玄》："雄受气纯和，韬真含道，建立《玄经》，与圣人同趣。桓谭谓之绝伦，称曰圣人，其事与孔子相似。"

〔三〕徐、朱等：徐坚、朱敬则等。

〔四〕泪尽而继之以血也：杨《通释补》："《韩非子·和氏篇》：'和乃抱其璞而哭之于楚山之下，三日三夜，泪尽而继之以血。'"《通释》："《说苑·权谋篇》下蔡威公事。"按《说苑》："下蔡威公闭门而哭，三日三夜，泣尽而继以血。邻窥墙问：'何故？'对曰：'吾国且亡。'曰：'何以知也？'应之曰：'吾数谏，吾君不用，是以知国之将亡。'窥墙者举宗而去楚。居数年，楚果伐蔡。窥墙者将兵而往，见威公缚在虏中，故曰：'能言者未必能行，能行者未必能言。'"又《金楼子》卷四《立言篇》："痛矣过隙，哀哉逝川，泪尽而继之以血，不知复何从陈也。"《梁书·江淹传》江之《狱中上书》："此少卿所以仰天搥心，泣尽而继之以血者也。"然知幾尝有"识宝者稀"之痛。陈引和氏璞为说，较切。

中华国学文库

史通笺注 下

〔唐〕刘知幾 著

张振珮 笺注

中华书局

史通卷之十一　外篇

史官建置第一总十四条

【解　题】

此篇论吾国古代迄唐初史官建置之起源与演变。

首论史之为用，贤贤贱不肖，劝善惩恶，乃生人之急务，国家之要道。而自古记事载言，掌于史官，史籍藏于史官，史学亦存乎史官，故考古代之史学，应自史官始。

史官之制，肇自黄帝，备于周室。诸侯列国，各有史官，降及战国，犹存《春秋》"君举必书"之义。而诸史之任，太史最优。太史以著述为宗，兼掌历象等。秦有太史令，汉置太史公，至宣帝以别职来知史务，太史非复记言之司，且有惟知占候者矣。

新莽改置柱下五史，侍天子旁以记言行。

东汉以兰台为著述之所，图籍盛于东观。撰述其中者，都谓著作。

曹魏始置著作郎，晋初谓之大著作，专掌史任。又置佐著作郎。宋、齐以来,改为著作佐郎。佐郎职知博采,正郎资以草撰。齐梁间又置修史学士。

刘蜀典校无缺,属辞有所。陈寿厚诬蜀无史官,《曲笔》篇已详。孙吴有左右二史。

十六国中,汉有左国史,前凉于东苑撰国史,蜀与西凉,记事委之门下,南凉有国纪祭酒。其余各国,多置著作。

元魏史臣,杂取他官,不常厥职。其后于秘书置著作局,继别置修史局,嗣并专任代人。

北朝齐、周迄隋,史官以大臣统领,谓之监修。

唐初置史馆,职美人滥。高宗令:"非史才,不预修撰。"史职多取外司,著作一曹,殆成虚设。凡有笔削,毕归于馆。

起居注为载笔之别曹,立言之贰职。溯自晋令著作郎集注起居,元魏置起居令史,隋以纳言监领其事,炀帝置起居舍人,唐置起居郎,龙朔中改为左右史。

古者人君内朝则有女史,职司规诲,未闻位号。王劭请置女史,亦未施行。

以上十二条,分述历代史官之沿革废置,条分缕析,简要详明。浦起龙氏则认为"旧有注曰'总十四条',非也。其文本通首一片,循代分节可耳"。究其实际,浦氏仅将三国中蜀、吴与十六国并为一节,时既不相连接,又使原著之本来面目,湮没不彰。斯亦恣意窜改之一例。

其十三条,概述史流有二,即书事记言与勒成删定。草创者资乎博闻实录,此乃史料之搜辑,学也;经始者贵乎隽识通才,此乃史书之修撰,识与才也。夫记注与撰述之分,三国时吴国华覈已自谓愚浅才劣,适可为薛莹等记注,又上疏救韦昭,自陈编次诸史,论次善恶,非得良才如昭者不可;自晋以来，佐郎职知博采，正郎资以草传，亦已明确史料搜辑与史书撰著之分工。然此篇既提出不同之两种要求，厘清其先后次第，又指出其相须而成。吕《评》谓其“包蕴甚富，一部《文史通义》，皆发挥此义，今后亦无以易之”。洵非过誉。

其十四条论史职。汉魏以降，多窃虚号，有名无实。腐儒酒狂，载名同作。近代趋进之士，尤喜居史职，署名同献，争受爵赏。参看《辨职》、《忤时》诸篇，及《唐会要·史馆》所录，具见唐代史馆虚列监修、史官之病，厚诬当时，致惑来世。知幾身当其任，感慨良多。而流弊所及，直至清末，此风未替。刘昫、脱脱辈，皆其彰明较著者也。

夫人寓形天地，其生也若蜉蝣之在世〔一〕，如白驹之过隙〔二〕，犹且耻当年而功不立，疾没世而名不闻〔三〕。上起帝王，下穷匹庶，近则朝廷之士，远则山林之客，其于功也、名也，莫不汲汲焉、孜孜焉。蜀本“其”字上有“谅”字，宋本无〔四〕。夫如是者何哉？皆以图不朽之事也。何者而称不朽乎？盖书名竹帛而已。向使世无竹帛，时阙史官，虽尧、舜之与桀、纣，伊、周之与莽、卓，夷、惠之与跖、蹻，商、冒之与曾、闵〔五〕，俱一从物化〔六〕。坟土未干，而善恶不分，妍媸永灭者矣〔七〕。苟史官不绝，竹帛长存，则其人已亡，杳成空寂，而其事如在，皎同星汉。用使后之学者，坐披囊箧，而神交万古；不出户庭，而穷览千载。见贤而思齐，见不贤而内自省〔八〕。若乃《春秋》成而逆子惧，南史至而贼臣书〔九〕，其记事载言也则如彼，其劝善惩恶也又如此。由斯而言，则史之为用，其利甚博〔一〇〕，乃生人之急务，为国家之要道。

有国有家者，其可缺之哉！故备陈其事，编之于后。其一条。

〔一〕蜉蝣：蜀本作“浮生”，陆本作“浮游”。卢《拾补》：“宋‘浮游’，与《夏小正》同。”孙《札记》亦云：“蝣，顾引《拾补》作‘游’。”陈《补释》引：“《诗·曹风》：蜉蝣之羽。《传》：蜉蝣，朝生夕死。《尔雅·释虫》：蜉蝣，渠略。《说文》：𧒒蟘，一曰浮游，朝生莫死者。《淮南子·诠言训》：蜉蝣不过三日。”按《淮南子》“蜉蝣”作“浮游”。可见此两字从“虫”从“水”本可通用，但仍以从“虫”为是。

〔二〕如白驹之过隙：卢《拾补》：“隙，宋‘隟’。”陈《补释》引：“《庄子·知北游》：人生天地间，若白驹过隙，忽然而已。《释文》：或云白驹，日也。又见《史记·留侯世家》、《汉书·魏豹传》。”陈又引黄侃曰：“《礼记·三年问》：若驷之过隙。”按：“隙”字，现存《庄子》诸本多作“郤”。陆德明《音义》曰：“亦作‘隙’，孔也。”成玄英《疏》正文作“郤”，《疏》云：“隙，孔也。”卢引宋本《史通》作“隟”，与敦煌本《庄子》同。《干禄字书》：“隟、隙，上通下正。”又《史》、《汉》均作“人生一世间，如白驹过隙”，《汉书》师古注曰：“白驹，谓日景也。”黄侃先生引《三年问》“若驷之过隙”句，以“驷”喻“白驹”较胜于陆、颜诸解。

〔三〕不立、不闻：陈《补释》：“此二语用韦昭《博弈论》。‘闻’字本作‘偁’。”按：《文选》李善注引《论语》：“子曰，君子疾没世而名不称焉。”《史记·伯夷列传》亦引有此句。

〔四〕小字注：乃张之象附入之校语，鼎本、郭本、黄本及《通释》无，并在正文“其于功也名也”句“其”字上加有“谅”字。按宋本无“谅”字，较好，故仍象本之旧。

〔五〕商、冒之与曾、闵：《春秋经》："文元年冬十月，楚世子商臣弑其君頵。"商臣，穆王也，頵，成王名，商臣之父。又《史记·匈奴列传》："冒顿从其父单于头曼猎，射杀单于头曼，自立为单于。"又《史记·仲尼弟子列传》："曾参，字子舆，孔子以为能通孝道，故授之业，作《孝经》。"又："闵损，字子骞。孔子曰：'孝哉闵子骞！人不间于其父母昆弟之言。'"商、冒弑君父，曾、闵以纯孝称，故以之对举。

〔六〕俱一从物化："俱"字，鼎本、郭本、黄本、蜀本、陆本均同，卢《拾补》校云："宋'但'。"《通释》改作"但"，注云："一作'俱'。"孙《札记》校作"但"并云："顾引《拾补》同。"兹仍象本之旧。

〔七〕坟土未干、妍媸永灭：杨《通释补》引曹植《求自试表》："坟土未干，而身名并灭。"按《文选》李善注引《汉书》霍禹曰："将军坟土未干。"又引李尤《武功歌》曰："身非金石，名俱灭焉。"又"媸"字，卢《拾补》校云"宋'蚩'"。

〔八〕见贤而思齐，见不贤而内自省：两语见《论语·里仁》。

〔九〕南史至而贼臣书：《左》襄二十五年《传》："大史书曰：'崔杼弑其君。'崔子杀之。其弟嗣书，而死者二人。其弟又书，乃舍之。南史氏闻大史尽死，执简以往，闻既书矣，乃还。"

〔一〇〕其利甚博：杨《通释补》引《左》昭三年《传》："君子曰：'仁人之言，其利博哉！'"按：博，普也。

盖史之建官，其来尚矣。昔轩辕氏受命，仓颉、沮诵〔一〕，实居其职。至于三代，其数渐繁。按《周官》、《礼记》有大史、小史、内史、外史、左史、右史之名。大史掌国之六典，小史掌邦国之志，内史掌书王命，外史掌书使乎四方〔二〕，左史记言，右史记事〔三〕。《曲礼》曰：“史载笔。”大事书之于策，小事简牍而已〔四〕。《大戴礼》曰：“太子既冠成人，免于保傅，则有司过之史。”〔五〕《韩诗外传》云：“据法守职，而不敢为非者，太史令也。”〔六〕斯则史官之作，肇自黄帝，备于周室，名目既多，职务咸异。至于诸侯列国，亦各有史官，求其位号，一同王者。

〔一〕仓颉、沮诵：《晋书·卫恒传》：“恒善草隶书，为《四体书势》曰：‘昔在黄帝，创制造物，有沮诵、仓颉者，始作书契，以代结绳。……黄帝之史，沮诵、仓颉。’”

〔二〕大史、小史、内史、外史：见《周礼·春官·宗伯》。

〔三〕左史记言，右史记事：乃《汉志》之辞，见《六家》篇注，《礼记·玉藻》则谓“动则左史书之，言则右史书之”。

〔四〕大事书之于策，小事简牍而已：陈《补释》：“此二语杜预《春秋经传集解序》文，非蒙上《曲礼》曰，犹上文‘左史记言，右史记事’二语，非蒙上《周官》、《礼记》文也。”按：陈说是。《曲礼》曰：“史载笔，士载言。”杜《序》曰：“周礼有史官，掌邦国四方之事，达四方之志，诸侯亦各有国史。大事书之于策，小事简牍而已。”

〔五〕《大戴礼》曰：引文节录《大戴礼记·保傅》。

〔六〕《韩诗外传》云：引文见《韩诗外传》卷五，惟末句“太史令也”原文作“人吏也”。

至如孔甲、尹逸，名重夏、殷〔一〕，史佚、倚相，誉高周、楚〔二〕；晋则伯黡司籍〔三〕，鲁则丘明受经〔四〕，此并历代史臣之可得言者。降及战国，史氏无废。赵鞅，晋之一大夫尔，犹有直臣书过，操简笔于门下〔五〕；田文，齐之一公子尔，每坐对宾客，侍史记于屏风〔六〕。至若秦、赵二主，渑池交会，各命其御史书某年某月鼓瑟鼓缶〔七〕，此则《春秋》君举必书之义也〔八〕。

〔一〕孔甲、尹逸：郭《附评》："孔甲为史，非夏王之孔甲。"黄《补注》："归云集：'孔甲为史，执青纂记，言动惟实。'"陈《补释》引《汉志·诸子略·杂家类》著录："《孔甲盘盂》二十六篇注：黄帝之史，或曰夏帝孔甲，似皆非。《七略》及《汉书·田蚡传》应劭注并曰'黄帝之史'，明非夏史。"按《汉志·孔甲盘盂》目下，为"大禽三十七篇（传言禹所作，其文似后世语。禽，古"禹"字）"，似可反证孔甲决非帝孔甲，或系夏初之史。又《通释》引《史记·周本纪》："尹佚策祝。"浦按："'逸'通'佚'。"按《周书·克殷解》："尹逸策曰：'殷末孙受，侮灭神祇不祀。'"卢校云："《史记》'逸'作'佚'。"则尹逸当是殷末史官。《史通》谓"孔甲、尹逸，名重夏、殷"，似皆有据。程《笺记》引《少室山房笔丛》为说，推究子玄致误之由，可参看。

〔二〕史佚、倚相，誉高周、楚：《史记·晋世家》："周公诛灭唐，成王与叔虞戏削桐叶为珪，以与叔虞曰：'以此封若。'史佚因请择日立叔虞。成王曰：'吾与之戏耳！'史佚曰：'天子无戏言。'于是遂封叔虞于唐。"《周书·世俘解》复载使史佚"荐俘"，则此史佚自是周初史官。又"倚相"，楚左史，事见《左》昭十二年《传》，已见前注。

〔三〕晋则伯黡司籍:《左》昭十五年《传》:"伯黡司晋之典籍,以为大政,故曰籍氏。"

〔四〕鲁则丘明受经:《汉志·六艺略》之《春秋》类著录"《左氏传》三十卷",注"左丘明,鲁太史"。又杜预《春秋经传集解序》:"左丘明受经于仲尼。"

〔五〕"赵鞅"至"门下":鼎本、郭本、黄本文字同。《通释》"赵鞅"上有一"盖"字,"有直臣书过"之"有"字上无"犹"字。卢《拾补》校云:"宋有'盖'字。"孙《札记》亦云:"'赵'字上有'盖'字。"纪《评》:"'犹'字不可删。"兹仍象本原文。又《通释》引《说苑》云:"昔周舍事赵简子,立于门三日。简子问之,舍曰:'愿为谔谔之臣,墨笔操牍,司君之过而书之。日有记,月有效,岁有得也。'简子说。"按原文亦见于《韩诗外传》卷七,文字略有差异。又赵鞅即赵简子,晋执政上卿。

〔六〕"田文"至"侍史记于屏风":《史记·孟尝君列传》:"孟尝君,名文,姓田氏。孟尝君待客坐语,而屏风后常有侍史,主记君所与客语。"

〔七〕"秦、赵二主"至"鼓瑟鼓缶":《史记·廉颇蔺相如列传》:"赵王遂与秦王会渑池。秦王饮酒酣,曰:'寡人窃闻赵王好音,请奏瑟。'赵王鼓瑟。秦御史前书曰:'某年月日,秦王令赵王鼓瑟。'蔺相如前曰:'赵王窃闻秦王善为秦声。'前进缶,跪请秦王。秦王不怿,为一击缶。相如顾召赵御史书曰:'某年月日,秦王为赵王击缶。'"

〔八〕君举必书:《左》庄二十三年《传》:"(庄)公如齐观社,非礼也。曹刿谏曰:'不可,君举必书,书而不法,后嗣何观。'"陈《补释》云:"《左传》隐五年文。"按隐五年《传》载:

"(隐)公将如棠观鱼者,臧僖伯谏曰:'凡物不足以讲大事,其材不足以备器用,则君不举焉。'公曰:'吾将略地焉。'遂往陈鱼而观之。僖伯称疾不从,书曰:'公矢鱼于棠,非礼也。'"似不如庄二十五年《传》文确切。然亦可参证。

然则官虽无阙,而书尚有遗,故史臣等差,莫辨其序〔一〕。按《吕氏春秋》曰:"夏太史终古见桀惑乱,载其图法出奔商。商太史向挚见纣迷乱,载其图法出奔周。晋太史屠黍见晋之乱〔二〕,亦以其图法归周。"又《春秋》晋、齐太史书赵、崔之弑〔三〕,郑公孙黑强与于盟,使太史书其名,且曰七子〔四〕。昭二年,晋韩宣子来聘〔五〕,观书于太史氏,见《易象》与《鲁春秋》,曰:"周礼尽在鲁矣。"然则诸史之任,太史其最优乎?至秦有天下,太史令胡毋敬作《博学章》〔六〕,此则自夏迄秦,斯职无改者矣。

〔一〕史臣等差,莫辨其序:陈《补释》在列举"战国史臣可考者"之姓名后,并云:"惟《秦策》有大史启,《史记·田完世家》有大史敫,《赵世家》称徐越为内史,《博物志》称楚太史唐勒,此大史、内史之名著者也。"似未能释此文意。金毓黼先生《中国史学史》第一章谓:"史官之始,不过掌书起草,品秩最微,同于胥吏,只称为史。继则品秩渐崇,入居宫省,出纳王言,乃有大史、小史、内史、外史、御史诸称,以别于掌书起草之史。凡官以史名者,既掌文书,复典秘籍,渐以闻见笔之于书。初本以史名官,继则以史名书。而史官之名,乃为载笔修史者所独擅。而向之掌书起草,以史名官之辈，不得不以吏自号矣。史官发展之序，不外是矣。”又曰：“周代之五史，五史之秩，以内史为尊（中大夫），大史次之（下大夫），外史又次之（上士），小史、御史为下（中士），此皆诸史之长，属于春官者也。”尚足阐明文义。惟五史之秩，盖举其最高者言之，如内史中大夫一人，下大夫二人，上士四人，中士八人。非尽中大夫也。

〔二〕终古、向挚、屠黍：《吕氏春秋·先识览》：“夏太史令终古出其图法，执而泣之。夏桀迷惑，暴乱愈甚，太史令终古乃出奔，如商。殷内史向挚见纣之愈乱迷惑也，于是载其图法，出亡之周。晋太史屠黍，见晋之乱也，见晋公之骄而无德义也，以其图法归周。”向挚，原作“高势”，当系形近致误，据《吕览》改。高诱解：“屠黍，晋出公之太史也。”

〔三〕赵、崔之弑：《左》宣二年《传》：“赵穿攻灵公于桃园，宣子未出山而复。大史书曰：‘赵盾弑其君。’”杜注：“穿，赵盾之从父昆弟子。”侄也。宣子，即赵盾。又“崔杼弑其君”见本篇第一段注〔九〕。

〔四〕且曰七子：《左》昭元年《传》：“郑为游楚乱故，郑伯及其大夫盟于公孙段氏。罕虎、公孙侨、公孙段、印段、游吉、驷带私盟于闺门之外，实薰隧。公孙黑强与于盟。使大史书其名，且曰七子。”杜注：“游楚，子南。且曰七子，自欲同于六卿，故曰七子。薰隧，门外道名。”按：郑伯，即厉公，名嘉。

〔五〕昭二年，晋韩宣子来聘：《通释》注“昭二年”云：“上文所引，皆不书年，此三字疑衍。”子玄行文书年，多见于他处，浦说未见。又《春秋经》云：“晋侯使韩起来聘。”宣子即韩起。

〔六〕《博学章》：《汉志·六艺略·小学类序》：“《博学》七章者，

(秦)太史令胡毋敬所作也。文字多取《史籀篇》,而篆体复颇异,所谓秦篆者也。是时始造隶书矣,起于官狱多事,苟趋省易,施之于徒隶也。汉兴,闾里书师合《苍颉》、《爰历》、《博学》三篇,断六十字以为一章,凡五十五章,并为《苍颉篇》。"

汉兴之世,武帝又置太史公,位在丞相上,以司马谈为之。汉法,天下计书先上太史,副上丞相,叙事如《春秋》。及谈卒,子迁嗣。迁卒,宣帝以其官为令,行太史公文书而已〔一〕。寻自古太史之职,虽以著述为宗,而兼掌历象、日月、阴阳、管数〔二〕。司马迁既没,后之续《史记》者,若褚先生、刘向、冯商、扬雄之徒,并以别职来知史务〔三〕。于是太史之署,非复记言之司。故张衡、单飏、王立、高堂隆等,其当官见称,唯知占候而已〔四〕。其二条。

〔一〕"武帝又置太史公"至"行太史公文书而已":《史记·太史公自序》"谈为太史公"《集解》引如淳曰:"《汉仪注》:太史公,武帝置,位在丞相上,天下计书,先上太史公,副上丞相,序事如古《春秋》。迁死后,宣帝以其官为令,行太史公文书而已。"为《史通》此段文字所本,可参看《探赜》篇"上计先集太史"注。又《索隐》:"公者,迁所著书,尊其父云公也。而如淳引卫宏《仪注》称位在丞相上,谬矣。案《百官表》又无其官。且修史之官,国家别有著撰,则令郡县所上国书,皆先上之。后人不晓,误以在丞相上耳。"司马贞此解得之。

〔二〕兼掌历象、日月、阴阳、管数:《史记·太史公自序》:"太史公(指谈)既掌天官,不治民。""(谈)曰:'余先周室之太史也,自上世常显功名于虞、夏,典天官事。'"《汉书·司马迁传》载迁《报任少卿书》曰:"仆之先人,非有剖符丹书之功,文史星历,近乎卜祝之间。"《后汉书·百官志二》:"太史令一人,六百石。"本注曰:"掌天时、星历。"刘昭注引《汉官仪》曰:"太史待诏三十七人,治历、龟卜、庐宅、日时、易筮、典禳、请雨、解事、医。"陈《补释》云:"《史通》此文上云古太史之职,非徒言汉官也。《周官》大史属本有冯相氏、保章氏二职,不在五史之数。《礼记·王制》:大史典制,执简记,奉讳恶。又《月令》:乃令大史,守典奉法,司天日月星辰之行,宿离不贷。"按《周礼》郑注:"冯相,以视天文之次序。保章氏,世守天文之变。"又《礼记·月令》郑注:"宿离不贷,掌天文者,相与宿偶,当审候伺,不得过差也。"又管数,浦注:"管,窥天器。一作'度'。"蜀本、陆本同底本,鼎本、郭本、黄本作"度",卢《拾补》校云:"宋'管'。"

〔三〕"褚先生、刘向、冯商、扬雄"至"来知史务":《通释》:"刘向、扬雄知史务,又见《正史》篇。但如《汉书》志传所称,皆不言知史务,未详何据。"陈《补释》:"《后汉书·班彪传》注亦云扬雄、刘歆、阳城衡、褚少孙、史孝山之徒续《史记》。又《隋志》史部叙以'南、董之位'与'政、骏之司'并言,政、骏正谓刘子政、子骏。"彭《增释》曰:"《汉书·刘向传》:'成帝即位,迁光禄大夫,领校中《五经》秘书。'子歆传:'成帝时,待诏宦者署,为黄门郎,领校秘书。'《扬雄传赞》:'王莽篡位,转为大夫,校书天禄阁上。'案诸传所称光禄大夫也,黄门郎也,大夫也,即知畿所谓'别职'也。诸传所称领校中《五经》秘书也，领校秘书也，校书天禄阁上也，即知幾所谓‘来知史务’也。或疑校秘书非史务，则试以《后汉书》贾逵、王逸传证之。《贾逵传》：‘永平中拜为郎，与班固并校秘书。’不言修史。而《北海靖王兴传》云子复‘永平中，与班固、贾逵共述汉史’。《文苑·王逸传》：‘元初中为校书郎。’亦不言修史。而知幾本篇末云：‘刘、曹二史，旧史载其同作非止一家，如王逸、阮籍亦预其列。’参互取证，校秘书非史务而何？潘岳《西征赋》云：‘子长、政、骏之史。’《应亨集·让著作表》云：‘若乃谈、迁接武，彪、固踵迹，向、歆著美，亦各一世之良史也。’（《北堂书钞》五十七）葛洪《西京杂记序》云：‘家世有刘子骏《汉书》一百卷，歆欲撰《汉书》，未得缔构而亡，故书无宗本，止杂记而已矣。’使校秘书而非史务，则向、歆安得撰《汉书》称良史耶？”彭氏论证刘、扬以别职知史务，尚称详审，足资参考。而《后汉书·班固传》载固“除兰台令史，成《世祖本纪》。迁为郎，典校秘书，又撰列传、载记”，以“校秘书”而“知史事”，固极显然也。又按褚先生事见《史记·武帝纪》注，《索隐》引张晏云：“褚先生，颍川人，仕元、成间。”又引韦稜云：“褚觊家传，褚少孙，梁相褚大弟之孙，宣帝代为博士，寓居沛。事大儒王式，号为‘先生’。续太史公书。”又冯商，《汉志·六艺略》之《春秋》类著录“冯商所续《太史公》七篇”注：“韦昭曰：‘冯商受诏续《太史公》十余篇，在班彪《别录》。商，字子高。’”郭《附评》引师古曰：“《七略》云：‘商，阳陵人，治《易》，事五鹿充宗，后事刘向，能属文。后与孟柳俱待诏，颇序列传，未卒，病死。’”又“知”字，义犹主也。《左》襄二十六年《传》：“子产其将知政矣。”言其将管理国家政事也。

〔四〕“张衡、单飏、王立、高堂隆”至“唯知占候”：张衡事已见前注。《后汉书》本传云：“衡善机巧，尤致思于天文、阴阳、历算。安帝雅闻衡善术学，公车特征拜郎中，再迁为太史令。遂乃研核阴阳，妙尽璇机之正。作浑天仪，著《灵宪》、《算罔论》。”又《方术·单飏传》：“飏，字武宣。善明天官算术，举孝廉，稍迁太史令。”王立，不详，待考。《三国志·魏书·高堂隆传》：“高堂隆，字升平。明帝以隆为给事中，迁侍中，犹领太史令。”裴注引《魏略》曰：“太史上汉历不及天时，因更推步弦望朔晦为太和历。帝以隆学问优深，于天文又精，乃诏使隆与杨伟、骆禄参共推校。”

当王莽代汉，改置柱下五史〔一〕，秩如御史，听事，侍傍记迹言行，盖效古者动则左史书之〔二〕，此其义也。其三条。

〔一〕柱下五史：《汉书·王莽传》：“居摄元年正月，置柱下五史，秩如御史，听政事，侍旁记疏言行。”按原文“记迹”之“迹”字或系“疏”字形近之误。又陈《补释》：“柱下史本御史别名。《唐六典》：‘周官有御史，以其在殿柱之间，亦谓之柱下史。’”

〔二〕动则左史书之：《礼记·玉藻》：“动则左史书之，言则右史书之。”浦注：“当有‘言则右史书之’六字，今缺。”卢《拾补》校补此六字，亦云“六字脱”，蜀本、陆本、鼎本、郭本、黄本亦无此六字。

汉氏中兴，明帝以班固为兰台令史〔一〕，诏撰《光武本纪》及诸列传、载记。又杨子山为郡上计吏〔二〕,献所作《哀牢传》,为帝所异,征诣兰台。斯则兰台之职者,盖当时著述之所也。自章和已后〔三〕,图籍盛于东观〔四〕。凡撰汉记,相继在乎其中,而都谓著作,竟无他称。其四条。

〔一〕兰台令史:《后汉书·班固传》:"显宗召(固)诣校书部,除兰台令史,与陈宗、尹敏、孟异共成《世祖本纪》。固又撰功臣、平林、新市、公孙述事,作《列传》、《载记》二十八篇。"李贤注引《汉官仪》曰:"兰台令史六人,秩百石,掌书劾奏。"而《后汉书·百官志》则云:"兰台令史六百石。本注曰:掌奏及印工文书。"程《笺记》引《论衡·对作篇》:"汉立兰台之官,校审其书,以考其言。"又《别通篇》:"兰台令史,职校书定字。"

〔二〕杨子山:《后汉书·杨终传》:"终,字子山。成都人。显宗时,征诣兰台,拜校书郎。受诏删《太史公书》为十余万言。"《论衡·佚文篇》:"杨子山为郡上计吏,见三府为《哀牢传》不能成,归郡作上。孝明奇之,征在兰台。"《通释》:"哀牢,永平中置,故牢王国。"按:今在云南保山市境。

〔三〕章和:汉章帝年号(87—88),不是章帝、和帝。

〔四〕图籍盛于东观:《后汉书·和帝纪》:"永元十三年春,帝幸东观,览书林,阅篇籍。博选术艺之士,以充其官。"《晋书·职官志》:"汉东京图籍在东观,故使名儒著作东观。有其名,尚未有官。"又《隋志》:"光武中兴,明、章继轨,尤重经术,又于东观集新书。"《册府元龟》卷五百五十四《国史部·总序》:"汉氏中兴,图籍多在东观,故使名儒著作其中,有其名而尚未有官。"注:"明帝时,班固、傅毅为兰台令史，与睢阳令陈宗等四人，著作东观，皆他官兼著作之名。终汉之世，率以他官修史。"《通典》卷二十六《职官》："汉之兰台及后汉东观，皆藏书之室，亦著述之所。多当时文学之士，使雠校于其中，故有校书之职。后于兰台置令史十八人，又选他官入东观，皆令典校秘书，或撰述传记，盖有校书之任，而未为官也，故以郎居其任，则谓之校书郎。以郎中居其任，则谓之校书郎中。"

当魏太和中，始置著作郎，职隶中书，其官即周之左史也。晋元康初，又职隶秘书，著作郎一人，为之大著作〔一〕，专掌史任，又置佐著作郎八人。宋、齐已来，以"佐"名施于"作"下。改佐著作郎为著作佐郎〔二〕。旧事，佐郎职知博采，正郎资以草传。如正、佐有失，则秘监职思其忧〔三〕。其有才堪撰述，学综文史，虽居他官，或兼领著作。亦有虽为秘书监，而仍领著作郎者。若中朝之华峤、陈寿、陆机、束皙〔四〕，江左之王隐、虞预、干宝、孙盛〔五〕，宋之徐爰、苏宝生〔六〕，梁之沈约、裴子野，斯并史官之尤美，著作之妙选也。而齐、梁二代，又置修史学士〔七〕，陈氏因循，无所变革，若刘陟、谢昊、顾野王、许善心之类是也〔八〕。其五条。

〔一〕为之大著作：《晋书·职官志》："著作郎，周左史之任也。魏明帝太和中，诏置著作郎，始有其官，隶中书省。晋武帝元康二年，诏改中书著作为秘书著作，于是改隶秘书省。后别自置省，而犹隶秘书。著作郎一人，谓之大著作郎，专掌史任。又置佐著作郎八人。"《宋书·百官志下》："惠帝复置著作郎一人，佐郎八人，掌国史。周世左史记事，右史记言,即其任也。汉东京图籍在东观,故使名儒硕学,著作东观,撰述国史。著作之名,自此始也。魏世隶中书。晋武世,缪征为中书著作郎。元康中,改隶秘书,后别自为省,而犹隶秘书。著作郎谓之大著作,专掌史任。"《册府元龟》卷五百五十四《国史部·总序》:"魏明帝太和中,诏置著作郎一人,佐郎一人,并隶中书省,专掌国史,亦有他官兼领。(其后增佐郎为三人。)中书著作郎专修国史,而起居注无闻焉。"又"为",蜀本、陆本同,鼎本、郭本、黄本及《通释》均作"谓",兹仍从其旧。

〔二〕著作佐郎:《南齐书·百官志》于秘书监下列有"著作佐郎"。《隋书·百官志》:"秘书省领著作,太史二曹,著作曹置郎二人,佐郎八人。"

〔三〕职思其忧:"思"字原误作"司",据《诗经》改,注见《序录》。

〔四〕中朝之华峤、陈寿、陆机、束皙:中朝指西晋,据《晋书》华、陈、陆、束各本传:"华峤,字叔骏。武帝泰始初拜散骑常侍,典中书著作。惠帝元康初,以峤博闻多识,有良史之志,转秘书监,加散骑常侍,为内台中书散骑著作。""陈寿,仕蜀为观阁令史。及蜀平,举为孝廉,除佐著作郎、著作郎。""陆机,字士衡,吴郡人。年二十而吴灭,太康末,与弟云俱入洛,为著作郎。""束皙,字广微,博学多闻,转佐著作郎。"

〔五〕江左之王隐、虞预、干宝、孙盛:江左指东晋,此四人学行,俱已见前注。据《晋书》各本传:"王隐,元帝大兴初,召隐为著作郎。""虞预,除佐著作郎,转著作郎。迁散骑侍郎,著作如故。除散骑常侍,仍领著作。""孙盛,博学善言名理。起家佐著作郎,累迁秘书监。""干宝,以才器召为著作郎,领国史,迁散骑常侍。"

〔六〕宋之徐爰、苏宝生:《宋书·恩幸·徐爰传》:"爰,字长玉。元嘉六年,以爰领著作郎,使终何承天国史之业。爰虽因前作,而专为一家之书。八年,兼左丞,著作如故。"《南史·恩幸·徐爰传》:"元嘉十二年,转南台侍御史。明帝即位,爰除太中大夫,著作并如故。爰颇涉书传,又饰以典文,故为文帝所任遇。"参看《二体》篇注。又《王僧达传》:"苏宝者,名宝生。本寒门,有文义之美。元嘉中,立国子学,为《毛诗》助教,为太祖所知,官至南台侍御史。"《徐爰传》亦载:"元嘉中,使何承天草创国史。世祖初,又使奉朝请山谦之、南台御史苏宝生踵成之。"

〔七〕齐、梁二代,又置修史学士:《隋书·百官志》:"梁初,又有撰史学士,亦知史书。"孙逢吉《职官分纪》卷十五《总史官》:"梁初,周舍、裴子野皆以他官领著作,又有撰史学士,亦知史书。"查《南齐书·百官志》实无修史学士之记载。又《册府元龟》卷五百五十四《国史部·总序》:"齐太祖建元二年,初置史官。历梁、陈,国史起居之任,多以他官兼领。"注:"齐以散骑常侍檀超、骠骑记室江淹掌史职,侍中王思远掌起居注。梁周舍为尚书吏部郎,掌国史,裴子野为著作郎,仍兼掌国史及起居注之名。自齐、梁至陈,佐郎多为令仆子起家之选,史职率以他官领之。"置修史学士之事,亦不可得而闻。金毓黼先生云:"《史通·史官》篇作修史学士,恐误。"(见金著《中国史学史》。)

〔八〕刘陟、谢昊、顾野王、许善心:刘陟、谢昊,隋及《两唐志》均著录刘陟撰《齐纪》(亦名《齐书》)、梁中书郎谢昊等撰《梁书》。“陟”原误作“涉”,“昊”原误作“吴”,蜀本、陆本、黄本同,鼎本、郭本亦误“陟”为“涉”,又误“昊”为“旻”,《通释》已改正。卢《拾补》亦均校改,并云:“宋本皆不误。”今据史志改正。又《陈书·顾野王传》:“野王,字希冯,吴人。遍观经史,领大著作,掌国史,知梁史事。”《两唐志》著录其《陈书》三卷。又《北史·文苑·许善心传》:“善心,字务本。对策高第,补撰史学士。父亨撰《梁史》未就而殁,善心续成父志。其《序传》末述制作之意曰:‘先君凡撰《齐书》为五十卷,《梁书》纪传,《目录》注为一百八卷,今止有六卷获存,随见补葺,略成七十卷。’”而《隋书》本传则云:“今止有六十八卷在,又并缺落失次。”《隋志》著录:“《梁史》五十三卷,陈领军、大著作郎许亨撰。”盖多为善心葺补者。

至若偏隅僭国,夷狄伪朝,求其史官,亦可言者。按《蜀志》称王崇补东观,许盖掌礼仪。又郄正为秘书郎〔一〕,广求益部书籍,斯则典校无阙,属辞有所矣。而陈寿评云“蜀不置史官”者,得非厚诬诸葛乎〔二〕?别有《曲笔》篇言之详矣。吴归命时有左右二国史之职〔三〕,薛莹为其左,华覈为其右〔四〕。又周处自左国史迁东观令〔五〕。以斯考察,则其班秩可知。其六条。

〔一〕王崇、许盖、郄正:《三国志·蜀书》裴注无王、许姓名,只《华阳国志》卷十二《益梁宁三州士女名目录》有“述作,蜀郡太守王崇,字幼远”,亦未载此王崇“补东观”事。又《册府元龟》卷五百五十四《国史部·总序》:“吴、蜀分据,亦各有史职。”注：“蜀有王崇，补东观。”则其曾为东观令，必不当有疑。许盖，经遍查无其人，孙《札记》校改“盖”为“慈”，未注所据。按《三国志·蜀书·许慈传》：“慈，字仁笃，南阳人。慈、(胡)潜并为博士，与孟光、来敏等典掌旧文。”而《孟光传》亦云“光与许慈等并掌制度”，与“掌礼仪”尚能吻合。又《郤正传》云：“郤正，字令先。博览坟籍，入为秘书吏，转为令史，迁郎，至令。当世美书善论，益部有者，则钻凿推求，略皆寓目。”而《孟光传》亦云：“秘书郎郤正，数从光谘访。”又《许慈传》并云：“先主定蜀，承丧乱历纪，学业衰废，乃鸠合典籍，沙汰众学。”

〔二〕“蜀不置史官”者，得非厚诬诸葛：《三国志·蜀书·后主传》：“评曰：‘国不置史，注记无官，是以行事多遗，炎异靡书，诸葛亮虽达于为政，犹有未周焉。’”按《先主(备)传》、《后主(禅)传》均载有灾异，且明言有史官。朱明镐《史纠》卷一《蜀志后主纪》以为：“此延熙二十年以后事，诸葛捐馆舍已久，史官之设，当属蒋、费、董、郭诸人，则列传何故无明文乎？蒋、费、董、郭在朝，恪遵诸葛遗式，守而勿失，一如平阳之于酂侯，未必有所改张增立也。且诸葛于章武之世，庶事草创，建兴之时，规条粗立，左史右史，国之大典，必不空废厥曹，遗训后人者矣。”杨慎《丹铅总录》卷二十三《蜀无史职》亦质之云：“寿自书之而自戾之，何耶？”姚莹《康辎纪行》卷十二《陈寿讥蜀不置史》更驳之云：“使蜀无置史，记注时事，不知承祚为先后二主逐年纪事，又凭何书之？”参看《曲笔》篇原文及注。

〔三〕归命：吴孙皓降后，封归命侯，见《模拟》篇注。

〔四〕“薛莹”二句：“薛莹”原误作“薛荣”，蜀本、陆本、鼎本同，郭本、王本、黄本、《通释》作“薛莹”。王应麟《小学绀珠》卷八《职官类·二国史》:“薛莹为左,华覈为右。”注:“《史通》:吴有左右二国史之职。”其说即本于子玄。宫梦仁《读书纪数略》卷二十二《二国史》所引亦作“莹”。孙《札记》、《通释》校改作“莹”,今据史传改正。《三国志·吴书·薛莹传》:“莹字道言,初为秘府中书郎,孙皓初,为左执法。下莹狱,徙广州。右国史华覈上疏(留)莹卒编史之功,皓遂召莹还,为左国史。”又《华覈传》:“覈,字永先,以文学入为秘府郎,迁中书丞,后迁东观令,领右国史。”又《册府元龟》卷五百五十四《国史部·总序》:“吴有左国史薛莹,右国史华覈,太史令丁孚、韦曜等,参撰国书。”

〔五〕“周处”句:《晋书·周处传》:“处仕吴为东观左丞。”周处与上文薛、华,皆吴国史官,周处事迹见《书志》篇《阳羡土风》注。

伪汉嘉平初〔一〕,公师彧以太中大夫领左国史〔二〕,撰其国君臣纪传。前凉张骏时,刘庆迁儒林郎中常侍,在东苑撰其国书〔三〕。蜀与西凉二朝〔四〕,记事委之门下。南凉主乌孤初定霸基〔五〕,欲造国纪,以其参军郎韶为国纪祭酒〔六〕,使撰录时事。自余伪主,多置著作官,若前赵之和苞〔七〕、后燕之董统是也〔八〕。其七条。

〔一〕嘉平:前赵刘聪年号(311—315),在西晋怀、愍时。

〔二〕公师彧:《晋书·(前赵)刘聪载记》有“太中大夫公师彧”句,无“领左国史撰其国君臣纪传”之文。此外,《刘元海载记》两见太史令宣于修之建议迁都,及劝自洛阳班师之词,可见其史官、历官俱备也。

〔三〕“刘庆”至“撰其国书”:《晋书·张轨传》附其子《张骏传》:“骏命窦涛等进讨辛晏,从事刘庆谏。”仅一见刘庆之名,未见其“在东苑撰其国书”事。又崔鸿《十六国春秋》录略:前凉录《张骏传》云:“骏命西曹掾集阁内外事付索绥,以著《凉春秋》。”隋唐《志》均未著录是书。

〔四〕蜀与西凉二朝:《通释》“蜀”下有“李”字,注云:“义门订本有‘李’字,他本无。”鼎本“二”字作“三”,蜀本、陆本、郭本、黄本同。黄《补注》“一作‘二朝’”,浦注:“一作‘三’,非。”《通释》引《晋书·载记·蜀李》:“雄兴学校,置史官。”按李势时亦有“太史令韩皓奏荧惑守心”,《通释》又引《十六国春秋·西凉录》:“李暠起静恭堂以议朝政,立泮宫,增高门学生。”按《晋书·凉武昭王传》:“武昭王讳暠,字玄盛,姓李氏。时白狼、白兔,白雀、白雉、白鸠皆栖其园囿,群下请史官记其事,玄盛从之。”虽未见“委之门下”之记载,然成汉、西凉均置有史官,盖无可疑。

〔五〕南凉主乌孤:“孤”,原误作“孙”,蜀本、陆本、鼎本、黄本同,《通释》改“孤”。《晋书·南凉载记》:“秃发乌孤,河西鲜卑人也。”今改“孙”为“孤”。

〔六〕郎韶为国纪祭酒:“郎”字,鼎本、郭本、黄本同,卢、孙等均未校改。《通释》据《晋·载记·南凉传》:“郭韶,中州之才令。”浦按:“郎韶,疑即郭韶。但本传与丛书《录略》,皆不载国纪祭酒。”浦已经改“郎”为“郭”,录备续考。按《南凉载记》另有“利鹿孤以田玄冲、赵诞为博士祭酒,以教胄子”,又载有“太史令景保谏”之辞,具见南凉既有祭酒太史令之官,复能兴学育才。则所谓“国纪祭酒”,宜有此职称，惜已失载不传。

〔七〕和苞：《晋书·（前赵）刘曜载记》："侍中乔豫、和苞上疏谏营寿陵。曜大悦，敕悉停寿陵制度。封豫安昌子、苞平舆子，并领谏议大夫。"又隋及《两唐志》均著录"《汉赵记》十卷，和苞撰"。

〔八〕董统：董统著有《燕史》，见前《直书》及下篇《古今正史》原文及注。又《册府元龟》卷五百五十四《国史部·总序》述"僭伪诸国，亦有史职"云："前赵刘聪有左国史，撰其国君臣纪传。前凉张骏亦令史臣撰国书于东苑。后蜀、西凉记事委之门下。南凉置国纪祭酒，使撰录时事。自余伪主，多置著作官，若前赵和苞、后燕董统之类是也。"或可参阅，并附于此。

元魏初称制，即有史臣，杂取他官，不常厥职〔一〕。故如崔浩、高闾之徒，唯知著述，而未列名号〔二〕。其后始于秘书置著作局，正郎二人，佐郎四人。其佐参史者，不过一二而已〔三〕。普泰以来，参史稍替，别置修史局，其职有六人。当代都之时，史臣每上奉王言，下询国俗，兼取工于翻译者，来置史曹〔四〕。及洛京之末，朝议又以为国史当专任代人〔五〕，不宜归之汉士。于是以谷纂、山伟更主文籍〔六〕。凡经二十余年，其事阙而不载。斯盖犹秉夷礼，有互乡之风者焉〔七〕。其八条。

〔一〕本注：魏初史臣不常厥职，《通释》引《魏书·官氏志》云："天兴四年，罢外兰台御史，总属内省。"又云："其太和中，百官著令，秘书监在从第二品中。"按《官氏志》又云："自太祖至高祖初，其内外百官，屡有减置，或事出当时，不为常目。”“内外百官，不为常目”，自亦包括史臣在内，当即“魏初史臣，不常厥职”数句之所本。《册府元龟》卷五百五十四《国史部·总序》：“后魏置起居令史，每行幸宴会，则在御左右，记录帝言及宾客训答。后又别置修起居注二人，以他官领之，而隶于集书省。”说亦可参。又“常”字《通释》作“恒”，注：“或作‘常’。”卢《拾补》：“宋‘恒’。”鼎本、郭本、黄本亦作“常”。按宋真宗名恒，或有因讳“恒”改“常”者，《魏书·官氏志》亦作“不为常目”，则《史通》原文亦有作“常”字之可能，故仍之。

〔二〕本注：崔、高唯知著述，未列名号，崔浩事迹见《直书》篇注。《魏书·崔浩传》：“神䴥二年，诏集诸文人撰录《国书》，浩及弟览、高谠、邓颖、晁继、范亨、黄辅等共参著作，叙成《国书》三十卷。”又《高闾传》：“闾，字阎士，渔阳人。少好学，博综经史，文才俊伟。本名驴，司徒崔浩见而奇之，乃改为闾。高祖曰：‘卿为中书监，职典文词。’好为文章，集为三十卷，其文亦高允之流，后称二高。”崔、高虽司著述，但无史官名号，故《史通》云然。

〔三〕其佐参史者，不过一二：“参”字，蜀本、陆本、鼎本、郭本、《通释》作“三”，《通释》注云：“一作‘参史’，下同，未详。”按《魏书·官氏志》：“太和中，高祖议定百官著于令。列秘书著作郎，第五品上，秘书著作佐郎，从五品上。世宗初，复次职令，班行以为永制。列著作郎从五品，著作佐郎第七品。”其郎佐人数及分掌职司，《魏书》虽无记载，然《隋书·百官志》云：“后齐制多循后魏，秘书省又领著作省，郎二人，佐郎八人。”而《晋书·职官志》则云：“著作郎一人，谓之大著作，专掌史任，又置佐著作郎八人。”而《隋志》又云：“梁武受命之初，官班多同宋、齐之旧。著作郎谓之大著作，又有撰史学士，亦知史书，佐郎为起家之选。”参证上引自晋至梁、陈、齐、周、隋五代史志，具见佐郎职卑，初不参与撰史，则此处“其佐参史者，不过一二而已”，盖云佐郎参与修史者，四或八人中，不过一二人。下文“参史稍替”，乃谓佐郎参与修史者日见其少，故接云：“别置修史局。”两“参”字都应读“cān”，不是“三”字之大写，鼎本及《通释》作“三”，误。

〔四〕来置史曹：《魏书·官氏志》：“尚书三十六曹，曹置代人令史一人，译令史一人，书令史二人。”又“置”字，鼎本、郭本及《通释》均作“直”，浦注：“或讹‘置’。”卢《拾补》亦云：“‘置’讹。”按《魏书》虽无史局置译者之记载，但知幾谓史曹置译者，当别有据。

〔五〕国史当专任代人：《魏书·山伟传》：“山伟，字仲才，洛阳人，其先代人。国史自邓渊、崔琛、崔浩、高允、李彪、崔光以还，诸人相继撰录。綦儁及伟等以为国书正应代人修缉，不宜委之余人，是以儁、伟等更主大籍。终伟身二十许载，万不记一，史之遗阙，伟之由也。”

〔六〕谷纂、山伟：《魏书·谷浑传》其裔孙《纂传》云：“纂，字灵绍，颇有学涉，稍迁著作郎，又监国史，不能有所缉缀。”山伟已见注〔五〕。郭《评》谓：“《魏史》亡谷纂姓名，止李延寿《山伟传》云：‘国史自邓彦海、崔深、崔浩、高允、李彪、崔光以还，诸人相继撰录。綦儁及伟等谄说上党王天穆及尒朱氏世隆，以为国书正应代人修缉，不宜委之余人。是以綦、伟等更主文籍，守旧而已，初无述著。故自崔鸿死后，迄终伟身，二十许载，时事荡然，万不记一，后人执笔，无所凭据，史之遗阙，伟之由也。’所云綦、伟，綦儁、山伟也，岂误以綦儁为谷纂邪？”按《魏书》綦儁与山伟合传，“儁，其先代人。儁、伟谄说‘国书正应代人’云云”，就注〔五〕引文而论，知幾确是隐括其文，故《通释》认为“郭注殊有见”。卢《拾补》云：“何从郭本。”孙《札记》亦校从郭本。惟“綦儁”何由误为“谷纂”，且各本佥同，尚待索解，志以存疑。

〔七〕互乡之风：《论语·述而》：“互乡难与言。”朱注：“互乡，乡名。其人习于不善，难与言善。”

高齐及周，迄于隋氏，其史官以大臣统领者，谓之监修〔一〕。国史自领，则近循魏代，远效江南〔二〕，参杂其间，变通而已。唯周建六官〔三〕，改著作之正郎为上士，佐郎为下士〔四〕，名谥虽易，而班秩不殊。如魏收之擅名河朔〔五〕，柳虬之独步关右〔六〕，王邵、魏澹展效于开皇之朝〔七〕，诸葛颍〔八〕、刘炫宣功于大业之世〔九〕，亦各一时也。其九条。

〔一〕大臣、监修：《辨职》篇：“而近古每有撰述，必以大臣居首。”又《册府元龟》卷五百五十四《国史部·总序》：“齐太祖建元二年，初置史官。历梁、陈，国史起居之任，多以他官兼领。”注：“齐以散骑常侍檀超、骠骑记室江淹掌史职，侍中王思远掌起居注。梁周舍为尚书吏部郎，掌国史，裴子野为著作郎，仍兼掌国史及起居注之名。自齐、梁至陈，佐郎多为令仆子起家之选，史职率以他官领之。”

〔二〕远效江南：《辨职》篇：“《晋起居注》载康帝诏，盛称著述任重，理藉亲贤，遂以武陵王领秘书监。”江南即指东晋。陈《补释》云：“此即江南故事。”

〔三〕周建六官：《周书·卢辩传》：“辩，字景宣。初，太祖欲行《周官》，命苏绰专掌其事，未几而绰卒，乃令辩成之。于是依《周礼》建六官，置公、卿、大夫、士。太祖以魏恭帝三年行之。”又《周书·文帝纪》：“太祖文皇帝姓宇文氏，讳泰。魏恭帝三年春正月，初行《周礼》，建六官。十月，太祖崩。甲申（十二月），孝闵帝（宇文觉）受禅。”又《通典》卷二十一《职官三》：“后周有外史，掌书王言及动作之事，以为国志，即起居之职。又有著作二人，掌缀国录，则起居注、著作之任，自此而分也。”

〔四〕上士、下士：《隋书·百官志》：“秘书省又领著作省，郎二人，佐郎八人。”又：“周太祖改创章程，内命（谓王朝之臣）：三公九命……上士三命，下士一命。”盖易九品为九命，并倒置之，故云“名谥虽易，而班秩不殊”也。“谥”字，浦注：“当作‘号’。”卢《拾补》：“名谥，犹名号。”“谥”字不误。

〔五〕魏收之擅名河朔：《北齐书·魏收传》：“收与温子昇、邢子才齐誉，世号三才。收笔下有同宿构，敏速之工，邢、温所不逮。”按魏收修史事见前注，河朔指北齐。

〔六〕柳虬之独步关右：《周书·柳虬传》：“虬，字仲蟠。遍受《五经》，博涉子史，雅好属文。虬以史官密书善恶，未足惩劝，乃上疏请皆当朝显言。除秘书丞，秘书虽领著作，不参史事，自虬为丞，始令监掌焉。修起居注，时人论文体者，有古今之异。又以为时有今古，非文有今古，乃为《文质论》。”关右指西魏、北周。

〔七〕王邵、魏澹：王邵见《六家》篇注，魏澹见《本纪》篇注。

〔八〕诸葛颍：《隋书·文学·诸葛颍传》："颍字汉，建康人。清辩有俊才。晋王广素闻其名，引为参军事，转记室。炀帝即位，迁著作郎，甚见亲幸。有集二十卷，撰《銮驾北巡记》、《幸江都道里记》、《洛阳古今记》。"

〔九〕刘炫：《隋书·儒林·刘炫传》："炫与著作郎王劭同修国史，炀帝即位，牛弘引炫修律令。纳言杨达举炫博学有文章，射策高第，除太学博士。著《五经正名》(等)，并行于世。"炫事参见《核才》篇注。

暨皇家之建国也，乃别置史馆，通籍禁门〔一〕。西京则与鸾渚为邻，东都则与凤池相接〔二〕。而馆宇华丽，酒馔丰厚，得厕其流者，实一时之美事。至咸亨年，以职司多滥，高宗喟然而称曰："朕甚懵焉！"乃命所司曲加推择，如有居其职而阙其才者，皆不得预于修撰。诏曰：修撰国史，义存典实，自非操履忠正，识量该通，才学有闻，难堪斯任。如闻近日已来，但居此职，即知修撰，非唯编缉讹舛，亦恐漏泄史事。自今宜遣史司精简，堪修史人，灼然为众所推者，录名进内，自余虽居史职，不得辄闻见所修史籍，及未行用国史等之事〔三〕。由是史臣拜职，多取外司，著作一曹，殆成虚设〔四〕。凡有笔削，毕归于馆〔五〕。始自武德，迄乎长寿〔六〕。其间若李仁实以直辞见惮〔七〕，敬播以叙事推工〔八〕，许敬宗之矫妄〔九〕，牛凤及之狂惑〔一〇〕，此其善恶尤著者也。其十条。

〔一〕别置史馆，通籍禁门：见《辨职》篇"地处禁中"注。《唐会要》卷六十三《史馆上·史馆移置》亦备载《旧唐书·职官志》之文，但于"开元二十五年，又移中书省北"句微异。

《会要》记曰:“开元十五年三月一日,李林甫监史馆,以中书地切枢密,记事者宜其附近。尹愔遂奏移于中书省北。”又《通典》卷二十一《职官三》:“大唐武德初,因隋旧制,史官属秘书省著作局。至贞观三年闰十二月,移史馆于门下省北,宰相监修,自是著作局始罢史职。及大明宫初成,置史馆于门下省之南。”宋敏求《长安志》卷六《宫室四》亦云:“玄宗开元七年复旧,史馆在门下省北。贞观三年,置秘书内省,以修《五代史》,又置史馆,以编国史,寻废秘书内省。”

〔二〕鸾渚、凤池:《旧唐书·职官志》:“龙朔二年,改门下省为东台,中书省为西台。武后光宅元年,改门下为鸾台,中书为凤阁。”又《通典·职官志》“中书省地在枢近,多承宠任,谓之凤凰池”,简称凤池。故鸾台凤阁,又称鸾渚凤池。

〔三〕小字注:《唐会要·修史官条》:“咸亨元年十一月二十一日诏:‘修撰国史云。’”蜀本、陆本、鼎本、郭本录此诏作正文。浦注:“此注一本混作大书,非是。”又“如闻”两字,蜀本、鼎本、郭本、黄本作“切闻”,卢《拾补》云:“宋作‘如闻’。”

〔四〕著作一曹,殆成虚设:陈《补释》引《通典》云:“徒有撰史之名,而实无其任,其任尽归于史馆。”按《文史通义·说林》:“唐世修书置馆局,馆局则各效所长也。其弊则漫无统纪,而失之乱。”所谓虚设云云,必与此有关乎?

〔五〕毕归于馆:蜀本、陆本、鼎本、郭本、黄本及《通释》均作“毕归于余馆”,浦注:“语意不甚清豁,恐有讹字。”卢《拾补》:“‘于’字衍。‘馆’当作‘官’,下云以余官兼掌,是也。”

〔六〕长寿:武则天年号(692)。

〔七〕李仁实:《通释》引《旧唐书·令狐德棻传》"自武德已后,有邓世隆、顾胤、李延寿、李仁实前后修撰国史,为当时所称",又引《古今正史》"李仁实载言纪事,见推直笔"句。按《唐会要·修国史》条尚有"显庆四年三月,诏刘仁轨等并修史,仁轨等于是引左史李仁实专掌其事。将加刊改,会仁实卒官,又止",又《旧唐书·李仁实传》:"仁实魏州顿丘人,官至左史。"

〔八〕敬播:《旧唐书·儒学·敬播传》:"敬播,河东人,贞观初举进士。佐颜师古、孔颖达修隋史,迁著作郎,兼修国史,房玄龄深称播有良史之才。后历谏议大夫、给事中,并依旧兼修国史,著《隋略》二十卷。"又《唐会要·修前代史》条:"贞观二十年,诏令修史所更撰《晋书》,凡起例皆播独创焉。"

〔九〕许敬宗:《旧唐书·许敬宗传》:"敬宗,杭州人,善心子。贞观八年,累除著作郎,兼修国史。迁拜太子少师、同东西台三品,并依旧兼修国史。敬宗自掌知国史,记事阿曲。初善心为宇文化及所害,封德彝谓善心之死,敬宗舞蹈以求生,敬宗深衔之,及为德彝立传,盛加其罪恶。"

〔一〇〕牛凤及:王《训故》:"牛凤及,长寿中撰《唐书》,自武德终弘道。为百有十卷。"按此书《唐志》以下均未著录。弘道(683),唐高宗年号。

又按《晋令》〔一〕,著作郎掌起居集注〔二〕,撰录诸言行勋伐旧载史籍者。元魏置起居令史〔三〕,每行幸讌会,则在御左右,纪录帝言及宾客酬对。后别置修起居注二人,多以余官兼掌。至隋,以吏部散官及校书、正字闲于述注者修之〔四〕,纳言监领其事〔五〕。炀帝以为古有内史、外史,今既有著作,宜立起居。遂置起居舍人二员〔六〕,职隶中书省。如庾自直、崔祖濬、虞世南、蔡允恭等〔七〕,咸居其职,时谓得人。皇家因之〔八〕,又加置起居郎二员,职与舍人同。每天子临轩,侍立于玉阶之下,郎居其左,舍人居其右〔九〕。人主有命,则逼阶延首而听之,退而编录,以为起居注。龙朔中,改名左史、右史。今上即位,仍从国初之号焉〔一〇〕。高祖、太宗时,有令狐德棻〔一一〕、吕才〔一二〕、萧钧〔一三〕、褚遂良〔一四〕、上官仪〔一五〕;高宗、则天时,有李安期〔一六〕、顾胤〔一七〕、高智周〔一八〕、张大素〔一九〕、凌季友〔二〇〕,斯并当时得名,朝廷所属也〔二一〕。夫起居注者,编次甲子之书,至于策命、章奏、封拜、薨免,莫不随事记录,言惟详审。凡欲撰帝纪者,皆称之以成功〔二二〕。今为载笔之别曹,立言之贰职。故略述其事,附于斯篇。其十一条。

〔一〕《晋令》:浦注:"书名。"按《隋志》史部旧事篇类序云:"晋初甲令已下至九百余卷,晋武帝命车骑将军贾充博引群儒,删采其要。其余不足经远者为法令,施行制度者为令,各还其官府。搢绅之士,撰而录之,遂成篇卷,然亦随代遗失。"又《隋志》及《两唐志》"刑法类"均著录"《晋令》四十卷",《旧唐志》注有"贾充等撰"。

〔二〕著作郎掌起居集注:《隋书·百官志上》:"秘书省置著作郎一人,佐郎八人,掌国史集注起居。"又《晋书·职官志》:"及晋受命,武帝以缪征为中书著作郎。元康二年诏曰：'著作旧属中书，而秘书既典文籍，今改中书著作为秘书著作。'于是改隶秘书省。后别自置省，而犹隶秘书。著作郎一人，又置佐著作郎八人。"就此两志比勘，著作郎佐人数及其隶属秘书监，乃始自晋惠帝元康二年(292)，则《隋志》所称著作郎职掌，实亦始自晋元康时。又卢《拾补》校"掌起居集注"句云"'集'衍，何删"，孙《札记》亦云"集，衍文"，按《隋志》亦作"集注起居"，有"集"字，惟将"起居"与"集注"两词倒置耳。浦注："汇集而注记之。"浦说是。

〔三〕元魏置起居令史：《魏书·官氏志》："太和中，高祖诏定百官，著于令。"于"秘书著作郎"、"秘书著作佐郎"外置"起居注令史，从第七品上"。

〔四〕校书、正字：《隋书·百官志下》："秘书省校书郎十二人，正字四人。著作曹校书郎、正字各二人。"

〔五〕纳言：《隋书·百官志下》："门下省纳言二人，正三品。"

〔六〕起居舍人：《隋书·百官志下》："炀帝即位，多所改革。十二年，改纳言为侍内。内史省加置起居舍人，员二人，从六品。""闲"与"娴"通。又《册府元龟》卷五百五十四《国史部·总序》："隋复置著作郎一人，佐郎八人，隶秘书省，掌国史，集注起居。炀帝置起居舍人二员，隶内史省。"注："以古有内史、外史，今著作如外史，遂置起居官，以掌其内焉。"

〔七〕本注：《隋书·文学·庾自直传》："自直，颍川人也。大业初，授著作佐郎。后以本官知起居舍人事。"《旧唐书·姚思廉传》："炀帝又令与起居舍人崔祖濬修《区宇图志》。"按"祖濬"，原误乙作"濬祖"。《旧唐书·虞世南传》："世南,字伯施。隋内史侍郎世基弟。大业初,累授秘书郎,迁起居舍人。”《旧唐书·文苑上·蔡允恭传》:“允恭,江陵人,仕隋历著作佐郎,起居舍人。”浦注:“隋代起居之职,则始无正员,至炀帝乃始专置。”

〔八〕皇家因之:原作“唐氏因之”,鼎本、黄本、郭本同,何义门批校本“唐氏”旁墨批“皇家”两字。卢《拾补》云:“当作‘皇家’。案《因习》上篇云:‘著鲁史者,不谓其邦为鲁国,撰周书者,不呼其上曰周王。’则知刘氏必不自违其言明矣。书中凡‘唐朝’、‘唐氏’皆后人所妄改无疑。观后卷中,多称‘皇朝’。”《通释》已改,孙《札记》亦校改,今改正。但周星诒校云“宋本亦作‘唐氏’”,则此篇记注,或写于武周时,撰述定稿,未及改正欤?并志存疑。又《旧唐书·职官志序》云:“高祖发迹太原,官名称位,皆依隋旧。”《新唐书·百官志序》亦云:“唐之官制,其名号禄秩,虽因时增损,而大抵皆沿隋故。”

〔九〕郎居其左,舍人居其右:《新唐书·百官志》:“门下省,起居郎二人,从六品上,掌录天子起居法度。天子御正殿,则郎居左,舍人居右,有命俯陛以听,退而书之,季终以授史官。每仗下议政事,起居郎一人执笔记录于前,史官随之。其后复置起居舍人,分侍左右。起居舍人本记言之职,唯编诏书,不及它事。”又《旧唐书·职官志》则明确指出:“起居郎掌起居注。注云:‘贞观二年,置起居郎二员。明庆中,又置起居舍人。始与起居郎分在左右。’”按明庆即高宗显庆年号,以避中宗李显讳,改显为明。又《册府元龟》卷五百五十四《国史部·总序》:“唐高祖武德初,因旧制,史官隶秘书省著作局,置郎二人,佐郎四人。太宗贞观初，省起居舍人，改置起居郎二人，隶门下省。三年，别置史馆于禁中，专掌国史，以他官兼领，卑品有才，亦以直馆，命宰臣监修，隶门下省，而著作局始罢领史职。是年，又于中书置秘书内省，以修五代史。高宗显庆二年，置起居舍人二员，隶中书省，分掌左右。龙朔二年，改郎为左史，舍人为右史。咸亨元年，复旧。武后天授二年，又为左右史。长寿二年，始修时政纪。"陈《补释》引《唐六典》作注，略同《旧唐志》，不具录。

〔一〇〕仍从国初之号：陈《补释》引《唐六典》："龙朔三年改为左右史，咸亨元年复旧。天授元年，又为左右史，神龙初复旧。"陈按曰："是《史通》今上即位，谓中宗。而中间略去咸亨复旧及天授再改事。"

〔一一〕令狐德棻：《旧唐书·令狐德棻传》："德棻，宜州华原人。博涉文史，早知名。高祖入关，引直记室。武德元年，转起居舍人，甚见亲待。贞观三年，太宗复令德棻与岑文本修周史，仍总知类会梁、陈、齐、隋诸史。暮年尤勤于著述，国家凡有修撰，无不参预。"

〔一二〕吕才：《旧唐书·吕才传》："才，博州清平人。少好学，善阴阳方伎之书，王珪、魏征盛称才学术之妙。太宗征才，令直弘文馆，又令才造《方域图》及《教飞骑战阵图》，皆称旨，擢授太常丞。龙朔中，为太子司更大夫。唐麟德二年卒，著《隋记》二十卷，行于时。"

〔一三〕萧钧：《旧唐书·萧瑀传附兄子钧传》："钧，珣之子也。博学有才望。贞观中，累除中书舍人。甚为房玄龄、魏征所重。永徽二年，历迁谏议大夫，兼弘文馆学士，寻为太子率更令，兼崇贤馆学士。"

〔一四〕褚遂良:《旧唐书·褚遂良传》:"遂良,亮之子。贞观十年,自秘书郎迁起居郎。遂良博涉文史,尤工隶书。迁谏议大夫,兼知起居事。太宗尝问:'卿知起居,记录何事,大抵人君得观之否?'遂良对曰:'今之起居,古左右史,书人君言事,且记善恶,以为鉴戒,庶几人主不为非法,不闻帝王躬自观史。'太宗曰:'朕有不善,卿必记之耶?'遂良曰:'守道不如守官。臣职当载笔,君举必记。'黄门侍郎刘洎曰:'设令遂良不记,天下亦记之矣。'太宗以为然。永徽三年,拜吏部尚书,同中书门下三品,监修国史。"

〔一五〕上官仪:《旧唐书·上官仪传》:"仪本陕人,家于江都,私度为沙门。涉猎经史,善属文。举进士,太宗闻其名,召授弘文馆直学士,累迁秘书郎。俄又预撰《晋书》成,转起居郎。仪本以词彩自达,工于五言诗,以绮错婉媚为本。当时多有效其体者,时人谓为上官体。"

〔一六〕李安期:《旧唐书·李百药传附子安期传》:"安期,贞观初,累转符玺郎,预修《晋书》成。永徽中,迁中书舍人。又与李义府等于武德殿内修书,前后三为选部,颇为当时所称。自德林至安期,三世皆掌制诰。"按德林乃安期之祖父,另有专传。

〔一七〕顾胤:《旧唐书·令狐德棻传附顾胤传》:"胤,吴人。永徽中,历迁起居郎,兼修国史,撰《太宗实录》二十卷成,授弘文馆学士。撰武德、贞观两朝国史八十卷,《汉书古今集》二十卷,行于代。"

〔一八〕高智周:《旧唐书·良吏·高智周传》:"智周,常州晋陵人。举进士,寻授秘书郎,弘文馆直学士。迁兰台大夫,以儒学授为侍读。咸亨二年,召拜正谏大夫,寻迁黄门侍郎、同中书门下三品,兼修国史。”

〔一九〕张大素:历任东台舍人,兼修国史。见《言语》篇注。

〔二〇〕凌季友:《通释》:“季友无传。”

〔二一〕朝廷所属也:蜀本、陆本、鼎本、郭本、黄本同。《通释》“属”字下有“者”字,注:“一无‘者’字。”卢《拾补》:“宋有。”孙《札记》:“‘属’字下有‘者’字。”

〔二二〕皆称之以成功:鼎本、黄本“称”字作“因”,郭本、《通释》作“称”,但注云:“恐是‘籍’字之讹。王本作‘因’。”卢《拾补》云:“宋‘称’。”按:称,举也。《书·牧誓》:“称尔戈。”疏:“戈短,人执以举之,故言称。”义亦可通。又蜀本、陆本、郭本句末有“命”字,鼎本、黄本作“即”,属下句读。

又按《诗·邶风·静女》之三章,君子取其彤管。夫彤管者,女史记事规诲之所执也〔一〕。古者人君,外朝则有国史,内朝则有女史〔二〕,内之与外,其任皆同。故晋献惑乱,骊姬夜泣〔三〕,床笫之私,房中之事,不得掩焉。楚昭王讌游,“蔡姬许从孤死矣”〔四〕。夫宴私而有书事之册,盖受命者即女史之流乎?至汉武帝时,有《禁中起居注》。明德马皇后撰《明帝起居注》〔五〕。凡斯著述,似出宫中,求其职司,未闻位号。隋世王邵上疏〔六〕,请依古法,复置女史之班,具录内仪,付于外省〔七〕。文帝不许,遂不施行〔八〕。

大抵自古史官,其沿革废置如此。夫仲尼修《春秋》,公羊高作传。汉、魏之陆贾、鱼豢,晋、宋之张璠、范晔〔九〕,虽身非史职,而私撰国书。若斯人者,有异于是。故不复详而录之。其十二条。

〔一〕原注:彤管女史所执,《诗·邶风·静女》"静女三章"其第二章云:"静女其娈,贻我彤管。彤管有炜,说怿女美。"毛《传》:"古者后夫人,必有女史彤管之法。"郑笺:"彤管,笔赤管也。"又《左》定九年《传》:"《静女》之三章,取彤管焉。"注:"彤管,女史记事规诲之所执。"又"邶"字,原误作"邲",蜀本、陆本、鼎本、郭本、黄本同,卢《拾补》校云:"宋'鄁'。"孙《札记》校改"邶",《通释》作"邶",今据《诗》改作"邶"。

〔二〕外朝、内朝:《礼记·文王之命》:"外朝以官,体异姓也。公族朝于内朝,内亲也。"郑注:"体,犹连结也。"

〔三〕骊姬夜泣:《国语·晋语》:"优施教骊姬夜半而泣,谓(献)公曰:'吾闻申生谓君惑于我,必乱国。盍杀我,无以一妾乱百姓。'公曰:'不可与政,尔勿忧,吾将图之。'"

〔四〕蔡姬许从孤死:《列女传·楚昭越姬》:"昭王讌游,蔡姬在左,越姬参右。王亲乘驷以驰逐。既欢,乃顾谓二姬曰:'乐乎?'蔡姬对曰:'乐。'王曰:'吾愿与子生若此,死又若此。'蔡姬曰:'固愿生俱乐,死同时。'王顾谓史:'书之,蔡姬许从孤死矣。'"又《通释》在"楚昭王讌游"句下增"蔡姬对以其愿,王顾谓史'书之'",并注云:"此十二字旧本无之,必是脱文。无此十二字,不成语矣。"显系臆增。

〔五〕汉武帝、《明帝起居注》:荀悦《申鉴·时事第二》:"先帝故事,有起居注,日用动静之节必书焉。"黄省曾注:"汉时有禁中起居,故明德马皇后自撰显宗起居注。"《西京杂记》葛洪跋亦云:"洪家复有《汉武帝禁中起居注》一卷,《汉武故事》二卷，世人希有之者。今并五卷为一帙，庶免沦没焉。”王应麟《困学纪闻》卷十《地理》以为“《汉禁中起居注》即《西京杂记》所谓葛洪家有《汉武帝禁中起居注》一卷、《汉武故事》二卷”。孙诒让《札迻》卷十一质之云：“此书确为稚川所假托。《汉武帝禁中起居注》、《汉武故事》盖亦同，故《序》并及之。《抱朴子·论仙篇》引《汉禁中起居注》说李少君事，与今本《汉武帝内传》末附《李少君传》略同。”所言甚是。又《文选》卷十四颜延年《赭白马赋》李善注引《汉明帝起居注》“帝向太山，至荥阳，有乌鸣轭”云云。徐坚《初学记》卷二十亦引及，文字略有异同。按自汉武帝“《禁中起居注》”以下至“未闻位号”，与《隋志》“起居注”类目序之文字，大致相同。惟武帝、明帝两起居注，汉隋两志均未著录，正如《隋志》所言“零落不可复知”矣。又《通典》卷二十一《职官三》：“汉武帝有《禁中起居注》，后汉马皇后撰《明帝起居注》，则汉《起居注》似在宫中，为女史之任。又王莽时，置柱下五史，秩如御史，听事侍傍，记其言行，此又起居之职。自魏至晋，起居注则著作掌之。其后起居，皆近侍之臣录记也，录其言行与其勋伐，历代有其职而无其官。后魏始置其起居令史，每行幸宴会，则在御左右，记录帝言及宴宾客训答。后又别置修起居注二人，以他官领之。北齐有起居省。后周有外史，掌书王言及动作之事，以为国志，即起居之职。又有著作二人，掌缀国录，则起居注、著作之任，自此而分也。至隋初，以吏部散官及校书、正字有叙述之才者，掌起居之职，以纳言统之。至炀帝，以为古有内史、外史，今著作如外史矣，宜置起居官，以掌其内，乃于内史省置起居舍人二员，次内史舍人下。(庾自直、崔濬祖、虞南、蔡允恭等皆为此职。)大唐贞观二年,省起居舍人,移其职于门下,置起居郎二人。显庆中,复于中书省置起居舍人,遂与起居郎分掌左右。龙朔二年,改为左右史,(郎为左史,舍人为右史。)咸亨元年复旧。天授元年,又为左右史,神龙初复旧。每皇帝御殿,则对立于殿,(左郎,右舍人矣。)有命则临陛俯听,退而书之,以为起居注。凡册命、启奏、封拜、薨免悉载之,史馆得之,以撰述焉。(令狐德棻、吕才、萧钧、褚遂良、上官仪、李安期、顾胤、高智周、张大素、凌季友等并为起居,皆有名实者。)"

〔六〕王邵上疏:王邵事见《隋书》及《北史》本传,已见前注,疏文本传未载。

〔七〕本注:女史录内付外,《周礼·天官》:"女史八人,书内令。"又《春官》:"凡内事有达于外官者,世妇掌之。"世妇下有女史二人。

〔八〕遂不施行:孙《札记》:"'施行'下,冯评'疑有佚文'。"

〔九〕陆贾、鱼豢、张璠、范晔:四人皆未任史职,而各私撰有史书,已见前注。

夫为史之道,其流有二。何者?书事记言,出自当时之简;勒成删定,归于后来之笔。然则当时草创者,资乎博闻实录,若董狐、南史是也;后来经始者,贵于隽识通才,若班固、陈寿是也。必论其事业,前后不同。然相须而成,其归一揆。其十三条。

观夫周秦已往,史官之取人,其详不可得而闻也。至于汉魏已降，则可得而言。然多窃虚号，有声无实。按刘、曹二史，皆当代所撰，能成其事者，盖唯刘珍、蔡邕、王沉、鱼豢之徒耳〔一〕。而旧史载其同作，非止一家，如王逸、阮籍亦预其列。且叔师研寻章句，儒生之腐者也〔二〕，嗣宗沉湎麴蘖，酒徒之狂者也〔三〕，斯岂能错综时事〔四〕，裁成国典乎？而近代趋竞之士，尤喜居于史职。至于措辞下笔者，十无一二焉。既而书成缮写，则署名同献；爵赏既行，则攘袂争受。遂使是非无准，真伪相杂，生则厚诬当时，死则致惑来代。而书之谱传，以为美谈〔五〕，载之碑碣，增其壮观。既而自历行事，称其所长，则云某代著某书，某年成某史，加封若干户，获赐若干段，诸如此类，往往而有。遂使读者皆以为名实相符，功赏相副〔六〕。昔魏帝有舜禹之事〔七〕，吾知之矣，此则效欤〔八〕？其十四条。

〔一〕刘珍、蔡邕、王沉、鱼豢：四人事迹俱见前。《后汉书·文苑·刘珍传》："永初中，邓太后诏珍与校书刘騊駼、马融及《五经》博士校定东观《五经》、诸子传记、百家艺术。永宁元年，太后又诏珍与騊駼作建武已来名臣传。"《隋志》："《东观汉记》一百四十三卷，刘珍等撰。"又《蔡邕传》："邕前在东观，与卢植、韩说等撰补《后汉记》，会遭事流离，不及得成。因上书自陈，奏其所著十意。"又"其撰集汉事，未见录以继后史，适作《灵纪》及十意，又补诸列传四十二篇"。《晋书·王沈传》："正元中，典著作，与荀顗、阮籍共撰《魏书》，多为时讳。"其《魏书》，见《隋志》著录，又"《典略》八十九卷，魏郎中鱼豢撰"，其中《魏略》五十卷，《典略》三十九卷。

〔二〕本注：王逸腐儒，《后汉书·文苑·王逸传》："逸，字叔师，元初中为校书郎，著《楚辞章句》，行于世。子延寿，字文考，作《鲁灵光殿赋》。后蔡邕亦造此赋，未成，及见延寿所为，遂辍翰而已。文考死年二十余。"则王逸与蔡邕同时，邕与人校定诸书，逸亦可能预其列。

〔三〕"嗣宗"二句：《晋书·阮籍传》："籍，字嗣宗。博览群籍，尤好庄、老，嗜酒能啸。当其得意，忽忘形骸，酣饮为常。闻步兵厨营人善酿，有贮酒三百斛，乃求为步兵校尉。"《颜氏家训·勉学》："阮嗣宗沈酒荒迷，乖畏途相诫之譬。"又《晋书·王沈传》："沈与阮籍共撰《魏书》。"

〔四〕错综：浦注："一作'措置'。"蜀本、陆本、鼎本、郭本、黄本作"措置"，卢《拾补》："宋作'错综'。"

〔五〕以为美谈："以"字，《通释》作"借"。卢《拾补》云："宋'借'。"蜀本、陆本、鼎本、郭本、黄本作"以"，孙《札记》亦校改为"借"。杨《通释补》引《公羊》闵二年《传》："鲁人至今以为美谈。"兹据传文仍作"以"。

〔六〕"既而自历行事"至"功赏相副"：浦注云："此段一本作夹注，一本作正文。若作正文，其文复沓无理。作夹注者亦误。细玩之，盖是初本如此，失于涂汰，编书者混缀其间，实乃羡文。"卢《拾补》："宋作小注，此乃'既而书成缮写'以下一段之异本也。当是后人系此下，不当入正文。"蜀本、陆本、鼎本、郭本、黄本均作正文。孙《札记》亦云："'既而'至'相副'五十五字，邓(正闇)本云：'抄本小字夹注。'"并志备考。

〔七〕舜禹之事：《三国志·魏书·文帝纪》"王升坛即阼"裴注

引《魏氏春秋》曰:“帝升坛礼毕,顾谓群臣曰:‘舜禹之事,吾知之矣。’”鼎本误脱“禹”字,孙《札记》校补。蜀本、陆本、郭本、黄本均作“舜禹”,又“舜禹”字上,浦注“脱‘言’字”,并径改为“昔魏帝有言”。鼎本作“昔魏帝曰”。

〔八〕此则效欤:“则”字,《通释》作“其”,注:“旧作‘则’。”蜀本、陆本、鼎本、郭本、黄本亦作“则”。又《评释》郭孔延按语云:“末四句,疑有脱漏。”

史通卷之十二　外篇

古今正史第二总十八条〔一〕

【解　题】

正史之名，最早见于梁阮孝绪之《正史削繁》。其书虽已失传，然就阮氏《七录·纪传录》考之，一曰国史，七曰伪史，伪史既别为一部，则其所谓正史，盖即“国史”，国史实兼包纪传、编年两种史体。《隋志》因承《七录》，勒为四部，史部首列正史，继以古史（即编年）、杂史、霸史等目。自是以后，正史遂为纪传史之专称。公私书目，除《明史·艺文志》在正史类下，自注“编年在内”外，多依《隋志》之旧。且自唐以后，正史几悉为官修或局修，其体制益尊，而内容曲讳舛谬，亦益多矣。

此篇撰于官修《隋志》成书以后，仍依《七录》合纪传、编年为正史，并及《十六国春秋》，不顾《隋志》列崔书于霸史，斯又大异于阮《录》、《隋志》。由此可见，知幾治史，固极重视探赜、溯源，然绝非依傍前人苟趋时尚之士，此其所以能卓然屹立也。

此篇论述之范围,篇末明白说“自古史臣撰录”之梗概,而“偏记小说,不暇具论”。吕《评》谓“此篇即本《六家》、《二体》两篇,将历代可称为正史者逐一叙述也。所举者不越《二体》之外”,确切地说,应该是不越《六家》之外,但其侧重点亦有所不同。《六家》按体例以寻各家之流,惟左、班二体行于后世。此篇则按时序历述古今正史,并分溯其源。如《六家·尚书家》只说“其先出于太古,书之所起远矣”,《二体》开篇,也只说“书有典坟”。此篇首列三坟、五典为一条,是远溯史书之起源。而此条首引《易·系辞》“结绳以理”开篇,是溯文字起源,盖必先有文字而后有史籍,纪氏削去此开篇数语,是昧于知幾重在溯源之旨趣。后此各条,亦莫不以溯源为主。如“说《史记》”,则自春秋时国自有史,历举《国语》、《世本》、《国策》、《楚汉春秋》至司马谈欲“错综古今,勒成一史”,而后始及迁《史》之编制及流传,末及谯周《古史考》,盖录其志在纠《史记》之谬也。与《六家》严格区别史体,并评述仿效此体诸书不同。又如,“说《宋书》”末云“裴《略》为上,沈《书》次之”,并以“说《十六国春秋》”为一条,是将编年与伪史,视同正史矣。

金毓黼先生《中国史学史》一书说:“外篇之首,冠以《史官建置》、《古今正史》二篇,古代之史家,即为史官,而史籍之精者,悉为正史。子玄取古代之史官,及隋、唐以往之正史,序而列之,以明源流所自。编述必出于史官,文籍悉归于正史。”此语甚谛。盖《史通》一书,实乃当时较完备之史学史,而《史官》、《正史》两篇,复粗具其崖略,金著隋唐以前部分,盖多取资于此。惟其据内篇之首,说“自古帝王编述文籍,外篇言之备矣”,即依《四库提要》断为“此二篇之撰在前”,则未必尽然。不仅《史官》篇有“别有《曲笔》篇言之详矣”，可反证内篇有先于外篇者，就《史通》全书体裁看，《六家》、《二体》启后此分论史体、史例、史义、史法之端绪，《史官》、《正史》乃隋唐以往编述史籍之总结。撰述有先后，编定时必尚费一番整齐、增删功夫。其调整容有未安，取舍或有未尽，据此即断定外篇为内篇记注之资料，亦不符事实。

是篇又在“说《隋书》”中，首谓“王邵为书八十卷，以类相从，定其篇目。至于编年、纪传，并阙其体”。王邵《隋书》，今已失传，《隋志》著录于杂史类，知幾当及见其书。《隋书·邵传》虽亦云是书“以类相从，为其题目”，但却贬抑其“辞义繁杂，无足称者”。知幾削其贬辞，明确其非编年、纪传史体，肯定其“以类定目”，乃史体之新创，为后来纪事本末体之出现导夫先路。

《易》曰：“上古结绳以理，后世圣人易之以书契。”〔二〕儒者云：“伏牺氏始画八卦，造书契，以代结绳之政，由是文籍生焉。”又曰：“伏牺、神农、黄帝之书，谓之三坟，言大道也。少昊、颛顼、高辛、唐、虞之书，谓之五典，言常道也。”〔三〕《春秋传》载楚左史能读三坟、五典〔四〕。《礼记》曰：“外史掌三皇五帝之书。”〔五〕由斯而言，则坟典文义，三五典策〔六〕，至于春秋之时，犹大行于世。爰及后世〔七〕，其书不传，惟唐、虞已降，可得言者。然自尧而往，圣贤犹述，求其一二，仿佛存焉。而后来诸子，广造奇说〔八〕，其语不经，其书非圣。故马迁有言：“神农已前，吾不知矣。”〔九〕班固亦曰：“颛顼之事，未可明也。”〔一〇〕斯则坟典所记，无得而称者焉。

右说三坟五典〔一一〕。

〔一〕总十八条：各本均同。《通释》删去，注云："按之不合，削之。"

〔二〕"《易》曰"数句：引文见《易·系辞下》。以理，《论衡》引作"以治"，南宋抚州本及越刊八行注疏本作"而治"。

〔三〕"儒者云"及"又曰"两段引文：全文引自《尚书》伪孔《传》序。又"儒"字下，浦注云："疑当作'传'，盖指注经者。"按起句"伏牺氏始画八卦，造书契"，虽亦见于《易·系辞下》，但为免误为"易传"，仍以原文"儒者"为是。

〔四〕《春秋传》载：《春秋传》引文，见《春秋》左昭十二年《传》，伪孔《传》序亦引有此文，全文已见前注。

〔五〕《礼记》曰：《礼记》引文，见《周礼·春官》，原文为"外史掌书外令，掌四方之志，掌三皇五帝之书"，知幾应是节引此句。"《礼记》曰"，应作"《周礼》曰"。

〔六〕典策：蜀本、陆本、鼎本、郭本、黄本同。《通释》改"典"为"史"，注："一作'典'。"卢《拾补》在"典"字下校云"宋'史'"。孙《札记》校作"史册。邓本同"。

〔七〕后世：蜀本、陆本、鼎本、郭本、黄本同。《通释》改"世"作"古"。

〔八〕"自尧而往"至"广造奇说"：尧以前三皇五帝之文，虽见于《周官》，但《周官》乃后人所撰，三皇五帝之名，盖起于战国以后。《史记·秦始皇本纪》："博士议曰：'古有天皇、地皇、泰皇。'"郑康成则以女娲、伏牺、神农为三皇，谯周《古史考》复易女娲为燧人，司马贞遂据以补《三皇本纪》。

《大戴记·五帝德》以黄帝、颛顼、帝喾、尧、舜为五帝，《史记》因之作《五帝本纪》。而皇甫谧《帝王世纪》既云"天地开辟有天皇氏、地皇氏、人皇氏"，又谓"伏牺、神农、黄帝为三皇，少昊、高阳、高辛、唐、虞为五帝"，故知幾谓为"广造奇说"也。

〔九〕马迁有言：引文见《史记·货殖列传序》。

〔一〇〕班固亦曰：引文见《汉书·司马迁传赞》。

〔一一〕右说三坟五典：蜀本、陆本、鼎本、郭本同，黄本前有"三坟五典"一行，《通释》删，后此"右说《尚书》"等均删去。卢《拾补》云："宋题如此。无前'三坟五典'一行，后仿此。"

尧舜相承，已见坟典。周监二代〔一〕，各有书籍。至孔子讨论其义，删为《尚书》。始自唐尧，下终秦缪，其言百篇，而各为之序〔二〕。属秦为不道，坑儒禁学〔三〕。孔子之末孙曰孔惠，壁藏其书〔四〕。汉室龙兴，旁求儒雅，闻故秦博士伏胜，能传其业〔五〕，诏太常使掌固晁错受焉〔六〕。时伏生年且百岁，言不可晓，口授其书，才二十九篇。自是传其学者，有欧阳氏、大小夏侯〔七〕。宣帝时，复有河内女子，得《泰誓》一篇〔八〕，献之，与伏生所诵合三十篇，行之于世。其篇所载年月，不与序相符会，又与《左传》、《国语》、《孟子》所引《泰誓》不同，故汉、魏诸儒，谓马融、郑玄、王肃也。咸疑其谬〔九〕。

《古文尚书》者，即孔惠之所藏，科斗之文字也。鲁恭坏孔子旧宅〔一〇〕，始得之于壁中。博士孔安国以校伏生所诵，增多二十五篇，更以隶古字写之[一一]，编为四十六卷。司马屡采其事，故迁多有古说[一二]，安国又受诏为之训传[一三]。值武帝末，巫蛊事起，经籍道息，不获奏上，藏诸私家。刘向取校欧阳、大小夏侯三家经文，脱误甚众[一四]。至于后汉，孔氏之本遂绝，其有见于经典者，诸儒皆谓之逸书。马融、郑玄、杜预也。王肃亦注《今文尚书》[一五]，而大与古文孔《传》相类。或肃私见其本，而独秘之乎？

晋元帝时，豫章内史梅赜[一六]，始以孔《传》奏上，而缺《舜典》一篇。乃取肃之《尧典》，从"慎徽"以下，分为《舜典》以续之。自是欧阳、大小夏侯家等学，马融、郑玄、王肃诸注废，而古文孔《传》独行，列于学官，永为世范。

齐建武中，吴兴人姚方兴，采马、王之义，以造《孔传·舜典》，云于大航购得[一七]，诣阙以献。举朝集议，咸以为非。梁武帝时为博士议曰，孔叙称伏生误合五篇，盖文句相连，所以或合。《舜典》必有"曰若稽古"，伏生虽云昏耄，何容由是遂不见用也[一八]。及江陵版荡，其文入北，中原学者，得而异之。隋学士刘炫遂取此一篇[一九]，列诸本第。故今人所习《尚书·舜典》，元出于姚氏者焉。

右说《尚书》[二〇]。

〔一〕周监二代：《论语·八佾》："周监于二代，郁郁乎文哉。"朱注："二代，夏、商也。郁郁，文盛貌。"

〔二〕百篇、为之序：《尚书》伪孔《序》："孔子讨论坟典，断自唐、虞，以下讫于周，芟夷烦乱，剪截浮辞，举其宏纲，撮其机要，足以垂世立教，典、谟、训、诰、誓、命之文，凡百篇。"《史记·孔子世家》:"孔子序《书》传,上纪唐、虞之际,下至秦缪,编次其事。"《汉志·六艺略》"书"类序:"《书》之所起远矣。孔子纂焉,上断于尧,下讫于秦,凡百篇而为之序。"参看《六家》篇《尚书》家注。

〔三〕坑儒禁学:《尚书》伪孔《序》:"秦始皇灭先代典籍,焚书坑儒。天下学士,逃难解散。"《汉志·六艺略》"书"类序:"秦燔书禁学。"

〔四〕孔惠、壁藏:《隋志》经部"书"类序:"汉武帝时鲁恭王坏孔子旧宅,得其末孙惠所藏之书,字皆古文。"而《汉志》颜师古注引《家语》云:"孔腾,字子襄。藏《尚书》于夫子旧堂壁中。"又引《汉记·尹敏传》云"孔鲋所藏",与《隋志》、《史通》所说不同。按《史记·孔子世家》述孔子后裔至安国,有"鲋弟子襄",未载孔惠之名。

〔五〕伏胜能传其业:《史记·儒林传》:"伏生者,济南人也,故为秦博士。能治《尚书》,文帝欲召之。时伏生年九十余,老不能行,乃诏太常使掌固朝错往受之。秦时焚书,伏生壁藏之。汉定,伏生求其书,亡数十篇,独得二十九篇。"《集解》引张晏曰:"伏生,名胜。伏氏碑云。"又纪《评》云:"伏生名始见于《晋书·伏滔传》。"陈《补释》:"《后汉书·伏湛传》即云'九世祖胜'。"

〔六〕掌固:"固"字,蜀本、陆本、鼎本、黄本、郭本及《通释》均作"故",今本《史》、《汉》亦均作"故"。卢《拾补》云:"宋'固'。案:固、故通,李善注《文选·两都赋》,正作'掌固',亦见《唐六典》注。"按《唐六典》:"尚书省有掌固十四人。"《旧唐书·职官志》尚书省六部亦分置有"掌固",《周礼·夏官》亦有"掌固",其职虽殊,其称则一,兹仍旧作

"固"。

〔七〕欧阳、大小夏侯:《后汉书·儒林·孙期传》:"济南伏生传《尚书》,授济南张生及千乘欧阳生。欧阳生授同郡兒宽,宽授欧阳生之子,世世相传。至曾孙欧阳高,为《尚书》欧阳氏学。张生授夏侯都尉,都尉授族子始昌,始昌传族子胜,为大夏侯氏学。胜传从兄子建,建别为小夏侯氏学。三家皆立博士。"

〔八〕河内女子得《泰誓》:《通释》引《隋志》:"河内女子得《泰誓》一篇献之。"陈《补释》云:"当引《论衡·正说篇》,但《论衡》言'益一篇'。"案《正说篇》原文云:"至孝宣皇帝之时,河内女子发老屋,得逸《易》、《礼》、《尚书》各一篇,奏之。宣帝下示博士,而《尚书》二十九篇始定矣。"既未指明《泰誓》篇名,"二十九篇始定",与《史通》"合三十篇行之"亦有牴牾。而《隋志》指实其所得为《泰誓》篇,与《史通》相符。

〔九〕咸疑其谬:杨《通释补》引陆德明《经典释文·序录》:"然《泰誓》年月,不与序相应,又不与《左传》、《国语》、《孟子》众书所引《泰誓》同,马、郑、王肃诸儒皆疑之。"

〔一〇〕鲁恭:《汉书·景十三王传》:"孝景皇帝程姬生鲁共王余。恭王初好治宫室,坏孔子旧宅,以广其宫。于其壁中得古文经传。"又"鲁恭"二字,蜀本、陆本、黄本同,鼎本、郭本、《通释》均作"鲁恭王"。

〔一一〕隶古字:郭本、黄本同,鼎本作"古文字",《通释》亦作"隶古字",但释云:"孔《序》作'隶古定'。阎若璩按:隶古定是一行科斗书,一行真书。孔颖达所谓'就古文体,从隶定之。存古为可慕,隶文为可识'也。"按孔《序》原文为:

"考论文义,定其可知者,为隶古定。更以竹简写之,增多伏生二十五篇。"

〔一二〕司马屡采其事,故迁多有古说:蜀本、陆本、鼎本、郭本、黄本同。《通释》作"司马迁屡访其事,故多有古说"。卢《拾补》校"采"字云"宋'访'",孙《札记》从卢校。又《汉书·儒林·孔安国传》:"孔氏有古文《尚书》,孔安国以今文字读之。因以起其家逸书,得十余篇。遭巫蛊,未立于学官。安国为谏大夫,司马迁亦从安国问故。迁书载《尧典》、《禹贡》、《洪范》、《微子》、《金縢》诸篇,多古文说。"

〔一三〕为之训传:《尚书》伪孔《序》:"(安国)承诏为五十九篇作传。于是遂研精覃思,博考经籍,采摭群言,以立训传。"

〔一四〕脱误甚众:杨《通释补》引《汉志·书类序》云:"刘向以中古文校欧阳、大小夏侯三家经文,《酒诰》脱简一,《召诰》脱简二,率简二十五字者,脱亦二十五字;简二十二字,脱亦二十二字。文字异者七百有余,脱字数十。"

〔一五〕王肃亦注《今文尚书》:杨《通释补》引《经典释文·序录》:"王肃亦注今文,而解大与古文相类,或肃私见孔《传》而秘之乎?"按《旧唐书·经籍志》著录"《古文尚书》十卷,王肃注"。孔颖达《春秋左传正义》:"王肃注《尚书》,其言多是孔《传》,疑肃见古文,匿之而不言也。"《尚书正义》孔《疏》亦云:"晋世王肃注《书》,始似窃见孔《传》,故注乱其纪纲为夏太康时。"阎若璩《尚书古文疏证》卷二则力辩其非云:"王肃注《书序》,于《汩作》、《九共》九篇,不曰已亡,而曰古逸,似肃曾见古文,但未有注释耳。或肃因马融、郑康成之所逸者亦从而逸之,不必见古文亦未可知。肃魏人,孔《传》出于魏晋之间,后于王肃。

《传》、《注》相同者，乃孔窃王，非王窃孔也。"说亦可参。

〔一六〕梅赜：《世说新语·方正》篇："梅赜尝有惠于陶公(侃)，后为豫章太守。"刘孝标注引《晋诸公赞》曰："颐，字仲真，汝南西平人。"又《隋志》"书"类序："至东晋豫章内史梅赜，始得安国之传，奏之，时又阙《舜典》一篇。"按"颐""赜"形近，何者为是，有待再考。

〔一七〕云于大航购得：《隋志》"书"类序："齐建武中，吴姚兴方于大桁市得其书，奏上，比马、郑所注，多二十八字，于是始列国学。"事与《史通》相合，惟"方兴"作"兴方"、"大航"作"大桁"、"举朝咸以为非"作"始列国学"。又郭氏《评释》："孔安国序云'伏生以《舜典》合于《尧典》'，孔颖达云'张霸之徒伪作《舜典》'，姚方兴所得古文孔传《舜典》止'乃命以位'二十八字，自'慎徽五典'以下，固具于伏生书也。《史通》谓今人所习《尚书·舜典》元出于姚，似《舜典》一篇尽出于姚，则未确也。"说或可参。

〔一八〕"梁武帝"至"遂不见用也"：《通释》在"何容"两字下加"□□"，示有脱文，又按云："误合五篇者。孔《序》云：'伏生以《舜典》合于《尧典》，《益稷》合于《皋陶谟》，《盘庚》三篇合为一，《康王之诰》合于《顾命》也。'"卢《拾补》："'或合'，宋作'致误'。又'何容'下有'合之'二字。"与《经典释文·序录》文字相合，而《释文》刻本虽多，并未见异文，似可从。孙《札记》亦校云："'容'字下，张本有'合之'二字。"按"或合"二字，蜀本、陆本作"或令"，王本作"合今"，《通释》作"成合"，盖辗转传抄或刊刻，遂各有不同之形近异文也。而何义门批校本手墨旁批径改作"致误"，即本于卢氏或《经典释文》乎？予所见象本亦误

"合"作"令",已据郭本、黄本改。又据《经典释文》,知"何容"下脱"合之"二字,孙校当有据,蜀本、陆本、郭本、黄本与鼎本均脱此二字,与予所见万历五年张之象原刻本相同。

〔一九〕刘炫:事见《核才》篇注。《隋书》本传:"炫自为状曰:'《周礼》、《毛诗》、《尚书》、《公羊》、《左传》等十三家,虽义有精粗,并堪讲授。'著《尚书述议》二十卷(等)。"又郭氏《评释》:"刘炫仕隋不达,官终太常博士,未为学士。"王鸣盛《尚书后案》:"方兴所献,梁主既黜其谬,举朝咸以为非,废已久矣。妄一刘炫,擅取列之,专辄之罪,已无可逭。"虽斥之太过,说仍可参。

〔二〇〕右说《尚书》:《通释》:此节所述,内篇中多已散见,合取《汉书·艺文志》、《儒林传》及《隋书·经籍志》并孔安国《尚书序》、孔颖达《舜典》疏互证之,则其文皆具矣。

当周室微弱,诸侯力争。孔子应聘不遇,自卫而归,乃与鲁君子左丘明观书于太史氏,因鲁史记而作《春秋》。上遵周公遗制,下明将来之法,自隐及哀,尽十二公行事。经成以授弟子,弟子退而异言。丘明恐失其真,故论本事而为传,明夫子不以空言说经也。《春秋》所贬当世君臣,其事实皆形于传。故隐其书而不宣,所以免时难也〔一〕。

及末世口说流行,故有《公羊》、《穀梁》、《邹》、《夹》之传。邹氏无师,夹氏有录无书〔二〕,故不显于世。

汉兴,董仲舒、公孙弘并治《公羊》〔三〕,其传习者有严、颜二家之学〔四〕。宣帝即位,闻卫太子私好《穀梁》,乃召名儒蔡千秋、萧望之等大议殿中,因置博士〔五〕。

平帝初,立《左氏》〔六〕。逮于后汉,儒者数廷毁之。会博士李封卒〔七〕,遂不复补。一作用。至和帝元兴十一年,郑兴父子奏请重立于学官〔八〕。至魏、晋,其书渐行,而二传亦废。今所用《左氏》本,即杜预所注者〔九〕。

右说《春秋》。

〔一〕所以免时难也:此段全文节引自《汉志》之《春秋》类序。原序略云:"周室既微,仲尼以鲁周公之国,史官有法,故与左丘明观其史记,据行事,仍人道,因兴以立功,败以成罚,假日月以定历数,藉朝聘以正礼乐,有所褒讳贬损,不可书见,口授弟子。弟子退而异言,丘明恐弟子各安其意,以失其真,故论本事而作传,明夫子不以空言说经也。《春秋》所贬损大人,当世君臣,有威权势力,其事实皆形于传。是以隐其书而不宣,所以免时难也。"其中"应聘不遇,自卫而归"两句,见《经典释文·序录》:"孔子应聘不遇,自卫而归。"

〔二〕"末世口说"至"有录无书":亦见《汉志》之《春秋序》云:"及末世口说流行,故有《公羊》、《穀梁》、《邹》、《夹》之传。四家之中,《公羊》、《穀梁》立于学官,邹氏无师,夹氏未有书。"又《汉志》著录:"《公羊传》十一卷。公羊子,齐人。(师古曰:"名高。")""《穀梁传》十一卷。穀梁子,鲁人。(师古曰:"名喜。")""《邹氏传》十一卷。《夹氏传》十一卷,有录无书。(师古曰:"夹音颊。")"

〔三〕董仲舒、公孙弘并治《公羊》:董仲舒事见《二体》篇注。《汉书·公孙弘传》:"弘,菑川薛人。少时为狱吏,年四十余,乃学《春秋》杂说。年六十,以贤良征为博士。上察其习文法吏事,缘饰以儒术,日益亲贵,迁御史大夫,元朔中,为丞相。"《儒林传序》:"汉兴,言《春秋》,于齐则胡毋生,于赵则董仲舒,而公孙弘以治《春秋》为丞相,封侯。"又《胡毋生传》:"毋生,字子都。治《公羊春秋》,与董仲舒同业,公孙弘亦颇受焉。"又《瑕丘江公传》:"瑕丘江公受《穀梁春秋》。武帝使与仲舒议,不如仲舒,而丞相公孙弘本为《公羊》学,比辑其议,卒用董生。由是《公羊》大兴。"

〔四〕严、颜二家之学:"颜"字原作"颖"。卢《拾补》:"宋'颖',非。孙诒穀云:'后汉颖容著《春秋左氏条例》,不得与治《公羊》之严彭祖并称。'"蜀本、陆本、鼎本亦作"颖",郭本、黄本及《通释》改作"颜",孙《札记》亦校改为"颜",今改作"颜"。《汉书·儒林·严彭祖传》:"彭祖,字公子,东海下邳人。与颜安乐俱事眭孟。孟死,彭祖、安乐各专门教授。由是《公羊春秋》有颜、严之学。"又《颜安乐传》:"安乐,字公孙,鲁国薛人,眭孟姊子也。家贫,为学精力,官至齐郡太守丞。"

〔五〕"宣帝"数句:《汉书·儒林·瑕丘江公传》:"武帝诏太子受《公羊春秋》,太子既通,复私问《穀梁》而善之。其后浸微,唯鲁荣广王孙、皓星公二人受焉。沛蔡千秋少君从广受,又事皓星公,为学最笃。宣帝即位,闻卫太子好《穀梁春秋》,以问丞相韦贤(等),言宜兴《穀梁》。时千秋为郎,召见,与《公羊》家并说,上善《穀梁》说,擢千秋为谏大夫给事中,选郎十人从受。乃召《五经》名儒太子太傅萧望之等大议殿中,平《公羊》、《穀梁》同异。待诏刘向、周庆、丁姓并论。望之等十一人各以经谊对,多从《穀梁》。由是

《穀梁》之学大盛，庆、姓皆为博士。”又《萧望之传》：“望之，字长倩，东海兰陵人，徙杜陵。好学，京师诸儒称述焉。”

〔六〕平帝初，立《左氏》：《汉书·儒林传赞》：“平帝时，又立《左氏春秋》。”

〔七〕李封：《后汉书·儒林·谢该传》：“建武中，郑兴、陈元传《春秋左氏》学，时尚书令韩歆上疏，欲为《左氏》立博士，范升与歆争之未决。陈元上书讼《左氏》，遂以魏郡李封为《左氏》博士。后群儒蔽固者，数廷争之。及封卒，光武重违众议，而因不复补。”

〔八〕郑兴父子奏请重立于学官：《后汉书·郑兴传》：“兴，字少赣，河南开封人。少学《公羊春秋》，晚善《左氏传》。天凤中，将门人从刘歆讲正大义，世言《左氏》者多祖兴。子众，字仲师，年十二，从父受《左氏春秋》，永平初，辟司空府。八年，显宗遣众持节使匈奴。建初六年，代邓彪为大司农，其后受诏作《春秋删》十九篇，八年卒官。”按建初乃章帝年号，八年即公元83年，郑兴父子奏，史传及帝纪均失载，惟《史通》系其事于和帝元兴十一年，误。陈《补释》云：“此沿孔颖达《春秋传疏》之误。《困学纪闻》卷六：‘愚尝考和帝元兴止一年，安得有十一年，一误也。郑兴子众，卒于章帝建初八年，不及和帝时，二误也。《释文序录》亦云元兴十一年，皆非。’”按孔颖达《正义》云：“和帝元兴十一年，郑兴父子奏上《左氏》，始得立学，遂行于世。”陈引《困学纪闻》原文，见其“《正义》《左氏》立学语，误”目。

〔九〕杜预所注：见《鉴识》篇注。

又当春秋之世,诸侯国自有史〔一〕。故孔子求众家史记,而得百二十国书〔二〕。如楚之书,郑之志,鲁之春秋,魏之纪年,此其可得言者。左丘明既配经立传,又撰诸异同,号曰《外传国语》二十一篇。斯盖采书、志等文,非唯鲁之史记而已。楚、汉之际,有好事者录自古帝王、公侯、卿大夫之世,终乎秦末〔三〕,号曰《世本》十五篇。春秋之后,七雄并争,秦并诸侯,则有《战国策》三十三篇。汉兴,太中大夫陆贾,纪录时功〔四〕,作《楚汉春秋》九篇。

孝武之世,太史公司马谈欲错综古今,勒成一史,其意未就而卒。子迁乃述父遗志,采《左传》、《国语》,删《世本》、《战国策》,据楚、汉列国时事〔五〕,上自黄帝,下讫麟止〔六〕,作十二本纪、十表、八书、三十世家、七十列传,凡百三十篇,都谓之《史记》,厥协六经异传,整齐百家杂语,藏诸名山,副在京师,以俟后圣君子。至宣帝时,迁外孙杨恽祖述其书〔七〕,遂宣布焉。而十篇未成,有录而已〔八〕。张晏《汉书注》云:十篇,没后亡失。此说非也。元、成之间,褚先生更补其缺〔九〕,作《武帝纪》、《三王世家》、《龟策》、《日者》等传,其《龟策》、《日者》〔一〇〕,辞多鄙陋,非迁本意也。

晋散骑常侍巴西谯周,以迁书周、秦已上,或采家人诸子,不专据正经,于是作《古史考》二十五篇〔一一〕,皆凭旧典,以紏其谬〔一二〕。今则与《史记》并行于代焉。

右说《史记》。

〔一〕诸侯国自有史:自起句至"凡百三十篇",多采班彪"后传"之说,见《后汉书·班彪传》。

〔二〕百二十国书：见《六家》“百国春秋”注。

〔三〕秦末：诸本同，鼎本、郭本作“秦襄”。上文云“楚、汉之际，有好事者录自古帝王、公侯、卿大夫之世”，则似以底本为是。然《杂述》篇云“《世本》辨姓，著自周室”，与“终乎秦襄”之文合。诸书记载《世本》叙事下限，或云春秋，或云楚汉之际，清儒已谓讫于春秋者为古本，终于楚汉之际者为增补本，参见姚振宗《隋书经籍志考证》，文繁不具录。鼎本、郭本异文或有所据，今仍从底本。

〔四〕功：鼎本、郭本作“政”，蜀本、陆本、黄本、《通释》作“功”。浦注：“一作‘政’。”卢《拾补》：“宋不作‘政’。”孙《札记》校改“政”为“功”。“后传”亦作“功”。

〔五〕列国：原脱“国”字，蜀本、陆本、鼎本同，郭本、黄本及《通释》已补，兹据“后传”补入。

〔六〕下迄麟止：“止”字原作“趾”，蜀本、陆本、鼎本、郭本、黄本同。《通释》改“止”，注：“一误作‘趾’。”卢《拾补》校云：“宋‘止’。”孙《札记》校改“止”。“后传”原作“下迄获麟”。

〔七〕杨恽祖述其书：《汉书·杨敞传》：“敞子恽，字子幼。恽母，司马迁女也。恽始读外祖《太史公记》。”又《司马迁传》：“迁既死后，外孙杨恽祖述其书，遂宣布焉。”

〔八〕十篇未成，有录而已：《汉书·迁传》作“而十篇缺，有录无书”，师古注引张晏误述所亡十篇中有兵书。师古曰：“序目本无兵书，张云亡失，此说非也。”故刘奉世又加注“兵书即律书”，则师古云“此说非也”，亦可解为指张列有兵书。然正文“有录而已”，则与《汉书·迁传》一致。程《笺记》具录余嘉锡撰《太史公书亡篇考》总论中申张晏、绌子玄之说者，以驳“有录无书”说。余著见其《论学杂著》上册，考辨甚详,可参看。

〔九〕褚先生:“褚先生”上原衍“会稽”两字。蜀本、陆本、鼎本、郭本、黄本均同,《通释》删“会稽”两字。卢《拾补》:“宋无‘会稽’二字。”孙《札记》云:“‘会稽’,衍文。”按褚名少孙,颍川人。宣帝时寓居沛,故《汉书·儒林·王式传》称“沛褚少孙亦来事式”。“会稽”二字据史传删。

〔一〇〕《武帝纪》:“纪”原作“记”,陆本同,据蜀本、鼎本、郭本、黄本、《通释》改。又“《龟策》、《日者》等传,其《龟策》、《日者》”:蜀本、陆本、鼎本、郭本无“等传其龟策日者”七字,黄本有此七字,《通释》无“其龟策日者”五字,浦在“《龟策》、《日者》等传”句下夹注云:“古本脱‘等’字,今本于‘等传’下有‘其《龟策》、《日者》’五字。”按原文系用《汉书·迁传》注引张晏之辞,颇有脱误,兹仍其旧。

〔一一〕谯周《古史考》:谯周事迹见《模拟》篇注。《晋书·司马彪传》:“初,谯周以司马迁《史记》书周秦以上,或采俗语百家之言,不专据正经,于是作《古史考》二十五篇,皆凭旧典以纠迁之谬误。”此书隋唐《志》均著录,今佚,清章宗源辑录一卷,收入《平津馆丛书》。

〔一二〕以糺其谬:“糺”与“纠”通,鼎本、郭本、黄本均作“糺”,《通释》改“纠”,并注云:“一作‘砉’。”卢《拾补》并注:“一作‘砉’。”蜀本作“袭”,陆本作“砉”。

《史记》所书〔一〕,年止汉武。太初已后,阙而不录。其后刘向、向子歆及诸好事者,若冯商、卫衡、扬雄、史岑、梁审、肆仁、晋冯、段肃、金丹、冯衍、韦融、萧奋、刘恂等,相次撰续[二]，迄于哀平间，犹名《史记》。至建武中，司徒掾班彪，以为其言鄙俗，不足以踵前史，又雄、歆褒美伪新[三]，误后惑众，不当垂之后代者也。于是采其旧事，旁贯异闻，作“后传”六十五篇[四]。其子固以父所撰未尽一家，乃起元高皇，终乎王莽，十有二世，二百三十年。综其行事，上下通洽，为《汉书》纪、表、志、传百篇。其事未毕，会有上书云固私改作《史记》者，有诏京兆收系，悉录家书封上。固弟超诣阙自陈，明帝引见，言固续父所作，不敢改易旧书，帝意乃解。即出固征诣校书，受诏卒业。经二十余载，至章帝建初中乃成[五]。

固后坐窦氏事，卒于洛阳狱[六]。书颇散乱，莫能综理。其妹曹大家叶攻乎反。博学能属文，奉诏校叙[七]。又选高才郎马融等十人，从大家授读。其八表及《天文志》等，犹未克成，多是待诏东观马续所作[八]。而《古今人表》，不类本书[九]。始自汉末，迄乎陈世，为其注解者，凡二十五家[一〇]，至于专门受业[一一]，遂与五经相亚[一二]。

初，汉献帝以固书文烦难省，乃诏侍中荀悦依《左氏传》，删为《汉纪》三十篇。命秘书给纸笔，经五六年乃就。其言简要，亦与本传并行。

右说《汉书》。

〔一〕《史记》所书：自此首句以下，至“作‘后传’六十五篇”一段文字，多采自《后汉书·班彪传》，彪本传云：“司马迁著《史记》，自太初以后，阙而不录。后好事者，颇或缀集时事，然多鄙俗，不足以踵继其书。彪乃继采前史遗事，傍贯异闻,作‘后传’数十篇。”参看《六家·汉书家》原文及注。

〔二〕相次撰续:原文列举刘向等十五人。《通释》:“此十五人并在班史未作之前。今按:向、歆、扬雄自有传,冯商见《艺文志》,史岑见本集《人物》篇,晋冯、段肃见《后汉书·班固传》,冯衍自有传。余七人未详。”按《后汉书·班彪传》李贤注:“好事者,谓扬雄、刘歆、阳城衡、褚少孙、史孝山之徒也。”向、歆及扬雄已见前注。冯商无传,《汉志·六艺略》之《春秋》类著录冯商所续《太史公》七篇。韦昭曰:“冯商受诏续《太史公》十余篇,在班彪《别录》。商,字子高。”师古曰:“《七略》云:商,阳陵人,治《易》,事五鹿充宗。后事刘向,能属文,后与孟柳俱待诏,颇序列传,未卒,病死。”史岑,汉代有两史岑,其一在王莽末,字子孝,其二在莽百年后,字孝山。《人物》篇“史岑”注引《文选》注辨之甚详。此处言续《史记》者,乃莽末字子孝之史岑,李贤注误为“史孝山”。晋冯、段肃,见《后汉书·班固传》:“永平初,东平王苍辅政,固奏记说苍曰:‘京兆祭酒晋冯,结发修身,白首无违,好古乐道,玄默自守。古人之美行,时俗所莫及。弘农功曹史殷肃,达学洽闻,才能绝伦,诵《诗》三百,奉使专对。’”殷肃,李贤注:“《固集》‘殷’作‘段’。”《后汉书·冯衍传》:“衍字敬通,京兆杜陵人,幼有奇才,博通群书。所著赋、诔、铭、说、《问交》、《德诰》、《慎情》五十篇。肃宗甚重其文。”未载续《史记》事。又卫衡,李贤注作“阳城衡”。(殿本作“衡”,一作“卫”,误。)《论衡·超奇篇》:“阳城子长,作《乐经》,扬子云作《太玄经》,彼子长、子云论说之徒。周长生者,文士之雄也,在州为刺史任安举奏,长生之身不尊显,长生死后,无举奏之吏。作《洞历》十篇，上自黄帝，下至汉朝。长生说文辞之伯，独纪录之。”又“长生家在会稽”，孙诒让云：“长生名树，《北堂书钞》引谢承《后汉书》有《周树传》。范成大《吴郡志·人物门》引《史记正义》周树《洞历》云：姓周名术，字元遂，太伯之后。”疑阳城子长即卫衡，阳城其籍里也。又周、卫同姓，衡、术(術)形近，术、树音近，长生疑即阳城子长。程《笺记》就“相次撰续之好事者”，分条笺记，兹将吾注之未及者，分条略录于下：一、关于刘向及其子歆是否撰续《史记》，程引《积微居小学金石文字论丛序》略云：“向、歆之史，即指《新序》、《说苑》、《七略》、《别录》言之，未尝别著一书，名为《续史记》。”又引余氏《四库提要辨证·西京杂记》条云：“向、歆纵尝作史，亦不过成书数篇而已。”又据《隋书经籍志考证》，谓：“向尝续《匈奴传》。”据《汉书·地理志》谓：“刘向撰地理分野，为《地理志》之始基。”又云：“《楚元王世家》，向、歆补之。”按余序见《余嘉锡论学杂著》下册。二、关于冯商：程又据杨树达《汉书所据史料考》，云：《汉书·张汤传赞》注引如淳云：“冯商，长安人，成帝时，以能属书待诏金马门，受诏续《太史公书》十余篇。”又引杨《考》云：“商当有《张汤传》，冯商、扬雄同作《王尊传》。”三、关于卫衡：程据杨《考》云：“《太平御览》八百十五引《新论》‘阳城子张(孙冯翼辑本作长)，名衡’，《通志略》引《风俗通》：‘汉有议大夫阳城公衡。’卫衡与阳城衡殆系一人。”四、关于扬雄：程据杨《考》：“《汉书·扬雄传》云：‘雄之自序云尔。’班采扬雄见于本书者，雄曾作《王尊传》。《论衡·须颂篇》云‘扬子云录宣帝以至哀、平’，子云撰录汉事多矣。”五、关于冯衍：程据杨《考》引《汉书·

冯奉世传》叙冯氏世系百余言，“衍为奉世后人，此正衍自序”。六、关于韦融：程据杨《考》“《汉书·韦贤传》，疑采自融”。七、程以“及诸好事者”为目，又指出续《史》者又有褚少孙，及刘复、贾逵、杨终、傅毅之徒。

〔三〕褒美伪新：原作“伪褒新莽”，黄本同，蜀本、陆本无“莽”字，鼎本、郭本及《通释》均作“褒美伪新”。卢《拾补》则据“伪褒新莽”原文，校改“莽”字云：“宋‘室’。”按扬雄撰有《剧秦美新》，《文选》录入符命类，李善注曰：“子云进不能群戟丹墀，亢辞鲠议，退不能草《玄》虚室，颐性全真，而反露才以耽宠，诡情以怀禄，素餐所刺，何以加焉。”至刘歆《汉书》本传，既载其“王莽篡位，歆为国师”，莽传复载其颂莽“制礼作乐，茂成天功”之褒美之辞，兹据鼎本及史事改为“褒美伪新”。

〔四〕作“后传”六十五篇：程《笺记》：“《论衡·超奇篇》云‘班叔皮续《太史公书》百篇以上’，与《彪传》‘作后传数十篇’（及）本篇有异。”按金毓黻著《中国史学史》注云：“必别有所本，盖知幾所见之《后汉书》，尚有多本也。”

〔五〕“固以父所撰”至“建初中乃成”：节引自《后汉书·班固传》“固以彪所续前史未详”至“至建初中乃成”一段文字。

〔六〕固后坐窦氏事，卒于洛阳狱：《后汉书·班固传》：“永元初，大将军窦宪出征匈奴，以固为中护军，与参议。及窦宪败，固先坐免官。洛阳令种兢捕系固，遂死狱中。”

〔七〕本注：曹大家校叙，《后汉书·列女·曹世叔妻传》：“曹世叔妻，班彪之女，名昭。博学高才。兄固著《汉书》，其‘八表’及《天文志》未及竟而卒。和帝诏昭就东观藏书阁，踵而成之。”

〔八〕马融、马续:《后汉书·马融传》:"融,字季长,博通经籍。著《三传异同说》,注《孝经》、《论语》、《诗》、《易》、三礼、《尚书》(等)。"又《马援兄子严传》:"严七子,唯续、融知名。续,字季则。七岁能通《论语》,十三明《尚书》,十六治《诗》,博观群籍。"又《曹世叔妻传》:"时《汉书》始出,多未能通者。同郡马融伏于阁下,从昭受读。后又诏融兄续,继昭成之。"又《后汉纪》:"班固《汉书》,缺其七表及《天文志》,有录无书,续尽踵而成之。"又"高才郎"之"郎"字,原误作"即",据蜀本、陆本、鼎本、郭本、王本、黄本、《通释》改。

〔九〕不类本书:《通释》此句上有"尤"字,卢《拾补》校有"尤"字,蜀本、陆本、鼎本、郭本、黄本无"尤"字。

〔一〇〕注解者,凡二十五家:"注",原误刊为"主",各本均作"注"。又《通释》引颜师古《汉书叙例》云:"诸家注释,虽见名氏,至于爵里,颇或难知。传无所存,具列如左。"浦按云:"爵里文烦,今但以氏名列之。荀悦、服虔、应劭,并后汉人。伏俨、刘德、郑氏、〔李斐、〕李奇,皆不著代。邓展、文颖、张揖、苏林、如淳、孟康,并魏人。张晏、项昭,皆不著代。韦昭,吴人。晋灼、刘宝、郭璞,蔡谟,并晋人。臣瓒、崔浩,后魏人。以上师古所述,止二十三人。合师古亦止二十四人,其一人不可详矣。"上海古籍出版社一九七八年刊本校勘记云:"'二十三人'原作'二十二人','二十四人'原作'二十三人'。'一人'原作'二人',按《通释》遗漏李斐一人,故所计人数分别予以改正。"陈《补释》云:"荀悦非注解《汉书》之人。今考《汉书叙例》尚有李斐、臣瓒(按《补释》原引有臣瓒),而见于《隋志》者,尚有刘显、夏侯咏、包恺等三家《音》，陆澄、刘孝标、梁元帝之《注》，萧该之《音义》，韦稜之《续训》，姚察之《训纂》、《集解》、《定疑》，项岱之《叙传》，无名氏之《疏》，合师古《叙例》及师古数之，共三十五家。（《唐书》：师古叔父游秦，亦注《汉书》。）宋景祐二年，余靖上言，颜师古总先儒注解名姓可见者二（殿本误作“三”）十五人，齐召南《考证》谓三十五，系二十三传写之讹，是据今本《叙例》二十三人言之。”王鸣盛《十七史商榷》监板用刘之问本条云：“余靖《刊误》，备列先儒姓名二十五人，师古所列二十三人外添师古及张佖也。”然张佖非唐人，不得入数。盖师古所列二十三人，《史通》所见二十五家，或今本《叙例》脱去二家，宋余靖所见，亦曰“二十五”误“三十五”也。按《史通》所云注解《汉书》者二十五家是“始自汉末，迄乎陈世”之注家。颜师古撰《汉书叙例》所列二十三人，始自汉末荀悦，迄乎北魏崔浩，应包括在二十五人之内，其中荀悦虽仅撰有《汉纪》，但据宋祁曰“景祐间，余靖校本注末有‘后人取悦所著书入于注本’十一字”，则以荀悦为《汉书》注家，自必有据，而知幾在《叙例》二十三人外，所增两人，自非生才八岁而陈亡之颜师古。（师古生于陈太建十三年，公元 581 年。）据《新唐书·颜师古传》：“师古叔游秦，武德初，累迁廉州刺史，撰《汉书决疑》，师古多资取其义。”则游秦似为北齐、隋、唐时人。而王鸣盛之《十七史商榷》云“许慎尝注《汉书》，今不传，引自颜注中者尚多，《叙例》不列其名，不知何故”，则许慎、游秦，与陈《补释》所引刘显、韦稜、姚察以上诸人，均可能为《史通》增补两家中之人选，但已难确认孰是矣。

〔一一〕专门受业：《隋志》正史类："唯《史记》、《汉书》，师法相传，并有解释。梁时明《汉书》有刘显、韦稜，陈时有姚察，隋代有包恺、萧该，并为名家。"

〔一二〕与五经相亚：程《笺记》引《晋书·孝友传》："刘殷有七子，五子各授一经，一子授《太史公》，一子授《汉书》。一门之内，七业俱兴。"

在汉中兴，明帝始诏班固与睢阳令陈宗、长陵令尹敏、司隶从事孟冀作《世祖本纪》，并撰功臣及新市、平林、公孙述事作列传、载记二十八篇〔一〕。自是以来，春秋世亦以焕炳〔二〕，而忠臣义士莫之撰勒。于是又诏史官谒者仆射刘珍及谏议大夫李尤，杂作纪表、名臣节士儒林外戚诸传〔三〕，起自建武，讫乎永初。事业垂竟，而珍、尤继卒。复命侍中伏无忌与谏议大夫黄景〔四〕，作诸王、王子、功臣、恩泽侯表，南单于、西羌传，地理志。

至元嘉元年〔五〕，复令太中大夫边韶〔六〕，大军营司马崔寔〔七〕，议郎朱穆、曹寿〔八〕，杂作孝穆崇二皇〔九〕及顺烈皇后传〔一〇〕，又增《外戚传》入安思等后〔一一〕，《儒林列传》入崔篆诸人〔一二〕。寔、寿又与议郎延笃杂作《百官表》〔一三〕，顺帝功臣孙程、郭愿及郑众、蔡伦等传〔一四〕，凡百十有四篇，号曰《汉纪》〔一五〕。

熹平中〔一六〕，光禄大夫马日磾〔一七〕，议郎蔡邕、杨彪、卢植，著作东观〔一八〕，接续纪传之可成者，而邕别作《朝会》、《车服》二志〔一九〕。后坐事徙朔方，上书求还，续成十志〔二〇〕。会董卓作乱，大驾西迁，史臣废弃，旧文散逸。及在许都，杨彪颇存注记。至于名贤君子，自本初已下阙续〔二一〕。

魏黄初中，唯著《先贤表》，故记残缺〔二二〕，至晋不成。太始中，秘书丞司马彪始讨论众说，一作"作"。缀其所闻，起元光武，终于孝献。录世十二，编年二百，通综上下，旁引庶事，为纪、志、传凡一十三篇，号曰《续汉书》〔二三〕。又散骑常侍华峤，删定《东观记》为《汉后书》〔二四〕，帝纪十二、皇后纪二、三谱、十典、列传七十，总九十七篇。其十典竟不成而卒。自斯已后，作者相继，为编年者四族〔二五〕，创纪传者五家〔二六〕。推其所长，华氏居最〔二七〕。而遭晋室东徙，三惟一存。

至宋，宣城太守范晔，乃广集学徒，穷览旧籍，删烦补略，作《后汉书》。凡十纪、十志、八十列传〔二八〕，合为百篇。会晔以罪被收，其十志亦未成而死〔二九〕。先是，晋东阳太守袁宏，抄撮汉氏后书，依荀悦体著《后汉纪》三十篇〔三〇〕。世言汉中兴史者，唯范、袁二家而已〔三一〕。

右说《后汉书》。

〔一〕本注：班固等作本纪、列传、载记，《后汉书·班固传》："显宗召固与前睢阳令陈宗，长陵令尹敏，司隶从事孟异，共成世祖本纪。固又撰功臣、平林、新市、公孙述事，作列传、载记二十八篇。"陈宗、尹敏事见《核才》篇。程《笺记》引《四库提要辨证·东观汉记》条云："范书《北海靖王兴传》：'兴子复与班固、贾逵共述汉史。'《马严传》：'严与校书郎杜抚、班固等杂定《建武注记》。'是与班固等共成纪、传者，尚有刘复、贾逵、马严、杜抚四人。”以下程据余著补东观共撰汉史者，尚有数人，不具录。

〔二〕春秋世：蜀本、陆本、鼎本、郭本同。黄本仍王本之旧，在“世”字下空一字。《通释》改作“春秋考纪”，注云：“《汉书·叙传》：‘为春秋考纪、表、志、传凡百篇。’师古注：‘春秋考纪，谓帝纪也。’彪、固本传章怀注：‘谓帝纪考核时事，具四时以立言，如《春秋》之经也。’按：帝纪通有此称，《史通》用成语也。旧本、王本皆讹脱失考。”而卢《拾补》则谓“世”字：“盖‘卅’之讹，读为三十，建武尽三十一年也。宋无方围。”又云：“改为春秋考纪，非。”孙《札记》校引顾千里谓“世”字“是‘卅一’二字误并”。陈鳣按云：“宋本作‘春秋卅’，‘卅’读为‘三十’，古书多如此，非‘世’字也。改为‘春秋考纪’，大谬。建武尽三十一年，故曰‘春秋卅’。各本俱不识‘卅’之为‘三十’，而误认作‘世’，又于下作‘□’，殊不审元本作‘卅’耳。”按刘奉世曾驳“春秋考纪”之师古注曰：“颜说亦非也。考，成也。言以编年之故，而后成纪、表、志、传也，非止于纪也，语兼于下。”按：刘说是。浦氏既沿师古、章怀之误，释“春秋考纪”为帝纪，又臆改“春秋世”为“春秋考纪”，即帝纪，完全不顾此篇上下文意。盖上文既已明言班固等作《世祖本纪》及列传、载记二十八篇，下文又言诏刘珍等杂作纪、表、诸传，起自建武，则此处自不能仅谓帝纪“亦以焕炳”，浦氏可谓一误再误。而“春秋世”一辞，综合卢、顾、陈校注，“世”字或原为“卅”。且《说文》原谓“三十年为一世”，光武在位三十三年，三十举其成数也。“春秋世亦以焕炳”句，盖就上文已作光武朝纪、传、载记二十八篇言。而传只作功臣传，故下文紧接补作自建武年起之纪、表及名臣、节士、儒林、外戚诸传，文意固甚明白也。旧本不误。

〔三〕本注：珍、尤作传，刘珍事见《核才》篇注。李尤，原作李充，蜀本、陆本、鼎本、郭本同。《后汉书·独行·李充传》："充，字大逊，陈留人。立精舍讲授，和帝公车征，不行。延平中，特征充为博士，迁侍中、左中郎将，年八十八，为国三老，安帝常特进见。"无谏议大夫官职，及诏与刘珍撰史事。《通释》改"充"为"尤"，并引《后汉书·文苑上·李尤传》云："尤，字伯仁，和帝时召诣东观，拜兰台令史。安帝时为谏议大夫，诏与谒者仆射刘珍等俱撰《汉记》。"官职事迹，记载均甚明白切合。李充虽亦为同时人，然就传文以观，其年辈似较长于珍，则"充"字当为"尤"字形近之讹，黄本已校改，今改作"尤"，下"珍、尤继卒"之"尤"同。

〔四〕伏无忌与谏议大夫黄景：伏无忌，伏湛之玄孙。《后汉书·伏湛传》："无忌，博物多识。顺帝时为侍中。永和元年诏无忌与议郎黄景校定中书。元嘉中，桓帝复诏无忌与黄景、崔寔等共撰《汉记》。"

〔五〕元嘉：郭本、王本、黄本、《通释》同，蜀本、陆本、鼎本无此二字。孙《札记》云："邓本云：'一无嘉字。'"

〔六〕边韶：《后汉书·文苑·边韶传》："韶，字孝先，陈留浚仪人，以文章知名。桓帝时，征拜太中大夫，著作东观。"

〔七〕大军营司马崔寔：《后汉书·崔骃传附骃孙寔传》："寔，字子真。桓帝初，以郡举征诣公车，病不对策，除为郎。论当世便事数十条，名曰《政论》。其后迁大将军冀司马，与边韶、延笃等著作东观，出为五原太守。会梁冀诛，寔以故吏免官，禁锢数年。"程《笺记》引余著云："大军营司马殊不经见。《寔传》云:‘迁大将军冀司马。’盖《史通》传刻脱一‘将’字。浅人不知‘冀’为大将军名,遂妄改为‘营’。”

〔八〕议郎朱穆、曹寿:“郎”字原误书作“即”,当为手民之误,今改正。《后汉书·朱晖传附晖孙穆传》:“穆,字公叔,作《崇厚论》、《绝交论》。”见《核才》篇。本传未载其续史传事,《延笃传》载其“著作东观”。曹寿,字世叔。《后汉书·曹世叔妻传》:“扶风曹世叔妻者,同郡班彪之女也,名昭。世叔早卒。”见前注,亦未载其续史传事。又陈援庵先生曰:“邓太后永宁二年(121)卒。昭卒在邓太后前,终年七十余。曹寿早卒。桓帝元嘉元年(151),昭、寿当有一百二十岁,或另一人与寿同名。不然,则《史通》误。”(《史源学杂文》第十三页)

〔九〕孝穆崇二皇:浦注:“‘孝穆’五字,传写讹脱,当作‘献穆、孝崇二皇后’。”又据《后汉书·皇后纪》云:“明即献穆曹皇后与孝崇匽皇后。”卢《拾补》校浦《释》云:“孝穆皇,桓帝祖;孝崇皇,桓帝父。中省一‘孝’字。献帝曹皇后,桓帝何由预知之,且加于孝崇皇后之上乎?大谬。”卢说是。按此句上下文是元嘉元年(151)令边韶等杂作孝穆崇二皇及顺烈皇后传,明白区别孝穆崇是二皇,顺烈是皇后。据《后汉书·桓帝纪》:“孝桓皇帝讳志,肃宗曾孙也。祖父河间孝王开,父蠡吾侯翼。本初元年(146)闰(六)月,迎即皇帝位。九月,追尊皇祖河间孝王曰孝穆皇,皇考蠡吾侯曰孝崇皇。”又《章帝八王传·河间孝王传》亦载有“桓帝追尊开为孝穆皇,翼为孝崇皇”事。则原文孝穆崇二皇,即孝穆皇刘开与孝崇皇刘翼父子也。浦氏既在此五字下臆增“后”字,而后汉皇后又无谥孝穆者,乃以献穆曹皇后凑数,又增一“献”字,复将“孝穆”两字乙改,竟不顾献穆曹皇后,乃献帝建安二十年(215)所立,安能在桓帝时(151)即为之作传?而浦批黄本云“献穆、孝崇皆皇后。《训补》失注”,盖前人对此句均未注。浦氏臆改原文,不自知其时序颠倒,文亦犯复,徒贻笑柄耳。程《笺记》亦引余嘉锡云:“献穆皇后乃曹操之女,献帝之后,薨于魏景初元年(237)。崔寔等死已久矣,安得为之作传。桓帝追尊祖考,故皇而不帝,不作纪而作传也。”

〔一〇〕顺烈皇后传:《后汉书·皇后纪·顺烈梁皇后纪》:“梁皇后,讳妠,大将军商之女。(顺帝)阳嘉元年(132)立为皇后。帝崩,太后临朝,委任太尉李固等,拔用忠良,务崇节俭。和平元年(150)春,归政于帝(桓帝)。(寻)崩。”

〔一一〕安思等后:《后汉书·皇后纪·安思阎皇后纪》:“阎皇后,讳姬,元初(安帝年号)二年(115),立为皇后。”安帝死后,后以皇太后久专国政。顺帝时,“阎显及党与皆伏诛,迁太后于离宫”。故桓帝时,史臣以阎后等入《外戚传》。按《东观汉记》皇后均作传,皇后称纪始自华峤,范晔因之。

〔一二〕《儒林列传》入崔篆诸人:《通释》:“范书《儒林传》不载崔篆。”按范书《儒林·孔僖传》云:“僖曾祖父子建,少游长安,与崔篆友善,僖与崔篆孙骃复相友善。”又《崔骃传》:“篆,王莽时为郡文学,以明经征诣公车,甄丰举为步兵校尉,篆遂投劾归。莽以法中伤之。后以篆为建新大尹。篆不得已,遂单车到官,称疾不视事。著《周易林》六十四篇,临终作赋名《慰志》。”志篆事甚详,并备载其赋。

〔一三〕议郎延笃:《后汉书·延笃传》:“笃,字叔坚,南阳人。桓帝以博士征拜议郎,与朱穆、边韶著作东观。”

〔一四〕顺帝功臣孙程、郭愿及郑众、蔡伦等传：孙、郑、蔡均见《后汉书·宦者传》："郑众，字季产，南阳人。窦太后秉政，后兄大将军宪等并窃威权，众首谋诛之。（安帝）元初元年卒。""蔡伦，字敬仲，桂阳人。和帝即位，豫参帷幄，后加位尚方令。造意用树肤、麻头及敝布、鱼网以为纸，天下咸称蔡侯纸。""孙程，字稚卿，涿郡人"，有"定立顺帝之功"。郭愿无传。程《笺记》引余嘉锡云："郭愿盖郭镇之误。"按《孙程传》载有尚书郭镇应程传召参加定策功。故余氏云："顺帝时功臣甚众，有宦者，有士人。故举孙、郭，以概其余。"郑、蔡非顺帝功臣，故中加一"及"字。

〔一五〕《汉纪》：即《东观汉记》。《史官建置》篇云："自章和已后，图籍盛于东观。凡撰汉记，相继在乎其中。"盖其时著作东观，即以《汉记》为称，《隋志》始著录曰《东观汉记》，而其杂史目著录吴张温撰《三史略》二十九卷，自非范晔之书，亦非谢承、华峤之作，亦不可能以《战国策》与《史》、《汉》合为一书，是乃以《东观汉记》与《史》、《汉》合称三史也。《十驾斋养新录》卷六"三史"目云："三史，谓《史记》、《汉书》及《东观汉记》也。"其说可信。

〔一六〕熹平：灵帝年号（172—178），原误"熹"作"嘉"，鼎本、郭本同，黄本、《通释》改作"熹"。按后汉无嘉平年号，今改正。

〔一七〕马日磾：《三国志·袁术传》："李傕入长安，以术为左将军，封阳翟侯，假节。遣太傅马日磾，因循行拜授。术夺日磾节，拘留不遣。"裴注引《三辅决录》注曰："日磾，字翁叔。马融之族子。少传融业，以才学进。与杨彪、卢植、蔡邕等典校中书。"

〔一八〕蔡邕、杨彪、卢植，著作东观：蔡邕、杨彪、卢植事迹及著作东观事，均已见《核才》篇注。

〔一九〕邕别作《朝会》、《车服》二志：《后汉书·蔡邕传》："邕前在东观，与卢植、韩说等撰补《后汉记》，会遭事流离，不及得成，因上书自陈，奏其所著《十意》。其撰集汉事，未见录以继后史，适作《灵纪》及《十意》，又补诸列传四十二篇。因李傕之乱，湮没多不存。"又司马彪《续汉书·律历志》刘昭注引袁山松《书》曰："刘洪与蔡邕共述《律历记》。"又《礼仪志》注引谢沈《书》曰："太傅胡广博综旧仪，立汉制度，蔡邕依以为志。"又刘昭《后汉书注补志序》："蔡邕承洽伯始，礼仪克举，车服瞻列。"又："司马《续书》，车服之本，即依董、蔡所立。"按伯始乃胡广字。礼仪当有朝会之仪。

〔二〇〕续成十志：见《核才》篇"朔方上书"注。又《蔡中郎集·外传·上〈汉书〉十志疏》云："朔方髡钳徒臣邕上书，建言十志皆当撰录。臣欲删定者一，所当接续者四，前志所无臣欲著者三，愿下东观，以补缀遗阙。"按"欲著者三"，"三"字，史传作"五"。

〔二一〕本初：质帝年号（146）。据《后汉书》冲、质、桓帝纪，永嘉元年（145）正月，冲帝死，质帝即位，次年改元本初，是年闰六月，梁冀弑帝，桓帝继位，次年改元建和。则本初已下，指质、桓、灵、献数代也。蜀本、陆本、鼎本、郭本亦作"本初"，黄本作"太初"。《通释》改"本"作"永"，注云："一作'本'，误。"卢《拾补》亦云："'本'讹。"孙《札记》亦校改为"永"。按永初乃安帝年号，历七年（107—113），惟桓灵时既有续作，已有和、安以后事，姑仍"本初"之旧。

〔二二〕故记残缺：蜀本、陆本、鼎本、郭本、王本、黄本及《广博物志》卷二七《艺苑》所引同，《通释》"故"下补一"汉"字，并云："一脱汉字。"

〔二三〕司马彪《续汉书》：自"司马彪始讨论众说"至"号曰《续汉书》"，与《晋书·司马彪传》大致相同。传文云："彪乃讨论众书，缀其所闻，起于世祖，终于孝献。编年二百，录世十二，通综上下，旁贯庶事，为纪、志、传凡八十篇，号曰《续汉书》。"除个别文字差异外，其中较大不同，乃《续汉书》篇数。原文作"一十三"，《彪传》作八十，而《隋志》著录又为八十三卷。浦"依本传"改作"八十"，注："旧作一十三。"蜀本、陆本、鼎本、郭本、黄本亦作"一十三篇"。孙《札记》校改"一"为"八"，与《隋志》著录篇数相符，较可信。又，文中既云"编世十二"，下文又有华峤删定《东观记》为帝纪十二、皇后纪二，则司马彪之《续汉书》或亦以十二帝纪合后纪为十三篇，知幾误为纪、志、传十三篇欤？志以存疑。

〔二四〕华峤《汉后书》：华峤事迹见《二体》篇注。《晋书·华峤传》："峤以《汉纪》烦秽，慨然有改作之意。会为台郎，典官制事，由是得遍观秘籍，遂就其绪。起于光武，终于孝献，一百九十五年。为帝纪十二卷，皇后纪二卷，十典十卷，传七十卷，及三谱、序传、目录，凡九十七卷，改志为典，而改名《汉后书》。十典未成而卒。"按书名原误作《后汉书》，郭本同，蜀本、陆本、鼎本、黄本、《通释》均作《汉后书》，今据史传改。

〔二五〕编年者四族：陈《补释》："四族谓张璠《后汉纪》三十卷、刘艾《灵献二帝纪》六卷、袁晔《献帝春秋》十卷（见《隋志》

及注)、孔衍《汉春秋》十卷(见《唐志》)。”按刘艾《灵献二帝纪》六卷,《隋志》作汉侍中刘芳撰,列入杂史目。据范书《献帝纪》、《董卓传》及袁宏《后汉纪》,均载有侍中刘艾事,《隋志》误“艾”为“芳”。又艾在华峤前,不应以其书充“四族”之数。晋司马彪之《九州春秋》记汉末事,亦或成书于华峤后之编年史也。

〔二六〕纪传者五家:陈《补释》:“五家谓谢承《后汉书》一百三十卷、薛莹《后汉纪》一百卷(按此纪非编年)、谢沈《后汉书》一百二十二卷、张莹《后汉南记》五十五卷、袁山松《后汉书》一百卷(并见《隋志》及注)。”按谢承乃三国吴人,其人其书均在晋华峤以前,不应列入五家之数。而《旧唐志》正史目在司马彪、华峤两书之间,著录有刘义庆撰《后汉书》五十八卷,则此刘义庆似非撰《世说新语》之宋临川王。或系以此与薛、谢、张、袁四人之书,合为五家。

〔二七〕华氏居最:《文心雕龙·史传》:“后汉纪传,发源东观,袁、张所制,偏驳不伦。薛、谢之作,疏谬少信。若司马彪之详实,华峤之准当,则其冠也。”

〔二八〕八十列传:“八十”原误乙为“十八”,蜀本、陆本同,鼎本、郭本、黄本均改作“八十”,今改正。今传本计本纪十,光武、皇后两纪各分上下,合十二卷,列传八十,其中桓谭、冯衍等八传分上下,合八十八卷。

〔二九〕十志亦未成:《通释》具引陈振孙《直斋书录解题》作释,可参看。按《宋书·范晔传》载其《狱中与诸甥侄书》云:“欲遍作诸志,前汉所有者悉令备,意复未果。”仅能说明原欲遍作前汉所有之志。但据《后汉书·蔡邕传》:“诏问灾异及消改变故所宜施行,邕悉心以对。事在《五行志》、

《天文志》。"又《皇后纪》附公主传亦云:"其职僚品秩,事在《百官志》。"李贤注引沈约《谢俨传》曰:"范晔所撰十志,一皆托俨搜撰,垂毕,遇晔败,悉蜡以覆车。宋文帝令丹阳尹徐湛之就俨寻求,已不复得,一代以为恨。其志今阙。"则"十志"只是尚未撰成,而在"垂毕"之时,始为谢俨所弃,故刘昭乃以司马彪《续汉书·十志》补入。今存沈约《宋书》无俨传。李贤引文并见于《册府元龟·国史部·采撰》。又程《笺记》云:"《后汉书·东平王苍传》云:语在《礼乐》、《舆服志》。"是见于范书者已有《五行》、《天文》、《百官》、《礼乐》、《舆服》五志矣。

〔三〇〕《后汉纪》三十篇:《隋志》著录"《后汉纪》三十卷,袁彦伯撰"。又《晋书·文苑·袁宏传》:"宏,字彦伯。自吏部郎出为东阳郡,撰《后汉纪》三十卷。"又袁宏《后汉纪》自序:"暇日掇会《汉纪》、《谢承书》、《司马彪书》、《华峤书》、《谢沈书》、《汉山阳公记》、《汉灵献起居注》、《汉名臣奏》,旁及诸郡耆旧先贤传,凡数百卷,多不次叙。始见张璠所撰书,其言汉末之事差详,故复探而益之。"又"三十"两字,原误乙作"十三",蜀本、陆本、鼎本、郭本、黄本同。卢《拾补》校云:"作'十三'讹。"孙《札记》亦云:"顾作'三十',邓本同。"今据史传改。

〔三一〕范、袁二家:卢《拾补》云:"从宋乙作'袁、范'。"

魏史,黄初、太和中,始命尚书卫觊、缪袭草创纪传〔一〕,累载不成。又命侍中韦诞、应璩,秘书监王沉,大将军从事中郎阮籍,司徒右长史孙该,司隶校尉傅玄等〔二〕,

复共撰定。其后王沉独就其业,勒成《魏书》四十四卷〔三〕,其书多为时讳,殊非实录。

吴大帝之季年,始命太史令丁孚、郎中项峻撰《吴书》,峻、孚俱非史才,其文不足纪录〔四〕。至少帝时,更敕韦曜、周昭、薛莹、梁广、华覈访求往事,相与纪述,并作之中,推莹为首。当归命侯时,广、昭先亡,曜、莹徙黜,史官久阙,书遂无闻。覈表请曜、莹续成前史〔五〕,其后曜独终其书〔六〕,定为五十五卷。

至晋受命,海内大同,著作陈寿乃集三国史撰为《国志》,凡六十五篇。夏侯湛时亦著《魏书》,见寿所作,便坏己草而罢〔七〕。及寿卒,梁州大中正范頵表言《国志》明乎得失,辞多劝诫,有益风化,愿垂采录。于是诏下河南尹,就家写其书〔八〕。

先是,魏时京兆鱼豢私撰《魏略》,事止明帝。其后孙盛撰《魏氏春秋》,王隐撰《蜀记》,张勃撰《吴录》〔九〕。异闻间出〔一〇〕,蜀本作"错",宋本作"间"。其流最多。宋文帝以《国志》载事,伤于简略,乃命中书郎裴松兼采众书,补注其阙〔一一〕。由是世言《三国志》者,以裴注为本焉。

右说《三国志》。

〔一〕卫觊、缪袭:《三国志·魏书·卫觊传》:"觊,字伯儒,河东安邑人。太祖辟为司空掾属,除茂陵令。魏国既建,与王粲并典制度。文帝即王位,徙为尚书。"又《刘劭传》:"劭同时东海缪袭,亦有才学,多所述叙。官至尚书、光禄勋。"裴注引《文章志》曰:"袭,字熙伯,辟御史大夫,历事魏四世，正始六年，年六十卒。”

〔二〕韦诞、应璩、王沉、阮籍、孙该、傅玄：《三国志·刘劭传》：“光禄大夫京兆韦诞，陈郡太守任城孙该。”裴注引《文章叙录》曰：“诞，字仲将。建安中，特拜郎中，稍迁侍中中书监。该，字公达，强志好学，著《魏书》。”又《王粲传》：“应玚，弟璩，官至侍中。阮瑀，子籍，才藻艳逸。”裴注引《文章叙录》曰：“璩，字休琏，博学好属文。齐王即位，稍迁侍中、大将军长史。”王沈事迹见《叙事》篇注，《晋书·王沈传》：“曹爽诛后，起为治书侍御史，转秘书监，典著作，与荀顗、阮籍共撰《魏书》，多为时讳，未若陈寿之实录也。”阮籍事见《史官建置》篇。《晋书·傅玄传》：“玄，字休奕，州举秀才，除郎中，与东海缪施俱以时誉，选入著作，撰集《魏书》。转司隶校尉。”见《书事》篇。《通释》按：“缪施或即缪袭。”盖以其同为东海人也。

〔三〕王沉《魏书》：《隋志》著录“《魏书》四十八卷，晋司空王沈撰”，《新唐志》作四十七卷，惟《旧唐志》作四十四卷，与此篇相符。沈书多为时讳，参见《载文》及《直书》、《曲笔》等篇注。

〔四〕丁孚：原误作“可孚”，据蜀本、陆本、鼎本、王本、黄本、《通释》及史传改，详见下条注文。“峻、孚”：蜀本、陆本、鼎本、郭本、王本、黄本同，《通释》乙改作“孚、峻”，注云：“一作‘峻、孚’。”按《册府元龟》卷五五四《国史部·选任》：“大皇帝末年，命太史令丁孚、郎中项峻，俱非史才，其所撰作，不足纪录。”与史传所述合。《通释》或据史传改，似非全然无见。

〔五〕薮表请曜、莹续成前史：《三国志·吴书·薛莹传》：“莹，字道言。孙皓初，为左执法，迁选曹尚书。后下莹狱，右国史华覈上疏曰：'大皇帝末年，命太史令丁孚、郎中项峻始撰《吴书》。孚、峻俱非史才，其所撰作，不足纪录。至少帝时，更差韦曜、周昭、薛莹、梁广及臣五人，访求往事，所共撰立，备有本末。昭、广先亡，曜负恩蹈罪，莹出为将，复以过徙，其书遂委滞，迄今未撰奏。莹涉学既博，文章尤妙，同僚之中，莹为冠首，是以慺慺为国惜之，实欲使卒垂成之功，编于前史之末。'奏上之后，皓遂召莹还，为左国史。"又"推莹为首"句中"推莹"二字，蜀本、陆本作"擢营"，"推"字鼎本、《通释》作"曜"，孙《札记》："邓本作'推'。"

〔六〕曜独终其书：《隋志》："《吴书》二十五卷，韦昭撰。本五十五卷，梁有，今残缺。"《玉海》卷四十六引《中兴书目》："项峻撰《吴书》，韦昭续成之，五十五卷。《隋志》二十五卷。"书早亡佚，今尚可据《三国志》裴注辑录部分佚文。

〔七〕夏侯湛、便坏己草：《晋书·夏侯湛传》："夏侯湛，字孝若，谯人。文章宏富。与潘岳友善，京都谓之连璧。著论三十余篇，别为一家之言。"又《陈寿传》："夏侯湛时著《魏书》，见寿所作，便坏己书而罢。"

〔八〕范頵表、就家写其书：《晋书·陈寿传》："寿卒，梁州大中正尚书郎范頵等上表曰：'陈寿作《三国志》，辞多劝诫，明乎得失，有益风化，虽文艳不若相如，而质直过之。愿垂采录。'于是诏下河南尹、洛阳令就家写其书。"

〔九〕鱼豢、孙盛、王隐、张勃：《隋志》杂史类："鱼豢《典略》八十九卷（按应作《魏略》五十卷，《典略》三十九卷）。孙盛《魏氏春秋》二十卷。张勃《吴录》三十卷。"《新唐志》著录："王隐《删补蜀记》七卷。"程《笺记》引《隋书经籍志考证》

卷一:"《魏略》有纪、志、列传,自是正史之体。"

〔一〇〕异闻间出:《通释》备引裴注所引书目,文烦不录。

〔一一〕本注:裴松补注其阙,裴松之事迹见《补注》篇。《宋书·裴松之传》:"上使注陈寿《三国志》。松之鸠集传记,增广异闻,既成,奏上。上善之曰:'此为不朽矣。'"又《三国志》载中书侍郎裴松之《上三国志注表》云:"臣前被诏,使采三国异同,以注陈寿《国志》。寿书失在于略,时有所脱漏。臣上搜旧闻,傍摭遗逸,以补其阙。"又原刊"裴松"下无"之"字,蜀本、陆本同,乃骈体上下行文方便,有意省去,鼎本、郭本、黄本及《通释》均有"之"字,兹从其旧。

晋史,洛京时,著作郎陆机始撰三祖纪〔一〕,佐著作郎束晳又撰十志〔二〕。会中朝丧乱,其书不存。先是,历阳令陈郡王铨有著述才〔三〕,每私录晋书及功臣行状,未就而卒。子隐博学多闻,受父遗业,西都事迹,多所详究。过江为著作郎,受诏撰晋史。为其同僚虞预所斥,坐事免官〔四〕。家贫无资,书未遂就,乃依征西将军庾亮于武昌镇。亮给其纸墨,由是获成,凡为《晋书》八十九卷,咸康六年始诣阙奏上。隐虽好述作,而辞拙才钝。其书编次有序者,皆铨所修;章句混漫者,必隐所作。时尚书郎领国史干宝,亦撰《晋纪》〔五〕,自宣讫愍七帝,五十三年,凡二十二卷。其书简略,直而能婉,甚为当时所称。

晋江左史官,自邓粲、孙盛、王韶之、檀道鸾已下〔六〕,相次继作。远则偏记两帝,近则唯叙六朝〔七〕。至宋湘东太守何法盛,始撰《晋中兴书》〔八〕,勒成一家,首尾该备。

齐隐士东莞臧荣绪又集东、西二史[九]，合成一书。

皇家贞观中，有诏[一〇]以前后晋史十有八家[一一]，制作虽多，未能尽善，乃敕史官更加纂录。采正典与杂说数十余部，兼引伪史十六国书[一二]，为记十、志二十、列传七十、载记三十，并序例、目录，合为百三十二卷[一三]。自是言《晋史》者，皆弃其旧本，竞从新撰者焉。

右说《晋书》。

〔一〕陆机始撰三祖纪：陆机事见《本纪》篇注，《隋志》及《两唐志》均在古史目著录机撰"《晋纪》四卷"(《两唐志》作《晋帝纪》)。三祖谓所追尊宣帝懿、景帝师、文帝昭。

〔二〕束皙又撰十志：束皙事见《史官建置》篇，《晋书》本传云"撰《晋书》帝纪、十志"，又"所著《晋书》纪、志，遇乱亡失"，隋唐《志》均未著录。

〔三〕王铨：《晋书·王隐传》："隐，陈郡人，父铨，历阳令。少好学，有著述之志。每私录晋事及功臣行状，未就而卒。""铨"字，原误刊作"钤"，蜀本、陆本、鼎本、郭本亦作"钤"，黄本、《通释》改作"铨"。今据史传改，下"皆铨所修"同。又"私录晋书"，各本皆同，《通释》改"书"为"事"。

〔四〕隐、虞：王隐、虞预事均见《晋书》本传，参看《二体》、《曲笔》两篇注。

〔五〕干宝亦撰《晋纪》：见《六家·左传家》注。

〔六〕邓粲、孙盛、王韶之、檀道鸾：邓粲撰《元明纪》十篇，檀道鸾撰《续晋阳秋》，均见《序例》篇注。孙盛撰《晋阳秋》，见《论赞》篇注。王韶之撰《晋安帝阳秋》，见《杂述》篇注。

〔七〕远则偏记两帝，近则唯叙六朝："六朝"，浦改"六"为"八"，注云："旧作'六'，误。"又释云："东晋凡十一帝，起元、明，尽安、恭。邓粲止撰《元明纪》，是远两帝也。其后王韶之续至安帝之义熙，而恭帝不入纪，是近八朝也。"按《宋书·王韶之传》云："韶之私撰《晋安帝阳秋》，既成，使续后事讫义熙九年。"浦《释》可供参证，惟径改为"八朝"，尚无确证，姑仍其旧。

〔八〕何法盛始撰《晋中兴书》：《隋志》著录："《晋中兴书》七十八卷。起东晋，宋湘东太守何法盛撰。"

〔九〕臧荣绪：《南齐书·臧荣绪传》："荣绪，东莞莒人。纯笃好学，括东西晋为一书，纪、录、志、传百一十卷。褚渊启太祖曰：'荣绪撰《晋史》十袠（袟），赞论虽无逸才，亦足弥纶一代。'"《隋志》著录："《晋书》一百一十卷。齐徐州主簿臧荣绪撰。"

〔一〇〕贞观中有诏：《通释》增删《旧唐书·房玄龄传》原文，释云："贞观十八年，玄龄与褚遂良受诏重撰《晋书》。于是奏请许敬宗、来济、陆元仕、刘子翼、令狐德棻、李义府、薛元超、上官仪等八人，分功撰录。以臧荣绪《晋书》为主，参考详洽。然史官多文咏之士，好采碎事，竞为绮艳。李淳风修《天文》、《律历》、《五行》三志，最可观。太宗自著宣、武二帝，陆机、王羲之四论，于是总题曰御撰，凡一百三十卷。"上引浦氏释文，经与《房传》校对，首句"贞观十八年"乃浦氏所增，末句上有"至二十年书成"，浦氏删去。关于诏修《晋书》年代，《唐会要》卷六十三"修前代史"目云："贞观二十年闰三月四日诏，令修史所更撰《晋书》，于是房玄龄（等）掌其事。"《唐大诏令集》载有修《晋书》诏，末亦注贞观二十年（646），但误闰三月为闰二月。《玉海》卷四十六亦载此诏乃贞观二十年闰三月。浦氏系于贞观十八年，盖缘《房传》载此事上文有“太宗亲征辽东，……玄龄寻与褚遂良受诏重撰《晋书》”，亲征辽东事在十八年(644)，遂亦系于十八年诏撰《晋书》。而《令狐德棻传》亦云：“十八年，起为雅州刺史，以公事免。寻有诏改撰《晋书》。”浦氏未注意两传中均有一“寻”字。后此如《十驾斋养新录》卷六《新晋书》条、《十七史商榷》卷四十三“《晋书》唐人改修，诸家尽废”条，以至近人有关著作，遂均系此诏于贞观十八年，而置《唐会要》等所载确切年月日于不顾。此事关系唐代官修《晋书》系贞观十八年抑为二十年，故详为考辨。至《房传》云“至二十年书成”，亦可为始修于十八年之一证，并志备参，参看程《笺记》。

〔一一〕晋史十有八家：原脱“晋”字，鼎本、郭本、黄本同。卢《拾补》：“宋有。”《通释》补，孙《札记》校补，兹补入。《通释》据隋唐二《志》列举十九家。何义门仅就《隋志》列举“《晋书》有王隐、虞预、朱凤、谢灵运、臧荣绪、萧子云，《中兴书》有何法盛，《晋纪》有陆机、干宝、曹嘉之、邓粲、刘谦之、王韶之、徐广、郭季产，《阳秋》有习凿齿、孙盛、檀道鸾，是为十八家”。陈《补释》复举《唐志》注亡之郑忠、沈约、庾诜三《晋书》。按《玉海》所载贞观二十年闰三月诏修《晋书》之文云：“十有八家，虽存记注，才非良史，书亏实录。(臧)荣绪烦而寡要，(谢)行思劳而少功，(虞)叔宁味同画饼，(萧)子云学堙涸流，(王)处叔不预于中兴，(何)法盛莫通于创业，洎乎干(宝)、陆(机)、曹(嘉之)、邓(粲)，略纪帝王，(檀道)鸾、(孙)盛、(徐)广、(裴)松(松之)，才编载祀，其文既野，其事罕有。”《唐大诏令集》亦载有此诏。此诏虽言十八家,列举者才十四家,而其中谢沈与裴松之书,又不在隋唐《志》著录之数,则此十八家自不能以隋唐《志》著录之《晋书》为准。参看程《笺记》。

〔一二〕十六国书:详本篇"都谓之《十六国春秋》"。

〔一三〕"为记":蜀本、陆本、鼎本、郭本、王本、黄本同,《通释》径改"记"为"纪",并注云:"一讹'记'。"百三十二卷:今存唐官修《晋书》一百三十卷,《目录》未列入卷次,《序例》缺。《唐会要》卷六十三"修前代史"条云:"又令令狐德棻、敬播等详其条例,量加考正,以臧荣绪《晋书》为本,捃摭诸家及晋代文集,为十纪、十志、七十列传、三十载记,凡起例皆播独创焉。"又《新唐书·敬播传》亦云:"又与令狐德棻等撰《晋书》,大抵凡例,皆播所发也。"可见原有敬播所撰之《序例》。又《十驾斋养新录·晋书叙例》目云:"《晋书》纪、志、列传、载记百三十卷之外,别有《叙例》一卷,《目录》一卷。今《目录》犹存,而敬播所撰《叙例》,久不传矣。其见于《史通》者,一云'凡天子庙号,唯书于卷末',一云'班《汉》皇后除王、吕之外,不为作传,并编叙行事,寄出《外戚》篇',一云'坤道卑柔,中宫不可为纪,今编同列传,以戒牝鸡之晨'。"按所引第一、三两则见《内篇·序例》,第二则见《外篇·杂说中》。

宋史〔一〕,元嘉中,著作郎何承天草创纪传〔二〕。自此以外,悉委奉朝请山谦之补承天残缺〔三〕。后又命裴松之续成国史〔四〕。松之寻卒,史佐孙冲之表求别自创立〔五〕,为一家言,蜀本"家"下有"之"字,宋本无。孝建初,又敕南台侍御史苏宝生续造诸传〔六〕，元嘉名臣，皆其所撰。宝生被诛，大明六年，又命著作郎徐爰踵成前作〔七〕。爰因何、孙、山、苏所述，勒为一书，其臧质、鲁爽、王僧达诸传〔八〕，又皆孝武自造，而序事多虚，难以取信。自永光已后至禅让十余年中，阙而不载。

至齐，著作郎沈约更补缀所遗，制成新史〔九〕。自义熙肇号，终乎升明三年，为纪十、志三十、列传六十，合百卷，名曰《宋书》。永明末，其书既行，河东裴子野更删为《宋略》二十卷。沈约见而叹曰："吾所不逮也。"由是世之言宋史者，以裴《略》为上，沈《书》次之〔一〇〕。

右说《宋书》。

〔一〕宋史：说《宋书》两段文字，几悉出自《宋书·自序》之沈约《上〈宋书〉表》。表文略云："宋故著作郎何承天始撰《宋书》，草立纪传，止于武帝功臣，篇牍未广。其所撰志，唯《天文》、《律历》，自此外悉委奉朝请山谦之。寻值病亡，仍使南台侍御史苏宝生续造诸传，元嘉名臣，皆其所撰。宝生被诛，大明中，又命著作郎徐爰踵成前作。爰因何、苏所述，勒为一史，起自义熙之初，讫于大明之末。至于臧质、鲁爽、王僧达诸传，又皆孝武所造。自永光以来，至于禅让，十余年内，阙而不续。臣今谨更创立，制成新史，始自义熙肇号，终于昇明三年。本纪、列传，缮写已毕。合志表七十卷，臣今谨奏呈。所撰诸志，须成续上。"按今传本《宋书》卷数与《史通》列举卷数，完全相符。表文末云"合志表七十卷"，"志表"两字疑衍，盖承上文云纪传合七十卷也。又此表上于"永明（齐武帝年号）六年（488）二月"

（据《自序》），而今本《宋书》题“梁沈约撰”，据万承苍《校刊宋书跋语》云“以约仕终于梁，从《隋书·经籍志》之旧也”，而续上三十志之年，或已是梁代矣。

〔二〕何承天：《宋书·何承天传》：“承天，东海郯人，聪明博学，儒史百家，莫不该览，元嘉十六年除著作佐郎，撰国史。承天年已老，诸佐并名家年少。寻转太子率更令，著作如故。”

〔三〕山谦之：《宋书·徐爰传》：“元嘉中，使著作郎何承天草创国史，世祖初，又使奉朝请山谦之、南台御史苏宝生踵成之。”

〔四〕裴松之：已见前注。《宋书》本传：“领国子博士，续何承天国史，未及撰述。”

〔五〕史佐孙冲之：《通释》：“孙冲之见《臧质传》，晋秘书监盛曾孙也。又见《邓琬传》，以附逆败诛，不及撰史事。”复按《宋书·臧质传》云：“冲之，太原中都人，晋秘书监盛曾孙也，官至右军将军，巴东太守。”《邓琬传》云：“巴东、建平二郡太守孙冲之之郡，始至孤石，琬以冲之为子勋谘议参军，领中兵，加辅国将军，与陶亮并统前军。”其行事不类，而沈约自序及《徐爰传》均未叙及孙冲之，存疑待考。程《笺记》引《隋志》：“《宋书》六十五卷，齐冠军录事参军孙严撰。”又引《隋书经籍志考证》卷十一：“《史通》此云史佐孙冲之表求为一家之书，似即此孙严《宋书》，冲之其字欤？”并志备考。

〔六〕苏宝生：生字原误作“山”，蜀本、陆本、鼎本、郭本同，黄本、《通释》改作“生”，今据《宋书》改，下同。其“续造诸传”，已见注〔三〕“山谦之”引《徐爰传》，《通释》又引《王僧达传》云:“苏宝者,名宝生,本寒门,有文义之美。元嘉中,立国子学,为《毛诗》助教,为太祖所知,官至南台侍御史、江宁令。坐知高阇反,不即启闻,与阇共伏诛。”浦按:“高阇者,与沙门释昙标相诳为乱者也。”

〔七〕徐爰:《宋书·恩幸·徐爰传》:“大明六年,又以爰领著作郎,使终其(何承天国史)业,爰虽因前作,而专为一家之书。”爰事见《二体》篇。

〔八〕臧质、鲁爽、王僧达诸传:《通释》:“在《宋书》列传三十四、三十五。诸人皆称兵为乱者。”

〔九〕制成新史:“新”字原误为“杂”,各本皆误,据沈约《自序》改作“新”。卢《拾补》亦云:“‘杂’讹。”

〔一〇〕裴《略》为上,沈《书》次之:见《六家·左传家》、《论赞》、《杂说中》各篇原文及注。陈《补释》又列举有王智深《宋纪》,王琰、鲍衡卿《宋春秋》及孙严《宋书》,“《史通》并未及”,辞烦不具录。程《笺记》引《四库提要·建康实录》条云:“《裴略》今已不传。而是书于刘宋一代,全据为蓝本,并子野论赞之词,尚存什一,是亦好古者所宜参证。”

齐史,江淹始受诏著述〔一〕,以史之所难,无出于志。故先著其志〔二〕,以见其才。沈约复著《齐纪》二十篇〔三〕。梁天监中,萧子显启撰《齐史》为纪八、志十一、列传四十,合成五十九篇。表奏之,诏付秘阁〔四〕。

时奉朝请吴均,亦表请撰齐史,乞给起居注并群臣行状。有诏:“齐氏故事,布在流俗,闻见既多,可自搜访也。”均遂撰《齐春秋》三十篇〔五〕。其书称梁帝为齐明佐命,帝恶其实录〔六〕,燔之。然其私本竟能与萧氏所撰,并传于后。

右说《齐书》。

〔一〕江淹:《梁书·江淹传》:"淹,字文通,济阳考城人。起家南徐州从事,转奉朝请。昇明初,齐帝辅政,闻其才,召为尚书驾部郎,建元初,参掌诏册,并典国史。永明初,掌国史,寻为秘书监。淹少以文章显,撰《齐史》十志,行于世。"《南史》本传作"所撰十三篇,竟无次序",又云"撰《齐史》十志"。史传无"史之所难,无出于志"记载。后此郑樵《通志总序》径谓:"江淹有言:'修史之难,无出于志。'"《通考总序》亦引斯语,殆均本乎《史通》。又《南齐书·檀超传》载淹作史义例云:"建元二年初置史官,以超与江淹掌史职。上表立条例,开元纪号,不取宋年。封爵各详本传,无假年表。立十志:《律历》、《礼乐》、《天文》、《五行》、《郊祀》、《刑法》、《艺文》、《朝会》、《舆服》、《百官》(合《州郡》)。又立《处士》、《列女传》。诏内外详议。王俭议:'宜立《食货》,省《朝会》。'超史功未就,卒官。江淹撰成之,犹不备也。"据此,则淹受诏修《齐史》,固不仅作志,只是"先修十志"耳。

〔二〕先著其志:其志,蜀本、陆本、黄本同,鼎本、郭本及章如愚《群书考索》卷十四《正史门》所引作"十志"。卢《拾补》:"'其'讹。"《通释》改作"十",云:"一作'其',非。"《南史·檀超传》:"又制著十志。""其"字于义亦安,兹从其旧。

〔三〕沈约复著《齐纪》二十篇:沈约事见《二体》篇注,《梁书》、

《南史》本传均载约撰《齐纪》二十卷。又原刊及蜀本、陆本、鼎本、黄本、郭本“篇”字下均有脱文。

〔四〕“萧子显启撰《齐史》”数句:《梁书·萧子显传》:“子显,字景阳,好学,工属文。启撰《齐史》,书成,表奏之,诏付秘阁。”又“所著《齐书》六十卷”。《史通》云“合成五十九篇”,与《旧唐志》及今传本篇数相合。而本传云“所著《齐书》六十卷”,与《隋志》、《新唐志》著录卷数合。《山堂考索》引《馆阁书目》云:“《南齐书》六十卷,今存五十九卷,亡其一。”疑是子显《叙传》。卢《拾补》在《齐纪》二十篇下校云:“下有脱文,何(义门)补‘梁天监中萧子显启撰齐史为’十二字,接下‘纪八’。”又在“合成五十九篇”句下校补“表奏之诏付秘阁”七字。孙《札记》同,兹从之。按底本脱文,蜀本、陆本、鼎本、郭本、王本、黄本及《广博物志》卷二七《艺苑二》所引均同,惟《通释》在“沈约复著《齐纪》二十篇”句下补入“梁天监中,太尉录事萧子显启撰《齐史》,书成,表奏之,诏付秘阁。起昇明之年,尽永元之代”,下接“为纪八”,并在“尽永元之代”句下加注云:“此八句诸本脱简,今据本传补入。”复按《梁书》及《南史·子显传》,均无末两句起尽年代,故仍依何义门校补。又程《笺记》引《四库提要辨证》等书,论证《南齐书》篇数,可参看。

〔五〕均《齐春秋》:见《六家·左传家》注。《南史·文学·吴均传》载:“均将著史以自名,欲撰《齐书》,求借齐起居注及群臣行状,武帝不许。遂私撰《齐春秋》,奏之。书称帝为齐明佐命,帝恶其实录,以其书不实,敕付省焚之,坐免职。”隋唐《志》均著录均之《齐春秋》三十卷。

〔六〕帝恶其实录:“录”字,原误作“诉”,蜀本、陆本、黄本同,鼎本、郭本、《通释》作“诏”，属下句读。卢《拾补》云：“何补‘录’字，(又)改‘诟’为‘诰’。”今据史传改“诟”为“录”。

梁史，武帝时，沈约与给事中周兴嗣、步兵校尉鲍行卿、秘书监谢昊相承撰录〔一〕，已有百篇。值承圣沦没〔二〕，并从焚荡。庐江何之元、沛国刘璠以所闻见，究其始末，合撰《梁典》三十篇〔三〕，而纪传之书，未有其作。陈祠部郎中姚察有志撰勒，施功未周。但既当朝务，兼知国史〔四〕，至于陈亡，其书不就。

右说《梁书》。

〔一〕沈约、周兴嗣、鲍行卿、谢昊：《梁书·沈约传》：“约著《高祖纪》十四卷。”又《周兴嗣传》：“兴嗣，字思纂，陈郡项人。博通记传，佐撰国史。所撰《皇帝实录》、《皇德记》、《起居注》等百余卷。”鲍行卿，《通释》云：“《梁书》无传。”按《南史·鲍泉传》附《鲍行卿传》云：“行卿以博学大才称，位后军临川王录事，兼中书舍人，迁步兵校尉，撰《皇室仪》十三卷，《乘舆龙飞记》二卷。”又“行卿”，《唐志》作“衡卿”，孙《札记》校改“行”为“衡”，盖亦未见《南史》本传之误。谢昊见前卷第五节注，《隋志》著录“《梁书》四十九卷，梁中书郎谢昊撰，本一百卷”，《新唐志》著录“谢昊《梁典》三十九卷”，陈《补释》误为二十九卷。又“昊”字原误作“吴”，蜀本、陆本同，鼎本作“旻”，郭本、黄本及《通释》均作“昊”，今改，程《笺记》引朱希祖《萧梁旧史考》述沈、周、鲍、谢相承撰录，昊独力完成，及四十九卷之数乃焚余残籍，可供参考。

〔二〕承圣沦没：承圣，梁元帝年号（552—555）。元年十一月，元帝即皇帝位于江陵，盖因金陵沦没于侯景之乱也。《陈书·姚察传》亦有"梁季沦没"句，语意相同。

〔三〕本注：何、刘《梁典》，《通释》："《陈书》何之元、《周书》刘璠二传，各言撰《梁典》三十卷，隋唐二《志》亦皆分载二典。而《史通》以为二人合撰，则《梁典》只是一书耳，足正二志之歧出。"按《题目》篇亦云"何之元、刘璠曰典"。而何、刘两传，不仅无合著《梁典》之文，两人亦无过从之迹，歧误或在《史通》也。程《笺记》引《隋书经籍志考证》结论云："何、刘实非合撰，'合'字当是'各'字之误。"

〔四〕兼知国史：姚察事详下节。"知"字原作"修"，蜀本、陆本、鼎本、郭本、黄本同，《通释》已改。卢《拾补》云："宋'知'。"按《陈书·察传》迭见"知撰梁史"、"知撰史"句。

陈史，初有吴郡顾野王、北地傅縡各为撰史学士，其武、文二帝纪，即顾、傅所修。太建初，中书郎陆琼续撰诸篇，事伤烦杂〔一〕。姚察就加删改，粗有条贯。及江东不守，持以入关。隋文帝常索梁、陈事迹，察具以所成每篇续奏，而依违荏苒，竟未绝笔。

皇家贞观初，其子思廉为著作郎，奉诏撰成二史〔二〕。于是凭其旧稿，加以新录，弥历九载，方始毕功〔三〕。定为《梁书》五十六卷，《陈书》三十六卷，今并行世焉。

右说《陈书》。

〔一〕顾野王、傅縡、陆琼：顾野王事迹已见前。《陈书》本传："太建二年迁国子博士，寻领大著作，掌国史，知梁史事，兼东宫通事舍人。时宫僚有江总、陆琼、傅縡、姚察，并以才学显著。撰国史纪、传二百卷，未就而卒。”又《傅縡传》：“縡，字宜事，北地人。世祖召为撰史学士。”又《陆琼传》：“琼，字伯玉，吴郡人。太建元年，转中书侍郎，又领大著作，撰国史。”《旧唐志》著录：“《陈书》三卷，顾野王撰。又三卷，傅縡撰。”《隋志》著录：“《陈书》四十二卷，讫宣帝。陈吏部尚书陆琼撰。”

〔二〕姚思廉撰成二史：《旧唐书·姚思廉传》：“姚思廉父察，在陈尝修梁、陈二史，未就，临终令思廉续成其志。入隋，思廉上表陈父遗言，有诏许其续成梁、陈史。贞观初，迁著作郎。三年诏与魏征同撰梁、陈二史。思廉又采谢炅（疑乃“昊”字之误）等诸家梁史，续成父书。推究陈事，删益（博综），撰成《梁书》五十卷，《陈书》三十卷。魏征虽裁其总论，其编次笔削，皆思廉之功。”《旧唐志》著录思廉撰“《梁书》五十卷，《陈书》三十六卷”，《新唐志》著录卷数及《史通》所述卷数，皆与今传本一致。又“《梁书》五十六卷”，《通释》作“五十卷”。陈《补释》云：“‘五十’下脱‘六’字。”

〔三〕九载、毕功：《唐会要·修前代史》：“贞观十年，房玄龄等撰成周、隋、梁、陈、齐五代史。”思廉本传云贞观三年始撰，又本篇“说《隋书》”云“始以贞观三年创造”，原注：“唯姚思廉贞观二年起功。”故云姚书弥历九载也。

十六国史，前赵刘聪时，领左国史公师彧撰《高祖本纪》及功臣传二十人〔一〕，甚得良史之体。凌修谮其讪谤先帝，聪怒而诛之。刘曜时，平舆子和苞撰《汉赵记》十篇〔二〕，事止当年，不终曜灭。

后赵石勒命其臣徐光、宗历、傅畅、郭愔等撰《上党国记》、《起居注》、《赵书》。其后又令王兰、陈宴、程阴、徐机等，相次撰述〔三〕。至石虎并令刊削，使勒功业不传。其后燕太傅长史田融〔四〕、宋尚书库部郎郭仲产〔五〕、北中郎参军王度追撰石事，集《邺都记》、《赵纪》等书〔六〕。

前燕有起居注，杜辅全录，以为《燕纪》〔七〕。后燕建兴元年，董统受诏草创后书〔八〕，著本纪并佐命功臣王公列传，合三十卷。慕容垂称其叙事富赡，足成一家之言。但褒述过美，有惭董史之直。其后申秀、范亨各取前后二燕〔九〕，合成一史。

南燕有赵郡王景晖〔一〇〕，尝事德、超，撰二主起居注。超亡，仕于冯氏，官至中书令，仍撰《南燕录》六卷。

蜀，初号曰成，后改称汉。李势散骑常侍常璩撰《汉书》十卷，后入晋秘阁，改为《蜀李书》。璩又撰《华阳国志》，具记李氏兴灭〔一一〕。

前凉张骏十五年，命其西曹边浏集内外事，以付秀才索绥，作《凉国春秋》五十卷〔一二〕。又张重华护军参军刘庆在东苑专修国史二十余年，著《凉记》十二卷〔一三〕。建康太守索晖、从事中郎刘昞，又各著《凉书》〔一四〕。

前秦史官，初有赵渊、车敬、梁熙、韦谭相继著述。苻坚尝取而观之，见苟太后幸李威事，怒而焚灭其本〔一五〕。后著作郎董谊追录旧语〔一六〕，十不一存。及宋武帝入关，曾访秦国事,又命梁州刺史吉翰问诸仇池〔一七〕,并无所获。先是,秦秘书郎赵整参撰国史,值秦灭,隐于南洛山,著书不辍,有冯翊车频助其经始。一作"费"〔一八〕。整卒,翰乃启频纂成其书,以元嘉九年起,至二十八年方罢,定为三卷。而年月失次,首尾不伦。河东裴景仁又正其讹僻,删为《秦记》十一篇〔一九〕。

后秦扶风马僧虔、河东卫隆景并著秦史〔二〇〕。及姚氏之灭,残缺者多。泓从弟和都仕魏为左民尚书,又追撰《秦纪》十卷〔二一〕。

夏,天水赵思群、北地张渊,于真兴、承光之世,并受命著其国书〔二二〕。及统万之亡,多见焚烧。

西凉与西秦、北燕,其史或当代所书,或他邦所录〔二三〕。段龟龙记吕氏〔二四〕,宗钦记秃发氏〔二五〕,韩显宗记吕冯氏〔二六〕。唯此三者可知〔二七〕,自余不详谁作。

魏世黄门侍郎崔鸿,乃考核众家,辨其同异,除烦补阙,错综纲纪,易其国书曰录,主纪曰传,都谓之《十六国春秋》〔二八〕。鸿始以景明之初,求诸国逸史,逮正始元年〔二九〕,鸠集稽备,而以犹阙蜀事,不果成书。推求十有五年,始于江东购获,乃增其篇目,勒为十卷〔三〇〕。鸿没后,永安中,其子缮写奏上,请藏诸秘阁。由是伪史宣布,大行于时。

右说《十六国春秋》。

〔一〕公师彧:《通释》:"公师彧善相人,刘渊深相崇敬。"又《晋书·刘聪载记》:"刘聪诛特进綦毋达、太中大夫公师彧等,皆群阉所忌也。”群阉指王沈等,与“凌修谮其讪谤先帝”歧异。又《史官建置》篇云:“或以太中大夫领左国史,撰其国君臣纪传。”

〔二〕和苞撰《汉赵记》:见前篇第七条注〔七〕。《通释》:“和苞,刘曜时谏营寿陵,封平舆子。”又《两唐志》均著录此书,惟《旧志》作十卷,《新志》作十四卷。程《笺记》引朱希祖《十六国旧史考》云:“汤球辑和苞《汉赵记》十条,中称曜为今上,粲为太子。与《史通》‘事止当年,不终曜灭’说合。”又“撰《汉赵记》”,“撰”字原脱,蜀本、陆本同,鼎本、郭本、王本、黄本作“撰《赵记》”,《通释》作“撰《汉赵记》”,今据补。

〔三〕“石勒命其臣”至“撰述”:《通释》:“后赵徐光,字季武,顿邱人,石勒记室参军,迁中书令,领秘书监。傅畅,字世道,北地人,为大将军右司马,谙识朝仪,勒器之,作《晋诸公叙赞》二十卷、《公卿故事》九卷。”按《晋书·石勒载记》:“勒改称赵王元年,从事中郎裴宪、参军傅畅并领经学祭酒,任播、崔濬为史学祭酒。”则傅畅又首为经学祭酒。而徐机官至尚书令,则见于《石季龙载记》。又载“命记室佐明楷、程机,撰《上党国记》,中大夫傅彪、贾蒲、江轨撰《大将军起居注》,参军石泰、石同、石谦、孔隆撰《大单于志》”,撰人与《史通》所述不同。而《史通》所举后赵书名撰人,隋唐《志》均未著录。又陈宴,卢《拾补》校“宴”字云:“何‘安’。”孙《札记》亦云:“邓本作‘安’。”

〔四〕田融:《隋志》著录:“《赵书》十卷。”注:“一曰《二石集》,记石勒事,伪燕太傅长史田融撰。”《旧唐志》则著录:“《赵石记》二十卷,《二石记》二十卷。田融撰。”《新唐志》又增田融之“《符朝杂记》一卷”。

〔五〕郭仲产：《太平广记》卷一百四十一《征应七》引《渚宫故事》：“宋郭仲产为南郡王从事，宅有枇杷树，元嘉末，起斋屋，以竹为栖。竹遂渐生枝叶，条长数尺，扶疏蓊翠，郁然如林，仲产以为吉祥。俄而同义宣之谋，被诛焉。”王谟序郭仲产《荆州记》，亦引及《渚宫故事》。按《隋书·经籍志》、《新唐书·艺文志》著录郭仲产《湘州记》一卷、《荆州记》二卷，《古佚书辑本·史部地理类》有辑本，或即从事南郡王时所作，后又为尚书库部郎，以义宣之谋被诛，其事当在宋孝武孝建元年，子玄所云必此人。

〔六〕王度：《隋志》著录“《二石传》二卷，《二石伪治时事》二卷，晋北中郎参军王度撰”，新旧《唐志》均著录“《二石伪事》六卷，王度、随翙等撰”，又《隋志·地理》著录“《邺中记》二卷，晋国子助教陆翙撰”，《新唐志》亦题为陆翙撰，则“随”字当为“陆”字形近之误。而《新唐志》在故事类又著录“《邺都故事》十卷，裴矩撰”，又《四库总目》“史部载记类”著录“《邺中记》一卷，《永乐大典》本”，其《提要》云：“原书久佚，今以散见《永乐大典》者，搜罗荟萃，排比成编，以石虎诸事为剏本书。”按此书收入聚珍版丛书。又“石事，集《邺都记》”，蜀本、陆本、鼎本、郭本、王本、黄本同；《通释》既径改“石事”为“二石事”，又在“集”下增一“为”字，并注云：“旧无‘为’字。”

〔七〕杜辅全录，以为《燕纪》：隋唐《志》均未著录《前燕起居注》及杜辅全所撰《燕纪》。又浦注“全”字云：“疑‘诠’字脱旁。”按《十六国春秋辑补·前燕录》：慕容暐建熙四年载有秘书郎杜铨职名，或为浦氏所据，然非杜辅铨。杜铨，字士衡，杜预五世孙，《魏书》有传。

〔八〕董统受诏草创后书：董统撰《后燕书》三十卷，隋唐《志》亦均未著录。据《十六国春秋辑补》引《初学记》卷二十七："建兴元年正月，董统上言于垂曰：'臣闻陛下之奇有六焉，厥初之奇，金光耀室。'"慕容垂即从群僚劝，即皇帝位，则董统亦与劝进之列也。

〔九〕申秀、范亨：隋唐《志》均著录"《燕书》二十卷，记慕容儁事，伪燕尚书范亨撰"，"亨"字原讹作"享"，蜀本、陆本、鼎本同，据郭本、黄本改。申秀，据《晋书·冯跋载记》，官散骑常侍，"给事冯懿，以倾佞有幸"。

〔一〇〕王景晖：隋唐《志》均著录王景晖《南燕录》六卷，又《隋志》著录《南燕起居注》一卷，未著撰人姓名，又《十六国春秋辑补·南燕慕容德录》："姚兴太史令高鲁，遣其甥王景晖随刘藻送玉玺一纽（于德）。"《通释》误姚秦（后秦）为苻秦（前秦）。又《慕容超录》云："中书侍郎王景晖。"

〔一一〕常璩撰《汉书》十卷：常璩撰《华阳国志》已见前注。《隋志》另著录"《汉之书》十卷"，《两唐志》又另著录《蜀李书》九卷，或《汉书》当作"汉之书"。"秘閤"，蜀本、陆本、王本同，鼎本、郭本、黄本、《通释》作"秘阁"。按"閤"指丞相官署，与"阁"互通，兹仍其旧。又末句云"具记李氏兴灭"，"兴"字原脱，蜀本、陆本同，鼎本、郭本、黄本、《通释》及《广博物志》卷二十七《艺苑二》所引俱有"兴"字，何义门批校本手墨旁补同。按：是书志李特、雄、期、寿、势兴亡大事，兹补入。

〔一二〕索绥作《凉国春秋》：《十六国春秋辑补·前凉录》："张骏十五年命西曹掾集閤内外事付索绥，以著《凉春秋》。"

又《张重华录》载有与绥问答之辞，是书隋唐《志》均未著录。《通释》："索绥，字士艾，敦煌人。幼举孝廉，又举秀才，为儒林祭酒。"

〔一三〕刘庆著《凉记》：刘庆事见上篇注，隋唐《志》均未著录此十二卷书，盖已早亡。《隋志》著录"张谘《凉记》八卷，记张轨事"，撰人、卷数均不合。文廷式《补晋书艺文志·霸史类》有"刘庆《凉记》十二卷"，盖据《史通》入录。全祖望《答史雪汀问十六国春秋书》称"十六国时，伪史最多"，遂一一排比书名，刘庆《凉记》亦在其中，不过存名而已。

〔一四〕索晖、刘昞，又各著《凉书》：索晖《凉书》，隋唐《志》均未著录，其人亦不见史传。刘昞，据《魏书》本传："昞，字延明，敦煌人。隐居酒泉，李暠征为儒林祭酒、从事中郎，著《凉书》十卷，《敦煌实录》二十卷。"两书《隋志》均著录，惟题名刘景撰，盖避唐讳改"昞"作"景"也。

〔一五〕"苻坚"至"怒而焚灭其本"：《晋书·载记》前秦苻坚："初，坚母少寡，将军李威有辟阳之宠，史官载之。至是，坚收起居注及著作所录而观之。见其事，惭怒，乃焚其书，而大检史官，将加其罪。著作郎赵泉、车敬等已死，乃止。"又《十六国春秋辑补·前秦苻坚》："建元十年侍中太尉李威卒。威，字伯龙，汉阳人，苟太后姑子，坚事威如父，诛苻生及法，皆威与太后潜决大谋。"赵泉即赵渊，避唐讳改。梁熙，官至中书令，伐张天锡有功，领护西羌校尉，《晋书》之《苻坚载记》、《西戎传》志其事。韦谭，亦前秦史官，今《俄藏敦煌文献》收录前秦五言残诗三首，俱系于"中书侍郎韦谭"名下，必即子玄此处所述之人。

〔一六〕董谊追录旧语：《十六国春秋辑补》："著作郎董朏虽皆

书时事,然十不留一。”《十六国春秋·前秦录》作“著作郎董裴虽更书时事,然千不留一”。文廷式《补晋书艺文志·霸史类》具录子玄之言后,复引《十六国春秋》(《御览》一百二十二引),云:“此作‘董朏’,与《史通》异。”则“谊”字或为“朏”字形近之误,而“裴”字又为“斐”字之讹。程《笺记》引朱希祖先生云:“《史通》作‘谊’,盖误。”

〔一七〕吉翰:《宋书·吉翰传》:“翰,字休文,冯翊池阳人。为将佐十余年。元嘉元年,(任)梁、南秦二州刺史。三年,仇池氐杨兴平遣使归顺,翰遣庞咨据武兴。”此传及《南史》本传均未述及其纂史事。

〔一八〕赵整、车频:《十六国春秋辑补·前秦录》:“赵整,字文业,一名正。为坚著作郎、秘书侍郎,博闻经记,能属文,好直言。愿欲出家,坚弗许,及坚死,方遂其志,更名道整,后遁迹商洛山。专精经律。”又《世说新语·识鉴》注,引有车频《秦书》述苻坚生应符命及其将问晋鼎事。前已节引其应符命事作注。车频生平无可考。

〔一九〕裴景仁《秦记》:隋唐《志》均著录《秦记》十一卷,宋殿中将军裴景仁撰,梁雍州主簿杜惠明注。

〔二〇〕本注:马、卫秦史,马僧虔、卫隆景事迹待考,其并著秦史事,隋唐《志》均未著录。

〔二一〕《秦纪》:《隋志》著录:“《秦纪》十卷。记姚苌事,魏左民尚书姚和都撰。”程《笺记》:“《晋书·姚兴载记》:‘兴疾,太子泓侍疾于咨议堂。泓弟弼有夺嫡之谋,使愔与其属率甲士攻端门,太子右卫帅姚和都率东宫兵击之。’”

〔二二〕本注:赵、张著国书,《魏书·赵逸传》:“逸,字思群,天水人。好学夙成。仕姚兴,历中书侍郎,为兴将齐难军司,征赫连屈丐，难败，为屈丐所虏，拜著作郎。世祖平统万，见逸所著曰：‘此竖无道，安得为此言乎？作者谁也，其速推之。’司徒崔浩曰：‘彼之谬述，亦犹子云之《美新》。’世祖乃止，拜中书侍郎。”又《张渊传》：“渊，不知何许人，尝事苻坚，又仕姚兴父子，为灵台令。姚泓灭，入赫连昌，昌复以渊为太史令。世祖平统万，渊见获，世祖以渊为太史令，数见访问。”《北史》本传讳“渊”为“深”。赵、张两传均未述及其著夏国书事，隋唐《志》亦均未著录其书。真兴(419—424)、承光(425—428)皆赫连勃之年号。

〔二三〕本注：关于西凉、西秦史，《魏书·刘昞传》：“昞，字延明，敦煌人也。李暠私署，征为儒林祭酒。昞著《凉书》十卷，《敦煌实录》二十卷。”《隋志》著录“《敦煌实录》十卷，刘景撰”，唐讳“昞”为“景”。昞撰之《西凉史》，乃“当代所书”。西秦有无“他邦所录”之史，待考。程《笺记》引朱希祖《十六国旧史考》云：“《魏书·段承根传》：‘承根父晖为乞伏炽磐辅国大将军、凉州刺史、御史大夫、西海侯。国政衰乱，晖父子奔吐谷浑，旋归国。承根好学，机辩有文思，崔浩请为著作郎，引与同事。’则西秦史事，盖由承根在魏传述。”程按：“承根撰何史，传未明言，尚无坚证。”

〔二四〕段龟龙记吕氏：《隋志》著录：“《凉记》十卷，记吕光事，伪凉著作佐郎段龟龙撰。”张澍《二酉山房》有辑本，记吕光、吕纂、吕隆三朝兴亡事，《两唐志》另著录段撰《西河记》二卷，而《隋志》则注云：“记张重华事，晋侍御史喻归撰。”

〔二五〕宗钦记秃发氏：《魏书·宗钦传》：“钦，字景若，金城人。父燮，吕光太常卿。钦少好学，有儒者风。仕沮渠蒙逊，为中书郎。世祖平凉州,入国,拜著作郎。崔浩之诛也,钦亦赐死。钦在河西,撰《蒙逊记》十卷,无足可称。"《隋志》著录"《凉书》十卷。高道让撰",又"《凉书》十卷,沮渠国史",无撰人名氏,与《钦传》撰北凉《蒙逊记》十卷合。而《魏书·高崇传附其子谦之传》云:"谦之,字道让,专意经史、天文、算历、图纬之书。以父舅氏沮渠蒙逊曾据凉土,国书漏阙,谦之乃修《凉书》十卷,行于世。"具言高撰《凉书》十卷,亦北凉书。则"宗钦记秃发氏"之言,与史籍中传、志所载均不符,而隋唐《志》又均著录"托跋("秃发"音转)《凉录》十卷",记南凉秃发氏事,均无撰人姓氏。浦起龙氏遂在此句下改作"宗钦记沮渠氏,失名记秃发氏",并加夹注云:"旧本'宗钦记'误粘'秃发',脱去沮渠一家,今照史补此六字。"按浦补"沮渠氏失名记"六字,就此段"说十六国"推求,独缺北凉。而宗钦之书,史传又明言记北凉事。浦氏注改,与史传、文意均符,足备参考。

〔二六〕韩显宗记吕冯氏:《魏书·韩显宗传》:"显宗,字茂亲,性刚直,能面折廷诤,亦有才学。除著作佐郎,兼中书侍郎。高祖谓显宗曰:'见卿所撰《燕志》,校卿才能,可居中第。'显宗撰冯氏《燕志》、《孝友传》各十卷。"是传未述及韩撰后凉吕氏事,故浦注谓"旧衍'吕'字"。又韩撰北燕冯跋《燕志》十卷,隋唐《志》均未著录,但录有《燕志》十卷,注"记冯跋事,魏侍中高闾撰"。查《魏书·高闾传》记闾事甚详,谓其"博综经史,文才俊伟,下笔成章",既历述其官至中书监,复载其表颂诸文,而于其卒后仅云"闾好为文章,军国书、檄、诏、令、碑、颂、铭、赞百有余篇,集为三十卷",不及其撰北燕志事,故近人金毓黻氏在其《中国史学史》一书中云："此书(指间书)实韩显宗撰。"

〔二七〕唯此三者可知：浦改"此"字为"有"字，注云："旧讹'此'。"又在"三者"两字下注云："本有四种，其一失名，故云三者。"盖与上文增"沮渠事失名记"六字相应耳，并志备考。

〔二八〕崔鸿《十六国春秋》：关于此书基本内容，及其著述经过，已于内篇《表历》、《探赜》中笺注。按《魏书·鸿传》云："凡十六国，名为春秋，一百二卷。"而《北史》鸿本传则云："鸿乃撰《十六国春秋》，勒成百卷，又别作《序例》一卷，《年表》一卷。凡一百二卷。"《隋志》著录"《十六国春秋》一百卷，魏崔鸿撰"，又"《纂录》一十卷"。《两唐志》各著录一百二十卷，均未著录《纂录》，与史传均不合。《四库总目提要》云："旧本题魏崔鸿撰，实则明嘉兴屠乔孙、项琳之伪本也。鸿作一百二卷，宋初《太平御览》犹引之，《崇文总目》始佚其名，晁、陈诸家书目亦皆不载，是亡于北宋也。万历以后，此本忽出，证以《艺文类聚》诸书所引，一一相同，遂行于世。然其文皆联缀古书，非由杜撰。考十六国之事者，固宜以是编为总汇焉。"又著录"别本《十六国春秋》十六卷"，《提要》云："旧本亦题魏崔鸿撰，载《汉魏丛书》中，其出在屠乔孙本之前，而亦莫详其所自。十六国各为一录，惟列僭伪之主五十八人，其诸臣皆不为立传，全为载记之体。证以《晋书·载记》，大致互相出入。而不以晋宋纪年，与《史通》所说迥异。岂好事者摭类书之语，以《晋书·载记》排比之，成此伪本耶？或后人节录鸿书，亦未可定也。"又清光绪年间，汤球撰《十六国春秋辑补》，据吴翊寅书后云："剌取旧文，辑成是编，并录《晋书》载记、列传及《宋》、《魏》两书，以补其阙。又撰年表一卷，冠晋于首，经纬秩然，十六国先后次序，一依鸿传。"搜辑较为完备。汤书收入《史学丛书》中。《隋志》著录之《纂录》十卷，汤球亦辑有《十六国春秋纂录校本》，并序云："《纂录》十卷，《崇文总目》以为《十六国春秋略》，《通鉴考异》以为《十六国春秋钞》。幸北齐《修文殿御览》皆全载于偏霸部中，参互考订，即《纂录》本。"是鸿书原有百卷本，与《纂录》十卷本两种也。而余嘉锡《四库提要辨证》云："《遂初堂书目》有此书，不得谓诸家书目不载，亡于北宋也。鸿书本百卷，《序例》、《年表》别行，《隋志》著录者是。新旧《唐志》作一百二十卷，盖误衍'十'字。"又就"别本"辨证云："此本晁、陈及《宋史》皆不著录，而突出于明代，其为明人抄撮群书，伪充古籍甚明，必非《崇文总目》著录之《十六国春秋略》也。"

〔二九〕逮正始元年："正"字，原因形近讹作"至"，蜀本、陆本、鼎本、郭本、黄本同，据史传改正。

〔三〇〕勒为十卷：浦就史传校改"十"为"一百二"，并注"旧讹作'十'"，其书虽另有"《纂录》十卷本，但此处似仍以正本有二卷为宜"。浦说是，但各本均同，姑仍其旧。

元魏史，道武时，始令邓渊著国记为十卷〔一〕，而条例未成。暨乎明元〔二〕，废而不述。神䴥二年〔三〕，又诏集诸文士崔浩、浩弟览、高谠、邓颖、晁继、范亨、黄辅等撰国书，为三十卷〔四〕。又特命浩总监史任，务从实录。复以中书郎高允、散骑侍郎张伟并参著作，续成前史书。叙述国事无隐恶[五]，而刊石写之，以示行路。浩坐此夷三族，同作死者百二十八人。自是遂废史官。至文成帝和平元年，始复其职，而以高允典著作，修国记。允年已九十，手目俱衰。时有校书郎中刘模，长于缉缀[六]，乃令执笔，而口占授之。如是者五六岁。所成篇卷，模有力焉。

初，国记自邓、崔以下，皆相承作编年体。至孝文太和十一年，诏秘书丞李彪、著作郎崔光始分为纪传异科[七]。宣武时，命邢峦追撰《孝文起居注》[八]。既而崔光、王遵业补续，下讫孝明之世[九]。温子昇复修《孝庄纪》[一〇]，济阴王晖业撰《辨宗室录》[一一]。魏史官私所撰[一二]，尽于斯矣。

齐天宝二年[一三]，敕秘书监魏收博采旧闻，勒成一史。又令刁柔、辛元植、房延祐、睦仲让、裴昂之、高孝干等助其编次。收所取史官，惧相凌忽，故刁、辛诸子，并乏史才，唯以仿佛学流，凭附得进。于是大征百家谱状，斟酌以成《魏书》。上自道武，下终孝靖，纪、传与志，凡百三十卷。收谄齐氏，于魏室多不平。既党北朝，又厚诬江左。性憎胜己，喜念旧恶，甲门盛德与之有怨者，莫不被以丑言，没其善事。迁怒所至，毁及高曾。书成始奏，诏收于尚书省与诸家论讨。前后列诉者百有余人。时尚书令杨遵彦，一代贵臣，势倾朝野，收撰其家传甚美，是以深被党援。诸讼史者皆获重罚，或有毙于狱中，群怨谤声不息。孝昭世，敕收更加研审，然后宣布于外。武成尝访诸群臣，犹云不实，又令治改，其所变易甚多。由是世薄其书，号为秽史[一四]。

至隋开皇,敕著作郎魏澹与颜之推、辛德源更撰《魏书》〔一五〕,矫正收失。澹以西魏为真,东魏为伪〔一六〕,故文、恭列纪,孝、靖称传,合纪传论例总九十二篇。炀帝以澹书犹未能善,又敕左仆射杨素别撰,学士潘徽、褚亮、欧阳询等佐之〔一七〕,会素薨而止。今世称魏史者,犹以收本为主焉。

右说《后魏书》。

〔一〕邓渊著国记为十卷:《魏书·邓渊传》:"渊,字彦海,安定人。博览经书,太祖定中原,擢为著作郎,诏渊撰国记。渊造十余卷,惟次年月起居行事而已,未有体例。"《通释》在"国记"两字下增一"唯"字,注云:"一脱'唯'字。"卢《拾补》亦云:"宋有'唯'字。"孙《札记》亦云:"'记'字下有'唯'字。"按史传云"惟次年月",在"十余卷"下,非谓"唯为十卷",蜀本、陆本、鼎本、郭本、黄本均无"唯"字,兹仍其旧。

〔二〕暨乎明元:明元乃魏太宗拓跋嗣谥号,原误作"元明",蜀本、陆本、鼎本同,郭本、黄本、《通释》已改,今据史帝纪乙改。

〔三〕神䴥:北魏太武帝年号(428—431)。"䴥",原误作"嘉",今改。䴥,牡鹿也。

〔四〕本注:崔浩等撰国书,为三十卷,崔浩事见《直书》篇注。《魏书·崔浩传》:"神䴥二年(429),诏集诸文人撰录国书,浩及弟览、高谠、邓颖、晁继、范亨、黄辅等共参著作,叙成国书三十卷。""高谠"、"晁继"、"三十卷",原误作"高闾"、"晁维"、"十卷",鼎本、郭本、黄本均同象本,蜀本、陆本作“高阁”，误，《通释》悉改。卢《拾补》校改“维”为“继”。孙《札记》亦云：“邓本作‘继’。”今悉据史传改补。

〔五〕续成前史书。叙述国事无隐恶：《魏书·崔浩传》：“世祖诏浩曰：‘史阙其职，篇籍不著。命公留台，综理史务，述成此书，务从实录。’浩于是监秘书事，以中书侍郎高允、散骑侍郎张伟参著作，续成前纪。至于损益褒贬，折中润色，浩所总焉。著作令史太原闵湛、赵郡郄标素谄事浩，乃请立石铭，刊载国书。浩尽述国事，备而不典。而石铭显在衢路，往来行者，咸以为言，事遂闻发。有司按验，浩伏受赇，其秘书郎吏已下尽死。诛浩，崔、卢、郭、柳氏皆浩之姻亲，尽夷其族。”又“续成前史书”句，鼎本、郭本、黄本同，浦注：“‘史’字疑衍。”“无隐恶”句，各本亦同，卢《拾补》在“恶”字上补一“所”字，注云：“宋有。”孙《札记》校云：“顾引《拾补》有‘所’字，邓本同。”《通释》补入“所”字。按无隐恶，与无隐所恶，涵义不同，存以待考。张伟事见《魏书·儒林传》：“伟，字仲业，太原中都人，学通诸经。世祖时，与高允等俱被辟命，拜中书博士，转侍郎。”

〔六〕本注：高允修国记，刘模缉缀，《魏书·高允传》：“允，字伯恭，渤海人。与司徒崔浩述成国记，领著作郎。闵湛劝浩刊所撰国史于石，用垂不朽，以彰浩直笔之迹。允闻之曰：‘恐为崔门万世之祸，吾徒无类矣。’未几，难作，浩被收。世祖召允谓曰：‘国书皆崔浩作不？’允对曰：‘太祖记，前著作郎邓渊所撰。先帝记及今记，臣与浩同作。然浩综务处多，总裁而已。至于注疏，臣多于浩。’世祖曰：‘对君以实，贞臣也。’允竟得免。敕允为诏，自浩已下、僮吏已上百二十八人，皆夷五族。其后允又迁中书监，加散骑常侍，虽久典史事，然而不能专勤属述。时与校书郎刘模有所缉缀，大较续崔浩故事，准《春秋》之体，而时有刊正。”又附《刘模传》：“允所引刘模者，长乐信都人。允领秘书、典著作，选为校书郎。允修撰国记，与俱缉著。允年已九十，目手稍衰，多遣模执笔，而指授裁断之。如此者五六岁，允所成篇卷，模预有功焉。”

〔七〕李彪、崔光始分为纪传：《魏书·李彪传》：“彪，字道固，顿丘人，笃学不倦。高祖初，为中书教学博士，迁秘书丞，参著作事。自成帝以来，至于太和，崔浩、高允著述国书，编年序录，为《春秋》之体，遗落时事，三无一存。彪与秘书令高祐始奏从迁、固之体，创为纪、传、表、志之目焉。”又《魏书·崔光传》：“光本名孝伯，字长仁，东清河人。太和六年，拜中书博士，转著作郎，与秘书丞李彪参撰国书。太和之末，彪解著作，专以史事任光。彪寻以罪废。世宗居谅暗，彪上表求成《魏书》，诏许之。彪遂以白衣于秘书省著述。光虽领史官，以彪意在专功，表解侍中、著作以让彪，世宗不许。永平四年，以孙惠蔚代光领著作，惠蔚首尾五载，无所厝意，诏光还领著作。光弟敬友，敬友子鸿。鸿修高祖、世宗起居注。光撰魏史，徒有卷目，初未考正，阙略尤多，每云：‘此史会非我世所成，但须记录时事，以待后人。’临薨，言鸿于肃宗。”

〔八〕邢峦追撰《孝文起居注》：《魏书·邢峦传》：“峦，字洪宾，河间人。少而好学，博览书传，有文才干略，拜中书博士，迁员外散骑侍郎，为高祖所知赏。”撰《孝文起居注》事，见下注〔一三〕。

〔九〕“既而”数句：《魏书·王慧龙传附子遵业传》：“遵业涉历

经史,位著作佐郎,与司徒左长史崔鸿同撰起居注。诣代京,采拾遗文,以补起居所阙,著《三晋记》十卷。”按隋唐《志》均著录“《后魏起居注》三百三十六卷”,不著撰人姓氏,据此,与王遵业共同补续者乃崔鸿,非鸿之伯父光。参看注〔一三〕。又原刊脱“王”字,郭本、黄本同,《通释》、卢《拾补》均校补,今据史传补入。再“下讫孝明之世”之“讫”字,《魏收传》作“讫”,参看注〔一三〕,他本多作“讫”,底本及蜀本、陆本误作“说”,今改正。

〔一〇〕温子昇复修《孝庄纪》:《魏书·温子昇传》:“子昇,字鹏举,自云太原人,晋大将军峤之后。博览百家,文章清婉。初为南主客郎中,修起居注。济阴王晖业尝云:‘江左文人,宋有颜延之、谢灵运,梁有沈约、任昉,我子昇足以陵颜轹谢,含任吐沈。’撰《永安记》三卷。”又其复修之“《孝庄纪》”,“庄”字原作“武”,蜀本、陆本、鼎本同,《通释》作“庄”,卢《拾补》、孙《札记》均云“‘武’讹”。按《魏书·孝庄纪》初谥武怀,继谥孝庄,今改。

〔一一〕晖业撰《辨宗室录》:《魏书·济阴王传》附《晖业传》:“晖业,长涉子史,亦颇属文,撰魏藩王家世,号为《辨宗室录》四十卷,行于世。”参见《六家》篇。

〔一二〕魏史官私所撰:陈《补释》引《魏书·山伟传》:“国史自邓渊、崔琛、崔浩、高允、李彪、崔光以还,诸人相继撰录,綦儁及伟等以为国书正应代人修缉,不宜委之余人。是以儁、伟等更主大籍,初无述著。自崔鸿死后,迄终伟身,二十许载,时事荡然,万不记一,后人执笔,无所凭据,史之遗阙,伟之由也。”

〔一三〕天宝:蜀本、陆本、鼎本、郭本、王本、黄本同,《通释》改作

"天保",注云:"显祖元。"按《北齐书》卷三十七《魏收传》载北齐天保二年,诏魏收撰《魏史》,或当为浦氏所本。兹仍从其旧。

〔一四〕秽史:事已见《书志》、《称谓》、《曲笔》等篇,兹节录《北齐书》收传,以资印证。"齐将受禅,杨愔令撰禅代诏册。天保元年除中书令,仍兼著作郎。二年,诏撰魏史。魏初,邓彦海撰《代记》十余卷,其后崔浩典史,游雅、高允、程骏、李彪、崔光、李琰之徒世修其业。浩为编年体,彪始分作纪、表、志、传,书犹未出。宣武时,命邢峦追撰《孝文起居注》,书至太和十四年,又命崔鸿、王遵业补续焉。下讫孝明,事甚委悉。济阴王晖业撰《辨宗室录》三十卷。收于是与通直常侍房延祐、司空司马辛元植、国子博士刁柔、裴昂之、尚书郎高孝干专总斟酌,以成《魏书》。所引史官,恐其凌逼,唯取学流先相依附者。房延祐、辛元植、眭仲让虽夙涉朝位,并非史才。刁柔、裴昂之以儒业见知,全不堪编缉。高孝干以左道求进。修史诸人祖宗姻戚多被书录。时论既言收著史不平,文宣诏收于尚书省,与诸家子孙共加论讨,前后投诉百有余人。众口喧然,号为'秽史'。左仆射杨愔,势倾朝野,收遂为其家作传。终文宣世,更不重论。孝昭诏收更加研审,收奉诏颇有改正。"又《通释》云:"刁柔、辛元植、房延祐、睦仲让、裴昂之、高孝干六人皆无传。"按:《北齐书·儒林·刁柔传》:"柔,字子温,渤海人。父整。柔少好学,综习经史。天保初,除国子博士、中书舍人。魏收撰魏史,启柔等与同其事。柔性颇专固,自是所闻,收常所嫌惮。"又《魏书·辛绍先传》末附其曾孙"元植,武定中,仪同府司马"。又《魏书·房法寿传》附其族孙《延祐传》:"延祐,武定末,太子家令。"又《北齐书·颜之推传》附《眭豫传》末云:"豫宗人仲让,天保时,尚书左丞。"惟裴子昂之无可考。可述者,《魏书·自序》谓收"与通直常侍房延祐,司空司马辛元植,国子博士刁柔、裴昂之,尚书郎高孝干博总斟酌,以成《魏书》。辨定名称,随条甄举,又搜采亡遗,缀续后事,备一代史籍,表而上闻。勒成一代大典,凡十二纪、九十二列传,合一百一十卷,五年三月奏上之"。《北齐书·魏收传》云:"刁柔、裴昂之以儒业见知,全不堪编缉。"《册府元龟》卷五百五十六《国史部》亦云:"收于是部通直常侍房延祐、司空司马辛元植、国子博士刁柔、裴昂之,尚博总斟酌,以成《魏书》。辨定名称,随条甄举。又搜采亡遗,缀续后事,备一代史籍,表而上闻之。"虽褒贬不一,皆言及其修史事。又《魏书·高崇传》附其孙《孝干传》:"孝干,司空东阁祭酒。"《魏收传》云:"尚书郎高孝干,以左道求进。"又《北齐书·杨愔传》:"愔,字遵彦,小名秦王,弘农人。父津,一门之内,赠太师、太傅、丞相、大将军者二人,大尉、录尚书及中书令者三人,仆射、尚书者五人,刺史、太守者二十余人,追荣之盛,古今未之有也。天保初,诏愔监太史,迁尚书右仆射,又拜开府仪同三司,徙尚书令,又拜特进、骠骑大将军,任遇益隆。常山王言杨遵彦等欲擅朝权,威福自己。"而收在《魏书》卷五十八,既为其祖杨播立一专传,附及杨津,亦备陈其功德,史论亦高度称扬其家声。

〔一五〕本注:魏、颜、辛撰《魏书》,魏澹事已见《本纪》篇注。《隋书·魏澹传》:"高祖受禅,以魏收所撰书,褒贬失实,诏澹别成魏史,澹自道武下及恭帝,为十二纪、七十八传,别为《史论》及《例》一卷，并《目录》，合九十二卷。澹之义例，与魏收多所不同。”隋唐《志》均著录澹书，惟卷数歧异。《隋志》作百卷，《旧唐志》作一百零七卷。又《北齐书·颜之推传》：“之推，字介，琅邪人。早传家业，博览群书。（仕齐）为平原太守，齐亡入周。大象末，为御史上士。隋开皇中，太子召为学士，甚见礼重，有文三十卷，《家训》二十篇，并行于世。”又《隋书·辛德源传》：“德源，字孝基，陇西人，齐杨遵彦荐之于文宣帝，起家奉朝请。齐灭，仕周为宣纳上士。高祖受禅，牛弘以德源才学显著，奏与著作郎王劭同修国史。”颜、辛两传均未述及与魏澹更撰《魏书》事。

〔一六〕澹以西魏为真，东魏为伪：“澹”字误刊作“淡”，鼎本同，今改，上“著作郎魏澹”之“澹”同。据《隋书·澹传》：澹仕周为纳言中士，其魏史“下及恭帝”，即西魏末之拓跋廓，故云以西魏为真。而魏收书则以东魏孝静帝为纪，西魏之文帝宝炬、废帝钦、恭帝廓均不作纪。

〔一七〕杨素别撰，学士潘徽、褚亮、欧阳询等佐之：《隋书·文学·潘徽传》：“徽，字伯彦，吴郡人。精三史，善属文。陈灭，晋王广引为扬州博士。炀帝嗣位，诏徽与著作佐郎陆从典、太常博士褚亮、欧阳询等助越公杨素撰《魏书》，会素薨而止。”又《杨素传》：“素，字处道，弘农人。晋王广卑躬以交素，及为太子，素之谋也。素虽有建立之策及平杨谅功，然特为帝所猜忌，外示殊礼，内情甚薄。”又《旧唐书·褚亮传》：“褚亮，字希明，杭州人，陈亡入隋，为东宫学士，大业中，授太常博士。寻坐与杨玄感有旧，左迁西海郡司户。薛举僭号陇西，以亮为黄门侍郎。及举灭，太宗深加礼接。”又《欧阳询传》:“询,潭州人,博览经史,尤精三史,仕隋为太常博士。”又《陈书·陆从典传》:“从典,字由仪,博涉群书,于班史尤所属意,仕隋为给事郎兼东宫学士,又除著作佐郎。杨素奏从典续司马迁《史记》,迄于隋,其书未就。”

高齐史,天统初,太常少卿祖孝征述献武起居,名曰《黄初传天录》〔一〕。时中书侍郎陆元规常从文宣征讨〔二〕,著《皇帝实录》,惟记行师,不载他事。自武平后,史官杨休之、杜台卿、祖崇儒、崔子发等相继注记〔三〕,逮于齐灭。

隋秘书监王邵〔四〕、内史令李德林并少仕邺中〔五〕,多识故事,王乃凭述起居注,广以异闻,造编年书,号曰《齐志》,十有六卷。其序云二十卷,今世间传者唯十六卷焉。李在齐预修国史,创记传书二十七卷。至开皇初,奉诏续撰,增多齐史三十八篇,已上送官,藏之秘府。

皇家贞观初,敕其子中书舍人百药仍其旧录,杂采他书,演为五十卷〔六〕。今之言齐史者,唯王、李二家云。

右说《北齐书》。

〔一〕祖孝征:《北齐书·祖珽传》:“珽,字孝征,范阳人。武成皇帝擢拜中书侍郎,寻为太常少卿。后主拜珽尚书左仆射,监国史,加特进,入文林馆,总监撰书。”未载述《黄初传天录》事。按献武,即齐高祖神武皇帝高欢最初谥号。《珽传》云“珽希旨上书,请追尊太祖献武皇帝为神武”,《后主帝纪》亦云“大统元年十一月,太上皇帝诏改太祖献武皇帝为神武皇帝”,孝征述献武起居,而以《黄初传天录》为名。黄初乃曹丕初建国年号,意谓高氏父子之代东魏,亦犹曹丕之代汉也。又祖孝征"孝"字原误作"敬",鼎本、郭本、黄本及《通释》俱作"孝",兹据史传改。

〔二〕陆元规:《祖珽传》载:"珽值中书省,掌诏诰。通密状列中书侍郎陆元规,敕令裴英推问,元规以应对忤旨,被配甲坊。"史无元规传,著文宣实录事,纪、志均无可考。

〔三〕本注:杨、杜、祖、崔相继注记,"杨休之"史传作"阳休之"。《北齐书·阳休之传》:"休之,字子烈。右北平人。(魏)庄帝立,解褐员外散骑侍郎。寻以本官领御史、迁给事中。李神儁监起居注,启休之与河东裴伯茂等俱入撰次。普泰中,敕与魏收等修国史。齐受禅,除散骑常侍,修起居注。天统初,征为光禄卿,监国史。"又《隋书·杜台卿传》:"台卿,字少山,博陵人。仕齐奉朝请、著作郎、中书黄门侍郎。性儒素,每以雅道自居。开皇初,被征入朝,请修国史,拜著作郎,撰《齐记》二十卷。"又《祖珽传》末云:"珽族弟崇儒,涉学有辞藻,少以干局知名。武平末,司州别驾、通直常侍。入周为容昌郡太守。隋开皇初,终宕州长史。"又《隋志》著录:"《齐纪》三十卷,纪后齐事,崔子发撰。"崔子发事迹无考。

〔四〕王邵《齐志》:已见《六家·左传家》注。

〔五〕内史令:原作"内令史",蜀本、陆本、鼎本、郭本、黄本同。卢《拾补》校云:"从宋乙。"

〔六〕李德林、百药:分见前《探赜》、《本纪》等篇注。

宇文周史,大统年有秘书丞柳虬兼领著作〔一〕,直辞正色,事有可称。至隋开皇中,秘书监牛弘追撰《周纪》十有八篇[二]，略叙纪纲，仍皆牴牾。皇家贞观初，敕秘书丞令狐德棻、秘书郎岑文本共加修缉，定为《周书》五十卷[三]。

右说《后周书》。

〔一〕柳虬：《周书·柳虬传》："虬，除秘书丞，秘书虽领著作，不参史事，自虬为丞，始令监掌焉。迁中书侍郎，修起居注，仍领丞事。"史载其论史官直笔于朝事。

〔二〕牛弘追撰《周纪》：牛弘事见《世家》篇注。《隋志》著录："《周史》十八卷，未成。吏部尚书牛弘撰。"

〔三〕本注：令狐、岑修《周书》，《唐会要·史馆上》："武德五年十二月二十六日，诏侍中陈叔达、秘书丞令狐德棻、太史令庾俭可修周史。"《旧唐书·令狐德棻传》亦载此诏："贞观三年，太宗复敕修撰，乃令德棻与秘书郎岑文本修周史。德棻又奏引殿中侍御史崔仁师佐修周史。"德棻事见上篇注。《岑文本传》："文本，字景仁，南阳人，博考经史，多所贯综。与令狐德棻撰《周史》，其史论多出于文本。至十年史成。"

隋史，当开皇、仁寿时，王邵为书八十卷，以类相从[一]，定其篇目。至于编年、纪传，并阙其体[二]，炀帝世，唯有王胄等所修《大业起居注》[三]，及江都之祸，仍多散逸。皇家贞观初，敕中书侍郎颜师古、给事中孔颖达，共撰成《隋书》五十五卷[四]，与新撰《周史》，并行于时。

初，太宗以梁、陈及齐、周、隋氏，并未有书，乃命学士分修，事具于上。仍使秘书监魏征总知其务，凡有赞论，征多预焉。始以贞观三年创造，至十八年方就。唯姚思廉贞观二年起功,多于诸史一岁。合五代纪传并目录凡二百五十二卷〔五〕。书成,下于史阁。唯有十志,断为三十卷,寻拟续奏,未有其文。又诏左仆射于志宁、太史令李淳风、著作郎韦安仁、符玺郎李延寿同撰〔六〕。其先撰史人,唯令狐德棻重预其事。太宗崩后,刊勒始成。其篇第虽编入《隋书》,其实别行,俗呼为《五代史志》〔七〕。

右说《隋书》。

〔一〕"王劭"至"以类相从":王劭已见前《六家》等篇注。《隋书·劭传》:"劭在著作将二十年,专典国史。撰《隋书》八十卷,多录口敕,又采迂怪不经之语及委巷之言,以类相从,为其题目。辞义繁杂,无足称者。遂使隋代文武名臣列将善恶之迹,堙没无闻。"《隋志》在杂史目著录:"《隋书》六十卷,未成,秘书监王劭撰。"盖以其非编年、纪传体也。又《新语·术事》:"事以类相从。"

〔二〕编年、纪传,并阙其体:《旧唐书·令狐德棻传》载:"高祖诏谓梁、陈、齐、周、隋史,简牍未编,纪传咸阙。"

〔三〕王胄:《隋书·王胄传》:"胄,字承基,琅邪人。大业初,为著作佐郎,以文词为炀帝所重,杨玄感败,胄坐诛。"传文未载其修史事,隋唐《志》亦均未著录《大业起居注》。

〔四〕本注:颜、孔共撰成《隋书》,《旧唐书·颜师古传》:"颜籀,字师古,雍州人,之推孙。少传家业,尤精诂训,册奏之工,时无及者。太宗擢拜中书侍郎。考定《五经》,多所厘正。注班固《汉书》,解释详明,深为学者所重。"又《孔颖达传》:"颖达,字仲达,冀州人。隋大业初,举明经高第。唐武德九年授国子博士,贞观初,转给事中。累除国子司业,与魏征撰成隋史，与颜师古等诸儒受诏撰定《五经正义》。”《旧唐志》著录：“《隋书》八十五卷。”《新唐志》著录：“《隋书》八十五卷，《志》三十卷，颜师古、孔颖达、于志宁、李淳风与魏征等撰。”其中除志三十卷外，纪、传共为五十五卷。

〔五〕五代纪传并目录：《旧唐书·魏征传》：“征，字玄成，巨鹿人。大业末，李密召之，征进十策以干密，及密败，征随密来降，隐太子引直洗马，及败，太宗引为詹事主簿。及践阼，擢拜谏议大夫，迁秘书监。有诏遣令狐德棻、岑文本撰《周书》，孔颖达、许敬宗撰《隋史》，姚思廉撰《梁》、《陈》史，李百药撰《齐史》，征受诏总加撰定，多所损益，务存简正。《隋史》序论，皆征所作，《梁》、《陈》、《齐》各为总论，时称良史。”《两唐志》著录《梁》、《陈》、《齐》、《周》、《隋》五书，今存。《梁》、《陈》、《齐》、《周》合《隋书》纪传计二百四十七卷，加五书目录各一卷，共二百五十二卷。又《册府元龟》卷五百五十六《国史部》：“魏征为侍中，初有诏，遣令狐德棻、岑文本撰周史，孔颖达、许敬宗撰隋史，姚思廉撰梁、陈史，李百药撰齐史。征受诏，总加撰定，多所损益，务存简正。隋史序论，皆征所作，梁、齐各为总论，时称良史。史成，加左光禄大夫，进封郑国公，赐物二千段。姚思廉受诏，与秘书监魏征同撰梁、陈二史，思廉又采诸家梁史，续成父书，并推究陈事，删益博综顾野王所修旧史，撰成《梁书》五十卷、《陈书》三十卷。魏征惟裁其总论，其编次笔削，皆思廉之功也。”

〔六〕于志宁、李淳风、韦安仁、李延寿：《旧唐书·于志宁传》：“志宁，雍州人，文学馆学士，累迁中书侍郎。永徽二年监修国史。拜尚书左仆射，前后预修礼、修史。”又《李淳风传》：“淳风，岐州雍人。幼俊爽，博涉群书，尤明天文、历算、阴阳之学，除太常博士，寻转太史丞，预撰《晋书》及《五代史》，其《天文》、《律历》、《五行志》，皆淳风所作。改授秘阁郎中、太史令。”又李延寿事见前，其本传有句云：“尝受诏与敬播同修五代史志，迁符玺郎，兼修国史。”又韦安仁，“韦”字原误刊作“伟”，蜀本、陆本同，鼎本、郭本、黄本及《通释》均作“韦”，今校改。《两唐书》无传。

〔七〕《五代史志》：即今存《隋书》十志三十卷。其内容实上包梁、陈、齐、周。《唐会要·史馆上·修前代史》：“显庆元年五月四日，史官修梁、陈、齐、周、隋五代史三十卷，太尉无忌进之。”无忌，即长孙无忌。“贞观十五年，诏左仆射于志宁、太史令李淳风、著作郎韦安仁、符玺郎李延寿及令狐德棻同修《五代史志》。”

惟大唐之受命也，义宁、武德间，工部尚书温大雅首撰《创业起居注》三篇〔一〕。自是司空房玄龄、给事中许敬宗、著作佐郎敬播，相与自立编年体，号为实录。迄乎三帝，世有其书〔二〕。贞观初，姚思廉始撰纪传，粗成三十卷〔三〕。至显庆元年，太尉长孙无忌与于志宁、令狐德棻、著作郎刘胤之、杨仁卿、起居郎顾胤等，因其旧作，缀以后世〔四〕，复为五十卷。虽云繁杂，时有可观。

龙朔中，敬宗又以太子少师总统史任，更增前作，混成百卷。如《高宗本纪》及永徽名臣、四夷等传，多是其所造。又起草十志，未半而终。敬宗所作纪、传，或曲希时旨，或猥释私憾，凡有毁誉，多非实录〔五〕，必方诸魏伯起，亦犹张衡之蔡邕焉〔六〕。其后左史李仁实续撰于志宁、许敬宗、李义府等传，载言纪事，见推直笔。惜其短世，一作“岁”。功业未终〔七〕。至长寿中，春官侍郎牛凤及又断自武德〔八〕，终于弘道，撰为《唐书》百有十卷。凤及以喑聋不才，而辄议一代大典，凡所纂录，皆素责私家行状，而世人叙事，不能自达。或言皆比兴，全类咏歌，或语多鄙朴，实同文案，而总入编次，了无厘革。其有出自胸臆，申其机杼，发言则嗤鄙怪诞，叙事则参差倒错。故阅其篇第，岂谓可观，披其章句，不识所以。既而悉收姚、许诸本，欲使其书独行。由是皇家旧事，残缺殆尽。

长安中，余与正谏大夫朱敬则、司封郎中徐坚、左拾遗吴兢，奉诏更撰《唐书》〔九〕，勒成八十卷。神龙元年，又与坚、兢等重修《则天实录》，编为三十卷〔一〇〕。夫旧史之坏，其乱如绳，错综艰难，期月方毕。虽言无可择，事多遗恨，庶将来削稿，犹有凭焉。

大抵自古史臣撰录，其梗概如此。盖属词比事，以月系年，为史氏之根本，作生人之耳目者，略尽于斯矣。自余偏记、小说，则不暇具而论之。

右说《唐书》〔一一〕。

〔一〕温大雅首撰《创业起居注》：《旧唐书·温大雅传》：“大雅，字彦弘，太原人。少好学，仕隋东宫学士，高祖引掌文翰。历迁黄门侍郎，寻转工部尚书，撰《创业起居注》三卷。”《两唐志》均著录是书。《郡斋读书志》：“纪高祖建义至受隋禅用师、符谶、受命、典册事。”

〔二〕本注：房、许、敬立三帝实录，《旧唐书·房玄龄传》：“房乔，字玄龄，齐州临淄人，博览经史，贞观元年为中书令。四年，为尚书左仆射，监修国史。”累迁均“依旧监修国史，寻以撰高祖、太宗《实录》成，降玺书褒美”。许敬宗、敬播事均见上卷第十条注〔八〕、〔九〕。许敬宗本传有句云：“贞观十七年，以修武德、贞观实录成，赐物八百段。”《敬播传》亦有句云：“与给事中许敬宗撰高祖、太宗《实录》，自创业至于贞观十四年，凡四十卷。又撰《太宗实录》，从贞观十五年至二十三年，为二十卷。”《新唐志》著录“《高祖实录》二十卷，敬播撰，房玄龄监修，许敬宗删改；许敬宗《皇帝实录》三十卷；《今上（高宗）实录》二十卷，敬播、顾胤撰，房玄龄监修”，史部始创立实录一目。

〔三〕本注：姚撰纪传，《通释》：“姚思廉，《新》、《旧》本传阙书撰国史。”按姚本传：“贞观初，迁著作郎、弘文馆学士。写其形像，列于《十八学士图》，令褚亮为之赞曰：‘纪言实录。’”据《唐会要·秘书省》：“著作郎，掌修史。贞观二十三年闰十二月，著作罢史任。”则思廉既在贞观初任著作郎，必司记注起居言行之史任，故褚有“纪言实录”之赞，其书后来既经长孙无忌等缀增，故新旧《唐志》以下书目均未著录。

〔四〕本注：长孙等缀以后世，《新唐志》正史类著录：“《武德贞观两朝史》八十卷。长孙无忌、令狐德棻、顾胤等撰。”《旧唐书·长孙无忌传》：“无忌，字辅机，河南洛阳人。其先出自后魏，无忌贵戚好学，该博文史，文德皇后即其妹也。太宗以其佐命元勋，礼遇尤重，（官至）司徒，赵国公。”《刘胤之传》：“胤之，徐州彭城人，永徽初，与国子祭酒令狐德棻、著作郎杨仁卿等撰成国史及实录奏上之。”知幾乃其从孙。又《顾胤传》:“胤,苏州吴人。永徽中,兼修国史,撰《太宗实录》二十卷成。授弘文馆学士,以撰武德、贞观两朝国史八十卷成,加朝请大夫。”令狐、于两人已见前注。

〔五〕“敬宗所作纪、传”至“多非实录”:许敬宗事已见上卷。据本传:“龙朔三年,册拜太子少师,并依旧监修国史。敬宗自掌知国史,记事阿曲。初,高祖、太宗两朝实录,其敬播所修者,颇多详直,敬宗又辄以己爱憎,曲事删改,论者尤之。自贞观已来,朝廷所修《五代史》及《晋书》,皆总知其事。”《两唐志》均著录“许敬宗《高宗实录》三十卷”。

〔六〕犹张衡之蔡邕:《通释》:“《商芸小说》:‘张衡死日,蔡邕母始孕,二人才貌相类,人云邕是张衡后身。’”按:余嘉锡《殷芸小说辑证·序言》云:“《隋书·经籍志》云:‘《小说》十卷,梁武帝敕安右长史殷芸撰。’案:其书自《隋志》以下,《两唐志》、《宋志》、《崇文总目》,尤、晁、陈三家书目皆著于录,至陶宗仪撰《说郛》,引用尚夥,知元末犹存。明《文渊阁书目》中竟无此书,疑其亡于明初。”又其凡例云:“明称殷芸或商芸《小说》。”注引《书录解题》十一云:“或称商芸者,宣祖庙未祧时避讳也。”按殷芸,字灌蔬,《梁书》、《南史》并有传。《史通·杂说中》云:“梁武帝令殷芸编诸小说。”浦氏亦就此句作释。而此处又名是书为“商芸”,似欠缜密。余氏辑证,见1977年2月中华书局印《余嘉锡论学杂著》上册。再杨《通释补》云:“‘之’下疑夺一字。”按:王引之《经传释词》卷九:“之,犹与也。襄二十三年《传》:‘申鲜虞之傅挚。’谓申鲜虞与傅挚也。”此句承上句“必方诸魏伯起”,盖言魏收与许敬宗,亦犹张衡与蔡邕相类也，似未夺字。

〔七〕本注：李仁实续撰未终，仁实事迹见上卷注，《唐会要·史馆上·修国史》："显庆中诏刘仁轨等修史，仁轨引左史李仁实专掌其事，将加刊改，会仁实卒官，又止。"

〔八〕牛凤及：见上卷。

〔九〕本注：朱、徐、吴更撰《唐书》，朱敬则、徐坚、吴兢事迹具见《自叙》篇注。《唐会要·史馆上·修国史》："长安三年，敕梁王三思与纳言李峤、正谏大夫朱敬则、司农少卿徐彦伯、凤阁舍人魏知古、崔融、司封郎中徐坚、左史刘知幾、直史馆吴兢等修唐史。采四方之志，成一家之言，长悬楷则，以贻劝诫。"按《旧唐书·吴兢传》："魏元忠、朱敬则荐兢有史才，因令直史馆，修国史，累月，拜右拾遗。"《新唐书》本传亦作"右拾遗"。原刊作"左拾遗"，郭本、黄本同，疑有歧误。

〔一〇〕本注：神龙元年，重修《则天实录》三十卷，《唐会要·修国史》："神龙二年，武三思、魏元忠及徐坚等修《则天实录》二十卷。"又："开元四年十一月，修史官刘子元、吴兢撰《则天实录》三十卷。"又："神龙二年五月，监修国史中书令魏元忠等修《则天实录》三十卷成。"此三事似有歧异，然一、三显系一事，修成为三十卷，第二条则系重修。而《新唐志》著录"《则天皇后实录》二十卷，魏元忠、徐坚（等）撰，刘知幾、吴兢删正"，将神龙、开元先后修删之《则天实录》混为一事。蜀本、陆本同底本，鼎本、郭本、黄本作"二十卷"，卢《拾补》校"二"字云："宋'三'。"自应以"三十卷"为是。

〔一一〕右说《唐书》：卢《拾补》云："别本有'右说唐书'四字，乃后人所加，宋无。"蜀本、陆本、鼎本、郭本无，特别是末段"大抵自古史臣撰录"，乃总论古今正史，自非专说《唐书》。

史通卷之十三　外篇

疑古第三总十二条

【解　题】

《疑古》、《惑经》两篇乃探讨《尚书》、《春秋》之内容。知幾既引此两部经书为记言、记事之史，前此各篇仅在《六家》及《古今正史》中辨其源流；而此两书又多褒美过当、讳恶失实之病，故就全书编制言，仍有必要提出怀疑批判，遂特分篇加以申论。

序言分析《尚书》记事缺略之原因，首先乃自古以来“轻事重言”。其次则为“拘于礼法，限以师训”，誉美毁恶，因袭莫改，致使“尧舜不胜其美，桀纣不胜其恶”。再次即“内讳本国，外讳贤者”，而说者如孔子等复“饰智矜愚，爱憎由己”，奋笔昌言，强为之说，遂令“后来学者，蒙然靡察”。

从其所举上述三点看，《尚书》、《春秋》两书之所以令人疑惑难解，一是由于违反“简而能要”之修史原则，二是不具备“爱而知其丑，憎而知其善”之客观治史态度。吕《评》说他

"邃于史而疏于经",信然。事实也是论史,而非穷经。此篇列举十疑,大多为后儒层垒塑造神化了的传说。《尚书》中《虞书》、《夏书》,乃战国儒者所假造,已有论定。《商书》中除商末数篇外,亦多可疑。十疑中除第一疑,皆为禅让嬗代之事,或可印证远古部落联盟两头军务酋长制,其原始民主选举及其领导权之争夺,殊难令人相信其雍容揖让乃历史之真实。刘知幾于一千三百年前,即表示怀疑,并论证其伪,予以实证批判,诚乃难能可贵。当然,知幾之进步观点,亦非毫无历史文献之凭借。《韩非子·说疑》篇早就说:"舜偪尧,禹偪舜,汤放桀,武王伐纣,此四王者,人臣之弑其君者也,而天下誉之。"《论衡·艺增篇》也说:"儒书言尧舜之民,可比屋而封。夫言可封,可也,言比屋,增之也。"又:"《武成》言血流浮杵,亦太过焉,死者血流,安能浮杵?"韩非、王充等之见解,对知幾皆有启迪作用。

吕《评》又谓其"据《汲冢书》、《山海经》皆伪物不足信",并用"以儒攻儒"之考据方法,撰为《广疑古》,附载于其《史通评》中,不仅可与《疑古》相参证,确亦"可见考据之法",是值得一读的好文章。但伪书亦不应一笔抹煞,即以此篇所据《竹书纪年》及《山海经》而论,其所记载之史料,实较胜于《尚书》。如何对待伪书,亦研究吾国古史之重要问题。前人考订伪书,已做过大量工作,今人则应利用前人劳动成果,采取实事求是观点,根据伪书作者所处的时代及其作伪目的等具体情况,估量其史料价值,给予恰如其分的评价。

钱大昕谓《疑古》、《惑经》之作,是由于"耻巽辞以谀今,假大言以蔑古"(《十驾斋养新录》)。陈伯弢先生亦称:"乃假古以切今,实惩前而毖后。"陈《补释》运用经今文学家治史方法，以唐事证此篇微旨，今已将其纳入笺注中。知幾此篇提出，“必以古方今，千载一揆”，实属形而上学的历史观点，又多运用以古方今之方法，反复予以论证。如在第四疑中即明白说：“启之诛益，亦犹晋之杀玄。”伯弢先生联系唐事以立论，认为此说可说是有所据而云然；惟通观《史通》全书，始终贯穿“时移世异”、“相时”、“随俗”等进化观点，则仍可别有申说。他主张治史要“考时俗之不同，察古今之有异”，强调“前史之所未安，后史之所宜革”，反对“知古而不知今”，尤其是片面“以今方古，一概而论得失”，何以却在此篇唱出反调，反多以古方今呢？此或由于其不理解所谓尧、舜、禹、汤、文、武、周公之事，乃是孔孟以降儒家摭拾远古部落联盟传说，加以神化或美化，构建乌托邦理想，而秦汉以后又为新莽、曹魏所利用，遂在中古时期演出一幕幕禅代政治闹戏，看起来像是历史之重演，实质为儒家之政治空想，更甚者则用作争夺帝位的手段。知幾虽鉴不及此，但其忠于历史、勇于探索历史真相、大胆怀疑儒家经典，字里行间充满批判精神，内心用意仍是十分可贵的。

其次，在专制主义酷烈统治下，前人偶或采用某些隐喻，以古讽今，乃出于不得已之情势，当亦可取；惟从《史通》全书及知幾现存几篇文章看，他对唐初官修《晋书》虽有所批评，对唐初政治似未流露不满情绪。而通观其在武后时所陈四事，及其与史馆监修有关之论述，则言辞颇为尖锐，具见其对史官监修制度，诚可谓深恶痛绝。故今于第三疑之笺注，亦用伯弢先生之法，证以武后贬庐陵王于房州事，或可资参证。

盖古之史氏，区分有二焉：一曰记言，二曰记事，而古人所学,以言为首。至若虞、夏之典,商、周之诰,仲虺〔一〕、周任之言〔二〕,史佚〔三〕、臧文之说〔四〕,凡有游谈专对,献策上书者,莫不引为端绪,归其的准。其于事也则不然。至若少昊之以鸟名官〔五〕;陶唐之以御龙拜职〔六〕;夏氏之中衰也,其盗有后羿、寒浞〔七〕;齐邦之始建也,其君有蒲姑、伯陵〔八〕。斯并开国承家,异闻奇事,而后世学者,罕传其说,唯夫博物君子〔九〕,或粗知其一隅。此则记事之史不行,而记言之书见重,断可知矣。

〔一〕仲虺:伪古文《尚书·商书·仲虺之诰》:"汤归自夏,仲虺作诰。"注:"仲虺,臣名,为汤左相,奚仲之后。"

〔二〕周任:《左》隐六年《传》:"周任有言曰:'为国家者,见恶如农夫之务去草焉。'"又《论语·季氏》:"周任有言曰:'陈力就列,不能者止。'"朱注:"周任,古之良史。"

〔三〕史佚:见《辨职》篇"周之史佚"注。

〔四〕臧文:《左》庄十一年《传》:"臧文仲曰:'禹汤罪己,其兴也悖焉;桀纣罪人,其亡也忽焉。'"杜注:"臧文仲,鲁大夫。悖,盛貌。"按"悖"与"勃"通。又《左》文十七年《传》:"臧文仲有言曰:'民主偷必死。'"杜注:"偷,犹苟且。"

〔五〕少昊之以鸟名官:见《书志》篇郯子注。《通释》又引《竹书纪年》:"少昊登帝位,有凤凰之瑞。或曰:'名清,不居帝位。帅鸟师居西方,以鸟纪官。'"浦按:"名清,上古人名。"按浦氏引文,略去"约按"两字,此乃梁沈约附注。《纪年》目录在"少昊"下注明:"附《纪年》不录。"附注备考。

〔六〕陶唐之以御龙拜职:《通释》引《史记·夏本纪》:"帝孔甲

立,天降龙二,有雌雄,孔甲不能食,未得豢龙氏。陶唐既衰,其后有刘累,学扰龙于豢龙氏,以事孔甲,孔甲赐之姓曰御龙氏。”按《左》昭二十九年《传》亦载有此事,记晋大史蔡墨之言曰:“古者畜龙,故国有豢龙氏,有御龙氏,帝舜氏曰豢龙,夏后孔甲氏曰御龙。”则以御龙拜职者,乃夏后也。

〔七〕后羿、寒浞:《通释》云“两见《左传》”,又录《竹书纪年》“羿入斟鄩,寒浞杀羿”事。按《太平御览》卷八十二引《帝王世纪》云:“帝相一名相安。自太康已来,夏政凌迟,为羿所逼,乃徙商丘。”又于帝相下云:“有穷后羿、寒浞二世。”《史通》盖即据此。

〔八〕蒲姑、伯陵:《通释》引《左》昭二十年《传》云:“齐侯至自田,晏子侍于遄台。晏子曰:‘昔爽鸠氏始居此地,季萴因之,有逢伯陵因之,蒲姑氏因之,而后大公因之。’”按:杜注:“逢伯陵,殷诸侯,姜姓。蒲姑氏,殷周之间代逢公者。”又“姑”字原误刊作“始”,蜀本、陆本同,今据他本及《左传》改。

〔九〕唯夫博物君子:杨《通释补》引《左》昭元年《传》:“晋侯闻子产之言曰:‘博物君子也。’”

及左氏之为传也,虽义释本经,而语杂他事。遂使两汉儒者,嫉之若仇〔一〕,故二传大行,擅名后世。

〔一〕两汉儒者,嫉之若仇:《后汉书·范升传》:“升奏《左氏》之失凡十四事。时难者以太史公多引《左氏》,升又上太史公违戾《五经》,谬孔子言。”又《贾逵传》:“逵奏曰:‘诸儒攻击《左氏》，遂如重仇。’”

又孔门之著述也，《论语》专述言辞，《家语》兼陈事业〔一〕。而自古学徒相授，唯称《论语》而已。由斯而谈，并古人轻事重言之明效也。

〔一〕《家语》兼陈事业：程《笺记》：“子玄不知《孔子家语》乃王肃伪作，故有是言。”按唐人不谙考据，是。但《六家·尚书家》以《家语》与《世说》等量齐观，此处又与《论语》对比，盖均就体例言也。

然则上起唐尧，下终秦缪，其《书》所录，唯有百篇，而《书》之所载，以言为主。至于废兴行事，万不记一，语其缺略，可胜道哉！故令后人有言，唐虞以下，帝王之事，未易明也。

按《论语》曰：“君子成人之美，不成人之恶。”又曰：“成事不说，事已成，不可复解说。遂事不谏，事已遂，不可复谏止。既往不咎。事已往，不可复追咎。”又曰：“民可使由之，不可使知之。由，用也。可用而不可使知者，百姓日用而不能知，自此引经四处，注皆全写先儒所释也。”〔一〕夫圣人立教，其言若是。在于史籍，其义亦然。是以美者因其美以美之，虽有其恶，不之毁也。之，一作“加”。恶者因其恶而恶之，虽有其美，不之誉也。之，一作“加”。故孟子曰：“尧舜不胜其美，桀纣不胜其恶。”〔二〕魏文帝曰：“舜禹之事，吾知之矣。”〔三〕汉景帝曰：“学者不言汤、武受命，不为愚。”〔四〕斯并曩贤精鉴，已有先觉。而拘于礼法，限以师训，虽口不能言，而心知其不可者，盖亦多矣。

〔一〕《论语》曰云云：引文分见《论语》之《颜渊》、《八佾》、《泰伯》等篇。

〔二〕孟子曰云云：引文见《风俗通·正失》篇："孟轲云：'尧舜不胜其美，桀纣不胜其恶。'"

〔三〕舜禹之事，吾知之矣：见《史官建置》篇末注。

〔四〕不言汤、武受命，不为愚：《史记·儒林·辕固生传》："辕固生与黄生争论景帝前。黄生曰：'汤武非受命，乃弑也。'辕固生曰：'是高帝代秦，即天子之位，非邪？'于是景帝曰：'食肉不食马肝，不为不知味。言学者不言汤武受命，不为愚。'遂罢。是后学者莫敢明受命放杀者。"

又按鲁史之有《春秋》也，外为贤者，内为本国，事靡洪纤，动皆隐讳，斯乃周公之格言。然何必《春秋》，在于六经，亦皆如此。故观夫子之刊《书》也，夏桀让汤，武王斩纣，其事甚著，而芟夷不存。此事出《周书》，案《周书》是孔子删《尚书》之余，以成其录也。观夫子之定《礼》也，隐、闵非命〔一〕，恶、视不终〔二〕，而奋笔昌言，云鲁无篡弑〔三〕。观夫子之删《诗》也，凡语《国风》，皆有怨刺，在于鲁国，独无其章。鲁多淫僻，岂无刺诗，盖夫子删去而不录。观夫子之《论语》也，君娶于吴，是谓同姓，而司败发问，对以"知礼"〔四〕。斯验圣人之饰智矜愚〔五〕，爱憎由己者多矣。加以古文载事，其词简约，推者难详，缺漏无补。遂令后来学者，莫究其源，蒙然靡察，有如聋瞽。今故讦其疑事，以著于篇。凡有十条，列之于后。其一条。

〔一〕夫子之定《礼》也，隐、闵非命：子玄云夫子定《礼》，当指《礼记》，下句"鲁无篡弑"出自《明堂位》可知。《明堂位》云："是故鲁王礼也，天下传之久矣，君臣未尝相弑也，礼乐、刑法、政俗未尝相变也。"郑玄注："春秋时，鲁三君弑，又士之有诔，由庄公始，妇人髽而吊，始于台骀，云'君臣未尝相弑'、'政俗未尝相变'，亦近诬矣。"然鲁国弑逐其君，《春秋》亦隐而不载。《公羊传》闵公元年称《春秋》"为尊者讳，为亲者讳，为贤者讳"，其意本在定制立法，为万世作经，则《通释》云"定礼即修《春秋》"，仍可备一说。按夫子所定者为《礼经》，《礼记》虽掇拾七十子流裔所传而成，亦必时引经文，则子玄所说，当别有故乎？又《春秋》"隐公十有一年，冬十有一月，壬辰，公薨"，杜注："实弑，书薨，又不地者，史策所讳也。"《左传》："羽父请杀桓公，公曰：'吾将授之矣。'羽父惧，反谮公于桓公，而请弑之。羽父使贼弑公，立桓公。"又《春秋》："闵公二年秋八月，辛丑，公薨。"杜注同上。《左传》："共仲使卜齮贼公于武闱。成季以僖公适邾，共仲奔莒，乃入立之。"

〔二〕恶、视不终：见《编次》篇注。

〔三〕鲁无篡弑：《礼记·明堂位》："是故鲁王礼也，天下传之久矣。君臣未尝相弑也。"郑注："春秋时，鲁三君弑。云'君臣未尝相弑'，亦近诬矣。"则康成已先揭其诬矣。又鲁三君，是于隐、闵之外，尚有桓公死于非命也。

〔四〕本注：夫子对以"知礼"，《论语·述而》："陈司败问：'昭公知礼乎？'孔子对曰：'知礼。'孔子退。揖巫马期而进之，曰：'吾闻君子不党，君子亦党乎？君取于吴为同姓，谓之吴孟子，君而知礼，孰不知礼？'"朱注："陈，国名。司败，官名，即司寇。昭公，鲁君。巫马期，孔子弟子，司败揖而进之也。礼不娶同姓，而鲁与吴皆姬姓，谓之吴孟子者，讳之。"

〔五〕圣人之饰智矜愚：蜀本、陆本、鼎本、郭本"圣人"作"世人"，浦批《训故补》本云："郭本作'世人'，是。"

盖《虞书》之美放勋也〔一〕，云："克明峻德。"〔二〕而陆贾《新语》，又曰："尧舜之臣，比屋可封。"〔三〕盖因《尧典》成文，而广造奇说也。按《春秋》传云：高阳、高辛二氏，各有才子八人，谓之元、凯，此十六族也。世济其美，不陨其名，以至于尧，尧不能举。帝鸿氏、少昊氏、颛顼氏各有不才子〔四〕，谓之浑沌、穷奇、梼杌，此三族也，世济其凶，增其恶名，以至于尧，尧不能去。缙云氏亦有不才子，天下谓之饕餮，以此三族，俱称四凶〔五〕。而尧亦不能去。斯则当尧之世，小人君子，比肩齐列，善恶无分，贤愚共贯。但《论语》有云〔六〕，舜举咎繇，不仁者远〔七〕。是则当咎繇未举，不仁甚多，弥验尧时群小在位者矣。又安得谓之"克明峻德"、"比屋可封"者乎？其疑一也〔八〕。其二条。

〔一〕《虞书》之美放勋也：《尚书·尧典》："曰若稽古帝尧，曰放勋，钦、明、文、思安安，允恭克让，光被四表，格于上下。"孔《传》："若，顺；稽，考也。能顺考古道而行之者帝尧。"《论语·泰伯》："唯天为大，唯尧则之。"何晏《集解》："美尧能法天而行化也。"《论衡·艺增篇》："《尚书》'协和万国’,是美尧德致太平之化,化诸夏并及夷狄也。言协和方外,可也;言万国,增之也。《尚书》云‘万国’,褒增过实,以美尧也。欲言尧之德大,所化者众,诸夏夷狄,莫不雍和,故曰‘万国’。”又“放勋”,原作“放於”,蜀本、陆本、郭本、王本、黄本、《通释》均作“放勋”,何义门批校本手墨描改同。按《史记·五帝本纪》:“帝尧者,放勋。其仁如天,其知如神。就之如日,望之如云。”马融注:“放勋,尧名。”《论语·尧曰》皇侃疏:“尧名放勋,谥云尧也。《谥法》云:‘翼善传圣曰尧。’”《五行大义》:“帝尧陶唐氏,祁姓,母庆都,出洛渚,遇赤龙,感孕十四月,而生帝于丹陵,名放勋。以火承木,其兄帝挚封之于唐,故是号陶唐氏。”《释文》:“一云尧之字。”《太炎先生尚书说》:“《五帝德》、《帝系》皆称尧曰放勋,放勋、重华、文命,乃当时所称号。尧之德民无能名,直言功盛,号以放勋。”底本“於”字显误,今据《尚书》改。

〔二〕克明峻德:见《尚书·尧典》。“峻”与“俊”通,蜀本、陆本、鼎本、郭本、黄本亦作“峻”,《通释》改作“俊”,注:“或作‘峻’。”卢《拾补》:“宋‘俊’。下同。”《尚书》作“俊”。《大学》作“峻”,云:“《帝典》曰:‘克明峻德。’”朱注:“峻,大也。”

〔三〕比屋可封:《通释》引《新语·无为篇》:“尧、舜之民,可比屋而封,桀、纣之民,可比屋而诛者,教化使然也。”

〔四〕颛顼:“顼”字原误作“项”,据蜀本、陆本、鼎本、郭本、王本、黄本、《通释》改。

〔五〕凯:蜀本、陆本、鼎本、郭本、《通释》同,王本、黄本作“恺”。元凯、四凶:按《左》文十八年《传》略云:“昔高阳氏有才子八人，谓之八恺，高辛氏有才子八人，谓之八元。此十六族也，世济其美，不陨其名，以至于尧，尧不能举。昔帝鸿氏有不才子，谓之浑敦，少皞氏有不才子，谓之穷奇，颛顼有不才子，谓之梼杌。此三族也，世济其凶，增其恶名，以至于尧，尧不能去。缙云氏有不才子，以比三凶，谓之饕餮。舜臣尧，流四凶族。"

〔六〕但《论语》有云："但"字，蜀本、陆本、鼎本、郭本、黄本同，《通释》作"且"，注："一讹'但'。"卢《拾补》校云："宋'且'。"按"且"字虽文意较顺，兹仍其旧。

〔七〕不仁者远：《论语·颜渊》："子夏曰：'舜有天下，举皋陶，不仁者远矣。'"按："咎繇"，通作"皋陶"。

〔八〕其疑一也：浦按："十疑之中，不言嬗代之事者，独此首条耳。亦见凡在盛朝，铺张善治，必不免于溢辞。为后此诸条作引也。"陈《补释》："唐高宗上元元年，上高祖大武皇帝谥曰神尧皇帝，神尧之朝如裴寂、封德彝等皆被宠用，故借尧时群小在位言之。不然，《韩非子·难一》篇已以耕渔之争，陶器之窳，言尧为天子之不明察矣。《史通》何取其牙后慧，而为此重架之说哉？"按《韩非子·难一》此段文章，在于说明"贤舜则去尧之明察，圣尧则去舜之德化"，故下文以矛盾为喻。《史通》虽亦疑尧知人之明，而意在疑美尧失实也。

《尧典》序又云："将逊于位，让于虞舜。"孔氏注曰〔一〕："尧知子丹朱不肖，故有禅位之志。"按《汲冢琐语》云〔二〕："舜放尧于平阳。"而书云：某地有城〔三〕，以囚尧为号。识者凭斯异说，颇以禅授为疑。然则观此二书，已足为证者矣，而犹有所未睹也。何者？据《山海经》谓放勋之子为帝丹朱〔四〕，而列君于帝者，得非舜虽废尧，仍立尧子，俄又夺其帝者乎？观近有奸雄奋发〔五〕，自号勤王，或废父而立其子，或黜兄而奉其弟，始则示相推戴，终亦成其篡夺。求诸历代，往往而有。必以古方今，千载一揆〔六〕，斯则尧之授舜，其事难明，谓之让国，徒虚语耳。其疑二也〔七〕。其三条。

〔一〕孔氏注曰：《尚书·尧典》"明明扬侧陋"句下，伪孔《传》曰："尧知子不肖，有禅位之志。"

〔二〕《汲冢琐语》云：《弘明集》释法琳对傅奕废佛僧事，引《汲冢竹书》云："舜囚尧于平阳，取之帝位。""放尧"作"囚尧"，事同辞异。而《广弘明集》云引自《竹书纪年》，《史通》则云引自《琐语》，《路史·发挥五》引此文亦作《琐语》。范祥雍氏在其《古本竹书纪年辑校订补》中按云："《纪年》与《琐语》，古书所引，时常相淆。"

〔三〕而书云某地有城：蜀本、陆本、鼎本、郭本、黄本同。浦注："书名缺，地名缺。"卢《拾补》在"而"字下校云"疑有脱字"，改"某"字为"其"，注云："'某'讹，何改。"句末又注云："《水经·瓠子河注》，小成阳在成阳西北半里许实中，俗谚以为囚尧城。"程《笺记》云："'书云'当作'竹书云'，脱一'竹'字。"

〔四〕帝丹朱：《山海经·海内南经》："苍梧之山，帝舜葬于阳，帝丹朱葬于阴。"郭璞注："今丹阳复有丹朱冢也，《竹书》亦曰'后稷放帝朱于丹水'，与此义符。丹朱称'帝'者，犹汉山阳公死，加'献帝'之谥也。"而《史记·五帝本纪》之

《集解》引《山海经》文,删去"丹朱"上"帝"字。《纪年》又云:"后稷放帝朱于丹水。"而《史记·高祖本纪》之《正义》引文又作:"后稷放帝子丹朱于丹水。"具见尧舜禅让之事早有疑之者,亦有从而掩饰之者。"帝丹朱"下浦注"疑脱'尧未传子'句",下句"而列君于帝者",浦又注云:"'君'疑'名'字之讹。"均系就文意臆改。

〔五〕近有奸雄奋发:蜀本、陆本、鼎本、郭本、黄本同。《通释》在"近"字下加"古"字,并注云:"一脱'古'字。"卢《拾补》校"古"字云"宋有。"又校"奸"字云:"宋无。"

〔六〕千载一揆:"揆"字,原误刊作"拨",他本均作"揆",今改。

〔七〕其疑二也:陈《补释》:"隋大业十三年十一月,唐公渊克长安,迎代王侑即皇位,改元义宁,遥尊炀帝为太上皇,是废祖而立其孙。次年五月,遂受禅,改元武德。篇中所谓'始则示相推戴,终亦成其篡夺','以古方今,千载一揆'者也。"

《虞书·舜典》又云:"五十载,陟方乃死。"〔一〕《注》云:"死苍梧之野,因葬焉。"按苍梧者,于楚则川号汨罗〔二〕,在汉则邑称零桂。地总百越,山连五岭,人风婐划〔三〕,地气歊瘴〔四〕。虽使百金之子〔五〕,犹惮经履其途〔六〕,况以万乘之君,而堪巡幸其国?且舜必以精华既竭,形神告劳,舍兹宝位,如释重负,何得以垂殁之年,更践不毛之地?兼复二妃不从〔七〕,怨旷生离,万里无依,孤魂溘尽,让王高蹈,岂其若是者乎?历观自古人君废逐,若夏桀放于南巢,赵嘉迁于房陵〔八〕,周王流彘,楚帝徙郴〔九〕,语其艰棘,未有如斯之甚也。斯则陟方之死,其殆文命之志乎〔一〇〕？其疑三也〔一一〕。其四条。

〔一〕陟方乃死:《通释》引孔《传》言:“方,道也。升道,南方巡守,死于苍梧之野而葬焉。”按《史记·五帝本纪》径作:“南巡狩,崩于苍梧之野。”郭《评》:“考蔡沉《集传》,陟方,犹言升遐也。韩子曰:《竹书纪年》帝王之没,皆曰陟。陟,升也,谓升天也。方,犹云徂乎方之方。陟方犹言殂落。”

〔二〕汨罗:汨,与“汩”异。卢《拾补》:“‘汩’讹。”《史记·屈原列传》:“于是怀石遂自投汨罗以死。”《集解》引应劭曰:“汨水在罗,故曰汨罗。”《索隐》引《地理志》云:“长沙有罗县,罗子之所徙。”又引《荆州记》:“罗县北带汨水,音觅。”蜀本、陆本作“汩”,鼎本、郭本、黄本、《通释》均作“汨”。

〔三〕人风婐划:浦注:“谓文身。”卢《拾补》引《魏都赋》:“风俗以韰婐为嫿,此‘划’字讹。”陈《补释》又云:“《文选注》引《方言》曰:‘倮,勇也。’《说文》曰:‘嫿,静好也。’‘倮嫿’与‘婐划’通,非谓文身。”按《史记·吴太伯世家》:“太伯、仲雍二人,乃奔荆蛮,文身断发。”《集解》引应劭曰:“常在水中,文身以象龙子。”又《穀梁传》:“哀十三年,吴,夷狄之国也,祝发文身。”范甯《集解》曰:“祝,断也,文身,刻划其身以为文也。”则婐划即袒露其身刻划为文也。浦说是。程《笺记》谓:“子玄所云,本于《魏都》。浦氏指婐划为文身,误矣。”并录备考。

〔四〕地气歊瘴:“歊”原误作“敲”,他本均作“歊”,今改。歊瘴,即瘴气也。

〔五〕百金之子:程《笺记》引《文选》鲍照《咏史》诗:“百金不

市死。"

〔六〕经:原误作"红",形近之讹,他本均作"经",今改正。

〔七〕二妃不从:杨《通释补》:"《礼记·檀弓上》:'舜葬于苍梧之野,盖三妃未之从也。'《汉书·刘向传》、《文选》张衡《思玄赋》、《风俗通义·正失》篇,并作'二妃'。梁玉绳《瞥记》卷二有辨。"按《檀弓》郑注,三妃之数,盖以礼逆推也,《尚书》、《史记》均有"尧以二女妻舜"之记载,《刘向传》师古注亦曰:"二妃,尧之二女。"自以二妃为是。

〔八〕赵嘉迁于房陵:《史记·赵世家》:"秦人攻赵,赵王迁降。太史公曰:秦既虏迁,赵之亡大夫共立嘉为王。六岁,秦进兵,破嘉,遂灭赵以为郡。"又《淮南子·泰族训》:"赵王迁流于房陵,思故乡,作为山水之呕,闻者莫不殒涕。"则流于房陵者,非赵嘉,乃赵迁,明甚。浦注云"'嘉'当作'迁'",是。蜀本、陆本、鼎本、郭本、黄本及《通释》亦作"嘉"。冯巳苍云:"迁房陵者迁,非嘉也。"而卢《拾补》则云:"属文不可叠两'迁'字,故借用'嘉'字,以熟事,读者易以意会也。然不如依《泰族训》为当。"亦曲为《史通》讳饰也。知幾非不知《淮南子》者,误"迁"为"嘉",亦智者偶失耳。

〔九〕楚帝徙郴:《通释》引《史记·项羽本纪》:"诸侯罢戏下,各就国。项羽使使徙义帝长沙郴县,阴令衡山、临江王击杀之江中。"原刊及蜀本、陆本、鼎本均误"郴"为"柳",郭本、黄本作"郴",孙《札记》校改,今改正。

〔一〇〕文命:《史记·夏本纪》:"夏禹,名曰文命。"《通释》:"此条追出'文命之志'一句,志在刘宋之于零陵也。"

〔一一〕其疑三也:陈《补释》:"隋代王侑义宁二年五月,逊位于唐王,六月封为酅国公。唐武德二年五月公死,年十五,谥曰恭帝。盖亦不善终者,唐史讳之耳。”按:或亦有感于“垂拱元年迁庐陵王哲于房州”乎?不然,胡文情感人至此?迁庐陵王哲事见《旧唐书·则天皇后纪》。

《汲冢书》云:“舜放尧于平阳,益为启所诛。”〔一〕又曰:“太甲杀伊尹〔二〕,文王杀季历〔三〕。”凡此数事,语异正经。其书近出,世人多不之信也。按舜之放尧,文之杀季,无事别说,足验其情,已于此篇前后言之详矣〔四〕。夫惟益与伊尹受戮,并于正书犹无其证。榷而论之,如启之诛益,仍可覈也〔五〕。何者?舜废尧而立丹朱,禹黜舜而立商均,益手握机权,势同舜、禹,而欲因循故事,坐膺天禄。其事不成,自贻伊咎。观夫近古篡夺,桓独不全〔六〕,马仍反正。若启之诛益,亦犹晋之杀玄乎?若舜禹相代,事业皆成,惟益覆车〔七〕,伏辜夏后,亦犹桓效曹、马,而独致元兴之祸者乎?其疑四也〔八〕。其五条。

〔一〕益为启所诛:黄《补注》:“《竹书纪年》启既立,‘费侯伯益出就国’。无启杀益事,盖《琐语》中载之。”按:黄氏引《竹书纪年》为今本。王国维《古本竹书纪年辑校》:“益干启位,启杀之。”《楚辞·天问》洪兴祖补注引《汲冢书》曰:“益为启所杀。”

〔二〕太甲杀伊尹:《通释》引今本《竹书纪年》:“太甲元年,伊尹放太甲于桐,乃自立。七年,王潜出自桐,杀伊尹。”按《晋书·束皙传》亦云《纪年》载有“太甲杀伊尹”事。

〔三〕文王杀季历:《通释》引今本《竹书纪年》:“文丁十一年,周公季历伐翳徒之戎,来献捷。王杀季历。”按《晋书·束皙传》亦云《纪年》载有“文丁杀季历”事,并谓皆属与“经传大异”者。又“文王”,诸本同,《通释》校改作“文丁”,按浦校非是,《册府元龟》及南宋王楙《野客丛书》引《纪年》均作“文王”,魏源《诗古微》:“称文丁为文王,犹称武汤为武王也。”可备一说。《四库全书总目》卷四十七《竹书纪年》提要云:“《史通》引《竹书》‘文王杀季历’,今本作文丁,则非刘知幾所见本也。”

〔四〕此篇前后:浦注:“旧衍‘此’字、‘后’字。此条前后并无‘文丁杀季’之言,故知本文句字多羡。”盖亦就文意臆断。蜀本、陆本、鼎本、郭本、黄本均有“此”、“后”两字,兹仍其旧。

〔五〕覈:蜀本、陆本、鼎本、黄本同。卢《拾补》:“宋‘覆’。”郭本、《通释》作“覆”。

〔六〕桓独不全:《晋书·安帝纪》:“元兴二年十二月,桓玄篡位,帝蒙尘。三年二月,刘裕等举义兵。五月,斩桓玄。乘舆反正。”由于事在元兴年间,故下文云“元兴之祸”。

〔七〕惟:原误作“虽”,蜀本、陆本同,据鼎本、郭本、黄本及《通释》校改。

〔八〕其疑四也:陈《补释》:“唐武德元年五月,唐王既篡立,乐都王世充亦立越王侗为皇帝。二年夏四月,世充自立,亦称受禅,奉侗为潞国公。五月,缢杀之,亦谥曰恭帝。四年,唐破世充,降之。是亦刘裕时一桓玄,故合论之。”

《汤诰》云:“汤伐桀,战于鸣条。”又云:“汤放桀于南巢,唯有惭德。”〔一〕而《周书·殷祝》篇称“桀让汤王位”云云〔二〕,此则有异于《尚书》。如《周书》之所说,岂非汤既胜桀,力制夏人,使桀推让,归王于己,盖欲比迹尧、舜,袭其高名者乎？又按《墨子》云:汤以天下让务光,而使人说曰:汤欲加恶名于汝。务光遂投清泠之泉而死,汤乃即位无疑〔三〕。然则汤之饰让,伪迹甚多。考墨家所言,雅与《周书》相会。夫书之作,本出《尚书》〔四〕,孔父截翦浮词,裁成雅语〔五〕,去其鄙事,直云"惭德",岂非欲灭汤之过,增桀之恶者乎？其疑五也〔六〕。其六条。

〔一〕"《汤诰》云"至"唯有惭德":《尚书》传《汤誓序》:"伊尹相汤伐桀,遂与桀战于鸣条之野。"又《仲虺之诰》:"汤放桀于南巢,惟有惭德。"浦改"汤诰"为"汤誓序",注云:"旧本'誓'误作'诰',又脱'序'字。"按《汤诰》辞盖总下文《仲虺之诰》言之,并非专指孔《传》之《汤诰》篇名。蜀本、陆本、鼎本、郭本、黄本均作"汤诰",兹仍其旧。又"汤伐桀","伐"原误作"代",别本均作"伐",兹据《尚书》改。

〔二〕《周书·殷祝》篇称:《逸周书·殷祝解》:"汤将放桀,桀请汤曰:'请致国,君之有也。'桀去居南巢,汤复薄(《文选》李注引作"亳"),三千诸侯大会,汤从诸侯之位。汤以此让,三千诸侯莫敢即位,然后汤即天子之位。""祝"字,原形误为"祀",据《史通》各本、《群书考索》卷二《六经门》所引及《逸周书》改。

〔三〕汤以天下让务光:《通释》引《庄子·让王》篇作注。按《墨子》所云,陈《补释》谓:"今本《墨子》无之。毕沅、孙诒让辑《墨子》佚文,亦失引《史通》。又《庄子·让王》篇载务光语,不如《韩非·说林上》篇与《墨子》同。"按《说林上》

篇云："汤以伐桀，而恐天下言己为贪也，因乃让天下于务光。而恐务光之受之也，乃使人说务光曰：'汤杀君，而欲传恶声于子，故让天下于子。'务光因自投于河。"又"泠"字，原误作"冷"，各本同，卢《拾补》："'冷'讹。"今改。

〔四〕夫书之作，本出《尚书》："夫"字下，浦注："当有'周'字。"按《周书》，刘向以为孔子删削之余。就上下文意论，浦说是。黄本作"夫《尚书》之作，本出《周书》"，误。

〔五〕截翦浮词，裁成雅语：程《笺记》引《文心雕龙·镕裁》："翦截浮词谓之裁。"又"雅语"，蜀本、陆本、鼎本、郭本、王本、黄本同，《通释》径改作"雅诰"。

〔六〕其疑五也：陈《补释》："隋持节兼太保萧造、兼太尉裴之隐奉皇帝玺绶于唐王，唐王辞让，百僚上表劝进，至于再三，乃从之。所谓：'比迹尧、舜，袭其高名者乎？'"

夫五经立言，千载犹仰，而求其前后，理甚相乖。何者？称周之盛也，则云三分有二〔一〕，商纣为独夫〔二〕；语殷之败也，又云纣有臣亿万人〔三〕，其亡流血漂杵〔四〕。斯则是非无准，向背不同者焉。又按武王为《泰誓》，数纣过失，亦犹近代之有吕相为晋绝秦〔五〕，陈琳为袁檄魏〔六〕，欲加之罪，能无辞乎〔七〕？而后来诸子，承其伪说，竞列纣罪〔八〕，有倍五经。故孔子曰：桀、纣之恶不至是〔九〕，君子恶居下流。班生亦云：安有据妇人临朝〔一〇〕。刘向又曰：世人有弑父害君，桀纣不至是，而天下恶者，皆以桀纣为先〔一一〕。此其自古言辛、癸之罪〔一二〕，将非厚诬者乎？其疑六也〔一三〕。其七条。

〔一〕三分有二:《论语·泰伯》:"孔子曰:'三分天下有其二,以服事殷,周之德,其可谓至德也已矣。'"朱注引《春秋传》并云:"盖天下归文王者六州,惟青、兖、冀尚属纣耳。"

〔二〕纣为独夫:《尚书孔传·泰誓下》:"独夫受。"又《孟子·梁惠王下》:"闻诛一夫纣矣,未闻弑君也。"

〔三〕纣有臣亿万:《尚书孔传·泰誓上》:"受有臣亿万,惟亿万心。"

〔四〕流血漂杵:《尚书孔传·武成》:"武王伐殷,受率其旅若林,会于牧野,罔有敌于我师。前徒倒戈,攻于后,以北。血流漂杵。"又《孟子·尽心下》:"孟子曰:'尽信书,不如无书。吾于《武成》,取二三策而已矣。以至仁伐至不仁,而何其血之流杵也。'"

〔五〕吕相为晋绝秦:《左》成十三年《传》:"夏四月,晋侯使吕相绝秦曰:'秦散离我兄弟,挠乱我同盟,又欲阙翦我公室,倾覆我社稷。'"

〔六〕陈琳为袁檄魏:《三国志·魏书·王粲传附陈琳传》:"琳,字孔璋,避难冀州,袁绍使典文章。袁氏败,琳归太祖。太祖谓曰:'卿昔为本初移书,但可罪状孤而已,恶恶止其身,何乃上及父祖邪?'"《文选》载有《为袁绍檄豫州》文。

〔七〕欲加之罪,能无辞乎:杨《通释补》引《左》僖十年《传》:"欲加之罪,其无辞乎?"

〔八〕兢:蜀本、陆本、鼎本、郭本、王本、黄本作"竟",《祝子罪知录》卷一引作"競"。卢《拾补》:"'竟'讹。"改作"兢"。孙《札记》亦校改。《通释》改"兢",注:"一作'竟'。"按应是"兢"字。

〔九〕孔子曰:桀、纣之恶不至是:《论语·子张》:"子贡曰:纣之不善,不如是之甚也。是以君子恶居下流,天下之恶皆归焉。"原刊及蜀本、陆本、鼎本、黄本均误"子贡"为"孔子",郭本、《通释》改为"子贡"。然《阳货》有孔子答子贡之问曰:"恶居下流而讪上者。"知幾或因此致误。姑仍其旧。

〔一〇〕据妇人临朝:《通释》引《汉书》:"成帝宴饮,乘舆幄坐,张画屏风,画纣醉踞妲己。上指问班伯曰:'纣至是乎?'伯对曰:'《书》云用妇人之言,何有踞肆于朝。所谓众恶归之,不如是之甚也。'"按:班伯乃班彪之伯父,事见《汉书·叙传》。

〔一一〕天下恶者,皆以桀纣为先:浦在"天下"两字下注云:"当有'归'字。"杨《通释补》云:"不增'归'字,文意自明。"按《论衡·偶会篇》:"夏殷之朝适穷,桀纣之恶适稔。"《书虚篇》:"世称桀纣之恶,不言淫于亲戚。实论者谓夫桀纣恶微于亡秦,亡秦过泊于王莽,无淫乱之言。桓公妻姑姊七人,恶浮于桀纣,而过重于秦莽也。"《感虚篇》:"世称桀纣之恶,射天而殴地;誉高宗之德,政消桑穀。今尧不能以德灭十日,而必射之,是德不若高宗,恶与桀纣同也。"《齐世篇》:"世论桀纣之恶甚于亡秦,实事者谓亡秦恶甚于桀纣。秦汉善恶相反,犹尧舜桀纣相违也。"《潜夫论·慎微》:"仲尼曰:汤武非一善而王也,桀纣非一恶而亡也。三代之废兴也,在其所积。积善多者,虽有一恶,是谓过失,未足以亡。积恶多者,虽有一善,是谓误中,未足以存。"《抱朴子·良规第七》:"下流之罪,莫不归焉,虽知其然,孰敢形言。独见者乃能追觉桀纣之恶,不若是其恶;汤武之事,不若是其美也。"杨《通释补》又引《风俗通义·正失》篇:"向对曰:'桀纣非弑父与君也,而世有杀君父者,人皆言无道如桀纣。’”按引文乃刘向答成帝论文章治天下事。

〔一二〕辛、癸：辛，纣名，《史记·殷本纪》：“帝乙崩，子辛立，是为帝辛，天下谓之纣。”癸，桀名，《史记·夏本纪》：“帝发崩，子帝履癸立，是为桀。”

〔一三〕其疑六也：陈《补释》：“此言祖君彦为李密檄炀帝文，初非实录。”

《微子之命》篇云〔一〕：“杀武庚。”按禄父即商纣之子也。属社稷倾覆，家国沦亡，父首枭悬，母躯分裂，永言怨耻，生死莫二〔二〕。向使其俟服事周，而全躯保其妻子也，仰天俯地，何以为生？含齿载发〔三〕，何以为貌？既而合谋二叔，狥节三监〔四〕，虽君亲之怨不除，而臣子之诚可见。考诸名教，生死无惭。议者苟以其功业不成，便以顽人为目，必如是，则有君若夏少康〔五〕，有臣若伍子胥〔六〕，向若陨仇雪怨，众败身灭，亦当隶迹丑徒，编名逆党者邪？其疑七也〔七〕。其八条。

〔一〕《微子之命》：《尚书孔传·微子之命》篇序云：“成王既黜殷命，杀武庚，命微子启代殷后，作《微子之命》。”浦注云“旧脱‘序’字”，并在“篇”字下径补一“序”字。

〔二〕永言怨耻，生死莫二：浦改“死”为“人”。卢《拾补》亦云：“‘死’讹。”《通释》又引《竹书纪年》：“周武王十二年伐殷。王亲禽受于南单之台。立受子禄父，是为武庚。成王元年，武庚以殷畔，三年，王师灭殷，杀武庚。”按《史记·殷本纪》尚有句云：“周武王遂斩纣头，悬之白旗。杀妲己。”盖即“父首枭悬，母躯分裂”句之所本也。

〔三〕载发："载"字，蜀本、陆本、鼎本、郭本、黄本同，《通释》改"戴"，卢《拾补》亦校改"戴"。朱希祖先生批注云："宋本作'载发'。"按"载"与"戴"通用。

〔四〕二叔、三监：《史记·周本纪》："封商纣子禄父殷之余民，武王为殷初定未集，乃使其弟管叔鲜、蔡叔度相禄父治殷。"《正义》引《帝王世纪》云："自殷都以东为卫，管叔监之，殷都以西为鄘，蔡叔监之，殷都以北为邶，霍叔监之，是为三监。"又引《地理志》云："邶以封武庚，鄘管叔尹之，卫蔡叔尹之，以监殷民，谓之三监。"二说各异。又《殷本纪》："周武王崩，武庚与管叔、蔡叔作乱，成王命周公诛之。"是即"合谋二叔"之所本。而"狥节三监"，知幾似用《地理志》说。又"狥"字，卢《拾补》校云："宋'徇'。"蜀本、陆本、《通释》作"徇"，鼎本、郭本作"狥"，黄本作"殉"。

〔五〕夏少康：《史记·夏本纪》："帝相崩，子帝少康立。"《索隐》引《左》襄四年《传》云："魏庄子曰：'昔有夏之衰也，后羿自鉏迁于穷石，因夏民以代夏政，而用寒浞。浞杀羿，因羿室生浇及豷，相为浇所灭，后缗归于有仍，生少康，有夏之臣灭浞，而立少康。少康灭浇于过，后杼灭豷于戈。'"《竹书纪年》载有少康灭浞、浇复国事。又《史记·吴太伯世家》亦载有伍子胥谏吴王夫差曰："昔有过氏杀斟灌以伐斟寻，灭夏后帝相，帝相之妃后缗方娠，逃于有仍，而生少康，少康为有仍牧正，有过又欲杀少康，少康奔有虞。有虞思夏德，于是妻之以二女，而邑之于纶，有田一成，有众一旅，后遂收夏众，灭有过氏，复禹之绩。"

〔六〕伍子胥：《史记·伍子胥传》："伍子胥，楚人，名员。父奢，兄尚，楚平王杀奢、尚，员奔吴，吴王阖庐以为行人，与谋国事，兴师伐楚。大破楚军，吴王入郢，楚昭王出奔。始伍员与申包胥为交，员之亡也，谓包胥曰：'我必覆楚。'包胥曰：'我必存之。'及吴兵入郢，伍子胥掘楚平王墓，出其尸，鞭之三百。申包胥亡于山中，使人谓子胥曰：'子之报仇，其以甚乎？'于是申包胥求救于秦，立于秦廷，哭七日夜，不绝其声，秦怜之，救楚击吴。"浦注："当作'申包胥'。"并引《左》定四年《传》为释（文与上引《史记》所载略同）。又云："若作'伍胥'，于本条不切矣。"按伍子胥奔吴伐楚，复父兄之仇，竟获遂其志，与少康复国同。设为申包胥，倘乞秦师不遂，亦不能谓为"众败身灭"。浦氏臆改，反而不切。蜀本、陆本、鼎本、郭本、黄本亦作"伍子胥"，浦说不可从。

〔七〕其疑七也：陈《补释》："此言隋秦王浩为宇文化及所制。"

《论语》曰："大矣！周之德也。三分天下有其二，犹服事殷。"〔一〕按《尚书》云："西伯戡黎，殷始咎周。"〔二〕夫姬氏爵乃诸侯，而辄行征伐，结怨王室，殊无愧畏。此则《春秋》荆蛮之灭诸姬〔三〕，《论语》季氏之伐颛臾也〔四〕。又按其书曰〔五〕：朱雀云云，文王受命称王云云〔六〕。夫天无二日，地惟一人〔七〕，有殷犹存，而王号遽立，此即《春秋》楚及吴越僭号而陵天子也。然则戡黎灭崇〔八〕，自同王者，服事之道，理不如斯。亦犹近者魏司马文王害权臣，黜少帝，坐加九锡，行驾六马〔九〕，及其没也，而荀勖犹谓之人臣以终〔一〇〕。盖姬之事殷，当比马之臣魏，必称周德之大者，不亦虚为其说乎〔一一〕？其疑八也〔一二〕。其九条。

〔一〕《论语》曰:引文见《泰伯》篇,参看前注。又“大矣”,黄本、《通释》同,鼎本作“夫”,蜀本、陆本、郭本亦作“夫”,并去“矣”字,与下文连为一句读。

〔二〕殷始咎周:《尚书孔传·西伯戡黎》序辞,浦在《尚书》下补一“序”字,并注云:“旧脱‘序’字。”蜀本、陆本、鼎本、郭本、黄本亦无“序”字。

〔三〕荆蛮之灭诸姬:杨《通释补》引《左》僖二十八年《传》:“栾贞子曰:‘汉阳诸姬,楚实尽之。’”又定四年《传》:“周之子孙,在汉川者,楚实尽之。”按《史记索隐》:“荆者,楚之旧号,曰荆蛮者,南夷之名。”见《吴太伯世家》“太伯之奔荆蛮”句注。

〔四〕季氏之伐颛臾:《论语·季氏》:“季氏将伐颛臾。冉有、季路见于孔子曰:‘季氏将有事于颛臾。’孔子曰:‘求!无乃尔是过与!夫颛臾,昔者先王以为东蒙主,且在邦域之中矣。是社稷之臣也,何以伐为?’”何晏《集解》引孔安国曰:“颛臾,臣属鲁,季氏贪其地,欲灭而有之。”

〔五〕其书曰:《通释》作“某书曰”,并注云:“书名缺,一讹‘其’。”蜀本、陆本、鼎本、郭本、黄本亦作“其”。卢《拾补》云:“今本‘其’俱讹。”

〔六〕朱雀云云,文王受命称王云云:浦注:“朱雀句当有本文,‘云云’字误。”蜀本、陆本、鼎本、郭本、王本、黄本同,各本均为夹注,黄本作正文。卢《拾补》云:“刘氏所引出纬候之书,必明著书名,亦断不略举其端,而以云云括之之理。此或由后世以纬候为忌讳,辄改之耳。今考《礼记·文王世子》正义,引《尚书中候·我应》云:‘周文王为西伯,季秋之月甲子,赤雀衔丹书,入丰鄗,止于昌户,乃拜稽首受。

最曰：姬昌，苍帝子，亡殷者，纣也。'又《史记·周本纪》正义引《易纬》云：'文王受命，改正朔，有王号于天下。'刘氏必约此两书之文。"

〔七〕天无二日，地惟一人：程《笺记》引《孟子·万章上》："天无二日，民无二王。"又引《礼记·曾子问》及《坊记》均作"士无二王"。程云："即子玄次句所从出。"按《华阳国志·南中志》亦作"士无二王"。

〔八〕戡黎灭崇：戡黎已见前注〔二〕。《史记·周本纪》："西伯败耆国，伐崇侯虎，而作丰邑。"《正义》注"耆国"云："即黎国也。"又引皇甫谧曰："崇国盖在丰镐之间，《诗》云：'既伐于崇，作邑于丰。'"即灭其国而有其地也。

〔九〕九锡、六马：《三国志·魏书·高贵乡公髦纪》："甘露五年，进大将军司马文王位为相国，封晋公，加九锡。"又《陈留王奂纪》："咸熙二年，又命晋王乘金根车，六马。"

〔一〇〕荀勖犹谓之人臣：《晋书·荀勖传》："勖，字公曾，参文帝大将军军事，久管机密，有才思，探得人主微旨，不犯颜忤争。"史臣谓其人"援朱、均以贰极"，盖佐司马昭成其篡夺之谋者。"犹谓人臣"之语，彭《增释》："《晋书·石苞传》：文帝崩，贾充、荀勖议葬礼未定。苞时奔丧，恸哭曰：'基业如此，而以人臣终乎？'是本石苞之言，而知幾误记为荀勖耳。"按彭引传文下尚有句云："葬礼乃定。"且苞以"而人臣终乎"为恸，亦足反证贾、荀所议，盖有欲以人臣之礼葬。经苞哭问，显系不满于以人臣礼葬，自不能谓苞"犹谓之人臣"，亦不能谓"知幾误记为荀勖"。惜贾、荀议葬之辞，史传均失载，无文献可征，阙疑可耳。

〔一一〕说：黄本、《通释》同，原误刊作"设"，蜀本、陆本、鼎本、郭本、黄本亦作“设”，卢《拾补》作“说”，今改正。

〔一二〕其疑八也：陈《补释》：“此言晋阳起义兵，由唐公晋爵为王。或信此篇，遂谓周文王实不事殷，岂非痴人说梦。”

《论语》曰：“太伯可谓至德也已，三以天下让，民无德而称焉。”〔一〕按《吕氏春秋》所载云云〔二〕，斯则太王钟爱厥孙，将立其父，太伯年居长嫡，地实妨贤。向若强颜苟视，怀疑不去，大则类卫伋之诛〔三〕，小则同楚建之逐〔四〕，虽欲勿让，君亲其立诸？且太王之殂，太伯来赴，季历承考遗命，推让厥昆。太伯以形质已残，有辞获免。原夫毁兹玉体，从彼被发者，本以外绝嫌疑，内释猜忌，譬雄鸡自断其尾〔五〕，用获免于人牺者焉。又按《春秋》晋士芳见申生之将废也〔六〕，曰：为吴太伯，犹有令名。斯则太伯、申生，事如一体。直以出处有异，故成败不同。若夫子之论太伯也，必美其因病成妍，转祸为福〔七〕，斯则当矣。如云可谓至德者，无乃谬为其誉乎？其疑九也〔八〕。其十条。

〔一〕民无德而称焉：引《论语》原文，见《泰伯》篇，又“德”字，蜀本、陆本、鼎本、郭本、黄本同，《通释》改“得”。《释文》云：“本亦作‘德’。”

〔二〕《吕氏春秋》：浦注：“书名恐误，当是《吴越春秋》。”并释谓：“此句定误，其书无一语及太伯事。”《吴越春秋》：“古公三子，长曰太伯，次曰仲雍，雍一名虞仲，少曰季历。季历娶妻大任氏，生子昌。昌有圣瑞。古公曰：‘兴王业者，其在昌乎！’太伯、仲雍望风知指，曰：‘历者，适也。’知古公欲以国及昌。古公病，二人托名采药于衡山，遂之荆蛮，断发文身，为夷狄之服，示不可用。古公卒，太伯、仲雍归赴。丧毕，还荆蛮，国民君而事之，自号为勾吴。古公将卒，令季历让国于太伯，而三让不受，于是季历莅政。”吕《评》则引卢文弨言《吕氏春秋》“别有所谓‘廉孝’者”，太伯事盖正在《廉孝》篇中。按今本《吕氏春秋》十二纪末载《序意》一篇，下注：“一作‘廉孝’。”今存原文，无泰伯事。文末注云：“旧云‘一作廉孝’，‘廉孝’二字与此无涉，必尚有脱文。”则知幾或及见尚未佚脱之本也。又《左·僖五年》及《襄七年》均略载其事，《史记·周本纪》及《吴太伯世家》述之亦详。

〔三〕卫伋之诛：《通释》引《史记·卫世家》：“初，宣公爱夫人夷姜，夷姜生子伋，以为太子。为太子取齐女，未入室而自取之，生子寿、子朔。伋母死，夫人与朔共谗恶太子伋。公乃使伋于齐，而令盗遮界上杀之。”事见《左》桓十六年《传》，《传》文“伋”作“急子”。又《诗·邶风·日月》：“日居月诸，东方自出。父兮母兮，畜我不卒。”刘向《列女传·孽嬖传·卫宣公姜》：“宣姜者，齐侯之女，卫宣公之夫人也。初，宣公夫人夷姜生伋子，以为太子。又娶于齐，曰宣姜，生寿及朔。夷姜既死，宣姜欲立寿，乃与寿弟朔谋构伋子。公使伋子之齐，宣姜乃阴使力士待之界上而杀之。寿度太子必行，乃与太子饮，夺之旄而行，盗杀之。伋子醒，求旄不得，遽往追之，寿已死矣，伋子痛寿为己死，乃谓盗曰：‘所欲杀者乃我也，此何罪？请杀我！’盗又杀之。”所叙与《史记》相合，《日月》似即他人哀伋子而作也。

〔四〕楚建之逐：《左》昭十九年《传》：“太子建居于城父。”又：“二十年二月，费无极言于楚子曰：‘建将以方城之外叛。’

王信之,使城父司马奋扬杀大子。大子建奔宋。”

〔五〕雄鸡自断其尾:《国语·周语下》:“宾孟适郊,见雄鸡自断其尾。问之,侍者曰:‘惮其牺也。’”

〔六〕士芀见申生之将废:“见”字原脱,蜀本、陆本、鼎本、郭本、黄本同,卢《拾补》校云:“宋有。”今补入。《左》闵元年《传》:“晋侯为大子城曲沃,士芀曰:‘大子不得立矣。不如逃之,为吴大伯,犹有令名。’”

〔七〕转祸为福:《战国策·燕策一》:“转祸为福,因败成功。”《孔子家语·辨政》:“圣人转祸为福。”杨《通释补》引《说苑·权谋》:“孔子曰:‘圣人转祸为福。’”未得其朔。

〔八〕其疑九也:陈《补释》:“此实言唐武德九年六月,玄武门临湖殿之变,秦王立为皇太子,八月即内禅。”

《尚书·金縢》篇云:“管蔡流言,公将不利于孺子。”〔一〕《左传》云:“周公杀管叔而放蔡叔,夫其不爱?王室故也。”〔二〕按《尚书·君奭》篇序云:“召公为保,周公为师,相成王为左右。”召公不说,斯则旦行不臣之礼,挟震主之威,迹居疑似,坐招讪谤,虽奭以亚圣之德,负明允之才,目睹其事,犹怀愤懑。况彼二叔者,才处中人,地居下国,侧闻异议,能不怀猜?原其推戈反噬,事由误我〔三〕。而周公自以不诚〔四〕,遽加显戮。与夫汉代赦淮南〔五〕,明帝宽阜陵〔六〕,一何远哉!斯则周公于友于之义薄矣。而《诗》之所述〔七〕,用为美谈者,何哉?其疑十也〔八〕。其十一条。

〔一〕公将不利于孺子:《尚书·金縢》:“武王既丧,管叔及其群弟乃流言于国曰:‘公将不利于孺子。’”《史记·鲁世家》

"孺子"作"成王"。

〔二〕夫其不爱？王室故也：见《左》昭元年《传》。"其"字，蜀本、陆本、鼎本、郭本、黄本同，《通释》改作"岂"，注："旧误'其'。"卢《拾补》云："何'岂'。"按《经传释词》："其，犹宁也。僖五年《左传》曰：'一之谓甚，其可再乎？'"则"夫其不爱"，意亦可通。

〔三〕事由误我："我"字，蜀本同，陆本、鼎本、郭本、黄本均作"誐"，《通释》作"我"。卢《拾朴》云："宋'我'。"按"誐"，《诗·周颂·维天之命》："假以溢我。"亦作"誐以溢我"。郑注："假，嘉也。"《说文》亦注："誐，嘉善也。"则误"誐"于义不安。

〔四〕自以不諴："自"字，蜀本、鼎本、郭本、黄本同，陆本作"目"。卢《拾补》云："'自'讹。"孙《札记》云："顾依抱经作'目'。"按《说文·言部》："諴、和也。"《广雅·释诂四》："调也。"不諴，即不和、不协调也。陆本、鼎本、郭本、黄本同，蜀本作"诚"。浦注："当作'咸'，假用《左氏》语。"卢《拾补》："'咸'，同；'诚'，讹。"朱《批》："宋本作'不諴'，諴、咸通用。"按《尚书·召诰》："其丕能諴于小民。"伪孔《传》："其大能和于小民。"

〔五〕赦淮南：《通释》引《汉书·淮南厉王长传》："长，高帝少子也，立为淮南王，常附吕后。及孝文初即位，骄蹇数不奉法，上宽赦之。入朝甚横，归国益恣。谋反事觉，当弃市。制曰：'其赦长死罪，废勿王。'"按事亦见《史记》卷一百一十八《淮南衡山传》，浦氏未得其朔。

〔六〕宽阜陵：《通释》引《后汉书·阜陵质王延传》："延性骄奢，而遇下严烈。有上书告延作图谶，祠祭祝诅，事下案验，有司奏请诛延。显宗特加恩。建初中，复有告延造逆谋者，有司奏请槛车征诣廷尉诏狱。肃宗下诏曰：‘朕不忍致王于理，今贬爵为侯。’章和元年，复为王。”又原刊及蜀本、陆本、鼎本、郭本、黄本均作“明帝宽阜陵”，《通释》无“明帝”二字，并注：“一增‘明帝’二字。”卢《拾补》校增“明帝之”三字，并云：“脱，今补。”按承上文“汉代赦淮南”句，自以无“明帝”二字为是，且宽阜陵是明、章两帝事，亦不能仅揭一明帝。是亦就文意而言，姑仍其旧。

〔七〕《诗》之所述："诗"字，蜀本、陆本、鼎本、郭本、黄本同，《通释》改“书”，并注：“旧作‘诗’。”浦氏盖以为“十疑皆在《尚书》之世也”，故就文意改“诗”为“书”。然《诗·豳风》自“七月”以下六篇，皆“美周公也”，则“《诗》之所述，用为美谈”，文意亦甚贴切。

〔八〕其疑十也：陈《补释》：“此二叔明谓隐太子与巢刺王，《史通》具有史识，其识奚至如鲜卑慕容盛。（盛诋周公，详见《晋书·载记》。）”按隐太子即建成，巢刺王乃元吉。

大抵自春秋以前，《尚书》之世，其作者述事如此。今取其正经雅言，理有难晓，诸子异说，义或可凭，参而会之，以相研覆〔一〕，如异于此，则无论焉。

夫远古之书，与近古之史，非唯繁约不类，固亦向背皆殊〔二〕。何者？近古之史也，言唯详备，事罕甄择。使夫学者观一邦之政，则善恶相参；观一主之才，而贤愚殆半。至于远古则不然。夫其所录也，略举纲维，务存褒讳。寻其终始，隐没者多。尝试言之，向使汉、魏、晋、宋之君，生于上代；尧、舜、禹、汤之主，出于中叶。俾史官易地而书，各叙时事，校其得失，固未可量〔三〕。若乃轮扁称其糟粕〔四〕，孔氏述其传疑〔五〕。孟子曰："尽信《书》，不如无《书》，《武成》篇，吾取其二三简。"〔六〕推此而言，则远古之书，其妄甚矣。岂比夫王沉之不实，沈约之多诈〔七〕，若斯而已哉！其十二条。

〔一〕研覆："覆"字，蜀本、陆本、鼎本、郭本、黄本同，《通释》改"覈"，并注"一作'覆'"。卢《拾补》："宋'覈'。"孙《札记》亦校改为"覈"。按《尔雅·释诂》"覆，审也"，意亦可通，覆、覈形近，难究本真，姑仍之。

〔二〕固：原作"故"，蜀本、陆本、鼎本、郭本、黄本同。《通释》改作"固"，注："一作'故'。"卢《拾补》："宋'固'。"孙《札记》亦校改为"固"，今改作"固"。

〔三〕校其得失，固未可量：陈《补释》："此用《墨子》说。《墨子·经说下》：在尧善治，自今在诸古也；自古在之今，则尧不能治也。"按高亨《墨经校诠》卷三《诠说》云："尧善治，乃自今察古也，乃事之所已然者也，古今不同。善治古之民者，未必能善治今之民，则尧生于今之世，不能治今之民矣。因古今情势不同耳。"

〔四〕轮扁称其糟粕：《庄子·天道》："桓公读书于堂上，轮扁斫轮于堂下，释椎凿而上，问桓公曰：'敢问公之所读者何言邪？'公曰：'圣人之言也。'曰：'圣人在乎？'公曰：'已死矣。'曰：'然则君之所读者，古人之糟魄已夫。'"陆德明《音义》："桓公，齐桓公。扁，音篇。魄，烂食曰魄，本又作粕。"郭《评》引《庄子通》："轮，车工。扁，名。酒滓曰糟，渍糟曰粕。"

〔五〕孔氏述其传疑：杨《通释补》引《穀梁》桓十四年《传》："孔子曰：'听远音者，闻其疾而不闻其舒，望远者，察其貌而不察其形。立乎定、哀以指隐、桓，隐、桓之日远矣。夏五，传疑也。'"按《穀》桓十四年《传》"夏五"下无"月"字，范甯《集解》："或有'月'者，非。"故孔子曰："夏五，传疑也。"

〔六〕孟子曰云云：《孟子·尽心下》："孟子曰：'尽信书，则不如无书，吾于《武成》，取二三策而已矣。'"浦注："一本下有'而为累文与近古同焉'九字，词义未亮，一本无此九字。"卢《拾补》亦在"简"字下校云："九字脱，宋有。"孙《札记》云："邓本亦有。"又"二三简"，卢《拾补》校"二三"云："宋'一二'。"

〔七〕王沉之不实，沈约之多诈：均见《曲笔》篇注。

惑经第四总二十三条〔一〕

【解 题】

《惑经》篇针对《春秋》一书，提出十二未谕、五虚美。知幾以《春秋》为古史，信其乃孔子所修，然而从史学角度看，是书确有许多不实不尽之处，知幾作为忠于史事之史学工作者，自不能缄口无言。然批评其书，必然触及作者之修史方法、治史态度等问题，难免不涉及孔子短处。而孔子既早被奉为"天纵之圣"，唐初又尊称为宣父，儒家教义已视同圣经，所有这些，知幾亦笃信不移，但又不能放弃史家批判之责任，所以开篇先说孔圣生前即承认自己有过错误，从不文过饰非，篇末又云虚美言辞之本源，是由于儒者"欲神其事，谈过其实"，以此作为自己献其寸长，以攻孔圣尺短之立言根据。纪《评》在篇首即批谓“亦善立言”，貌似奖誉，实则暗讽其巧自解免，观纪氏尽削其五虚美全文可知。其实知幾既不反儒，更不薄孔，斯乃今人研究刘氏史学思想必须掌握之钥匙。由于他以严肃认真之态度治史，在对待《尚书》、《春秋》时，即不能回避冒犯圣经之讥讽。他提出怀疑、迷惑，乃就史而论，客观上虽也有破灭儒经圣光之作用，但在今天如据此就称其具有批儒的进步思想，不仅会陷入“虚美”之泥坑，即读《史通》亦会扞格难解。

知幾说此篇“惟摭史文”，至于经义既广，实难以具论。后来经师，特别是经今文学家，群起诘难，斥其不明义例，抹煞其文多是依《春秋》义例，而揭其违例、破例之短，不识史家之褒贬固必有价值判断之微意，然第一义之标准仍为事实判断。与此同时，亦有径议其义例之失者，或谓其指陈史事失实，乃遵守某一义例，然从全篇看，实不能说他不明义例，惟立足于史家求真之立场，亦当容许偶有变例。董仲舒岂不早早就说：“《春秋》无达例。”虽云古疏今密，不能要求古人著书就能做到义例详密，但读《春秋》不能过泥于例，前人已有公论。知幾明义例而不泥于经师义例，其所守者乃史法、史例、史义，故此篇复重提一些极可珍视之史学见解。第一，认为写历史应忠实反映历史事实。他形象地用明镜照物、虚空传响作比喻，要求善恶必书，再次提出“爱而知其丑，憎而知其善”，以此为辩证观察客观事物之方法，就不应一味墨守“为贤者讳”之义例，例如不应为尊重齐桓、晋文霸业，遂掩饰其某些丑行。虚美二、三、四，更历举墨守“承告而书”之义例，如宋襄、楚灵极为不义之事，也将错就错地被记载下来；而齐、郑、楚之篡弑，鲁有七君被杀逐，亦都缺而不录，何以谈得上劝善惧淫。知幾推究其原因，直接指出乃孔子“推避求全、依违免祸”，而后人却故神其说，虚饰其美。为了弄清历史真实，自不能不予以揭出。

第二，提出褒贬问题。《春秋》所谓褒贬之义，人伦臧否，直道而行，见诸夫子笔端者，知幾当然赞同。但有弑君以疾赴者，《春秋》承赴书卒，又弑君父者，欺而获免，在知幾看来，亦自违义例。而赵盾许止却因涉嫌而被以恶名，捐其首谋，舍其亲弑，以直笔原则衡之，亦难免授人厚欺来世之柄。至于为君父讳，如鲁国隐、桓戕弑，昭、哀放逐，姜氏淫奔，子般夭酷，则认为可以隐讳，理由是虽事乖正直，而理合名教。说明他虽极重视直书，但对儒家纲常，仍不敢触犯。他只是反对事无大小，动辄耻讳罢了。

第三，对治史态度及方法，亦提出一些值得重视之意见。他极简练地提出，“君子以博闻多识为工，良史以实录直书为贵”，即不仅要广博搜集史料，更应严格地区别与抉择。在撰述方法上，则要求前后相会，始末可寻，做到一字不苟。如以晋国里克弑其君卓及其大夫荀息为例，批评《春秋》弑杀不分，自违其例，当非挑字眼，亦非吹毛求疵，实乃要求人们严肃认真、一丝不苟治史，从中仍可吸取营养。

昔孔宣父以大圣之德〔二〕，应运而生，生人已来〔三〕，未之有也。故使三千弟子，七十门人〔四〕，钻仰不及〔五〕，请益无倦。然则尺有所短，寸有所长〔六〕，其间切磋酬对，颇亦互闻得失。何者？睹仲由之不悦，则矢天厌以自明〔七〕；答言偃之弦歌，则称戏言以释难〔八〕。斯则圣人之设教，其理含弘,或援誓以表心,或称非以受屈。岂与夫庸儒末学,文过饰非,使夫问者缄辞杜口,怀疑不展,若斯而已哉?

嗟夫!古今世殊,师授路隔,恨不得亲膺洒扫,陪五尺之童〔九〕,躬奉德音,抚四科之友〔一〇〕。而徒以研寻蠹简,穿凿遗文,菁华久谢,糟粕为偶。遂使理有未达,无由质疑,是用握卷踌躇,挥毫悱愤。傥梁木斯坏〔一一〕,魂而有灵,敢效接舆之歌〔一二〕,辄同林放之问〔一三〕。但孔氏之立言行事,删《诗》赞《易》,其义既广,难以具论。今惟摭其史文,评之于后。其一条。

〔一〕总二十三条:按原本正文分条至二十一条止,未足"二十三"之数,蜀本、陆本、郭本、王本、黄本作"二十二条",鼎本作"二十条",查其正文序未作一条,卢《拾补》亦作"总廿条"。浦注:"或作二十条,或作二十二条,皆未允。"各本分合不同,古文条目亦有差异。

〔二〕孔宣父:《新唐书·礼乐志》:"贞观十一年,诏尊孔子为宣父。"

〔三〕生人已来:《孟子·公孙丑上》:"自有生民以来,未有孔子也。"唐人避李世民讳,将"生民"刊作"生人"。

〔四〕三千弟子,七十门人:《史记·孔子世家》:"孔子以《诗》、《书》、礼、乐教弟子,盖三千焉。身通六艺者七十有二人。"

〔五〕钻仰不及:《论语·子罕》:"颜渊喟然叹曰:'仰之弥高,钻之弥坚,瞻之在前,忽焉在后。夫子循循然善诱人,既竭吾才,如有所立,卓尔,虽欲从之,末由也已。'"

〔六〕尺有所短,寸有所长:见《楚辞·卜居》。

〔七〕矢天厌以自明:《论语·雍也》:"子见南子,子路不悦。夫子矢之曰:"予所否者,天厌之,天厌之。"朱注:"南子,卫灵公夫人,有淫行。矢,誓也。否,谓不合于礼。"按:仲由,字子路。

〔八〕戏言以释难:《论语·阳货》:"子之武城,闻弦歌之声,夫子莞尔而笑曰:'割鸡焉用牛刀。'子游对曰:'昔者偃也闻诸夫子曰,君子学道则爱人,小人学道则易使。'子曰:'二三子,偃之言是也,前言戏之耳!'"按:言偃,字子游,为武城宰。

〔九〕五尺之童:《汉书·董仲舒传》:"是以仲尼之门,五尺之童,羞称五伯,为其先诈力而后仁谊也。"

〔一〇〕四科:《论语·先进》:"子曰:'德行:颜渊、闵子骞、冉伯牛、仲弓;言语:宰我,子贡;政事:冉有、季路;文学:子游、子夏。'"是为孔门四科。

〔一一〕梁木斯坏:《史记·孔子世家》:"孔子病,因叹歌曰:'太山坏乎!梁柱摧乎!哲人萎乎!'因以涕下。"

〔一二〕接舆之歌:《论语·微子》:"楚狂接舆歌而过孔子,曰:'凤兮凤兮!何德之衰?'"

〔一三〕林放之问:《论语·八佾》:"林放问礼之本。子曰:'大哉问。'"

按,夫子所修之史,是曰《春秋》。切详《春秋》之义〔一〕,其所未谕者有十二。何者?

赵孟以无辞伐国,贬号为人〔二〕;杞伯以夷礼来朝,降爵称子〔三〕;虞班晋上〔四〕,恶贪贿而先书;楚长晋盟〔五〕,讥无信而后列。此则人伦臧否，在我笔端，直道而行〔六〕，夫何所让？奚为齐、郑及楚，国有弑君，各以疾赴〔七〕，遂皆书卒。昭九年，公子围弑其君郏敖；襄七年，郑子驷弑其君僖公；十年，齐人弑其君悼公。而《春秋》但书云楚子麇卒，郑伯顽卒，齐侯阳生卒〔八〕。夫臣弑其君，子弑其父，凡在含识，皆知耻惧。苟欺而可免，则谁不愿然？且官为正卿，返不讨贼〔九〕，地居冢嫡，药不亲尝〔一〇〕。遂皆被以恶名，播诸来叶。必以彼三逆，方兹二弑，躬为枭獍〔一一〕，则漏网遗名；迹涉瓜李〔一二〕，乃凝脂显录〔一三〕。嫉恶之情，岂其若是？其所未谕一也。其二条。

〔一〕切：蜀本、陆本同，与"窃"通。又《诗·卫风·淇奥》："如切如磋，如琢如磨。"毛《传》："治骨曰切，象曰磋。""切"字释作切磋琢磨，于义亦通，郭本、黄本、《通释》改作"窃"。下句"谕"字，《晏子春秋·问》："举之以语，考之以事，能谕，则尚而亲之。"当为明白、领会之意。

〔二〕赵孟以无辞伐国，贬号为人：《通释》引宣二年《经》："夏，晋人、宋人、卫人、陈人侵郑。"又引杜注："晋赵盾兴诸侯之师，将为宋报耻，畏楚而还，失霸者之义，故贬称'人'。"按：赵盾，又称赵宣子，又称宣孟。其孙赵武，又称赵文子，又称赵孟。则赵孟乃赵武，非赵盾也。且就上引经文及杜注而言，贬号为人，实缘"畏楚而还，失霸者之义"，与"无辞伐国"无涉。查襄二十六年《经》"夏，公会晋人、郑良霄、宋人、曹人于澶渊"，同年《左传》："六月，公会晋赵武、宋向戌、郑良霄、曹人于澶渊，以讨卫。晋人执甯喜。卫侯如晋，晋人执而囚之。七月，齐侯、郑伯为卫侯故如晋。晏平仲私于叔向曰：'今为臣执君，若之何？'叔向告赵文子，文子以告晋侯。晋侯言卫侯之罪,使叔向告二君。晋侯乃许归卫侯。"杜注"今为臣执君,若之何"句曰:"谓晋为林父执卫侯。"又注"使叔向告二君"句曰:"言自以杀晋戍三百人为罪,不以林父故。"具见当时晋执政正卿赵武原为荀林父讨卫,在齐、郑二君质问下,乃以杀戍为辞。故曰:"赵孟以无辞伐国,贬号为人。"《通释》误。

〔三〕杞伯以夷礼来朝,降爵称子:《通释》引僖二十七年《经》:"杞子来朝。"又引《传》:"杞桓公来朝,用夷礼,故称子。"按"传"系《左传》,下同。

〔四〕虞班晋上:《通释》引僖二年《经》:"虞师、晋师灭下阳。"又引《传》:"先书虞,贿故也。"又引杜注:"虞非倡兵之首,而先书之,恶贪贿也。"按《传》文详述晋贿虞假道伐虢故事。

〔五〕楚长晋盟:《通释》引襄二十七年《经》:"叔孙豹会晋赵武、楚屈建、蔡公孙归生、卫石恶、陈孔奂、郑良霄、许人、曹人于宋。"《左传》:"将盟,楚人衷甲,伯州犁以为不信。固请释甲。子木曰:'晋楚无信久矣,事利而已。'晋楚争先。叔向谓赵孟曰:'诸侯归晋之德只,非归其尸盟也。无争先。'乃先楚人。书先晋,晋有信也。"杜注:"盖孔子追正之。"

〔六〕直道而行:《论语·卫灵公》:"子曰:'斯民也,三代之所以直道而行也。'"

〔七〕国有弑君,各以疾赴:《通释》引哀十年《经》:"齐侯阳生卒。"注:"以疾赴,故不书弑。"襄七《经》:"郑伯髡顽卒于鄵。"注:"实为子驷所弑,以疟疾赴,故不书弑。"昭元《经》:"楚子麇卒。"注:"楚以疟疾赴,故不书弑。"

〔八〕遂皆书卒:崔铣《洹词》卷七《春秋薨卒解》:"礼,五等之君,国人称之曰公。鲁薨,称公是也。列国之君称爵,书卒,从讣也,告之他国焉,谦也。会葬,称公,本国臣子之辞也,尊也。圣人贬诸侯之僭,苟当乎礼,亦申其臣子之情,故曰:《春秋》者性命之文。"陈《补释》:"此刘氏不知《春秋经》有从讣一例。"卢《拾补》校原注云:"昭九年乃元年,又'十年'上脱'哀'字,'顽'字上脱'髡'字,俱当改补。"按郭本已改补,卢盖据此校改。又"麇"字乃"麋"字之误。又浦注"旧注三弑与本文、经文并皆失次,今依《春秋》世次列之",并已照襄、昭、哀世次改列,又在正文"齐、郑及楚"句下注云:"照《春秋》世次,当作'郑、楚及齐'。"兹悉仍其旧,并录各家校改意见备考。

〔九〕返不讨贼:《通释》引:宣二年《经》:"晋赵盾弑其君夷皋。"《传》:"晋侯饮赵盾酒,公嗾夫獒焉。斗且出,遂自亡也。赵穿攻灵公于桃园。宣子未出疆而复。太史书'赵盾弑其君',以示于朝。宣子曰:'不然。'对曰:'子为正卿,亡不越境,反不讨贼,非子而谁?'"按:夷皋即晋灵公,赵盾又称宣子,赵穿乃盾之侄。

〔一〇〕药不亲尝:《通释》引:昭十九年《经》:"许世子止弑其君买。"《传》:"许悼公疟,饮太子止之药,卒。太子奔晋。书曰'弑其君'。"按下有句云:"君子曰:'尽心力以事君,舍药物可也。'"经文杜注:"讥止不舍药物。舍音捨。"按《左》与杜意均谓止不舍去其药也,惟《穀梁传》范甯注云"责止不尝药"。

〔一一〕躬为枭獍:《汉书·郊祀志上》:"祠黄帝用一枭、破镜。"颜注引孟康曰:"枭,鸟名,食母。破镜,兽名,食父。"又《述异记》:"獍之为兽,如虎豹而小,始生,还食其母。故曰枭獍。"獍即破镜。

〔一二〕迹涉瓜李：陈《补释》引《乐府诗集》平调曲《君子行》："君子防未然，不处嫌疑间，瓜田不纳履，李下不正冠。"

〔一三〕凝脂显录：《通释》引《中华古今注》："燕脂，以红蓝花汁凝作脂，燕国所生。"陈《补释》："此释非所证，故纪氏删之。《礼记·内则》疏：'凝者为脂，释者为膏。'"按《诗·卫风·硕人》："肤如凝脂。"《通释》又引《旧唐书·崔仁师传》"凝脂犹密，秋荼尚烦"，浦按："盖谓刑峻。"《补释》又云："《盐铁论·刑德》篇：'昔秦法繁于秋荼，而网密于凝脂。'乃此文所本，何必引《唐书》。"陈说是。

又案齐荼野幕之弑，事起阳生；楚灵乾谿之缢，祸由常寿。而《春秋》捐其首谋，舍其亲弑。乞谓齐陈乞，比楚公子比也〔一〕。亦何异鲁酒薄而邯郸围〔二〕，城门火而鱼池及〔三〕。必如是，则邾之阍者私憾射姑，以其君急而好洁，可行欺以激怒，遂倾瓶水沃庭，俾废炉而烂卒。斯亦罪之大者，曷不书弑乎〔四〕？宜书云阍弑邾子。其所未谕二也。其三条。

〔一〕"齐荼"至"楚公子比也"："荼"字原作"乞"，蜀本、陆本、鼎本、郭本、黄本同。《通释》亦作"乞"，注："一作'荼'。"卢《拾补》校作"荼"，注："'乞'讹。""弑"字各本亦同，《通释》作"戮"，卢《拾补》："宋'戮'。""灵"字各本亦同，《通释》作"比"。卢《拾补》："'比'讹。""常寿"两字，《通释》改作"观从"，并注："原作'常寿'，误。"又将原在"舍其亲弑"句下原注，移在"祸由观从"句下。卢《拾补》附校《通释》云："浦改'齐荼'作'齐乞'，'楚灵'作'楚比'，语甚不顺。其改'常寿'作'观从'，尚可通。至移小注于前，颇失刘氏本意。注谓‘齐陈乞,楚公子比也’,正指《春秋》所书言耳。但衍‘乞’、‘比’二字(原注“齐”、“楚”前有此二字)。”按:《春秋》哀六年:“齐阳生入于齐,齐陈乞弑其君荼。”《左传》:“陈僖子(即乞)使召公子阳生,立之。公(阳生)使朱毛迁孺子(荼)于骀,不至,杀诸野幕之下。”杜注经文:“弑荼者,朱毛与阳生,而书陈乞,所以明乞立阳生,而荼见弑。”又《春秋》昭十三年:“楚公子比自晋归于楚,弑其君虔于乾谿,楚公子弃疾杀公子比。”杜注:“比归而灵王死,故书弑其君,比非首谋,而反书弑,比虽胁立,犹以罪加也。”《公羊传》曰:“楚公子弃疾胁比而立之,灵王经而死。”《穀梁传》曰:“比不弑也。”《史记·楚世家》详记其事云:“楚灵王乐乾谿,国人苦役。初,灵王会兵于申,戮越大夫常寿过,杀蔡大夫观起,起子从亡在吴,乃劝吴王伐楚,使召公子比于晋,立子比为王。观从从师于乾谿,令楚众曰:‘国有王矣。’楚众皆溃,去灵王而归。灵王独彷徨山中,饥弗能起,死申亥家。”则弑齐荼者,乃阳生首谋;楚灵缢死,实为观从所迫。而《春秋》捐阳生首谋,舍观从之亲弑,罪及陈乞、楚比,是亦可谓殃及池鱼矣。卢校“乞”应作“荼”,是,今照改。惟原文“祸由常寿”,或缘常寿与观从之父起俱为楚灵所杀,则观从之杀楚灵,亦犹赵穿为盾弑晋灵欤?抑或知幾所见古本《春秋》异文,效董狐之直笔,有此书法欤?然观从迫死楚灵时,常寿、观起已早逝,亦不应受此笔诛。卢谓“浦改‘常寿’作‘观从’,尚可通”,是。但其致误之由,尚难索解,故仍其旧。

〔二〕鲁酒薄而邯郸围:语出自《庄子·胠箧》及《淮南子·缪称训》。陆德明《释文》:“楚宣王朝诸侯,鲁恭公后至而酒薄,宣王怒,欲辱之。恭公不受命,乃曰:'我周公之胤,长于诸侯,行天子礼乐,勋在周室。我送酒已失礼,方责其薄,无乃太甚!'遂不辞而还。宣王怒,乃发兵与齐攻鲁。梁惠王常欲击赵,而畏楚救。楚以鲁为事,故梁得围邯郸。"其事亦见成玄英《南华真经注疏》,文字则有异同。又许慎注《淮南》云:"楚会诸侯,鲁、赵俱献酒于楚王。鲁酒薄而赵酒厚,楚之主酒吏求酒于赵,赵不与。吏怒,乃以赵厚酒易鲁薄酒,奏之。楚王以赵酒薄,故围邯郸也。"按今本《淮南子·缪称训》题高诱注,文长不具录。刘文典云:"宋本此篇题作《淮南鸿烈间诂》,其为许慎注本无疑。"衡以《史通》文义,似引前说为妥切。

〔三〕城门火而鱼池及:《通释》:"《清波杂志》有'城门'句,不知所出。《广韵》以池仲鱼为人姓名。"陈《补释》:"此出《风俗通》。《通鉴》(一百六十卷):'城门失火,殃及池鱼。'注引《风俗通》,有池仲鱼,城门失火,仲鱼烧死,故谚曰:'城门失火,殃及池鱼。'一曰城门失火,汲城下之水以救之,池涸则鱼受其殃。今本《风俗通》无之,亦引见《意林》及《艺文类聚》(八十,又九十六)、《太平御览》(八百六十九,又九百三十五)。"

〔四〕"必如是"至"曷不书弑":定三年《经》:"二月,邾子穿卒。秋,葬邾庄公。"《左传》:"邾子临廷,阍以瓶水沃廷,邾子怒。阍曰:'夷射姑旋焉。'命执之,弗得,滋怒。自投于床,废于炉炭,烂,遂卒。庄公卞急而好洁,故及是。"杜注:"旋,小便。执之,执射姑。废,堕也。""急",《通释》作"卞急",似本于《左传》,兹仍其旧。又"瓶水沃庭",蜀本、陆本、鼎本、郭本、王本、黄本同,《通释》"瓶水"下补入"以"

字,下注:“一本脱。”卢《拾补》、孙《札记》均校云:“宋有‘以’字。”兹仍从其旧。

盖明镜之照物也,妍媸必露〔一〕,不以毛嫱之面或有疵瑕〔二〕,而寝其鉴也;虚空之传响也,清浊必闻,不以绵驹之歌时有误曲〔三〕,而辍其应也。夫史官执简,宜类于斯。苟爱而知其丑,憎而知其善〔四〕,善恶必书,斯为实录。观夫子修《春秋》也,多为贤者讳。狄实灭卫,因桓耻而不书〔五〕;河阳召王,成文美而称狩〔六〕。斯则情兼向背,志怀彼我。苟书法其如是也,岂不使贤人君子〔七〕,靡惮宪章,虽玷白圭〔八〕,无惭良史也〔九〕?其所未谕三也。其四条。

〔一〕明镜、妍媸:《诗·邶风·柏舟》:“我心匪鉴,不可以茹。”毛《传》:“鉴,所以察形也。茹,度也。”郑《笺》:“鉴之察形,但知方圆白黑,不能度其真伪。我心非如是鉴,我于众人之善恶外内,心度知之。”《庄子·应帝王》:“至人之用心若镜,不将不迎,应而不藏,故能胜物而不伤。”又“媸”,原作“嗤”,蜀本、陆本同,鼎本、郭本、王本、黄本、《通释》及纪氏《削繁》均作“媸”,何义门批校本手墨描改同。按“妍”与“媸”正相对反,与下文“清”之与“浊”,前后骈对呼应,故当据改作“媸”。

〔二〕毛嫱:《庄子·齐物论》:“毛嫱,丽姬,人之所美也。”《释文》:“毛嫱,古美人,一云越王美姬也。”

〔三〕绵驹:《孟子·告子下》:“淳于髡曰:‘昔者绵驹处于高唐,而齐右善歌。’”赵氏注:“绵驹,善歌者也。高唐,齐西邑。绵驹处之,故曰齐右善歌。”又《说苑·杂言》:“绵驹处于高唐，而齐右善歌。”当为赵氏所本。

〔四〕知其丑、知其善：《礼记·曲礼上》：“爱而知其恶，憎而知其善。”

〔五〕“狄实灭卫”二句：闵二年《经》：“十有二月，狄入卫。”《左传》：“狄人伐卫，卫师败绩，遂灭卫。”又《穀梁》范甯集解：“不言灭而言入者，《春秋》为贤者讳，齐桓公不能攘夷狄，救中国，故为之讳。”

〔六〕“河阳召王”二句：僖二十八年《经》：“冬，天王狩于河阳。”杜注：“河阳，晋地。晋实召王。”《左传》：“晋侯召王，以诸侯见，且使王狩。仲尼曰：‘以臣召君，不可以训。’故书曰‘天王狩于河阳’，言非其地也，且明德也。”杜注：“隐其召君之阙，欲以明晋之功德。”按：晋侯，即晋文公重耳，故云“成文美而称狩”。

〔七〕贤人君子：鼎本、黄本同，蜀本、陆本、郭本作“夫君子”，《通释》作“为人君者”。浦注：“或作‘贤人君子’，或作‘夫君子’，皆误。”

〔八〕虽玷白圭：《诗·大雅·荡之什·抑》：“白圭之玷，尚可磨也，斯言之玷，不可为也。”郑《笺》：“玷，缺也。”

〔九〕也：蜀本同，陆本、鼎本作“乎”，《通释》作“也乎”，按句意，“也”是反语。

哀八年及十三年，公再与吴盟，而皆不书〔一〕。八年注云：“不书盟，耻吴夷也。”十三年注云：“盟不书，诸侯耻之，故不录也。”桓二年，公及戎盟。戎实豺狼，非我族类〔二〕。夫非所讳而仍讳，谓当耻而无耻，求之折衷，未见其宜。其所未谕四也。其五条。

〔一〕公再与吴盟，而皆不书：哀八年《经》："吴伐我。"《左传》："吴人盟而还。"又《左》哀十三年《传》："秋七月辛丑盟，吴晋争先。"无经文。

〔二〕戎实豺狼，非我族类：杨《通释补》引《左》闵元年《传》："管敬仲言于齐侯曰：'戎狄豺狼，不可厌也。'"又引成四年《传》："史佚之志有之曰：'非我族类，其心必异。'"

诸国臣子，非卿不书。必以地来奔，则虽贱亦志〔一〕。斯岂非国之大事〔二〕，不可限以常流者邪？如阳虎盗入于讙，拥阳关而外叛，《传》具其事，《经》独无闻，何哉？且弓玉云亡，犹获显记〔三〕，城邑失守，反不沾书〔四〕。略大存小，理乖惩劝。其所未谕五也。其六条。

〔一〕必以地来奔，则虽贱亦志：襄二十一年《经》："邾娄庶其以漆、闾丘来奔。"《公羊传》："邾娄无大夫，此何以书，重地也。"又昭五年《经》："莒牟夷以牟娄及防、兹来奔。"《左传》："牟夷非卿而书，尊地也。"又昭三十一年《经》："黑肱以滥来奔。"杜注："黑肱，邾大夫。"《左传》："君子曰：以地叛，虽贱必书。邾庶其，莒牟夷，邾黑肱，以土地出，求食而已。不求其名，贱而必书。"杜注："《春秋》叛者多，唯取三人来适鲁者，三人皆小国大夫，故曰贱。"

〔二〕国之大事：《左》成十三年《传》："国之大事，在祀与戎。"

〔三〕本注：阳虎盗入讙、无闻、弓显记，定八年《经》："盗窃宝玉大弓。"杜注："盗谓阳虎也。家臣贱，名氏不见。"《左传》："阳虎取宝玉大弓以出。""阳虎入于讙、阳关以叛。"杜注："叛不书，略家臣。"《公羊传》："阳虎者，季氏之宰也。"

〔四〕沾：蜀本、陆本、鼎本同，郭本作“具”，《通释》亦作“沾”，注：“一作‘具’。”

按诸侯世嫡〔一〕，嗣业居丧，既未成君，不避其讳。此《春秋》之例也。何为般、野之没，皆书以名〔二〕，而恶、视之殂，直云“子卒”〔三〕？其所未谕六也。其七条。

〔一〕嫡：原误作“敵”，他本均作“嫡”，今改。

〔二〕般、野之没，皆书以名：庄三十二年《经》：“八月，公薨于路寝。十月己未，子般卒。”《左传》：“八月，（庄）公薨于路寝，子般即位，次于党氏。十月己未，共仲使人贼子般于党氏。”《公羊传》：“称子般卒何？君存称世子，君薨称子某。”又襄三十一年《经》：“六月，（襄）公薨于楚宫。九月子野卒。”《左传》：“六月，公薨于楚宫，立子野，九月卒，毁也。”

〔三〕恶、视之殂，直云“子卒”：恶、视见《编次》篇注。文十八年《经》：“二月，（文）公薨于台下，十月子卒。”《左传》：“二月，公薨。十月，（襄）仲杀恶及视，而立宣公。”杜注：“恶，大子，视，其母弟。杀视不书，贱之。”

凡在人伦，不得其死者，邦君已上，皆谓之弑，卿士已上，通谓之杀，此又《春秋》之例也。按桓二年书曰：“宋督弑其君与夷及其大夫孔父。”僖十年又曰：“晋里克弑其君卓及其大夫荀息。”“及”宜改为“杀”。夫臣当为杀而称及，与君弑同科，苟弑、杀不分，则君臣靡别者矣。《公羊传》曰：及者何？累也。虽有此释，其义难通。既未释此疑，共编于未谕，他皆仿此也。其所未谕七也。其八条。

夫臣子所书，君父是党，虽事乖正直，而理合名教。如鲁之隐、桓戕弑〔一〕，昭、哀放逐〔二〕，姜氏淫奔〔三〕，子般夭酷〔四〕，斯则邦之孔丑，讳之可也。如公送晋葬〔五〕，公与吴盟〔六〕，为齐所止〔七〕，为邾所败〔八〕，盟而不至，会而后期〔九〕，并讳而不书，岂非烦碎之甚？且按《汲冢竹书》，其《晋春秋》及《纪年》之载事也〔一〇〕，如重耳出奔，惠公见获〔一一〕，书其本国，皆无所隐。唯《鲁春秋》之记其国也，则不然。何者？国家之事无大小，苟涉嫌疑，动称耻讳，厚诬来世，奚独多乎？其所未谕八也。其九条。

〔一〕隐、桓戕弑：隐十一年《经》："冬十一月壬辰，公薨。"《左传》："羽父请杀桓公，公曰：'吾将授之。'羽父惧，反谮公于桓公。羽父使贼弑公，立桓公。"《公羊传》："何以不书葬？隐之也。何隐尔？弑也。"又桓十八年《经》："正月，公会齐侯于泺。公与夫人姜氏遂如齐。四月丙子，公薨于齐，丁酉，公之丧至自齐。十二月己丑，葬我君桓公。"杜注："不言戕，讳之也。戕例在宣十八年。"《左传》："公及文姜如齐，齐侯通焉。公谪之，以告。四月丙子，享公，使公子彭生乘公，公薨于车。"按：宣十八年《经》："七月，邾人戕鄫子于鄫。"《左传》例曰："凡自虐其君曰弑，自外曰戕。"

〔二〕昭、哀放逐：昭二十五年《经》："九月己亥，公孙于齐，次于阳州。"杜注："讳奔，故曰孙，若自逊让而去位者。"《公羊传》曰："昭公将弑季氏，告子家驹曰：'季氏为无道，僭于公室久矣。吾欲弑之，何如？'子家驹曰：'诸侯僭于天子，大夫僭于诸侯久矣,季氏得民众久矣,君无多辱焉。'昭公不从其言,终弑而败焉。走之齐。"何休注:"果反为季氏所逐。"又《左》哀二十七《传》:"公患三桓之侈也,欲以诸侯去之。三桓亦患公之妄也,故君臣多间。公欲以越伐鲁,而去三桓。八月公如公孙有陉氏,因孙于邾,乃遂如越。"《史记·鲁世家》:"八月哀公如陉氏,三桓攻公,公奔于卫,去如邹,遂如越。"浦按:"哀之出,非逐也。且在《经》后。《惑经》不惑无《经》者,盖牵纽属对之病。"按证以《史记》"三桓攻公"一语,浦说"非逐",失考。

〔三〕姜氏淫奔:庄元年《经》:"三月,夫人孙于齐。"何休注:"孙,音逊。犹遁也。"《公羊传》:"内讳奔谓之孙,夫人固在齐矣。"参看注〔一〕。

〔四〕子般夭酷:庄三十二年《经》:"子般卒。"《公羊传》:"何以不书葬?未逾年之君也。无子不庙,不庙则不书葬。"当为夭酷之所本。参看"未谕六"注〔二〕。

〔五〕公送晋葬:成十年《经》:"丙午,晋侯獳卒,秋,七月,公如晋。"杜注:"丙午,六月七日,有日无月。"《左传》:"秋,公如晋,晋人止公,使逆葬。冬,葬晋景公,公送葬,诸侯莫在,鲁人辱之,故不书,讳之也。"

〔六〕公与吴盟:见"未谕四"注〔一〕。

〔七〕为齐所止:僖十六年《经》:"十二月,公会齐侯于淮。"十七年《经》:"九月,公至自会。"杜注:"公既见执于齐,犹以会致者,讳之。"《左传》:"淮之会,公有诸侯之事,未归而取项,齐人以为讨而止公。九月,公至。书曰'至自会',犹有诸侯之事焉,且讳之也。"

〔八〕为邾所败:僖二十二年《经》:"八月丁未,及邾人战于升陉。”《左传》：“公及邾师战于升陉，我师败绩。邾人获公胄，縣诸鱼门。”《经》杜注：“升陉，鲁地。邾人縣公胄于鱼门，故深耻之。不言公，又不言师败绩。”又《传》注：“鱼门，邾城门。”

〔九〕盟而不至，会而后期：文十五年《经》：“冬十一月，诸侯盟于扈。”《左传》：“冬十一月，晋侯、宋公、卫侯、蔡侯、郑伯、许男、曹伯盟于扈，公不会。凡诸侯会，公不与不书。”杜注：“不书，谓不国别序诸侯。”又文七年《经》：“八月，公会诸侯、晋大夫，盟于扈。”杜注：“不分别书会人，总言诸侯、晋大夫盟者，公后会而分其盟。”《左传》：“秋八月，齐侯、宋公、卫侯、郑伯、许男、曹伯会晋赵盾，盟于扈，公后至，故不书所会。凡会诸侯，不书所会，后也。”杜注：“不书所会，谓不具列公侯及卿大夫。”

〔一〇〕《汲冢竹书》，其《晋春秋》及《纪年》之载事：“其”字，蜀本、陆本同，鼎本、郭本、黄本均作“与”。《通释》无“其”字，注云：“旧衍‘与’字。”卢《拾补》作“与”，校云：“宋‘其’。”又云：“‘其’字亦似误，疑当作‘即’，下‘及’当作‘其’。”孙《札记》校改“与”为“其”，并引顾云：“‘其’字最是，或作‘与’者非。”《汲冢竹书》详见《六家·春秋家》注。《晋书·束晳传》分载汲冢所得书名及篇目，无《晋春秋》。而《六家》篇既云“按《汲冢瑣语》，记太丁时事，目为《夏殷春秋》”，又云“《瑣语》又有《晋春秋》，记献公十七年事”，《杂说上》亦云“《汲冢琐语》……其《晋春秋》篇云”，而是篇既云“《晋春秋》及《纪年》”，明显分为两书，其十二条又云“《琐语春秋》”，亦足证《琐语》既可分名夏、殷及晋《春秋》，又可总名《琐语春秋》。按《隋志》古史类既著录“《纪年》十二卷并《同异》一卷”，杂史类又著录“《琐语》四卷”，则知幾当得及见此两书，综观《史通》前后记载，盖确认《琐语》中记晋事部分又名《晋春秋》，此处原句“其《晋春秋》及《纪年》”不误。顾说是。惟《束晳传》既云“《琐语》十一篇，诸国卜梦妖怪相书也”，又云“《纪年》十三篇，记夏以来至周幽王为犬戎所灭，以晋事接之，三家分，仍述魏事，盖魏国之史书”，而杜预《左传后序》亦云“《纪年》特纪晋国，起自殇叔”，证之今存伪今本及辑校《古本纪年》以观，则《纪年》确是分段编年，自东周后以晋、魏为主纪事。《琐语》早佚，“卜梦妖怪”之说亦见于编年体之《左传》、《纪年》。《春秋穀梁传序》：“《左氏》艳而富，其失也诬。”汪中《左氏春秋释疑》云：“《左氏》所书，不专人事，其别有五：曰天道、曰鬼神、曰灾祥、曰卜筮、曰梦，‘其失也诬’，斯之谓与？”《纪年》多载占验之说，如“胤甲即位，居西河，十日并出。其年，胤甲陟”等，见《开元占经》、《太平御览》、《资治通鉴外纪》征引。《束晳传》所云当有依据，程《笺记》亦谓“《晋春秋》又《琐语》之一部分”。

〔一一〕重耳出奔，惠公见获：王国维等辑古本《纪年》，据《惑经》篇分别辑入晋献公二十一年及惠公六年，今本《纪年》无此两条。

按昭十二年，齐纳北燕伯于阳，“伯于阳”者何〔一〕？燕伯于阳。公子阳生也〔二〕。《左传》曰：“纳北燕伯欵于唐。”唐杜注云，阳即唐，燕之别邑。子曰：“我乃知之矣。”〔三〕在侧者曰：“子苟知之，何以不革？”曰：“如尔所不知何？”夫如是，夫子之修《春秋》，皆遵彼乖僻，习其讹谬，凡所编次，不加刊改者矣。何为其间则一褒一贬，时有弛张，或沿或革，曾无定体？其所未谕九也。其十条。

〔一〕于阳伯于阳：五字脱文，蜀本、陆本、鼎本、黄本同，黄本并注云："别本燕伯下有'于阳'二字。"郭本脱"于阳"二字，有"伯于阳"三字，《通释》补入，卢《拾补》云："宋有。"孙《札记》亦校补，今据《春秋公羊传》校补。首句"齐纳北燕伯于阳"系《经》文，"伯于阳者何"句以下至"如尔所不知何"句，皆《公羊传》文。

〔二〕公子阳生也：《通释》引《公羊传》何休注："案《史记》，知'公'误为'伯'，'子'误为'于'，'阳'在'生'刊灭，阙。"查《左传》及《穀梁传》文均无此句。北燕伯款于唐，阳即唐，燕邑名，《左传》言之甚明确。据《史记·齐世家》："晏孺子元年（前 489），二相使人之鲁召公子阳生，阳生至齐，立阳生，是为悼公。"而昭公十二年（前 530）乃齐景公杵臼在位之十七年，前后相距四十二年。则公子阳生既非北燕伯之名，而齐使人纳北燕伯者，亦非名公子阳生之悼公。《公羊传》"公子阳生也"句，或系以阳生自鲁入齐为比。哀六年《经》："齐阳生入于齐，齐陈乞弑其君荼。"荼即晏孺子。杜注："为陈乞所逆，故书入，弑荼者，阳生也，而书陈乞，祸由乞始也。"又《史记·燕世家》未载齐纳款于阳事，其云"齐伐燕入惠公"与经传亦多歧互。《春秋释例》曰："凡去其国者，国逆而立之，本无位，则称入，称纳者，内难之辞。"至于"纳北燕伯于阳"，《传》称"因其众"，穷不能通，乃云时"阳守距难"故称纳，此又无证，是或为知幾"未谕"之症结。浦氏谓其“《惑经》何以驳《公羊》”，似非知幾本旨。《公羊传》谓“伯于阳”乃“公子阳生”之误，有望文生义之嫌。

〔三〕浦在此句上注云：“一多‘齐之事’三字。”蜀本、陆本“子曰”下空格，鼎本、郭本、黄本有此三字。孙《札记》：“邓本作‘子不革曰如尔所曰齐之事’。”唐石经及宋刊抚州公使库本、余仁仲本《春秋公羊经传解诂》同原本，何休《解诂》及徐彦《春秋公羊疏》不释“齐之事”三字，隐公元年徐《疏》所引亦无此三字。

又书事之法，其理宜明。使读者求一家之废兴，则前后相会；讨一人之出入，则始末可寻。如定六年书“郑灭许〔一〕，以许男斯归”。而哀元年书“许男与楚围蔡”〔二〕。夫许既灭矣，君执家亡，能重列诸侯，举兵围国者何哉？盖其间行事，必当有说。《经》既不书，《传》又缺载，缺略如此〔三〕，寻绎难知。其所未谕十也。其十一条。

〔一〕郑灭许：引文见《春秋经》，而《左传》亦仅云：“郑灭许，因楚败也。”

〔二〕许男与楚围蔡：杜注《经》：“此复见者，盖楚封之。”

〔三〕本注：《经》、《传》缺略，郭《评》：“《春秋二十国年表》：‘定六年，郑灭许，以斯归，元公成立。’则斯虽执，许未亡也，哀元年围蔡(之)许男，(即)元公成也，子玄未之考。”浦按：“《春秋》阙书，刘摘非过。《年表》之文，当取以补《经》、《传》，不必驳刘。”按浦说甚是。盖刘就经传作为史书纪事缺略言之，非谓此一史事失载也。

按晋自鲁闵公已前，未通于上国。至僖二年，灭下阳已降〔一〕，渐见于《春秋》。盖始命行人，自达于鲁也。而《琐语春秋》载鲁国闵公时事〔二〕，言之甚详。斯则闻事必书，无假相赴者也。盖当时鲁史，他皆仿此〔三〕。至于夫子所修也则不然。凡书异国，皆取来告。苟有所告，虽小必书；如无其告，虽大亦阙。故宋飞六鹢〔四〕，小事也，以有告而书之。晋灭三邦〔五〕，大事也，谓灭耿、灭魏、灭霍也。以无告而阙之。用使巨细不均，繁省失中，比夫诸国史记，奚事独为疏阔？寻兹例之作也，盖因周礼旧法，鲁策成文〔六〕。夫子既撰不刊之书，为后王之则，岂可仍其过失，而不中规矩者乎？其所未谕十一也。其十二条。

〔一〕灭下阳：僖二年《经》："虞师、晋师灭下阳。"杜注："下阳，虢邑。晋于此始赴，见《经》。"即自是年晋始自达于鲁，《经》文始载晋事也。

〔二〕《琐语春秋》：鼎本作"琐语晋春秋"，有"晋"字。程《笺记》云："当据张鼎思本补'晋'字。"参看此篇九条注〔一〇〕。

〔三〕当时鲁史，他皆仿此："鲁"字，蜀本、陆本、王本、黄本同，鼎本、郭本、《通释》均作"国"，卢《拾补》："宋'国'。""鲁"字于义亦安，今仍从其旧。

〔四〕宋飞六鹢：僖十六年《经》："六鹢退飞过宋都。"杜注："鹢，水鸟。高飞遇风而退。宋人以为灾，告于诸侯，故书。""鹢"原作"鶂"，蜀本、陆本、王本、黄本亦作"鶂"，鼎本、《通释》均作"鹢"，今据《经》文改。

〔五〕晋灭三邦：事见《左》闵元年《传》文，《经》文未载其事，乃无经有传者。

〔六〕“比夫”至“成文”：此二十八字，鼎本作原注，小字双行，蜀本、陆本作“此失法鲁策成文”，亦为双行夹注。

盖君子以博闻多识为工，良史以实录直书为贵。而《春秋》记他国之事，必凭来者之辞；而来者所言，多非其实。或兵败而不以败告〔一〕，君弑而不以弑称〔二〕，或宜以名而不以名，或应以氏而不以氏〔三〕，或春崩而以夏闻〔四〕，或秋葬而以冬赴〔五〕，皆承其所说而书，遂使真伪莫分，是非相乱。其所未谕十二也。其十三条。

〔一〕不以败告：《左》隐十一年《传》：“冬十月，郑伯以虢师伐宋，大败宋师。宋不告命，故不书。凡诸侯有命，告则书，不然则否。师出臧否，亦如之。虽及灭国，灭不告败，胜不告克，不书于策。”杜注：“命，国之大事政令也。”按：此亦无《经》有《传》之文。因宋不告败，故《经》文不书。

〔二〕不以弑称：即本篇“未谕一”所揭“齐、郑及楚，国有弑君，各以疾赴，遂皆书卒”。可参看原注及注〔七〕、〔八〕。程《笺记》：“据上下文，句首夺一‘或’字，当补。”

〔三〕本注：宜名不名，应氏不氏，《春秋释例·氏族例第八》：“《春秋》之义，诸侯之卿，当以名氏备书于《经》，其加贬损，则直称人。若有褒异，则或称官，或但称氏，若内卿有贬，则特称名。”如庄二十五年《经》：“春，陈侯使女叔来聘。”杜注：“女叔，陈卿，女，氏，叔，字。”《左传》：“嘉之，故不名。”又如成十五年《经》：“宋杀其大夫山。”杜注“不书氏，明背其族”。《左传》：“华喜、公孙师帅国人攻荡氏，杀子山。书曰‘宋杀大夫山’，言背其族也。”杜注：“荡氏，宋公族，还害公室，故去族以示其罪。”按：山之名氏为荡泽，时为司马。

〔四〕春崩而以夏闻：隐三年《经》：“三月，庚戌天王崩。”杜注：“周平王也，实以壬戌崩，欲诸侯之速至，故远日以赴。”《左传》即记为“三月壬戌，平王崩”。又僖八年《经》：“冬十二月丁未，天王崩。”杜注：“实以前年闰月崩，以今年十二月丁未告。”《左传》：“冬，王人来告丧，难故也，是以缓。”杜注：“有大叔带之难。”按《经传长历》（见《春秋释例》卷十二）：“僖公七年《传》，闰十一月乙未小。”前者平王之崩期，《经》文据赴早十天，后者惠王之崩，据赴又迟一年又一个月，说明《经》文所载周王死期均失实。

〔五〕秋葬而以冬赴：隐五年《经》：“夏四月，葬卫桓公。”《左传》：“夏，葬卫桓公，卫乱，是以缓。”又庄三年《经》：“五月，葬桓王。”《左传》：“夏五月，葬桓王，缓也。”杜注：“以桓十五年三月崩，七月乃葬，故曰缓。”按桓十五年《经》：“三月乙未，天王崩。”杜注：“桓王也。”则桓王之死，至庄公三年始葬，已历六年矣。《春秋释例》曰：“未及期而葬，谓之不怀，过期而葬，谓之缓慢，以示讥耳。《春秋》从实而书，以示是非。”按此类例证甚多。

凡所未谕，其类尤多，静言思之〔一〕，莫究所以。岂“夫子之墙数仞〔二〕，不得其门”者欤？将“丘也幸，苟有过，人必知之”者欤？如其与夺，请谢不敏。其十四条。

〔一〕静言思之：见《诗·邶风·柏舟》。郑《笺》：“静，安也，言，我也。”又见于《卫风·氓》。郑《笺》:“我安思也。”

〔二〕夫子之墙:《论语·子张》:“子贡曰:‘譬之宫墙,夫子之墙数仞,不得其门而入,不见宗庙之美,百官之富,得其门者或寡矣。’”

又世人以夫子固天攸纵,将圣多能〔一〕,便谓所著《春秋》,善无不备。而审形者少,随声者多〔二〕,相与雷同,莫知指实。榷而为论,其虚美者有五焉。

按古者国有史官,具列时事。观汲坟所记,“坟”一作“冢”。皆与鲁史符同。至如周之东迁,其说稍备,隐、桓已上,难得而详。此之烦省,皆与《春秋》不别。又获君曰止〔三〕,诛臣曰刺〔四〕,杀其大夫曰杀〔五〕,执我行人〔六〕,郑弃其师〔七〕,陨石于宋五〔八〕,其事并出《竹书纪年》,唯“郑弃师”出《琐语》《晋春秋》也〔九〕。诸如此句,多是古史全文。则知夫子之所修者,但因其成事,就加雕饰,仍旧而已,有何力哉?加以史策有阙文,时月有失次,皆存而不正,无所用心,斯又不可能而殚说矣。而太史公云:“夫子为《春秋》,笔则笔,削则削,子夏之徒,不能赞一辞。”〔一〇〕其虚美一也。其十五条。

〔一〕夫子固天攸纵,将圣多能:《论语·子罕》:“太宰问于子贡曰:‘夫子圣者与,何其多能也。’子贡曰:‘固天纵之将圣,又多能也。’”

〔二〕审形者少,随声者多:《风俗通义·正失》:“世之毁誉莫能得实,审形者少,随声者多。或至以无为有。”程《笺记》“随声”作“随时”。据其引用书目,系用《四部丛刊》本,复按《丛刊》本亦作“随声”。

〔三〕获君曰止：僖十七年《经》：“夏，灭项。九月，公至自会。”《左传》：“师灭项。淮之会，公有诸侯之事，未归而取项，齐人以为讨而止公。九月，公至。书曰‘至自会’，犹有诸侯之事焉，且讳之也。”杜注：“师，鲁师。止，内讳执，皆言止。”按鲁僖公以灭项为齐所执，《经》文讳之。《左传》虽志其事，但耻见执，言“止”。被执获释而归，《经》文均云“至自”，《左传》虽志其事，但亦讳“执”曰“止”。又如宣七年《经》：“公会晋侯于黑壤。”《左传》：“晋人止公于会，以赂免。”亦书止之一例。然“获君曰止”，乃《左传》文字，非《经》文也。

〔四〕诛臣曰刺：成十六年《经》：“刺公子偃。”杜注：“鲁杀大夫皆言刺，义取于《周礼》三刺之法。”按《周礼·秋官》：“小司寇，以三刺断庶民狱讼之中，一曰讯群臣，二曰讯群吏，三曰讯万民。”郑注：“刺，杀也。”

〔五〕杀其大夫曰杀：文九年《经》：“晋人杀其大夫先都。”外杀曰杀，此例甚多，然亦略有区别。据《春秋释例·杀世子大夫例·第三十五》：“大臣相杀，死者无罪，则两称名氏，以示杀者之罪。王札子杀召伯、毛伯（宣十五《经》）是也。若死者有罪，则不称杀者名氏，晋杀其大夫阳处父（文六《经》）是也。士杀大夫，则书曰盗，盗杀郑公子骓、公子发、公孙辄（襄十《经》）是也。”又句末原脱“杀”字，蜀本、陆本、黄本同，鼎本、郭本、《通释》皆有，卢《拾补》校云“脱，何增”，今增补。

〔六〕执我行人：襄十一年《经》：“楚人执郑行人良霄。”《左传》：“九月，郑人使良霄如楚，告将服于晋，楚人执之。书曰行人,言使人也。”杜注:“书行人,言非使人之罪。”又昭二十三年《经》:“晋人执我行人叔孙婼。”亦有不称行人者,如桓十一年《经》:“秋九月,宋人执郑祭仲。”杜注:“不称行人,罪之也。”《春秋释例》列举“执大夫行人例凡二十”。

〔七〕郑弃其师:《春秋》闵二年《经》:“冬十二月郑弃其师。”无传文。杜注:“高克见恶,久不得还,师溃而克奔陈,故克状其事,以告鲁也。”

〔八〕陨石于宋五:僖十六年《经》:“正月戊申朔,陨石于宋五。”

〔九〕原注:浦按:“‘纪年’二字恐误,今其书无此文。”浦氏盖仍就伪今本《竹书纪年》而言。按王国维等辑古本《竹书纪年》,据《惑经》篇辑入“陨石于宋五”于晋惠公六年十一月,据《新唐书·刘贶传》辑入“郑弃其师”于晋献公十七年。按贶乃知幾长子,其本传云:“贶尝以《竹书纪年》皆后人追修,非当时正史,如齐人歼于遂,郑弃其师,皆孔子新意。”贶谓“郑弃其师”出于《纪年》,与其父知幾谓出于《琐语》歧异。雷学淇《竹书纪年义证》辑录“执鲁行人叔孙”于晋顷公七年,又范祥雍《古本竹书纪年辑校订补》且补入“获君曰止,诛臣曰刺,杀其大夫曰杀”,但注云:“此乃刘知幾概括本书之语,非原文。”可为知幾混淆《纪年》与《琐语》之旁证。程《笺记》引郝懿行《竹书纪年通考》,论证汲冢史书与《春秋》书不同,可参看。

〔一〇〕子夏之徒,不能赞一辞:自夫子“为《春秋》”,至“不能赞一辞”数句,见《史记·孔子世家》。又“子夏”,一作“游夏”。

又案宋襄公执滕子而诬之以得罪〔一〕,楚灵王弑郑敖而赴之以疾亡〔二〕,《春秋》皆承告而书,曾无变革。是则无辜者反加以罪,有罪者得隐其辜。求诸劝戒,其义安在?而左丘明论《春秋》之义云:“或求名而不得,或欲盖而名彰,善人劝焉,淫人惧焉。”〔三〕其虚美二也。其十六条。

〔一〕执滕子:僖十九年《经》:“宋人执滕子婴齐。”杜注:“称人以执,宋以罪及民告,例在成十五年。”按《左》成十五年《传》例曰:“凡君不道于其民,诸侯讨而执之,则曰某人执某侯。”又《春秋释例》曰:“宋以不道赴,从所告之文也。”(见《执诸侯例》第三十九)而《左》僖十九年《传》云:“宋人执滕宣公,宋公使邾文公用鄫子于社。司马子鱼曰:‘今一会而虐二国之君,将以求霸,不亦难乎?’”盖以罪宋人也。杜注“用于社”云:“杀人而祭。”

〔二〕弑郑敖:见本篇其二条“国有弑君,各以疾赴,遂皆书卒”句下原注及注〔七〕。

〔三〕左丘明论《春秋》之义:《左》昭三十一年《传》:“邾黑肱以滥来奔,贱而书名,重地故也。君子曰:名之不可不慎也如是。或求名而不得,或欲盖而名彰,是以《春秋》书齐豹曰盗,三叛人名,善人劝焉,淫人惧焉。”又程《笺记》误为“昭三十年”。

又《春秋》之所书,本以褒贬为主。故《国语》晋司马侯对其君悼公曰:“以其善行,以其恶戒,可谓德义矣。”公曰:“孰能?”对曰:“羊舌肸习于《春秋》。”〔一〕至于董狐书法而不隐,南史执简而累进,又甯殖出君〔二〕,而卒自忧名在策书。故知当时史臣,各怀直笔,斯则有犯必死,书法无舍者矣。

自夫子之修《春秋》也，盖他邦之篡贼其君者有三，谓齐、郑、楚，已解于上。本国之杀逐其君者有七〔三〕，隐、闵、般、恶、视五君被弑，昭、哀二主被逐也。莫不缺而靡录，使其有逃名者，而孟子云："孔子成《春秋》，乱臣贼子惧。"〔四〕无乃乌有之谈欤？其虚美三也。其十七条。

〔一〕司马侯对其君悼公：所引问答之辞见《国语·晋语七》，《六家》篇《春秋》家"羊舌肸习于《春秋》"已注。按秦蕙田《五礼通考·嘉礼七》谓："《晋语》：晋悼公曰'羊舌肸习于春秋'，是晋有春秋。《楚语》：申叔时论傅太子之法，曰教之以《春秋》，是楚有《春秋》。"说亦可参。又"肸"原作"聍"，蜀本、陆本同，鼎本作"肸"，郭本、王本、黄本、《通释》作"肹"，今据鼎本、《国语》改作"肸"。

〔二〕甯殖出君：襄十四年《经》："卫侯出奔齐。"杜注："诸侯之策，书孙、甯逐卫侯，《春秋》以其自取奔亡之祸，故诸侯失国者，皆不书逐君之贼也。不书名，从告。"按《公羊》所载经文有卫侯，名衎。孙即孙林父，甯即甯殖。又《左》襄二十年《传》："卫甯惠子（即殖）疾，召悼子（名喜，殖之子）曰：'吾得罪于君，名藏在诸侯之策。'曰：'孙林父、甯殖出其君，君入则掩之。'"盖殖自忧名在策书，教其子掩盖逐君之恶名也。又"殖"字，原误刊作"植"，蜀本、陆本同，鼎本、郭本、黄本均作"殖"，今据《左传》改。

〔三〕杀逐其君者有七：杀，鼎本及章如愚《群书考索》卷六《六经门》所引同，蜀本、陆本作"煞"，郭本、王本、黄本、《通释》作"弑"，《通释》尚有注云："或作'杀'，非。"又"七"字，鼎本、郭本作"五"，蜀本、陆本、王本、黄本、《通释》作

"七",浦注:"一作'五',是视不得当君,哀出非逐,且在《经》后也。"

〔四〕孟子云:引文见《孟子·滕文公下》。

又按《春秋》之文,虽有成例,或事同书异,理殊画一〔一〕。故太史公曰:"孔氏著《春秋》,隐、桓之间则彰,至定、哀之际则微,为其切当世之文,而亡褒讳之辞也。"〔二〕斯则危行言逊〔三〕,吐刚茹柔〔四〕,推避以求全,依违以免祸。而孟子云:"孔子曰:知我者其惟《春秋》乎!罪我者其惟《春秋》乎!"〔五〕其虚美四也。其十八条。

〔一〕理殊画一:"画"字,原作"书",蜀本、陆本、鼎本、郭本、黄本同,《通释》作"画",又注:"一讹作'书'。"卢《拾补》:"'书'讹。"孙《札记》校改"书"为"画",今改作"画"。

〔二〕太史公曰:《史记·匈奴传赞》:"孔氏著《春秋》,隐、桓之间则章,至定、哀之际则微。为其切当世之文,而罔褒忌讳之辞也。"象本引文"罔"作"亡",无"忌"字,蜀本、陆本、鼎本、郭本、黄本同,《通释》作"罔",并注:"'而罔'二字,一本倒。"卢《拾补》校"罔"字云:"宋有。"倒作"罔而","罔"字属上句读。孙《札记》校:"'文'字下有'罔'。"程《笺记》引徐复曰:"'文'、'罔'连文。'褒'通作'裒',多也,谓多忌讳之辞。此文夺'忌'字,当补。"按:罔,无也,此文易"罔"为"亡",义亦可通,或所据古本《史记》不同。

〔三〕危行言逊:《论语·宪问》:"子曰:'邦有道,危言危行;邦无道,危行言逊。'"

〔四〕吐刚茹柔:《诗·大雅·荡之什·烝民》:"人亦有言,柔则茹之,刚则吐之。维仲山甫,柔亦不茹,刚亦不吐,不侮矜寡,不畏强御。"

〔五〕孟子云:引文见《孟子·滕文公下》。

按赵穿杀君〔一〕,而称宣子之弑,江乙亡布〔二〕,而称令尹所盗。此则春秋之世,有识之士,莫不微婉其辞,隐晦其说。斯盖当时之恒事,习俗所常行。而固云〔三〕:"仲尼没而微言绝。"观微言之作,岂独宣父者邪？其虚美五也。其十九条。

〔一〕赵穿杀君:宣二年《经》:"秋九月,晋赵盾弑其君夷皋。"《左传》:"赵穿攻灵公于桃园。宣子未出山而复。太史书曰:'赵盾弑其君。'"而《竹书纪年》则云:"晋灵公为赵穿所杀。"

〔二〕江乙亡布:《列女传·辩通传》:"乙为郢大夫,有入王宫中盗者,令尹以罪乙,请于王而绌之。无何,其母亡布,乃往言于王曰:'妾夜亡布,令尹盗之。'王谓母曰:'令尹若不盗而诬之,楚国有常法。'母曰:'令尹使人盗之。今令尹之治,盗贼公行,是与使人盗何异。'王曰:'令尹不知,有何罪焉。'母曰:'妾子为郢大夫,有盗王宫中物者,妾子坐而绌,妾子亦岂知之。'"

〔三〕而固云:蜀本、陆本、鼎本、郭本同,黄本、《通释》作"而班固云",浦注:"一脱'班'字。"孙《札记》校云:"'而'字下有'班'字。"引文见《汉书·艺文志序》。

考兹众美,征其本源,良由达者相承,儒教传授,既欲神其事,故谈过其实。语曰:"众善焉,必察之。"〔一〕孟子曰:

"尧舜不胜其美,桀纣不胜其恶。"〔二〕寻世之言《春秋》者,得非睹众善而不察,同尧舜之多美者乎〔三〕?其二十条。

昔王充设论〔四〕,有《问孔》之篇〔五〕。虽《论语》群言,多见指摘,而《春秋》杂义,曾未发明。是用广彼旧疑〔六〕,增其新觉。将来学者,幸为详之。其二十一条。

〔一〕众善焉,必察之:《论语·卫灵公》:"子曰:'众恶之,必察焉;众好之,必察焉。'"《通释》依《论语》作"众善之,必察焉"。卢《拾补》校改并注:"与《风俗通·正失》篇同。"按《正失》篇亦作"众善焉,必察之"。

〔二〕尧舜、桀纣:见《疑古》篇"其一条"之"孟子曰云云"注。

〔三〕乎:原作"云",蜀本、陆本、黄本亦作"云",鼎本、郭本、《通释》均作"乎"。卢《拾补》:"何改'乎'。"今改作"乎"。

〔四〕设:蜀本、陆本、鼎本、郭本、黄本作"说"。卢《拾补》:"'说'讹。"

〔五〕《问孔》:王充《论衡》篇目名,"问孔子之言,难其不解之文",其中皆指摘《论语》之辞。

〔六〕彼:卢《拾补》云:"宋'破'。"浦注:"一讹作'破'。"蜀本、陆本、鼎本、郭本、黄本亦作"彼"。

史通卷之十四　外篇

申左第五

【解　题】

《惑经》之后，继以《申左》，盖《春秋》以有《左传》而史事备。但在《春秋》三传中，《公》、《穀》有传人，《左传》之传授，《史记·儒林列传》未记载，《汉书·儒林传》也仅溯至张苍。西汉末年，刘歆见古文《春秋左氏传》，大好之，请立于学官，不仅未获允准，反“由是忤执政大臣，为众儒所讪，求出守五原”。盖《左传》乃历史书，一般经师既不注意史学，也不了解史学，遂坚持《左氏》不传《春秋》，且疑为刘歆改窜《国语》而成。直至杜预出，始分经之年，与传之年相附，比其义类，各随而解之，名曰《经传集解》，又别集诸例，名曰《释例》，非仅明确其经传关系，更提升了《左传》地位。晚近仍持经今文学见解者，亦不得不承认“杜预信《左氏》之功臣，故以《左氏》作史读，则为稀世之珍”。

事实上，两汉杰出史学家，早就视《左传》为重要史籍。

试以《史记》春秋以前史事与《左传》比较，即可看出史迁多取材于《左氏》，所以有人说史迁实际是《左氏》史学之传人。班固明白说孔子因鲁史记而作《春秋》，左丘明论辑其本事以为之传。知幾既在《六家》篇中明确《左传》为编年史之代表，又肯定"所可祖述者，惟《左氏》与《汉书》二家"，然自两汉至唐初史学领域之发展情势，纪传史乃史家撰史主流，故是书各篇遂多以纪传史为主要研究对象，外篇始以专文分论《尚书》、《春秋》、《左传》之得失，至于《国语》，则视其为国别史。秦汉以后十六国割据之局，史书无多可述，知幾既在《古今正史》中述及，故无必要再予论列，《史通》乃体例严整之史学理论著作，一般说来，知幾立论均非无的放矢，而是从客观实际出发。

知幾申左，仍以《公》、《穀》与《左氏》较短长。其论《左氏》之三长，一曰笔削发凡，皆得周典；二曰博总群书，广包他国；三曰上询夫子，下访其徒。而其论《公》、《穀》之五短：一曰地隔时违，传自委巷；二曰语言局促，文辞琐碎；三曰理甚迂僻，无所准绳；四曰重述经文，无所发明；五曰奖进恶徒，贻误后学。知幾继复申论造成《公》、《穀》五短原因，即二传依经为主，故求其本事，反对穿凿，大半失实，而《左氏》实录，善恶毕彰，真伪尽露。

知幾又指出《春秋》所谓劝善惧淫之大义，其所书则多"实乖此义"。如此"肆笔拂经"之做法，即生在千余年后之浦二田，亦为之胆寒骇怕。知幾之所以发为大胆言论，不过为了明确一个事实，即假如只有《春秋》及《公》、《穀》二传，则二百四十二年之历史事实，必将茫然阙如矣。

最后，知幾进一步指出，《左传》于《春秋》如衣之表里，澄清了当时经、子、杂史不实不尽之记载,并以《汲冢竹书》与《左传》相印证,充分肯定后者之史学地位及史料价值。

古之人言《春秋》三传者多矣。战国之世,其事罕闻。当前汉专用《公羊》,宣皇已降,《穀梁》又立于学。至成帝世,刘歆始重《左氏》,而竟不列学官。大抵自古重两传而轻《左氏》者,固非一家;美《左氏》而议两传者〔一〕,亦非一族。互相攻击,各自朋党〔二〕,哤聒纷竞〔三〕,是非莫分。然则儒者之学,苟以专精为主,其于治章句〔四〕,通训释,斯则可也;至于论大体,举宏纲,则言罕兼统,理无要害。故使今古疑滞,莫得而申者焉〔五〕。

〔一〕议:蜀本、陆本、鼎本、郭本、黄本同,《通释》作"讥",卢《拾补》:"宋'议'。"孙《札记》:"邓本作'讥'。"今仍之。

〔二〕自:蜀本、陆本、鼎本、郭本、黄本同,《通释》作"用",卢《拾补》:"宋'用'。"孙《札记》:"顾、邓皆作'用'。"今仍之。

〔三〕哤聒:原作"笼聒",黄本同,蜀本、陆本、鼎本、郭本作"聒笼",卓尔康《春秋辩义·传义》所引同。《通释》改作"哤聒",并注:"旧作'笼聒',或作'聒笼',并讹。"引《文选》左思《蜀都赋》:"喧哗鼎沸,则哤聒宇宙。"又引李善注引《国语》:"管子曰:'四人杂处,则其言哤。'《说文》曰:'聒,欢语也。'"按马融《长笛赋》有句云:"哤聒其前后者,无昼夜而息焉。"李善注:"哤聒,杂声也。"李白《明堂赋》亦云:"哤聒乎区宇,骈阗乎阙外。"马作更早于左赋。

〔四〕其:原作"至",蜀本、陆本、郭本、黄本亦作"至",鼎本作"其",《通释》改作"止"。"至"字与下文犯复,然亦不害文意，当从其旧。

〔五〕疑滞莫得而申："疑"蜀本、陆本、鼎本、郭本、黄本同，卢《拾补》："宋'凝'。案：'凝古'，亦但作'疑'。"孙《札记》："顾引《拾补》作'凝'。"案《诗·大雅·荡之什·桑柔》："靡所止疑，云徂何往。"《正义》曰："疑，音凝。凝者，安靖之义，故为定也。"又，自"然则儒者之学"至"莫得而申者焉"引文，盖胎源于《汉书·楚元王传》附《刘歆传》，《传》云："初，《左氏传》多古字古言，学者传训故而已。及歆治《左氏》，引传文以解经，转相发明，由是章句义理备焉。"程《笺记》引《夏侯胜传》及《后汉·杨终传》"章句小儒（《杨传》作"之徒"），破坏大体"以证专治章句之弊，是，惟又引《郑玄传论》云："郑玄括囊大典，自是学者略知所归。"似违知幾申《左》本旨。

必扬榷而论之，言传者固当以《左氏》为首。但自古学《左氏》者，谈之又不得其情。如贾逵撰《左氏长义》〔一〕，称在秦者为刘氏，乃汉室所宜推先。但取悦当时，殊无足采。又按桓谭《新论》曰："《左氏传》于《经》，犹衣之表里。"〔二〕而《东观汉记》："陈元奏云〔三〕：'光武兴立《左氏》，而桓谭、卫宏并共毁訾，故中道而废。'"班固《艺文志》云〔四〕：丘明与孔子观鲁史记，而作《春秋》，有所贬损，事形于《传》，惧罹时难，故隐其书〔五〕。末世口说流行，遂有《公羊》、《穀梁》、《邹氏》、《夹氏》诸传。而于固集复有难《左氏》九条三评等科〔六〕。夫以一家之言，一人之说，而参差相背，前后不同。斯又不足观也。

夫解难者以理为本，如理有所阙，欲令有识心伏〔七〕，不亦难乎？今聊次其所疑，列之于后。

〔一〕贾逵：《后汉书·贾逵传》："逵，字景伯，扶风平陵人。父徽，从刘歆受《左氏春秋》，作《左氏条例》二十一篇。逵悉传父业，尤明《左氏传》、《国语》，为之《解诂》五十一篇。肃宗立，特好《左氏传》，诏逵入讲，使出《左氏传》大义长于二传者，逵于是具条奏之曰：'明刘氏为尧后者，而《左氏》独有明文。'和帝即位，以逵为左中郎将，复为侍中。"李贤注："春秋晋大夫蔡墨曰：'陶唐氏既衰，其后有刘累，学扰龙，事孔甲，范氏其后也。'范会自秦还晋，其处者为刘氏，明汉承尧后也。"蔡墨之辞，见昭二十九年《左传》，又范会即随会，又称士会。其自秦还晋事，见《左》文十三年《传》。《左氏长义》：《隋志》："《春秋左氏长经》二十卷，汉侍中贾逵章句。"按《两唐志》皆著录，今佚。又《公羊传》疏："贾逵作《长义》四十一条。"

〔二〕《左氏传》于《经》，犹衣之表里：《新论》已佚，此句六见马总《意林》。《太平御览》卷六百一十《学部》所引多"《经》而无《传》，使圣人闭门思之，十年不能知也"十七字。

〔三〕陈元奏云：《后汉书·陈元传》："元，字长孙，苍梧人。父钦，习《左氏春秋》。元少传父业。建武初，元与桓谭俱为学者所宗，时议欲立《左氏传》，博士范升奏不宜立。陈元疏十余上，帝卒立《左氏》学。诸儒论议欢哗，自公卿以下，数廷争之，《左氏》复废。""陈元奏"，《四库》辑本作"陈元上疏曰"，下有"抉瑕擿衅，掩其弘美"八字，与《文选》傅咸《赠何劭王济》李善注引《东观汉记》同。辑本按语云："此其疏语,前后文缺。"

〔四〕《艺文志》云:引文见《汉志·六艺略》之《春秋》类后序。程《笺记》引《援鹑堂笔记》云:"此志诸论本取之刘子骏,非班氏之文。"

〔五〕故隐其书:《汉志》原文为"不可书见",又卢《拾补》云:"宋下有'为'字,疑'焉'。"

〔六〕固集复有难《左氏》九条三评等科:《隋志》著录"《班固集》十七卷",已佚。其难《左氏》九条三评,无可考。

〔七〕心伏:鼎本作"心服",蜀本、陆本、郭本、黄本均作"心伏"。

盖《左氏》之义有三长,而二传之义有五短〔一〕。按《春秋》昭二年,韩宣子来聘〔二〕,观书于太史氏,见《鲁春秋》曰:周礼尽在鲁矣,吾乃今知周公之德与周之所以王也。然《春秋》之作,始自姬旦〔三〕,成诸仲尼。丘明之《传》,所有笔削及发凡例,皆得周典,杜预《释例》:《公羊》、《穀梁》之论《春秋》,皆因事以起问,因所问以辨义之精者,曲以所通,无他凡例也。左丘明则周礼以为本,诸称凡以发例者,皆周公之旧制者也〔四〕。传孔子教,故能成不刊之书,著将来之法。其长一也。

〔一〕三长、五短:陈《补释》引《公羊传》疏:"贾逵作《长义》四十一条云:'《公羊》理短,《左氏》义长。'"按贾氏《春秋左氏长经》,《隋志》著录为"二十卷"。又《玉海》卷四十《春秋》:"郑众亦作《长义》十九条十七事,专论《公羊》之短,《左氏》之长,在逵之前。"

〔二〕韩宣子:昭二年《经》:"晋侯使韩起来聘。"宣子即起,代赵武执晋政。

〔三〕姬旦：《史记·鲁世家》："周公旦者，周武王弟也。"周公姬姓，名旦。

〔四〕"皆得周典"下原注文字：鼎本同。卢《拾补》校云："注，'义'字当重，何增。又'精'字疑。又'无他'二字，宋误作'年'，余疑是'非'字。末'也'上'者'字，衍。"《通释》从缺，孙《札记》据《拾补》校正。又吕《评》："杜预自立凡例，然因此而信其真得周公之旧典，则为古人所欺矣。"按杜预《春秋经传集解序》："仲尼因鲁策书成文，考其真伪而志其典礼，上以遵周公之遗制。"吕氏盖谓知幾为杜预所欺。

又按哀三年，鲁司铎火〔一〕，南宫敬叔命周人出御书，时于鲁文籍最备〔二〕。丘明既躬为太史，博总群书，至如梼杌、纪年之流，郑书、晋志之类，凡此诸籍，莫不毕睹。其传广包他国，每事皆详。其长二也。

〔一〕鲁司铎火：《左》哀三年《传》："司铎火，南宫敬叔至，命周人出御书；子服景伯至，命宰人出礼书。"杜注："司铎，宫名。"

〔二〕时于鲁文籍最备："时"上原衍一"之"字，鼎本、郭本、黄本同，《通释》改为"其"字，并注云："句下并收'子服景伯命宰人出礼书'十字，文义方足，今脱。"卢《拾补》亦在"之"字下校云："何，下空三格，疑当有'子服景伯命宰人出礼书'一句，'之'字疑衍。"孙《札记》亦云："'之'，衍文。"今删。

《论语》："子曰：左丘明耻之，丘亦耻之。"〔一〕夫以同圣之才〔二〕,而膺授经之托〔三〕。加以达者七十,弟子三千,远自四方,同在一国。于是上询夫子,下访其徒,凡所采摭,实广闻见。其长三也。

〔一〕丘亦耻之:《论语·公冶长》:"子曰:'巧言令色,足恭,左丘明耻之,丘亦耻之。匿怨而友其人,左丘明耻之,丘亦耻之。'""丘"字,《通释》改作"某"。

〔二〕同圣之才:纪《评》:"'才'字未安,耻不是才一边事。"按:"才"本兼言才德。《论语·泰伯》:"才难,不其然乎?"后始别作"材",知幾史才论,兼言才、学、识,《新唐书·百官志》"择人以四才",仍均以"才"为人材之通称。"才"字不当易,纪氏胡拘执乃尔。

〔三〕授经之托:"托"字,蜀本、陆本、鼎本、郭本、黄本及卓尔康《春秋辩义·传义》所引同,章如愚《群书考索·六经门》引作"託",《通释》亦改为"託",卢《拾补》云:"托,讹。"孙《札记》复校改为"託"。《通释》引《后汉书·陈元传》:"元议立《左氏》疏曰:丘明至贤,亲受孔子,而《公羊》、《穀梁》传闻于后世。"

如穀梁、公羊者,生于异国,长自后来,语地则与鲁史相违〔一〕,论时则与宣尼不接〔二〕。安得以传闻之说,而与亲见者争先乎〔三〕?譬犹近世汉之太史,晋之著作,撰成国典,时号正言〔四〕。既而《先贤》、《耆旧》、谓《楚国先贤传》、《汝南先贤行状》、《益部耆旧传》、《襄阳耆旧传》等书。《语林》、《世说》,竞造异端,强书他事。夫以传自委巷,而将班、马抗衡;访诸古老,而与干、孙并列〔五〕。斯则难矣。彼二传之方《左氏》,亦奚异于此哉？其短一也。

〔一〕与鲁史相违：蜀本、陆本、鼎本、郭本、黄本同，《通释》改“史”为“产”。纪《评》：“‘产’字，旧作‘史’，亦通，二田改之。浦氏本颇周密，惟轻改是其一病。子曰：‘吾犹及史之阙文也。’”

〔二〕论时则与宣尼不接：陈《补释》：“桓谭《新论》：‘《左氏》传世后百余年，鲁穀梁赤为《春秋传》，多所遗失。’又：‘齐人公羊高缘经文作传，弥离其本事矣。’王充《论衡·案书篇》：‘公羊高、穀梁置、胡毋氏皆传《春秋》，各门异户，独《左氏传》为近得实。又诸家去孔子远，远不如近，闻不如见。’”按《新论》所云，亦见《经典释文·序录》。又《公羊》隐二年《传》何注：“孔子畏时远害，又知秦将燔《诗》、《书》，其说口授相传，至汉公羊氏及弟子胡毋生等，乃始记于竹帛。”《公羊》大题疏：“《公羊》者，子夏口授公羊高，高五世相授，至汉景帝时，公羊寿共弟子胡毋生，乃著竹帛。胡毋生题亲师，故曰《公羊》。《穀梁》者，亦是题其亲师，故曰《穀梁》。”

〔三〕与亲见者争先：《汉书·刘歆传》：“歆以为左丘明好恶与圣人同，亲见夫子，而公羊、穀梁在七十子后，传闻之与亲见之，其详略不同。”《汉志》：“公羊子，齐人。穀梁子，鲁人。”

〔四〕时号正言：蜀本、陆本、鼎本、郭本、黄本同，《通释》改“言”为“书”，并注：“旧误作‘言’。”兹仍其旧。

〔五〕班、马、干、孙：“班马”两字，蜀本、陆本、鼎本、郭本、黄本同，《通释》改作“册府”，注云：“恐当用此二字，旧作‘班马’,无涉。”“干孙”之“干”字,原误作“子”字,蜀本、陆本、鼎本、郭本、黄本同,《通释》改作“同时”,又注云:“此二字旧作‘子孙’,更谬,此皆版本模糊,后人妄填之过。”按胡玉缙之《四库全书提要补正》引李慈铭《桃华圣解盦日记》同治十年十二月初三云:“浦氏妄改‘班马’为‘册府’,‘子孙’为‘同时’,不知‘班马’承上‘汉之太史’句,‘子孙’当作‘干孙’,谓晋之干宝撰《晋纪》,孙盛撰《晋阳秋》也,承上‘晋之著作’句。马、班、干、孙皆以当代人居史职而撰当代史,故为可信,‘干’与‘子’字形近而误,浦氏专辄恣改,比比皆是。”按李说甚是,今从之,改“子”为“干”。又按:程《笺记》亦径引李氏《越缦堂读书记》卷三《史通通释》条云云,与日记文字完全相同。

《左氏》述臧哀伯谏桓纳鼎,周内史美其谠言〔一〕;王子朝告于诸侯,闵马父嘉其辨说〔二〕。凡如此类,其数实多。斯盖当时发言,形于翰墨,立言不朽〔三〕,播于他邦。而丘明仍其本语,就加编次。亦犹近代《史记》载乐毅、李斯之文,《汉书》录晁错、贾生之笔。寻其实也,岂是子长稿削,孟坚雌黄所构者哉〔四〕?观二传所载,有异于此。其录人言也,语乃龌龊,一作龃龉〔五〕。文皆琐碎。夫如是者,何哉?盖彼得史臣之简书,此传流俗之口说。故使隆促各异,丰俭不同,其短二也。

〔一〕周内史美其谠言:《左》桓二年《传》:“宋以郜大鼎赂公,纳于大庙,非礼也。臧哀伯谏曰:‘国家之败,由官邪也。官之失德,宠赂章也。郜鼎在庙,章孰甚焉。’公不听。周内史闻之曰：‘臧孙达其有后于鲁乎？君违，不忘谏之以德。’”杜注：“僖伯谏隐观鱼，其子哀伯谏桓纳鼎。积善之家，必有余庆。故曰：‘其有后于鲁。’”此注似谓哀伯克绍家声，然臧孙达乃哀伯，非僖伯。寻其文义，盖谓臧哀伯谏君以德，其后必昌也。

〔二〕闵马父嘉其辨说：蜀本、陆本、鼎本、郭本、黄本同，浦注“嘉其”二字云：“疑是‘加之’二字之讹。”纪《评》：“‘加’讹‘嘉’，近之，‘其’字不误。”按《左》昭二十二年《传》：“王子朝作乱。”二十六年《传》：“王子朝奔楚，使告于诸侯。闵马父闻子朝之辞曰：‘文辞以行礼也，子朝无礼甚矣，文辞何为？’”则闵马父虽嘉子朝之辨说，而实深恶其无礼，故“嘉”字亦可通。

〔三〕立言不朽：各本均作“立言”，《通释》改作“立名”，盖缘与上句“斯盖当时发言”之“言”字犯复，斯亦以文害意之一例。

〔四〕雌黄：程《笺记》引《颜氏家训·勉学》篇：“观天下书未遍，不得妄下雌黄。”又引《梦溪笔谈》卷一：“改字之法，惟雌黄一漫则灭，久而不脱。”按《齐民要术·杂说》亦云：“雌黄治书法。凡雌黄治书，待潢讫治者佳。”《文选》刘峻《广绝交论》李善注引《晋阳秋》：“王衍能言，于义有所不安者，辄更易之，时号口中雌黄。”

〔五〕语乃龌龊：龌龊，蜀本、陆本、鼎本、郭本、黄本、《通释》均作“龃龉”，郭本尚有眉注云：“龃龉，不相值。”卢《拾补》云：“宋作‘龌龊’。”按：龌龊义为狭窄、局促，已见《人物》篇注，此处言二传“录人言”龌龊、琐碎。下文与《左传》对比，又言其隆促、丰俭各异。龌龊义为局促，文意较切。

寻《左氏》载诸大夫词令、行人应答，其文典而美，其语博而奥，如僖伯谏君观鱼〔一〕，富辰谏王纳带〔二〕，王孙劳楚而论九鼎〔三〕，季札观乐而谈国风〔四〕，其所援引，皆据《礼经》之类是也。述远古则委曲如存，如郯子聘鲁，言少昊以鸟名官，季孙行父称舜举八元八凯〔五〕，魏绛答晋悼公，引《虞人之箴》〔六〕，子革讽楚灵王，诵《祈招之诗》〔七〕，其事明白，非厚诬之类。征近代则循环可覆。如吕相绝秦〔八〕，述两国世隙；声子班荆〔九〕，称楚材晋用；晋世渥浊谏杀荀林父，说晋文公败楚于濮〔一〇〕，有忧色；子服景伯谓吴云，楚围宋，易子而食，析骸以爨，犹无城下之盟〔一一〕；祝他称践土盟〔一二〕，晋重耳、鲁申、蔡甲午之类也。必料其功用厚薄，措思深浅，谅非经营草创，出自一时，琢磨润色，独成一手。斯盖当时国史已有成文，丘明但编而次之，配经称传而已也。如二传者，记言载事，失彼菁华；寻源讨本，取诸胸臆。夫自我作故，无所准绳，故理甚迂僻，言多鄙野，比诸《左氏》，不可同年。其短三也。

〔一〕僖伯谏君观鱼：见《左》隐五年《传》。

〔二〕富辰谏王纳带：《左》僖二十二年《传》："富辰言于王曰：'请召大叔。'王说。王子带自齐复归于京师。"卢《拾补》云："注'纳带'，宋作'纳狄'。"按：僖二十四年《传》："王德狄人，将以其女为后。富辰谏曰：'不可。'"《通释》已改作"纳狄"，孙《札记》亦校改"带"为"狄"。

〔三〕王孙劳楚而论九鼎：见《左》宣三年《传》。杜注："王孙满，周大夫。"

〔四〕季札观乐而谈国风：见《左》襄二十九年《传》。

〔五〕舜举八元八凯：见《左》文十八年《传》。按《左传》"凯"字作"恺"，蜀本、陆本、鼎本、郭本、《通释》均作"凯"，《山堂考索·六经门》、《新刊唐荆川先生稗编》卷十三所引亦同,王本、黄本作"恺"。又原注季孙行父之"行父"两字,卢《拾补》校云:"当作'对宣',宋有'宣'字。"按行父,即季文子,称八元、八凯,乃其对鲁宣公之辞。

〔六〕魏绛答晋悼公,引《虞人之箴》:见《左》襄四年《传》。

〔七〕子革讽楚灵王,诵《祈招之诗》:见《左》昭十二年《传》。杜注:"祈父,周司马,招其名。此诗逸。"

〔八〕吕相绝秦:见《左》成十三年《传》。

〔九〕声子班荆:《左》襄二十六年《传》:"楚伍举与声子相善,伍举奔晋,声子将如晋,遇于郑郊,班荆相与食,而言复故。声子还如楚,令尹子木问晋大夫与楚孰贤。对曰:'虽楚有材,晋实用之。'"杜注:"班,布也。布荆坐地,共议归楚事。"

〔一〇〕"渥浊"至"败楚于濮":《左》宣十二年《传》:"秋晋师归,桓子请死,晋侯欲许之。士贞子谏曰:'不可。城濮之役,晋师三日穀,文公犹有忧色。'"杜注:"贞子,士渥浊。"按:"世渥浊"之"世"字,据传文杜预原注,当作"士",兹仍旧。荀林父,即桓子。晋、楚邲之战,晋师败绩,荀林父将中军,故引罪请死也。卢《拾补》校云:"注'濮'字上,宋有'城'字。"鼎本、郭本、《通释》有"城"字。

〔一一〕犹无城下之盟:见《左》哀八年《传》。原注"子服景伯",卢《拾补》云:"'子服'作'鲁服'。"按鲁有子服景伯、子服昭伯等人,仍以子服为是。

〔一二〕祝他称践土盟:《左》定四年《传》:"刘文公合诸侯于召陵,将会卫子,使祝佗私于苌弘曰:'闻蔡将先卫,信乎?'苌弘曰:'信。'子鱼曰:'晋文公为践土之盟,卫成公不在,犹先蔡。其载书云：王若曰，晋重（文公）、鲁申（僖公）、卫武（叔武）、蔡甲午（庄侯），藏在周府，可覆视也。'"原注"晋重耳"，卢《拾补》："何删'耳'字。"

按二传虽以释经为主，其缺漏不可殚论。如《经》云"楚子麇卒"〔一〕，而《左传》云"公子围所杀"〔二〕。及公羊作《传》，重述《经》文，无所发明，依违而已〔三〕。其短四也。

〔一〕楚子麇卒：此四字，原仅作一"薨"字，蜀本、陆本、鼎本、郭本、黄本同，《通释》改为四字，并注云："此四字，旧止一字，又误作'薨'。"孙《札记》："'经云'下，顾云有脱文。"按昭元年《经》作"楚子麇卒"。

〔二〕公子围所杀：《左》昭元年《传》："冬，楚公子围将聘于郑，闻王有疾而还。入问王疾，缢而弑之。"

〔三〕公羊、依违："公羊"两字，蜀本、陆本、鼎本、郭本、黄本同，《通释》改作"公穀"，盖承通篇就二传与左氏文意相比言也。二传均无传述，不见弑杀之文，故曰"依违"。

《汉书》载成方遂诈称戾太子，至于阙下。隽不疑曰：昔卫蒯聩得罪于先君，将入国，太子辄拒而不纳，《春秋》是之。遂命执以属吏。霍光由是始重儒学。按隽生所引，乃《公羊》正文〔一〕。如《论语》："冉有曰：夫子为卫君乎？子贡曰：夫子不为也。"〔二〕何则？父子争国，枭獍为曹，礼法不容，名教同嫉。而《公羊》释义，反以卫辄为贤，是违夫子之教，失圣人之旨，奖进恶徒，疑误后学。其短五也。

〔一〕隽生所引,乃《公羊》正文:《汉书·隽不疑传》:“不疑,字曼倩,治《春秋》,为吏严而不残。始元五年,有一男子诣北阙,自谓卫太子(即戾太子)。长安中吏民聚观者数万人,丞相御史至者莫敢发言。京兆尹不疑后到,叱从吏收缚。或曰:‘是非未可知,且安之。’不疑曰:‘诸君何患于卫太子。昔蒯聩违命出奔,辄距而不纳,《春秋》是之。卫太子得罪先帝,亡不即死,今来自诣,此罪人也。’遂送诏狱。天子与大将军霍光闻而嘉之曰:‘公卿大臣当用经术。’后廷尉验治何人,竟得奸诈。本夏阳人,姓成,名方遂,以卜筮为事。有故太子舍人尝从方遂卜,谓曰:‘子状貌甚似卫太子。’方遂几得以富贵,即诈自称诣阙。廷尉逮召乡里识知者,方遂坐要斩。”又《公羊》哀二年《经》:“晋赵鞅帅师纳卫世子于戚。”三年《经》:“卫石曼姑帅师围戚。”《疏》曰:“曼姑受命乎灵公而立辄。辄者,蒯聩之子也。然则曷为不立蒯聩而立辄?蒯聩为无道,灵公逐蒯聩而立辄。义可以立乎?曰:可。其可奈何?不以父命辞王父命,以王父命辞父命,是父之行乎子也。”

〔二〕《论语》云云:引文见《论语·述而》。郑玄注曰:“为,犹助。卫君者,谓辄也。灵公逐太子蒯聩而立孙辄。”又曰:“父子争国,恶行。”(《论语郑氏注》,伯希和2510号写本)

若以彼三长,校兹五短,胜负之理断然可知。必执二传之文,唯取依经为主〔一〕。而于内则为国隐恶,于外则承赴而书〔二〕,求其本事,太半失实,已于《疑经》篇载之详矣〔三〕。寻斯义之作也,盖是周礼之故事,鲁国之遗文,夫子因而修之,亦存旧制而已。至于实录,付之丘明,用使善恶必彰,真伪尽露。向使孔经独用,《左传》不作,则当代行事,安得而详者哉?盖语曰:仲尼修《春秋》〔四〕,乱臣贼子惧。又曰:《春秋》之义也〔五〕,欲盖而彰,求名而亡,善人劝焉,淫人惧焉。寻《春秋》所书,实乖此义〔六〕,而《左传》所录,无愧斯言。此则《传》之与《经》,其犹一体,废一不可,相须而成〔七〕。如谓不然,则何者称为劝戒者哉?杜预《释例》曰:凡诸侯无加民之恶,而称人以执,皆时之赴告,欲重而罪,以加民为辞。国史承以书于策,而简牍之记具存。夫子因示虚实,故《左传》随实而著本状,以明其得失也。案杜氏此释,实得经传之情者也〔八〕。

〔一〕胜负之理:卢《拾补》:"何云,下有脱文。"蜀本、陆本、鼎本、郭本、黄本同,孙《札记》亦云"下有脱文"。自"断然"至"依经"数语,据《通释》补。浦氏未言所自,据胡玉缙《四库全书总目提要补正》引陆氏《仪顾堂题跋》影宋钞《史通》跋云"浦当见影宋本",或即据此本。

〔二〕本注:内隐外书,隐公十年《公羊传》:"《春秋》录内而略外,于外大恶书,小恶不书,于内大恶讳,小恶书。"

〔三〕《疑经》篇:"疑"字,浦注:"当作'惑'。"

〔四〕仲尼修《春秋》:《孟子·滕文公下》:"孔子成《春秋》,而乱臣贼子惧。"

〔五〕《春秋》之义:《左》昭三十一年《传》:"或求名而不得,或欲盖而名彰,惩不义也。"又:"故曰:'《春秋》之称微而显,婉而辨,善人劝焉,淫人惧焉。'"

〔六〕寻《春秋》所书,实乖此义:蜀本、陆本、鼎本、郭本、黄本同,浦在"寻"字下注云:"原本此下有'春秋所书实乖此义而'

九字，肆笔拂《经》，且自害志，削之乃无语病。”遂削去。卢《拾补》：“此二语诚乱道，其妄已具见上文，自不可掩。今遽削此八字，与下文亦不合。”所谓拂经乱道，姑置勿论。卢谓“削此八字（留最后一个“而”字），与下文亦不合”，是。胡引陆氏《仪顾堂题跋》影宋钞《史通》跋云：“浦本篇卷十四《惑经》篇削‘寻《春秋》所书，实乖斯义’九字。似所见宋本亦不全。”案：浦削此九字（无“寻”字，连下句“而”字）在《申左》篇，陆氏似有歧误。又据注〔一〕浦增文字通读，此处正足说明经文实乖劝善惧淫之义，陆谓浦削此九字是“所见宋本亦不全”，足证宋本原有此九字。至浦氏削此，明斥其“肆笔拂经”，并非“所见不全”也。又程《笺记》就此九字引杨守敬曰：“寻上下文义，子玄并无拂经之意，当是‘乖’字有误，或是‘兼’字，盖兼劝戒之义。”程氏认为“甚是”，但如通观《惑经》及此篇上下文意，“乖”字似符知幾论旨，若是“兼”字，浦氏不必删除矣，杨校似亦出于臆解。

〔七〕相须而成：陈《补释》引《新论》：“《左氏》经之与传，如衣之表里，相待而成。”按《新论》辑本中两见，一谓“《左氏》云经与传犹衣表里，相待而成”，一则谓“《左氏传》于经，犹衣之表里，相待而成”。

〔八〕原注：引杜预《释例》文字，见《春秋释例》卷四《执诸侯例》，引文微有歧异。如“本状”两字，乃据《左・僖十九年》之《正义》引文，《释例》作“本末”。今本《释例》系四库馆臣由《永乐大典》辑出，或与《正义》所据本有异。

儒者苟讥左氏作《传》，多叙《经》外别事〔一〕。如楚、郑与齐三国之贼弑[二]，隐、桓、昭、哀四君之篡逐[三]。其外则承告如彼，其内则隐讳如此。若无左氏立《传》，其事无由获知。然设使世人习《春秋》而唯取两传也，则当其时二百四十年行事，茫然阙如，俾后来学者，代成聋瞽者矣[四]。

〔一〕左氏作《传》，多叙《经》外别事：《玉海》卷四十《春秋》引荀崧云："(左)丘明张本继末，发明经意，信多奇伟。公羊高亲受子夏，辞义清俊，断决明审。穀梁赤师徒相传，文清义约，是以三传并行，莫能孤废。"又陈《补释》引《晋书·王接传》："接常谓《左氏》辞义赡富，自是一家书，不主为经发。《公羊》附经立传，经所不书，传不妄起，于文为俭，通经为长。"按：接乃治《公羊》儒者，更注《公羊春秋》，多有新义。长子愆期，缘父本意，更注《公羊》。愆期注，《隋志》著录。

〔二〕楚、郑与齐三国之贼弑：见《惑经》篇"其二条"。

〔三〕隐、桓、昭、哀四君之篡逐：见《惑经》篇"其九条"。又"哀"字，原误作"襄"，蜀本、陆本、鼎本、郭本、黄本同，《通释》改作"哀"。卢《拾补》云："'昭襄'，疑是'宣昭'。"孙《札记》校改"襄"为"哀"，《惑经》篇亦云"昭哀放逐"，今改作"哀"。

〔四〕代成聋瞽：《论衡·谢短篇》："知古不知今，谓之陆沉；知今不知古，谓之盲瞽。温故知新，可以为师。古今不知，称师如何？"《抱朴子·勤求》："聋瞽之存乎精神者，唯欲专擅华名。"又"代"字，蜀本、陆本、鼎本、郭本、黄本同，《通释》作"兀"。卢《拾补》云："宋'兀'。"孙《札记》亦校改为"兀"，兹仍之。

且当秦、汉之世,《左氏》未行,遂使五经、杂史、百家诸子,其言河汉〔一〕,无所遵凭。故其记事也:当晋景行霸,公室方强,而云韩氏攻赵〔二〕,有程婴、杵臼之事。出《史记·赵世家》。鲁侯御宋,得雋乘丘,而云庄公败绩,有马惊流矢之祸〔三〕。楚晋相遇,唯在邲役,而云二国交战,置师于两堂〔四〕。出贾谊《新书》。子罕相国,宋睦于晋,而云晋将伐宋,觇其哭阳门,蜀本"哭"下有"于"字,宋本无。介夫乃止〔五〕。出《礼记》。鲁师灭项,晋止僖公,而云项实齐桓所灭〔六〕,《春秋》为贤者讳。出《公羊传》。襄年再盟,君臣和叶,而云诸侯失政,大夫皆执国权〔七〕。出《穀梁传》。其记时也:盖秦穆居春秋之始,而云其女为荆昭夫人〔八〕。出《列女传》。韩魏处战国之时,而云其君陪楚庄王葬马〔九〕。出《史记·滑稽传》。《列子》书论尼父,而云生在郑穆公年〔一〇〕。出刘向《七录》。扁鹊医疗虢公〔一一〕,而云时当赵简子日。出《史记·扁鹊传》。栾书仕于周室,而云以晋文如猎,犯颜直言。出刘向《新序》〔一二〕。荀息死于奚齐,而云观晋灵作台,累棋申诫。出刘向《说苑》〔一三〕。或以先为后,或以后为先,日月颠倒,上下翻覆。古来君子,曾无所疑。及《左传》既行,而其失自显。语其弘益,不亦多乎?而世之学者,犹未之悟。所谓忘我大德,日用而不知者焉〔一四〕。

〔一〕"遂使五经"至"其言河汉":崔述《考信录提要·释例》云:"此五经指《公羊》、《穀梁》、《礼记》之文,非古经也。"是。《史通》未尝轻议古经。对《尚书》、《春秋》,亦仅议其载事失实,未尝议及经义也。又《通释》引《庄子·逍遥游》:

“吾闻言于接舆,吾惊怖其言,犹河汉而无极也。”

〔二〕韩氏攻赵:《史记·赵世家》:“晋景公之三年,朔为晋将下军救郑,与楚庄王战河上,朔娶晋成公姊为夫人。晋景公之三年,大夫屠岸贾欲诛赵氏。屠岸贾者,始有宠于灵公,及至于景公,而贾为司寇。请诛赵盾子孙。韩厥告赵朔趣亡,朔不肯,曰:‘子必不绝赵祀。’厥许诺,称疾不出。贾不请而杀赵朔、赵同、赵括、赵婴齐,皆灭其族。赵朔妻成公姊有遗腹,走公宫。无何,免身生男,屠岸贾闻之,索于宫中。赵朔客公孙杵臼、程婴谋匿赵氏孤儿,程婴卒与真孤匿山中。居十五年,晋景公问韩厥,厥知赵孤在。赵孤名武,于是立武,复与田邑如故。”按:晋景公三年,即鲁宣公十二年(前597)。《左传》:“六月,晋师救郑,荀林父将中军,赵朔将下军,赵括、赵婴齐为中军大夫,赵同为下军大夫,韩厥为司马,及楚战于邲。晋师败绩,桓子(即荀林父)请死,晋侯使复其位。”杜注:“言晋景所以不失霸。”邲战起于救郑。故知幾用杜预语云:“晋景行霸。”按《史记》此段文字,颇多舛误。首言晋景公三年朔将下军救郑,是矣。嗣又重言“晋景公之三年”,必误。又晋杀其大夫赵同、赵括,《春秋左氏传》系于成公八年(晋景公十五年,前584),相差十二年。而屠岸贾搜孤,杵臼、程婴救孤,《春秋》三传均未载其事,惟刘向采入《说苑·复恩》篇及《新序·节士》篇,而自元人演为杂剧,流传虽广,但后儒多辨其诬者。梁玉绳《史记志疑》剖析尤详,可申知幾之论。然《史记》必另有所本,而时序遂与《左传》相径庭。又韩氏攻赵之“韩氏”两字,浦氏据《史记》臆改为“屠岸”,注云:“旧误作‘韩氏’。”然至晋景十五年,韩氏实已代赵氏执晋政。故知幾云“韩氏攻赵”，下句始谓《史记》竟附会“有程婴、杵臼之事”，原文不误。浦氏好逞臆改，此又一例。

〔三〕马惊流矢：《礼记·檀弓上》：“鲁庄公及宋人战于乘丘，县贲父御。马惊败绩，公队。县贲父曰：‘他日不败绩，而今败绩，是无勇也。’遂死之。圉人浴马，有流矢在白肉。”郑注：“十年夏。”又注“败绩”两字云“惊奔失列”。而《左》庄十年《传》亦云：“六月大败宋师于乘丘。”又十一年《传》云：“凡师大崩曰败绩，得俊曰克。”知幾盖谓鲁庄败宋得俊，安能有马惊流矢之祸，《檀弓》其言河汉也。而吕《评》则谓鲁庄马惊流矢与全军得俊各不相妨，而谓《檀弓》不误。

〔四〕置师于两堂：《贾子新书·先醒》：“楚庄王围宋伐郑，乃南与晋人战于两棠。”卢文弨核定云：“潭本无‘南’字，此即《春秋·宣十二年》邲之战。”按“邲”字，《左传》杜注：“郑地。”黄本改作“棠”，浦氏据《新书》改“堂”为“棠”。吕《评》谓《先醒》篇：“所述与《公羊》相合，安知邲不又名两棠。”《先醒》及《公羊·宣十二年》文字不具引。

〔五〕觇其哭阳门，介夫乃止：《礼记·檀弓下》：“阳门之介夫死，司城子罕入而哭之哀。晋人之觇宋者，反报于晋侯曰：‘民说，殆不可伐也。’”郑注：“阳门，宋国门名。介夫，甲卫士。司城，宋讳司空为司城。”宋睦于晋，指《左·襄二十七年》，宋向戌邀晋、楚等国盟宋以弭兵，是时子罕为司城。《通释》削“介夫乃止”四字，并注“旧衍”，不知何据。

〔六〕齐桓所灭：《左》僖十六年《传》：“十二月，会于淮。”十七年《传》：“夏，师灭项。（杜注：鲁师。）淮之会，公有诸侯之事，未归而取项，齐人以为讨而止公。”《公羊》僖十七年

《传》:“夏,灭项。孰灭之? 齐灭之。曷为不言齐灭之? 为桓公讳也。《春秋》为贤者讳。桓公尝有继绝存亡之功,故君子为之讳也。”吕《评》:“项之灭,《公羊》谓齐桓为之,《左氏》谓鲁僖为之。彼此皆无他证,安得是此非彼。”

〔七〕大夫皆执国权:《穀》襄三年《传》:“六月,公会单子、晋侯、宋公、卫侯、郑伯、邾子、莒子、齐世子光。己未,同盟于鸡泽。戊寅,叔孙豹及诸侯之大夫及陈袁侨盟。诸侯盟,又大夫相与私盟,是大夫张也。故鸡泽之会,诸侯始失正矣,大夫执国权。”而《左》襄三年《传》载戊寅大夫之盟后则谓“陈请服也”,盖因陈非盟国,而派大夫袁侨“如会求成”,故“使大夫盟之,匹敌之宣”。则是年诸侯、大夫再盟,非如《穀梁》所言,由于“大夫执国权”也。

〔八〕本注:秦穆女为荆昭夫人,《列女传》:“伯嬴者,秦穆公之女,楚平王之夫人,昭王之母也。当昭王时,楚与吴为伯莒之战,吴胜楚,遂入至郢。昭王亡,吴王阖闾尽妻其后宫,次至伯嬴,伯嬴持刃不承命。”梁端注“穆”字误,伯莒之战在鲁定公四年(前506),穆公卒于文公六年(前621),相去一百十六年矣。《通释》改“昭”为“平”,据《列女传》文也,鼎本、郭本、黄本作“昭”,孙《札记》校“顾云与今本《列女传》不合”,并录存疑。

〔九〕本注:韩魏陪楚庄葬马,《史记·滑稽列传·优孟传》:“优孟常以谈笑讽谏。楚庄王马死,欲以大夫礼葬之,左右争之,以为不可。王下令曰:‘有敢谏者,罪至死。’优孟大哭曰:‘薄! 请以人君礼葬之,齐、赵陪位于前,韩、魏翼卫其后,诸侯皆知大王贱人而贵马。’王乃以马属太官。”《集解》:“楚庄王时(前613年继位,至前591年卒)未有赵、韩、魏三国。”按：赵韩魏前 403 年初为侯。《索隐》：“此辨说者之词，后人所增饰之。”

〔一〇〕《列子》书论尼父，而云生在郑穆公年：刘向《列子新书目录》云：“列子者，郑人也，与郑穆公同时。”而《列子》书中，既有仲尼专篇，在《天瑞》篇中又载有孔子言行。按：郑穆公前 627 年继位，前 606 年卒，其卒年距孔子生尚有五十余年，与郑穆同时之列子，安得论及孔子。又原注“出刘向《七录》”，《通释》改“七略”，注云：“旧作《七录》，非。”“《七录》”盖《七略别录》省称，《隋志》及《两唐志》均著录“刘向《七略别录》二十卷”。《史记索隐》、《史记正义》皆引“刘向《七录》”，高似孙《史略序》云：“仍依刘向《七录》法，各汇其书而品其指意。”底本不误。

〔一一〕扁鹊医疗虢公：《史记·扁鹊传》：“当晋昭公时，赵简子为大夫，专国事。简子赐扁鹊田四万亩。其后扁鹊过虢，虢太子死，扁鹊治以针石，太子苏。”《索隐》：“简子专国在定、顷二公之时，非当昭公之世。”按：晋顷、定二公在位之年，为前 525 年至前 475 年，而晋灭虞、虢，为前 655 年，赵简子自不能与虢公同时。

〔一二〕“栾书”至“《新序》”：《新序·杂事》：“晋文公逐麋而失之，问农夫老古曰：‘吾麋何在？’老古曰：‘一不意人君如此也。君放不归，人将君之。’文公归遇栾武子。公曰：‘寡人逐麋而失之，得善言。’栾武子曰：‘其人安在乎？’曰：‘吾未与来也。’栾武子曰：‘取人之言，而弃其身，盗也。’文公曰：‘善。’还载老古与俱归。”按：栾武子名书，《左》宣十二年邲之战中，为赵朔下军佐，鲁成、襄时为晋卿，时在约前 591 年至前 543 年，当晋景公时。景公乃晋文之孙，晋文卒于前628年,栾书安得谏晋文。又《左》襄二十一年《传》:"栾盈过于周,辞于行人。曰:'昔陪臣书,能输力于王室。'"遂谓"栾书仕于周室"。按盈,书之孙也。郭本作"周子",《通释》亦改"周室"为"周子",周子乃晋悼公名,景公、厉公后继位,相当于鲁襄公时,亦可通。鼎本作"周"字,孙《札记》云:"'周'字下有'子'字。"又原注"向"原误作"尚",各本均作"向",何义门批校本已描改。按《新序》、《说苑》均同出刘向手,今据改。

〔一三〕本注:荀息诫晋灵,《通释》引《文选·西征赋》注引《说苑》云:"晋灵公造九层之台,孙息上书求见,曰:'臣能垒十二博棋,加九鸡子其上。'公曰:'危哉!'息曰:'复有危于此者。'公即坏九层之台。按孙息即荀息,避汉宣帝名询讳。灵公,献公曾孙。"《左》僖九年《传》:"晋献公使荀息傅奚齐,公卒,里克杀奚齐,荀息立公子卓,里克杀公子卓,荀息死之。"时为公元前651年。按:灵公公元前620年继位,公元前607年被杀死,荀息安得谏灵公,又今本《说苑》无此条。《文选·西都赋》注:"累卵,已见《魏都赋》。"此注实见于《魏都赋》"顾非垒卵于垒棋"句下。

〔一四〕忘我大德,日用而不知:杨《通释补》:"《诗·小雅·谷风》:'忘我大德,思我小怨。'《易·系辞上》:'百姓日用而不知。'"

然自丘明之后,迄于魏灭〔一〕,年将千祀,其书寝废。至晋太康年中,汲冢获书〔二〕,全同《左氏》。汲冢所得书,寻亦亡逸,今惟《纪年》、《琐语》、《师春》在焉。案《纪年》、《琐语》载春秋时事,与《左氏》同,《师春》多载春秋时筮者繇辞,将《左氏》相校,遂无一字差舛。故束皙云:若使此书出于汉世,刘歆不作五原太守矣〔三〕。于是挚虞、束皙引其义以相明,王接、荀𫖮取其文以相证〔四〕。杜预申以注释,注谓注解,释谓释例。干宝藉为师范。事具干宝《晋纪叙例》中。由是世称实录,不复言非,其书渐行,物无异议。故孔子曰:吾志在《春秋》,行在《孝经》〔五〕。于是授《春秋》于左明,授《孝经》于曾子〔六〕。《史记》云:孔子西观周室,论史记旧闻,次《春秋》。七十子之徒,口授其旨,传所刺讥褒讳之文,不可以书见也。鲁君子左丘明惧弟子人各异端,失其真意,故因孔氏史记,具论其语,成《左氏春秋》〔七〕。夫学者苟征此二说,以考三传,亦足以定是非,明真伪者矣,何必观汲冢而后信者乎?从此而言,"从"一作"以"。则三传之优劣见矣〔八〕。

〔一〕迄于魏灭:"于"字,原作"及",鼎本、郭本、黄本同,《通释》作"于",注:"一作'及'。"卢《拾补》校云:"宋'及'。"孙《札记》亦校改为"于",今改作"于"。

〔二〕汲冢获书:见《六家·春秋家》注。《通释》引《晋书·束皙传》汲冢书全文,今从略。按《隋志》、《唐志》均著录《纪年》、古文《琐语》,并注"汲冢书"。杜预《春秋经传集解后序》略云:"太康元年三月,吴寇始平,余解甲休兵,乃修成《春秋释例》及《经传集解》,会汲郡汲县有发其界内旧冢者,大得古书,皆简编科斗文字。发冢者不以为意,往往散乱。科斗书久废,推寻不能尽通。始者藏在秘府,余晚得见之。所记大凡七十五卷,多杂碎怪妄,不可训知,《周易》及《纪年》最为分了。其《纪年》篇起自夏、殷、周,皆三代王事,无诸国别也。唯特记晋国,晋国灭,独记魏事,下至魏哀王之二十年，盖魏国之史记也。其著书文意大似《春秋经》，所记多与《左传》符同，异于《公羊》、《穀梁》，知此二书近世穿凿，非《春秋》本意审矣。"《隋志》古史类序与杜《后序》文字多同，然记汲冢书篇目与之不同，似本《后序》所作，而以他书记载改易之。

〔三〕歆不作五原太守矣：《汉书·刘歆传》："歆欲建立《左氏春秋》，列于学官，因移书太常博士，责让之，其言甚切，诸儒皆怨恨。及儒者师丹为大司空，亦大怒。歆惧诛，求出，徙守五原。"

〔四〕挚虞、束皙、王接、荀觊：《晋书·挚虞传》："虞，字仲洽，长安人。才学通博，著述不倦，撰《文章志》、《三辅决录》（等）。"束皙已见前。又《王接传》："接，字祖游，河东猗氏人。修儒史之学，常谓《左氏》辞义赡富，自是一家书，不主为经发。《公羊》附经立传，经所不书，传不妄起，于文为俭，通经为长。时秘书承卫恒考正汲冢书，未讫而遭难，佐著作郎束皙述而成之，事多证异义。王庭坚难之，皙又释难，而庭坚已亡。接详其得失，挚虞、谢衡咸以为允当。"又《荀觊传》："觊，字景倩，颍川人，博学洽闻，理思周密。咸熙初，封临淮侯，武帝践祚，进爵为公。"郭《评》则斥其"知朝廷大仪，而无质直之操，唯阿意苟合于荀勖、贾充之间"。按挚、荀传均未载其参预汲冢书事，而觊以公侯之尊，更似无与束、王等共理竹书可能。浦疑"觊"当作"勖"，并引《勖传》云："勖，字公曾，汉司空爽曾孙也。及得汲郡冢中古文竹书，诏勖撰次之，以为《中经》。"

〔五〕孔子志行：《公羊解诂》何休序："昔者孔子有云：吾志在《春秋》，行在《孝经》。"

〔六〕左明、曾子:左明,蜀本、陆本、鼎本、郭本、黄本、《通释》作“丘明”。卢《拾补》:“宋‘左’。”兹仍之。左丘明受经作传,已见前。又《通释》引《孝经说》云:“《春秋》属商,《孝经》属参。”盖“《孝经》者,孔子为曾参陈孝道也”,通观全书,皆孔曾论孝之辞。《孔子家语·弟子解》云:“曾参志存孝道,故孔子因之以作《孝经》。”

〔七〕丘明成《左氏春秋》:自“孔子西观周室”至“成《左氏春秋》”,引自《史记·十二诸侯年表序》。

〔八〕三传优劣:郭《评》云:“子玄叙《左》之长,揭《公》、《穀》之短,如分苍素矣。至于《春秋》之幽,得传而显,则上之抒仲尼之微婉者,《左》也。《史记》、《新序》之缪,得传而证,则下之开万古之瞽聋者,《左》也。而非子玄之精练,亦无以析其义而彰其功,昔人谓杜元凯为左氏忠臣,子玄《申左》之功不在杜下。”又郝经《春秋三传折衷序》亦云:“传之不同,自夫传(平声)之不同也,必推本传之所自,而后传可一也。”说皆可参。

史通卷之十五　外篇

点烦第六总十八条〔一〕

【解　题】

知幾夙主史文应简而能要，烦省得中，内篇中《叙事》、《烦省》等篇已申论之矣。此篇特举史文实例，点灭烦文，使读者易晓。惟其笔点之朱粉雌黄，宋本即已不可见。其细书侧注，亦时有舛误。加以知幾所见传抄古本史籍，与今日所见刻本间有差异，故欲探求点灭移补之真已不可能。郭《评》谓："点繁去冗，此子玄作史之草也。第寥寥数段，删繁冗易，若尽牺年，至麟止，下及李唐，悠悠数千载，总括缕析，谈何容易！子玄勇攻古失，终年阁笔，竟不成史，正恐后人复来点繁也。"近人吕思勉、洪业等尝以意点臆补，虽无从论证知幾点移之旧，然亦足证古史确有烦文。

此篇笺注，不拘守其他各篇通例。正文凡吕氏意点者，悉以{　}号括出。注文除"其一条"序文仍按常规笺注外，其余作例史文，仅校各本与今本史籍文字之异同，以供探索知幾点移之原本情况者参考。

篇中所举例文，《孔子家语》两条，《史记》十二条，《汉书》一条，唐修新《晋书》一条，《十六国春秋》一条。

知幾摭拾史文之烦，而首列《家语》，亦犹《疑古》篇讦《尚书》之疑事，而兼及《论语》。观《隋志》亦列《家语》于经部《论语》目内，可见当时尚不辨《家语》为伪书，而以包括《家语》在内之儒家《论语》类书，一概为记言之史，乃知幾类例不甚明晰、考辨未臻精审之病，自不必讳言。

其摭拾《史记》烦文特多，例文中有魏信陵、鲁仲连诸传，自古至今，皆以文胜脍炙人口，而知幾深贬抑之。盖知幾夙主文之与史，皎然异辙。其十五条谓史迁尝称屈原"文约辞微"，及自撰《史记》，则榛芜若此。又谓蔡邕、徐陵非史才，其所强调者，文史有别也。王伯厚谓《史通》佚文尚有《文质》一篇，当就此而立论，惜已难观全豹矣。

其十条，就前条褚补《三王世家》，备载霍去病、霍光等议疏，申论言语相重之病。进而指出"则天朝诸撰史者，凡有制诰，一字不遗，惟去诏首称'门下'，诏尾云'主者施行'而已。时武承嗣监修国史，见之大怒。自是史官写诏书，虽门下赞诏亦录。后予闻此说，每嗢噱而已"。具见其深恶史馆监修之弊，可与《辨职》、《忤时》诸篇参证。

篇末附录洪煨莲先生之《史通点烦篇臆补》，以供参阅。

夫史之烦文，已于《叙事》篇言之详矣。然凡俗难晓，下愚不移〔二〕，虽七卷成言〔三〕，而三隅莫反〔四〕。盖语曰：百闻不如一见〔五〕。是以聚米为谷〔六〕，贼虏之虚实可知；画地成图〔七〕,山川之形势易悉。昔陶隐居《本草》〔八〕,药有冷热味者,朱墨点其名;阮孝绪《七录》〔九〕,书有《文德殿》者〔一〇〕,丹笔写其字。由是区分有别,品类可知〔一一〕。今辄拟其事,抄自古史传文有烦者,皆以笔点其上〔一二〕。其点用朱粉、雌黄并得。凡字经点者,尽宜去之。如其间有文句亏缺者,细书侧注于其右。其侧书亦用朱粉、雌黄等〔一三〕,如正行用粉,则别注者用朱黄〔一四〕,以此为别。或回易数字,或加足片言,俾分布得所,弥缝无阙。庶观者易悟,其失自彰,如我摭实而谈〔一五〕,非是苟诬前哲〔一六〕。其一条。

〔一〕总十八条:蜀本、陆本、鼎本、郭本、黄本作"十一条",卢《拾补》作:"总十一条,案:当作'十八条'。"孙《札记》:"侧注'十一条'三字当衍。"《通释》:"小序一,正条十四。"

〔二〕然凡俗难晓,下愚不移:蜀本、陆本、鼎本、郭本、黄本同,《通释》删。注云:"旧有'然凡俗难晓下愚不移'九字,可厌,宜削。"意虽欲为知幾掩过,然终嫌轻改原文失实。又《论语·阳货》:"唯上知与下愚不移。"

〔三〕七卷:蜀本、陆本、鼎本、郭本、黄本同,浦注:"《叙事》篇在六卷,疑当作'六'。"

〔四〕三隅莫反:《论语·述而》:"举一隅而示之,不以三隅反,则吾不复。"

〔五〕百闻不如一见:陈《补释》:"此《汉书》赵充国语。"按:是乃《充国传》载其对宣帝问御羌之计。

〔六〕聚米为谷:《通释》引《后汉书·马援传》:"援,字文渊,屯田上林苑中。帝自西征隗嚣,至漆,召援。援于帝前聚米为山谷，指画形势，开示众军所从道径往来。分析曲折，昭然可晓，帝曰：'虏在吾目中矣。'"按《东观汉记·马援》亦载此事，文字略有异同，"聚米为山谷"则作"聚米为山川"。邓千江《望海潮》"山形米聚，喉襟百二秦关"，用典亦本于《东观汉记》，浦引并非其朔。又下句"虚实"二字，卢《拾补》云："宋作'居'。"

〔七〕画地成图：《通释》引《汉书·张汤传》："汤子安世，安世长子千秋，与霍光子禹随击乌桓，还，谒大将军光，问战斗方略，山川形势。千秋口对兵事，画地成图，无所忘失。禹不能记，曰：'皆有文书。'光由是叹曰：'霍氏世衰，张氏兴矣。'"又下句"山川之形势易悉"，卢《拾补》云："宋无'势'字。"

〔八〕陶隐居《本草》：《梁书·陶弘景传》："弘景，字通明，丹阳人，自号华阳隐居。性好著述，尤明医术本草。"《隋志》著录："陶隐居《本草》十卷。"《旧唐志》著录："《本草集经》七卷，陶弘景撰。"《新唐志》著录："陶弘景集注《神农本草》七卷。"又陈《补释》引黄侃曰："《经史证类本草》载梁陶隐居序曰：'并朱墨杂书。'"

〔九〕阮孝绪《七录》：《梁书·阮孝绪传》："孝绪，字士宗，陈留人。所著《七录》等书二百五十卷，行于世。"《隋志》著录："《七录》十二卷，阮孝绪撰。"序云："《七录》：一曰经典，二曰记传，三曰子兵，四曰文集，五曰技术，六曰佛，七曰道。"

〔一〇〕《文德殿》：《隋志》著录："梁《文德殿四部目录》四卷，刘孝标撰。"序云："《文德殿目录》，其术数之书，更为一部，使祖暅撰。元帝克平侯景，收文德之书及公私经籍，凡七万余卷。周师入郢，咸自焚之。"则此处《文德殿》者，盖

《文德殿四部目录》之省称，是书名，新版《通释》标直线，似误。

〔一一〕品类可知：陈《补释》："《史通》之前，陆德明《经典释文·条例》云：'今以墨书经本，朱字辩注，用相分别，使较然可求。'"又引黄侃曰："《魏志·王肃传》注引《魏略》载董遇事曰：'善《左氏传》，更为作朱墨别异。'"

〔一二〕皆以笔点其上：《通释》"其"字下有"烦"字。

〔一三〕雌黄：原注两个"雌"字，各本皆同，惟鼎本、郭本第二个注作"雄"，参看上篇注。

〔一四〕别注：鼎本、郭本、王本、黄本同，蜀本、陆本、《通释》作"侧注"，卢《拾补》："宋作'侧注'。"

〔一五〕如我摭实而谈："如我"两字，郭本同，鼎本作"知必"，蜀本、陆本、黄本、《通释》作"知我"。"如我"、"知必"均欠妥，洪业先生《臆补》作"知我"。

〔一六〕非是苟诬前哲："非是"原作"是非"，蜀本、陆本、鼎本、郭本、黄本同，《通释》作"非是"。卢《拾补》云："从宋乙。"孙《札记》亦校改为"非是"，今乙改。

《孔子家语》曰：鲁公索氏将祭而亡其牲，孔子闻之曰：{公索氏}不及二年必亡矣〔一〕。一年而亡。门人问{曰：昔公索氏亡其祭牲，而夫子曰不及二年必亡，今果如期而亡〔二〕，夫子何以知然}〔三〕。除二十四字〔四〕。其二条〔五〕。

〔一〕必亡矣：《家语》汲古阁本（下同）"必"字作"将"，无"矣"字，有"后"字，属下句读。又蜀本、陆本、鼎本、郭本无"必亡"两字。

〔二〕果如期而亡:《家语》“果如”两字作“过”。

〔三〕何以知然:《家语》:“何以知其然。”多一“其”字。

〔四〕除二十四字:吕思勉《史通评》:“刘氏所点,已不可见,今就所引,以鄙意点之。”此条吕氏点去三十四字,均以{ }号标出。以下各条同,不另注。又吕氏云:“原除二十四字,盖留‘公索氏’及‘曰’、‘夫子何以知然’十字。”

〔五〕其二条:“其”上原误衍一“字”字。

《家语》曰:晋将伐宋,使觇之〔一〕。宋阳门之介夫死,司城子罕哭之哀,觇者反,{言于晋侯}曰:{宋阳门之介夫死,而司城子罕哭之哀}〔二〕,民咸悦{矣}〔三〕。宋殆未可伐也。除三十一字〔四〕,移三字〔五〕。其三条〔六〕。

〔一〕使觇之:《家语》作“使人觇之”。

〔二〕觇者反曰云云:“宋阳门”及“司城子罕”,《家语》无“宋”及“司城”三个字。

〔三〕民咸悦矣:《家语》无“矣”字。

〔四〕除三十一字:蜀本、陆本、黄本同,鼎本、郭本及《通释》均作“除二十一字”,吕氏亦依《通释》本点除。

〔五〕移三字:卢《拾补》及孙《札记》均校改“移”为“加”。

〔六〕其三条:《礼记·檀弓下》亦载有此条,文字有歧异。

《史记·五帝本纪》曰:诸侯之朝觐者不之丹朱而之舜,百姓之狱讼者不之丹朱而之舜,讴歌者皆不讴歌丹朱而讴歌舜。舜年二十以孝闻,三十而帝尧问可用者云云,舜年二十以孝闻,三十尧举之。除二十九字加七字。其四条〔一〕。

〔一〕此条校今本《史记》原文为:“诸侯朝觐者不之丹朱而之舜,狱讼者不之丹朱而之舜,讴歌者不讴歌丹朱而讴歌舜。”又“舜年二十以孝闻,三十而帝尧问可用者”。又“舜年二十以孝闻,年三十,尧举之”。除第二段外,校一、三两段,均微有歧异。浦氏云:“文内如‘百姓之’三字,及‘之’字、‘皆’字等,即细书侧注之所加,传写者混入之。”吕氏云:“此今本《史记》夺漏,刘氏所据本不误。”浦氏又云:“舜年二十复出之文,见《舜纪》篇尾,刘所点除,正在于此。古本有之,而郭本削之,点安所施?北平本反从郭本,未之思耳。”然即此亦难凑足除二十九字加七字之数。吕氏又举《五帝纪》中《史通》节文试点,似亦不符知幾原意,读者可自参阅,不具引。

《夏本记》曰〔一〕:{禹之父曰鲧,鲧之父曰帝颛顼,颛顼之父曰昌意,昌意之父曰黄帝。禹者,}黄帝之玄孙而颛顼之孙也。{禹之}曾大父〔曰〕昌意,{及}父鲧,皆不得在帝位,为人臣。除五十七字,加五字。案:《颛顼纪》中已具云黄帝是颛顼祖矣,此篇下云禹是颛顼孙,则其上不得更言黄帝之玄孙。既上云昌意及鲧不得在帝位,则于下文不当复云为人臣。今就于朱点之中,复有此重复造次,笔削庸可尽乎?其五条〔二〕。

〔一〕《夏本记》:记,蜀本、陆本、王本同,鼎本、郭本、黄本、《通释》作“纪”。下文《项羽本记》、《吕氏本记》之“记”字,各本异同亦如此。按“记”与“纪”互通,故悉仍其旧。

〔二〕浦云:“除数太多,恐有误。”吕氏试点除三十二字,起自“黄帝之玄孙”,盖承《夏本纪》“夏禹,名曰文命”之后也。

吕氏又云:“如再除‘而帝颛顼之孙’之‘而’字及‘不得在位’五字,则得三十七字。疑五十七或三十七之讹。”又文中旧衍“曰”字,蜀本、陆本、鼎本、郭本、黄本同,《通释》删,今标方括号以示区别。

《项羽本记》曰:项籍者,下相人也,字羽,起时,年二十四。其季父项梁,梁父楚将项燕,为秦将王翦所杀者也。项氏世世楚将,封于项,故姓项氏。除三十字,加二十四字,厘革其次序。其六条〔一〕。

〔一〕校《史记》原文,“起时”上有“初”字,“梁父”下有“即”字,“杀”作“戮”。又除“三十字”,《通释》、卢《拾补》均作“三十二字”,浦云:“此条安得有三十余字之除,恐原本全失,但存‘项羽本纪’四字,后人聊写篇头数语以当之耳。”吕氏亦云:“决无三十二字可除。”乃续抄《项纪》原文至“籍为裨将,徇下县”止,再加除革。

《吕氏本记》曰:吕太后者,高祖微时妃也。生孝惠帝、鲁元公主。{及}高祖为汉王,得定陶戚姬,爱幸,生赵隐王如意,{高祖嫌}孝惠为人仁弱,高祖以为不类我,{常欲废太子,立戚姬子如意,如意类我。又}戚姬幸,尝独从上之关东,日夜泣涕,欲立其子{如意,以代太子}。吕后年长,常留守,希见上,益疏。如意立为赵王后,几代太子者数矣。赖大臣诤之,及留侯策,太子得无废。此事见高、惠二纪及诸王、叔孙通、张良等传,过为重叠矣。今又见于《吕后纪》,固可略而不言。除七十五字,加十二字。其七条〔一〕。

〔一〕浦曰:“刘意盖谓并可不点矣。”吕曰:“《史记》无惠帝纪、赵隐王传,留侯称世家,不称列传。高帝欲废太子,立赵王,事见《留侯世家》及周昌、叔孙通传中,亦与《吕后纪》语不复,此注殊可疑。惟原文云‘除七十五字’,非将高祖欲易太子事尽去之不可,疑《史通》原文,又为后人所乱。”又今本《史记》“无‘高祖嫌’,又‘独’、‘如意以’等字,决非后人所加,亦今本《史记》夺也”。

《宋世家》曰:初,元公之孙纠,景公杀之。景公卒,纠之公子得正杀太子而自立,是为昭公。昭公者,父公孙纠,纠父公子禯秦,即元公少子也。景公杀昭公父纠,故昭公怨杀太子而自立。除三十六字,加十三字。其八条〔一〕。

〔一〕今本《史记·宋微子世家》无此条开头“《宋世家》”至“孙纠”十字。“纠之公子得正”作“宋公子特攻”,“昭公者”句下有“元公之曾庶孙也”句,“禯”作“褍”,又鼎本、郭本、黄本及《通释》俱作“公子特”,卢《拾补》校云:“宋‘得’。”具见知幾所见古本《史记》与今本异。其除、加之字,已无可考。《史通评》云:“予意当易为‘景公卒,元公少子公子褍秦生公孙纠,纠生公子特,景公杀纠,故特怨,攻杀景公太子而自立,是为昭公’。凡四十字,较《史记》省二十六字。”此乃吕氏改《史记》,知幾所改,无从推求矣。

《三王世家》曰:大司马臣去病昧死再拜,上疏皇帝陛下。陛下过听,使臣去病待罪行间,宜专边塞之思虑。暴骸中野无以报,乃敢惟他议,以干用事者,诚见陛下忧劳天下、哀怜百姓以自忘，亏膳贬乐，损郎员。皇子赖天能胜衣趋拜，至今无号位、师傅官，陛下恭让不恤，群臣私望，不敢越职而言。臣切不胜犬马之心，昧死愿陛下诏有司，因盛夏吉时，定皇子位，唯陛下幸察。臣去病昧死再拜以闻皇帝陛下。三月乙亥，御史臣光守尚书令奏未央宫〔一〕。制曰：下御史。六年三月戊申朔乙亥，御史臣光，守尚书令丞非〔二〕，下御史书到，言丞相臣青翟、御史大夫臣汤、太常臣充、大行令臣息，太子少傅臣安行宗正事昧死上言〔三〕：{大司马臣去病上疏曰：陛下过听，使臣去病待罪行间，宜专边塞之思虑〔四〕，暴骸中野无以报，乃敢惟他议以干用事者，诚见陛下忧劳天下、哀怜百姓以自忘，亏膳贬乐，损郎员。皇子赖天能胜衣趋拜，至今无号位、师傅官。陛下恭让不恤，群臣私望，不敢越职而言。臣切不胜犬马之心，昧死愿陛下诏有司，因盛夏吉时，定皇子位，唯陛下幸察。制曰：下御史。}臣与中二千石臣贺等议曰〔五〕：古者裂地立国，并建诸侯，以承天子，所以尊宗庙，重社稷也。{今臣去病上疏，不忘其职，因以宣恩，乃道天子卑让自贬以劳天下，虑皇子未有号位。臣青翟、臣汤等}昧死请立皇子臣闳、臣旦、臣胥为诸侯王〔六〕。昧死请所立国名。除一百八十四字。加一字。其九条。

已上有言语相重者，今略点发如此〔七〕。但此一篇所记，全宜削除。今辄具列于斯，籍为鉴戒者尔〔八〕。

〔一〕奏未央宫：原脱一“宫”字，蜀本、陆本、鼎本、郭本、黄本同，《通释》有，注云：“郭脱‘宫’字。”卢《拾补》：“宋有。”孙

《札记》:“‘央’字下有‘宫’字。”今补入。

〔二〕守尚书令:原脱“守”字,蜀本、陆本、鼎本、郭本、黄本同,《通释》有,注云:“郭脱‘守’字。”今补。

〔三〕太子少傅臣安:“少”字,原误作“太”,蜀本、陆本、鼎本、郭本、黄本、《通释》均依《史记》作“少”,今改。

〔四〕专:原误作“传”,蜀本同,据陆本、鼎本、郭本、王本、黄本、《通释》及《史记·三王世家》改。

〔五〕臣与中二千石:蜀本、陆本、鼎本、郭本、黄本同。《通释》在“臣”下增“谨”字,注“照史补”。卢《拾补》云:“宋,有。”又“中二千石”下有“二千石”三字,《通释》、卢《拾补》均“从史补”,孙《札记》校改此句为“臣谨与中二千石、二千石”。

〔六〕臣青翟、臣汤等:此句下《通释》补“宜奉义遵职,愚蠢不逮事,方今盛夏吉时,臣青翟、臣汤等”,注云“郭本此上脱二十二字”。卢《拾补》亦云:“下脱廿二字,宋本有。”孙《札记》亦校补。

〔七〕点发:“发”字,蜀本、陆本、鼎本、郭本、黄本、《通释》作“废”,卢《拾补》:“宋‘发’。”

〔八〕籍为鉴戒:此一小段,原连属“其十条”文内,各本皆同,兹分附此段之末,卢《拾补》亦列入此段。

按此条知幾已明言“言语相重者,全宜削除”。吕氏所删,连同注〔五〕增补之二十二字,适合一百八十四字。但《史记·三王世家》篇末附“褚先生曰:臣求其(三王)世家,终不能得,窃从长老好故事者,取其封策书,编列其事而传之”。此篇确系褚补,绝非史迁手笔也。惟此篇赞语跌宕有致,尚是史公手稿幸存者。

凡为史者〔一〕,国有诏诰,十分不当取其一焉〔二〕。故汉元帝诏曰〔三〕:“盖闻安民之道,本由阴阳。间者阴阳错谬,风雨不时,朕之不德,庶几群公有敢言朕之过者。今则不然,媮合苟从,未肯极言,朕甚闵焉〔四〕。永惟蒸庶之饥寒,远离父母妻子,劳于非业之作,卫于不居之宫,恐非所以佐阴阳之道也。其罢甘泉、建章宫卫士,各令就农。百官各省费〔五〕,条奏毋有所讳。有司勉之,毋犯四时之禁。丞相、御史举天下明阴阳灾异者各三人。”及荀悦撰《汉纪》,略其文曰:“朕惟众庶之饥寒,远离父母妻子,劳于非业之作,卫于不居之宫。其罢甘泉、建章宫卫士,各令就农。丞相、御史举天下明阴阳灾异者各三人。”自余抄撮,他皆仿此。

近则天朝诸撰史者,凡有制诰,一字不遗。唯去诏首称“门下”,诏尾云“主者施行”而已。时武承嗣监修国史〔六〕,见之大怒。谓史官曰:公辈是何人,而敢辄减诏书。自是史官写诏书,虽门下赞诏亦录。后予闻此说,每嗢噱而已〔七〕。必以《三王世家》相比,其烦碎则又甚于斯。是知史官之愚,其来尚矣。今之作者,何独笑武承嗣而已哉?其十条〔八〕。

〔一〕凡为史者:卢《拾补》:“应别为一条。”

〔二〕十分不当取其一:蜀本、陆本、鼎本、郭本、黄本同,浦注:“句意过当,有误。”卢《拾补》云“不”字,“疑是‘仅’”。按:知幾视诏诰为烦文,此句不误。

〔三〕汉元帝诏:载于《汉书·元帝纪》初元三年。

〔四〕朕甚闵焉："闵"字，《汉书》、蜀本、陆本、鼎本同，郭本、黄本、《通释》改"悯"，卢《拾补》："宋'闵'。"

〔五〕百官："官"原误作"家"，据蜀本、陆本、鼎本、郭本、王本、黄本、《通释》及《汉书·元帝纪》改。

〔六〕武承嗣：《旧唐书·武承嗣传》："承嗣，则天兄子。嗣圣元年，为礼部尚书。载初元年，为文昌左相，兼知内史事。尝讽则天革命尽诛皇室诸王及公卿中不附己者。赐实封千户，仍监修国史。自为次当为皇储，讽谕百姓抗表陈请，则天竟不许，怏怏而卒。"

〔七〕每嗢噱而已："嗢"字原误作"唱"，蜀本、黄本同，陆本、鼎本、郭本"嗢噱"作"唱叹"，《通释》改"唱"作"嗢"。卢《拾补》："'唱'讹。"《文选》嵇康《琴赋》"嗢噱终日"注："乐不胜谓之嗢噱。"笑也。

〔八〕其十条：浦云："已上一段是引例语。"按乃申释第九条者。

《魏公子传》：高祖始微少时，数闻公子贤。及即{天子}位，每过大梁，常祠公子。{高祖}十二年，{从}击黥布还，为公子置守冢五家，世世岁以四时奉祠{公子}。太史公曰：吾过大梁之墟，求问其所谓夷门，{以征信陵君故事。}说者云，当战国之时〔一〕，夷门者，城之东门也。天下诸公子亦有喜士者矣〔二〕，然而信陵君之接岩穴隐者，不耻下交。名冠诸侯，有以也〔三〕。{高祖每过之，祠奉不绝〔四〕。}除十五字，加二十字。其十一条〔五〕。

〔一〕以征信陵君故事。说者云，当战国之时：今本《史记·信陵君传》无此十五字。

〔二〕喜：原作“嘉”，蜀本、陆本、鼎本、郭本、黄本同，《通释》作“喜”，注云：“照史改，旧误作‘嘉’。”卢《拾补》云：“‘嘉’非。”孙《札记》亦校改为“喜”。今改。

〔三〕不耻下交。名冠诸侯，有以也：史传作“不耻下交，有以也；名冠诸侯，不虚耳”，多“不虚耳”三字。

〔四〕祠奉不绝：蜀本、陆本、鼎本、郭本、黄本同，《通释》在句末加“也”字，注云：“旧脱。”吕氏照录“也”字。史传作“而令民奉祠不绝也”，多四字。

〔五〕其十一条：此条吕氏去二十四字。又就今本《史记》歧异处注云：“揆诸文义，俱不如《史通》所录之长，疑亦今本误也。”

《鲁仲连传》曰：仲连好奇伟俶傥之画，而不肯仕宦任职[一]，好持高节，｛游于赵。｝孝成王时，｛而｝秦｛王使白起｝破赵长平｛之｝军，｛前后四十余万。秦遂｝东围邯郸。｛赵王恐，｝诸侯之救兵莫敢击｛秦｝。魏｛安釐王使｝将军晋鄙救赵，｛畏秦，｝止于汤阴[二]，｛不进。｝魏王使客将军新垣衍间入邯郸，因平原君谓赵王曰：“秦所以急围赵者，前与齐｛湣王｝争强为帝，已而复归帝号。今齐｛湣王已｝益弱，｛今｝唯秦雄天下，此非必贪邯郸，其意欲复求为帝。赵诚发使尊秦｛昭王｝为帝，秦必喜，罢兵去。”平原君犹豫未有所决。｛此｝时鲁连适游赵，｛会秦围赵。闻魏将欲令赵尊秦为帝，｝乃见平原君曰：“事将奈何？”平原君曰：“胜也何敢言事，前亡四十万之众于外，今又内围邯郸而不去。魏王使客将军新垣衍令赵帝秦，今其人在此，胜也何敢言事！”鲁连曰：“吾始以君为天下之贤公子也，吾乃今{然后}知君非天下之贤公子也。梁客新垣衍安在？吾请为君责而归之。”平原君曰：“胜请为绍介而见之于先生。”平原君遂见新垣衍曰：“东国有鲁连先生者，今其人在此，胜请为绍介，交之于将军。”新垣衍曰：“吾闻鲁连先生，齐之高士也。衍，人臣也，使事有职，吾不愿见鲁连先生。”平原君曰：“胜已泄之矣。”新垣衍许诺。鲁连见新垣衍而无言。新垣衍曰：“吾视居此围城之中，皆有求平原君者也。今吾观先生之玉貌，非有所求于平原君者也，曷居此重围之中而不去？”鲁连云云〔三〕。

“梁未观秦称帝之害也〔四〕。使梁观秦称帝之害，则必助赵矣。”新垣衍曰：“秦称帝之害何如〔五〕？”鲁连曰云云。

“吾将使秦王烹醢梁王。”新垣衍怏然不悦也。“嘻！亦甚矣。先生之言也。先生又焉能使秦王烹醢梁王？”鲁连曰：“固矣。吾将言之。”

“今秦万乘之国也，梁亦万乘之国也。俱据万乘之国，各有称王之名〔六〕，睹其一战而胜，欲从而帝之”云云。

于是新垣衍起，再拜而谢曰：“始以先生为庸人，{吾}乃今{日}知先生为天下之士也。”

适会魏公子无忌夺晋鄙军以救赵，击秦军，遂引而去〔七〕。于是平原君欲封鲁连，辞谢者三，终不肯受。平原君乃致酒，酒酣，前起〔八〕，以千金为鲁连寿云云。除三百七十五字，加七字〔九〕。其十二条〔一〇〕。

〔一〕仕宧任职：“宧”字，蜀本、陆本、鼎本、郭本及《通释》均作

“官”，黄本仍作“宦”，浦注：“王（惟俭）讹作‘宦’。”今本《史记·鲁仲连传》作“官”。

〔二〕止于汤阴：“汤”字，蜀本、陆本同，鼎本、郭本、黄本、《通释》、史传作“荡”。卢《拾补》云：“宋‘汤’。”

〔三〕鲁连云云：“云云”两字，蜀本、陆本、郭本、王本、《通释》均为小字刻写，与象本同，鼎本、黄本为大字。以下凡类此者，均一概从底本，他本各有异同，不另出注。

〔四〕梁未观秦称帝之害：“观”字，蜀本、陆本、鼎本、郭本同，史传作“睹”，黄本、《通释》据改，下句“观”字同。

〔五〕秦称帝之害何如：“秦称”，原作“称秦”，据史传、蜀本、陆本、鼎本、郭本、《通释》、黄本改。

〔六〕各有称王之名：“各”字，原作“交”，蜀本、陆本、王本、黄本、《通释》同。《通释》注：“史作‘各’。”按史传、鼎本、郭本均作“各”，今据改。

〔七〕击秦军，遂引而去：蜀本、陆本、鼎本、郭本、黄本同，史传叠“秦军”两字，《通释》据史传改。孙《札记》校改为“击秦，秦军遂引而去”。

〔八〕前起：史传、蜀本、陆本、鼎本、郭本、黄本、《通释》均作“起前”。

〔九〕除三百七十五字：蜀本、陆本、鼎本、郭本、黄本同，《通释》改为“二百七十五字”，卢《拾补》云：“末注‘三百’，作‘除二百’。”孙《札记》云：“顾、邓均作‘二’。”

〔一〇〕其十二条：吕氏据《通释》校语，并将知幾以“云云”节文省云者，按史传全文悉数抄录，并加评语略云：“此篇可点除者，不过五六十字。鲁连说术之妙，自未便删削。古人文字，有看似冗蔓，而实非冗蔓者，正未可率尔置议。”按知幾删省之文字,固已无考,然不论其为二百余,抑或三百余,均可反映其史书叙事学思想,重在简要质朴而不害文意。刘熙载《艺概》卷一《文概》尝引子玄称《左传》“其言简而要,其事详而博”之说,以为“百世史家,类不出乎此法”,又云:“《后汉书》称荀悦《汉纪》‘辞约事详’,《新唐书》以‘文省事增’为尚,其知之矣。”而子玄承上启下,其功不可谓不大也。

《屈原传》〔一〕:{汉有贾生,为长沙王太傅,过湘水,投书以吊屈原。}贾生名谊,洛阳人也。谪贾生为长沙王太傅。{贾生既辞往}闻长沙卑湿,自以为寿不得长。又以谪去,意不自得。及渡湘水,为赋以吊屈原,其词曰云云。贾生为长沙傅二年〔二〕,有鹍飞入{贾生}舍,止于坐隅。楚人命鹍曰鹏〔三〕。贾生{既以谪居长沙,长沙卑湿,自恐寿不得长,伤}悼之,乃为赋以自广。其词曰云云。怀王骑〔四〕,堕马而死,无后。贾生自伤无状〔五〕,岁余亦死〔六〕,{时}年三十三矣〔七〕。除七十六字,加三字。其十三条〔八〕。

〔一〕《屈原传》:蜀本、陆本、鼎本、郭本、黄本同,《通释》增“贾生”二字于“传”字上,并注“旧脱”,按引文悉是《贾生传》,疑原稿疏脱。

〔二〕为长沙傅:史传在“傅”字上有“王太”两字。二年:史传、蜀本、陆本、鼎本、《通释》均作“三年”,卢《拾补》云:“宋‘二’。”

〔三〕鹏:原误作“鹏”,蜀本、陆本、鼎本同,史传作“服”,《通释》改“鹏”,孙《札记》亦校改为“鹏”,今改。

〔四〕怀王骑：据史传："后岁余，贾生征见，拜贾生为梁怀王太傅。"

〔五〕自伤无状：蜀本、陆本、鼎本、黄本、郭本同，《通释》据史传增为"自伤为傅无状"。

〔六〕岁余亦死：原脱"余"字，蜀本、陆本同，鼎本、郭本、王本、黄本"岁"下有"余"字，史传作"哭泣岁余"，《通释》据史传改，今据鼎本、郭本、王本、黄本、诸本及史传补。

〔七〕三十三：史传、《通释》同，蜀本、陆本、鼎本、郭本、黄本作"三十二"，浦注："旧讹'三十二'。"卢《拾补》："宋'三十三'。"

〔八〕其十三条：吕氏《评》在引文之首，加"自屈原沉汨罗后百有余年"十一字，并云："亦宜并除，原云除七十六字，无论如何，不能盈其数，必有误。"按：吕氏所除，并其所增十一字计，亦仅五十字。

《扁鹊仓公传》曰：太仓公者，齐太仓长，临淄人也，姓淳于氏，名意。{少而喜医方术。高后八年，更受师同郡元里公乘阳庆〔一〕。庆年七十余，无子。使意尽去其故方，更悉以禁方与之。传黄帝、扁鹊之脉书，五色诊病，知人死生，多验〔二〕。}

诏问{所为治病死生验者几何人？主名为谁？诏问故太仓长臣意}方伎所长，及所能治病，有其书无有？皆安受学？受学几何岁？尝有所验，何县里人也？何病？医药与其病之状皆何如？{其悉以对。臣}意对曰：自意少时喜药医方〔三〕，试之多不验{者}。至高皇后八年{中}，得见师临淄元里公乘阳庆，已年七十余。{意得见事之，}谓意曰：尽去而方书非是也。庆有古先道遗传黄帝、扁鹊之脉书，五色诊病，知人死生，决嫌疑，定可治，及药书甚精〔四〕。我家给富，心爱公，欲尽以我禁方书，{悉}教公。臣意即曰：幸甚，非意之所敢望也。臣意即避席再拜谒，受其脉书上下经、五色诊、奇咳术、揆度阴阳外变、药论、石神、接阴阳禁书，受读解验之，可一年。明岁即验，然尚未精也。要事之三年所，常以为人诊病，决死生，有验，精良。今庆已死十年，臣意年尽三十九也〔五〕。齐侍史成自言病也〔六〕，臣意诊其脉，告曰：君之病恶，不可言也。已下皆述一生医疗效验事。除二百九十五字。其十四条。

〔一〕更受师同郡元里公乘阳庆：公里，蜀本、陆本、鼎本、郭本、黄本、《通释》及今本《史记》作“元里”，按下文亦作“元里”，今改正。《正义》注云：“公乘，第八爵也。”又卢《拾补》校云：“宋作‘元里’。”

〔二〕知人死生，多验：蜀本、陆本、鼎本、郭本、黄本同，今本《史记》在“多验”两字上有“决嫌疑，定可治，及药论甚精。受之三年，为人治病，决死生”六句。《通释》据以补入，并注云：“古本有，俗削。亦由点重侵字而遗者。”

〔三〕喜药医方：蜀本、陆本、鼎本、郭本、黄本同，今本《史记》叠“医药”两字。《通释》“药医”乙为“医药”，卢《拾补》“从宋乙”为“医药”。

〔四〕及药书甚精：蜀本、陆本、鼎本、郭本、黄本同，今本《史记》作“及药论书甚精”，《通释》补“论”字。

〔五〕臣意年尽三十九也：鼎本、郭本、黄本同，今本《史记》作

"臣意年尽三年,年三十九岁也",《通释》据以补入,惟去下叠"年"字。卢《拾补》亦据史传校改。

〔六〕自言病也:蜀本、陆本、郭本、黄本同,鼎本作"自言病头痛",今本《史记》同鼎本。《通释》亦同,并注云:"'头痛'或误作'也',或误作'邪'。"卢《拾补》校改"也"云:"宋'邪'。"

《宋世家》初云:"襄公嗣位。"〔一〕仍谓为宋襄公〔二〕,不去"宋襄"二字。《吴世家》云阖闾,《越世家》云勾践,每于其号上加"吴王"、"越王"字,句句未尝舍之。《孟尝君传》曰:冯公形容状貌甚辨。按形容、状貌,同是一说,而敷演重出,分为四言。凡如此流不可胜载。其《十二诸侯表》曰:孔子次《春秋》,约其辞文,去其烦重。又《屈原传》曰:其文约,其辞微。观子长此言,实有深鉴。及自撰《史记》,榛芜若此。岂所谓非言之难,而行之难乎?其十五条〔三〕。

〔一〕襄公嗣位:蜀本、陆本、鼎本同。《通释》"位"字作"立",注:"一讹'位'。"卢《拾补》云:"宋'立'。"

〔二〕仍谓为宋襄公:浦在句首加"后"字,注云:"详文义,当有'后'字。诸本脱。"

〔三〕其十五条:浦注云:"此一节再就《史记》统摘之,以概其余,亦非《点烦》正条。"又"其悉"两字,郭本眉注:"一作'具悉'。"

《汉书·龚遂传》曰:上遣使者征遂,议曹王生请从。功曹以为王生每嗜酒,亡节度,不可从。遂不听〔一〕。{从}

至京师,王生日饮酒,不视太守。{会}遂引入宫,王生醉,从后呼曰:明府且止,愿有所白。遂还问其故。王生曰:天子即问君何以治渤海〔二〕,君不可有所陈对,宜曰:皆圣主之德,非小臣之力也。遂{受其言。既至前,上果问以治状。遂对}如{王生}。天子悦其有让,笑曰:君安得长者之言,而称之。遂{因前}曰:臣非知此,乃臣议曹教戒臣也云云。上以{议曹}王生为水衡丞。除八十四字〔三〕。其十六条。

〔一〕遂不听:蜀本、陆本、鼎本、郭本、黄本同,浦注"听"字云:"史作'忍逆'。"

〔二〕渤海:各本同,《汉书》作"勃海",卢《拾补》:"宋'勃'。"孙《札记》亦校作"勃"。

〔三〕末句云云:吕氏录入史传原文云:"上以遂年老,不任公卿,拜为水衡都尉,{议曹}王生为{水衡}丞。"并又除四字,仍不足八十四字。又郭《评》云:"《汉书·龚遂传》云:'上以遂年老不任公卿,拜为水衡都尉,议曹王生为水衡丞,以褒显遂云。'子玄乃除去'以遂年老'一段,止云'以议曹王生为水衡丞云',不知遂不为水衡都尉,王生何以为丞,又何以见上褒显遂意哉?此不宜除而除者也。"说或可参。

《新晋书·袁宏传》曰:袁宏{有逸才,文章绝美,曾为《咏史诗》,是其风情所寄。}少孤贫,以运租自业。谢尚{时}镇牛渚,秋夜乘月,{率尔与左右}微服泛江。会宏在舫中,讽{其所作咏史诗,}咏声既清,词又藻丽,{遂}驻听久之,遣问焉。答曰:是袁临汝郎诵诗〔一〕,即其咏史之作也。尚{倾率有胜致〔二〕,}即迎升舟,{与之}谈论,申旦

{不昧}〔三〕。自此名誉日茂云云。从桓温北伐，{作《北征赋》，其文之高者〔四〕。尝}与王珣、伏滔同在{桓}温坐，温令滔读其《北征赋》，至{闻所传于相传，云获麟于此野〔五〕；诞灵物以瑞德，奚受体于虞者〔六〕。疚尼父之恸泣，似实恸而非假；岂一性之足伤，}乃致伤于天下。{其本至此}便改韵。珣云：{此赋方传千载，无容率尔。今于天下之后，便改移韵徙事〔七〕，然于}写送之致，似为未尽。滔云：得益写韵一句，或为小胜〔八〕。宏应声{答}曰：感不绝于予心，愬流风而独写云云。

谢安{尝}赏其机{对}辨{速}，后安为扬州刺史，自吏部郎出为东阳郡，{乃}祖道{于}冶亭，时贤皆集。{谢}安欲以卒迫试之。临别，执其手，顾就左右，以一扇而授之，曰：聊以赠行。宏应声{答}曰：辄当奉扬仁风〔九〕，慰彼黎庶。{顾者无不叹服。}时人叹其卒而能要焉〔一〇〕。此事出檀道鸾《晋阳秋》及刘义庆《世说》〔一一〕。除一百一十四字〔一二〕，加一十九字。其十七条。

〔一〕袁临汝郎诵诗："诵"字，原误作"从"，据史传及蜀本、陆本、鼎本、郭本、黄本、《通释》改。又据史传云："宏父勖，临汝令。"故称宏临汝郎。

〔二〕尚{倾率有胜致}："倾"字，原误作"顷"，蜀本、陆本、鼎本、郭本、黄本同，史传及《通释》作"倾"。卢《拾补》校云："何'倾'。"孙《札记》亦校改"倾"，今改。

〔三〕申旦{不昧}："昧"字，史传、蜀本、陆本、鼎本、郭本、黄本、《通释》均作"寐"。

〔四〕其文之高者：蜀本、陆本、鼎本、郭本、黄本同。史传上有

“皆”字,《通释》照史补。

〔五〕云获麟于此野:“此”字,原作“北”,蜀本、陆本、郭本、黄本同,史传、鼎本及《通释》均作“此”。卢《拾补》云:“何改‘此’,依《世说·文学》篇注。”

〔六〕奚受体于虞者:“受”字,蜀本、陆本、鼎本、郭本、黄本同,史传作“授”。《通释》亦作“授”,注:“或讹‘受’。”卢《拾补》云:“宋‘授’。”孙《札记》亦校作“授”。

〔七〕移韵徙事:原作“便改移韵从事”,蜀本、陆本、鼎本、郭本、黄本同,史传作“移韵徙事”。《通释》据史传改。卢《拾补》校“便改”云:“疑衍。”校“从”字云:“何‘徙’。”按“便改”乃衍文,“从”为“徙”之误。又郭《评》云:“《晋书·袁宏传》云:‘今于天下之后,移韵徙事。’子玄《史通》改云:‘今于天下之后,便改移韵从事。’既增‘便’、‘改’二字,又换‘徙’为‘从’,恐未必青于蓝也。此不宜增而增者也。”

〔八〕或为小胜:此句下史传有:“温曰:‘卿思益之。’”

〔九〕奉扬仁风:“扬”字,原误作“杨”,他本均作“扬”,今改。

〔一〇〕卒而能要:“卒”字,史传作“率”,蜀本、陆本、鼎本、郭本、黄本作“卒”,《通释》作“率”。

〔一一〕原注:浦注:“节首云《新晋书》,注又云事出檀、刘,盖是《新晋》采二书之语入史也。”按《世说新语·文学》略载此事,注引《续晋阳秋》。

〔一二〕除一百一十四字:吕氏云:“今除一百四十字。”按:吕增“温曰卿思益之”六字,加入除数。

《十六国春秋》曰:郭瑀有女始笄,{妙}选{良}偶,有心于刘昞。遂别设一席于座前,谓诸弟子曰:吾{有一女,年向成长。}欲觅一快女婿。谁坐此席者,{吾当婚焉}。昞遂奋衣来坐,神志湛然,曰:{向闻先生欲求快女婿,}昞其人也。除二十二字。其十八条〔一〕。

〔一〕浦注:"此节文与《魏书·刘昞传》同。"惟"湛然",各本皆同,史传及今传明刊本《十六国春秋》作"肃然"。"吾当婚焉",史传及《十六国春秋》同。按"婚"字,蜀本、陆本、鼎本、郭本、王本、黄本俱作"婿",《通释》作"婚",并注云:"或作'婿'。"卢《拾补》云:"宋'婚'。"又是篇既竟,郭《评》有总结之语云:"子玄《史通》以简为主,故于前史除字多,加字少。虽然,亦有颂简爱美者,何妨两存。《韩非子·内储说》有一事而并载者,如:'鲁哀公问于孔子曰:鄙谚曰:莫众而迷。'一曰:'晏子聘鲁,哀公问曰:语曰:莫三人而迷。'如:'越王虑伐吴,出见怒蛙,乃为之式。从者曰:奚敬于此?王曰:为其有气故也。'一曰:'越王勾践见怒蛙而式之,御者曰:何为式?王曰:蛙有气如此,可无为式乎?'二语烦简微异,韩子不嫌两存,无必一一裁削也。若《左传》、《国语》,一事而烦简并存者,尤多细玩自见。"按一事两说固可并存,然史家用笔仍需简净,文烦事冗为撰史之大忌。郭说未必尽当,然尚可参阅,遂附此焉。

附:史通点烦篇臆补

洪业

洪氏原按云:刘子玄《史通》卷十五,摘录古人史传,点去其文之烦者,又或稍加字句以弥缝之,盖所以示烦之为累,而简之可能也。传刻之本既尽去其点,复于原文或增文辄有讹夺,于是颠倒重复,错杂迷离,画虎不成反类狗矣。顾子玄所录旧书之文,皆尚存,可取雠校,而每条后所注增减字数,亦稍示指归焉。十余年前不揣愚陋,试取此篇,校之、点之、删烦、补阙,以求适合所注字数。正文则从《史通》各刻本之法,姑不问其去取,亦不问其孰为原有本文,孰为新加侧注,一贯录之。加点则分上下二旁。下旁之点,点子玄所删黜者也。上旁之点,点增易弥缝之字也。上点或空其心而为圈,则指《史通》诸本原无其字,愚所酌加,以足成其数者也。取无点之文,加下点之文读之,则史传原文具在。取无点之文,加上点之文读之,则或即子玄删定之文也。孰繁孰简,了若指掌。然史传刻本皆自宋而后,而子玄所录,出于唐人抄本。偶有离异,安可以宋讥唐?况《史通》宋本,今不可见,而明、清刻本,愚仅能以其五概其九:蜀藩司之刊本,陆深之翻本,沈一贯之校刻,王惟俭之《训故》,皆未见也;卢文弨之《拾补》,仅从何氏叔侄之校文,孙毓修之《札记》,粗依顾广圻而过录。诸家异文,如何决择?去取之定,间凭臆断。事则校雠,工同摸捉。执柯伐柯,虽取则之不远;歧路之歧,亦亡羊之可虑。是以稿称臆补,藏诸箧中,十余年来,时复取出更易。非敢求为刘氏功臣,聊作文字消遣耳。近见某先生亦理此篇(商务印书馆《国学小丛书》,《史通评》,页一一一至一二五),所为多与鄙意未合。因复校录旧作,以应《史学年报》征文之急,用供学者参考,可乎?

二十四年(1935)七月四日

珮按:洪煨莲先生此篇所补加与删除之字数,庶几符合知幾原注。是篇原文其一、十、十五等三条,因无补删之文字,不录。洪氏校注删,其偶与史传不同者,亦不出校,非仅取简省文,存其本来之真也。故原文未断句,亦仍其旧。又其所用上下旁圆点号,乃取变例之法,采用圆括( )表示删除之字、方括号〔 〕表示补加之字,至于《史通》诸本所无,洪氏酌加之字,亦用方括为志,不另区别。

点烦第六总十八条

孔子家语曰鲁公索氏将祭而忘其牲孔子闻之曰公索氏不及二年必亡矣一年而亡门人问曰(昔公索氏亡其祭牲而夫子曰不及二年必亡今果如期而亡)夫子何以知然除二十四字　其二条

家语曰晋将伐宋使觇之(宋阳门之介夫死司城子罕哭之哀觇者)反言(于晋侯)曰(宋)阳门之介夫死而〔司城〕子罕哭之哀民咸悦〔矣〕宋(殆)未可伐也除二十一字加三字　其三条

史记五帝本纪曰诸侯〔之〕朝觐者(不之丹朱而)之舜〔百姓之〕狱讼者(不之丹朱而)之舜讴歌者〔皆〕(不讴歌丹朱而)讴歌舜……舜年二十以孝闻三十而帝尧问可用者……天下明德皆自虞帝始(舜年二十以孝闻年三十尧举之)〔虞帝〕年五十摄行天子事年五十八尧崩年六十一代尧践帝位……除二十九字加七字　其四条

夏本纪曰禹(之父曰鲧鲧之父曰帝颛顼颛顼之父曰昌意昌意之父曰黄帝禹者黄帝之玄孙而颛顼之孙也禹之曾大父昌意及父鲧皆不得在帝位为人臣)〔者鲧之子也〕除五十七字加五字　案颛顼纪中已具云黄帝是颛顼祖矣此篇下云禹是颛顼孙则其上不得更言黄帝之玄孙既上云昌意及鲧不得在帝位则于下文不当复云为人臣今就于朱点之中复有此重复造次笔削庸可尽乎　其五条

项羽本纪曰项籍(者)〔字羽〕下相人(也字羽初)起时年二十四〔项氏世世为楚将封于项故姓项氏〕(其季父项梁梁父即楚

将项)燕为秦将王翦所杀(者也)〔燕子梁梁籍季父也〕(项氏世世为楚将封于项故姓项氏)除三十二字加二十四字厘革其次序　其六条

吕氏本纪曰吕太后者高祖微时妃也生孝惠帝(女)鲁元(太后)〔公主〕(及高祖为汉王得定陶戚姬爱幸生赵隐王如意)〔高祖嫌〕孝惠为人仁弱(高祖以为不类我常欲废太子立戚姬子如意如意类我)〔又〕戚姬幸常〔独〕从上之关东日夜泣涕欲立其子〔赵王如意以〕代太子(吕后年长常留守希见上益疏如意立为赵王后几代太子者数矣)赖(大臣诤之及)留侯策太子得无废此事见高惠二纪及诸王叔孙通张良等传过为重叠矣今又见于吕氏纪固可略而不言　除七十五字加十二字　其七条

宋世家曰〔初元公之孙纠景公杀之〕景公卒〔纠之子〕(宋)公子特攻杀太子而自立是为昭公(昭公者元公之曾庶孙也昭公父公孙纠纠父公子褍秦即元公少子也景公杀昭公父纠故昭公怨杀太子而自立)除四十六字加十三字　其八条

三王世家曰大司马臣去病昧死再拜上疏皇帝陛下陛下过听使臣去病待罪行间宜专边塞之思虑暴骸中野无以报乃敢惟他议以干用事者诚见陛下忧劳天下哀怜百姓以自忘亏膳贬乐损郎员皇子赖天能胜衣趋拜至今无位号师傅官陛下恭让不恤群臣私望不敢越职而言臣窃不胜犬马之心昧死愿陛下诏有司因盛夏吉时定皇子位惟陛下幸察臣去病昧死再拜以闻皇帝陛下三月乙亥(御史臣光守尚书令奏未央宫)制曰下御史六年三月戊申朔乙亥(御史臣光尚书令丞非下御史书到言)丞相臣青翟御史大夫臣汤太常臣充大行令臣息太子少傅臣安行宗正事昧死上言(大司马臣去病上疏曰陛下过听使臣去病待罪行间宜专边塞之思虑暴骸中野无以报乃敢惟他议以干用事者诚见陛下忧劳天下哀怜

百姓以自忘亏膳贬乐损郎员皇子赖天能胜衣趋拜至今无号位师傅官陛下恭让不恤群臣私望不敢越职而言臣窃不胜犬马之心昧死愿陛下诏有司因盛夏吉时定皇子位惟陛下幸察制曰下御史)臣谨与中二千石二千石臣贺等议〔曰〕古者裂地立国并建诸侯以承天子所以尊宗庙重社稷也今臣去病上疏不忘其职因以宣恩乃道天子卑让自贬以劳天下虑皇子未有号位臣青翟臣汤等(宜奉义尊职愚惷不逮事方今盛夏吉时臣青翟臣汤等)昧死请立皇子臣闳臣旦臣胥为诸侯王昧死请所立国除一百八十四字　加一字　其九条

魏公子传曰高祖始微少时数闻公子贤及即天子位每过大梁常祠公子(高祖)十二年从击黥布还为公子置守冢五家世世岁以四时奉祠(公子)太史公曰吾过大梁之墟求问其所谓夷门〔以征信陵君故事说者云当战国之时〕夷门者城之东门也天下诸公子亦有喜士者矣然〔而〕信陵君之接岩穴隐者不耻下交〔名冠诸侯〕有以也(名冠诸侯不虚耳)高祖每过之(而令民)祠奉不绝(也)除十五字加二十字　其十一条

鲁仲连传曰仲连好奇伟俶傥之画(策)而不肯仕宦任职好持高节游于赵赵孝成王时(而)秦王使白起破赵长平之军前后四十余万秦兵遂东围邯郸赵王恐诸侯之救兵莫敢击秦军魏安釐王使将军晋鄙救赵畏秦止于荡阴不进魏王使客将军新垣衍间入邯郸因平原君谓赵王曰秦所〔以〕(为)急围赵者前与齐湣王争强为帝已而复归帝〔号〕今齐(湣)王已益弱方今惟秦雄天下此非必贪邯郸其意欲复求为帝赵诚发使尊秦(昭)王为帝秦必喜罢兵去平原君犹豫未有所决(此时)鲁连(适游赵会秦围赵闻魏将欲令赵尊秦为帝)乃见平原君曰事将奈何平原君曰(胜也何敢言事前亡四十万之众于外今又内围邯郸而不去)魏王使客将

军新垣衍令赵帝秦今其人在(是)此胜也何敢言事鲁连曰(吾始以君为天下之贤公子也吾乃今然后知君非天下之贤公子也梁客新垣衍安在)吾请为君责而归之(平原君曰胜请为绍介而见之于先生平原君遂见新垣衍曰东国有鲁连先生者今其人在此胜请为绍介交之于将军新垣衍曰吾闻鲁连先生齐之高士也衍人臣也使事有职吾不愿见鲁连先生平原君曰胜已泄之矣新垣衍许诺)鲁仲连见新垣衍而无言新垣衍曰(吾视居此围城之中者皆有求平原君者也今)吾观先生之玉貌非有〔所〕求于平原君者也曷(为久)居此〔重〕围(城)之中而不去鲁连……(梁未睹秦称帝之害故耳)使梁睹秦称帝之害则必助赵矣(新垣衍曰秦称帝之害何如鲁连曰)……吾将使秦王烹醢梁王新垣衍怏然不悦(曰嘻亦太甚矣先生之言也先生又乌能使秦王烹醢梁王)鲁连曰(固也吾将言之)今秦(万乘之国也)与梁(亦万乘之国也)俱据万乘之国各有称王之名睹其一战而胜欲从而帝之……于是新垣衍起再拜而谢曰(始以先生为庸人)吾乃今日知先生为天下之士也……适会魏公子无忌夺晋鄙军以救赵(击秦军)秦军遂引而去于是平原君欲封鲁连鲁连辞(让)〔谢〕(使者三)终不肯受平原君乃置酒酒酣起前以千金为鲁连寿……除二百七十五字加七字　其十二条

屈原贾生传曰汉有贾生(为长沙王太傅过湘水投书以吊屈原贾生)名谊洛阳人也……(乃以)〔谪〕贾生为长沙王太傅贾生(既辞)往(行闻长沙卑湿自以为寿不得长又以谪去意不自得)及渡湘水为赋以吊屈原(其词)曰……(贾生为长沙王太傅)〔后〕三年有鸮飞入贾生舍(止于坐隅)楚人命鸮曰鹏贾生(既)以(谪居长沙)长沙卑湿自(以为)〔恐〕寿不得长伤悼之乃为赋(以自广其词)曰……怀王骑堕马而死无后贾生自伤(为傅)无

状(哭泣)岁余亦死(贾生之死)时年三十三矣除七十六字加三字
其十三条

扁鹊仓公传曰太仓公者齐太仓长临淄人也姓淳于氏名意少而喜医方术高后八年更受师同郡元里公乘阳庆庆年七十余无子使意尽去其故方更悉以禁方与之传黄帝扁鹊之脉书五色诊病知人死生(决嫌疑定可治及药论甚精受之三年为人治病决死生)多验……诏召问所为治病死生验者几何人主名为谁(诏问故太仓长臣意方伎所长及所能治病者有其书无有皆安受学受学几何岁尝有所验何县里人也何病医药已其病之状皆何如其悉而对臣意)对曰(自意少时喜医药方试之多不验者至高后八年得见师临淄元里公乘阳庆年七十余意得见事之谓意曰尽去而方书非是也庆有古先道遗传黄帝扁鹊之脉书五色诊病知人死生决嫌疑定可治及药论书甚精我家给富心爱公欲尽以我禁方书悉教公臣意即曰幸甚非意之所敢望也臣意即避席再拜谒受其脉书上下经五色诊奇咳术揆度阴阳外变药论石神接阴阳禁书受读解验之可一年所明岁即验之有验然尚未精也要事之三年所即尝以为人治诊病决死生有验精良今庆已死十年所臣意年尽三年年三十九岁也)齐侍御史成自言病头痛臣意诊其脉告曰君之病恶不可言也
已下皆述一生医疗效验事　除二百九十五字　其十四条

汉书龚遂传曰上(遣使者)征遂议曹王生(请从功曹以为王生每嗜酒亡节度不可从遂不听)从至京师(王生)日饮酒不视太守会遂引入宫王生醉从后呼曰(明府且止愿有所白遂还问其故王生曰)天子(即)问(君)何以治渤海君(不可有所陈对)宜曰皆圣主之德非小臣之力也(遂受其言既至前)上果问(以治状)遂对如王生言天子(悦其有)让笑曰君安得长者之言(而称之)遂(因前)曰(臣非知此)乃臣议曹教(戒)臣也上以遂(年老不

任公卿拜）为水衡都尉（议曹）王生为（水衡）丞除八十四字　其十六条

新晋书袁宏传曰袁宏（有逸才文章绝美曾为咏史诗是其风情所寄）少孤贫以运租自业谢尚时镇牛渚秋夜乘月（率尔）与左右微服泛江会宏在舫中讽〔其所作咏史诗〕（咏）声（既清会）〔亮〕词（又藻拔）〔丽〕（遂驻听久之遣问焉答云是袁临汝郎诵诗即其咏史之作也）尚（倾率有胜致）即迎升舟与之谈论申旦不寐自此名誉日茂……从桓温北（征）〔伐〕（作北征赋皆其文之高者）尝与王珣伏滔同在温坐温令滔读（其）〔宏所作〕北征赋至闻所传于相传云获麟于此野诞灵物以瑞德奚授体于虞者疚尼父之恸泣似实恸而非假岂一性之足伤乃致伤于天下其本至此便改韵珣云（此赋方传千载无容率尔今于天下之后移韵徙事然于）写送之致似为未尽滔云得益写韵一句或为小胜（温曰卿思益之）宏应声答曰感不绝于予心愬流风而独写……谢安尝赏其机对辩速后安为扬州刺史宏自吏（部）郎出为东阳郡乃祖道于冶亭时贤皆集安欲以卒迫试之临别（执其手顾就左右取）〔以〕一扇（而）授之曰聊以赠行宏应声答曰辄当奉扬仁风慰彼黎庶〔观者无不叹服〕（时人叹其率而能要焉）此事出檀道鸾晋阳秋及刘义庆世说除一百一十四字加十九字　其十七条

十六国春秋曰郭瑀有女始笄妙选良偶有心于刘昞遂别设一席于座前谓诸弟子曰（吾有一女年向成长）欲觅一快女婿谁坐此席者吾当婚焉昞遂奋衣来坐神志湛然（曰向闻先生欲求快女婿昞其人也）除二十二字　其十八条

（原载《史学年报》第二卷第二期〔1935〕）

史通卷之十六　外篇

杂说上第七总二十五条

【杂说上中下三篇解题】

《史通》内篇，是对我国隋唐以前史学发展趋势之基本总结。知幾分析大量史籍之利弊得失，从史学思想、治史态度、编纂方法各个方面，归纳出历史研究中的一些重要问题。其所论，不重在一书、一人、一事之得失，因而出现某书、某人在此一问题为是，在另一问题上又非是的情况，貌似自相矛盾，实际仍反映著者实事求是之治史态度。

外篇首述修史制度。吾国史官建置，虽可远溯至有文字之初，但唐初始正式设置史馆。著者"三为史臣，再入东观"，身历其境，甘苦备尝，故以专篇述史官建置之始末。后此自《古今正史》至《申左》，依序分论一书之得失，仍是对史学专著之全面研究。而《杂说》上中下三篇，复进而就不同时期、不同类型之史学专著中的个别问题分析研究。故就《史通》一书而言，内篇是躯干，外篇乃羽翼。而《杂说》三篇，于外篇又为《古今正史》等篇之必要补充。此种对史学专著分条札记、考异之研究方法,实为清初称盛之史评导夫先路。故吾谓《史通》内外篇虽有躯干与羽翼之别,然皆为其有机组成部分。而往日研究《史通》者,多谓外篇乃其札记初稿之汇编,似不足信。

吕《评》谓:"《杂说》三篇,议论皆已见他篇中,此盖其初时札记之稿,正论成后,仍未删除,或刘氏已删之,而后人摭拾存之也。"细绎三篇全文,其说实嫌笼统。盖其中确有他篇未见之议论复有已见他篇者,亦有相辅相成之美,披沙拣金,随处是宝。兹分别综述于下:

一、体例:就史书体例言,《杂说》上篇论《史记》首谓"编年叙事,混杂难辨,纪传成体,区别易观",是"班、荀二体,角力争先"之再补充,亦两汉以来史学发展趋势之再总结。肯定纪传优于编年,批判干宝"唯守一家",难有相辅相成之美。其次他历举《汉书·司马迁传》"不书其字",《司马相如传》末无"其自叙如此",《苏建》、《韦孟传》标名不同等,均乃"其例不纯",并指出荀悦《汉纪》篇末,载入班彪《王命论》,亦多混淆编年史之时限。而下篇综论诸史,又列举《公孙弘传赞》及《谢灵运传论》,从体例上说,更为"分布失宜"。而两篇赞论,如放在别处,自是好文章。"离之则双美",乃严密持平之论。

二、采撰:就史料之采择与史书之撰述言,其前后三篇之文中,再三指摘前代及当代史书,有应取而不取,宜除而不除者,并根据史实,历举除取失当之事例如下:

他指摘《史记·孔子世家》"多采《论语》"是"烦费",《管晏列传》"不取本书","实杜异闻"。他认为历史著作不应只是转录习闻常见之书,而应以增广闻见为务。

增广闻见也要有限度。他反对《晋书》采及“短部小说”，反对“摭彼虚词，成兹实录”，甚至指斥《晋书》取《世说》是“厚颜”。他反对“文史相乱”，再度强调“文史有别”。他又指明陈琳、阮瑀等文学之士，不能当史迁之任。文和史关系问题，乃《史通》一书反复论述，而始终未能说清楚之问题。借用今日之说法，即历史真实与艺术真实之区别问题。知幾邃于史学，恪守历史之真实，他指责将神话小说“飞凫入朝”、“蛇剑穿屋”之说纂入史册，似极正确，今天亦容易理解。他一般反对采及“短部小说”，今天看起来，显然未必尽妥。今人均公认稗史小说常有高于正史之珍贵史料。其实，认为说部亦可反映真实之历史情况，非以为说部即真实之历史。以《红楼梦》为例，从中可看出社会崩解时期之腐朽、没落情景，而不能把宝玉、黛玉当做真人真事写入历史。知幾固然见不及此。他反对采及“短部小说”，只嫌笼统一些，不能说错了。至于他反对文士修史，把它理解为反对用文艺创作方法修史，亦无任何扞格。他反对“文史相乱”，是嫌其“烦碎”，与他一贯主张史著应简而能要完全一致，应该予以肯定。而他所反对的，既有反对虚为达官显贵立传，虚载饰让、谬奖文书等正确的一面，也有反对杂采“悖礼乱德”之事的错误一面。吕《评》谓其“讥《新晋书》刘伶、毕卓一段颇谬”，盖如仅“传守礼拘谨之士”，则“无以见前代风气”，甚是。此乃古代社会史家难以逾越之局限，亦吾人今日必须批判之糟粕。

至于史书之文辞，他认为王劭《齐志》以“鄙言”入史，是“知甿俗之有殊，验土风之不类”。而《周书》“军国词令，皆准《尚书》”，是“文而不实”，遂使周史“多非实录”。以事实说明“怯书今语、勇效昔言”之弊病。

三、史识：知幾之史才论，即内篇多次提及的才和学。其最要者乃史识，虽有《鉴识》专篇论述，然亦有所未尽。加之他在体裁上肯定断代优于通史，遂令后人误认为至郑樵始倡史学会通之义，至章学诚始言史德，将著者之心术提到首要地位。近人亦有力主知幾已论及“通识”，但未能提出确凿根据，近今复有人谓遍查《史通》，以为未尝言及通识。其实，《杂说》下篇已明确提出“通鉴”一词。他认为魏澹仍未能改魏收入主出奴、成王败寇之失，只有王劭“独无是焉”，因此批评《隋史》美澹讥劭，实非“通鉴”。他批评谈《春秋》者不知六雄，论《史》、《汉》者不知《三国》，岂非明确要求只有贯通全史，才能精通一个断代，焉能说不是会通之义？因此，他一面要求治史者要博学审思，明辨真伪；一面又批评所谓“学穷千载，书总五车”之人，“见良直而不觉其善，逢牴牾而不知其失”，虽多亦难发挥真实作用。更值得注意者，他批评唐初所编《周书》，“虽文皆雅正，而事悉虚无”，又说不能认为只要有“南、董之才”，就“宜居班、马之任”。并说：“史当以好善为主，嫉恶次之。迁、彪好善，南、董嫉恶。”前者说明徒识不足以自行，后者虽以劝善为主，然亦不胶执于内篇“南、董为上”之排序，具见知幾论史之辩证因素。倘以此为自相矛盾，则又失之偏矣。

此外，他论《春秋》三传，虽深赞《左传》，谓二传方《左》，如“云泥路阻”，但亦讥其书“入郢”违例，而二传皆云“入楚”，是《左氏》乖舛独谬。他虽以王劭比同《左传》，但亦深讥其“喜论人言貌鄙事，讦以为直”，均表明他“爱而知其丑”之实事求是态度。

他驳《史记》论秦之灭魏是“天方令秦平海内”，指出“论成败者,固当以人事为主,必推命而言,则其理悖矣"。司马迁也好,刘知幾也好,由于缺乏自然科学知识之坚实基础,他们之天道观,在认识论上均有时正确,有时错误。刘知幾内篇之讨论,可见一般是相信命运的。而此处提出论成败当以人事为主,虽不周延,亦极可珍贵。

《春秋》二条

按《春秋》之书弑也〔一〕,称君,君无道;称臣,臣之罪。如齐之简公,未闻失德,陈恒构逆,罪莫大焉。而哀十四年,书"齐人弑其君壬于舒州"〔二〕。斯则贤君见抑,而贼臣是党,求诸旧例,理独有违。但此是绝笔获麟之后〔三〕,弟子追书其事。岂由以索续组〔四〕,不类将圣之能者乎〔五〕?何其乖刺之甚也。

〔一〕《春秋》之书弑:《春秋释例·书弑例》:"凡弑君,称君,君无道;称臣,臣之罪。称君者,惟书君名,称臣者,谓书弑者主名。"例如:宣四年《经》:"郑公子归生弑其君夷。"《传》:"郑灵公怒欲杀子公,子公与子家谋先。子家曰:'畜老犹惮杀之,而况君乎?'反谮子家,子家惧而从之。夏,弑灵公。书曰:'郑公子归生弑其君夷。'权不足也。"按:郑灵公名夷。公子归生,即子家,执政大夫。《左传》详述虽子公首谋弑君,而子家"仁而不武,惧谮从逆,《春秋》书为首恶,陷弑君之名",亦犹"赵穿攻灵公于桃园"。《春秋》书曰:"晋赵盾弑其君夷皋。"杜预谓:"以示良史之法,深责执政之臣也。"此条论"《春秋》书弑",应以经文为例,浦《释》未备。

〔二〕齐人弑君：哀十四年《经》："六月齐人弑其君壬于舒州。"《左传》："齐陈恒弑其君壬于舒州。"以例衡之，谓《春秋经》未书弑君者陈恒之主名也。

〔三〕获麟之后：哀十四年《经》："春，西狩获麟。"而陈恒弑君，事在是年六月。

〔四〕以索续组：程《笺记》："徐干《中论·亡国篇》：'以纶组为绳索，以印佩为钳铁。''以索续组'之语，疑变其意而用之，犹云'貂不足，狗尾续'。盖组贵而索贱也。"

〔五〕将圣之能：《论语·子罕》："太宰问于子贡曰：'夫子圣者与，何其多能也？'子贡曰：'固天纵之将圣，又多能也。'"

按《春秋左氏传》释《经》云：灭而不有其地，曰入〔一〕。如入陈、入卫、入郑、入许，即其义也。至柏举之役，子常之败〔二〕，庚辰吴入，独书以郢。夫诸侯列爵，并建国都，唯取国名，不称都号。何为郢之见入，遗其楚名，比于他例，一何乖踳。寻二传所载，皆云入楚〔三〕，岂《左氏》之本，独为谬欤？

〔一〕本注：《春秋》曰入，《春秋释例·灭取入例》："以成师重力，虽获大城，得而弗有，故直以出入为辞，曰入之而已。"《左》襄十三年《传》："弗地曰入。"如宣十一年《经》"楚子入陈"，闵二年《经》"狄入卫"，隐十年《经》"宋人、卫人入郑"，隐十一年《经》"公及齐侯、郑伯入许"。

〔二〕柏举、子常：定四年《经》："十有一月庚午，蔡侯以吴子及楚人战于柏举，楚师败绩。楚囊瓦出奔郑。庚辰，吴入郢。"柏举在今湖北麻城县。囊瓦即子常，楚令尹。

〔三〕二传所载，皆云入楚：《公》、《穀》定四年《经》均云"吴入楚”,《穀传》并云“何以不言灭也,欲存楚也”。按三传三经文亦有歧异,传文释例,更多不同。知幾此条,乃以《左氏》释例,衡论左氏《经》文“入郢”,与“唯取国名,不称都号”不符。此条仍是依《左氏》例论《左传》所依之经文,不是纠《左》。杜氏在襄十三年《传》注中就“入郢”一辞,另有释曰:“谓胜其国邑,不有其地。”然亦不能掩其与入陈、卫、郑、许之例不符也。

《左氏传》二条

《左氏》之叙事也,述行师则簿领盈视,哤聒沸腾〔一〕;论备火则区分在目〔二〕,修饰峻整。言胜捷则收获都尽,记奔败则披靡横前,申盟誓则慷慨有余,称谲诈则欺诬可见,谈恩惠则煦如春日,纪严切则凛若秋霜,叙兴邦则滋味无量,陈亡国则凄凉可悯。或腴辞润简牍,或美句入咏歌,跌宕而不群,纵横而自得。若斯才者,殆将工侔造化,思涉鬼神,著述罕闻,古今卓绝。如二传之叙事也,榛芜溢句,疣赘满行,华多而少实,言拙而寡味。若必方于《左氏》也,非唯不可为鲁卫之政〔三〕,差肩雁行,亦有云泥路阻〔四〕,君臣礼隔者矣。

〔一〕哤聒:“哤”,原作“吪”,蜀本、陆本、鼎本、郭本、黄本同。《通释》作“哤”,注:“旧讹作‘吪’。”卢《拾补》亦云:“‘吪’讹。”孙《札记》云:“邓本作‘哤’,今改作‘哤’。”详《申左》篇注。

〔二〕备火则区分在目:《左》襄九年《传》:“宋灾,乐喜为司城以为政,使伯氏司里。火所未至,彻小屋,涂大屋,陈畚挶,具绠缶，备水器，量轻重，蓄水潦，积土涂，巡丈城，缮守备。表火道（云云）。”杜注“为政”云：“为备火之政。”

〔三〕鲁卫之政：《论语·子路》：“鲁卫之政，兄弟也。”

〔四〕云泥路阻：陈《补释》引梁荀济诗：“云泥已殊路。”

《左传》称仲尼曰：“鲍庄子之智不如葵，葵犹能卫其足。”〔一〕夫有生而无识，有质而无性者，其惟草木乎〔二〕？然自古设比兴，而以草木方人者，皆取其善恶薰莸，荣枯贞脆而已。必言其含灵畜智，隐身违祸，则无其义也。寻葵之向日倾心，本不卫足，由人睹其形似，强为立名。亦由今俗文士，谓鸟鸣为啼，花发为笑。花之与鸟，安有啼笑之情哉？必以人无喜怒，不知哀乐，便云其智不如花，花犹善笑，其智不如鸟，鸟犹善啼，可谓之谠言哉？如鲍庄子之智不如葵，葵犹能卫其足，即其例也。而《左氏》录夫子一时戏言，以为千载笃论，成微婉之深累，玷良直之高范，不其惜乎！

〔一〕葵犹能卫其足：《左》成十七年《传》：“齐庆克通于声孟子，鲍牵见之，以告国武子。夫人怒，诉之。刖鲍牵。仲尼曰：‘鲍庄子之知不如葵，葵犹能卫其足。’”杜注：“葵倾叶向日，以蔽其根。”鲍牵即鲍庄子。

〔二〕无识、草木：杨《通释补》引《荀子·王制》：“草木有生而无知。”按法藏敦煌本《刘子》残卷亦云：“草木有生而无识，禽兽有识而无知。”崔豹《古今注·问答释义》篇：“夫生而有识者，虫类也；生而无识者，草木也。”

《公羊传》二条

《公羊》云:“许世子止弑其君。”〔一〕曷为加弑?讥子道之不尽也。其次因言乐正子春之视疾,以明许世子之得罪。寻子春孝道,义感神明,固以方驾曾、闵〔二〕,连踪丁、郭〔三〕。苟事亲不逮乐正,便以弑逆加名,斯拟失其流〔四〕,责非其罪。盖公羊、乐正,俱出孔父门人〔五〕,思欲更相引重,曲加谈述。所以乐正行事,无理辄书,致使编次不伦,比喻非类,言之可为嗤怪也。

〔一〕本注:许止弑君,《公羊》昭十九年《经》:“许世子止弑其君买。”《传》曰:“止进药而药杀。曷为加弑焉?讥子道之不尽也。”下文又云:“乐正子春之视疾也,复加一饭,则脱然愈,复损一饭,则脱然愈。”盖以乐正之纯孝,而加止以弑名也。然“止进药而药杀”是否鸩毒,语意不明。同年《左传》云:“君子曰:‘尽心力以事君,舍药物可也。’”杜注:“药物有毒,当由医,非凡人所知。讥止不舍药物,所以加弑君之名。”则止固非有意进毒也。

〔二〕曾、闵:曾参、闵子骞。

〔三〕丁、郭:黄《补注》引《逸士传》:“丁兰,河内人。少丧考妣,不及供养,乃刻木为亲形像,事之如生。”又引《氏族笺释》:“郭巨,林县人,至孝。生子三岁,母常减食与之。因谓妻曰:‘贫乏分母之食,盍埋此儿?’及掘坑,得黄金一釜。”陈《补释》云:“丁兰刻木事,本孙盛《逸人传》,引见《初学记·人部》,非皇甫谧《逸士传》。若郭巨事,本刘向《孝子图》及宋躬《孝子传》,引见《太平御览·人事部》,不当据《氏族笺释》。”程《笺记》：“《风俗通义·愆礼》篇：‘世间共传丁兰克木而事之。’陈举《逸人传》，亦非其朔。”

〔四〕斯拟失其流：蜀本、陆本、鼎本、黄本、郭本同。《通释》在“斯”字下有“亦”字，注：“一无‘亦’字。”卢《拾补》：“宋有。”孙《札记》亦校补“亦”字。

〔五〕公羊、乐正俱出孔父门人：《通释》引《曝书亭考》：“戴宏论《春秋》曰：‘子夏传与公羊高。’梁武帝曰：‘公羊禀西河之学。’孔颖达曰：‘商授弟子公羊高。’郑康成曰：‘乐正子春，曾子弟子。’”浦按：“何休亦曰：‘乐正子春，曾子弟子，以孝名闻。’”按《礼记·檀弓下》：“乐正子春之母死，五日而不食，曰：‘吾悔之。自吾母而不得吾情，吾恶乎用吾情。’”郑玄注：“子春，曾子弟子。”

语曰：“彭蠡之滨，以鱼食犬。”〔一〕斯则地之所富，物不称珍。按齐密迩海隅，鳞介惟错，故上客食肉，中客食鱼〔二〕，斯即齐之旧俗也。然食鲂鲙鲤，诗人所贵〔三〕，必施诸他国，是曰珍羞。如《公羊传》曰：“晋灵公使勇士杀赵盾，见其方食鱼飧〔四〕。曰：‘子为晋国重卿，而食鱼飧，是子之俭也。吾不忍杀子。’”盖公羊生自齐邦，不详晋物，以东土所贱，谓西州亦然。遂目彼嘉馔，呼为菲食，著之实录，以为格言。非唯与《左氏》有乖〔五〕，亦于物理全爽者矣〔六〕。

〔一〕彭蠡之滨，以鱼食犬：陈《补释》：“此语本《论衡·定贤篇》，今本‘犬’下有‘豕’字。《御览·鳞介部》引无之，与此同。”

〔二〕食肉、食鱼：《通释》引陈氏《学圃萱苏》：“《列士传》曰：孟尝君食客三千,厨有三列,上客食肉,中客食鱼,下客食菜。”按:《学圃萱苏》引《列士传》无“厨有三列”四字。又程《笺记》据《史记·孟尝君传》“初置冯驩(于)传舍,食无鱼。(继)迁之幸舍,食有鱼。(再)迁代舍”,又据《索隐》“(三舍)并当上中下三等”之注,断谓:“上肉下菜,盖由此推衍。”按《公羊折诸》卷四《方食鱼飧》:“冯驩之食有鱼,亦属齐事。尔时孟尝君犹未以上客待之,仅加于,草具一等耳。”

〔三〕食鲂鲙鲤,诗人所贵:程《笺记》引《诗·陈风·衡门》“岂其食鱼,必河之鲂,岂其食鱼,必河之鲤”句,又引《河洛记》:“伊洛鲂鲤,天下最美。”按《博物志》卷三《异鱼》:“吴王江行,食鲙有余,弃于中流,化为鱼,今鱼中有名吴王鲙余者。”即今银鱼。

〔四〕食鱼飧:《公羊》宣六年《传》:“(晋)灵公使勇士往杀之(指赵盾),入其门、闺,俯而窥其户,方食鱼飧。勇士曰:‘嘻!子为晋国重卿,而食鱼飧,是子之俭也。君将使我杀子,吾不忍杀子也。’”

〔五〕与《左氏》有乖:《左》宣二年《传》云:“宣子骤谏,公患之,使钽麑贼之。晨往,寝门辟矣,盛服将朝,尚早,坐而假寐。麑退,叹曰:‘不忘恭敬,民之主也。贼民之主,不忠,弃君之命,不信。’触槐而死。”无“鱼飧”事,系年亦异。故朱鹤龄《读左日钞·二年触槐而死》亦云《公羊》所载,“与左氏稍异,《晋世家》略同《左》”。

〔六〕物理全爽:陈《补释》引《诗·小雅·无羊》郑《笺》云:“鱼者,庶人之所以养也。”陈按:“然则西周亦以鱼为菲食,《史通》失考。”

《汲冢纪年》一条

语曰:“传闻不如所见。”〔一〕斯则史之所述,其谬已甚,况乃传写旧记,而违其本录者乎?至如虞、夏、商、周之《书》,《春秋》所记之说,可谓备矣。而《竹书纪年》出于晋代,学者始知后启杀益,太甲诛伊尹,文王杀季历,共伯名和,郑桓公厉王之子,则与经典所载,乖剌甚多〔二〕。又《孟子》曰:“晋谓春秋为乘。”寻《汲冢琐语》,即乘之流邪?其《晋春秋》篇云:“平公疾,梦朱罴窥屏。”《左氏》亦载斯事,而云梦黄熊入门〔三〕。必欲舍传闻而取所见,则《左传》非而晋史实矣。呜呼!向若此二书不出,学者为古所欺,一作“惑”。则代成聋瞽,无由觉悟也〔四〕。

〔一〕传闻不如所见:杨《通释补》引《风俗通义·正失》篇:“《春秋》以为传闻不如亲见。”

〔二〕本注:《纪年》与经典乖剌,《竹书纪年》云:“益干启位,启杀之。”益、启之事,《尚书》失载。而《史记·夏本纪》则云:“以天下授益,三年之丧毕,益让禹子启,而辟居箕山之阳。”又《纪年》云:“伊尹即位,放太甲七年,太甲潜出自桐,杀伊尹。”而伪《尚书》孔《传》之《太甲上》篇则云:“伊尹放诸桐,三年,复归于亳。”《咸有一德》篇云:“伊尹将告归,沃丁(太甲子)葬伊尹于亳。”“文王”,诸本同,《通释》校改作“文丁”,并云:“旧误作‘王’,与《疑古》同。”按浦校非是,见《疑古》篇注。《尚书》无此记载。《史记·殷本纪》云:“帝太丁立,太丁崩,子帝乙立。”《周本纪》亦仅载:“古公卒,季历立,是为公季。诸侯顺之。公季卒,子昌立。”又《纪年》于周厉王时载：“共伯和干王位，共和十四年，伯和篡王位，其年，厉王死。”而《史记·周本纪》则云：“厉王出奔于彘，召公、周公二相行政。号曰共和。”又郑桓厉王子事，浦注：“句有误，‘厉王’疑本作‘宣王’。”浦又释云：“《史记·郑世家》：郑桓公友者，周厉王少子，宣王庶弟也。宣王立二十二年，友初封于郑。而《史通》之述《纪年》，亦作厉王子，则与旧典正同，不得云乖剌矣。今考《竹书纪年》，宣王二十二年，王锡王子多父命居洛。幽王二年，晋文侯同王子多父伐鄫，克之，乃居郑父之丘，是为郑桓公。八年，王锡司徒郑伯多父命云云。是《纪年》之书，王子在宣王之年，而名又不同，封又在幽王世。故刘氏与诸异闻连举，而以《纪年》之文为桓是宣子，然则‘厉’字之本作‘宣’字，无疑也。”按：浦引《竹书纪年》，盖据《统笺》。《古本竹书纪年辑校订补》仅有幽王二年一条，宣王二十二年及幽王八年两条均未载，盖阙疑欤？浦氏订厉为宣，其论据有二：一曰王子在宣王之世，封又在幽王世，遂谓应为宣王子。然幽王二年，仍称多父为王子，又应是幽王子矣。以子之矛击子之盾，浦氏此论不攻自破矣。二曰名又不同，朱右曾云：“友，古文作𠬪，与多相似，或称友也。”盖形近致讹也。故《订补》曰：“郑桓公为厉王子，见于经传，不当云尔。”知幾偶尔失考，固不必曲为之解也。

〔三〕朱罴、黄熊：见《书事》篇“黄熊之祟”注。王《训故》引《琐语》云：“晋平公梦见赤罴窥屏，而有疾，使问子产。子产曰：‘昔共工之御曰浮游，既败于颛顼，自没于深淮之渊，其色赤，其状罴。祭颛顼、共工则瘳。’公如其言而疾间。”《左》昭七年《传》则云：“梦黄熊入于寝门。”朱罴、黄熊（一作能),见闻各异。

〔四〕"呜呼"以下二十五字:浦注:"王、张诸本多作细书,郭本作大书。"按蜀本、陆本、两张本、黄本均作大书。

《史记》八条

夫编年叙事,混杂难辨;纪传成体,区别易观。昔读太史公书,每怪其所采,多是《周书》、《国语》、《世本》、《战国策》之流。近见皇家所撰《晋史》,其所采亦多是短部小书〔一〕,省功易阅者,若《语林》、《世说》、《搜神记》、《幽明录》之类是也。如曹、干两氏《纪》,孙、檀三《阳秋》〔二〕,则皆不之取。故其中所载美事,遗略甚多。刘遗民曹缵皆于檀氏《春秋》有传,至于今《晋书》则了无其名〔三〕。若以古方今〔四〕,则知史公亦同其失矣。斯则迁之所录,甚为肤浅,而班氏称其勤者,何哉?孟坚又云:刘向、杨雄博极群书,皆服其善叙事〔五〕。岂时无英秀〔六〕,易为雄霸者乎?不然,何虚誉之甚也。《史记·邓通传》云:"帝崩,景帝立。"〔七〕向若但云景帝立,不言文帝崩,斯亦可知矣,何用兼书其事乎?其一条〔八〕。

〔一〕《晋史》,其所采亦多是短部小书:《通释》:"《困学纪闻》亦取此条之说,而申之以晁子止之语曰:'《晋史》丛冗最甚。'《唐书·房乔传》亦云:'史官多文咏之士,好采碎事,竞为艳体。'然则子玄之言,非无据也。"《困学纪闻》所举,如《语林》、《世说》、《搜神记》、《幽明录》等,皆可归入"小书"类。故《四库提要》亦谓:"其所采择,忽正典而取小说。"

〔二〕曹、干两氏《纪》，孙、檀三《阳秋》：《隋志》著录曹嘉之《晋纪》十卷、干宝《晋纪》二十三卷、孙盛《晋阳秋》三十二卷、檀道鸾《续晋阳秋》二十卷。蜀本、陆本、鼎本、郭本、《通释》径作“二《阳秋》”，而新旧《唐志》均著录有邓粲《晋阳秋》三十二卷（《旧志》作“二十三卷”），或并此而言“三《阳秋》”，为与上句曹、干为偶，省去“邓”字耳。

〔三〕刘遗民曹缵：曹缵待考。《隋志》：“《老子玄谱》一卷，晋柴桑令刘遗民撰。亡。”《经典释文》亦载“刘遗民《玄谱》一卷”，注：“字遗民，彭城人，东晋柴桑令。”《册府元龟》卷八百零九《隐逸》：“刘遗民为柴桑令，撰《老子玄机》一卷。”程《笺记》引《四库提要辨证》卷三略云：“孙志祖《读书脞录》曰：‘《宋书·周续之传》云：续之入庐山，时彭城刘遗民遁迹庐山，陶渊明亦不应征召，谓之寻阳三隐。’《史通》所称刘遗民，殆即其人。”

〔四〕若以古方今：浦注：“此处有脱字。”并补“当然”二字，又注云：“诸本并脱。”卢《拾补》则在“当然”二字下，注云：“二字宋有，疑‘当’字衍。”孙《札记》亦云：“‘今’字下有‘当然’二字。”

〔五〕称其勤、善叙事：此段多采《汉书·司马迁传赞》。原文略云：“司马迁据《左氏》、《国语》，采《世本》、《战国策》，述《楚汉春秋》，贯穿经传，驰骋古今，斯以勤矣。刘向、扬雄博极群书，皆称迁有良史之材，服其善序事理。”

〔六〕时无英秀：《晋书·阮籍传》：“籍尝登广武，观楚汉战处，叹曰：‘时无英雄，使竖子成名。’”

〔七〕帝崩，景帝立：《史记·佞幸·邓通传》：“文帝尝病痈，邓通常为帝唶吮之。太子入问病，文帝使唶痈，唶痈而色难之。已而闻邓通常为帝唶吮之,心惭,由此怨通矣。及文帝崩,景帝立,邓通免,家居。”又“帝崩”两字,蜀本、陆本、鼎本、郭本、黄本同,《通释》在句首加“文”字,注云:“旧脱‘文’字。”就史传全文言,知幾所见古本或与今本异,原无“文”字,兹仍其旧。

〔八〕其一条:此条起止,蜀本、陆本、鼎本同。卢《拾补》于“《史记·邓通传》”下校曰:“何云:‘此宜在下一条。’”孙《札记》录顾广圻校语,与何义门之说同。《通释》则止于“而班氏称其勤者,何哉”,遂将“孟坚又云”以下一段文字并入下,并云:“旧本此处分条,非。”今就文意言,何、顾所说较佳,乃录备参考,仍按原刊分条。

又《仓公传》,称其传黄帝、扁鹊之脉书,五色诊病,知人死生,决嫌疑,定可治。召问其所长,对曰:传黄帝、扁鹊之脉书。以下他文,尽同上说。夫上既有其事,下又载其言,言事虽殊,委曲何别?按迁之所述,多有此类,而刘、杨服其善叙事也,何哉?其二条〔一〕。

太史公撰《孔子世家》,多采《论语》旧说。至《管晏列传》,则不取其本书,谓《管子》、《晏子》也。以为时俗所有,故不复更载也。按《论语》行于讲肆,列于学官〔二〕,重加编勒,只觉烦费。如《管》、《晏》者,诸子杂家,经史外事,弃而不录,实杜异闻。夫以可除而不除,宜取而不取,以兹著述,未睹厥义。其三条。

昔孔子力可翘关〔三〕,不以力称。何则?大圣之德,具美者众,不可以一介末事〔四〕,持为百行端首也。至如达者七十，分以四科。而太史公述《儒林》则不取游、夏之文学，著《循吏》则不言冉、季之政事。至于货殖为传，独以子贡居先〔五〕。掩恶扬善〔六〕，既忘此义，成人之美〔七〕，不其阙如？其四条。

〔一〕其二条：珮按，此条《点烦》篇其十四条用作繁文之例。

〔二〕《论语》行于讲肆，列于学官：黄《补注》云："作《史记》时，《论语》未尝行于讲肆，列于学官。"《通释》引《汉志》："《古论语》二十一篇，《齐》二十二篇，《鲁》二十篇。"又其《论语》目后论云："'汉兴，有齐、鲁之说。'是则汉初师承讲授，固在坏宅发壁之前矣。"又引《旧唐书·薛放传》："汉时《论语》首列学官。"杨《通释补》云："赵岐《孟子章句题辞》：'汉兴，除秦虐禁，开延道德，孝文皇帝欲广游学之路，《论语》、《孝经》、《孟子》、《尔雅》皆置博士。'子玄盖本此为说，黄叔琳评及浦释，皆未得其肯綮所在也。"按浦引《旧唐书·薛放传》，亦能说明问题。

〔三〕孔子力可翘关：《列子·说符》："孔子之劲，能拓国门之关而不肯以力闻。"《淮南子·主术训》："孔子之通，智过于苌弘，勇服于孟贲，足蹑郊菟，力招城关，能亦多矣。而勇力不闻，伎巧不知，专行教道，以成素王。"《集韵》："招，音翘，举也。"又"招"字，一作"拓"，《淮南子》作"杓"，许慎云："引也。"关，顾炎武《日知录》卷三十二以为即"拒门之术，后人因之，遂谓门为关也"。

〔四〕末事：蜀本、陆本、鼎本、郭本作"标末"，《通释》同，黄本作"末事"。浦注："一作'末事'。"

〔五〕货殖为传，独以子贡居先：程《笺记》引《十七史商榷》"《史通》驳《史记》条”。按知幾意谓《儒林》、《循吏》未尝以游、夏、冉、季居先，而《货殖》独以赐居先也。《困学纪闻》注引方朴山云：“货殖二字，本取《论语》，不得不及子贡。”是，盖赐以货殖重且贵盛也。

〔六〕掩恶扬善：杨《通释补》据《御览》卷四百九十一引桓谭《新论》：“是故君子掩恶扬善。”又《南史》卷六十二《顾协传》：“大通三年，霆击大航华表，然尽。建康县驰启，协以为非吉祥，未即呈闻。后帝知之，曰：‘霆之所击，一本罚恶龙，二彰朕之有过。协掩恶扬善，非曰忠公。’由是见免。”

〔七〕成人之美：杨《通释补》引《穀梁》隐元年《传》：“《春秋》成人之美。”按《论语·颜渊》：“子曰：‘君子成人之美，不成人之恶。’”

司马迁《序传》云[一]：为太史七年[二]，而遭李陵之祸，幽于缧绁。乃喟然而叹曰：“是予之罪也[三]，身亏不用矣。”自叙如此，何其略哉！夫云遭李陵之祸，幽于缧绁者，乍似同陵陷没，遂置于刑[四]，又似为陵所间[五]，获罪于国，遂令读者难得而详。赖班固载其《与任安书》，书中具述被刑所以。倘无此录，何以克明其事者乎？其五条。

〔一〕《序传》云：蜀本、陆本、鼎本、郭本同。黄本、《通释》在“序”字上有“自”字。卢《拾补》校云：“‘自’衍。”

〔二〕为太史七年：原在“七”字下衍“十”字，蜀本、陆本、郭本同。鼎本作“十年”。今本《史记》作“七年”。黄本、《通释》已校改为“七年”。今删作“七年”。又鼎本“太史”下有“公”字。卢《拾补》云：“脱‘令’字，何增。”兹仍之。

〔三〕是予之罪也：今本《史记》作："是余之罪也夫！是余之罪也夫！"

〔四〕遂置于刑："遂"字，蜀本、陆本、鼎本、郭本、黄本同，《通释》作"以"，卢《拾补》："宋'以'。"

〔五〕为陵所间："间"字，蜀本、陆本作"问"，鼎本、郭本作"陷"，黄本、《通释》作"间"。

《汉书》载子长《与任少卿书》，历说自古述作，皆因患而起[一]。末云：不韦迁蜀，世传《吕览》。按吕氏之修撰也[二]，广招俊客，比迹春、陵[三]，共集异闻，拟书荀、孟，思刊一字，购以千金，则当时宣布，为日久矣。岂以迁蜀之后，方始传乎？且必以身既流移，书方见重，则又非关作者本因发愤著书之义也。而辄引以自喻，岂其伦乎？若要举多故事，成其博学，何不云虞卿穷愁，著书八篇[四]？而曰不韦迁蜀，世传《吕览》，斯盖识有不该，思之未审耳。其六条。

〔一〕自古述作，皆因患而起：《汉书·司马迁传·报任安书》曰："古者富贵而名摩灭，不可胜记，唯俶傥非常之人称焉。盖西伯拘而演《周易》，仲尼厄而作《春秋》，屈原放逐，乃赋《离骚》，左丘失明，厥有《国语》，孙子膑脚，兵法修列，不韦迁蜀，世传《吕览》，韩非囚秦，《说难》、《孤愤》。《诗》三百篇，大氐贤圣发愤之所为作也。此人皆意有所郁结，不得通其道，故述往事，思来者（云云）。"

〔二〕吕氏之修撰：《史记·吕不韦传》："吕不韦为相国，食客三千人。是时诸侯多辩士，如荀卿之徒，著书布天下。吕不韦乃使其客人人著所闻，集论以为八览、六论、十二纪，二十余万言,号曰《吕氏春秋》。布咸阳市门,悬千金其上,延诸侯游士宾客,有能增损一字者予千金。……秦王十年免相国,吕不韦出就国河南。岁余,与家属徙蜀,乃饮鸩而死。"又鼎本、郭本作"吕氏修撰也",无"之"字。

〔三〕广招俊客,比迹春、陵:"招"字,原误作"昭",今改。又浦注:"'陵',一作'秋',误。"卢《拾补》:"宋'陵'。谓春申、信陵也。"班固《西都赋》:"节慕原、尝,名亚春、陵。"按春、陵,与下句孟、荀对偶,"陵"字是。

〔四〕虞卿穷愁,著书八篇:《史记·虞卿传》:"虞卿者,游说之士也。不得意,乃著书八篇,世传之曰《虞氏春秋》。太史公曰:'虞卿非穷愁,亦不能著书以自见于后世。'"又《十二诸侯年表》:"赵孝成王时,其相虞卿上采《春秋》,下观近势,亦著八篇,为《虞氏春秋》。"《正义》:"其文八篇,《艺文志》云十五篇,虞卿撰。"

昔春秋之时,齐有夙沙卫者,拒晋殿师,郭最称辱〔一〕;伐鲁行唁,臧坚抉死〔二〕。此阉官见鄙,其事尤著者也。而太史公《与任少卿书》,论自古刑余之人,为士君子所贱者,唯以弥子瑕为始〔三〕,何浅近之甚邪?但夙沙出《左氏传》,汉代其书不行〔四〕,故子长不之见也〔五〕。夫博考前古,而舍兹不载。至于乘传车,探禹穴〔六〕,亦何为者哉?其七条。

〔一〕郭最称辱:《左》襄十八年《传》:"晋伐齐,入平阴。遂从齐师。夙沙卫连大车以塞隧而殿。殖绰、郭最曰:'子殿国师,齐之辱也。'"杜注:"奄人殿师,故以为辱。"

〔二〕臧坚抉死:《左》襄十七年《传》:"齐侯伐我北鄙,获臧坚。

齐侯使夙沙卫唁之。且曰：‘无死。’坚稽首曰：‘拜命之辱，抑君赐不终，又使其刑臣礼于士。’以杙抉其伤而死。”杜注：“夙沙卫，奄人，故谓之刑臣。”按：杙，《周礼·地官·牛人》注：“杙可以系牛。”即系畜之小木桩。又“阉官见鄙”之“官”字，王本、黄本作“宦”，浦批：“古本作‘官’。”

〔三〕弥子瑕为始：《左》定六年《传》：“阳虎使季孟自（卫）南门入，出自东门。卫侯怒，使弥子瑕追之。”杜注：“弥子瑕，卫嬖大夫。”又《韩非子·内储说上》：“卫灵公之时，弥子瑕有宠，专于卫国。”《报任少卿书》云：“刑余之人，无所比数，非一世也，所从来远矣。昔卫灵公与雍渠载，孔子适陈。”《孔子世家》亦载其事，且较详。师古注引应劭曰：“雍渠，奄人也。”以下历数景监、赵谈等，则“报书”实以雍渠为始。但弥子瑕与雍渠同是卫灵公奄人，《说苑·杂言》、《史记·韩非传》均载其事。史迁在《佞幸传赞》中且曰：“弥子瑕之行，足以观后人佞幸矣。”则知幾谓“以弥子瑕为始”，亦非无据，惟误作“《与任少卿书》论”耳。

〔四〕《左氏传》，汉代其书不行：《汉书·刘歆传》：“歆校秘书，见古文《春秋左氏传》，歆大好之。因移书让太常博士曰：‘《春秋左氏》臧于秘府，伏而未发。孝成皇帝闵学残文缺，乃陈发秘藏，往者缀学之士，犹欲保残守缺，谓《左氏》为不传《春秋》，猥以不诵绝之。’”《汉书·司马迁传》亦仅云迁据《左氏》、《国语》，具见原书流传不广。

〔五〕子长不之见：程《笺记》引黄廷鉴《第六弦溪文钞》卷三《书〈史通〉后》略云：“《史记》列国世家，如吴季札观乐，鲁败狄于咸，卫孔悝之乱，楚商臣弑君，皆全本《左传》文而加点窜，自余记载各国时事，文异而事合，谓史公未见《左传》，岂笃论哉？第以世尚《公》、《穀》，习《左氏》者少，史公所见，未获其全。”

〔六〕乘传车，探禹穴：《史记·太史公自序》：“迁二十而南游江淮，上会稽，探禹穴，窥九疑，北涉汶、泗，戹困鄱、薛、彭城，过梁、楚以归。”

《魏世家》太史公曰：“说者皆曰，‘魏以不用信陵君，故国削弱，至于亡’。余以为不然。天方令秦平海内，其业未成，魏虽得阿衡之徒〔一〕，曷益乎？”夫论成败者，固当以人事为主，必推命而言，则其理悖矣。盖晋之获也，由夷吾之愎谏〔二〕；秦之灭也，由胡亥之无道；周之季也，由幽王之惑褒姒；鲁之逐也，由稠父之违子家〔三〕。然则败晋于韩，狐突已志其兆〔四〕；亡秦者胡，始皇久铭其说；檿弧箕服〔五〕，章于宣、厉之年；征褰与襦〔六〕，显自文、成之世〔七〕。恶名早著，天孽难逃。假使彼四君才若桓、文，德同汤、武，其若之何？苟推此理而言，则亡国之君，他皆仿此，安得于魏无讥责者哉？

夫国之将亡也若斯，则其将兴也亦然。盖妫后之为公子也，其筮曰：八世莫之与京〔八〕；毕氏之为大夫也，其占曰：万名其后必大〔九〕。姬宗之在水浒也，鸑鷟鸣于岐山〔一〇〕；刘姓之在中阳也，蛟龙降于丰泽〔一一〕。斯皆瑞表于先，而福居其后。向使四君德不半古，才不逮人，终能坐登大宝，自致宸极矣乎？必如史公之议也，诸本“史”上有“太”字，宋本无。则亦当以其命有必至，理无可辞，不复嗟其智能，颂其神武者矣。

夫推命而论兴灭，委运而忘褒贬，以之垂诫，不其惑乎？自兹以后，作者著述，往往而然。如鱼豢《魏略》〔一二〕，虞世南《帝王论》〔一三〕，或叙辽东公孙之败，鱼豢《魏略议》曰：当青龙景初之际，有彗星出于箕而上彻，是谓扫除辽东而更置也，苟其如此，人不能违，则德教不设，而淫滥首施，以取族灭，殆天意也。或述江左陈氏之亡，虞世南《帝王略论》曰：永定元年，有会稽人史溥为扬州从事，梦人着朱衣武冠，自天而下，手执金版，有文字。溥看之，有文曰：陈氏五主二十四年。谅知冥数，非独人事。其理并以命而言，可谓与子长同病者也。其八条。

〔一〕阿衡：《尚书·太甲上》："惟嗣王不惠于阿衡。"孔颖达《疏》引《诗·毛传》："阿衡，伊尹也。"又《史记·殷本纪》亦云："伊尹，名阿衡。"章太炎《訄书·订文》附《正名杂义》以为"阿衡"即"古官僚之定命"，乃"两义和合，并为一称"。盖伊尹曾在此任职，遂以官职指其人欤？

〔二〕夷吾之愎谏：《左》僖十五年《传》："秦伯伐晋，三败及韩，庆郑曰：'愎谏违卜，固败是求，又何逃焉！'秦获晋侯以归。"按：是时晋侯即惠公，名夷吾。

〔三〕稠父之违子家：《左》昭二十五年《传》："伐季氏，平子请以五乘亡，弗许。子家子曰：'君其许之，政自之出久矣。'弗听。孟氏遂伐公徒。子家子曰：'君止。'公曰：'余不忍也。'遂行。公孙于齐，次于阳州。"按鲁昭公名稠，又称稠父。"稠"字，卢《拾补》校云："何'裯'。"

〔四〕狐突已志其兆：《左》僖十年《传》："狐突适下国，遇大子，而告之曰：'夷吾无礼，余得请于帝矣。将以晋畀秦，秦将祀余。’对曰：‘神不歆非类，且民何罪，失刑乏祀，君其图之。’君曰：‘诺，吾将复请。’七日，将有巫者而见我焉。及期告之曰：‘帝许我罚有罪矣，敝于韩。’”杜注：“下国，曲沃新城。遇大子，梦见申生（时申生已死）。敝，败也。”即后五年秦败晋于韩，获惠公夷吾也。

〔五〕檿弧箕服：出自《国语·郑语》。宣王时有童谣曰：“檿弧箕服，实亡周国。”韦解：“山桑曰檿；弧，弓也；箕，木名；服，矢房。”吴曾祺《补正》：“箕，萁草。”盖谓以山桑木做成之弓弧，以萁草做成之箭袋也。其后幽王宠褒姒而亡周，事见《书事》篇“启龙漦”注。

〔六〕征褰与襦：《左》昭二十五年《传》：“有鸜鹆来巢，书所无也。师己曰：‘异哉！吾闻文、成之世，童谣有之，曰：“鸜之鹆之，公出辱之，鸜鹆跦跦，公在乾侯。征褰与襦，鸜鹆之巢，远哉遥遥，裯父丧劳。”今鸜鹆来巢，其将及乎。’”杜注：“褰，袴。死外，故丧劳。”谓集袴子与内衣，送给外奔之昭公及其随从也。

〔七〕文、成之世：《通释》作“文武之世”，释云：“《史记》作‘文、成之世’，贾逵注：‘鲁文公、成公也。’但二公非接世者，宜以《左传》为正。”按蜀本、陆本、鼎本、郭本、黄本均作“文成之世”，武英殿本《春秋左传注疏》考证：“阁本、诸仿本俱作‘文武之世’，非也。”《史记·鲁世家》及《汉书·五行志》俱引此作“文成之世”。《史记》集解引贾逵曰：“文、成，鲁文公、成公。”尤其明证，贾即注《左传》之一家也。阮元《春秋左传正义校勘记》：“石经、宋本、岳本‘武’作‘成’，谓文公、成公也。陈树华云：‘《史记》、《汉书》、《论衡·异虚篇》、李善《幽通赋》注引并作文成。’”洪亮吉

《春秋左传诂》亦云:“《论衡·集虚篇》引此作‘文成’,李善注《幽通赋》亦同。今诸本误作‘文武’,从石经及宋本改正。”余萧客《古经解钩沉》卷二十一《春秋左传七》即引作“鲁文公、成公”。原文“文、成”二字不误,盖概举文、宣、成之世,贾逵注是。

〔八〕本注:妫后八世莫京,“妫”,原误作“魏”,蜀本、陆本、鼎本同,《通释》作“妫”,孙《札记》校改“妫”。《左》庄二十二年《传》:“陈公子完奔齐,齐侯使为工正。初,懿氏卜妻敬仲。其妻占之曰:‘吉。是谓凤凰于飞,和鸣锵锵,有妫之后,将育于姜,五世其昌,并于正卿,八世之后,莫之与京。’”按敬仲即陈公子完。懿氏,陈大夫。妫,陈氏之本姓。姜,齐姓。

〔九〕本注:毕万必大,《左》闵元年《传》:“晋侯赐毕万魏,以为大夫。卜偃曰:‘毕万之后必大。万,盈数也,魏,大名也。以是始赏,天启之矣。’”杜注:“卜偃,晋掌卜大夫。”

〔一〇〕水浒、鸑鷟:《诗·大雅·文王之什·緜》:“古公亶父,来朝走马,率西水浒,至于岐下。”《国语·周语上》:“周之兴也,鸑鷟鸣于岐山。”韦《解》:“鸑鷟,凤之别名。”

〔一一〕中阳、蛟龙:《史记·高祖本纪》:“高祖,沛丰邑中阳里人,姓刘氏。父曰太公,母曰刘媪。其先刘媪尝息大泽之陂,梦与神遇,是时雷电晦冥,太公往视,则见蛟龙于其上。已而有身,遂产高祖。”

〔一二〕鱼豢《魏略》:蜀本、陆本、鼎本、郭本、黄本同,《通释》作“《魏略议》”,释云:“旧本无‘议’字,盖脱文也。”按原注有“议”字,“议”者,亦犹他史之论赞,而其书名则为《魏略》也。参看《题目》及《古今正史》篇注。

〔一三〕虞世南《帝王论》:《新唐志》著录《帝王略论》五卷,虞世南撰。《旧唐书·虞世南传》:"世南,字伯施。余姚人,大业初,授秘书郎。太宗引为记室,掌文翰,转著作郎,兼弘文馆学士,转秘书监。太宗引之谈论,每论及古先帝王为政得失,必存规讽,有集三十卷。"宋《中兴书目》云其《帝王略论》,"起太昊讫隋"。

诸汉史十条

《汉书·孝成纪赞》曰:"成帝善修容仪,升车正立,不内顾,不疾言,不亲指。临朝渊嘿,尊严若神,可谓穆穆天子之容貌矣。"又《五行志》曰:"成帝好微行,选期门郎及私奴客十余人,皆白衣袒帻,自称富平侯家〔一〕。或乘小车,御者在茵上,或皆骑出入,"皆"一作"骏"〔二〕。远至旁县。故谷永谏曰:陛下昼夜在路,独与小人相随,乱服共坐,溷淆无别。公卿百寮,不知陛下所在,积数年矣。"〔三〕蜀本"积"下有一"有"字,宋本无。由斯而言,则成帝鱼服嫚游〔四〕,乌集无度〔五〕,虽外饰威重,而内肆轻薄,人君之望,不其阙如。观孟坚纪、志所言,前后自相矛盾者矣。其一条。

〔一〕自称富平侯家:《汉书·五行志中之上》:"成帝为微行出游,常与富平侯张放,俱称富平侯家人。过河阳主作乐,见舞者赵飞燕而幸之,后遂立为皇后。"《通释》校勘记云今本《汉书》无"富平侯家"句,似失详考。惟所引"自"字,各本皆同,《汉书·五行志》作"俱";而《五行志》"家"下多一"人"字,各本均缺,何义门云当增,是。盖知幾所引,乃就《五行志》上述文字与谷永谏词错综成文,《汉书》原文俱在,自可检核,不复赘引。

〔二〕或皆骑出入:皆,《通释》、《汉志》同,蜀本、陆本、鼎本、郭本、王本、黄本均作"骏"。又注文"皆",《通释》省去,并将"一作骏"三字,移至正文"皆"字下,以为"骏"字非,而"出入"两字,亦可属下句读。

〔三〕不知陛下所在,积数年:"陛"字,原误作"陞",陆本、蜀本同,鼎本、郭本、王本、黄本、《通释》作"陛",与今本《汉书·五行志》、《汉纪·孝成皇帝纪》所载同,故据改。又"积数年"云云,蜀本、王本、黄本、《通释》同,陆本、鼎本、郭本作"积有数年",陆本似据原版挖补,按《汉志》、《汉纪》俱无"有"字。象本称"宋本无",信矣。

〔四〕鱼服:《说苑·正谏》:"吴王欲从民饮酒,伍子胥谏曰:'不可。昔者白龙下清泠之渊,化为鱼。渔者豫且射中其目。白龙上诉天帝。天帝曰:"鱼固人之所射也。豫且何罪。"'白龙,贵畜也,豫且,贱臣也。白龙不化,豫且不射。"

〔五〕鸟集:"鸟集"疑为"乌集"之误。原文所引《汉书·五行志》谷永谏词,"乱服共坐"句上有"独与小人晨夜相随,乌集醉饱吏民之家"句,师古注曰:"乍合乍离,如乌之集。"《通释》转引荀悦《汉纪》,亦未溯及本源。

观太史公之创表也,于帝王则叙其子孙,于公侯则纪其年月,列行萦纡以相属〔一〕,编字戢孴而相排〔二〕。虽燕越万里,而于径寸之内,犬牙可接;虽昭穆九代,而于方寸之中〔三〕,雁行有叙。使读书者阅文便睹〔四〕,举目可详,此其所以为快也。如班氏之《古今人表》者,唯以品藻贤愚,激扬善恶为务尔。既非国家递袭,禄位相承,而亦复界重行,狭书细字,比于他表,殆非其类欤!盖人列古今,本殊表限,必吝而不去,则宜以志名篇。始自上上,终于下下,并当明为标榜,显列科条。以种类为篇章,持优劣为次第。仍每于篇后云若干品〔五〕,凡若干人。亦犹地理志肇述京华,末陈边塞,先列州郡,后言户口也。其二条。

〔一〕列行萦纡以相属:《考工记·梓人》:"连行纡行。"陈《补释》:"《西都赋》'步甬道以萦纡',李善注引《说文》曰:'萦纡,犹回曲。'与今本《说文》不同。"

〔二〕编字戢孴而相排:陈《补释》:"《鲁灵光殿赋》:'芝栭攒罗以戢孴。'李善注:'戢孴,众貌。'《说文》:'孴,盛貌。'"此句意即编排了许多字。

〔三〕方寸:蜀本、陆本、鼎本、郭本、黄本同,《通释》"寸"字作"尺",卢《拾补》:"宋'尺'。"孙《札记》云:"顾引《拾补》作'尺'。"按:"方尺"盖与上句"径寸"对举避复耳。兹仍其旧。

〔四〕读书者:蜀本、陆本、鼎本、郭本、黄本同。浦注"一衍'书'字",作"读者",孙《札记》亦谓"书"字乃"邓本衍文"。兹仍之。

〔五〕若干品:蜀本、陆本、鼎本、郭本、黄本同,《通释》作"右若干品"。卢《拾补》亦多一"右"字,校云:"脱,宋有。"

自汉已降,作者多门,虽新书已行,而旧录仍在。必校其事,则可得而言。按刘氏初兴,书唯陆贾而已〔一〕。子长述楚汉之事，专据此书。譬夫行不由径，出不由户〔二〕，未之闻也。然观迁之所载，往往与旧不同。如郦生之初谒沛公〔三〕，高祖之长歌鸿鹄〔四〕，非惟文句有别，遂乃事理皆殊。又韩王名信都〔五〕，而辄去都留信，用使称其名姓，全与淮阴不别。班氏一准太史，曾无弛张〔六〕，静言思之，深所未了。其三条。

〔一〕书唯陆贾：《汉书·司马迁传赞》曰："汉兴，伐秦定天下，有《楚汉春秋》，司马迁述《楚汉春秋》。"《汉志》著录："《楚汉春秋》九篇，陆贾所记。"

〔二〕由径、由户：《通释》引《列子·说符》："稽度皆明，而不道也。譬之出不由门，行不从径也。"按：《论语·雍也》："子曰：'谁能出不由户者，何莫由斯道也。'"又"有澹台灭明者，行不由径"。朱注："径，路之小而捷者。"与引文取义相反。

〔三〕郦生之初谒沛公：《史记》郦生、陆贾、朱建列传传首述郦生事与朱建传末复述郦生初谒沛公事，前后迥异。太史公已自在传末论赞中指陈其歧异说："世之传郦生书，多曰汉王已拔三秦，东击项籍，而引军于巩、洛之间，郦生被儒衣往说汉王，乃非也。自沛公未入关，与项羽别而至高阳，得郦生兄弟，余读陆生《新语》十二篇，固当世之辩士。至平原君子与余善，是以得具论之。"则传首所记乃传言，传末所述乃朱建及陆贾书辞也。平原君即朱建。

〔四〕高祖之长歌鸿鹄：《史记·留侯世家》："上欲易太子，太子侍，四人从太子，年皆八十余，须眉皓白，衣冠甚伟。上召戚夫人指示四人者曰：'羽翼已成，难动矣。'戚夫人泣。上曰:‘为我楚舞,吾为若楚歌。’歌曰:‘鸿雁高飞,一举千里,羽翮已就,横绝四海。横绝四海,当可奈何,虽有矰缴,尚安所施?’”《汉书·张良传》文句事理皆同,惟“鸿”字作“鹄”。《通释》引《容斋三笔》云:“陆贾书当时事,多与史不合,师古屡辨之。”又陈《补释》:“章宗源《考证隋经籍志》,苑泮水辑《楚汉春秋》,并云鸿鹄歌无考。”案:“苑泮水”乃“茆泮林”之讹。

〔五〕韩王名信都:郭《附评》:“归云《集》引《汉书·高惠高后孝文功臣表》:‘留侯张良,以韩申都下韩。’师古注:‘韩申都即韩王信也。’《楚汉春秋》作‘信都’,古信、申通用。刘攽云:‘韩申都,即韩申徒也。’《张良传》‘以韩司徒下韩数城’,《史记》作‘申徒’。申徒者,司徒之声转也。申都者,又申徒之声转也。良下韩时,乃韩王成,非韩王信也。”按:《史记·留侯世家》:“项梁使良求韩成立以为韩王,以良为韩申徒。”《集解》引徐广曰:“申徒:即司徒,但语音讹转,故字亦随改。”盖申徒转为申都,申都又转信都,则韩信都固张良之官称。又据《汉书·异姓诸王表》:“项羽为西楚霸王,命立十八王,汉元年一月,始封韩成为韩王,六月,羽诛成,十月王韩信。”成与信亦非一人。《史》、《汉》均以韩王信为传目,以别于淮阴侯韩信。文中亦或径以韩信称韩王信,则韩王本自名信,无名信都者。师古一误,知幾沿袭未及察知耳。程《笺记》引《滹南遗老集》仍以为:“谓韩王信都为韩信,盖当时流俗简称,史公惮改,遂有两韩信之说。玄斥之,是也。”王若虚此说论据亦嫌不足。

〔六〕曾无弛张:蜀本作“曾元张”,陆本、鼎本、郭本作“书无更张”,黄本作“曾无更张”,卢《拾补》作“曾无更张”,在

“更”字下注云：“宋‘弛’。”《礼记·杂记下》：“张而不弛，文武弗能也；弛而不张，文武弗为也。一张一弛，文武之道也。”《韩非子·解老》：“万物必有盛衰，万事必有弛张。”

司马迁之《叙传》也，始自初生，及乎行历，事无巨细，莫不备陈，可谓审矣。而竟不书其字者，岂墨生所谓大忘者乎〔一〕？而班固仍其本传，了无损益，此又韩子所以致守株之说也〔二〕。如固之为迁传也，其初宜云迁字子长，凭翊夏阳人，其序曰云云。至于事终，则言“其自叙如此”〔三〕。著述之体，不当如是耶？其四条。

〔一〕大忘：《通释》“墨生前已有此语”，又引《鬻子》：“文王问于鬻子：‘敢问人有大忘乎？’”按引文见《鬻子·大道文王问》篇：“鬻子对曰：‘有。知其身之恶而不改也，是谓之大忘。’”《汉志》列《鬻子》二十二篇于道家，注云：“名熊，为周师。”今本“决非三代旧文”，四库馆臣疑为唐以来好事之流，撰为赝本。然《鬻子》“大忘”之说，《太平御览》卷四百九十《人事部》亦引及，即在赝本，亦非毫无根据。

〔二〕守株：见《六家》篇《尚书》家注。

〔三〕自叙如此：今本《汉书·司马迁传》在载其《报任少卿书》前有句云“迁之自叙云尔”。自此句以下，乃固所自纂辑之文字，固如此措置，甚为妥善。

马卿为《自叙传》，具在其集中。子长因录斯篇，即为列传，班氏仍旧〔一〕，更无改作。固于马、扬传末皆云，迁、雄之自叙如此。至于《相如》篇下，独无此言。盖止凭太史之书,未见文园之集[二],故使言无画一,其例不纯。其五条。

〔一〕班氏仍旧:《汉书·司马相如传赞》:"司马迁称此亦诗之风谏何异。"亦如传文,悉录《史记》。惟自"扬雄以为靡丽之赋"以下数句,显系孟坚附益之辞。后人又将此数句窜入《史记·相如传》。王若虚《史记辨惑》、王应麟《困学纪闻》均有考辨。

〔二〕未见文园之集:《汉书·司马相如传》:"相如从上还,拜为孝文园令。"按《汉志》仅著录"司马相如赋二十九篇",《隋志》著录"汉孝文园令《司马相如集》一卷",盖已早散佚矣。

《汉书·东方朔传》委琐烦碎,不类诸篇。且不述其亡没岁时,及子孙继嗣,正与司马相如、司马迁、扬雄传相类。寻其传体,必曼倩之《自叙》也[一]。但班氏脱略,故世莫之知。其六条。

〔一〕曼倩之《自叙》:《汉书·东方朔传赞》曰:"后世好事者,因取奇言怪语,附著之朔,故详录焉。"师古注:"言此传所以详录朔之辞语者,为俗人多以奇异妄附于朔故耳。欲明传所不记,皆非其实也。"而《文选》载晋夏侯湛之《东方朔画赞》亦云:"朔事汉武帝,《汉书》具载其事。"未言朔之自叙。盖《汉书》只选录其较为翔实之言辞,无"自叙"可资依据也。又《训故补》讥其不考《洞冥记》,知幾非不知《洞冥记》者,《通释》已引《杂述》篇斥其谬。又《论衡·道虚篇》:"东方朔,亦道人也,姓金氏,字曼倩,变姓易名,游宦汉朝,外有士宦之名,内乃度世之人。"或亦虚语。

苏子卿父建行事甚寡，韦玄成父孟德业稍多。《汉书》编苏氏之传，则先以苏建标名〔一〕，列韦相之篇，则不以韦孟冠首〔二〕，并其失也。其七条。

〔一〕先以苏建标名：《汉书·苏建传》述建事仅九十余字，附其子武传甚详，故云"建行事甚寡"却"先以苏建标名"。郭《评》云："苏子卿父建，行事虽寡，然以校尉从大将军青击匈奴，封平陵侯，功亦不细。子卿以父任为郎，安得不冠父于首？"亦可备一说。

〔二〕韦孟：蜀本、陆本、鼎本、郭本、黄本同，文中两"孟"字，《通释》均径改作"贤"，下注："误，'孟'。"郭《评》云："韦孟为楚王傅，无甚德业，止有二诗，犹云其子孙好事，述先人之志而作也。自孟至贤五世，故云其先韦孟家，安得并为一例？子玄以孟为玄成父，不知玄成父名贤，孟乃玄成六世祖也。"《通释》亦云："苏、韦并父子同传，而父之事简，子之事烦，二传亦同。今乃苏传以建名篇，韦传则以玄成名篇，传同例异，故为此论。"浦按今本《汉书》，均以韦贤标名，故浦氏谓知幾所见之本，"题是玄成"，又"韦玄成父孟"亦误。按本传"韦玄成父贤"而"自孟至贤五世"，又《颜氏家训·勉学》篇亦引作"韦玄成传"，并称"不谓玄成如此字"，褚补《史记·张丞相传》则以贤与玄成相续，则今本《汉书》以贤标题，附子玄成，传首溯及远祖孟，与苏传例合，本无可议。《史通》此段文字，虽或因所见传抄本标题不同，然"父孟"两字必误，盖传中未尝述及孟之子也。浦改两"孟"字为"贤"，虽与史实相符，然今本《汉书》原本如此，与知幾所议又不合，并志存疑。

班固称项羽贼义帝,自取天亡〔一〕。又云于公高门以待封〔二〕,严母扫地以待丧〔三〕。如固斯言,则深信夫天怨神怒,福善祸淫者矣。至于其赋《幽通》也〔四〕,复以天命久定,非人所移〔五〕,故善恶无征,报施多爽,斯则同理异说,前后自相矛盾者焉。其八条。

〔一〕自取天亡:《汉书·项籍传》:"羽阴使九江王布杀义帝。"又《赞》曰:"羽身死东城,不自责过失,乃引'天亡我,非用兵之罪',岂不谬哉!"按此数语全录自《史记》,此赞乃责羽诿责于天。

〔二〕于公高门以待封:《汉书·于定国传》:"定国,字曼倩,其父于公为县狱史,所决皆不恨。其闾门坏,父老方共治之。于公谓曰:'少高大门闾,令容驷马高盖车。我治狱多阴德,子孙必有兴者。'至定国为丞相。"

〔三〕严母扫地以待丧:《汉书·酷吏·严延年传》:"延年,字次卿,河南号曰屠伯。延年母从东海来,因数责延年,谓:'天道神明,人不可独杀,我不意当老见壮子被刑戮也。行矣,去女东归,扫除墓地耳。'后岁余,果败。"

〔四〕赋《幽通》:《汉书·叙传》"固作《幽通》之赋,以致命遂志",师古注引刘德曰:"陈吉凶性命,遂明己之志。"《文选》亦载此赋,李善注曰:"幽通谓与神遇也。"赋中列举善人未得福,天命久定,故知幾谓与上举三例相违。

〔五〕非人所移:"人"字,郭本、黄本同,蜀本、陆本、鼎本作"理"。《通释》作"人理",卢《拾补》同,校"理"字云:"宋有。"

或问,张辅著《班马优劣论》云〔一〕:"迁叙三千年事,五十万言。固叙二百年事,八十万言,是固不如迁也。斯言为是乎?"答曰:不然也。按《太史公书》上起黄帝,下尽宗周,年代虽存,事迹殊略。至于战国已下,始有可观。然迁虽叙三千年事,其间详备者,唯汉兴七十余载而已。其省也则如彼,其烦也则如此,求诸折中,未见其宜。班氏《汉书》,全取《史记》,仍去其《日者》、《仓公》等传,以为其事烦芜,不足编次故也。若使迁、固易地而处〔二〕,撰成《汉书》,将恐多言费辞,有逾班氏〔三〕,安得以此而定其优劣耶?其九条。

〔一〕张辅著《班马优劣论》:见《鉴识》、《烦省》二篇注,所论五则参看《晋书·辅传》。

〔二〕迁、固易地:迁固,蜀本、陆本、鼎本、郭本、黄本同,《群书考索》卷十三《正史门》、卷十四《诸史门》两处所引亦作"迁固",《通释》改为"马迁"。

〔三〕有逾班氏:班氏,《群书考索》卷十三《正史门》、卷十四《诸史门》两处所引同,蜀本、陆本、鼎本、郭本、黄本作"班固",《通释》作"班氏",下注云:"恐当作'史'。"卢《拾补》:"宋'氏'。"

《汉书》断章,事终新室。如叔皮存没,时入中兴,而辄引与前书共编者,盖《序传》之常例者耳〔一〕。荀悦既删略班史,勒成《汉纪》,而彪《论王命》〔二〕,列在末篇。夫以规讽隗嚣,翼戴光武,忽以东都之事,擢居西汉之中,必如是,则《宾戏》、《幽通》，亦宜同载者矣[三]。其十条。

〔一〕《序传》之常例：蜀本、陆本、鼎本同，《通释》"常"字作"恒"，卢《拾补》："宋'恒'。"

〔二〕彪《论王命》：《汉书·叙传》："隗嚣据陇拥众，问彪曰：'纵横之事，复起于今乎？'彪对曰：'今民皆讴吟思汉，向仰刘氏。'嚣曰：'先生言周、汉之势可也，而谓汉家复兴，疏矣。'"彪"既感嚣言，乃著《王命论》"。荀悦《汉纪》卷三十末亦载此论。

〔三〕亦宜同载：谓《汉书·叙传》所载班固之《宾戏》、《幽通》，亦将同载入《汉纪》，盖反诘荀悦之辞，以明断限之义也。《通释》谓："此二篇荀《纪》不收，故借诘之。"语意不明。

史通卷之十七　外篇

杂说中第八总十六条

诸晋史七条

东晋之史，作者多门，何氏《中兴》〔一〕，实居其最。而为晋学者，曾未之知，倘湮灭不行，良可惜也。王、檀著书〔二〕，王隐、檀道鸾。是晋史之尤劣者，方诸前代，其陆贾、褚先生之比欤！道鸾不揆浅才，好出奇语，所谓欲益反损〔三〕，求妍更媸者矣。其一条。

〔一〕何氏《中兴》：何法盛之《晋中兴书》，起东晋。《南史·徐广附郗绍传》："高平郗绍亦作《晋中兴书》，数以示何法盛。法盛有意图之。绍不与。至书成，在斋内厨中，法盛诣绍，绍不在，直入窃书。绍还失之，无复兼本，于是遂行何书。"则何书实为郗绍所作，《玉海》亦载其事。郭孔延《评释》引《玉海》，并云："则何氏之书，向秀之象，王隐之预也。岂子玄未考耶？"然后世既传何书，知幾称何氏《中兴》,自非“失考”,参看《古今正史》篇注。又浦按云:“夫何果窃而书果善,固无伤于‘居最’一语也。”

〔二〕王、檀著书:“书”字,蜀本、陆本、鼎本、郭本、《通释》同,浦注:“一作‘者’。”按王本、黄本作“者”,并有注云:“一作‘书’。”卢《拾补》:“宋‘书’。”又《册府元龟》卷五百六十二《国史部》云:“王隐,为著作郎。后黜归于家,撰《晋书》成,诣阙上之。隐虽好著述,而文辞鄙拙,芜舛不伦。其书次第可观者,皆其父所撰。文体混漫,义不可解者,隐之作也。”葛立方《韵语阳秋序》亦云:“若孙盛、檀道鸾、邓粲,各有《晋阳秋》,是皆不畏人祸天刑,率意而作,如昌黎公所云者也。”两说皆与子玄“晋史之尤劣者”之言相符。

〔三〕欲益反损:《汉书·司马迁传》载迁《报任少卿书》云:“顾自以为身残处秽,动而见尤,欲益反损。”

臧氏《晋书》〔一〕,称苻坚之窃号也,虽疆宇狭于石虎,至于人物则过之。按后石之时,田融《赵史》谓勒为前石,虎为后石也。张据瓜凉,李专巴蜀,自辽而左,人属慕容〔二〕,沙漠而南〔三〕,地归司马。逮于苻氏,则兼而有之〔四〕,《禹贡》九州,实得其八,而言地劣于赵,是何言欤?夫识事未精,而轻为著述,此其不知量也。张勔抄撮晋史〔五〕,求其异同,而被褐此言〔六〕,不从沙汰,罪又甚矣。其二条。

〔一〕臧氏《晋书》:《隋志》:“《晋书》一百一十卷,齐徐州主簿臧荣绪撰。”又《唐会要》卷六十三《修前代史》载:“贞观二十年闰三月四日诏,令修史所更撰《晋书》。于是司空房玄龄、中书令褚遂良、太子左庶子许敬宗掌其事。……详其条例，量加考正，以臧荣绪《晋书》为本，为十纪、十志、七十列传、三十载纪，其太宗所著宣、武二帝及陆机、王羲之四论，称制旨焉。”《册府元龟》卷五百五十四《国史部》作：“以臧荣绪《晋书》为本，捃摭诸家传记而附益之，数载而书就。”则其书多为唐修《晋书》所采，后乃亡佚。

〔二〕人：蜀本、陆本同，鼎本、郭本作“氏”，黄本、《通释》作“人”，浦并注云：“‘氏’字当由‘民’字之讹。”

〔三〕沙漠而南：黄本同，蜀本、陆本、鼎本、郭本作“沙漠西南”。《通释》改“涉汉而南”，并注云：“自晋之东，悬隔朔野，逾二千里。‘沙漠’二字，适从何来！‘涉’脱‘止’而成‘沙’，‘汉’缘‘沙’而转‘漠’。”卢《拾补》亦云：“当作‘涉汉’。”孙《札记》：“顾作‘涉汉’。”按：东晋涉江都建邺，“涉汉”亦未安。倘谓汉南荆、襄之地，石虎时尚归司马，亦可通。

〔四〕苻氏兼而有之：《通释》详引《十六国春秋》及《晋书·载记》，并加按语，兹查校节录于后：《前凉录》：“张天锡十三年，苻坚遣苟苌来伐。天锡拒战赤岸，为秦所败，面缚降秦，凉亡。”又《前秦录》：“甘露十二年，凉州平，以梁熙持节镇姑臧。”按：此苻氏之兼瓜、凉也，而后石时则张重华据之。又《蜀录》：“李特起兵，至势，(嘉宁二年)降晋。”《晋书·前秦·苻坚载记》：“坚命秦、梁密严兵备，遣王统、朱彤寇蜀，毛当、徐成率步骑入自剑阁，杨安进据梓潼。当遂陷益州，于是邛、莋、夜郎等皆归之，坚以安为益州牧，镇成都(时在前秦建元九年，公元373年)。”按：此苻氏之兼巴、蜀，而石氏则未能有蜀。又《前燕录》：“(建熙)十一年秦来伐，拔邺城，徙昛并诸鲜卑四万户于长安。”又《前秦录》："坚入邺宫，阅其图籍，以王猛为冀州牧，镇邺。"此苻氏之兼辽左也。而石虎时，慕容方兴，虎尝兵挫辽西，弃甲而遁。又《苻坚载记》："坚寇襄阳，师会汉阳，屯江陵。太元四年，陷襄阳，坚以梁成都督荆州诸军事，镇襄阳。"此苻氏之兼汉南也。而石氏虽累寇襄阳，卒未得志。

〔五〕张勔抄撮晋史：《隋志》著录："《晋书抄》三十卷，梁豫章内史张缅撰。"《梁书·张缅传》："缅，字元长。少勤学，自课读书，手不辍卷，尤明后汉及晋代众家。出为豫章内史，大通三年迁侍中，未拜卒，时年四十二。缅性爱坟籍，聚书至万余卷，抄《后汉》、《晋书》众家异同，为《后汉纪》四十卷，《晋抄》三十卷。"《南史》本传作"《晋书抄》三十卷"。"勔"字，各本皆同，郭本眉批："一作'缅'。"《通释》："《史通》作'勔'，或当时二字通写也。"卢《拾补》云："何改'缅'。"按：《尔雅·释诂》："勔，勉也。"《正韵》："音缅。"

〔六〕被褐：蜀本作"被祸"，陆本作"彼摘"，鼎本、黄本作"备摘"，郭本、《通释》作"备揭"，浦注云："一讹作'被褐'。"卢《拾补》校释"被褐"云："'备摘'讹，皆从宋改。盖比其书为玉，不当仍蒙之以褐也。"按：卢释盖据《老子》"是以圣人被褐怀玉"句意。王弼注"被褐者同其尘"，意谓张与臧同尘也，不含有"比其书为玉"之意。至改"被"为音同之"备"，改"褐"为形近之"揭"，显系臆测。

夫学未该博，鉴非详正，凡所修撰，多聚异闻。其为踳驳，难以觉悟。按应劭《风俗通》，载楚有叶君祠，即叶公诸梁庙也。而俗云孝明帝时，有河东王乔为叶令，尝飞凫入朝〔一〕。及干宝《搜神记》,乃隐应氏所通,而收其流俗怪说。又刘敬昇《异苑》称晋武库失火,汉高祖斩蛇剑穿屋而飞〔二〕,其言不经。故梁武帝令殷芸编诸《小说》〔三〕,及萧方等撰《三十国史》〔四〕,乃刊为正言。既而宋求汉事〔五〕,旁取令昇之书,范晔《后汉书》。唐征晋语〔六〕,近凭方等之录。谓皇家撰《晋书》。编简一定,胶漆不移。故令俗之学者,说凫履登朝,则云《汉书》旧记,谈蛇剑穿屋〔七〕,必曰晋典明文。摭彼虚词,成兹实录。语曰:三人成市虎〔八〕,斯言其得之者乎!其三条。

〔一〕本注:王乔飞凫,汉太山太守应劭撰《风俗通义》"叶令祠"目云:"俗说孝明帝时尚书郎河东王乔迁为叶令,乔有神术,每月朔尝诣台朝。帝怪其来数而无车骑,密令太史候望。言其临至时常有双凫从南飞来,因伏伺,见凫举罗,但得一双舄耳。叶君祠,即仙人王乔者也。谨按《春秋左氏传》,叶公子高姓沈名诸梁,古者令曰公,忠于社稷,惠恤万民,方城之外,莫不欣戴。及其终也,叶人追思而立祠。此乃春秋之时,何有近孝明乎?何有伺一飞凫,遂建其处乎?世之矫诬,岂一事哉!"盖应氏已先通飞凫之妄矣。按:叶公事见《左》襄十六年《传》。

〔二〕剑穿屋而飞:杨《通释补》:"见今本《异苑》卷二。又'刘敬昇','昇'当作'叔','叔'俗作'尗','昇'通'升','升'又作'廾',二字甚近,故误。《隋书·经籍志》杂传类'《异苑》十卷,宋给事刘敬叔撰',当即是书。前《杂述》篇亦作'刘敬叔'也。"按:《学津讨原》本宋刘敬叔《异苑》卷二载"武库火"条目云:"晋惠帝元康五年,武库火,烧汉高祖斩白蛇剑、孔子履、王莽头等三物。中书监张茂先惧难作，列兵陈卫，咸见此剑穿屋飞去，莫知所向。”参见《杂述》篇。

〔三〕本句：《隋志》著录：“《小说》十卷，梁武帝敕安石右长史殷芸撰。”《直斋书录解题》：“《邯郸书目》云：‘或题刘悚，非也。’今此书首题‘秦汉魏晋宋诸帝’，注云‘齐殷芸撰’，非刘悚明矣。故其叙事止宋初，盖于诸史传记中钞集。或称‘商芸’者，宣祖庙未祧时避讳也。”《通释》引《书录》，并云：“刘悚即知幾子也。征之此条，或题之非，更不待辩矣。”姚振宗《隋书经籍志考证》云：“此殆是梁武作《通史》时，凡不经之说，为《通史》所不取者，皆令殷芸别集为《小说》，是《小说》因《通史》而作，犹《通史》之外乘。”另可参阅《余嘉锡论学杂著》上册《殷芸小说辑证》，《辑证》据《史通》本篇辑录“晋武库失火，汉高祖斩蛇剑穿屋而飞”，并据殷芸《小说》引书通例补注出处“刘敬叔《异苑》”。

〔四〕萧方等撰《三十国史》：《隋志》著录于古史类，作“《三十国春秋》”，并误撰者为“萧萬等”。《太平御览》卷九百五十四亦引萧方等《三十国春秋》，《隋志》盖误“方”为“万”，“万”又写作“萬”焉。

〔五〕宋求汉事：范晔，南朝宋人，其《后汉书·方术·王乔传》载飞舄事。

〔六〕唐征晋语：唐初官修《晋书·五行志上》载：“惠帝元康五年，武库火，汉高祖断白蛇剑及二百八万器械一时荡尽。”又《惠帝纪》亦仅载“冬十月，武库火，焚累代之宝”。

〔七〕谈：原误作“但”，各本均作“谈”，今改。

〔八〕三人成市虎：《韩非子·内储说上》：“庞恭与太子质于邯郸，谓魏王曰：‘今一人言市有虎，王信之乎？’曰：‘不信。’

'二人言有虎,王信之乎?'曰:'不信。''三人言市有虎,王信之乎?'王曰:'寡人信之。'庞恭曰:'夫市之无虎也明矣,然而三人言而成虎。今邯郸之去魏也远于市,议臣者过于三人,愿王察之。'"

马迁持论,称尧世无许由〔一〕,应劭著录,云汉代无王乔〔二〕,其言傥矣。至士安撰《高士传》,具说箕山之迹〔三〕;令升作《搜神记》,深信叶县之灵。此并向声背实〔四〕,舍真从伪,知而故为,罪之甚者。其四条〔五〕。

〔一〕尧世无许由:《史记·伯夷列传》:"尧将逊位,让于虞舜,试之于位,典职数十年,示天下重器,王者大统,传天下若斯之难也。而说者曰:'尧让天下于许由,许由不受。耻之逃隐。'此何以称焉! 太史公曰:'余登箕山,其上盖有许由冢云。'其文辞不少概见,何哉?"虽为存疑之辞,然其《五帝本纪》尧纪未载让许由事。

〔二〕汉代无王乔:见本篇上条注〔一〕。

〔三〕箕山之迹:《晋书·皇甫谧传》:"谧,字士安。所著有《高士》等传。"《高士传》卷上载:"尧让天下于许由,由不受而逃去。由没,葬箕山之颠,亦名许由山,在阳城之南十余里。尧因就其号曰箕山公神,世世奉祀,至今不绝。"

〔四〕向声背实:杨《通释补》引《文选》魏文帝《典论·论文》:"夫人贵远贱近,向声背实。"

〔五〕其四条:蜀本、陆本、鼎本此处未分段,径接下文。

近者,宋临川王义庆,著《世说新书》〔一〕,上叙两汉、三国,及晋中朝江左事。刘峻注释,摘其瑕疵,伪迹昭然,理难文饰。而皇家撰《晋史》,多取此书。遂采康王之妄言,违孝标之正说。以此书事,奚其厚颜。其五条。

〔一〕《世说新书》:书,蜀本、陆本同,《群书考索》卷十四《晋书类》亦引作“书”,他本均作“语”。卢《拾补》云:“宋‘书’。”按《世说新语》已见《六家》篇注。可补述者,《宋书·临川王道规传》附《义庆传》:“义庆卒谥康王。”高似孙《纬略》卷九:“宋临川王义庆采撷汉晋以来佳事佳话,为《世说新语》,极为精绝,而犹未为奇也。梁刘孝标注此书,引援详确,有不言之妙。”《四库全书总目》卷一百四十三“《世说新语》”条:“孝标所注特为典赡,其纠正义庆之纰缪,尤为精核。”又《晋书》提要亦云:“其所采择,忽正典而取小说。其所载者,大抵宏奖风流,以资谈柄。取刘义庆《世说新语》与刘孝标所注一一互勘,几于全部收入。”虽皆本《史通》立论,仍足资征考。惟“《新书》”之名,果有本乎?考宋黄伯思《东观余论》卷下《跋〈世说新语〉后》:“本题为《世说新书》。段成式引王敦澡豆事,以证陆畅事为虚,亦云近览《世说新书》,而此本谓之《新语》,不知孰更名之,盖近世所传。”《清文献通考》卷二百二十八“《汉世说》”条:“义庆所述,溯自东汉,本名《世说新书》,后人乃改为《新语》,见黄伯思《东观余论》。”《余论》所言,前引《四库总目》已论及,并云段氏之说,实出其所著《酉阳杂俎》。而《存目》卷一百四十三“《汉世说》”条亦云:“刘向先有《世说》,故义庆所撰,别名《世说新书》,后人乃改为《新语》。黄伯思《东观余论》考之最详,非以记言而谓之

《新语》。”检今存唐写本残卷，篇末即赫然题有“《世说新书》卷第六”七字，合以《余论》及《史通》是篇，则证据凡有三矣，具见书名“语”字乃宋人臆改，知幾所见古本必作“新书”。而章如愚《群书考索》卷十四《晋书类》亦引作“《世说新书》”，徐应秋《玉芝堂谈荟》卷三十称“刘子玄《史通》所载古今正偏史，今多不存，澹园先生《笔乘》常载之中”，其所列《史通》征引书目，“刘义庆《世说新书》”亦在其中，均可补而证之。然唐抄本残卷久佚复见，《杂俎》之说，未睹唐本者，每易轻疑。如周中孚《郑堂读书记》即云：“《酉阳杂俎》始引作《世说新书》，而南宋以后诸家又皆作《世说新语》，不知孰为定名也。然《世说新书》之称，止一见段氏书，单文孤证，不足为据，仍当以晁、陈书目所称为正。约言之，则止称《世说》亦最古也。”周广业《过夏杂录》亦云：“此书在《隋志》原八卷，注十卷，皆但名《世说》，则后加《新书》，未必不因段氏而起，而又误以‘书’为‘语’也。”盖皆见古本旧貌，说亦决难成立。按唐写古本虽佚于中土，幸残卷尚藏于东瀛，日人菅原道真《菅家文草》即有著录，神田醇复撰跋语称：“余家藏旧抄《世说》残本，刘孝标注《豪爽篇第十三》，书法端劲秀润，为李唐旧笈矣。此书旧题《世说新书》，段成式《酉阳杂俎》尚云《新书》，《菅家文草》有《相府文亭始读世说新书》诗，黄伯思《东观余论》辄云《新语》，则其改称当在五季宋初。后来相沿称《新语》，无知其初名者矣。”虽《余论》所云为《新语》之说，或乃一时之误记，“五季”云云亦嫌早，然唐本旧题“新书”，所言仍不可动摇。而国人杨守敬尝出使日本，亲见是书古本，其《日本访书志·世说新书残卷跋》谓：

"古钞残卷虽无年月,以日本古写佛经照之,其为李唐时人所书无疑。"残卷后由罗振玉影印回国,亦撰有跋语称:"予考《唐志》载王方庆《续世说新书》,则临川之书唐时作'新书'之明证,可补神田翁所举之遗。"故影本书名亦以大字题作"唐写本世说新书",要皆可证《史通》原文必作"书"而非"语",从中亦可一窥知幾所见古本之真矣。又前引四库馆臣之说,余嘉锡《辨证》订补颇多,所论尤精;其新增者如《通典》卷一百五十六《兵九》引《世说新书》一条,《铜熨斗斋随笔》卷七称"《太平广记》引王导、桓温、谢鲲诸条,皆云出《世说新书》",证据愈夥,愈见两周氏说之非。至于程《笺记》综合馆臣、余氏两家之说,以为《史通》"此文正作'新书',不作'新语'。其诸本作'新语'者,乃后人习于新起之名而妄加改易",虽未引及唐本残卷,立论极允准。

汉吕后以妇人称制,事同王者。班氏次其年月,虽与诸帝同编〔一〕,而记其事迹,实与后妃齐贯〔二〕。皇家诸学士撰《晋书》,首发凡例〔三〕,《序例》一卷,《晋书》之首,故云"首发凡例"。而云班《汉》皇后除王吕之外,不为作传,并编叙行事,寄出《外戚》篇〔四〕。所不载者〔五〕,唯元后耳。安得辄引吕氏以为例乎?盖由读书不精,识事多阙,徒以本纪标目,以编高后之年,遂疑《外戚》裁篇,辄叙娥姁之事〔六〕,其为率略,不亦甚耶!其六条。

〔一〕"吕后"至"与诸帝同编":《汉书·高后纪》依帝纪编年述事。

〔二〕与后妃齐贯:《汉书·外戚传》序:"自汉兴,终于孝平,外戚后庭色宠著闻二十有余人。"首列高祖吕皇后,故云:"记其事迹,实与后妃齐贯。"

〔三〕《晋书》,首发凡例:见《古今正史》篇注。敬播所撰之《叙例》已佚。

〔四〕"王吕之外"至"寄出《外戚》篇":《汉书》除有元后王政君传、吕后纪外,其余后妃均仅纳入《外戚传》中,不另作传。

〔五〕所不载者:卢《拾补》上有"案《外戚》篇"四字,校云:"四字脱,宋有。"《外戚传》下仅载:"孝元王皇后,成帝母也。家凡十侯,五大司马,外戚莫盛焉。自有传。"故云:"所不载者,惟元后耳。"

〔六〕辄叙娥姁之事:《汉书·高后纪》师古注曰:"吕后,名雉,字娥姁。"按《史通》意谓皇家诸臣不识本纪编年之体,《外戚》篇既不传元后,亦不应传吕后。不知本纪以述临朝称制之政,而传则委曲细事,正是《汉书》创例,为其后《新唐书》为武后分立纪传所取法。浦氏不明乎此,一则曰"文义不可晓",再则曰"文内似多脱讹",盖缘不知史法也。又程《笺记》:"向承周曰:'辄乃不字之误。'案:向说足解浦惑,然所改之字当从顾改'辍','辄'、'辍'形近易淆。"按"辄"字不误,知幾盖谓《汉书》元后另有传,故《外戚传》不另述及,不能遽与吕后另有纪、《外戚传》又述其事视同一律也。上文"辄引吕氏以为例乎","辄"字亦不误。

杨王孙布囊盛尸,裸身而葬〔一〕。伊籍对吴〔二〕,以一拜一起,未足为劳。求两贤立身,各有此一事而已。而《汉书》、《蜀志》，为其立传。前哲致议，言之详矣。然杨能反经合义，足矫奢葬之僭〔三〕，伊以敏辞辨对，可免使乎之辱，列诸篇第，犹有可取。近者皇家撰《晋书》，著刘伶〔四〕、毕卓传〔五〕。旧晋史本无刘、毕传，皇家新撰以补前史所阙。其叙事也，直载其嗜酒沉湎，悖礼乱德，若斯而已。为传如此，复何所取者哉？其七条。

〔一〕王孙裸身而葬：《汉书·杨王孙传》："杨王孙，孝武时人。学黄老之术，厚自养生。及病且终，先令其子曰：'死则为布囊盛尸，入地七尺，既下，从足引脱其囊，以身亲土。'祁侯与王孙书曰：'窃闻王孙先令赢葬，是戮尸地下，将赢见先人，窃为王孙不取也。'王孙报曰：'厚葬亡益死者，靡财单(殚)币。'遂赢葬。"全传仅述裸葬一事，参看《品藻》篇注。

〔二〕伊籍对吴：《三国志·蜀书·伊籍传》："籍，字机伯，山阳人。随先主入益州，为左将军从事中郎，遣东使于吴。孙权闻其才辩，欲逆折以辞，籍适入拜。权曰：'劳事无道之君乎？'籍即对曰：'一拜一起，未足为劳。'"全传百五十字，半述对吴事，无裴注，具见伊氏之行事，诸汉、魏史亦殊少述及。

〔三〕僭：蜀本、陆本、鼎本、郭本、黄本同，《通释》径改作"愆"。

〔四〕刘伶：《晋书·刘伶传》："伶，字伯伦，放情肆志。常携一壶酒，使人荷锸而随之，谓曰：'死便埋我。'妻涕泣谏断之。伶曰：'当祝鬼神，便可具酒肉。'妻从之。伶跪祝曰：'天生刘伶，以酒为名，一饮一斛，五斗解酲。妇儿之言，慎不可听。'仍引酒御肉。未尝厝意文翰，惟著《酒德颂》一篇。”传文多采自《世说新语》卷下之《任诞》。

〔五〕毕卓:《晋书·毕卓传》:“卓,字茂世,新蔡人,少希放达。为吏部郎,常饮酒废职。比舍郎酿熟,卓因醉夜至其瓮间盗饮之,为掌酒者所缚,明旦视之,乃毕吏部也。卓尝谓人曰:‘右手持酒杯,左手持蟹螯,拍浮酒船中,便足了一生矣。’”《世说·任诞》亦载有茂世“持杯螯”之言,注引《晋中兴书》,其文几与传悉同。原注“旧晋史本无毕传”,似未详考。

宋略一条

裴幾原删略宋史〔一〕,定为二十篇。芟烦撮要,实有其力。而所录文章,颇伤芜秽。如文帝《除徐傅官诏》〔二〕,颜延年《元后哀册文》〔三〕,颜峻《讨二凶檄》〔四〕,孝武《拟李夫人赋》〔五〕,裴松之《上注国志表》〔六〕,孔熙先《罪许曜词》〔七〕,凡此诸文,是尤不宜载者。何则?羡、亮威权震主,负芒猜忌〔八〕,将欲取之,必先与之〔九〕。既而罪名具列,刑书是正,则先所降诏,本非实录。而乃先后双载,坐令矛盾两伤。夫国之不造,史有哀册,自晋、宋已还,多载于起居注。词皆虚饰,义不足观。必以略言之,故宜去也。

昔汉王数项〔一〇〕,袁公檄曹〔一一〕,若不具录其文,难以暴扬其过。至于二凶为恶,不言可知,无俟檄书,始明罪状。必刊诸国史,岂宜异同〔一二〕。孝武作赋悼亡,钟心内宠,情在儿女,语非军国。松之所论者,其事甚下〔一三〕,兼复文理非工。熙先构逆怀奸,矫言欺众,且所为草稿〔一四〕,本未宣行。斯并同在编次,不加铨择,岂非芜滥者邪?

向若除此数文，别存他说，则宋年美事，遗略盖寡。何乃应取而不取，宜除而不除乎？但近代国史，通多此累。有同自郐，无足致讥〔一五〕。若裴氏者，众作之中，所可与言史者，故偏举其事，以申掎摭云〔一六〕。

〔一〕幾原删略宋史：《梁书·裴子野传》："子野，字幾原。曾祖松之，宋元嘉中，受诏续修何承天《宋史》，未及成而卒，子野常欲继成先业。及齐永明末，沈约所撰《宋书》既行，子野更删撰为《宋略》二十卷。其叙事评论多善。"其书今佚，参看《六家》篇《左传》家注。

〔二〕《除徐傅官诏》：《宋书·少帝纪》："元熙元年六月壬申，以尚书仆射傅亮为中书监，司空徐羡之、领军将军谢晦及亮辅政。二年五月，奉迎镇西将军宜都王义隆（入）纂洪统。始徐羡之、傅亮将废帝，檀道济、谢晦领兵居前，羡之等随后，就收玺绂。六月癸丑，徐羡之等使人弑帝。"又《文帝纪》："太祖文皇帝讳义隆。元嘉元年八月癸卯，司空、录尚书事、扬州刺史徐羡之进位司徒，中书监、护军将军傅亮加左光禄大夫、开府仪同三司。二年正月丙寅，司徒徐羡之、尚书令傅亮奉表归政。三年正月丙寅，徐羡之、傅亮有罪伏诛。"又《徐羡之传》："羡之，字宗文，东海人。高祖践阼，思佐命之功，诏曰：'散骑常侍、尚书仆射、镇军将军、丹阳尹徐羡之，可封南昌县公；中书令、领太子詹事傅亮可建城县公。'羡之起自布衣，又无术学。高祖晏驾，与傅亮同被顾命。少帝失德，羡之等先废庐陵王义真，然后废帝。太祖即阼，进羡之司徒，改封南平郡公。与傅亮上表归政（后），复奉诏摄任。三年正月诏曰：'徐羡之、傅亮显行怨杀,穷凶极虐,即宜诛殛,肃明典刑(云云)。'"又《傅亮传》:"亮,字季友,北地人,以佐命功封建城县公。少帝废,亮率行台至江陵奉迎太祖,诣门拜表,威仪礼容甚盛。太祖问义真及少帝薨废本末,悲号呜咽,侍侧者莫能仰视。亮流汗沾背,不能答,于是布腹心,深自结纳。太祖欲诛亮,先呼入见,省内密有报之者。亮辞以嫂病笃,求暂还家,遣信报徐羡之,因出奔。屯骑校尉收付廷尉,伏诛。"就以上节引本传所述情节,可确信文帝"先所降诏,本非实录",沈《书》尚未载《除徐傅官诏》,裴著以"略"名书,录有此诏,更嫌芜滥矣。

〔三〕《元后哀册文》:《宋书》文帝母《袁皇后传》:"袁皇后,湛之庶女。母本卑贱,上待后恩礼甚笃。袁氏贫薄,后每就上求钱帛以赡与之。上性节俭,所得不过三五万、三五十匹。后潘淑妃有宠,咸言所求无不得,后遂愤恚成疾。疾笃,上执手流涕,问所欲,后视上良久,乃引被覆面崩。上甚相痛悼,诏颜延之为哀策,文甚丽,其辞曰(云云)。"史传备载其辞,《文选》亦收录此篇。又《颜延之传》:"延之,字延年,文章之美,冠绝当时,与谢灵运俱以词彩齐名,江左称颜、谢焉。"

〔四〕《讨二凶檄》:《宋书·二凶传》:"元凶劭,字休远,文帝长子,始兴王浚,素佞事劭,与劭并多过失。世祖檄曰'贼劭、贼濬共逞奸回,肇乱巫蛊,终行弑逆'(云云)。"又《南史·颜延之传》:"元凶弑立,以(延之)为光禄大夫。长子竣为孝武南中郎咨议参军。及义师入讨,竣定密谋,兼造书檄。劭召延之示以檄文。问曰:'此笔谁造?'延之曰:'竣之笔也。'劭又问曰:'言辞何至乃尔?'延之曰:'竣尚不顾老臣,何能为陛下。'"案:"峻"字,史传、黄本作"竣",《史通》其他各本均作"峻"。

〔五〕《拟李夫人赋》:《宋书·孝武十四王传》:"始平孝敬王子鸾,孝武帝第八子。母殷淑仪,宠倾后宫。子鸾丁母忧,追进淑仪为贵妃。上自临过丧车,悲不自胜,拟汉武《李夫人赋》,其辞曰(云云)。"

〔六〕裴松之《上注国志表》:蜀本、陆本、鼎本"注"字误作"柱",郭本、黄本作"三"。浦注:"俗本'注'字作'三'字,非。"卢《拾补》校"三"字云:"宋'注'。"孙《札记》校改"柱"为"注"。沈《书》、《南史》裴松之传均未载此表,今传各种版本《三国志》,均附载此表,或赖裴《略》以传欤?

〔七〕孔熙先《罪许曜词》:《宋书·范晔传》:"孔熙先博学,有纵横才志。父以赃货得罪,彭城王义康保持之。及义康被黜,熙先密怀报效,以晔意志不满,欲引之,法静尼亦出入义康家,并与熙先往来。法静尼妹夫许耀,宿卫殿省,熙先深相待结,耀许为内应。及熙先入狱,于狱中上书曰:'谨略陈所知,条牒如故别状,愿且勿遗弃,存之中书。若囚死之后,或可追存,庶九泉之下,少塞衅责。'"无罪许曜词。又"曜"字,史传作"耀"。

〔八〕负芒猜忌:杨《通释补》引《汉书·霍光传》:"宣帝始立,谒见高庙,大将军光从骖乘。上内严惮之,若有芒刺在背。"

〔九〕欲取、先与:杨《通释补》引《战国策·魏策一》:"《周书》曰:'将欲败之,必姑辅之,将欲取之,必姑与之。'"按《老子·道经》三十六章:"将欲夺之,必固与之。"马叙伦《老子核诂》云:"夺,范及《韩非·喻老》篇引并作'取',《说林上》篇引《周书》亦作'取'。"马王堆帛书本作"夺",兹从其旧。

〔一〇〕汉王数项:《汉书·高帝纪》:"汉王、羽相与临广武之间而语,羽欲与汉王独身挑战。汉王数羽曰(云云)。"具载数羽十罪。

〔一一〕袁公檄曹:《后汉书·袁绍传》载入讨曹操檄全文,陈琳之辞也。

〔一二〕岂宜异同:蜀本、陆本、鼎本、郭本、黄本同,《通释》"宜"字作"益",注云:"一作'宜',非。"卢《拾补》亦云:"'宜'讹。"按:"益"字辞意较佳。

〔一三〕其事甚下:蜀本、陆本、鼎本、郭本、黄本同,《通释》"下"作"末",卢《拾补》:"'下'讹。"孙《札记》:"邓本作'末'。"

〔一四〕草稿:蜀本、陆本、鼎本、郭本、黄本同,《通释》作"稿草",卢《拾补》校为"草稿",云"从宋乙"。按此处所谓孔熙先草稿,"并未宣行",当即指注〔七〕所录其狱中上书所陈之词。

〔一五〕自郐,无足致讥:《左》襄二十九年《传》:"吴公子季札来聘,请观于周乐。使工为之歌《周南》、《召南》、《邶》、《鄘》、《卫》、《王》、《郑》、《齐》、《豳》、《秦》、《魏》、《唐》、《陈》,自《郐》以下无讥焉。"杜注:"《郐》第十三,《曹》第十四,言季子闻此二国歌,不复讥论之,以其微也。"

〔一六〕掎摭:谓摘取也。曹植《与杨德祖书》:"诋诃文章,掎摭利病。"颜师古《汉书叙例》:"近代注史,竞为该博,多引杂说,攻击本文,至有诋诃言辞,掎摭利病,显前修之纰僻,骋己识之优长,乃效矛盾之仇雠,殊乖粉泽之光润。"

后魏书二条〔一〕

《宋书》载佛狸之入寇也，其间胜负，盖皆实录焉〔二〕。魏史所书，谓魏收所撰者。则全出沈本。如事有可耻者，则加减随意，依违罕言〔三〕。至如刘氏献女请和，太武以师婚不许〔四〕，此言尤可怪也。何者？江左皇族，水乡庶姓，若司马、刘、萧、韩、王〔五〕，或出于亡命，或起自俘囚，一诣桑乾〔六〕，皆成禁脔〔七〕。此皆魏史自述，非他国所传。然则北之重南，其礼若此。安有黄旗之主〔八〕，亲屈己以求婚，而白登之阵〔九〕，反怀疑而不纳。一作"乃致疑而不纳"。其言河汉〔一〇〕，不亦甚哉！观休文《宋典》，诚曰不工；必比伯起《魏书》，更为良史。而收每云："我视沈约，正如奴耳！"出《关东风俗传》。此可谓饰嫫母而夸西施，持鱼目而笑明月者也〔一一〕。其一条。

〔一〕后魏书二条：卢《拾补》："宋作'三条'。"

〔二〕本注：佛狸入寇，胜负实录，《宋书·索虏传》："嗣死，谥曰明元皇帝，子焘，字佛狸，代立。焘自率大众渡河，王玄谟败走。焘自彭城南出，于盱眙渡淮，凡所经过，莫不残害。焘至瓜步，坏民屋宇及伐蒹苇，于滁口造箄筏，声欲渡江，乘舆数幸石头及莫府山，观望形势。购能斩佛狸伐头者，封八千户开国县公，又募人赍冶葛酒置空村中，欲以毒虏，竟不能伤。焘遣使求和请婚曰：'至此非唯欲为功名，实是贪结姻援。'又求嫁女与世祖。"

〔三〕加减随意，依违罕言：《册府元龟》卷五百六十二《国史部》:“魏收为中书令,兼著作郎。诏撰《魏史》,既成,时论言收著史不平,前后投诉百有余人,文宣重收才,不欲加罪,然犹以群口沸腾,敕魏史且勿施行,令群官博议,听有家事者入署,不实者陈牒。于是众口喧然,号为‘秽史’。”又云:“阳休之为中书监,魏收之卒也,文宣命休之裁正其所撰《魏书》,休之,收叙其家事稍美,且寡才学浅,延岁时,竟不措手,唯削去嫡庶一百余人。”浦氏称“刘氏凡涉《魏书》,只是一味斥夸”,然其所斥所诃者,均据事理立论也。

〔四〕师婚不许:《魏书·岛夷刘裕传》:“世祖至盱眙、淮、泗,于上流济淮,淮南之民,皆诣军降。车驾登于瓜步,伐苇结筏,示欲渡江,义隆大惧,遣黄延年朝于行宫,献百牢,贡其方物,并请和,求进女于皇孙,世祖以师婚非礼,许和而不许婚。”又《宋书·索虏传》亦载此事云:“焘遣使饷太祖骆驼名马,求和请婚。上遣奉朝请田奇饷以珍羞异味。焘得黄甘,即啖之,并大进酃酒,左右有耳语者,疑食中有毒,焘不答,以手指天,而以孙儿示奇曰:‘至此非唯欲为功名,实是贪结姻援,若能酬酢,自今不复相犯秋毫。’又求嫁女与世祖。”两造俱在,各有异同。郭《评》据此谓:“请婚一也,在《魏书》则云:‘刘氏献女请和,太武师婚不许。’在《宋书》则云:‘魏主焘遣使饷太祖骆驼名马,求和请婚。’收、约各为南北,互相排击如此。但《宋书》又云:‘求嫁女与世祖。’如此等语,定是奇传。其后二家毕竟未婚,至隋文帝始聘梁主萧岿女为晋王妃,则北重南婚,信如子玄说矣。”说亦可参。

〔五〕司马、刘、萧、韩、王:《魏书·司马楚之传》:“楚之,字德秀,晋宣帝弟馗之八世孙。刘裕诛夷司马戚属,楚之亡匿于汝、颍之间。及刘裕自立,楚之规欲报复。太宗末,奚斤略地河南,楚之请降。后尚诸王女河内公主,生子金龙。”又《刘昶传》:“昶,字休道,义隆第九子。子业立,昏狂肆暴,害其亲属。昶惧,间行来降,朝廷嘉重之,尚武邑公主,岁余而公主薨。更尚建兴长公主,公主复薨。更尚平阳长公主。昶子承绪,尚高祖妹彭城长公主。辉尚世宗姊兰陵长公主。”又《萧宝夤传》:“宝夤,字智亮,萧鸾第六子,宝卷母弟也。鸾封宝夤建安王,萧衍杀其兄弟,将害宝夤,宝夤潜赴寿春。归诚至京师,世宗礼之,寻尚南阳长公主。”又《韩延之传》:“延之,字显宗,南阳人,魏司徒暨之后,司马德宗平西府录事参军。不臣刘氏,奔姚兴,与司马文思来入国,以淮南王女妻延之。”又《王慧龙传》:“慧龙,司马德宗尚书仆射愉之孙,散骑侍郎缉之子。刘裕得志,愉合家见诛,慧龙自虎牢奔于姚兴,姚泓灭,归国。崔浩弟恬闻慧龙王氏子,以女妻之。浩见慧龙曰:‘信王家儿,真贵种矣。’”此言清河望族崔氏,亦重名门王姓也。

〔六〕桑乾:汉置桑乾县,后废,北魏重置。然《魏书·地形志》未见有载,或后又省入代郡,《北史·朱瑞传》“代郡桑乾人也”,《宋书·索虏传》“托跋开,字涉珪,王有中州,自称曰魏,治代郡桑乾县之平城”,均可证之。又《魏书·太祖纪》:“天赐三年六月,发八部五百里内男丁,筑灅南宫,门阙高十余丈;引沟穿池,广苑囿;规立外城,方二十里,分置市里,经途洞达。三十日罢。”又《崔道固传》:“皇兴初,徙青齐士望共道固守城者数百家于桑乾,立平齐郡于平城西北北新城。”郭《评》引《一统志》云:“桑乾河在大同府城南六十里,源出马邑县北洪涛山下,与金龙池水合流,东南入卢沟河北，魏都垣在今府城北门外。”按《山西通志》卷二十八《府州厅县考六》云：“道武之新城，在桑乾河南。对代都之平城而言，谓之小平城、南平城。”

〔七〕禁脔：《晋书·谢混传》：“混字叔源。少有美誉。孝武帝为晋陵公主求婿，谓王珣曰：‘主婿但如刘真长、王子敬便足。’珣对曰：‘谢混虽不及真长，不减子敬。’帝曰：‘如此便足。’未几，帝崩，袁山松欲以女妻之。珣曰：‘卿莫近禁脔。’初，元帝始镇建业，公私窘罄，每得一豚，以为珍膳，项上一脔尤美，辄以荐帝，群下未尝敢食，于时呼为禁脔。”

〔八〕黄旗：《三国志·吴书·吴主传》裴注引《吴书》曰：“陈化使魏，魏文帝问：‘吴魏峙立，谁将平一海内。’化对曰：‘先哲知命，旧说紫盖黄旗，运在东南。’”又《魏书·李平传》：“平，子谐，为聘使主。谐至石头，萧衍遣其主客郎范胥当接。胥曰：‘金陵王气，兆于先代，黄旗紫盖，本出东南。’”

〔九〕白登：《汉书·匈奴传》：“冒顿围高帝于白登。”又：“匈奴围高帝于平城。”师古注：“白登在平城东南。”则白登亦魏都所在，为魏之代称焉。

〔一〇〕河汉：蜀本作“可叹”，陆本作“可欺”，郭本、黄本同鼎本作“何欺”。《庄子·逍遥游》：“肩吾问于连叔曰：‘吾闻言于接舆，大而无当，往而不返，吾惊怖其言，犹河汉而无极也。’”孙《札记》校作“河汉”。

〔一一〕笑明月者：“者”原衍作“者者”，他本皆未见有衍，潘自牧《记纂渊海》卷六十九《叙述部》所引无“者”字，今据删。

近者沈约《晋书》，喜造奇说。称元帝牛金之子，以应牛继马后之征。邺中学者，王邵、宋孝王言之详矣。而魏收深嫉南国，幸书其短，著《司马叡传》，遂具录休文所言〔一〕。又崔浩谄事狄君〔二〕，曲为邪说，称拓拔之祖，本李陵之胄。当时众议相斥，事遂不行。或有窃其书以渡江者，沈约撰《宋书·索虏传》，仍传伯渊所述〔三〕。凡此诸妄，其流甚多，倘无迹可寻，则真伪难辨者矣。其二条。

〔一〕本注：魏收录休文所言，叡，原作“歡”，他本皆作“叡”，与史传同。“歡”乃“叡”之异写，今据改。《魏书·僭晋司马叡传》：“叡，字景文，晋将牛金子。初，琅邪王觐妃谯国夏侯氏，字铜环，与金奸通，遂生叡，因冒姓司马，仍为觐子。”又《宋书·符瑞志上》：“宣帝有宠将牛金，屡有功，宣帝作两口榼，一口盛毒酒，一口盛善酒，自饮善酒，毒酒与金，金饮之即毙。景帝曰：‘金，名将，可大用。云何害之？’宣帝曰：‘汝忘石瑞马后有牛乎？’元帝母夏侯妃与琅邪国小史姓牛私通，而生元帝。”

〔二〕崔浩谄事狄君：卢《拾补》：“宋虽不提行，必以此为又一条，故总标三条也。”《魏书·崔浩传》：“浩，字伯渊，神䴥二年诏集诸文人撰录国书，浩及弟览等共参著作，叙成《国书》三十卷。”又：“世祖命浩留台综理史务。浩于是监秘书事，以高允、张伟参著作，续成前纪，浩所总焉。”

〔三〕本注：沈约传伯渊所述，《宋书·索虏传》：“索头虏，姓托跋氏，其先汉将李陵后也。”

北齐诸史三条

王劭国史〔一〕，至于论战争，述纷扰，贾其余勇〔二〕，弥见所长。至如叙文宣逼孝靖以受魏禅〔三〕，二王杀杨、燕以废乾明[四]，虽《左氏》载季氏逐昭公，秦伯纳重耳，栾盈起于曲沃，楚灵败于乾谿，殆可连类也[五]。又叙高祖破宇文于邙山[六]，周武自晋阳而平邺[七]，虽《左氏》书城濮之役，鄢陵之战，齐败于鞍，吴师入郢[八]，亦不是过也。其一条。

〔一〕王邵国史：《册府元龟》卷五百六十二《国史部》："隋王邵，为著作郎，累迁秘书少监。在著作将二十年，专典国史，初撰《齐志》，为编年体二十卷，复为《齐书》纪传一百卷及《平贼记》三卷。或文词鄙野，或不轨不物，骇人视听，大为有识所嗤鄙。"

〔二〕贾其余勇：杨《通释补》引《左》成二年《传》："欲勇者贾余勇。"按此乃"齐高固入晋师"之言。

〔三〕文宣逼孝靖以受魏禅：《北齐书·文宣帝纪》仅载："魏帝以天人之望有归，丙辰下诏曰（云云）。又致玺书于帝，尚书令高隆之率百僚劝进。戊午，乃即皇帝位于南郊。"《魏书·孝静纪》亡，后人所补，而其逼禅之文，悉同《北史·魏纪》。《北史·魏纪·孝静帝纪》云："东魏孝静皇帝善见，逊帝位于齐，封帝为中山王，谥曰孝静。帝好文，美容仪。力能挟石师子以逾墙，射无不中，有孝文风，高澄甚忌焉。以崔季舒为中书、黄门侍郎，令监察动静。澄尝侍帝饮，大举觞曰：'臣澄劝陛下。'帝不悦曰：'自古无不亡之国，朕亦何用此活。'澄怒曰：'朕，朕，狗脚朕！'使季舒殴帝三拳。及将禅位于文宣，诏已作讫，付杨愔。帝乃下御座，步就东廊。口咏《后汉书》赞云：'献生不辰，身播国屯。'所司奏请发，帝曰：'欲与六宫别，可乎？'乃与夫人、嫔以下诀，莫不欷歔掩涕。帝上故犊车，赵德持帝，帝曰：'何物奴,敢逼人?’德尚不下。及出云龙门,王公百僚衣冠拜辞。帝曰:‘今日不减常道乡公、汉献帝。’众皆悲怆,遂入北城。及文宣行幸,常以帝自随,帝后常为帝尝食,以护视焉,竟遇鸩而崩。”延寿此段追叙之辞,或本诸王劭《齐志》。

〔四〕二王、废乾明:《北史·齐本纪·废帝纪》:“废帝殷,字正道,文宣帝之长子。文宣崩,即帝位,改元乾明。以常山王演为太师,录尚书事。以长广王湛为大司马,并省录尚书事。以平秦王归彦为司空。太师常山王演矫诏诛尚书令杨愔、右仆射燕子献。以常山王演为大丞相,都督中外诸军,录尚书事。平秦王归彦为司徒。八月,太皇太后令废帝为济南王,以大丞相常山王演入纂大统。王居别宫,殂于晋阳,时年十七。帝聪慧夙成,宽厚仁智。天保间,雅有令名,及承大位,杨愔、燕子献等同辅,以常山王演地亲望重,内外畏服,加以文宣初崩之日,太后本欲立之,故愔等并怀猜忌。常山王忧怅,乃白太后诛其党,时平秦王归彦亦预谋焉。天文告变,归彦虑有后害,仍白孝昭(即常山王演)以王当咎,乃遣归彦驰驿至晋阳害之。”则“二王”盖指常山与秦王也。蜀本、陆本、鼎本、郭本、黄本亦作“二王”,《通释》以为“二王”两字“当作常山”,显误。

〔五〕“《左氏》”至“连类”:季氏逐昭见《左》昭二十五年,秦纳重耳见僖二十四年,栾盈起曲沃见襄二十三年,楚灵败乾谿见昭十二年,此类文字均以善于驭繁见长。

〔六〕破宇文于邙山:《北史·齐本纪·高祖纪》:“齐高祖神武皇帝,姓高氏,讳欢。(东魏孝静帝)武定元年二月,北豫州刺史高慎据武牢西叛。三月,周文率众援高慎,神武大败之于芒山。是时军士有盗杀驴者,军令应死。神武弗杀,将至并州决之。明日复战，奔西军，告神武所在，西师尽锐来攻，众溃。神武失马，赫连阳顺下马以授神武，与苍头冯文洛扶上俱走，从者步骑六七人。追骑至，亲信都督尉兴庆曰：'王去矣，兴庆腰边百箭，足杀百人。'兴庆斗，矢尽而死。西魏贺拔胜以十三骑逐神武，河州刺史刘洪徽射中其二。胜槊将中神武，段孝先横射胜马殪，遂免。豫、洛二州平，神武使刘丰追奔徇地，至恒农而还。"按芒山，《魏孝静纪》作"邙山"，"邙"字原误作"卬"，蜀本、郭本同，当缘形近致讹，陆本、鼎本、黄本作"邙"，今据改。

〔七〕周武自晋阳而平邺：《北史·周纪·武帝纪》："高祖武皇帝讳邕。建德五年十一月，帝发京师。十二月，次晋州，帝帅诸军八万，置阵东西二十余里，乘常御马，从数人巡阵，有司请换马。帝曰：'朕独乘良马何所之？'齐人填堑南引，帝大喜，勒诸军击之，齐主走还并州，齐众大溃，军资甲仗，委弃山积。帝幸晋州，追齐主，诸将固请还师。帝曰：'纵敌患生，卿等若疑，朕将独往。'师次介休，齐将举城降。大军次并州，齐主走邺，并州平。帝帅六军趣邺，六年正月，帝至邺，帅诸军围之。齐人拒守，奋击大破之，遂平齐。"

〔八〕本注：城濮、鄢陵、鞍、郢之役，分见《左》僖二十八、成十六、成二、定四年《传》。

或问曰：王邵《齐志》，多记当时鄙言，为是乎？为非乎？

对曰：古往今来，名目各异。区分壤隔，称谓不同。所以晋、楚方言，齐、鲁俗语，"六经"诸子，载之多矣。自汉已降，风俗屡迁，求诸史籍，备睹其事〔一〕。或君臣之目，施诸朋友；或尊官之称，属诸君父。曲相崇敬，标以处士、王孙〔二〕；轻加侮辱，号以仆夫、舍长〔三〕。亦有荆楚训多为夥〔四〕，庐江目桥为圯〔五〕；南呼北人曰伧〔六〕，西谓东胡曰虏〔七〕。渠、们、底、个，"底"音丁礼反。江左彼此之辞；乃、若、君、卿，中朝汝我之义。斯并因地而变，随时而革，布在方册，无假推寻。足以知甿俗之有殊，验土风之不类。然自二京失守，四夷称制，夷夏相杂，音句尤媸〔八〕。而彦鸾、伯起，务存隐讳；谓长为藏，盖为姚苌讳。重规、德棻，志在文饰。遂使中国数百年内，其俗无得而言。盖语曰："知古而不知今，谓之陆沉。"〔九〕又曰："一物不知，君子所耻。"〔一〇〕是则时无远近，事无巨细，必藉多闻，以成博识。如今之所谓者，若中州名汉〔一一〕，关右称羌〔一二〕，易臣以奴〔一三〕，呼母云姊〔一四〕，主上有大家之号〔一五〕，师人致儿郎之说〔一六〕。凡如此例，其流甚多。必寻其本源，莫详所出。阅诸《齐志》，则了然可知。由斯而言，邵之所录，其为弘益多矣。足以开后进之蒙蔽，广来者之耳目。微君懋，吾几面墙于近事矣〔一七〕。而子奈何妄加讥诮者哉！其二条。

〔一〕备睹其事："备"字，蜀本、陆本、鼎本作"羞"，《通释》作"差"，卢《拾补》："宋'备'。"孙《札记》校作"差"。按：就下文所举"当时鄙言"多出自史册，"备"字是。

〔二〕处士、王孙：《孟子·滕文公下》："处士横议。"《荀子·非十二子》："古之所谓处士者，德盛者也；今之所谓处士者，无能而云能者也。"《史记·信陵君传》："赵有处士毛公，藏于博徒。”又《史记·淮阴侯传》:“吾哀王孙而进食。”《索隐》引刘德曰:“言王孙公子,尊之也。”

〔三〕仆夫、舍长:《左》襄四年《传》:“《虞人之箴》曰:‘兽臣司原,敢告仆夫。’”杜注:“告仆夫,不敢斥尊。”又《史记·扁鹊传》:“扁鹊,少时为人舍长。”《索隐》引刘氏云:“守客馆之帅,故号云舍长。”

〔四〕荆楚训多为夥:《史记·陈涉世家》:“客曰:‘夥颐,涉之为王沈沈者。’”《索隐》引服虔云:“楚人谓多为夥。”

〔五〕庐江目桥为圯:《史记·留侯世家》:“良尝闲从容步游下邳圯上。”《集解》引徐广曰:“圯,桥也。东楚谓之圯。”按《后汉书·郡国志》:“庐江郡,文帝置。”属扬州,地居楚东。

〔六〕南呼北人曰伧:《晋书·左思传》:“思,字太冲,齐国临淄人。赋三都,十年成。陆机入洛,与弟云书曰:‘此间有伧父欲作《三都赋》,须其成,当以覆酒瓮耳。’及思赋出,机绝叹伏。”按机,吴人。又《一切经音义》引《晋阳秋》曰:“吴人谓中州人为伧人。”见《新方言·释言》。

〔七〕西谓东胡曰虏:《史记·刘敬传》:“敬,齐人。上怒骂刘敬曰:‘齐虏以口舌得官,今乃妄言沮吾军。’”

〔八〕音句尤媸:“媸”字,各本均同,卢《拾补》:“宋‘嗤’,盖与‘蚩’同。”

〔九〕知古而不知今,谓之陆沉:纪《评》:“‘知古’二句,出《论衡·谢短篇》。”按原文作“夫知古不知今,谓之陆沉。然则儒生,所谓陆沉者也”。

〔一〇〕一物不知,君子所耻:纪《评》:“‘一物’二句出《陶弘景传》。”按《南史·陶弘景传》:“弘景,字通明,丹阳人。读书万余卷，一事不知，以为深耻。”《梁书》本传未载此句。

〔一一〕中州名汉：《北齐书·魏兰根传》：“兰根，巨鹿人。族弟恺，天保中迁青州长史，固辞不就。显祖大怒，云：‘何物汉子，我与官，不肯就。’”按天保乃北齐显祖文宣帝高洋年号。

〔一二〕关右称羌：《北史·儒林·李业兴传》：“业兴，上党人。师事徐遵明，时有渔阳鲜于灵馥亦聚徒教授。灵馥曰：‘李生久逐羌博士，何所得也。’”又《徐遵明传》：“遵明，字子判，华阴人。”

〔一三〕易臣以奴：《宋书·鲁爽传》：“爽，小名女生，扶风郡人。少有武艺，拓跋焘知之，常置左右。爽有七弟秀，才力过爽，焘以充宿卫。爽与秀定归南之谋，请曰：‘奴与南有仇，每兵及，常虑祸及坟墓，乞迎丧还葬国都。’虏群下于其主称奴，犹中国称臣也。”

〔一四〕呼母云姊：《北齐书·文宣后李氏传》：“后讳祖娥。武成践祚，逼后淫乱，有娠。太原王绍德至阁不得见，愠曰：‘儿岂不知耶！姊姊腹大，故不见儿。’”按武成帝名湛，高欢第九子，文宣乃欢之第二子。绍德，乃文宣第二子。姊，《尔雅·释亲》“男子谓女子先生曰姊”，“姐”本字。

〔一五〕大家：蔡邕《独断》：“天子无外，以天下为家，故称天家。”又：“天子，亲近侍从官称曰大家。”

〔一六〕师人致儿郎之说：《山谷诗集·和答孙不愚见赠》史容注引作“师人有儿郎之称”。按《尔雅·释言》：“师，人也。”郭注：“谓人众。”《左》宣十二年《传》：“师人多寒。”又《襄》十四年《传》：“师人多死。”《旧唐书·封常清传》：“高仙芝呼谓其召募兵曰：‘我于京中召儿郎辈，得少许物，装束未能足。’”唐时以儿郎为对士众之昵称。

〔一七〕面墙:《论语·阳货》:"子曰:'人而不为《周南》、《召南》,其犹正墙面而立也与?'"何晏《集解》引马融曰:"如向墙而立。"

皇家修五代史〔一〕,馆中坠稿仍存,皆因彼旧事,定为新史。观其朱墨所图,铅黄所拂,犹有可识者。或以实为虚,以是为非〔二〕。其北齐国史,皆称诸帝庙号,及李氏之撰《齐书》,谓李百药。其庙号有犯时讳者,谓有"世"字犯太宗文皇帝讳也。即称谥焉。至如变世宗为文襄,改世祖为武成〔三〕,苟除兹世字,而不悟襄、成有别〔四〕。诸如此谬,不可胜纪。故其列传之叙事也,或以武定臣佐,降在成朝,或以河清事迹〔五〕,擢居襄代。故时日不接,而隔越相偶,使读者瞀乱而不测,惊骇而多疑。嗟乎!因斯而言,则自古著书,未能精说。书成绝笔,而遽捐旧章。遂令玉石同烬〔六〕,真伪难寻者,不其痛哉!其三条。

〔一〕皇家修五代史:《唐会要·史馆上·修前代史》:"贞观三年,于中书置秘书内省,以修五代史。十年正月二十日,房玄龄、魏征、姚思廉、李百药、令狐德棻等撰成周、隋、梁、陈、齐(北齐)五代史。"又:"显庆元年,史官修梁、陈、齐、周、隋五代史三十卷,太尉无忌进之。"后者即今刊入《隋书》之"五代史志",知幾所指乃贞观年间所修之五代史,参看《古今正史》篇。

〔二〕以是为非:鼎本、蜀本、陆本、郭本、黄本、王本同,《通释》改作"以非为是"。按此句承上句言李百药改实为虚、改是为非也,《通释》误。

〔三〕世宗、世祖："至如"二句原误作"至如变世祖为文襄，改世宗为武成"，蜀本、陆本、鼎本、郭本、黄本同，《通释》改。按《北齐书》及《北史》均载文襄庙号世宗，武成庙号世祖，此系承上句李氏撰《齐书》而言，自应据史书本纪校改。

〔四〕除兹世字，而不悟襄、成有别：浦注："句意未足，恐有脱字。"按此句盖谓《北齐书》因避"世"字讳，其本纪尽去庙号，径以谥号为称，使人无由察知，文襄庙号"世宗"实不如武成庙号"世祖"之尊也。

〔五〕武定、河清：武定（543—550），东魏孝静帝年号，时高欢及其弟澄、洋相继擅权，武定八年十一月禅位于高洋。河清（562—565），北齐世祖武成帝高湛年号。

〔六〕玉石同烬："烬"字，卢《拾补》校云："宋'尽'。"程《笺记》引《尚书·胤征》："火炎昆冈，玉石俱焚。"按："烬"字是。

《周书》一条

今俗所行周史，是令狐德棻等所撰。其书文而不实，雅而无检。真迹甚寡，客气尤烦〔一〕。寻宇文初习华风，事由苏绰〔二〕。至于军国词令，皆准《尚书》。太祖敕朝廷他文，悉准于此。盖史臣所记，皆禀其规。柳虬之徒〔三〕，从风而靡。按绰文虽去彼淫丽，存兹典实，而陷于矫枉过正之失〔四〕，乖夫适俗随时之义。苟记言若是，则其谬逾多。爰及牛弘〔五〕，弥尚儒雅。即其旧事，因而勒成。务累清言，罕逢佳句。而令狐不能别求他术〔六〕，用广异闻，唯凭本书，重加润色。案宇文氏事多见于王邵《齐志》、《隋书》及蔡允恭《后梁春秋》〔七〕。其王褒、庾信等又多见于萧韶《太清记》〔八〕、萧大圜《淮海乱离志》〔九〕、裴政《太清实录》〔一〇〕、杜台卿《齐记》〔一一〕，而令狐德棻了不兼采，以广其书。盖以其中有鄙言，故致遗略。遂使周氏一代之史，多非实录者焉。

〔一〕客气：《左》定八年《传》："阳虎曰：'尽客气也。'"杜注："言皆客气非勇。"

〔二〕苏绰：《周书·苏绰传》："绰，字令绰，武功人。少好学，博览群书，除著作佐郎。命绰为大诰，奏行之，自是之后，文笔皆依此体。"

〔三〕柳虬：《周书·柳虬传》："虬雅好属文，时人论文体者，有古今之异，虬以为时有今古，非文有今古，乃为《文质论》。"《史官建置》篇有注，可参阅。

〔四〕矫枉过正：《论语·颜渊》："举直错诸枉，能使枉者直。"又杨《通释补》引《汉书·诸侯王表序》："可谓挢枉过其正矣。"师古注："'挢'与'矫'同。"

〔五〕牛弘：《隋书·牛弘传》："弘在周专掌文翰，甚有美称。开皇初，上表请开献书之路。史臣曰：'牛弘笃好坟籍，学优而仕，有淡雅之风，怀旷远之度。'"参看《世家》篇注。

〔六〕术：蜀本、陆本、王本、黄本同，鼎本、郭本作"述"，《通释》同。王本、黄本均有校语："一作'述'。"卢《拾补》据黄本出校云："述，同本亦作'述'。"

〔七〕《后梁春秋》：《两唐志》著录《后梁春秋》十卷，蔡允恭撰。《旧唐书·文苑·蔡允恭传》："允恭，荆州江陵人，祖点，梁尚书仪曹郎，父大业，后梁左民尚书。允恭有风彩，善缀文。仕隋，历著作佐郎、起居舍人，炀帝遣教宫女，允恭深以为耻，固辞不就，以是稍被疏绝。江都之难，从宇文化及西上，没于窦建德。及平东夏，太宗引为秦府参军，兼文学馆学士，贞观初，除太子洗马，寻致仕，卒于家。撰《后梁春秋》十卷。”按允恭籍隶江陵，世仕梁室，入隋历经忧患，贞观修前代史时，此书或尚未为世所知，《隋志》未予著录可证。而《周书》约在贞观十年（636）即书成，势难采及蔡书。知幾责令狐未予兼采，失考。程《笺记》引朱希祖《萧梁旧史考》云：“惜其书至宋已亡，明姚士粦重作《后梁春秋》二卷，不过存蔡书十之一二耳。”

〔八〕《太清记》：《隋志》正史类著录：“《梁太清纪》十卷，梁长沙蕃王萧韶撰。”《南史·长沙宣武王懿传》附韶传：“韶，字德茂。太清（梁武年号）初，为舍人，城陷，西奔江陵，人多往寻韶说城内事。韶不能人人为说，乃疏为一卷，客问便示之。湘东王闻而取看，谓曰：‘昔王韶之为《隆安纪》十卷，说晋末之乱离，今萧韶亦可为《太清纪》十卷矣。’韶乃更为《太清纪》。韶既承旨撰著，多非实录。韶昔为幼童，庾信爱之，有断袖之欢，衣食所资，皆信所给。韶后为郢州，信西上江陵，途经江夏，韶接信甚薄。”原注谓信事见于此纪。

〔九〕《淮海乱离志》：此书撰者乃萧圆肃，《史通》误作萧大圜，然或可备一说。隋唐《志》误作萧世怡，《四库提要》卷六十六称《十国春秋》“诸传本文之下，自为之注，载别史之可存者，盖用萧大圜《淮海乱离志》、杨衒之《洛阳伽蓝记》”，或沿《史通》之说而致误乎？张铉《至大金陵新志·新旧志引用古今书目》载“《淮海乱离志》，梁萧图肃”，“圆”字又讹作“图”，已据《周书·萧圆肃传》辨正，见《补注》篇注。

〔一〇〕《太清实录》:《隋志》杂史类著录"《梁太清录》八卷",《两唐志》作"《梁太清实录》八卷",均未著录撰人。查《隋书·裴政传》:"政,字德表,河东闻喜人。高祖寿孙,徙家寿阳。祖邃,梁侍中、左卫将军,父之礼,廷尉卿。政博闻强记,除通直散骑侍郎,侯景作乱,帅师随王琳进讨,及平侯景,先锋入建邺,著《承圣降录》十卷。"政后历仕周、隋,无撰《太清实录》事,而《北史·政传》载其著《承圣实录》十卷。按承圣乃梁元帝年号,在太清后三年,而侯景伏诛于承圣元年(552),或其《太清实录》记侯景乱事至承圣景败亡,故又名《承圣降录》欤?志以存疑。

〔一一〕《齐记》:见《古今正史》篇《北齐书》注。

《隋书》二条

昔贾谊上书,晁错对策,皆有益于国,足贻劝戒,而编于汉史[一],读者犹恨其繁[二]。如《隋书》王邵、袁充两传[三],唯录其诡辞妄说,遂盈一篇。寻又申以诋诃,尤其陷惑[四]。夫人载言示后者,贵于辞理可观。既以无益而书,孰若遗而不载。盖学者神识有限,而述者注记无涯。以有限之神识,观无涯之注记,必如是,则阅之心目,视听告劳,书之简编,缮写不给。呜呼!苟自古著述,其皆若此也,则知李斯之设坑阱[五],董卓之成帷盖[六],虽其所行多滥,终亦有可取焉。其一条。

〔一〕本注:贾书、晁策,编于汉史,《汉书·贾谊传》备录其《治安策》,赞曰:"刘向称贾谊言三代与秦治乱之意,其论甚美,掇其切于世事者,著于传云。"又《晁错传》亦载入其

《教太子疏》、《言兵事疏》、《募民徙塞下疏》及《贤良策》，赞曰："晁错锐于为国远虑，世哀其忠，故论其施行之语著于篇。"上举书策，皆《史记》所不载。

〔二〕读者犹恨其繁：《后汉书·荀悦传》："（献）帝好典籍，常以班固《汉书》文繁难省。"傅玄论班固亦云："述时务则谨辞章而略事实。"亦讥其载文繁冗而记事甚少焉。

〔三〕王邵、袁充两传：王邵已迭见前注，《隋书》王、袁合传，《袁充传》："充，字德符，本陈郡人，后寓丹阳。仕陈，陈灭归国。性好道术，颇解占候，领太史令。希旨取媚，在位者皆切患之。"传文备载王、袁诡辞妄说，而传末史论则曰："王邵好诡怪之说，尚委巷之谈，文词鄙秽，体统繁杂。袁充以玄象自命，变动星占，谬增晷影，厚诬天道，乱常侮众。"

〔四〕尤其陷惑："陷"字蜀本、陆本、鼎本作"谄"，《通释》同，卢《拾补》校作"谄"，注云："音叨，疑也，陆本作'陷'。"按《拾补》云"陆本作'陷'"，陆本翻刻本甚多，疑卢氏所据为翻刻本，故与原刻本异。"谄惑"于义较妥，"隐惑"亦通，兹仍其旧。

〔五〕李斯之设坑阱：《史记·秦始皇本纪》："三十四年，丞相李斯曰：'臣请史官，非秦记皆烧之。非博士官所职，天下敢有藏《诗》、《书》百家语者，悉诣守尉杂烧之。有敢偶语《诗》、《书》弃市。以古非今者族。'制曰：'可。'……于是悉案问诸生四百六十余人，皆坑之咸阳。"

〔六〕董卓之成帷盖：《后汉书·儒林传序》："初，光武迁还洛阳，其经牒秘书，载之二千余两。自此以后，参倍于前。及董卓移都之际，吏民扰乱，自辟雍、东观、兰台、石室、宣明、鸿都诸藏典册文章，竞共剖散。其缣帛图书，大则连为帷盖，小乃制为縢囊。及王允所收而西者，裁七十余乘。”

按《隋史》讥王君懋撰齐、隋二史，其叙录烦碎〔一〕。至如刘臻还宅〔二〕，访子方知，王邵思书〔三〕，为奴所侮，此而毕载，其失更多。可谓尤而效之，罪又甚焉者矣〔四〕。其二条。

〔一〕叙录烦碎：《隋书·王劭传》：“劭，字君懋。在著作将二十年，专典国史，撰《隋书》八十卷。多录口敕，又采迂怪不经之语及委巷之言，辞义繁杂，无足称者。初撰《齐志》，为编年体二十卷，复为《齐书》纪传一百卷，或文词鄙野，或不轨不物，骇人视听，大为有识所嗤鄙。”

〔二〕刘臻还宅：《隋书·文学·刘臻传》：“臻，字宣挚，沛国相人，年十八举秀才。高祖受禅，进位仪同三司，无吏干，又性恍惚，耽悦经史，经日覃思，至于世事，多所遗忘。有刘讷者，亦任仪同。臻尝欲寻讷，谓从者曰：‘汝知刘仪同家乎？’从者不知寻讷，谓臻还家。答曰：‘知。’于是引之而去。既扣门，臻尚未悟。谓至讷家，乃据鞍大呼曰：‘刘仪同可出矣。’其子迎门。惊曰：‘此，汝亦来耶？’其子答曰：‘此是大人家。’于是顾眄，久之乃悟。”

〔三〕王邵思书：《王劭传》：“劭笃好经史，遗落世事。用思既专，性颇恍惚。每至对食，闭目凝思。盘中之肉，辄为仆从所啖，劭弗之觉，唯责肉少，数罚厨人。厨人以情白劭，劭依前闭目，伺而获之，厨人方免笞辱。其专固如此。”

〔四〕尤而效之，罪又甚焉：浦按：“此复抽论令狐《隋书》之猥杂。”陈《补释》：“此‘令狐’二字误。《正史》篇以《隋书》属诸颜师古、孔颖达，若令狐德棻唯预修五代志耳。”按五代史,亦有令狐德棻预修,见上《北齐诸史》其三条注〔一〕,浦按不误。又杨《通释补》引《左》僖二十四年《传》:“介之推曰:‘尤而效之,罪又甚焉。’”

史通卷之十八　外篇

杂说下第九总二十五条

诸史六条

夫盛服饰者，以珠翠为先；工缋事者，以丹青为主。至若错综乖所，分布失宜，则彩绚虽多，巧妙不足者矣。其一条。

观班氏《公孙弘传赞》〔一〕，直言汉之得人，盛于武、宣二代，至于平津善恶，寂灭无睹〔二〕。持论如是，其义靡闻。必矜其美辞，爱而不弃，则宜微有改易，列于《百官公卿表》后，庶寻文究理，颇相附会〔三〕。以兹编录，不犹愈乎？其二条。

〔一〕观班氏：《通释》在上段末夹注云："王本此处截条，非。"按象本、王惟俭《训故》本，均在此处分段，蜀本、陆本、鼎本未分段，卢《拾补》云："宋不提行。"《公孙弘传赞》：郭《附评》："《孙弘传赞》，不言平津美恶，而叙武、宣得人之盛。"按《弘传》云："弘尝与公卿约议，至上前，皆背其约，以顺上指。汲黯庭诘弘曰：'齐人多诈而无情。''弘位在三公，然为布被，此诈也。'上问弘，弘谢曰：'诚饰诈欲以钓名。'上愈益贤之，封平津侯。"《汉书》以弘与卜式、兒宽合传，其传赞旁及卫青、萧望之等数十人。赞曰："上(武帝)方欲用文武，求之如弗及，孝宣亦招选茂异。"极称"汉之得人，于兹为盛"。《编次》篇云："孙弘传赞，宜居宣武纪末。"此言宜"列于《百官公卿表》后"，盖均就其赞辞内容，提出应移置适当处所也，可与《编次》篇注参看。

〔二〕灭：蜀本、陆本、鼎本、郭本、黄本同，《通释》作"蔑"，注："'灭'，通。"卢《拾补》："宋'蔑'。"孙《札记》："邓本作'蔑'。"

〔三〕颇相附会：程《笺记》："《史记·袁盎传赞》：'虽不好学，亦善傅会。'《文心雕龙·附会篇》：'何谓附会？谓总文理，统首尾，定与夺，合涯际，弥纶一篇，使杂而不越者也。''傅'与'附'通。"

又沈侯《谢灵运传论》〔一〕，全说文体，备言音律，此正可为《翰林》之补亡，《流别》之总说耳。李充撰《翰林论》〔二〕，挚虞撰《文章流别集》。如次诸史传，实为乖越。陆士衡有云："离之则双美，合之则两伤。"〔三〕信矣哉！其有事可书而不书者，不应书而书者。至如班固叙事，微小必书，至高祖破项垓下，斩首八万〔四〕，曾不涉言。李《齐》于《后主纪》，则书幸于侍中穆提婆第〔五〕，于《孝昭纪》，则不言亲戎以伐奚〔六〕。于边疆小寇无不毕纪，如司马消难拥数州之地以叛〔七〕，曾不挂言。略大举小，其流非一。昔刘勰有云："自卿、渊已前，多役才而不课学；向、雄已后，颇引书以助文。”〔八〕然近史所载，亦多如是。故虽有王平所识，仅通十字〔九〕；霍光无学〔一〇〕，不知一经，而述其言语，必称典诰〔一一〕。良由才乏天然，故事资虚饰者矣。其三条。

〔一〕沈侯《谢灵运传论》：《宋书·谢灵运传》：“灵运，陈郡阳夏人，祖玄。灵运文章之美，江左莫逮，袭封康乐公。”又《梁书·沈约传》：“（梁）高祖受禅，（约）为尚书仆射，封建昌县侯。”约所撰《谢灵运传论》，综述自屈、宋至颜、谢歌咏之发展。

〔二〕李充撰《翰林论》：“李”字原误作“季”，蜀本、陆本、鼎本、郭本同，王本、黄本、《通释》及《群书考索》卷十四《正史门》所引作“李”。《焦氏笔乘》卷三开列《史通》所载书目，亦题作“李充《翰林论》”，《隋志》著录“《翰林论》三卷”，注“李充撰，梁五十四卷”，新旧《唐志》著录为“二卷”，并云撰者为李充。《文选》卷十二《海赋》李善注引李充《翰林论》：“木氏《海赋》，壮则壮矣，然首尾负揭，状若文章，亦将由未成而然也。”作者亦题作李充。《太平御览经史图书纲目》开列其所引书目，李充《翰林论》即在其中，篇中复多征引，则必曾经眼。《玉海》卷二十《总集文章》列唐文史四家，首即李充《翰林论》三卷，次则刘勰《文心雕龙》十卷，再次为颜竣《诗例》二卷，最后乃钟嵘《诗品》三卷。又卷六十二引《中兴书目》：“《翰林论》二十八篇，论为文体要。”《晋书》卷九十二《文苑传序》称：“《翰林》总其菁华，《典论》详其藻绚。”具见其书汇萃文坛佳作既多，发为骘评者亦不少。而“季”必当作“李”，则当从以上所举改。

〔三〕双美、两伤：杨《通释补》："《文赋》文。"

〔四〕垓下，斩首八万：《史记·高祖本纪》："五年，高祖与项羽决胜垓下，使骑将灌婴追杀项羽东城，斩首八万，遂略定楚地。"《汉书·高帝纪》："五年十二月，围羽垓下，灌婴追斩羽东城，楚地悉定。"不言斩首八万。

〔五〕幸于侍中穆提婆第：今本李百药《北齐书》，其《后主纪》与《北史》同，未载幸穆第事。盖其书自北宋以后，渐就散佚，后人杂取《北史》等书以补亡。惟据《北齐书·恩幸·穆提婆传》："天统初，提婆入侍后主，朝夕左右，大被亲狎。嬉戏丑亵，无所不为。"而《后主纪》载有武平四年五月以领军穆提婆为尚书左仆射，七年穆提婆降周。则幸侍中穆提婆第时，必在其任左仆射之后，时已濒于危亡矣。又"于"字，原误作"与"，他本均作"于"，今改。

〔六〕亲戎以伐奚：《北齐书·孝昭纪》："孝昭皇帝演，幼而英特，早有大成之量。皇建元年，帝亲戎北讨库莫奚，出长城，虏奔遁。"按此纪与论俱亡，后人遂取《北史》内《孝昭纪论》补之。知幾云"不言"，盖就百药原本而言。

〔七〕消难拥数州之地以叛：《周书·司马消难传》："消难，字道融。(仕齐)为北豫州刺史，颇为百姓所附，文宣疑之。消难惧，密令所亲间行入关，请举州来附，晋公护迎之，为交州总管，寻以九州、八镇归于陈。"《北齐书》本传末仅云："招延邻敌，走关西。"

〔八〕刘勰有云：《文心雕龙·才略》："然自卿、渊已前，多俊才而不课学；雄、向已后，颇引书以助文。"杨明照校注："'俊'字，于义不属，当是'役'之形误。《左》成二年《传》'以役王命'，杜注：'役，事也。'此当作'役'而训为'事'。

《史通·杂说下篇》(云云),是所见本未误。"按卿即司马相如,字长卿,渊即王褒,字子渊,向即刘向,雄即扬雄。又"渊"字,原作"云",蜀本、陆本、鼎本、郭本、黄本同,黄本注云:"一作'渊'。"《通释》、《文心》作"渊",兹据改。

〔九〕本注:平通十字,《三国志·蜀书·王平传》:"平,字子均。生长戎旅,手不能书,其所识不过十字。而口授作书,皆有意理。"

〔一〇〕霍光无学:《汉书·霍光传赞》曰:"光不学无术,暗于大理。"

〔一一〕典诰:郭本同。蜀本、鼎本、黄本"诰"作"丽",黄本注云:"一作'诰'。"卢《拾补》:"宋不作'丽'。"

按《宋书》称武帝入关,以镇恶不伐,远方冯异〔一〕;于渭滨游览,追想太公〔二〕。夫以宋祖无学〔三〕,愚智所委,安能援引古事,以酬答群臣者乎?斯不然矣。更有甚于此者,睹周、齐二国,俱出阴山,必言类互乡〔四〕,则宇文尤甚。按王邵《齐志》,宇文公呼高祖曰"汉儿",夫以献武音词未变胡俗〔五〕,王、宋所载,其鄙甚多矣。周帝仍因之以华夏,则知其言不逮于齐远矣。而牛弘〔六〕、王邵,并掌策书,其载齐言也,则浅俗如彼;其载周言也,则文雅若此。夫如是,何哉?非两邦有夷夏之殊,由二史有虚实之异故也。夫以记宇文之言,而动遵经典,多依《史》、《汉》。《周史》述太祖论梁元帝而曰:"萧绎可谓天之所废,谁能兴之者乎?"〔七〕又宇文测为汾州,或谮之,太祖怒曰:"何谓间我骨肉,生此贝锦。"〔八〕此并六经之言也。又曰:"荣权吉士也,寡人与之言无二。"此《三国志》之辞也。其余言皆如此,岂是宇文之语耶?又按:裴政《梁太清实录》,称元帝使王琛聘魏,长孙俭谓宇文曰:"王琛眼睛全不转。"公曰:"瞎奴使痴人来，岂得怨我？”此言与王宗所载相类〔九〕，可谓真宇文之言，无愧于实录矣。此何异庄子述鲋鱼之对〔一〇〕，而辨类苏、张；贾生叙鹏鸟之辞〔一一〕，而文同屈、宋。施于寓言则可，求诸实录则否矣。其四条。

〔一〕镇恶不伐，远方冯异：《宋书·王镇恶传》：“镇恶，北海人。祖猛，高祖谓将门有将。屡战有功，攻陷长安城，高祖至，镇恶于灞上奉迎。高祖劳之曰：‘成吾霸业者，真卿也。’镇恶再拜谢曰：‘此明公之威，诸将之力，镇恶何功之有焉。’高祖笑曰：‘卿欲学冯异也。’”《后汉书·冯异传》：“异为人谦退不伐，每所止舍，诸将并坐论功，异常独屏树下，军中号曰大树将军。”

〔二〕渭滨游览，追想太公：《南史·郑鲜之传》：“（宋）武帝北伐，至渭滨，叹曰：‘此地宁复有吕望邪？’”按《史记·齐太公世家》：“太公望吕尚者，东海上人，以鱼钓奸周西伯于渭之阳。”《正义》：“奸音干。”

〔三〕宋祖无学：《宋书·郑鲜之传》：“高祖少事戎旅，不经涉学。及为宰相，颇慕风流。辞屈理穷，有时惭恧谓人曰：‘我本无术学，言义尤浅。’”

〔四〕互乡：《论语·述而》：“互乡难与言。”郑注：“互乡，乡名也，其乡人言语自专。”又袁宏《后汉纪》卷二十三《孝灵皇帝纪》：“林宗曰：‘仲尼不逆互乡，奈何使我拒子序也？’子序闻之，更自革修，终成善人。其善诱皆此类也。”

〔五〕音词：原误作“普嗣”，蜀本、鼎本、郭本、黄本作“晋嗣”，《通释》作“音词”，卢《拾补》：“当作‘音词’。”

〔六〕牛弘：《隋志》著录“《周史》十八卷，未成，吏部尚书牛弘撰"，据《隋书》本传，弘于隋文帝开皇末拜吏部尚书。今传令狐德棻等所撰之《周书》，或采诸弘著也。

〔七〕天之所废，谁能兴之：见《左》襄二十三年《传》胥午对栾盈之辞。

〔八〕贝锦："贝"字原误作"具"，蜀本同，鼎本、郭本、黄本作"贝"，今改。《周书·宇文测传》："测，字澄镜，太祖族子。大统六年，除大都督、行汾州事。或有告测与外境交通，怀贰心者，太祖怒曰：'何为间我骨肉，生此贝锦。'"按《诗·小雅·节南山之什·巷伯》："萋兮斐兮，成是贝锦。彼谮人者，亦已大甚。"郑注："贝锦，锦文也，文如贝文也。喻谗人集作已过，以成于罪，犹女工之集彩色以成锦文。"

〔九〕王宗：蜀本、陆本、鼎本、王本同，郭本、黄本、《通释》作"王宋"。

〔一〇〕鲋鱼之对：《庄子·外物》："周顾视车辙中有鲋鱼焉，问之，对曰：'我，东海之波臣也。君岂有斗升之水，而活我哉！'周曰：'诺！且激西江之水而迎子，可乎？'鲋鱼忿然作色曰：'此不如早索我于枯鱼之肆。'"

〔一一〕鹏鸟之辞：《文选·鹏鸟赋》："鹏乃叹息，举首奋翼，口不能言，请对以臆。"

世称近史编语〔一〕，谓言语之语也。惟《周》多美辞。夫以博采古文，而聚成今说，是则俗之所传，有《鸡九锡》〔二〕、《酒孝经》〔三〕、《房中志》〔四〕、《醉乡记》〔五〕，或师范五经，或规模三史，虽文皆雅正，而其事悉虚无。诸本作"在"字，宋本作"其"字。岂可便谓南、董之才，宜居班、马之职也。自梁室云季,雕虫道长。谓太清已后。平头上尾〔六〕,尤忌于时;对语丽辞,盛行于俗。始自江外,被于洛中。而史之载言,亦同于此。何之元《梁典》称议纳侯景,高祖曰:“文叔得王郎降而隗嚣灭,安世用羊祜之言而孙皓平。”夫汉晋之君,事殊僭盗。梁主必不舍其谥号,呼以姓名。此由须对语丽辞故也。又姚最《梁略》称,高祖曰:“得既在我,失亦在予。不及子孙,知复何恨。”夫变我称予,互文成句,求诸人语,理必不然。此由避平头上尾故也。又萧韶《太清记》曰:云云,温子昇《永安故事》言尔朱世隆之攻没建州日,怨痛之响,上彻青天〔七〕,酸苦痛极,下伤人理,此语皆非简要,而徒积字成文,并由避声对之为患也。或声从流靡,或语须偶对,此之为害,其流甚多。假有辨如郦叟〔八〕,吃若周昌〔九〕,子羽修饰而言〔一〇〕,仲由率尔而对,莫不拘以文禁,一概而书,必求实录,多见其妄矣。其五条。

〔一〕世称近史编语:鼎本接书于四条末句下,《通释》同,郭本则与上句接书。蜀本、陆本、王本、黄本均自此截分,浦注:“一本此处截分,非。”

〔二〕《鸡九锡》:王《训故》:“袁淑《俳谐记》有《鸡九锡文》。”按袁书早佚,《艺文类聚》卷九十一尚引及其《鸡九锡文》,梅鼎祚《宋文纪》卷十三亦载有其《鸡九锡文》、《贺表》两文,均同出《俳谐记》。《汉魏六朝百三家集》卷七十收录《宋袁淑集》佚文颇多,《鸡九锡文》、《贺表》即在其中,或《俳谐记》后又收入《袁淑集》乎?淑字阳源,乃陈郡阳夏人,《宋书》卷七十有传,故今存《宋袁淑集题词》称:“阳源《诽谐集》,文皆调笑,其于艺苑,亦博簺之类也。御虏议世讥其诞,然文采遒艳,才辩鲜及,即不得为仪、秦纵横,方诸燕然勒铭、广成作颂,意似欲无多让,诗章虽寡,其摹古之篇,风气竟逼建安。此人不死,颜、谢未必能出其上也。”

〔三〕《酒孝经》:《两唐志》子部小说家均著录:"《酒孝经》一卷,刘炫撰。"刘炫,《隋书》、《北史》有传,见前注,王《训故》谓"皇甫松著《酒孝经》"。按《新唐志》著录:"皇甫松《醉乡日月》三卷。"

〔四〕《房中志》:王《训故》:"皇甫松著《房中志》。"《两唐志》均未著录此书。

〔五〕《醉乡记》:《新唐书·王绩传》:"绩著《醉乡记》,以次刘伶《酒德颂》。"

〔六〕平头上尾:《南史·陆厥传》:"时沈约等文,皆用宫商,将平上去入四声,以此制韵,有平头,上尾,蜂腰,鹤膝。五字之中,音韵悉异,两句之内,角徵不同。不可增减,世呼为永明体。"

〔七〕上彻青天:蜀本、陆本无"青天"二字,作空格,鼎本、《通释》作"上彻天阍"。孙《札记》:"邓本作'青天'。"程《笺记》引任渊《后山诗注》卷一《妾薄命》注曰:"刘子玄《史通》载温子昇《永安故事》曰:'怨痛之响,上彻青天。'与邓本合。"

〔八〕辨如郦叟:《史记·郦食其传》:"郦生食其者,陈留高阳人,县中皆谓之狂生。常为说客,驰使诸侯。"

〔九〕吃若周昌:《史记·张丞相传》:"周昌者,沛人也。敢直言,帝欲废太子而立戚姬子如意为太子,昌廷争之强。为人吃,又盛怒,曰:'臣口不能言,然臣期期知其不可。'"

〔一〇〕子羽修饰而言:《孔子家语·七十二弟子解》:"澹台灭明,字子羽,有君子之姿,孔子尝以容貌望其才,其才不充孔子之望。"又《五帝德》:"子曰:'吾欲以颜状取人也,则于灭明改矣。'"而《史记·孔子弟子列传》则曰:"子羽状貌甚恶。孔子曰：'吾以貌取人，失之子羽。'"正与《家语》相反。

夫晋宋已前，帝王传授，始自锡命，终于登极。其间笺疏款曲，诏策频烦。虽事皆伪迹，言并饰让，犹能备其威仪，陈其文物，俾礼容可识，朝野具瞻。逮于近古，我则不暇。至如梁武之居江陵，齐宣之在晋阳；或文出荆州〔一〕，假称宣德之令；江陵之建业，地阔数千余里，宣德皇后下令，旬日必至。以此而言，其伪可见。或书成并部，虚云孝靖之敕〔二〕。凡此文诰，本不施行。必也载之起居，编之国史，岂所谓撮其机要，剪截浮辞者哉？但二萧《陈》、《隋》诸史，通多此失。晋魏及宋自创业后，称公王、即帝位，皆数十年间事耳。夫功德日盛，稍进累迁，足验礼容不欺，揖逊无失。自齐梁已降，称王公及即帝位，皆不出旬月之中耳。夫以迫促如是，则于礼仪何有者哉？又按北齐文宣帝将受魏禅，密撰锡逊劝进断表，又诏入奏请注一时顿尽，则始知无前后节文，等差降杀〔三〕。唯王劭所撰《齐志》，独无是焉。

夫以暴易暴〔四〕，古人以为嗤〔五〕。如彦渊之改魏收也，以非易非，弥见其失矣。而撰隋史者〔六〕，称澹大矫收失者〔七〕，何哉？且以澹著书〔八〕，方于君懋，岂唯其间可容数人而已〔九〕。史臣美澹而讥邵者〔一〇〕，《隋史》每论皆云史臣曰，今故因其成事，呼为史臣。岂所谓通鉴乎？语曰：蝉翼为重，千钧为轻〔一一〕。其斯之谓矣。其六条。

〔一〕文出荆州：《梁书·武帝纪》："永元三年三月乙巳，南康王即帝位于江陵（即和帝），遥废东昏为涪陵王，以高祖为尚书左仆射。十月高祖镇石头。十二月，宣德后令废涪陵王为东昏侯。中兴二年四月,宣德皇后令曰:‘西诏至,帝宪章前代,敬禅神器于梁。’”按齐和帝即位于江陵,故云禅诏“文出荆州”。

〔二〕书成并部:《北齐书·文宣帝纪》:“魏帝以天人之望有归,下诏归帝位于齐国。”《魏书·孝静帝纪》:“及将禅位于文宣,崔劼、裴让之奏云:‘诏已作讫。’即付杨愔进于帝,凡十条,书讫。帝乃下御座,乘犊车出云龙门。”按东魏初都洛阳,旋迁于邺,北齐都于晋阳。孝靖,《魏书》作“孝静”。

〔三〕通多此失:“此失”,原误乙作“失此”,各本均作“此失”,今乙改。又此句下注文“降杀”两字,蜀本、陆本、鼎本、郭本同,王本、黄本作“隆杀”。按原注颇难通读,卢《拾补》校云:“‘逊’,宋俱作‘让’。又‘又诏’作‘文诏’,又有一‘乃’字。‘请注’作‘请署’。又‘知无’,上无‘始’字,下有‘复’字。又‘隆杀’作‘降杀’。又‘则于礼仪何有者哉’,疑‘者’字衍。”又,自“又按北齐文宣帝”以下一段原注,《通释》移置“虚云孝靖之敕”句下,删去“又按”两字。

〔四〕夫以暴易暴:原作“夫以累易”,蜀本、陆本、鼎本、郭本、黄本同,兹据卢《拾补》校补。卢云:“‘累’讹。”下“暴”字,“宋亦脱,今补”。《史记·伯夷列传》载夷、齐《采薇歌》曰:“以暴易暴兮,不知其非矣。”

〔五〕古人以为嗤:嗤,蜀本空格,陆本、鼎本“嗤”作“辞”,郭本、黄本作“嗤”,又“古”字属上句读。卢《拾补》在“人”字下注云:“疑衍。”

〔六〕撰隋史者:“史”上原衍一“文”字,鼎本、郭本、黄本同,浦注:“旧衍‘文’字。”今删。

〔七〕澹大矫收失:《隋书·魏澹传》:“澹,字彦深(原名彦渊,避李渊讳),所著《魏书》甚简要,大矫收之失。"《隋志》著录"《后魏书》一百卷,著作郎魏彦深撰"。

〔八〕著书:原作"置书",蜀本、陆本同,鼎本、郭本、黄本作"著书",今改。

〔九〕其间可容数人:陈《补释》引《世说新语·排调》篇:"王丞相枕周伯仁膝,指其腹曰:'卿此中何所有?'答曰:'此中空洞无物,然容卿辈数百人。'"《史通》用其意。按:王丞相名导,周伯仁名𫖮,《晋书·𫖮传》载入此事。

〔一〇〕史臣美澹而讥邵:《隋书·魏澹传》:"史臣曰:'澹之《魏书》,时称简正,条例详密,足传于后。'"又《王邵传》:"史臣曰:'邵雅好著述,久在史官,既撰《齐书》,兼修隋典,好诡怪之说,尚委巷之谈。文词鄙秽,体统繁杂,直愧南、董,才无迁、固,徒烦翰墨,不足观采。'"

〔一一〕蝉翼、千钧:陈《补释》:"语本《楚辞·卜居》。又《晋书·周𫖮传》:'质轻蝉翼,事重千金。'"按:此乃𫖮让官疏中语。而《卜居》辞意据王逸注谓"近佞谗,远忠良",轻重倒置,与知幾辞意相符。

别传九条

刘向《列女传》云:"夏姬再为夫人,三为王后。"〔一〕夫为夫人则难以验也,为王后则断可知矣。按其时诸国称王,惟楚而已。如巫臣谏庄将纳姬氏〔二〕,不言曾入楚宫,则其为后当在周室。盖周德虽衰,犹称秉礼,岂可族称姬氏,而妻厥同姓者乎〔三〕?且鲁娶于吴,谓之孟子,聚麀之诮,起自昭公〔四〕,未闻其先已有斯事〔五〕。礼之所载,何其阙如。

《杂记》曰,夫人之不命于天子,自鲁昭公始也。又以女子一身,而作嫔三代,求诸人事,理必不然。

寻夫春秋之后,国称王者有七。盖由向误以夏姬之生,当夫战国之世,称三为王后者,谓历嫔七国诸王。校以年代,殊为乖剌〔六〕。至于他篇,兹例甚众。故论楚也,则昭王与秦穆同时〔七〕;言齐也,则晏婴居宋景之后。《列女传》曰:齐伤槐女,景公时人。谓晏子曰,昔景公之时,大旱三年。夫谓宋景为昔,即居其后〔八〕。今粗举一二,其流可知。其一条。

〔一〕夏姬再为夫人,三为王后:梁端校注今本《列女传》:"夏姬,陈大夫征舒之母,盖老而复壮者,三为王后,七为夫人。"《史记·陈涉世家》之《正义》引古本《列女传》同。象本误"王后"为"皇后",鼎本、郭本、黄本作"王后",兹据原文校改,下"为王后"同。又卢《拾补》校云:"《列女传》云'盖老而复壮者三,为王后,七为夫人',当于'三'字句绝,谚所云'夏姬得道,鸡皮三少'是也,下当云'一为王后'。《左氏》虽不言曾入楚宫,而《列女传》则云:'庄王因巫臣之谏,使坏后垣而出之。'则固曾入楚宫矣。'再为夫人'与'七为夫人',诚为难验,或刘向以后世卿大夫之妻通称夫人,而因以推之。'再为夫人',则御叔、巫臣是已。言七者,或并淫乱者数之乎?"梁端校注亦引宇文士及《妆台记》序云:"春秋之初,有晋楚之谚曰:'夏姬得道,鸡皮三少。'"所谓"老而复壮者三"也,下二句当别有所出。《史通·杂说》篇引"再为夫人,三为王后",误。按《列女传》原文如断为"老而复壮者三,为王后,七为夫人",似亦可通。程《笺记》转引卢文弨《钟山札记》所引《山海经图赞》

云:“夏姬是艳,厥媚三还。”较《拾补》多此一证。

〔二〕巫臣谏庄:《列女传》:“楚庄王举兵诛征舒,见夏姬美好,将纳之,巫臣谏曰:‘不可。’王从之,使坏后垣而出之。子反又欲取之,巫臣谏曰:‘是不祥人也。杀御叔,弑灵公,出孔、仪。’子反乃止。庄王以夏姬与连尹襄老,襄老死于邲,其子黑要又通于夏姬。及恭王即位,巫臣与夏姬奔晋,子反灭巫臣之族,而分其室。”按巫臣谏子反,亦见于《左》成二年《传》杜注。孔、仪,孔宁、仪行父。

〔三〕妻厥同姓:《左》成二年《传》注云:“郑灵公,夏姬之兄。”《史记·郑世家》:“郑桓公友者,周厉王少子。”则夏姬与周王同为姬姓。知幾推论夏姬为后,当在周室,故云“妻厥同姓”。

〔四〕聚麀之诮,起自昭公:《礼记·曲礼上》:“夫惟禽兽无礼,故父子聚麀。”又《论语·述而》:“陈司败问昭公知礼乎?孔子曰:‘知礼。’孔子退。揖巫马期而进之曰:‘君娶于吴,为同姓,谓之吴孟子。君而知礼,孰不知礼。’”又《礼记·杂说下》郑注:“周之制,同姓百世婚姻不通。吴,大伯之后,鲁,同姓。昭公娶于吴,谓之吴孟子,不告于天子。自此后取者,遂不告于天子。”

〔五〕未闻其先已有斯事:卢《拾补》:“何云:‘晋有四姬,已前此矣。’”

〔六〕殊为乖刺:自“寻夫春秋之后”至此一小段,知幾既以夏姬在春秋时不可能“三为王后”,遂谓刘向误以夏姬生当战国七雄之世,实则向并无此误,乃知幾推断失实。

〔七〕则昭王与秦穆同时:《列女传·楚平伯嬴》:“伯嬴者,秦穆公之女,楚平王之夫人,昭王之母也。当昭王时,楚与吴为伯莒之战。吴胜楚，遂入至郢，昭王亡。吴王阖闾尽妻其后宫，次至伯嬴。”梁端校注：“‘穆’字误。伯莒之战，在鲁定公四年，穆公卒于文公六年，相去一百一十六年矣。”浦注：“当云平王。”当缘《列女传》本谓伯嬴乃平王之夫人。按：楚平在位之年为前528—前517，其继位之年，距秦穆之卒亦近百年，亦未能娶穆女为夫人，向《传》亦误。

〔八〕晏婴居宋景之后：原注已节引《列女传·齐伤槐女》原文。按晏婴，齐景公相，齐景杵臼继位（前547），宋景头曼继位于前516年，杵臼早三十余年，伤槐女安得称“昔宋景公之时”。又卢《拾补》校原注“昔景公之时”句云：“‘昔’下脱一‘宋’字。”

观刘向对成帝，称武宣行事，世传失实〔一〕。事具《风俗通》，其言可谓明鉴者矣。及自造《洪范五行》，及《新序》、《说苑》、《列女》、《神仙》诸传，而皆广陈虚事，多构伪辞〔二〕，非其识不周而才不足，盖以世人都可欺故也。呜呼！后生可畏〔三〕，何代无人，而辄轻忽若斯者哉！夫传闻失真，书事失实，盖事有不获已，人所不能免也。至于故为异说，以惑后来〔四〕，则过之尤甚者矣。其二条。

〔一〕武宣行事，世传失实：《风俗通义·正失·孝文帝》：“成帝见刘向，以世俗多传道孝文皇帝，曰：‘其治天下，孰与孝宣皇帝？’向曰：‘世之毁誉，莫能得实，审形者少，随声者多，或至以无为有。文帝之节俭，似出于孝宣皇帝。如其聪明远识，治理之材，恐文帝亦且不及孝宣皇帝。’”按此篇成帝与刘向问答之辞，悉是文、宣行事。《史通》各本原文均作

"武宣行事",按下一篇《东方朔》略云:"俗言东方朔能兴王霸之业。刘向少时,数问长老及朔时人,皆云:'朔口谐倡辩,不能持论,喜为凡庸诵说,故令后世多传闻者。'安在能神圣历世为辅佐哉?"或并此篇言及武帝时事欤?

〔二〕"及自造"数句:《汉书·刘向传》:"向乃集合上古以来,历春秋六国至秦汉符瑞灾异之记,推迹行事,连传祸福,著其占验,比类相从,各有条目,凡十一篇,号曰《洪范五行传论》。序次为《列女传》,凡八篇,著《新序》、《说苑》凡五十篇。"本传述及向著诸书,《汉志》均著录,《隋志》著录"《列仙传赞》,刘向撰",一题孙绰赞,一题郭元祖赞。又原文"神仙传",孙《札记》校"神"字云:"顾作'列'。"程《笺记》备引《四库提要辨证》略云:"昔人攻击刘向之说,莫先于此。惜乎其尚未知向著述之体。向所定著之群书,如后人之编诗文集,事之错谬,则作文者之事,非撰集者之事也。"程氏案云:"子玄核论史事,必求其真,固属无可非议,然于著述之体例,文章之情态,犹有所未明,则其蔽也。"按知幾虽尝论文士非史才,然亦尚未能分历史真实与艺术真实之殊异。但说理文章,引用史事亦必求真实,固仍属古今不易之论也。

〔三〕后生可畏:语出《论语·子罕》。

〔四〕惑:何义门批校本描改作"感",又用符号表示删去其所描改之笔画。按蜀本、陆本作"感",他本皆作"惑","惑"字不误。

按苏秦答燕易王,称有妇人将杀夫,令妾进其药酒,妾佯僵而覆之〔一〕。又甘茂谓苏氏云:贫人女与富人女会绩,曰:无以买烛,而子之光有余,子可分我余光[二],无损子明。此并战国之时,游说之士,寓言设理,以相比兴。及向之著书也,乃用苏氏之说,为二妇人立传,定其邦国,加其姓氏[三],以彼乌有,持为指实,何其妄哉! 又有甚于此者,至如伯奇化鸟,对吉甫以哀鸣[四];宿瘤隐形,干齐王而作后[五]。此则不附于物理者矣。复有怀嬴失节[六],目为贞女;刘安覆族,定以登仙[七]。立言如是[八],岂顾丘明之有传,孟坚之有史哉? 其三条。

〔一〕妾进其药酒,妾佯僵而覆之:《战国策·燕策一》苏秦对燕王曰:"臣邻家有远为吏者,其妻私人。夫归,妻使妾奉卮酒进之。妾知其药酒也,乃阳僵弃酒,主父大怒而笞之。故妾一僵而弃酒,上以活主父,下以存主母也。"按:"故妾一僵而弃酒"之"弃"字,《史记·苏秦传》作"覆"字。

〔二〕分我余光:《史记·甘茂传》:"甘茂之亡秦奔齐,逢苏代,代为齐使于秦。甘茂曰:'臣得罪于秦,惧而遁逃,无所容迹。臣闻贫人女与富人女会绩(云云),无损子明。'"《战国策·秦策二》:"甘茂亡秦,且之齐。遇苏子(代)曰:'江上之处女,有家贫而无烛者,处女相与语,欲去之。无烛者曰:妾以无烛,故常先至,扫室布席,何爱余明之照四壁者。'"

〔三〕本注:向传定邦加姓,《列女传·周主忠妾》:"周主忠妾者,周大夫妻之媵妾也,大夫号主父。自卫仕于周,二年且归,其妻淫于邻人(云云)。"此传与注〔一〕所引《战国策》及《史记》原文互校,定其邦国为周大夫,加其号为主忠。但《战国策》同卷《燕策一》内另有一段:"苏代谓燕昭王曰：'昔周之上地壆尝有之，其丈夫官三年不归，其妻爱人（云云）。'"刘向定其邦国为周，乃误并苏代与苏秦之言为一耳，不能断为"定邦加姓"。又《列女传·齐女徐吾》："齐女徐吾者，齐东海上贫妇人也。与邻妇李吾之属会烛，相从夜绩。徐吾最贫，而烛数不属（云云）。"定其邦国为"齐"，加其姓氏为"徐"为"李"。

〔四〕本注：伯奇化鸟哀鸣，《太平御览》卷九百二十三载曹植之《贪恶鸟论》（《通释》引作《令禽恶鸟论》）："昔尹吉甫信用后妻之谗，而杀孝子伯奇。吉甫后悟，追伤伯奇。出游于田，见异鸟鸣于桑，其声嗷然。吉甫心动，曰：'无乃伯奇乎？'乃顾曰：'伯劳乎？是吾子，栖吾舆；非吾子，飞勿居。'言未卒，鸟寻声而栖于盖。归入门，向室而号。"

〔五〕宿瘤隐形，干齐王而作后：干，鼎本、王本、黄本、《通释》同，蜀本、陆本、郭本及纪氏《削繁》作"于"，当为形近之误。按《列女传·齐宿瘤女》："宿瘤女者，齐东郭采桑之女，闵王之后也。项有大瘤，故号曰宿瘤。初，闵王出游至东郭，百姓尽观，宿瘤采桑如故。王曰：'奇女也。'遂以为后。"又《齐钟离春》："钟离春者，齐无盐邑之女，宣王之正后，其为人极丑。自诣宣王，愿备后宫。宣王谓曰：'夫人欲干万乘，有何奇能？'对曰：'窃尝喜隐。'言未卒，忽然不见。于是拜为后。"

〔六〕怀嬴失节：《列女传·节义传·晋圉怀嬴》："怀嬴者，秦穆之女，晋惠公太子之妃也，圉质于秦，穆公以嬴妻之。圉将逃归，谓嬴氏曰：'子其与我行乎？'嬴氏曰：'从子而归，是弃君也，言子之谋，是负妻之义也，吾不敢泄言，亦不敢从。'君子谓怀嬴善处夫妇之间。"事据《左》僖二十二年

《传》,而增益其辞。而《左》文六年《传》又云:“辰嬴嬖于二君。赵孟曰:‘为二嬖,淫也。’”杜注:“辰嬴,怀嬴也。二君,怀公(圉)、文公也。”

〔七〕刘安、登仙:葛洪《神仙传》:“淮南王安临去时,余药器置在中庭,鸡犬舐啄之,尽得升天。”今传刘向之《列仙传》,无刘安登仙说,其事已无可考。又《汉书·武帝纪》:“元狩元年冬十一月,淮南王安谋反,诛,党与死者数万人。”又《淮南王安传》:“伍被自诣吏,具告与淮南王谋反,吏因捕太子、王后,围王宫,尽捕王宾客在国中者,治所连引与淮南王谋反列侯、二千石、豪杰数千人,皆以罪轻重受诛。安自刑杀。”明载其因谋反而遭覆族之祸。

〔八〕立:原误刊作“夫”,蜀本、陆本同,各本皆作“立”,今改。

扬雄《法言》,好论司马迁而不及左丘明,常称《左氏传》唯有品藻二言而已〔一〕,是其鉴物有所不明者也。且雄哂子长爱奇多杂〔二〕,又曰不依仲尼之笔,非书也〔三〕,自序又云不读非圣之书〔四〕。然其撰《甘泉赋》则云鞭宓妃云云〔五〕,刘勰《文心》已议之矣〔六〕。然则文章小道,无足致嗤。观其《蜀王本纪》称杜魄化而为鹃〔七〕,荆尸变而为鳖〔八〕,其言如是,何其鄙哉!所谓非言之难,而行之难也〔九〕。其四条。

〔一〕品藻二言:《法言·重黎》:“或问:‘《周官》?’曰:‘立事。’‘《左氏》?’曰:‘品藻。’‘《太史迁》?’曰:‘实录。’”浦按:“‘二言’者,二字也。”

〔二〕爱奇多杂:《法言·君子》:“多爱不忍,子长也。子长多爱，爱奇也。"又《问神》篇："或曰：'淮南、太史公者，其多知与？曷其杂也。'曰：'杂乎杂。人病以多知为杂，惟圣人为不杂。'"李轨注"杂乎杂"云："叹不纯也。"

〔三〕不依仲尼之笔，非书也：陈《补释》引《法言·吾子》："好书而不要诸仲尼，书肆也。"又《问神》篇："书不经，非书也。"

〔四〕不读非圣之书：《汉书·扬雄传》："非圣哲之书不好也。"又传赞曰"雄之自序云尔"。师古注："自《法言》目之前，皆是雄本自序之文也。"

〔五〕撰《甘泉赋》则云鞭宓妃：王《训故》引扬雄《羽猎赋》云："鞭洛水之宓妃，饷屈原与彭、胥。"按师古注："彭，彭咸，胥，伍子胥，皆水死者。"浦在原文"甘泉赋"下夹注云："当云《羽猎赋》。"按《甘泉赋》亦有句云："想西王母欣然而上寿兮，屏玉女而却宓妃；玉女亡所眺其清胪兮，宓妃曾不得施其蛾眉。"而《汉书·扬雄传》亦云："是时赵昭仪方大幸，每上甘泉，常法从。故雄言屏玉女、却宓妃，以微戒齐肃之事。"则《甘泉赋》亦以"却宓妃"申劝戒也。知幾当缘此致误，浦注是。又"羽猎"，《汉书》作"校猎"。

〔六〕《文心》已议之：王《训故》引《文心雕龙·夸饰》："子云校猎，鞭宓妃以饷屈原。娈彼洛神，既非魍魅。而虚用滥形，不其疏乎？"

〔七〕《蜀王本纪》："王"字，原误作"主"，蜀本、陆本、鼎本、郭本、黄本同，卢《拾补》云："'主'讹。"今改。程《笺记》引《隋书经籍志考证》、朱希祖《蜀王本纪考》、徐中舒《论蜀王本纪成书年代及其作者》，佥以《蜀王本纪》非出子云之手，可参看。

〔八〕杜魄、荆尸：王《训故》引《蜀王本纪》云："荆人鳖令死，其尸流亡，随江水上至成都，见蜀王杜宇。杜宇立以为相。杜宇号望帝，自以德不如鳖令，以其国禅之。”又引《说文成都记》云：“望帝死，其魂化为鸟，名曰杜鹃，亦曰子规。”《通释》则引《路史·余论》：“鳖，水名也，亦作鳖县，在牂牁。”按《华阳国志·蜀志》亦载其事。又“杜”字，原误作“相”，蜀本、陆本同，鼎本、郭本、黄本作“杜”，今改。

〔九〕行之难：《尚书孔传·说命中》：“非知之艰，行之惟艰。”

夫十室之邑，必有忠信，欲求不朽，弘之在人。何者？交阯远居南裔，越裳之俗也〔一〕；燉煌僻处西域，昆戎之乡也〔二〕。求诸人物，自古阙载。盖由地居下国，路绝上京，史官注记，所不能及也。既而士燮著录〔三〕，刘炳裁书〔四〕，则磊落英才，粲然盈瞩者矣。向使两贤不出，二郡无记，彼边隅之君子，何以取闻于后世乎？是知著述之功，其力大矣，岂与夫诗赋小技，校其优劣者哉？其五条。

〔一〕交阯、越裳之俗：《礼记·王制》：“南方曰蛮，雕题、交趾。”《后汉书·南蛮传》：“交阯之南，有越裳国。周公居摄六年，越裳以三象重译而献白雉。”又：“其俗男女同川而浴，故曰交阯。”

〔二〕燉煌、昆戎之乡：《汉书·地理志》：“敦煌郡，武帝后元年分酒泉置，杜林以为古瓜州地。”师古曰：“即《春秋左氏传》所云，允姓之戎居于瓜州者也。”按《左》昭九年《传》杜注：“允姓，阴戎之祖。”《元和郡县志》：“周穆王伐昆戎。”盖自敦煌以西，通称昆戎也。又“燉”字，卢《拾补》校云：“何‘敦’。”

〔三〕士燮:《三国志·吴书·士燮传》:"士燮,字威彦,苍梧人。举茂才,除巫令,迁交阯太守。表弟壹领合浦太守,次弟䵋领九真太守,中国士人往依避难者以百数。耽玩《春秋》,为之注解。《尚书》兼通古今,大义详备。燮兄弟并为列郡,雄长一州。"

〔四〕刘炳:炳,蜀本、陆本、鼎本同,郭本、王本、黄本、《通释》作"昞",二字相通。《魏书·刘昞传》:"昞,字延明,敦煌人。隐居酒泉,不应州郡之命。弟子受业者五百余人,注记篇籍,以烛继昼,著《敦煌实录》二十卷。"《隋志》著录十卷。其人及著作分别参看《点烦》、《论赞》两篇注。

自战国已下,词人属文,皆伪立客主,假相酬答〔一〕。至于屈原《离骚》辞,称遇渔父于江渚〔二〕;宋玉《高唐赋》,云梦神女于阳台〔三〕。夫言并文章,句结音韵。以兹叙事,足验凭虚。而司马迁、习凿齿之徒,皆采为逸事,编诸史籍,疑误后学,不其甚邪!必如是,则马卿游梁,枚乘赞其好色〔四〕;曹植至洛,宓妃睹于岩畔〔五〕。撰魏史者〔六〕,亦宜编为实录矣。其六条。

〔一〕伪立客主,假相酬答:《文心雕龙·杂文》:"宋玉含才,颇亦负俗,始造对问。自对问以后,东方朔效而广之,名为客难。扬雄《解嘲》,杂以谐谑。"按:《文选·对问》选录"宋玉对楚王问",《设论》选录朔、雄等文。

〔二〕遇渔父:《楚辞·渔父》:"屈原既放,游于江潭,行吟泽畔,渔父见而问之。"《史记·屈原传》载入此事。又"渔"字,原作"汉",蜀本、陆本、郭本、黄本亦作"汉",鼎本作"渔"。

卢《拾补》云："'汉'讹。"今改作"渔"。程《笺记》："以《离骚》为楚辞共名，盖始晋人。"

〔三〕梦神女：宋玉《高唐赋》："昔者先王尝游高唐，梦一妇人，去而辞曰：'旦为朝云，暮为行雨，朝朝暮暮，阳台之下。'"又宋玉《神女赋》序云："楚襄王使玉赋高唐之事，其夜王果梦与神女遇。"《汉晋春秋》已佚，习氏当采及此事。

〔四〕本注：马卿好色，司马相如《美人赋》："相如游梁，梁王说之。邹阳谮之曰：'相如服色妖丽，游王后宫，王察之乎？'王问相如：'子好色乎？'相如曰：'臣不好色也。'"按"邹阳谮"与"枚乘赞"歧异。又"赞"字，蜀本、陆本、鼎本、郭本、《通释》作"谮"。

〔五〕宓妃睹于岩畔：曹植《洛神赋》："余朝京师，还济洛川。斯水之神，名曰宓妃，睹一丽人于岩之畔。御者对曰：'君王所见，无乃是乎！'"

〔六〕撰魏史者：蜀本、陆本、鼎本、郭本同，黄本及《通释》均补一"汉"字，作"撰汉魏史者"，于义较切。黄本并注云："旧本无'汉'字。"

嵇康撰《高士传》〔一〕，取《庄子》、《楚辞》二渔父事〔二〕，合成一篇。夫以园吏之寓言〔三〕，骚人之假说，而定为实录，斯已谬矣。况此二渔父者，校年则前后别时，论地则南北殊壤，而辄并之为一，岂非惑哉？苟如是，则苏代所言双禽蚌鹬，此亦渔父之一事，何不同书于传乎？必惟取揄袂缁帷之林，濯缨沧浪之水，弥见其未学也〔四〕。苏代所言双禽鹬蚌〔五〕，伍胥所遇渡水芦中〔六〕，斯并渔父善事，亦可同归一录，何止褕袂缁帷之林,濯缨沧浪之水,若斯而已也[七]。庄周著书[八],以寓言为主;嵇康述《高士传》,多引其虚辞。至若神有混沌,编诸首录[九],苟以此为实,则其流甚多。至如蛙鳖竞长,蚿蛇相怜[一〇],鷽鸠笑而后言,鲋鱼忿以作色[一一]。向使康撰《幽明录》、《齐谐记》[一二],并可引为真事矣。夫识理如此,何为而薄周、孔哉[一三]?其七条。

〔一〕嵇康撰《高士传》:《晋书·嵇康传》:"康,字叔夜,谯国人。善谈理,又能属文,撰上古以来高士,为之传赞,欲友其人于千载也。"《隋志》著录"《圣贤高士传赞》三卷,嵇康撰,周续之注",佚。

〔二〕二渔父事:《庄子·渔父》:"孔子游乎缁帷之林,弦歌鼓琴,奏曲未半,有渔父者,下船而来,被发揄袂,以听曲终。"《楚辞·渔父》屈原遇渔父于江渚事,见上六条注〔二〕。今传皇甫谧《高士传·渔夫传》即载入《楚辞》中渔父事。

〔三〕园吏之寓言:《史记·老子韩非列传》:"庄子者,名周。周尝为蒙漆园吏,著书十余万言,大抵率寓言也。"

〔四〕揄袂、未学:揄袂,原误作"褕袂",蜀本、陆本、鼎本、郭本同,王本、黄本、《通释》作"揄袂",何义门批校本描改同。按上引《庄子·渔父》"被发揄袂",郭象注:"揄,音俞,垂手衣内而行也。"今据改。未学,《论语·学而》:"与朋友交,言而有信,虽曰未学,吾必谓之学矣。"又"未学"句下原注凡四十七字,《通释》作大字正文,以代正文自"苏代所言"至"未学也"四十三字,蜀本、陆本、鼎本、王本、黄本同象本。

〔五〕双禽鹬蚌:《战国策·燕策二》:"赵且伐燕。苏代为燕谓

(赵)惠王曰:‘今者臣来,过易水,蚌方出曝,而鹬啄其肉,蚌合而拑其喙。两者不肯相舍,渔者得而并禽之。臣恐强秦之为渔父也。’”

〔六〕渡水芦中:《吴越春秋》:“伍员奔吴,至江,渔父渡之,有饥色,曰:‘为子取饷。’子胥乃潜身深芦之中。有顷,父来而呼之曰:‘芦中人,芦中人。’”

〔七〕缁帷、沧浪:褕袂缁帷见注〔二〕。濯缨沧浪,《楚辞·渔父》:“渔父莞尔而笑,乃歌曰:‘沧浪之水清兮,可以濯我缨。’”

〔八〕庄周著书:鼎本及郭本,自此句以下皆另截为一段。

〔九〕混沌、首录:嵇康之《圣贤高士传》,自混沌至管宁,凡百一十有九人。混沌事见《庄子·应帝王》篇末。

〔一〇〕蛙鳖、蚿蛇:《庄子·秋水》:“坎井之蛙谓东海之鳖曰:‘吾跳梁乎井干之上,入休乎缺甃之崖,擅一壑之水,而跨跱坎井之乐,夫子奚不时来入观乎?’东海之鳖左足未入,而右膝已絷。于是逡巡而却,告之海曰:‘夫千里之远,不足以举其大;千仞之高,不足以极其深。此亦东海之大乐也。’于是坎井之蛙闻之适适然惊,规规然自失也。”郭注:“坎井,坏井也。”又:“蚿怜蛇,蚿谓蛇曰:‘吾以众足行,而不及子之无足,何也?’蛇曰:‘夫天机之所动,何可易邪?吾安用足哉!’”

〔一一〕鷽鸠、鲋鱼:“鷽”,原作“覺”,蜀本、陆本、鼎本、郭本、黄本作“鷽”,今改。《庄子》作“学”。《庄子·逍遥游》:“鹏之徙于南冥也,水击三千里,抟扶摇而上者九万里。学鸠笑之曰:‘我决起而飞,抢榆枋,时则不至,控于地而已矣。奚以之九万里而南为?’”鲋鱼作色,见前《诸史》第四条之注〔一〇〕“鲋鱼之对”。

〔一二〕《幽明录》、《齐谐记》:《隋志·杂传》著录:“《齐谐记》七卷,宋散骑侍郎东阳无疑撰。《幽明录》二十卷,刘义庆撰。”

〔一三〕薄周、孔:嵇康《与山巨源绝交书》:“康又每非汤武而薄周孔,世教不容。”

杜元凯撰《列女记》〔一〕,博采经籍前史,显录古老明言,而事有可疑,犹阙而不载。斯岂非理存雅正,心嫉邪僻者乎?君子哉若人也〔二〕!长者哉若人也!其八条。

〔一〕《列女记》:《晋书·杜预传》:“预,字元凯,京兆杜陵人。博学多通,耽思经籍,为《春秋左氏经传集解》,又参考众家谱第,谓之《释例》。又作《盟会图》、《春秋长历》,备成一家之学,比老乃成。又撰《女记赞》,当时论者谓预文义质直。”《隋志》著录“《女记》十卷,杜预撰”。又纪《评》:“此条连上,浦未及改正。”朱希祖批校云:“宋本无‘列’字,与《晋书》本传合。”

〔二〕君子哉若人:《论语·宪问》:“子曰:‘君子哉若人,尚德哉若人。’”

《李陵集》有《与苏武书》〔一〕,词彩壮丽,音句流靡。观其文体,不类西汉人,殆后来所为,假称陵作也。缺而不载,良有以焉〔二〕。迁《史》编于《李传》中,斯为缪矣。迁《史·李传》无此书,恐误记耳。其九条。

〔一〕《李陵集》有《与苏武书》:《文选》载入此书,《史》、《汉》之

《李陵传》均无此书，知幾首揭其非西汉人作。

〔二〕缺而不载，良有以焉：蜀本、陆本同，鼎本、郭本、黄本、《通释》在“缺”字上有“迁《史》”两字。下文“迁《史》编于《李传》中，斯为缪矣”及原注，蜀本、陆本无注，鼎本、郭本均无，黄本有“编于李传中斯为缪矣”九个字，《通释》悉同黄本，但改“《李传》”“传”字为“集”，并注：“旧误作‘传’。”卢《拾补》据鼎本校“迁《史》”二字云：“宋此处无，下有。”即依象本作“迁《史》编于《李传》中”也，卢又校此‘迁’字云：“何改‘通’。”并谓：“何云：‘子卿使还，子长下世久矣，刘氏不应如此善忘。盖缺而不载，正谓班氏《汉书》，下当是《通史》，形误为迁也。’”卢又校《通释》改“李传”为“李集”是“误而益误”。卢说：“《通史》虽不可见，然此书乃论史，自无暇复及编集之是非。”孙《札记》校谓：“顾亦云：‘迁’当是‘通’字之误。”按此条文字，甚难通读，知幾既谓李陵报书，非西汉文，迁《史》自无从载入。“缺而不载，良有以焉”八字，已嫌辞费，鼎本等冠以“迁《史》”，更无臆解余地。卢据象本释作《汉书》，虽可通读，然终嫌无据。倘齐、梁人作为可信，则孟坚自亦无从载入。梁武《通史》是否于《李陵传》中载有其《答苏武书》，既无从考知，今本《史记》未载答书，知幾不应“误记”。或其所见《史记》，与今本有异欤？抑有后人篡入此书欤？志以存疑。又原注“迁《史·李传》无此书，恐误记耳”，此十一字，亦决非知幾原注。

杂说十条〔一〕

夫自古之学者，谈称多矣〔二〕。精于《公羊》者，尤憎

《左氏》;习于太史者,则偏嫉孟坚。夫能以彼所长,而攻此所短,持此之是,而述彼之非,兼善者鲜矣。其一条。

〔一〕杂说十条:蜀本、陆本、鼎本、郭本、黄本同,《通释》作"杂识十条",并注云:"'识',旧作'说'。《杂说》乃篇之总名,岂以科别之名混之。杂识,犹言杂记也,或读作入声,遂以音讹转作'说'字耳。"是亦浦氏臆改之一例。

〔二〕谈称多矣:蜀本、陆本、鼎本、郭本、黄本同,"称"字,浦注:"一作'讲'。"卢《拾补》:"宋'讲'。"孙《札记》亦校作"讲"。

又观世之学者,或耽玩一经,或专精一史。谈《春秋》者,则不知宗周既殒,而人有六雄;论《史》、《汉》者,则不悟刘氏云亡,而地分三国。亦有武陵隐士,灭迹桃源〔一〕,"灭"一作"遁"。当此晋年,犹谓暴秦之地也。假有学穷千载,书总五车〔二〕,见良直而不觉其善,逢牴牾而不知其失,葛洪所谓藏书之箱箧,五经之主人。而夫子有云:虽多亦安用为〔三〕?其斯之谓也。其二条。

〔一〕灭迹桃源:"灭"字,鼎本、郭本、黄本作"遁"。《宋书·隐逸·陶潜传》:"潜,字渊明,或云渊明,字元亮,寻阳柴桑人。"《陶渊明集·桃花源记》:"晋太元中,武陵人捕鱼为业,缘溪行,忽逢桃花林。林尽水源,便得一山,山有小口,从口入,其中男女衣着,悉如外人。自云先世避秦时乱,来此绝境,问今何世,乃不知有汉,无论魏晋。"

〔二〕书总五车:《庄子·天下》:"惠施多方,其书五车。"

〔三〕虽多亦安用为:《论语·子路》:"子曰:'虽多,亦奚以为!'"

夫邹好长缨,齐珍紫服[一],斯皆一时所尚,非百王不易之道也。至如汉代《公羊》,擅名三传[二],晋年《庄子》,高视六经[三],今并挂壁不行[四],缀旒无绝[五]。岂与夫《春秋左氏》、《古文尚书》,虽暂废于一朝,终独高于千载。校其优劣,可同年而语哉?其三条。

〔一〕长缨、紫服:《韩非子·外储说左上》:"邹君好服长缨,左右皆服长缨,缨甚贵,邹君患之。问左右,左右曰:'君好服,百姓亦多服,是以贵。'君因先自断其缨而出,国中皆不服长缨。"又:"齐桓公好服紫,一国尽服紫。当是时也,五素不得一紫。桓公患之,谓管仲曰:'紫贵甚,奈何?'管仲曰:'君欲止之,何不试勿衣紫也。'公曰:'诺。'于是日,郎中莫衣紫,其明日,国中莫衣紫,三日,境内莫衣紫。"《文选》任彦昇《策秀才文》:"上之化下,草偃风从。昔紫衣贱服,犹化齐风;长缨鄙好,且变邹俗。"

〔二〕《公羊》擅名:《史记·儒林·董仲舒传》:"汉兴至于五世之间,唯董仲舒名为明于《春秋》,其传公羊氏也。"《汉书·儒林传》序亦云:"言《春秋》,于齐则胡毋生,于赵则董仲舒。"又《胡毋生传》:"毋生,字子都,齐人。治《公羊春秋》,为景帝博士,与董仲舒同业,齐之言《春秋》者宗事之,公孙弘亦颇受焉。"

〔三〕高视六经:陈《补释》引《全唐文》卷三百七十二柳并《意林序》言:"庄、老亦云,高视六经,为天下式。"按郭象《庄子序》称庄子“为百家之冠”。

〔四〕挂壁不行：陈《补释》引《三国志·魏书·陈泰传》：“泰为并州刺史，京邑贵人多寄宝货，因泰市奴婢，泰皆挂之于壁，不发其封。及征为尚书，悉以还之。”（引文据《泰传》校补）

〔五〕缀旒无绝：陈《补释》引《春秋》襄十六年《经》：“三月戊寅，大夫盟。”《公羊传》：“君若赘旒然。”《释文》：“‘赘’，本又作‘缀’。”

夫书名竹帛，物情所竞，维圣人无私〔一〕，而君子亦党。盖《易》之作也，本非记事之流，而孔子《系辞》，辄盛述颜子，称其殆庶〔二〕。虽言则无愧，事非虚美，亦由视予犹父，门人日亲〔三〕，故非所要言，而曲垂编录者矣。既而扬雄寂寞〔四〕，师心典诰，至于童乌稚子〔五〕，蜀汉诸贤〔六〕。谓严、李、柳、司马之徒。《太玄》、《法言》，恣加褒赏，虽内举不避〔七〕，而情有所偏者焉。夫以宣尼睿哲，子云参圣〔八〕，在于著述，不能忘私，则自中庸已降，抑可知矣。如谢承《汉书》〔九〕，偏党吴越，魏收《代史》，盛夸胡塞，复焉足怪哉？其四条。

〔一〕维圣人无私：维，他本皆同，《通释》改作“雖”，注：“旧作维。”按“维”、“惟”、“唯”三字音同而义通。《诗·周颂》：“维天之命，于穆不已。”《小雅·谷风》：“将恐将惧，维予与女。”《经传释词》卷三：“惟，发语词也。字或作唯、维，亦作雖。惟，‘独’也，常语也。字或作唯、维，亦作雖。”宋袁文《瓮牖闲评》卷一：“‘惟’、‘维’二字古通用，‘唯’字亦然。《书》中尽用'惟'字,《诗》中尽用'维'字,各从其便。故《诗》中'维此文王',《左氏传》乃作'唯此文王',字虽不同,而其义则同。《正义》谓'今王肃注《诗》及《韩诗》作唯此',方且致疑于其间。彼盖不知《诗》中尽用'维'字,初无他义也。"王勵《周易校字》:"惟、唯、维三字,各有正训,借作虚字俱可通。然诸经,如《诗》皆作'维',《书》皆作'惟',在《易》则通传文作'唯',通经文作'维'。"浦氏好妄改,此又一例。

〔二〕颜子、殆庶:《易·系辞下》:"子曰:'颜氏之子,其殆庶几乎!有不善未尝不知,知之未尝复行。'"又"系辞",原作"系词",蜀本、陆本、鼎本、王本、黄本同,据郭本、《通释》及《易·系辞》改。

〔三〕视予犹父,门人日亲:《论语·先进》:"子曰:'回也,视予犹父也。'"《家语·七十二弟子解》:"孔子曰:'自吾有回,门人日益亲。'"

〔四〕扬雄寂寞:《汉书·扬雄传》:"雄校书天禄阁上,治狱使者来,欲收雄,雄恐不能自免,乃从阁上自投下,几死。京师为之语曰:'惟寂寞,自投阁。'"

〔五〕童乌稚子:《扬子法言·问神》:"育而不苗者,吾家之童乌乎?九龄而与我玄文。"李轨注:"童乌,子云之子也。仲尼悼颜渊苗而不秀,子云伤童乌育而不苗。"又"童乌九龄而与扬子论玄"。

〔六〕蜀汉诸贤:原注"严",即庄君平。《扬子法言·问明》:"蜀、庄沉冥,蜀、庄之才之珍也,虽随和何以加诸。吾珍庄也,居难为也。"李轨注:"蜀人姓庄名遵,字君平。"《汉书·王贡两龚鲍传》序:"蜀有严君平,依老子、严周之指,著书十万余言。杨雄少时从游学,数称君平德。”按君平本姓庄,自东汉避明帝刘庄讳,改曰严,故庄周亦改严周。原注“李”,即李仲元。《法言·渊骞》:“或问:‘子蜀人也,请人。’曰:‘有李仲元者,人也。’‘其为人也,奈何?’曰:‘不屈其意,不累其身。’曰:‘是夷、惠之徒与?’曰:‘不夷不惠,可否之间也。’‘如是则奚名之不彰也?’曰:‘无仲尼,则西山之饿夫,与东国之绌臣,恶乎闻?仲元,世之师也。’”原注“柳”,《通释》改“郑”,并释云:“《问神》篇:谷口郑子真,不屈其志,而耕乎岩石之下,名震于京师。按:谷口,汉中地,与所云蜀汉恰合,旧作‘柳’,不知何人,雄书亦无,定误。”按:浦改近是。《汉书·王贡传》序亦云:“雄著书言当世士,称此二人。”即庄君平、郑子真二人。而《渊骞》篇称道李仲元文句前,亦有数语称道柳下惠,或因此致误。然径改“柳”为“郑”,仍嫌轻率。原注“司马”,即司马相如。《法言·君子》:“必也儒乎,文丽用寡,长卿也。”

〔七〕内举不避:《左》襄二十一年《传》:“叔向曰:‘祁大夫外举不弃仇,内举不失亲。’”杜注:“祁大夫,祁奚也。”又杨《通释补》引《韩非子·说疑》:“内举不避亲。”

〔八〕子云参圣:纪《评》:“语见《论衡·超奇篇》。”按《超奇》篇有句云:“杨子云作《太玄经》,孔子作《春秋》,所谓卓尔蹈孔子之迹,鸿茂参贰圣之才者也。”又《自叙》篇:“雄之《元经》,张衡、陆绩以为绝伦参圣。”按《三国志·吴书·陆绩传》:“绩作释《玄》,传于世。”

〔九〕谢承:原误作“谢丞”,各本均作“谢承”。按《烦省》篇云:“谢承尤悉江左,京、洛事缺于三吴。”均指同一人。其所撰《后汉书》,《隋志》有载,当据《烦省》篇改。

子曰:汝为君子儒,无为小人儒[一]。儒诚有之,史亦宜然。盖左丘明、司马迁,君子之史也;吴均、魏收,小人之史也。其薰莸不类[二],何相去之远哉?其五条。

〔一〕无为小人儒:《论语·雍也》:"子谓子夏曰:'女为君子儒,无为小人儒。'"何注:"君子为儒,将以明道;小人为儒,则矜其名也。"

〔二〕薰莸不类:郭孔延《评释》:"薰,芜香草也;莸,臭草,一名蔓于,一名轩于。蔓生水上,随水高下,泛泛然,故曰莸游。"

礼云礼云,玉帛云乎哉[一]?史云史云,文饰云乎哉?何则?史者,固当以好善为主,嫉恶为次。若司马迁、班叔皮,史之好善者也;晋董狐、齐南史,史之嫉恶者也。必兼此二者,而重之以文饰,其唯左丘明乎!自兹已降,吾未之见也。其六条。

〔一〕玉帛云乎哉:语见《论语·阳货》。郑注:"言礼非但崇此玉帛,乃贵其安上治民。"

夫所谓直笔者,不掩恶,不虚美,书之有益于褒贬,不书无损于劝诫。但举其宏纲,存其大体而已,非谓丝毫必录,琐细无遗者也。如宋孝王[一]、王邵之徒,其所记也,喜论人帷薄不修[二],言貌鄙事,讦以为直,吾无取焉。其七条。

〔一〕宋孝王：著有《关东风俗传》，数见前注。

〔二〕帷薄不修：杨《通释补》引《贾子新书·阶级》："坐秽污姑、妇、姊、姨、母，男女无别者，不谓污秽，曰：'帷薄不修。'"按原文系承上句"古者大臣有坐不廉而废者"云云，省去主语"古者大臣"四字。又据卢氏抱经堂本校云："'男女'上有'姑妇姊姨母'五字，系妄窜，今删。"卢本已删去此五字。又《礼记·曲礼》："帷薄之外不趋。"注："帷，幔也。薄，帘也。"

夫故立异端，喜造奇说，汉有刘向，晋有葛洪。近者沈约，又其甚也。后来君子，幸为详焉〔一〕。昔魏史称朱异有口才〔二〕，挚虞有笔才〔三〕。故知喉舌翰墨，其辞本异。而近世作者，撰彼口语，同诸笔文。斯皆以元瑜、孔璋之才〔四〕，而处丘明、子长之任，文之与史，何相乱之甚乎？其八条。

〔一〕"夫故立异端"至"幸为详焉"：此段文字，蜀本、陆本、鼎本、黄本接第七条文末"吾无取焉"句下，并作一段，《通释》以此段另为一条。

〔二〕魏史：浦注"二字有疑"，甚是。朱异，三国时吴人，挚虞，晋人，其事迹安能见于魏史，前人失校。朱异有口才：《三国志·吴书·朱桓传》："桓，子异，字季文，以父任除郎。后拜骑都尉，代桓领兵。（孙）权与论攻战，辞对称意。"裴注引《文士传》曰："张纯、张俨及异俱童少，往见骠骑将军朱据，据闻三人才名，告曰：'其为吾各赋一物，然后乃坐。'异赋弩曰：'南岳之干，钟山之铜，应机命中，获隼高墉。'"辞对称意。赋弩当系出自口赋，似可认作口才。

〔三〕挚虞有笔才:《世说新语·文学》:"太叔广甚辩给,而挚仲治长于翰墨,俱为列卿。每至公坐,广谈,仲治不能对。退,著笔难广,广又不能答。"刘注引王隐《晋书》曰:"乐广,字季思,东平人。挚虞,字仲治。虞与广名位略同,广长口才,虞长笔才。"按《晋书·挚虞传》:"虞,字仲洽。"《世说》正文及注均作"仲治",误,又"乐广"与"朱异"形近易误,故浦注"朱异"云:"二字亦恐误。"

〔四〕元瑜、孔璋:《三国志·魏书·王粲传》附《陈琳·阮瑀传》:"广陵陈琳,字孔璋。陈留阮瑀,字元瑜。太祖并以琳、瑀为司空军谋祭酒,管记室,军国书檄,多琳、瑀所作。"又《文选》载曹丕《典论·论文》:"今之文人,鲁国孔融文举,广陵陈琳孔璋,山阳王粲仲宣,北海徐干伟长,陈留阮瑀元瑜,汝南应玚德琏,东平刘桢公干,斯七子者,于学无所遗,于辞无所假,咸以自骋骥騄于千里,仰齐足而并驰。"又丕《与吴质书》云:"孔璋章表殊健,微为繁富。元瑜书记翩翩,致足乐也。"

夫载笔立言,名流今古。如马迁《史记》,能成一家;扬雄《太玄》,可传千载。此则其事尤大,记之于传可也。至于近代则不然〔一〕。其有雕虫末伎〔二〕,短才小说,或为集不过数卷,如《陈书·阴铿传》云有集五卷〔三〕,其类是也。或著书才至一篇,如《梁书·孝元纪》云撰《同姓名人录》一卷,其类是也〔四〕。莫不一二列名,编诸传末。如《梁书·孝元纪》云撰《研神记》〔五〕、《同姓名人录》,《陈书·姚察传》云撰《西征记》、《辨茗酪记》〔六〕,《后魏书·刘芳传》云撰《周官音》、《礼记音》〔七〕,《齐书·祖鸿勋传》云撰《晋祠记》〔八〕,凡此书或一卷两卷而已。自余人有文集,或四卷五卷者,不可胜记,故不具列之。事同《七略》,巨细必书,斯亦烦之甚者。其九条。

〔一〕至于近代:"于"字,卢《拾补》云"宋'如'"。

〔二〕雕虫末伎:末伎,蜀本、陆本、《通释》同,鼎本作"末技",郭本作"束枝",王本、黄本作"木伎"。按荀悦《申鉴》卷二《时事》:"去浮华,举功实,绝末伎,同本务,则事业修矣。"《前汉纪》卷七《孝文一》:"方今之务,务在绝末伎游食之巧。"《抱朴子·自叙》:"亦念此辈末伎,乱意思而妨日月。"《晋书·应詹传》:"市息末伎,道无游人。"《旧唐书·阎立本传》:"(本)退诫其子曰:'汝宜深诫,勿习此末伎。'""伎"与"技"古本通用,二字于义皆长,象、鼎两本均是。

〔三〕阴铿:《陈书·阴铿传》云:"时有武威阴铿,字子坚,梁左卫将军子春之子。幼聪慧,五岁能诵诗赋,日千言。及长,博涉史传,尤善五言诗,为当时所重。天嘉中,为始兴王府中录事参军。世祖尝燕群臣赋诗,徐陵言之于世祖,即日召铿预燕,使赋新成安乐宫,铿援笔便就,世祖甚叹赏之,有集三卷行于世。"《南史·阴子春传》亦云:"子铿,字子坚,博涉史传,尤善五言诗,累迁晋陵太守、员外散骑常侍,有文集三卷,行于世。"杜甫《与李十二白同寻范十隐居》诗有句云:"往往似阴铿。"蒋一葵《尧山堂外纪》卷十七亦谓其"诗与何逊齐名,世称'阴、何'",皆可见其诗名之大。鼎本、郭本均误作"阴鉴"。

〔四〕《同姓名人录》:《梁书·孝元帝纪》:"孝元帝,讳绎,字世诚,所著《古今同姓名录》一卷。"按纪末载其著书有《孝德传》及文集等共二十种，计约四百余卷，《古今同姓名录》仅其著作之一。是书今存，有唐陆善经、元叶森续补本。又原注“梁书孝元纪”之“纪”原作“记”，蜀本、陆本、郭本、王本同，鼎本、黄本、《通释》均作“纪”，似据《梁书》改。兹据下文“梁孝元纪”改。

〔五〕《梁书·孝元纪》云撰《研神记》：“梁书·孝元纪”之“元”字原脱，蜀本、陆本同，据鼎本、王本、黄本、《通释》补。“研神记”之“研”原作“妍”，蜀本、陆本、黄本、《通释》同，王本作“研”。按《隋志》著录“《研神记》十卷，萧绎撰”，《梁书·孝元纪》未载，惟孝元帝自撰之《金楼子》卷五《著书篇》著录“《研神记》一帙，一卷”。又《南史·阮孝绪传》载：“湘东王著《忠臣传》，集释氏碑铭、《丹阳尹录》、《研神记》，并先简孝绪而后施行。”计有功《唐诗纪事》亦谓：“贞元十四年，崔仁亮于东都买得《研神记》一卷，有昭容列名书缝处。吕温感叹，因赋上官昭容书楼歌云云。”而《旧唐志》著录“《妍神记》十卷，梁元帝撰”，《新唐志》载“梁元帝《妍神记》十卷”，“研”字又书作“妍”。考《金楼子》早出，最当依从。鼎本、郭本径改作“搜神记”，误之太甚。孙《札记》已校“搜”为“研”，是。又是书之成，多赖彀之力。孝元帝《金楼子》卷五著录《研神记》，原注：“金楼自为序，付刘彀纂次。”又《梁书·王规传》附《刘彀传》：“太清中，侯景乱，世祖承制上流，书檄多委彀焉。彀亦竭力尽忠，甚蒙赏遇。”

〔六〕《西征记》、《辨茗酪记》：《陈书·姚察传》：“察著《汉书训纂》三十卷，《说林》十卷，《西聘》、《玉玺》、《建康三钟》等记各一卷，悉穷该博，并文集二十卷。”《隋志》地理记著录

"《西征记》二卷,戴延之撰"。《察传》未录两记。

〔七〕刘芳:《魏书·刘芳传》:"芳,字伯文,彭城人。才思深敏,特精经义,撰《周官》、《仪礼音》、《礼记义证》等。"

〔八〕《晋祠记》:《北齐书·祖鸿勋传》:"鸿勋,涿郡范阳人,高祖曾征至并州,作《晋祠记》,好事者玩其文。""祠"字,原误作"词",鼎本、郭本亦误。

子曰:齐景公有马千驷,死之日,人无德而称焉。伯夷、叔齐,饿于首阳之下,民到于今称之〔一〕。若汉代青翟、刘舍〔二〕,位登丞相,而班史无录。姜诗〔三〕、赵壹〔四〕,身止计吏〔五〕,而谢《书》有传,即其例也。今之修史者则不然。其有才德阙如,而位官通显,史臣载笔,必为立传。其记也,止具其生前历官,没后赠谥,若斯而已矣。虽其间伸以状迹,粗陈一二、幺麽常事,曾何足观。始自伯起《魏书》,迄乎皇家《五史》,《五史》谓《五代史》。通多此体。流荡忘归,《史》、《汉》之风,忽焉不嗣者矣〔六〕。其十条。

〔一〕齐景、夷、齐:此数句见《论语·季氏》。

〔二〕青翟、刘舍:《通释》引《汉书·申屠嘉传》:"自嘉死后,开封侯陶青、桃侯刘舍,及武帝时柏至侯许昌、平棘侯薛泽、武强侯庄青翟、商陵侯赵周,皆以列侯继踵,龊龊廉谨,为丞相,备员而已,无所能发明功名著于世者。"

〔三〕姜诗:范晔《后汉书》亦无诗传,在《列女·姜诗妻传》中述及诗事云:"诗事母至孝。永平三年,察孝廉、拜郎中,寻除江阳令,卒于官。所居治,乡人为立祀。"

〔四〕赵壹:范晔《后汉书·文苑·赵壹传》:"壹,字元叔,汉阳人。举郡上计到京师,司徒袁逢受计。计吏数百人皆拜伏庭中,莫敢仰视,壹独长揖而已,仕不过郡吏。"《载文》篇有注,可参看。

〔五〕吏:原误作"史",蜀本、陆本、鼎本、郭本、黄本及史传作"吏",据改。

〔六〕忽焉不嗣:"嗣"字,蜀本、陆本、鼎本、郭本、黄本同,《通释》作"祀"。纪《评》:"'祀'字,一作'嗣'字,是。"又郭本"嗣"字后无"者"字。

史通卷之十九　外篇

《汉书·五行志》错误第十[一]

【解　题】

此篇专就史例、史法立论，纠正班《志》体例及编纂方法之不足。其所举事例，或与《书志》篇论《五行志》相同，虽可作《书志》篇之补充，然论旨则各异。就史书体例言，篇末指出：《五行志》之作，本欲明吉凶，释休咎，惩恶劝善，以诫将来，故不应该像鲁之《春秋》、汉之帝纪一样直叙其灾，不言其应。从而明确了《五行志》之体例特征。

因此，他在第二科之一、二、三目中，分别指出班《志》只记变异、占言，不记应验，就史书叙事学而言，难免不够周延之缺憾。如第一目叔向言周王"其不终乎"，不记后七年周穆王死，王室乱事，乃"徒发首端，不付征验"。第二目晋汝齐说齐高子容、宋司徒皆将不免于祸，结果只记高子出奔，而不记宋司徒奔陈，是"虚编古语，讨事不终"。第三目记谷永谏哀帝微行置私田，云将失国，而不记哀帝是否纳谏、改过，是"直引时谈，竟无他述”。有谓知幾既反对班《志》滥引刘、董、京房牵强附会之占言，此处又列举其未言应验之失，是自相矛盾，而不知此处是就《五行志》体例立言。知幾视史例如国法，特执例以绳班《志》耳。况其所举三例，皆据人事以测吉凶，与凭天变、物异妄言感应亦有所不同，固不能以此责知幾也。

就历史编纂方法说，则提出以下三个重要问题：

一、撰史应清楚、准确地注明出处。此篇第一科论“引书失宜”，列举班《志》“史记与《左传》交错”，“《春秋》与史记杂乱”，并涉及“忘国语”等问题，班《志》虽有未妥，知幾亦有乖误，笺注已详，不再具述。而其反复强调出处要准确，自为不易之理。

二、史书条理应清楚，文字要准确绵密，烦省得中。其二科四目所举班固反复重述“大雨雹”之例，虽其所据《汉志》原文容或有误，然其所斥“分散相离，首尾纷拏”，以致“科条不整，寻绎难知”，自是史文之大忌。其次，他指责其年号详略无准，并举例说：上云史记，下接宣公，宣公前就应加《左传》，读者才知是鲁君。前述《春秋》，接叙汉、莽事，再接《春秋》，仍应冠以《春秋》，而自汉代改元以后，首列元封年号，应冠以汉武。至如武称元鼎，如连续述其二年、三年之事，就应除元鼎之号，《春秋》纪年，亦可承上省略。读此可悟史文应力求准确绵密、烦省得中之理。

三、他指出班《志》举轻略重、见小忘大之失，并分析原因，以为其学未周，识无通鉴，再次提出极为重要之史家通识问题。不具有通识，就不能认清形势，掌握时间、地理诸因素，因而出现持善配妖、强为牵引、释灾多滥等错误。具体说明史识在史料去取、史事分析过程中之决定作用。

以上从史学角度说明此篇精义之所在。倘仅视之为《书志》之补充,谓为读书札记之汇编,纠缠个别事实之出入,则失之矣。

班氏著志,牴牾者多〔二〕。在于《五行》,芜累尤甚。今辄条其错缪,定为四科:一曰引书失宜,二曰叙事乖理,三曰释灾多滥,四曰古学不精。又于四科之中,疏为杂目,类聚区分,编之如后。

第一科

引书失宜者,其流有四:一曰史记、《左氏》交错相并。二曰《春秋》、史记杂乱难别。三曰屡举《春秋》,言无定体。四曰书名去取,所记不同。

其志叙言之不从也,先称史记周单襄公告鲁成公曰,晋将有乱〔三〕。又称宣公六年,郑公孙曼蒲与王子伯廖语,欲为卿〔四〕。按宣公六年,自《左传》所载也。夫上论单襄,则持史记以标首;下列曼蒲,则遗《左氏》而无言。遂令读者疑此宣公,上出史记,而不云鲁后,莫定何邦。是非难悟,进退无准。此所谓史记、《左氏》交错相并也〔五〕。

〔一〕错误第十:卢《拾补》在此目下有偏旁小字“总廿条”三字。

〔二〕牴牾:卢《拾补》:“宋‘抵忤’。”

〔三〕晋将有乱:《汉书·五行志中之上》:“史记,周单襄公与晋郤锜、郤犨、郤至、齐国佐语,告鲁成公曰:‘晋将有乱,三郤其当之乎。’”《史记·周本纪》及《鲁世家》均无此段文字,惟《国语·周语下》云:“柯陵之会,单襄公见晋厉公,视远步高。鲁成公见，言及晋难。单子曰：‘君何患焉，晋将有乱，其君与三郤其当之乎？’”按三郤即郤锜、郤犨、郤至。

〔四〕曼蒲、欲为卿：《汉书·五行志中之上》：“宣公六年，郑公子曼满与王子伯廖语，欲为卿。”原文引自《左》宣六年《传》。又“公孙曼蒲”，蜀本、陆本、鼎本作“公孙曼满”，《通释》依《左》、《班》作“公子曼满”。

〔五〕史记、《左氏》交错相并：浦按：“《春秋》以鲁纪年，谁不知宣公为鲁君者，然既先列他书，而踵事续叙，则固当于宣公之上，加‘春秋鲁’三字。”而钱大昕《潜研堂文集》卷十二云：“太史公著书，未尝以‘史记’自名，此《志》引《国语》皆称‘史记’，此前代纪载之通称，非指太史公书。”陈《补释》则云：“此志称《春秋》内外传并曰‘史记’，非谓太史公书。《周语下》明有单襄公告鲁成公晋将有乱之文，故下与内传宣公六年云云相连，可以不云《左氏》。《史通》既不察，浦注更贻谬。”按两汉以前，“史记”乃史书之通名，自《七略》与《风俗通》始称太史公书为《太史公纪》或《史记》，《魏志·王肃传》始名为《史记》，自是乃渐以《史记》为迁书之专称。《汉书·五行志》师古注曰：“此志凡称‘史记’者皆谓司马迁所撰也。”按志文，确与事实不符，此志仍多以“史记”为古史之通称，然亦确有以“史记”名迁书者，如第三科《史记》周威烈王条，即确指迁书。今本《史记》无单襄公告成公语，而见于《国语》，陈氏就此条立论固是，但在此志中亦非通例。且即使如陈伯弢先生所言，此志称《春秋》内外传并曰“史记”，而号称外传之《国语》，分国纪年，其体例与内传《左传》迥异。此条上文既以“史记”称外传，下文再称宣公忽又易作内传之文，亦不明晰。知幾谓“读者疑此宣公，莫定何邦”，甚是。读此可悟史文必求准确绵密之理。

志云：史记成公十六年，公会齐侯于周〔一〕。按成公者，即鲁侯也。班氏凡说鲁之某公，皆以《春秋》为冠。何则？《春秋》者，鲁史之号，言《春秋》则知公是鲁君。今引史记居先，成公在下，书非鲁史，而公舍鲁名，胶柱不移，守株何甚〔二〕。此所谓《春秋》、史记杂乱难别也。

〔一〕公会齐侯于周：《汉书·五行志中之上》重复记载“史记成公十六年，公会诸侯于周”。“诸侯”二字，《史通》引作“齐侯”，蜀本、陆本、鼎本、郭本、黄本同，《通释》径改“齐”为“诸”，并注云：“旧讹作‘齐’。”按：此会即上段注〔三〕引《国语·周语下》所云“柯陵之会”。《春秋》成十七年《经》文：“夏，公会尹子、单子、晋侯、齐侯、宋公、卫侯、曹伯、邾人伐郑。六月，同盟于柯陵。”《左》成十七年《传》亦仅云：“公会尹武公、单襄公及诸侯伐郑，同盟于柯陵。”杜注：“柯陵，郑西地。”《春秋》经传系此事于成十七年，柯陵在郑不在周，班《志》均有歧误。但《通释》谓“‘史记成公’以下十三字，乃班《志》自撰之文”，亦不尽然。韦昭注“柯陵”云：“未详所在。”则杜注亦未能视为定论。按《通释》又云：“‘史记’本云《国语》。”陈《补释》遂云：“此即《国语》称‘史记’之证，《史通》失考。”按“史记”为古史之通称，上段注〔五〕已详，而先秦亦有“百国春秋”之说，知幾已在《六家》篇言及，则“史记”、“春秋”皆古史之通称，自不能认为“史记”即太史公书也。故就引用古史言，有时称

"史记",有时称"春秋",确属杂乱难别。惟班氏所引"史记"究系何书,虽有待详考,然今本《史记·周简王纪》及鲁、晋二《世家》确未载此事,如其所引果无他书所本,则或缘其所见《史记》与今本不同,遂致与《春秋》、《国语》有歧误欤?班《志》之误,在于既以"史记"为古史之称,又间以"史记"称《太史公书》;知幾之误,在于仅仅认为"史记"即《太史公书》,故此篇所指《春秋》、《左传》、《国语》与"史记"之关系,遂多滋疑误焉。

〔二〕胶柱、守株:已分见前《因习上》及《六家》篇注。

按班《书》为志,本以汉为主。在于汉时,直记其帝号谥耳。至于他代,则云某书,某国君,此其大例也。至如叙火不炎上〔一〕,具《春秋》桓公十四年;次叙稼穑不成,直云严公二十八年而已〔二〕。夫以火、稼之间,别书汉莽之事,年代已隔,去鲁尤疏。洎乎改说异端,仍取《春秋》为始,而于严公之上,不复以《春秋》建名〔三〕。遂使汉帝、鲁公,同归一揆。必为永例,理亦可容。在诸异科,事又不尔。求之画一,其例无常。此所谓屡举《春秋》,言无定体也。

〔一〕火不炎上:"炎",郭本、黄本同,蜀本、陆本、鼎本作"灾",孙《札记》校云:"'炎'字之误。"

〔二〕严公:即庄公,"庄"字避汉明帝刘庄讳,班《书》作"严"。

〔三〕本注:改说异端于严公之上,不复以《春秋》建名,《汉书·五行志上》:"传曰:'弃法律,逐功臣,杀太子,以妾为妻,则火不炎上。'"后首记"《春秋》桓公十四年'八月壬申,御廪灾'",以下历叙鲁桓以后直至王莽时火灾事。下段:

“传曰：‘治宫室，饰台榭，内淫乱，犯亲戚，侮父兄，则稼穑不成。’”后首记“严公二十八年‘冬，大亡麦禾’”，隔越甚远，且改说他事，而在“严公”上未冠以“春秋”二字，故《史通》谓其“言无定体”。

按本志叙汉已前事，多略其书名。至如服妖章，初云晋献公使太子率师，佩之金玦〔一〕，续云郑子臧好为聚鹬之冠〔二〕。此二事之上，每加《左氏》为首。夫一言可悉，而再列其名。省则都捐，繁则太甚〔三〕。此所谓书名去取，所记不同也。

〔一〕佩之金玦：《汉书·五行志中之上》：“《左氏传·愍公二年》：‘晋献公使太子申生帅师，公衣之偏衣，佩之金玦。’后四年，申生以谗自杀，近服妖也。”

〔二〕聚鹬之冠：《五行志》续云：“《左传》曰：‘郑子臧好聚鹬冠，郑文公恶之，使盗杀之。’刘向以为近服妖者也。”按：《左传》系此事于僖二十四年。

〔三〕繁则太甚：《五行志》连续叙述二事于服妖章，并再列《左传》书名，故云繁则太甚。

第二科

叙事乖理者，其流有五：一曰徒发首端，不副征验。二曰虚编古语，讨事不终。三曰直引时谈，竟无他述。四曰科条不整，寻绎难知。五曰标举年号，详略无准。

志曰〔一〕：《左氏》昭公十五年，晋籍谈如周葬穆后，既除丧而燕〔二〕。叔向曰〔三〕：王其不终乎！吾闻之，所乐必卒焉。今王一岁而有三年之丧二焉〔四〕。于是乎与丧宾燕,乐忧甚矣。礼,王之大经也。一动而失二礼〔五〕,无大经矣,将安用之。按其后七年,王室终如羊舌所说,此即其效也〔六〕,而班氏了不言之。此所谓徒发首端,不副征验也。

〔一〕志曰:原文节引自《五行志中之上》。

〔二〕燕:师古注:"'燕'与'宴'同。"蜀本、陆本、鼎本、郭本、黄本均注一"宴"字。

〔三〕叔向曰:原文上有"籍谈归,以语叔向"句,叔向,又名羊舌肸。

〔四〕三年之丧二:师古注:"后及太子也。"

〔五〕失二礼:师古据杜注:"既不遂服,又即宴乐,是失二礼。"

〔六〕其效:《左》昭二十二年《传》:"王子朝有宠于景王,欲立之。刘献公、单穆公恶王子朝。夏四月,王田北山,使公卿皆从,将杀单子、刘子。王有心疾,崩。"知幾谓终如羊舌所说"王其不终"也。

志云〔一〕:《左氏》襄公二十九年,晋汝齐语智伯曰:齐高子容、宋司徒皆将不免。子容专,司徒侈,皆亡家之主也。专则速及,侈则将以力弊〔二〕。九月,高子出奔北燕。所载至此,更无他说。按《左氏》昭公二十年,宋司徒奔陈〔三〕。而班氏采诸本传,直写片言,阅彼全书,唯征半事。遂令学者疑丘明之说,有是有非,汝齐之言,或得或失。此所谓虚编古语,讨事不终也。

〔一〕志云:原文节引自《五行志中之上》,见《左氏传》文。惟

“九月高止出奔北燕”句，则据《春秋》经文。《左传》则曰：“放高止于北燕。”

〔二〕弊：蜀本、陆本同，《左传》作“毙”，杜注：“力尽而自毙。”鼎本、郭本、黄本、《通释》作“毙”。卢《拾补》：“宋‘弊’。今《左》作‘毙’。”

〔三〕宋司徒奔陈：昭二十年《经》文：“宋华亥、向宁、华定出奔陈。”按宋司徒名华定。

志云〔一〕：成帝于鸿嘉、永始之载，好为微行，置私田于民间。谷永谏曰：诸侯梦得田，占为失国〔二〕。而况王者畜私田财物，为庶人之事乎？已下弗云成帝悛与不悛，谷永言效与不效〔三〕。谏词虽具，诸事阙如。此所谓直引时谈，竟无他述者也。

〔一〕志云：原文节引自《汉书·五行志中之上》。

〔二〕诸侯梦得田，占为失国：《汉志》原文作“诸侯梦得土田，为失国祥”。

〔三〕本注：弗云悛效，按：《汉书·谷永传》载有其谏成帝之词曰：“陛下数离深宫，昼夜在路。轻夺民财，不爱民力。”《永传》继述其悛效云：“成帝性宽而好文辞，每言事辄见答礼。明年，征永为太中大夫，元延元年，为北地太守。”按成帝于鸿嘉、永始之后，即改元元延。《永传》所载谏辞，虽不同于《五行志》，然皆同时先后上书。悛效载于本传，亦纪传史避重复互见之例。

其述庶征之恒寒也〔一〕，先云釐公十年冬大雨雹，随载刘向之占〔二〕,次云《公羊经》曰大雨雹,续书董生之解〔三〕。按《公羊》所说,与上奚殊,而再列其辞,俱云"大雨雹"。而又此科言大雪与雹〔四〕,继言殒霜杀草,起自春秋,讫乎汉代。其事既尽,仍重叙雹灾。分散相离,断绝无趣。夫同是一类,而限成二条,首尾纷拏,章句错糅〔五〕。此所谓科条不整,寻绎难知者也。

〔一〕庶征之恒寒:《汉书·五行志下》:"庶征之恒寒。刘歆以为大雨雪,及未当雨雪而雨雪,及大雨雹,陨霜杀菽草,皆恒寒之罚也。"按《尚书·洪范》:"天乃锡禹洪范九畴,次八曰念用庶征。"《礼记·礼器》疏:"庶,众也。征,验也。谓众行得失之验。"

〔二〕刘向之占:《五行志》:"釐公十年'冬,大雨雪'。刘向以为先是釐公立妾为夫人,阴居阳位,阴气盛也。"按:《左》、《穀》僖十年《经》:"冬大雨雪。"原文"雹"字,班《书》、《左》、《穀》传均作"雪","釐"即"僖"。

〔三〕董生之解:《五行志》:"《公羊经》曰,'大雨雹'。董仲舒以为公胁于齐桓公,立妾为夫人,不敢进群妾,故专壹之象见诸雹,皆为有所渐胁也。"按:《公羊》僖十年《经》:"冬,大雨雹。"《左氏》与《公羊》经文歧异。

〔四〕而又此科言:蜀本、陆本同,此五字,鼎本作"而入此科又言",《通释》作"而已又此科始言",并以"而已"两字属上句读。卢《拾补》与《通释》同,并分校"已"、"始"两字云:"宋有。"按:各本文意均不甚顺畅,姑仍其旧。

〔五〕首尾纷拏,章句错糅:钱大昕《潜研堂文集》卷十二:"《汉书·五行志》恒寒篇先云'釐公十年冬,大雨雹',次引《公羊经》曰‘大雨雹’,此刘所讥为‘首尾纷拏,章句错糅’者也。今考班《史》,叙恒寒以雪为首,而霜次之,雹又次之。釐公十年‘冬,大雨雪’,此《左氏》、《穀梁》经文也,故引刘向说。次引《公羊经》作‘大雨雹’,兼采董生说,盖以经有异文(见注〔二〕),特附出之。知幾偶见误本,不寻其上下文义,辄生驳难,不知其见笑于大方甚。”按:钱氏谓知幾所见古本班《志》,误《左》、《穀》“雪”字为“雹”,是,知幾未覆按《左》、《穀》经文,是其疏虞处。

夫人君改元,肇自刘氏〔一〕。史官所录,须存凡例。按斯志之记异也〔二〕,首列元封年号,不详汉代何君。次言地节、河平,具述宣、成二帝。宣帝地节四年、成帝河平二年,其纪年号如此。武称元鼎,每岁皆书,始云元鼎二年,续复云元鼎三年,按三年宜除元鼎之号也。哀曰建平,同年必录。始云哀帝建平三年,续复云哀帝建平三年,按同是一年,宜云是岁而已,不当言重其事也。此所谓标举年号,详略无准者也。

〔一〕人君改元,肇自刘氏:我国古代每易一君,改元一次。自汉文帝即位十六年改元,史称后元,是为中途改元之始。景帝七年改元,称中元,又六年再改元,称后元。自武帝立,以建元为年号,自是始有年号。

〔二〕斯志之记异:下文引自《汉书·五行志中之下》。

第三科

释灾多滥,其流有八:一曰商榷前世,全违故实。二曰影响不接,牵引相会。三曰敷衍多端,准的无主。四曰轻持善政，用配妖祸。五曰但伸解释，不显符应。六曰考核虽说，义理非精。七曰妖祥可知，寝嘿无说。八曰不循经典，自任胸怀。

志云："《史记》'周威烈王二十三年，九鼎震'〔一〕，是岁，韩、魏、赵篡晋而分其地。威烈王命以为诸侯。天子不恤同姓，而爵其贼臣，天下不附矣。"按周当战国之世，微弱尤甚。故君疑窃斧，台名逃债〔二〕，正比夫泗上诸侯，附庸小国者耳。至如三晋跋扈，欲为诸侯，虽假王命，实由己出。譬夫近代莽称安汉〔三〕，匪平帝之至诚；卓号太师〔四〕，岂献王之本愿〔五〕。而作者苟责威烈以妄施爵赏，坐贻妖孽〔六〕，岂得谓人之情伪，尽知之矣者乎〔七〕？此所谓商榷前世，全违故实也。

〔一〕志云《史记》：引文节自《汉书·五行志中之上》卷末。按：《史记·周本纪》原文为"威烈王二十三年，九鼎震，命韩、魏、赵为诸侯"。

〔二〕窃斧、逃债：《汉书·诸侯王表》序："周自幽、平之后，日以陵夷。有逃责之台，被窃铁之言。"师古注引服虔曰："周赧王负责，无以归之，主迫责急，乃逃于此台，后人因以名之。"又"窃铁"，应劭谓："出至路边，窃取人铁也。"师古曰："应说非也，铁钺，王者以为威，用斩戮也。周室衰微，虽有铁钺，无所用之，是谓私窃隐藏之耳。"又《陈书·高祖纪上》："（梁敬帝）太平二年九月诏曰：'窃铁逃责，容身之地无所。'"按：责即债，铁即斧字。

〔三〕莽称安汉：《汉书·王莽传》："莽讽益州令塞外蛮夷献白雉。（平帝）元始元年正月，莽白太后下诏以白雉荐宗庙，于是群臣乃盛陈莽功德,致周成白雉之瑞,有定国安汉家之大功,宜赐号曰安汉公。诏以莽为太傅,号曰安汉公。”

〔四〕卓号太师:《后汉书·献帝纪》:“初平二年二月,董卓自为太师。”又《董卓传》:“卓讽朝廷使光禄勋宣璠持节拜卓为太师,位在诸侯王上。”

〔五〕献王:即汉献帝,蜀本、陆本、鼎本、郭本、《通释》均作“献皇”。盖与上句平帝对仗避复,故改“帝”为“王”或“皇”耳。

〔六〕妖孽:“孽”字,蜀本、陆本、鼎本同,郭本、黄本、《通释》改作“孽”,卢《拾补》云:“宋‘孽’。下同。”

〔七〕情伪、尽知:陈《补释》:“《左》僖二十八年《传》文。‘人’本作‘民’。”按:传文为“民之情伪,尽知之矣”,蜀本、陆本、鼎本、郭本、黄本作“谓得人之情伪,尽知之者乎”。卢《拾补》校“岂”、“矣”两字云:“宋有。”衡以传文,自以有此两字为是。

志云:昭公十六年九月,大雩〔一〕。先是,昭母夫人归氏薨,昭不戚,而大搜于比蒲〔二〕。又曰:定公十一年九月,大雩〔三〕。先是,公自侵郑归而城中城、二大夫围郓〔四〕。按夫大搜于比蒲〔五〕,昭之十一年。城中城、围郓,定之六年也。其二役去雩,皆非一载。夫以国家常事,而坐延灾眚〔六〕,岁月既遥,而方闻感应〔七〕。斯岂非乌有成说,扣寂为辞者哉〔八〕!此所谓影响不接,牵引相会也。

〔一〕昭公十六年九月,大雩:见《汉书·五行志中之上》。《左·昭十六年》经文亦载“九月,大雩”。

〔二〕昭不戚,而大搜于比蒲:《五行志》“戚”字作“感”、“而”字作“又”。师古注:“搜谓聚众而田猎也。比蒲,鲁地名。”按:《左》昭十一年《经》、《传》文,均仅有“夫人归氏薨(《传》作“齐归”),大搜于比蒲”,则“昭不感”及“又”字,乃班《书》之增文也。蜀本、陆本、鼎本、郭本、黄本“搜”字上均无“大”字。

〔三〕定公十一年九月,大雩:蜀本、陆本、鼎本同,《五行志中之上》作“定公十年”,而三《传》经文均于定十二年载“秋,大雩”。郭本、黄本、《通释》改为“十二年”,卢《拾补》校曰:“‘一’讹。”

〔四〕公自侵郑归、二大夫围郓:节引自《五行志中之上》。《左》定六年《经》:“二月,公侵郑,公至自侵郑。冬,城中城,季孙斯、仲孙忌帅师围郓。”

〔五〕按夫大搜:黄本同,蜀本、陆本、鼎本、郭本作“按大夫搜”。《通释》在“大”字下注云:“旧衍‘夫’字。”孙《札记》亦校“夫”字云:“顾云衍文。”盖均就鼎本言也。象本倒置为“按夫大搜”,虽勉可通读,然“夫”字亦可删。

〔六〕灾眚:“眚”原误作“青”,鼎本同,蜀本、陆本作“青”,郭本、黄本均作“眚”,今改。

〔七〕感应:蜀本、陆本、鼎本、《通释》均作“响应”,卢《拾补》:“宋‘感’。”

〔八〕乌有成说,扣寂为辞:程《笺记》:“陆机《文赋》:‘课虚无以责有,扣寂寞而求音。’”

志云:严公七年秋,大水〔一〕。董仲舒、刘向以为严母姜与兄齐侯淫，共杀桓公〔二〕。严释公仇，复娶齐女〔三〕，未入而先与之淫，一年再出会，于道逆乱，臣下贱之应也〔四〕。又云：十一年秋，宋大水〔五〕。董仲舒以为时鲁、宋比年有乘丘、鄑之战，百姓愁怨，阴气盛，故二国俱水。谓七年鲁大水，今年宋大水也。按此说有三失焉。何者？严公十年、十一年，公败宋师于乘丘及鄑〔六〕，夫以制胜克敌，策勋命赏，可以祈荣降福，而反愁怨贻灾邪？其失一也。且先是数年，严遭大水，亦谓七年。校其时月，殊在战前，而云与宋交兵，故二国大水，其失二也。况于七年之内，已释水灾，始以齐女为辞，终以宋师为应。前后靡定，向背何依？其失三也。夫以一灾示眚，而三说竞兴。此所谓敷演多端，准的无主者也。

〔一〕秋，大水：自此句以下一段引文见《汉书·五行志上》。《左》庄七年《传》："秋，大水，无麦苗。"

〔二〕杀桓公：《左》桓十八年《传》："公及文姜如齐，齐侯通焉。公谪之，以告。享公，使公子彭生乘公，公薨于车，鲁人请以彭生除之，齐人杀彭生。"按：班《志》原文为"严母文姜与兄齐襄公淫，共杀桓公"。

〔三〕严释公仇，复娶齐女："公"字，蜀本、陆本、鼎本、郭本、黄本同，班《书》作"父"，《通释》改作"父"，并注："旧讹作'公'。"卢《拾补》亦云："'公'讹。何改。"孙《札记》亦校改为"父"。又《左》庄二十四年《经》："夏，公如齐逆女，夫人姜氏入。"杜注："哀姜也。"又《左》闵二年《经》："夫人姜氏孙于邾。"杜注："哀姜外淫，故孙(逊)称姜氏。"

〔四〕臣下贱之应：蜀本、陆本、鼎本、郭本、黄本同，班《书》作

"臣下贱之之应",《通释》补入,并注:"旧脱一'之'字。"

〔五〕宋大水:此句以下原文亦引自《五行志上》。

〔六〕败宋师于乘丘及鄑:《左》庄十年《传》:"夏六月,齐师、宋师次于郎,公大败宋师于乘丘,齐师乃还。"杜注:"乘丘,鲁地。"

其释"厥咎舒,厥罚恒燠",以为其政弛慢,失在舒缓,故罚之以燠,冬而无冰。寻其解《春秋》之无冰也,皆主内失黎庶,外失诸侯,不事诛赏,不明善恶,蛮夷猾夏,天子不能讨,大夫擅权,邦君不敢制,若斯而已矣。次至武帝元狩六年冬[一],无冰,而云先是遣卫、霍二将军穷追单于,斩首十余万级归,而大行庆赏。上又闵恤勤劳,遣使巡行天下,存赐鳏寡,假与乏困,举遗逸独行君子诣行在所[二]。郡国有以为便宜者,上丞相御史以闻。于是天下咸喜[三]。按汉帝其武功文德也如彼,其先猛后宽也如此,岂是有懦弱凌迟之失,而无刑罚戡定之功哉!何得苟以无冰示灾,便谓与昔人同罪。矛盾自己,始末相违,岂其甚邪?此所谓轻持善政,用配妖祸者也。

〔一〕元狩六年:原误"元狩"为"元封",蜀本、陆本、鼎本、郭本、黄本同,《五行志》作"元狩六年",《通释》照志文改"元狩"。按:《汉书·武帝纪》"元狩四年,卫青出定襄,霍去病出代",分道击匈奴。六年(前117)冬,雨水亡冰,纪志悉相符合。《武纪》元封六年(前105)无"亡冰"记载,兹据《汉书》"纪"、"志"改作"元狩"。

〔二〕行在所:蔡邕《独断》:"天子以天下为家,不以京师宫室为常处，则当乘舆以行天下，群臣或谓之车驾，天子自谓曰行在所。”

〔三〕“厥咎舒”至“天下咸喜”：节引自《汉书·五行志中之下》，惟文字略有移易，时有删省连缀而已。

志云：孝昭元凤三年〔一〕，太山有大石立。眭孟以为当有庶人为天子者〔二〕。京房《易传》云〔三〕：太山之石颠而下，圣人受命人君虏。又曰：石立于山，同姓为天下雄。按此当是孝宣皇帝即位之祥也〔四〕。夫宣帝出自闾阎，坐登宸极，所谓“庶人受命”者也；以曾孙血属，上纂皇统，所谓“同姓之雄”者也；昌邑见废，谪居远方，所谓“人君虏”者也；班《书》载此征祥，虽具有剖析，而求诸后应，曾不缕陈。叙事之宜，岂其若是？苟文有所阙，则何以成言者哉？此所谓但申解释，不显符应也。

〔一〕孝昭元凤三年：自此句以下至“为天下雄”，节引自《汉书·五行志中之上》。

〔二〕眭孟：《汉书·眭弘传》：“弘，字孟，鲁国人。少时好侠，以明经为议郎。孝昭元凤三年，泰山有大石自立，孟推《春秋》之意，以为当有从匹夫为天子者。汉帝宜求索贤人，禅以帝位。霍光恶之，廷尉奏孟祆言惑众，伏诛。后五年，孝宣兴于民间，即位，征孟子为郎。”按：此传较志文为详。

〔三〕京房《易传》：《汉书·京房传》：“房，字君明，东郡人。治《易》，事梁人焦延寿，其说长于灾变。房用之尤精，言灾异未尝不中。”其所著《易传》三卷，今存。

〔四〕孝宣皇帝即位：《汉书·宣帝纪》：“孝宣皇帝，武帝曾孙，戾太子孙。生数月,遭巫蛊事。丙吉载曾孙送祖母史良娣家。既壮,为取啬夫许广汉女。喜游侠,斗鸡走马,具知闾里奸邪,吏治得失。昭帝崩,霍光请皇后征昌邑王贺,王受皇帝玺绶。光奏王贺淫乱,请废,以軨猎车奉迎曾孙即皇帝位。"

志云:成帝建始三年,小女陈持弓年九岁,走入未央宫。又云绥和二年,男子王褒入北司马门,上前殿〔一〕。班《志》虽已有证据,言多疏阔〔二〕,今聊演而申之。按女子九岁者,九则阳数之极也;男子王褒者,王则巨君之姓也〔三〕。入北司马门上前殿者,王莽始为大司马,至哀帝时就国。帝崩后,仍此官,因以篡位。夫入司马门而上殿,亦由从司马而升极〔四〕。灾祥示兆,其事甚明。忽而不书,为略何甚?此所谓解释虽说,义理非精也。

〔一〕"成帝建始三年"至"上前殿":节引自《五行志下之上》。

〔二〕班《志》言多疏阔:班《志》释"持弓入未央宫"云:"下人将因女宠而居有宫室之象也。是时帝母王太后弟凤秉国汉,其后至莽卒篡天下。"又释"王褒上殿"云:"是时莽为大司马,乞骸骨,天知其必不退,故因是而见象。哀帝征莽还京师,复为大司马,因而篡国。"

〔三〕王则巨君之姓:《汉书·王莽传》:"莽,字巨君。"

〔四〕由从司马而升极:由,蜀本、陆本、鼎本、王本、黄本、《通释》同,浦注:"一作'犹'。"卢《拾补》:"犹,同。"司马,蜀本、陆本、鼎本、王本、黄本同,《通释》作"大司马"。升,蜀本、陆本、鼎本、王本、黄本、《通释》同,浦注:"一作登。"

志云:哀帝建平四年〔一〕,山阳女子田无啬,怀妊三月〔二〕,儿啼腹中。及生,不举,葬之陌上。三日,人过闻啼声,母掘土收养。寻本志虽述此妖灾,而了无解释。按人从胞至育,含灵受气,始末有恒数,前后有定准。至在孕甫尔〔三〕,遽发啼声者,亦由物有基业未彰,而形象已兆,即王氏篡国之征。生而不举,葬而不死者,亦犹物有期运已定,非诛剪所平,即王氏受命之应也。又案班《志》以小女陈持弓者,陈即莽之所出;如女子田无啬者,田故莽之本宗〔四〕。事既同占,言无一概。岂非唯知其一,而不知其二者乎?此所谓妖祥可知,寝嘿无说也。

〔一〕"哀帝建平四年"至"母掘土收养":节引自《汉书·五行志下之上》。

〔二〕怀妊三月:蜀本、陆本、鼎本、郭本作"怀孕三月"。《五行志》原文作"生子,先未生二月"。浦在"怀妊"二字下注"刘补",文依《志》补"未生"二字,并依《志》改"三"为"二"。按《志》文应读为"田无啬生子,先未生二月"。"先未生二月",盖谓分娩前两个月也,与"怀妊二月"意义完全不同。就下文"在孕甫尔"言,"怀妊三月"文意较切合。

〔三〕至在孕甫尔:郭本、黄本同。"甫",蜀本作"辅",陆本、鼎本作"哺"。孙《札记》:"当作'甫'。"《通释》在"至"字下补一"于"字。卢《拾补》:"宋有。"

〔四〕所出、本宗:《汉书·王莽传》:"莽又曰:'虞帝之先,受姓曰姚,其在陶唐曰妫,在周曰陈,在齐曰田,在济南曰王。姚、妫、陈、田、王氏,凡五姓者,皆黄、虞苗裔,予之同族也。'"

当春秋之时,诸国贤俊多矣。如沙麓其坏〔一〕,梁山云崩〔二〕,鹢退蜚于宋都〔三〕,龙交斗于郑水〔四〕。或伯宗、子产,具述其非妖;或卜偃、史过,盛言其必应。盖于时有识君子,以为美谈。故左氏书之不刊,贻厥来裔。既而古今路阻,闻见壤隔,至汉代儒者董仲舒、刘向之徒,始别构异闻,辅申他说〔五〕。以兹后学,凌彼先贤,盖今谚所谓季与厥昆,争知嫂讳者也。今谚云:"弟与兄,争嫂字。"以其名鄙,故稍文饰之〔六〕。而班《志》尚舍长用短,捐旧习新,苟出异同,自矜魁博,多见其无识者矣。此所谓不循经典,自任胸怀也。

〔一〕沙麓其坏:《左》僖十四年《传》:"秋八月,沙鹿崩。晋卜偃曰:'期年将有大咎,几亡国。'"杜注:"沙鹿,山名,在晋地。"又《汉书·五行志下之上》:"釐公十四年'秋八月,沙麓崩'。刘向以为臣下背叛,散落不事上之象,齐桓伯道将废。及齐桓死,天下散而从楚。董仲舒说略同,齐桓伯道将移于晋文。"又"麓"字,蜀本、陆本、鼎本同,《通释》依传文改作"鹿"。

〔二〕梁山云崩:《左》成五年《传》:"夏,梁山崩,晋侯以传召伯宗,伯宗辟重。重,绛人也。伯宗问将若之何?曰:'山有朽壤而崩,可若何,山崩川竭,君为之不举,降服、乘缦、彻乐、出次、祝币,史辞以礼焉。如此而已。'伯宗以告而从之。"杜注:"不举,去盛馔。降服,损盛服。乘缦,车无文。出次,舍于郊。祝币,陈玉帛。史辞,自罪责。"《五行志》:"成公五年'夏,梁山崩'。向以为山阳,君也,君道崩坏,将失其所矣。梁山在晋地,自晋始而及天下。后晋暴杀三卿,厉公以弑,溴梁之会,天下大夫皆执国政。董仲舒说略同。”

〔三〕鶂退蜚:《左》僖十六年《传》:“春,陨石于宋五,陨星也。六鹢退飞过宋都,风也。周内史叔兴聘于宋,宋襄公问是何祥,吉凶焉在。对曰:‘今兹鲁多大丧,明年齐有乱,君将得诸侯而不终。’退而告人曰:‘是阴阳之事,非吉凶所生,吉凶由人,吾不敢逆君故也。’”又《五行志》:“釐公十六年,‘正月,六鶂退蜚过宋都’。刘歆以为风之罚也,像宋襄公与强楚争盟。后六年为楚所执,应六鶂之数。”按:“鶂”字,《穀梁》作“鶂”,《左氏》、《公羊》均作“鹢”,水鸟也。史过即内史叔兴。

〔四〕龙交斗:《左》昭十九年《传》:“郑大水,龙斗于时门之外洧渊,国人请为禜焉。子产弗许,曰:‘我斗,龙不我觌也;龙斗,我独何觌焉。吾无求于龙,龙亦无求于我。’乃止。”按禜,祭名。《左》昭元年《传》:“山川之神,则水旱疠疫之灾,于是乎禜之。日月星辰之神,则雪霜风雨之不时,于是乎禜之。”又《五行志》:“昭公十九年,龙斗于郑时门之外洧渊。刘向以为近龙孽也。郑以小国摄于晋楚之间,重以强吴,郑当其冲。不能修德,将斗三国以自危亡。京房《易传》曰:‘众心不安,厥妖龙斗。’”

〔五〕辅申他说:蜀本、陆本、鼎本同,卢《拾补》校“辅”字云:“宋‘甫’。”

〔六〕争知嫂讳:黄本同,蜀本、陆本作“争知婹”,注文亦作“婹”,鼎本、郭本作“争私嫂”。浦注:“‘知嫂’五字,一作‘私嫂者’三字,谬。”卢《拾补》校“私”字云:“宋‘知’。”孙《札记》据象本校改。程《笺记》就原注“弟与兄争嫂字”释云:“《易·屯》:‘女子贞不字。’虞注:‘字,妊娠也。’弟与兄争嫂字，即争嫂妊子之谁属。”又释“争知嫂讳”云：“《楚辞·七谏·缪谏》注：‘所隐为讳。’女子妊娠，羞不明言，而弟与兄争知其事，亦可知是盗嫂。故子玄得以二语相易而资文饰也。”

第四科

古学不精者，其流有三：一曰博引前书，网罗不尽。二曰兼采《左氏》，遗逸甚多。三曰屡举旧事，不知所出。

志曰：庶征之恒风〔一〕，刘向以为《春秋》无其应。刘歆以为釐十六年，《左氏传》释六鹢退飞是也。案旧史称刘向学《穀梁》，歆学《左氏》。既祖习各异〔二〕，而闻见不同，信矣。而周木斯拔〔三〕，郑车偾济〔四〕，风之为害，被于《尚书》、《春秋》〔五〕。向则略而不言，歆则知而不传。又详言众怪，历叙群妖。述雨氂为灾〔六〕，而不录赵毛生地〔七〕；书异鸟相育〔八〕，而不载宋雀生鹯〔九〕。斯皆见小忘大，举轻略重，盖学有不同，识无通鉴故也。且当炎汉之代，厥异尤奇。若景帝承平，赤风如血〔一〇〕，于公在职，亢阳为旱〔一一〕。在纪与传，各具其祥，在于志中，独无其说者，何哉？所谓博引前书，网罗不尽也。

〔一〕庶征之恒风：自此句至“六鹢退飞”，引自《五行志下之上》，“恒”字作“常”。

〔二〕向、歆祖习各异：《汉书·楚元王传附刘向及子歆传》：“宣帝时，诏向受《穀梁春秋》，十余年，大明习。及歆校秘书，见古文《春秋左氏传》，歆大好之。歆以为左丘明好恶与圣人同，数以难向，向不能非间也，然犹自持其《穀梁》义。”

〔三〕周木斯拔:《尚书·金縢》:“天大雷电以风,禾尽偃,大木斯拔,邦人大恐。”

〔四〕郑车偾济:《左》隐三年《传》:“冬,齐、郑盟于石门,郑伯之车偾于济。”杜注:“石门,齐地。既盟而遇大风,传记异也。偾,仆也。”

〔五〕被:蜀本、陆本、鼎本、郭本、黄本同,卢《拾补》校云:“何‘备’。”孙《札记》亦校为“备”。

〔六〕雨氂:《五行志中之上》:“天汉元年三月,天雨白毛。三年八月,天雨白氂。京房《易传》曰:‘前乐后忧,厥妖,天雨羽。’”师古注:“凡言氂者,毛之强曲者也。”

〔七〕赵毛生地:《风俗通·皇霸·六国》:“赵王迁信秦反间之言,杀其良将李牧,而任赵括,遂为所灭。先此,童谣曰:‘赵为号,秦为笑,以为不信,视地上生毛。’”

〔八〕异鸟相育:《五行志中之下》:“成帝绥和二年三月,天水平襄有燕生爵,哺食至大,俱飞去。京房《易传》曰:‘贼臣在国,厥咎,燕生爵,诸侯销。’一曰:‘生非其类,子不嗣世。’”

〔九〕宋雀生鹯:贾谊《新书》卷六《春秋》:“宋康王时,有爵生鹯于城之陬。使史占之曰:‘小而生大,必伯于天下。’康王大喜,于是灭滕,伐诸侯,取淮北之城,乃愈自信,欲霸之亟成。齐闻而伐之。民散,城不守,王乃逃于郳侯之馆,遂得病而死。故见祥而为不可,祥反为祸。”

〔一〇〕景帝承平,赤风如血:《通释》引《汉书·孝武纪》:“建元四年夏,有风赤如血。”并在“景”字下注云:“当作‘武’。”按:《史》、《汉》之《景帝纪》均无此记载,或因知幾所见本与今本异。

〔一一〕于公在职，亢阳为旱：《汉书·于定国传》："于定国，东海人，其父于公为县狱史，太守论杀孝妇，郡中枯旱三年。后太守至，卜筮其故。于公曰：'孝妇不当死。'因表其墓，天立大雨。"

《左传》云：宋人逐猘狗，华臣出奔陈〔一〕。又云：宋公子他有白马，景公夺而朱其尾鬣〔二〕，他弟辰以萧叛。班《志》书此二事，以为犬马之祸。此二事是班生自释，非引诸儒所言。按《左氏》所载，斯流寔繁〔三〕。如季氏之逆也，由斗鸡而傅芥〔四〕；卫侯之败也，因养鹤以乘轩〔五〕。曹亡首于获雁〔六〕，郑杀萌于解鼋〔七〕。郤至夺豕而家灭〔八〕，华元杀羊而卒奔〔九〕。此言白黑之祥，羽毛之孽，何独舍而不论，唯征犬马而已。此所谓兼采《左氏》，遗逸甚多也。

〔一〕宋人逐猘狗，华臣出奔陈：《左》襄十七年《传》："十一月，(宋)国人逐瘈狗，瘈狗入于华臣氏，国人从之。华臣惧，出奔陈。"杜注："华臣心不自安，见逐狗而惊走。瘈，音制。"《五行志中之上》载此事，惟"猘"又作"狾"。班《志》又云："华臣炕暴失义，内不自安，故犬祸至，以奔亡也。"是杜注据班氏自为释也。

〔二〕本注：宋景夺马，朱其尾鬣，《左》定十年《传》："公子地有白马，公取而朱其尾鬣，地怒使其徒夺之。公子地出奔陈。"杜注："公子地，宋景公弟。"又十一年《传》："春，宋公母弟辰、公子地，入于萧以叛。"《五行志下之上》载其事。文末并云"大为宋患，近马祸也"，盖亦班氏自释之辞。按："他"字，蜀本、陆本、鼎本、郭本、黄本作"它"，《传》、《志》

均作“地”，黄本作“佗”，《通释》改“地”。卢《拾补》校云：“何改‘地’。”“他”与“它、佗”通，地，一音沱，入个韵。

〔三〕寔：蜀本、陆本、鼎本、郭本同，王本、黄本、《通释》作“实”。按《春秋经》：“恒公六年春正月，寔来。”杜注：“寔，实也。”又《仪礼·觐礼》“伯父实来”，注：“今文‘实’作‘寔’。”钱大昕《十驾斋养新录》云：“是‘实’即‘寔’之古文。《春秋》《公羊》、《穀梁》为今文，《左氏》为古文，故二《传》作‘寔来’，《左氏》作‘实来’。”《经传释词》亦云：“《尔雅》曰：‘寔，是也。’经传作‘实’者，借字耳。”则“寔”与“实”，本相通也。

〔四〕季氏斗鸡而傅芥：《左》昭二十五年《传》：“季、郈之鸡斗，季氏介其鸡，郈氏为之金距，平子怒，郈昭伯亦怒平子。九月，伐季氏，孟氏、叔孙氏救季氏，孟氏执郈昭伯，杀之，遂伐公徒。公孙于齐，次于阳州。”杜注：“季平子、郈昭伯二家相近，故鸡斗。介其鸡，捣芥子播其羽也。或曰，以胶沙播之，为介鸡。”按：“芥”字，蜀本、陆本、鼎本同，《传》作“介”，郭本、黄本、《通释》改“介”。

〔五〕卫侯养鹤以乘轩：《左》闵二年《传》：“冬十二月，狄人伐卫，卫懿公好鹤，鹤有乘轩者。将战，国人受甲者皆曰：‘使鹤。’及狄人战于荧泽，卫师败绩，遂灭卫。”

〔六〕曹亡首于获雁：《左》哀七年《传》：“曹伯阳即位，好田弋。曹鄙人公孙强好弋，获白雁，献之，且言田弋之说，说之。因访政事，大说之，使听政。强言霸说于曹伯，从之，乃背晋而奸宋。宋人伐之，晋人不救。”又八年《传》：“宋公伐曹，遂灭之。”

〔七〕郑杀萌于解鼋：《左》宣四年《传》：“楚人献鼋于郑灵公，子公、子家将见。子公之食指动,以示子家曰:'必尝异味。'及入,宰夫将解鼋,相视而笑。公问之,子家以告。及食,召子公而弗与,子公怒,染指于鼎,尝之而出。公怒,欲杀子公,子公与子家谋先。夏,弑灵公。""杀"字,鼎本、郭本、黄本同,蜀本、陆本作"煞",《传》作"弑",《通释》改"弑"。

〔八〕夺豕而家灭:《左》成十七年《传》:"晋厉公田,与妇人先杀而饮酒,后使大夫杀。郤至奉豕,寺人孟张夺之,郤至射而杀之。公曰:'季子欺余。'厉公将作难,胥童曰'必先三郤'。以戈杀之,皆尸诸朝。"杜注:"季子,郤至。公反以为郤至夺孟张豕。"按:三郤即郤锜、郤犨、郤至。又"郄"字,《传》作"郤"。

〔九〕华元杀羊而卒奔:《左》宣二年《传》:"郑受命于楚伐宋。将战,宋华元杀羊食士,其御羊斟不与。及战,(斟)曰:'畴昔之羊,子为政;今日之事,我为政。'与入郑师,故败。华元逃归,叔牂来奔。"杜注:"叔牂,羊斟也。来奔,奔鲁也。"按华元以杀羊而战败被囚。卒奔者,乃其御羊斟也。

按《太史公书》自《春秋》已前,所有国家灾眚,贤哲占候,皆出于《左氏》、《国语》者也。今班《志》所引,上自周之幽、厉,下至鲁之定、哀,而不云《国语》,唯称史记〔一〕,岂非忘本徇末,逐近弃远者乎?此所谓屡举旧事,不知所出也。

所定多目,凡一十九种〔二〕。但其失既众,不可殚论。故每目之中,或时举一事,庶触类而长,他皆可知。

〔一〕不云《国语》，唯称史记：见本篇第一科"史记、《左氏》交错相并"及"《春秋》、史记杂乱难别"两段有关注文。程《笺记》具引《二十二史考异》卷七详论《国语》亦可称"史记"，可参看。

〔二〕所定多目，凡一十九种："多"字，孙《札记》校云："顾作'名'。"程《笺记》："顾校是也。《杂说中》篇有'名目各异'之语。"又"十九种"，蜀本、陆本、黄本同，鼎本作"二十种"，郭本作"二十九种"，《通释》同鼎本，并注："或讹'一十九'，或讹'二十九'。"按：第一科四种，二科五种，三科八种，四科三种，似应以二十种为是。

又按斯志之作也，本欲明吉凶，释休咎，惩恶劝善，以诫将来。至如《春秋》已还，汉代而往，其间日食地震，石陨山崩，雨雹雨鱼，大旱大水，犬豕为祸，桃李冬花，多直叙其灾，而不言其应〔一〕。载春秋时日食三十六，而二不言其应。汉时日食五十三，而四十不言其应。又惠帝二年、武帝征和二年、宣帝本始四年、元帝永和三年、绥和四年，皆地震，陨石凡四十，总不言其应。又皇后二年，武都山崩〔二〕；成帝和平二年，楚国雨雹，大如斧，蜚鸟死；成帝鸿嘉四年，雨鱼于信都；孝景之时，大旱者二；昭成二年，大雨水三；河平元年，长安有如人状被甲兵弩，系之皆狗也；又鸿嘉中，狗与豕交；惠帝五年十月，桃李花枣实；皆不言其应。此乃鲁史之春秋，《汉书》之帝纪耳，何用复编之于此志哉！

昔班叔皮云：司马迁叙相如则举其郡县。萧、曹、陈平之属，仲舒并时之人，不记其字，或县而不郡，盖有所未暇也〔三〕。若孟坚此志，错缪殊多，岂亦刊削未周者邪？不然，何脱略之甚也。

亦有穿凿成文,强生异义。如蜮之为惑〔四〕,麋之为迷〔五〕;陨五石者,齐五子之征〔六〕,崩七山者,汉七国之象〔七〕;叔服会葬,成伯来奔,亢阳所以成妖〔八〕,郑易许田,鲁谋莱国,食苗所以为祸〔九〕。诸如此比,一作"事"。其类弘多。徒有解释,无足观采。知音君子,幸为详焉。

〔一〕不言其应:原注与今本班《志》不符合处,上海古籍出版社在其《史通通释》校勘记中,一一查对说明,足资参考。或缘知幾所见本与今本不同,固未能即谓为《史通》舛误也。

〔二〕皇后二年,武都山崩:《汉书·五行志下之上》:"高后二年正月,武都山崩,杀七百六十人,地震至八月乃止。"按《史记》有《吕太后本纪》,在本纪中次九,《汉书》因之,立《高后本纪》。《汉志》所载,王益之《西汉年纪》卷四即系于吕后名下。又牛运震《空山堂史记评注校释》卷二《本纪》云:"《吕后本纪索隐》曰:'吕太后以女主临朝,自孝惠崩后立少帝,而始称制,正合附《惠纪》而论之。或依班氏分为惠帝、吕后二纪。'吕后者,高皇后也。依义例,当称《高后本纪》。今没其高后,而斥称其姓,若以著其王吕锄刘之罪,不与其为高后也。然则吕后之为本纪,殆以世代事迹之序属,有不得不然者。"所谓"皇后"云云,即以吕后立纪系年叙事也。

〔三〕"班叔皮云"至"有所未暇":《后汉书·班彪传》:"彪斟酌前史,讥正得失,其略论曰:'若迁之著作,序司马相如,举郡县,著其字。至萧、曹、陈平之属,及董仲舒并时之人,不记其字,或县而不郡者,盖不暇也。'"核校引文,颇多脱略,蜀本、陆本、鼎本、郭本、黄本亦同,除核补"陈平之属"四字,以足正文义外,其余悉仍其旧。

〔四〕蜮之为惑:《五行志下之上》:"严公十八年'秋,有蜮'。刘向以为蜮,惑也。时严将取齐之淫女,故蜮至。天戒若曰:'勿取齐女,将生淫惑篡弑之祸。'"按:《左》庄十八年《经》:"秋,有蜮。"杜注:"蜮,短狐也。盖以含沙射人为灾。"

〔五〕麋之为迷:《五行志中之上》:"严公十七年'冬,多麋'。刘向以为麋之为言迷也。"其下亦以天戒娶齐淫女为说。按《左》庄十七年《经》:"冬,多麋。"杜注:"麋多则害五稼,故以灾书。"

〔六〕陨五石者,齐五子之征:《五行志下之下》:"釐公十六年'正月朔,陨石于宋,五'。刘歆以为五石像齐威卒,而五公子作乱。惟星陨于宋,象宋襄将得诸侯之众,而治五公子之乱。"师古注:"五公子谓无亏、元、昭、潘、商人也。"按:《通释》误"齐桓卒"为"齐威卒"。又按:《左》僖十六年《传》:"春陨石于宋,五,陨星也。"杜注:"但言星,则嫌星使石陨,故重言陨星。"

〔七〕崩七山者,汉七国之象:《五行志下之上》:"文帝元年四月,齐楚地山二十九所同日俱大发水,溃出。刘向以为汉七国同日众山溃,咸被其害,不畏天威之明效也。"按:原文"崩七山"当指七国众山。又"崩"字,蜀本、陆本、鼎本、郭本、黄本同,《通释》改作"溃",当系本诸班《志》,并注:"旧作'崩',误。"按:《汉书·文帝纪》作:"齐楚地震,二十九山同日崩,大水溃出。"则"崩"字亦不为无据。

〔八〕亢阳所以成妖:《五行志中之上》:"文公二年,'自十有二月不雨,至于秋七月'。文公即位,天子使叔服会葬。十年,‘自正月不雨,至于秋七月’,有炕阳之应。十三年‘自正月不雨,至于秋七月’。郕伯来奔,炕阳失众。不雨,象施不由上出。一曰不雨,君弱也。”

〔九〕食苗所以为祸:《五行志下之上》:“隐公八年‘九月,螟’。时郑伯以邴将易许田,有贪利心。京房《易传》曰:‘贪,厥灾虫,虫食根,食叶,食本,食节,食心。’”又《志中之下》:“宣公六年,‘八月,螽’。刘向以为先是时,宣伐莒向,后比再如齐,谋伐莱。”师古注:“七年公会齐侯伐莱是也。”又“向,莒邑也。音饷”。

《汉书·五行志》杂驳第十一春秋时事,违误最多,总十五条。

【解 题】

此篇一事一议,所举之事虽皆已见于前篇,而所议则分别分析当时每一事件发生之形势、时间先后、地理环境等,以驳汉代经今文学者刘向、董仲舒之徒牵强比附之非,斥其“唯读二传,不观《左氏》”,浦起龙氏遂从而谓为“申左之余”。后复有讥其为“佞左者”,遂使严肃认真之考史、论史著作,几为后人强加的儒经今古文之争所淹没。实则知幾虽亦深研儒经,初无门户之见。其所以推重古文《尚书》及《左氏传》,盖缘当时尚不能确认《尚书孔传》为伪,而《左氏》记事详明,实非《公》、《穀》徒明经义所可比肩也。

就形势言,鲁文二年(前625)不雨,班《志》认为由于鲁君“沛然自大”。知幾分析当时周已微弱,据《左传》桓五年(前

707)郑射王中肩,僖四年(前656)楚观兵问鼎,鲁不过暂降周使,怎会遭致亢旱之祸?其八条云春秋成、襄年间之山崩、日食等,董、刘皆认为应此后襄三年(前570)鸡泽之会、襄十六年溴梁之会,君若赘疣,大夫执国权矣。其实两会大夫盟,《左传》已载明当时具体情况。而是时鲁三桓、晋六卿、齐田氏无礼自擅,盖有甚于鸡泽、溴梁会盟之大夫。这都是从形势驳斥天人感应占验之妄。

就时间言,其二、三、四、五、七等条,均认为天变与刘、董等占验之人祸,或隔越太远,或颠倒时序,遂不能不斥其谬妄。

就地理环境说,其六条就晋与江国相距遥远,以驳晋灭江之说。其十三条以郑非要冲,驳子产存郑之说。虽均未必尽是,然能就地理环境辨史事之是非,亦有可取。盖地理环境,在古代虽有重要影响,然非决定因素,此非知幾所能详言,吾人亦不应以此苛求古人。

他如严诛三郤,不应并及胥童书诛四大夫;鲁季氏逐昭公,不应云三家逐昭;三家分晋,不应云六卿分晋。此种严肃认真、一丝不苟之治史精神,至今犹足为吾人之借鉴。

鲁文公二年,不雨。班氏以为自文即位,天子使叔服会葬,毛伯赐命,又会晋侯于戚,上得天子,外得诸侯,沛然自大,故致亢阳之祸〔一〕。按周之东迁,日以微弱。故郑取温麦〔二〕,射王中肩〔三〕,楚绝苞茅〔四〕,观兵问鼎〔五〕。事同列国,变雅为风〔六〕。如鲁者,方大邦不足,比小国有余。安有暂降衰周使臣,遽以骄矜自恃,坐招厥罚,亢阳为怪。求诸人事,理必不然。天高听卑〔七〕,岂其若是也。其一条。

〔一〕“鲁文公二年,不雨”至“亢阳之祸”:节引自《汉书·五行志中之上》。“叔服会葬,毛伯赐命,会晋侯于戚”三事,已见上篇。据《左》文元年《传》:“春,王使内史叔服来会葬。夏四月,葬僖公,王使毛伯卫来锡公命。五月,晋师围戚。秋,晋侯疆戚田,故公孙敖会之。”杜注:“叔服,周大夫。卫,毛伯字。戚,卫邑,在顿丘卫县西。疆田,晋取卫田,正其疆界。公孙敖,鲁大夫。”

〔二〕郑取温麦:《左》隐三年《传》:“四月,郑祭足帅师取温之麦,秋,又取成周之禾,周郑交恶。”杜注:“温,今河内温县。成周,洛阳县也。”

〔三〕射王中肩:《左》桓五年《传》:“秋,王以诸侯伐郑,郑伯御之。战于繻葛,王卒大败,祝聃射王中肩。”杜注:“繻葛,郑地。”

〔四〕楚绝苞茅:《左》僖四年《传》:“春,齐侯伐楚。管仲曰:‘尔贡包茅不入,王祭不共,无以缩酒,寡人是征。’”杜注:“包,裹束也。茅,菁茅也,束茅而灌之以酒为缩酒。”按:“包”通“苞”。

〔五〕观兵问鼎:《左》宣三年《传》:“楚子至于雒,观兵于周疆,问鼎之大小轻重焉。”

〔六〕变雅为风:《诗序》:“至于王道衰,礼义废,政教失,国异政,家殊俗,而变风变雅作矣。”又《诗·王风·黍离序》郑笺:“平王东迁,政遂微弱,下列于诸侯。其诗不能复雅,而同于国风焉。”

〔七〕天高听卑:杨《通释补》引《史记·宋微子世家》:“子韦曰:‘天高听卑。’”按:子韦乃宋景公之司星。

《春秋》成公元年,无冰〔一〕。班氏以为其时王札子杀召伯、毛伯〔二〕。按今《春秋经》,札子杀毛、召,事在宣十五年。而此言成公时,未达其说。下去无冰,凡有三载。

《春秋》昭公九年,陈火〔三〕。董仲舒以为陈夏征舒杀君,楚严王“严”即“庄”也,皆依本书不改其字,下同。托欲为陈讨贼,陈国辟门而待之,因灭陈。陈之臣子毒恨尤甚,极阴生阳,故致火灾。按楚严王之入陈,乃宣十一年事也。始有蹊田之谤,取愧叔时〔四〕,“愧”一作“讥”。终有封国之恩,见贤尼父〔五〕。毒恨尤甚,其理未闻。按陈前后为楚所灭者三,始宣十一年为楚严王所灭,次昭八年为楚灵王所灭,后哀十七年为楚惠王所灭。今董生误以陈次亡之役,是楚始灭之时,遂妄有占候,虚辨物色。寻昭之上去于宣,鲁易四主;严之下至于灵,楚经五代〔六〕。虽悬隔顿别,而混杂无分。嗟乎!下帷三年〔七〕,诚则勤矣,差之千里〔八〕,何其阔哉!其二条。

〔一〕成公元年,无冰:《五行志中之下》引《左》成元年《经》原文。

〔二〕其时王札子杀召伯、毛伯:班《志》原文为:“成公时楚横行中国,王札子杀召伯、毛伯。”师古注云:“王札子即王子捷,召伯、毛伯皆周大夫。今《春秋经》王札子杀召伯、毛伯,事在宣十五年,而此言成公时,未达其说。”知幾原文悉采师古注,而宣十五年乃公元前594年,成元年乃前590年,故云相去三载。

〔三〕昭公九年,陈火:引自《五行志上》。

〔四〕蹊田、取愧：《左》宣十一年《传》："冬，楚子为陈夏氏乱故，伐陈。遂入陈，杀夏征舒，因县陈。申叔时曰：'牵牛以蹊人之田，而夺之牛，罚已重矣。'乃复封陈。"

〔五〕见贤尼父：《史记·陈世家》："孔子读史记至楚复陈，曰：'贤哉！楚庄王轻千乘之国，而重一言。'"《索隐》："谓申叔时之语。"按：即指"夺牛"之一言也。

〔六〕四主、五代：鲁自宣公，历成、襄，始传至昭公，故云鲁易四主。楚自庄王，历共王、康王、郏敖，始传至灵王，故云楚经五代。又"主"字，鼎本作"公"。

〔七〕下帷三年：《汉书·董仲舒传》："仲舒，孝景时为博士。下帷讲诵，三年不窥园。"

〔八〕差之千里：《礼记·经解》："《易》曰：'君子慎始，差若毫厘，缪以千里。'"

《春秋》桓公三年，日有食之，既〔一〕。京房《易传》以为后楚严始称王，兼地千里。按楚自武王僭号，邓盟是惧〔二〕，荆尸又历文、成、缪三王〔三〕，方至于严。是则楚之为王，已四世矣。何得言严始称之者哉？又鲁桓公薨后，历严、闵、釐、文、宣，"釐"即"僖"〔四〕，皆依本书不改其字，下同。凡五公，而楚严始作霸〔五〕，安有桓三年日食而已应之者邪？非唯叙事有违，亦自占候失中者矣。其三条。

〔一〕"《春秋》桓公三年"至"何得言严始称之者哉"：节引自《五行志下之下》。按：《五行志》"楚严称王"句，无"始"字。

〔二〕邓盟是惧：《左》桓二年《传》："秋，七月，蔡侯、郑伯会于邓，始惧楚也。"杜注："颍川召陵县西南有邓城。"又："楚武王始僭号称王，欲害中国，蔡郑姬姓，近楚，故惧而会谋。”又“盟”字，卢《拾补》校云：“何‘曼’。”盖谓邓曼也。见下注〔三〕。

〔三〕荆尸又历文、成、缪三王：《左》庄四年《传》：“春正月，楚武王荆尸，授师孑焉，以伐随。将齐，入告夫人邓曼曰：‘余心荡。’邓曼叹曰：‘王禄尽矣。’”杜注：“尸，陈也。荆亦楚也，更为楚陈兵之法。”又引《方言》云：“楚谓戟为孑。”按：师古在《五行志下之下》注“楚严称王”句云：“楚武王荆尸，久已见传，今此言庄始称王，未详其说。”《通释》据师古注，即改“又”字为“久传”两字，原句固属难解，浦改后更难通读。

〔四〕釐即僖：“僖”字原脱，据蜀本、陆本、鼎本、郭本、王本、黄本、《通释》补。

〔五〕楚严始作霸：《史记·楚世家》：“三十七年，楚熊通乃自立为武王。”按楚王三十七年(前704)即周桓王十六年、鲁桓公九年。京房以为桓三年日食，谓“后楚严称王”，似即指桓九年楚武称王。“严”字本为“庄”字，或录“武”字误为“庄”字欤？志以存疑。

《春秋》釐公二十九年秋，大雨雹。刘向以为釐公末年，公子遂专权自恣，至于弑君。阴胁阳之象见。釐公不悟，遂后二年杀公子赤，立宣公〔一〕。按遂之立宣杀子赤也，此乃文公末代〔二〕。辄谓僖公暮年，世寔悬殊〔三〕，言何倒错？其四条。

〔一〕“《春秋》釐公”至“立宣公”：引自《五行志中之下》。又师古注曰："公子遂，东门襄仲也；赤，文公太子，即恶也。"参看《编次》篇注。

〔二〕文公末代：《左》文十八年《传》："二月，公薨。十月，襄仲杀恶及视而立宣公。"按：釐公二十九年为公元前631年，文公十八年为公元前609年，相距二十二年。班《志》作"后二年"，当有脱误。

〔三〕世寔：郭本同，蜀本、陆本、鼎本作"是世"，黄本作"年世"，浦注："一作'年世'。"卢《拾补》："宋作'世实'。"

《春秋》釐公十二年，日有食之。刘向以为是时莒灭杞〔一〕。案十四年诸侯城缘陵。《公羊传》曰："曷为城杞？灭之。孰灭之？盖徐、莒也。"〔二〕如中垒所释〔三〕，当以《公羊》为本尔。然则《公羊》所说，不如《左氏》之详。《左氏》襄公二十九年，晋平公时，杞尚存云云〔四〕。其五条。

〔一〕刘向以为是时莒灭杞：自首句至此引自《五行志下之下》，惟原文作"董仲舒、刘向以为莒灭杞"。

〔二〕案语及《公羊传》文：均引自师古注，"案"字下，师古原注作"僖十四年"，有一"僖"字，又蜀本、陆本、鼎本、郭本、王本、黄本"案"字均作"釐"，《通释》增字作"案釐"，并云："一无'案'字，一无'釐'字。""灭之"，颜注及《公羊传》均作"灭也"。"灭之"，颜注及《公羊传》均作"灭也"。又"盖徐、莒也"，《公羊传》作"盖徐、莒胁之"。又"缘陵"，杜注"杞邑"，即营陵，故城在今山东省潍坊市西南。

〔三〕中垒：《汉书·刘向传》："天子召见向，以向为中垒校尉。"

〔四〕杞尚存云云：蜀本、陆本、鼎本、郭本、黄本作"杞尚在云云”,《通释》作“杞尚在云”,卢《拾补》:“宋‘存’。”按:《左》襄二十九年《传》原文为“晋平公,杞出也,故治杞”。杜注:“治,理其地,修其城。”按:是年经文既载“夏五月,晋齐(等)城杞”,下复接书“杞子来盟”,盖春秋霸国并灭小国,寻又复之,固不仅陈、卫等国如此,据《史记·杞世家》“楚惠王之四十四年(前445)灭杞”,则杞之最后灭亡,已是春秋战国之际矣。然前此数度被灭,亦是事实。知幾谓向牵引附会则可,谓其所言“徐、莒灭杞”不实则不可。

《春秋》文公元年,日有食之。刘向以为后晋灭江〔一〕。按本经书文四年,楚人灭江。今云晋灭,其说无取。且江居南裔〔二〕,与楚为邻,晋处北方,去江殊远。称晋所灭,其理难通。其六条。

〔一〕后晋灭江:引文亦见于《五行志下之下》,原文亦系“董仲舒、刘向以为(云云)”。师古注曰:“《春秋》文四年,‘楚人灭江’,此云晋,未详其说。”按:《春秋》文三年《经》:“秋,楚人围江。冬,晋阳处父帅师伐楚以救江。”《公羊传》曰:“此伐楚也,其言救江何?为谖也。其为谖奈何?伐楚,为救江也。”何注:“谖,诈。”则次年“楚人灭江”,岂亦缘晋救所之不实欤?然灭江者,楚人也,谓晋灭江,确属“其理难通”也。而李《评》则谓:“古之灭国,不论远近,如郑去秦甚远,秦灭之。晋之于江,犹秦之于郑耳,何为不可?”

〔二〕江居南裔:《春秋》僖二年《经》:“秋,齐、宋、江、黄人,盟于贯。”杜注:“江国在汝南安阳县(今河南息县西南)。”又《左》文四年《传》:“楚人灭江,秦伯(穆公)为之降服,出次，不举过数。公曰：‘同盟灭，虽不能救，敢不矜乎！’”则江虽小国，在秦、晋、楚争霸中，亦犹郑之介于大国之间也。又杜注：“降服，素服也。出次，避正寝。不举，去盛馔。邻国之礼有数，今秦伯过之。”

《左氏传》〔一〕，鲁襄公时，宋有生女子赤而毛，弃之堤下。宋平公母共姬之御者见而收之，因名曰弃。长而美好，纳之平公，生子曰佐。后宋臣伊戾谗太子痤而杀之〔二〕，事在襄二十六年。先是，大夫华元出奔晋〔三〕，事在成十五年。华合比奔卫，事在昭六年〔四〕。刘向以为时则有火灾赤眚之明应也。按灾祥之作，将应后来；事迹之彰，用符前兆。如华元奔晋，在成十五年，参诸弃堤，实难符会。又合比奔卫，在昭六年，而与华元奔晋〔五〕，俱云“先是”。惟前与后，事并相违者焉。其七条。

〔一〕“《左氏传》”至“火灾赤眚之明应也”：节引自《五行志中之下》及师古注。

〔二〕伊戾谗痤：“痤”字，原误作“座”，蜀本、陆本、郭本、黄本同，鼎本作“痤”，班《志》及《春秋左氏传》均作“痤”，卢《拾补》：“宋‘痤’。”“座”当系形近之讹，今改。又“伊戾”，鼎本、郭本、黄本无“伊”字，班《志》及《春秋左氏传》均有，卢《拾补》：“宋有。”按：《春秋》襄二十六年：“秋，宋公杀其世子痤。”《左传》：“初，宋芮司徒生女子，赤而毛（云云）。”接下又云：“寺人伊戾告大子痤将为乱，戾缢而死，佐为大子。”

〔三〕华元出奔晋：《春秋》成十五年：“宋华元出奔晋，宋华元自晋归于宋。"《左传》:"华元曰:'今公室卑,而不能正,吾罪大矣。'乃出奔晋。鱼石自止华元于河上,乃反。"

〔四〕合比奔卫:《左》昭六年《传》:"宋寺人柳有宠,大子佐恶之。华合比曰:'我杀之。'柳闻之,告(平)公曰:'合比将纳亡人之族。'遂逐华合比,合比奔卫。"

〔五〕而与华元奔晋:陆本、鼎本、郭本、黄本同,蜀本无"晋"字。本句《通释》作"而与元奔"。卢《拾补》:"'华、晋'衍。"

《春秋》成公五年,梁山崩〔一〕。七年,鼷鼠食郊牛角〔二〕。襄公十五年,日有食之〔三〕。董仲舒、刘向皆以为自此后晋为鸡泽之会〔四〕,诸侯盟,大夫又盟。后为溴梁之会〔五〕,诸侯在,而大夫独相与盟,君若缀旒〔六〕,不得举手。又襄公十六年五月,地震〔七〕。刘向以为是岁三月,大夫盟于溴梁,而五月地震矣。又其二十八年春,无冰。班固以为天下异也。襄公时,天下诸侯之大夫皆执国权,君不能制,渐将日甚〔八〕。《穀梁》云诸侯始失政,大夫执国权。又曰,诸侯失政,大夫盟,政在大夫,大夫之不臣也。按春秋诸国,权臣可得言者,如三桓、六卿、田氏而已。如鸡泽之会,溴梁之盟,其臣岂有若向之所说者邪?然而《穀梁》为大夫不臣,诸侯失政,讥其无礼自擅,在兹一举而已。非是如政由甯氏〔九〕、祭则寡人,相承世官,遂移国柄,若斯之失也。董、刘之徒,不窥《左氏》,直凭二传,遂广为他说,多肆侈言〔一〇〕。仍云君若缀旒,臣将日甚,何其妄也。其八条。

〔一〕梁山崩:见《汉书·五行志下之上》。

〔二〕鼷鼠食郊牛角:《五行志中之上》引自《春秋》成七年《经》,谓小鼠食祭天之牛角也。

〔三〕日有食之:见《五行志下之下》。

〔四〕鸡泽之会:《春秋》襄三年:"六月公会单子、晋侯、宋公、卫侯、郑伯、莒子、邾子、齐世子光,同盟于鸡泽。陈侯使袁侨如会,叔孙豹及诸侯之大夫及陈袁侨盟。"杜注:"鸡泽,在广平曲梁县西南。诸侯既盟,袁侨乃至,故使大夫别与之盟。"《左传》云:"六月公会单顷公及诸侯,同盟于鸡泽。秋,叔孙豹及诸侯之大夫,及陈袁侨盟,陈请服也。"杜注:"其君不来,使大夫盟之,匹敌之宜。"董、刘遂谓诸侯盟,大夫又盟。知幾斥其"不窥《左氏》",是。

〔五〕溴梁之会:《春秋》襄十六年:"三月,公会晋侯,宋公(等)于溴梁,大夫盟。"《左传》:"晋侯与诸侯宴于温,使诸大夫舞,曰'歌诗必类',齐高厚之诗不类。使诸大夫盟高厚,高厚逃归。于是叔孙豹、晋荀偃、宋向戌、卫甯殖、郑公孙虿、小邾之大夫盟。"董、刘据《穀梁传》遂认为"诸侯在,而大夫独相与盟"。杜注:"溴水出河内轵县,东南至温入河。"按:"溴"字,右旁从"目"、"犬",与"臭"异。

〔六〕君若缀旒:《公羊》襄十六年《传》:"曷为遍刺天下之大夫?君若赘旒然。"何注:"旒,旂旒。赘,系属之辞。"《释文》:"赘,本又作缀。"

〔七〕五月地震:见《五行志下之上》。

〔八〕二十八年春,无冰。君不能制,渐将日甚:见《五行志中之下》。

〔九〕政由甯氏:《春秋》襄二十六年:"二月,卫甯喜弑其君剽。"《左传》:"卫献公使子鲜为复。子鲜以公命与甯喜言曰:

‘苟反，政由甯氏，祭则寡人。’”杜注：“复，使为己求反国。”

〔一〇〕侈：蜀本、陆本、鼎本、郭本、黄本同，《通释》作“奓”，卢《拾补》：“宋‘奓’。”

《春秋》昭十七年六月，日有食之。董仲舒以为时宿在毕〔一〕，晋国象也。晋厉公诛四大夫〔二〕，失众心，以弑死〔三〕。后莫敢复责其大夫，六卿遂相与比周〔四〕，专晋国。晋君还事之。按晋厉公所尸唯三郤耳，何得云诛四大夫者哉？其九条。

又州满既死，今《春秋左氏》本皆作“州蒲”，误也，当为“州满”，事具王邵《续书志》〔五〕。悼公嗣立，选六官者皆获其才〔六〕，逐七人者尽当其罪〔七〕。以辱及扬干，将诛魏绛〔八〕，览书后悟，引愆授职。此则生杀在己，宠辱自由。故能申五利以和戎〔九〕，驰三驾以挫楚〔一〇〕。威行夷夏，霸复文襄。而云不复责大夫，何厚诬之甚也。自昭公已降，晋政多门〔一一〕。如以君事臣，居下僭上者，此乃因昭之失，渐至陵夷〔一二〕，匪由惩厉之弑，自取沦辱也。岂可辄持彼后事，用诬先代者乎？其十条〔一三〕。

〔一〕“董仲舒以为时宿在毕”至“君还事之”：引自《五行志下之下》。

〔二〕晋厉公诛四大夫：《春秋》成十七年：“晋杀其大夫郤锜、郤犨、郤至。”《左传》：“厉公将作难，胥童曰：‘必先三郤。’公曰：‘然’。胥童、夷羊五帅甲八百，将攻郤氏，长鱼矫请无用众，矫以戈杀驹伯（锜）、苦成叔（犨）于其位。温季（至）

逃,矫及其车杀之。胥童以甲劫栾书、中行偃于朝。公使辞于二子,(书、偃)使胥童为卿。公游于匠丽氏,栾书、中行偃遂执公焉,杀胥童,民不与郤氏,胥童道君为乱,故皆书曰'晋杀其大夫'。"杜注:"郤氏失民,胥童道乱,宜其为国戮。"

〔三〕以弑死:《春秋》成十八年:"春正月,晋弑其君州蒲。"《左传》:"晋栾书、中行偃使程滑弑厉公,逆周子于京师而立之。"杜注:"悼公,周。"

〔四〕比周:《论语·为政》:"子曰:'君子周而不比,小人比而不周。'"朱注:"周,普遍也。比,偏党也。"

〔五〕州满既死:蜀本、陆本、鼎本、郭本、王本、黄本、《通释》同,原注云:"今《春秋左氏》本皆作'州蒲'。""蒲"字原误作"满",蜀本、陆本同,据鼎本、郭本、王本、《通释》改。参见注〔三〕。知幾云其误,必有所本。又"续书志"之"续"字,卢《拾补》云:"宋作'读'。"按:《隋书·王劭传》:"劭采摘经史谬误,为《读书记》三十卷。""读"字是。

〔六〕选六官者皆获其才:《左》成十八年《传》:"二月,晋悼公即位,始命百官。凡六官之长,皆民誉也。举不失职,官不易方,爵不逾德,师不陵正,旅不偪师,民无谤言,所以复霸也。"

〔七〕逐七人者尽当其罪:《左》成十八年《传》:"春正月,周子朝于武宫,逐不臣者七人。"杜注:"夷羊五之属。"

〔八〕扬干、魏绛:《左》襄三年《传》:"秋,晋侯之弟扬干,乱行于曲梁,魏绛戮其仆。晋侯怒曰:'扬干为戮,何辱如之,必杀魏绛。'魏绛至,授仆人书,公读其书,'请归死于司寇'。公跣而出曰:'寡人有弟,弗能教训,使干大命,寡人之过也,子无重寡人之过。'与之礼食,使佐新军。"

〔九〕申五利以和戎:《左》襄四年《传》:“无终子嘉父使孟乐如晋,因魏庄子纳虎豹之皮,以请和诸戎。晋侯曰:‘戎狄无亲而贪,不如伐之。’魏绛曰:‘劳师于戎,诸华必叛。’公曰:‘然则莫如和戎乎?’对曰:‘和戎有五利焉。戎狄荐居,贵货易土,土可贾焉,一也。边鄙不耸民狎其野,穑人成功,二也。戎狄事晋,四邻振动,诸侯威怀,三也。以德绥戎,师徒不勤,甲兵不顿,四也。鉴于后羿,而用德度,远至迩安,五也。’公说,使魏绛和诸戎。”

〔一〇〕驰三驾以挫楚:《左》襄九年《传》:“晋人不得志于郑,楚子伐郑,郑及楚平。晋侯谋所以息民,魏绛请施舍,输积聚以贷,行之期年,国乃有节,三驾而楚不能与争。”杜注:“施舍,施恩惠,舍劳役。三驾,三兴师,谓十年师于牛首,十一年师于向,其秋观兵于郑东门。”

〔一一〕昭公已降,晋政多门:杨《通释补》引《左》昭十三年《传》:“子产曰:‘晋政多门。’”按:晋昭公于鲁昭十一年继位,十六年八月卒(前531—前526),此昭公乃指晋昭。

〔一二〕因昭之失,渐至陵夷:《左》昭十六年《传》:“子服昭伯语季平子曰:‘晋之公室,其将遂卑矣。君幼弱,六卿强而奢傲,将因是以习,习实为常,能无卑乎。’秋八月,晋昭公卒。”昭伯之言,指晋昭时也。又程《笺记》:“《汉书·成帝纪》:‘帝王之道,日以陵夷。’颜注:‘陵,丘陵也;夷,平也。言颓替若丘陵之渐平也。’”

〔一三〕其十条:此条全文,鼎本及《通释》均接九条后,合为一节。浦氏按云:“节中凡三提句,三驳之。诛四大夫,一驳也;莫敢责大夫,又一驳也;还事其六卿,又一驳也。”浦说是。兹虽仍存其分条之旧,但并此两条作注,以资联贯。

哀公十三年十一月,有星孛于东方〔一〕。董仲舒、刘向以为周之十一月,夏九月,日在氐。出东方者,轸、角、亢也。或曰:角、亢,大国之象,为齐、晋也。其后田氏篡齐,六卿分晋〔二〕。按星孛之后二年,《春秋》之经尽矣〔三〕。又十一年,《左氏》之传尽矣〔四〕。自传尽后八十二年,齐康公为田和所灭〔五〕。又七年,晋静公为韩、魏、赵所灭〔六〕。上去星孛之岁,皆出百余年。辰象所躔,氛祲所指,共相感应,何太疏阔者哉?且当《春秋》既终之后,《左传》未尽之前,其间卫弑君〔七〕,越灭吴〔八〕,鲁逊越云云〔九〕,贼臣逆子破家亡国,多矣。此正得东方之象〔一〇〕,大国之征,何故舍而不述,远求他代者乎?又范与中行,早从殄灭,智入战国,继踵云亡。辄与三晋连名,敕以六卿为目〔一一〕,殊为谬也。寻斯失所起,可以意测。何者?二传所引,事终西狩获麟;《左氏》所书,语连赵襄灭智。汉代学者,唯读二传,不观《左氏》,故事有不周,言多脱略。且春秋之后,战国之时,史官阙书,年祀难记。而学者遂疑篡齐分晋,时与鲁史相邻。故轻引灾祥,用相符会。白珪之玷〔一二〕,何其甚欤?其十一条。

〔一〕星孛于东方:《公羊》哀十三《传》:"孛者何?彗星也。其言于东方何?见于旦也。何以书?记异也。"

〔二〕"董仲舒、刘向以为"至"六卿分晋":此段节引自《五行志下之下》。

〔三〕《春秋》之经尽:《公》、《穀》经文均尽于哀公十四年(前481)西狩获麟,《左传》经尽于哀十六年(前479)夏四月,

"孔丘卒"。此云"哀十三年十一月,星孛之后二年",当系指《左氏传》经尽之年历二年余也。

〔四〕《左氏》之传尽:《左传》尽于哀二十七年(前468),且缀及鲁悼四年(前464)以后赵襄子灭智伯事。

〔五〕田和所灭:《史记·齐太公世家》:"康公十九年(前386)田和始为诸侯,迁康公海滨。"

〔六〕韩、魏、赵所灭:《史记·晋世家》:"静公俱酒立,是岁,齐威王元年也。静公二年,魏武侯、韩哀侯、赵敬侯灭晋后而三分其地,静公迁为家人。"应为前377年,逆推距齐灭九年。

〔七〕卫弑君:《左》哀十七年《传》:"冬十月,晋复伐卫,卫人出庄公而与晋平。十一月卫侯自鄄入。公使匠久,石圃因匠氏攻公,公逾于北方而队。入于戎州己氏,而示之璧。曰:'活我,吾与女璧。'己氏曰:'杀女,璧其焉往。'遂杀之。"

〔八〕越灭吴:《左》哀二十二年《传》:"冬十一月,越灭吴。请使吴王居甬东,辞曰:'孤老矣,焉能事君。'乃缢。"

〔九〕鲁逊越:《左》哀二十七年《传》:"公欲以越伐鲁,而去三桓。八月,公如公孙有陉氏,因孙于邾,乃遂如越。"

〔一〇〕正得东方之象:陈《补释》:"上云:'出东方者,轸、角、亢也。'《周礼·春官·保章氏》郑注:'鹑尾,楚。寿星,郑。'则轸、角、亢与卫、越、鲁无涉,《史通》此文失考。"按:"出东方者,轸、角、亢也",乃节引《五行志》之文,知幾节去下句"轸,楚。角、亢,陈、郑也"。按《淮南子·天文训》:"何谓九野?中央曰钧天,其星角、亢、氐。"高诱注:"韩、郑之分野也。"《天文训》又云:"东南方曰阳天,其星张、翼、轸。"高注:"翼、轸一名鹑尾,楚之分野。"而《汉书·天文志》中，角、亢、氐均属东宫苍龙，轸属南宫朱鸟，则轸、角、亢之分野固皆在东南也。知幾斥董、刘所举之应，“皆出百余年”，不如《左传》所载卫、吴、鲁诸事，年距较近。卫、鲁分野不在东、南，谓与卫、鲁无涉尚可，谓与吴(陈举“越”，误)无涉，亦“失考”矣。至《周官·保章氏》之鹑尾，一名翼、轸，观《淮南子》高注已明。而《周官·保章氏》之郑注所云：“降娄，鲁也。”《天文训》以奎娄属西北，高注：“奎娄，一名降娄，鲁之分野。”但据《国语·郑语》：“当成周者，东有齐、鲁、曹、宋、滕、薛、邹、莒。”知幾所论，斥其以远年变故，牵引附会，未能顾及地隔南北，故陈氏讥其“失考”也。

〔一一〕敇以六卿为目：“敇”字，蜀本、陆本、鼎本、郭本、《通释》作“总”。

〔一二〕白珪之玷：《诗·大雅·荡之什·抑》：“白圭之玷，尚可磨也。斯言之玷，不可为也。”郑笺：“玷，缺也。”又“珪”字各本同，《通释》改作“圭”。

《春秋》釐公三十三年十二月，陨霜不杀草。成公五年，梁山崩。七年，鼷鼠食郊牛角。刘向以其后三家逐鲁昭公，卒死于外之象〔一〕。案乾侯之出，事由季氏。孟、叔二孙，本所不预〔二〕。况昭子以纳君不遂〔三〕，发愤而卒。论其义烈，道贯幽明。定为忠臣，犹且无愧；编诸逆党，何乃厚诬。夫以罪由一家，而兼云二族〔四〕。以此题目，何其滥欤？其十二条。

〔一〕昭死于外之象：引自《五行志中之上》。

〔二〕本注：乾侯之出，二孙不预，《左》昭二十五年《传》："九月，伐季氏，遂入之。公使郈孙逆孟懿子。叔孙氏司马帅徒以入，公徒释甲，遂逐之。孟氏执杀郈昭伯，遂伐公徒。子家子曰：'诸臣伪劫君者，而负罪以出，君止。意如（季平子名）之事君也，不敢不改。'公曰：'余不忍也。'遂行。公孙于齐，次于阳州。"又《春秋》昭二十八年："春三月，公如晋，次于乾侯。"又三十二年："十有二月，公薨于乾侯。""二孙"之"二"字，原误作"三"，蜀本、陆本、鼎本、郭本、黄本作"二"，按指孟孙氏、叔孙氏，"二"字是，今改。又《史记·孔子世家》亦云："平子与孟氏、叔孙氏三家共攻昭公。"是亦沿用《春秋》笔法，知幾意在尊重史实。

〔三〕昭子以纳君不遂：《左》昭二十五年《传》："公孙于齐，昭子自阚归，见平子。曰：'子以逐君成名，子孙不忘，不亦伤乎。'平子曰：'苟使意如得改事君，所谓生死而骨肉也。'昭子从公于齐，与公言。公徒将杀昭子，公使昭子自铸归，平子有异志。冬十月，昭子齐于其寝，使祝宗祈死。戊辰卒。"按昭子名带，即叔仲昭子。

〔四〕罪由一家，而兼云二族：本句郭本、黄本同，蜀本、陆本、鼎本"由"字误作"申"，"二"字误作"三"。

《左氏传》昭公十九年，龙斗于郑时门之外洧渊。刘向以为近龙孽也。郑，小国，摄乎晋、楚之间，重以强吴，郑当其冲，不能修德，将斗三国，以自危亡。是时，子产任政，内惠于民，外善辞令，以交三国，郑卒无患，此能以德销灾之道也〔一〕。按昭之十九年，晋楚连盟，干戈不作。吴虽强暴，未扰诸华。郑无外虞，非子产之力也。又吴为远国，僻在江干，必略中原，当以楚、宋为始。郑居河、颍〔二〕，地匪夷庚〔三〕，谓当要冲，殊为乖角〔四〕。求诸地理，不其爽欤？其十三条。

〔一〕“《左氏传》昭公十九年”至“以德销灾之道也”：引自《五行志下之上》，本句《志》文作“以德消变之效也”，浦注“《志》下下”误。又《左传》原文：“郑大水，龙斗（云云）。国人请禜，子产弗许。”

〔二〕郑居河、颍：《国语·郑语》：“桓公问于史伯曰：‘王室多故，余惧及焉。其何所可以逃死？’史伯对曰：‘其济、洛、河、颍之间乎？’”韦注：“谓左济，右洛，前颍，后河。”

〔三〕夷庚：《左》成十八年《传》：“塞夷庚。”杜注：“夷庚，吴晋往来之要道。”《文选》束晳《补亡诗》：“由庚，万物得由其道也。荡荡夷庚，物则由之。”李善注：“夷，常也。庚，道也。”又“庚”字，原误作“唐”，鼎本、郭本、黄本均作“庚”，今改。

〔四〕乖角：独孤及《夏中酬于逖毕耀问病见赠》：“行藏两乖角。”唐人以乖角为背戾之俗语。

《春秋》昭公十七年六月，日有食之〔一〕。董仲舒以为时宿在毕，晋国象也云云。日比再食，其事在《春秋》后，故不载于经。按自昭十七年〔二〕，迄于获麟之岁，其间日食复有七焉。事列本经〔三〕，披文立验。安得云再食而已，又在《春秋》之后也？且观班《志》编此七食，其六皆载董生所占〔四〕。复不得言董以事后《春秋》，故不存编录。再思其语，三覆所由，斯盖孟坚之误，非仲舒之罪也。其十四条。

〔一〕“昭公十七年六月”至“故不载于经”：见《五行志下之下》，但因将十七年误为十五年，以致本条全文难以通读，《通释》遂轻率臆改，卢《拾补》亦尤而效之，造成较大混乱。兹将班《志》此段全文节录于下，以明原委：“昭十五年‘六月，日有食之’。刘歆以为三月鲁、卫分。十七年‘六月，日有食之’。董仲舒以为时宿在毕，晋国象也。……晋君还事之。日比再食，其事在春秋后，故不载于经。”（节去文字见第九条正文及注。）观班《志》原文，自“董仲舒以为”以下一段文字，显系占昭十七年日食，而十五年日食，则有刘歆占，但因歆占仅有一行，知幾所见本或有脱简，或缘知幾阅时跳行，遂以董氏之占，误系于昭十五年日食之后，事极明显，兹据班《志》原文改“十五”为“十七”。

〔二〕自昭十七年：“十七”原误作“十四”，浦、卢等改作“十五”亦误，兹依注〔一〕，改为“十七”。

〔三〕日食有七，事列本经：按自昭十七年后，《公》、《穀》之《春秋》经文，载有昭二十一、二十二、二十四、三十一年，定五、十二、十五年计七次日食。而《左氏》之经文，尚载有哀十四年日食。但因知幾屡言董氏“不窥《左传》”，驳董自以《公》、《穀》所载七次为据，则此处“七”次不误。浦、卢未能察及《史通》原文误“昭十七年”为“十五”，遂从昭十五年以后，将十七年日食亦计入，又将《左传》所载哀十四年日食亦并入，遂臆改“七”为“九”。误。

〔四〕其六皆载董生所占：班《志》编采自昭二十一年至定十五年七次日食，均有董占。惟定五、定十二年两次日食，均作

"董仲舒、刘向以为(云云)",似合占,知幾引用时,常用一人。但"其六"两字,仍待续考。浦、卢等改"六"为"八",亦误。

《春秋》昭公九年,陈火〔一〕。刘向以为先是陈侯之弟招杀陈太子偃师,楚因灭陈〔二〕。《春秋》不与蛮夷灭中国,故复书陈火也〔三〕。按楚县中国以为邑者多矣,如邑有宜见于经者〔四〕,岂可不以楚为名者哉?盖当斯时,陈虽暂亡,寻复旧国,故仍取陈号,不假楚名。独不见郑裨灶之说斯灾也〔五〕,曰:"五年,陈将复封,封五十二年而遂亡。"〔六〕此其效也〔七〕。自斯而后,若颛顼之墟〔八〕,宛丘之地〔九〕,如有应书于国史,岂可复谓之陈乎?其十五条。

〔一〕陈火:《五行志上》引自《公羊》昭九年《春秋》经文,《穀梁》同。《左氏》经、传文均作"陈灾"。杜注:"天火曰灾。"郭本眉注:"经曰'陈灾'。'火'当改'灾'。"兹仍其旧。

〔二〕楚因灭陈:《左》昭八年《传》:"陈哀公有废疾。三月,公子招杀悼大子偃师。四月,哀公缢。书曰:'陈侯之弟招杀陈世子偃师。'九月,楚师围陈。十一月,灭陈。封戌为陈公。"杜注:"戌,楚大夫,灭陈为县。"

〔三〕不与蛮夷、复书陈火:《五行志上》师古注:"(昭)九年火时,陈已为楚县,犹追书陈国者,以楚蛮夷,不许其灭中夏之国。"

〔四〕宜见于经:"宜"字,原误作"疑",蜀本、陆本同,鼎本、郭本、黄本均作"宜",《通释》同,今改。

〔五〕独不见郑裨灶之说斯灾也:蜀本、陆本、鼎本、郭本、黄本同,《通释》作“独不见郑禆灶之说乎?禆灶之说斯灾也”,并注:“一脱此五字(即“乎禆灶之说”五字)。”卢《拾补》亦云:“脱五字,从宋补。”孙《札记》校补后,亦云:“顾、邓均同。”

〔六〕陈将复封,封五十二年而遂亡:《左》昭十三年《传》:“(楚)平王封陈、蔡,复迁邑。”又《左》哀十七年《传》:“秋七月,楚公孙朝帅师灭陈。”

〔七〕此其效也:鼎本、郭本无此四字,浦注:“一脱此四字。”

〔八〕颛顼之墟:《左》昭八年《传》:“晋侯问于史赵。对曰:‘陈,颛顼之族也。’”杜注:“陈祖舜,舜出颛顼。”又十七年《传》:“梓慎曰:‘陈,大皞之虚也。卫,颛顼之虚也。’”彭《增释》谓:“语有误。”按:司马贞补《三皇本纪》引皇甫谧《帝王世纪》:“太皞庖牺氏都于陈。”

〔九〕宛丘:《诗·陈风·宛丘》:“宛丘之上兮。”《诗谱》:“陈都于宛丘之侧。”《水经·渠水注》云:“宛丘在陈城南道东。王隐云:渐欲平,今不知所在矣。”杨守敬按:“据王说则颓圮殆尽,据郦说则指点多疑。而《元和志》云:‘在宛丘县南三里。’《寰宇记》云:‘高二丈。’殆后人求宛丘不得,漫指一丘以当之耳。”今按故城当在今河南省淮阳县东南。

史通卷之二十　外篇

暗惑第十二总十四条〔一〕

【解　题】

“文之与史，皎然异辙”，是贯穿《暗惑》全篇之思想基础，也是今人读此篇的一把钥匙。观其所论，首揭史传叙事，亦有真伪莫分、邪正靡别、道理难凭、欺诬可见者，而古来学者莫觉其非，故聊举一二加以驳难，开宗明义说明史传必凭道理，分真伪。知幾所说之道理，从其所列举之例证看，当为事理或情理，乃据理以推断其欺诬。

其所举之十二事，除十三条驳《晋书·王祥传》年代失考，洵如浦起龙所言，乃知幾“臆泥‘徐州寇盗’”四字，考时亦有舛误外，至如第七条积甲山齐，第十条殿瓦皆飞，均显系文艺夸张之笔。第二条舜之匿空旁出，第十二条之阮籍佯狂，又掩以至性，故神其说，几同神话。其余优孟衣冠、有若避席、复道坐沙、竹马迎伋、曹操捉刀、胡威质父等，均属艺术创造之典型性集中，渲染其词，变幻其说。其故事虽能引人入胜，其情事自非历史真实。知幾既已指出文史异辙,此篇特举文艺入史之非。王应麟《玉海》谓《史通》佚文尚有《文质》等篇,则此篇之作,或即其论文质之椎轮欤?

末条总论前史之失,乃作者情多忽略,识惟愚滞,采彼流言,不加诠择,传诸谬说,即从编次,致使真伪混淆,是非参错,可谓深中太史公好奇,尤其是唐初官修《晋书》多采小说、宏奖风流之病。而其以"邪说害正,虚词损实"为说,则明显不妥。盖史家要严肃认真对待历史事实,不容有半点虚构或歪曲,不容以文艺创作方法写历史,是由于艺术真实与历史真实本自有区别。强调历史之科学性,并非否定文学之艺术性,两者之间不存在邪正之别,斯乃生在千数百年前之知幾所不能理解,也是今人读《史通》所应知道者。

夫人识有不烛,神有不明〔二〕,则真伪莫分,邪正靡别。昔人有以发绕炙〔三〕,误其国君者;有置毒于胙〔四〕,诬其太子者。夫发经炎炭〔五〕,必致焚灼;毒味经时,无复杀害。而行之者伪成其事,受之者信以为然,故使见咎一时,取怨千载。夫史传叙事,亦多如此。其有道理难凭,欺诬可见,如古来学者〔六〕,莫觉其非,盖往往有焉。今聊举一二,加以驳难。列之如左。其一条。

〔一〕总十四条:浦注:"前后有序跋。"孙《札记》:"无侧注'总十四条'四字。"

〔二〕识有不烛,神有不明:《南齐书·文学传论》后:"轮扁斫轮,言之未尽,文人谈士,罕或兼工,非唯识有不周,道实相妨。"屈原《卜居》:"尹乃释策而谢曰:'夫尺有所短,寸有所长。物有所不足，智有所不明。数有所不逮，神有所不通。'"

〔三〕昔人：蜀本、陆本、鼎本、郭本、黄本同。一无"人"字，卢《拾补》："宋无。"孙《札记》："顾云衍文。"发绕炙：《韩非子·内储说下》："文公之时，宰臣上炙而发绕之。文公召宰人而谯之曰：'女欲寡人之哽邪？奚为以发绕炙？'宰人顿首再拜曰：'臣有死罪三：切肉肉断而发不断，一也；援锥贯脔而不见发，二也；炙熟而发不焦，三也。堂下得微有疾臣者乎？'公曰：'善。'乃召其下而谯之，果然，乃诛之。"一曰"晋平公觞客，少庶子进炙而发绕之"云云。

〔四〕置毒于胙：《左》僖四年《传》："晋献公立骊姬为夫人，姬谓大子曰：'君梦齐姜，必速祭之。'大子祭于曲沃，归胙于公。公田，姬置诸宫六日，公至，毒而献之。祭地，地坟；与犬，犬毙；与小臣，小臣亦毙。姬泣曰：'贼由大子。'大子奔，缢于新城。"杜注："胙，祭之酒肉。"又云："毒酒经宿辄败，而经六日，明公之惑。新城，曲沃。"

〔五〕炎炭："炎"字，蜀本、陆本、鼎本、郭本、黄本作"炙"。浦注："一作'炙'。"有迭用"炎炙炭"者，卢《拾补》："'炙'讹。"

〔六〕如古来学者：《经传释词》："如，犹而也。"隐七年《左传》曰："及郑伯盟歃如忘。"服虔曰："如，而也。"庄七年《传》曰："星陨如雨，与雨偕也。"刘歆曰："如，而也，星陨而且雨，故曰与雨偕也。"（见《汉书·五行志下之下》）

《史记》本纪曰〔一〕：瞽叟使舜穿井，为匿空旁出〔二〕。

瞽叟与象共下土实井。瞽叟、象喜以舜为已死,象乃止舜宫。

难曰:夫杳冥不测,变化无恒,兵革所不能伤,网罗所不能制,若左慈易质为羊〔三〕,刘根窜引入壁是也〔四〕。时无可移,祸有必至,虽大圣所不能免,若姬伯拘于羑里〔五〕,孔父厄于陈、蔡是也〔六〕。然俗之愚者,皆谓彼幻化,是为圣人。岂知圣人智周万物〔七〕,才兼百行,若斯而已,与夫方内之士〔八〕,有何异哉?如《史记》云重华入于井中,匿空出去。此则其意以舜是左慈、刘根之类,非姬伯、孔父之徒。苟识事如斯,难以语夫圣道矣。且按太史公"黄帝、尧、舜轶事,时时见于他说。余择其言尤雅者,著为本纪书首"〔九〕,若如向之所述,岂可谓之雅邪?其二条。

〔一〕《史记》本纪:此指《史记·五帝本纪》中虞舜纪。

〔二〕匿空旁出:《正义》:"言舜潜匿穿孔,旁从他井而出。"又《集解》引刘熙曰:"舜以权谋自免,亦大圣有神人之助也。"

〔三〕左慈易质为羊:《采撰》篇已引《后汉书·方术传》作注。

〔四〕刘根窜引入壁:《后汉书·方术·刘根传》:"根,颍川人。隐居嵩山,诸好事远至,就根学道。太守史祈以根为妖妄,收执诣郡,根左顾而啸。有顷,祈之亡父、祖、近亲数十人皆反缚在前,向根叩头曰:'小儿无状。'叱祈陈谢。祈惊惧,自甘罪坐。根不应,忽然俱去,不知所在。"按:"窜引"之"引"字,蜀本、陆本、鼎本、郭本、黄本、《通释》均作"形"。

〔五〕姬伯拘于羑里:《史记·周本纪》云:"后稷别姓姬氏。"又云:“昌为西伯,西伯曰文王。崇侯虎谮西伯于殷纣曰:‘西伯积善累德,诸侯皆向之,将不利于帝。’帝纣乃囚西伯于羑里。”

〔六〕孔父厄于陈、蔡:《史记·孔子世家》:“孔子去鲁,斥乎齐,逐乎宋、卫,困于陈、蔡之间。”

〔七〕圣人智周万物:杨《通释补》:“《易·系辞上》:‘知周乎万物。’”

〔八〕方内之士:《史记·文帝纪》:“赖天地之灵,社稷之福,方内安宁。”《晋书·阮籍传》:“裴楷曰:‘阮籍既方外之士。’”盖以其“不崇祀典”也。又程《笺记》引《庄子·大宗师》:“孔子曰:‘彼游方之外者也,而丘游方之内者也,外内不相及。’”按:孔子意谓桑户方外出世之人,己乃方内入世之人也,知幾用其文意,程引《庄子》是。

〔九〕言尤雅者,著为本纪书首:按“太史公”以下语句节引自《史记·五帝本纪》。《正义》:“择其言语典雅者,故著为《五帝本纪》,在《史记》百三十篇之首。”

又《史记·滑稽传》,孙叔敖为楚相,楚王以霸。病死,居数年,其子穷困负薪。优孟即为孙叔敖衣冠〔一〕,抵掌谈语。岁余,像孙叔敖,楚王及左右不能别也。庄王置酒,优孟为寿。王大惊,以为孙叔敖复生,欲以为相。

难曰:盖语有之:人心不同,有如其面〔二〕。故窳隆异等〔三〕,修短殊姿,皆禀之自然,得诸造化,非由仿效,俾有迁革。如优孟之象孙叔敖也,衣冠谈说,容或乱真,眉目口鼻,如何取类?而楚王与其左右,曾无疑惑者邪?昔陈焦既亡，累年而活〔四〕；秦谍从缢〔五〕，六日而苏。遂使竹帛显书〔六〕，今古称怪。况叔敖之没，时日已久。楚王必谓其复生也，先当诘其枯骸再肉所由，闔棺重开所以。岂有片言不接，一见无疑，遽欲加以宠荣，复其禄位。此乃类梦中行事，岂人伦所为者哉？其三条。

〔一〕本注：优孟衣冠，《史记·滑稽列传·优孟传》："优孟，故楚之乐人也。多辩，常以谈笑讽谏。楚相孙叔敖病且死，居数年，其子穷困负薪，逢优孟。优孟即为孙叔敖衣冠，抵掌谈语，岁余像孙叔敖，楚王及左右不能别也。庄王置酒，优孟前为寿。庄王大惊，以为孙叔敖复生，欲以为相。孟曰：'妇言慎无为楚相，如孙叔敖之为楚相，尽忠为廉以治楚，楚王得以霸。今死，其子贫困负薪。'庄王乃召孙叔敖子，封之寝丘四百户，后十世不绝。"知幾概括原文，其中将"病且死"句略为"病死"，去一"且"字，是变将死为已死矣。联系下文，已死数年，而楚王尚不知。又略去楚王与优孟问答一段文字，遂使此段文字益窒碍难解。程《笺记》引《丹铅总录》卷十三优孟条云："此传以滑稽名，乃优孟自为寓言，云欲复以为相，亦优孟自言，如今人下净发科打诨之类，岂可真以为王欲复相之事乎？"吕《评》复从而为之说曰："欲以孙叔敖为相之楚王，乃优人所像，非真楚王。"程氏复引《三国志·许慈传》中"先主使倡家嬉戏，感切慈（与）胡潜"用作升庵持论之佐证。按史传究非戏文，杨、吕之说均未足解知幾之惑。至《许慈传》明白记载"先主使倡家嬉戏"，亦不能以之与《优孟传》为类。周星诒批校《通释》云："复生，意谓又生一孙叔敖，非谓复活。"曲为之解,理亦难通,盖《优孟传》自是太史公好奇致使文史相淆之失。知幾虽或稍有舛误,然其志固在严格遵守文史异辙也。

〔二〕人心不同,有如其面:《左》襄三十一年《传》:"子产曰:'人心之不同,如其面焉。'"

〔三〕窊隆异等:蜀本、陆本、鼎本、郭本、黄本同。《通释》:"窊"作"窊"。卢《拾补》:"'窊'讹。"按:《说文》:"窊,同'窊'。"《文选》马融《长笛赋》:"波澜鳞沦,窊隆诡戾。"李注:"窊,邪下也。窊隆,高下貌。"程《笺记》引左思《吴都赋》:"原隰殊品,窊隆异等。"

〔四〕陈焦:《三国志·吴书·孙休传》:"永安四年,安吴民陈焦死,埋之六日更生,穿土中出。"按:安吴,三国吴置县,在今安徽泾县西南。又"焦"字,原误作"隼",郭本同,蜀本、陆本、鼎本、黄本作"焦",今据史传改。再下句"累年而活","累年"与史志"六日"不符,卢《拾补》疑"年"为"时"。

〔五〕秦谍:《左》宣八年《传》:"夏,晋伐秦,获秦谍,杀诸绛市,六日而苏。"

〔六〕遂:"遂"字,蜀本、陆本、鼎本、郭本、黄本同,《通释》改作"顾",并注云:"或讹'须'。一改'遂'。"卢《拾补》:"宋'须',讹。"孙《札记》:"顾引《拾补》及邓本均作'须'。"兹仍之。

又《史记·田敬仲世家》曰:"田常成子以大斗出贷,以小斗收,齐人歌之曰:'妪乎采芑,归乎田成子。'"〔一〕

难曰:夫人既从物故,然后加以易名。田常见存,而遽呼以谥〔二〕,此之不实,明然可知〔三〕。又按《左氏传》:"石碏曰:'陈桓公方有宠于王。'"〔四〕《论语》:"陈司败问孔子:'昭公知礼乎?'"〔五〕《史记》:"家令说太上皇曰:'高祖虽子,人主也。'"〔六〕诸如此说,其例皆同。然而事由过误,易为笔削。若《田氏世家》之论成子也,乃结以韵语,纂成歌词〔七〕,欲加刊正,无可厘革。故独举其失,以为标冠云〔八〕。其四条。

〔一〕妪乎采芑,归乎田成子:《索隐》:"言妪之采芑菜,皆归入于田成子,以刺齐国之政,将归陈。"《诗·小雅·南有嘉鱼·采芑》"薄言采芑"疏:"似苦菜。"今江淮通称芑菜。

〔二〕遽呼以谥:《史记·田敬仲完世家》:"田常卒,谥为成子。"

〔三〕明然可知:蜀本、陆本、鼎本、郭本、黄本同,卢《拾补》校"明"字云:"宋'昭'。"

〔四〕陈桓公方有宠于王:见《左》隐四年《传》。按:《史记·陈世家》:"文公卒,长子桓公鲍立。桓公二十三年,鲁隐公初立。三十八年正月,(陈)桓公鲍卒。"则陈桓卒时,已是鲁桓公六年(前706),卒前十三年,石碏安得称其谥。

〔五〕陈司败问孔子,昭公知礼乎:见《论语·述而》,原文已见前注。《通释》:"陈司败问昭公,时当在定、哀之世,记者举谥,非误也。子玄摘之,非是。"按陈司败生卒年无可考。孔子生于鲁襄公二十二年(前551)。《史记·仲尼弟子·巫马施传》(《论语》"施"作"期"):"施,字子旗,少孔子三十岁。"传中亦载陈司败问期及期与孔子问答之辞。鲁襄在位三十一年,昭在位三十二年,至昭之卒(前510)则孔子虽已四十,而巫马期才十岁。浦定其"时当定、哀之世”，是。

〔六〕高祖、人主：见《史记·高祖本纪》六年。

〔七〕纂成歌词：“纂”字，原误作“篡”，蜀本、陆本、鼎本同，郭本、黄本作“纂”，《通释》改“纂”，孙《札记》亦校改为“纂”，形近之讹，今改。杨《通释补》引《韩非子·外储说右上》：“故周、秦之民相与歌之曰：‘讴乎，其已乎苞乎！其往归田成子乎！’”杨谓“史公之误，沿自韩非”。

〔八〕标冠：《隋故内史舍人牛府君墓记》：“文宗义府，标冠一时。”又《太平广记》卷九十九《释证一》引《宣室志》：“兴福寺西北隅有隋朝佛堂。其壁有画十光佛者，笔势甚妙，为天下之标冠。有识者云，此国手蔡生之迹也。”

又《史记·仲尼弟子列传》曰：孔子既没，有若状似孔子，弟子相与共立为师，事之如夫子。他日，弟子进问曰：“昔夫子尝行〔一〕，使弟子持雨具，已而果雨。”“商瞿长无子，母为取家〔二〕。孔子曰：‘瞿年四十后，当有五丈夫子。’〔三〕已而果然。敢问夫子何以知之？”有若嘿然无应〔四〕。弟子起曰：“有若避，此非子之坐也。”

难曰：孔门弟子七十二人，柴愚、参鲁〔五〕，宰言、游学〔六〕，师商可方〔七〕，回赐非类〔八〕。此并圣人品藻，优劣已详，门徒商榷，臧否又定。如有若者，名不隶于四科，誉无偕于十哲〔九〕。逮尼父既没，方取为师。以不答所问，始令避坐。同称达者，何见事之晚乎？且退老西河，取疑夫子，犹使丧明致罚，投杖谢愆〔一〇〕。何肯公然自欺，诈相策奉？此乃童儿相戏，非复长老所为，观孟轲著书，首陈此说〔一一〕；马迁裁史,仍习其言。得自委巷[一二],曾无先觉[一三]。悲夫!其五条。

〔一〕夫子尝行:"尝"字,蜀本、陆本、鼎本、郭本、黄本同,史传作"当",《通释》改"当"。

〔二〕母为取家:蜀本、陆本、黄本同,鼎本、郭本作"欲更取室",今本史传作"母为取室",《通释》据史传改。卢《拾补》校"家"字云:"讹,《史》作'室'。"

〔三〕五丈夫子:《集解》:"五男也。"

〔四〕有若嘿然:"嘿"字,原误作"哩",蜀本、陆本同,鼎本、郭本、黄本作"嘿",当缘形近致讹,今从鼎本改作"嘿"。史传作"默",《通释》据史传作"默"。

〔五〕柴愚、参鲁:《论语·先进》:"柴也愚,参也鲁。"《仲尼弟子列传》:"高柴,字子羔。曾参,字子舆。"

〔六〕宰言、游学:《论语·先进》:"言语,宰我。文学,子游。"

〔七〕师商可方:《论语·先进》:"子贡问师与商也孰贤。子曰:'师也过,商也不及。'曰:'然则师愈与?'子曰:'过犹不及。'"《仲尼弟子传》:"颛孙师,字子张。卜商,字子夏。"

〔八〕回赐非类:《论语·公冶长》:"子谓子贡曰:'女与回也孰愈?'对曰:'赐也,何敢望回。回也,闻一以知十,赐也,闻一以知二。'子曰:'弗如也。吾与女弗如也。'"《仲尼弟子列传》:"颜回,字子渊。端木赐,字子贡。子贡利口巧辞,孔子常黜其辩,问曰(云云)。"

〔九〕四科、十哲:《论语·先进》:"德行:颜渊、闵子骞、冉伯牛、仲弓。言语:宰我、子贡。政事:冉有、季路。文学:子游、子夏。"《唐会要》卷三十五《褒崇先圣》:武德二年六月诏:

“粤若宣尼，四科之教。”又开元八年三月诏：“颜回等十哲，宜为坐像，悉令从祀。”故金履祥谓：“唐开元始定十哲之号。”（见《论语集注考证》卷六）

〔一〇〕退老西河、丧明、投杖：《仲尼弟子列传》：“孔子既没，子夏居西河教授，为魏文侯师，其子死，哭之失明。”又《礼记·檀弓上》：“子夏丧其子而丧其明。曾子吊之，子夏哭曰：‘天乎！予之无罪也。’曾子怒曰：‘商！女何无罪也。吾与女事夫子于洙泗之间，退而老于西河之上。使西河之民，疑女于夫子，罪一也；丧尔亲，使民未有闻焉，尔罪二也；丧尔子，丧尔明，尔罪三也。’子夏投其杖而拜曰：‘吾过矣，吾过矣，吾离群而索居，亦已久矣。’”

〔一一〕孟轲、陈说：《孟子·滕文公上》：“昔者孔子没，子夏、子张、子游以有若似圣人，欲以所事孔子事之。强曾子，曾子曰：‘不可。江汉以濯之，秋阳以暴之，皓皓乎不可尚已。’”朱注：“或曰：（末）三语孟子赞美曾子之辞。”

〔一二〕委巷：《孔丛子·居卫》：“昔鲁委巷亦有似君之言者。”按言出鄙猥者曰委巷之言。

〔一三〕曾无先觉：《论语·宪问》：“不逆诈，不亿不信，抑亦先觉者，是贤乎？”《孟子·万章上》：“天之生此民也，使先知觉后知，使先觉觉后觉也。”又程《笺记》引《宋书·谢灵运传论》：“张、蔡、曹、王，曾无先觉。”按《隋书·柳彧传》亦云：“因循敝风，曾无先觉。”

又《史记》、《汉书》皆曰：上自洛阳南宫，从复道望见诸将往往相与坐沙中语〔一〕。上曰：“此何语？”留侯曰：“陛下所封，皆故人亲爱；所诛，皆平生仇怨〔二〕。此属畏诛，故相聚谋反尔。”上乃忧曰：“为之奈何？”留侯曰：“上平生所憎，谁最甚者？”上曰：“雍齿。”〔三〕留侯曰：“今先封雍齿，以示群臣。群臣见雍齿封，则人人自坚矣。”于是上置酒，封雍齿为侯。

难曰：夫公家之事，知无不为〔四〕。见无礼于君，如鹰鹯之逐鸟雀〔五〕。按子房之少也，倾家结客，为韩报仇〔六〕。此则忠义素彰，名节甚著。其事汉也，何为属群小聚谋，将犯其君，遂嘿然杜口，俟问方对？倘若高祖不问，竟欲无言者邪？且将而必诛〔七〕，罪在不测。如诸将屯聚，图为祸乱，密言台上，犹惧觉知，群议沙中，何无避忌。为国之道，必不如斯。然则张良虑反侧不安，雍齿以嫌疑受爵，盖当时实有其事也。如复道之望，坐沙而语，是说者敷演，妄益其端耳〔八〕！其六条。

〔一〕往往相与坐沙中语：乃《史记·留侯世家》原文。《汉书·张良传》作“往往数人偶语”。按：是句上文，《史》、《汉》均有“上已封大功臣二十余人，其余日夜争功不决，未得行封”。

〔二〕所封、亲爱，所诛、仇怨：悉符《史》、《汉》原文。鼎本、郭本“亲”字作“新”，黄本、《通释》“怨”字作“忌”，卢《拾补》：“宋‘仇怨’。”

〔三〕雍齿：《史记·高祖功臣侯年表》：“汁方肃侯雍齿，以赵将前三年从定诸侯，侯二千五百户，功比平定侯。齿，故沛豪，有力。与上有隙，故晚从。（高祖）六年三月封，九年薨。"引文参用《汉书·功臣表》。如淳曰:"汁音什,邡音方。"又《留侯世家》:"上曰:'雍齿与我故,数尝窘辱我,我欲杀之,为其功多,故不忍。'留侯曰:'今急先封雍齿。'于是上乃置酒,封雍齿为什方侯。"《索隐》:"什方,县名,属广汉。"

〔四〕知无不为:《左》僖九年《传》:"晋荀息对献公曰:'公家之利,知无不为,忠也。'"又《梁书·徐勉传》:"尽心奉上,知无不为。"

〔五〕鹰鹯之逐鸟雀:《左》文十八年《传》:"莒大子仆弑纪公,以其宝玉来奔,纳诸宣公,季文子使司寇出诸竟。公问其故,对曰:'先大夫教曰:"见无礼于其君者,诛之,如鹰鹯之逐鸟雀也。"'"

〔六〕子房、为韩报仇:《史记·留侯世家》:"留侯张良,其先韩人,秦灭韩。良年少,未宦事韩。韩破,良悉以家财求客刺秦王,为韩报仇。"

〔七〕将而必诛:《公羊》庄三十二年《传》:"庄公病将死,牙弑械成,季子和药饮之,死。公子牙今将尔,君亲无将,将而诛焉。"何休注:"将尔,今将欲杀。"又《释文》:"将,如字,或子匠反,非也。"又《春秋繁露·王道》:"君亲无将,将而诛。"《史记·淮南王安传》:"《春秋》曰:'臣无将,将而诛。'"《汉书·王莽传》:"《春秋》之义,君亲毋将,将而诛焉。"《风俗通义·正失第二》:"《春秋》无将,将而必诛。"《越绝书》卷十五《叙外传记》:"《易》之卜将,《春秋》无将。子谋父,臣杀主,天地所不容载。"按:"将"均读平声,意为公子牙将有弑君亲之念,亦必诛也。

〔八〕敷演、妄益:"坐沙而语",孟坚不采,是指史迁增益其事也。

又《东观汉记》曰：赤眉降后，积甲与熊耳山齐云云[一]。

难曰：按盆子既亡，弃甲诚众。必与山比峻，则未之有也。昔《太誓》云：前徒倒戈，血流漂杵[二]。孔安国曰：盖言之甚也。如积甲与熊耳山齐者，抑亦血流漂杵之徒欤？其七条。

〔一〕积甲、山齐：《东观汉记》卷二十三《刘盆子》："盆子及丞相徐宣以下二十余万人肉袒降，贼皆输仗积兵甲宜阳城西，与熊耳山齐。"其事亦见《后汉书》卷四十一《刘盆子传》。李贤注："宜阳，在洛州福昌县东。熊耳山，双峦竞举，状同熊耳。"今总称商县、陕县东至宜阳、渑池诸山曰熊耳山脉。

〔二〕前徒倒戈，血流漂杵：两语见伪故《尚书·武成》。孔《传》："血流漂舂杵，甚之言。"按：《孟子·尽心下》："孟子曰：'尽信《书》，不如无书，吾于《武成》，取二三策而已矣。仁人无敌于天下，以至仁伐至不仁，而何其血之流杵也。'"则孟子亦见《武成》载有"血流漂杵"一辞。"太誓"，蜀本、陆本、鼎本、郭本作"大誓"，象本、王本、黄本、《通释》作"太誓"，上海古籍出版社《通释》校改为"武成"，兹仍存"太誓"两字之旧，特并志于此。

又《东观汉记》曰：郭伋为并州牧[一]，行部到西河美稷[二]，有童儿数百，各骑竹马于道次迎拜。伋问，儿曹何自远来？对曰：闻使君始到，喜，故奉迎。伋辞谢之。事讫，诸儿送至郭外，问使者何日当还？伋使别驾计日告之。既还，先期一日。伋为违信，止于野亭，须期乃入。

难曰：盖此事不可信者三焉。按汉时方伯，仪比诸侯。

其行也，前驱竟野，“竟”一作“蔽”，后乘塞路，鼓吹沸喧，旌棨填咽。彼草莱稚子〔三〕，齠龀童儿〔四〕，非唯羞赧不见，亦自惊惶失据。安能犯骀驾，凌襜帷，首触威严，自陈襟抱？其不可信一也。又方伯按部，举州振肃。至于墨绂长吏，黄绶群官〔五〕，率彼吏人，颙然伫候。兼复扫除逆旅，行李有程〔六〕，严备供具，憩息有所。如弃而不就，居止无常，必公私阙拟，客主俱窘。凡为良二千石，固当知人所苦，安得轻赴数童之期，坐失百城之望。其不可信二也。夫以晋阳无竹〔七〕，古今共知，假有传檄他方，盖亦事同大夏〔八〕。访诸商贾，不可多得，况在童孺，弥复难求，群戏而乘，如何克办？其不可信三也。凡说此事，总有三科。榷而论之，了无一实。异哉！其八条。

〔一〕郭伋为并州牧：《东观汉记·郭伋》具载此段文字，范书《伋传》亦悉事抄录。

〔二〕行部：司马彪《续汉书·百官志》：“汉兴，但遣丞相史分刺诸州。武帝初置刺史，秩六百石，成帝更为牧，秩二千石。建武十八年复为刺史十二人，各主一州，诸州常以八月巡所部。”其事亦见《后汉书》志二十八《百官志》。又《北堂书钞》卷七十二《设官部》引《汉官解故》：“京畿师外十有三牧，分部驰郡行国，督察在位，奏以言，录见囚徒，考实侵冤，退不录职。”刘昭引《古今注》曰：“常以春分行部，郡国各遣一吏迎界上。”“诸书不同”。

〔三〕草莱：《孟子·离娄上》：“辟草莱，任土地。”意谓荒野也。《抱朴子》：“招孙、吴于草莱。”

〔四〕齠龀：“龀”原作“齓”，“齓”乃“龀”俗字。《韩诗外传》：

“男子八月生齿，八岁而龆齿；女子七月生齿，七岁而龀齿。”龆龀意谓毁齿。

〔五〕墨绂、黄绶：“绂”，鼎本、郭本作“绶”，义同，印之组。《续汉书·舆服志下》：“千石、六百石黑绶，四百石、三百石、二百石黄绶。”

〔六〕行李：《左》僖三十年《传》：“行李之往来。”杜注：“行李，使人。”

〔七〕晋阳无竹：郭《评》：“晋阳之墟虽不产竹，然毋恤剖竹，始得朱书。子长《货殖传》‘山西饶材、竹’，家弟陵入晋，王孙遗以竹叶，云可作汤。虽亡巨竹，其小竹固不乏也。”按“毋恤剖竹”事，见《史记·赵世家》。又《通释》引《困学纪闻》：“《史通》云，晋阳无竹，事不可信。”又引阎若璩案：“唐晋阳童子寺有竹，日报平安。而美稷乃在今汾州府也。”按康基田《晋乘蒐略》卷九亦云：“《方舆纪要》：晋阳有竹马废府，在太原旧府城中，唐居府兵十八府之一。晋阳童子寺有竹，日报平安，非无竹也。事之虚实，不以竹之有无为定衡。阎百诗云：骑竹马之童儿，乃西河郡之美稷也。美稷，唐为乡，在隰城县，今汾州，古并州地，后割并州四县为郡。伋牧并，在未割之先，则仍并州属也。故竹马废府犹存其名，循良胜迹，久而不忘，未可轻议也。”然汉代晋阳产竹，唐代未必亦产，即在竹马府，废之亦久。故蒙文通《古代河域气候有如今江域说》复多方征引，以为：“古者北方多竹，其例甚多。如《诗·卫风》：‘瞻彼淇奥，绿竹猗猗。’《汉书·沟洫志》：‘塞瓠子决河，下淇园之竹以为楗。’《东观汉记》：‘郭伋为并州牧，行部到西河美稷，有童儿数百，各骑竹马于道次迎拜。’刘知幾致疑此事，谓：‘晋阳无竹,古今共知。'案相传唐晋阳童子寺有竹一窠,其寺纲维,日报平安,则子玄之语非妄。惟唐时然,而古则未然也。"其说甚是。

〔八〕事同大夏:《通释》引《史记·大宛传》:"张骞曰:'臣在大夏时,见邛竹杖、蜀布。问曰:安得此?大夏国人曰:吾贾人往市之身毒。'"陈《补释》:"上云传檄它方,则非在它方所见矣。《汉书·律历志》:'黄帝使泠纶,自大夏之西,昆仑之阴,取竹之解谷生,其窍厚均者。'此为事同大夏也。"按:原文意为如需竹制檄,亦必如大夏贾诸他方,浦释是。

又《魏志》注《语林》曰〔一〕:匈奴遣使人来朝,太祖令崔琰在座〔二〕,而己握刀侍立。既而使人问匈奴使者曰:"曹公何如?"对曰:"曹公美则美矣,而侍立者非人臣之相。"太祖乃追杀使者云云。

难曰:昔孟阳卧床〔三〕,诈称齐后;纪信乘纛〔四〕,矫号汉王。或主遘屯、蒙〔五〕,或朝罹兵革。故权以取济,事非获已。如崔琰本无此急,何得以臣代君者哉?且凡称人君,皆慎其举措,况魏武经纶霸业,南面受朝,而使臣居君座,君处臣位,将何以使万国具瞻〔六〕,百寮佥瞩也。又汉代之于匈奴,其为绥抚勤矣。虽复赂以金帛,结以亲姻,犹恐虺毒不悛,狼心易扰。如辄杀其使者,不显罪名,复何以怀四夷于外蕃,建五利于中国〔七〕?且曹公必以所为过失,惧招物议,故诛彼行人,将以杜兹谤口,而言同纶綍〔八〕,声遍寰区,欲盖而彰,止益其辱。虽愚暗之主,犹所不为,况英略之君,岂其若是?夫刍荛鄙说,闾巷讕言〔九〕,诸如此书,通无击难。而裴引《语林》斯事，编入《魏史注》中，持彼虚词，乱兹实录。故特申掎摭，辨其疑误者焉。盖曹公多诈，好立诡谋，流俗相欺，遂为此说〔一〇〕。其九条。

〔一〕《语林》曰：《隋志》："《语林》十卷。东晋处士裴启撰，亡。"查《三国志·魏书·武帝纪》及《崔琰传》中裴注，均未引《语林》此段文字。但《世说新语·容止》载有此事云："魏武将见匈奴使，自以形陋，不足雄远国。使崔季珪代，帝自捉刀立床头。既毕，令间谍问曰：'魏王何如？'匈奴使答曰：'魏王雅望非常。然床头捉刀人，此乃英雄也。'魏武闻之，追杀此使。"刘注引《魏氏春秋》曰："武王姿貌短小，而神明英发。"与《史通》引《语林》内容略同，而起因则由于操"自以形陋"。

〔二〕崔琰：《三国志·魏书·崔琰传》："琰，字季珪，清河东武城人。声姿高畅，眉目疏朗，须长四尺，甚有威重，朝士瞻望，而太祖亦敬惮焉。"

〔三〕孟阳卧床：《左》庄八年《传》："齐侯田于贝丘，伤足丧屦。诛屦于徒人费，弗得，鞭之见血，走出，遇贼于门，劫而束之。费曰：'我奚御哉！'袒而示之背，信之。费请先入，伏公而出斗，死于门中。贼遂入，杀孟阳于床，曰：'非君也，不类。'见公之足于户下，遂弑之，而立无知。"杜注："孟阳，小臣，代公居床。"按齐侯，即齐襄公，名诸儿。《春秋经》："齐无知弑其君诸儿。"又"卧床"，卢《拾补》："宋'坐床'。"

〔四〕纪信乘纛：《史记·项羽本纪》："汉之三年，项王围荥阳。汉将纪信说汉王曰：'事已急矣。请为王诳楚为王，王可以间出。’纪信乘黄屋车，傅左纛。曰：‘城中食尽，汉王降。’楚军皆呼万岁。汉王亦与数十骑从城西门出走成皋。项王见纪信，问：‘汉王安在？’信曰：‘汉王已出矣。’项王烧杀纪信。”

〔五〕屯、蒙：皆为《易》卦名。屯、蒙义为否塞晦盲。

〔六〕万国具瞻：程《笺记》引《诗·小雅·节南山》：“赫赫师尹，民具尔瞻。”《传》：“具，俱。瞻，视。”

〔七〕五利：见《五行志杂驳》篇其十条注〔九〕“申五利以和戎”。

〔八〕言同纶綍：杨《通释补》引《礼经·缁衣》：“王言如丝，其出如纶；王言如纶，其出如綍。”郑注：“言言出弥大也。”按《庾子山集》卷三《奉和法筵应诏》：“风飞扇天辩，泉涌属丝言。”《隋书》卷一《高祖本纪上》：“令曰：‘相国隋王，前加典策，式昭大礼，固守谦光，丝言未綍。’”所谓“丝言”云云，或又称“纶言”，皆指王者之言，典即出自《礼记》。

〔九〕讕言：“讕”，鼎本、王本、黄本同，蜀本、陆本、郭本作“阔”。卢《拾补》：“讕，疑‘谰’。”《通释》改作“谰”，并云：“旧作讕，或作阔，并非。”“言”下蜀本、陆本、郭本有一“凡”字，当属下句读。

〔一〇〕盖曹公多诈：文末小字注，蜀本、陆本、鼎本、黄本同，《通释》改为正文，移入“故特申掎摭”句上，并注云：“定是正文，应置于此。”又，郭本无此注文。

又魏世诸小书，皆云文鸯侍讲〔一〕、殿瓦皆飞云云。

难曰：案《汉书》云：项王叱咤〔二〕，慴伏千人。然则呼声之极大者，不过使人披靡而已。寻文鸯武勇，远惭项籍，况侍君侧，固当屏气徐言，安能使檐瓦皆飞，有逾武安鸣鼓〔三〕。且瓦既飘陨，则人必震惊，而魏帝与其群臣，焉得岿然无害也〔四〕？其十条。

〔一〕文鸯：《通释》："文鸯有二，一在魏高贵乡公时，即文钦子。一在西晋末，段匹磾弟。文乃指魏时者。"按：原文初揭魏世小书，末云魏帝，自非西晋末鲜卑族之文鸯。《三国志》及《晋书》虽无文钦及其子鸯传，但䌷绎有关纪传及裴注，亦可略知文鸯之生平。《晋书·景帝纪》："（魏高贵乡公）正元二年，正月，镇东大将军毌丘俭、扬州刺史文钦举兵作乱，帝统中军步骑十余万征之。潜军衔枚与钦遇，钦子鸯年十八，勇冠三军，请及其未定击之，钦不应。鸯乃与骁骑十余摧锋陷阵，所向皆披靡，帝目有瘤疾，鸯之来攻也，惊而目出。钦败，遂奔吴。"又《文帝纪》："甘露二年，镇东大将诸葛诞作乱，吴使文钦等三万余人来救诞。诞、钦内不相协，会钦计事与诞忤，诞手刃杀钦。钦子鸯逾城降，以为将军，封侯，使巡城而呼降。"又《三国志·毌丘俭传》："文钦，曹爽之邑人。"裴注引《魏氏春秋》曰："钦中子俶，小字鸯，年尚幼，勇力绝人。谓钦曰：'及其未定，击之可破也。'于是分为二队，夜夹攻军，俶率壮士先至。钦后期不应，会明，俶退，钦亦引还。"又《诸葛诞传》裴注："俶后为将军，破凉州虏，名闻天下，太康中，为东夷校尉，假节。当之职，入辞武帝，帝见而恶之，托以他事，免俶官。诸葛诞外孙欲杀俶，诬俶谋逆，遂夷三族。"就上述文鸯生平，可见其降司马氏后，在司马昭掌权十数年间，尚被荣宠。而其人不仅勇武，亦有谋略。另据《高贵乡公纪》注，髦迭与群臣讲论礼义及古今得失。又裴松之在《高贵乡公纪》注中有云："张璠、虞溥、郭颁皆晋之令史。颁撰《魏晋世语》，最为鄙劣，以时有异事，故颇行于世。"则"魏世诸小书"，或即颁书之流欤？"侍讲"及"殿瓦皆飞"事，由于小书之已散佚，虽无可考，然文士以此夸张之辞，加诸文鸯之身，虽理所必无，亦文所或有也。知幾见此"小书"，必非子虚。

〔二〕项王叱咤：《汉书·项籍传》："羽至东城，追者数千，羽大呼驰下，汉军皆披靡。杨喜为郎骑，追羽，羽还叱之。喜人马俱惊，辟易数里。"

〔三〕武安鸣鼓：《史记·廉颇蔺相如传》："秦伐韩，军于阏与。赵王令赵奢将救之，兵去邯郸三十里。秦军军武安西，鼓噪勒兵，武安屋瓦尽振。"《集解》引徐广曰："武安，属魏郡，在邯郸西。"按阏与，战国时韩邑，后属赵，地在今山西省晋中市和顺县西北。

〔四〕岿：鼎本作"恬"，蜀本、陆本、郭本、黄本、《通释》作"岿"。卢《拾补》校"岿"字云："一作'恬'。"按："恬"字文义较佳。

又《晋阳秋》曰：胡质为荆州刺史，子威自京师省之〔一〕，见父十余日，告归。质赐绢一匹，为路粮。威曰："大人清高，不审于何得此绢？"质曰："是吾俸禄之余。"

难曰：古人谓方牧为二千石者，以其禄有二千石故也。名以定体，贵实甚焉。设使廉如伯夷〔二〕，介若黔敖〔三〕，苟居此职，终不患于贫馁者〔四〕。如胡威之别其父也，一缣之财，犹且发问，则千石之俸，其费安施？料以牙筹，推以食箬,察其厚薄,知不然矣。或曰:观诸史所载,兹流非一。如张湛为蜀郡,乘折辕车〔五〕,吴隐之为广川,货犬待客〔六〕,并其类也。必以多为证,则足可无疑。然人自有身安弊缊〔七〕,口甘粗粝〔八〕,而多藏镪帛,无所散用者。故公孙弘位至三公,而卧布被,食脱粟饭〔九〕,汲黯所谓齐人多诈者是也〔一〇〕。安知胡威之徒,其俭亦皆如此。而史臣不详厥理,直谓清白当然〔一一〕,缪矣哉。其十一条。

〔一〕本注:胡威省父,《晋书·良吏·胡威传》:"威,字伯武,淮南寿春人。父质,以忠清著称,仕魏至荆州刺史。威自京都定省,家贫,无车马僮仆,自驱驴单行。既至,停厩中,十余日,告归,父赐绢一匹为装,威曰:'大人清高,不审于何得此绢。'质曰:'是吾俸禄之余,以为汝粮耳。'"与所引《晋阳秋》略同,但"京师"二字作"京都",蜀本、陆本、鼎本、郭本、黄本亦作"京师",《通释》改作"都",并注:"一作'师'。"卢《拾补》云:"'师'讹。"

〔二〕廉如伯夷:《孟子·万章下》:"伯夷,圣之清者也。"又:"故闻伯夷之风者,顽夫廉,懦夫有立志。"

〔三〕介若黔敖:《孟子·万章上》:"一介不以与人,一介不以取诸人。"《礼记·檀弓下》:"齐大饥,黔敖为食于路,以待饿者而食之。有饿者来,黔敖左奉食,右执饮,曰:'嗟!来食。'(饿者)扬其目而视之曰:'予唯不食嗟来之食,以至于斯也。'终不食而死。"《通释》认为"介当属饿者,文似误,恐当作'黔娄'",并具引《法言·重黎》篇,皇甫谧《高士传》及《列女传》鲁黔娄妻篇"黔娄布被"故事,其中并有"曾子曰'先生在时,食不充虚'"以应原文"馁"字,今从略。按:“敖”、“娄”两字形、音俱不近似,前人亦未有校订,姑志以存疑。

〔四〕贫馁:“馁”字,黄本同,蜀本、陆本、鼎本、郭本作“餧”。卢《拾补》:“宋‘餧’。”按:“馁”、“餧”古通。

〔五〕“张湛”二句:《后汉书》及清辑《东观汉记》均有《张湛传》,虽文字略有异同,然皆称其“笃行纯淑”,但无“乘折辕车”事。两书又均有《张堪传》云:“堪,字君游。与吴汉并力讨公孙述,遂破蜀。堪入成都,秋毫无私。去蜀郡,乘折辕车,白布被囊。”《史通》误“堪”为“湛”,蜀本、陆本、郭本、黄本同,鼎本、《通释》作“堪”。

〔六〕“吴隐之”二句:《晋书·吴隐之传》:“隐之,字处默。以儒雅标名,介立有清操。拜晋陵太守,在郡清俭,妻自负薪。每月初得禄,裁留身粮。时有困绝,或并日而食,将嫁女,婢牵犬卖之。”“货犬待客”,鼎本误作“贷夫待客”,孙《札记》已校改。又蜀本、陆本作“贷大”,郭本、黄本作“贷米”,浦注:“‘货犬’或作‘贷米’,误。”

〔七〕身安弊缊:《论语·子罕》:“子曰:‘衣弊缊袍,与衣狐貉者立,而不耻者,其由也与!’”按:“弊”,古本或作“敝”。

〔八〕口甘粗粝:《史记·太史公自序》:“司马谈《论六家要指》曰:‘墨者亦尚尧舜道,言其德行,粝粱之食,藜藿之羹。’”

〔九〕弘卧布被,食脱粟饭:《汉书·公孙弘传》:“弘,菑川人,起徒步,数年,至宰相封侯。身食一肉,脱粟饭。年八十,终丞相位。诏曰:‘身行俭约,未有若公孙弘者。位在宰相封侯,而为布被脱粟之饭。’”

〔一〇〕齐人多诈:《公孙弘传》:“弘奏事,有所不可,不肯庭辩。尝与公卿约议,至上前,皆背其约,以顺上指。汲黯庭诘弘曰:‘齐人多诈而无情。弘奉禄甚多,然为布被,此诈也。’”

〔一一〕当然:蜀本、陆本、鼎本、郭本、黄本无此二字,《通释》有,浦注:“一脱‘当然’二字。”卢《拾补》:“二字,宋有。”

又《新晋书·阮籍传》曰:籍至孝,母终,正与人围棋。对者求止,籍留与决。既而饮酒二斗,举声一号,吐血数升。及葬,食一蒸豚,饮酒二斗。然后临穴,直言穷矣!举声一号,因复吐血数斗,毁瘠骨立,殆致灭性〔一〕。

难曰:夫人才虽下愚,识惟不肖,始亡天属〔二〕,必致其哀。但以苴绖未几〔三〕,悲荒遽辍〔四〕,如谓本无戚容,则未之有也。况嗣宗当圣善将没〔五〕,闵凶所钟〔六〕,合门惶恐,举族悲咤。居里巷者犹停舂相之音〔七〕,在邻伍者尚申匍匐之救〔八〕。而为其子者,方对局求决,举杯酣觞〔九〕。但当此际,曾无感恻,则心同木石,志如枭獍者,安有既临泉穴,始知摧恸者乎?求诸人情,事必不尔。又孝子之丧亲也,朝夕孺慕,盐酪不尝〔一〇〕,斯可至于癯瘠矣。如甘旨在念,则筋肉内宽〔一一〕。醉饱自支,一作“得”。则肌肤外博。况乎溺情豚酒,不改平素,虽复时一呕恸,岂能柴毁骨立乎?盖彼阮生者,不修名教,居丧过失,而说者遂言其无礼如彼。人以其志操尤异,才识甚高,而谈者遂言其至性如此。惟毁及誉,皆无取焉。其十二条。

〔一〕“《阮籍传》曰”云云:《史官建置》篇已有注。所引传文具见《晋书》本传,惟“籍留与决”下有“赌”字,“及葬”两字中间有一“将”字,“临穴”作“临诀”,“吐血数斗”“斗”字作“升”。《通释》据史传校改。兹仍其旧。

〔二〕始亡天属:《诗·鄘风·柏舟》:“母也天只。”《传》:“天谓父也。”故以母为天属。

〔三〕苴绖未几:《仪礼·士丧礼》“苴绖大鬲”注:“苴绖,斩衰之绖也。”按,斩衰乃丧服中最重之三年丧,苴绖乃麻制之丧帽丧带,此句意谓服丧未久也。

〔四〕悲荒遽辍:“荒”字,据《礼记·丧大记》“君龙帷,黼荒”郑注:“荒,蒙也。饰棺者,在旁曰帷,在上曰荒,皆所以衣柳也。”此句意谓迅即安葬也。“辍”字,郭本、黄本同,蜀本、陆本、鼎本作“辄”,误。

〔五〕圣善将没:《诗·邶风·凯风》:“母氏圣善。”郑《笺》:“母乃有睿知之善德。”

〔六〕闵凶所钟:《左》宣十二年《传》:“楚少宰如晋师曰:‘寡君少遭闵凶。’”杜注:“闵,忧也。”按:此乃楚使至晋言庄王少遭亲丧也。

〔七〕舂相之音:《礼记·曲礼上》:“邻有丧,舂不相。”郑注:“相,谓送杵声。”原文又见于《檀弓上》。郑注:“相,谓以音声相劝。”又“相”字,蜀本、陆本、鼎本、郭本、黄本均作“杵”。卢《拾补》:“宋‘相’。”“相”字义稍安。

〔八〕匍匐之救:《诗·邶风·谷风》:“凡民有丧,匍匐救之。”郑《笺》:“匍匐,言尽力也。”

〔九〕举杯酣觞:“觞”字,蜀本、陆本、鼎本、郭本、《通释》作“畅”。

〔一〇〕盐酪不尝:杨《通释补》引《礼记·杂记下》:“功衰食菜果、饮水浆,无盐酪。”按:郑注:“功衰,齐、斩之末也。”意谓功服乃齐衰、斩衰丧服之轻者。又功服分大功、小功。

〔一一〕舫:蜀本、陆本、鼎本、郭本、黄本均同。"舫"字,卢《拾补》云:"当作'筋'。"

又《新晋书·王祥传》曰〔一〕:祥汉末遭乱,扶母携弟览避地庐江,隐居三十余年,不应州郡之命。母终,徐州刺史吕虔檄为别驾,年垂耳顺,览劝之,乃应召,于时寇贼充斥,祥率励兵士,频讨破之。时人歌曰:海、沂之康,实赖王祥。年八十五,太始五年薨。

难曰:祥为徐州别驾,寇盗充斥,固是汉建安中徐州未清时事耳〔二〕。有魏受命,凡四十五年〔三〕,上去徐州寇贼充斥,下至晋太始五年,当六十年已上矣〔四〕。祥于建安中,已垂耳顺〔五〕,更加六十载,至晋太始五年薨,则当年一百二十岁矣。而史云年八十五薨者,何也?如必以终时实年八十五〔六〕,则为徐州别驾,止可年二十五六矣。又云其未从官已前,隐居三十余载者,但其初被檄时,止年二十五六,自此而往,安得复有三十余年乎?必谓祥为别驾在建安后,则徐州清晏,何得云于时寇贼充斥,祥率励兵士,频讨破之乎?求其前后,无一符会也。其十三条。

〔一〕王祥:《晋书·王祥传》:"祥,字休征,琅邪临沂人。"引文节自本传。

〔二〕本注:祥为别驾,寇盗充斥,是建安时事,《三国志·魏书·吕虔传》:"虔,字子恪,任城人。太祖以虔领泰山太守,虔在泰山十数年。文帝即王位,迁徐州刺史,请琅邪王祥为别驾。民事一以委之,世多其能任贤。”查文帝丕自220年代汉即位,至226年卒,建元黄初。据《吕虔传》,祥为徐州别驾,应是魏黄初时事,而寇盗充斥,可包括黄初以后。知幾凿指寇盗充斥固是建安时事,误。盖三国鼎立时,战火未熄,徐州更为魏吴必争之地,毌丘俭、文钦、诸葛诞之投吴叛魏(见十条文鸯事注),即其著者。又杨《通释补》引《左》襄三十一年《传》有“寇盗充斥”句。

〔三〕有魏受命,凡四十五年:“四”原误为“三”,蜀本、陆本、鼎本、郭本、黄本均同,《通释》改为“四十五年”,并注云:“一作‘三十’,误。”按:魏自220年建国,至265年亡,实为四十五年。卢《拾补》亦校云:“宋‘凡四十五年’。”

〔四〕六十年已上:上自建安(196—220)中起至泰始五年(269)止,故知幾云“六十年已上”。

〔五〕耳顺:《论语·为政》:“六十而耳顺。”

〔六〕实年八十五:知幾以《晋书·祥传》既云为别驾时(刘定在建安中)已六十,自建安中至泰始五年更加六十,当为年一百二十岁,而云年八十五,何也?按:关键在于知幾定其为别驾时在建安中。但据《吕虔传》,明明是在黄初中或稍后,故有此较大差距。《魏书·吕虔传》裴注引王隐《晋书》曰:“祥始出仕,年过五十矣。泰始四年,年八十九薨。”据其卒年逆推,则王祥当生于汉灵帝光和二年(179),至黄初稍后为别驾,即过五十。《晋书·祥传》确微有舛误,程《笺记》分条节引《廿二史考异》辨订《晋书·王祥传》之误及知幾所惑,可参考。

凡所驳难,具列如右。盖精五经者,讨群儒之别义;练三史者，征诸子之异闻。加以探赜索隐，然后辨其纰缪。如向之诸史所载则不然，何者？其叙事也，唯记一途，直论一理。而矛盾自显，表里相乖，非复牴牾，直成狂惑者尔。寻兹失所起，良由作者情多忽略，识惟愚滞。或采彼流言，不加诠择〔一〕，或传诸缪说，即从编次。用使真伪混淆，是非参错。盖语曰：君子可欺不可罔〔二〕。至如邪说害正〔三〕，虚词损实，小人以为信尔，君子知其不然。语曰：尽信《书》，不如无《书》〔四〕，盖为此也。夫书彼竹帛，事非容易，凡为国史，可不慎诸。其十四条。

〔一〕诠择：蜀本、陆本、鼎本、郭本、黄本同。《通释》改“铨”，注：“一作‘诠’。”卢《拾补》：“宋‘铨’。”

〔二〕君子可欺不可罔：《论语·雍也》：“君子可欺也，不可罔也。”又《孟子·万章上》：“君子可欺以其方，难罔以非其道。”赵注：“方，类也。”

〔三〕邪说害正：《孟子·滕文公下》：“世衰道微，邪说暴行有作。作于其心，害于其事，作于其事，害于其政。”

〔四〕尽信《书》，不如无《书》：两语见《孟子·尽心下》，七条已有注。又蜀本、陆本、鼎本、郭本、黄本均无“尽”字，《通释》同。卢《拾补》：“此处亦无‘尽’字，可证前卷为后人所加。”

忤时第十三

【解　题】

《忤时》篇乃知幾将其《论史上萧至忠书》自行编入《史

通》全书之末，以作附录。首尾两段乃序、跋，跋文明显为后加，笺注已详。《论史上萧至忠书》又见于《唐会要》、《旧唐书》、《册府元龟》、《太平御览》、《唐文粹》、《全唐文》等书，《新唐书》亦载其崖略，可资参校。

首段序文说明"于时小人道长，纲纪日坏，仕于其间，忽忽不乐"，是其求退原因。参看《序录》"职思其忧"，《自叙》篇"虽任当其职，而吾道不行"之说，即可看出他并非仅考虑个人荣辱得失，亦忧及工作之成效好坏。因此，他在书信开头就历述前代史家之重要成就，表明自己有踵武前修之宏伟抱负。而其"美志不遂"则是因为史馆修史有种种窒碍。

他列举史馆窒碍，以为有五不可：

其一，史著乃专家之事，未闻藉以众功，无才而能者。尤其史官群集史馆，互相观望，不过拖延岁月而已。

其二，近古史官不见郡国计书，视听不该，簿籍难见，询采风俗，亦受限制。

其三，史馆人多，容易外泄，史臣下笔，自不能无所顾忌。

其四，监修各持己见，一国三公，其令难行。

其五，监者既不指授，又尝干预刊削。

有此五因，加以史官虚领者多，或以高官兼领，或身非其任，以致监者督课徒勤，而纲维终不能举。

知幾所言五不可，近人有议其片面者，谓集体力量究胜于个人，官家所藏之书籍簿录究富于私人，并以唐初修成史书多而且快为证。斯乃就一般情况言，乃脱离当时史馆实际之议论。知幾身任史职逾二十年，备尝酸辛。就史官说，人员虽多，实乃虚领，且有滥竽充数者。而监修不仅如萧、宗等不谙史事，更有如武承嗣、武三思等仗势弄权，能人愈多而愈不碍事乎？即就资料说，当时史官深扃禁中，既不能采询情俗，又难见簿录，事实上也难利用大量资料。至于唐初真正成于史馆众人共修之史书，较著者实仅有《晋》、《隋》两书及嗣后并入《隋书》之《五代史志》。余如南朝《梁》、《陈》书，北朝《齐》、《周》书及《南史》、《北史》，虽均成于唐初，实皆一家之作。至于当时史馆所修之唐初帝王实录等，早已为时间所淘汰，价值可想而知。

要之，此篇虽为知幾述志之作，然亦可见唐代史馆之弊。书信最后复以刘炫自况，吕《评》谓"其发愤求官，则唐人风气如此，不足为刘氏病也"，斯亦依时间、地点、条件立论，而不苛求古人之义也。

孝和皇帝时〔一〕，韦武弄权，母媪预政〔二〕。凡有附丽之者〔三〕，起家而绾朱紫，予以无所傅会〔四〕，取摈当时。一为中允，四载不迁〔五〕。会天子还京师，朝廷愿从者众。予求番次在大驾后发，因逗留不去〔六〕，守司东都。杜门却扫〔七〕，凡经三载。或有谮予躬为史臣，不书国事，而取乐丘园〔八〕，私自著述者。由是驿召至京，令专执史笔。于时小人道长，纲纪日坏，仕于其间，忽忽不乐。遂与监修国史萧至忠等诸官书求退〔九〕，曰：

〔一〕孝和皇帝：《旧唐书·中宗纪》："中宗讳显，高宗子，母则天皇后。封英王，改名哲。章怀太子废，立为皇太子。高宗崩，即帝位，太后（武则天）临朝称制。改元嗣圣，元年（684）二月，太后废帝为庐陵王。圣历元年（698，武后年号，武于天授元年改国号曰周），立为皇太子。神龙元年

(705)正月,张柬之等诛张易之、昌宗,迎皇太子监国,则天传位于皇太子,二月复国号为唐。立妃韦氏为皇后。武三思为司空,同中书门下三品。神龙二年(706)十月,车驾至自东都,三年(707)七月(是年九月,改景龙元年),皇太子重俊与李多祚率兵诛武三思等,上杀李多祚,重俊出奔。景龙四年(710),安乐公主与韦后合谋进鸩,六月帝遇毒崩,温王重茂即帝位,皇太后韦氏临朝称制。九月,上谥曰孝和皇帝。"按:自此句以下本段落序文所述中宗在位六年有关史事,可参看后附《唐书》本传与《序录》原文及注。

〔二〕母媪:"媪"字,蜀本、陆本、鼎本、郭本、黄本均作"娼"。黄《补注》云:"一作'媪'。"《通释》作"媪",注:"一作'娼'。"卢《拾补》校云:"媪,娼讹。"孙《礼记》亦校"娼"乃"'媪'字之误"。纪《评》:"确是'媪'字,用《史记》文也。子元,唐之臣子,决不敢用赵王母事。一本作'娼',非。"陈《补释》:"《史记·高祖纪》有刘媪、王媪,《外戚世家》有魏媪,又《卫将军骠骑传》有卫媪。《集解》引文颖曰:'幽州及汉中皆谓老妪为媪。'孟康曰:'长老尊称也,音乌老反。'然《史通》此文呼后为媪,实本《战国·赵策》触詟称赵太后语,非用《史记》。"按:据马王堆汉墓帛书《战国纵横家书》十八"触龙见赵太后"章:"左师触龙言愿见,曰:'老臣窃以为媪之爱燕后,贤长安君,媪之送燕后也。'"具见"媪"乃对上老妇之尊称。又今本《战国策》均误并"龙言"为"詟"。

〔三〕附丽:《庄子·骈拇》:"附离不以胶漆,约束不以缠索。"《史记·刘敬传》:"周之盛时,天下和洽,四夷乡风,慕义怀德,附离而并事天子。"《索隐》:"谓使离者相附也。"按

《易·离》云:"象曰:离,丽也。"刘熙《释名》亦云:"阴气从下上,与阳相忤逆也。于《易》为《离》。离,丽也,物皆附丽阳气以茂也。"又程《笺记》引《汉书·扬雄传》:"哀帝时,丁、傅、董贤用事,诸附离之者,或起家至二千石。"按:师古注曰:"离,著也,音丽。"

〔四〕傅会:亦作"附会",《汉书·爰盎传赞》:"爰盎虽不好学,亦善傅会。"师古注引张晏曰:"因宜附著合会之。"

〔五〕一为中允,四载不迁:蜀本、陆本、鼎本、郭本作原注。

〔六〕予求番次在大驾后发,因逗留不去:鼎本、郭本、黄本"因"字作"曰",《通释》"因"字上有"日"字,并注云:"'后'字错置,当云'予求番次在后,大驾发日'。"卢《拾补》校与象本同,并注:"'日'讹。"

〔七〕杜门却扫:《魏书·逸士·李谧传》:"谧每曰:'丈夫拥书万卷,何假南面百城。'遂绝迹下帏,杜门却扫。"

〔八〕丘园:《易·贲》:"贲于丘园,束帛戋戋。"又《诗·小雅·巷伯》:"杨园之道,猗于亩丘。"郑《笺》:"欲之杨园之道,当先历亩丘。以言此谗人欲谮大臣,故从近小者始。"知幾用此诗意。

〔九〕萧至忠:《旧唐书·萧至忠传》:"至忠,秘书少监德言曾孙。神龙初,武三思擅权,至忠附之。恃势掌选,无所忌惮。寻迁中书侍郎,兼中书令。节愍太子诛武三思,至忠寻转黄门侍郎、同中书门下平章事、侍中,仍依旧修史。寻迁中书令,韦庶人为亡弟与至忠亡女为冥婚,及韦氏败,至忠发墓,持其女柩归。睿宗即位,出为晋州刺史。时太平公主用事,至忠潜遣间使申意,求入为京职。诛韦氏之际,至忠一子为乱兵所杀,公主冀至忠以此怨望,召拜刑部尚书。先天二年,复为中书令。与刘子玄等撰成《姓族系录》二百卷。太平公主谋逆事泄,至忠伏诛。”

仆幼闻诗礼,长涉艺文,至于史传之言,尤所躭悦〔一〕。寻夫左史、右史〔二〕,是曰《春秋》、《尚书》;素王素臣〔三〕,斯称微婉志晦。两京、三国,班、谢、陈、习阐其谟〔四〕;中朝江左,王、陆、干、孙纪其历〔五〕。刘、石僭号,方策委于和、张〔六〕;宋、齐应录,惇史归于萧、沈〔七〕。亦有汲冢古篆,禹穴残编〔八〕。孟坚所亡,葛洪刊其《杂记》〔九〕;休文所缺,谢绰裁其《拾遗》〔一〇〕。凡此诸家,其流盖广。莫不赜彼泉薮〔一一〕,寻其枝叶,原始要终,备知之矣。

〔一〕躭悦:“躭”字,鼎本、郭本、王本、黄本同,《通释》作“耽”。按《后汉书·宋弘传》云:“臣所以荐桓谭者,望能以忠正导主,而令朝廷耽悦郑声,臣之罪也。”《玉篇·身部》:“躭,俗耽也。”

〔二〕左史、右史:见《六家·尚书家》注。

〔三〕素王素臣:《论衡·超奇篇》:“孔子之《春秋》,素王之业也;诸子之传书,素相之事也。”《定贤篇》:“孔子不王,素王之业在于《春秋》。”按《通释》引《家语》:“齐太史子余叹美孔子曰:‘天其素王之乎!’”又引杜氏《左传序》:“说者谓仲尼自卫反鲁,修《春秋》,立素王,丘明为素臣。答曰:‘异乎余所闻。子路欲使门人为臣,孔子以为欺天,而云仲尼素王、丘明素臣,非通论也。’”按《庄子·天道》篇:“以此处下,玄圣素王之道也。”郭象注:“有其道而无其爵者,所谓素王自贵也。”盖泛言之也。又廖平《论语汇解凡例》:“孟子曰‘《春秋》天子之事’,《论语》‘无臣而为有臣’,即所谓素王、素臣也。”说亦可参。

〔四〕班、谢、陈、习:《隋志》著录班固《汉书》、谢承《后汉书》、陈寿《三国志》及习凿齿《汉晋阳秋》。又据《晋书·习凿齿传》:“凿齿在郡著《汉晋春秋》,起汉光武,终于晋愍帝,于三国之时,蜀以宗室为正。至文帝平蜀,乃为汉亡。”此处盖指其《汉春秋》部分,包括东汉及蜀汉。

〔五〕王、陆、干、孙:《隋志》著录王隐《晋书》及陆机《晋纪》、干宝《晋纪》、孙盛《晋阳秋》。王隐,东晋初人,陆机仅记宣、景、文三世之事,干宝记至愍帝,盖均中朝西晋之史。孙盛记及江左东晋。

〔六〕和、张:浦注:“和,苞。张,未详。”按《隋志》霸史类著录和苞《汉赵记》十卷,已见《古今正史》篇。

〔七〕惇史归于萧、沈:《礼记·内则》:“有善则记之为惇史。”郑注:“惇史,史惇厚是也。”萧、沈,指沈约《宋书》、萧子显《南齐书》。

〔八〕汲冢、禹穴:汲冢,见《六家》篇《竹书纪年》注。禹穴,《史记·太史公自序》:“二十而南游江淮,上会稽,探禹穴。”《正义》注云:“宛委山,即会稽山一峰也。禹登宛委之山,发石得金简玉字,山中又有一穴,深不见底,谓之禹穴。”后人遂谓禹穴为禹藏书之所。

〔九〕葛洪《杂记》:《通释》引《晋书·葛洪传》:“洪著述不辍,抄《五经》、《史》、《汉》、百家之言,方技杂事三百一十卷。”杨《通释补》引《西京杂记》序:“洪家世有刘子骏《汉书》一百卷,无首尾题目,但以甲、乙、丙、丁纪其卷数。先公传云:‘歆欲撰《汉书》,编录汉事,未得缔构而亡,故书无宗本,止杂记而已。'""洪家具有其书,试以此记考校班固所作,殆是全取刘书,有小异同耳。并固所不取,不过二万许言,今抄出为二卷,名曰《西京杂记》,以裨《汉书》之阙。"杨氏云:"子玄所云,即指《西京杂记》言之,浦释非。"杨并引《杂述篇》葛洪补亡一段文字作证。按:此书自《隋志》著录,诸志皆作二卷,今本作六卷,书后有洪跋,述及杨引序言,杨说是。

〔一〇〕谢绰《拾遗》:"谢"字,原误"荀",卢《拾补》校云:"何'谢'。"《通释》:"《隋志》:'《宋拾遗》十卷,梁少府谢绰撰。'《书事》篇亦云'谢绰拾沈约之遗',此处作'荀绰',误。"孙《札记》亦校改"荀"为"谢"。按:《隋志》杂史类著录"《晋后略记》五卷,晋下邳太守荀绰撰",《两唐志》均著录。又《晋书·荀勖传》:"勖有十子,其达者辑、藩、组。辑子绰,绰字彦舒,博学有才能,撰《晋后书》十五篇,传于世。永嘉末,为司空从事中郎,没于石勒,为勒参军。"则荀绰自不能裁齐梁间沈仲文《宋书》之遗。"荀"字应是"谢"字之误,今改。

〔一一〕赜彼泉薮:"赜"字,郭本同,蜀本、陆本、鼎本、黄本作"颐"。卢《拾补》:"'颐'讹。""泉"字,浦注:"讳'渊'作'泉'。"《尚书·武成》:"为天下逋逃主,萃渊薮。"伪孔《传》:"渊,府;薮,泽。"疏:"水深谓之渊,无水则名薮。"

若乃刘峻作传,自述长于论才〔一〕,范晔为书,盛言矜其赞体〔二〕。斯又当仁不让〔三〕,庶几前哲者焉。然自策名仕伍,待罪朝列,三为史臣,再入东观〔四〕,竟不能勒成国典，贻彼后来者[五]，何哉？静言思之，其不可有五故也。

〔一〕“刘峻”至“长于论才”：《南史·刘峻传》：“峻著《辨命论》以寄其怀，论成，中山刘沼致书以难之，凡再反，峻并为申析以答之。会沼卒，峻乃为书以序其事。又尝为自序，‘自比冯敬通（云云）’。”

〔二〕“范晔”至“矜其赞体”：《宋书·范晔传》：“晔《狱中与诸甥侄书》曰：‘赞自是吾文之杰思，殆无一字空设。奇变不穷，同合异体，乃自不知所以称之。’”又蜀本、陆本、鼎本“赞”字误作“费”，郭本、黄本均作“赞”。

〔三〕当仁不让：《论语·卫灵公》：“子曰：‘当仁不让于师。’”

〔四〕三为史臣，再入东观：见《自叙》篇正文及原注。

〔五〕贻彼后来者：蜀本、陆本、鼎本、郭本、黄本同，浦注：“一脱‘后’字。”卢《拾补》：“‘后’衍。”

何者？古之国史，皆出自一家，如鲁、汉之丘明、子长，晋、齐之董狐、南史，咸能立言不朽，藏诸名山。未闻籍以众功，方云绝笔。唯后汉东观，大集群儒[一]，著述无主，条章靡立。由是伯度讥其不实[二]，公理以为可焚[三]，张、蔡二子，纠之于当代[四]，傅、范两家，嗤之于后叶[五]。今者史司取士，有倍东京。人自以为荀、袁，家自称为政、骏[六]。每欲记一事，载一言，皆阁笔相视，含毫不断[七]。故首白可期，而汗青无日。其不可一也。

〔一〕东观、群儒：见《六家·汉书家》注及《古今正史》篇。

〔二〕伯度讥其不实：《华阳国志》卷十下“汉中士女”：“李法，字伯度，南郑人，桓帝时为侍中，数抗表‘史官记事，无实录之才，虚相褒述，必为后笑’。”

〔三〕公理以为可焚：《后汉书·仲长统传》：“仲长统，字公理，山阳高平人。性俶傥，敢直言，不矜小节，时人或谓之狂生。作诗见志，辞曰：‘叛散《五经》，灭弃《风》、《雅》，百家杂碎，请用从火。’每论说古今及时俗行事，恒发愤叹息，因著论名曰《昌言》。”

〔四〕张、蔡二子，纠之于当代：张即张衡。《后汉书·张衡传》：“永初中，谒者仆射刘珍、校书郎刘騊駼等著作东观，撰集《汉记》，因定汉家礼仪，上言请衡参论其事，会并卒，而衡常叹息，欲终成之。及为侍中，上疏请得专事东观，收捡遗文，毕力补缀。又更始居位，人无异望，光武初为其将，然后即真，宜以更始之号，建于光武之初。”末数句当是纠《东观汉记·光武皇帝纪》之失，为范《书》光武纪所采，并为后世陈寿《魏书》武帝操纪及《晋书》宣、景、文帝纪所取法。又刘昭补《续汉书·天文志上》注引蔡邕之言云：“张衡所著《灵宪》、《浑仪》，略以官有其器，而无本书，前志亦阙而不论，臣著成篇章，以裨天文志，撰建武以来星变彗孛占验著明者，续其后。”是故《艺文类聚》卷一《天部》载颜延之《请立浑天仪表》云：“张衡创物，蔡邕造论，戎夏相袭，世重其术。”斯亦张衡“纠之于当代”也。蔡，即蔡邕。《东观汉记·蔡邕》：“邕徙朔方，上书求还，续成十志。”注引刘昭《续汉书》注载邕所上书略云：“世祖以来，惟有纪传，无续志者。建言十志皆当撰录。”又引谢沈《书》曰：“蔡邕撰建武已后星验著明，以续前志。”范书《蔡邕传》及李贤注亦备载其事。按：清辑《东观汉记》中“八志”，注谓

"以《史通》及范书李贤注所引《蔡邕集》为据"。

〔五〕傅、范两家,嗤之于后叶:傅,即傅玄。《晋书·傅玄传》:"玄撰论经国九流及三史故事,评断得失,各为区例,名为《傅子》。"按三史自是《史》、《汉》及《东观记》。又隋唐《志》皆著录《傅子》一百二十卷,《崇文总目》仅载二十三篇,书已久散佚,今有四库辑本一卷自《永乐大典》辑出,清严可均等有重辑本。范,即范晔。《宋书·范晔传》:"左迁晔宣城太守,不得志,乃删众家《后汉书》为一家之作。"又其《与甥侄书》曰:"既造《后汉》,转得统绪。详观古今著述及评论,殆少可意者。""删众家《后汉书》","古今著述,少可意者",其所嗤者,亦有《东观汉记》,当无可疑。

〔六〕荀、袁、政、骏:荀、袁即荀悦、袁宏,刘向字子政,刘歆字子骏。

〔七〕含毫不断:《文心雕龙·神思》:"相如含笔而腐毫,扬雄辍翰而惊梦。"

前汉郡国计书,先上太史,副上丞相〔一〕。后汉公卿所撰,始集公府,乃上兰台。由是史官所修,载事为博。爰自近古,此道不行,史臣编录,唯自询采。而左右二史,阙注起居,衣冠百家,罕通行状。求风俗于州郡,视听不该〔二〕;讨沿革于台阁,簿籍难见。虽使尼父再出,犹且成其管窥;况仆限以中才,安能遂其博物。其不可二也。

〔一〕计书,先上太史,副上丞相:《史记·太史公自序》之《集解》引如淳曰:"《汉仪注》:'太史公,武帝置,位在丞相上。天下计书,先上太史公,副上丞相。'"又引臣瓒曰:"《百官表》无太史公。"《索隐》:"如淳引卫宏《仪注》称'位在丞相上',谬矣。案《百官表》无其官。且修史之官,国家别有著撰,则令郡县所上国书,皆先上之。后人不晓,误以为在丞相上耳。"又《正义》云:"《汉旧仪》云:'太史公秩二千石。'"按司马贞《索隐》说是。张守节虽查得"太史公秩二千石",然亦不能谓"在丞相上"。而宋代刘攽注《汉书·司马迁传》曰:"周制:外史掌四方之志,布在诸侯国,其位上士,皆在诸侯之卿上,秦亦有之。卫宏所说,亦不可谓之全非。"此说亦可供参考。

〔二〕视听不该:蜀本、陆本、鼎本、郭本、黄本同。卢《拾补》校"不该"两字云:"一作'匪详'。"

昔董狐之书法也,以示于朝;南史之书弑也,执简以往。而近代史局,皆通籍禁门〔一〕,深居九重〔二〕,欲人不见。寻其义者,盖由杜彼颜面,防诸请谒故也。然今馆中作者,多士如林,皆愿长喙〔三〕,无闻齰舌〔四〕。倘有五始初成〔五〕,一字加贬,言未绝口,而朝野具知;笔未栖毫,而缙绅咸诵。夫孙盛纪实,取嫉权门〔六〕;王劭直书,见仇贵族〔七〕。人之情也,能无畏乎?其不可三也。

〔一〕通籍禁门:蔡邕《独断》:"天子门户有禁,非侍御者不得入。"又《汉书·元帝纪》颜注引应劭曰:"籍者,为二尺竹牒,记其年纪、名字、物色,悬之宫门,案省相应,乃得入也。"参看《辨职》篇史局"地处禁中"注。

〔二〕九重:宋玉《九辩》:"岂不郁陶而思君兮,君之门以九重。"按:九重原意谓天,后遂引申为天子居处高远,再引申为天子之称。

〔三〕皆愿长喙：陈《补释》引《庄子·徐无鬼》："丘愿有喙三尺。"《释文》："三尺，言长也。"

〔四〕无闻齻舌：浦注："齻，同齰。"陈《补释》："《说文》齻本训齿相值，一曰齧也。又齰训齧，其或体字作'齰'，是'齻'、'齰'通用。"又引《史记·魏其武安侯传》："韩御史曰：'魏其必内愧，杜门齰舌。'"又引《后汉书·马援传》："岂有知其无成，而但萎腇、咋舌、叉手。'咋'亦'齰'之变体字。"按：李贤注："萎腇，软弱也。"又咋舌，《徐孝穆集·与杨仆射书》云："忠孝之言，皆应咋舌。"

〔五〕五始：《文选》王褒《圣主得贤臣颂》："《春秋》法五始之要。"李善注引胡广曰："五始：一曰元，二曰春，三曰王，四曰正月，五曰公即位。"盖以喻修史初著笔也。

〔六〕孙盛纪实，取嫉权门：鼎本、郭本、黄本均同。卢《拾补》校"纪实"两字云："宋，'实录'。"《通释》作"实录"，浦注："一作'纪实'。"《晋书·孙盛传》："盛著《晋阳秋》，词直而理正，咸称良史焉。既而桓温见之，怒谓盛子曰：'枋头诚为失利，何至乃如尊君所说，若此史遂行，自是关君门户事。'"盛事已见前注。

〔七〕王劭直书，见仇贵族：《曲笔》篇既赞"王劭抗词不挠"，又称"君懋书法不隐，取咎当时"，知幾累次盛称王劭。《隋书》、《北史》劭传虽未载其"直书"事，且诋其"依违取媚"等丑行，而知幾不顾官修史书及时贤之褒贬，褒美王劭，是处当无歧误。郭《评》引王伯厚称："《文粹》云：'王韶直书，见雠贵族。宋王韶之为《晋史》，序王珣货殖，王廞作乱。珣子弘、廞子华并贵，韶之惧为所陷，深附结徐羡之、傅亮等。'当从《文粹》为王韶,《新史》误以'韶'为'劭'。"而此处"王劭",似亦"王韶"之误。按:伯厚之说见《困学纪闻》卷十四《考史》,其所引《文粹》原文,具见《宋书》、《南史》王韶之传。《宋书·王韶之传》云:"韶之,字休泰,琅邪人。好史籍,撰《晋安帝阳秋》。除著作佐郎,使续后事,讫义熙九年,为后代佳史。序王珣货殖,王廞作乱。珣子弘、廞子华并贵显,韶之惧为所陷,深结徐羡之、傅亮等。羡之被诛,王弘入为相,领扬州刺史。弘虽与韶之不绝,诸弟未相识者,皆不复往来,韶之在郡,虑为弘所绳,夙夜勤厉,政绩甚美,弘亦抑其私憾。"情事虽亦可谓"直书见仇",然通观《史通》全书,未尝称美韶之。卢《拾补》校云:"何从《文粹》及厚斋语改'韶'。"按《旧唐书·刘子玄传》亦作"韶",而《册府元龟·国史部·议论》又作"干宝直言,受讥朝士",并志备考。

古者刊定一史,纂成一家,体统各殊,指归咸别。夫《尚书》之教也,以疏通知远为主〔一〕;《春秋》之义也,以惩恶劝善为先〔二〕。《史记》则退处士而进奸雄,《汉书》则抑忠臣而饰主阙。斯并曩时得失之例,良史是非之准,作者言之详矣。顷史官注记,多取禀监修,杨令公则云必须直词〔三〕,宗尚书则云宜多隐恶〔四〕。十羊九牧〔五〕,其令难行;一国三公〔六〕,适从何在?其不可四也。

〔一〕疏通知远:《礼记·经解》:"孔子曰:'疏通知远,《书》教也。'"

〔二〕惩恶劝善:《左》成十四年《传》:"惩恶而劝善。"《左》昭三十一年《传》:“或求名而不得,或欲盖而名章,惩不义也。”杜《序》:“惩恶而劝善,求名而亡,欲盖而彰,书齐豹盗、三叛人名之类是也。”

〔三〕杨令公:《旧唐书·杨再思传》:“再思,郑州人。延载初,守鸾台侍郎,同平章事。历事三主,知政十余年,未尝有所荐达。为人巧佞邪媚,能得人主微旨,时左补阙作《两脚野狐赋》以讥刺之。中宗即位,拜户部尚书,俄复为中书令。景龙三年薨。”

〔四〕宗尚书:《旧唐书·宗楚客传》:“楚客,蒲州人,则天从父姊之子。兄秦客,潜劝则天革命称帝,楚客累迁夏官侍郎、同平章事。武三思引为兵部尚书、同中书门下三品。韦庶人及安乐公主尤加亲信,迁中书令。自言执性忠鲠,韦氏败,楚客伏诛。”

〔五〕十羊九牧:陈《补释》:“《隋书》、《北史》杨尚希传以为人少官多,十羊九牧。”按《隋书》本传:“高祖受禅,拜度支尚书,尚希时见天下州郡过多,上表谓‘民少官多,十羊九牧。今存要去闲,并小为大。国家则不亏粟帛,选举则易得贤才’。帝览而嘉之,于是遂罢天下诸郡。”

〔六〕一国三公:陈《补释》:“用《左》僖五年晋士艻语。”按:此乃晋献公使士艻为二公子(夷吾、重耳)筑城,士艻退而赋此。

切以史置监修,虽古无式,寻其名号,可得而言。夫言监者,盖总领之义耳。如创纪编年〔一〕,则年有断限;草传叙事,则事有丰约。或可略而不略,或应书而不书,此刊削之务也。属词比事〔二〕,劳逸宜均,挥铅奋墨,勤惰须等。

某表某篇[三],付之此职;某传某志[四],归之彼官。此铨配之理也。斯并宜明立科条,审定区域。倘人思自勉,则书可立成。今监之者既不指授,修之者又无遵奉,用使争学苟且,务相推避,坐变炎凉,徒延岁月。其不可五也。

〔一〕创纪编年:蜀本、陆本、鼎本作"创纪年",中有脱字。鼎本、郭本、王本、黄本、《通释》作"创立纪年",卢《拾补》同,然又校云"宋'纪编'",即宋本作"创纪编年"。按《唐会要·史馆杂录下》、《唐文粹》卷八十二所载子玄《论史上萧至忠书》及《旧唐书》本传俱作"创纪编年"。

〔二〕属词比事:《礼记·经解》:"孔子曰:'属辞比事,《春秋》教也。'"

〔三〕某表某篇:蜀本、陆本、鼎本、郭本、黄本均同。《旧唐书》本传"表"字作"帙",《通释》作"袠",注云:"一讹'表'。"按:就文意言,"袠"字是,当缘形近之讹。兹仍之。

〔四〕某传某志:蜀本、陆本、鼎本、郭本、黄本均同,《旧唐书》本传作"某纪某传",卢《拾补》:"宋'某纪某传'。"

凡此不可,其流实多,一言以蔽[一],三隅自反[二]。而时谈物议,安得笑仆编次无闻者哉!

比者伏见明公,每汲汲于劝诱,勤勤于课责,或云坟籍事重,努力用心,或云岁序已淹,何时辍手?切以纲维不举,而督课徒勤,虽威以刺骨之刑,勖以悬金之赏,终不可得也。语曰:陈力就列,不能者止[三]。所以比者布怀知己,历抵群公[四],屡辞载笔之官,愿罢记言之职者,正为此尔。

〔一〕一言以蔽：《论语·为政》："子曰：'《诗》三百，一言以蔽之，曰：思无邪。'"

〔二〕三隅自反：《论语·述而》："子曰：'举一隅，不以三隅反，则不复也。'"

〔三〕陈力就列，不能者止：见《论语·季氏》孔子引周任之言，以告冉有者。

〔四〕抵：原误作"诋"，蜀本、陆本、郭本、黄本同，鼎本作"抵"，《旧唐》本传亦误作"诋"。《通释》作"抵"，注："旧作'诋'。"卢《拾补》校云："'诋'讹。"今改作"抵"。

抑又有所未谕，聊复一二言之：

比奉高命，令隶名修史，其职非一〔一〕。如张尚书〔二〕、崔岑二吏部〔三〕、郑太常等〔四〕，既迫以吏道，不可拘之史任。以仆曹务多闲〔五〕，勒令专知下笔。夫以惟寂惟寞〔六〕，乃使记事记言。苟如其例，则柳常侍、刘秘监、徐礼部等〔七〕，并门可张罗〔八〕，府无堆案〔九〕，何事置之度外〔一〇〕，而使各无羁束乎？

〔一〕其职非一：蜀本、陆本、鼎本、郭本、黄本均同，《通释》句首有"而"字，意谓当时以他官加"兼修国史"之职者，非一人也。

〔二〕张尚书：《通释》："《唐书·张文瓘传》：'弟子锡，久视初，为宰相，请还庐陵王，不为张易之所右，流循州。龙朔中，累迁工部尚书，兼修国史。'"按：张锡及其父文琮均附于张文瓘传。据文瓘本传云："时兄文琮为户部侍郎。"《旧唐书》目录："张文瓘传附兄文琮。"文琮乃文瓘之兄，则锡乃文欢兄子。《唐书》在所附《文琮传》后续附《锡传》之首句为“子锡”，浦氏冠一“弟”字，误。又“龙朔中”，原文为“神龙中”，龙朔（661—663）乃高宗年号，在武周前，神龙（705—707）乃中宗复位后年号。知幾《与萧至忠书》作于中宗景龙二年（708），“龙朔”两字显系讹误。又原引《锡传》末句“兼修国史”句下有“东都留守”，知幾亦于是年自东都被召还京，与张锡情况相似。

〔三〕崔岑二吏部：《通释》：“《唐书·崔仁师传》：‘其孙湜，字澄澜，少以文词称。附托昭容上官氏，数与宣淫于外。俄检校吏部侍郎，后赐死。湜猜毒诡险，进趣不已，至于败。’”又《岑文本传》：“其孙羲，字伯华。中宗时，迁秘书少监，进吏部侍郎。时崔湜、郑愔等分掌选，皆以贿闻。独羲劲廉，为时议嘉仰，但不能抑退。坐豫太平公主谋，诛。”浦氏释文亦见于黄本。按：《唐会要》卷六十四：“景龙二年四月二十五日，敕中书侍郎崔湜、吏部侍郎岑羲、太常卿郑愔、太子中舍刘子玄并为修文馆学士。”而知幾《与萧至忠书》亦在是年四月二十日以后。又《旧唐书·崔湜传》云：“湜景龙二年拜吏部侍郎，寻转中书侍郎。”故称崔、岑二吏部。（参看《年表》景龙二年条）

〔四〕郑太常：《通释》：“疑即后所云郑愔，新旧《唐书》皆无传，其名附见岑羲等传。”按：上引《唐会要》亦具载太常卿郑愔于是时并为修文馆学士。

〔五〕曹务多闲：本篇前云：“一为中允，四载不迁。”《旧唐书》本传亦云：“景龙初，再转太子中允，依旧修国史。”《唐书·职官志》东宫官属：“太子左春坊左庶子二人，正四品上。中允二人，正五品下。左庶子掌侍从、赞相、驳正、启奏，中允为之贰。"《新唐书》本传作"太子率更令"。按《职官志》:"太子率更寺令一人,从四品上,率更令掌宗族次序、礼乐、刑罚及漏刻之政令。"证以此篇原文,《旧书》本传是。且中允乃东宫闲曹副贰之职,故"多闲"也。

〔六〕惟寂惟寞:《汉书·扬雄传》载其《解嘲》辞曰:"惟寂惟寞,守德之宅。"

〔七〕柳、刘、徐:《通释》:"柳常侍,北平补注以柳芳当之,而刘、徐无注。按:芳官非常侍,生亦少后。同时有柳泽者,疏谏斜封官,拜监察御史,进殿中侍御史,然亦未知是否。愚谓此三人官不甚著,本文亦未举其名,不必强求其人以实之。"按黄、浦两氏均误,应是柳冲、刘宪、徐彦伯。据《旧唐书·柳冲传》:"冲博学,尤明世族。景龙中,累迁为左散骑常侍,修国史。中宗命冲与魏元忠及史官张锡、徐坚、刘宪等八人重修《氏族志》。先天初,冲始与魏知古及徐坚、刘子玄、吴兢等撰成《姓族系录》二百卷,奏上。开元二年,又敕冲刊定。五年,卒。"又《刘宪传》:"宪弱冠举进士,累除冬官员外郎。天授中为来俊臣所构,及俊臣伏诛,擢为给事中,加修文馆学士。景云初,三迁太子詹事。"《唐会要》具载秘书监刘宪,亦系景龙二年(708)加学士,故称刘秘监。又《徐彦伯传》:"彦伯少以文章擅名。圣历中,累除给事中。神龙元年,迁太常少卿,兼修国史,预修《则天实录》。为工部侍郎,除卫尉卿,兼昭文馆学士。景云初,迁右散骑常侍、太子宾客,仍兼昭文馆学士。开元二年卒。"又据《唐会要》卷六十三载有武三思、魏元忠及史官太常少卿徐彦伯、秘书少监柳冲等修上《则天实录》,卷六十四又有敕秘书监刘宪、太子中舍刘子玄并为学士,《新唐书·李适传》又以“徐彦伯等四人满员”，则柳常侍即左散骑常侍柳冲，刘秘监即秘书监刘宪，徐彦伯久与知幾同为史官，太常实主礼仪，故称为徐礼部。又据《唐会要》卷六十五《太常寺》目：“太常寺，光宅元年改为司礼寺，神龙元年复为太常。徐彦伯神龙元年为少卿。”知幾或即据此称为徐礼部，《旧唐书》本传亦载其曾任宗正卿。

〔八〕门可张罗：陈《补释》引：“《汉书·郑当时传》：下邽翟公为廷尉，宾客亦填门，及废，门外可设爵罗。师古注：言其寂静，无人行也。”

〔九〕府无堆案：陈《补释》引嵇康《与山巨源绝交书》：“素不便书，又不喜作书，而人间多事，堆案盈机，不相酬答，则犯教伤义。”

〔一〇〕置之度外：《后汉书·隗嚣传》：“关东悉平，（光武）帝积苦兵间，以嚣子内侍，公孙述远据边陲，乃谓诸将曰：‘且当置此两子于度外耳。’”

必谓诸贤载削，非其所长，以仆鎗鎗佼佼〔一〕，故推为首最，就如斯理，亦有其说。何者？仆少小从仕，早蹑通班〔二〕。当皇上初临万邦，未亲庶务〔三〕，而以守兹介直，不附奸臣〔四〕，遂使官若土牛〔五〕，弃同刍狗〔六〕。逮銮舆西幸，百寮毕从，自惟官曹务简，求以留后，居台常谓朝廷不知，国家于我已矣〔七〕。岂谓一旦忽承恩旨，州司临门，使者结辙〔八〕。既而驱驷马，入函关，排千门〔九〕，谒天子。引贾生于宣室〔一〇〕，虽叹其才，召季布于河东〔一一〕，反增其愧。明公既位居端揆，望重台衡。飞沉属其顾盼，荣辱由其俯仰〔一二〕。曾不上祈宸极，申之以宠光,佥议搢绅,縻我以好爵〔一三〕。其相见也,直云史笔阙书,为日已久,石渠扫第〔一四〕,思子为劳。今之仰追,唯此而已。

〔一〕鎗鎗佼佼:蜀本、陆本、鼎本、郭本、黄本作"鎗鎗铰铰",《通释》同,释云:"恐即铁中铮铮、庸中佼佼之义,未详别见。"卢《拾补》校云:"何'铮铮',陆本'佼佼'。"陆本原刻作"佼佼",卢氏所据,盖翻刻本。孙《札记》亦校"鎗鎗"为"铮铮"。按:《后汉书·马融传》载其《广成颂》辞曰:"锽锽鎗鎗,奏于农郊大路之衢,与百姓乐之。"李贤注:"锽锽鎗鎗,钟鼓之声也。"又《文选》潘岳《籍田赋》:"冲牙铮鎗。"李善注:"《礼记》曰:'凡带必有佩,佩玉有冲牙。'郑玄曰:'冲牙居中央,以前后触也。铮鎗,玉声也。'"象本不误。

〔二〕早蹑通班:《旧唐书》本传:"弱冠举进士,授获嘉主簿。"《自叙》篇:"洎年登弱冠,射策登朝。"推其年岁,当在680年左右。又《左》文六年《传》:"班在九人。"杜注:"班,位也。"接上句意谓早登仕版也。又《唐大诏令集》卷一百十《不许群臣干请诏》云:"设官分职,本期致理,惟贤是任,匪私亲昵。若使才胜其任,望重于时,一月累迁,固未为速。如或代工无取,考绩非明,十年不调,岂应论屈。顷者官失其序,侥幸路开,人不务德,惟速是视。在职无几,已希迁陟。又每谒见之时,多请仗下奏事,不闻公议,惟乞荣班,以爵与能,岂由干请。今位参台省,阶列通班,唯务驱竞,余何足纪。"子玄"早蹑通班"后之升迁情形,或可于此稍得窥知。

〔三〕皇上初临万邦,未亲庶务:《旧唐书·中宗纪》:"永隆元年(680)立为皇太子。弘道元年(683)十二月,高宗崩,皇太子柩前即帝位,皇太后临朝称制。嗣圣元年(684)二月,废帝为庐陵王。"上萧至忠书,时在中宗景龙二年(708)。"皇上初临万邦,未亲庶政",指中宗第一次继位为帝时,政出武后也。

〔四〕不附奸臣:蜀本、陆本、鼎本、郭本、黄本均同,《通释》作"奸回",指武党群小如张易之等。

〔五〕官若土牛:陈《补释》:"《世说·排调》篇:'州泰答尚书钟毓曰:君,名公之子,少有文采,故守吏职;猕猴骑土牛,一何迟。'《三国志·邓艾传》注引《世语》同,但钟毓误作'钟繇'。"按:《世说新语·排调》篇无此条文字,经查全书亦缺载。又裴注所引《世语》,隋唐《志》均未著录,惟《通志·艺文略》杂史目著录《魏晋世语》十卷,晋襄阳令郭颁撰。

〔六〕弃同刍狗:陈《补释》:"《庄子·天运》:'刍狗之未陈也,盛以箧衍,巾以文绣,尸祝斋戒以将之。及其已陈也,行者践其首脊,苏者取而爨之而已。'又《淮南子·齐俗训》:'譬若刍狗、土龙之始成也,文以青黄,绢以绮绣,缠以朱丝,尸祝袀袨,大夫端冕,以送迎之。及其已用之后,则土壤草芥而已,夫有孰贵之。'"按:《庄子》陆德明《音义》:"刍狗,李云:'结刍为狗。'"又《淮南子》"土壤",原作"壤土"。"芥"字,《太平御览》作"芥"。又按《老子》:"天地不仁,以万物为刍狗;圣人不仁,以百姓为刍狗。"

〔七〕国家于我已矣:陈《补释》:"用李少卿《答苏子卿书》语。"盖知幾深有憾于武后、中宗朝政也。

〔八〕临门、结辙：临门，李密《陈情表》："州司临门，急于星火。"结辙，《管子·小匡》："车不结辙，士不旋踵。"又《汉书·文帝纪》："故遣使者冠盖相望，结辙于道，以谕朕志于单于。"韦昭注："使车往还，故辙如结也。"

〔九〕千门：《史记·孝武纪》："作建章宫，度为千门万户。"后世遂谓宫门曰千门。

〔一〇〕引贾生于宣室：《史记·贾谊传》："贾生为长沙王太傅，既以谪居长沙。后岁余，贾生征见，孝文帝方受釐，坐宣室。上因感鬼神事，而问鬼神之本，贾生因具道所以然之状。至夜半，文帝前席，既罢曰：'吾久不见贾生，自以为过之，今不及也。'居顷之，拜贾生为梁怀王太傅。"

〔一一〕召季布于河东：《史记·季布传》："季布者，楚人，为气任侠，为河东守。孝文时，人有言其贤者，召欲以为御史大夫。复有言其勇，使酒难近。至，留邸一月，见罢，季布因进曰：'陛下以一人之誉而召臣，一人之毁而去臣，臣恐天下有识闻之，有以窥陛下也。'上默然惭。"

〔一二〕飞沉、荣辱：杨《通释补》引刘峻《广绝交论》："飞沉出其顾指，荣辱定其一言。"按："盼"字，卢《拾补》作"眄"，并云："'盼'讹。"

〔一三〕縻我以好爵：杨《通释补》引《易·中孚》："九二，鸣鹤在阴，其子和之。我有好爵，吾与尔縻之。"《释文》："'靡'，本又作'縻'。"

〔一四〕石渠：《后汉书·杨终传》："终言宣帝博征群儒，论定《五经》于石渠阁。"又《三辅黄图》："石渠阁，萧何造，藏入关所得秦之图籍，至成帝又于此藏秘书焉。"

抑明公足下独不闻刘炫蜀王之说乎？昔刘炫仕隋，为蜀王侍读[一]。尚书牛弘尝问之曰：君王遇子，其礼如何？曰：相期高于周、孔，见待下于奴仆。弘不悟其言，请闻其义。炫曰：吾王每有所疑，必先见访，是相期高于周、孔。酒食左右皆餍，而我余沥不沾，是见待下于奴仆也。仆亦窃不自揆，辄敢方于鄙宗[二]。何者？求史才则千里降追，语宦途则十年不进。意者得非相期高于班、马，见待下于兵卒乎！

〔一〕刘炫仕隋，为蜀王侍读：《隋书·刘炫传》："牛弘奏请购求天下遗逸之书，炫遂伪造书百余卷，送官取赏而去。有人讼之，坐除名归家。太子勇召至京师，敕令事蜀王秀。迁延不往，蜀王大怒，枷送益州，既而配为帐内，每使执杖为门卫。俄而释之，典校书史。"传内虽载有牛弘与炫问答之辞，但无弘问"蜀王礼遇"之事。庶人秀、牛弘等传，亦均未载其事，又炫事迹已见前注。

〔二〕辄敢方于鄙宗：鼎本、郭本、黄本均同。卢《拾补》校"辄"字云："宋'轻'。"浦注："刘炫同姓，故云'鄙宗'。"

又人之品藻，贵识其性。明公视仆于名利何如哉？当

其坐啸洛城，非隐非吏[一]，惟以守愚自得，宁以充诎撄心[二]。但今者黾勉从事，挛拘就役[三]，朝廷厚用其才，竟不薄加其礼。求诸隗始[四]，其义安施？倘使士有澹雅若严君平[五]，清廉如段干木[六]，与仆易地而处，亦将弹铗告劳[七]，积薪为恨[八]。况仆未能免俗[九]，能不蒂芥于心

者乎?

〔一〕吏:蜀本、陆本、郭本、黄本均同,鼎本作“仕”。

〔二〕宁以充诎撄心:陈《补释》:“《礼记·儒行》:‘不充诎于富贵。’郑注:‘充诎,欢喜失节之貌。’”

〔三〕挛拘:《汉书·邹阳传》:“邹阳去之梁,从孝王游,孝王下阳吏,乃从狱中上书曰:‘秦信左右而亡,周用乌集而王,何则?以其能越挛拘之语,驰域外之议。’”《说文》:“挛,系也。凡拘牵连系者皆曰挛。”

〔四〕隗始:陈《补释》引《战国策·燕策》:“郭隗曰:‘今王诚欲致士,先从隗始,隗且见事,况贤于隗者乎?’”

〔五〕澹雅若严君平:《汉书·王贡两龚鲍传》序:“蜀严湛冥,不作苟见,不治苟得,久幽而不改其操。”又《华阳国志·先贤士女总赞·蜀都士女》:“严君平雅性淡泊。”

〔六〕清廉如段干木:《史记·魏世家》:“文侯客段干木,过其闾,未尝不轼也。”《正义》引皇甫谧《高士传》云:“木,晋人也,守道不仕。魏文侯欲见,造其门,干木逾墙避之。文侯曰:‘段干木,贤者也,不趣势利。’”又引《吕氏春秋》:“文侯曰:‘段干木官之则不肯,禄之则不受。’”又今传谧书辑本,尚有“木少贫且贱,心志不遂,乃治清节”句,出《太平御览·逸民部》。

〔七〕弹铗:《战国策·齐策四》:“齐人冯谖寄食孟尝君门下,居有顷,倚柱弹其剑,歌曰:‘长铗归来乎!食无鱼。’食之。居有顷,复弹其铗,歌曰:‘长铗归来乎,出无车。’为之驾。后有顷,复弹其铗,歌曰:‘长铗归来乎!无以为家。’孟尝使人给其(母)食用,无使乏。”

〔八〕积薪:《史记·汲黯传》:"始黯列为九卿,而公孙弘、张汤为小吏,及弘至丞相,汤至御史大夫,黯褊心不能无少望,见上前言曰:'陛下用群臣如积薪耳,后来者居上。'"

〔九〕未能免俗:杨《通释补》引《世说新语·任诞》:"仲容以竿挂大布犊鼻裈于中庭,人或怪之。答曰:'未能免俗,聊复尔耳!'"按仲容乃阮咸字。

当今朝号得人,国称多士。蓬山之下〔一〕,良直差肩;芸阁之中〔二〕,英奇接武。仆既功亏刻鹄〔三〕,笔未获麟,徒殚太官之膳〔四〕,虚索长安之米〔五〕。乞已本职,还其旧居,多谢简书,请避贤路。唯明公足下,哀而许之。

〔一〕蓬山:程《笺记》:"《后汉书·窦融传附玄孙章传》:'是时学者称东观为老氏臧室,道家蓬莱山。'李贤注:'老子为守臧史,后为柱下史,四方所记文书,皆归柱下,事见《史记》。言东观经籍多也。'蓬莱,海中神山,为仙府,幽经秘录,并皆在焉。《太平御览》卷二百三十三引华峤《书》曰:'学者称东观为老氏藏室,道家蓬莱山。'又范书所本也。"

〔二〕芸阁:《续博物志》引鱼豢《典略》云:"芸香辟纸鱼蠹,故藏书台称芸台。"汉称秘书省曰芸台,亦曰芸阁。

〔三〕刻鹄:《后汉书·马援传》:"刻鹄不成尚类鹜。"用喻所事未成。

〔四〕徒殚太官之膳:陈《补释》:"《汉·百官公卿表》:'少府属官有太官令丞。'《续汉·百官志》:'太官令掌御饮食。'《唐六典》光禄寺太官署令注:'后魏、北齐分太官令为尚食、中尚食。尚食、中尚食掌知御膳,太官掌知百官之馔,史官并供。’”

〔五〕虚索长安之米：陈《补释》引《汉书·东方朔传》：“臣言可用，幸异其礼。不可用，罢之，无令但索长安米。”按杜子美《八哀诗·故秘书少监武功苏公源明》：“长安米万钱，凋丧尽余喘。”《日知录》卷二十七《诗注》云：“《汉书·高帝纪》：‘关中大饥，米斛万钱。’《食货志》：‘米至石万钱。’”

至忠得书大惭，无以酬答。又惜其才，不许解史任。而宗楚客、崔湜、郑愔等，皆恶闻其短，共仇嫉之。俄而萧、宗等相次伏诛〔一〕，然后获免于难。

〔一〕萧、宗等相次伏诛：《旧唐书·睿宗纪》：“景龙四年夏六月，中宗崩，韦庶人临朝，引用其党，分握政柄。庚子夜，临淄王率兵诛韦温、纪处讷、宗楚客等，韦、武党与皆诛之。”又《韦巨源传》：“韦庶人之难，巨源为乱兵所杀。”《新唐书·睿宗纪》：“景云元年八月庚寅，谯王重福及汴州刺史郑愔反，伏诛。”按景龙四年（710）七月改元景云。又《旧唐书·玄宗纪》：“先天二年七月三日，窦怀贞、岑羲、萧至忠、崔湜等与太平公主同谋，期以其月四日作乱。上密知之，执萧至忠、岑羲于朝斩之。”《新唐书·玄宗纪》：“开元元年七月甲子，太平公主及岑羲、萧至忠、窦怀贞谋反，伏诛。”按先天二年（713）十二月朔改元开元，是年七月壬戌朔，甲子为三日，《两唐书》记载此事完全一致。又《旧唐书·崔湜传》：“至忠等既诛，湜坐徙岭外，俄而追湜赐死。”是宗楚客、纪处讷、韦巨源、郑愔、萧至忠、岑羲、崔湜等相次坐诛于710年韦武之乱及713年太平公主之乱。

而与萧至忠书约在景龙二年(708),《史通》成书于景龙四年(710)仲春,则此段文字自是713年以后增补,足证书成以后,知幾尚有所订补也。

附录一 《新唐书·刘子玄传》笺注

《新唐书》卷一百三十二列传五十七载刘子玄、吴兢、韦述、蒋乂、柳芳、沈既济传。刘传附有其子贶、悚、汇、秩、迅、迥及贶子滋等人传。《旧唐书》卷一百零二列传五十二载有马怀素、褚无量、刘子玄、徐坚、元行冲、吴兢、韦述等传,刘传附其兄知柔及知幾诸子孙传,较《新书》约多三之一。其叙刘氏世系族里较详,并悉载其《衣冠乘马议》原文。兹采《新书》传,并予笺注。

刘子玄,名知幾,以玄宗讳嫌,故以字行。

子玄亦作子元。生于唐高宗龙朔元年(661),卒于玄宗开元九年(721),终年六十一岁。徐州彭城人(今江苏铜山县)。《睿宗本纪》:"景云元年,六月丁未,立平王隆基为皇太子。"《旧书》本传云:"景云中,累迁太子左庶子。"又云:"时玄宗在东宫,知幾以名音类上名,乃改子玄。"则知幾改名,当在景云元年(即景龙四年,710)也。

年十二,父藏器为授《古文尚书》,业不进,父怒,楚督之。

藏器以直言忤高宗,其事迹见《新唐书》卷二百零一《刘延祐传》附传,《旧唐书》卷一百九十上附《刘胤之传》。

《古文尚书》出自孔壁，孔安国整理，后来散佚。今存《尚书孔传》，清代考据学家确定为伪书。楚督：据《礼记·学记》云："夏、楚二物，收其威也。"郑康成注云："夏，槄也。楚，荆也。二者所以扑挞犯礼者。"

及闻为诸兄讲《春秋左氏》，冒往听，退辄辨析所疑。叹曰："书如是，儿何怠。"父奇其意，许授《左氏》。逾年，遂通览群史。

《春秋左氏》，即《春秋左氏传》，简称《左传》。具见知幾夙好史学。

与兄知柔俱以善文词知名，擢进士第，调获嘉主簿。

知幾长兄知柔，仲兄知章，《新唐书》附《知柔传》于《藏器传》后。《旧唐书》本传谓"弱冠举进士"，事在高宗永隆元年(680)，知幾年二十岁。获嘉：即今河南省获嘉县。主簿：据《新唐书·百官志》："上县主簿一人，正九品下。"又据《地理志》云："获嘉为望县。"按唐制文官分九品三十级，一至三品分正、从，四至九品，正、从又各分上下。又《唐会要》卷八十一作"获嘉尉"，"尉"字乃"主簿"之误。

武后证圣初，诏九品以上陈得失。子玄上书，讥"每岁一赦，或一岁再赦，小人之幸，君子之不幸"。又言"君不虚授，臣不虚受，妄受不为忠，妄施不为惠。今群臣无功，遭遇辄迁，至都下有'车载斗量，杷椎碗脱'之谚"。又谓"刺史非三载以上不可徙，宜课功殿，明赏罚"。后嘉其直，不能用也。

《旧唐书·武后本纪》："证圣元年(695)春一月……令内外文武九品已上各上封事，极言正谏。"又《通鉴》卷二百零五云:武后天册万岁元年(证圣元年九月改元天册万岁),刘知幾表陈四事,亟言明察功过,尤甄赏罚。其四事即传文所述论赦宥、滥封勋爵、滥授官职及刺史等。原文均载《唐会要》,可参阅。

时吏横酷,淫及善人,公卿被诛死者踵相及。子玄悼士无良而甘于祸,作《思慎赋》以刺时。苏味道、李峤见而叹曰:"陆机《豪士》之流乎? 周身之道尽矣!"

《思慎赋》:见《文苑英华》卷九十二,已抄入附录。苏味道、李峤:新旧《唐书》均有传。当时位居辅相。陆机:字士衡,三国吴人,卒于晋惠帝太安二年(303),四十三岁,以辞赋著称。《昭明文选》卷四十六及《晋书》卷五十四《陆机传》均载有《豪士赋序》,以讽刺时人"不知去势以求安,辞宠以招福"。《思慎赋》悼士无良而甘于祸,意谓无高尚志操,贪恋禄位,甘心陷于灾祸。故苏、李谓:"《豪士》之流,周身之道尽矣。"

子玄与徐坚、元行冲、吴兢等善。尝曰:"海内知我者数子耳。"

徐坚:字子固(660—729),湖州长城人(今浙江省长兴县)。元行冲:名澹(653—729),河南人。吴兢:字西斋(670—749),汴州浚仪人(今河南省开封)。均笃好史学,与知幾年相若,志相同,是长时间共同编修史书之好友。详见《自叙》篇注。

累迁凤阁舍人,兼修国史。中宗时,擢太子率更令,介直自守,累岁不迁。会天子西还,子玄自乞留东都,三年,或言子玄身史臣而私著述,驿召至京,领史事。迁秘书少监。

凤阁舍人：武后光宅元年（684），改中书省曰凤阁，凤阁舍人即中书舍人。中书省设中书舍人六员，正五品上，掌起草诏旨、制敕、册命，据《序录》云“长安二年（702），余（知幾）以著作佐郎兼修国史。寻迁左史，于门下撰起居注。会转中书舍人”，故云累迁。太子率更令：从四品上，掌宗族次序、礼乐、刑罚及漏刻之政令。事在中宗神龙元年，即公元705年，时知幾四十五岁。是年正月，张柬之等拥太子显复位，故史家特书“中宗时”。天子西还：《旧唐书·中宗本纪》，神龙二年（706）十月，车驾还京师，中宗复位后一年余，自洛阳还长安。《史通·忤时》篇云：“因逗留不去，守司东都。杜门却扫，凡经三载。”至景龙二年（708），或以史馆在禁中，肩载言之职者，理当就馆，乃驿召至京。其留守东都首尾三年，故《序录》又谓“无几”。秘书少监：秘书省在秘书监下设少监二员，为之贰，从四品上。而《旧书》本传在迁凤阁舍人后，仅云“景龙初，再转太子中允”。未载累迁太子率更令、秘书少监事。按神龙三年（707）始改元景龙，太子中允，仅正五品下，低于率更令。显有遗误，详见《序录》笺注。

时宰相韦巨源、纪处讷、杨再思、宗楚客、萧至忠皆领监修，子玄病长官多，意尚不一，而至忠数责论次无功，又仕偃蹇，乃奏记求罢去，因为至忠言“五不可”曰（略，原文见外篇第十三《忤时》）。

《唐会要》卷六十四：“景龙二年（708）四月二十日，侍中韦巨源、纪处讷、中书令杨再思、兵部侍郎宗楚客、中书侍郎萧至忠，并监修国史，刘知幾求罢史职，奏记于萧至忠。"时知幾四十八岁。按《新唐书·中宗本纪》及《宰相表》,均载自景龙后,宗、萧都加同中书门下三品,故均称宰相。偃蹇:困顿失志貌,知幾累岁不迁,官仍从四品,故云"又仕偃蹇"。

始,子玄修《武后实录》,有所改正,而武三思等不听。自以为见用于时,而志不遂。乃著《史通》内外四十九篇,讥评今古。徐坚读之叹曰:"为史氏者,宜置此座右也。"

《新唐书·艺文志》:"《则天皇后实录》二十卷,魏元忠、武三思、……徐坚撰,刘知幾、吴兢删正。"外篇第二《古今正史》:"神龙元年(705),又与坚、兢等重修《则天实录》。"《唐会要》卷六十三:"神龙二年(706)五月九日,左散骑常侍武三思……等,修《则天实录》二十卷,上之。"又载:"开元四年(716)十一月十四日修史官刘子玄、吴兢撰《则天实录》三十卷。"又同年月日,姚崇奏:"重修《则天实录》三十卷成,子玄等始末修撰。"据此,《则天实录》盖自神龙元年(705)始修,次年修成,由武三思领衔奏上,知幾、吴兢官卑,故未载其名。开元四年(716),刘、吴删正重修,实为三十卷,《艺文志》载二十卷,误。武三思:武则天兄同庆之子,武、韦两后时,专权乱政,神龙三年(707)七月,中宗太子重俊起兵诛武三思。《忤时》篇云孝和皇帝(中宗谥孝和)时,武、韦弄权,母媪预政。《则天实录》今已佚,其内容虽不可考,但子玄有所改正,武三思等不听,自是神龙年间初修时事。又"著《史通》内外四十九篇",与今本《史通》目录篇目一致,但内篇末附《体统》、《纰缪》、《弛张》三篇目,均注亡。宋王应麟《玉海·唐史通》云缺《体统》、《纰缪》、《弛张》、《文质》、《褒贬》五篇。又知幾《序录》自谓:“昔汉世诸儒,集论经传,定之于白虎阁,因名曰‘白虎通’。予既在史馆而成此书,故便以‘史通’为目。且汉求司马迁后,封为史通子,是知史之称通,其来日久,博采众议,爰定兹名。”又《旧书》本传亦云“《史通子》备论史策之体”。

又尝自比扬雄者四:“雄好雕虫小伎,老而为悔。吾幼喜诗赋,而壮不为,期以述者自名。雄准《易》作经,当时笑之。吾作《史通》,俗以为愚。雄著书见尤于人,作《解嘲》。吾亦作《释蒙》。雄少为范逡、刘歆所器,及闻作经,以为必覆酱瓿。吾始以文章得誉,晚谈史传,由是减价。”其自感慨如此。

以上文字,节录自《史通》内篇《自叙》第三十六。扬雄:字子云,汉宣帝甘露元年(前53)生,王莽天凤五年(18)卒。著名哲学家、辞赋家。节录文辞之注解,见《自叙》篇注。

子玄内负有所未尽,乃委国史于吴兢,别撰《刘氏家史》及《谱考》,上推汉为陆终苗裔,非尧后。彭城丛亭里诸刘,出楚孝王嚣曾孙居巢侯般,不承元王。按据明审,议者高其博。

撰《刘氏家史》及《谱考》:《唐会要》卷三十六《氏族》:“(武后)长安四年(704),凤阁舍人刘知幾撰《刘氏》三卷。”《旧唐书》本传及《新唐书·艺文志》均谓撰《刘氏家史》十五卷,《谱考》三卷。《唐会要》所谓《刘氏》三卷,当指《谱考》。两书今均佚。汉为陆终苗裔,非尧后。《左传》襄公二十四年:“自虞以上为陶唐氏,在夏为御龙氏,在商为豕韦氏。”杜预注:“陶唐,尧号。御龙谓刘累也。”又按《左传》昭公二十九年:“有陶唐氏既衰,其后有刘累,学扰龙于豢龙氏,以事孔甲,能饮食之,夏后(即孔甲)嘉之,赐氏曰御龙,以更豕韦之后。”明白记载刘氏为尧之后。汉兴,即上溯其祖为尧后,知幾本族彭城丛亭里诸刘,亦远溯其祖为汉高祖弟楚元王刘交,而知幾却上推汉为陆终苗裔。陆终:传说是祝融氏之子。盖据《左传》“在商为豕韦氏”,《世本》又有夏封彭祖别孙于豕韦之记载(据秦嘉谟《世本辑补》),而彭祖又为陆终之后,故知幾云然。楚孝王嚣:汉宣帝子。据《汉书》卷十四《诸侯王表第二》:嚣子芳于成帝阳朔元年(前24)嗣,一年薨,亡后。阳朔二年(前23)思王衍以孝王子绍封。衍生纡,纡生般。明帝永平元年(58)徙封居巢侯(据《后汉书》卷六十九《刘般传》)。

尝曰:“吾若得封,必以居巢绍司徒旧邑。”后果封居巢县子。乡人以其兄弟六人俱有名,号其乡曰高阳,里曰居巢。累迁太子左庶子、兼崇文馆学士。

司徒:《刘般传》附其子刘恺传云:“恺当袭般爵,让与弟宪。乃征恺拜为郎,稍迁侍中。(安帝)元初二年(115)代夏勤为司徒。”司徒即指刘恺。后果封居巢县子:《旧唐书》本传云:“后以修《则天实录》功,果封居巢县子。”当是第二次改修,时在玄宗开元四年(716)。兄弟六人:知幾有胞兄知柔、知章二人,叔伯兄弟含章、贲、居简三人,故称六人。太子左庶子、兼崇文馆学士:《旧唐书》本传系于景云中,睿宗景龙四年(710)七月,改景云元年。至景云三年(712)正月,又改元为太极,此事约在景云元年。《新唐书·百官志》东宫官载:"左春坊,左庶子二人,正四品上,掌侍从赞相,驳正启奏。又崇文馆学士二人,掌经籍图书,教授诸生。"

皇太子将释奠国学,有司具仪:从臣着衣冠,乘马。子玄议:"古大夫以上皆乘车,以马为骈服。魏晋后以牛驾车。江左尚书郎辄轻乘马,则御史劾治。颜延年罢官,乘马出入闾里,世称放诞。此则乘马宜从亵服之明验。今陵庙巡谒、王公册命、士庶亲迎,则盛服冠履,乘辂车。他事无车,故贵贱通乘马。比法驾所幸,侍臣皆马上朝服。且冠履惟可配车,故博带褒衣、革履高冠,是车中服。袜而镫,跣而鞍,非唯不师于古,亦自取惊流俗。马逸人颠,受嗤行路。"太子从之,因著为定令。

《新唐书·睿宗本纪》:"景云元年(710),……立平王隆基为皇太子。二年(711)二月皇太子监国。八月……皇太子释奠于国学。"《礼记·文王世子》:"凡学,春官释奠于其先师,秋冬亦如之。"郑康成注:"释奠者,设荐馔酌奠而已。"则释奠只是设祭菜与酒而已。玄宗此时实际执掌政权,故仪从甚盛。《衣冠乘马议》,《旧唐书》本传载全文,《文苑英华》、《全唐文》、《唐文粹》均载全文,《唐文粹》称"朝服乘车仪"。《唐会要》节述大意,这里据《唐会要》又加撮录。刘氏引经据典,不外论证不能着朝服(即大礼服)乘马,且宽袍博带,确也不便骑乘,无甚精义。骈服:《礼记·曲礼》郑注:车有一辕四马,中两马夹辕,名服马,两边名骈马,亦名骖马。以马为骈服:即以马驾车也。江左:水南曰左,晋东迁后,江南、江东亦称江左。尚书郎:据《宋书·百官志》,尚书领六郎,主作文书。尚书六百石,丞郎四百石,是各部中级属员。颜延年:名延之,南朝宋人。据《宋书》卷七十三、《南史》卷三十四本传云:"以词彩与谢灵运齐名,江左称颜谢。好骑马遨游里巷。"亵服:《说文》:"私服也。"辂车:大车也。法驾:天子车驾也。袜而镫,跣而鞍:《旧唐书》作"袜而升镫,跣以乘鞍"。

开元初,迁左散骑常侍,尝议《孝经》郑氏学非康成注,举十二条左证其谬,当以《古文》为正;《易》无子夏《传》,《老子》书无河上公注,请存王弼学。宰相宋璟等不然其论,奏与诸儒质辩。博士司马贞等阿意,共黜其言,请二家兼行,唯子夏《易传》请罢。诏可。

左散骑常侍:《旧唐书·职官志》:左右散骑常侍二人(注:从三品,《新唐书·百官志》谓正三品下,误。)掌规风过失,侍从顾问。《旧唐书》本传此句下有"修史如故"。盖官职升迁,而史职未改也。知幾于儒家经学,是经古文学派。开元七年(719)令儒官论次《孝经》孔、郑注,子夏《易传》及《老子》河上公、王弼注长短,知幾奏议原文,均见《唐会要》及《全唐文》,可参看。宋璟:玄宗时与姚崇并称名相,新旧《唐书》有传。司马贞著有《史记索隐》。

会子贶为太乐令,抵罪,子玄请于执政。玄宗怒,贬安州别驾。卒,年六十一。子玄领国史且三十年,官虽徙,职常如旧。

贶:知幾长子,新旧《唐书》本传均附述贶好学,博通经史,明天文、律历、音乐、医算之术。太乐令:《旧唐书》谓贶著有《太乐令壁记》三卷。抵罪:《旧唐书》谓犯事配流。安州：《旧唐书·地理志》载："淮南道：安州中都督府。"治在安陆县（今湖北安陆县北）。又《职官志》云："中都督府别驾一人。"（注：正四品下）此段《旧书》冠以九年，《通鉴》亦系此事于开元九年（721）。领国史且三十年：按知幾于武后证圣元年（695）仍以获嘉主簿陈四事，《旧唐书》谓子玄掌知国史首尾二十余年，较确。

礼部尚书郑惟忠尝问："自古文士多，史才少，何耶？"对曰："史有三长：才、学、识，世罕兼之，故史者少。夫有学无才，犹愚贾操金，不能殖货。有才无学，犹巧匠无楩楠斧斤，弗能成室。善恶必书，使骄君贼臣知惧，此为无可加者。"时以为笃论。

答郑惟忠问：《唐会要》卷六十三及《旧唐书》本传均有记载，《旧书》传最详，可参看。事在武后长安三年（703）七月。郑惟忠：新旧《唐书》均有传，《旧唐书》卷一百郑传云："开元初为礼部尚书，十年卒。"楩楠：坚固乔木。斧斤：木作工具。

子玄善持论，辩据明锐，视诸儒皆出其下。朝有论著辄豫。殁后，帝诏河南就家写《史通》，读之称善。追赠工部尚书，谥曰文。六子：贶、餗、汇、秩、迅、迥。（以下贶等附传，略。）

王应麟《玉海》卷四十九艺文门论史类《史通》下注云："开元十年（722）十一月，刘餗录上。"河南官员至其家，时贶尚在配流。故云餗录上，追赠给谥当在开元十一年（723）左右。

赞曰："……何知幾以来，工诃古人，而拙于用己欤？"

作者宋祁意谓《史通》讥诃古人得失，而知幾无史著传世也。然章学诚《候国子司业朱春浦先生书》已辨之云："使子玄得操尺寸，则其论六家、二体，及程课铨配之法，纵不敢望马、班堂奥，其所撰辑，岂遽出陈寿、孙盛诸人下，而吴缜得以窃其绪论，《纠谬》致于二十有四也哉。"又《旧唐书》本传史臣曰："刘（知幾）徐（坚）等五公，学际天人，才兼文史，俾西垣东观，一代灿然，盖诸公之用心也。然而子玄郁结于当年，（元）行冲彷徨于极笔，官不过俗吏，宠不逮常才，非过使然，盖此道非趋时之具也，其穷也宜哉。"深体知幾等有志著史，美志未遂。读知幾《自叙》、《忤时》篇，此论实获其心矣。

附录二　刘知幾学行编年简表

刘知幾之身世,卷首《新唐书》本传、《史通·序录》及内篇第三十六《自叙》、外篇第十三《忤时》等篇之笺注已详。兹仅就其生长时之社会背景及与其一生行事、学术活动有关事迹,按时序列一简表,以供读者参考。至于刘知幾年谱之作,已有刘汉之《刘子玄年谱》(载《努力学报》1929年第一期)、周品瑛之《刘知幾年谱》(载《东方杂志》第三十一卷第十九号)、傅振伦之《刘知幾年谱》(商务印书馆1935年印,1956年修订重印,1963年再次修订由中华书局重版)及朱希祖之《刘子玄年谱》(稿本藏国家图书馆,一年讫必另起一纸,间有眉批,留白待补之处颇多,未见刊行)。振伦先生之书,考订甚详,传播亦广,且几经修改,亦较精审,学者可以参阅。

661年　唐高宗龙朔元年辛酉(显庆六年二月改元龙朔)

知幾生(《通鉴》)

高宗欲亲征高丽,武后表谏而止。(同上)

帝见王勃戏为檄鸡文,怒逐之。(同上)

李善上注《文选》六十卷,藏于秘府。(《唐会要》卷三十六)

知幾从祖父胤之,少有学业,与李百药(565—648)为忘年交。武德中,为信都令,甚存惠政。永徽初,累转著作郎、弘文馆学士,与令狐德棻(583—666)等撰成国史及实录。奏上之,封阳城县男。寻以老,不堪著述,出为楚州刺史,卒。(《旧唐书·文苑传》)

从父延祐,弱冠本州举进士,累补渭南尉,刀笔吏能。徐敬业之乱平,延祐奉使至军所决断受贼官者,全济甚众。出为箕州刺史,转安南都护。垂拱三年(687)为叛兵所害。(同上)又周《谱》云:"族叔延祐时年十三岁。"周氏考证云:《通鉴》总章元年(668)载有:"渭南尉刘延祐弱冠登进士第,政事为畿县最。李勣谓之曰:'足下春秋甫尔,遽擅大名,宜稍自贬抑,无为独出人右。'"周氏遽认为668年是弱冠(二十岁),遂逆推知幾生时,延祐应为十三岁。复按《通鉴》,是时李勣方平高丽归,上祀南郊,勣获充亚献之殊荣,且次年勣即以七十六岁高龄卒,《通鉴》于此处记其诫延祐之言,正如胡注"史言李勣爱人以德",此言自不必为此时所发。且就周氏所引原文以观,亦在延祐登进士后,从政获隽之时,亦不能遽定此时延祐才二十岁。况《新唐书》本传既明言延祐从弟藏器,藏器生卒年岁虽亦难确考,但在其生第三男知幾时,其从兄延祐才十三岁,亦不可通。至以延祐为知幾"族叔",显系周氏臆改。又《旧唐书·延祐传》载李勣诫言时，称司空李勣。据《李勣传》，勣于永徽四年(653)册拜司空，则延祐斯时或稍后已登进士，并仕宦获大名，当已逾二十岁。

父藏器，有词学。高宗时，为侍御史。卫尉卿尉迟宝琳胁人为妾，藏器劾还之。宝琳私请帝止其还，凡再劾再止。藏器曰："法为天下悬衡，万民所共，陛下用舍由情，今日从，明日改，匹夫匹妇犹惮失信，况天子乎？"帝乃诏可，然内衔之，不悦。稍迁比部员外郎，出为宋州司马，卒。(《新唐书·文艺上·刘延祐传》)又傅《谱》据《新唐书·魏元忠传》中有"仪凤中，藏器年七十"之语，定为仪凤二年(677)，藏器年七十，逆推知幾生时，其父年五十四。复按传文开始在"仪凤中"句下，历叙元忠上封事、授职迁官等事后，方述及其与帝论君道，以藏器年七十未尽其用为例。再即接叙光宅元年(684)徐敬业举兵，诏元忠监军事，似不能即谓元忠与帝论君道，远承"仪凤中"句。又《藏器传》亦载有"魏元忠称其贤，帝欲擢任为吏部侍郎，魏玄同沮曰"云云，与《元忠传》所记当是一事。复查《魏玄同传》，玄同坐与上官仪善，流岭外。上元初赦还，拜岐州长史，再迁吏部侍郎。永淳元年(682)诏同平章事。则其沮帝欲任藏器为吏部侍郎，只能是永淳元、二两年(682—683)事。藏器是年七十，逆推知幾生时，约为四十八岁。

长兄知柔，少以文学政事历荆扬曹益宋海唐等州长史、刺史、户部侍郎、鸿胪卿、尚书右丞、工部尚书、东都留守，卒赠太子少保，谥曰文。代传儒学之业，时人以述作名其家。(《旧唐书》本传)又李邕《唐赠太子少保刘知柔神道碑》有句云:“春秋七十有五,以开元十一年薨于东都。”逆推当生于贞观二十三年(649),是年十三岁。

662年　龙朔二年壬戌　二岁

许敬宗、上官仪为相。(《通鉴》)许敬宗自显庆二年(657)已后,常修国史,记事阿曲。(《唐会要》卷六十三)

663年　龙朔三年癸亥　三岁

李义府为右相,仍知选事。恃中宫之势,非法卖官,怨声载道。诏义府流巂州。(《通鉴》)

诏太子决小事。(同上)太子宏遣窦德元撰《瑶山玉彩》五百卷,上之。诏藏书府。(《唐会要》卷三十六)

诏改来年为麟德元年。(《旧唐书·高宗纪》)

664年　麟德元年甲子　四岁

武后专恣,帝与上官仪谋废之。后知,遽诣帝自诉。帝归罪于仪曰:“皆仪教我。”后使许敬宗诬仪与故太子忠谋反,诛仪,朝士坐与仪交通,流贬者甚众。自是政归中宫,天子垂拱而已。中外称二圣。(《通鉴》)

665年　麟德二年乙丑　五岁

帝谓侍臣曰:“朕常虚心求谏,竟无谏者,何也?”李勣对曰:“陛下所为尽善,群臣无得而谏。”(《通鉴》)

李淳风更撰《麟德历》,以代《戊寅历》(戊寅,高祖武

德元年)。(同上)

帝发东都,仪仗数百里不绝,朝会者各率其属扈从。(同上)

比岁丰登。(同上)

666年　乾封元年丙寅　六岁

赦天下,改元,四品已下加一阶。先是阶无泛加,至是始有泛阶。比及末年,服绯者满朝。(《通鉴》)

帝过亳州,谒老君庙,上尊号曰太上玄元皇帝。(同上)

令狐德棻卒。年八十四。(《旧唐书》本传)

667年　乾封二年丁卯　七岁

行乾封元宝钱,谷帛踊贵,商贾不行。(《通鉴》)

帝责侍臣不进贤。李安期对曰:“公卿有所荐,谗者指为朋党,是以杜口。”(同上)

频年用兵,厩马万匹,仓库渐虚。(同上)

张说生。(《旧唐书》本传)

668年　总章元年戊辰　八岁

帝祀南郊,告平高丽,以李勣为亚献。(《通鉴》)

京师及山东江淮旱,饥。(同上)

669年　总章二年己巳　九岁

承平既久,选人益多,裴行俭始定选法,取人以身、言、

书、判,计资量劳而拟官,遂为永制。(《通鉴》)

李勣卒。(同上)

670年　咸亨元年庚午　十岁

太子少师许敬宗请致仕,许之。(《通鉴》)

徐坚(时年十二岁)之父徐齐聃上疏,以为皇太子当引文学端良之士置左右。(同上)

诏:修撰国史,义存典实,自今以后,宜令所司于史官内简择堪修人,录名进内。自余居史职,不得辄闻见所修史,及行用国史等事。(《唐会要》卷六十三)

吴兢生。(《唐书》本传)

671年　咸亨二年辛未　十一岁

知幾从父习古文《尚书》,苦其辞艰琐,业不成。其父始授以《春秋左氏传》。(《自叙》)《新唐书》本传谓"年十二,授古文《尚书》"。微误。

高宗召见朱敬则,将加擢用。(两《唐书》本传)据传文逆推朱敬则是年已三十七岁。

672年　咸亨三年壬申　十二岁

知幾习《左传》,讲诵都毕。(《自叙》)

许敬宗卒,袁思古、王福畤议谥曰缪,诏改曰恭。(《通鉴》)

673年　咸亨四年癸酉　十三岁

知幾父、兄欲令其博观《春秋》义疏。辞以且观《史》、《汉》、《三国志》。(《自叙》)

诏刘仁轨等改修许敬宗等所记国史,以其所记不实也。(《通鉴》)

674年　上元元年甲戌　十四岁

知幾续读诸史。(《自叙》)

帝称天皇,武后称天后,改元赦天下。(《通鉴》)

武后请令王公以下皆习《老子》。(同上)

刘晓上疏论选,请取士以德行为先,文艺为末。(同上)

675年　上元二年乙亥　十五岁

知幾续读诸史。(《自叙》)

帝风疹不能听朝,政事皆决于天后。(《旧唐书·高宗纪》)

太子弘为天后酖死,以雍王贤为皇太子。(同上及《通鉴》)

左仆射刘仁轨、侍中张文瓘、中书令郝处俊、吏部尚书李敬玄监修国史。(《旧唐书·高宗纪》)

改崇贤馆为崇文馆。先是,显庆元年(656),皇太子弘请于崇贤馆置学士。(《唐会要》卷六十四)

676年　仪凤元年丙子　十六岁

知幾续读诸史。(《自叙》)

十一月改上元三年曰仪凤元年,大赦。(《旧唐书·高宗纪》)

李敬玄为中书令。(同上)

朱敬则为中书令李敬玄所毁,授洹水尉。(《旧唐书·朱敬则传》)

太子贤上所注《后汉书》,赐物三万段。初,太子右庶子张太安、洗马刘讷言等同注范晔《后汉书》,诏付秘书省。(《唐会要》卷三十六)

677年　仪凤二年丁丑　十七岁

知幾自《史》、《汉》至皇家实录,窥览略周。将求仕进,兼习揣摩。(《自叙》)傅《谱》载:“是年,知幾之父藏器为比部员外郎。”盖据《魏元忠传》中语“藏器年七十为尚书郎”。此说可疑,见661年条目。

仪凤中,以宏文馆中多图籍,置详正学士校理之。(《唐会要》卷六十四)

裴怀古于仪凤中,诣阙上书,授下邽主簿。(《旧唐书》本传)

678年　仪凤三年戊寅　十八岁

知幾继续究心史学,兼习词章,不遑专研诸史。

太学生魏元忠上封事,上善其言,令直中书省仗内供奉。按《通鉴》系此事于仪凤三年。《新唐书》本传载是事后，下有“迁监察御史”句，始接述魏言“藏器七十为尚书郎”。则此言自非仪凤二年事。

679年　调露元年己卯　十九岁

知幾续研史学，兼习揣摩。

六月，改仪凤四年为调露元年，大赦。（《旧唐书·高宗纪》）

侍中郝处俊、左庶子高智周、黄门侍郎崔知温、给事中刘景先兼修国史。（《旧唐书·高宗纪》）

680年　永隆元年庚辰　二十岁

知幾弱冠举进士，授获嘉县主簿。（《自叙》、史传）

李延寿撰《政典》一部，写两本。（《唐会要》卷三十六）

调露二年四月，先是，进士但试策。刘思立奏请帖经及试杂文，自后为常式。（《唐会要》卷七十六）

八月废皇太子贤为庶人，幽于别宫。立英王哲为皇太子，改调露二年为永隆元年，赦天下。（《旧唐书·高宗纪》）

681年　开耀元年辛巳　二十一岁

知幾以余暇旅游京洛，恣情披阅经史诸子及杂记小书。（《自叙》、《忤时》、史传）

十月，改永隆二年为开耀元年。（《旧唐书·高宗纪》）

十一月，徙庶人贤于巴州。（同上）

永隆二年八月敕，进士不寻史籍，唯诵文策，自今已后，进士试杂文两首，识文律者，然后令试策。（《唐会要》卷七十五）

682年　永淳元年壬午　二十二岁

知幾仍为获嘉主簿。并以余暇博览群史，几二十年，直至六九九年，始调职。

二月大赦，改开耀二年为永淳元年。（《旧唐书·高宗纪》）

帝欲用郭待举等，以资任尚浅，且令预闻政事，自是外司四品以下知政事者，始以平章事为名。（《通鉴》）

吏部侍郎同中书门下平章事魏玄同上言自魏晋以来，用人专委选部，有阿私之弊。（同上）

东都霖雨，洛水溢，溺民居千余家。关中先水后旱蝗，人相食。（同上）

683年　弘道元年癸未　二十三岁

十二月大赦，改永淳二年为弘道元年。帝崩，太子即位，是为中宗。尊武后为皇太后，政事咸取决焉。（《旧唐书·高宗纪》、《通鉴》）

684年　武后光宅元年甲申　二十四岁

正月朔，改元嗣圣，立韦妃为皇后。（《通鉴》）

二月，武后废中宗为庐陵王，幽于别所。立豫王旦为帝，政事决于太后。居睿宗于别殿，不得有所预。赦天下，改元文明。太后临朝称制，杀庶人贤于巴州。（同上）

九月，大赦改元光宅。改东都为神都，立武氏七庙，追尊太后五代祖。诸武用事。（同上）

徐敬业等起兵于扬州讨武后。武后以李孝逸将兵三十万讨敬业。（同上）

诏殿中侍御史魏元忠监孝逸军。（《新唐书·魏元忠传》）

魏元忠与行军管记刘知柔劝李孝逸因风纵火，大败徐敬业。（《通鉴》）

685年　垂拱元年乙酉　二十五岁

正月，以敬业平，大赦改元，三月迁庐陵王于房州，再迁均州。（《通鉴》）

十一月，陈子昂上疏以为朝廷遣使巡察四方，不可任非其人。刺史县令，不可不择。（同上）

太后修故白马寺，以僧怀义为寺主。（同上）

诏内外文武九品以上及百姓，咸令自举。（《旧唐书·武后纪》）

686年　垂拱二年丙戌　二十六岁

武后阳复政，睿宗固让，后复临朝称制，赦天下。（《通鉴》）

武承嗣等谮李孝逸,逐之。(同上)

太后大开告密之门,酷吏竞为罗织。(同上)

687年　垂拱三年丁亥　二十七岁

封皇子隆基为楚王。(《唐书·武后纪》)

令京官九品以上言事。(同上)

安南都护刘延祐被杀害。(同上)

688年　垂拱四年戊子　二十八岁

七月,大赦天下。(《唐书·武后纪》)

大杀唐宗室,流其幼者于岭南。(同上)

689年　载初元年己丑　二十九岁

正月,大赦改元永昌。十一月,大赦改元载初。(《旧唐书·武后纪》)

武后服衮冕,飨明堂。(《通鉴》)

陈子昂上疏,以为宜缓刑罚、息兵革、省赋役、慰宗室。(同上)

十一月,改元为载初元年正月,始用周正,以十二月为腊月,夏正月为一月。(同上)

试贡举人于洛成殿前,数日方毕,殿前试人自兹始。(《唐会要》卷七十六)

690年　天授元年庚寅　三十岁

武承嗣、三思用事,宰相皆下之。(《通鉴》)

九月,改国号为周,改元天授,大赦天下,武后加尊号曰圣神皇帝,降皇帝为皇嗣,立武氏七庙于神都。(《唐书·武后纪》)

宗楚客以赃流岭外。(《通鉴》)

691年　天授二年辛卯　三十一岁

获嘉主簿刘知幾上疏请沙汰尸禄谬官。(《唐会要》卷六十七"试及邪滥官")

获嘉主簿刘知幾上疏陈刺史非三岁以上,不可迁官。(《唐会要》卷六十八"刺史上")

徙关内户数十万实洛阳。(《通鉴》)

举人六十一人,并授拾遗、补阙;录事参军二十四人并授侍御史,二十四人授著作郎,县尉二十三人授卫佐校书。盖天后收人望。故当时谚曰:"补阙连车载,拾遗平斗量,杷椎侍御史,碗脱校书郎。"试官自此始。(《唐会要》卷六十七)

薛谦光为左补阙,时选举颇滥,谦光上疏论以得贤为宝。(《唐书》本传)

692年　长寿元年壬辰　三十二岁

知幾年已过立,先后获交徐坚、朱敬则、薛谦光、元行冲、吴兢、裴怀古等。(《自叙》)

四月,大赦天下,改元为如意。九月,大赦天下,改元

为长寿。(《旧唐书·武后纪》)

来俊臣罗告狄仁杰、魏元忠等谋反,下狱鞫元忠,元忠辞气不屈,贬涪陵令。(《通鉴》)

补阙薛谦光疏言试策弯弧不足取文武士。(同上)

万年主簿徐坚疏谏按狱者专杀。(同上)

右补阙朱敬则疏请省刑尚宽。(同上)

693 年　长寿二年癸巳　三十三岁

武后享万象神宫,以武承嗣为亚献,武三思为终献。(《通鉴》)

文昌左丞姚崇奏请令宰相撰《时政记》,月送史馆,从之。《时政记》自此始。(《唐会要》卷六十三)

降封皇孙及唐宗室诸王,降楚王隆基为临淄郡王。(《唐书·武后纪》)

裴怀古累转监察御史。(《旧唐书》本传)

春官侍郎牛凤及撰《唐书》百有十卷。(《古今正史》)

694 年　延载元年甲午　三十四岁

薛怀义为朔方道行军大总管。(《通鉴》)

苏味道为相。(同上)韦巨源为夏官侍郎。(《旧唐书·武后纪》)

遣监察御史裴怀古安集西南蛮。(同上)

五月,大赦改元。(《唐书·武后纪》)

杨再思为鸾台侍郎。(同上)

695 年　万岁登封元年乙未　三十五岁

正月，大赦天下，改元证圣。五月，大赦，改元天册万岁。十二月，大赦，改元万岁登封。（《旧唐书·武后纪》）

令内外文武九品已上，各上封事，极言正谏。（《新唐书·武后纪》）

获嘉县主簿刘知幾表陈四事：其一节赦，其二赐阶勋以德举才升，其三沙汰邪滥官，其四刺史非三岁不可迁。（《通鉴》）按知幾表陈四事，已据《唐会要》抄入附录。一二两事，明著证圣元年，三四两事则为天授二年。《通鉴》并著于此，盖缘两《唐书》本传均系于"证圣初"句后之误。

贬韦巨源鄜州刺史，苏味道集州刺史。（《新唐书·武后纪》）

杀薛怀义。（同上）

696 年　万岁通天元年丙申　三十六岁

腊月，上登封于嵩岳，改元万岁登封，大赦。四月，改元为万岁通天，大赦。天下大旱，命文武官九品以上，极言时政得失。（《旧唐书·武后纪》）

制起狄仁杰为魏州刺史。（《通鉴》）

徐有功用法平，擢拜左台殿中侍御史，闻者相贺。（同上）

697 年　神功元年丁酉　三十七岁

九月，改万岁通天二年为神功元年，大赦。（《旧唐书·武后纪》）

是年六月，司业少卿来俊臣伏诛。（同上）

六月，宗楚客同凤阁鸾台平章事，武承嗣、武三思并同凤阁鸾台三品，七月并罢。闰十月，狄仁杰为鸾台侍郎同凤阁鸾台平章事。（《新唐书·宰相表》）

太平公主荐张昌宗入侍，昌宗复荐易之，兄弟皆得幸于太后。（《通鉴》）

复召魏元忠为肃政中丞。（同上）

凤阁舍人李峤知天官选事，始置员外官数千人。（同上）

698年　圣历元年戊戌　三十八岁

正月，大赦，改元圣历。（《旧唐书·武后纪》）

知幾著《思慎赋》以刺时，且以见意。凤阁侍郎苏味道、李峤见而叹曰："陆机《豪士》所不及。"（《旧唐书》本传）《韦弦》及《京兆试慎所好赋》，疑仍是知幾所作，其时间亦必在调离获嘉前，在本年苏、李同为凤阁侍郎时。

三月，召庐陵王哲于房陵。九月，哲为皇太子，令依旧名显。大赦。中宗逊位。（《旧唐书·武后纪》、《通鉴》）

正月，宗楚客罢政事。（《通鉴》）

裴怀古不受突厥默啜官，逃归，迁祠部员外郎。（同上）

武承嗣卒。（同上）

狄仁杰兼纳言，通事舍人元行冲数规谏仁杰，仁杰笑谓"药笼中物"。（同上）

九月，苏味道为凤阁侍郎同凤阁鸾台平章事。（《新唐书·宰相表》）

十月，秘书少监监修国史知凤阁侍郎李峤同凤阁鸾台平章事。（同上）

腊月，魏元忠为凤阁侍郎，同凤阁鸾台平章事。（同上）

699 年　圣历二年己亥　三十九岁

知幾至京都任右补阙及定王府仓曹，旋即参预修《三教珠英》。按《新唐书·徐坚传》云："坚与定王府仓曹刘知幾、给事中徐彦伯、右补阙张说等同修《三教珠英》，张昌宗等总领其事。"《唐会要》系修《三教珠英》事始于圣历，成于大足元年（701），知幾必已先调任。而《新唐书·张昌宗传》谓始事于圣历二年，故定其至京都任职亦在是年。又据《新唐书·百官志》王府官仓曹掌禄廪、厨膳、出纳、市易、畋渔、刍稿，正七品上。而中书省所置右补阙，官阶从七品上，低于仓曹参军。则其任斯职，当在任仓曹稍前或同时。知幾历任右补阙，系据《珠英集》残卷补入，《史通·序录》、《自叙》及史传均失载，参看附录知幾诗按语。

圣历中，御史大夫杨再思引徐坚为判官，坚又与给事中徐彦伯、定王府仓曹刘知幾、右补阙张说同修《三教珠英》。（《旧唐书·徐坚传》）

封皇嗣旦为相王。（《通鉴》）

宗楚客与弟晋卿坐赃贿贬流。（同上）

鸾台侍郎同平章事杨再思罢为左御史大夫。（同上）

武三思为内史。（同上）

700年　久视元年庚子　四十岁

定王府仓曹知幾预修《三教珠英》。

五月，大赦，改圣历三年为久视元年。（《旧唐书·武后纪》、《通鉴》）

内史武三思罢为特进、太子少保。（同上）

狄仁杰为内史，九月卒。荐张柬之为相。（同上）

韦巨源为纳言。（同上）

李峤守鸾台侍郎兼修国史。（同上）

右补阙朱敬则谏言武后内宠无礼无仪。（同上）

701年　长安元年辛丑　四十一岁

知幾参预修成《三教珠英》一千三百卷。（《唐会要》卷三十六）

崔融集武后时修《三教珠英》学士李峤、张说等诗，撰为《珠英学士集》（又名《珠英集》）五卷。（《新唐书·艺文志》）其中收有右补阙彭城刘知幾诗三首，参看附录知幾诗案语。

正月，改久视为大足元年。十月，幸京师，大赦改元为长安。（《旧唐书·武后纪》）

702年　长安二年壬寅　四十二岁

知幾任著作佐郎。（《序录》）

凤阁舍人修国史刘允济尝云史官善恶必书，足为千载不朽之美谈。（《唐会要》卷六十三）知幾是时当已结识允济。

苏味道、韦安石同凤阁鸾台三品。(《新唐书·宰相表》)

703 年　长安三年癸卯　四十三岁

著作佐郎刘知幾兼修国史,寻迁左史,于门下撰起居注。(《序录》)

长安三年正月一日,敕武三思、李峤与正谏大夫朱敬则、司农少卿徐彦伯、司封郎中徐坚、左史刘知幾、直史馆吴兢等修《唐史》。(《唐会要》卷三十六)

长安三年,朱敬则累迁正谏大夫。(《旧唐书·朱敬则传》)据此及上引《唐会要》,故订知幾迁左史于是年。

魏元忠、张说为张易之兄弟所诬构,将陷重辟,诸宰相无敢言者,朱敬则独抗疏申理。(《旧唐书·朱敬则传》)又易之、昌宗谮魏元忠引张说为证,起居郎刘知幾谓说曰:"无污青史为子孙累。"(《唐会要》卷六十四)

朱敬则请择史官曰:"良史之才,岂止生于往代,在乎求与不求,好与不好耳。"刘子玄尝答郑惟忠问曰:"史才有三长,谓才、学、识也。犹须好是正直,善恶必书。"(《唐会要》卷六十三)

长安中,知幾奉诏预修《唐史》。每与同作诸士及监修贵臣凿枘相违。虽依违苟从,犹大为史官所嫉。(《自叙》,参看《因习下》篇原注所举撰《李义琰传》事例。)

王元感表上《尚书纠谬》、《春秋振滞》等,祝钦明等深

讥之。唯司封郎中徐坚、左史刘知幾申理其义。元感由是擢拜太子司议郎。(《唐会要》卷七十七)

朱敬则称司封郎中裴怀古有文武才,制以怀古为桂州都督,仗忠信轻骑诣夷僚营,岭外悉定。(《通鉴》)

704年　长安四年甲辰　四十四岁

知幾擢凤阁舍人暂罢史任。自撰《刘氏家史》十五卷,《谱考》三卷。学者服其该博。(《唐会要》卷三十六,参阅卷首《刘知幾传》笺注。)

朱敬则为相以用人为先,是年二月,以老疾致仕。(《通鉴》)

薛谦光累迁给事中,检校常州刺史,政绩可称。(同上,参见《唐书》本传)

六月,天官侍郎崔玄暐同凤阁鸾台平章事。十月,秋官侍郎张柬之同平章事。(《旧唐书·武后纪》)

四月,韦安石知纳言事,李峤知内史事。十一月,李峤罢为地官尚书监修国史。(同上,参见《通鉴》)

三月,宗楚客同平章事。七月,贬原州都督。杨再思为内史。(同上)

705年　中宗神龙元年乙巳　四十五岁

知幾除著作郎、太子中允、率更令,兼修史皆如故。(《序录》)

知幾奉敕与徐坚、吴兢等重修《则天实录》,有所改正,

武三思不听。(《自叙》、《古今正史》)

知幾在史馆开始著《史通》,备论史策之体。(《序录》、《唐书》本传)

春正月朔,赦天下,改元神龙。张柬之、崔玄暐等率羽林兵杀易之、昌宗。武后传位于太子显(即中宗),复国号为唐。(《通鉴》、两《唐书·中宗纪》)

相王旦及太平公主有诛易之兄弟功,相王加号安国相王,拜太尉。公主加号镇国太平公主。(同上)

立妃韦氏为皇后,遂干朝政如武后,上官婉儿荐三思于韦后,引入禁中,上与三思议政。(同上)

韦、武弄权,母媪预政。(《忤时》)五月,张柬之、武三思等十六人皆赐铁券。(《通鉴》)

崔湜以敬晖等谋告三思,三思引为中书舍人。(同上)

左散骑常侍柳冲上表愿修氏族之谱,上从之。令尚书左仆射魏元忠、工部尚书张锡、礼部侍郎萧至忠、岑羲、兵部侍郎崔湜、刑部侍郎徐坚、工部侍郎刘宪、左补阙吴兢等重修。(《唐会要》卷三十六)

郑愔说武三思去张柬之等五人,三思引为谋主。(同上)

九月,以纪处讷兼检校太府卿,纪处讷娶武三思之妻姊故也。(同上)

十一月,武后卒,帝居谅阴,以魏元忠摄冢宰。(同上)

刘允济坐与张易之款狎,左授青州长史。(《唐书》本传)

706年　神龙二年丙午　四十六岁

知幾参预修成《则天实录》。

中宗由东都洛阳还西京，知幾乞留东都，私自续著《史通》。

武三思、魏元忠及史官太常少卿徐彦伯、秘书少监柳冲、国子司业崔融、中书舍人岑羲、徐坚等修上《则天实录》二十卷，赐物各有差。(《唐会要》卷六十三)知幾实预其事，盖以官卑未列名受赐。

吴兢迁右补阙。

夏四月，处士韦月将告武三思潜通宫掖，必为逆乱，反为三思所陷。中宗即令杀之。给事中徐坚谏非时行戮，遂令决杖流岭表。(《通鉴》、《唐书·徐坚传》)

秋七月，立卫王重俊为太子。(《通鉴》)

张柬之等为武三思构陷，长流岭外，复遣使矫制杀之。比至，张柬之、崔玄晖已死。桓彦范、敬晖被惨杀。(同上)

崔融卒，年五十四岁。(《旧唐书》本传)

707年　景龙元年丁未　四十七岁

知幾仍留东都，再转太子中允，依旧修《唐史》。续著《史通》。

七月，太子重俊率羽林骑兵杀武三思，重俊出奔，死。(两《唐书·中宗纪》)

九月，大赦，改神龙三年为景龙元年。(同上)

安乐公主与宗楚客诬相王、太平公主与重俊通谋。帝令萧至忠鞫之。至忠泣奏咸是虚构。左补阙吴兢上表切

谏,相王等得免。(《唐会要》卷六十二、《通鉴》)

宗楚客、纪处讷、萧至忠并同中书门下三品。(《通鉴》)

以杨再思为中书令,韦巨源、纪处讷并为侍中。(同上)

裴怀古复授并州长史,俄转幽州都督。(《唐书》本传)

朱敬则自庐州刺史贬所还乡里。(《唐书》本传)

宗楚客、杨再思诬陷魏元忠,贬元忠务川尉,行至涪陵,卒。(《唐书》本传)

708 年　景龙二年戊申　四十八岁

知幾奉驿召至京,令专执史笔。续著《史通》。

四月二十日,侍中韦巨源、纪处讷、中书令杨再思、兵部侍郎宗楚客、中书侍郎萧至忠并监修国史。太子中允刘知幾奏记于萧至忠,求罢史职。(《唐会要》卷六十四)

四月二十二日,修文馆(武德四年置,九年改为弘文馆,神龙元年改为昭文馆,二年又改为修文馆。)增置大学士四员、学士八员、直学士十二员,征攻文之士以充之。二十三日,敕中书令李峤、兵部尚书宗楚客并为大学士,二十五日敕秘书监刘宪、中书侍郎崔湜、吏部侍郎岑羲、太常卿郑愔、给事中李适、中书舍人起居郎卢藏用、李义、太子中舍刘子玄并为学士。马怀素、宋之问、武平一、杜审言、赵彦昭、苏颀、沈佺期并为直学士。(同上)又召徐坚、韦元旦、徐彦伯、刘允济等满员。(《新唐书·李适传》直学士人名有歧异。)据《新唐书·百官志》,太子中允属左春坊,太子中舍人属右春坊，均正五品下。职称虽改，官阶未升，故知幾自云："一为中允，四载不迁。"

萧至忠谏滥官。（《通鉴》）

嬖幸争受赇，请谒斜封官除数千人。（同上）

宰相宗楚客、纪处讷用事。（同上）

709年　景龙三年己酉　四十九岁

知幾续著《史通》，迁秘书少监（从四品上），修史如故。

十二月，太常少卿元行冲，撰《魏典》三十卷，事详文简，为学者所称。（《唐会要》卷六十三、《唐书》本传）

朱敬则卒，年七十五岁。刘允济召为修文馆学士，喜甚，数日卒。（《唐书》朱、刘本传）

二月，韦巨源为尚书左仆射，杨再思为右仆射。三月，宗楚客为中书令，萧至忠守侍中，并同中书门下三品。崔湜守兵部侍郎，郑愔守吏部侍郎并同平章事。五月，崔湜、郑愔坐赃远贬。六月，杨再思卒。八月，李峤守兵部尚书，萧至忠为中书令。（《旧唐书·中宗纪》）

六月，以经籍多缺，令京官有学行者，分行天下，搜检图籍。（《唐会要》卷三十五、《旧唐书·中宗纪》，《会要》误作景云三年。）

太平、安乐公主，各树朋党，更相党毁。（《通鉴》）

710年　睿宗景云元年庚戌　五十岁

六月，改景龙四年为唐隆元年。七月，改为景云元年。

景龙四年二月，知幾撰成《史通》二十卷。

知幾累迁太子左庶子(正四品上)，兼崇文馆学士。依旧修国史，加银青光禄大夫。

知幾以名音类上名(玄宗隆基时在东宫)，乃改子玄。

六月，韦后、安乐公主酖杀中宗。太平公主草遗诏立太子重茂，以相王旦辅政，宗楚客刊改为韦后临朝，韦温总兵。(《唐书·睿宗纪》、《通鉴》)

殇帝重茂即位，改元(同上)。

相王子隆基率兵诛韦后、安乐公主、韦温、宗楚客及诸韦。韦巨源为乱兵所杀，收斩纪处讷等。贬萧至忠、崔湜等。(同上)

隆基拥立相王即帝位，改元。是为睿宗。立平王隆基为太子。(同上)

以萧至忠为中书令。崔湜为吏部侍郎，并同平章事。(同上)

帝尝与太平公主议大政，公主权倾人主，太子深不自安。(同上)

八月，郑愔坐与谯王重福谋反，族诛。(同上)

十二月，徐坚自刑部侍郎拜左散骑常侍，俄转黄门侍郎。李知古请击姚州群蛮，并筑城重税之。坚议以为不可。(《唐书·徐坚传》、《通鉴》)

修文馆中学士，多以罪被贬黜，宰臣遂令给事中一人，权知馆事。(《唐会要》卷六十四)

711 年　景云二年辛亥　五十一岁

《史通》书成，见者互言其短，知幾作《释蒙》以拒之。(《自叙》)徐坚读之叹曰："为史氏者宜置此座右。"(《唐书》本传)

七月，皇太子隆基亲释奠于国学，有司令从臣皆乘马，著衣冠。太子左庶子刘知幾进议衣冠乘马，宜从废改。太子令宣行，以为常式。(《唐会要》卷三十五)

正月，追立妃刘氏曰肃明皇后，妃窦氏曰昭成皇后，立庙京师，号仪坤庙。窦氏，太子之母也。(《通鉴》)知幾作《仪坤庙乐章》五律诗一首。

郭元振、张说同平章事。张说请使太子监国。上从之。(《通鉴》)

僧慧范恃太平公主势逼夺民产，御史大夫薛谦光奏弹之。太平公主诉于上，出谦光为岐州刺史。(同上)

太平公主涕泣请用崔湜为相，上从之。(同上)

712 年　先天元年壬子　五十二岁

是年正月，睿宗改景云三年为太极元年。五月又改元曰延和。八月传位于太子，玄宗即位，改元先天。(《两唐纪》)

左散骑常侍柳冲与魏知古、陆象先及徐坚、刘子玄、吴兢等撰《姓族系录》。(《旧唐书·柳冲传》)

正月，窦怀贞、岑羲并同中书门下三品。(《通鉴》)

二月，太平公主引萧至忠为刑部尚书。(同上)

命皇太子送金山公主往并州,令幽州都督裴怀古节度内发三万兵赴黑山道。(《通鉴考异》)

六月,以岑羲为侍中。(《通鉴》)

八月,以崔湜检校中书令。(同上)

713 年　玄宗开元元年癸丑　五十三岁

是年十二月,改先天二年为开元元年。大赦。

三月,知幾参加柳冲等所修《姓族系录》成,上之,凡二百卷。(《唐会要》卷三十六)《唐书·萧至忠传》亦云:"先天二年,复为中书令,是岁,至忠与窦怀贞、柳冲、刘子玄等撰成《姓族系录》二百卷,有制加爵赐物各有差。"盖萧又以中书令监领其事。

七月,太平公主及岑羲、萧至忠、窦怀贞、崔湜及僧慧范等谋反,先后诛死。(《玄宗纪》及《通鉴》)

徐坚妻岑羲之妹,因辞机密。及羲诛,坚免坐累,出为绛州刺史。(《唐书·徐坚传》)

薛谦光迁太子宾客。(《唐书·薛登传》)

714 年　开元二年甲寅　五十四岁

知幾迁左散骑常侍(正三品下),修史如故。

知幾撰成《史通》后,继续校定。《忤时》篇末增萧、宗等相次伏诛一段文字。

七月,昭文馆学士柳冲、太子左庶子刘子玄刊定《姓族系录》二百卷,上之。(《旧唐书·玄宗纪》)按此乃成书后

复敕柳、刘二人刊定。又诏冲与薛南金复加刊窜乃定。(《唐书·柳冲传》)

三月,贬韦安石、韦嗣立、赵彦昭、李峤为州别驾。安石、峤等卒。(《通鉴》)

八月,太子宾客薛谦光献武后所制豫州鼎铭,其末云:“上玄降鉴,方建隆基,以为上受命之符。”姚崇请宣示史官,颁告中外。(同上)徐彦伯卒。(《唐书》本传)

715年　开元三年乙卯　五十五岁

知幾修史如故。

吴兢服阕抗疏言,修史已成数十卷,乞终余功,乃拜谏议大夫,依前修史,俄兼修文馆学士。(《旧唐书》本传)

正月丁亥,立郢王嗣谦为皇太子。(两《唐书》本纪)《通鉴》系于上年十二月辛巳。按三年正月甲申朔,丁亥是初四,二年十二月甲寅朔,辛巳是二十八日。《通鉴》据实录纪定策之日,《两唐纪》乃颁示之时,故从两《唐书》。

薛谦光以与太子同名,表请行字,特敕赐名登。(《唐书》本传)

716年　开元四年丙辰　五十六岁

六月,太上皇睿宗崩。昭成窦皇后以帝母之尊,追尊为皇太后。(《唐书·窦皇后传》)八月,知幾撰《昭成皇太后哀册文》。

十一月,修史官刘子玄、吴兢撰《睿宗实录》二十卷、

《则天实录》三十卷、《中宗实录》二十卷成,以闻。又引古义加爵及赐,白于执政。宰相姚崇奏曰:"子玄等始末修撰,诚亦勤劳。请各赐物五百段。许之。"(《唐会要》卷六十三)

知幾以修《则天实录》功,封居巢县子。(《旧唐书》本传)

五月,玄宗悉召今岁选叙县令于宣政殿廷,试以理人策。(《通鉴》)

姚崇、宋璟相继为相,崇应变成务,璟据法守正。(同上)

717 年　开元五年丁巳　五十七岁

知幾修史如故。

七月,改明堂为乾元殿。(《旧唐书·玄宗纪》)

九月,制:自今事非的须秘密者,皆令对仗奏闻,史官自依故事。(案即复贞观之制。)中书门下及三品官入奏事,必使谏官、史官随之,有失则匡正,美恶必记之。(《通鉴》)

十月诏:自今以后,每入孟月,史官条奏应所行事。(《唐会要》卷六十四)

十二月,马怀素奏省中书散乱讹缺,请选学术之士整比校补。于是搜访逸书,选吏缮写,令尹知章、韦述等二十人同刊正,以左散骑常侍褚无量为之使,于乾元殿前编校群书。(《通鉴》)

柳冲卒。(《唐书》本传)

718年　开元六年戊午　五十八岁

九月，遣工部尚书刘知柔持节存问河南大水。知柔驰驿察民疾苦及吏善恶。(《唐书·玄宗纪》及《知柔传》)

十一月，宰相宋璟奏大理卿元行冲素称才行，初用之时，实允佥议，当事之后，颇非称职，请复以为左散骑常侍。从之。(《通鉴》)按《旧唐书·元行冲传》亦云："行冲又充关内道按察使，自以书生不堪搏击之任，固辞按察。四迁大理卿，又固辞刑狱之官，求为散职。"

宋璟自广州都督入相，广州吏民为立遗爱碑。璟上言欲革谄谀，望自臣始，请敕下禁止。从之。宋璟判山人范知璇所为文曰：观其《良宰论》，颇涉佞谀。(《通鉴》)

乾元院更号丽正书院，以秘书监马怀素、右散骑常侍褚无量充使。(《唐会要》卷六十四)

马怀素卒。

719年　开元七年己未　五十九岁

三月，诏敕诸儒议《孝经》、《老子》注及《易》传。四月，左庶子刘子玄上议郑氏《孝经》、河上公《老子》，二书讹舛，不足流行。子夏《易传》，乃后人假凭先哲。请行《孝经》孔安国传、《老子》王弼注。国子祭酒司马贞与之争议。五月，诏河、郑二家，依旧行用，王、孔所注，宜加奖饰。(《唐会要》卷七十七、卷三十六)

五月，知幾上《重论孝经老子注议》。(《全唐文》卷二百七十六)

九月，令丽正殿写四库书。其《三教珠英》，既有缺落，宜依旧目，随文修补。（《唐会要》卷三十五）

河南道巡察使工部尚书刘知柔奏韦嗣立清白可陟，诏令未下，开元七年卒。（《旧唐书·韦思谦附嗣立传》）

十二月，置弘文、崇文两馆雠校书郎官员。（《旧唐纪》）

薛谦光致仕后卒于家，年七十三，赠晋州刺史。（《唐书》本传）

720年　开元八年庚申　六十岁

正月，褚无量卒，命右散骑常侍元行冲整比群书。（《通鉴》）充丽正修书院使，检校院内修撰官。（《唐会要》卷六十四）

宋璟以禁恶钱罢相。（《通鉴》）

十二月，诏并州大都督张说多识前志，可兼修国史，仍赍史本就并州随军修撰。（《唐会要》卷六十三）

721年　开元九年辛酉　六十一岁

知幾长子贶为太乐令，犯事配流，知幾诣执政诉理。上怒，贬安州别驾，旋卒。有集三十卷，佚。

十一月，左散骑常侍元行冲上《群书四部录》二百卷，凡二千六百五十五部，四万八千一百六十九卷，其后毋煚又略为四十卷。（《唐会要》卷三十六）《通鉴》作“国子祭酒元行冲”。按《元行冲传》：行冲于开元七年转左散骑常侍后，九迁国子祭酒，月余拜太子宾客、弘文馆学士。

九月，姚崇卒，年七十一岁。（《通鉴》、傅《谱》）是月以张说为兵部尚书，同中书门下三品。（《通鉴》）

著作郎吴兢撰《则天实录》，言宋璟激张说使证魏元忠事，说修史见之，知兢所为。谬曰，刘五（子玄）殊不相借。兢对：乃兢所为，不可枉怨死者。其后说阴祈兢改数字，兢终不许。（《通鉴》）

知幾卒年，其亲友尚健在者有：

兄知柔，七十三岁，官至东都留守。开元十一年卒。赠太子少保，谥曰文。

好友徐坚，六十三岁，开元十三年自秘书监再迁左散骑常侍、集贤院学士，张说知院事，累封东海郡公，特加光禄大夫，开元十七年（729）卒，赠太子少保，谥曰文。

好友元行冲，六十九岁，此后复受特令撰《御注〈孝经〉疏义》，列于学官。开元十七年卒，赠礼部尚书，谥曰献。

好友吴兢，五十二岁。开元十四年（726）七月吴兢上奏曰：长安、景龙之岁，臣兼修国史。时有武三思、张易之、张昌宗、纪处讷、宗楚客、韦温等相次监领其职，三思等立性邪佞，不循宪章，苟饰虚词，殊非直笔，遂别撰《唐书》九十八卷、《唐春秋》三十卷。（《唐会要》卷六十三）累迁州刺史，加银青光禄大夫。天宝八年（749）卒于家。

子贶，博通经史，明天文、律历、音乐、医算之术，终于起居，修国史，撰《六经外传》三十七卷、《续说苑》十卷、

《太乐令壁记》三卷、《真人肘后方》三卷、《天官旧事》一卷。

子悚,右补阙、集贤殿学士,修国史,著《史例》三卷、《传记》三卷(即今传本《隋唐嘉话》)、《乐府古题解》一卷。

子汇,给事中、尚书右丞、左散骑常侍、荆南长沙节度使。有集三卷。

子秩,给事中、尚书右丞、国子祭酒,撰《政典》三十五卷(为杜佑《通典》嚆矢)等。

子迅,右补阙,撰《六说》五卷。

子迥,谏议大夫、给事中,有集五卷。(以上见《旧唐书·刘子玄传》)

诸子之中,以次子悚所撰《史例》,最得《史通》笔法,能自成一家,而扬其家声。后人誉之,以为"昔司马谈之子迁、刘向之子歆、班彪之子固、王铨之子隐、姚察之子简、李大师之子延寿、刘知幾之子悚,皆以继世功在汗简,而旧史笔法之美,刘氏再显"。(黄庭坚《山谷集》卷二十六《书欧阳子传后》)

附录三　刘知幾现存文赋辑录

刘知幾应制表陈四事

试及邪滥官(请沙汰邪滥官员。)

(天授二年)其年十二月,怀州获嘉县主簿刘知幾上疏曰:昔有唐御历,列职命官,国多刓印之讥,人有积薪之叹。自陛下临朝,顿革此风,然矫枉过正,亦为甚矣。至如六品以下职事清官,遂乃方之土芥,比之沙砾。其有行无闻于十室,即厕朝流;识不反于三隅,俄登仕伍。斯固比肩咸是,举目皆然。罕闻翘楚之歌,唯见伐檀之刺。今尸禄谬官,其流非一。若遂不加沙汰,臣恐有累皇风。

——据《唐会要》卷六十七

刺史(刺史非三岁以上,不可迁官。)

天授二年,获嘉县主簿刘知幾上疏曰:臣闻汉宣帝云:“与我共治天下,其良二千石乎!”二千石者,今之刺史也。移风易俗,其寄不轻;求瘼字民,佥属斯在。然则历观两汉已降,迄乎魏晋之年,方伯岳牧,临州按郡,或十年不易,或一纪仍留，莫不尽其化民之方，责以治人之术。既而日就月将，风加草靡，故能化行千里，恩渐百城。今之牧伯，有异于是，倏来忽往，蓬转萍流。近则累月仍迁，远则逾年必徙，将厅事为逆旅，以下车为传舍。或云来岁入朝，必应改职；或道今兹会计，必是移藩。既怀苟且之谋，何假循良之绩。用使百城千邑，无闻廉、杜之歌；万国九州，罕见赵、张之政。臣望自今以后，刺史非三岁已上，不可迁官。仍以明察功过，精甄赏罚，冀宏共治之风，以赞垂衣之化。

——据《唐会要》卷六十八

论赦宥（请今后节赦。）

证圣元年，获嘉县主簿刘知幾上表曰：臣闻小不忍，乱大谋，小仁者，大仁之贼。窃以赦之为用，复何益于国哉？若乃皇业权舆，天地初辟，嗣君即位，黎元更始。则时藉非常之庆，申以再造之恩。必求之政术，犹为未允。况乃时非变革，代属清平，而辄降彼谬恩，原兹罪罚者乎？是以历观夐古，两汉旧事，匡衡儒学之俊才，吴汉弼谐之良辅，至于谠言规主，惟愿勿赦。刘先主亦尝谓诸葛亮曰："我周旋陈元方、郑康成间，每见启告理乱之道备矣，曾不语赦也。若刘景升季玉父子，岁岁赦宥，何益于理。"及后主嗣业，蜀赦渐多。故孟光于众中责费祎曰："夫赦者，偏枯之物，非明世所宜有也。"今主上仁贤，百寮称职，有何旦夕之急，而数惠奸宄之徒，上违天时，下违人理，岂具瞻之美，所望于明德哉。自是蜀政凌迟，浸以雕弊。自皇家受命，赦宥之泽，可谓多矣。近则一年再降，远则每岁无遗。至若违法悖礼之徒，无赖不仁之辈，编户则敚攘为业，当官则赃贿是求，莫不公然故犯，了无疑惮。设使身婴桎梏，迹窘狴牢，而元日之朝，指期天泽，重阳之节，伫降皇恩，如其忖度，咸果释免。且下愚不移，习性难改，虽频烦肆眚，每放自新，而见利忘义，终焉不易。用使俗多顽悖，时罕廉隅，为善者不沐恩光，作恶者独承侥幸。若乃方正直言之士，守善嫉恶之夫，每欲览辔埋轮，效鹰鹯而报国；褰帷露冕，去蝥贼以安人。而遇赦无以效其功，阅恩无所施其巧。古语云：小人之幸，君子不幸，其斯之谓也。伏望远览匡、吴、陈、郑之说，近寻刘、葛、费、孟之谈，而今而后，颇节于赦。

——据《唐会要》卷四十

阶（请赐阶勋应以德举才升。）

证圣元年，怀州获嘉县尉刘知幾上表曰：臣闻君不虚授，臣无虚受，授受无失，是曰能官。又曰：妄受不为忠，妄施不为惠。皆圣贤之通论也。惟汉世有赐爵一级，恩泽封侯，此乃旷古殊恩，千载一遇；非是频烦渥泽，每岁常行者也。今皇家始自文明，迄于证圣，其间不过十余年耳，海内具寮，九品以上，每岁逢赦，必赐阶勋，无功获赏，徼幸实深。其厘务当官，尸素尤众，每论说官途，规求仕进，不希考第取达，唯拟遭遇便迁。或言少一品未脱碧衣，待一阶方被朱服。遂乃早求笏带，先办衫袍，今日御则天门，必是加勋一转；明日飨宣阳观，多应赐给一班。既而如愿果谐，依期必获，得之者自谓己力，受之者不以为惭。至于朝野宴聚，公私集会，绯服众于青袍，象板多于木笏。望自今后，稍节私恩，使士林载清，人伦有叙。

——据《唐会要》卷八十一

思慎赋并序

国史云："知幾著《思慎赋》以刺时，且以见志。凤阁侍郎苏味道、李峤见之，相顾而叹曰：'陆机《豪士》所〔不〕及也。当今防身要道，尽在此矣。'"

赋形天地，一作"且夫肖形天地"。受气阴阳；生乐死哀，进荣退辱，此人伦之大分也。然历观自古，以迄于今，其有才位见称，功名取贵，非命者众，克全者寡。大则覆宗绝祀，堙没无遗；小则系狱下室，仅而获免。速者败不旋踵，宽者忧在子孙。至若保令名以没齿，传贻厥于后胤，求之历代，得十一于千百。某尝迹其行事，略而论之。至如望夷篡夺，鸿沟战争，包燕、盖之异志，践恭、显之邪迹，或干纪乱常，或窥窬侥幸，此而获罪，固其宜也。争二城而相杀，期五鼎以就烹，献鱼炙以交铍，舞鸡鸣而伏锧。或幸灾乐祸，或甘死徇生，求而得之，又何怨也。降兹以外，有异于是。莫不重七尺于太山，吝一毛于尺璧。徒恶其死，而不知救死之有方；但惜其生，而未识卫生之有术。何者？地居流俗之境，身当名利之路，皆物之相物，我之自我，当仁不让，思倍万以孤标；唯利是视，愿半千而秀出。行高于人，众必非之；官大于国，主必恶之。而名誉娱其耳，光荣炫其目，口甘腴豢，嗤钩吻之腐肠；身安栋宇，诫垂堂之折足。自谓长无六疾，(水)〔永〕固百龄，岿然可与金石齐坚、松乔比寿者矣。殊不知关、张以傲诞为将，桑、霍以满盈居职，晁错削国以献忠，伯宗匡朝而好直，处父则纯刚立性，张温则太明为识，见之者为之寒心，闻之者为之变色。亦犹卧于积薪之上，而不知火之将燃；巢于折苕之末，而不悟风之已至。既而恶稔衅盈，道穷数极，黄沙在縶，怀上蔡而无追，白刃临颈，挥《广陵》而长叹。犹以为祸出不虞，灾非素渐，以兹自卜，奚其谬欤！假有举一反三，粗分菽麦，知丰屋之不诫，悟覆车之足尤。而皆宴安鸩毒，迟疑犹豫，交战未胜，而祸机先发。不杜之于欲萌，方悔之于既兆。用使茂先将戮，顾诤子而多惭；安仁已收，负慈亲而永诀。呜呼！自古所以多杀身亡族者，职由于此也。因斯而言，则知祸福无门，唯人自召；自贻伊戚，匪降于天。而谓之不幸，未之闻也。昔夫子有云："仁远乎哉？我欲仁，斯仁至矣。"窃以仁为百行之首，大圣其犹病诸。然必以中才之人，企勉而行，犹或可及，况其慎者。盖不过慎言语，节饮食，知止足，避嫌疑，若斯而已矣。非有朝闻夕死，去食存信之难也。违之则为凶人，蹈之则成吉士，其为弘益多矣。而世人罕能修身，二字一作"日旰使"。厉己自求多福；方更越礼过度，坐致覆亡。此宣尼所以讥鲍庄子之智一作志。不如葵，而孙叔敖譬以螳螂伺蝉，不知黄雀在后。余早游坟、素，晚仕流俗，观古今之人物极矣，见吉凶之成败众矣。夫贵不如贱，动不如静，尝闻其语，而未信其事，及身更之，方觉斯言之征矣。加以守愚养拙，怯进勇退，每思才轻任重之诫，智小谋大之忧，观止足于居常，绝觊覦于不次，是以度身而衣，量腹而食，进受代耕之禄，退居负郭之田，庶几全父母之发肤，保先人之丘墓，一生之愿，于斯足矣。但才非上智，习以性成，犹恐睹芳饵而贪生，处鲍肆而神化。苟或静退之心日弛，则驰竞之欲日增，颠沛以之，嗟何及矣！常思列铭几杖，取配韦弦，刻心骨而不忘，传讽诵而无斁。盖语曰："明镜可以览形，往古可以知今。"是用寻往哲之事，验古人之得失，寄彼形言，存诸炯诫。列之座右，题其赋云：

吾尝终日不食，三省吾身，觉昨非而今是，庶舍旧而谋新。原夫天地之大德曰生，圣人之大宝曰位。生也者，贤愚定其美恶；位也者，朝市总其名利。七情由其不等，百行以之咸异。倪无心以自谋，良局途其必踬。何者？得不思失，雄独忘雌，耽人爵以健羡，穷代路之险巇。是则平衡而登九折，直辔而践三危，干戈生于肘腋，胡越起于藩篱。假使履兽尾而不咥，探龙颔以获奇，省侥幸以适愿，非仁者之所为也。借如幽室凿坯，穷居负郭，二顷樵采，一廛耕获。困沉名于抱关，志充诎于悬箔。俄拔迹于羊豕，倏抟飞于燕雀。金紫照其陆离，银黄焕其沃若。彼满盈之难守，伊荣茂之易落。朝结驷而乘轩，暮齿剑而膏镬。方思上蔡之犬，追念华亭之鹤。奚一身而足怪，乃九族其惟索。尔其寂莫疑作寞。无事，殷忧不平，耻当年而功不立，疾没世而名不成。怀书访道，学古言兵，擅云间之美誉，驰日下之休声。夫铎穴由于足响，膏烁起于多明。赵国从而苏裂，齐城下而郦烹，吹律诛一作殊，谓京房。于西汉，献宝刖于南荆，遂《怀沙》于楚塞，囚《说难》于秦庭。李仕登朝而就戮，嵇道超代而逢刑。苟才智之为患，虽语嘿而同倾。若乃猛将出师，谋臣献策，鳞翼攀附，风云感激。开黄阁与朱门，树高幡及长戟，恃龙蛇之恩旧，望鸟兔之尽获，思擅宠于邦家，誓传名于竹帛。蜀既平而艾槛，吴已霸而胥溺。黜淮阴以髡韩，迁杜邮而死白。彼功成而不退，俄宠谢而招隙。何追忆于布衣，翻兴思于下泽。各入门而自媚，徒吊间其何益！亦有爵非才举，荣因宠迁，吮痈求爱，舐痔逢怜，朝承恩而袖断，夜托梦而衣穿。嗤弦直之死道，喜邪径之败田。气嘘霜而吸露，力转日而回天。自谓方江湖而共永，比嵩岱而齐坚。一朝失据，万古凄然。至于申侯逼迫而辞楚，卢绾披猖以去燕。彼丁、傅之崇贵，将梅、茹之威权，畴一姓其或在，复五宗而不全。次有迹鄙衡门，情娱侠窟，出入田、窦，往来平、勃，歌无鱼以自谋，献文蛇而请谒。疑卧薪之可久，谓巢苇之恒安。烈火照其潜燎，衡风歘其上抟。曹门倾而夭邓，贾室坏而夷潘，班坐刑于党窦，殷取戮于臣桓，顾噬脐而不及，知触藩一作拾。之为难。夫化赤渐乎邻丹，为黔资于迩墨。生于麻者，既革其操；染于蓝者，亦变其色。交非鲍叔，游异田苏，忘臭肆之不恶，持甘醴以为娱。余推诚而裨一作狎。（案：作“狎”是。）耳，萧结契而连朱，始刎颈以交约，终反噬而相屠。王绸缪于魏讽，石嫌疑一作慊疑。于州吁，孙秀与赵伦齐贯，石显将牢梁并驱。污无礼以自及，蹈不义而同诛。别有直若史鱼，正如伯厚，饰智惊物，露才不偶，持瑾瑜而指瑕，鉴冰镜而求垢。彼独洁之为难,固群醉之所丑。况乃诽谤朝廷,摈斥朋友,方缙绅以豚犊,延冠盖以鸡狗。符结怨于晋台,彭肆言于蜀后,祢悲号于座上,庾嘲谑于行后,揆荣辱之在身,犹枢机之发口。倘一言其靡慎,奚四大之能守?然则礼无微而不惊,疑作"警"。怨无小而不仇。察关张之同败,审韦弦之所由。岂直君子不可罔,而小人独可仇。倜傥英跱,昂藏远迈,睹厮隶其如萍,观舆台其若芥,本无猜于蝼蚁,宁有忌于蜂虿?安知鹅炙辍授,七尺由其丧(全)〔亡〕;羊羹匪均,三军以之覆败。苟有怨其必复,谅无所而不诫。于是考兹出处,稽彼行藏,咸知进而不知退,知存而不知亡。惑多言之必败,迷暴贵之不祥。彼有足而罕卫,行立身而靡防。犹乘车之去轨,若涉海之无舠。既百虑而一致,故异术而同丧。唯夫明达高人,贤良志士,知满损而谦益,验弱生而强死。无为福先,无为祸始。节其饮食,谨其容止。聚而能散,为而不恃。洁其心而秽其迹,浊其表而易其里,范暗室而整冠,循覆车而易轨。以道德为介胄,忠贞为剑履。爱发肤而不伤,保家室以不耻。若乃询木雁于园吏,访光尘于柱史,万石守慎以全荣,二疏既满而辞仕。袁不及于憎爱,柳忘情于愠喜,汉先庄之立诫,莫尚中庸;卫大夫之所羞,独为君子。余虽不佞,尝从事于斯矣。重曰:夫含灵禀质,异品殊伦,生何如而弗贵,命何如而弗珍?雁含枚一作"枝"。以避缴,狐听冰而涉津,葵倾心以卫足,栎不材而谢斤。彼草树之无识,唯禽兽之不仁,犹称能以远害,尚假智以全真。矧百行之君子,乃三才之令人,何自轻于养性,何自忽于周身。傥狂歌之可采，伊舆诵之可询，敢刊铭以勒座，遂援翰而书绅。

韦弦赋以君子佩之用规性情为韵。

赵魏君子，迹著明文，有韦弦之淑慎，在躁静以区分。于以诫德在我，于以表正事君。禀刚以宣其志，守柔以播其勋。一作“薰”。动静有恒，得枢机于要道；佩服无斁，合规矩于典坟。昔董安于事赵简子，虚心固节，收目反视。由一国之具瞻，在四德之为美。诫孜孜于不怠，谅勤勤于所履。观其弦之劲姿，可以励其攸止。式摽其道，于焉克己。所谓惕祸以垂休，故以善终而令始。且其天道何常，顺之无悔。察是非之倚伏，节行藏于进退。守而取则，在刚柔以为箴；动必可观，比玉剑之为佩。邺令乃曰：“躁用乖于正性，故安卑以从时；静既恭于五德，故不暴以为师。命韦带之闲缓，体君子之舒迟。惟器可象，惟贤则之。佩兰则殊于楚客，象环有慕于宣尼。信建物之表意，实善人之所资。故知欲不可纵，俭以足用，德或可移，中以成规。识君子之容止，见淑人之表仪。周旋之中，宁假于宫徵；内外相制，亦合乎埙篪。大哉景行，刚柔异性，缓之于韦用和，急之于弦表正。既守道而恒佩，因履端而不竞。懿夫！式彰茂德，分章一作“意”。表情，礼节既备，敬慎孔明。参衣冠而搌一作“振”。（案：作“振”是。）序，列簪绂以齐荣。猗二子之垂诫，与千古之扬名。

京兆试慎所好赋以重译献珍信非实也为韵。

君子严其墙仞，戒以心胸，知耽味之易入，俾回邪而不容。其慎德也，白圭是闻其三复；其好贤也，缁衣必荐其九重。自然契己坦荡，清心肃雍。玩丧志而何有，欲败度兮何从！昔如王者三朝，远人重译；执贽山委，献琛云积。岂不知纳宝库，为子孙之藏；映玉墀，嘉戎夷之绩？盖以难得之货有损，不贪之宝无斁。获狼而荒服不臻，却马而汉王受益。嗤虞公受一作爱。玉之败，美晋帝焚裘之迹。匪骋欲而适愿，将去奢而无怨。满堂足戒，黄金宁慎其四知；连城不求，白璧何劳于三献？所爱者礼，所怀者仁，君由之而乂国，士用之以防身。衣服有常，非敢玩于千袭；饮食不渎，一作溽。《礼记》："其饮食不溽。"宁专美于八珍。其受一作"爱"。才也，必择能而得俊；其慕友也，亦资忠而履信。将辞直而不违，知言甘而有吝，是窒其欲，无忽于微。五色足耽，审之则朱紫不夺，八音可乐，慢之则郑雅同归。思禁邪而制放，虑今是而昨非。上则宣风，下同一作"如"。偃草。将还淳而复朴，在耽德而味道。蒐田失度，则念虞人之箴；慈俭或亏，必思老氏之宝。至矣哉！好之者，儒以多闻为润屋，立义为分社。孝既慕于参乎，学愿从于回也。孜孜屑屑，束脩问寡。如此，人所以铭座而弗忘，书绅而不舍。

——以上据《文苑英华》卷九十二

按：以上三赋录自《文苑英华》卷九十二，参校《全唐文》及洪煨莲先生《韦弦、慎所好二赋非刘知幾所作辨》，重新校订标点。洪氏考辨谓《英华》首列《思慎赋》，明著刘知幾之名，接载《韦弦》、《慎所好》二赋，均未标撰人姓氏，又未著"前人"二字，依其编例，是不知谁何所作。故陈元龙之《历代赋汇》转载此二赋时，遂于题下标"唐阙名"。《全唐文》编辑在《赋汇》后百余年，不知徐松为何竟题名刘知幾。又据《旧唐书·刘子玄传》谓《思慎赋》作于武后证圣年(695)为获嘉主簿时。赋文有"晚仕流俗"可证，又有"观止足于居常"。武后于载初年(690)立武氏七庙，追尊高祖居常为肃祖章敬皇帝。赋序不避庙讳，其撰时当在载初以前。《京兆试慎所好赋》，是在永隆元年(680)弱冠射策时。同为一人之作，同居一类之文，何为而置其早者于后？

除阙名、失次外，洪氏复指出二赋与《思慎赋》相比，气味不大相类，并博考《韦弦赋》中有"惟器可象"句，知幾父名藏器，岂可不避家讳？举进士当由徐州贡解，何为应试京兆？且雍州改京兆郡，乃天授元年(690)事，改京兆府乃开元元年(712)事。距知幾射策登朝时均已甚远。又就进士试至开元时始以赋居其一，赋用八字韵脚，始自开元二年(722)，知幾早年应试，不至于作限韵八脚之赋(洪氏原文见《洪业论学集》1981年3月中华书局出版)。

按洪氏考辨，精审缜密。惟《文苑英华》部次类别，总类之下实含小类，编排未必"失次"。其书所收不载撰人者非止一篇，徐松所补大多有据，后来者似亦可补前人所阙，又据《通鉴》卷二百零四《唐纪》则天皇后天授元年(690，原为永昌、载初，九月方改天授)"二月，太后策贡士于洛城殿，贡士殿试自此始。九月立武氏七庙"。是开始殿试在武氏立庙前七个月。又《新唐书·选举志》："初试选人，长安二年(702)举人授拾遗、补阙、御史、著作佐郎、大理评事、卫佐凡百余人。"而《史通·序录》亦云："长安二年,余以著作佐郎兼修国史。”则知幾亦有经殿试选授著作佐郎可能。且自汉魏称长安为京兆,则京兆已为京都之通称。策试文章体气卑弱,似亦可以理解。至于不避家讳“器”字,则《京兆试慎所好赋》有“为子孙之藏”,《珠英集》敦煌残卷知幾《读汉书诗》,亦有“鸟尽必藏弓”之“藏”字,是亦二名不偏讳之义也。又《思慎赋序》“余早游坟、素,晚仕流俗”两句,傅振伦先生按“此语似为知幾晚年所增益者”,可信。

答礼部尚书郑惟忠论史才(长安三年七月。)

(三年七月)郑惟忠尝问刘子元曰:“自古文士多而史才少,何也?”对曰:“史才须有三长,谓才也,学也,识也。夫有学而无才,犹有良田百顷,黄金满籝,而使愚者营生,终不能致货殖矣。如有才而无学,犹思兼匠石,巧若公输,而家无楩楠斧斤,终不能成其宫室矣。犹须好是正直,善恶必书,使骄主贼臣所以知惧,此则为虎傅翼,善无可加,所向无敌矣。〔脱苟非其才,不可叨居史任。自敻古已来,能应斯目者罕见其人。〕”时人以为知言。

——综录自《唐会要》卷六十三及《旧唐书》本传

右补阙彭城刘知幾三首

次河神庙虞参军船先发余阻风不进寒夜旅泊一首

朝谒冯夷(词)〔祠〕,夕投孟津渚。风长川淼漫,河阔舟容与。回首望归途,连山暧相拒。落帆遵迴岸,辍榜依孤屿。复值惊(彼)〔波〕息,戒徒候前侣。川路虽未遥,心期顿为阻。沉沉落日暮,切切凉飙举。白露湿寒葭,苍烟晦平楚。啼猿响岩谷,唳鹤闻河溆。此时怀故人,依然怆行旅。何当欣既觏,郁陶共君叙。

读汉书作一首

汉王有天下,欻起布衣中。奋飞出草潭,啸咤驭群雄。淮阴既附凤,黥彭亦攀龙。一朝逢运会,南面皆王公。鱼得自忘筌,鸟尽必藏弓。咄嗟罹鼎俎,赤族无遗踪。智(裁)〔哉〕张子房,处世独为工。功成薄(爱)〔受〕赏,高举追赤松。知(正)〔止〕信无辱,身安道亦隆。悠悠〔千〕载后,击(种)〔抃〕仰遗风。

咏史一首

泛泛水中(蓱)〔萍〕,离离岸傍草。逐浪高复下,从风起还倒。人生不若兹,处世安可保?蘧瑗仕卫国,屈伸随世道。方朔隐汉朝,易农以为宝。饮啄得其性,从容成寿考。南国有狂生,形容独枯槁。作赋刺椒兰,投江溺流潦。达人无不可,委(军)〔运〕推苍昊。何为明(白)〔自〕销,取讥于楚老?

——据北京图书馆藏《珠英集》敦煌残卷照片53.2号

按:傅《谱》云:"《珠英学士集》五卷,《崇文总目》及《郡斋读书志》并著录,可知其书宋时尚存,其后失传。敦煌莫高窟发现写本残卷。被斯坦因、伯希和等劫走,分别庋藏伦敦不列颠博物院英王图书馆及巴黎国家图书馆,编号S2717及P3771。诗大部失去(《玉海》卷五十四云:诗总二百七十六首)。刘知幾诗三首尚存,题作'右补阙彭城刘知幾三首'。"北京图书馆所藏照片,字迹模糊,小字注如"旅""猿"等字,乃北图善本部副主任徐自强同志加注。洪煨莲先生在其《韦弦、慎所好二赋非刘知幾所作辨》一文中注云："伦敦大英博物馆藏 Stein（斯坦因）《珠英学士集》敦煌残卷所载刘知幾诗三首中'处世'、'随世'等词中之世字，皆减笔作'乜'，因避太宗世民之讳。"故亦作"乜"，加以小注"世"字。余皆笔者参据《中华文史论丛》1963 年第三辑王重民先生《补全唐诗》校订。

又此三诗既题官班为右补阙，可见崔融编次《珠英集》时，必在刘知幾于长安二年（702）任著作佐郎，寻迁左史以前，而其第一首《旅泊》诗，起句说明其经华阴（华阴有冯夷祠），停泊孟津待发，当是已自获嘉来仕京都，自京至洛纪程诗。后两首皆深感仕途险恶，与《思慎赋》情趣相似，故虽不能指出其作诗之确切年代，大致可认为是自圣历二年（699）前后至长安元年（701）数年间作，故年表中暂系于长安元年。

再版整理者按：原藏于伦敦不列颠博物馆英王图书馆之《三教珠英集》残卷，今已影印收入《英藏敦煌文献（汉文佛经以外部分）》（四川人民出版社 1995 年版），较诸原北京图书馆寄赠照片清晰可观，遂据以复勘比对。残卷录文又收入《全唐诗补编》、《敦煌诗集残卷辑考》、《唐人选唐诗新编》，录文辨识及校勘各有异同，今分别取其所长，适当吸收补入。其中之异体字、俗体、手写体字，则一概径改作规范通行字，不再一一出注。

安和（唐睿宗景云二年正月。）

妙算申帷幄，神谋出庙庭。两阶文物备，七德武功成。
校猎长扬苑，屯军细柳营。将军献凯入，歌舞溢重城。

——据《全唐诗》卷十四（《仪坤庙乐章》）

衣冠乘马议《文粹》作"朝服乘车议"。（景龙二年。）

议曰：伏以古者爰自大夫已上，《文粹》作下。皆乘车，而以马为騑服。魏晋已降，迄于隋代，朝士又驾牛车，历代经史，具有其事，不可一二而言也。至如李广北征，解鞍憩息；马援南伐，据鞍顾眄。斯则鞍马之设，行于军旅，戎服所乘，贵于便习者也。按江左官至尚书郎，而辄轻乘马，则为御史所弹。又颜延之罢官后，好骑马出入闾里，当代称其放诞。此则专车凭轼，可服《旧唐书》作"擐"。朝衣，单马御鞍，宜从亵服。求之近古，灼然之明验也。《唐书》作"矣"。自皇家抚运，沿革随时，至如陵庙巡谒，《唐书》作"幸"。王公册命，则盛服冠履，乘彼辂车，其士庶有衣冠亲迎者，亦时以服箱充驭，在于他事，无复乘车，贵贱所行，通用鞍马而已。臣伏见比者鸾舆出幸，法驾首途，左右侍臣，皆以朝服乘马。夫冠履而出，止《文粹》作"只"。可配车而行，今乘车既停，而冠履不易，可谓唯知其一，而未知其二也。何者？褒衣博带，革履高冠，本非马上所施，自是车中之服，必也袜而升镫，跣以乘鞍，非惟不施古道，亦自取惊今俗，求诸折中，进退无可。《文粹》作"准"。且长裙广袖，翼如襜如，鸣佩纡组，锵锵弈弈，驰骤于风尘之内，出入于旌棨之间，傥马有惊逸，人从颠坠，遂使属车之右，遗履不收，清道之傍，絓驂相续，固以受嗤行路，有损威仪。今议者皆以《唐志》作"云"。秘阁有《梁武帝南郊图》，多有衣冠乘马，此则近代故事，不得谓无其文。臣案：此图是后人所为，非当时所撰。且观民《唐志》作"代"。间，《唐志》作"今当"。有古今图画者多矣。如张僧繇画群公祖二疏，而兵士著芒屩者；阎立本画昭君入匈奴，而妇人有著帷帽者。夫芒屩出于水乡，非京华所有，帷帽创于隋代，非汉宫所作。议者岂可征此二画，以为故实者乎？由斯而言，则梁氏《唐志》作“武”。南郊之图，义同于此。又传称政宜因俗，礼贵缘情，殷辂周冕，规模不一；秦冠汉佩，用舍无恒。况我国家道轶百王，功高万古，事有不便，理资《唐志》作“资于”。变通，其乘马衣冠，窃谓宜从省废。臣怀此异议，其来自久，日不暇给，未及抑《唐志》、《文粹》作“推”。扬，今属殿下亲从齿胄，将临国学，凡有衣冠乘马，皆惮此行。所以辄进狂言，用申鄙见。谨议。

——据《文苑英华》卷七百六十六

昭成皇太后哀册文

维开元四年岁次景辰秋八月《诏令》作“七”，非。甲辰朔十七日庚申，昭成皇太后梓宫，启自靖陵，将迁祔于桥陵。皇帝乃使某官姓名设祖于行宫，礼也。丹旐既舒，玄宫载辟，俶龙辒而命驾，指鲋隅而卜宅。哀子嗣皇帝讳　，瞻《蓼莪》而罔极，感《芣苢》而增伤，嗟镜奁之不御，痛珠匣之沉光。缅考前烈，旁稽旧史，顾西《唐诏令》作“南”。陵以永怀，托东观而书美。其词曰：

观津钟祉，平陵诞灵，作嫔西汉，为母东京。地专戚里，门承后族，重睹玉衣，再开金屋。爰初笄总，实负《诏令》作“表”。才贤，学殚《诗》、《礼》，工极纮綖。方松等劲，比菊齐妍，庆膺怀月，祥兆扪天。胶东胙土，济南开国，邦媛思才，河鲂伫德。柔闲植性，婉顺成则，六行毕彰，四训无忒。

粤自朱邸，来升紫微，政成阃闼，化穆闺闱。孕毓三母，牢笼二妃，《桃夭》阐誉，《葛藟》增徽。五福多爽，百龄过隙，地裂方祇，天倾圆魄，归神蒿里，灭彩椒掖，德音若存，仪形遽隔。呜呼哀哉！痛钟宸扆，礼极哀荣，谥逾光烈，仪比功成。寻周阙之先梦，奉尧门之旧名，抚遗镜而增咽，揽赐衣而疚情。呜呼哀哉！龟兆协谋，龙辒戒辙，指黄山以徐转，背青门而永诀。挽铎锵其竞喧，旒旐俨其齐列，万国惨而潸怛，《诏令》作"潸泫"。六宫悲而恸绝。呜呼哀哉！隧入松径，园归谷林，见寒山之月若，闻拱树之风吟。玉座空兮寿宫寂，金釭闭兮泉户深，想请徽之不昧，寄彤管以流音。呜呼哀哉！

——据《文苑英华》卷八百三十七

孝经老子注易传议

议曰：谨按今俗所传《孝经》，题曰郑注。爰在近古，皆云郑注，一无此字。即康成。而魏晋之朝，无有此说。至晋穆帝永和十一年及孝武帝太元元年，再聚群臣，共论经义，有荀茂祖二字一作"昶"。者，撰集《孝经》诸说，始以郑氏为宗。自齐、梁已来，多有异论。陆澄以为非玄所注，请不藏于秘省，王俭不依其请，遂得见传于时。魏、齐则立于学官，著在律令，盖由肤俗无识，故致斯讹舛。然则《孝经》非玄所注，其验十有二条：据郑君自序云，遭党锢之事，逃难注《礼》，党锢事解，注《古文尚书》、《毛诗》、《论语》，为袁谭一作"潭"，非。所逼，来至元城，乃注《周易》，都无注《孝经》之文。其验一也。郑君卒后，其弟子追论师注所述及应对，时人谓之《郑志》。其言郑所注者，唯有《毛诗》、《三礼》、《尚书》、《周易》，都不言郑注《孝经》。其验二也。又《郑志》目录记郑之所注五经之外，有《中候》、《书传》、《七政论》、《乾象历》、《六艺论》、《毛诗谱》、《答临硕难礼》、《驳许慎异义》、《发墨守》、《针膏肓》及《答甄子然》等书，寸纸片言，莫不悉载。若有《孝经》之注，无容匿而不言。其验三也。郑之弟子分授门徒，各述师言，更相问答，编录其语，谓之《郑记》，唯载《诗》、《书》、《礼》、《易》、《论语》，其言不及《孝经》。其验四也。赵商作《郑先生碑铭》，具称诸所注笺驳论，亦不言注《孝经》。《晋中经簿》：《周易》、《尚书》、《尚书中候》、《尚书大传》、《毛诗》、《周礼》、《仪礼》、《礼记》、《论语》凡九书，皆云郑氏注，名玄。至于《孝经》，则称郑氏解，无"名玄"二字。其验五也。《春秋纬演孔图》云，康成注《三礼》、《诗》、《易》、《尚书》、《论语》，其《春秋》、《孝经》则一作别有评论。宋均于《诗纬》一作"谱"。序云，我先师北海郑司农，则均是玄之传业弟子也，师所注述，无容不知，而云《春秋》、《孝经》唯有评论，非玄之所注，于此特明。其验六也。又，宋均《孝经纬》注引郑《六艺论》，叙《孝经》云，玄又为之注，司农论如是，而均无闻焉，有义无辞，令余昏惑，举郑之语，而云无闻。其验七也。宋均《春秋纬》注云，为《春秋》、《孝经》略说，则非注也。谓所言玄又为之注者，泛辞耳，非事实。其序《春秋》亦云玄又为之注也，宁可复责以实注《春秋》乎？其验八也。后汉史书存于代者，有谢承、薛莹、司马彪、袁山松等，其为郑玄传者，载其所注，皆无《孝经》。其验九也。王肃《孝经传》首，有司马宣王之奏云，奉诏令诸儒注述《孝经》，以肃说为长。若先有郑注，亦应言及，而都不言郑。其验十也。王肃注书，发扬郑短，凡有小失，皆在订证。若《孝经》此注，亦出郑氏，被肃攻击，最应烦多，而肃无言。其验十一也。魏晋朝贤论辨时事，诸注无不撮引，未有一言引《孝经》之注。其验十二也。凡此证验，易为讨核，而代之学者，不觉其非，乘彼谬说，竞相推举，诸解不立学官，此注独行于代。观夫言语鄙陋，义理乖疏，固不可以示彼后来，传诸不朽。至古文《孝经》孔传，本出孔氏壁中，语其详正，无俟商榷，而旷代亡逸，不复流行。至隋开皇十四年，秘书学士一作"生"。王孝逸于京市陈人处买得一本，送与著作郎王劭，劭以示河间刘炫，仍令校一作"置"，又作"按"。定，而此书更无兼本，难可依凭。炫辄以所见，率意刊改，因著《古文孝经稽疑》一篇，劭以为此书经文尽正，一作"在"。传义一作"正义"。甚美，而历代未尝置于学官，良可惜也。然则孔、郑二家，云泥致隔，今纶旨发问，校其短长，愚谓行孔废郑，于义为允。又今俗所行《老子》，是河上公注。其序云，河上公者，汉文帝时人，结草庵于河曲，乃以为号，以所注《老子》授文帝，因冲空上天，此乃不经之鄙言，流俗之虚语。按《汉书·艺文志》，注《老子》者有三家，河上所释无闻焉。岂非注者欲神其事，故假造其说也？其言鄙陋，其理乖讹，虽欲才别朱紫，粗分菽麦，亦皆嗤其过谬，而况有识者乎？岂如王弼英才隽识，探赜索隐，考其所注，义者为优，必黜河上公，升王辅嗣，在于学者，实得其宜。又按《汉书·艺文志》，《易》有十二家，而无子夏作传者。至梁阮氏《七录》，始有子夏《易》六卷，或云韩婴作，或云丁宽作。然据《汉书·艺文志》，韩《易》有十二篇，丁《易》有八篇，求其符会，则事殊隳刺者矣。夫以东鲁伏膺，文学与子游齐列；西河告老，名行将夫子连踪。而岁越千龄，时经百代，其所著述，沉翳不行。岂非后来假凭先哲，亦犹石崇谬称阮籍，郑璞滥名周宝，必欲行用，深以为疑。臣窃以郑氏《孝经》、河上公《老子》二书，讹舛不足流行。孔、王两家，实堪师授。每怀此意，其愿莫从，伏见前“前”一作“去月十日”。敕，令所司详定四书得失，具状闻奏。臣寻草议，请行王、孔二书，牒礼部讫，如将为允，请即颁行。谨议。

——据《文苑英华》卷七百六十六，参校《全唐文》、《唐会要》。

重论孝经老子注议

臣才虽下劣，而学实优长。窃自不逊，以为近古已来，未之有也。当以郑氏《孝经》、河上公《老子》二书，讹舛不足流行。孔、王两家，实堪师授。每怀此意，其愿莫从。伏见去月十日敕，令所司详定四书得失，具状闻奏。臣草议请行孔、王二书，牒礼部讫。但今庸儒浅识，闻见不周，可与共成，难与虑始。盖孔父有言曰：行夏之时，乘殷之辂，服周之冕。此则今古循环,愚智往复,岂前者必是,而后者独非乎?是以《老》篇、《庄子》,兴于晋代;《公羊》、《穀梁》,寝于魏日。《春秋左氏》,因元凯而方著;《尚书孔传》,至光伯而始行。斯皆尚好不同,晚乃觉悟,承习既久,近辄弛张。伏惟开元皇帝陛下,尝以九重余隙,穷览文艺,百氏详观,游心经典,爰降纶綍,俯逮刍荛。臣辄以愚识,上符睿旨,伏望明恩,曲垂炤察。如将为允,请即班行,不可使随流腐儒参论其义。

——据《全唐文》卷二百七十四

附录四　刘知幾其他著作存目

均已佚,书目下年代,系成书时间。

(一)自著部分:

《上疏为王元感申理》长安三年

《刘氏家史》十五卷长安四年

《刘氏谱考》三卷同上

《释蒙》景云二年

《刘子玄集》三十卷按《旧唐志》作十卷,误。

(二)参预修撰部分:

《三教珠英》一千三百卷长安元年

《唐史》长安三年

《则天实录》二十卷、文集一百二十卷神龙二年

《姓族系录》二百卷开元元年

《重修则天实录》三十卷开元四年

《中宗实录》二十卷同上

《睿宗实录》二十卷同上

傅《谱》后纪云:“《旧唐书》本传谓:‘知幾豫修《文馆词林》。’案《唐会要》卷三十六:‘显庆三年(658)十月二

日，许敬宗修《文馆词林》一千卷，上之。'考许敬宗卒于咸亨三年，时知幾方十二岁，成书之时，知幾尚未降生，安能预其修撰之役？《旧唐书》所云，岂重修之事欤？然已无考矣。"按《唐书·艺文志》著录《文馆词林》一千卷，许敬宗、刘伯庄等撰。卷数与《唐会要》所载相符，或无重修之事。但《唐会要》同卷"蕃夷请经史"目又载有垂拱二年（686）二月十四令所司写《文馆词林》，采其词涉规诫者五十卷赐新罗王金政明。可见此书编成以后，尚有令所司摘写一部分颁赐属国之事。而《新唐志》又著录有崔玄昧注《文馆词林策》二十卷，又杂传类载《文馆词林文人传》一百卷，《宋史·艺文志》载《文馆词林诗》一卷，《崇文总目》载《文馆词林弹事》四卷，皆全书中之一类，亦必尝令有司职司摘采。知幾久居史馆，自有曾经参预其事之可能。而刘伯庄预修《文馆词林》，《唐书》本传有记载。伯庄亦徐州彭城人，则天时累迁著作郎兼修国史，卒于相王府司马。与知幾同里又先后同时，亦有误伯庄为知幾之可能。又据黎庶昌辑刊《古逸丛书》影旧钞卷子本《文馆词林》十四卷附杨守敬光绪甲申（十年，1884）跋云："宋太平兴国中，辑《文苑英华》，收罗至博，而此书不见录，其全书则已为北宋人所不见，《通志略》载《文馆词林》一千卷，仅据《唐志》入录，实未见原书。"又云："先是，日本文化中，林述斋刻《佚存丛书》（今本题名《日本天瀑山人辑刊》）收《文馆词林》四卷，中士惊为秘籍。及余东来，见出此四卷之外者十四卷，今星使黎公（黎庶昌光绪七年出使日本）尽以付之梓人。”今考藤原佐世《见在书目》,有《文馆词林》一千卷。又源顺《倭名类聚钞序》云:“《文馆词林》一百帙,则彼国所得,实为足本。”崔融《珠英学士集》敦煌残卷流落西欧,是书足本流失东瀛,而国人难睹全豹,殊堪扼腕,斯亦征辑文献者所宜留心,故附及之。

又按:知幾参预修撰则天、中宗、睿宗等《实录》,系据《唐会要》载入。与《两唐志》及《宋史志》所著录有差异。《新唐志》、《宋史志》均著录有《高宗后修实录》三十卷,刘知幾、吴兢续成。《新唐志》复著录有刘知幾《太上皇实录》十卷。并志存异。

附录五　《史通》现存版本之序跋著录

《史通》版本源流,本书前言已述其崖略。兹复分录其序跋,并将目录学家著录之解题及史论家之品评,详加校订,逐条分系于有关序跋之后。宋王应麟及明杨用修等之评论,皆系于陆、张刻本之后,今虽可据原书复核,因其内容皆泛论《史通》正文,不关一家训释,仍可归为一类。至于郑渔仲、章实斋等指陈《史通》得失,则为涉猎史学史者所稔悉,故不具载。

序跋

题蜀本《史通》后

陆深

深在史馆日,尝于同年崔君子钟家,获见《史通》,写本讹误,当时苦于难读也。年力既往,善本未忘。嘉靖甲午之岁参政江藩时,同乡王君舜典以左辖迁自川蜀,惠之刻本,读而终篇，已乃采为《会要》，颇亦恨蜀本之未尽善也。明年乙未，承乏西来，得因旧刻校之，补残刓缪，凡若干言。乃又订其错简，还其缺文，于是《史通》始可读云。昔人多称知幾有史才，考之益信。兼以性资耿介，尤称厥司。顾其是非任情，往往捃摭贤圣，是其短也。至于评骘文体，憎薄牵排，亦可谓当矣。善读者节取焉可也。前史官陆深书于布政司之忠爱堂。

凡校勘粗毕，讹舛尚多，惜无别本可参对也，方俟君子。昔人以思误书为一适，斯言殆未可废也。故宜如右。廿又四日深再题。

按：陆深（1477—1544），字子渊，号俨山，上海人。明弘治十八年（1505）进士，累官四川左布政使，翰林院学士，詹事府詹事。卒谥文裕，事迹具《明史·文苑传》。深以经济自许，文章为词臣冠。著述甚丰，今存有明嘉靖自刻本《俨山集》一百卷、《续集》十卷、《外集》四十卷。其所著之《史通会要》三卷，即收入其《俨山外集》中。俨山自谓校定《史通》之余，复采其中精粹者，编为是书，凡分建置、家法、品流、义例、书凡、修词、叙事、效法、隽永、篇目、丛篇十一目，割裂《史通》编次，阑以后人之作，作为史学史资料，虽或有可取，对《史通》一书意旨，实鲜阐发。其校勘之《史通》，刻于嘉靖乙未（十四年，公元1535年），时间之早，仅次于正德、嘉靖年间蜀地刻本，"为学者所宗"（黄叔琳语）。原刊之外，今尚存翻刻本数种。

刊正《史通》序

王阁

昔人谓《史通》一书，宜置座右，史法存焉耳。我蜀藩司板册照新,以属来哲,其意一也。然人虽得而葆之,不免蒙翳之患。舛讹烦乱,□铻惟艰;脱简缺文,坐令荒惑。不有先觉,将为聚敛之书也。

俨山先生顷膺方伯,莅蜀省,阅是本,悯其乱亡,乃乘公暇,肆笔裁订,或考同辨异,辑类次编,或会文疏义,连属血脉,或衍去支离芜秽,以就凡例。反复内外诸篇,有所谓足其所未尽,补其所未圆,白其所未茔(张鼎思本作“莹”,是),贯其所未一者。嘉惠之意,可浅言哉?夫隶古定著,有裨璧(张鼎思本作“壁”,是)经;石鼓剔苔,光价百倍。愚也嘉《史通》之遭经先生之笔,文既足征,史法于是焉在,博雅者可以无憾矣。

赐进士出身中宪大夫前奉敕提督学政云南按察司副使成都门生王阁撰。

跋新刊《史通》

高公韶

同年俨山陆子牧蜀,三越月,尝病蜀本《史通》难读,乃公暇厘讹续脱,芟其繁蔓,间勘决其讥,举前失之失。辟光弼一号令,子仪军气色益倍;寒朗平反楚狱,群疑亡而多理出。盖其沉酣史馆者三十来年,才擅三长,稍出绪余,即义例峻凛,论严取恕。作史观史之法斯备。嗣令学史其知务循据,岂直嘉惠吾一方,兹一时焉耳矣。截短于为材,其长也,自足于用也。子玄复生,当喜增价,何庸乎释蒙?

嘉靖乙未中秋日内江高公韶跋。

彭汝寔序

彭汝寔

《史通》者，唐凤阁舍人刘子玄所著也。子玄生秉异质，少有伟志，甫总角即能上下诸史，包括寰区。是书盖其再入东观所成，皆商确(当为"推"字)校勘诸家精语，奇诡毕陈，如斗草囊萤，裁剪掇拾，光采裒聚，吁，亦勤矣。然语激而气轻，于道或未可会耳。按子玄语张说入证魏元忠事曰："无诬青史，为子孙累。"及答郑惟忠所问文士史材之说，世称笃论。子玄者，正亦不愧良直也已。余闻史事如绘，家数种种，貌形肖物逼真者，名家耳。昔有中贵人自慊其陋，每画史为作者，愈似则愈不当其意。爰有移他眉目娟好以媚之者，遂蒙厚赏焉。呜呼！不虚美，不隐恶，画师固亦称史也。要之，人文与时升降。圣王在上，典史职者无亦圣人之徒。故夫《虞书》所载"四仲"、"厥民析，鸟兽孳尾"诸条，谗(当为"纔"字)二十八字耳，后之候气观象者所不能违，万世律历之宗也，视《夏小正》、秦《月令》何如耶？《禹贡》一书，岂禹自修，今虽陵谷变迁，天文地理，民风物产，居然可见。《山经》、《地志》，只益纷纷耳。乃《春秋》则仲尼约之以经世者，可以例论乎哉？彼丘明、迁、固而下，世亦有作，未暇深议。《史通》历有评品，或者未免遗论，中间然有可以质诸仲尼者。子玄尝以《史通》自拟《太玄》，谓后世必有如陆公纪、张平子者，印可千载矣。讵知我俨山陆先生子渊，以馆阁宿望出参江藩，内外所著，亦既富矣。及左辖吾蜀，谓《史通》漫漶不可读，暇日节易而翻刻之，岂亦悯其愤郁勤苦者哉？子玄有知，宁不抵掌九原矣夫。

嘉靖乙未岁仲冬九日汉嘉后学彭汝寔序。

刊正《史通》序

李佶

昔者，孔子尝曰："吾自卫反鲁，然后乐正，《雅》、《颂》各得其所。"味斯言也，则《雅》、《颂》在当时，见者亦众矣，必俟孔子后正者，何也？盖权衡设，轻重乃昭；尺度悬，长短斯别。苟非其人，道不虚行。圣贤者，诚万世之权度哉！愚旧读《史通》，见其缺文复意，繁词冗意，心颇疑之。掩卷而思，展卷而玩，莫可为怀者矣。

俨山先生帅蜀之初，乃取而正之，篇章旨趣，各循其轨，意惬而文顺，事核而理莹，自是始为完书。此无他，盖先生以江南巨儒，养之翰苑复三十余年。其学邃，故其思精，其思精，故其见高。如扁鹊视人，五脏皆见；庖丁游刃，目无全牛。故称量之下，铢两自明，分寸不爽，固其所哉！厥功岂独倍于作者，殆升孔堂以续《雅》、《颂》遗音矣。近世有订《周礼》之误，以补《冬官》之缺，或谓事类而功倍，未知然否？且群书之误，尚不止此，先生将次第正之。其嘉惠后学之心，益宏且远矣，敬当立雪以俟。

嘉靖乙未长至日后学李佶谨识。

跋《史通》

方洲山人杨名

俨山先生既正《史通》，使者来缄以示名，且委之为说。名敬受而读之，至三四过，则见夫井井乎如珠之就绳，炳炳乎如鉴之脱垢，洋洋乎如韶之叶律而琴之定徽也。乃起而叹曰："邈哉渊乎，先生之用心矣！"夫尚友则《诗》、《书》是资，畜德则言行有赖。故虽尘籍蠹编，小辞浅说，罔不有至理存焉者，圣贤固弗废哉。况知幾以良史才三为史官，徘徊司籍之曹，岁月寖久，其所以沉潜考证之者，当不寡薄。则其著而为书，固宜兼备诸体，网罗百家，驰驱列代，几自成一门户。独惜夫评议徇于意见，是非谬于圣哲，不能使人无遗憾焉。虽然，作室而先式，则群材无淆，织锦而预图诸样，庶百卉之不相杂。此其道在我，而权存乎心尔。夫既曰尚友矣，畜德矣，则凡《诗》、《书》、言行之云，皆足以辅吾志而助吾力，罔见有或病吾事者。矧曰辨类考故，推时核势，案迹之实系乎？然则先生兹刻，雅意其在是也已矣。若夫徐、宋、柳子所称说者，见则有异同，言则有得失，或未足以语此，名且将质之于先生云。

嘉靖丙申岁秋七月朔日跋。

《史通》序

张之象

《史通》者,唐刘子玄知幾所撰也。以汉求司马迁后,封为史通子,兼取《白虎通》之义,命曰《史通》。盖知幾所自定若此。知幾当长安神龙间,三为史官,颇不得志,愤懑悁悒,数欲求退,其与萧至忠等诸官书是已。既而以前代史书,序其体法因习废置,掇其述作深浅曲直,分内外篇,著为评议,备载史策之要。剖击惬当,证据详博,获麟以后,罕睹是书。当时徐坚重之,云居史职者宜置座右。玄宗朝,诏其家录进,上读而善之,其书遂盛行于世。历岁滋久,寖就散逸,宋儒朱晦翁犹以未获见《史通》为恨。逮我明嘉靖间,吾乡俨山先生陆文裕公,始购得《史通》钞本及他刻本,采撰《会要》,多所阐明。已而是正,翻梓川蜀,犹自谓讹舛尚多,惜无别本可校,先辈之究意史学,勤且笃矣。是知求古书残缺之余,于千载散亡之后,岂不甚难,而不可不慎也。迩吴兴凌子遇知纂刻《史记评林》,曾不研审,往往自用,至以知幾为宋人。夫知幾姓氏,初非奥僻,名著唐室,炯如日星,今古仰之,世尚有不知其人者。嗟乎!其人且不知,又安知《史通》何书哉?及览《龟策传》,首列评语,则题曰槐野王公,而不知《史通》固已具载也。笔自知幾,凿凿难掩,错谬如斯,余可例见,疑误后学,孰执其咎,为惋怅者久之。偶梁溪友人秦中翰汝立,视予家藏宋刻本，字整句畅，大胜蜀刻，俨山先生所未及睹者，小子何幸，觏此秘籍，披阅抚玩，良慰素心。乃相与铨订，寻讨指归，将图不朽，复与郡中诸贤隽徐君虞卿、冯君美卿等，参合众本，丹铅点勘，大较以宋本为正，余义通者仍两存之。反覆折衷，始明润可读，庶无遗憾。斯文之寄，属在何人，不与广传，恐遂废没。于是乃倡义捐赀，镂板流布，非敢自秘，与世之知知幾者共欣赏焉。知幾昔尝以《史通》自拟《太玄》，且云今之君山，即徐、朱等数君是也；后来张、陆，则未之知耳。张者谓张衡平子也，陆者谓陆绩公纪也。俨山先生大雅博达，以文章名世，于公纪何让乎！予小子单陋疏薄，虽不敢望平子，但《史通》继刻，无忸前修，而张、陆二姓，适与知幾之言合，殆亦有异数云。

万历五年岁次丁丑夏五月既望碧山外史云间张之象撰。

按：张之象，字月鹿，又字玄超，别号碧山外史，上海龙华里人，由诸生入国学，授浙江按察司知事。以吏隐自命，归益务撰著。晚居秀林山，罕入城市。生于明正德二年（1507），卒年八十一。（《明史·文征明传》）《明史·艺文志·史钞类》及《四库总目》均著录有其所著《太史史例》一百卷。《四库提要》云："之象，华亭人。"按《明史·地理志》，南京松江府领县三：华亭、上海、青浦。之象此序自谓"吾乡陆文裕公"，陆深，上海人。之象家富藏书，多聚善本，其所编撰之书，《四库》另著录有《楚骚绮语》、《彤管新编》、《唐诗类苑》、《楚范》等。《史通》现存正德、嘉靖年间蜀刻及嘉靖十四年（1535）陆深刻本，仍多错简缺文。象本初不为人重视，经何堂取与华亭朱氏（邦宪）影宋钞本互校，信其序言依据宋本校刻之言不虚,洵乃旧刻《史通》之善本。中华书局已于1961年12月影印发行。

程一枝信张之象本附

程一枝

晚侍教生程一枝顿首拜大文伯王屋张老先生门下:

史何易谈哉?不佞往盖三四读而未之解也。乃以去岁游留都太学下,朝夕太史公言,则既丹铅而雌黄之矣。已从吴人游,闻云间有张先生《发微》,则杨用修氏复出哉!不佞顾何由挟策门下,一折衷之也?及归,过吴兴,受凌氏《评林》,则见先生所以发司马氏微甚诚,诸家所未逮也。何先生之谈易易若是哉?今春凌生以班掾书延不佞霅上,盖三月矣。不佞而后知凌氏《评林》多得之先生而掩之为己有也。岂谓吾党中亦有盗挟欤?至若先生所序《史通》云云,即凌生见之,且愧死矣。不佞于班、马二家窃有评骘,名曰《程生史谈》,稿既具,乃为凌生取之以去,将无复若《发微》故事乎?嗟嗟,史何易谈也?不佞今惩之矣。归来吴兴,将授之杀青,来春已于事而竣,则以取裁于门下焉。别具小草二册上之记室,惟先生为我弹射之,幸甚。《评林》错误往往而是,即更仆未易数,不啻如先生所指一二端已也。不佞归坐山阁,悉为之涂窜矣,愿先生明以教我。中秋前枝生再拜具。后素。

校张之象刻本手书眉批

何堂

曾从从叔小山先生假得清华李氏所藏华亭朱氏影宋钞本，与此张氏（之象）刻互勘，无大相乖舛。知序中所云曾见梁谿秦氏家藏宋本不虚也，视后来郭氏刻本，去之远矣。顾《曲笔》篇中一则，误入《鉴识》篇中，及得郭本正其违错，何耶？癸亥秋日为梁堂沈君校勘一过。何堂。

——据《史通训故补》手书眉批

续校《史通》序

张鼎思

唐长安景龙间，刘子玄在东观商榷诸史，著《史通》二十卷，传刻弗广。余家有抄本，齐六赵肖，十居一二，以故宦辙所至，必先购求。复得二三抄本，虽各有舛讹，而参稽互正，庶几可读。兹承乏江臬，同寀诸公，一时士望，聚会之间，纵言至于史。方伯莆田吴公曰："此有《史通》，太史陆俨山氏守藩时刻也，子其雠之。"余念俨山先生才雄学博，其于是刻用心良勤，然恨无别本参对，若有望于后人。余岂敢辞，因出箧中本更为校勘，篇章有应合应岐者，合之岐之；书名有应删应益应定者，删之益之定之。《曲笔》篇为增四百卅余字，《鉴识》篇增三百余字，而去其自它篇羼者六十余字。《因习》上卷已亡，刻中数行宜削而不削者，慎之也。它无可据者,姑仍其旧。校竣,窃喟然曰:嗟乎!史职之难久矣。《左》、《史》以降,作者比肩,靡不自谓鞭挞狐、南,睥睨游、夏,而子玄横加诃诋,所与完璧者,仅王君懋一人而已。由斯以谈,柳子厚之不就,岂无见乎?然子玄身秉史笔,不自成家,龙姿美业,未闻光阐,鸡晨秽德,未闻昭戒。至其论史,则信家书而疑坟、典,讥尧、舜,訾汤、文,诽周、孔,不少顾忌。故宋子京有工拙之讥,柳炤之有析微之论,刻之不广,大率为此。要以序体法、明典要为作史者准绳,则是书亦岂可少哉!夫其上自唐、虞,下及陈、隋,网罗千祀,贯穿百家,虽谓前无古人可矣,此徐坚所以有座右之许也。观所上萧至忠书,虽苦积薪,孰与蚕室,然读"白首有期,汗青无日"之语,其志有足谅者。余深悲之,故于兹编三致意焉。

万历壬寅冬十月榖旦后学长洲张鼎思撰。

《史通评释》序

郭孔延

张睿父先生再刻陆太史校定刘子玄《史通》于豫章竣,寄家君黔中。张先生手校为增七百三十余字,去六十余字,而《曲笔》、《因习》二篇,增补缺略,已成全书。家君读而喜,以新刻寄延曰:"张先生为观察,而手不释书,犹诸生也。尔曹为诸生,乃不诸生也。予甚有其葸。黔中(亡)〔无〕籍,予家有《史通》蜀本、吴本,再校之。刻中如'干宝’之‘于’,‘扬雄’之‘杨’,‘王劭’之‘邵’,‘常璩’之‘據’,‘苻坚’之‘符’,当是写误,可发旧本,细为校定。”延自长安归,循环校阅,再加芟正。篇中史官姓名,如左氏、迁、固,古今共推者,可以无释;自孔衍、荀悦以下,俱为著其爵里。间以己意为之评论,虽未必合作者之意,祗承严命,终陆、张二先生功耳。约而言之,考究精核,义例严整,文词简古,议论慨慷,《史通》之长也;薄尧、禹而贷操、丕,惑《春秋》而信汲冢,诃马迁而没其长,爱王劭而忘其佞,高自标榜,前无贤哲,《史通》之短也。然则徐坚所云“当置座右”者,以义例言,良非虚誉。而宋祁所云“工诃古人”者,以夸诩言,亦非诬善矣。延又因之有感焉。子玄自叙《史通》方诸《太玄》,《太玄》数百年后为张衡、陆绩所重,第《史通》后来张、陆,则未之知。不谓今千年后首刻于陆太史,再校于张观察,为子玄之平子、公纪也。二姓俱同事,岂偶然?亦可谓子玄忠臣矣。

大明万历甲辰岁夏五日后学泰和郭孔延谨序。

张碧山《史通序》案语

郭孔延

延按:张碧山公云间之序,刻于万历丁丑;张慎吾公豫章之刻,成于万历壬寅,相去二十六年,为日已久,云间、姑苏,居又甚只,何慎吾不见碧山刻也。延初据豫章刻《评释》,不获见云间本。书既就,请正新市李本宁太史,公发云间本来，始得《补注》、《因习》二篇全文，而又为延正二百三十余字，于是《史通》始成全书，而延疏谬之罪，少逭一二。夫《史通》一书之校，陆文裕公始之，张慎吾、碧山二公继之，李太史公正之。予小子延得附骥篇末，良亦幸矣。嗟乎！宇宙大矣！又恶知《体统》、《纰缪》、《弛张》三篇之亡者不藏鲁壁、汲冢中，亦有时见邪？

按：郭氏按语原附于张之象序之后，或亦可视为序后之跋。又自"《史通》一书之校"以下一段文字，南京图书馆古籍部珍藏明刻《史通订注》封面贴有郭延年亲笔手书。

《评释》凡例

郭孔延

一、注书。序作书之旨并其作者，未详者缺。

一、注人。序其爵里，未详者缺。

一、注事。序其事之颠末，未详者缺。

一、以本篇为题，次第注之，不论世与人之先后。

一、评。有总评，有细评。总评列于前，细评列于事之后。

一、已注而复出者，某事注见某卷，书于册颠。

一、一人而二三注者，其人同其事异，各以其题注之。

一、事少字少者，注见册颠。

一、音义注见册颠。

一、《史通》原注仍分行，而注于下。

一、《史通》有蜀刻，有吴刻。原刻错者正之，疑者阙之，以俟再考。

按:陈继儒《史通订注》之例言,文字全袭郭氏。前者系于张碧山先生《史通序》郭氏按语之后,后者则系于郭氏《史通评释序》之后,唯将标题"评释凡例"易为"史通"二字。郭本半叶十行,每行二十二字,陈书单刻本半叶九行,每行二十字。据《明史·隐逸·陈继儒传》,继儒字仲醇,松江华亭人。幼颖异,能文章,同郡徐阶特器重之。长为诸生,与董其昌齐名,王世贞雅重继儒。年甫二十九,取儒衣冠焚弃之,隐居昆山之阳。屡奉诏征用,皆以疾辞,卒年八十二。其《史通订注》一书,《明史·艺文志》未予著录,然曾流入东瀛,故日本《内阁书目》有载。南京图书馆古籍部珍藏是书明刊本,或乃书贾假陈氏之名刊行,特附及之,用供研索《史通》旧注者参考。

《史通》序

李维桢

夫自二仪既判,垂玄象之文,万肇化生,彰纪事之实。苍颉、沮诵以前,造物代为敷扬,山川曲为摅写,何必人抽金匮之藏,世擅如椽之笔哉？坟、典爰播,柱下斯守,而麟史以后,南、董载沦。子长、孟坚组绘其彤管,蔚宗、承祚粉藻其丹铅,伯起、伯深标长于北朝,安国、休文脱颖于江表。非不英华秀发,波拂萦洄,然皆通蔽相妨,訾誉各半。故谤书传于后世,受金沸于群言。参夷之刑,求米之诮,亦或不免。下此诸子,又可知已。子玄生于右文之世,学穷书圃,思极人文,包洪荒于天外,剖纤细于棘端。出海琼光,熠耀靡定;走盘圜影,回旋恐失。成案如山,斤剸理解。或有别标识鉴,捩人心意者,足以生擘太华之峰,直立东溟之水,非苟效何休之驳,仿谢该之解已也。余抽酉穴,讽诵积年,床版几磨,缥囊数易,真好在心,卷不离手,岂敢伸知己于千秋,庶以揭芳美于来祀。通而无蔽,非子玄其孰当之。或曰《白虎通》、《风俗通》皆以通名,当与子玄为埒。答曰:“《白虎通》止于条对,而博雅未该;《风俗通》止于释疑,而文颇不典,乌可与子玄例也?”即长文拟《易》为《通玄》,时人比之扬雄《太玄》,由今观之,其犹在通与蔽之间也。抑余又有感焉。作史者不犯天灾则罹人眚,如班氏伤子长遇极刑,而亦不免身陷大戮,子玄数世摛华,媲美应氏以通乎?史者通乎其遇,洵乎其可尚也已。

《史通训故》序

中牟张民表

《老子》云“上立”、“次立”,《易传》云“拟言议动”,故知太上非可拟议,思至次焉可矣。然而功之致一,言之致三。德则《易》象尚矣,柱史、漆园、西关、郑圃可考也。功则《尚书》、《春秋》尚矣,丘明、《公》、《穀》,龙门、兰台可考也。言则六经备矣,诸子将其精英,才人掇其遗藻可考也。言德者取度之归,疑足举烛之解误书。言言者画髹之技,徒工吹呋之声无用。其于往古之成败,当世之污隆,莫有鉴焉。则亦无贵乎其为言矣。帝王肇修之迹,将相辅理之勋,礼乐之所铺章，干戈之所戡定，山河厄塞，户口强弱，纪纲法律，治乱顺逆之形，览之指掌，取之应心。史乎史乎，遐哉苍沮，末由尚论；终挚佚儋，见其名不见其事；晋有良史，齐有嗣书，有执简，见其事不见其文。自汉以来，若迁若固，可以为文矣。抑求夫次，则承祚之《志》乎？他或演清丽之词而乏典核；或究奇僻之事而累弘长；或滑稽而工冷语，取媚小闻；或纂组而铸谈锋，坐伤大道；至于抄朝报于邮传，剳公移于官府，触之秽目，读者熏心，亦何贵乎为史也？李献吉尝欲取典午，而下至于蒙古氏，遍置笔削，卒付空言。令假生年，毕竟厥志，将班陈伯仲之间乎？唐刘子玄目洞千秋，手裁万化，决断无疑，于义进退，各厌其心。虽证事少乖，制词多靡，乃得失自在，取舍由人，信史家之砥砺，述者之夷庚也。世无善本，学者不传。邢子才思之不能适，韩退之读之不胜乙也。吾友王损仲既训刘氏《文心》成，复训是书。仆因论前史之大略，而勖之以献吉之志。损仲自忤旨罢归，十年闭门却扫，隐几读书，尽发二酉之藏，正三史之误，他年著述，必有可观，且将方驾龙门，联镳长广。昔谯允南谓承祚曰："卿必以才学成名，当被损折，亦非不幸也。"损仲似之矣。

万历辛亥岁春三月己未里友任公夏子亢甫书。

《史通训故》序

王惟俭

余既注《文心雕龙》毕，因念黄太史有云："论文则《文心雕龙》，评史则《史通》，二书不可不观，实有益于后学。”复欲取《史通》注之。中牟张林宗年兄以江右郭氏《史通评释》相示，读之，与余意多不合，乃以向注《文心》之例注焉，历八月讫功。然此二书讹处甚多。嗣从信阳王思延得华亭张玄超本，其《文心》不能加他本，《史通》本大善，有数处极快人者，故此书之校视《文心》为愈。往见李济翁《资暇录》云李善注《文选》，有初注、再注以至四五注者，苏子由注《老子》，亦自言晚年于旧注多所改定。今余此书，曷敢以为尽是，聊以备遗忘，为他日削稿之资耳。

河南王惟俭序。

跋《史通训故》

王士祯

黄山谷云：“论文则《文心雕龙》，评史则《史通》，二书不可不观。”明王侍郎损仲惟俭，作《雕龙》、《史通》二书《训故》。以此二《训故》，援据甚博，实二刘之功臣。余访求二十余年始得之，子孙辈所当宝惜。

——王士祯《古夫于亭杂录》卷一

《史通训故补》序

黄叔琳

书以通名，如《白虎通》、《风俗通》之类，义同笺故。汉封司马迁后为史通子，“史通”之称见焉。刘知幾博论前史，摭掇利病，作《史通》内外篇，盖兼取两义云。马贵与《经籍考》从文史类中摘出论史者为史评，首列是书。本传谓知幾幼时受古文《尚书》业不进；听讲《春秋左氏》则心开。异哉！同一学问之事，而胎性中各有着根处，不自知其所以然。后来领国史三十年，卒以史学垂名，岂所谓性也有命焉者耶！观其议论，如老吏断狱，难更平反；如夷人嗅金，暗识高下；如神医眼，照垣一方，洞见五藏症结。间有过执己见，以裁量往古，泥定体而少变通，如谓《尚书》为例不纯，《史》论淡薄无味之类。然其荟萃搜择，钩釽排击，上下数千年，贯穿数万卷，心细而眼明，舌长而笔辣，虽马、班亦有不能自解免者，何况其余。书在文史类中，允与刘彦和之《雕龙》相匹。徐坚谓史氏宜置座右，信也。综练渊博，其中琐词僻事，非注不显，注家王损仲本为善。林居多暇，窃为删繁补遗，重梓行世，使当时自比扬雄拟《易》，以为必覆酱瓿者，千余年后复纸贵于兰台、石室间，亦嗜古之士所欣慰也。

乾隆十有二年丁卯仲春既望北平黄叔琳崑圃氏序。

《史通训故补》例言六则

黄叔琳

一、《史通》向有陆俨山校本，为学者所宗。江右郭延年更以别本雠对，多所窜易。河南王损仲独得宋时旧本，比之他刻为长，而鲁鱼亥豕尚有沿误。如误“凡”为“烦”，误“茑”为“燕”，误“名”为“君”，误“愚”为“偶”之类。今并检阅诸家所定，一一更正。其有字句各殊，义可两用者，弃短录长，颇费裁择。而于所改之下，本字本句，仍为存注，不敢漏略。至若旧简脱误，文义难晓，悉经钩别，以俟来者审焉。

一、《史通》旧鲜训释，惟延年所注盛行书塾，而援引踳驳，枝蔓无益，又疏于考订，每多纰缪。后损仲更注《史通》，名曰《训故》，依据正史，选择精严，远胜郭书。然伤于太简，未免遗脱。今为旁搜博采，广所未备，庶几繁简得中，于本书不无少补云。

一、注意当与本书比附，方见明悉。如本书谓董、袁诸人不当列之《魏志》，而王氏不援陈书，转述班传。本书谓陈寿补注《季汉辅臣赞》，而王氏但称杨戏撰述，不及承祚注疏。本书引司马错、张仪伐蜀之事，事出《华阳国志》，而王氏泛引《史记》，多与书义不相蒙合。如斯之类，并经改注。

一、自古注家，每于本书违误之处，多所检正。《史通》隶事甚繁，难免无失。如杨由听雀、汉初立糟、国侨辨黄熊、文王杀季历之类，王氏或缺而不注，或注而不全，未合古人检正本书之义。又若《魏志》本无刘虞，刘炫并非学士，书既以讹传讹，注复将错就错。是又矫郭氏之踳驳，而失之者也。今或添注卷尾，或指驳上方，庶不疑误后学，非敢好摭前人。

一、刘氏排拓万古，推倒一世，而贤知之过，未免失中。

今于议论精当之处，仍照前刻《文心雕龙》之例，加之圈点，以志别择。偶有臆见，附列上方，未知有当否也。

一、是书增补王氏所未备，虽于原注稍有删节，仍存旧名。而愚所加注，并标补字以别之，不敢掠前人之美也。耳目短浅，尚有数处阙疑，惟博雅君子，有以诲其不及焉。

《史通训故补》书后

黄叔琳

《补注》刻于丁卯二月，以王损仲阙而不注，注而不全，其于违误处，未合检正本书以为憾，因而添注卷尾，指明上方。鳃鳃焉以疑误后学为虑，越今七载，征索者殆无虚日，出一言以相质者则寥寥矣。求其规以正学，辨是与非，慨乎未有闻也。是岂心知其谬，谓余羸老，未能以虚受人，故不以及耶？今年七月，博野尹亨山以书让余曰："读内篇《自叙》之后，缺其三首，深以未窥全豹为憾。洎读外篇，至《疑古》十条，不禁发指，废书而叹，殊不解其是何肺肠，敢于非圣无法至于此极，邪说淫辞，当在息放之列。先生亦既斥其悖谬矣，胡为不磨其玷也。迂见应取昌黎欲削荀、扬不合圣籍之志，删去此篇，毋贻来学之惑，而以上方评语附于例言之末，以见予夺义法，似觉允当。又《惑经》十二未谕或可备考，而虚美五则亦不可存。"尹子固直谅多闻之益友也。尧、舜、禹、汤、文、武、周公、孔子，其行事立道分见于孔、孟之书甚详，刘子玄以孔、孟为不足信，乃取古逸书所录诡辞妄说，深信而笃好焉。余故曰，不奉圣贤以绳后世之奸慝，而尽疑圣贤之行事，是直谓古来无圣贤，人道澌灭久矣！其悖谬为全书之玷，余固已书于上方，至不削去不合圣籍，而贻来学之惑，则余之过也。今如尹子言，削去《疑古》一卷、《惑经》条后虚美五则，与内篇《自叙》三首同其阙焉可也。始余闻言而适适然以警，内讼于心，不啻芒刺在背、不遑启处者浃日，兹则去其瑕疵，庶几同好者舍其短而究其长，不致瞀乱而不测，惊骇而多疑，以自外于名教，则尹子岂仅知我爱我，独有慊于我也哉。余故再为之说以补吾过。

乾隆十有九年甲戌十月既望，八十三老人黄叔琳后序。

跋《史通训故补》浦起龙批校本

佚名

黄崑圃《史通训故补》刊板在都，吾郡得见者盖鲜，去冬书客郑姓者携是书来，索价甚昂，且云书头上墨笔评语系锡山浦二田之笔，细绎其考校精核，指驳黄氏注释纰缪处，出此老手笔无疑。心欲得之，许价三钱，不售而去。今夏仍携是书来，云必得五星乃售，适囊无一钱，不得已于质库质口钱三百文与之。好书不失，岂亦有数耶。为书数语于书后，以志私喜云。

辛卯夏四月廿八日午窗。

——录自黄叔琳《史通训故补》朱笔后跋

按：此跋未具姓氏。细察书中朱笔批语、见解语气，确是二田手笔，足证二田曾详读《训故补》。文末年月“辛卯”，当是乾隆三十六年(1771)，时距二田逝世才十余年。

《史通通释》序

浦起龙

乾隆十有三年戊辰，三山伧父年七十，客将以其生之日为言以寿。伧父谢曰：“寿孰如史？寿人以言，孰如寿言于史？”先是己未，代匮苏郡，校坐春风亭，抽架上书，得《史通》，循览粗过，旋舍去。乙丑归老，诸知旧来起居，伧父方手裒乱帙，咸笑以谓书生习气，老殢故纸犹昔耶？伧父唯唯。

则有蔡子敦复质所校字西江郭孔延评本，骤对如略识面，已益创通大致云。伧父曰：“稽古之途二，经学、史学备矣。六经之名始见《庄》、《列》书。史名尤古，见于《书》、《论语》。自汉止立经博士，而史不置师，向、歆《七略》不著类。至唐千年，人为体例，论罕适归，而史之失哤。彭城刘子玄知畿氏作，奋笔为书，原原委委。俾涉学家分塍参观，得所为通行之宗，改废之部，馆撰山传之殊制，记今修往之殊时，与夫合分、全偏、连断之宜，良秽、简芜、核直、夸浮之辨，觏若画井，疆陈绵蕝，岂非一大快欤？矧夫衡史匹经，比肩马、郑，而非虫篆雕刻之纤纤者欤？顾其书矜体慎名，斥饰崇质，迹创而孤，其设防或褊以苛，甚者佹辞蔑古以召闹，臆评兴而衷质蔽，莫能直也，郭本其尤已。”

进问春风亭本。曰：“是出大梁王损仲，粪除诸评，世称佳本。然其蔽善匿，蒙焉何豁，讹焉何正，脱焉何贯，未见其能别彻也。且刘氏世职史，而文沿齐、梁，距今又千年，所进退群册，已太半亡阙；所建立标指，又苦骈枝长语，迷瞀主客。此其可以履豨故智塞事乎？吾嗤夫弋名治古，而宿习之据于中者四焉：剽也，胶也，漫与也，冥行也。蹑亡阙之踪，导骈枝之窾，而逆之以中据之封畛，以求无蔽，其与几何？”

伧父曰：“不空己于所入者，不洞彼于所出，亦适乎通者之衢而已。用是疏而汇之，一言之安，一事之会，周顾而旁质，丰取而矜择，迎之以隙开，俟之以悬遇，持之以不止。濡首送日，以勚吾神而忘吾年。”

会年六十九，丁卯之岁除，脱然不自知其稿之集。明年重自刊补，有以北平新本至者，互正又如干条。尽九月，写再周，命曰《史通通释》，无负彼名云尔。盖七十叟之生，十月三日也，私喜简再辍而期再会也。性不饮，至是举觞焉。起而为寿，祝曰：“老子论交古制作，前乎谁酬后谁酢。书成生日对深酌，侑我灵龟谢纷若。于胥乐兮！”

南杼秋浦起龙二田氏略事概弁其端。三山伧父者，晚自谓也。岁十月初吉。

《序例》具之再及期，知友督梓踵至。又再逾期，不自意刻竟成。自戊辰尽壬申，为岁五通。乙丑事始，凡历干枝之次者八，而稿两脱，后易者又三。既入木，复条刊者卅有奇。昔李江都注《选》，至五乃定，今益过是焉。盖其颛固蹇拙之如此，亦将弥其所谓释事忘义之憾，而务相与为之尽也。

是役也，王子五福廷范、蔡子敦复焯实共启之，而网搜佣钞，敦复力最勤。未卒事，病亡。每一展卷，不胜曝书见竹之感。嗣是其从子初篁龙孙，许子修来卓然，方子骏公懋福，张子荫嘉玉穀，朱子葆林庭筠，施子龙文鼎，邓子济美凯，刘子体正元典，华子居敬南枝，蔡子体乾煌、新篁麟孙，倪子时行龙镜，内侄黄子大山岩，族子启东燾晖、锦文廷炫、洲士思学、逊躬志学，皆治学嗜古，先后起予，而予诸外内群从与参校者，名亦分见卷端。年运而往，老不厌事，毋足已，毋隐劳，征同好云。

乾隆十有七年阳生之月山伧又识。

按：浦起龙字二田，金匮人（本无锡县，清析置金匮县）。雍正庚戌进士，官苏州府教授。因老假归，尝以唐刘知幾《史通》一书为考辨史体而作，抉摘精严，其注释者旧有郭延年、王惟俭二家，至乾隆初，又有黄叔琳注本，补郭、王之所阙，然递相增损，互有短长，乃别为撰述，谓"趣乖者法宜训正，疵积者道在刊讹"，因例总二科，科分十别，成《史通通释》二十卷。迭经修改，时历八年。其于刘书《疑古》、《惑经》诸篇，虽多回护，兼有好改原文之处，而全书引据详明，足称该洽，为史评中之善本焉。又著有《读杜心解》二十六卷、《古文眉诠》七十九卷、《酿蜜集》四卷。

——据《清儒学案》卷一百九十七

《史通通释》举例二科十别

蔡焯敦

书不必醇乎醇，书惟其至于至，居巢刘氏之《史通》是也。注书戒自我作故，注书欲推心置腹，山伧先生之《通释》是也。凡注之用二，辨之通与不通而已。是书行本相高，厌心盖寡，每于通处，荐以荆榛而趣乖，于不可通处，过如炙毂而疵积，敝也久矣。先生曰："趣乖者法宜训正，疵积者道在刊讹。"例总二科，科各有别，列如左方。

训正者，兼举其义与辞而是正之也。义从文生，辞由古出。俗学之弊，大抵二端：凭臆自用者，揣义而不征辞，弊且流为束书不观，是谓蔑古。炫博贪奇者，役辞而不问义，弊又滋乎灵台日汨，是谓亵天。兹用疏义以会辞，考辞以赴义，则训之为也。训正之科，其别六。

一曰释　篇者，节之积也，节清而篇乃定焉。历翻评本，观乎外篇条别，胸欠主张，验其通体支离，篇乖步伐者矣。故为之释以清之。释之为用，析节而疏其义。是宾是主，是影是神，前后相衔，中边交灌。兹为从事之所先，即其命名之所自。间有省去不用，唯于短说为然。自昔汉唐经疏通例，墨阑标眼，于"释"字仿用之。

二曰按　按亦释也，标仍墨阑，体同跋尾。既释以辨之，复按以会之，指趣所钟，归宿有地矣。况《史通》之为书也，群史牢笼，全书吐纳，畛涂辽阔，节目棼繁，则必以见远之明者察焉，则将有无碍之辩者通焉。此段识解，于何置顿，亦惟篇按，职此淹该。是知按之所届，尤为驷牡之广衢，非等只鸡之近局也。又其例比"释"加遍，"释"有从省，"按"无缺施。惟下帙四五处有以一按摄三条、二条者。

三曰证释　谓取证古书，用释今义也。语云："求之物本,必于其始。取其所通,必于所宅。”故凡有征引,事必事祖,辞必辞根。而其所标识,则又书皆举名,篇皆举目。如《左传》则某公某年,《汉书》则某纪某传之类。盖采录多从节缩,而原文可任搜核也。他若旧注已得者,明书何本;或无书可质者,直注未详。不攘不欺,与世共见。

四曰证按　凡前件证释,多有就证加按者,痛刮不根之病及漫与之习也。如《尚书》注有王肃,其人也,本系三国王朗之子,旧援后魏同名之人。如《左传》家缺徐贾一注也,位在干、萧二史之间,检出徐广字形之误。更有全证皆属设辩者,如《书志》篇之“东观曰记”,《采撰》篇之“沈炯骂书”,一失之俗传,一失之原本,则一当革其谬,一当绳其愆。凡此诸流,皆须显说也。证释之条千有二百,加按之处五百有奇,任举陈言,都成说部。

五曰夹释　释非节界,夹入行间,是夹释也。凡涉晦涩之义,用一两言达之,或遇疑似之辞,用直截语指之,皆是也。有此可以便观书者之索解,可以杜好辩者之歧猜。

六曰杂按　杂按之施,施于原注。原注者,刘自注也。或刊失其初,须为揣定;或置非其所,合与推移。且有注混文,文混注者,于《史官》篇“诏曰修撰”,《暗惑》篇“曹公多诈”见之。并有注非注、文非文者,于《史官》篇“自历行事”、《杂说》篇“苏代所言”见之。相厥攸居,还渠定判,此杂按之所由设也。不系诸正书,故称杂焉。

刊讹者,讹非一端而已,或流传,或窜易,或原本差池。所致之途既杂,于是有缪出,有倒施,有脱遗、羡衍,所从之纇繁兴，刺眼而叶落连翩，胶牙而泉流涩咽。文传侮食，怪《曲水序》之犹疏，日思误书，叹小屋人之不作。夷考诸家，刊得者十一，待刊者十九焉。刊讹之科，其别四。

一曰字之失　是书之失在字者，盖亦多矣。“乌孤”而转“乌孙”，“文丁”而转“文王”，“处道”而转“承祚”，“涉汉”而转“沙漠”，失则缪。“文省”而曰“省文”，“朔方”而曰“方朔”，“武宣”而曰“宣武”，“昌平”而曰“平昌”，失则倒。“昭后略”漏“昭”字，“言学者”漏“言”字，“楚汉列国”漏“国”字，“《微子》篇序”漏“序”字，失则脱。“名班祚土”，“班”下衍“爵”字，“以其类逆”，“逆”下衍“者”字，“虚美相酬”、“马迁乘传”，“美”下“传”下并衍“以”字，失则羡。缪、倒、脱、羡，凡有四端，故概曰失也。总二百二十有奇者，刊之数也。其刊去者，仍注见之，不没旧本，冀览之者辨之也。且作聪明，改头面，得罪古人，莫此为甚，本所深恶，而岂蹈之。下三条皆仿此。

二曰句之违　违亦概词也。句之违亦四端，凡二十处。而《点烦》之误在除，加丹粉间者不与焉。稍举似之：以句缪言，则有若去万留千、录远略近、懵事类而反篇情者；以句倒言，则有若藉权济物、居京兆府，乖文义而没语趣者；以句脱言，则有若述南齐之史、结申左之科，缺至一全片而遗忘半面者；以句羡言，则有若犀革裹之条、嗤沈约之段，衍至不可读而反弃佳本者。凡此又非一两字之间，审声形之比。静绎全文，广参群籍，甚至浃时稽序，而后其真始出。持此耗磨晚节，俟之甘苦中人。

三曰节之淆　节之淆者,内篇少,外篇多,通幅、分条之殊其体故也。其在内篇,《六家》之总首既截,则总尾亦宜截。《书志》后论不应以"或问"截,《编次》终篇不应以"寻夫"截。其在外篇,离合断连、歧迕交失者,《史官》篇三,《正史》篇三,《惑经》篇一,《杂说》上中下篇十有五。技经肯綮,每至族而难为;官止神行,唯彼节之有间,今皆騞然矣。至若《点烦》摘史,隔钞而合片,当以方空格界之。又若卷末《忤时》一牍,而两端可以序跋例离之。斯皆随方制宜,非欲矜己立异。

四曰简之错　篇节字句,并有错简。篇之错,卷九内之《叙传》者是。节之错,《曲笔》中之"夫史"十行者是。字句之错,《杂说下》之"李陵书"者是。篇不得而移,节句可得而准也。或遂刊定,或为证明,具著卷中。

凡所尽心,略如前款。间尝总诸科别而榷之,理不言而同然,唯去非以趋于是:言惬心者贵当,必无憾然后即安。是书也,谓刘氏《史通》可,谓浦氏家言亦可。

己巳孟陬亲贤堂。

《史通通释》举要

浦起龙

《史通》开章提出四个字立柱棒,曰"六家",曰"二体"。此四字刘氏创发之,千古史局不能越。自来评家认此四字者绝少,此四字管全书。

六家中，二体更是主脑。《史通》首奉左、班，左、班二体初祖也。非史者不祖，故退《公羊》、《穀梁》。史非断代成书者不祖，故乙司马。

《史通》所痛斥者，后魏、后周两家是。是刘、萧代兴，拓跋所忌，魏收北产，目为岛夷，造立诡名，义殊索虏。其史诞，诞者不信。黑獭轼主，最浮贺六，苏绰巧盖，文以《周官》，方之《美新》，得无类是。其史惭，惭者不直。不信不直，史之贼也。

刘氏开发史例，后史不能易者，十得六七，愚于《自叙》篇略经点出。只缘史论有"工诃古人"一语，便认《史通》作挦扯苛碎之书，又缘山谷以《文心雕龙》并称，便认《史通》是绨绘浮华之册，枉屈不少。

评者集矢刘氏有故，为《疑古》诸篇也，此是公家见解。评者集矢刘氏又有故，为推奖王劭也，此乃随人走趋。刘之起疑，由莽、操、师、昭，不由尧、舜、伊、周。王劭由触讳得恶传，刘独直之，人皆怪之。怪之由，由恶传；直之由，由触讳。

《史通》支离，在《载言》、《书志》等篇。《史通》破绽，在《品藻》、《人物》等篇。出言易则制法不行，见理粗则论人杂出。若《疑古》、《惑经》是学究之所骇，明者不与较也。

刘氏不喜烦称，不喜小说，惜史体，故执此太坚，往往言过其直。然到《烦省》、《杂述》，内篇尽处，却一齐拉转，既防亵史，仍防废书，非偏任者。

刘氏于诸作者，轻口挥斥，曰愚，曰妄，甚至曰邪说，曰小人，乃真罪过。是渠无素养之证见，亦是渠积素愤之由来。

凡著书必不能无谬误，他人之误由记分生，刘氏之误由记分熟。生者不到边，熟者不覆勘。

《史通》通一部成一篇，但捻一篇者于《史通》无预。《通释》释一篇照一部，未了一部者，于《通释》亦无预。

《通释》之成在北平本未行之前，中间征事，颇多暗合。若在见后增加，必不掩其所自。容有涓埃所及，小益高深，乐与天下共见之。

求放心斋赘笔。

《史通通释》序其一

周星诒

刘氏《史通》文词古雅，论说辨博，抉摘精当。诒甫髫岁，恒喜览读，舟车道路，箧衍挈随，如影与形，垂二十六季矣。阅习既屡，旁览少多，时恨浦氏注之扬波助澜，意改妄增，未臻尽美，颇误后来，因求善本，以冀订正。丁卯，在福州见一旧写帙，似源宋椠，索价过重，苦窘未谐，匆匆取去，不得对勘，每以为恨。魏亲家自浙来，携得陈仲鱼临抱经先生校本，从借读，大慰宿志，属内子手摹藏之。犹忆少日家有献县《削繁》一书，欲并临写，以便披阅。苦自丧乱，藏籍多佚，所官地僻，借买路穷。今年不意有客携售，遂向假获，与幕客段生、儿子喜寅分卷并力，三日而竣此书，于是无遗憾矣。魏本印行在前,凡经校改,此多改正,较先为善,故不尽临。原用朱笔临,亦仍之。《削繁》为卢氏在粤校刻,紫绿彩笔所识,概从删汰,但留朱笔。嫌与旧新杂,识别为难,今改以墨笔,使不相混。原有序跋,另纸写入帙尾,以见献县删例意。古人著述,于意不可,批抹之可也,汰薙其全文不可也,此诒不多卢本之所以也。

——录自《史通通释》陈鳣、周星诒序跋手书前序

《史通通释》序其二

周星诒

刘氏精义名论,日月不刊。其间秕糠繁害之迹,不免恒厕行墨。浦于注释博采析微,考文订义,实为是书功臣矣。顾其妄删意改,助澜扬波,亦莫可为解者。昔晓岚中堂尝有《削繁》之撰,卢制府坤为梓之粤中,备录诸家评论,极为精确。少以其删削古书,疑为专妄,不以措意。辛酉来闽,未携行箧,年来三阅是书,颇觉中堂之笔削未可厚非,而惜其书之不存矣。因以意节其文之必不可存者,兼考浦氏之释。若语句文字,则未敢及也。

——录自《史通通释》陈鳣、周星诒序跋本手书前序

《史通通释》校记

陈鳣

少喜读《史通》,苦无善本,既得浦二田《通释》,以为

精审绝胜诸刻。惟厌其多缀评语，近于村学究习气耳。复从同郡卢弓父学士假得校本，盖从何义门以朱文游家藏印宋写本细校，而弓父学士手临于北平黄氏刊本者，叹其尽善。又假学士所校《通释》本，合而订之，始知《通释》妄改妄删处，正复不少。嗟乎！读书难，而校书更难，微学士之功，几何其不为其所欺邪！至唐时书籍，今已大半失传，《通释》未有详者，亦固其所。学士已补考出数条，间有鄙见，亦附载诸书眉，其犹有未知者，俟续考焉。

乾隆四十九年春日陈鳣识。

——录自《史通通释》陈鳣、周星诒序跋本手书后跋

按：陈鳣（1753—1857），字仲鱼。《清史稿》入《文苑传》。"亦固其所"一段文字，亦收入《皕宋楼藏书志》，文字悉同，又据《藏园群书经眼录》，"固"字作"因"。

《史通通释》校记

周星诒

丙寅秋日，季君借魏亲家非见斋藏本属临，十日而讫，并加句读。向山阁藏本为浦氏初印，其与宋本异者，此多改正，而以误字列之"一作"入注，盖后又刊订，较胜原印本矣。浦氏所据，仅止明椠，沿讹袭误，皆所不免。其所难通，率凭臆改，良由未见善本故耳。今得传临此本，庶还刘氏旧观。季君有善本书数千卷，恒思效《群书拾补》例，以惠艺林，蕙请怀铅提椠，从事此书，以襄盛业，何如？

己巳十二月二十日在汀州阅。星诒。

——录自《史通通释》陈鳣、周星诒序跋本手书后跋

按:周星诒,字季贶。生于道光十三年(1833),光绪三十年(1904)卒。己巳是同治八年(1869)。又据《藏园群书经眼录》,此段文字乃周氏夫人笔。

《史通削繁》序

纪昀

史之有例,其必与史俱兴矣。沮诵以来,荒远莫考,简策记载之法,惟散见于左氏书,说者以为周公之典也。马、班而降,体益变,文益繁,例亦益增。其间得失是非,遂递相掎摭而不已。刘子元激于时论,发愤著书,于是乎《史通》作焉。夫《春秋》之义,以例而隐,先儒论之详矣。前有千古,后有万年,事变靡穷,纪载异致,乃一一设例以限之,不已隘乎?然圣人之笔削,如化工之肖物,执方隅之见以窥之,自愈穿凿而愈晦蚀。文士之纪录,则如匠氏之制器,无规矩准绳以絜之,淫巧偭错,势将百出而不止。故说经不可有例,而撰史不可无例。刘氏之书,诚载笔之圭臬也。顾其自信太勇,而其立言又好尽,故其抉摘精当之处,足使龙门失步,兰台变色。而偏驳太甚,支蔓弗翦者,亦往往有之。使后人病其芜杂,罕能卒业,并其微言精义,亦不甚传,则不善用长之过也。注其书者凡数家,互有短长。浦氏本最为后出,虽轻改旧文,是其所短,而诠释较为明备。偶以暇日即其本细加评阅,以授儿辈,所取者记以朱笔,其纰缪者以绿笔点之,其冗漫者又别以紫笔点之。除

二色笔所点外，排比其文，尚皆相属，因钞为一帙，命曰《史通削繁》。核其菁华，亦大略备于是矣。昔郭象注《庄子》书，尽多删节，凡严君平《道德指归论》所引，而今本不载者，皆象所芟弃者也。例出先民，匪我作古，博雅君子，谅不骇之。

乾隆壬辰人日河间纪昀书。

《史通拾补》序

卢文弨

《史通》，唐刘知幾著，内篇十卷，外篇十卷。旧刻舛讹，经陆俨山、王损仲校正，损仲并为《训故》。近时北平黄崑圃少宰又为之补，版行于世，洵称善本矣。文弨又得冯巳苍、何义门、钱遵王三家校本，且得华亭朱氏影钞宋本，其体例较为古雅，今具著之，以俟尚旧者，而字句之异同疑误，亦悉辨焉。

《史通拾补》跋

卢文弨

何氏堂以朱氏影宋钞本校张之象本，知张本无大相乖舛者，在郭本之上。顾《曲笔》篇中一段，误入《鉴识》篇中，得郭本始得正其违错。余于张本、郭本皆未蓄，故但勘于黄本上，凡宋本多可从，然时有别字，自是唐人所习用。篇中偶载一二，不能详也。余校勘此书讫，后始见无锡浦氏起龙注释本，叹其精核，虽并不言宋本，凡其作正字大书者，皆宋本也。在前诸刻，殆可废矣。第间有管见欲商者，并系于后，庶几白璧更免微瑕之憾云。

《史通札记》跋

孙毓修

《史通》，明时第一刻为嘉靖乙未陆俨斋深蜀本，《因习》、《曲笔》两篇并有阙文。万历三十年壬寅，张鼎思复校陆本，《曲笔》篇增四百卅余字，《鉴识》篇增三百余字，而去其自他篇羼入者六十余字，并删去俨斋两跋，较为可读，而讹误尚多。涵芬楼藏张本，经孙潜夫、顾千里勘过，已胜刻本。《丛刊》既据张本付印，孙、顾校语，拟为别录。闻江安傅沅叔总长有何义门校本，又有过录顾千里校本，不费一瓻，居然借到。何氏自跋谓据孱守居士评本，其底本则万历五年丁丑张之象刻本也。而《曲笔》篇后亦有顾氏手跋，则此本千里曾见之。千里别有校本，藏上元邓正闇太史家，保山吴慈培借录于张之象本上，顾校外更有何校，并不知姓名者一家，丹黄杂糅，精审不苟，今亦为沅叔总长所有，一旦尽得为予借读，左右逢源，殊为快事。何校自佳，顾则时采《群书拾补》以证之，顾引《群书拾补》凡五百二十条。亦有直下己意，讥弹旧校，如《曲笔》篇者，此类尚多。其于子玄之书，用力可谓勤矣。今据各本录为札记。其不出姓氏者，何氏语也。曰邓本者，不知姓氏之一家也。《史通》校本，向以抱经为最精，今复得此，洵足订正《通释》之误矣。

壬戌(1922)八月孙毓修跋。

著录

刘氏《史通》二十卷

晁公武

右唐刘知幾撰。知幾长安神龙间三为史官，颇不得志，乃以前代书史，序其体法因习废置，掇其得失述作曲直，分内外篇，著为评议，备载史策之要。当时徐坚深重之，云："居史职者宜置坐右。"玄宗朝，诏其家录进，上读而善之。宋子京称唐旧史之文，猥酿不纲，谓知幾工诃古人，而拙于用己。观此书，知子京之论不诬。前世史部中有史钞类，而集部中有文史类。今世钞节之学不行，而论说者为多，教自文史类内摘出论史者为史评，附史部，而废史钞云。

——《郡斋读书志》

《史通》二十卷

陈振孙

唐崇文馆学士刘知幾子玄撰。《新史》以为工诃古人，拙于用己。然为书亦博矣。《史通》者，汉封司马迁后为史通子,而亦兼《白虎通》之义也。

——《直斋书录解题》

刘知幾《史通》二十卷

钱遵王

陆文裕公刻蜀本《史通》。其《补注》、《因习》、《曲笔》、《鉴识》四篇,残脱疑误,不可复读。文裕题其篇末,而无从是正。举世罕觏全书,殊可惜也。此本于脱简处一一补录完好,又经前辈勘对精允,凡标题行间者,皆另出手眼,览之真有头白汗青之感。

——《读书敏求记》

《史通》二十卷内府藏本

纪昀等

唐刘子元撰。子元本名知幾,避明皇嫌名,以字行。彭城人。弱冠擢进士第,调获嘉尉,迁凤阁舍人,兼修国史。中宗时擢太子率更令,累迁秘书监、太子左庶子、崇文馆学士。开元初,官至左散骑常侍。后坐事贬安州别驾,卒于官。事迹具《唐书》本传。此书成于景龙四年,凡内篇十卷,三十九篇,外篇十卷,十三篇。盖其官秘书监时与萧至忠、宗楚客等争论史事不合,故发愤而著书者也。其内篇《体统》、《纰缪》、《弛张》三篇,有录无书。考本传已称著《史通》四十九篇,则三篇之亡,在修《唐书》以前矣。内篇皆论史家体例，辨别是非。外篇则述史籍源流及杂评古人得失。文或与内篇重出，又或柢牾。观开卷《六家》篇，首称自古帝王文籍，外篇言之备矣。是先有外篇，乃撷其精华以成内篇，故删除有所未尽也。子元于史学最深，又领史职几三十年，更历书局亦最久。其贯穿今古，洞悉利病，实非后人之所及。而性本过刚，词复有激，诋诃太甚，或悍然不顾其安。《疑古》、《惑经》诸篇，世所共诟，不待言矣。即如《六家》篇讥《尚书》为例不纯，《载言》篇讥《左氏》不遵古法，《人物》篇讥《尚书》不载八元、八恺、寒浞、飞廉、恶来、闳夭、散宜生，讥《春秋》不载由余、百里奚、范蠡、文种、曹沫、公仪休、甯戚、穰苴，亦殊谬妄。至于史家书法，在褒贬不在名号，昏暴如幽、厉，不能削其王号也，而《称谓》篇谓晋康、穆以下诸帝，皆当削其庙号。朱云之折槛，张纲之埋轮，直节凛然，而《言语》篇斥为小辨，史不当书。蘧瑗位列大夫，未尝栖隐，而《品藻》篇谓《高士传》漏载其名。孔子门人，欲尊有若，事出《孟子》，定不虚诬，而《鉴识》以《史记》载此一事，其鄙陋甚于褚少孙。皆任意抑扬，偏驳殊甚。其他如《杂说》篇指赵盾鱼飧，不为非食，议《公羊》之诬；并州竹马，非其土产，讥《东观汉记》之谬，亦多琐屑支离。且《周礼》"太史掌国之六典"、"小史掌邦国之志"，则史官兼司掌故，古之制也。子元之意，惟以褒贬为宗，余事皆视为枝赘。故《表历》、《书志》两篇，于班、马以来之旧例，一一排斥，多欲删除，尤乖古法。余如讥《后汉书》之采杂说，而自据《竹书纪年》、《山海经》；讥《汉书·五行志》之舛误，而自以元晖之《科录》为魏济阴王晖业作，以《后汉书·刘虞传》为在《三国志》中。小小疏漏，更所不免。然其缕析条分，如别黑白，一经抉摘，虽马迁、班固几无词以自解免。亦可云载笔之法家，著书之监史矣。自明以来，注本凡三四家，而讹脱窜乱，均如一辙。此本为内府所藏旧刻，未有注文，视诸家犹为近古。其中《点烦》一篇，诸本并佚其朱点，此本亦同。无可校补，姑仍之焉。

——《四库全书总目·史评类》

《史通通释》二十卷江苏巡抚采进本

纪昀等

国朝浦起龙撰。起龙字二田，无锡人。雍正甲辰进士，官苏州府教授。《史通》注本，旧有郭延年、王惟俭二家。近时又有黄叔琳注，补郭、王之所阙。递相增损，互有短长。起龙是注，又在黄注稍后，故亦采用黄注数条，然颇纠弹其疏舛。其中如《曲笔》篇称"秦人不死，验苻生之厚诬；蜀老犹存，知葛亮之多枉"，三家皆不注，起龙亦仅引《困学纪闻》，谓王应麟不知所出，定为无考，而不知秦人事出《洛阳伽蓝记》，蜀老事出《魏书·毛修之传》。又如"阑单失力"，但引卢照邻赋旁证，而不知《清异录》实有训释，不烦假借。小小疏漏，亦不能无。然大致引据详明，足称该洽。惟《疑古》、《惑经》诸篇，更助颓波，殊为好异。又轻于改窜古书，往往失其本旨。如《六家》篇"《尚书》"条中“语无可述”四字之下，“若此”二字之上，显有脱句，而改“此”字为“止”字，更臆增一“有”字。又如《列传》篇“项王立传，而以本纪为名”句，“立”字不误，而乃臆改为“宜”字。此类至多，皆失详慎。至于句解章评，参差连写，如坊刻古文之式，于注书体例更乖。使其一评一注，厘为二书，则庶乎离之双美矣。

——《四库全书总目·史评类》

《史通评释》二十卷编修励守谦家藏本

纪昀等

明李维桢评，郭孔延附评并释。维桢字本宁，京山人，隆庆戊辰进士，官至南京礼部尚书，事迹具《明史·文苑传》。孔延始末未详。《史通》旧刻，传世者稀，故《永乐大典》网罗繁富，而独遗是书。其后有蜀本、吴本，文句脱略，互有异同。万历中复有张氏刻本，增七百三十余字，删六十余字，复于《曲笔》、《因习》二篇补其残阙，遂为完书，不知其所增益果据何本，然自是以后，皆以张本为祖矣。维桢因张氏之本，略为评论。孔延因续为评释，杂引诸书以证之。凡每篇之末标“评曰”字者，皆维桢语。标“附评”字者则孔延所补也。维桢所评，不出明人游谈之习，无足置论。孔延所释，较有引据，而所征故事，率不著其出典，亦颇有舛漏。故王惟俭以下注《史通》者数家，皆嫌其未惬，多所纠正焉。

《史通训故》二十卷编修励守谦家藏本

纪昀等

明王惟俭撰。惟俭字损仲，祥符人。万历乙未进士，官至山东巡抚，事迹具《明史·文苑传》。是编因郭孔延所释重为厘正，又以华亭张之象藏本参校刊定。卷端有惟俭题识，称除增《因习》一篇，及更定《直书》、《曲笔》二篇外，其校正一千一百四十二字。然以二本相校，惟《曲笔》篇增入一百一十九字。其《因习》、《直书》二篇并与郭本相同，无增入之语，不知何以云然也。孔延注本，漏略实甚，惟俭所补，引证较详，然黄叔琳、浦起龙续注是书，尚多所驳正。盖刘知幾博极史籍，于斯事为专门。又唐以前书今不尽见，后人捃摭残剩，比附推求，实非一二人之耳目所能遍考。辗转相承，乃能赅备，固亦势所必然耳。

——《四库全书总目·史评类存目》

《史通训故补》二十卷编修励守谦家藏本

纪昀等

国朝黄叔琳撰。叔琳有《研北易钞》，已著录。是书补王惟俭注所未及，与浦起龙《史通通释》同时而成。而此本之出略前，故起龙亦间摭用。所称“北平本”者，即此书也。浦本注释较精核，而失之于好改原文。又评注夹杂，俨如坊刻古文之例，是其所短。此本注释不及起龙，而不甚改窜,犹属谨严。其圈点批语,不出时文之式,则与起龙略同。惟起龙于知幾原书多所回护,即《疑古》、《惑经》之类,亦不以为非。此书颇有纠正,差为胜之耳。

——《四库全书总目·史评类存目》

《史通》二十卷明刊本

周中孚

唐刘知幾撰,知幾,字子玄,彭城人。擢进士第。开元初,官至左散骑常侍。贬安州别驾。《四库全书》著录,《新唐志》、《读书志》、《书录解题》、《通考》、《宋志》俱载之。子玄官秘书监时,与萧至忠、宗楚客等争论史事不同,故作此书。曰《史通》者,汉封司马迁后为史通子,而亦兼《白虎通》之义也。凡内篇十卷三十九篇,外篇十卷十三篇。其内篇《体统》、《纰缪》、《弛张》三篇久佚,是本目录竟不数及之,非也。钱竹汀《养新录》称其书"历评史家得失,有精确者,有苛碎差谬者,盖当时史局遵守者,不过贞观所修《晋》、《梁》、《陈》、《齐》、《周》、《隋》六史之例,故其书指斥尤多,并于迁、固已降,肆意舐排,无所顾忌。甚至作《疑古》、《惑经》二篇,排斥上圣,几上同于《论衡》之《问孔》、《刺孟》矣。然子玄用功既深,遂言立而不朽。欧、宋《唐书》,往往采其绪论焉"。此本前载子玄原序,并万历丁丑华亭张元超之象校刊序及校阅名氏,后附程一枝上书、陆俨山深跋。余谓是书专学《文心雕龙》体格,自《史官》、《正史》二篇外,悉行以骈偶,尤不能畅所欲言,是亦其一短也。

——《郑堂读书记》

《史通训故》二十卷原刊本

周中孚

明王惟俭撰。惟俭,字损仲,祥符人。万历乙未进士,官至山东巡抚。《四库全书》存目。损仲以郭孔延《史通评释》与己意多不合,乃重为之注,而正文讹处尚多。嗣得张元超之象藏本,更加校正,而付诸梓。其书于每篇后引书为注,但可名之为注,而不可名之为训故,此即明人不谙古义之一证。所注虽较郭注为详,然未免尚失之踳驳,致烦黄崑圃、浦二田两家之补正,故当以最后之本为定本焉。前有自序及校订姓氏,并载刘氏原序及《新唐书》本传于首云。

——《郑堂读书记》

《史通训故补》二十卷养素堂刊本

周中孚

国朝黄叔琳撰。叔琳,字崑圃,大兴人。康熙辛未进士,官至詹事,加吏部侍郎衔。《四库全书》存目。崑圃以《史通》一书,综练渊博,其中琐词僻事,非注不显,注家王损仲惟俭本为善,乃为删繁补遗,以成是编。虽于王注稍有删节,仍存旧名,而自所加注并标补字以别之。又于议论精当之处,加之圈点,以志别择。偶有己见,附列上方,俨如坊刻古文之例,以之为学者循诵之善本则得矣。以言乎注《史通》之善本,则当推浦氏书为远出李本宁维桢、王损仲惟俭《训故》及是书之上矣。此本前载刘氏原序及《唐书》本传,并王氏原序、崑圃自序、例言。

——《郑堂读书记》

《史通通释》二十卷求放心斋刊

周中孚

国朝浦起龙撰。起龙,字二田,无锡人。雍正甲辰进士,官苏州府教授。《四库全书》著录。二田以注《史通》者虽有数家,厌心者寡,乃为训正而刊讹焉。训正之科,其别六:一曰释,二曰按,三曰证释,四曰证按。刊讹之科,其别四:一曰字之失,二曰句之违,三曰节之淆,四曰简之错。用是二科十别,疏而汇之,并于各篇之后,广注出处,其择之精而语之详,诚非在前诸注所得并也。然小小之疏漏亦不能无。后来卢抱经文弨《群书拾补》已为之补苴罅漏,学者当据卢氏书以改正之,庶几白璧更免微瑕之憾云。前有自序,别本郭延年、王惟俭、黄叔琳三序,蔡敦复焯《举例》,二田《举要》,刘氏原序,正书目录,后附《新唐书》本传,并增注及书本传后。

——《郑堂读书记》

著述

刘肃

刘子玄直史馆时,宰臣萧至忠、纪处讷等并监修国史。

子玄以执政秉权，事多掣肘，辞以著述无功，求解史任。奏记于至忠等，其略曰："伏见每汲汲于劝诱，勤勤于课责云：'经籍事重，努力用心。'或岁序已奄，何时辍手。纲维不举，督课徒勤。虽威以刺骨之刑，勖以悬金之赏，终不可得也。语云：'陈力就列，不能者止。'仆所以比者布怀知已，历讼群公，屡辞载笔之官，欲罢记言之职者，正为此耳。当今朝号得人，国称多士。蓬山之下，良直比肩；芸阁之间，英奇接武。仆既功亏刻鹄，笔未获麟，徒殚太官之膳，虚索长安之米。乞以本职，还其旧居，多谢简书，请避贤路。"文多不尽载。至忠惜其才，不许。宗楚客恶其正直，谓诸史官曰："此人作书如是，欲置我于何地！"子玄著《史通》二十篇，备陈史册之体。

——《大唐新语》

唐《史通》(节录)

王应麟

《刘子玄传》：名知幾。中宗时领史事，自以为志不遂，乃著《史通》内外四十九篇，辨评古文。知幾时为中书舍人兼国史，其序："汉儒论经白虎殿，名曰《白虎通》，予在史馆成此书，目曰《史通》。时景龙四年庚戌仲春。"汉求司马迁后，封为史通子。徐坚读之叹曰："为史氏者宜置此坐右。"又尝自比扬雄："雄准《易》作经，当时笑之。吾作《史通》，俗以为愚。"没后，帝诏河南就家写《史通》，读之称善。子玄领国史且三十年，官虽徙，职常如旧。曰：史有三长：才、学、识，世罕兼之。三为史臣，再入东观。《志》文史类：刘子玄《史通》二十卷。景龙二年作，开元十年十一月刘悚录上。《史通》上秩自《六家》至《自叙》三十六篇，及前叙及志中共四十二篇，自《辨惑》以下，缺《体统》、《纰缪》、《弛张》、《文质》、《褒贬》五篇，下秩自《史官》至《忤时》十三篇。内篇《六家》至《弛张》第三十八，外篇《史官建置》至《忤时》第十三。《书目》：《史通》二十卷，评议作史体例，商榷前人，驳难其失，分内外篇，内篇十卷三十六篇，又有《体统》、《纰缪》、《弛张》三篇缺；外篇十卷凡十三篇。案自序：自为著作佐郎至秘书少监，并兼史职，因成此书。

——《玉海》卷四十九

老泉评《史通》

杨慎

老泉评刘子玄《史通》云："世称其详且博，然多俚辞俳状，史（按：《嘉祐集》作"使"，是。）之纪事，将复甚乎其所讥诮者。唯子悚（按：《嘉祐集》有"例"字，指刘悚《史例》，是。）为差愈。吁！其难而然哉。"杨万里云："知幾《史通》，毛举前史，一字必呵，尝得其所撰高宗、武后《实录》而读之，意其可拳石班、马，而臧获陈、范也。及观其永徽三年事，则曰发遣薛延陀，此何等语邪？天授二年事，则言傅游艺死矣。至长寿二年遣使流人，则曰傅游艺言之也。游艺之死，至是三年，岂有白骨复肉而游魂再返乎？古人目睫之论，诚有味也。"二公之论当矣。然子玄《史通》妙处，实中前人之膏肓，取节焉可也。黄山谷尝云："论文则《文心雕龙》,评史则《史通》,二书不可不观,实有益于后学焉。”刘子玄子悚作《史例》三卷。

——《升庵集》卷四十七

按:杨慎引苏洵(字明允,自号老泉)之说,见苏氏所著《嘉祐集·史论序》。杨万里(字廷秀,自号诚斋)之说,覆核其所著《诚斋易传》、《诚斋集》、《诚斋诗话》,俱未见有载,或杨氏所引,另有所本乎?黄庭坚(字鲁直,号山谷道人)之说,考《山谷外集·与王立之四帖》有云:“刘勰《文心雕龙》、刘子玄《史通》,此两书曾读否?所论虽未极高,然讥弹古人,大中文病,不可不知也。”似即为杨氏所本,而文字大有差异,或乃依臆节引,故备录供考。

《史通》举正论

于慎行

粤自左史记事,右史记言,石室、兰台,权舆遐邈矣。然而迁、固云往,代罕称良,寥寥芳猷,千载莫嗣,吁其难矣!唐有刘子知幾夙以英资,独秉渊览,三为史臣,两入东观,博极载籍,驰骋古今,提要钩玄,括囊殆尽。观其《史通》所述,自三坟、五典之书,南史、素臣之纪,两京、三国之纂,中左、江右之历,亦有汲冢古篆,禹穴遗编,金匮之所不藏,西昆之所未备,莫不探厥渊源,总其统系,捃摭押合,靡有遁形,斯以勤矣。尔其神识融洞,取舍严明,操笔有南、狐之志,摛词有班、马之文,充其蕴藉,不足称一代良史哉!而乃好奇自信,抱见深文,小则取笑于方家,大则得罪于名教，惜也。难得之才，遗此无穷之恨，是以怃然为之太息。略而原之，盖其罪有二，而其失有三。尧、禹为圣，辛、癸为凶，自有生民所共睹，而信传疑之语，遵好事之说，以汲书为龟策，以六籍为土苴，信其言也，则丹朱不帝，重华有筑坛之谋；苍梧不返，文命有胶舟之志；桀、纣不道，如陈琳草檄之诬；西伯戡黎，如桓温拜表之专。遂使皇图帝箓，萃逋逃之薮；琼家瑶室，俨垂拱之规。是可忍也，孰不可忍！茫茫万世，人安适归，侮圣之罪一也。夫儒者之言，折衷孔子，皇皇经籍，赫若日星，删述所加，各有攸当。如让汤斩桀，则纪言之史不陈；鲁国无风，则登歌之颂已录。而不窥圣意，辄谓有私，至所断据，则魏丕曰："舜、禹之事，吾知之也。"何其不信大圣权舆之准，而信辞臣依附之言。人之不聪，一至于此，而能品藻人伦，劝惩来世者乎？离经之罪二也。夫史犹绘也，善绘者具人之象貌，而必得其精神；善史者摭事之故实，而必得其命脉。是故词有烦而不杀，事有细而靡遗，欲其一披简书而千古如觏也。公素亡祭牲，录门人致问之词；子罕哭介夫，载觇者反报之语。此左氏之神也。仲连见新垣衍，则介绍之词毕载；王孙从孔渤海，则醉呼之状具陈。此史谈之妙也。而子玄剸略榛芜，一切删去，读之索然，了无神彩，是犹操公输之墨，而规矩蟠龙之枝，执神禹之凿，而沟洫吕梁之水也。天下之奇观何从而睹之哉！其失也浅。夫立言之旨，固贵本质；而褒贬之词，或多拟议。是以书有漂杵之文，而诗载孑遗之咏也。今焉执西州之无鱼，而疑赵盾鱼餐之事；谓太原之无竹，而惑郭侯竹马之迎；以鸟啼花笑，驳智不如葵之言；以中山磨笄，评无恤最贤之语。是必议輶轩之使，而后方物不遗；本篆籀之形，而后书法无爽也，其失也固。夫人之哲愚区以别矣，而品流靡一，风轨固殊，必得其情，谈何容易。今也游夏列儒林，冉季称循吏，是不知达者之规模也；项羽为群盗、蜀汉为僭君，是不知英雄之梗概也；疑曹操见匈奴，无崔琰在坐之事，是不究奸谋之诡也；谓阮籍闻母丧，无围棋饮酒之事，是不闻放达之风也。其失也昧。嗟乎！才识特达有如子玄，而舛错不经，彰彰如是。谅哉！史之难也，夫磨纤毫之瑕，则完盈尺之璧，刮数寸之朽，则成合抱之材，是故表而正之，使其全书不废于世云尔。

《史通》

焦竑

山谷称《史通》、《文心雕龙》皆学者要书。余观知幾指摘前人，极其精核，可谓史家申韩矣。然亦多轻肆讥评，伤于苛刻。《浮词》篇云："《汉书》萧何知韩信贤，贤者不陨获于贫贱，不充诎于富贵。"又曰："知进退存亡而不失其正者，其惟圣人乎！淮阴堕业无行，满盈速祸，以贤为目，不能无谬。夫贤之为言，异于人云耳。而辄律之以儒行，责之为圣人，不已甚乎？"《人物》篇云："皋陶、伊尹、傅说、仲山甫，功烈尤显，事迹居多，盍采而编之为列传首。"夫迁书与经典并行，世多其书，辄弗论著，而复责之以编纂，不亦复乎？《辨识》篇（按“识”应作“职”）云：“彰善贬恶，不避强御，若董狐、南史者，上也；编次成书，郁为不朽，若丘明、子长者，次也；高才博学，名重一时，若史佚、倚相者，下也。”夫史佚当盛周绾史职，与董狐、南史未知先后，而抑居丘明、子长之下，此何据乎？《杂说》篇：“李陵与苏武书，观其文体，不类西汉，迁史编于李传中，斯为谬矣。”今李传并无其书，且陵书为齐、梁拟作，迁亦何从逆睹之乎？其最甚者，夫子谓昭公知礼，则讥其饰智矜愚，爱憎由己。称颜子殆庶，则讥其曲垂编录，不能忘私。至尧之幽囚，舜之野死，益为启所诛，太甲杀伊尹，文王杀季历，一以汲书为据。勇于信冢中之断简，轻于悖显行之六经，幾盖小人之无忌惮者哉！且自云因王充之《问孔》，广彼旧疑，增其新觉，夫充之浅妄，又何足法也。

——据《粤雅堂丛书》本《焦氏笔乘》

《史通》所载史目

焦竑

古今正史及偏部短记甚多，然半就湮没，如《晋书》不行沈约，而行唐太宗；《唐书》不行刘昫，而行宋祁。世俗识真者少，古书散轶，正坐是耳。《史通》所载，多有其名，今备疏之：谯周《古史考》，荀悦《汉纪》，《汉尚书》，谢沈《汉书》，《后汉尚书》，袁宏《后汉纪》，华峤《汉典》，《东观汉记》，习氏《汉晋春秋》，晋孔衍《汉魏尚书》，王沈《魏书》，项俊《吴书》，鱼豢《魏略》，孙盛《魏春秋》，王隐《蜀纪》，张勃《吴录》，王隐《晋书》，沈约《晋书》，孙盛《晋阳秋》，干宝《晋纪》，何法盛《晋中兴书》，陆机《晋书》，臧荣绪《晋书》，檀道鸾《续晋阳秋》，徐广《晋纪》，王劭《晋书》，唐太宗《晋书》，沈约《宋书》，裴子野《宋略》，江淹《齐纪》，吴均《齐春秋》，何之元、刘璠《梁典》，姚察《梁书》，姚最《梁略》，姚思廉《梁书》，裴政《梁太清实录》，萧韶《太清纪》，蔡允恭《后梁春秋》，姚思廉《陈书》，公师彧《十六国史》，《邺都记》，《赵纪》，杜辅全《燕纪》，董统《燕史》，王景晖《南燕录》，常璩《蜀李书》，索绥《梁国春秋》，张重华《凉记》，索晖《凉书》，刘昞《凉书》，裴景仁《秦记》，马僧虔《秦史》，卫隆景《秦史》，姚和都《秦纪》，崔鸿《十六国春秋》，魏收《后魏书》，萧子显《齐书》，王劭《北齐志》，杜台卿《齐记》，李百药《北齐书》，牛弘《周书》，令狐德棻《后周书》，李延寿《南北史》，王劭《隋书》，孔颖达《隋书》，颜师古《隋书》，张太素《齐后略》，皇甫玄晏《帝王世纪》，陶宏景《帝王历》，虞世南《帝王略》，梁武帝《通史》，元魏王晖《科录》，晋乐资《春秋后传》，孔衍《春秋后语》，司马彪《九州春秋》，阮氏《七录》，萧方等《三十国春秋》，干令升《史议》，乐资《山阳公载记》，陈寿《季汉辅臣记》，王韶《晋安陆记》，姚(疑脱“最”字)《梁后略》，王粲《英雄记》，刘向《列仙传》，刘向《列女传》，杜预《列女记》，梁鸿《逸民传》，赵采《忠臣传》，徐广《孝子传》，嵇康《高士传》，皇甫谧《高士传》，戴逵《竹林名士记》，扬雄《蜀记》，周称《陈留耆旧传》，周斐《汝南先贤行状》，陈寿《益部耆旧传》，《楚国先贤传》,萧世诚《怀旧志》,卢子行《知己传》,萧大圜《淮海乱离志》,和峤《汲冢纪年》,《西京杂记》,《三辅黄图》,宋孝王《关东风俗传》,《南徐州记》,《晋宫阙名》,《洛阳伽蓝记》,《邺都故事》,赵岐《三辅决录》,沈莹《临海水土记》,周处《阳羡土风记》,桑钦《水经》,盛宏之《荆州记》,常璩《华阳国志》,常璩《华阳士女记》,《会稽典录》,辛氏《三秦志》,罗含《湘中记》,潘岳《关中记》,陆机《洛阳记》、《建康宫殿记》,扬雄《家牒》,谢承《家语》,挚虞《姓族记》,殷敬《世传》,孙氏《谱记》,《六宗系传》,杨子山《哀牢传》,顾协《琐语》,谢绰《拾遗》,刘义庆《世说》,裴荣期《语林》,孔思尚《语录》,杨松介《谈薮》,韦昭《洞纪》,郭子横《洞冥记》,王子年《拾遗记》,刘劭《人物志》,陆景《典语》,《文心雕龙》,李充《翰林论》,挚虞《文章流别》,祖台《志怪》,干宝《搜神记》,刘义庆《幽明录》,刘敬叔《异苑》。

——据《粤雅堂丛书》本《焦氏笔乘》

刘知幾《史通》

胡应麟

刘知幾《史通》以为附赘悬疣,雷同一律,而大讥隋史之非。此疏卤之谭,匪综核之论。即《后汉》一书艺文无志,而东京一代典籍茫然,他可概矣。刘《史通》论史诸体甚核,独论表、志甚疏。郑渔仲所以讥范晔也。

刘知幾以马、班为善善,南、董为恶恶,细矣。

才、学、识三长足尽史乎？未也。有公心焉，直笔焉。

刘知幾之论史也，晰于史矣。吾于其论史而知其弗能史也。其文近浅猥而远驯雅，其识精琐屑而迷远大，其衷饶讦迫而乏端平。善乎，子京曰："呵古则工而自为则拙也。"

甚矣，唐人之陋也。刘知幾《史通》称舜囚尧，禹放舜，启诛益，太甲杀伊尹，文王杀季历，成汤伪让，仲尼饰智矜愚。斯数言者，战国有之，然识者亡弗谓虚也，胡子玄骤以为实也？至谓舜、禹、汤、文同于操、懿、裕、衍，而《尚书》、《春秋》之妄过于沈约、王沈，斯名教之首诛矣。

——《少室山房笔丛·经籍会通》

《史通》之为书，其文刘勰也而藻绘弗如，其识王充也而轻讦殆过。其所指摘虽多中昔人，然第文义之粗、体例之末。而自以穷王道、掞人伦，括万殊、吞千有，然哉？

《史通》之所谓惑，若赤眉积甲，史氏弥文，文鸯飞瓦，委巷鄙说，皆非所惑者也。至《竹书》杀尹、汲冢放尧，则当惑而不惑。《史通》之所谓疑，若克明峻德，《帝典》所传，比屋可封，盛世之象，皆亡可疑者也。而《山海》诡词、《论衡》邪说，则当疑而弗疑。余谓刘有史学无史笔，有史裁无史识也。唐柳璨有《史通析微》十卷，专驳子玄之谬，宋世尚存，今无刻本。刘书必与此并行，庶无害名教，不尔，恐所益微，所损大也。

刘知幾《史通》云："汲冢《琐语》称舜放尧于平阳，而书云某地有城，以囚尧为号。识者凭斯异说，颇以禅受为疑。"又云："汲冢书称舜放尧于平阳、益为启所诛，又太甲杀伊尹、文王杀季历。凡此数事语异正经，其书近出，世人多不信也。案舜之放尧、文之杀季无事别说，足验其情，已于此篇前后言之详矣。夫惟益与伊尹受戮，并于正书犹无其证。榷而论之，如启之诛益仍可核也。”右俱刘语。

考刘《史通》前后议论，务以《春秋》乱臣贼子臆度前圣。故妄意文王得位亦如商臣许止之为，而不详考本书，恣其臆喙，真所谓言奸而辩、记丑而博者，其能免仲尼之诛乎？夫即刘引《纪年》卤莽不稽若此，则所谓《琐语》云云者，其足信哉？唐柳璨有《史通析微》十卷，专辩前十数事。《通考》有此目，惜今未见。果尔，未可谓秦无人也。

——《少室山房笔丛·史书占毕》

《史通》

钱大昕

刘知幾沈潜诸史，用功数十年，及武后、中宗之世，三为史官，再入东观，思举其职，既沮抑于监修，又见嫉于同列，议论龃枘，不克施行，感愤作《史通》内外篇。当时史局遵守者，不过贞观所修《晋》、《梁》、《陈》、《齐》、《周》、《隋》六史之例，故其书指斥尤多。但以祖宗敕撰之本，辄加弹射，又恐谗谤取祸，遂于迁、固已降，肆意觝排，无所顾忌。甚至疑古惑经，诽议上圣，阳为狂易侮圣之词，以掩诋毁先朝之迹。耻巽辞以谀今，假大言以蔑古，置诸外篇，窃取庄生《盗跖》之义。后人大声疾呼，目为名教罪人，自是百世公论。要之蚍蜉撼树，言匪由衷，柳翳隐形，志在避祸。千载之下,必有心知其意而莫逆者。不然,六经三史,模楷万世,夫岂不知叔孙之毁,无伤日月也哉!然刘氏用功既深,遂言立而不朽,欧、宋《新唐》,往往采其绪论。如受禅之诏策不书,代言之制诰不录,五行灾变,不言占验,诸臣籍贯,不取旧望,有韵之赞全删,俪语之论都改,宰相世系,与志氏族何殊,地理述土贡,与志土物不异。丛亭之说,一时虽未施行,后代奉为科律,谁谓著书无益哉?

——《十驾斋养新录》

《史通》(节录)

王鸣盛

《史通》二十卷,唐刘子玄知幾著。评史家得失,有精确者,有苛碎差谬者。前人论之已详,兹不复赘。《史通·自叙》篇云:"余幼喜诗赋,壮都不为,耻以文士得名,斯以述者自命。"知幾不敢作史,而自居于述,意在斯乎?《论语·述而》篇:"子曰:'述而不作,信而好古,窃比于我老彭。'"又曰:"盖有不知而作之者,我无是也。"夫子之圣,言犹如此,后学可妄作乎?然则知幾之自命曰述,任也,非谦也。又《论语·雍也》篇云:"文胜质则史。"《卫灵公》篇云:"吾犹及史之阙文。"诚能有疑则阙,事必纪实,自无文胜之敝。知幾虽有踳驳,要为有意务实者。

——《十七史商榷》

原后记

我自一九七六年冬,开始笺注《史通》,六易寒暑,顷始脱稿。数十年宿愿虽已获偿,但因刘知幾博极群书,我既识有未周,加以唐人所见写本,有些已早亡佚,征事数典,只得存疑待考,尚有待于今后补苴罅漏。

在工作过程中,欣获中国历史博物馆傅振伦、南京图书馆古籍部宛雨生、北京图书馆善本部徐自强诸先生及贵阳师院图书馆、贵州大学图书馆、贵大历史系资料室诸同志热情鼓励与大力协助。贵大李俶元、成启宇,贵阳师院周春元先生等时相切磋。盛情美意,均极可感。

《清史稿·艺文志》著录有周悦让《史通》二十卷,遍查不获。1981年询承莱阳县人大常委会函告:"查无此书,县志《周悦让传》亦无记载。"热情负责,实在令人钦敬。

陈恒安老兄病中为本书题签,在此一并致谢。

我儿新民笃好文史,始终不懈,协助寻访资料,并陪同我分赴国内各大图书馆查阅善本,辑录副稿,付出大量劳动。

书稿虽经反复校订,舛误仍所难免,我热切期待读者批评指正。

"天意怜幽草,人间重晚晴。"在党的阳光雨露煦育下,只要一息尚存,此志就不容稍懈!

一九八二年春张振珮于花溪贵大

重刊《史通笺注》跋

《史通笺注》一书，乃先君子(1911—1988)穷六年之力，晚年最后撰成之史学专书。府君早年兼治文史，弱冠即刊发《李义山评传》，乃义山研究极重要之早期现代著述。嗣后由文入史，多有史学撰作问世。盖以为学问文章，不可不熟知史事，涵养文化睿智，则子玄之书自当精读。余少时侍先君子，即常见其案头置有《史通》一书，询之乃知为张鼎思本。后又获见张之象本，以为纸极佳，字亦遒秀，而宋本今已不可见，即明代善本亦得之不易，或可藉此一窥《史通》原貌，遂取之比勘互校，发奋全面释解训注。乃广访大陆各大图书馆，一时善本网罗殆尽，而皆汇校合聚为一书。又多方取证典籍，阐本旨，诠典实，尤重用典引事原初之出处，弥补历来注家之阙漏。子玄所见唐以前写本，今多难以尽见，欧阳永叔尝谓“唐四库书目散亡磨灭百不一二存焉”，四库馆臣亦以为子玄书“非一二人之耳目所能遍考”。然府君以一人之力，逐卷逐节，遍加训释，其难可知。故是书谓为其晚年罢笔之作可，谓为一生心血所倾亦无不可。

余又尝侍先君子赴江南访书，而稍知是书之版本源流。府君每见一善本，均必口述其特点，曾语余云：“张之象与张鼎思，即所谓二张之本，后人皆知取用，然象本较诸鼎本，则胜之远矣。今宋本不可见，明本得之亦甚难，凡能传之于今日者，皆当加倍宝惜。”故其训释《史通》，乃以象本为底本，至于其他异本，凡能查考者，则尽量网罗。而尤重视明代珍本，均一一比勘互校。其终日伏案校书，虽寒暑炎凉，从不中辍，即在病中，亦少见例外，其情其景，尽管往事云散，仍恍然若在眼前。而转瞬之间，相距竟四十年，每一思之，即眼中有泪。

《笺注》初版（1985年）刊行后，曾获多篇书评。学界赐函者甚多，其中不乏大家名宿。举其要者，如“嘉惠士林，不愧名著，可与前贤比美，真不愧刘知幾史学之功臣”（傅振伦）；“取材广博，考证精详，嘉惠来学，至无穷尽”（张舜徽）；“大作美富，搜采既富，断制亦严，讽诵折服”（程千帆）；“博采异闻，补苴罅漏，此书出，赏音必多”（谭绪缵）；“体大例精，详明博洽，甚有益于读刘氏书者，完全可以替代浦注而为学林所重”（张三夕）；“卷帙浩繁，见识独到，笺疏宏通，注释精审”（项英杰）；“现当今惟一有识欲以张之象本为底本而有为之笺注，亦黔之先贤于郭子章之后再使世人之世有达雅笃学非慕名利者在也”（李纪祥）。士林反响既巨，评价亦高。遂引起教育部历史学科教学指导委员会重视，推荐为历史本科专业以上必读之书。各高校开列历史专业硕博必读书目，是书亦多赫然列入其中。

或乃有鉴于此，中华书局遂有意重刊是书。余目眚多年，辨读困难，幸得许刚、史达宁二君，一执教于华中师范大学，一开课于贵州民族大学，均慷慨鼎力相助，凡原书出注之处，则一一比对异本，核对原文，反复雠对，必求允当。遇有疑难，需反复推敲确定者，则时时商之于余，共同讨论以求解决。原书旧版刊行后，府君复通校一过，列有一勘误表，曾油印分赠友人。是表订正手民误植错排之处颇多，亦商之二君，逐条据改。个别注释或附录刊落者，亦一一复核，尽量补齐。注释原文为省文字，以精当准确为据，时有压缩节引，以求达致文省义精之目的，则概以引号示明出处，兼表敬重原著之意。而引书均今世可见，自可一一复核。遂使新版不失原著特征，而又添光增色不少。二君早年虽从余游，然慧根夙植，品性醇厚，诚如百丈怀海禅师所云："见与师齐，减师半德；见过于师，方堪传授。"无论才学识力，均远胜于余。二人同执校雠之役，耗时既多，贡献亦大，严谨宛如"以校雠为性命"之顾千里。夫子尝云后生可畏，衰年更望其学业大成。

是书所据或参校之本，主要有张之象本及蜀本两系。象本据宋椠，并参校早出之陆深刻蜀本，学界历来评价较高，最当利用。鼎本出于蜀本一系，虽有改易，仍存旧本之真，颇有特点。郭孔延之《史通评释》，虽据张鼎思本，书成后复参校象本，亦有精处。《四库全书》所收，乃"内府所藏旧刻"，核其内容，讹脱最少，较他本为优，所据实即张之象本，而馆臣虽偶有校改，然象本原刻俱在，仍不必再列为参校之本。《四部丛刊》本据张鼎思本影印，张元济欲取象本互核，而终究未果，今鼎本原刻获之已易，《丛刊》本亦不复具列。惟象本所据乃宋本，鼎本则另据陆本。顾千里尝多次取鼎本手校，或以为其所据乃宋本，实即出于陆深重刻蜀本一系，校语为孙毓修采入其《史通札记》，附《丛刊》本之后，先君子均有所甄采。鼎本既据陆本翻刻，又经名家手校，较诸象本，一度流传甚广。陆本则据蜀椠旧本重刻，又依其他旧抄本改易，不仅剞刻较早，后世亦称罕见。其所据之旧蜀本，则为今版本流传之最早者，历来见者极少。即撰作《评释》之明儒郭孔延，亦将"首刻"之功归于陆氏，不知陆椠之前，实先已有一蜀本。如清人钱遵王《读书敏求记》即云“陆文裕公刻蜀本《史通》”,已将蜀本、陆本混为一谈。章钰校书不察,遂以为“俨山嘉靖中官四川左布政使,故刻于蜀耳。‘蜀本《史通》’四字似不词”。盖不知陆本乃据蜀本重刻,遂以刻于蜀地强解。孙毓修亦沿郭氏之说,以陆本为“明时第一刻”,殆皆未见更早之蜀刻旧本而致误。惟旧蜀本梓行时间,尚无原本之序跋可据,历来多有疑义。蒙文通先生以为即宋刻,洪业先生断为明初蜀藩司刻本,当据其私藏原刻立论,并参以陆书王阁《刊正史通序》之说,显然应从。具见其书早出,弥足珍宝。今幸蜀、陆两本俱存,当同为一系。鼎本后出,虽时见异同,皆归一源,三者互有短长,今皆一概取作参校本,可称备矣。其中尤以蜀之旧刻本,似锓版于正德年间,陆深虽以为讹异难读,然历来少见人利用,故补校新出注者,数量亦最多。而郭本取鼎本参校象本,书中校语皆题后者为吴本,遂据以补足部分脱漏文字,尝先独自刻行,后又与李书合梓,两家评语从此共为一编。《四库存目》据此著录为“李维桢评,郭孔延附评并释”。惟无论单刻或合刻,取与象本比勘,仍时有异文,实更接近鼎本。则郭本虽已吸取象本优长,然仍当归入蜀本、陆本、鼎本一系。足证象本所据,必另有其早期祖本,以刊刻地在江南,其他传抄本尚多,均另成独立一系,较诸蜀本系统,自有明显差异。嗣后王惟俭刻《史通训故》,复以郭书为基础,同样参以张之象本,自谓“凡借数本,凡校九百一字,标疑七十四处”,自不当忽视。而陈继儒之《史通订注》,实仿自郭孔延之《评释》,郭氏家世父子两代,与鼎思、惟俭、继儒三人均有交谊,而过从最密者,则为孔延父子章。陈氏既与子章有交,当亦稔熟《史通》。其书虽历来殊少著录,今人或疑为书贾假其名以欺售,然明代刊本历来少见,清人季锡畴校浦氏《通释》,即将其列为独立一家，偶取参校，亦自有用。故除象本与早期蜀本一系三书外，再合以李、郭、王诸氏之作，必其可观始出注，取舍颇为审慎，可谓明人刻本可甄采者，庶几尽合为一编矣。

清儒纪昀之《史通削繁》，以浦起龙《通释》为底本，删其芜蔓，另刻梓行。其书虽失刘氏原本面目，然眉评仍多为府君所采。原书底本曾为杨守敬所获，遂据以批校。批校本今藏于湖北省图书馆，友人张三夕教授据此辑出纪氏评点刊本未见部分，以及杨氏批注校语，再过录向宗鲁原本之批识，依序汇为一编，题曰《〈史通〉三家评校钞》，分载于《学术集林》（1997 年）卷十一、卷十二。三家所据之本，均浦氏之《通释》。倘取与《削繁》刻本合观，则可一窥纪氏评语之全。杨氏校语多采浦本及卢文弨《群书拾补》，虽有裨校勘，实少新意。向氏校语颇精，程千帆先生多已采入其《史通笺记》。该书流传已广，甚便查阅，自可比对，故不再补入。而刘咸炘之《史通驳议》收入其《推十书》中，近已再版，自可参阅，亦不备述。

朱希祖《刘子玄年谱》，原手写本藏今国家图书馆。先君子撰《刘知幾学行编年简表》时，其书尚未刊行，未能毕览；后《北京图书馆藏珍本年谱丛刊》据以影印，流布始广。朱氏认为“明万历五年张之象翻宋刻本《史通》二十卷，此为《史通》传本之最佳者。嘉靖蜀刻本仅据抄本，又经陆深以意改易，不及张本远矣”。陆深蜀本仅据抄本之说，虽未必可信，仍可见先君子以象本为底本，取陆本一系以雠对，实与朱氏识趣不谋而合。明代旧抄本今皆不传，姑暂不置论。象本较诸蜀本、陆本、鼎本，异文颇多，亦可见其所据宋本，必为俨山所未睹。可见祖本有异，流别必亦不同。至于后人批校象本者，亦有两本可述。一为何义门之批校本，除批校之语外，又过录冯舒评语，附有顾千里、邓邦述跋文。再即乔载繇过录本，过录黄叔琳、卢文弨批校语。二书均藏国家图书馆，其批语有裨校勘，或别可备一说者，亦略有甄采。

《史通》一书，明代以来即颇受人重视，其书一刻二刻乃至三四刻，然无论抄本或刻本，历来讹脱甚多，即以校勘名家之何焯，亦感慨少见精校佳椠。先君子之雠校是书，除广采各种善本外，凡历来名家校语札记，如陈鳣、周星诒、纪昀、卢文弨、孙毓修等，能采者均尽量酌采。而知幾原书之真貌，得诸家之说以折衷，虽不敢遽云完全得其原貌，然相去亦必不远矣。

训释《史通》之风气，当由郭孔延之《评释》首开。郭氏或注书，或注人，或注事，兼以评语发抒见解，虽尚简略粗疏，然率先释疑解难，仍有裨训读，遂下启王惟俭、黄叔琳、浦起龙诸人，层累堆积，积少为多，尤以浦书最为晚出，注释亦最详赡。遂于版本校勘之外，另辟一训释新路。然注释必讲求精当，批评亦当公允，前后遂形成一注释及批评系统，显示《史通》学之创进发展，尚有不断推进开拓之新境。先君子之书，发微补阙，辨疑厘滞，冶注释与评论为一炉，固然沿袭固有之学术传统，不离本来文化之根脉，实又向前拓展深化，而有所发扬光大，不失融通综合之新特征，内涵时代变化之新信息。

附录辑录《史通》各本刊刻序、跋，兼及历代名家著录及批校品评，循序检读，必有助于辨章学术，考镜源流，亦为研究《史通》者所必知。先大人取例甚严，今则适当补充。其中如浦氏之《通释》，书虽流传较广，今仍将其原序及《举例》两篇，一并附入，以见原书之重要。惟郑樵、章学诚等评骘之语，学者多已熟知，则本先君子之说，概不具录。旧本《〈新唐书·刘子玄传〉笺注》、《刘知幾学行编年简表》两篇，一置于《史通》书首，一殿于《史通》文末，今为统一体例，一概归入附录。读者欲知其人而论其世,自可随时比照对读。

是书之重新再版,多得海内外学者关注。中国台湾佛光大学历史系李纪祥教授长期研治《史通》,一度联系多家出版社重刊,后又以为大陆中华书局重梓,必更能沾溉学人,嘉惠士林,遂主动弃让。事后又认为襄助校勘,义不容辞,嘱其门下弟子傅范维博士助我雠校。傅君亦擅《史通》学,多有文章发表,来信颇以份内事自任,愿与斯役,言之殷殷,意颇真诚,虽道远而未果,仍铭感难忘。整理校勘日日与许刚、达宁二君讨论,中华书局副编审马婧女士自始至终参与其事,副总编张继海先生亦不时催促过问,均令人感佩。中国社科院历史所原所长陈祖武先生虽在病中,亦时常询问进展情况。日本群马大学石田肇教授多次提供罕见资料,贵州大学闫平凡教授以是书为教材培养后进人才,助我亦多,因缘和合,厥事乃成,一并申谢。

犹忆四十年前,余每侍先大人,获读《史通》各种版本,即知郭孔延父子章,尝巡抚黔中,虽在平播役中,戎马倥偬,仍治学不辍,事功既多,著述亦富。子章尝得张鼎思寄赠其所刻校本,以为黔中无书可参,乃嘱孔延取家中所藏蜀本、吴本再校,并有告诫之语云:"张(鼎思)先生为观察,而手不释书,犹诸生也。尔曹为诸生,乃不诸生也。"兹事载孔延序中,先大人每以此训余。余不敏,以后治方志学,遍阅黔中志乘,知子章所撰《黔记》,最为上乘佳构。而郭本《史通·杂说下》:"十室之邑,必有忠信,欲求不朽,弘之在人。"前两句典出《论语·公冶长》,后两句则为子玄之发挥。郭氏则于是句上加眉注云:"家君《黔记》,或亦此意。"可见其父子二人,家世史学,同好《史通》,遂相继撰述,期以立言不朽。子章一生服膺阳明,乃江右王门重要人物,入黔后又多与王门学者交往,表彰黔中王门不遗余力。先大人早年入黔，亦关心阳明在黔史迹，撰有其居黔史迹专文。余受先大人庭训，史学之外，亦兼治心学，与郭氏父子最相类合。虽前后事隔近五百年，恍然似有梦中因缘。黔中学术可述者虽多，奇者即《史通》竟亦名列其中！

《文心雕龙》论文，《史通》评史，宋人黄山谷以为此二书不可不知，亦不可不读。黄季刚先生尝感慨："刘子玄《史通》以后，亦罕嗣音，论史法者，未闻庋阁其作。故知滞于迹者，无向而不滞，通于理者，靡适而不通。"(《文心雕龙札记·题辞及略例》)是书之重校再刊，倘能读而达其辞，知其心，明其义，通其理，乃至深化《史通》学之研究，示人以治学之轨辙，有助于今日史学之发展，则告以先大人在天之灵，必厌其人间关怀之悲愿，忭慰欣乐至极也。故不避狂简，谨跋数言，略述因缘，质正于天下君子云尔。

辛丑端午七十二岁不敏小子

张新民叩拜谨识于筑垣花溪旧园